Raggionen der Handelsgesellschaften Zellweger frères & Comp. (1717), Conrad Zellweger, Zuberbühler & Comp. (1755), Zellweger & Honnerlag (1771), Zellweger l'ainé & Comp. und Zellweger père & Comp. (1774), aus: Markenbuch der Nation Suisse à Lyon [STAZH: D 146] und aus Geschäftskorrespondenz.

Maya Zellweger

Die «Seel des Commercii» der «Fetzen Krämer» Zellweger von Trogen

Textilfernhandel aus Appenzell Ausserrhoden nach Lyon und Genua, 1670 bis 1820

Schwabe Verlag

Die vorliegende Arbeit wurde von der Philosophischen Fakultät der Universität Zürich im Frühjahrssemester 2019 auf Antrag von Prof. Dr. Bernd Roeck und Prof. Dr. Stefan Sonderegger als Dissertation angenommen.

MIX
Papier aus verantwortungsvollen Quellen
FSC® C016439
www.fsc.org

Bibliografische Information der Deutschen Nationalbibliothek
Die Deutsche Nationalbibliothek verzeichnet diese Publikation in der Deutschen Nationalbibliografie; detaillierte bibliografische Daten sind im Internet über http://dnb.dnb.de abrufbar.

Abbildung Umschlag: Kommerzialarchiv Zellweger, Staatsarchiv Appenzell Ausserrhoden
Cover Gestaltungskonzept: icona basel gmbH, Basel
Cover: Kathrin Strohschnieder, Zunder & Stroh, Oldenburg; Laurenz Zellweger, Tonicmoon GmbH, Winterthur
Satz: Tonicmoon GmbH, Winterthur
Druck: Hubert & Co., Göttingen
Printed in Germany
ISBN Printausgabe 978-3-7965-4679-2
ISBN eBook (PDF) 978-3-7965-4680-8
DOI 10.24894/978-3-7965-4680-8
Das eBook ist seitenidentisch mit der gedruckten Ausgabe und erlaubt Volltextsuche. Zudem sind Inhaltsverzeichnis und Überschriften verlinkt.

rights@schwabe.ch
www.schwabe.ch

Inhalt

Vorwort

Handelsgeschichte zu schreiben, ist eine Herausforderung. An ihrem Gegenstand, der eng mit Kapitalismus verbunden ist, scheiden sich die Geister in politische Gegner. Als Teil der Wirtschaftsgeschichte ist sie «nicht edel» und unterliegt zahlreichen Vorurteilen, wie der führende Wirtschaftshistoriker Fernand Braudel feststellte.[1] Er bezeugte in «Der Handel» seine intensiven Bemühungen beim Ringen um die klarste Fassung und den besten Ausdruck seiner Gedanken und Denkansätze.[2] Auf einer anderen Ebene berichtete auch Zimmermann (1885) in seiner Untersuchung über das regionale Leinwandgewerbe in Schlesien: «Die Geschichte einer Industrie zu beschreiben ist eine sehr undankbare Aufgabe».[3] Beide Autoren haben Standardwerke verfasst. Lässt sich damit die Beobachtung erklären, dass es oft Nachkommen von wirtschaftlich tätigen Familien sind, die sich dieser Herausforderung stellen? Jenny verfasste «Handel und Industrie des Kantons Glarus» (1902), Schindler verfasste seine Dissertation «Zur Geschichte von Schweizer Handel und Industrie» (1922), Peyer verfasste seine Werke über den Handel in St. Gallen und Zürich (1960, 1991) in Bewunderung der Leistung der damaligen Kaufleute, wie mir seine Tochter erzählte. Wie findet man aus der persönlichen Beziehung, aus Bewertung und Beurteilung in eine neutrale Betrachtung, die den professionellen Historiker auszeichnet? In meinem Fall sorgte ein privatrechtliches Verfahren um 1820 für den Bruch meines Familienzweiges mit Trogen.

Die regionale Geschichtsschreibung inszenierte die Heirat meiner sechsfachen Urgrosseltern Jacob Zellweger-Wetter (1723–1808) von Trogen und Anna Maria Zellweger-Wetter (1730–1777) von Herisau als Versöhnungsakt zwischen den verfeindeten Regionen «vor und hinter der Sitter». Konkurrenz auf privater und wirtschaftlicher Ebene zwischem dem «harten» Wetter und dem «linden» Zellweger führte 1732 zum grossen Landhandel in Appenzell Ausserrhoden. Wie «versöhnlich» gestaltete sich das Leben der Familie Zellweger-Wetter wirklich? Gemessen am Schicksal der beiden in Lyon geborenen Söhne ist der Befund zu hinterfragen. Der jüngere Sohn Laurenz Zellweger-Sulser (1760–1824) war zwergwüchsig. Er vererbte seine besonderen Gene an zwei von vier Kindern. Beide verstarben kinderlos. Der ältere Sohn Johannes Zellweger-Huber (1758–1836) ist mein fünffacher Urgrossvater. Er erfuhr in Trogen im Alter von etwas mehr als sechzig Jahren die «Schmach» seines Lebens. Ihm wurde 1819 aufgrund der Aussage seiner Angestellten Friderike Obert von Durlach (Grossherzogtum Baden) trotz fehlender Klägerschaft ein Prozess auf Inzest mit seiner Tochter Anna Juditha Widmer-Tobler-Zellweger (1788–1874) gemacht. Das Leumundszeugnis der Obert lautete auf »Trunkenheit, Verschwendung, Leidenschaft, Intriguen und Stiftung von Uneinigkeiten in Familien, lasterhafter Lebenswandel und Undankbarkeit».[4] Die Stadt Baden verurteilte Obert am 4. Dezember 1819 «als boshafte Injuriantin» zu einer halbjährigen Zuchthausstrafe, zum öffentlichen Widerruf und zu einer Ehrenerklärung. Der Rat Appenzell Ausserrhoden hingegen sequestierte Zellweger-Hubers Liegenschaften, versteigerte sie und verwandte «die Barschaften des Oberst Zellwegers» zur «Abzahlung der Zedel [Hypotheken] auf unsere Zollhäuser».[5] Er selber empfand sein Schicksal als dasjenige «eines in hohen Graaden gekränkten, gedrückten und unschuldig verfolgten Mannes». Er litt an «der Schmach, die man seiner Familie anthun will».[6] Er nannte «diese beispiellose Geschichte» eine «verruchte Verläumdung», eine «Unsauberste Fehde bösesten Willens».[7] Zellweger-Huber zog nach St. Gallen, gab das Bürgerrecht von Trogen auf und nahm dasjenige von Hauptwil an, wo er bis zu seinem Tod im «Kaufhaus» wohnte. Aus diesem Grund sind seine Nachkommen bis heute im Dorf Hauptwil (Thurgau) heimatgenössig.

Abbruch, Umbruch, Aufbruch – Brüche ringen dem Leben seine Form ab. Die minutiöse, skrupulöse Aufarbeitung dessen, was die Kaufleute Zellweger in Trogen vor diesem Bruch «zu kramen» hatten, löste

1 Braudel: Die Dynamik des Kapitalismus, ins Deutsche übertragen von Peter Schöttler (1986), S. 14.

2 Braudel: der Handel (1990), S. 14.

3 Zimmermann: Blüte und Verfall des Leinengewerbes in Schlesien (1885), S. V.

4 Magistrat zu Pforzheim: Leumundszeugnis für Friederike Obert von Durlach, 18.11.1819.

5 Grosser Rat AR: Jahresrechnung in Hundwil, Beschluss über Verwendung der Barschaften des Oberst Zellwegers Busse zu Abzahlung der Zedel auf unsere Zollhäuser, in: Grosser Rat AR: Strazzen und Akten, 01.05.1821 [StAAR: Cb.B-01/03].

6 Zellweger-Huber, Johannes (1758–1836): 1 Brief an Amrhein in Luzern, Trogen, 18.02.1820 [STALU: FAA 4271].

7 Zellweger-Huber, Johannes (1758–1836): 1 Brief an Amrhein in Luzern, Trogen, 22.03.1820 [STALU: FAA 4271].

bei mir tiefgreifende psychologische Prozesse aus. Tabus und Vorurteilen unterliegende Lebensthemen wie Wohlwollen vs. Neid, Arbeitsenergie vs. Müssiggang, Perfektionismus vs. Mangelhaftigkeit, Reichtum vs. Armut, Gerechtigkeit vs. Ungerechtigkeit, Vertrauen vs. Misstrauen, Grosszügigkeit vs. Geiz, Sparsamkeit vs. Verschwendung, Heroisierung vs. Verteufelung, Sensibilität vs. Gefühllosigkeit etc. verlangten nach Klärung. Dass ich den Weg aus der Polarität in die Wertfreiheit finden durfte, erfüllt mich mit grosser Dankbarkeit. Auf diesem äusserst anspruchsvollen Stück Weg haben mich Menschen begleitet, haben viel in Bewegung gebracht und sind ihre Wege gegangen. Für das, was sie mir an Erkenntnis über die Natur des Lebens und des Liebens zukommen liessen, empfinde ich tiefe Wertschätzung.

Ich danke dem Schweizerischen Nationalfonds, der das Projekt «Global vernetzt – lokal verwurzelt: Die Familie Zellweger von Trogen» mit zwei Doktorandenstellen drei Jahre lang unterstützte. Ich danke Prof. Bernd Roeck und Prof. Stefan Sonderegger für die Erstellung ihrer Gutachten, Prof. Jakob Tanner und Prof. Carlo Moos für die Begleitung der Arbeit. Prof. Albert Tanner und Dr. Christoph Jeggle bin ich für ihre Begeisterung für die vorliegende Quellenarbeit sehr verbunden. Verena Rothenbühler las die erste Version des Manuskripts und kommentierte sie richtungsweisend. Die Expertise von Thomas Fuchs ordnete das Chaos. Laurenz Zellweger nahm sich mit Einfühlungsvermögen der Gestaltung des Buches an.

Ich danke Ihnen als Leserschaft für Ihr geschätztes Interesse an diesem kleinen Kapitel aus der Geschichte des sich auf der Landschaft entfaltenden Bürgertums.

Winterthur, im Sommer 2022

Maya Zellweger

à la maison

Einleitung

Das Kreuz mit dem Kaufmann

Mit «Fetzen Krämer» bezeichnete sich der Kaufmann in Meterware Johannes Zellweger-Hirzel-Scheuss (1730–1803) im Jahr 1770 selber.[8] Er spielte damit auf Herkunft und Status seines Berufs als Kaufmann an. Der Begriff Kaufmann verengte sich während der Frühen Neuzeit von der Berufsbezeichnung für alle im Warenhandel Tätigen zum Titel für Gross- und Fernhändler.[9] Mit «Fetzen» – der Bezeichnung für ein wertloses, kleines Stück Stoff – nahm er Bezug auf seine durchaus wertvolle Handelsware: Leinenware und Baumwollware am Laufmeter, sogenannte Meterware. Textilhandel war die Grundlage für Reichtum, weil er ein menschliches Bedürfnis abdeckte, dasjenige nach Kleidung aus Stoff. Mit «Krämer» wertete er seinen eigenen Status als reicher, weil erfolgreicher Grosskaufmann zum «gemeinen Krämer»[10] ab. Das gemeine, ordinäre am Krämer als Kleinhändler[11] im Gegensatz zum Kaufmann oder «Kaufherr» war und ist die Ausrichtung seines Handels mit welcher Ware auch immer auf den finanziellen Gewinn. Obwohl auch der städtische Handwerker ausschliesslich gewinnorientiert arbeitete, traf der Vorwurf der Gewinnsucht gemeinhin den Krämer und Kaufmann als Bürger der Stadt. Abwertende Bezeichnungen für den Beruf des Kaufmanns waren die Regel. «Pfeffersäcke» hiessen diejenigen Kaufleute, welche nicht über «Fetzen», sondern vor Ende des 16. Jahrhunderts mit Säcken voller Gewürze zu Reichtum gelangten, bis die Pfefferpreise einbrachen.[12]

«Fetzen Krämer» Zellweger-Hirzel-Scheuss war so ein «reicher Sack». Er galt damals als reichster Mann in Appenzell Ausserrhoden. Kaufmann in Leinwand war der Beruf seines Vaters Johannes Zellweger-Sulser (1695–1774), seines Grossvaters Conrad Zellweger-Tanner (1659–1749) und seines Urgrossvaters Conrad Zellweger-Rechsteiner (1630–1705). Seinen drei Buben wünschte er mit der Ausbildung zum Kaufmann einen Beruf an die Hand zu geben, von dem sie sich ernähren konnten. Im Laufe von rund 150 Jahren Textilhandel gründeten die Kaufleute Zellweger rund siebzehn Handelsgesellschaften. Aus ländlicher Peripherie, aus einem «Kaff» oder «Nest»[13] heraus tätig, erlangten sie im Raum Trogen – Lyon – Genua über vier Generationen im Handel in Leinwand und Baumwolle grossen Reichtum. Für Beckert (2014) stellte diese Geschichte nur eine von «hunderten, wenn nicht tausenden solcher Geschichten»[14] des wirtschaftlichen und sozialen Aufstiegs von Kaufleuten dar. Pierenkemper (2005) nannte es ein kleines Kapitel aus der Geschichte, «wie wir reich wurden».[15] Was ist also erklärungsbedürftig an den Kaufleuten Zellweger von Trogen?

8 Zellweger, Johannes (1730–1803): 1 Brief an Johann Caspar Hirzel (1725–1803) in Zürich, Trogen, 26.03.1770.

9 Schultz, Helga: Artikel «Kaufleute», in: Jaeger et al. (Hg.): Enzyklopädie der Neuzeit (6/2007), Sp. 475–483, hier Sp. 475.

10 Zellweger, Johannes (1730–1802): 1 Brief an Johann Caspar Hirzel (1725–1803) in Zürich, Trogen, 01.04.1764.

11 N.N.: Artikel «Chrämer», in: Schweizerisches Idiotikon online (3/1885), S. 814.

12 Roeck: Der Morgen der Welt (2017), S. 891.

13 Roeck: Der Morgen der Welt (2017), S. 566.

14 Bspw. das Wiesental im Schwarzwald, etwa 55 Kilometer lang, vgl. Beckert: King Cotton (2014), S. 140–141; daraus das Beispiel der Handelsfirma der Gebrüder Johann Joseph und Johann Anton Castell in Elznach im Schwarzwald, 1814 bis 1843, vgl. Schwanke: «den wir hassen die unangenehme Corespondenz» in: Häberlein/Jeggle (Hg.): Praktiken des Handelns (2010) (= Irseer Schriften 6), S. 605–630.

15 Vgl. Pierenkemper: Wirtschaftsgeschichte. Eine Einführung, oder, Wie wir reich wurden (2005).

Das voralpine Appenzellerland war, seitdem die Stadt St. Gallen im 15. Jahrhundert der Stadt Konstanz das Monopol für die Leinwandschau ablaufen konnte, das produktive Hinterland für die städtischen Kaufleute. Im Gegensatz zur Zürcher Landschaft, zum Thurgau oder zum zerstückelten Rheintal war Appenzell Ausserrhoden politisch aber kein Untertanengebiet, sondern nach den Freiheitskämpfen im 15. Jahrhundert seit 1513 ein vollwertiger Staat der Alten Eidgenossenschaft. Es war wie sechs weitere Alte Orte politisch organisiert als «alt-eidgenössische Demokratie».[16] Faktisch beruhte diese direkte Demokratie nach der Landteilung 1597 auf dem Ausserrhoder Landbuch von 1632.[17] Praktisch ausgeübt wurde sie durch das Mehren über Handheben an der Landsgemeinde, der jährlichen Zusammenkunft der refomierten Männer von Appenzell Ausserrhoden, abgehalten im Turnus auf den beiden Landsgemeindeplätzen in Hundwil und in Trogen. Die Tradition der Textilverarbeitung auf der Landschaft war gegeben. Während der aus bäuerlicher Sicht unproduktiven Jahreszeit des Winters stellte die ländliche Bevölkerung in saisonaler Heimarbeit die Handelsware der Kaufleute der Stadt St. Gallen her, die Leinwand. Auf die Ernte des eigenen Flachses im Herbst folgte die arbeitsintensive Zubereitung auf dem Hof, das Spinnen am Spinnrad[18] in der geselligen Stube und schliesslich das Handweben am Holzwebstuhl im abgeschiedenen, gemauerten Webkeller unterhalb des Holzhauses. Das feuchte Klima war für das Weben des spröden Flachsgarns optimal, der Gesundheit des Menschen hingegen abträglich. Auf der Grundlage des überaus arbeitsintensiven Leinwandgewerbes entwickelte sich Appenzell Ausserrhoden im 18. Jahrhundert zum dichtest besiedelten Gebiet der Alten Eidgenossenschaft.[19] In nur 10 Kilometer Entfernung lockte mit der Leinwandstadt St. Gallen ein überaus attraktiver Absatzmarkt für diese Leinwand. Warum sich ausgerechnet das kleine Dörfchen Trogen in den 1670er Jahren aus dem Schatten der Stadt St. Gallen heraus auf derselben Basis des Leinwandhandels wirtschaftlich entwickeln konnte, ist erklärungsbedürftig.

Die Stadt war das wirtschaftlich dynamische Zentrum einer Region. Hier ballte sich Macht, Kultur und Idee auf Basis des Kapitalismus.[20] Die Kaufleute, welche den Vertrieb der Leinwand organisierten, entstammten in der Regel der dünnen städtischen Oberschicht. Sie machte auch in grösseren Städten kaum 5 Prozent der Stadtbevölkerung aus. Die Fluktuation in dieser kaufmännischen Oberschicht war beträchtlich. Gefahr, Risiko und Konkurswellen überdauerten meist nur wenige Generationen.[21] Gingen sie «selbstverschuldet» Konkurs, belegte sie die Stadt mit drakonisch hohen Strafen, Ächtung und Bann, dem Ausschluss aus der Gesellschaft. In St. Gallen etwa untersagte der Fallimentsprozess dem Falliten jeglichen Neubeginn. Nur der Abschluss eines «Fallimentsaccords» mit den Schuldnern führte zur Unterbindung weiterer Ansprüche.[22] Entwickelten sich die Geschäfte hingegen positiv, winkte dem Kaufmann Wohlstand und Reichtum. Während Reichtum in den östlichen Kulturen traditionell als Auszeichung betrachtet wird, löst er im christlich geprägten Europa in der Regel negative Gefühle aus wie Neid, Eifersucht und Unbehagen. Der Kaufmann stellte mit seinem über Handel erworbenen Reichtum in Frage, wer gesellschaftlich akzeptiert reich sein durfte. Ihm fehlte sowohl die Legitimation des Adels über «gottgewollte» politische Vormacht, genealogische Abstammung und die Vererbung von Grundbesitz als auch die Legitimation des Klerus über ein «gottgefälliges» Leben. Die Moraltheologie des Christentums stempelte Geld seit den Kirchenvätern zu einem Objekt der Schuld und Sünde und verurteilte

16 Gmür: Die Entwicklung der St. Gallischen Lande zum Freistaate von 1803 (1911), S. 126.

17 Vgl. Appenzeller Landbücher (1, Abt. 13/2009) (= Sammlung schweizerischer Rechtsquellen. Die Rechtsquellen der Kantone Appenzell) oder online https://www.ssrq-sds-fds.ch/online/cantons.html#AR.

18 Die älteste Darstellung eines Flügelspinnrads, das die Kombination der drei Arbeitsgänge Ausziehen der Fasern, Verdrehen und Aufspulen in einem Arbeitsgang erlaubte, stammt aus dem späten 15. Jahrhundert (Zeichnung aus: Mittelalterliches Hausbuch von Schloss Wolfegg, nach 1480, fol. 34r.), im 16. Jahrhundert erfolgte die Umstellung vom Handantrieb zum Fussantrieb, vgl. Pfister, Ulrich: Artikel «Textilgewerbe», in: Jaeger et al. (Hg.): Enzyklopädie der Neuzeit (13/2011), Sp. 398–412.

19 Witschi, Peter: Artikel «Appenzell (Ausserrhoden)», in: e-HLS online, 16.07.2015.

20 Altena, Bert/Lente, Dick van: Gesellschaftsgeschichte der Neuzeit 1750–1989 (2009), S. 31.

21 Schultz, Helga: Artikel «Kaufleute», in: Jaeger et al. (Hg.): Enzyklopädie der Neuzeit (6/2007), Sp. 475–483, hier Sp. 476–477.

22 Guggenheimer: Kredite, Krisen und Konkurse (2014), S. 79.

Handel und Wirtschaft als unmoralisch.[23] «Eher geht ein Kamel durch ein Nadelöhr, als dass ein Reicher in das Reich Gottes gelangt».[24] Der Kaufmann, der sich mit dem «schnöden Mammon» beschäftigte, näherte sich zudem den Juden, denen das negativ konnotierte Kreditgeben und Zinsnehmen überlassen war. Zur Abgrenzung entwickelte sich das Leitbild des «ehrbaren Kaufmanns».[25] Gegen Kapitalisten herrschte «schon immer ein unfreundlicher Ton», wie Braudel (1990) zusammenfasste.
Der Fernkaufmann überbrückte Distanzen. Er schuf sich in der Fremde dort ein Zuhause, wo er sein Geld verdiente und sich am sichersten wähnte – ein «unpatriotischer Profiteur» also.[26] Das Kreuz mit dem reichen Kaufmann als Bürger einer Stadt war nicht neu, wie der Verweis auf den kinderlosen Francesco di Marco Datini (1335–1410) von Prato (Toskana)[27] oder Hans Fugger (um 1367) von Augsburg (Bayern)[28] als allgemein bekannte Beispiele besonders erfolgreicher städtischer Kaufleute zeigt. Ihr anhaltender Bekanntheitsgrad basiert auf beeindruckenden, bis heute funktionierenden sozialen Stiftungen wie der Fuggerei (1516) für die Armen ihrer Städte. Ihnen vermachten katholische Kaufleute «aus brennender Jenseitsangst» ihren «vor dem Hintergrund der dramatischen Ausweitung des internationalen Fernhandels» erworbenen Reichtum.[29]
Die Sonderstellung der städtischen Bürger basierte auf dem Privileg des Handels mit in der Stadt hergestellten Gütern.[30] Kaufleutefrieden, Kaufleuterecht, Kaufleutegericht, Marktfrieden und Marktrecht kamen ihren vielfältigen Bedürfnissen nach wirtschaftlichem Austausch entgegen.[31] Die städtischen Kaufleute organisierten sich wie die Handwerker in einer zunftähnlichen Gesellschaft[32], grenzten sich aber zugleich scharf gegen sie ab.[33] Doren (1893) erfasste die Divergenz prägnant: Das Handwerk suchte in der Zunft «Einheit und Sicherheit», die Kaufleute in ihren Gilden hingegen «Freiheit und Beweglichkeit».[34] In Konstanz gründeten Tuchscherer, Tuchleute und Gewandschneider spätestens 1345 die Zunft der Kaufleute «Zum Thurgau». Mit diesem Namen verwiesen sie auf ihren Beschaffungsmarkt für Leinwand als Grundlage ihres Reichtums, den Thurgau. Die Zunft «Zum Thurgau» galt lange Zeit als vornehmste Vereinigung in Konstanz. Ihr edler Versammlungsraum dient heute der Politik als Ratssaal.[35] Die Gründung dieser Zunft der Reichen fiel mitten in eine Zeit des Tumultes. Nach einer Erhebung der Bürger 1342 gegen die Regierung der Patrizier verliess das Patriziat geschlossen die Stadt Konstanz. 1370 erhoben sich die Zünfte erneut. 1389 setzten sie den Bürgermeister ab. Nach dem Konzil von Konstanz (1414–1418) kam es 1429 in Form eines grossen Weberstreiks wiederum zu einer Erhebung der Bürger gegen das Patriziat. Hochqualifizierte Kaufleute in Leinwand verliessen Konstanz, wie das bereits infolge der Eroberung und Schleifung von Mailand 1162 der Fall gewesen war.[36] Zwei grosse Handelsgesellschaften entstanden in Ravensburg und in St. Gallen, wohin sich der Handel mit Leinwand unwiderruflich verlagerte. In Ravensburg gründete Muntprat von Konstanz mit Mötteli von Buchhorn (Friedrichshafen) und Humpis von Ravensburg die *Grosse Ravensburger Gesellschaft*. Bis 1520 bewirtschaftete sie mit grösstem finanziellem Erfolg einen Handelsraum mit eigenen Gesellen vor Ort in Venedig, Mailand, Genua, Barcelona, Saragossa, Valencia, Lissabon, Nürnberg, Wien, Prag,

---

23 Zäch: Geld + Kirche. Das Kreuz der Kirche mit dem Geld (2017), S. 9.

24 Markus 10, V 25.

25 Vgl. Engel: Homo oeconimicus trifft ehrbaren Kaufmann, in: Häberlein/Jeggle (Hg.): Praktiken des Handelns (2010) (= Irseer Schriften 6), S. 145–172.

26 Braudel: der Handel (1990), S. 251–253.

27 Origo: «Im Namen Gottes und des Geschäfts» (1985).

28 Beckert: King Cotton (2014), S. 39.

29 Roeck: Der Morgen der Welt (2017), S. 634.

30 Schwab, F.: Artikel «Handel», in: HBLS (4/1927), S. 68–70, hier S. 69.

31 Doren: Untersuchungen zur Geschichte der Kaufmannsgilden (1893), S. 25.

32 Doren: Untersuchungen zur Geschichte der Kaufmannsgilden (1893), S. 39–157.

33 Schultz, Helga: Artikel «Kaufleute», in: Jaeger et al. (Hg.): Enzyklopädie der Neuzeit (6/2007), Sp. 475–483, hier Sp. 477.

34 Doren: Untersuchungen zur Geschichte der Kaufmannsgilden (1893), S. 42.

35 Gügel: Zum Thurgau – die Zunft der Konstanzer Kaufleute, in: Volkart (Hg.): Vom Bodensee nach Bischofszell (2/2015), S. 144–151, hier S. 145 und 151.

36 Naef: Historischer Bericht ueber [... die] kaufmaenn. Korporation in St. Gallen (1840), S. 1.

Krakau, Genf und Avignon.[37] In St. Gallen gründeten Peter und Hug von Watt 1420 mit Niklaus von Diesbach (1375/1380– um 1436) von Bern die *Diesbach-Watt-Gesellschaft*.[38]
In Augsburg gründeten die im Fernhandel mit Textilien reich gewordenen städtischen Kaufleute Gossembrot, Welser, Hörbrot und Hoechstetter 1479 die *Kaufleutestube*. Der Dreissigjährige Krieg (1618–1648) markierte eine Zäsur im Bevölkerungs- und damit auch im Rückgang der Weber um zwei Drittel bis vier Fünftel. Nach 1648 setzte auf der Basis von Textilwesen, Kunstgewerbe und Goldschmiedearbeiten erneut ein ökonomischer Aufschwung ein.[39] In Ulm durften sich bis zur Aufhebung der Zunftverfassung 1548 nur Angehörige einer Zunft im Fernhandel betätigen. Adlige Patrizier waren vom kaufmännischen Handel ausgeschlossen.[40] Noch 1774 wurde der erfolgreiche, für seine Verdienste geadelte Kaufmann in Leinwand Friedrich Karl von Hailbronner (1724–1779) zwar ins Patriziat von Ulm aufgenommen.[41] Als der Rat ihm 1775 verbot, als Senator patricius weiterhin seine Handelsgesellschaft zu betreiben, legte er das politische Amt zugunsten seiner Geschäfte nieder.[42] In Nürnberg stellten die städtischen Kaufleute als im 18. Jahrhundert steuerkräftigste Bevölkerungsschicht die Alleinherrschaft der adligen Patrizier im Nürnberger Kaufmannsprozess (1730–1754) vor dem Kaiser in Frage. Endgültig zum tonangebenden Stand etablierten sie sich nach weiterem Konflikt mit den Patriziern aufgrund der Finanzkrise Ulms in der zweiten Hälfte des 18. Jahrhunderts.[43]
Auch in der Stadt St. Gallen trugen erfolgreiche Kaufleute in Leinwand zur wirtschaftlichen Dynamik der Region Ostschweiz bei. Sie hiessen dem Alphabet nach Gonzenbach, Hochreutiner, Hoegger, Locher, Rothmund, seit 1516 Schlappritzi[44], Schlumpf, Stauder, Zollikofer, Zili.[45] Sie alle wurden als städtische Kaufleute in Leinwand reich. Sie organisierten sich in der 1448 erstmals bezeugten *Notenstein-Gesellschaft zum Nothenstein*, seit 1730 im *Kaufmännischen Directorium St. Gallen*.[46] Mit aus eigenen Mitteln finanzierten diplomatischen Delegationen setzten sie sich am französischen Hof unermüdlich für Schutz und Erhalt des privilegierten Exports ihrer Leinwand ein. Um die schriftliche Kommunikation mit ihrem Hauptabsatzmarkt Lyon zu optimieren, organisierten sie 1575 das *Lyoner Ordinari*. 1630 erhöhten sie die Frequenz dieser Postverbindung nach Lyon von vierzehn Tagen auf einmal pro Woche.[47] Auch in Chur als dem verkehrstechnischen Nadelöhr des Exports auf der Nord-Süd-Achse bildete sich 1483 in Verbindung mit dem Predigerkloster eine Bruderschaft der Kaufleute, die aus den verschiedensten Gebieten der Drei Bünden stammten.[48] Das *Kaufmännische Direktorium Zürich* (1662), das *Direktorium der Kaufmannschaft Basel* (1682) und das *Kaufmännische Direktorium*

37 Nägele: Das Textilland Vorarlberg (1949), S. 14–15; vgl. Schulte: Geschichte der grossen Ravensburger Handelsgesellschaft 1380–1530 (1923), 3 Bde.; Landolt, Oliver: Artikel «Ravensburger Gesellschaft», in: e-HLS online, 02.08.2010.

38 Ammann: Die Diesbach-Watt-Gesellschaft. Ein Beitrag zur Handelsgeschichte des 15. Jahrhunderts, in: Mitteilungen zur vaterländischen Geschichte (37,1/1928); Körner, Martin: Artikel «Diesbach-Watt-Gesellschaft», in: e-HLS online, 18.08.2011; Körner: Die Diesbach-Watt-Handelsgesellschaft, in: Cicurel (Hg.): Die schweizerische Wirtschaft (1991), S. 28–33.

39 Paulus, Christof: Artikel «Augsburg», in: Historisches Lexikon Bayerns online, eingesehen am 14.03.2018; Geffcken, Peter: Artikel «Kaufleutestube», in: Stadtlexikon Augsburg online 1998.

40 Specker, Hans Eugen: Artikel «Ulm, Reichsstadt», in: Historisches Lexikon Bayerns online, eingesehen am 13.03.2018.

41 Specker, Hans Eugen: Artikel «Ulmer Patrizier und Bürger», in: Historisches Lexikon Bayerns online, eingesehen am 13.03.2018.

42 Weyermann: Artikel «Hailbronner», in: Weyermann: Neue historisch-biografisch-artistische Nachrichten von Gelehrten und Künstlern, auch alten und neuen adelichen und bürgerlichen Familien aus der vormaligen Reichsstadt Ulm (1829), S. 160; Zorn: Handels- und Industriegeschichte Bayerisch-Schwabens (1961), S. 112.

43 Diefenbacher, Michael: Artikel «Nürnberg, Reichsstadt», in: Historisches Lexikon Bayerns online, eingesehen am 13.03.2018.

44 Schmid: Die Schlapprizi. Geschichte einer St. Galler Burgerfamilie, 1516–1949 (1956), S. 5–6.

45 Baumann: Konfess., polit., wirtschaft. Vielfalt, in: Kantonsgeschichte St. Gallen (3/2003), S. 143.

46 Piller, Robert: Artikel «Handelskammer», in: e-HLS online, 24.03.2016; Bodmer: Die Gesellschaft zum Notenstein und das Kaufmännische Direktorium. Ein Beitrag zur Sozial- und Wirtschaftsgeschichte der alten Stadtrepublik St. Gallen, in: Neujahrsblatt (102/1962), S. 1–54; Bt.: Artikel «Direktorium (Kaufmännisches)», in: HBLS (2/1924), S. 725–726.

47 Bodmer: Alte Handelsbeziehungen zwischen den Städten Lyon und St. Gallen, in: Textil-Rundschau (1/1950), S. 19–26, hier S. 23.

48 Kellenbenz: Die Graubündner Pässe, in: Lindgren (Hg.): Alpenübergänge vor 1850 (1987), S. 27–46, hier S. 32.

Schaffhausen (1700)[49] als Interessengesellschaften der städtischen Kaufleute entstanden hingegen erst nach dem Dreissigjährigen Krieg. In Basel organisierte es bis 1798 das Postwesen, das Fabrikwesen und das Gesundheitswesen.[50] In Hirschberg (Schlesien) schlossen sich 1659 die «siebzehn bedeutendsten Leinwand= und Schleierhändler» zu einer Korporation zusammen, in Landeshut 1677.[51] Im 17. Jahrhundert war die Zeit der auf städtischer Wirtschaftsmacht gründender Handelsreiche wie Venedig längst vorbei. Die «Serenissma» hatte als «internationale Handelsdrehscheibe» ausgedient.[52] Im 18. Jahrhundert verschwanden mit den Zünften und Gilden zunehmend diejenigen Institutionen, welche wirtschaftliches Handeln aufgrund von Normierungen kontrollierten und sanktionierten.[53]
Der negativen Einstellung des Christentums gegenüber Geld und Geldmacherei widersprach das zeitgenössische Phänomen der sogenannten Handelsprivilegien. Seit dem Mittelalter gewährten Städte oder Nationen bestimmten Kategorien von Kaufleuten Vorrechte und Erleichterungen in Form von Staatsverträgen auf einen anderen Handelsplatz.[54] Die städtischen Kaufleute erhielten Handelsprivilegien in Form von freiem Geleit, Zollfreiheit, freiem Handel, freier Ausfuhr von Gold und Silber sowie Testierfreiheit. Handelsprivilegien betrachtete man als wirksames Mittel zur Ankurbelung des Handels. Für Kaufleute aus der Eidgenossenschaft waren insbesondere ihre Handelsprivilegien in Frankreich seit dem Frieden von Ensisheim 1444 entscheidend.[55] Dem darin festgelegten gegenseitigen Recht auf freien Handel und Wandel kam infolge des Aufblühens der *Messe Lyon* ganz unerwartet höchste Bedeutung zu. Um den vielfältigen Handel von der *Messe Genf* auf die *Messe Lyon* abzulenken, statteten die französischen Könige die Eidgenossen mit dem Privileg auf eine besondere Verlängerung der allgemeinen Messefreiheit auf vierzehn Tage über das Ende der eigentlichen *Messe Lyon* hinaus aus, etwas später sogar mit der Befreiung des Zolls von Lyon.[56] Dadurch verfügten die Mitglieder der *Nation Suisse à Lyon* über einen Vorteil vor allen anderen fremden Kaufleuten in Lyon. In der Folge liessen sich zahlreiche Kaufleute aus deutschen Handelsstädten in Städten der Eidgenossenschaft als Ausburger aufnehmen, um Anspruch auf die begehrten Handelsprivilegien erheben zu können. Ein Beispiel sind die Furtenbach von Leutkirch, welche sich anfangs der 1690er Jahre in Arbon niederliessen.[57] Der schweizerische Handel nach Lyon entwickelte sich in ungeahntem Ausmass auf Basis der aufblühenden Textilindustrie in der Ostschweiz und Basel. Dass diese Handelsprivilegien im Ewigen Frieden von 1516 mit Frankreich nicht detailliert spezifiziert wurden, gab bis Ende des 18. Jahrhunderts Anlass zu endlosen diplomatischen Kontroversen. Eine letzte Bestätigung erfolgte 1777, nur um 1783 endgültig widerrufen zu werden. Schwab (1927) sah in diesem «zähen Kampf um die Handelsprivilegien» die Grundlage der Entwicklung «einer mächtigen Exportindustrie».

49 Historischer Verein des Kantons Schaffhausen (Hg.): Schaffhauser Kantonsgeschichte des 19. und 20. Jahrhunderts (1/2001); Roth: Das Kaufmännische Direktorium in Schaffhausen (1931).

50 Röthlin: Die Basler Handelspolitik (1986); Roth, Carl: Artikel «Direktorium der Kaufmannschaft [im alten Stand Basel]», in: HBLS (2/1924), S. 726.

51 Zimmermann: Blüte und Verfall des Leinengewerbes in Schlesien (1885), S. 24–25.

52 Roeck: Der Morgen der Welt (2017), S. 891.

53 Köster, Roman: Artikel «Wirtschaftsethik in Europa», in: Jaeger et al. (Hg.): Enzyklopädie der Neuzeit (14/2011), Sp. 1148–1155.

54 Schwab, F.: Artikel «Handelsprivilegien», in: HBLS (4/1927), S. 71–72.

55 Thommen: Der Friede von Ensisheim vom 28. Oktober 1444, in: Basler Zeitschrift für Geschichte und Altertumskunde (15/1916), S. 119–129.

56 Varille: Les foires de Lyon avant la Révolution (1920) S. 23.

57 Schädler: Das Handelshaus Furtenbach in Arbon, Typoskript (1971), S. 1.

Wie sich die Landschaft nach dem Dreissigjährigen Krieg zwecks Ankurbelung der darniederliegenden Wirtschaft um Ansiedlung von Leinwandgewerbe und Leinwandhandel bemühte, lässt sich am Beispiel des wenige Kilometer östlich von Trogen liegenden, habsburg-österreichischen Landstädtchens Feldkirch im Jahr 1670 zeigen. Mittel zum Zweck schien Feldkirch die Einbürgerung der erfolgreichen Kaufleute in Leinwand Paul Franz und Johann Balthasar Hoffmann von Rorschach samt ihrem Vetter Hans Rudolf. Die ursprünglich aus Baden (Aargau) stammenden, in Konstanz eingebürgerten Hoffmann waren gefragte Kaufleute.[58] Bereits 1610 warb sie Fürstabt Bernhard Müller (1557–1630) von St. Gallen[59] zum Aufbau des Leinwandgewerbes und Leinwandhandels in sein Städtchen Rorschach am Bodensee an. Feldkirch erklärte vertraglich, die drei Hoffmann samt Familien ohne Einkaufsgeld aufzunehmen. Es gewährte ihnen Steuerfreiheit und minimale Abgaben auf künftiges Grundvermögen und Fahrhabe. Als einzige Gegenleistung sollten sie den Leinwandhandel im Grossen wie im Kleinen treiben. Sie durften Handelshäuser und Schreibstuben einrichten, ihre Leute wie Weber, Bleicher, Färber, Stauchenmacher und Leinwandschauer mitbringen sowie die bereits vorhandene Bleiche und Färberei nutzen, welche die Stadt auf eigene Kosten verbessern wollte. Auch der Bau eines Druck- und Stauchenhauses wurde ihnen erlaubt. Nur das Schauen und Messen der Leinwand behielt sich Feldkirch vor. Die Gebühren sollten in die städtische Kasse fliessen. Sogar den Tarif auf der städtischen Bleiche halbierte Feldkirch für die nächsten dreissig Jahre. Diesen erstaunlich grosszügigen Vertrag zu ihren Gunsten unterschrieben die Kaufleute Hoffmann von Rorschach zwar – zur Umsetzung des Inhalts kam es jedoch nie. Sie blieben in Rorschach.[60] Ihr Städtchen am See erlebte nach dem Dreissigjährigen Krieg einen grossen Aufschwung auf Basis des Leinwandgewerbes. Das lockte diverse Kaufmannsfamilien an. Aus dem süddeutschen Raum waren es die von Bayer und Pillier, aus Norditalien die von Albertis, Salvini, Martignoni, Zardetti und Gorini. Die Schlapritzi hatten sich bereits viel früher in Konstanz, St. Gallen und schliesslich in Rorschach niedergelassen.[61]

Der Vergleich der beiden katholischen Landstädtchen Rorschach und Feldkirch zeigt einen überraschenden Befund. Rorschach erlebte über Leinwandgewerbe und Leinwandhandel im 18. Jahrhundert sein Goldenes Zeitalter, das Aufkommen der Baumwollindustrie im 19. Jahrhundert brachte hingegen den wirtschaftlichen Niedergang.[62] In Feldkirch verhielt es sich genau umgekehrt. Man bemühte sich 1670 zwar um Abwerbung fähiger Kaufleute in Leinwand von Rorschach und beschloss am 17. September 1675 wirtschaftlich aufgeschlossen, «zu Diensten der Bürgerschaft ein gesünderes Wasser in die Stadt» zu bringen, das «ob der [Leinwand-]Bleiche hergebracht werden solle».[63] Genau in diesem Jahr liess der Kaufmann Johann Jakob Hutsch (1645–1726) von Feldkirch seine wohl ersten fünf Stück Leinwandtücher durch Zellweger-Rechsteiner an der *Leinwandschau Trogen* kaufen. Hutsch sollte in der Folge den *Bleichehof Meiningen* aufbauen.[64] Den wirtschaftlichen Aufschwung löste aber erst die Ansiedlung der mechanischen Baumwollspinnerei *Escher, Wyss & Kennedy* im Jahr 1827 aus. Feldkirch entwickelte sich auf der Grundlage der Baumwolle zu einer Hochburg des Liberalismus.[65] In nur 42 Kilometer Distanz entfaltete sich in den beiden katholischen Landstädtchen Feldkirch und Rorschach gerade auf Basis des Leinwandgewerbes im Gegensatz zur Baumwollindustrie je eine ganz eigene, von der einen zur andern übergehende wirtschaftliche Dynamik. Dazwischen lagen mit dem mehrheitlich reformierten Rheineck und dem paritätischen Altstätten zwei weitere Landstädtchen mit regem frühneuzeitlichen Leinwandgewerbe und Leinwandhandel. Ähnlich Rorschach erlebte Rheineck im 18. Jahrhundert auf der Grundlage des Seiden- und Leinwandhandels nach Italien sein Goldenes Zeitalter. An der Mündung des Rheins in den Bodensee gelegen, verlief hier neben der Abfertigung der Flösse aus Chur[66] der Handel

58 Göldi, Wolfgang: Artikel «Hoffmann», in: e-HLS online, 03.09.2009.
59 Bischof, Franz Xaver: Artikel «Müller, Bernhard (1557–1630)», in: e-HLS online, 13.01.2011.
60 Bilgeri: Politik, Wirtschaft, Verfassung der Stadt Feldkirch (1987), S. 285.
61 Schmid: Die Schlapprizi, in: Der Schweizer Familienforscher (1/1956), S. 1–17, hier S. 10.
62 Hollenstein, Lorenz: Artikel «Rorschach», in: e-HLS online, 05.01.2012.
63 Bilgeri: Politik, Wirtschaft, Verfassung der Stadt Feldkirch (1987), S. 285.
64 Trogen: Rechnungsbuch über die Leinwandschau Trogen, 1674–1675.
65 Burmeister, Karl-Heinz: Artikel «Feldkirch», in: e-HLS online, 28.22.2005.
66 Vischer: Die Flösserei auf dem Alpen- und Hochrhein, in: SVGB (131/2013), S. 155–184.

mit dem begehrten Rohstoff Flachs und Werg für das Leinwandgewerbe. Der Kaufmann in Leinwand und Seide Johannes Heer (1680–1756) von Rheineck erbaute sich von 1742 bis 1746 den herrschaftlichen «Löwenhof». Dieser Kaufmannssitz gehört zu den bedeutendsten barocken Profanbauten der Ostschweiz.[67] Auch im paritätischen Altstätten direkt am Rhein war zunächst der Leinwandhandel, später auch der Handel mit Seide und Baumwolle für die vorindustrielle Wirtschaft im 18. Jahrhundert von entscheidender Bedeutung. Die Handelshäuser Custer, Näf und Stadler mit Niederlassungen in diversen Ländern Europas brachten dieser dünnen Oberschicht grossen Reichtum. Sie liessen an der Herrengasse, heute Marktgasse, stattliche Kaufhäuser wie die «Rebburg» und den «Raben» mit Bogengängen errichten. Die Gemeinde Altstätten profitierte davon, was sich im Bau eines repräsentativen Rathauses zeigte. Auch der Bau des repräsentativen Rathauses Bischofszell (1747–1750) war aufgrund wohlhabender Kaufleute in Leinwand möglich.[68]
Der Reichtum des Kaufmanns kam, so machte es den Anschein, aus dem «Nichts». Der Kaufmann tat «nichts». Er übte keines der gesellschaftlich anerkannten und angesehenen Gewerbe der Handwerker aus, er stellte nichts her. Und trotzdem wurde er in der Regel reicher als alle anderen. Es stellt sich die Frage, was tat der Kaufmann, wenn er gerade «nichts» tat? Dem soll hier am Beispiel der Kaufleute Zellweger von Trogen nachgegangen werden. Sie unterschieden sich von den Kaufleuten der Stadt St. Gallen und der Landstädtchen Rorschach, Rheineck und Altstätten gerade dadurch, dass sie nicht im Schutz einer Stadt oder eines Städtchens reich wurden, sondern mitten auf der Landschaft. Zudem hinterliessen diese Kaufleute auf der Landschaft im Unterschied zu denjenigen in St. Gallen Akten, welche ihre Handelstätigkeit bis heute belegen. In der voralpinen Landschaft des Appenzellerlands zu Hause wurden sie mit ihrem vermeintlichen Nichtstun von 1670 bis 1820 im Zeitraum von 150 Jahren steinreich. Davon zeugen bis heute ihre sechs stattlichen Kaufhäuser. Wie Steinpilze angeordnet in einem scheinbar unerklärlichen Hexenring schossen sie ganz aus Stein unmittelbar rund um den kleinen Landsgemeindeplatz Trogen im Zeitraum von 1740 bis 1809 in die Höhe. Jedes Gebäude forderte Balken für Balken den sorgfältigen Abbau des Holzgebäudes, womit die Parzelle bereits bebaut war, und den Aufbau andernorts. Das Material war demnach kostbarer als die Arbeitskraft. Die privaten Kaufhäuser Zellweger stellten die öffentlichen Gebäude aus Holz wie Rathaus und Kirche in Dimension und Bauweise in den Schatten, bis man die Kirche 1781 der sie umgebenden Kulisse in Stein, Grösse und Stattlichkeit anpasste. Die Privatwirtschaft überragte Staat und Kirche. Auch das ist aus heutiger Sicht erklärungsbedürftig. Das Rathaus musste 1806 dem Bau des letzten Kaufhauses weichen. In den 1830er Jahren bezog die Behörde dann das Kaufhaus am Landsgemeindeplatz 2. Wie das «Grauhaus» in Chur, das «Rote Haus» in Azmoos und viele andere mehr nutzte man die ehemaligen Kaufhäuser nun als repräsentative Ratshäuser.

67 Müller, Peter: Artikel «Heer, Johannes (1680–1756)», in: e-HLS online, 29.07.2010; N.N.: Artikel «Heer», in: Schweiz. Familienbuch, hg. von J.P. Zwicky von Gauen (4/1963), S. 114; Müller, Peter/Kaiser, Markus: Artikel «Rheineck», in: e-HLS online, 04.01.2012.

68 Vogel, Johannes: Artikel «Altstätten», in: e-HLS online, 07.10.2010.

1597 teilte sich das Land Appenzell in das katholische Appenzell Innerrhoden und das reformierte Appenzell Ausserrhoden. Als Anhänger des reformierten Glaubens machten einige Zellweger diese Bewegung in der zweiten Hälfte des 16. Jahrhunderts mit. Auch wenn zwischen Appenzell (Appenzell Innerrhoden) und Trogen (Appenzell Ausserrhoden) gerade einmal 15 Kilometern liegen, ist ihre Geschichte eine Geschichte des sozialen und wirtschaftlichen Aufstiegs von Einwanderern.[69] Ursache ihrer Abwanderung war der reformierte Glauben, der seit Calvin (1509–1564), Werner Sombart (1863–1941) und Max Weber (1864–1920) gemeinhin als Basis eines «protestantischen Arbeitsethos» gilt.[70] Was je nach gewählter Perspektive als Zu-, Ab- oder Einwanderung galt, schien gerade für Familien typisch, die sich dem Handel zuwandten. Die Frühe Neuzeit in Europa war generell von einer starken Bevölkerungsdynamik geprägt.[71] Beispiele für katholische Handelshäuser mit Immigrationshintergrund sind die Castell von Gressoney (dt. Lystal, Paralleltal zum Aostatal) in Schwyz[72] oder Giovanni Batista Brentano-Cimaroli aus der Gegend um den Comersee, der im Jahr 1701 um die Niederlassung seiner Familie in Günzburg ersuchte,[73] oder Christian Marco Calgeer (gest. 1805) aus dem Veltlin, welcher sich 1769 in Kempten niederliess und Leinwandhandel betrieb,[74] oder die Schlappritzi aus Asti (Piemont), welche sich zunächst in Konstanz (Baden-Württemberg), dann in Arbon (Thurgau), in der Stadt St. Gallen und schliesslich in Rorschach (St. Gallen) niederliessen. Dieser Verhalt ist so augenfällig, dass North (2000) die gesamte frühneuzeitliche Handelsgeschichte als eine Geschichte der Mobilität auffasste. Jede Geschichte war geprägt von Einwanderung aus einer fremden Stadt oder Region, Niederlassung und allmählichem Aufstieg in der kaufmännischen Welt und in der sozialen Hierarchie, Übernahme politischer Ämter und letztlich Rückzug aus der Handelstätigkeit. Diese Phasen im Aufstieg gestalteten sich von Kaufmann zu Kaufmann, von Stadt zu Stadt, von Region zu Region anders.[75] Wie sie sich konkret am Beispiel der Kaufleute Zellweger von Trogen und aus ihrer Perspektive gestaltete, ist Inhalt vorliegender Arbeit.

---

69 Der Schriftsteller Walter Züst in Grub (Appenzell Ausserrhoden) setzte dieses Motiv literarisch um und liess seine Protagonistin Agatha Roner in seinem historischen Roman «Die Dornesslerin» um 1619 erbost in den Lärm rufen: «[...] die Küenzler kämen aus dem Bregenzerwald und die Zellweger von Appenzell, sie wären besser dort geblieben». Vgl. Züst: Die Dornesslerin (1998), S. 255.

70 Sombart: Der moderne Kapitalismus, 3 Bde. (1902); Weber: Die protestantische Ethik und der «Geist» des Kapitalismus, in: Archiv für Sozialwissenschaft und Sozialpolitik (1904/1905).

71 Lucassen, Jan/Lucassen, Leo: Artikel «Einwanderung», in: Enzypklopädie der Neuzeit (3/2006), Sp. 135–140, hier Sp. 135.

72 Auf der Maur: Von der Tuchhandlung Castell zur Weinhandlung Schuler (1996).

73 Reissenauer: Günzburg. Geschichte einer schwäbischen Stadt (1/2019), S. 296; Kraft: Die Kunstdenkmäler von Schwaben. Stadt Günzburg, in: Die Kunstdenkmäler von Bayern. Regierungsbezirk Schwaben (XI, 1/1993), S. 384–389.

74 Böck: Handel mit Langwaren und Kirchenparamenten, in: Das schöne Allgäu (61/1998), S. 39–40.

75 North: Kommunikation, Handel, Geld und Banken (2000), S. 72.

Ideen- und dogmengeschichtliche Grundlagen

War Appenzell im 16. Jahrhundert politisch hauptsächlich mit dem Loskauf von Leibfall und Zehnten vom Abt von St. Gallen beschäftigt[76], entfaltete sich im 17. Jahrhundert zunehmend privatwirtschaftliche Eigeninitiative über die Gründung mindestens zweier Handelsgesellschaften und die Errichtung einer Leinwandschau im Dorf Appenzell.[77] Die Gebäudemalerei in Spiessenrüti (Appenzell Ausserrhoden) öffnet über die Darstellung einer Szene am Quai beispielhaft ein «Fenster zum Mittelmeer».[78] Im Vordergrund sind mit Raggionen gekennzeichnete Tuchballen und ein à la mode gekleideter Kaufmann mit Dame zu sehen, die im Begriff sind, eine stilvolle Treppe zu einem geschmackvollen Haus hochzugehen. Im Hintergrund sind auf dem Mittelmeer Handelsschiffe zu sehen. Über der Szene hält eine magisch aus einer Wolke ragende Hand einen an einem Band befestigten Apfel. Er lässt sich als Apfel vom Baum des Lebens als uraltes Fruchtbarkeitssymbol interpretieren.[79] Der Leinwandhandel der Kaufleute Zellweger von Trogen in der zweiten Hälfte des 17. Jahrhunderts entfaltete sich vor dem wirtschaftstheoretischen Hintergrund des Merkantilismus (frz. «mercantile» kaufmännisch; lat. «mercator» Kaufmann). Der Merkantilismus war die vorherrschende wirtschaftliche Lehrmeinung in Europa vom 16. bis 18. Jahrhundert. In dieser Phase war der Aussenhandel von Zöllen und mengenmässigen Einfuhrbeschränkungen, Exportförderung oder Ausfuhrbeschränkungen bestimmt. Erst im 18. Jahrhundert entfaltete sich die Idee, dass Aussenhandel als Freihandel auch ohne Eingriffe von Seiten des Staates und der Politik auskommen könne.[80] Unter Merkantilismus fasste Adam Smith (1723–1790) alles zusammen, was vor seinem massgebenden Werk «Wealth of Nations» (1776) an wirtschaftspolitischen Ansätzen zu Geldpolitik, Finanzwirtschaft und Zahlungsbilanz als Handelstheorie existierte.[81] Hauptakteure im merkantilistischen System waren absolutistisch regierte Staaten. Die Monarchen setzten auf stetig wachsende Einnahmen von aussen, um die Finanzierung ihrer wachsenden Staatshaushalte sicherzustellen. Zu bezahlen war ihr aufwändiger Lebensstil, ihr anschwellender Beamtenapparat und ihr stehendes Heer. Grundlage der vermehrten Einnahmen waren ihre Kolonien in Übersee. Sie bewirkten in Europa «wirtschaftliche Veränderungen», welche sich im 17. Jahrhundert deutlich bemerkbar machten. Die Verlagerung der Handelsrouten führte zu einem Aufschwung der westeuropäischen Mächte und zu einem Niedergang des Mittelmeerraums, besonders Venedigs.[82] Mit dem Ziel, möglichst viel Geld in das eigene Land zu bringen, forcierten die Monarchen den Exporthandel nach den Kolonien mit staatlichen Mitteln. Zur rechtlichen Absicherung dieses Exporthandels gewährten sie vom Heimatland aus grosszügig Privilegien wie Konzessionen und Handelsmonopole. Ziel war die Sicherung des grösstmöglichen Anteils am Gewinn im sich dynamisch entwickelnden atlantischen Wirtschaftsraum. Im Dreieckshandel zwischen Europa (Fabrikate), den amerikanischen Plantagen (Rohstoffe) und der westafrikanischen

---

76 Loskäufe 1515–1519, Verhandlungen wegen Loskaufs des Haberzehntens 1519–1530, Loskäufe 1528–1531, Loskauf des Kirchenzehnten 1532–1535, Loskäufe und Unterhandlungen,1532–1542, Streit mit dem Abte von St. Gallen wegen Zehnten und Bussen 1551, Auslösungen 1562–1577, Streit mit dem Abte von St. Gallen über den Leibfall und die Auslösung 1562, vgl. Zellweger, J. C.: Geschichte des Appenzellischen Volkes. Neu bearbeitet (3, Abt. 1/1839), S. 43, 200, 205, 216, 229, 362, 429, 433.

77 Streit mit der Stadt St. Gallen wegen des Leinwandhandels 1541, Streit mit St. Gallen wegen des freien Kaufs und Beschimpfungen 1578–1579, vgl. Zellweger, J. C.: Geschichte des Appenzellischen Volkes. Neu bearbeitet (3, Abt. 1/1839), S. 292 und 454–462.

78 Altherr: Artikel «Ein Fenster zum Mittelmeer», in: Appenzell Ausserrhoden/Appenzell Innerrhoden (Hg.): Zeitzeugnisse (2013), S. 162–163.

79 Walker: Das geheime Wissen der Frauen (1993), S. 46–48.

80 Hess, Jan-Othmar: Artikel «Freihandel», in: Enzypklopädie der Neuzeit (3/2006), Sp. 1134–1136, hier Sp. 1134.

81 Smith: An Inquiry into the Nature and Causes of the Wealth of Nations, 2 Bde. (1776).

82 Vocelka: Geschichte der Neuzeit 1500–1918 (2010), S. 443.

Küste (Sklaven) waren auf allen Stufen Gewinne zu erzielen. Die überhöhten Erwartungen an den Export lösten zahlreiche europäische Kriege um die Kolonien aus. Diese Eroberung und Veränderung von alten Handelsnetzwerken seit 1600 «mit nie dagewesener Geschwindigkeit und Aggressivität» durch europäische Kaufleute innerhalb von 200 Jahren definierte Beckert (2014) als «Kriegskapitalismus». Der Merkantilismus belastete die damaligen zwischenstaatlichen Beziehungen durch seine aussenpolitische Aggressivität massiv.[83] In Spanien wurden aufgrund der transatlantischen Expansion und der massiven Zunahme des Fernhandels seit dem 16. Jahrhundert herkömmliche Vorstellungen der Preisgerechtigkeit aufgegeben. Die explosive Ausdehnung der Geldwirtschaft in ganz Westeuropa führte zu Teuerung und Inflation. Das zunehmende Wissen stellte die traditionelle Wirtschaftsethik in Frage, welche sich über den gerechten Preis und das Zinsverbot definierte. Eigennutz und Selbstinteresse rechtfertigten sich trotz moralischer Zweifelhaftigkeit über ihren Beitrag zur Steigerung des allgemeinen Wohlstandes.[84] Die merkantilistische Handelstheorie zur Betreibung des staatlich forcierten Exporthandels wurde über sogenannte *Ostindische* und *Westindische Handelskompanien* in die Praxis umgesetzt. Bei diesen privat initiierten und organisierten, aber staatlich privilegierten Handelsgesellschaften handelte es sich um ein spezifisch europäisches Konstrukt. *Ostindien-Kompanien* betrieben den profitablen Überseehandel mit Indien und Ostasien. *Westindien-Kompanien* handelten hingegen mit in Afrika und in Amerika gelegenen Kolonien des Heimatlandes. Ihr Kapitalstock basierte von Anfang an auf handelbaren Aktien. Marks (2002) definierte diese Kompanien als Vorläufer der modernen Grosskonzerne.[85] Als global agierende Handelsgesellschaften verfügten sie sowohl über Schiffe als auch fixe Handelsstützpunkte direkt vor Ort an der Küste ihrer Handelsdestination. *Ostindien-Kompanien* wurden nachweislich in über zehn europäischen Ländern gegründet[86], *Westindien-Kompanien* in deren vier.[87] Die Erfolge der *Niederländischen Vereenigde Oostindische Compagnie VOC*, um nur das grösste Handelsunternehmen des späten 17. und frühen 18. Jahrhunderts zu nennen[88], bescherte den Niederlanden im 17. Jahrhundert ein Goldenes Zeitalter. Das Geschäftsmodell dieser *Ostindien-Kompanien* basierte massgeblich auf dem merkantilistischen Wirtschaftssystem. Von den Landesfürsten als «Instrument ihrer Kolonialpolitik» eingesetzt, profitierten ihre privaten Betreiber von grosszügig gewährten staatlichen Konzessionen und Handelsmonopolen. Die Gründung des Grossteils der *Ost- und Westindischen Handelskompanien* fand denn auch im 17. Jahrhundert statt. Nur drei bis vier Gesellschaften dieser Art gründeten sich noch in der zweiten Hälfte des 18. Jahrhunderts. Dazu zählte die 1775 gegründete und einzige *Ostindien-Kompanie* des Habsburgischen Kaiserreichs. Bereits kurze Zeit später erlitt diese *Compagnia Asiatica di Trieste* verheerenden finanziellen Schiffbruch.[89] Ähnlich erging es auch der *Société maritime*, gegründet

83 Beckert: King Cotton (2014), S. 44.

84 Köster, Roman: Artikel «Wirtschaftsethik in Europa», in: Jaeger et al. (Hg.): Enzyklopädie der Neuzeit (14/2011), Sp. 1148–1155, hier Sp. 1151.

85 Marks: Die Ursprünge der modernen Welt. Eine globale Weltgeschichte (2006).

86 Ostindien-Kompanien in der Reihenfolge ihrer Gründung waren die Britische Ostindien-Kompanie (1600), die Niederländische Ostindien-Kompanie (1602), die Dänische Ostindien-Kompanie (1616), die Schwedische Ostindien-Kompanie (1626, geändert 1731), die Portugiesische Ostindien-Kompanie (1628), die Französische Ostindien-Kompanie (1664), die Kaiserliche Ostindische Kompanie (1719 bis 1731), die preussische Ostasiatische Handelskompanie namens Königlich-Preussische Asiatische Compagnie in Emden nach Canton und China (1751 bis 1765), im Habsburgischen Kaiserreich die Ostindische Handelskompanie Compagnia Imperiale Asiatica di Trieste (1775 bis 1784).

87 Westindien-Kompanien in der Reihenfolge ihrer Gründung waren die Niederländische Westindien-Kompanie (1621), die Französische Westindien-Kompanie (1664), die Dänische Westindien-Kompanie (1671 bis 1776) und die Schwedische Westindien-Kompanie (1786).

88 Vocelka: Geschichte der Neuzeit 1500–1918 (2010), S. 448.

89 Gilibert: Il mercante, il banchiere e l'imperatrice. L'aventura coloniale della Compagnia Asiatica di Trieste, in: Finzi/Panariti/Panjek (Hg.): Storia economica e sociale di Trieste. La città dei traffici 1719–1918 (2/2003), S. 3–20.

1789 in Brüssel durch Kaufmann Jacques Biedermann (1751–1817) von Winterthur (Zürich).[90] Nach hohen Gewinnen im Handel mit bedruckten Baumwollstoffen bis 1793 besiegelte das Ende des Französisch-Englischen Seekriegs 1797 zugleich das definitive Ende der Ära dieser Überseehandelsgesellschaften. In Frankreich kam es mit dem Niedergang der französischen *Compagnie des Indes* und dem Verlust ihres Handelsmonopols in den 1760er Jahren zu einem bedeutenden Umbruch. Französische Kaufleute erlangten dadurch weitgehende Bewegungsfreiheit im Handel mit Kolonialware.[91] Der Aufschwung der europäischen Wirtschaft, so das Fazit von Schneider (1987), habe sich auf die Ausbeutung dieser fremden Märkte gestützt.[92]
Auch absolutistisch regierte Länder ohne Kolonien subventionierten weite Sektoren des Handels mit Monopolen. Insbesondere für den Leinwandhandel entstanden privilegierte Handelsgesellschaften. Im Herzogtum Württemberg waren es die *Uracher Leinwandhandlungscompagnie* (1703 gegründet, 1793 aufgelöst), die *Blaubeurer Leinwandhandlungscompanie* und die *Heidenheimer Compagnie* (in den 1730er Jahren gegründet, 1767 Konkurs). Für den Tuchhandel war es die *Calwer Zeughandlungs-Compagnie*.[93] In Abgrenzung zu diesen obrigkeitlich verliehenen Monopolen gilt es nun zu hinterfragen, ob es sich beim vielbeschworenen Schaumonopol der reichsfreien Stadt St. Gallen in Form der *Leinwandschau St. Gallen* tatsächlich um ein Monopol oder nicht vielmehr um die best zahlende Institution dieser Art handelte. In St. Gallen war die Zeit der grossen Handelsgesellschaften wie der *Diesbach-Watt-Gesellschaft*, der Mötteli, der Vogelweider, der Hochrütiner und der Zollikofer seit dem 16. Jahrhundert längst vorbei.[94] Grosskaufleute als Vertreter von Familiengesellschaften und Einzelfirmen nutzten nun die aufstrebende Handelsmetropole Lyon mit ihrer privilegierten, vierteljährlich stattfindende *Messe Lyon* als Absatzmarkt. Die Ostschweizer Kaufleute in Leinwand profitierten im höchsten Masse vom königlichen Privileg weiterer fünfzehn Tage Zollfreiheit. Es beschäftigte Arbeitskräfte, indem es den Verkauf der Leinwand über den Fernhandel von St. Gallen nach Lyon einigermassen sicherstellte. Das Textilgewerbe war bis ins 19. Jahrhundert in den meisten Volkswirtschaften der wichtigste Gewerbezweig der Frühen Neuzeit.[95] Die ökonomisch rückständigen katholischen Regionen der Innerschweiz, Sargans, Gaster und Uznach betrieben das blutige Gegengeschäft. Sie schickten ihre überzähligen Arbeitskräfte als Söldner nach Frankreich, zogen Pensionsgelder ein und versäumten ihre wirtschaftliche Entwicklung.[96] Die reformierte Stadt St. Gallen hingegen zog ausschliesslich Nutzen aus dem Verhältnis zu Frankreich. Söldner hatte sie mangels Untertanengebieten kaum anzubieten.

---

90 Weiss, Reto: Artikel «Société maritime suisse», in: e-HLS online, 24.01.2013; Vergé-Franceschi: La Société maritime des XVIIe et XVIIIe siècles, in: Revue historique des armées (171–172/1988), S. 78–88; Veyrassat: Négociants et fabricants dans l'industrie cotonnière suisse 1760–1840 (1982); Peyer: Von Handel und Bank im alten Zürich (1968), S. 182–189; Weisz: Licht und Schatten auf einem Pionier des Winterthurer Fernhandels, in: Winterthurer Jahrbuch (1955), S. 58–64; Weisz: Die ostinidische Kompanie der Schweiz, in: Weisz (Hg.): Studien zur Handels- und Industrie-Geschichte der Schweiz (1/1938), S. 47–74.

91 Röthlin: Ein Blick auf die Bezugs- und Absatzgebiete des schweizerischen Grosshandels, in: Bairoch/Körner (Hg.): Die Schweiz in der Weltwirtschaft (15.–20. Jh.) (1990) (= SGWSG 8), S. 85–99, hier S. 93.

92 Vgl. Schneider: Dynamik von Wirtschaftsräumen im Gefolge der europäischen Expansion und der Industrialisierung, in: Bestmann/Irsigler/Schneider (Hg.): Hochfinanz, Wirtschaftsräume, Innovationen (2/1987), S. 861–894.

93 Medick: Weben und Überleben in Laichingen 1650–1900 (1997), S. 105.

94 Körner, Martin: Artikel «Diesbach-Watt-Gesellschaft (1420er–1460)», in: e-HLS online, 18.08.2011 sowie Aufzeichnungen der Grossen Ravensburger Handelsgesellschaft: Grosse Rekordanz, 23.10.1477: «Es ist waeger, 30 Ballen [St. Galler Leinwat] geführt und mit Nutz verkauft denn 50 ohne Nutz. Wir wellend nit denn waeber hoffierren und die zoeller rich macha», in: Bruchhäuser (Hg.): Quellen zur Geschichte der Berufsbildung deutscher Kaufleute (1992), S. 105; Nägele: Das Textilland Vorarlberg. Werden und Wachsen einer alpenländischen Industrie (1949), S. 14–15; Schulte: Geschichte der grossen Ravensburger Handelsgesellschaft 1380–1530, 3. Bde. (1923); Bodmer: Alte Handelsbeziehungen zwischen den Städten Lyon und St. Gallen, in: Textil-Rundschau (1/1950), S. 19–26, hier S. 23.

95 Die Textilgewerbe sind gegenüber dem Bekleidungsgewerbe als vorgelagerte Verarbeitungsstufen aufzufassen, vgl. Brauneder, Wilhelm: Artikel «Textilgewerbe», in: Jaeger et al. (Hg.): Enzyklopädie der Neuzeit (13/2011), Sp. 398–403.

96 Baumann: Konfess., polit., wirtschaft. Vielfalt, in: Kantonsgeschichte St. Gallen (3/2003), S. 142.

Vor diesem wirtschaftspolitischen Hintergrund erlebten zahlreiche kleine Landstädtchen und Dörfer der Alten Eidgenossenschaft im 18. Jahrhundert ihr Goldenes Zeitalter. Die heimgewerbliche Basis bildete aber gerade in der Ostschweiz kein importabhängiger Rohstoff wie Baumwolle oder Seide, sondern der lokal angebaute Flachs. Auch Ennenda (Glarus) erlebte sein Goldenes Zeitalter von der Mitte des 17. Jahrhunderts bis zur Mitte des 18. Jahrhunderts auf Basis eines lokal vorhandenen Rohstoffes, dem Schiefergestein. Die Herstellung und der Vertrieb ihrer europaweit gesuchten Schiefertische beschäftigte in dieser Phase praktisch alle Haushalte.[97] Die zündende Idee dazu stammte von Jakob Bellersheim aus Hessen (1616) und damit wie oft üblich in Handel und Industrie von auswärts. Mit dem Flachs als Basis für den Aufschwung der meisten kleinen Landstädtchen und Dörfer im Osten der Alten Eidgenossenschaft war ein lokal angebauter Rohstoff auszumachen, der den regionalen Rohstoffhandel in ungeahntem Ausmass zu beflügeln vermochte. Das vollständig klima- und wetterabhängige, arbeitsintensive Leinwandgewerbe und der Exporthandel mit dem Endprodukt Leinwand brachte St. Gallen, Rorschach, Rheinegg, Altstätten (St. Gallen) oder eben Trogen und Speicher (Appenzell Ausserrhoden) ihr Goldenes Zeitalter.[98] Das nahe gelegene Feldkirch (Vorarlberg) hingegen erlebte sein Goldenes Zeitalter erst auf Basis der importabhängigen Baumwolle und ihrer bereits mechanisierten Verarbeitung innerhalb einer mit Maschinen bestückten Fabrik. Während die Bevölkerung derjenigen Regionen, in welcher das Leinwandgewerbe im 18. Jahrhundert in Heimarbeit organisiert war, im 19. Jahrhundert ihre Angst vor Verarmung mit sogenannten «Maschinenstürmen» (Usterbrand 1832)[99] zum Ausdruck brachte, überlieferte Beckert (2014), wie für die Weber in Lancashire und den ländlichen Gegenden von Cheshire (Grossbritannien) «erst mit den neu entwickelten Spinnmaschinen für Baumwolle nach der Industriellen Revolution ein Goldenes Zeitalter anbrach».[100] Wie «gehaltvoll» «Berns Goldene Zeit» im 18. Jahrhundert war, zeigt die sorgfältige Untersuchung von Hollenstein/Schläppi (2008).[101]
In Abgrenzung zum Merkantilismus verbreitete sich in der Alten Eidgenossenschaft ab der zweiten Hälfte des 18. Jahrhunderts die neue Wirtschaftstheorie und Gedankenwelt der Physiokraten. Physiokratie (gr. «physis kratia» Herrschaft der Natur) gründete auf der Annahme, dass allein die Natur einen Wert hervorbringen könne.[102] Nicht der Handel, sondern einzig die Landwirtschaft war für die Physiokraten der Wirtschaftszweig, der einen Reinertrag hervorbrachte. Im Gegensatz zum Merkantilismus verfolgte die Physiokratie das Ziel, die Eingriffe des Staats in die Wirtschaft auf ein Minimum zu beschränken. Europa erfasste eine Welle an Gründungen von sogenannten *Oekonomischen Gesellschaften* – keine Handelsgesellschaften, sondern privat organisierte Vereinigungen gleichgesinnter Physiokraten zur Verbreitung physiokratischer Ideen zum Nutzen der Bevölkerung. In der Eidgenossenschaft wurden *Oekonomische Gesellschaften* in den Städten Bern[103] und Zürich (1759), Basel, Solothurn und Chur gegründet. Viele ökonomische Patrioten waren Mitglieder der *Helvetischen Gesellschaft* (1761)[104], der bedeutendsten gesamtschweizerischen Vereinigung zur Förderung von Reformen, Patriotismus und eidgenössischem Zusammenhalt. In diesem Kreis übten sie bis 1797 grossen Einfluss aus. Ulrich Im Hof (1983) sprach von einem Anteil von Kaufleuten oder Unternehmern unter den Mitgliedern von 66% (62 von 386). Zwei davon hiessen Zellweger und stammten aus Trogen. Der eine war der Arzt Laurenz Zellweger (1692–1764), der andere sein Neffe, der eingangs erwähnte «Fetzen Krämer» Zellweger-Hirzel-Scheuss, Präsident der Gesellschaft im Jahr 1776, Schwager des Mitgründers Johann Caspar

97 Marti-Weissenbach, Karin: Artikel «Ennenda», in: e-HLS online, 26.10.2016.

98 Röthlin: Veränderungen innerhalb der atlantischen Welt des 18. Jahrhunderts, in: Gilomen/Müller/Veyrassat (Hg.): Globalisierung – Chancen und Risiken (2003) (= SGWSG 19), S. 113–130.

99 Bürgi, Markus/Schmid, Brundo: Artikel «Usterbrand, 22.11.1832», in: e-HLS online, 19.02.2013.

100 Beckert: King Cotton (2014), S. 75.

101 Vgl. etwa Holenstein: «Goldene Zeit» im Alten Bern». Entstehung und Gehalt eines verklärenden Blicks auf das bernische 18. Jahrhundert, in: Holenstein/Schläppi et al. (Hg.): Berns goldene Zeit. Das 18. Jahrhundert neu entdeckt (2008) (= Berner Zeiten 4), S. 16–25.

102 Priddat, Birger P.: Artikel «Physiokratie», in: Jaeger et al (Hg.): Enzyklopädie der Neuzeit (9/2009), Sp. 1188–1194.

103 Vgl. dazu das Forschungsprojekt über Albrecht Haller (1708–1777) und die Oekonomische Gesellschaft Bern, unter: http://www.hist.unibe.ch/forschung/forschungsprojekte/haller_online/index_ger.html.

104 Im Hof: Das Entstehen einer politischen Öffentlichkeit in der Schweiz. Struktur und Tätigkeit der Helvetischen Gesellschaft (1983); Capitani: Die Gesellschaft im Wandel. Mitglieder und Gäste der Helvetischen Gesellschaft (1983).

Hirzel (1725–1803) von Zürich. Zwei Jahre zuvor hatte er sich im Alter von 44 Jahren geschäftlich von seinem Bruder getrennt, was die freiwillige Liquidation der *Gebrüder Zellweger & Comp.* nach sich zog. Beide Brüder bewirtschafteten nun den Raum Trogen, Lyon, Genua mit je eigenen Handelshäusern vor Ort.

Forschungsstand

Die bis heute relevante quellenbasierte Forschung über die Handelsgesellschaften Zellweger stammt von Walter Bodmer (1896–1989) aus den Jahren 1959/1960. Der promovierte Chemiker, Textilfachmann und Geschäftsmann las die Quellen über den Textilhandel in der Frühen Neuzeit mit beeindruckendem Sachverstand. Nach zwanzig Jahren Erfahrung in der Leitung einer Textilfärberei in Como und des Familienbetriebs in Fossano[105] galt sein Interesse insbesondere der Bedeutung von Migration und Emigration für die schweizerische Wirtschaft. Seine Erforschung der Schweizer Wirtschafts- und Handelsgeschichte auf Basis breiter Archivstudien gilt als Pionierleistung. 1959 verfasste er die quellenbasierte Studie «Textilgewerbe und Textilhandel in Appenzell Ausserrhoden vor 1800»[106], 1960 sein Hauptwerk «Schweizerische Industriegeschichte» mit Fokus auf die schweizerische Textilwirtschaft. Darin fasste er die vielen Handelsgesellschaften Zellweger unter dem irreführenden Konstrukt «Firma Zellweger» zusammen:

> [Sie] verfügte jedoch über die ausgedehntesten Handelsbeziehungen in [Appenzell] Ausserrhoden. Sie besass Geschäftsniederlassungen in Trogen, Lyon und Genua, Warenlager an den genannten Orten sowie für kürzere oder längere Zeit in Cadix, Barcelona, Bordeaux, Frankfurt, Leipzig, Moskau und Bozen. Ihre Geschäftsbeziehungen erstreckten sich von Cadix, Lissabon, London und Manchester bis nach Peterburg, Moskau und Kaluga, von Hamburg bis nach Palermo, Catania und Malta. Ein dichtes Kundennetz breitete sich über ganz Spanien, Frankreich, Italien und die Niederlande aus. Selbst in Pommern und Polen besass die Firma in grösseren und kleineren Städten zahlreiche Kunden, und gegen Ende des Jahrhunderts stieg die Bilanzsumme des Hauses auf weit über eine Million Gulden.[107]

Veyrassat (1982) folgte Bodmer, indem sie alle Handelsgesellschaften Zellweger unter dem Begriff «la maison Zellweger» zusammenfasste:

> Il n'y a pas de Glaronnais, guère d'Appenzellois à la tête d'un trafic colonial et d'opérations intercontinentales. En Appenzell, une brillante exception – qui confirme la règle – encore que le rayon d'action de cette maison embrasse d'avantage le monde méditerranée que l'Atlantique et que son commerce de toiles de toutes origines prédomine sur le trafic colonial: c'est la maison Zellweger qui a établi des entrepôts notamment à Gênes, Barcelone, Cadix, Lisbonne, Bordeaux et qui introduit, entre autres, des grandes quantités de coton en Suisse.[108]

Bis und mit dem Beitrag von Pfister (2013) basierte die Forschung zu den Kaufleuten Zellweger auf den Arbeiten Bodmers unter Einflechten neuer Forschungsthesen zu kommerzieller und Konsumrevolution.[109] Dazu zählte Schläpfers «Wirtschaftsgeschichte des Kantons Appenzell Ausserrhoden bis 1939» (1984) und Holdeggers Dissertation «Geschichte des industriellen Unternehmertums Appenzell A.Rh.

105 Bürgi, Markus: Artikel «Bodmer, Walter (1896–1989)», in: e-HLS online, 11.08.2004.

106 Bodmer: Textilgewerbe und Textilhandel in Appenzell Ausserrhoden vor 1800, in: APJB (87/1959), S. 3–75.

107 Bodmer: Schweizerische Industriegeschichte (1960), S. 244–245.

108 Veyrassat: L'industrialisation dans le secteur cotonnier (1982), S. 232, zitiert nach Bodmer: Schweizerische Textilwirtschaft (1959), S. 244–245 und dessen Fussnote 131.

109 Pfister, Ulrich: Der Textilhandel der Familie Zellweger in der zweiten Hälfte des 18. Jahrhunderts, in: Eisenhut/Lütteken/Zelle (Hg.): Europa in der Schweiz (2013), S. 25–40.

von den Anfängen bis zur Gegenwart» (1992).[110] Holderegger wandte sich der Unternehmerpersönlichkeit zu, indem er das Wesen des Unternehmers über die klinische Psychodiagnostik zu erfassen suchte. Für Conrad Zellweger-Tanner (1659–1749) lautete seine Diagnose «vermutlich zwanghaft», «ausgekochter Geizhals und überaus habgieriger Kaufmann». In Unkenntnis von Geschichte und Herkunft der Doppelten Buchführung, die im 12. Jahrhundert in Europa belegbar ist und seit dem 15. Jahrhundert in Handbüchern von Mönchen aus Italien beschrieben wurde[111], bezeichnete er sie als «für die damalige Zeit zweifelslos revolutionär», um sie im Kontext der Zellweger umgehend als «ausgeklügeltes Kontrollsystem» abzuwerten, «für das keine absolute Notwendigkeit bestand». Die Doppelte Buchführung zwecks Festhaltung komplexer wirtschaftlicher Vorgänge wird bis heute praktisch unverändert angewandt. Über Bilanz sowie Gewinn- und Verlustrechnung liefert sie sowohl dem Kaufmann als auch dem Staat ein Spiegelbild der Handelsgesellschaft und den Stand der Geschäfte. Holderegger interpretierte sie in Bezug auf die Kaufleute Zellweger als Machtinstrument. Die «Kombination von extremer Profitorientierung und professioneller Betriebsabrechnung» habe ihnen «die systematische Ausbeutung des Potentials auf den Absatz- und Arbeitsmärkten» erlaubt.[112] Für die neutrale Erfassung dessen, was die Kaufleute Zellweger auf dem kaufmännischen Sektor leisteten, trägt seine abwertende Haltung nichts bei. Dem Absolventen der *Wirtschaftshochschule St. Gallen (HSG)* entging es, dass gerade die Beherrschung der Doppelten Buchführung *das* professionelle Werkzeug schlechthin war, welches den Kaufmann im Fernhandel der Frühen Neuzeit ausmachte. Ohne die systematische schriftliche Fixierung von ein- und ausgehenden Beträgen und Waren war ein erfolgreich betriebener Handel undenkbar, wie das anschauliche Beispiel des hochsensiblen Baumwollferggers und Schriftstellers Ulrich Bräker (1735–1798) von Näppis (St. Gallen) zeigt, besser bekannt als «Armer Mann im Toggenburg».[113] Die Forschung über die international agierenden Handelsgesellschaften Zellweger zeigt drei Merkmale. Erstens werten praktisch alle Beiträge ihre kaufmännische Tätigkeit ab. Zweitens verhindert die auf Appenzell Ausserrhoden beschränkte, regionale Perspektive den Blick auf die Dimensionen des einstigen Handelsraumes. Und drittens kreisen die Inhalte immer wieder um die Ergründung der Frage, ob die aus dem alteidgenössisch direktdemokratisch organisierten Appenzellerland stammenden Zellweger als Dynasten oder gar Aristokraten zu definieren waren[114], ohne den Widerspruch zu hinterfragen. Denn Handel «glänzt» nicht[115] und ist «nicht edel». Beides unterliegt aber zahlreichen Vorurteilen.[116]

Noch Ende des 19. Jahrhunderts bemühte sich Sturzenegger (1892/1894) um die Geschichte von Handel und Industrie des Kantons Appenzell Ausserrhoden. Obwohl nur siebzig Jahre nach dem Konkurs der *Zellweger & Comp.* in Trogen verfasst, war ihm nicht mehr klar, woher die Baumwolle bezogen wurde.[117] Koller/Signer (1926) hoben in dem genealogischen Werk «Appenzellisches Wappen- und Geschlechterbuch» die Grösse der Handelsgesellschaften Zellweger hervor.[118] Die Auseinandersetzung mit der Persönlichkeit der Kaufleute Zellweger von Trogen intensivierte sich in den 1940er Jahren vor dem Hintergrund des Zweiten Weltkrieges. 1939 erschien die Dissertation über «Landammann Jacob

110 Schläpfer: Wirtschaftsgeschichte des Kantons Appenzell Ausserrhoden bis 1939 (1984); zu den Kaufleuten Zellweger vgl. S. 61–97, 336–338; Holderegger: Unternehmer im Appenzellerland (1992), S. 52–101, 519–527.

111 Cotrugli, Benedetto (Kaufmann): Libro dell'arte di mercatura (Manuskript), Neapel 1450er Jahre, 4 Bde., darin erste Beschreibung der Methode der Doppelten Buchführung; Pacioli, Luca (Mönch): Summa de Arithmetica, Geometria, Proportioni et Proportionalita, Venedig 1494; erste deutsche Übersetzung erschien in Nürnberg 1537.

112 Holderegger: Unternehmer im Appenzellerland (1992), S. 72–73.

113 Bräker: Lebensgeschichte und Natürliche Ebentheuer des Armen Mannes im Tockenburg (1788), in: Holliger et al. (Hg.): Ulrich Bräker. Sämtliche Schriften (4/2010), S. 357–557.

114 Schläpfer: Die Familie Zellweger im politischen, wirtschaftlichen und soziokulturellen Umfeld ihrer Zeit, in: Jahrbuch der Schweizerischen Gesellschaft für Familienforschung (1988), S. 107–126; Zellweger, O.: Der Dorfplatz in Trogen (1954); Schläpfer: Demokratie und Aristokratie in der Appenzellergeschichte des 17. und 18. Jahrhunderts, in: Appenzellische Jahrbücher (1948, 76), S. 3–26.

115 Wohnlich: Zur Geschichte der Familie Zellweger in Trogen, in: Appenzeller Kalender (1930), S. 1.

116 Braudel: Die Dynamik des Kapitalismus, ins Deutsche übertragen von Peter Schöttler (1986), S. 14.

117 Sturzenegger: Beiträge zu einer Geschichte des Handels und der Industrie AR (1894), S. 1–80, hier S. 5 sowie Sturzenegger: Beiträge zu einer Geschichte des Handels und der Industrie AR (1892), S. 1–88.

118 Koller/Signer: Appenzellisches Wappen- und Geschlechterbuch (1926), S. 396–408.

Zellweger (1770–1821). Der Kanton Appenzell A.-Rh. 1797–1818» von Walter Schläpfer (1914–1991). Dem Historiker und Germanisten gelang eine quellenfundierte Biografie über eine privat, wirtschaftlich und politisch aussergewöhnliche Persönlichkeit. Der Vater von siebzehn Kindern, Teilhaber, dann Inhaber der *Zellweger & Comp.* mit europaweitem Handelsnetz und Erbauer eines grossen Kaufhauses war jahrelang politisch aktiv in einer revolutionären, unruhigen Zeit. Er endete als gewählter Landammann von Appenzell Ausserrhoden als Konkursit oder Fallit. Schläpfer setzte Handel mit «Despotismus»[119] gleich. Er sah darin die Ursache der Entstehung sozialer Unterschiede. Aufgrund von einflussreichen Unternehmerfamilien hätten sich in Appenzell Ausserrhoden «aristokratische Formen» ausgebildet, wie am eindrücklichsten Beispiel der Familie Zellweger ersichtlich.[120] Schläpfer verfasste in der Folge den Artikel «Demokratie und Aristokratie in der Appenzellergeschichte des 17. und 18. Jahrhunderts», um die Existenz einer «Aristokratie» in Appenzell Ausserrhoden nachzuweisen.[121] Im Weiteren verfasste er grundlegende Werke zur Geschichte des Kantons, darunter 1984 die «Wirtschaftsgeschichte des Kantons Appenzell Ausserrhoden bis 1939».[122] Auch Ehrenzeller (1942) faszinierte im Artikel «Die Struktur der Kantone St. Gallen und Appenzell» der Widerspruch der «Bildung einer eigentlichen Oberschicht im 17. und 18. Jahrhundert [...] trotz der urdemokratischen Landsgemeindeverfassung» in Appenzell Ausserrhoden.[123] Kantonsbibliothekar Schläpfer verfasste den Artikel «Die Familie Zellweger im politischen und soziokulturellen Umfeld ihrer Zeit» (1988).[124] Schläpfer setzte sich intensiv mit der Unternehmensgeschichte Zellweger auseinander. Dafür stand ihm nicht der wirtschaftliche Teil der Überlieferung zur Verfügung, sondern der hauptsächlich aus privater Korrrespondenz bestehende Nachlass in der Kantonsbibliothek.

Seit den 1970er Jahren konzentrierten sich Historiker vorwiegend auf sozialgeschichtliche Themen des Heimgewerbes in Appenzell Ausserrhoden. Die Analyse sowohl der Lebenswelten und Arbeitsbedingungen der Heimarbeiterfamilien als auch der Organisationsform des Verlagswesens auf der Landschaft schlug sich in einer Vielzahl von Studien nieder. Veyrassat (1982) verfasste ihre Dissertation zum Thema «L'industrialisation dans le secteur cotonnier en Suisse (1760–1830/40)» und publizierte im gleichen Jahr «Négociants et fabricants dans l'industrie cotonnière suisse 1760–1840».[125] Zeitgleich erschien die Dissertation von Tanner (1982) von Teufen «Spulen – Weben – Sticken. Die Industrialisierung im Kanton Appenzell Ausserrhoden» in der Absicht, «seiner engeren Heimat ein Stück Vergangenheit» nahezubringen und «einen Beitrag zur internationalen Forschung über Industrialisierung und ihre Auswirkung auf Wirtschaft, Gesellschaft und Herrschaft» zu leisten.[126] Kurz danach erschien «Das Schiffchen fliegt, die Maschine rauscht. Weber, Sticker und Unternehmer in der Ostschweiz» (1985). Darin machte Tanner den neuen und wegweisenden Vorschlag, die Kaufleute Zellweger und ihre Handelsgesellschaften als Beispiel zu betrachten, an welchem sich «die Entstehung und Entwicklung eines ländlichen Handelshauses» nachvollziehen lasse.[127] In den beiden Artikeln «Das ganze Land eine Baumwollfabrik. Ländliche Industrie in der Ostschweiz im 18. und 19. Jahrhundert»[128] und «Die Baumwollindustrie in

119 Schläpfer übernahm hierbei eine zeitgenössische Aussage des deutschen Publizisten und Journalisten Simson Alexander David (1755–1812/1813), der nach seiner Taufe unter dem Namen Carl Julius Lange (1753–1813) publizierte. Er gilt als einer der Ersten, der unter französisch-napoleonischem Einfluss deutschen Meinungsjournalismus betrieb, vgl. Lange, Carl Julius (1753–1813): Über die Schweiz und die Schweizer (2/1795), S. 244.

120 Schläpfer: Landammann Jacob Zellweger (1770–1821) (1939), S. 21.

121 Schläpfer: Demokratie und Aristokratie, in: APJB (76/1948), S. 3–26.

122 Schläpfer: Wirtschaftsgeschichte Appenzell Ausserrhoden (1984) und Schläpfer: Appenzell Ausserrhoden (von 1597 bis zur Gegenwart) (2/1972).

123 Ehrenzeller: Die Struktur der Kantone St. Gallen und Appenzell, in: Rorschacher Neujahrsblatt (32/1942), S. 29.

124 Schläpfer: Die Familie Zellweger, in: SGFF (1988), S. 107–126.

125 Veyrassat: L'industrialisation dans le secteur cotonnier en Suisse (1760–1830/40) (1982); Veyrassat: Négociants et fabricants dans l'industrie cotonnière suisse 1760–1840 (1982).

126 Tanner: Spulen – Weben – Sticken (1982), S. VII.

127 Tanner: Das Schiffchen fliegt (1985), S. 43.

128 Tanner: «Das ganze Land eine Baumwollfabrik», in: Komlosy (Hg.): Spinnen – Spulen – Weben (1991), S. 65–75.

der Ostschweiz 1750–1914: Von der Protoindustrie zur Fabrik- und Hausindustrie»[129] konzentrierte er sich anfangs der 1990er Jahre auf das vorindustrielle Heimgewerbe[130], um sich dann in «Bürgertum und Bürgerlichkeit in der Schweiz» (1995) sozialpolitischen Grundproblemen zuzuwenden.[131]
In der Forschungsliteratur zur Handelsgeschichte der Schweiz im 18. Jahrhundert wird seit den 1960er Jahren über die schlechte Quellenlage geklagt. Denzel (2002) fehlten für seine Forschung zum Handel der Amman von Schaffhausen mit Kaffee und Färbereimitteln «einschlägige mikrohistorische Untersuchungen zu einzelnen Handelshäusern». Auf der Maur (1996) bewertete bei der Erforschung der Tuchhändler Castell von Gressoney und Schwyz die Publikationen zur schweizerischen Handelsgeschichte als «äusserst dürftig».[132] Bezüglich der Quellenlage konstatierte Röthlin (1990) bei seinem Versuch, Import- und Exportgebiete des schweizerischen Handels anhand von Bilanzen greifbar zu machen: «Die Quellenlage für Geschäftspapiere privater Handelshäuser aus dem 18. Jahrhundert ist überall dürftig oder sogar schlecht».[133] Peyer (1968) wies in Bezug auf die Erforschung der Handels- und Finanzgeschichte Zürich darauf hin, wie sehr diese im Vergleich zur bestens erforschten Industriegeschichte vernachlässigt worden sei.[134] «Mangel», «Dürftigkeit» und «Vernachlässigung» herrschten vor, so der Befund.
Dieser Befund ist zu hinterfragen. Die Handelsgeschichte der Schweiz ist tatsächlich noch nicht geschrieben worden. Das einzige Werk dazu, «Der Schweizerische Grosshandel in Geschichte und Gegenwart» (1943), entstand im Auftrag des Präsidenten der Delegation des Handels in Basel Hofmann-Hess im Zweiten Weltkrieg. Sein Ziel war es, zur Schliessung gerade der Forschungslücke bezüglich der Handelsgeschichte der Schweiz anzuregen. Mitverfasser des Werkes war der renommierte Historiker Herbert Lüthy (1918–2002), der 1942 über «Die Tätigkeit der Schweizer Kaufleute und Gewerbetreibenden in Frankreich unter Ludwig XIV. und der Regentschaft» promovierte. Unmittelbar danach widmete sich Lüthy spezifisch dem Schweizer Geldhandel. Seine Forschungen mündeten in seiner bahnbrechenden Habilitationsschrift «La banque protestante en France de la révocation de l'Edit de Nantes à la révolution» (1959/61). Seine Forschung über den Geldhandel ergänzte die «Geschichte der Schweizer Banken» von Mottet (frz. 1986/ dt. 1987).[135] Das Forschungsdesiderat über den schweizerischen Warengrosshandel blieb bestehen.[136]

129 Tanner: Die Baumwollindustrie in der Ostschweiz 1750–1914, in: Ditt/Pollard (Hg.): Von der Heimarbeit in die Fabrik (1992), S. 162–191, vgl. die Übersetzung ins Englische: Tanner: The Cotton Industry of Eastern Switzerland, 1750–1914, in: Textile History (2/1992), S. 139–164.

130 Tanner: Artikel «Geschichte der industriellen Arbeit der Schweiz», in: Hugger (Hg.): Handbuch der Schweizerischen Volkskultur (3/1992), S. 1053–1081; Tanner: Die Schweiz im Prozess der Globalisierung, in: Honegger/Gabriel/Hirsig et al. (Hg.): Gesellschaften im Umbau (1995), S. 161–172.

131 Tanner: Arbeitsame Patrioten – wohlanständige Damen (1995); Tanner: Bürgertum und Bürgerlichkeit in der Schweiz, in: Kocka (Hg.): Bürgertum im 19. Jahrhundert (1/1995), S. 199–229.

132 Auf der Mauer: Von der Tuchhandlung Castell zur Weinhandlung Schuler (1996), Einleitung.

133 Röthlin: Ein Blick auf die Bezugs- und Absatzgebiete des schweizerischen Grosshandels, in: Bairoch/Körner (Hg.): Die Schweiz in der Weltwirtschaft (15.–20. Jh.) (1990), S. 85–99.

134 Peyer: Von Handel und Bank im alten Zürich (1968), S. 55; Schinz: «Versuch einer Geschichte der Handelschaft der Stadt und Landschaft Zürich» (1763).

135 Mottet/Bauer et al. (Hg.): Les grandes heures des banquiers suisses (1986); Mottet (Hg.): Geschichte der Schweizer Banken (1987).

136 In Berlin hingegen existiert seit 1929 eine Forschungsstelle für den Handel, vgl. Schenk: Handlungsforschung gestern und heute, in: Grothe et al. (Hg.): Handelsforschung heute (1979), S. 25–46.

Aus der Perspektive der Kaufleute Zellweger lässt sich ihr Warenhandel mit Textilien auf drei Ebenen erfassen. Zur ersten Ebene zählen die Institutionen des Handels, zur zweiten Ebene die Handels- und Industrieregionen und zur dritten Ebene die einzelnen Handelsunternehmen als Akteure. Zu jedem dieser Forschungsgebiete ist vielfältige Forschungsliteratur und eine erstaunlich dichte, facettenreiche Quellenlage zu frühneuzeitlicher Handelstätigkeit nicht nur in Städten, sondern auch auf der Landschaft der Eidgenossenschaft vorhanden.

Zu den Institutionen des frühneuzeitlichen Handels gehörten in erster Linie die Handelsmessen als periodisch wiederkehrender Ort öffentlich stattfindenden Handels. Auf dem Gebiet der Schweiz fanden jährlich zweimal zwei Handelsmessen statt, einerseits die städtische *Messe Genf*, andererseits die *Messe Zurzach* (Aargau) mitten auf der Landschaft.[137] Die Kaufleute Zellweger setzten für ihren Warenabsatz insbesondere auf ausländische Messen. Dazu zählte allen voran die *Messe Beaucaire* an der Rhonemündung in das Mittelmeer, die *Messe Bozen* in Südtirol, die *Messe Frankfurt am Main* sowie je nach deren Verlauf die *Messe Leipzig*.[138] Während die deutschen Handelsmessen von Lendenmann (1978/1999), Schneider (1980er Jahre)[139], Lerner (1992) und Brübach (1994)[140] intensiv erforscht worden sind, wird die *Messe Bozen* als Vermittlerin zwischen mediterranem und mitteleuropäischem Wirtschaftsraum seit einigen Jahren von Bonoldi und Denzel untersucht.[141] Zentrale Institutionen des frühneuzeitlichen Handels waren *Kaufmännische Direktorien*. Zu jeder dieser Interessengesellschaften der städtischen Kaufleute der Alten Eidgenossenschaft in St. Gallen[142], Basel[143], Zürich[144] und Schaffhausen[145] existiert

---

137 Sennhauser et al. (Hg.): Geschichte des Fleckens Zurzach (2004); Bodmer: Die Zurzacher Messen von 1530–1856 (1962) (= Argovia 74).

138 Die Messe Leipzig lag an der Schnittstelle völlig unterschiedlicher Wirtschaftsräume. Sie entwickelte sich nicht zu einer Wechselmesse, sondern blieb eine klassische Warenmesse, vgl. Schirmer: Funktion und Stellenwert der Leipziger Messen im 17. und 18. Jahrhundert, in: Bonoldi/ Denzel (Hg.): Bozen im Messenetz Europas (17.–19. Jahrhundert) (2007) (= Veröffentlichungen des Südtiroler Landesarchivs 24), S. 57–71, hier S. 59.

139 Lendenmann: Die Schweiz und die Leipziger Messen, in: Zwahr (Hg.): Leipzigs Messen 1497–1997: Gestaltwandel – Umbrüche – Neubeginn. 1497–1914 (1/1999), S. 404–411; Lendenmann: Schweizer Handelsleute in Leipzig. Ein Beitrag zur Handels- und Bevölkerungsgeschichte Leipzigs und Kursachsens vom beginnenden 16. Jahrhundert bis 1815 (1978); Schneider/Schwarzer/Zellfelder/Denzel: Währungen der Welt. Geld und Währungen in Europa im 18. Jahrhundert (6/1992) (= Beiträge zur Wirtschafts- und Sozialgeschichte 49); Schneider/Brübach: Frankreichs Messeplätze und das europäische Messesystem in der frühen Neuzeit, in: Pohl (Hg.): Frankfurt im Messenetz Europas (1991), S. 171–190; Schneider: Die Bedeutung von Kontoren, Faktoreien, Stützpunkten (von Kompagnien), Märkten, Messen und Börsen, in: Pohl (Hg.): Die Bedeutung der Kommunikation für Wirtschaft und Gesellschaft (1989), S. 37–63; Schneider: Dynamik von Wirtschaftsräumen, in: Bestmann/Irsigler/Schneider (Hg.): Hochfinanz, Wirtschaftsräume, Innovationen (2/1987), S. 861–894.

140 Brübach: Die Reichsmessen von Frankfurt am Main, Leipzig und Braunschweig (14.–18. Jahrhundert) (1994) (= Beiträge zur Wirtschafts- und Sozialgeschichte, 55); Lerner: Die Haupthandelswege zur Frankfurter Messe. Ein Zufallsfund aus dem 18. Jahrhundert, in: Vierteljahrschrift für Sozial- und Wirtschaftsgeschichte (79/1992), S. 177–188.

141 Denzel: Ex merce et cambio pulchrior. Bargeldloser Zahlungsverkehr auf den Bozner Messen (17. bis Mitte 19. Jahrhundert), in: Bonoldi/Denzel (Hg.): Bozen im Messenetz Europas (17.–19. Jahrhundert) (2007) (= Veröffentlichungen des Südtiroler Landesarchiv 24), S. 149–185, hier S. 150; Bonoldi: Italien und die Messen zwischen Spätmittelalter und Früher Neuzeit, in: Denzel (Hg.): Europäische Messegeschichte 9.–19. Jahrhundert (2017), S. 125–146; Bonoldi: The Italian Exchange Fairs and the International Payment System (XVI–XVII Centuries), in: Denzel: Europäische Messegeschichte 9.–19. Jahrhundert (2017), S. 169–180; Bonoldi: Kredit und Handel zwischen Italien und Deutschland: Bozen und seine Messen (XIII–XIX Jhd.), in: Scripta Mercaturae (42,1/2008), S. 9–26; Bonoldi/Denzel: Bozen im Messenetz Europas (17.–19. Jahrhundert) (2007) (= Veröffentlichungen des Südtiroler Landesarchivs, 24); Denzel: Die Bozner Messen und ihr Zahlungsverkehr (1633–1850) (2005) (= Veröffentlichungen des Südtiroler Landesarchivs 21); Bonoldi: I signori della fiera: le famiglie mercantili bolzanine del XVIII secolo tra politica ed economia, in: Ladner/Imboden (Hg.): Alpenländischer Kapitalismus in vorindustrieller Zeit. Vorträge des siebenten internationalen Syposiums zur Geschichte des Alpenraums (2004), S. 23–54; Bonoldi: «[...] wo man Leichtigkeit und Freiheit genutzt hat, [...] muss der Handel unwillkürlich blühen». Messen, Einrichtungen und städtische Realität im Bozen des 18. Jahrhundert, in: Heiss (Hg.): Bozen 1700–1800. Eine Stadt und ihre Kunst (2004), S. 29–35.

142 Lüthy: Die Leinwandstadt St. Gallen, in: Ciba-Rundschau (89/1950), S. 3297–3303 und 3305–3312.

143 Röthlin: Die Basler Handelspolitik (1986).

144 Grossmann: Das kaufmännische Direktorium in Zürich 1662–1834 (1927); Bürkli-Meyer: Das kaufmännische Direktorium in Zürich. Ein Beitrag zur zürcherischen Handelsgeschichte (1883).

145 Roth: Das Kaufmännische Direktorium in Schaffhausen (1931).

ein umfangreiches Archiv. Das Archiv der *Nation Suisse à Lyon* als Interessengesellschaft der dort tätigen Schweizer Kaufleute ist als Unterbestand des Archivs des *Directoriums Zürich* im Staatsarchiv Zürich zu finden. Es wurde von Lüthy (1943) erforscht.[146] Diesen privat organisierten Vorläufern der heutigen kantonalen Handelskammern kam grosse Bedeutung zu. Eine vergleichende Darstellung über die vier *Kaufmännischen Directorien* fehlt. Im weiteren Sinn gehören auch Institutionen zur Qualitätsprüfung der Textilware aufgezählt, die Leinwandschauen. Archive dazu existieren für die *Leinwandschau St. Gallen* im Zeitraum von 1721 bis 1798[147] und für die *Leinwandschau Trogen* im Zeitraum 1670 bis 1732.[148] Dieses weitverbreitete Phänomen der Leinwandschauen in der Schweiz ist bislang nicht erforscht worden.[149]

Zu den Handels- und Industrieregionen der Schweiz zählt Forschungsliteratur, die sich mit dem Handel einer Stadt oder einer ländlichen Region beschäftigt. Das Phänomen, dass gerade im Ancien Régime eine Verlagerung und Verdichtung des Handels von der Stadt auf die Landschaft stattfand, untersuchten Pfister und Radeff (1999).[150] Auf die Problematik «Stadt und Land in der Schweizer Geschichte: Abhängigkeiten – Spannungen – Komplementaritäten» wies Pfister (1998) nach eingehenden Studien zur Protoindustrialisierung in der Schweiz hin.[151] Ausser Genf verfügten alle städtischen Handelszentren über ein produktives Hinterland, das – mit Ausnahme desjenigen der Stadt St. Gallen – zugleich Untertanengebiet der Stadt war. Die Bewohner dieser ländlichen Untertanengebiete waren bis zur Helvetischen Revolution Leibeigene und schutzzollpflichtig. Die städtische Bürgerschaft definierte sich über gesetzlich festgehaltene Handelsprivilegien, wodurch sie sich gegen die Landbevölkerung abgrenzte. Der Fernhandel war ausschliesslich den Stadtbürgern vorbehalten. Den Untertanen auf der Landschaft fiel die Produktion zu. Ihre Fabrikate hatten sie auf dem städtischen Jahrmarkt, über welchen sich die Kaufleute Zellweger mokierten, zu vorher bestimmten Preisen den Handel treibenden Bürgern zu präsentieren.[152] Genau dieses Phänomen traf in Appenzell Ausserrhoden nicht zu. Anders als die Stadt Zürich fürchteten sie das «gefährliche Thema der bürgerlichen Freiheit» nicht.[153] Die Kaufleute Zellweger waren Angehörige eines alteidgenössisch-direktdemokratisch organisierten Staats und keiner Zunft, Gilde oder kaufmännischen Gesellschaft verpflichtet. Politisch längst ein selbständiger Länderort, erreichte Appenzell Ausserrhoden erst im 18. Jahrhundert auch die wirtschaftliche Unabhängigkeit von der Stadt St. Gallen. Was zu dieser Verselbständigung beitrug, ist Inhalt dreier Dissertationen mit unterschiedlichen Ansätzen. Veyrassat (1982) untersuchte in ihrer Dissertation die Handels- und Industrieabgabe Appenzell Ausserrhoden um 1800. Tanner (1982) untersuchte das «Spulen – Weben – Sticken» und Holderegger (1992) das industrielle Unternehmertum von Appenzell Ausserrhoden.

Fast jede grössere Stadt und jedes Dorf hat heute eine Stadt- oder Dorfgeschichte aufzuweisen, in welcher gerade der wirtschaftlichen Tätigkeit viel Platz zugestanden wird. Im Kontext des Textilhandels der Kaufleute Zellweger besonders relevant ist die neue Dorfgeschichte für Hauptwil (Thurgau). Darin untersuchte Menolfi (2011) die Entfaltung der Textilmanufaktur Gonzenbach seit den 1660er Jahren.

---

146 Lüthy: Die Tätigkeit der Schweizer Kaufleute und Gewerbetreibenden in Frankreich (1943).

147 Mayer: Die Leinwandindustrie der Stadt St.Gallen von 1721 bis 1760, in: Staats- und Stiftsarchiv St. Gallen (Hg.): St. Galler Kultur und Geschichte (11/1981), S. 1–130.

148 Trogen: Archiv Leinwandschau Trogen, 1670–1732.

149 Einige Beispiele seien ohne Anspruch auf Vollständigkeit genannt: Leinwandschau St. Gallen, Leinwandschau Wil, Leinwandschau Bischofszell (vor 1496), Leinwandschau Appenzell (1537), Leinwandschau Rorschach (1610), Leinwandschau Trogen (1670), Leinwandschau Altstätten (1681) Leinwandschau Herisau, Leinwandschau Speicher, Leinwandschau Langenthal (Tuchlaube neben dem Gasthaus Bären); zur Leinwandschau Bischofszell vgl. Bridler: Der Leinwandhandel in Bischofszell, in: TGJB (5/1930), S. 10–18, hier S. 14; zur Leinwandschau Appenzell vgl. Zellweger, J. C.: Geschichte des Appenzellischen Volkes. Neu bearbeitet (3, Abt. 2/1840), S. 399.

150 Radeff: Loin des centres, in: Schweizerische Zeitschrift für Geschichte (49/1999), S. 115–137.

151 Pfister (Hg.): Stadt und Land in der Schweizer Geschichte (1998).

152 Vgl. etwa Zellweger-Hirzel-Scheuss, Johannes (1730–1802): «[...] nicht alle Kaufleuthe können ihre Sachen so commod einrichten wie die in Zürich. Gedult! Wir wollen die Klagen lassen, wo keine Geschäfte haben»., in: Zellweger, Johannes (1730–1802): 1 Brief an Johann Caspar Hirzel (1725–1803) in Zürich, Trogen, 03.02.1772.

153 Keller, Gottfried: Der Landvogt von Greifensee, in: Gesammelte Werke. Schweizerische Jubiläumsausgabe (6/1918), S. 156–275, hier S. 183.

Die Gonzenbach waren städtische Bürger von St. Gallen, die zur Umgehung der zünftischen Vorschriften wirtschaftlicher Natur aus der Stadt auf die Landschaft Thurgau abwanderten.[154]
Auch zu unzähligen Handelsunternehmen der Schweiz existiert von der Dissertation bis zur firmeninternen Jubiläumsschrift eine breitgefächerte Literatur. Die Rechenbücher des Handelshauses *Amman* von Schaffhausen aus dem 18. Jahrhundert etwa sind von Engel (2000) im Rahmen einer Abschlussarbeit bearbeitet worden.[155] Dem *Tuchhandelshaus Castell* in Schwyz aus dem 18. Jahrhundert, das noch heute als *Weinhandlung Schuler* tätig ist, widmete Auf der Maur (1996) in seiner Dissertation zwei Kapitel. Die Erforschung der Handelsgesellschaft *Fratelli Loscho* in Brig mit einer Überlieferung von rund dreissig Geschäftsbüchern der Jahre 1766 bis 1800 steht noch aus.[156] Allgemein wird das Modell Familienunternehmen aufgrund von Werten wie Verlässlichkeit, Vertrauenswürdigkeit und Kontinuität in der Öffenlichkeit zunehmend positiv wahrgenommen.[157] Das «Genre» Unternehmensgeschichte krankt jedoch bis heute an einer zielführenden Methode, wie schon von Lindenlaub (1981) gefordert.[158] Die zahlreichen universitären Lehrstühle zum Forschungsgebiet der Unternehmensgeschichte ergehen sich in der Debatte.[159] Pierenkemper (2000) schlug für die Zukunft der Disziplin keine beliebige «Erweiterung in alle möglichen Richtungen» vor, sondern die «Konzentration auf ihren ökonomischen Kern. Und dabei spielt die Wirtschaftsgeschichte eine entscheidende Rolle, nicht als ausschliesslicher Bezugspunkt, jedoch als Kristallisationspunkt einer neu formierten Disziplin».[160]

---

154 Menolfi: Hauptwil-Gottshaus (2011).

155 Engel: Der Warenverkauf des Handelshauses Amman in Schaffhausen 1748–1779 (2000).

156 Eine erste Untersuchung von Imboden ergab, dass die Loscho Spediteure und Kaufleute waren, mit Leder, Reis, Salz, Metall, Textilien, Olivenöl, Essig, Stockfisch, Käse, Schokolade, Tabak, Seife und Naschereien zu Weihnachten in jeweils bescheidenen Mengen handelten, was auf «Krämertum» anstatt «Unternehmertum» schliessen lässt, vgl. Imboden: Ein Handelshaus zu Zeiten des Umbruchs. Fratelli Loscho in Brig, in: Blätter aus der Walliser Geschichte (31/1999), S. 125–135, hier S. 134.

157 Vgl. etwa Sachse: Familienunternehmen in Wirtschaft und Gesellschaft bis zur Mitte des 20. Jahrhunderts. Ein historischer Überblick, in: ZUG (36/1991), S. 9–25; Niemann: Kontinuitätssicherung durch Transformation. Die Entwicklung des Bramscher Familienunternehmens Sanders vom protoindustriellen Leinenhandel zur industriellen Weberei, in: ZUG (51/2006), S. 3–25; James: Familienunternehmen in Europa. Haniel, Wendel und Falck, ins Deutsche übertragen von Thorsten Schmidt (2006); Schäfer: Familienunternehmen und Unternehmerfamilien in Sachsen 1850–1940, in: Boch/Liestwnik/Pietsch et al. (Hg.): Unternehmensgeschichte heute: Theorieangebote, Quellen, Forschungstrends (2005) (= Reihe A: Beiträge zur Wirtschaftsgeschichte Sachsen 6), S. 207–243.

158 Lindenlaub: Artikel «Firmengeschichte», in: Albers/Zottmann (Hg.): Handwörterbuch der Wirtschaftswissenschaften (3/1981), S. 293–302, hier S. 294.

159 Vgl. dazu etwa Berghoff: Ansätze und Perspektiven einer modernen, theorieorientierten Unternemensgeschichte, in: Rudolf Boch/Petra Liestwnik/Eva Pietschet al. (Hg.): Unternehmensgeschichte heute: Theorieangebote, Quellen, Forschungstrends (2005) (= Reihe A: Beiträge zur Wirtschaftsgeschichte Sachsens 6), S. 15–20; Berghoff: Moderne Unternehmensgeschichte. Eine themen- und theoriegeschichtliche Einführung (2004); Berghoff: Wozu Unternehmensgeschichte? Erkenntnisinteressen, Forschungsansätze und Perspektiven, in: Zeitschrift für Unternehmensgeschichte (2/2004), S. 131–148; Boch/Liestwnik/Pietsch et al. (Hg.): Unternehmensgeschichte heute: Theorieangebot, Quellen, Forschungstrends (2005[6]); Pierenkemper: «Moderne» Unternehmensgeschichte auf vertrauten (Irr-)Wegen?, in: Zeitschrift für Unternehmensgeschichte (1/2012), S. 70–85; Pierenkemper: Unternehmensgeschichte – Perspektiven und Analyseansätze, in: Pierenkemper (Hg.): Unternehmensgeschichte. Basistexte (2011) (= Basistexte Geschichte 7), S. 7–52; Pierenkemper (Hg.): Unternehmensgeschichte. Eine Einführung in ihre Methoden und Ergebnisse (2000) (= Grundzüge der modernen Wirtschaftsgeschichte 1); Pierenkemper: Sechs Thesen zum gegenwärtigen Stand der deutschen Unternehmensgeschichtsschreibung – Eine Entgegnung auf Manfred Pohl, in: ZUG (2/2000), S. 158–166; Pierenkemper: Was kann eine moderne Unternehmensgeschichte leisten? Und was soll sie tunlichst vermeiden?, in: ZUG (1/1999), S. 15–31; Plumpe: Die Unwahrscheinlichkeit des Jubiläums – oder: Warum Unternehmen nur historisch erklärt werden können, in: Jahrbuch für Wirtschaftsgeschichte (2003), S. 143–156; Triebel, Florian/Seidl, Jürgen: Ein Analyserahmen für das Fach Unternehmensgeschichte, in: ZUG (1/2001), S. 11–26; Schröter: Die Institutionalisierung der Unternehmensgeschichte im deutschen Sprachraum, in: ZUG (1/2000), S. 30–48.

160 Pierenkemper: Sechs Thesen, in: ZUG (2/2000), S. 158–166.

Quellen

Die Quellengrundlage der vorliegenden Forschungsarbeit über den Handelsraum der Handelsgesellschaften Zellweger von Trogen ist deren Geschäftskorrespondenz. Es sind fünfzehn Briefkopierbücher überliefert. Auf jeder einzelnen der 500 bis 1200 Seiten pro Buch finden sich drei bis vier Kopien von Geschäftsbriefen, welche in Trogen verfasst wurden. Hingegen hat sich kein einziges der Abertausenden von schriftlichen Antwortschreiben ihrer Geschäftspartner erhalten. Insgesamt decken die Briefkopierbände zwei ähnlich lange Zeiträume vor und nach 1800 ab, 1747 bis 1780[161] und 1800 bis 1822.[162] Die überaus bedeutsamen, revolutionären Jahre von 1780 bis 1800 sind nicht belegt. In diesen zwanzig Jahren veränderten drei Revolutionen das wirtschaftliche und politische System in Europa grundlegend. Es war die von Grossbritannien ausgehende Industrielle Revolution auf der Grundlage von Baumwolle, die Französische Revolution und in Reaktion darauf die Helvetische Revolution in der Schweiz. Die Instrumentalisierung dieser Überlieferungslücke für den Vergleich ihrer Handelsräume vor und nach diesen wirtschaftlich und politisch so umwälzenden Veränderungen bietet sich in Bezug auf die Erforschung der Handelstätigkeit der Kaufleute Zellweger geradezu an.
Für die Wahl der fünfzehn Briefkopierbände als Basis der Forschung spricht ein weiteres Argument. Sie bilden die dichteste Überlieferung innerhalb des Kommerzialarchivs Zellweger. Das Archiv besteht aus weiteren Kaufmannsbüchern und wenigen Geschäftsakten aus dem Zeitraum 1700 bis 1990. Bei den übrigen Büchern handelt es sich um Rechnungsbücher: Vier Journalbücher[163], zwei Hauptbücher[164], zwei Kontokorrentbücher[165] und ein Speditionsbuch.[166] Wie sich diese Überlieferungssituation einschränkend auf die Forschung auswirkt, wird über zwei Bemerkungen nachvollziehbar. Die erste Bemerkung erklärt den Umstand, wieso die Überlieferung nur einen Zweig der Handelsunternehmen Zellweger erfassbar macht. Die zweite Bemerkung legt dar, wieso die Überlieferung insbesondere den Einblick in den Einkauf und nur ansatzweise in den Verkauf ermöglicht.
Erstens: Die Geschäftsunterlagen belegen ausschliesslich den Familien- und Firmenzweig von Zellweger-Gessner, dessen Vater Zellweger-Hirzel-Scheuss, dessen Grossvater Zellweger-Sulser und seinem Bruder Zellweger-Ehrliholzer-Sulser. Bereits Zellweger-Gessner, der die Geschäftsunterlagen in der ersten Lebenshälfte als Kaufmann teils selber verfasst hatte, mass ihrer Überlieferung in der zweiten Lebenshälfte als Historiker erheblichen Quellenwert bei. Er bemühte sich sowohl um deren Aufbewahrung als auch um eine inhaltliche Auswertung. Die Dokumente wurden in seinem 1809 fertiggestellten Kaufhaus am Landsgemeindeplatz 7 in Trogen bis in die 1990er Jahre privat aufbewahrt. Aktive Quellenvernichtung aus inhaltlichen oder pragmatischen Gründen wie Platzmangel, Nutzung der schweren Bände als Pflanzenpresse oder Unwissenheit mag zur unvollständigen Überlieferungssituation beigetragen haben. Die letzten Nachkommen seines Familienzweigs übergaben die Dokumente dem Staatsarchiv Appenzell Ausserrhoden in Herisau. Hingegen findet sich kein einziger Beleg mehr für die Handelsunternehmen seines älteren Bruders Zellweger-Wetter und dessen Söhne Johannes Zellweger-Huber (1758–1836) und Laurenz Zellweger-Sulser (1760–1824). Dabei waren diese drei Kaufleute in Textilien nur gerade 30 Meter vis-à-vis im Haus am Landsgemeindeplatz 1 tätig, im heutigen Gemeindehaus Trogen. Das vollständige Fehlen ihrer Geschäftsunterlagen ist auf den Bruch dieses Familienzweiges mit der Gemeinde Trogen in den 1820er Jahren zurückzuführen. Anlass dazu gab nicht etwa geschäftliches Unvermögen. Ein Prozess wegen Anklage auf Inzest veranlasste Zellweger-Huber zur Ausbürgerung und Abwanderung nach Hauptwil. Der abrupte Auszug, Umzug und Verkauf des Vaterhauses dürfte zur Vernichtung der viel Platz beanspruchenden Folianten beigetragen haben. Gerade dieser Familienzweig blieb aber dem Beruf des Kaufmanns verpflichtet. Einige Mitglieder waren bis in die Mitte des 20. Jahrhunderts hinein im Handel mit Baumwolle aktiv.

---

161 1747–1760; 1747–1752; 1752–1759; 1762–1769; 1769–1774; 1774–1778; 1774–1780.

162 1800–1801; 1806–1807; 1807–1808; 1808–1809; 1810–1811; 1803–1809; 1815–1816; 1816–1822.

163 1716–1740; 1757–1760; 1766–1771; 1779–1782; 1803–1811.

164 Für Lyon 1774–1804; für Genua 1774–1813.

165 1791–1793; 1803–1805.

166 1738–1756.

Zweitens: Die überlieferten Briefkopierbücher wurden alle in Trogen verfasst. Von hier aus wurde vorwiegend der Einkauf der Leinenware organisiert. Die Geschäftskorrespondenz ermöglicht damit vor allem die Rekonstruktion des Einkaufsverhalten, die Organisation der Textilveredlung und des Versandes der Textilware. Wie der Absatz der Ware über die Handelshäuser im Ausland organisiert war, lässt sich hingegen nur ansatzweise zeigen. Es existieren keine Unterlagen aus den Filialen in Lyon oder Genua. Die Kaufleute Zellweger stiegen erst 1804 mit einer mechanischen Baumwollspinnerei in die maschinelle Produktion von Baumwollgarn ein. Zuvor hatten sie mit der «rohen» Textilware ab dem Webstuhl gearbeitet. Die Erforschung ihres Handels mit manuell hergestellter Textilware kann deshalb nur ansatzweise zur Erforschung des vorindustriellen Heimgewerbes in Appenzell Ausserrhoden beitragen.

These

Handel und Produktion sind zwei verschiedene Dinge. Der ökonomische Kern eines Handelsunternehmens liegt gerade nicht darin, ein Produkt herzustellen.[167] Er liegt in der Erzielung des kaufmännischen Mehrwerts über den Einkauf und Verkauf eines von anderer Hand hergestellten Produktes. Wie dieser Mehrwert am Beispiel der Kaufleute Zellweger von Trogen erzielt wurde, wird mit der Erforschung ihres Netzwerkes anhand ihrer Geschäftskorrespondenz beantwortet. Eigens dazu verfasst, diesen Mehrwert über Einkauf und Verkauf zu erzielen, ging diese Korrespondenz an Lieferanten, Zulieferer, Textilveredler, Bankiers und Kunden. Jedes Schreiben lässt sich demnach entweder dem Einkauf, der Textilveredlung, dem Geldgeschäft oder dem Verkauf zuordnen. Je nach Aufgabe musste sich die geografische Dimension unterscheiden, womit sich zugleich Beschaffungs- oder Absatzmärkte definieren lassen. Die Anzahl der Geschäftsbriefe an den einzelnen Geschäftspartner, aber auch nach einer einzelnen Ortschaft ist ein deutliches Indiz für den Stellenwert im Handelsnetzwerk der Kaufleute Zellweger. Aus diesem Zusammenhang leite ich meine These ab:
Der ökonomische Kern eines Handelsunternehmens ist die Organisation einer Wertschöpfungskette zwischen Angebot und Nachfrage. Das «Wunder des Fernhandels» basierte laut Braudel (1990) auf der Zirkulation des Kapitals und warf, so seine These, «um so mehr Gewinn ab, je grössere Räume überbrückt werden».[168] Diese «Räume» als Distanzen zwischen Einkauf und Verkauf in Bezug auf den Textilhandel der Kaufleute Zellweger zu rekonstruieren, ist das zentrale Anliegen dieser Arbeit. Es soll untersucht werden, wie den Kaufleuten Zellweger mitten aus der Landschaft heraus in einem Zeitraum von 150 Jahren der Aufbau einer profitablen Verbindung zwischen örtlich getrennten Beschaffungsmärkten auf der Landschaft und weit entfernten Absatzmärkten in der Stadt gelang und wie sie im

167 Borscheid: Der ökonomische Kern der Unternehmensgeschichte, in: ZUG (1/2001), S. 5–10.

168 Braudel: Der Alltag (1990), S. 645.

Lauf dieser Zeit ein auf ihre Handelsware abgestimmtes Handelsnetz von Lieferanten und Kunden aktiv auf- und ausbauten. Sie kauften Textilwaren ein in der Annahme, durch Investition ihrer eigenen Arbeit beim Weiterverkauf einen Mehrwert zu erzielen. Die Textilware in ihrem Besitz machte die Kaufleute Zellweger zum Scharnier zwischen Lieferanten und Kunden. Ihre Arbeit bestand in der optimalen Einrichtung, Anpassung, Nutzung und langfristigen Pflege ihres Netzwerkes vor dem Hintergrund der preisbestimmenden Marktwirtschaft. Wie genau die Wertschöpfungskette der Kaufleute Zellweger zur Erzielung des kaufmännischen Mehrwerts organisiert war und wie sich ihr Handelsraum vor und nach der Industriellen Revolution gestaltete, ist gerade so von allgemeinem Interesse wie die konkurrenzfähige Herstellung eines Produktes durch Produzenten in Heim- und Fabrikarbeit vor der Industriellen Revolution. Die These, dass Textilhandel über wenige intensive und langfristige Geschäftsbeziehungen vor 1780 erfolgreicher war als über eine Vielzahl neuer und unbekannter Partner an entferntesten Orten im frühindustrialisierten Europa nach 1800, gilt es zu belegen. Im Fokus steht nicht etwa der «Landammann» und damit der Politiker, sondern der Kaufmann Zellweger.[169]

Aufbau

Das erste Kapitel stellt den Status der Kaufleute Zellweger von Trogen als «Prototypen des Bürgertums auf der Landschaft» zur Diskussion. Vom Werdegang zum Kaufmann ausgehend wird untersucht, wie die Zellweger sich auf der Landschaft über eine zielorientierte Ausbildung das Wissen um den kaufmännischen Beruf aneigneten. Dann wird analysiert, über welches Heiratsmuster sie sich über Generationen hinweg in der ländlichen Bevölkerung von Appenzell Ausserrhoden gesellschaftlich positionierten. Die zentrale Fragestellung bezüglich Bildung und Heirat ist, an welche geografische Netzwerke sie anknüpften und ob diese zur Sicherung und Vermehrung des sozialen Standes und des Vermögens beitrugen. Dann interessiert die Frage, welche Rolle dem Kaufhaus Zellweger am Landsgemeindeplatz Trogen in der Biografie des Kaufmanns Zellweger zukam. Als Mitglieder der direktdemokratisch organsierten ländlichen Bevölkerung von Appenzell Ausserrhoden wurden sie wiederholt in die höchsten Regierungsämter gewählt, sofern sie sich nicht aktiv davor zu drücken wussten.[170] Wie verbreitet das Phänomen des Einkaufs erfolgreicher Kaufleute in den Adel zeittypisch war, wird anhand diverser Beispiele aus ihrem Netzwerk veranschaulicht, obwohl es sie selber nicht betraf. Die der Landschaft verbundenden Kaufleute Zellweger waren weder städtische Patrizier, geschweige denn Aristokraten. Wie schwer sich die Forschung bis heute mit ihrer Einschätzung tut, wird anhand eines kurzen Überblicks der Forschung aufgezeigt.

Im zweiten Kapitel wenden wir uns der Unternehmensgeschichte Zellweger von 1670 bis 1780, also vor der Industriellen Revolution und damit ihrem kaufmännischen Tun zu. Die Kaufleute Zellweger waren zum einen Schreibtischtäter. Die Forschung auf Basis ihrer Geschäftskorrespondenz sieht sich mit einer Unmenge an Daten konfrontiert, die es auf Quantität und Qualität hin zu bewältigen und auszuwerten gilt. Fragestellungen nach der Quantität ermöglichen in einem ersten Schritt den Überblick über die Dimensionen des Handelsraums Zellweger. Welche Bedeutung der einzelnen Geschäftsbeziehung und Ortschaft tatsächlich zukam, lässt sich über eine quantitative Auswertung der einzelnen Geschäftskorrespondenz beantworten. Der Umfang einer einzelnen Geschäftskorrespondenz ist aber nur ein Indiz für ihre inhaltliche Bedeutung. Das leitet zur qualitativen Auswertung über. Jede Geschäftskorrespondenz wurde über Stichproben inhaltlich analysiert und je einer für den Handel der Kaufleute Zellweger relevanten Gruppe wie Personal, Lieferant, Zulieferer, Bankier, Spediteur, Kunde zugeordnet. Das Kapitel untersucht nach einem Überblick die beiden Phasen Aufbau: 1670 bis 1730 und Expansion: Lyon 1731/1748/1774 und Genua 1768.

169 Schläpfer: Landammann Jacob Zellweger (1770–1821) (1939).

170 Drohte die Wahl zum Landammann, blieben diverse Kaufleute Zellweger der Landsgemeinde fern, um nicht gewählt zu werden.

Im dritten Kapitel werden die Warenflüsse zwischen Einkauf und Verkauf untersucht. Die andere Hälfte der Schreibtischtäter Zellweger war äusserst agil. Sie waren ständig unterwegs, sei es zu Fuss in die nähere Umgebung bis Altstätten oder St. Gallen, auf dem Pferd bis nach Feldkirch und in das Allgäu oder in der Überlandkutsche von Zürich nach Lyon oder durch das Rheintal, über den Splügen nach Genua. Für den Einkauf stand vor Ort die Institution der *Leinwandschau Trogen* zur Verfügung. Nebst dem Einkauf über Geschäftskorrespondenz lässt sich ein überaus eifriges Reiseverhalten zwecks Einkaufs und Kontrolle nachweisen. Ausgehend von den Rohstoffen Flachs und Baumwolle wird untersucht, welche Beschaffungsmärkte sich die Kaufleute Zellweger für welches Produkt erschlossen. Anhand von Karten wird dargestellt, wie unterschiedlich sich die geografischen Dimensionen von Einkauf je nach Rohstoff, Halbprodukt oder Handelsware gestaltete. Dann werden die Absatzmärkte untersucht. Ähnlich der Fragestellung in Bezug auf die Beschaffungsmärkte wird untersucht, welche Institutionen sie aktiv für den Verkauf nutzten. Aufgrund der einseitigen Quellenlage kann es sich bei der Rekonstruktion ihrer Absatzmärkte nur um Ansätze handeln.

Das vierte Kapitel ist der Textilveredlung, und zwar dem Bleichen, Färben, Drucken und Appretieren aus der Sicht der Kaufleute Zellweger gewidmet. Den arbeitsintensiven Prozessen kam höchste Priorität zu für die Verwandlung des erkauften, blossen Stücks Stoffs in einen für den Fernhandel tauglichen Handelsartikel. In der aufwändigen Organisation und Kontrolle dieser vielfältigen, zeitintensiven Arbeitsschritte war ein bedeutender Teil der Arbeit der Kaufleute Zellweger auszumachen. Ein immens grosser Anteil ihrer Geschäftskorrespondenz richtete sich denn auch an die im Stücklohn arbeitenden Spezialisten in dieser dichten Infrastruktur. Die Auswertung ergab ein äusserst vielfältiges Bild von Bleichereien, Textilfärbereien, Textildruckereien und Appreturen in der im Textilgewerbe äusserst aktiven Ostschweiz der Frühen Neuzeit.

Im fünften und letzten Kapitel wird der zweite Teil der Unternehmensgeschichte 1800 bis 1820 nachgezeichnet. Mit den fast identisch lautenden Unterkapiteln «Drei Brüder, drei Kaufleute – drei Handelsgesellschaften Zellweger» und «Zwei Brüder, zwei Kaufleute – zwei Handelsgesellschaften Zellweger» deuten schon die Titel an, wie die Familien Zellweger allein durch ihre demographischen Erfolge die Dimensionen des wenige Quadratmeter grossen Landsgemeindeplatzes in Trogen sprengten. Das Schicksal der fünf Cousins und ihrer Handelsgesellschaften wird je nach Überlieferungssituation nachgezeichnet. Zwei Konkurse, zwei Abwanderungen, ein Nervenzusammenbruch, ein Rufmord – so lautet das ernüchternde Fazit über das Ende der Ära der Kaufleute Zellweger in Trogen. Ihre zahlreichen Kinder kehrten vereinzelt zurück oder blieben der Heimat fern. Sie betätigten sich im Versicherungswesen, in der Industrie und – im Handel.

Die Schlussbemerkung fasst die Erkenntnisse zusammen über Hintergründe, Beweggründe und Abgründe vor, während und nach 150 Jahren Textilhandel der Kaufleute Zellweger von Trogen.

Löw, J.: Jacob Zellweger-Wetter (1723–1808) von Trogen, Kaufmann in Leinwand in Lyon und Trogen, 63-jährig, rechter Ellenbogen abgestützt auf dem «LANDBUCH DES LANTS APPENZELL», darauf ein Siegel liegend, Schreibfeder haltend über Briefkopierbuch, vor einem Schrank sitzend, darauf auf Höhe seines Kopfes die Bücher «OEUVRES DE MONTES, TOM I», «BIBLIOTHEC PHILOSOPH, TOM I», «OEUVRE DE MAUPERT», Porträtgemälde, Öl auf Leinwand (79 x 97 cm, 69 x 86 cm), Trogen, 1786 [Privatbesitz Zellweger, Rorschacherberg]

Kapitel 1: Kaufmann Zellweger – Prototyp des Wirtschaftsbürgers auf der Landschaft

Einleitung

Der Charakter eines Textilkaufmanns musste bestimmte, seinem Beruf förderliche Eigenschaften aufweisen. Das geht aus einer Schilderung Kaufmanns Ambrosius Custer von Altstätten hervor, einem Landstädtchen wenige Kilometer östlich von Trogen gelegen. Custer war Kaufmann in Genua:

> [Der Kaufmann Ambrosius Custer von Altstätten im Rheintal war] ein sehr geschikter Mann am Pult u. in der Schreibstube [in Genua]; er schrieb eine prächtige Handschrift [...] u. hatte schönen ausgesuchten Styl in allen drey Sprachen. – Kurz, er war ganz Meister in der Feder, hingegen keine Bohne werth im Magazin zum Verkauf, was doch die HauptSache war; dort war er mürrisch, verdrossen, Launigt, oft grob u. verscheuchte die Käufer.[171]

Diese Einschätzung stammt aus der Feder des jungen Johann Heinrich Mayr (1768–1838) von Arbon, der bei Custer in Genua vor 1791 ein kaufmännisches Volontariat absolvierte.[172] Der später äusserst umtriebige Textildrucker Mayr, der für *Zellweger & Comp.* Baumwollware bedruckte, machte gerade im Verkauf als der «HauptSache» im Geschäft des Textilkaufmanns den Schwachpunkt seines Lehrmeisters aus. Anstatt angenehm und redegewandt im Umgang mit der Kundschaft zu sein, wirkte sich sein launisch-grobes Auftreten äusserst negativ auf seinen Verkauf aus. Ein professioneller Kaufmann im Fernhandel musste also über den gewandten schriftlichen Ausdruck in mehreren Sprachen und ein angenehmes Auftreten hinaus zahlreiche Fähigkeiten in sich vereinen, um den unterschiedlichen Bedürfnissen von Einkauf und Verkauf zu genügen. Für Kaufmann Zellweger-Ehrliholzer-Sulser stand 1748 fest, dass im Handel der Verkauf allein nicht die «Haupt-Sach» sein konnte, sondern Einkauf und Verkauf zusammen «die Seel des Commercii» ausmachten: «[...] zumahl das die Seel des Commercii ist, wolfeihl einkaufen, & geschwind wider mit Nuzen die Wahr guten Leuth verkaufen [...]».[173] Mit «Nuzen» meinte er den kaufmännischen Mehrwert und mit «gute Leuth» vertrauenswürdige Kunden, welche für ihre Einkäufe auch bezahlten.

171 Buenzli (Hg.): Mayr: Meine Lebenswanderung (1/2010), S. 83.

172 Buenzli, Kurt: Artikel «Mayr, Johann Heinrich (1768–1838)», in: e-HLS online, 29.11.2016.

173 Zellweger, Conrad (1694–1771): 1 lettre à la maison à Lyon, Trogen, 16.12.1748, S. 174.

Das erste Unterkapitel widmet sich der Frage, wie sich die Kaufleute Zellweger aus der Landschaft heraus trotz fehlender Einbettung in die üblichen bürgerlich-städtischen Verhältnisse zu professionellen Kaufleuten im Fernhandel nach Lyon und Genua entwickelten. Anhand des Arbeitsvertrags von Zellweger-Tanner in Lyon 1679 wird dargelegt, wie in der zweiten Hälfte des 17. Jahrhunderts der «Wissenstransfer – von der Stadt auf das Land» überhaupt gelingen konnte. Im zweiten Unterkapitel «Von «Heuratsgeschäfts» und Alltagsgeschäft» wird der «Werdegang des Kaufmanns Zellweger» anhand von relevanten Stationen in seiner Biografie rekonstruiert. Im dritten Unterkapitel «Vom Lehrjungen zum Commis» werden «die Kaufleute Zellweger als Arbeitgeber» untersucht. Anhand von Arbeits- und Lehrverträgen werden die Anstellungsbedingungen für kaufmännisch Angestellte sowie für Lehrjungen untersucht. Im letzten Unterkapitel steht das «Wirtschaftsbürgertum auf der Landschaft» zur Debatte. In der Schlussfolgerung werden die Erkenntnisse zu einer Art Berufsbild zum Kaufmann Zellweger im 18. Jahrhundert zusammengefasst. Anhand von Kriterien der dichten Forschungsliteratur über das städtische Bürgertum wird abschliessend die These aufgestellt, dass es sich bei den Kaufleuten Zellweger um Prototypen des sich entfaltenden Wirtschaftsbürgertums auf der Landschaft der Ostschweiz handelte.

Wissenstransfer – von der Stadt auf das Land

In der zweiten Hälfte des 17. Jahrhunderts gelang es jungen Männern vom Land Appenzell Ausserrhoden zunehmend, sich über eine kaufmännische Lehre in der Stadt St. Gallen das professionelle Wissen des Kaufmanns anzueignen. Dazu zählten insbesondere Lorenz Wetter-Ziegler (1654–1734) und Conrad Zellweger-Tanner (1659–1749). Während Wetter-Ziegler im Arzt Ziegler einen wohlhabenden Patron fand[174], der ihm die kaufmännische Ausbildung in St. Gallen ermöglichte, war es innerhalb der Familie Zellweger der Vater, welcher dem Sohn die kaufmännische Ausbildung finanzierte und für ihn bürgte. Wie der entscheidende Wissenstransfer von der Stadt auf das Land innerhalb der Familie Zellweger gelang, lässt sich zunächst am Beispiel des Arbeitsvertrags von Zellweger-Tanner in Lyon während den Jahren 1679 bis 1685 untersuchen. Danach orientiert sich das Unterkapitel am Werdegang des Kaufmanns. Anhand der Anstellung diverser Hauslehrer wird untersucht, wie sehr sich die Kaufleute Zellweger um Bildung und Erziehung ihrer Kinder bemühten. Woher kamen diese Hauslehrer, welchem Anforderungsprofil hatten sie Genüge zu leisten? Wie lange blieben sie im Dorf Trogen? Wie gestaltete sich ihre weitere Karriere? Dass die Anstellung von Hauslehrern der zeitgenössische Regelfall war, vermittelt der Vergleich mit den Kaufleuten Gonzenbach in Hauptwil. Nach der Erziehung durch den Hauslehrer traten die Söhne der Kaufleute Zellweger die kaufmännische Lehre in Lyon an. Welche Herausforderungen dieser entscheidende Abschnitt auf dem Werdegang zum Kaufmann barg, lässt sich anhand der eindrücklichen Beschreibung in der Autobiografie von Zellweger-Gessner untersuchen. In der Handelsmetropole wurden die jungen Kaufleute Mitglieder der Schweizer Kolonie, der *Nation Suisse à Lyon*. Wie sich dieses völlig kaufmännisch ausgerichtete soziale Umfeld zusammensetzte, ergab die Analyse des Raggionenbuchs der *Nation Suisse à Lyon* aus dem 18. Jahrhundert. Wie dynamisch sich das umtriebige Geschäftsreiseverhalten des jungen Kaufmanns Zellweger gestaltete, liess sich anhand der «Lebensnotitzen» Zellweger-Gessners exemplarisch rekonstruieren.

174 Die Familie Ziegler stammte aus Zürich, in: Weishaupt/Rechtsteiner: Geschichte Gemeinde Gais (2002), S. 80.

«Ihr Getrüer und geflissener Diener» – Handelsdiener in Lyon

Kaufmann Zellweger-Gessner wies 1852 darauf hin: «Den jüngsten Sohn Conrad Zellweger-Tanner (1659–1749) schickte er [Johannes Zellweger-Rechsteiner (1630–1705)] nach Lyon, um dort die Handlung zu lernen. Er trat hier im Hause *Fittler und Comp.* von St. Gallen als Lehrjunge ein».[175] Die Erschliessung des Familienarchivs Zellweger in Trogen[176] förderte nun dessen Arbeitsvertrag in der Filiale von *Fittler & Comp.* in Lyon vom 25. Dezember 1679 zutage.[177] Der zwanzigjährige Zellweger-Tanner verfasste seinen vierseitigen Vertrag über das sechs Jahre dauernde Anstellungsverhältnis aus freier Entscheidung und mit Einwilligung seines Vaters und Bürgens Zellweger-Rechsteiner von Anfang bis Ende eigenhändig. Die erneute Lesung ergab, dass es sich nicht um einen Lehrvertrag handelte, sondern um einen Anstellungsvertrag als Handelsdiener:

> Hierauf gelob und versprich Ich [...], *Ihr Getrüer und geflissener Diener zuseyn und zu verbleiben* [H.d.d.A.], mich durchaus keiner Arbeit zubeschämen, sonder nach der Nothurft Erforderung bey Tag und Nacht, frühe od. spath ohne einig Verdruss od. Widerwille Ihres Thuns und Handlung trülich abwachen und dienen, es seye zu Wasser od. Land, nahe oder fehrne, wo sie mich dann Ihrer Geschäfte und Handthierungen halber zugebrauchen haben werden.

Elf nummerierte Artikel regelten die Vertragskonditionen im Detail. Im ersten Artikel über die Kündbarkeit des Vertrages versprach der junge Zellweger-Tanner während sechs Jahren, «weder Urlaub zumachen, noch mich zuverheurathen, auch nicht den Dienst abzusagen». Seinen Arbeitgebern hingegen war es erlaubt, ihm jederzeit zu kündigen, «(doch nicht ohne rechtmässige Ursache)». Im zweiten Artikel verpflichtete sich Zellweger-Tanner zur ausschliesslichen Arbeit für *Fittler & Comp.*, was jegliche Art von Nebengeschäften ausschloss. Im dritten Artikel gelobte Zellweger-Tanner absolute Verschwiegenheit über Interna und zugleich Informationspflicht über drohende Gefahren zum «Schaden und Nachteil» seiner Arbeitgeber. Der vierte Artikel forderte kaufmännische Ordnung und Transparenz in der Buchführung und der fünfte Artikel einen anständigen Lebenswandel ohne Exzesse. Explizit verboten waren das Spielen um Geld, der Besuch «leichtfertiger Weiber» und «sonsten [Leute verweg[en?]er] Gesellschaft». Der sechste Artikel regelte den Fall seiner Erkrankung, während welcher ihn seine Arbeitsgeber zu ernähren hatten, bis er seine «Leibs Gesundheit wieder erlangen möchte». Die Arzt- und Medikamentenkosten hingegen waren selber zu bezahlen. Der siebte Artikel regelte sein Verhalten über seine Dienstzeit hinaus. Er hatte seine Dienste zuallererst seinen Arbeitgebern anzubieten und um Lohn weiter zu dienen. Er verpflichtete sich zudem, «die 2. Jahr Stillstand» einzuhalten, was einem Verbot des Handels mit den Textilartikeln von *Fittler & Comp.* und somit einem Konkurrenzverbot gleichkam.[178] Der achte Artikel regelte den Schadensfall zugunsten der Arbeitgeber. Sein Vater als Bürge und er selber hafteten für Fehler. Wie zentral die Regelung von «Schaden und Nachteil» war, zeigt die insgesamt siebenmalige Wiederholung dieser Wendung. Der neunte Artikel setzte den Arbeitslohn fest. Für die ersten drei Jahre war anstelle eines Lohns die Bezahlung der «Mundzehrung und nichts andres [vorgesehen], als worzu [meine Herren] durch mein Wohlverhalten gutwillig veranlasset wurden». Für jedes

175 Zellweger, Johann Caspar: Einige historische Notizen und Bemerkungen über den Handel und die Fabrikation im Kanton Appenzell, in: Verhandlungen der St. Gallisch-Appenzellischen gemeinnützigen Gesellschaft (1852), S. 313–328, hier S. 313.

176 Das Familienarchiv Zellweger in Trogen wurde durch die Autorin Maya Zellweger im Zeitraum 2009 bis 2011 archiviert und über den Bibliothekskatalog aleph.unibas.ch erschlossen [KBAR: Handschriften: Fa Zellweger].

177 Zellweger, Conrad (1659–1749): Arbeitsvertrag im Haus Fittler in Lyon, 25.12.1679 [KBAR: Fa Zellweger: Ms. 20].

178 «Die H: von Zürich haben dergleichen Conditionen nicht nöthig, weil sie meist Leuthe ab dem Land nehmen, die niemahlen nichts in Handlungsgeschäften tentieren dörffen», in: Zellweger, Johannes (1730–1802): 1 Brief an Johann Caspar Hirzel (1725–1803) in Zürich, Trogen, 09.03.1769.

der drei weiteren Jahre hingegen sollte er 100 Franken erhalten «und solches für Lidlohn[179], darmit Ich dann gesätiget seyn solle». Der zehnte Artikel regelte den Todesfall, wobei die Rückerstattung aller Unterhaltskosten durch den Bürgen verlangt wurde. Im letzten Artikel versprach Zellweger-Tanner zum achten Mal, alles Geschriebene «ohne alle widrige Ausflüchtigen so desenthalben erdacht und gesucht werden möchten», einzuhalten, widrigenfalls sein Vater, «(davor Gott gnädig seyn wolle)», als Bürge «meinen H[erren] alle Satisfaction geben» sollte.
Die Aufhebung des Edikts von Nantes durch das Edikt von Fontainbleau am 18. Oktober 1685 durch Ludwig XIV. kam dem ordentlichen Abschluss der Dienstzeit Zellweger-Tanners in der Filiale von *Fittler & Comp.* in Lyon zwei Monate zuvor. Bar ihrer religiösen und bürgerlichen Rechte flüchteten sich Hunderttausende französische Protestanten in die calvinistischen Gebiete der Niederlande, der Schweiz und Preussens, in die Schweiz allein 60 000.[180] Unter ihnen befand sich der reformierte Zellweger-Tanner. Der fertig ausgebildete 26-jährige Kaufmann mit Berufserfahrung konnte frühestens nach Ablauf des zweijährigen «Stillstands» Ende 1687 in den Leinwandhandel einsteigen. Das galt jedoch nicht für seinen Vater Zellweger-Rechsteiner, der bereits Leinwand in Kommission für auswärtige Kaufleute einkaufte.
Der Wissenstransfer von der Stadt St. Gallen auf die Landschaft Appenzell Ausserrhoden im Bezug auf den kaufmännischen Beruf war seit längerer Zeit im Gang. Nach Bodmers (1959) intensiven Recherchen war den Gründungen von zwei Handelsgesellschaften in Appenzell 1537 bis 1553 und 1554/55 bis 1558 durch zwölf bzw. fünf Teilhaber noch kein nachhaltiger Erfolg beschieden, ebenso wenig derjenigen von 1604. Die erste Gesellschaft setzte zwecks Absatzes offenbar einzig auf die Handelskontakte nach Lyon von Kaspar Schumacher, genannt Güggi. Dieser Leinwandhändler aus der Stadt St. Gallen verstarb 1539 auf Geschäftsreise in Lyon und hinterliess beträchtliche Schulden.[181] Im Gegensatz zu Appenzell Innerrhoden scheinen in Appenzell Ausserrhoden eigenständige Handelsaktivitäten mit der Leinwand rund fünfzig Jahre später eingesetzt zu haben. Zu den ersten Leinwandhändlern in Appenzell Ausserrhoden gehörte Johannes Gruber (1640–1710) von Gais. Zusammen mit Conrad Scheuss liess er 1663 sein Handelszeichen im Markenbuch der Kaufleute von Lyon eintragen.[182] Die Auswertung des Markenbuches für die vorliegende Arbeit ergab, dass der älteste Eintrag 1654 wohl durch seinen Vater Conrad Gruber zusammen mit Daniel Gruber erfolgte. Insgesamt liessen sich nicht weniger als die sechs Appenzeller Geschlechter Gruber [Conrad et Daniel Grubert (1654)], Hörler [André Hereler (1661)], Schiess [Jean Grubert et Conrad Chiez (1663)], Geiger [Pierre Geiger (1670)], Schirmer [Herman et Jean Melchior Schirmer (1684)] sowie Wetter [Lorenz Wetter (1699)] identifizieren.[183] Lorenz Wetter-Ziegler (1654–1734) von Gais war fünf Jahre älter als Zellweger-Tanner und hatte die kaufmännische Ausbildung in St. Gallen und Lyon bereits zehn Jahre vor Zellweger-Tanner von Trogen absolviert. Der Protegé des Arztes Adrian Ziegler von Gais hielt sich nach seiner kaufmännischen Lehre in der Stadt St. Gallen von 1670 bis 1675 beruflich in Lyon auf. Von 1675 an erwarb er sich als Kaufmann bei der Handelsfirma Thormann in Bern ein beträchtliches Vermögen. 1690 kehrte Wetter-Ziegler nach Herisau zurück, wo er sich mit seinen Schwägern Anton Schiess und Jeremias Meyer im Textilhandel zu betätigen begann. Sein Handelszeichen im Markenbuch der Kaufleute von Lyon (1699) hatte Wetter-Ziegler 18 Jahre vor den Zellweger eingetragen. Er leistete fortan regelmässig Beiträge an die Subventionskasse der *Nation Suisse à Lyon*. Über den Leinwandexport hinaus handelte Wetter-Ziegler mit Waren wie

179 Liedlohn, [der] [...], ist nur im gemeinen Leben einiger Gegenden üblich, und bedeutet sowohl Gesindelohn, als auch jeden Arbeitslohn an Tagelöhner, die daher an solchen Orten auch Liedlöhner heissen. [...]. – Im Schwäbischen heisst Lidlohn, Trinkgeld, Dienstlohn, welches aber wohl von dem schwäbischen Werte Lid, Trank, herkommt, da man auch Lidhaus, Lidgeb, für Wirthshaus und Wirth gebraucht. Vgl. Fr. Nicolai Reise durch Deutschland und die Schweitz, in: Krünitz: Oekonomische Enzyklopädie (10/1777–1858), S. 202.

180 Nägele: Das Textilland Vorarlberg (1949), S. 42.

181 Bodmer: Textilgewerbe (1959), S. 6–9.

182 Fuchs, Thomas: Artikel «Gruber, Johannes (1640–1710)», in: e-HLS online, 26.02.2007; Weishaupt/ Rechsteiner: Geschichte der Gemeinde Gais (2002), S. 80; Schläpfer gab an, dass in Herisau Conrad Scheuss und Johannes Gruber schon 1662 ein Leinwandsgeschäft betrieben hätten, vgl. Schläpfer: Appenzell Ausserrhoden (von 1597 bis zur Gegenwart) (2/1972), S. 90.

183 Markenbuch Lyon, 1654–1702, unpaginiert.

Schiesspulver, Salpeter, Gewürzen, Wolle und Pferden. Er machte Geld- und Wechselgeschäfte und betrieb Handel mit Gütern und Grundpfandtiteln. Seine Handelsgesellschaft gehörte zu den bedeutendsten Handelshäusern in Appenzell Ausserrhoden.[184] Die Ähnlichkeit ihres Werdeganges, die daraus resultierende wirtschaftliche und fatalerweise auch private Konkurrenz um die Tochter des Landammanns Tanner bildeten die Ursache für den Landhandel 1732 bis 1734 in Appenzell Ausserhoden. Er ging auf die persönliche Fehde zwischen den Kaufleuten Wetter-Ziegler und Zellweger-Tanner zurück.

Zusammenfassung: Warum der Wissenstransfer von der Stadt auf die Landschaft gerade in der zweiten Hälfte des 17. Jahrhunderts möglich war, fasste Schläpfer (1972) zusammen: «In der zweiten Hälfte des 17. Jahrhunderts trat eine entscheidende Wendung ein, indem St. Gallen seine beherrschende Stellung im Leinwandhandel nicht mehr zu behaupten vermochte». Schläpfer wies auf die aufstrebenden Leinwandmärkte in Rorschach, Herisau und Trogen hin.[185] Die Stadt St. Gallen erfuhr nach dem Dreissigjährigen Krieg eine wirtschaftliche Krise, von welcher keine nachhaltige Erholung möglich war. Die Pest forderte viele Tote in der Umgebung, wodurch wichtige Handelsverbindungen abbrachen.[186] In der Folge wandten sich gegen Ende des 17. Jahrhunderts diverse städtische Kaufleute vom Kerngeschäft des Leinwandhandels ab, um sich dem Speditionsgeschäft, dem Handel mit Edelmetallen sowie dem Bankgeschäft zu widmen.[187] Der städtische Leinwandhandel hatte seine Attraktivität eingebüsst. Die Lücken an städtischen Angestellten in den Textilhandelshäusern füllten nun offensichtlich Lehrjungen und Bedienstete ab der Landschaft. Sie brachten das erlernte professionelle Wissen um den kaufmännischen Beruf nach Hause auf die Landschaft, wo es den ländlich-peripheren Produktionsraum wirtschaftlich nachhaltig zu beleben vermochte.

«Sorgfältige Erziehung» – die Hauslehrer der Kaufleute Zellweger

Den Kaufleuten Zellweger lag viel an der Ausbildung ihrer Söhne zu künftigen Kaufleuten. Koller/Signer (1926) wiesen in ihren Biographien wiederholt auf die «sorgfältige Erziehung» hin.[188] Die Ausbildung begann lange vor der kaufmännischen Lehre in Lyon zu Hause in Trogen. Konkrete Angaben über Hauslehrer in den Kaufhäusern Zellweger in Trogen waren seit den 1760er Jahren und nach 1800 auszumachen. Sie hatten die fünf Cousins Johannes (1758–1836) und Laurenz (1764–1824) sowie Johannes (1764–1832), Johann Caspar (1768–1855) und Jacob (1770–1821), alle in der zweiten Hälfte des 18. Jahrhunderts geboren, auf ihre Zukunft als Kaufleute vorzubereiten. Vater Zellweger-Hirzel-Scheuss hegte, obwohl er selber «Gott lob» genug zum Leben hatte, die Absicht, «meinen Knaben einen Beruf an die Hand zu geben».[189] Welche Netzwerke die Kaufleute Zellweger zur Rekrutierung von Hauslehrern instrumentalisierten, woher diese Hauslehrer stammten, wie sich ihr sozialer Hintergrund gestaltete, was für Fähigkeiten von ihnen verlangt wurden, wer als Hauslehrer in Trogen scheiterte und wie sich der weitere Lebenslauf nach Abgang von Trogen gestaltete, soll im Folgenden untersucht werden.
1767 trat Leonhard Meister (1741–1811) von Zürich die Stelle als Hauslehrer bei Zellweger-Wetter an. Meister blickte seit seiner Ordination im Jahr 1764 auf eine dreijährige Erfahrung im Privatunterricht zurück. Für die Stelle in Trogen qualifizierten ihn insbesondere seine Französischkenntnisse als das entscheidende Kriterium für den in Frankreich tätigen Kaufmann und Arbeitgeber. Meisters künftige Zöglinge Zellweger-Huber und Zellweger-Sulser waren 1758 und 1760 in Lyon geboren worden und wuchsen dort auf. Ihr Vater Zellweger-Wetter, seinerseits 1723 in Lyon geboren und aufgewachsen, ersuchte Meister,

184 Fuchs, Thomas: Artikel «Wetter, Lorenz (1654–1734)», in: e-HLS online, 28.10.2013.
185 Schläpfer: Appenzell Ausserrhoden (von 1597 bis zur Gegenwart) (2/1972), S. 90–91.
186 So geschehen auch in der Stadt Feldkirch in Vorarlberg, vgl. Bilgeri: Politik, Wirtschaft, Verfassung der Stadt Feldkirch (1987), S. 281.
187 Mayer, Marcel: Artikel «Sankt Gallen», in: e-HLS online, 06.01.2012.
188 Koller/Signer: Appenzellisches Wappen- und Geschlechterbuch (1926), S. 401–403, vgl. etwa Nr. 31, 38.
189 Zellweger, Johannes (1730–1802): 1 Brief an Johann Caspar Hirzel (1725–1803) in Zürich, Trogen, 17.01.1774.

> die besten Bücher, die zu Erlernung der teütschen Sprach dienlich sein, zugleich mit ihm anhero zu bringen, [...]. Die Hauptabsicht gehet dahin, dass die 2 Knaben die französische Sprach beybehalten, die Deutsche erlernen, und sich auch in etwas in dem Latein üben. [...] die Bücher [enthalten] zugleich nüzliche moralische & kurtzweilige, für Kinder fassliche Historien oder Materien, damit dass Hertz selber in Erlernung der Sprachen gantz unvermerkt gebildet werde.[190]

Das Bedürfnis nach Steigerung der Effizienz war dem erfolgreichen Kaufmann der Frühen Neuzeit eigen. Mit der einen nützlichen Sache war die andere zu verbinden. Die Lehrbücher sollten über das Erlernen der deutschen Sprache hinaus auch moralisch bilden. Die deutsche Hochsprache erlebte zu Beginn des 18. Jahrhunderts einen Entwicklungssprung. Zeitgenossen nahmen den Zusammenhang zwischen einer exakten, klaren Sprache, dem stilistischem Ausdruck und einem zweckrationalen, die Nützlichkeit analysierenden Denken wahr.[191] Wie es dem 26-jährige Stadtzürcher Meister selber während dem halben Jahr von Februar bis August 1767 als Hauslehrer in Trogen erging, beschrieb er in seinen posthum in «Schweizerisches Museum» erschienenen «Erinnerungen» (1816). Er erlebte Trogen als «kontrastirender Schauplatz» zwischen «Sitteneinfalt und Naturschönheit in Thal und Berg; glänzender Lebensart aber und Künste des Reichthums in dem Zellwegerschen Hause. [...] Da waren tägliche Konzerte, Gastmal, Spazierfahrten».[192] Unter diesen «Zerstreuungen» tat Meister «meine Pflicht als Hauslehrer sehr schlecht». Er studierte die in der hauseigenen Bibliothek vorhandene französische Literatur, insbesondere die seit 1751 erscheinende «Encyclopédie».[193] Zellweger-Wetter liess seinen beiden Knaben eine musikalische Erziehung zukommen: «Mein Bruder hat sich einen Musicanten, der auf dem Clavier starck ist, & auch gut auf dem Violin, Harfen &ca.: spielt aus Sachsen kommen lassen & gibt alle Sonntage Concerte».[194] Dieser Musikant erteilte den Brüdern Zellweger-Huber und Zellweger-Sulser Klavierunterricht. Während ihrer kaufmännischen Lehre in Lyon perfektionierten sie ihr Klavierspiel. Zellweger-Hirzel-Scheuss schrieb über seine Neffen:

> Ich habe ein musikalisches avertissement empfangen, in meinem Hause ist Niemand, der musiciert, ich werde es aber meinem Bruder übergeben. Da seine [meines Bruders Jacob] Herren Söhne [Johannes und Laurenz Zellweger, [A.d.A.] für die italienische und französische Musik eingenommen sind, so zweilfe ich auch, dass sie den Glauben an einen Schweizer Componisten hätten. Sein jüngerer Sohn Laurenz hat sich in Frankreich auf dem Klavier noch merklich vervollkommnet, er spilt meisterhaft.[195]

Die Begeisterung Zellweger-Wetters und seiner Söhne für Musik brachte einen Hauch von weiter Welt nach Trogen:

> Gestern hatten wir hier ein Concert von dem Virtuos Van Hall, der von Frankreich kommt & nach Wien reist. Er hat sich nirgends aufgehalten als hier, wo er meinen Herrn Neuveu Johannes Zellweger kennt, der ihn in Genova gesehen. Er spielt vortrefflich, fast unglaublich schön auf der Flöte.[196]

Zellweger-Wetter liess seine beiden Söhne gewiss auch an seinen «Versuchen mit der Electricität, dem Hohlspiegel und der Camera obscura» teilhaben. Für diese Versuche stand der fortschrittlich-aufgeklärte Kaufmann «bei abergläubischen Leuten im Rufe eines Schwarzkünstlers, die selbst das Gerücht

---

190 Zellweger, Johannes (1730–1802): 1 Brief an Johann Caspar Hirzel (1725–1803) in Zürich, Trogen, 12.01.1767.

191 Ruppert: Bürgerlicher Wandel (1984), S. 72.

192 Meister, Leonhard (1741–1811): Erinnerungen aus Leonhard Meisters Leben, in: Schweizerisches Museum (6/1816), S. 535–560, 821–856 (Fortsetzung), hier S. 542.

193 Encyclopédie ou Dictionnaire raisonné des sciences, des arts et des métiers. Mis en ordre & publié par M. Diderot, de l'Académie Royale & des Belles-Lettres de prusse; & quant à la Partie Mathematique, par M. d'Alembert, de l'Academie Royale des Sciences de Paris, de celle de Prusse, & de la Societé Royale de Londres, Paris 1751–1780.

194 Zellweger, Johannes (1730–1802): 1 Brief an Johann Caspar Hirzel (1725–1803) in Zürich, Trogen, 03.08.1772.

195 Zellweger, Johannes (1730–1802): 1 Brief an Johann Caspar Hirzel (1725–1803) in Zürich, Trogen, 17.07.1780.

196 Zellweger, Johannes (1730–1802): 1 Brief an Johann Caspar Hirzel (1725–1803) in Zürich, Trogen, 14.05.1781.

ausgestreut hatten, er sei vom Teufel geholt worden».[197] Als Teufelszeug galt insbesondere der Blitzableiter, den Zellweger-Wetter als Allererster in Trogen 1795 gegen heftigsten Widerstand aus der Bevölkerung auf seinem Kaufhaus anbringen liess.[198] In dieser von Gegensätzen geprägten Umgebung machte der Hauslehrer Meister in kurzer Zeit eine Persönlichkeitsveränderung durch: «Aller Orten war ich willkommen. Ganz war der vormalige menschenscheue Einsiedler zum belebten Weltmann geworden». Zurück in der Stadt Zürich kam ihm dieser neue «Weltmann» vom ländlichen Dorf Trogen sehr zustatten: «Man traute mir brauchbare Kenntnisse zu, und man fand, dass ich von den einsamen Gebirgen des Appenzeller-Landes einigermassen Welt, Lebensart, guten Ton und Kenntnis der französischen Sprache nach Hause zurückgebracht habe. [... so ...] ward ich in den angesehensten Häusern als Informator gesucht».[199] Diese «Stelle in der Welt»[200], die in den Augen von Zellweger-Hirzel-Scheuss doch eigentlich eine Anstellung in der «Entlegenheit und Einsamkeit» auf der Landschaft war[201], bewegten Meister zu seinem ersten literarischen Werk «Romantische Briefe» (1768).

Der Abgang Meisters von Trogen im Sommer 1767 gestaltete sich skandalös. Um zehn Uhr in der Nacht eröffnete der nach eigener Aussage «allzusehr geliebkoset[e]», «beinahe zum verzärtelten Sohne der Natur und des Glücks geworden[e]» Hauslehrer Meister seinem nichtsahnenden Arbeitgeber Zellweger-Wetter, anderntags um vier Uhr in der Frühe Trogen verlassen zu wollen. Nur durch die Vermittlung von Johann Caspar Hirzel (1725–1803) von Zürich liess sich Meister bereden, noch ein paar Wochen in Trogen auszuharren aus Scham, nach so kurzer Zeit bereits wieder nach Zürich zurückzukehren. Man nutzte die Schonzeit, um seine «Abreise angekündigt und vorbereitet» erscheinen zu lassen, um «Aufsehen und Aergernis» zu vermeiden. Grund für Meisters tollkühnen Plan, Trogen Hals über Kopf verlassen zu wollen, war ein nachträglich als betrügerisch entlarvter und sogleich «zu seinem Vater nach Hause geschickter» Handelsbedienter der *Gebrüder Zellweger & Comp.* Er hatte dem jungen Meister den Floh ins Ohr gesetzt, «dass so geliebt ich war, ich mir einbildete, unter Feinden zu leben». Daher liess Meister sich von ihm

> zu dem tollen Anschlag bereden, mit ihm, der ungefähr tausend Gulden in der Tasche hatte, als irrende Ritter – Gott weiss auf welches Abentheuer zu gehen. Bald, dachte ich, wohnen wir da oder dort in irgend einer fremden Stadt, bald, wenn's uns an Gelde gebricht, verbergen wir uns in einer einsamen Landhütte, ohne dass irgend jemand uns kennt, viel weniger den Meinigen mein Aufenthalt und Zustand bekannt wird. Dann schreib ich bei Wasser und Brod für die Presse, bis ich wieder so viel gewinne, um weiter zu reisen.

Meister deklarierte seinen Auftritt in Trogen rückblickend als «romantische lächerliche Thorheit» und als «Beleidigung» seines Arbeitgebers: «Die Herren Hirzel und Zellweger waren desto edler und freundschaftlicher für mich besorgt, je weniger ich für mich selbst zu sorgen wusste».[202] Man schonte Meister sogar «als eines Menschen, der an einem moralischen Fieber krank lag». Der sich in Trogen zur Erholung befindliche Schwager und Stadtarzt Hirzel-Ziegler schrieb an seine Ehefrau Anna Maria Hirzel-Ziegler (1725–1790) nach Zürich:

> Von Herrn Meister werde ich dir mündlich die unbegreiflichsten Lächerlichkeiten erzehlen, denn M. hat so gehauset, dass es mir gleich ist dass er von hier weg kommt. Sonst häte er sich bis über die Ohren versteifft. Er müsste den petit merite an einem Ort [suchen], wo das Merite eines solchen kein Mensch kennt, und die es kennen, an niemand [...] lächerlich finden.[203]

---

197 Walser/Rüsch: Der Appenzeller-Chronik [...] vierter Theil (1831), S. 38; Zellweger, Johannes (1730–1802): 1 Brief an Sohn Johannes Zellweger-Egg-Hirzel in Lyon, Trogen, 27.12.1779.

198 Walser/Rüsch: Der Appenzeller-Chronik [...] vierter Theil (1831), S. 180.

199 Meister: Erinnerungen (1816), S. 542 und 546.

200 Strickler: Die Familie Meister von Zürich (1919), S. 39.

201 Zellweger, Johannes (1730–1802): 1 Brief an Johann Caspar Hirzel (1725–1803) in Zürich, Trogen, 31.08.1767.

202 Meister: Erinnerungen (1816) (= Schweizerisches Museum 6), S. 543, 545–546.

203 Hirzel, Johann Caspar (1725–1803): 1 Brief an seine Ehefrau Anna Maria Hirzel-Ziegler (1725–1790) in Zürich, Trogen, 04.07.1767.

Meister verliess Trogen am 7. August 1767 in Begleitung des Schlosspredigers von Hauptwil Johann Jakob Hess-Meister (1743–1819).[204] Abschliessend schrieb Zellweger-Hirzel-Scheuss seinem Schwager Hirzel-Ziegler in für den faktenortientierten Kaufmann poetischer Manier vom Unterschied zwischen Schein und Sein:

> Sie haben dem H: Meister schöne Sachen gesagt, und ich wünsche, [...] ich wünsche, --- ich wünsche vielmehr als ich hoffen darf, dass Er Dehro gutem Rath folge. Doch wir wollen nicht von Ihme forderen, dass Er solid werde, und wollen zufrieden seyn, wann Er weniger leichtsinnig würde, & das reale besser von dem Schein zu underscheiden lernt.[205]

Meister erfüllte die von einem Hauslehrer geforderten Kriterien wie Solidität und Realitätssinn nicht. In den 1770er Jahren beteiligte er sich, inzwischen an der Kunstschule Zürich zum Professor für Geografie und Geschichte avanciert, an der Beantwortung der Preisfrage aus dem Umfeld der *Gesellschaft zur Aufmunterung und Beförderung des Guten und Gemeinnützigen* in Basel: «In wie fern ist es schicklich dem Aufwande der Bürger, in einem kleinen Freystaate, dessen Wohlfahrt auf die Handelschaft gründet ist, Schranken zu setzen?» Zur Beantwortung dieser kniffligen Frage griff er auf seine eigenen Erfahrungen zurück als Hauslehrer bei den «Bürgern» und Kaufleuten Zellweger «in einem kleinen Freystaat», nämlich Appenzell Ausserrhoden, deren «Wohlfahrt auf die Handelschaft gründete». Er räumte mit seiner rund sechzig Seiten umfassenden «Abhandlung» neben Johann Heinrich Pestalozzi (1746–1827) den ersten Preis ab.[206] Meister setzte mit einer Würdigung von Handel und Gewerbe in der Schweiz ein: «Durch Handel und Manufakturen werden die natürlichen Grenzen des Landes erweitert; es werden Felder geerndet, die man nicht gepflügt, und Früchte gesammelt, die man nicht gepflanzt hat».[207] Meister stellte sich gegen den Erlass von «Aufwandgesetzen», welche das Leben im Luxus beschränken sollten, und reichte 1779 eine weitere Schrift über den Luxus ein.
Die Suche nach einem neuen Hauslehrer für die zwei Söhne Zellweger-Wetters gestaltete sich schwierig. Professor Bodmer konnte keine Vorschläge für einen jungen Zürcher unterbreiten, weshalb man sich an Iselin in Basel wandte. Auch ein Vetter wurde angeschrieben, der in Wigoltingen als Pfarrer angestellt war. Entscheidendes, aber nicht ausschliessliches Kriterium war, dass es sich um einen evangelischen Eidgenossen handeln sollte:

> [W]ann auch da Niemand ist, so werde ich mich an andere Evangl: Orthe der Eydgenossschaft wenden, & finde ich auch da Niemand, so ist mein Bruder wie resolviert, einen braven Abbé, der seine Kinder in Frankreich underwiesen, hieher kommen zu lassen. Es machet in der That Zürich wenig Ehre, dass unser respectable Bodmer von dieser Stadt sagen muss, dass Er sich nicht getrauete, under so vielen Studenten einen zu finden, den man 2. jungen Knaben von 7 & 9 Jahren zum Praeceptor geben könnte. Freylich machet die Entlegenheit und Einsamkeit des Orths [Trogen] die Sache auch viel schwehrer.[208]

---

204 Zellweger, Johannes (1730–1802): 1 Brief an Johann Caspar Hirzel (1725–1803) in Zürich, Trogen, 06.08.1767; «Von 1711–1763 versah fast immer der Helfer von Bischofszell auch Hauptwil [... als] Schlossprediger», in: Sulzberger: Biografisches Verzeichniss der Geistlichen [...] des Kantons Thurgau, in: Thurgauische Beiträge zur vaterländischen Geschichte (4–5/1863), S. 163.

205 Zellweger, Johannes (1730–1802): 1 Brief an Johann Caspar Hirzel (1725–1803) in Zürich, Trogen, 31.08.1767.

206 Zurbuchen: Die Preisfrage über Armut und Luxus, in: Holenstein/Kapossy/Tosato-Rigo/Zurbuchen (Hg.): Reichtum und Armut in den schweizerischen Republiken (2010), S. 149–162, hier S. 152.

207 Meister, Leonhard (1741–1811): Abhandlung über die Frage: In wie fern ist es schicklich dem aufwande der Bürger, in einem kleinen Freystaate, dessen Wohlfahrt auf die Handelschaft gegründet ist, Schranken zu setzen?, in: Gesellschaft zur Aufmunterung und Beförderung des Guten und Gemeinnützigen [in Basel] (Hg.): Über die Aufwandgesetze. Sammlung einiger Schrifte, welche bey der Aufmunterungs=Gesellschaft in Basel eingeloffen sind, über die Frage: In wie fern ist es schicklich dem Aufwande der Bürger, in einem kleinen Freystaate, dessen Wohlfahrt auf die Handelschaft gegründet ist, Schranken zu setzen?, Basel 1781, S. 15–74, S. 16.

208 Zellweger, Johannes (1730–1802): 1 Brief an Johann Caspar Hirzel (1725–1803) in Zürich, Trogen, 10.09.1767.

Das weit auf der Landschaft gelegene Trogen als wenig attraktiver Arbeitsort für junge Theologen aus der Stadt Zürich gestaltete sich immerhin für Conrad Wolf (1742–1807) von Zürich langfristig höchst attraktiv:

> Mein Bruder ist izt spätest bis zu Ende dieses Monaths [September 1767] den jungen H: Wolf erwarthend, wir wollen izt sehen, wie dieser ausfallt, wann Er nur auch so viel bon sens als Witz hat, so wird es schon gut gehen. Es braucht kein Genie superieur für noch so junge Kinder, und ich meyne, dass es genug sey, wann Er wisse, mit Kindern umzugehen, die leichteste Art Ihnen etwas beyzubringen. Und wann der Lehrer selbst tugendhaft ist, so müssen seine Schüler gewiss auch tugendhaft werden. Die Worte lehren, das Exempel reicht hin.[209]

Wolf war von 1767 bis 1775 Hauslehrer in Trogen und für den Rest seines Lebens. Nach achtjährigem Aufenthalt in Trogen 1775 verheiratete er sich mit der sieben Jahre älteren Ursula Zellweger (1735–1817), der jüngsten Schwester seines Arbeitgebers Zellweger-Wetter. Das ungewöhnliche Paar sprengte soziale Normen. Die Ehe konnte erst nach Ablauf des Trauerjahres um den alten Vater Zellweger-Sulser geschlossen werden, der dieser Ehe niemals zugestimmt hätte. Auch Zellweger-Hirzel-Scheuss stempelte seine Schwester und den ehemaligen Hauslehrer Wolf als «solche Leute» ab, von denen ein Anstandsbesuch bei Hirzel in Zürich bei der Durchreise nicht zu erwarten war. Seiner Schwester gratulierte er nur zur Hochzeit, weil sie damit dem jahrelangen «Ärgernuss» ihres unverheirateten Zusammenseins mit Wolf ein Ende machte.[210] Wolf-Zellweger stand mit ihrem nonkonformen Verhalten in der Kritik. Sie vermochte es, sich «Aufmüpfigkeit» zu leisten.[211] Sie baute sich und ihrem Ehemann in Trogen ein stattliches Haus, ähnlich demjenigen ihres Bruders Zellweger-Wetter, mit dem Unterschied, dass es aus Holz war und nicht direkt am repräsentativen Landsgemeindeplatz lag, sondern etwas östlich davon im Schopfacker.[212] Dort war das kinderlose Paar bis zu ihrem Tod wohnhaft. Wolf war nicht mehr als Hauslehrer tätig, sondern wurde «izt als Handelsjung oder Commis in der Schreibstuben bey meinem Bruder employiert».[213] Der zum Theologen ausgebildete, als Hauslehrer tätige Wolf arbeitete nach seiner Verheiratung also in der Handelsgesellschaft seines Schwagers *Zellweger älter & Co.* in Trogen. Aus der Stadt kommend, ermöglichte ihm die Landschaft über die Liebe zu einer Kaufmannstochter Zellweger eine aussergewöhnliche Karriere.

Zellweger-Hirzel-Scheuss bediente sich neuer Netzwerke für Informationen über Hauslehrer für seine drei Söhne. Die Anstellung eines Hauslehrers von Strassburg scheiterte 1775 an den hohen Kosten für die weite Reise nach Trogen:

> ehe wir uns aber zu Bezahlung der Reisspese von Strassburg bis hier einlassen, müssen wir unsers Mannes recht gesichert seyn und gründliche Nachrichten so wohl von seinen Wissenschaften als sittlichem Character haben. Sollten wir einen von so weit her nehmen, & wäre keiner in Strassburg ausfündig zu machen, so würden wir in Deütschland gewiss auch tüchtige Subjecta finden, aber ich kenne allda keine Gelehrte. In Deutschland lehrt vast alles frantzösisch. H: Peter v. Salis hatte aus Sachsen einen fürtrefflichen Mann.[214]

Mit Peter von Salis (1729–1783) von Soglio war ein weiterer Knoten im Netzwerk zur Vermittlung von Hauslehrern auszumachen. Salis war über die Heirat mit Margaretha Massner Inhaber des Speditionsunternehmens *Daniel & Ambrosius Massner* in Chur geworden. Dieser als «wirtschaftlich mächtigste Bündner der zweiten Hälfte des 18. Jahrhunderts»[215] bezeichnete Mann war langjähriger Spediteur

209 Zellweger, Johannes (1730–1802): 1 Brief an Johann Caspar Hirzel (1725–1803) in Zürich, Trogen, 17.09.1767.
210 Zellweger, Johannes (1730–1802): 1 Brief an Johann Caspar Hirzel (1725–1803) in Zürich, Trogen, 12.06.1775.
211 Braudel: der Handel (1990), S. 553.
212 Die heutige Adresse lautet Schopfacker 1, 9043 Trogen.
213 Zellweger, Johannes (1730–1802): 1 Brief an Johann Caspar Hirzel (1725–1803) in Zürich, Trogen, 16.01.1775.
214 Zellweger, Johannes (1730–1802): 1 Brief an Johann Caspar Hirzel (1725–1803) in Zürich, Trogen, 24.10.1775.
215 Diese Einschätzung stammt von Simonett, Jürg: Artikel «Salis, Peter von (1729–1783) von Soglio», in: e-HLS online, 12.01.2012.

der Kaufleute Zellweger. Er diente als Referenz für tüchtige Hauslehrer aus Sachsen. Auf Vermittlung von Professor Bodmer und Schwager Hirzel-Ziegler von Zürich wurde dann aber mit Christoph Sulzer (1757–1832) doch wiederum ein Pfarrerssohn aus Winterthur angestellt: «Mit H: Sulzer bin ich einig, dass Er im Monath May die Unterweisung meiner Knaben übernehme: Ich danke Ihnen für die Mühe die Sie dissfalls genohmen haben».[216] An diesen Hauslehrer Sulzer erinnerte sich der ehemalige Schüler Zellweger-Gessner in seiner Autobiografie:

> Nach meiner Rükkunft nach Trogen fand ich einen jungen Herrn Sulzer von Winterthur, den mein Vater als Hauslehrer angenommen hatte und bei welchem ich nun begann Lateinisch zu lernen. [...] im 9[ber] 1774 [empfahl?] ihm Hr. Professor Bodmer einen Hr. Sulzer von Winterthur, dessen Vater Pfarrer in Stein war.[217]

Sulzer war von Mai 1775 bis April 1777 bei Zellweger-Hirzel-Scheuss als Hauslehrer für dessen drei Söhne im Alter von fünf bis zwölf Jahren angestellt. Nach zwei Jahren endigte das Anstellungsverhältnis: «Herr Sulzer, mein Hauslehrer, eröffnete mir vor einiger Zeit, dass er zu besseren Vervollkommnung seiner Studien nach hause zu reisen wünsche».[218] Wie eng das Verhältnis zwischen Schüler und Hauslehrer blieb, zeigt sich daran, dass Zellweger-Gessner noch fünf Jahre später mit Sulzer anlässlich seiner Konfirmation 1782 korrespondierte.[219] Nahtlos auf Sulzer folgte auf Anfang Mai 1777 Johannes Graf. Mit der Anstellung dieses Hauslehrers, der am *Philantropinum* in Marschlins (Graubünden) Lehrer gewesen war, gelang Zellweger-Hirzel-Scheuss ein Coup:

> Jch wusste, dass Herr Graf Marschlins verlassen hatte & ohne Anstellung seie & als ich ihn zu mir rief & seinen Wunsche vernahm, etwelche Schulanstalten irgendwo in unserem Lande zu gründen, so vermochte ich ihn, sich in Trogen niederzulassen & gleich beim Anfang meine 3 Knaben zu übernehmen. Er lehrt Griechisch, Hebräisch, Latein, Französisch, & Italienisch und hat den Ruhm aus Marschlins gebracht, dass er viel Talent zum Lehren & die Liebe der Schüler zu gewinnen haben. Ich hoffe also, meine Knaben werden durch ihn sehr gut besorgt werden, schon nächste Woche soll dieser neue Schulunterricht anfangen.[220]

Das *Philanthropin* im Schloss Marschlins in Igis war eine 1761 von Martin von Planta (1727–1772) gegründete Schulanstalt. Ziel war es, die vieldiskutierte Theorie der *Helvetischen Gesellschaft* über das «Heranwachsen» von «Jünglingen mittels Anschauung, Lehre und Übung in Selbstbestimmung zu verantwortungsbewussten Staatsbürgern» nach Vorbild der *Franke'schen Stiftung* in Halle in die Praxis umzusetzen.[221] Graf brachte von Marschlins fortschrittliche Ideen bezüglich Mitspracherecht der Schüler und Autorität des Lehrers mit, welche er in der Erziehung von Johannes, Johann Caspar und Jacob praktisch umsetzte – mit mässigem Erfolg:

> Er richtete ein Gericht ein, an welchem alle Schüler als Richter sassen. Alle Samstage wurden zuerst die Zeugnisse gemacht. Er foderte alle auf ihre Meinung zu sagen, über das Betragen eines Jeden und dann entschied Er wie das Zeugniss lauten sollte. Später wurde Gericht gehalten, über Streitigkeiten zwischen den Schülern, über unsittliches Betragen derselben, &c. Geraume Zeit gieng es ordentlich mit diesem Gericht, bis einst ein Conflict entstand über die Frage ob der Lehrer über dem Gericht oder dieses über dem Lehrer stehe, woraus eine Art Revolution sich entspann, die durch meinen Vater musste beigelegt werden, da kein Schüler mehr wollte die Schule besuchen.[222]

216 Zellweger, Johannes (1730–1802): 1 Brief an Johann Caspar Hirzel (1725–1803) in Zürich, Trogen, 09.01.1775.

217 Zellweger, J.C.: Notitzen aus meinem Leben (1/1850), S. 4–5.

218 Zellweger, Johannes (1730–1802): 1 Brief an Johann Caspar Hirzel (1725–1803) in Zürich, Trogen, 21.04.1777.

219 «Auf Ostern 1782 also in meinem 14. Jahr wurde ich confirmirt, und wie ernst dieser Akt mir vorkam, beweist ein Brief von meinem alten Hauslehrer Hr. J.-Jakob Sulzer von Winterthur», in: Zellweger, J.C.: Notitzen aus meinem Leben (1/1850), S. 8 vs.

220 Zellweger, Johannes (1730–1802): 1 Brief an Johann Caspar Hirzel (1725–1803) in Zürich, Trogen, 21.04.1777.

221 Bundi, Martin: Artikel «Philanthropinum», in: e-HLS online, 04.02.2010; in Deutschland wurde dieselbe Theorie gleichzeitig vom aufgeklärten Pädagogen Johann Bernhard Basedow (1724–1790) erörtert.

222 Zellweger, J.C.: Notitzen aus meinem Leben (1/1850), S. 7.

Unter Ulysses von Salis (1728–1800) musste das Philanthropin nach 16-jährigem Schulbetrieb aus finanziellen Gründen 1777 geschlossen werden. Schüler an dem Philanthropin war in den Jahren 1768 bis 1770 mit Jakob Laurenz Custer (1755–1828) der Sohn eines erfolgreichen Kaufmanns aus dem benachbarten Altstätten und Rheineck (St. Gallen).[223] Hingegen besuchte kein einziger Sohn Zellweger diese Schule. Mit seiner Anstellung als Hauslehrer in Trogen zerschlugen sich Grafs Pläne, in Appenzell Ausserrhoden eine «Schulanstalt» zu gründen. Er heiratete 1778 mit Anna Sturzenegger (geb.1758), die Tochter von Elsbeth Sturzenegger-Zellweger (1733–1789)[224] und damit praktisch in die Familie Zellweger von Trogen ein. Die Wahl zum Pfarrer von Heiden bestimmte seinen weiteren Werdegang.[225] In den frühen 1780er Jahren war ein Hauslehrer Germann in Trogen als Hauslehrer tätig. Im August 1784 begann er in Bischofszell (Thurgau)zu arbeiten, wo seit dem 15. Jahrhundert die Leinwandschau Bischofszell stattfand und Kaufleute in Leinwand ansässig waren:

> Herr Germann, unser Hauslehrer, ist in Bischofszell zum Professor angenommen worden. Jetzt geht es unsern jungen Leuten übel, bis sie wieder einen guten Lehrer haben, wenn Sie jemanden wüssten, der im Schreiben, Rechnen & Französisch gut im Stande wäre zu informieren, so ersuche Sie, es mir anzuzeigen. Schade, dass der Reich nicht 3 Jahre älter ist & mehr Erfahrung hat, sonst könnte er gerade hier anstehen.[226]

Germann wurde durch einen Zuberbühler abgelöst, «der ehemdem Pfarrer in Bühler war, [er] will es probieren, den Herrn Germann zu ersetzen, ich wünsche, dass er reussiere, zweifle aber sehr».[227] Wie Graf stammte Zuberbühler aus der Region Appenzell Ausserrhoden und damit bereits nicht mehr aus dem Vorort Zürich. Für die jungen Theologen von Zürich kam die Einführung des Kollaturrechts in den Gemeinden während der Helvetischen Revolution einer Befreiung gleich. Die zeitraubende, umständliche Wahl durch die Synode auf eine Pfründe mussten sie nun nicht mehr mit einer Anstellung als Hauslehrer überbrücken.[228] Das veränderte die Herkunft der in Trogen angestellte Hauslehrern nach 1800 vollkommen.

Anfangs 1801 interessierte sich der Dichter Friedrich Hölderlin (1770–1843) von Lauffen am Neckar (Baden-Württemberg) für eine Stelle als Hauslehrer in Trogen. Als Verweigerer einer kirchlichen Laufbahn blieb Hölderlin die Betätigung als Hauslehrer für Kinder wohlhabender Familien. 1793/94 war er bei der Schriftstellerin Charlotte von Kalb (1761–1843) in Waltershausen (Thüringen) und 1796 bei Bankier Jakob Gontard in Frankfurt am Main (Hessen) angestellt. Durch Karl Philipp Conz erfuhr er von «einer offenen Stelle bei einem reichen Fabrikanten in Trogen, der eine Tochter [des Dichter, A.d.A.] Salomon Gessners zur Frau habe». Mit dem «reichen Fabrikanten» war der mit Dorothea Gessner (1763–1823) von Zürich verheiratete Zellweger-Gessner gemeint, der kein Fabrikant war, sondern Kaufmann. Nach siebenjährigem Aufenthalt in Genua zwecks Leitung der dortigen Filiale war er mit seiner Familie im Herbst 1799 nach Trogen zurückgekehrt. Die Information erreichte Hölderlin zu spät.[229] Er hatte bereits das Konkurrenzangebot von Kaufmann Anton Gonzenbach (1748–1819) von Hauptwil angenommen. Hölderin war von Januar bis April 1801 vier Monate als Hauslehrer in Hauptwil angestellt.[230] In Verkennung der damaligen Dynamik der *Manufaktur Gonzenbach* in Hauptwil bezeichnete Kempter (1975) als Biograph Hölderlins das Dorf als «einen abgelegenen Winkel der Schweiz».[231] Kempter (1975) stellte Zellweger-Gessner aufgrund seiner späteren Leistung als Historiker als «damals bedeutendste Persönlichkeit Appenzells» dar: «Die Folgen einer Verbindung Hölderlins in

223 Göldi, Wolfgang: Artikel «Custer, Jacob Laurenz (1755–1828)», in: e-HLS online, 15.03.2005.

224 Zellweger, Victor Eugen: Zellweger'sches Familienbuch (1/1921), ohne Seitenangabe.

225 Stückelberger: Die Pfarrerschaften der evangelisch-reformierten Landeskirche beider Appenzell (1991).

226 Zellweger, Johannes (1730–1802): 1 Brief an Johann Caspar Hirzel (1725–1803) in Zürich, Trogen, 02.08.1784.

227 Zellweger, Johannes (1730–1802): 1 Brief an Johann Caspar Hirzel (1725–1803) in Zürich, Trogen, 09.08.1784.

228 Der erste gewählte Pfarrer bspw. in Embrach (Zürich) war Johann Jacob Schweizer (1771–1843) von Zürich, vgl. Zellweger, M.: «Solche Pfarrer sind des Teufels». Johann Jacob Schweizer (1771–1843) und die Helvetik, Lizentiat (2005).

229 Kempter: Hölderlin in Hauptwil (1975), S. 26.

230 Menolfi: Hauptwil-Gottshaus (2011), S. 122.

231 Kempter: Hölderlin in Hauptwil (1975), S. 27.

den Jahren seiner höchsten Schöpferkraft» mit Zellweger-Gessner wertete Kempter als «unabmessbar». Zum Zeitpunkt der fraglichen Anstellung Hölderlins war Zellweger-Gessner jedoch durch und durch Kaufmann und weder politisch, schriftstellerisch noch historisch aktiv. Erst ab 1824 verfasste er in «vielfach autodidaktischer Weise» literarische Schriften und Werke zu aktuellen und historischen Themen.[232] Die Vermutung liegt nahe, dass es Hölderlin im ländlich abgeschiedenen Trogen wohl nicht viel länger ausgehalten hätte als im ebenso abgeschiedenen Hauptwil. Die letzte Anstellung als Hauslehrer fand der 32-jährige Dichter 1802 bei Konsul und Weinhändler Daniel Christoph Meyer von Hamburg in Bordeaux. Hölderlins kurze Anstellungen endeten jeweils abrupt mit der Aufdeckung unerwünschter Liebesverhältnisse.

Kaufmann Zellweger-Sulser stellte für seine vier Kinder vier Hauslehrer und drei Hauslehrerinnen an. Egger von Trogen wurde in der Folge Hauslehrer in einer russischen Fürstenfamilie. Studer kam von Bern. Kappeler von Frauenfeld wurde Pfarrer. Süders von Hannover wurde Erzieher des königlichen Prinzen von Dänemark. Die Hauslehrerinnen Zorn und Möhrli stammten aus Kempten und Rieger aus Tübingen. Noch um 1804/5 orientierte sich Zellweger-Sulser bei der Berufswahl seines Sohnes Jacob Zellweger-Wetter (1790–1858) am Kriterium des «Soliden», was auf eine kaufmännische Lehre in einer Handelsgesellschaft in Leinwand hinauslief:

> Um diese Zeit wurde von meinen Eltern beschlossen, dass ich Kaufmann werden solle, ebenso gerne wäre ich Arzt oder General geworden, trotz den goldenen Bergen, die man mich im Hintergrund des Kaufmannsstandes sehen lassen wollte. Es musste *eine Leinwandhandlung* [H.d.d.A.] sein, weil dieser Handel solider wäre, als der in Baumwollwaren, der damals aber schon weit einträglicher war. Mein Oncle Sulser in Arbon sicherte mir dann einen Platz in seinem Bureau zu.[233]

Kaufmann Zellweger-Gessner stellte für die Erziehung seiner fünf Töchter und seines Sohnes mindestens sechs Hauslehrerinnen und Hauslehrer an. Im Frühjahr 1801 traf Hauslehrer Koller von Ludwigsburg (Baden-Württemberg) in Trogen ein. Er war Zellweger-Gessner «von dem franz. Ambassador Reinhard» empfohlen worden. Ob 1816 das Anstellungsverhältnis mit der Tochter von Adam Frederic Dubois in Bernex (Genf) über die Frage nach der Vergütung der Heimreise zustande gekommen war, lässt sich nicht mehr eruieren:

> Pour quand aux fraix de voyage pour le retour je ne puis m'y engager, puisque ce n'est ni le coutume ni juste. Depuis les 16 ans que j'habite ma Patrie j'ai eu 3 Instritutrice & autant d'Instituteurs pour mes Enfances & n'ai bonifié à aucun les fraix de Voyage du retour.[234]

Zur gleichen Zeit nahm Zellweger-Gessner die Idee der «Pflanzschule» wieder auf. Er schickte seinen einzigen Sohn Johann Caspar Zellweger-Kappeler (1804–1848) im Alter von zwölf Jahren für drei Jahre an die Schule Philipp Emanuel von Fellenbergs (1771–1844) in Hofwil (Bern). Er besuchte dort die «höhere wissenschaftliche Schule für Söhne aus gehobenen Schichten». Der neue Schultypus führte parallel Lehrgänge für Armenkinder, eine Realschule und Normalkurse zur Ausbildung von Volksschullehrern. Damit vermeinte Fellenberg, der Idee seines Vaters Daniel Fellenberg (1736–1801) von der «politischen Pflanzschule» über alle Stände hinweg gerecht zu werden.[235]

---

232 Zellweger-Gessner begann mit zahlreichen Publikationen im «Appenzellischen Monatsblatt» in den Jahren 1824 bis 1830. Zu seinem Hauptwerk gehören die «Urkunden zu Zellweger-Gessners Geschichte des Appenzellischen Volkes [von 797 bis 1597]», 3 Bde. in 7 Teilen, Trogen 1831–1838, die «Geschichte der Appenzellischen Volkes, neu bearbeitet», 3 Bde. in 4 Teilen, Trogen 1830–1840/St. Gallen 1850 sowie die «Geschichte der diplomatischen Verhältnisse der Schweiz mit Frankreich von 1698 bis 1784», 2 Bde., St. Gallen/Bern: Huber, 1848–1849; über seine Arbeitsweise vgl. Hunziker: «Zellweger, Johann Caspar» in: Allgemeine Deutsche Biographie 45 (1900), S. 38–45.

233 Zellweger-Wetter, Jacob (1790–1858): Selbstbiographie, in: Zellweger, V.E.: Chronik Familie Zellweger (2/1922) (Manuskript).

234 Zellweger, Johann Caspar: 1 Brief an Adam Frederic Dubois in Bernex (Genf), Trogen, 21.11.1816, S. 107.

235 Vgl. Wittwer Hesse: Die Familie von Fellenberg und die Schulen von Hofwyl (2002).

Zu Kaufmann und Landammann Zellweger-Zuberbühler sind zwei Beispiele überliefert, welche seine Ideen von Erziehung wiedergeben:

> Als der Jüngste [Eduard Zellweger (1808–1862), A.d.A.] einmal pfeifend zum Essen kam, nachdem ihm dies schon mehrmals verwiesen worden, musste er in den Winkel stehen und während des ganzen Essens unablässig pfeifen. Er konnte fast nicht mehr, die Tränen rannen ihm die Backen herunter, aber es half alles nicht, er muss bis zum Schlusse der Mahlzeit weiterpfeifen. Ein anderer Sohn, der schon im Alter von zwölf Jahren nach Zürich in Pension gegeben wurde, hielt es vor Heimweh nicht mehr aus und legte zu Fuss den weiten Weg von Zürich nach Trogen zurück, wo er gerade zum Mittagessen anlangte. Sofort nach dem Mittagessen liess der Vater einspannen und brachte das Büblein trotz seines Heimwehs wieder nach Zürich.

Dass sich diese beiden erzieherischen Massnahmen eines Vaters von siebzehn Kindern familienintern von den 1810er Jahren bis zu Otto Zellweger (1954) überliefert haben, zeigt den tiefen Eindruck, den sie auf die betroffenen Kinder und deren Nachkommen machten. Beide Schilderungen zeugen von einer Konsequenz, die aus heutiger Sicht der «schwarzen Pädagogik» zugerechnet werden, da sie in einem Missverhältnis zum kindlichen Vergehen stehen. Zellweger-Zuberbühler begegnete spezifisch kindlichem Seelenschmerz wie Scham und Heimweh mit radikaler Autorität und Konsequenz. Zellweger (1954) meinte dennoch, dass seine zahlreichen «Kinder mit viel Liebe an ihm hingen, auch wenn er ein gestrenger Vater war».[236] Seine Sohn Salomon Zellweger (1807–1887) besuchte zusammen mit fünfzig bis sechzig Kindern im Alter von fünf bis acht Jahren den Unterricht von Lehrer Rechsteiner von Trogen «in Lesen, Schreiben und Rechnen». Dann stellte sein Vater Hauslehrer Koller von Ludwigsburg (Baden-Württemberg) ein. Nach Koller trat ein Hiller aus Deutschland die Stelle an. 1815 folgte Schulz von Hannover als Hauslehrer. Schulz blieb wegen seines wenig musterhaften moralischen Charakters in Erinnerung. Seine Entlassung erfolgte im Jahr der furchtbaren Hungersnot von 1817. Sein Arbeitgeber Zellweger-Zuberbühler stand mit seiner Handelsgesellschaft *Zellweger & Comp.* vor dem Aus. Sein Bankrott war nur über den Konkurs seines Bruders Zellweger-Egg-Hirzel schlecht und recht zu vertuschen. In der Folge löste Witwer Zellweger-Zuberbühler seine grosse Familie auf. Er «zerstreute» seine zahlreichen Kinder «in alle Himmelsgegenden». Die drei jüngsten Söhne kamen in Kost und Logis zum ehemaligen Hauslehrer Koller nach Ludwigsburg. Dort lebte Koller inzwischen als Oberpolizei-Direktor in bescheidensten Verhältnissen:

> Die Familie Koller bestand aus dem Polizei Direktor Koller, seiner Frau und einer alten unverheirateten Schwester, nebst zwei Neffen, die elternlos waren. Wir drei Kinder wurden in ein Zimmer einlogiert. Die Wände waren weiss getüncht und armselig möbliert. Den Sommer hatten wir von den Wanzen unsäglich viel zu leiden, sodass wir oft die Betten auf den Boden legten und dort schliefen, so gut es ging. Die Kost war spärlich, aber schlecht, und die Knödel, ungeschmolzen, spielten die Hauptrolle. Wir bezogen das Gymnasium, wo Latein die Hauptsache war. Unser Lehrer war ein Herr Schweizer, ein alter griesgrämiger Pedant, der seine grosse Freude daran hatte, für Fehler, die man machte, Tazen zu geben, d.h. man musste die Hände herhalten und bekam mit einem Stock so viel Schläge darauf, als man Fehler gemacht hatte.

Das Leben im Haus des alkoholsüchtigen Koller gestaltete sich schwierig. Die drei Brüder Zellweger schauten zu, wie Koller «betrunken auf der Strasse liegen blieb und man ihn nach Hause tragen musste». Nach Kollers Tod brachte Zellweger-Zuberbühler zwei Söhne an das Gymnasium im benachbarten Stuttgart. Die jungen Burschen nutzten vom Herbst 1819 bis zum Herbst 1821 den neuen Freiraum:

> Die Aufsicht im Hause [des Praeceptors Kiem] war nichts weniger wie geeignet für junge Burschen, die sich schon als Gymnasiasten betrachteten, denn Kiem hatte keine Autorität und seine Frau, die zwar sehr schön war, aber kreuzdumm, konnte uns 12 und 14-jährige Jungen nicht im Zaum halten [...].[237]

236 Zellweger, O.: Dorfplatz in Trogen (1954), S. 82.
237 Zellweger, S.: Selbstbiograpie (1885), S. 2–4.

Zusammenfassung: Die Kaufleute Zellweger instrumentalisierten vor 1800 das Bildungsnetzwerk im Umkreis von Professor Bodmer und seinen Theologiestudenten am *Carolinum Zürich* erfolgreich für die Rekrutierung von Hauslehrern. In Übereinstimmung mit der *Helvetischen Gesellschaft* war das Ziel eine tugendhafte Erziehung in Bezug auf Religion und Politik. Die jungen Theologen hatten die Kinder Zellweger an regelmässiges Arbeiten zu gewöhnen, idealerweise auf eine spielerische, angenehme Art und Weise.[238] Grossen Wert kam dem Erlernen des Französischen zu als der künftigen Geschäftssprache. Die jungen reformierten Theologen blieben in der Regel für zwei Jahre in Trogen, um sich dann ihrer weiteren Karriere zu widmen. Zweien (Meister und Germann) gelang der berufliche Aufstieg zum Professor. Zwei weitere (Wolf und Graf) heirateten in die Familie Zellweger ein. Nach Bodmers Tod vertraute man Referenzen aus dem Umfeld der französischen Ambassade in Solothurn (von Salis von Chur und Ambassador Reinhard). Nach der Helvetik hatten die jungen Theologen durch das Kollaturrecht der Gemeinden neu direkt nach ihrer Ausbildung Aussicht auf eine Anstellung als Pfarrer. Die Hauslehrer kamen nun aus Baden-Württemberg und Niedersachsen im deutschen Raum. Auch sie blieben wieder etwa je zwei Jahre. Einer davon etablierte sich als Oberpolizei-Direktor, verfiel dem Alkohol und verstarb jung. In den 1770er Jahren besuchte noch kein Zellweger das *Philanthropin* in Graubünden. Um 1815 war ein Sohn Zellweger Schüler an der «Pflanzschule» Fellenberg in Hofwil (Bern).

Kaufmännische Lehre in Lyon

Im Alter von fünfzehn Jahren traten die Söhne der Kaufleute Zellweger ihre dreijährige kaufmännische Lehre in der Filiale des Vaters in Lyon an. Sie vollzogen den Schritt aus dem Dörflein Trogen in die Grossstadt, deren Einwohnerzahl im Lauf des 18. Jahrhunderts von 90 000 auf 150 000 anwuchs. Ähnlich wie das Leinwandgewerbe ihre Heimat dominierte, dominierte in Lyon im 18. Jahrhundert das Seidengewerbe: «Lyon est la première ville ouvrière de France».[239] Der hölzerne Webstuhl prägte die ländliche Herkunft gerade so wie die städtische Destination. Längst vor ihrer Abreise nach Lyon waren die Söhne Zellweger in Trogen unter Aufsicht nicht des Vaters, sondern des Onkels in die Arbeit in der Schreibstube eingeführt worden. Am Beispiel von Zellweger-Egg-Hirzel liess sich nachweisen, wie er jeweils eine Stunde pro Tag die ausgehende Geschäftskorrespondenz in das Briefkopierbuch abschrieb. Davon zeugt bis heute seine kindlich-krakelige Schrift, die sich immer schräger werdend über die Seiten hinwegzieht. Die Kopierarbeit der Geschäftskorrespondenz stuften die Kaufleute als überaus langweilig, aber notwendig ein. Ein Kaufmann der Frühen Neuzeit musste eine saubere Handschrift beherrschen. Das Schriftbild zeichnete ihn aus. Sein Vater wie auch sein Onkel führten beide äusserst regelmässige und saubere Handschriften. Der Vater forderte den Lehrjungen Zellweger-Egg-Hirzel in Lyon 1779 auf, Unterricht bei einem Schreiblehrer zu nehmen. Die Freizeit seines Bruders Zellweger-Gessners als Lehrjunge in Lyon 1782 war durch «Schreibmeister, Tanzmeister, Musickmeister» und einen «Lehrer der italienischen Sprache» ausgefüllt und strukturiert.[240]

Während der Lehrzeit in der Handelsmetropole Lyon waren die Lehrjungen der Leitung des dortigen Direktors unterstellt. Zellweger-Huber und Zellweger-Sulser absolvierten ihre Lehrzeit unter ihrem Onkel Conrad Honnerlag-Zellweger (1738–1818) bei *Zellweger l'ainé & Comp.* Bei ihrer Tante Anna Honnerlag-Tanner-Zellweger (1734–1792) logierten sie quasi in der Familie. Die drei jüngeren Cousins trafen härtere Umstände an. Ihr Vater hatte sich 1774 selbständig gemacht. Leiter seines Handelshauses *Zellweger père & Comp.* in Lyon war der alleinstehende Teilhaber Graf. Die Lehrjungen fanden in Lyon also keinerlei familiäre Strukturen vor. Die Ankunft in Lyon erlebte Zellweger-Gessner denn auch als traumatisch. Nach der Abreise seines Vaters musste der Junge «krampfhaft» weinen, so heftig erfasste ihn das Heimweh. Des Sonntags gingen die drei Männer «auf dem Kontor» ihrer Wege, ohne sich um den der französischen Sprache nicht mächtigen Jungen zu kümmern. Hilfe in der tiefen emotionalen Not kam von weiblicher Seite:

238 Ruppert: Bürgerlicher Wandel (1984), S. 79.

239 Bayard: Vivre à Lyon sous l'ancien régime (1997), S. 102, 109–110, 183.

240 Zellweger, J.C.: Notitzen aus meinem Leben (1/1850), S. 9.

> endlich führte mich unsere alte Magd zu meinem Oheim Herrn Honnerlag, wo meine Base Jungfrau Tanner allein bei Hause war, mich tröstete und unterhielt, was so tiefe Dankbarkeit in mir erregte, dass ich bis zu ihrem Tode ihr deswegen ergeben war.[241]

In der Folge verfiel Zellweger-Gessner der Melancholie. Er kämpfte mit dem Verzehr von Süssigkeiten dagegen an und wurde dick. Erst die persönliche Zuwendung des Buchhalters Gullmanns von Augsburg löste eine Wende aus. Gullmann hielt ihm vor Augen, dass er in zwei Jahren Lyon verlassen werde. Entweder übernahm der junge Zellweger-Gessner seine Stellung im Kontor oder blieb für immer ein Lehrjunge. Das spornte ihn dermassen an, dass ihm nach Verlauf dieser zwei Jahre die Führung des Hauptbuchs übergeben wurde. Im Alter von sechzehn Jahren schloss er seine erste Bilanz ab. Für diese grosse buchhalterische Leistung belohnte ihn sein Vater mit einer goldenen Uhr. Auch moralisch wirkte Gullmann positiv auf den jungen Zellweger-Gessner ein. Mit Verweis auf seinen eigenen «elenden» und «schwächlichen» Gesundheitszustand zeigte er ihm, welche Auswirkungen der Besuch von Freudenhäusern hatte. Denselben Rat erteilte der Vater seinem ersten Sohn bei Antritt der Lehre seiner Zeit schriftlich:

> Continuez à me marquer ce que se passe de nouveau à Lyon, dites moi comment vous passez vos heures de loisir, et quelles sont les liaisons que vous avez contractées, attachez vous à des jeunes Gens vertueux et d'un sens solidement, qui aiment le travail et qui ont de l'intelligence: *soyez toujours bien sur vos gardes à ne pas vous laisser séduire: priez Dieu avec ferveur et demandez lui sa protection, il vous protègera et vous préservera du mal* [H.d.d.A.].[242]

Freudenhäuser in Lyon sorgten für erotisch aufgeladenen Gesprächsstoff unter den heranwachsenden Lehrjungen. Mit den Erfahrungen prahlte man und setzte sich unter seinesgleichen in Szene. Zellweger-Gessner beschloss etwa, sich seinen Cousin, den jungen, sehr talentierten angehenden Kaufmann Johannes Tanner (1759–1805), diesbezüglich nicht zum Vorbild zu nehmen. Buchhalter Gullmann half Zellweger-Gessner mit Verweis auf eigene körperliche Gebresten wohl in Form einer Geschlechtskrankheit, um «im Fall der Noth damit prahlen zu können», indem er ihm «hässliche Anekdoten» erzählte. Gullmanns einfühlsames Vorgehen hatte Erfolg. Zellweger-Gessner unternahm im Sommer mit seinen Freunden Tanner, Wankmüller und Sulser ausgedehnte Tageswanderungen in der Umgebung Lyons. Das «stärkte» ihn, machte ihn «selbständiger», lehrte ihn zu «beobachten», «Schwierigkeiten überwinden und überhaupt nur nüzliche Kenntnisse zu erwerben».[243] Zeit seines Lebens blieb Zellweger-Gessner seinem Mentor Gullmann von Augsburg für die Bewahrung vor einem liederlichen Lebenswandel dankbar. Im Juni 1785 musste Zellweger-Gessner im Alter von siebzehn Jahren für kurze Zeit die Leitung der Filiale in Lyon übernehmen, und zwar genau am 10. Juni 1785, als der Import von schweizerischer Baumwollware nach Frankreich verboten wurde. In dieser wirtschaftlich äusserst schwierigen Zeit gelang ihm sehr zur Freude des Vaters der Verkauf dieser Ware, die von einem Tag auf den andern unverkäuflich war. Nach Rückkehr aus Spanien belohnte ihn sein Vorgesetzer Graf mit 25 Louis d'or. Es war eine Maxime des Vaters Zellweger-Hirzel-Scheuss, «man müsse jungen Leuten etwas anvertrauen, wenn man will, dass sie zu Männern werden». Bereits im Dezember 1783 hatte er seinen ältesten Sohn Zellweger-Egg-Hirzel 19-jährig in Genua derselben Verantwortung ausgesetzt – mit ernüchterndem Resultat: «[...] die kurze Zeit, wo wir ihm die Geschäfte [in Genua] anvertraut haben, hat ihn von seiner Unvermögenheit überzeugen müssen». Ihm fehlte es an der «längeren Erfahrung» und «Kenntnis», welche er sich dann auf einer Reise nach Livorno und Pisa aneignen sollte.[244] Zwei Jahre später lag auf dem erst 17-jährigen Bruder somit der Druck, dieselbe Herausforderung erfolgreich bestehen zu müssen. Unter den Brüdern in Genua und Lyon herrschte Konkurrenz in Bezug darauf, wer sich am schnellsten zu einem fähigen Kaufmann entwickelte. Die beruflichen Erfolge halfen Zellweger-Gessner nicht über

241 Zellweger, J.C.: Notitzen aus meinem Leben (1/1850), S. 23–24.

242 Zellweger, Johannes: 1 Brief an seinen ältesten Sohn Johannes Zellweger (1754–1832) in Lyon, Trogen, 15.11.1779.

243 Zellweger, J.C.: Notitzen aus meinem Leben (1/1850), S. 9.

244 Zellweger, Johannes (1730–1802): 1 Brief an Johann Caspar Hirzel (1725–1803) in Zürich, Trogen, 22.12.1783.

seine Einsamkeit hinweg. Die Ankunft seines jüngeren Bruders Zellweger-Zuberbühler im Sommer 1785 als künftiger Lehrjunge in Lyon war für ihn eine grosse Freude, «weil ich das Bedürfniss hatte mich mitzutheilen und keinen Freund hatte, in den ich ein unbedingtes Vertrauen gehabt hätte».[245] Nach Abschluss seiner kaufmännischen Lehre in Lyon verlief sein Arbeitstag als Handelsdiener in Genua während den Jahren 1787 bis 1788 nach vorgegebenem Muster. Von 08:00 bis 14:00 Uhr arbeitete er sechs Stunden im Magazin. Die Mittagspause dauerte von 14:00 bis 16:00 Uhr insgesamt zwei Stunden für das Mittagessen und den anschliessenden Spaziergang nach Borchi, um «die kaufmännischen Neuheiten zu vernehmen». Die drei bis vier Stunden von 16:00 oder 17:00 bis 20:00 Uhr waren der schriftlichen Arbeit in der «Schreibstube» gewidmet. Sein Arbeitstag dauerte somit je nach anstehender Arbeit neun bis zehn Stunden. Die Abenden waren in vorgegebenem Rhythmus dem Besuch der Häuser der Mitglieder der *Nation Suisse à Lyon* gewidmet, die sich in eine «französische Gesellschaft» und eine «deutsche Gesellschaft» teilte. Am Dienstag, Donnerstag und Samstag gaben die Genfer, Waadtländer und übrigen Schweizer Gesellschaft. Am Montag, Mittwoch und Freitag Abend besuchte er die Häuser [Eugster?], Alexander von Lindau und dasjenige des Onkels und der Tante Honnerlag-Zellweger.[246] Diese Kolonie von Schweizern bildete das gesellschaftliche Umfeld der Zellweger in Lyon.

Die «Nation Suisse à Lyon»

Von der Jahrhunderte dauernden Präsenz der Eidgenossen in Lyon zeugt heute noch das winzige Gässchen Rue de treize cantons, womit die dreizehn Alten Orte gemeint sind. 1597 zählte man vierzig Eidgenossen in Lyon.[247] 1730 stammten laut einer Mitgliederliste des *Kaufmännischen Directoriums St. Gallen* bereits 51 Mitglieder der *Nation Suisse à Lyon* allein aus der Stadt St. Gallen.[248] Um diese Schweizer Kolonie in Lyon besser einschätzen zu können, wurde im Rahmen dieser Arbeit das Markenbuch der *Nation Suisse à Lyon* über das 18. Jahrhundert in Form eines Diagramms ausgewertet.[249] Im Zeitraum 1700 bis 1788 registierten sich total 242 Handelsgesellschaften aus der Eidgenossenschaft in Lyon. Knapp ein Viertel davon stammte aus der Leinwandstadt St. Gallen in direkter in Nachbarschaft zu Trogen. Diese Kaufleute hiessen in alphabetischer Reihenfolge Binder, Ehrliholzer, Fels, Fittler, Girtanner, Gonzenbach, Högger, Hochreutiner, Keller, Kunz, Meyer, Müller, Neuwiler, Rothmund, Scherer, Schlatter, Schobinger, Schlumpf, Steinmann, Straub, Wegelin, Zollikofer und Züblin. Einzig Hoffmann von Rorschach stammte aus dem äbtisch-katholischen Gebiet. Aus dem Berner Waadtland stammte ein weiterer Viertel und etwa ein Sechstel aus Freiburg. Je etwa ein Zehntel kam aus Bern, Neuenburg und dem Thurgau. Der Thurgau, ein Untertanengebiet der sieben bzw. acht Alten Orte der Eidgenossenschaft, war Anbaugebiet für Flachs, den begehrten Rohstoff des Leinwandgewerbes. Die Kaufleute aus dem Thurgau hiessen Egloff von Gottlieben (1749), Mörikofer von Frauenfeld (1756), Scherb (1711, 1752, 1758) und Speiser (1700, 1706, 1749) von Bischofszell sowie Gonzenbach (1727, 1742, 1760) und Welter (1705) aus dem benachbarten Hauptwil. Georg Scherb (1713–1794) von Bischofszell stand dem relativ losen Interessenverband *Nation Suisse à Lyon* von 1756 an und trotz Konkurs jahrelang als «Syndicus» vor.[250] Aus Appenzell Ausserrhoden waren in Lyon im 18. Jahrhundert insgesamt neun Handelsgesellschaften aktiv. Das entsprach der Anzahl aus dem Berner Aargau und der Stadt Basel. Die drei Handelsgesellschaften Ulrich et Jean Schläpfer von Wald (1764), Ulrich Buff et Mat: Brouderer von Wald (1764) sowie Mathieu & Leonard Buff von Wald (1766) liessen sich nicht zufällig alle in den «goldenen 1760er Jahren» in Lyon eintragen. Der älteste Eintrag zu Zellweger erfolgte durch Conrad Zellweger Vater

245 Zellweger, J.C.: Notitzen aus meinem Leben (1/1850), S. 13.

246 Zellweger, J.C.: Notitzen aus meinem Leben (1/1850), S. 35.

247 Bayard: Vivre à Lyon sous l'ancien régime (1997), S. 100.

248 Kaufmännisches Direktorium St. Gallen: Neue Ordnung von einer lobl. Kaufmannschaft. Mit Liste aller Kaufleute [Firmenunterschriften im Original], 22.02.1730 [StaASG: KD 11], S. 18–20.

249 Nation Suisse à Lyon: Noms et marques des marchands Suisses inscrits à la Douane de Lyon depuis 1700 jusqu'à 1788, 1700–1788 [STAZH: Archiv des Kaufmännischen Direktoriums Zürich: B. Schweizer Nation zu Lyon: D 146].

250 Scheiwiler, A.: Artikel «Scherb, Familie», in: HBLS (7/1934), S. 161.

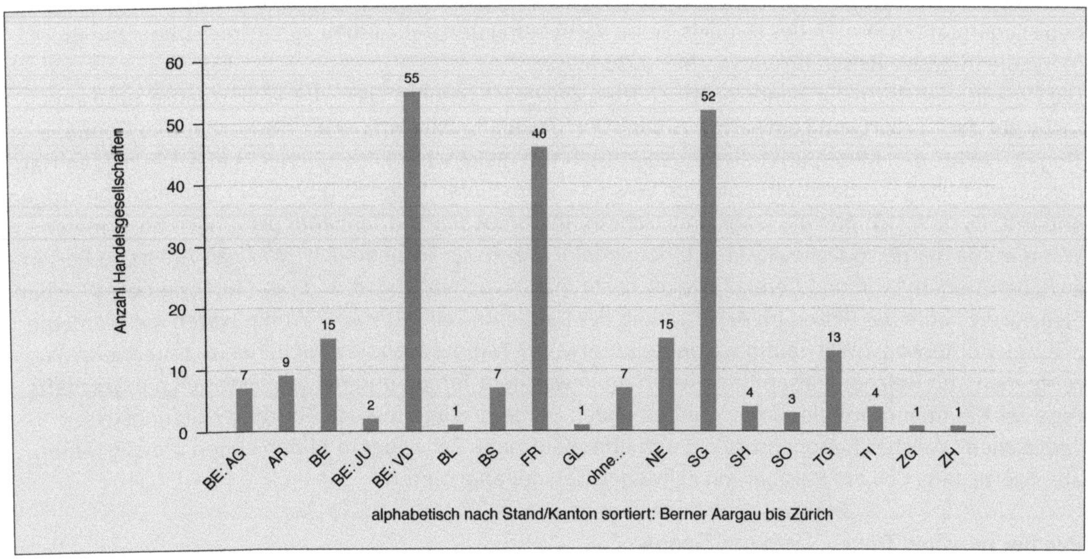

Abbildung 1: Nation Suisse à Lyon: 242 Mitglieder, nach ihrer Herkunft dargestellt, 1700–1788

oder Sohn (1717). Für die Handelsgesellschaft *Zellweger & Eugster* von Bedeutung ist der Eintrag von Barthelemy et Jean Conrad Eugster von Rüti (1731). Mit diesem Handelshaus waren sie zum ersten Mal in Lyon persönlich vertreten. Bei der Trennung der *Gebrüder Zellweger & Comp.* im Jahr 1754 nahm Johann Laurenz Zuberbühler-Zellweger (1733–1790) den Eintrag für die neue Gesellschaft *Conrad Zellweger, Zuberbühler & Comp.* vor (1755). Bei der Trennung der *Gebrüder Zellweger & Comp.* erfolgten zwei neue Einträge je für *Zellweger père & Comp.* (1774) und für *Zellweger ainé & Comp.* (1774).[251] Solchermassen auf das Engste gesellschaftlich vernetzt, war Zellweger-Gessner nach seiner Lehrzeit in Lyon auf Handelsreisen unterwegs.

Auf Handelsreisen unterwegs

In der Frühen Neuzeit konzentrierte sich das Weltbild in der Regel immer noch auf die Region. Es entsprach in etwa einer traditionellen Gesellschaft, die sich nicht weiter als eine Tagesreise zu Fuss von ihrem Wohnsitz entfernte. Seit etwa 1720 konnte Ruppert in «Bürgerlicher Wandel» (1984) über das Medium Literatur eine Tendenz der Ausweitung des Weltbildes nachvollziehen, das sich in einem Streben nach Information und Erweiterung des Wissens äusserte. Avisen und später Zeitungen öffneten durch ihre Nachrichten aus anderen Städten und Ländern, durch den Bericht, was dort vorgefallen war, welche Schiffe angekommen waren, etc. das Sichtfeld derjenigen Personen, die durch Lektüre an medialer Kommunkation teilnahmen.[252] Zu dieser Personengruppe gehörten insbesondere die Kaufleute. Sie bewerteten das Reisen im 18. Jahrhundert neu, wie North (2003) feststellte. Das Reisen entwickelte sich vom Privileg bestimmter Gruppen zu einer Angelegenheit von Bürgern mit einem bestimmten Bildungsanspruch. Das Reisen diente der Verstandesschärfung, der Erkenntniserweiterung und der Herzensbildung im Allgemeinen. Die auf Reisen gewonnenen Erfahrungen, Fähigkeiten, Kräfte und das Können waren in den Dienst des Vaterlands zu stellen.[253] Insgesamt entwickelte sich eine neue Vielfalt an beruflichen und privaten Reisen. Definierte sich der Beruf des Kaufmanns bis in das ausgehende Spätmittelalter primär über das Reisen als Begleitung der Handelsware an die nächste Messe, ersetzten

251 Die Auswertung des Markenbuchs der Nation Suisse à Lyon für den vorhergehenden Zeitraum von 1654 bis 1705 scheiterte an der zeitgenössischen Schreibweise von Namen und Herkunft der Mitglieder, für deren Identifikation über die im Rahmen dieser Arbeit erfolgte Transkription eine weitere, arbeits- und zeitaufwändige Studie zur Identifikation nötig wäre.

252 Ruppert: Bürgerlicher Wandel (1984), S. 51–52.

253 North: Genuss und Glück des Lebens (2003), S. 34.

neue Organisationsformen des Handels, seine Vernetzung und der Aufbau von Infrastruktur zunehmend die intensive Reisetätigkeit von Messe zu Messe.[254]
Die Organisationsform der Handelgesellschaften Zellweger beruhte bis in die 1750er Jahre zur Hauptsache auf dem Export von Leinwand aus dem Dorf Trogen in der Ostschweiz nach Lyon und Genua. Trogen machte den Mittelpunkt dieses geografisch fast gleichschenkligen Dreiecks aus. Die beiden Handelshäuser in den Handelsmetropolen im Westen wie im Süden lagen 500 bis 600 Kilometer von Trogen entfernt. Es stellt sich nun die Frage, in welchem Rhythmus sich die Teilhaber persönlich begegneten. Wann wurde der persönliche Austausch notwendig? Wer reiste vornehmlich? Was gab Anlass zu Reisen zwischen Trogen, Lyon und Genua? Wie oft reiste man zwischen Trogen und Lyon hin und her? Welchen Stellenwert nahm das Reisen im Arbeitsalltag der Kaufleute Zellweger ein? Wohin waren die Kaufleute Zellweger unterwegs? Wie häufig waren sie unterwegs? Wann waren sie üblicherweise unterwegs? Wie reiste man, mit welchen Reisemitteln war man in welchem Tempo unterwegs? Lässt sich die Geschäftsreise des Kaufmanns mit der unter wohlhabenden Bürgern zeitgenössisch üblichen «Bildungsreise» vergleichen? Welches Reisepensum ein einzelner Kaufmann Zellweger in seinen ersten dreissig Jahren absolvierte, liess sich am Beispiel von Zellweger-Gessner analysieren.

Pendler zwischen Trogen, Lyon und Genua

Anlass für die allererste in den Briefkopierbüchern überlieferte Reise nach Lyon war die Gründung des Handelshauses *Zellveguer frères & Comp.* in Lyon im April 1748. Die Teilung fand vertraglich festgelegt in Trogen statt. Eugster le Cadet musste von Lyon anreisen. Noch vor der definitiven Unterschrift zum «Teilungsprojekt» von *Zellweger & Eugster* reiste Zellweger-Sulser Ende März 1748 persönlich nach Lyon.[255] Die Zeit drängte. Die Eugster hatten sich bereits vor der Trennung neu ausgerichtet, was die Zellweger unter Druck setzte. Zudem sprach der Schiedsrichter aus St. Gallen den Eugster die gemeinsamen Wohnräume und Gewölbe für das Magazin zu. Für die neue Handelsgesellschaft *Zellveguer frères & Comp.* mussten umgehend neue Räumlichkeiten gefunden und eingerichtet werden. Zellweger-Sulser fand sie an der Rue de Buisson in Lyon. Er schaffte Möbel und Ausrüstung an, mit denen er die Textilware trocken und sauber aufbewahren und den Kunden präsentieren konnte. Unterdessen organisierte sein Bruder in Trogen die Personalfrage von Heinrich Näf in Altstätten als Associé und eines jungen Peyers von Schaffhausen als Lehrjunge. Nach der Übereinkunft über den Inhalt des Partnervertrags und des Lehrvertrags verreisten auch diese beiden nach Lyon. Anfangs Oktober verreiste zudem ein Vetter Jacob Sulser von Azmoos (St. Gallen) «mit der Coche» nach Lyon, um im Handelshaus *Zellveguer frères & Comp.* zu arbeiten.[256] Hingegen reiste der jüngere Sohn Zellweger-Hirzel-Scheuss, der sich in Ausbildung befand, mit seinem Vater nach Vollzug der Neuorganisation des Handelshauses von Lyon zurück nach Trogen.[257] Dem ältesten Sohn Zellweger-Wetter vertraute man die Procura in Lyon an.[258]
Die Einrichtung eines eigenen Handelshauses löste somit eine intensive Reisetätigkeit auf der Strecke Trogen–Lyon von nicht weniger als sechs Personen aus.
Ganz anderer Art war der Anlass für die zweite überlieferte Reise nach Lyon nur ein Jahr später. Das junge Handelshaus stand in Gefahr, in bedeutende Konkurse von spanischen Kunden verwickelt zu werden. Das erforderte die Anwesenheit des 26-jährigen Direktors Zellweger-Wetter in Mataró (Katalonien). Im Eiltempo sollte der 19-jährige Zellweger-Hirzel-Scheuss von Trogen nach Lyon reisen, wo er als Stellvertreter «nach Vermögen unsern Geschäften dirigieren zuhelf befliessen seyn wirt».[259] Für diese Reise beschaffte man ihm eigens ein Pferd. Der 19-Jährige bewältigte die Reise ganz allein, obwohl «die Schweiz dismahl wegen Deserteurs & allerley Strolchen unsicher ist. Enfin, Gott beglücke & begleite

254 Illi, Martin: Artikel «Kaufleute», in: e-HLS online, 02.12.2008.
255 Zellweger, Conrad (1694–1771): 1 Brief an Bruder Johannes Zellweger (1695–1774) in Lyon, Trogen, 08.04.1748, S. 62.
256 Zellweger, Conrad (1694–1771): 1 Brief an Bruder Johannes Zellweger (1695–1774) in Lyon, Trogen, 07.10.1748, S. 147.
257 Zellweger, Conrad (1694–1771): 1 Brief an Bruder Johannes Zellweger (1695–1774) in Lyon, Trogen, 08.07.1748, S. 105.
258 Zellweger, Conrad (1694–1771): 1 Brief an Bruder Johannes Zellweger (1695–1774) in Lyon, Trogen, 10.06.1748, S. 92.
259 Zellweger, Conrad (1694–1771): 1 Brief an Bruder Johannes Zellweger (1695–1774) in Lyon, Trogen, 15.09.1749, S. 281.

beide Reisende in Gnaden!»[260] Das Pferd wurde auf das schriftliche Drängen des Vaters nach Ankunft in Lyon verkauft: «Das Pferd muss ab der Rechnung». Sein Unterhalt in Lyon verursachte zu grosse Unkosten. Es musste verkauft werden, damit es sich «nicht selber frass». Auch im Mai 1756 absolvierte Zellweger-Hirzel-Scheuss die Strecke von Trogen nach Lyon wieder reitend auf einem extra für diese Reise angeschafften Pferd. Auch dieses Pferd verkaufte man direkt nach Ankunft in Lyon.[261]
Das Reisemodell zwecks Vertretung seines älteren Bruders Zellweger-Wetters als Direktor in Lyon liess sich in der Folge für den Juli 1750[262], den Oktober 1752[263], den Februar 1754, den April 1757[264] und April 1763[265] als durchaus üblich nachweisen. Ein besonderer Anlass lag der Reise im Februar 1754 in die Heimat zugrunde. Zellweger-Wetter war zwecks «Heiratsgeschäft» unterwegs.[266] Er vermählte sich am 15. März 1754 mit Anna Maria Wetter (1730–1777) von Herisau. Anfangs Mai trat das frisch ermählte Ehepaar die Reise nach Lyon an. Bei den Spediteuren *Les cousins Bonnet* in Genf wurde übernachtet.[267] Für die «politesses» und «Bien faits &ca.» war man «très sensibles» und entschuldigte sich für «l'embarasse qu'ils vous auront causé».[268] Das «Heiratsgeschäft» nahm knapp drei Monate Zeit in Anspruch. Bruder Zellweger-Hirzel-Scheuss fehlte auf dem Hochzeitsfest. Er vertrat seinen Bruder Zellweger-Wetter in Lyon.
Zur Vorbereitung einer Reise nach Lyon gehörte die Reservation eines Platzes in der Postkutsche ab Zürich nach Bern und Genf. Zellweger-Ehrliholzer-Sulser ging den «Directeur des Coches» Hofmeister in Zürich dreimal schriftlich um Reservation eines Platzes in der Kutsche von Zürich nach Genf an. Einmal reservierte er einen Platz für seinen Teilhaber Zuberbühler-Zellweger, meist jedoch für «einen jungen Menschen», womit ein künftiger Lehrjunge oder ein Buchhalter gemeint war.[269] Weitere Anfragen gingen an den «Postdirecteur» Hans Caspar Hess:

> Da wir einen jungen Burschen allhier haben, welchen mit der ersten Berner Kutschen dahin und so weiter naher Geneve wollen verreisen machen, so haben hiermit für bedeuteten Jungen Menschen einen Platz in besagter Kutschen arretieren wollen und finden deswegen inliegend einen Louisblancs daraufhin Sie Ersuchen, uns in Antworth ohne schwehr anzuzeigen, ob uns auf bemelten Platz verlassen können und um welche Zeith solche eigentlich von Costi abgeht, um mit der Abreis von hier sich darnach richten zu können, in solcher Erwartung salutieren freundlich und verharren mit aller Estimes.[270]

War Zellweger-Sulser selber unterwegs, legte er Wert darauf, sich auf einen «guten Platz» in der «Coche oder ordinarie LandGutschen» von Zürich bis Genf verlassen zu können. Zudem wollte er den genauen Zeitpunkt der Abfahrt wissen, um «seine Hardez in rechter Zeit übergeben & einen unöthigen costigen Aufenthalt [in Zürich, A.d.A.] ausweichen zu können».[271] Die Strecke zwischen den Städten St. Gallen und Zürich bewältigten sie mit der Postkutsche oder der sogenannten «Litiere». Immer wieder erzählten die Kaufleute Zellweger, wie sie in der zweiten Hälfte des 18. Jahrhunderts mit der «Litiere» unterwegs waren. Nach langen, fruchtlosen Recherchen fand sich in der ersten quellenbasierten «Geschichte der Stadt Winterthur» von Johann Conrad Troll (1783–1858) der entscheidende Hinweis.[272] Troll beschrieb, wie die Stadt Winterthur «endlich der Ermüdung der Bürger zur Hilfe kam», indem sie «[e]ines jener unförmlichen Gehäuse, Litiere genannt, ein Art Senfte, von zwei Pferden getragen» anschaffte. Troll (1844)

260 Gebrüder Zellweger & Comp.: 1 lettre à la maison à Lyon, Trogen, 09.08.1749, S. 278–279.
261 Gebrüder Zellweger & Comp.: 1 lettre à la maison à Lyon, Trogen, 05.06.1758, S. 649.
262 Gebrüder Zellweger & Comp.: 1 lettre à la maison à Lyon, Trogen, 20.07.1750, S. 416.
263 Gebrüder Zellweger & Comp.: 1 lettre à la maison à Lyon, Trogen, 16.10.1752, S. 4.
264 Zellweger, Johannes (1730–1802): 1 Brief an Johann Caspar Hirzel (1725–1803) in Zürich, Trogen, 18.04.1757.
265 Zellweger, Johannes (1730–1802): 1 Brief an Johann Caspar Hirzel (1725–1803) in Zürich, Trogen, 11.04.1763.
266 Gebrüder Zellweger & Comp.: 1 lettre à la maison à Lyon, Trogen, 11.02.1754, S. 187.
267 Gebrüder Zellweger & Comp.: 1 lettre à la maison à Lyon, Trogen, 13.05.1754, S. 210.
268 Gebrüder Zellweger & Comp.: 1 lettre à la maison à Lyon, Trogen, 20.05.1754, S. 212.
269 Conrad Zellweger, Zuberbühler & Comp.: 3 Briefe an Hofmeister in Zürich, Trogen, 1755–1760.
270 Conrad Zellweger, Zuberbühler & Comp.: 1 Brief an Hans Caspar Hess in Zürich, Trogen, 03.01.1758, S. 421.
271 Zellweger, Johannes (1695–1774): 1 Brief an das Postamt Zürich, Trogen, 12.04.1756, S. 387.
272 Baertschi, Christian: Artikel «Troll, Johann Conrad (1783–1858)», in: e-HLS online, 16.11.2012.

beschrieb in köstlich humorvoller Weise die Entwicklung des Mitleid erweckenden «Litierenthum» vom «Kasten in Riemen» hin zum «durchgebildetsten Fuhrwerk»:

> Dieses *Litierenthum* [H.d.d.A.] glänzte vor seinem Erlöschen noch im höchsten Styl. Denn im Jahr 1794 sah man zum letzten Mal den Bürgermeister des Standes Zürich in einer Litiere auf die Tagsatzung zu Frauenfeld durch unsere Stadt getragen. [...] Die langsamen Litieren wurden von den Kutschen überflügelt. Doch währte es ziemlich lange, bis diese jenen den Rang abgestritten. Das Jahr 1770 sah und hörte die erste formelle Kutsche als Eigenthum eines Bürgers durch unsere Thore rollen. Ein fremdes Land hat dieselbe für den damaligen Gastwirth zur Sonne, Herrn Rittmeister Hegner geschaffen. Jetzt im Besitz des bequemsten, durchgebildetsten Fuhrwerks, blicken wir fast mit Mitleid zurück auf diese erste Kutsche, deren Kasten in Riemen hing.[273]

Die Litière konnte als Vorläufer des öffentlichen Verkehrs in Winterthur identifiziert und als einfaches Reisegefährt bis weit in das 18. Jahrhundert nachgewiesen werden. Die Kaufleute Zellweger nutzten die Litière insbesondere für den Einzug mit frisch angetrauter Braut «unter Kanonenschüssen» in Trogen, wie für Zellweger-Wetter,[274] Zellweger-Scheuss-Hirzel[275] und deren insgesamt fünf Söhne überliefert.[276] Die Litière wurde von Zellweger-Scheuss-Hirzel aber auch zu einer Geschäftsreise über den Splügen nach Chiavenna verwendet. Anlass gab die Begleitung seiner Ehefrau Anna Zellweger-Hirzel. Sie bestand auf diese Reise, um einmal aus Trogen herauszukommen und die Handelsstädte Genua und Lyon, wo ihre drei Söhne tätig waren, mit eigenen Augen zu sehen. Das Ehepaar dürfte wohl morgens um 03:00 früh von Splügen aufgebrochen sein, um heftigen Winden und Gegenverkehr von Saumtieren zuvorzukommen:

> Den 31. August [1786] kamen meine Älteren glüklich in Genua an, nachdem sie die Einzigen waren, die Jemals den Splügen in der Litiere [überquert] hatten, auch glaubte man in Cleven [Chiavenna] ein Wunder zu sehen, als die Litiere dort ankam.[277]

Gemäss der «Erzählung von einer gesellschaftlichen Reise durch einen Theil der Schweiz und des obern Italiens» (1785) von Samuel Gottlieb Bürde (1753–1831) reisten aber bereits ein Jahr zuvor ein Baron und eine Baronin Haugwitz in der Litière über den Splügen. Bis Thusis fuhr man in einer «leichten Halbchaise». Durch die Schlucht Viamala wurde die Dame von Haugwitz in einer Sänfte getragen. In der Ortschaft Splügen legten sich dann alle Reisenden in mit Matratzen und Federbetten gepolsterten Schlitten, gezogen je nach Wegverhältnissen von einem oder mehreren Ochsen. Den gefährlichen Abstieg über den Cardinell am Südhang absolvierte Baronin von Haugwitz wieder in der Litière, was Bürde (1785) dramatisch inszenierte:

> Mir schauderte, wenn ich mich bisweilen umkehrte, und die Nachfolgenden die steile Höhe herabkommen sah; besonders schien *die Sänfte* [H.d.d.A.], in welcher die Baronin getragen wurde, an den Stellen, wo sich der Weg schnell um eine Ecke der Felsen bog, unmittelbar über der Tiefe zu schweben.[278]

Die «Litière» wurde insbesondere dann als Reisegefährt gewählt, sobald eine Frau mit auf Reise war. Ihr war die Fusswanderung über den Splügen im 18. Jahrhundert offenbar nicht zuzumuten. Diese ersten Frauen unterwegs dürften als Sensation und Wunder wahrgenommen worden sein.

---

273 Troll: Geschichte der Stadt Winterthur (4/1844), S. 85.

274 Zellweger, V.E.: Zellweger'sches Familienbuch (1/1922), S. 114.

275 Zellweger, V.E. Zellweger'sches Familienbuch (1/1922), S. 152.

276 Zellweger, V.E.: Zellweger'sches Familienbuch (2/1922), S. 199.

277 Zellweger, J.C.: Notitzen aus meinem Leben (2/1850), S. 22.

278 Margadant: Graubünden im Spiegel der Reiseberichte (1978), S. 81; Bürde: Erzählung von einer gesellschaftlichen Reise durch einen Theil der Schweiz (1785).

Hatte man Zürich in Begleitung der Ehefrau in der Litière erreicht, ging es mit der sogenannten «Landkutsche» unter einem Zürcher Kutscher nach Aarau weiter. Sie war mit ihren eher seltenen Pferdewechseln billiger als die «Diligence», dem beschleunigten überregionalen Kursbetrieb.[279] Im «Berner Postkutschenkurs» von 1794 dauerte die Strecke Zürich Aarau einen knappen Tag, wofür man 7 L 14 f. zahlte. Die Bewältigung der Strecke Zürich Bern mit Übernachtungen je in Aarau und Herzogenbuchsee dauerte insgesamt drei Tage:

> Landkutsche nach Zürich [1794]. Fährt wöchentlich nur einmal von Bern ab, nehmlich alle Freytage um 1 Uhr Nachmittags, und hat vier Plätze. Sie bleibt Freytag Abends in Herzogenbuchsee über Nacht: den zweyten Tag fährt sie bis Arau, und den dritten Tag, alsdann Sonntag, kommt selbige Nachmittags ohngefähr um 3 Uhr in Zürich an. Die Plätze sind um die Hälfte wohlfeiler als in der Diligence, nemlich zu 3 Batzen nur, die Stunde Weges. Man bezahlt in Bern den Platz bis Arau mit 4 L. 10 f., von da bis Zürich kostet es noch 2 fl. oder 3 L. 4 f., welche dem Zürcher Kutscher bezahlt werden. Jeder Passagier hat 20 [Lot/Pfund?] frey, was drüber, wird vom [Lot/Pfund] bis Arau bezahlt 4 xr., und wann 50 [Lot/Pfund] und mehr Uebergewicht, so wird bezahlt der Centner zu 4 fl. oder 6 L. berechnet. Von Zürich fährt sie alle Diensttage ab, und kommt Donnerstag Morgens um 8 Uhr in Bern an.[280]

Im November 1774 bemühte sich Zellweger-Hirzel-Scheuss für seinen künftigen Lehrjungen Riethmayer/Rittmeyer von Memmingen[281] über seine Spediteure *Bonnet père & fils* in Genf um einen Platz in der «Diligence» von Genf nach Lyon, womit die französische Postkutsche gemeint war. Die älteste Karte über die Postrouten in Frankreich aus dem Jahr 1632[282] zählte für die 160 Kilometer lange Strecke zwischen Genf und Lyon insgesamt sieben Poststationen auf, was eine Tagesroute von 20 bis 30 Kilometer ergab. In der Annahme, dass sich die Route der Postkutsche bis in das 18. Jahrhundert hinein nicht gross verändert haben dürfte, ergab sich daraus die Reiseroute der Kaufleute Zellweger von Genf nach Lyon. Erste Ortschaft nach Genf mit eigener Poststation war «Coulonges», das heutige Collonges. Darauf folgte «German» für St. Germain de Joux, Nantua am Lac de Nantua, «Sardon» für Cerdon, «Cormont»[283] und «La val bonne» für den Weiler La Valbonne der Gemeinde Beligneux im Departement Ain. Die letzte Poststation vor Lyon befand sich in «Nayron» für Neyron.
Wie unendlich langsam diese «Diligence» als Vorläufer der öffentlichen Verkehrsmittel gerade am Berg war, beschrieb Zellweger-Gessner für seine allererste Heimreise mit der «Turgotene» im April 1786 nach vierjähriger Lehrzeit in Lyon. Als ungeduldiger junger Kaufmann von achtzehn Jahren stieg er bei Nantua kurzerhand aus und traf nach einem Fussmarsch von über 60 Kilometern acht bis zehn Stunden vor dem schwerfälligen Gefährt in Genf ein:

> Mit der Turgotene (so hiess man damals die Dieligencen, die von dem Finanzminister Turgot [Anne Robert Jacques Turgot (1727–1781)] eingeführt waren und nach ihm genannt wurden, verreiste ich, da sie mir aber zu gemach gieng und man von Nantua aus einen langen Berg besteigen musste, so gieng ich zu Fus bis Genf wo ich Abends anlangte, während die Kutsche erst am Morgen des folgenden Tages anlangte.[284]

Den solcherart der Zeit abgelaufenen freien Abend nutzte Zellweger-Gessner, um «das wenige Sehenswürdige [in Genf zu besichtigen], das damahls hauptsächlich in der Kirche von Saint Pierre, dem Rathhause und den Wasserrädern bestand». Für die nächsten 170 Kilometer von Genf nach Bern übergab

279 Beyrer, Klaus: Artikel «Eilwagen», in: Jaeger et al. (Hg.): Enzyklopädie der Neuzeit (3/2006), Sp. 112–115, hier Sp. 112.
280 N.N.: [Berner Postkutschenkurs] (1794) [PTT-Museum 1985: BE 1794 A-D], zitiert nach Klöti (Hg.): Die Post: Ein «Geschäft» (1990), S. 619.
281 Zellweger Vater & Comp.: 1 Brief an Bonnet père & fils in Genf, Trogen, 14.11.1774, S. 92.
282 Sanson, N.: Carte Geographique des Postes qui traversent la France. Avec Privilege du Roy. A Paris: chez l'autheur, Ao 1632. Vollständige Reproduktion, in: Klöti/Rhyiner (Hg.): Die Post. Ein «Geschäft» (1990), S. 28–29 [ZB Bern: Kartensammlung Ryhiner: Ryh 2209: 1].
283 Die Ortschaft «Cormont» konnte von der Autorin nicht lokalisiert werden.
284 Zellweger, J.C.: Notitzen aus meinem Leben (1/1850), S. 19.

er der «Diligence» wiederum nur sein Gepäck und zog mit leichtem Reisegepäck zu Fuss los, um nun aber viel später als die «Diligence» in Bern einzutreffen: «Von dort schickte ich meine Effekten durch die Diligence nach Bern zum Falken, und ich reiste zu Fus mit etwas Nachtzeug, dem Rauchapparat und die Jardins de l'Abbé Delille[285] im Sack [...]».[286]
Für die letzten 100 Kilometer von Zürich nach Trogen schickten die Kaufleute Zellweger von Trogen ihrem Reisenden überlicherweise ein ausgerüstetes Pferd nach Zürich entgegen. So waren sie bei der Heimreise von Zellweger-Wetter im Februar 1750 «bedacht, ihme ein Pferdt von hier auss p Zürich zusenden, damit Er kommenden Montag von dorten abreisen könne».[287] Im Juli 1750 erwartete man seinen Bruder und Stellvertreter Zellweger-Hirzel-Scheuss aus Lyon zurück. Auch ihm sandte man von Trogen «ein Pferdt samt Zubehör p Zürich, von wannen Er morn Gott gebe glückl: alhier eintreffen wirt». Man konnte ihn nämlich «bey Continuierendem Aprêt genugsam occupieren».[288] Die Vermittlung eines Pferdes zur Heimkehr von Zürich aus diente in erster Linie der Beschleunigung der Reise. Der Reisende stand schneller wieder als Arbeitskraft zur Verfügung. Auch im Februar 1754 konnte sich Zellweger-Wetter für sein «Heuraths-Geschäft» auf ein «equipiertes Pferdt» in Zürich in der Heimat verlassen.[289]

«halte sonst nicht viel auf Reisen, die keinen grösseren Nutzen haben»

Zellweger-Hirzel-Scheuss gewöhnte seine drei Söhne von klein auf an das Reisen. In einer Zeit, in welcher die «Grand Tour» als «englische Kavalierstour»[290] oder «adlige Bildungsreise»[291] einen fixen Programmpunkt im Erziehungsplan eines jeden jungen, wohlbemittelten Herrn einnahm, hielt er «sonst nicht viel auf Reisen, die keinen grösseren Nutzen haben, als etwa eine Stadt zu sehen». Er wusste spätestens seit dem Besuch «einiger Engländer» in Trogen im August 1777, dass «das Reisen bei den grossen Herren Mode geworden ist».[292] Seine Absicht war es, «dass junge Leut vom Reisen einen wirklichen Nutzen ziehen».[293] Er erfüllte seinem Sohn Zellweger-Egg-Hirzel den Wunsch, nach Abschluss seiner insgesamt fünfjährigen kaufmännischen Ausbildung in Lyon und Genua «ein Reislein durch Frankreich» machen zu dürfen, um «zu sehen, ob er auch auf Reisen den dabei suchenden Zweck zu erlangen finde».[294] Wie kläglich man an diesen Zielen scheitern konnte, beschrieb Goethe, der 1779 die Schweiz und 1786 Italien bereiste, in «Wilhelm Meisters Lehrjahren» (1795/96). Mit Pferd, Mantelsack und Briefen auf «Expedition» in «Handelsangelegenheiten», stolperte Meister über so «wichtige», nutzenbringende Aufgabe wie «Schulden einzucassieren, Bekannschaften zu erneuern, neue zu machen». Meister vergass über dem «Addiren und Bilanciren das eigentliche Facit des Lebens» nicht.[295] Er verstrickte sich in Liebesgeschichten und Ränkespielen. Zellweger-Hirzel-Scheuss befürchtete, sein unerfahrener zwanzigjähriger Sohn werde nicht genug profitieren:

> Allein seine Kenntnisse sind noch nicht so weit ausgedehnt, & er hat noch nicht so viel Erfahrung. Junge Leute reisen oft & wenn sie heim kommen, haben sie Häuser gesehen, die anderst construiert waren als die von ihrem Wohnort, sie haben eine schöne Kirche gesehen & beim Wirt eine schöne Zeche bezahlt, aber mit

---

285 Delille, Jacques: Les Jardins ou l'art d'embellir les paysages. Poëme, Paris 1782; in der Vorrede kündigt der Autor sein Werk über Gartenbau als ein «poëme didactique» an, eine «très-grand inconvénience» für eine Nation, die nur Verse für das Theater gewohnt sei.

286 Zellweger, J.C.: Notitzen aus meinem Leben (1/1850), S. 19.

287 Gebrüder Zellweger & Comp.: 1 lettre à la maison à Lyon, Trogen, 18.02.1750, S. 352–353.

288 Gebrüder Zellweger & Comp.: 1 lettre à la maison à Lyon, Trogen, 13.07.1750, S. 411–412 und 20.07.1750, S. 416.

289 Gebrüder Zellweger & Comp.: 1 lettre à la maison à Lyon, Trogen, 11.02.1754, S. 187.

290 Maissen: Als die armen Bergbauern vorbildlich wurden, in: Holenstein/Kapossy/Tosato-Rigo/Zurbuchen (Hg.): Reichtum und Armut in den schweizerischen Republiken (2010), S. 95–119, S. 109.

291 North: Genuss und Glück des Lebens (2003), S. 33.

292 Zellweger, Johannes (1730–1802): 1 Brief an Johann Caspar Hirzel (1725–1803) in Zürich, Trogen, 11.08.1777.

293 Zellweger, Johannes (1730–1802): 1 Brief an Johann Caspar Hirzel (1725–1803) in Zürich, Trogen, 08.12.1783; vgl. zum Thema Schläpfer: Landammann Jacob Zellweger (1770–1821) (1939), S. 28.

294 Zellweger, Johannes (1730–1802): 1 Brief an Johann Caspar Hirzel (1725–1803) in Zürich, Trogen, 01.12.1783.

295 Goethe: Wilhelm Meisters Lehrjahre (Erstausgabe 1795/96), in: Goethes Werke (7–8/1867), S. 32 und 35.

keinem geschickten Mann haben sie gesprochen, viel weniger sich von wichtigen Dingen belehren lassen. Ich will gerne sehen, wie er dieses Reislein benutzt.[296]

Auf welche Höhe sich die «schöne Zeche beim Wirt» während einer solchen Reise konkret belaufen konnte, wies Röthlin (1986) am Beispiel Johannes Ryhiner (1728–1790) von Basel nach. Der Vater legte für die von 1739 bis 1740 rund ein Jahr dauernde Bildungsreise seines Sohns und späteren Bürgermeisters von Basel nicht weniger als 5000 Gulden aus.[297] Sie führte den jungen Ryhiner von Basel über Leipzig, Dresden, Prag, Wien, Budapest, Brünn, Breslau, Berlin, Hannover, Lübeck, Bremen, Osnabrück, Amsterdam, Urtrecht, Leiden, Den Haag, Delft, Rotterdam, Antwerpen, Brüssel, Lille, Arras, Paris, Lyon und Genf zurück nach Basel. Für Kaufmann Zellweger-Hirzel-Scheuss war das Ziel einer Reise, mit «geschickten Männern» in Kontakt zu kommen und «sich von wichtigen Dingen belehren zu lassen». Die an kaufmännischen Bedürfnissen orientierte Reise des jungen Zellweger-Egg-Hirzels nahm sich im Vergleich zu Ryhiners Bildungsreise hinsichtlich Dauer und geografischer Ausdehnung geradezu bescheiden aus. Die Route entsprach denn auch einer geschäftlichen Absicht des Vaters: «Denn wenn ich mein Haus zu Lyon aufhebe, so dürfte ich fast alle Jahr jemanden eine Tour durch Frankreich machen lassen».[298] Die Reise seines Sohns diente also der Rekognoszierung künftiger Handelsreisen, welche das einmal aufgehobene Handelshaus in Lyon zwecks Verkaufs in Frankreich und Spanien ersetzen sollten. Zellweger-Hirzel-Egg begann anfangs 1784 sein «Reislein» von Genua über Pisa und Livorno. Von Marseille machte er «noch einen Giro in Frankreich bis gegen Spanien, um so dann über Lyon bis gegen den Mai wieder hierher [nach Trogen] zu kommen». Zu dieser rund viermonatigen Reise zählte ein dreiwöchiger Aufenthalt in der Kommanditgesellschaft *Guebhardt, Schläpfer & Cie.* in Barcelona. Noch bevor der Sohn über Nyon[299] und Zürich[300] nach Hause zurückgekehrt war, plante der Vater bereits seine eigene Reise zwecks Besuchs seines Teilhabers Jakob Zürcher (1739–1808) in Genua.[301]

Siebzehn Reisen in dreissig Lebensjahren – Zellweger-Gessner unterwegs

Das Reiseverhalten eines Kaufmanns in der zweiten Hälfte des 18. Jahrhunderts lässt sich am Beispiel Zellweger-Gessners besonders gut nachvollziehen. Er beschrieb es eingehend in seinen autobiografischen «Lebensnotitzen». Seine erste Reise führte Zellweger-Gessner als vierjähriges Kleinkind im Sommer 1772 für einen einmonatigen Aufenthalt in die Stadt Zürich zu Onkel und Patentante Hirzel im Sonnenberg. Zwei Jahre später im Juli 1774 reiste er wiederum nach Zürich, wo er während seinem Aufenthalt «gezwungen» wurde, die dortige Schule zu besuchen. Im Herbst 1779 trat er als elfjähriger Bub seine erste Reise nach Lyon an. Zweck der Reise war es, gemeinsam mit dem Vater seinen Stiefbruder Zellweger-Egg-Hirzel in die dortige kaufmännische Lehre zu begleiten. Es war seine letzte Reise als Kind. Im Herbst 1782 war die Reihe an ihm, die kaufmännische Lehre in Lyon anzutreten. Ein erster Besuch zu Hause in Trogen für die Dauer eines Monats erfolgte vier Jahre später im Frühjahr 1786. Im September unternahm der Achtzehnjährige seine allererste Reise als Tourist. Er besichtigte die Grotten im rund 60 Kilometer östlich von Lyon gelegenen La Balme-les-Grottes. Im Oktober 1786 reiste er zwecks seiner weiteren Ausbildung von Lyon nach Genua. Drei Jahre später brachte er eigene Ersparnisse für einen Besuch zu Hause in Trogen auf. Er nutzte die Reise, um im Glarnerland die dort ansässige Kundschaft zu besuchen. Auf der Rückreise nach Genua stattete er dem Handelshaus in Lyon einen Besuch ab.[302]

Seine nächste Reise trat Zellweger-Gessner im Frühjahr 1790 zur Abwicklung seines «Heurats-Geschäfts» an. Vater Zellweger-Hirzel-Scheuss legte ihm während seines Besuchs in Genua nahe, sich zu

296 Zellweger, Johannes (1730–1802): 1 Brief an Johann Caspar Hirzel (1725–1803) in Zürich, Trogen, 15.12.1783.
297 Röthlin: Basler Handelspolitik (1986), S. 152.
298 Zellweger, Johannes (1730–1802): 1 Brief an Johann Caspar Hirzel (1725–1803) in Zürich, Trogen, 12.01.1784.
299 Zellweger, Johannes (1730–1802): 1 Brief an Johann Caspar Hirzel (1725–1803) in Zürich, Trogen, 26.04.1784.
300 Zellweger, Johannes (1730–1802): 1 Brief an Johann Caspar Hirzel (1725–1803) in Zürich, Trogen, 10.05.1784.
301 Zellweger, Johannes (1730–1802): 1 Brief an Johann Caspar Hirzel (1725–1803) in Zürich, Trogen, 26.04.1784.
302 Zellweger, J.C.: Notitzen aus meinem Leben (1/1850), S. 3, 4, 6, 8, 22, 29, 35–36.

verheiraten, um als Ehemann und Hausvater die Leitung des Handelshauses in Genua übernehmen zu können. Am 2. April 1790 macht er sich auf nach Zürich, wo er «mit Gottes Hilfe» die zukünftige Angetraute seiner Wahl zu finden hoffte. Es sollte Dorothea Gessner von Zürich sein. Von ihrem Mut hatte ihm der kaufmännische Lehrjunge «Herr Pestalutz vom Brünneli in Zürich, nachmaliger Oberrichter», während dem Schachspiel in Genua erzählt. Am 11. Juni 1790 und damit nur zwei Monate später kehrte Zellweger-Gessner in Begleitung seiner Ehefrau Dorothea Gessner von Zürich und des alten Herrn Schläpfer von Speicher nach Genua zurück.
Drei Jahre später 1793 unternahm er die Reise von Genua nach Trogen, um mit seinem Stiefbruder Zellweger-Egg-Hirzel eine Tour durch die Schweiz zwecks Besichtigung diverser Textildruckereien zu unternehmen. Auf der Rückreise zu seiner Ehefrau und seinem Kind nach Genua zog er sich bei der Überquerung des Rheins Erfrierungen an den Beinen zu, was seine angegriffene Gesundheit weiter beeinträchtigte:

> gegen Ende.[1793] kehrte ich zurük auf Genua bei welchem Anlas sich meine Beschwerden sehr vermehrten, dann bei meiner Abreise von Trogen, lag schon überall Schnee und auf der Strasse. Zwischen Hard und Buchs musste ich über gefrorenes Wasser reiten, wo jedoch das Eis so schwach war, dass das Pferd bei jedem Tritt durchbrach und das Wasser an die Stiefel spritzte und dort gefror, so dass als ich absteigen wollte, einen Mann meinen Fus und ein Anderer den Steigbügel halten und so reissen damit ich absteigen könne, dann aber musste ich, geführt von meinem Knecht noch herum gehen, ehe ich durfte in die warme Stube eintreten. Dieses Ereigniss und die folgende Kälte griffen mich so sehr an, dass als ich von Mailand nach Genua mit der Post reiste, ich sehr von heftigen Krämpfen in den Füssen und in dem Kopf litt.

Bei Ausbruch des Krieges zwischen England und Frankreich im Hafen von Genua flüchtete er sich im Oktober 1793 mit seiner Frau und der zweijährigen Tochter nach Hause. Da ihm sein Vater bei seiner Ankunft in Trogen zu verstehen gab, dass er diese Flucht missbilligte, kehrte Zellweger-Gessner bereits im April 1794 zurück nach Italien. Weil aber aller Handel mit Genua «in Stockung» war, wich er nach Livorno aus, wo er «nicht ganz unbedeutende Geschäfte machte». Er reiste weiter nach Florenz, Bologna, Venedig und von dort über Treviso und Udine bis in «die neue Stadt Triest», wo ihm der Einkauf von Baumwolle der Sorte «[Soborga]» zu einem absoluten Tiefstpreis gelang. Die Rückreise führte ihn über Venedig, Padua, Verona und Vicenza den Gardasee entlang nach Bozen. Dort lernte er im Alter von 26 Jahren zum ersten Mal die *Messe Bozen* kennen. Hier leiteten seine Brüder Zellweger-Egg-Hirzel und Zellweger-Zuberbühler viermal pro Jahr den Verkauf für *Zellweger & Comp.* Von Bozen kehrte er in Begleitung seines Stiefbruders Zellweger-Egg-Hirzel über den Arlberg nach Trogen zurück. Im September 1794 war er samt Ehefrau und mittlerweilen zwei Töchtern im Baby- und Kleinkindalter auf der Rückreise nach Genua, um die dortige Filiale *Zellweger & Comp.* zu leiten.[303]
Als er Ende April 1799 von der Gefangennahme seines Vaters in Trogen durch die Franzosen erfuhr, liess Zellweger-Gessner in Genua alles stehen und liegen, um seiner Mutter zu Hilfe zu eilen. Seine beiden Brüder Zellweger-Egg-Hirzel und Zellweger-Zuberbühler befanden sich zu dieser Zeit im freiwillig gewählten Exil in Bregenz (Vorarlberg, Österreich). Auf der Teufelsbrücke in der Schöllenen (Uri) begegnete er seinem Jahrgänger und Kaufmann gleichen Formats Jean-Jacques Trümpler (1768–1845) von Küsnacht (Zürich), der ihm die Befreiung des Vaters versicherte. In dessen Begleitung kehrte er durch das bereits kriegsversehrte Ursenental nach Genua zurück, wo Trümpler wie Zellweger-Gessner ein Handelshaus leitete. Trümpler unternahm übrigens ganz ähnlich wie Zellweger-Gessner ausgedehnte Handelsreisen.[304] Nach erneuter Flucht vor den kriegerischen Auseinandersetzungen in Genua traf er am 12. Juli 1799 nach abenteuerlicher Reise mit seiner ganzen Familie samt Baby Johannes in der Wiege in Trogen ein.[305] Als er im Frühjahr 1801 die Situation als stabil einschätzte, reiste Zellweger-Gessner nach Genua zurück. Seine Ehefrau folgte ihrem an Einsamkeit leidenden Ehemann wenig später nach

303 Zellweger, J.C.: Notitzen aus meinem Leben (1/1850), S. 37, 42, 46–47, 50–52, 53–54.

304 Vgl. Schoch: Die Auslandjahre des Wirtschaftspioniers Jean Jacques Trümpler (1768–1845) von Küsnacht, 1798–1810, in: Jahrbuch vom Zürichsee (20/1962–1963), S. 146–165.

305 Zellweger, J.C.: Notitzen aus meinem Leben (1/1850), S. 79 und 90.

und liess dafür ihre Kinder in Trogen und in Zürich zurück.[306] Ihr gemeinsamer Aufenthalt in Genua war nicht von langer Dauer. Bereits am 20. Dezember 1801 verliess das Ehepaar Genua definitiv. Die Rückreise gestaltete sich abenteuerlich auf einer ungewöhnlichen Route. Es ging über Turin und Susa (Piemont) nach Westen über den Pass Monte Cenis[307] nach Frankreich, Genf, Lausanne, Bern und Zürich zurück nach Trogen. Effizient bewältigte man die Abfahrt von der Passhöhe nach Lanslebourg nicht etwa über die Strasse, was 90 Minuten gedauert hätte, sondern «à la samosse» je auf Schlitten, die von einem Führer «über die steilsten Stellen» gesteuert wurden. Zellweger-Gessner brauchte auf diese Weise sieben Minuten, seine Ehefrau im «Tragsessel» auf Schlitten 15 Minuten. Die kühne Effizienzsteigerung bekam ihm gesundheitlich nicht. Auf der ganzen Reise übergab er sich täglich nach dem Frühstück.[308]

Zusammenfassung: Kaufmann Zellweger-Gessner war in seinen ersten dreissig Lebensjahren siebzehnmal zwischen Trogen, Zürich, Lyon und Genua auf Reisen unterwegs. Die ersten Reisen unternahm er bereits als Kleinkind nach Zürich. Dann folgten drei Reisen nach Lyon und zehn Reisen nach Genua. Eine Reise durch eine politisch unruhige Schweiz unternahm er, um diverse Textildruckereien in der Schweiz zu begutachten. Von all diesen Reisen war nur eine einzige kleine Reise touristischer Natur. Schon als Kleinkind ans Reisen gewöhnt, entwickelte er Selbständigkeit, Unabhängigkeit und ein Gefühl für Effizienzsteigerung. Wenn möglich, bewältigte er Streckenabschnitte zu Fuss, um den langsamen Verkehrsmitteln wie Diligance oder Postwagen Zeit für Besichtigungen von Sehenswürdigkeiten abzugewinnen. Er setzte selbst auf abenteuerliche Schlittenfahrten, um das Reisen zu beschleunigen. Zellweger-Gessner bezahlte für die Effizienzsteigerung mit seiner Gesundheit.

306 Zellweger, J.C.: Notitzen aus meinem Leben (1/1850), S. 112–113.

307 Der Pass Mont Cenis (italienisch Moncenisio oder Monte Cenisio) mit einer Höhe von 2083 Meter liegt auf französischem Gebiet. Er verbindet Frankreich mit dem Piemont. Die Passstrasse führt vom französischen Lanslebourg-Mont-Cenis (Rhône-Alpes), Lanslevillard nach Susa in Italien. Südlich der Passhöhe auf dem Mont-Cenis-Plateau liegt der heutige Stausee Lac du Mont Cenis. Südlich des Stausees verläuft die Grenze zwischen Frankreich und Italien.

308 Zellweger, J.C.: Notitzen aus meinem Leben (1/1850), S. 115.

Von «Heurats Geschäft» und Alltagsgeschäft – Werdegang zum Kaufmann

Das «Heurats Geschäft» bildete nach Abschluss ihrer Ausbildung in Lyon den nächsten entscheidenden Moment im Werdegang der Kaufleute Zellweger. Der Heirat kam innerhalb der Biographie eines Kaufmanns Zellweger grosse Bedeutung zu. Es stellte sich die Frage, welche Muster das Heiratsverhalten der Söhne im Unterschied zu demjenigen der Töchter Zellweger prägten. In der Regel ging mit der Heirat die Teilhaberschaft in der väterlichen Handelsgesellschaft als finanzielle Basis für die neu gegründete Familie einher. Zweimal erfolgte mit der Heirat zugleich der Einzug in «Das Kaufhaus – zeitgenössisches Statussymbol» am Landsgemeindeplatz Trogen. In den anderen Fällen erfolgte der Einzug oft erst nach definitiver Rückkehr von Lyon oder nach Abschluss der eigenen Bautätigkeit. Im Anschluss an diese Beschreibung werden die sieben Kaufhäuser Zellweger am Landsgemeindeplatz in Trogen als die zu Stein gewordene Manifestation des wirtschaftlichen Erfolges mit anderen zeitgenössischen Kaufhäusern ihrer Zeit verglichen. Lässt sich dadurch die Fragen beantwortet, ob es sich dabei um etwas Aussergewöhnliches handelte oder schlicht um ein zeitgenössisches Phänomen? Wie das geschäftliche Treiben der Kaufleute Zellweger den Alltag innerhalb dieser zu Arbeits- und Wohnzwecken genutzten Kaufhäuser strukturierte, wird in «Der geschäftliche Alltag – aus dem Kaufhaus heraus» untersucht. Wie sich das Arbeitsverhalten auf die Psyche auswirkte, wird in «Der Mensch ist nicht aus Eisen – Verdruss, Kopfschmerzen, Überlastung und Erholung» rekonstruiert.

Das «Heurats Geschäft»

Anfangs November 1748 war die Appretierung der weissen Ware der *Gebrüder Zellweger & Comp.* durch Gonzenbach in Hauptwil (Thugau) ungewiss, weil «der Mann sowol mit Handels- als *Heuraths Geschäften* [H.d.d.A.] beladen ist».[309] Insbesondere unter vermögenden Eheleuten notierte man in Heiratsverträgen akribisch, was von wem in die Ehe mitgebracht wurde und was welchem Ehepartner gehörte. Die Heirat betrachtete man zeitgenössisch als Geschäft und behandelte sie entsprechend geschäftlich. Im Folgenden wird dargelegt, in welcher Form sich die Heirat einer Tochter Zellweger von derjenigen eines Sohnes Zellweger unterschied. Dabei interessiert insbesondere die Frage, ob sich aus dem Heiratsverhalten der Kaufleute Zellweger im Rückblick allfällige Muster und Strategien nachzeichnen lassen.

Die Tochter Zellweger und der Associé

Kaufmann Zellweger-Ehrliholzer-Sulser war Vater von insgesamt neun Kindern aus zwei Ehen. Davon erreichten sechs Töchter das Erwachsenenalter. Die zwei Söhne starben im Kleinkindalter. Welches Sprengpotential die Verheiratung von Töchtern barg, zeigte sich an Anna Zuberbühler-Zellweger (1730–1786) und Elsbeth Sturzenegger-Zellweger (1733–1791). Während die älteste Maria Magdalena (1726–1788) ledig blieb, heirateten diese Schwestern ausgebildete Kaufleute, welche zum Teil als kaufmännische Angestellte bei *Gebrüder Zellweger & Comp.* arbeiteten. Kurz vor der Heirat von Anna Zellweger (1730–1786) am 7. März 1755 mit dem Kaufmann Zuberbühler-Zellweger von Speicher trennte sich ihr Vater Zellweger-Ehrliholzer-Sulser nach rund dreissigjähriger einvernehmlicher Arbeit unter *Gebrüder Zellweger & Comp.* von seinem jüngeren Bruder Zellweger-Sulser. Anlass für diese Separation war die Regelung der Nachfolge in der Handelsgesellschaft. Der jüngere Bruder war Vater von zwei sorgfältig kaufmännisch ausgebildeten und bereits in der Handelsgesellschaft aktiven Söhnen. Um diesen Söhnen die Handelsgesellschaft zu sichern, war er dagegen, dass der ältere seine künftigen Schwiegersöhne zu Teilhabern machte. Der ältere Bruder trennte sich von seinem jüngeren Bruder mit

309 Gebrüder Zellweger & Comp.: 1 lettre à la maison à Lyon, Trogen, 1748.11.04, S. 155.

der Erklärung, «wie Johannes für die seinigen sorgen zu müssen». Er assoziierte sich umgehend mit seinem Schwiegersohn Zuberbühler, der im benachbarten Dorf Speicher selbständig Textilhandel betrieben hatte. Er gründete mit ihm die zweite Handelsgesellschaft am Platz Trogen, *Conrad Zellweger & Zuberbühler*. Die dritte Tochter Sturzenegger-Zellweger hatte ein Jahr zuvor am 10. März 1754 Conrad Sturzenegger von Herisau geheiratet, den langjährigen Buchhalter der *Gebrüder Zellweger & Comp*. Er wurde erst nach dem zweiten Schwiegersohn im Jahr 1756 als Teilhaber in die Gesellschaft *Conrad Zellweger, Zuberbühler & Comp*. aufgenommen. Grund dafür dürfte gewesen sein, dass er im Gegensatz zu Zuberbühler kein Eigenkapital in die neue Handelsgesellschaft einzuschiessen vermochte. Die vierte Tochter Ursula Zellweger (1735–1791) blieb wie die erste ledig. Die beiden Töchter Maria Elisabetha (1745–1777) und Rosina Zellweger aus zweiter Ehe verheirateten sich in einer Doppelehe am 1. November 1765 mit den Brüdern Sebastian Honnerlag (1735–1801) und Bartholome Honnerlag von Trogen. Der eine hatte sich unter *Gebrüder Zellweger & Comp*. zum Kaufmann ausbilden lassen, der andere der Familientradition Honnerlag gemäss zum Arzt. Beide Töchter kamen über die Heirat in die neu erbauten Kaufhäuser Honnerlag am Landsgemeindeplatz Trogen zu wohnen.
Auch der jüngere Zellweger-Sulser hatte neben den zwei kaufmännisch tätigen Söhnen drei Töchter: Maria Magdalena, Anna und Ursula. Die älteste Tochter Maria Magdalena Zellweger (1719–1776) blieb ledig. Anna Honnerlag-Tanner-Zellweger (1734–1792) hingegen heiratete am 10. Juli 1755 den vom Buchhalter zum Leiter der *Zellweger frères & Comp*. in Lyon aufgestiegenen Adrian Tanner (gest. 1761) von Herisau. Über ihre Verheiratung kehrte die in Lyon geborene und aufgewachsene Anna in ihre Geburtsstadt zurück, um dem Haus *Zellweger frères & Comp*. in Lyon als Hausfrau vorzustehen. Neun Jahre nach dem frühen Tod ihres Ehemanns Adrian Tanner verheiratete sich die zweifache Mutter[310] am 27. Juli 1770 erneut. Ihr zweiter Ehemann war der vier Jahre jüngere Johann Conrad Honnerlag (1738–1818) von Trogen, Nachfolger ihres verstorbenen Ehemanns als Buchhalter und als Vorsteher des Hauses *Zellweger frères & Comp*. in Lyon. Erneut kehrte sie nach Lyon zurück, um der Haushaltung als Hausdame vorzustehen. Ganz anders verhielt es sich mit der jüngsten Schwester Ursula Wolf-Zellweger (1735–1818). Nach dem Trauerjahr infolge des Tods ihres Vaters Zellweger-Sulser, der diese Verbindung niemals zugelassen hätte, heiratete die Vierzigjährige gegen den Willen der Brüder den sieben Jahre jüngeren Hauslehrer Conrad Wolf (1742–1808) von Zürich. Mit ihm hatte sie bereits vorher gegen jegliche Konvenienz zusammengewohnt.

Der Sohn Zellweger & die Tochter des Landammanns

Um das Heiratsverhalten der Söhne Zellweger zu untersuchen, wurden die geografische und soziale Herkunft ihrer Ehefrauen für den Zeitraum 1630 bis 1821 in einer Tabelle zusammengetragen. Die Übersicht ergab, dass acht von vierzehn Ehefrauen der Kaufleute Zellweger Töchter von Landammännern waren. Drei davon stammten nicht aus Appenzell Ausserrhoden, sondern waren die Töchter des Landammanns Sulser von Azmoos (St. Gallen) in der eidgenössischen Vogtei Sargans. Alle drei Ehefrauen aus dem Rheintal waren Töchter derselben Speditions- und Fabrikantenfamilie Sulser von Azmoos. Die engen familiären Beziehungen dienten zur privaten Absicherung geschäftlicher Verbindungen. Zugleich handelte es sich um die ersten familiären Verbindungen, welche in den 1720er Jahren über die Grenzen von Appenzell Ausserrhoden hinausreichten. Die Heirat der Kaufleute Zellweger mit Töchtern von Landammännern zahlte sich für ihre politische Karriere aus. Vier der Söhne Zellweger wurden im untersuchten Zeitraum selber in das Amt des Landammanns gewählt. Bei den übrigen Söhnen Zellweger war bereits ein Bruder oder Cousin Landammann.
Erst lange nach dem Dorf Azmoos, seit den 1760er Jahren, etablierte sich die Stadt Zürich in drei Fällen als Herkunft von Ehefrauen der Kaufleute Zellweger. Die Kaufleute Zellweger fanden über den Arzt Laurenz Zellweger (1692–1764) in der Stadt Zürich Anschluss an das intellektuelle Umfeld von Professor Johann Jacob Bodmer (1698–1783). In der Folge gelangten die Schwester und Tochter des Stadtarzts Johann Caspar Hirzel (1727–1803) sowie die Tochter des Idyllendichters Salomon Gessner

310 Ihre zwei Kinder aus erster Ehe waren Magdalena Tanner (1757–1826) und Johannes Tanner (1759–1805), gestorben selbständig tätiger Kaufmann in Baumwolle in Hamburg.

Zellweger	Ehefrau	Herkunft	Familiärer Hintergrund
Conrad Zellweger-Rechsteiner (1630–1705) Amt: Landesstatthalter	Anna Rechsteiner (1637–1704)	Gais (AR)	Tochter des Landammanns Johannes Rechsteiner (1618–1666)
Conrad Zellweger-Tanner (1659–1749) Amt: Landammann	Maria Magdalena Tanner (1671–1747)	Herisau (AR)	Tochter des Landammanns Laurenz Tanner (1631–1701)
Conrad Zellweger-Sulser (1694–1772) Amt: ohne	1. Elsbeth Sulser (1702–1741)	Azmoos (SG)	Tochter des Landammanns Jacob Sulser (1654–1738)
	2. Marie Ehrliholzer (1714–1771)	St. Gallen (SG)	Tochter des Teilhabers Laurenz Ehrliholzer
Johannes Zellweger-Sulser (1695–1774) Amt: Landammann	Ursula Sulser (1698–1737)	Azmoos (SG)	Tochter des Landammanns Jacob Sulser (1654–1738)
Jacob Zellweger-Wetter (1723–1808) Amt: Landammann	Anna Maria Wetter (1730–1777)	Herisau (AR)	Tochter des Landammanns Adrian Wetter (1694–1764)
Johannes Zellweger-Hirzel-Scheuss (1730–1802) Amt: Landsfähnrich	1. Anna Barbara Scheuss (gest. 1765)	Herisau (AR)	Tochter des Landammanns Johann Ulrich Scheuss (1711–1775)
	2. Anna Hirzel (1732–1802)	Zürich (ZH)	Schwester des Stadtarztes Johann Caspar Hirzel (1725–1803)
Johannes Zellweger-Huber (1758–1836) Amt: Oberst	Martha Elisabetha Huber (1761–1832)	St. Gallen (SG)	Tochter des Kaufmanns Ruprecht Huber
Laurenz Zellweger (1760–1824) Amt: Landeszeugherr	Susanna Sulser (1759–1815)	Azmoos (SG)	Tochter des Landammanns Jacob Sulser
Johannes Zellweger-Egg- Hirzel (1764–1832) Amt: Landesbauherr	1. Anna Hirzel (1766–1816)	Zürich (ZH)	Tochter des Stadtarzts Johann Caspar Hirzel (1727–1803)
	2. Franziska Egg (1795–1858)	Bregenz (A)	Tochter des Wirts Ignaz Egg
Johann Caspar Zellweger (1768–1855) Amt: ohne	Dorothea Gessner	Zürich (ZH)	Tochter des Idyllendichters Salomon Gessner (1730–1788)
Jacob Zellweger-Zuberbühler (1770–1821) Amt: Landammann	Anna Barbara Zuberbühler (1775–1815)	Speicher (AR)	Tochter des Landammanns Johann Jakob Zuberbühler (1723–1803)

Tabelle 1: Kaufleute Zellweger: Übersicht über die geografische und soziale Herkunft ihrer Ehefrauen, 1630 bis 1821

(1730–1788) über Heirat den Weg aus der Stadt Zürich in das ländlich abgeschiedene Dorf Trogen. Letztere präsentierte sich bei ihrer Ankunft in Trogen modern-städtisch mit einem blumengeschmückten Hut, den die ländliche Bevölkerung als «Narrechappe» verlachte.[311] Aus der in nächster Nachbarschaft gelegenen Handelsstadt St. Gallen stammten nur zwei Ehefrauen aus den Kaufmannsfamilien Ehrliholzer und Huber. Das Verhältnis zwischen St. Gallen und Trogen war zu sehr von wirtschaftlicher Konkurrenz geprägt, als dass sich mehr privat-familiäre Verbindungen hätten entfalten dürfen. Auch mit der in Hauptwil auf der Landschaft des Thurgaus im Handel und in der Veredelung von Leinwand und Baumwollware äusserst umtriebigen und innovativen Familie Gonzenbach kamen keinerlei familiäre Verbindungen zustande. Die Gonzenbach heirateten, obwohl wegen Abwanderung auf die Landschaft aus wirtschaftlichen Gründen ihres Bürgerrechts von St. Gallen verlustig gegangen, vornehmlich in Bürgerfamilien der Stadt St. Gallen ein. Ausnahme bildete die Heirat von Ursula Gonzenbach (1751–1805/07) und Anton Gonzenbach (1748–1819) von Hauptwil. Diese Hochzeit vereinte die beiden Häuser Gonzenbach im Schloss und im Kaufhaus zum Vorteil der weiteren wirtschaftlichen

311 Zellweger, J.C.: Notitzen aus meinem Leben (1/1850), S. 42.

Entwicklung Hauptwils. Ursulas Bruder Hans Jakob Gonzenbach (1753–1815) heiratete Dorothea Zollikofer von St. Gallen und Altenklingen (Thurgau). Ihre Schwester Sabine Gonzenbach (nach 1753) wiederum heiratete Julius Hieronymus Schlatter von St. Gallen.[312] Auch die Kaufleute Scherb von Bischofszell heirateten in die Familie Gonzenbach ein.[313]
Der zeitgenössische Kaufmann machte über das Heiratsgeschäft eine gute Partie. Für den deutschen Sprachraum analysierte Koopmann (1995) diverse zeitgenössische Dramen und kam auf eine Mitgift in der Höhe von 20 000 bis 50 000 Talern.[314] Welche verzwickten familiären Konstellationen sich daraus ergeben konnten, zeigt sich exemplarisch an den Familien Heer von Rheineck und Custer von Altstätten im Rheintal. Kaufmann Jacob Laurenz Custer (1755–1828) von Altstätten heiratete 1775 seine vierzehn Jahre ältere Tante Anna Maria Magdalena Mayer, die Witwe des Kaufmanns Johannes Heer. Sie brachte ihrem zweiten Ehemann die bedeutende Handelsgesellschaft des ersten Ehemanns in Seide und Leinwand im Handelsdreieck Rheineck, Verona, Mailand in die Ehe ein.[315] Dadurch erlangte ihre Tochter Anna Regina Magdalena Heer (1775–1851) den Status der reichsten Alleinerbin in der Alten Eidgenossenschaft. Ihr Vermögen blieb in der Familie. Sie heiratete 1792 den Kaufmann Johann Friedrich Custer (1762–1817) von Altstätten, den Bruder und Geschäftspartner ihres Stiefvaters Jacob Laurenz Custer-Heer (1755–1828). Zellweger-Gessner hob in seiner Autobiografie extra hervor, er habe bei der Wahl seiner zukünftigen Ehefrau keineswegs auf die finanziellen Verhältnisse geachtet. Weil sein Vater ihm die Leitung der Filiale in Genua übergeben wollte, musste er sich zuvor verheiraten, damit dem Haus eine Hausdame vorstand. Der 22-Jährige Zellweger-Gessner war Mitte April genau vier Tage auf Freiers Füssen. Dann hatte er das Ja-Wort von Dorothea Gessner (1763–1823), Tochter des Idyllendichters Salomon Gessner (1730–1788) und von Judith Heidegger (geb. 1736) von Zürich, deren Charakter ihn beeindruckte. Der Vater machte ihn zu diesem Zeitpunkt jedoch nicht zum Teilhaber, wie bei der Hochzeit des ältesten Sohnes geschehen. Das brachte den jungen Ehemann in finanzielle Bedrängnis. Er wurde zugleich mit seinem jüngeren, noch gar nicht verheirateten Bruder zum Teilhaber gemacht. Mit diesem ungleichen Vorgehen trug der Vater das Seine für eine angespannte Beziehungen unter den drei ungleichen Brüdern bei. Zur Realität der Kaufleute Zellweger gehörte es zudem, das Hochzeitsfest des Bruders in Trogen nicht mitzuerleben. Zellweger-Hirzel-Scheuss ritt auf dem Pferd von Trogen nach Lyon, um den Bruder Zellweger-Wetter so lange als Leiter des Hauses *Zellweger frères & Comp.* zu vertreten, bis dessen Hochzeit mit Anna Maria Wetter von Herisau stattgefunden und das frisch vermählte Ehepaar nach Lyon zurückgekehrt war. Die Geschäfte in vertrauenswürdigen Händen zu wissen, hatte Vorrang vor dem gemeinsam begannenen Familienfest.

Zusammenfassung: Die Anlayse, welche Töchter die Söhne Zellweger zur Ehefrau wählten und welche Söhne den Töchtern der Kaufleute Zellweger zum Ehemann vermittelt wurden, lässt im Nachhinein eine strategische Ausrichtung der Familienpolitik erkennen. Die Heirat der Söhne diente der sozialen Positionierung innerhalb von Appenzell Ausserrhoden, indem fast ausschliesslich Töchter von Landammännern geheiratet wurden. Nur diejenigen Söhne, deren Brüder bereits mit der Tochter des Landammanns verheiratet waren, richteten sich anders aus. Die Töchter Zellweger hingegen hatten fähige Angestellte der Handelsgesellschaften Zellweger zu heiraten, wodurch ihr Kapital weiterhin dem Handel ihrer Brüder zur Verfügung stand. Anlässlich der Heirat wurden ihre Ehemänner als Teilhaber aufgenommen und als in die Familie eingebundene, vertrauenswürdige Vorsteher der Handelshäuser in Lyon und Genua eingesetzt. Der Fernhandel verlangte Kapital, das durch die Vereinigung von Freunden und Verwandten aufzubringen war. «Soziales und ökonomisches Kapital wurde ineinander transferiert».[316] Dadurch erklärt sich der familiäre Charakter frühneuzeitlicher Handelsgesellschaften. Die Kaufleute

312 Vgl. den Stammbaum der Gonzenbach in Hauptwil, in: Menolfi: Hauptwil-Gottshaus (2011), S. 69, auch S. 114–115 sowie diverse Einträge der Gonzenbach in den Briefkopierbüchern Zellweger von Trogen.
313 Trösch, Erich: Artikel «Scherb», in: e-HLS online, 25.07.2011.
314 Koopmann: Geld und Literatur im 18. Jahrhundert, in: Burkhardt/Koopmann/Krauss (Hg.): Wirtschaft in Wissenschaft und Literatur (1995), S. 31–54, hier S. 43.
315 Wolfgang Göldi: Artikel «Custer, Jacob Laurenz (1755–1828)», in: e-HLS online, 15.03.2005.
316 Schultz, Helga: Artikel «Kaufleute», in: Jaeger et al. (Hg.): Enzyklopädie der Neuzeit (6/2007), Sp. 475–483, hier S. 476.

liessen das Kapital in den Handelsgesellschaften stehen mit dem Ziel, sie durch Selbstfinanzierung vergrössern zu können. Am Ende des 18. Jahrhunderts besassen manche Handelshäuser ein Eigenkapital von über 100 000 Gulden, angewachsen in generationenlanger Handelstätigkeit.[317] Die Kaufleute Honnerlag von Trogen etwa, welche sich mehrmals mit Töchtern der Zellweger verheirateten, bauten in der Heimat mehrere Kaufhäuser im Format der Kaufhäuser Zellweger, womit zum nächsten Unterkapitel übergeleitet werden soll.

Das Kaufhaus – zeitgenössisches Statussymbol

Die umfangreiche Bautätigkeit in Form von sieben Kaufhäusern Zellweger am Landsgemeindeplatz und in den Nideren von Trogen[318] in der zweiten Hälfte des 18. Jahrhunderts steht in krassem Gegensatz dazu, was Trogen heute ist: ein «verlorenes Nest», ein Kaff, «erweckt durch einzelne, bis es wieder im Schlummer versank».[319] Der Bau eines Kaufhauses, das durch Material, Dimension, Anzahl Fensterachsen und Innenausbau auffiel, markierte in der Regel ein bedeutendes Ereignis in der Biographie des Kaufmanns Zellweger. Gebaut wurde einerseits, wenn ein Sohn und Kaufmann im Alter von rund vierzig Jahren samt Familie von Lyon definitiv nach Trogen zurückkehrte, und andererseits anlässlich seiner Verheiratung und Gründung einer eigenen Familie. In einigen Fällen war es der Vater, der für den zurückkehrenden Sohn baute, wie für Zellweger-Ehrliholzer-Sulser 1727, seinen Bruder Zellweger-Sulser 1747 und für Zellweger-Egg-Hirzel 1787 geschehen. Für Zellweger-Sulser kaufte der Vater Zellweger-Wetter das 1760 durch Onkel Zellweger-Ehrliholzer-Sulser erstellte Kaufhaus am Landsgemeindeplatz 4. In einigen Fällen übernahm der älteste Sohn nach dem Tod des Vaters dessen Kaufhaus, wie bei Zellweger-Hirzel-Scheuss, Zellweger-Egg-Hirzel und Zellweger-Huber geschehen. Die Kaufhäuser vereinigten unter einem Dach Familie, Haushalt, Wohnen, Magazin und Schreibstube.[320] In der Folge interessiert, ob es sich beim Bau der Kaufhäuser Zellweger um eine singuläre Erscheinung oder vielmehr um ein zeitgenössisches Phänomen handelte. Die Kaufhäuser in Trogen sollen mit denjenigen von zeitgenössischen Kaufleuten ihres Formats verglichen werden. Die Zusammenstellung entstand beiläufig während den Forschungen über das Handelsnetz der Kaufleute Zellweger. Die genannten Kaufleute und Bauherren finden sich praktisch ausnahmslos als Kunden oder Bankiers in den Briefkopierbüchern der Kaufleute Zellweger von Trogen wieder.

Kaufhäuser der 1720er Jahre – Trogen, Lindau

1727 erstellte Zellweger-Tanner anlässlich der Rückkehr seines Sohns Zellweger-Sulser-Ehrliholzer von Lyon nach Trogen ein ansehnliches Haus am Landsgemeindeplatz 3 in Trogen. Wie für Appenzeller Häuser üblich, steht dieser letzte dreistöckige Holzbau unter einem Satteldach mit nachträglich um 1765 reich bemalter barocker Fassade auf einem soliden Erdgeschoss aus Stein.[321] Die ersten Kaufhäuser in der Umgebung, wie sie später auch in Trogen gebaut wurden, liessen sich die begüterten Kaufleute Seutter von Lindau nach dem Brand der Stadt 1728 in den Jahren 1729 bis 1730 von Baumeister Jacob Grubenmann (1694–1758) von Teufen errichten. Es handelte sich um die Kaufhäuser «Zum Cavazzen» und «Zum Baumgarten».[322] Beide Gebäude sind drei Stockwerke hoch unter zweistöckigen, mit Lukarnen ausgebauten Walmdächern. Die Fassaden sind in neun Fensterachsen unterteilt.

---

317 Dürst: Die wirtschaftlichen und sozialen Verhältnisse des Glarnerlandes (1951), S. 111–112.

318 Altherr: Honnerlagsche und Zellwegersche Paläste in Trogen (2007), S. 1–7; Steinmann: Trogen, in: Die Kunstdenkmäler des Kantons Appenzell Ausserrhoden (2/1980), S. 22–35, 88–102.

319 Roeck: Der Morgen der Welt (2017), S. 566.

320 Kocka: Familie, Unternehmer und Kapitalismus, in: ZUG (24/1979), S. 99–135, hier S. 103.

321 Steinmann: Trogen, in: Die Kunstdenkmäler des Kantons Appenzell Ausserrhoden (2/1980), S. 134–136.

322 Haus zum Baumgarten, Auf der Mauer 3A, Lindau und Haus zum Cavazzen, Marktplatz 6, Lindau, in: Killer: Die Werke der Baumeister Grubenmann (1985^2), S. 198.

Kaufhäuser der 1730er Jahre – Herisau, Augsburg

In Appenzell Ausserrhoden war das im Jahr 1737 von Kaufmann und Landammann Adrian Wetter-Ziegler (1694–1764) erstellte Haus «Zur Rose» am Platz in Herisau das erste Kaufhaus im neuen Stil. Wetter liess es anstelle des väterlichen Hauses als Geschäftssitz von Baumeister Jakob Grubenmann von Teufen erbauen.[323] Die Fassade des vierstöckigen Riegelbaus aus Holz unter einem zweistöckigen Mansardengiebeldach ist unterteilt in fünf Fensterachsen. 1737 liess auch Johann Laurenz Wetter (1696–1745) am Platz in Herisau das vierstöckige «Wetter-Haus» nun ganz aus Stein und mit Personalhaus erbauen.[324] Es ist vier Stockwerke hoch unter einem traufständigen Satteldach. Die Fassade über einem barocken Eingangsportal in der Mitte ist in vier Fensterachsen unterteilt. Die Wohnräume sind mit Deckenstuck geschmückt. 1738/39 liess sich Zellwegers Bankier Köpf von Augsburg das bestehende Bürgerhaus in der Häuserreihe an der heutigen Philippine-Welser-Strasse zu einem repräsentativen Kaufhaus ausbauen, dem «Köpf-Haus».[325] Im Erdgeschoss mit zwei Eingangsportalen finden sich die üblichen Arbeitsräume der Kaufleute, darüber zwei weitere Stockwerke unter einem dreistöckigen Satteldach mit Volutengiebel, ausgebaut mit neun Fenstern und acht Lukarnen. Die Fassade ist unterteilt in neun Fensterachsen.

Kaufhäuser der 1740er Jahre – Rheineck, Bischofszell, Rorschach, Günzburg

1742 bis 1746 entstand ein Kaufmannssitz im Rheintal nur wenige Kilometer östlich von Trogen. Der von Johannes Heer (1680–1756) von Rheineck erbaute «Löwenhof» zählt bis heute zu den bedeutendsten barocken Profanbauten der Ostschweiz.[326] In den 1740er Jahren entstanden im Landstädtchen Bischofszell (Thurgau) nach dem Brand von 1743 neuartige, grosszügige Kaufhäuser. 1744 bis 1745 liessen die Kaufleute Daller von den Architekten Grubenmann von Teufen (Appenzell Ausserrhoden) die eindrücklichen «Daller-Häuser» «Zum Rosenstock» und «Zum Weinstock» als Doppelhäuser an der Kirchgasse erbauen.[327] Sie sind drei Stockwerke hoch mit einem vierten Stockwerk im Satteldach mit Giebel, wo der gemeinsam benutzte Festsaal untergebracht ist. Die Doppelfassade ist unterteilt in acht Fensterachsen. Bischofszell vermochte 1747 aufgrund der vermögenden Kaufleute in Leinwand Bridler, Daller, Rietmann, Scherb und Zwinger den Bau eines Rathauses zu finanzieren, das als «barocker Prunkbau» gilt.[328] Die Fassade des freistehenden, dreistöckigen Gebäudes unter einem Krüppelwalmdach mit Giebel ist unterteilt in fünf Fensterachsen. 1746 bis 1749 erbaute sein Architekt Johann Caspare Bagnato (1696–1757) aus Landau in der Pfalz zeitgleich im Auftrag von Abt Coelestin von St. Gallen das Kornhaus Rorschach als Speicher und Umschlagplatz für Getreide. Das repräsentative vierstöckige Gebäude mit zwölf Fensterachsen gilt bis heute als Wahrzeichen von Rorschach. 1747 erbaute der Grosskaufmann und Kaiserliche Rat Carl Josef Maria Brentano-Cimaroli (1705–1780) ein repräsentatives, freistehendes Kaufhaus in der Stadt Günzburg. Es ist bis heute bekannt als «Brentano-Haus».[329] Es umfasst drei Stockwerke unter einem mit Lukarnen ausgebauten Krüppelwalmdach. Die Fassade ist in acht Fensterachsen unterteilt.
Diese umfassenden Bautätigkeiten in den 1740er Jahren kontextualisieren die in Trogen einsetzende Bautätigkeit. 1747 verankerte man die freie Bautätigkeit im Ausserrhoder Landbuch, der fünften

323 Fuchs, Thomas: Artikel «Wetter, Adrian (1694–1764)», in: e-HLS online, 16.07.2012; Fuchs: Geschichte der Gemeinde Herisau (1999), S. 124.

324 Fuchs, Thomas: Artikel «Wetter (AR)», in: e-HLS online, 11.11.2014.

325 Architekt: Johann Andreas Schneidmann, Maler: Gottfried Bernhard Götz, Fresko «Allegorie auf das Glück des Handels und Gewerbes» im Treppenhaus, vgl. Wüst, Wolfgang/Grünsteudel, Günther: Artikel «Köpfhaus», in: Stadtlexikon Augsburg online, 12.12.2011.

326 Müller, Peter/Kaiser, Markus: Artikel «Rheineck», in: e-HLS online, 04.01.2012; Müller, Peter: Artikel «Heer, Johannes (1680–1756)», in: e-HLS online, 29.07.2010; N.N.: Artikel «Heer», in: Schweiz. Familienbuch (4/1963), S. 114.

327 Salathé, André: Artikel «Daller», in: e-HLS online, 18.11.2015.

328 Architekt Johann Caspar Bagnato, in: Spuhler, Gregor: Artikel «Bischofszell», in: e-HLS online, 10.08.2004.

329 Reissenauer: Günzburg. Geschichte einer schwäbischen Stadt (1/2009), S. 296; Kraft: Die Kunstdenkmäler von Schwaben. Landkreis Günzburg 1. Stadt Günzburg, in: Die Kunstdenkmäler von Bayern. Stadt Günzburg (IX,1/1993), S. 384–389.

revidierten Rechtssammlung.[330] 1747 erbaute Zellweger-Tanner für sich und seinen Sohn Zellweger-Sulser ein Kaufhaus, das als erstes Gebäude in Trogen ganz aus Stein war. Gemäss einer Abbildung von 1757[331] war es drei Stockwerke hoch unter einem mit fünf Lukarnen ausgebauten zweistöckigen Satteldach. Die Fassade über mittigem Eingangsportal war in fünf Fensterachsen unterteilt. Im selben Jahr liess sich im benachbarten Dorf Speicher Arzt und Landammann Johann Jakob Zuberbühler (1723–1803) von Baumeister Johannes Grubenmann aus Teufen sein Wohn- und Arbeitshaus im «Obern Moos» erbauen.[332] Es ist vier Stockwerke hoch. Die Fassade über dem mittigen Portal ist in neun Fensterachsen unterteilt. Das Innere zieren Deckenstuckaturen und ein barockes Treppengeländer aus Nussbaumholz.[333] Von 1748 bis 1750 wurde das für den Wechselhandel zentrale Börsengebäude in Lyon unter Architekt Jacques-Germain Soufflot (1713–1780) renoviert, die *«Loge des Changes»*.

Kaufhäuser der 1750er Jahre

In den 1750er Jahren bauten sich diverse Kaufleute in Arbon, Chur, Herisau und Lenzburg moderne Kaufhäuser im barocken Stil. 1750 erbauten die Kaufleute Furtenbach das freistehende «Rote Haus» in Arbon. Das Kaufhaus ist drei Stockwerke hoch unter einem mit Lukarnen ausgebauten Walmdach. Die Fassade ist in sechs Fensterachsen unterteilt.[334] 1751 und 1752 entstand in Chur unter Architekt Johannes Grubenmann (1701–1771) von Teufen auf Auftrag von Oberst Andreas von Salis-Soglio (1735–1805) das «Grau Haus».[335] Es gilt als grösstes Kaufhaus im Kanton und dient heute als Regierungsgebäude. Es ist vier Stockwerke hoch, die Fassade über mittigem Eingangsportal ist in fünf Fensterachsen unterteilt.[336] Wohl 1756 entstand in Herisau das «Grosse Haus», ein viergeschossiger Strickbau über Kreuzgratgewölbe unter symmetrischem Walmdach. Die imposante getäferte und bemalte Fassade ist unterteilt in elf Fensterachsen. Es diente später dem Kaufmann Johann Martin Schirmer (1777–1842) als Geschäfts- und Wohnhaus.[337] 1759 und 1760 entstand ein Kaufhaus in Lenzburg für Marx Hünerwadel (1725–1805), der die Textildruckerei *Hünerwadel Marx & Sohn* betrieb und für Zellweger-Hirzel-Scheuss druckte. Mit seinen vier Geschossen unter Giebeldach, das nochmals zwei Stockwerke umfasst, gilt es mit seinen acht Fensterachsen über mittigem Eingangsportal als grösstes zeitgenössisches Gebäude im ganzen Kanton Aargau.

---

330 Hoesli, Kathrin: Artikel «Schrankenloser Bauboom», in: Appenzell, Ausserrhoden/Appenzell, Innerrhoden (Hg.): Zeitzeugnisse (2013), S. 70–71.

331 Vgl. Schellenberg, J.U./Herrliberger, D.: Trogen, Gesamtansicht, 1757, in: Kürsteiner: Appenzell Ausserrhoden auf druckgrafischen Ansichten (1996), S. 308; Zellweger-Hirzel-Gessner erhöhte dieses Kaufhaus 1787 um ein Stockwerk und ergänzte es gegen Westen zu einem Doppelkaufhaus.

332 Killer: Die Werke der Baumeister Grubenmann (1985²), S. 198.

333 Steinmann: Speicher – Bürger- und Bauernhäuser, in: Steinmann (Hg.): Die Kunstdenkmäler des Kantons Appenzell Ausserrhoden (2/1980), S. 403–430, hier S. 410–412.

334 Salathé, André: Artikel «Furtenbach», in: e-HLS online, 20.11.2006; Schädler: Das Handelshaus Furtenbach in Arbon (1971).

335 N.N.: Artikel «Salis», in: HBLS (6/1931), S. 19.

336 Simonett, Jürg: Artikel «Salis, Andreas von (1671–1756)», in: e-HLS online, 06.01.2011; Casutt/Giovanoli/Jecklin: Das Neue Gebäu in Chur (2010) (= Bündner Baudenkmäler 1); Gesellschaft für Schweizerische Kunstgeschichte (Hg.): Kunstführer durch die Schweiz (2/2005); Jecklin: Artikel «Die Churer Bürgermeister/Stadtpräsidenten», in: Bündner Monatsblatt (1988), hier S. 233.

337 Fuchs: Geschichte der Gemeinde Herisau (1999), S. 127.

Kaufhäuser der 1760er Jahre – Trogen, Altstätten, Kempten, Augsburg

Die 1760er Jahre waren «goldene Jahre», die mit reicher Ernte, florierendem Gewerbe und Handel gesegnet waren. Chronist Walser bezeugte, dass «viel Geld in das Land [Appenzell Ausserrhoden kam], und die Armen wurden aus dem Bettel gezogen: In Trogen, Herisau und Speicher etc. viele schöne *Häuser* und *Palläste* [H.d.d.A.] erbauen».[338] 1760 erbaute sich der 65-jährige Kaufmann Zellweger-Ehrliholzer-Sulser wie sein Vater 1747 noch im fortgeschrittenen Alter von über sechzig Jahren ein Kaufhaus aus Stein am Landsgemeindeplatz 4 in Trogen.[339] Das Haus ist drei Stockwerke hoch und von einem Walmdach bedeckt. Die Fassade ist in fünf Fensterachsen unterteilt. Zeitgleich liess sich sein Neffe Kaufmann Zellweger-Wetter im Alter von etwa 37 Jahren durch Architekt Grubenmann ein Kaufhaus am Landsgemeindeplatz 1 in Trogen erbauen. Es ist vier Stockwerke hoch, das Walmdach ist mit einem Bibliothekssaal ausgebaut. Die Fassade über mittigem Eingangsportal ist in sieben Fensterachsen unterteilt. Die Decken von Gang, Treppen und Zimmern wurden durch die Stuckateure Moosbrugger von Au (Bregenz) gestaltet, wobei die Darstellung der Landsgemeinde im Treppenhaus den Höhepunkt bildet.[340] 1761 liess der Arzt Bartholome Honnerlag (1700–1774) für seinen 21-jährigen Sohn und künftigen Arzt Bartholome Honnerlag-Zellweger (1740–1815) von Baumeister Johannes Grubenmann von Teufen das Haus «Sonnenhof» im Vordorf 54 in Trogen erbauen. Es ist drei Stockwerke hoch unter einem mit Lukarnen ausgebauten Walmdach. Die Fassade ist in acht Fensterachsen unterteilt.[341] 1763 liessen seine erst 25 und 28 Jahre alten Brüder, die Kaufleute Sebastian Honnerlag (1735–1801) und Johann Conrad Honnerlag-Zellweger (1738–1818) gemeinsam in den Nidern 116/117 ein Doppelkaufhaus erbauen. Das den «Dallerhäusern» in Bischofszell ähnliche Doppelgebäude ist vier Stockwerke hoch, die Fassade ist in insgesamt acht Fensterachsen unterteilt.[342] 1763 liessen sich die Kaufleute Joseph und Ulrich Stadler von Altstätten das Kaufhaus «Zum Raben» erbauen.[343] Es ist vier Stockwerke hoch und mit einem mit Lukarnen ausgebauten Traufdach bedeckt. Je nach Fassade finden sich vier bis fünf Fensterachsen. In den 1760er Jahren vermochte das Landstädtchen Altstätten aufgrund der vielen Kaufleute und Steuerzahler ähnlich wie Bischofszell in den 1740er Jahren die Finanzierung eines repräsentativen Rathauses.[344] 1764 erbaute sich Kaufmann König von Kempten, der sich für die Zellweger als Lieferant von Baumwolle betätigte, das Kaufhaus am Rathausplatz 2. Es gilt mit seinen vier Stockwerken unter einem Traufdach mit Giebelfeld und seiner in zehn Fensterachsen unterteilten Fassade als eines der schönsten Gebäude in Kempten.[345] 1766 liess der Grosskaufmann Matthias Jenisch (1716–1787), ebenfalls Lieferant von Baumwolle, sein seit anfangs des 18. Jahrhundert zum Familienbesitz gehörendes «Jenisch-Haus» am St.-Mang-Platz 1 in Kempten innen neu ausbauen. Die repräsentative Fassade des in einer Häuserzeile stehenden Stadthauses mit Satteldach und Treppengiebel ist in vier Fensterachsen unterteilt.[346] 1768 bis 1770 liess der Kaufmann Joseph Tonella von Venedig an der Maximilianstrasse 51 in Augsburg ein Kaufhaus durch den fürstbischöflichen Baumeister Johann Martin Pentenrieder errichten. Es ist drei Stockwerke hoch unter einem mit fünf Lukarnen ausgebauten zweistöckigen Traufdach. Die Front ist über einer mit Rocaillen und Kaufmannsraggionen geschnitzten

338 Walser/Rüsch: Appenzeller Chronik [1732–1772] (1829), S. 246.

339 Steinmann: Trogen, in: Die Kunstdenkmäler des Kantons Appenzell Ausserrhoden (2/1980), S. 136–141.

340 Steinmann: Trogen, in: Die Kunstdenkmäler des Kantons Appenzell Ausserrhoden (2/1980), S. 22–35, 88–103.

341 Steinmann: Sonnenhof, in: Die Kunstdenkmäler des Kantons Appenzell Ausserrhoden (2/1980), S. 150–153.

342 Steinmann: Baumeister Hans Ulrich Grubenmann (1709–1783) von Teufen, in: APJB (110/1982), S. 3–57; Steinmann: Honnerlagscher Doppelpalast, in: Die Kunstdenkmäler des Kantons Appenzell Ausserrhoden (2/1980), S. 153–159.

343 Vogel, Johannes: Artikel «Altstätten», in: e-HLS online, 07.10.2010.

344 Es wurde 1959 abgebrochen, vgl. Vogel, Johannes: Artikel «Altstätten», in: e-HLS online, 07.10.2010.

345 Kneschke (Hg.): Neues allgemeines deutsches Adels-Lexicon (1864).

346 Haberl/Weber/Petzet: Denkmäler in Bayern: Stadt Kempten (7/1990), S. 85 f.; Nebinger: Die Jenisch in Kempten, in: Allgäuer Geschichtsfreund (83–84/1984), S. 154; Petzet: Stadt und Landkreis Kempten (1959), S. 62 f.

Eichenholztüre in fünf Fensterachsen unterteilt. Die reiche Innenarchitektur zeichnet sich durch Stuck des Feichtmayr-Kreises oder Jakob Rauchs sowie Fresken von Maler Vitus Felix Rigl (1717–1779) von Dillingen im Erdgeschoss, Gang und Treppenhaus aus.[347]

Kaufhäuser der 1770er Jahre – Speicher, Oberglatt, Kempten, Herisau

Die Bautätigkeit hielt auch in den von Hunger geprägten ersten beiden Jahren der 1770er Jahre an. 1771 liess sich Kaufmann Johannes Schläpfer in Speicher (Appenzell Ausserrhoden) das «Obere Kaufhaus» erbauen. Das dreistöckige Gebäude verfügte über zwei weitere Stockwerke unter einem Mansardengiebeldach in Traufstellung mit geschweiftem Quergiebel über Front und Rückseite. Die Fasssade mit vierzehn Fensterachsen war durch Pilaster in Gruppen von vier bis fünf Fenstern unterteilt. Das gemauerte Erdgeschoss umfasste ein Mittelportal und zwei Fenster mit geschmiedeten Gittern und Eisenläden vor dem Magazin unter einem Kreuzgewölbe.[348] Von 1770 bis 1781 liess sich Kaufmann Egli von Burgau, Lieferant von Leinwand und Baumwollware der Zellweger, mitten auf der Landschaft das Kaufhaus «am Steig» in Oberglatt erbauen. Es ist vier Stockwerke hoch mit einem fünften Stockwerk im Walmdach. Die repräsentative Fassade ist in sechs Fensterachsen unterteilt. Das Erdgeschoss mit Schreibstube und Magazinen ist von einem Tonnengewölbe überbaut, die übrigen Stockwerke sind aus Holz.[349] Zellweger-Hirzel-Scheuss beschrieb es 1780 als «Ein prächtiges Gebäude mit einem Turm, das noch nicht ganz ausgebaut ist». Er konstatierte nach Eglis Tod: «So geht es, man baut & weiss nicht, für wen».[350]

1771 liess der Kaufmann Johann Georg König das «König-Haus» an der Kronenstrasse 3 und 5 in Kempten innen neu ausbauen. 1772 liess Kaufmann Johann Jacob Custer (1724–1782) von Altstätten das Kaufhaus «Rebburg» an der ehemaligen Herrengasse in Altstätten neu erbauen. Es gilt heute «als barocker Prunkbau».[351] Das Kaufhaus in der städtischen Häuserzeile ist vier Stockwerke hoch, die Fassade ist unterteilt in vier Fensterachsen. Spätestens 1779 entstand für den Kaufmann und Kunstverleger Johannes Walser (1739–1805) das «Walsersche Doppelhaus» in Herisau. Bei dem dreigeschossigen Wohn- und Geschäftshaus handelt es sich um einen verputzten Riegelbau über gemauertem Sockel mit ungewöhnlich reichem Aussenschmuck. Die Fassade mit neun Fensterachsen über zwei repräsentativen Portalen aus Sandstein ist von zwei Giebeln mit je einer Allegorie des Krieges und des Friedens gekrönt. Die Hausecken bis ins dritte Geschoss zieren zwei Erker mit drei Fensterachsen.[352] Im Innern finden sich Deckenstuckaturen. Zellweger-Hirzel-Scheuss, der mit Walser Geschäfte tätigte, kommentierte den Bau:

> Herr Johannes Walser in Herisau hat ein Haus gebaut, das ihm vom ersten Ankauf fl. 20/m. kostet, an dem er gewiss noch einmal so viel verbaut hat, daneben traut man ihm zu, dass er an keine Unsterblichkeit der Seele glaube; um deswillen ist ihm letzte Woche eine Pasquille aus Lobwassers Psalmenbuch, dem 94. Palm vom 4. Vers bis zum Ende gelegt worden. Ich zweifle, dass daraus eine Besserung entstehe.[353]

---

347 Bartel: Schönes altes Augsburg (1982), S. 42; Roeck: Das «Haus zur Himmelsleiter» in Augsburg, in: Blätter des Bayerischen Landesvereins für Familienkunde (7/1975), S. 433–437; Pfaud: Das Bürgerhaus in Augsburg (1976), S. 68–70; Nagler: «Es sind welche darunter, welche sich in Rom und Genua auszeichnen würden». Augsburger Bürgerhäuser im 18. Jahrhundert, in: Haindl, (Hg.): Die Kunst zu Wohnen. Ein Augsburger Klebealbum des 18. Jahrhunderts (2010), S. 30ff.

348 Steinmann: Im Obern Kaufhaus, in: Steinmann: Die Kunstdenkmäler des Kantons Appenzell Ausserrhoden (2/1980), S. 405–406.

349 Leutwyler: 200 Jahre Kaufhaus Egli, Oberglatt, in: Der Untertoggenburger (221/1977), S. 2.

350 Zellweger, Johannes (1730–1802): 1 Brief an Johann Caspar Hirzel (1725–1803) in Zürich, Trogen, 17.07.1780.

351 Vogel, Johannes: Artikel «Altstätten», in: e-HLS online, 07.10.2010.

352 Das genaue Baudatum ist unbekannt, vgl. Fuchs, Thomas: Artikel «Walser, Johannes (1739–1805)», in: e-HLS online, 20.08.2013; Schläpfer: Wirtschaftsgeschichte Appenzell Ausserrhoden (1984), S. 98; Witschi: Appenzeller in aller Welt (1994), S. 164–166; Flammer: «Das Walser'sche Doppelhaus am Platz in Herisau», in: Jahrbücher der Denkmalpflege, Kantonsbibliothek, Staatsarchiv Appenzell Ausserrhoden (2005), S. 12–17.

353 Zellweger, Johannes (1730–1802): 1 Brief an Johann Caspar Hirzel (1725–1803) in Zürich, Trogen, 07.01.1782.

In sogenannten Pasquillen schmähte die Bevölkerung die Bauherren repräsentativer Kaufhäuser. Die Schmähschrift konfrontierte Walser mit dem Vorwurf der Gottlosigkeit. Der gewählte Psalm ist eine «Klage über Feinde der Kirche, und Widerlegung ihres thörichten Wahns, als obs Gott nicht achte». In Vers 7. hiess es: «So lang, bis man endlich ein grab Dem gottlosen bereitet hab, zum Schlus seiner glückseligkeit».[354] 1781 verbreitete ein Pasquill auf Kaufmann Zellweger-Wetter das Gerücht, «der Teufel», der bei ihm ein und aus gehe, «habe ihn genommen».[355]

Kaufhäuser der 1780er Jahre – Herisau, Trogen

1780 liess der Kaufmann Johannes Schiess (1729–1801) von Herisau[356] das Kaufhaus «Tannenbaum» errichten. Es ist drei Stockwerke hoch, die Fassade ist unterteilt in sieben Fensterachsen, wobei die Rückseite mittig über einen repräsentativen Treppenturm verfügt. 1780 liess sich auch der Arzt und Landesstatthalter Johann Jakob Zuberbühler (1719–1781) das Bürgerhaus «Regenbogen» erbauen. Über gemauertem Parterre- und Kellersockel mit Kreuzgrat- und Tonnengewölben, repräsentativem Portal mit Sandsteinquadern und Oberlicht mit Rokokogitter erhebt sich ein dreigeschossiger Strickbau. Der markante Frontgiebel in Form eines Kielbogens über der Fassade mit fünf Fensterachsen dürfte zur Namensgebung beigetragen haben. 1787 ergänzte und erweiterte Zellweger-Hirzel-Scheuss das 1747 von seinem Vater erbaute Kaufhaus am Landsgemeindeplatz 5 in Trogen zum Doppelkaufhaus, indem er im Westen anbaute und beide Hausteile um ein Stockwerk erhöhte. Die Fassade des östlichen Gebäudeteils ist in sieben Fensterachsen unterteilt, diejenigen des östlichen Teils in fünf Fensterachsen.[357] 1781 war Zellweger-Hirzel-Scheuss der Meinung, ein «Kaufhaus» müsste «von Aussen ein anständiges Aussehen haben & daneben solid gebaut sein». Der modische Innenausbau durch Stuckatur, die «innere Pracht» lehnte er als «kindisch», «überflüssig», «nur für den Staub & die Spinnweben dienlich» als zusätzlichen Kostenpunkt ab.[358] 1779 bis 1782 ersetzte man die ehemals hölzerne Kirche Trogen durch einen Steinbau mit repräsentativer Fassade, Deckenmalerei und Stuckkatur. Die Baukosten beliefen sich auf rund 84 000 Gulden.[359]

Kaufhäuser der 1790er Jahre – Ebnat-Kappel

1791 liess sich der Fabrikant und Kaufmann von Taschentüchern Johannes Schweizer-Fischbacher (1760–1841) in Ebnat-Kappel ein repräsentatives Kaufhaus mit barockem Mansardendach und Nebengebäude mit Pferdestallungen und Gesindekammer erbauen. Er begann als armer Hausierer und entwickelte sich zum reichen Fabrikanten und Kaufmann.[360]

Kaufhäuser der 1800er Jahre – Trogen, Azmoos

Auch nach 1800 hielt die Baukonjunktur in Trogen weiter an. 1803 bis 1805 erbaute sich Kaufmann Zellweger-Zuberbühler auf Basis des väterlichen Erbes ein eigenes Kaufhaus am Landsgemeindeplatz 2 in Trogen. Es ist fünf Stockwerke hoch und von einem Walmdach bedeckt. Die Fassade über einem mittigen Eingangsportal ist unterteilt in sieben Fensterachsen.[361] Länger dauerte der Bau seines Bruders Zellweger-Gessner, der sich von 1802 bis 1809 ein Kaufhaus im Stil eines Stadthauses von Genua erbaute,

---

354 Lobwasser: Chur=Pfälzisch=Allgemeines Reformirtes Gesang=Buch (1760), S. 106–107.

355 Walser/Rüsch: Appenzeller Chronik [1772–1798] (1831), S. 38; die Aussage bezieht sich auf das Jahr 1780; Zellweger, Johannes (1730–1802): 1 Brief an Johann Caspar Hirzel (1725–1803) in Zürich, Trogen, 27.12.1779.

356 Schiess betätigte sich als Lieferant von «Moussline, brodiert», vgl.: Zellweger, Zürcher & Comp.: 1 Brief an Johannes Schiess (1729–1801) von Herisau, Trogen, 20.04.1780, S. 1146.

357 Steinmann: Zellwegerscher Doppelpalast, in: Die Kunstdenkmäler des Kantons Appenzell Ausserrhoden (2/1980), S. 124–130.

358 Zellweger, Johannes (1730–1802): 1 Brief an Johann Caspar Hirzel (1725–1803) in Zürich, Trogen, 18.02.1781.

359 Walser/Rüsch: Appenzeller Chronik [1772–1798] (1831), S. 47.

360 Baumann: Konfess., polit., wirtschaft. Vielfalt, in: Kantonsgeschichte St. Gallen (3/2003), S. 131.

361 Steinmann: Heutiges Rathaus, in: Die Kunstdenkmäler des Kantons Appenzell Ausserrhoden (2/1980), S. 108–124.

wo er rund zehn Jahre Direktor der Filiale *Zellweger & Comp.* gewesen war. Das Kaufhaus erhebt sich auf einem fünfeckigen Grundstück rund um einen Innenhof auf Höhe von vier Stockwerken, je nach Fassade unterteilt in acht bis zehn Fensterachsen.[362] 1806 bis 1812 erbauten sich auch die mit den Zellweger verwandten Kaufleute Sulser von Azmoos ein Kaufhaus, das «Rote Haus».[363] Es ist drei Stockwerke hoch unter einem Walmdach. Die Fassade mit Giebel ist in acht Fensterachsen unterteilt. Es dient heute der Gemeindeverwaltung Azmoos. Das «Rote Haus» gleicht dem Kaufhaus am Landsgemeindeplatz 1 in Trogen aus den 1760er Jahren.

Zusammenfassung: Der Bau von Kaufhäusern durch vermögende Kaufleute, Bankiers und Textildrucker im Umfeld der Zellweger ist durch das gesamte 18. Jahrhundert hindurch bis ins frühe 19. Jahrhundert mit mehreren Beispielen zu belegen. Die erwähnten Kaufhäuser weisen ähnliche Merkmale auf. Von aussen fallen ihre harmonisch gestalteten, mit über sechs bis zu elf Fensterachsen und damit einer enormen Anzahl von Fenstern strukturierten Fassaden ins Auge. Sie sorgen für helle Räumlichkeiten. In das Innere gelangt man durch ein repräsentativ gestaltetes Eingangsportal. Über den dahinter liegenden grosszügigen, von einem Tonnengewölbe überdeckten Gang gelangt man direkt in Magazine und Schreibstuben der Kaufleute. Die drei bis vier Geschosse darüber, meist über eine repräsentativ angelegte Treppe erschlossen, dienten der Familie als Wohnung. Die Decken waren je nach Geschmack und finanziellen Möglichkeiten entsprechend dem wechselnden Modestil mit Stuckatur oder Wand- und Deckenmalerei verziert. Im mit Lukarnen ausgebauten Walmdach befindet sich oft ein grosszügiger Festsaal zur Pflege von Geselligkeit. Das blühende Textilgewerbe bildete die Grundlage für den zunehmenden Wohlstand einer rasch wachsenden Bevölkerung. Die Dörfer vergrösserten sich, neue Kirchen und vornehme Privathäuser entstanden. Soziale Aufsteiger ahmten diese Architektur auch auf der Landschaft nach, die in der Stadt institutionell-repräsentative Zwecke erfüllte. Das Baugewerbe erlebte «Goldene Zeiten».[364] Das Kaufhaus als Statussymbol entsprach dem Bedürfnis des zeitgenössischen Kaufmanns nach grosszügigen, dem Zweck der Arbeit, der Wohnung und der gesellschaftlichen Repräsentation dienlichen Räumlichkeiten. Zellweger-Hirzel-Scheuss nannte sein Haus explizit «Kaufhaus», während damalige Besucher von einem «Palast» sprachen. Heute wird dieser Typus Haus unzulänglich und irreführend als Villa, Patrizierhaus, Palast oder Stadtpalais bezeichnet.[365] Als Kaufhaus lassen sich viele der oben genannten Gebäude nach ihrem ehemaligen Sinn und Zweck identifizieren. Der Seitenblick auf die Baugeschichte leistet einen zusätzlichen Beitrag zur Erfassung von wirtschaftlicher Dynamik im Handelsraum der Zellweger von 1720 bis 1820. Im nächsten Unterkapitel wird umrissen, wie sich der geschäftliche Alltag innerhalb und ausserhalb eines solchen Kaufhauses gestaltete.

362 Eisenhut: «Wunderlich kommt mir die Baute vor». Der Fünfeckpalast in Trogen (2019), Beilage; Steinmann: Zellwegerscher Fünfeckpalast, in: Die Kunstdenkmäler des Kantons Appenzell Ausserrhoden (2/1980), S. 141–147.

363 Reich-Langhans: Beiträge zur Chronik der Bezirke Werdenberg und Sargans (2/1929), S. 374.

364 Fuchs: Vorarlberger Bau- und Kunsthandwerker im Appenzellerland, in: SVGB (110/1992), S. 45–66, hier S. 54.

365 Eisenhut: «Wunderlich kommt mir die Baute vor» (2019).

Der geschäftliche Alltag – aus dem Kaufhaus heraus

Im praktisch eingerichteten Erdgeschoss seines zeitgenössischen Kaufhauses verbrachte der Kaufmann Zellweger seinen Arbeitstag von durchschnittlich neun Stunden. Hinter dem repräsentativ gestalteten Eingangsportal öffnet sich unter hohem Tonnengewölbe ein breit angelegter Gang, von wo diverse Türen in die Arbeitsräume wie Schreibstube, Stauchenstube und Magazine führen. Meist sind Gitterstäbe und schwere Fensterläden aus Metall als Einbruchschutz bis heute erhalten. Etwa sechs Stunden fielen gemäss Zellweger-Gessner in den Jahren 1787 und 1788 auf die ordnende Handarbeit im Warenmagazin und drei Stunden auf die Buchführung und die Geschäftskorrespondenz in der Schreibstube.[366] Bis in die 1740er Jahre hinein vollbrachten diese Arbeiten in Trogen die Brüder Zellweger-Ehrliholzer-Sulser und Zellweger-Sulser allein. Wie sich ihre Geschäftskorrespondenz gestaltete, wird im nächsten Kapitel untersucht. Nach einer Beschreibung des zeitgenössischen Briefes steht der «Handlungsbrief» im Fokus. Über die Transkription der rund 2500 «Handlungsbriefe» gelang der Nachweis, wie in der zweiten Hälfte des 18. Jahrhunderts die schriftliche Kommunikation zwischen einem Handelshaus in der ländlichen Abgeschiedenheit des voralpinen Appenzellerlandes mit zwei Handelshäusern mitten in den pulsierenden Handelsmetropolen Lyon und Genua konkret funktionierte.

Korrespondieren – kontrollieren – kontieren

Das beschriebene Briefpapier diente in der Frühen Neuzeit zugleich auch als Umschlag. Zum Falzen benötigte man ein Falzbeil. Zellweger-Gessner erstand sich als elfjähriger Junge auf seiner ersten Reise im Juli 1779 nach Lyon ein solches und benutzte es bis ins hohe Alter.[367] Diese von ihm selbst überlieferte Anekdote diente wohl der Demonstration seines sorgfältigen Umgangs selbst mit Kleinigkeiten. Verschlossen wurden die Briefe jeweils mit Siegellack, gestempelt mit dem Siegel des Absenders. Ihr persönliches Petschaft trugen die Kaufleute Zellweger stets bei sich. Nach Gründung der *Conrad Zellweger, Zuberbühler & Comp.* benötigte Zellweger-Ehrliholzer-Sulser ein neues Petschaft. Er bestellte es bei Pitschierstecher *Johannes Sonnehauser* in Bischofszell (Thurgau).[368] Die Anschaffung eines neuen Petschafts war ein Ereignis, das diskutiert und beurteilt sein wollte: «Wie finden Sie den Stich meines neuen Petschafts & wie die Zeichnung? [...] Meine neue Petschaft kommt mir wie Ihnen vor, es fehlt an der Zeichnung».[369] Das persönliche Siegel gestaltete sich meist als kleinformatiges, rundes Wappensiegel, selten als Buchstaben- oder Initialensiegel. Neben dem Verschliessen und Versiegeln geschäftlicher und privater Briefe kennzeichnete man damit Waren und Bargeldsendungen als Eigentum.[370] In der Regel verwendete man roten Wachs, in Trauerzeiten schwarzen Wachs. Die Beschaffung von Schreibmaterialien wie «Siegellak, Federn, Bleystift &ct»[371] gehörte zur wiederkehrenden Routine in den Schreibstuben. Auch die Verwandtschaft in Zürich wurde 1769 mit «6. Siegel Lacke, das Ld von 32 loth ist 1:40 hiesig Gelt» eingedeckt.[372]

«lettre à la maison» – der «Handlungsbrief»

Eine besondere Kategorie von Briefkopien nach Lyon war stets überschrieben mit «à la maison». Insgesamt fanden sich 2500 Stücke davon. Nur ein einziges Mal wurde die korrekte deutsche Bezeichnung für diesen wöchentlichen Brief von Trogen nach Lyon und dessen Antwort erwähnt – der

366 Zellweger, J.C.: Notitzen aus meinem Leben (1/1850), S. 34.

367 Zellweger, J.C.: Notitzen aus meinem Leben (1/1850), S. 6.

368 Conrad Zellweger, Zuberbühler & Comp.: 1 Brief an Johannes Sonnehauser in Bischofszell, Trogen, 01.08.1755, S. 191.

369 Zellweger, Johannes (1730–1802): 1 Brief an Sohn Johannes Zellweger (1764–1832) in Lyon, Trogen, 11.02.1782 und 18.02.1782.

370 Senn, Matthias: Artikel «Siegel», in: e-HLS online, 19.12.2012.

371 Zellweger, Johannes (1730–1802): 1 Brief an Zellweger & Comp. in Bregenz, Trogen, 25.08.1800, S. 64–65.

372 Zellweger, Johannes (1730–1802): 1 Brief an Johann Caspar Hirzel (1725–1803) in Zürich, Trogen, 23.01.1769.

«Handlungsbrief».[373] Die Arbeitswoche des Kaufmanns Zellweger begann am Montag mit dem Verfassen dieses «Handlungsbriefes» von Trogen an das Haus in Lyon, später auch an das Haus in Genua. Bei Abwesenheit am «Posttag» verfasste er den «Handlungsbrief» eben bereits am Sonntag. Weder Ostern, Weihnachten, Neujahr, noch Krankheit oder Tod waren Gründe, diese wöchentliche interne Korrespondenz zu vernachlässigen. Er pflegte sie mit grösstmöglicher Disziplin und Pünktlichkeit. Und auf jeden einzelnen «Handlungsbrief» erfolgte umgehend das Antwortschreiben durch den Leiter des Handelshauses in Lyon oder Genua. In der ersten Zeile verdankte man den zuletzt erhaltenen «Handlungsbrief» mit Angabe des Datums: «Wir hoffen, unser jüngstes vom 15 corr[ente]: in E[uren]L[ieben] ihren Händen, gleich Dero geehrtes vom 13 d[ito]: in den unsrigen ist».[374] Das Schreiben des «Handlungsbriefes» empfand er als Schuld. So legten es die zahlreichen Formulierungen nahe, mit welchen er diese Schreiben verdankte. In den standardisierten und nie fehlenden Ausdrücken spiegelte sich seine ungeheure Wertschätzung diesem Schreiben gegenüber:

> [...] nous avons le plaisir de vous accuser bonne reception de l'honneur de la vre: du 17. dit [...] signé par vos mains privées.[375]/In dienst[liche]r Antw[ort]: Dero ge[ehrten]: vom 22 dis [Januar 1757] [...].[376]/In frl. [freundlicher] Antw[ort]. El [Eurer Lieben] geehrten vom 24 diss [August 1756] [...]./In schuldiger Antworth auf Dehro geeh. [...].[377]/In schuldiger Erwiederung auf Dehro geeh. [...].[378]/Dehro geehrtes/angenehmes/wertgeschätztes/stehts wehrtes/l'honneur de la chère vôtre/Nous nous trouvons honnoré des estimables votres [...][379] [oder] l'estimable votre du[...].[380]/l'agreable votre [...]»[381]/dero schätzbares [...].[382]

Die Erwähnung des empfangenen «Handlungsbriefes» samt Briefdatum ermöglichte dem Kaufmann Zellweger die Kontrolle darüber, ob sein Schreiben in Lyon eingetroffen war. Der weitere Inhalt des «Handlungsbriefes» folgte einer standardisierten Struktur, die sich in stereotyper Weise wiederholte. Nach der förmlichen Einleitung bestätigte er den Empfang der «Remisen». Dabei handelte es sich um die aus Lyon/Genua erhaltenen Wechselbiefe, welche als physische Beilage im «lettre à la maison» nach Trogen gelangten. Pro «Handlungsbrief» waren es jeweils zwei bis drei, ausnahmsweise bis zu sechs Wechselbriefe. Dem Antwortschreiben von Trogen nach Lyon fügte er dann die Kopie in Form einer Liste mit allen erforderlichen Angaben bei. Im Anschluss an diese Liste folgte die Bemerkung, alles «gebührend zu Buch» gebracht und die Wechselbriefe im «Portefeuille» abgelegt zu haben. Diese doppelte Auflistung zeugt von einem äusserst sorgfältigen Umgang mit diesen Wertpapieren. In der Tat spiegelte sie zugleich das Verkaufsgeschäft in Lyon, weil die Debitoren namentlich erwähnt wurden. Zentrale Funktion des «Handlungsbriefes» war somit die Übermittlung der Wechselbriefe im Anschluss an den Warenverkauf in Lyon. Er stellte den Geldfluss zurück nach Trogen sicher.

Im Anschluss an die Liste der Wechselbriefe bestätigte Kaufmann Zellweger den Empfang der neuen «Einkaufsnota» oder des «Einkaufsmemorials» aus Lyon. Damit war die bis auf das einzelne Tuch differenzierte Bestellung über eine bestimmte Anzahl Ballen einer oder mehrerer bestimmten Sorten Tuch gemeint. Sie war im Handelshaus in Lyon aufgrund der wöchentlichen Verkäufe und Bestellungen der Kunden zusammengestellt worden. Aus Trogen folgte ein ausführlicher Kommentar dieser «Einkaufsnota». Er zählte auf, was bereits angeschafft worden war, was aus welchem Grund noch ausstand und welche Textilware sich bereits auf dem Weg nach Lyon befand. Zur Kontrolle bei Empfang der versandten Textilware listete er jeweils alle Nummern der einzelnen Ballen auf. Diese Kommentierung

373 Zellweger, Johannes (1730–1802): 1 Brief an seinen Sohn Johannes Zellweger (1764–1832) in Bregenz, Trogen 01.11.1798.
374 Gebrüder Zellweger & Comp.: 1 lettre à la maison à Lyon, Trogen, 22.11.1756, S. 467.
375 Zellweger Vater & Comp.: 1 lettre à la maison à Lyon, Trogen, 26.01.1778, S. 730.
376 Gebrüder Zellweger & Comp.: 1 lettre à la maison à Lyon, Trogen, 31.01.1757, S. 494.
377 Gebrüder Zellweger & Comp.: 1 lettre à la maison à Lyon, Trogen, 24.09.1764, S. 325.
378 Zellweger Vater & Comp.: 1 lettre à la maison à Lyon, Trogen, 29.09.1777, S. 671.
379 Zellweger Vater & Comp.: 1 lettre à la maison à Lyon, Trogen, 09.08.1774, S. 63.
380 Zellweger Vater & Comp.: 1 lettre à la maison à Lyon, Trogen, 05.09.1774, S. 67.
381 Zellweger Vater & Comp.: 1 lettre à la maison à Lyon, Trogen, 26.12.1774, S. 115.
382 Zellweger Vater & Comp.: 1 lettre à la maison à Lyon, Trogen, 06.10.1777, 673.

der «Einkaufsnota» mündete meist in einer ausführlichen Beschreibung der aktuellen wirtschaftlichen Situation. Im Original hiess das «Schläg und Läuft» oder «Conjunctur».[383] Dazu gehörte in erster Linie die Beschreibung der aktuellen Wetterlage. Sie entschied über den Ernteumfang des Flachses wie auch über den Fortgang beim Bleichen der roh eingekauften Textilware. Als «fatal» wurden Schnee, Nebel, Regenwetter bis hin zu Überschwemmungen einer vollständig mit Tuch belegten Bleiche bezeichnet. Solche Katastrophen verzögerten den Versand der gebleichten Ware massiv, wodurch deren Verkauf gefährdet war. Er diskutierte aber auch Preisvergleiche mit der Stadt St. Gallen und legte Schwierigkeiten beim Einkauf, bei der Färberei, bei der Appretur oder beim Transport dar. Von Trogen aus hielten die erfahrenen älteren Kaufleute, die oft Väter waren, nicht zurück mit Lebensweisheiten. Gleich drei Sprichwörter hintereinander nutzte Zellweger-Sulser in Trogen, um seinem Sohn Zellweger-Wetter in Lyon Vorsicht im Verkauf einzubläuen: «wann E[ure]L[ieben] auf ein gut Haus anfangen 5 à 6000 ld schuldig ist, so achten es für genugsamb, dann *eine grosse Ohrfeige macht mehr Schmerzen als 10 kleine*». Gegen das Argument «*wer nicht wage, gewinne nichts*» wandte er ein: «*chi va piano va faro* [H.d.d.A.], sagen die Alten».[384]
Den Abschluss des «Handlungsbriefes» bildeten meist Bemerkungen über die Beilagen zum beantworteten Brief. Dazu zählte über das erwähnte «Einkaufsmemoire» hinaus die «Farbnota», worin er aufzählte, welche Farbware im Sortiment zu ergänzen war. Auch ein Farb- oder Tuchmuster, zuweilen auch ein Faden für die präzise Bestimmung der Masse einer Textilware und Ähnliches wurde dem «Handlungsbrief» beigelegt. Beilagen, die die monatliche Buchhaltung auf beiden Korrespondenzseiten ermöglichten, waren die «Verkaufs=, Ankaufs=, Cassa= & Spese Conti». Beilagen, die zur jährlichen Erstellung der Bilanz per Abschluss des Handelsjahres am 31. Dezember in Trogen gehörten, waren das «Inventaire de nos marchandise à Lyon»[385] sowie das Debitorenverzeichnis über zahlungssäumige Schuldner. Im «Handlungsbrief» von Trogen fanden sich also alle erforderlichen Angaben, die der Teilhaber in Lyon oder Genua über den wöchentlichen Gang der Einkaufsgeschäfte in Trogen wissen musste. Die Zusammenstellung der Beilagen in Form von Listen erforderte Fleissarbeit. Entsprechend befanden sich umgekehrt im «lettre à la maison» von Lyon oder Genua herkommend alle Angaben über den Gang des dortigen Verkaufsgeschäfts.

Kein «Handlungsbrief» – eine «Fatalität»

So «begierig» die Kaufleute Zellweger in Trogen auf die Aushändigung des «Handlungsbriefes» von Lyon durch den Postboten am Freitag waren[386], so schrecklich war das unerwartete Ausbleiben der begehrten Neuigkeiten aus Lyon. Sie empfanden es als «fatal», «unangenehm» und «überraschend», wie für den April 1765: «Seyende ohne dero geeh. Zuschrift seith unsers Jüngsten vom [...]»,[387] und Dezember 1765 zu belegen: «[E]s [ist] in schuldiger Erwiderung recht fatal, dass der verlohren gegangene Brief sich nicht wider gefunden hat &ca.».[388] Besonders «unangenehm» war, «als wir eben durch diesen Brief wider remisen verlangt, deren wir sehr bedürftig sind, angesehen wir heüte die letsten verschicken».[389] Funktionierte die Korrespondenz über den «Handlungsbrief» nicht, wurde das Bargeld in Trogen knapp. In der Folge stockte der Einkauf. Im Mai 1775 kam der «Handlungsbrief» mit Verspätung doch noch in Trogen an. Schuld war also «un des Bureaux de la Poste ce qui peut vous tranquiliser sur tout autre subcon».[390] Fiel ein «Handlungsbrief» aus, wurde sofort um eine Kopie ersucht, um den Einkauf der darin enthaltenen Bestellungen den entsprechend exakten Angaben gemäss organisieren zu können.[391]

383 Vgl. bspw. Gebrüder Zellweger & Comp.: 1 lettre à la maison à Lyon, Trogen, 21.03.1763, S. 91.
384 Gebrüder Zellweger & Comp.: 1 lettre à la maison à Lyon, Trogen, 26.05.1749, S. 336.
385 Zellweger Vater & Comp.: 1 lettre à la maison à Lyon, Trogen, 16.01.1775, S. 128.
386 Zellweger Vater & Comp.: 1 lettre à la maison à Lyon, Trogen, 09.09.1776, S. 476.
387 Gebrüder Zellweger & Comp.: 1 lettre à la maison à Lyon, Trogen, 11.04.1765, S. 411.
388 Gebrüder Zellweger & Comp.: 1 lettre à la maison à Lyon, Trogen, 09.12.1765, S. 506.
389 Gebrüder Zellweger & Comp.: 1 lettre à la maison à Lyon, Trogen, 20.01.1766, S. 523.
390 Gebrüder Zellweger & Comp.: 1 lettre à la maison à Lyon, Trogen, 29.07.1775, S. 459.
391 Zellweger Vater & Comp.: 1 lettre à la maison à Lyon, Trogen, 15.07.1776, S. 441.

Blieb der erwartete «Handlungsbrief» aus Lyon am Freitag aus, wurde am Montagnachmittag dennoch nach Lyon geschrieben. Während eine Verspätung von ein bis zwei Tagen durchaus eintreten konnte, traf der vollständige Verlust der Nachricht aus Lyon sehr selten ein. Von rund 2500 überlieferten «Handlungsbriefen» im Zeitraum 1748 bis 1780 und 1800 bis 1811 war nur ein einziger Diebstahl nachzuweisen, und zwei Briefe gingen definitiv verloren. Das ist erstaunlich wenig und erwähnenswert, widerlegt es anhand einer Langzeitstudie auf anschauliche Weise die Annahme von unsicheren Verhältnissen im Postverkehr in der Frühen Neuzeit.
Der eine gestohlene «Handlungsbrief» aus Lyon vom 18. November 1752 wurde in der Nacht vom 23. auf den 24. November 1752 papiernes Opfer eines regelrechten Postkutschenüberfalls bei Schwarzenbach bei Wil (St. Gallen). Dieses Schreiben enthielt als Beilagen nicht weniger als zwei Wechselbriefe auf insgesamt 1050 Louis d'or, dazu aufwändige buchhalterische Schriften wie «Verkauf= & Cassa Conti &ca.» sowie die Nachricht über den Konkurs eines Kunden in Spanien. Für Zellweger-Sulser war dieser Vorfall eine «Fatalitaet». Er verursachte in Trogen und in Lyon viel Arbeit. Mindestens vier Bankiers mussten informiert und alle «Extracts» aus den Geschäftsbüchern nochmals zusammengestellt werden:

> Seith unsrem [Handlungsbrief] vom 20. dis [20.02.1752] mag ein Fatalitaet der anderen nicht entweichen, dan El geehrtes vom 21 detto gibt nicht nur der Coulaud le Jeune & Coulaud ihr Fallite [Konkurs], sonder auch höchst verdriesslich zu erkennen, dass Sie uns den 18 hujus geschrieben & zugleich [zwei Wechselbriefe von] ld 500 & ld 550 b[an]co: übermacht haben, [...] wir wünschen, das nichts widriges darein passiren, indessen besorgen wir, es möchten Verkauf= & Cassa Conti &ca. in Dehro Schreiben vom 18 corr: enthalten gewesen seyn, welches fatal & uns leyd wäre, in diesem Fahl sind andere Extracts davon [...] gewärtig [...].

Wie ein Weihnachtsgeschenk flatterte der gestohlene «Handlungsbrief» samt den inliegenden Schriften wie Wechselbriefe und Kontoauszüge über makabre Umwege am Weihnachtstag 1752 doch noch in das Kaufhaus am Landsgemeindplatz 6 in Trogen:

> Die verlohrene Schriften & Wexelbr[ie]f[e]. sind auch wider, aber geöfnet, erschienen, folglich schier vom Galgen auf das Rad gefallen. Gedult, die Widrigkeiten sind in dem menschlichen Leben gar oft mit dem, was man wünschet, verknüpft, ohnhin dass wir die Ursachen & Absichten dessen penetieren können.[392]

Die Posträuber waren demnach gefasst worden. Sie liessen für ihr Verbrechen, in den Postverkehr eingegriffen zu haben, ihr Leben auf schimpfliche Weise durch Hängen am Strang und Rädern. Offenbar wussten die Täter mit den Wechselbriefen nicht umzugehen. Der vollständige Verlust des begehrten «Handlungsbriefes» aus Lyon ereignete sich je einmal im Jahr 1754 und 1765. Wie das passieren konnte und wie höchst emotional sowohl die Kaufleute Zellweger als auch der für das Missgeschick verantwortliche Unterbote darauf reagierten, zeigte der «Handlungsbrief» von Anfang Juli 1754 von Trogen nach Lyon:

> Wir finden uns zu unsrem höchsten Verdruss seith letst unsrem vom 24 patto [1754] Dehro stäts werthen beraubet, umb so mehr als unser Both sagt, er habe verwichnen Freytag einen franz[ösischen]: Brf:, auf welchem 16 xr Porto gewesen, ab dem Posthaus in St. Gallen genommen & denselben, damit wir [ihn] desto zeitlicher haben, seinem Unterbothen (dem bekannten Gehörlosen Buben) hieher zu tragen übergeben, welcher dan den Brief unterwegs verlohren, so dass, seitheriger Nachfrag & Suchen ungeachtet, er nirgends entdeckt werden können. Diese Fatalitaet & Etouderie schmerzet uns umb so mehr, als El ohne Zweifel dem Br[ie]f: eine Memoire d'Achat, den Bericht, was à Costi passiert &ca. [beigelegt habt]. Enfin die Sach ist geschehen, der Brf: sans retrouve verlohren &ca. demnach ersuchen El gleich bey Empfang diss uns dessen Inhalt od[er] was Sie davon nötig finden, zu überschreiben.

392 Gebrüder Zellweger & Comp.: 1 lettre à la maison à Lyon, Trogen, 25.12.1752, S. 34.

Das Missgeschick des jungen Unterboten löste Verdruss und Schmerz bei Zellweger-Sulser aus. Er übte emotionalen Druck auf den schuldigen gehörlosen Jungen aus, der mit Verzweiflung und grossem Schuldbewusstsein reagierte: «[U]nser Both ist über diese Begebenheit fast krank & desperat worden, hat uns umb des jüngsten Gerichts willen (:dann Ihme solch Verfahren sehr ernstlich vorgestelt worden:) um Gnad & Verzeihung gebeten p.p».[393] Warum genau der Verlust eines «Handlungsbriefes» als eine «Fatalität» empfunden wurde, ging aus dem nächsten Schreiben hervor:

> [F]atal ist uns der Verlurst El Ihres obgedachten Schr[eibens]:, darin ohne Zweifel ein Einkaufs Memoire wirt gewesen seyn, vielleicht auch eine Verkauf Notte, die uns zur Regel wegen denen Stauchen, Farbwaaren & sonderl[ich]: denen 16 ½ an: häten dienen können, *nun aber müssen wir uns wie im Finsteren tappen* [H.d.d.A.].[394]

Der Inhalt der «Handlungsbriefe» aus Lyon bildete die Basis für das Einkaufsverhalten der Kaufleute Zellweger in Trogen. Er ermöglichte ihnen ein zielgerichtetes, geregeltes Vorgehen je nach gewünschtem Artikel. Die Bedürfnisse und Berichte über die Verkaufssituation in Lyon galten als Massstab. Ganz besonders schlimm war der Verlust des exakten «Einkaufsmemoires» über Textilwaren. Eingekauft wurde demnach nur genau das, was bestellt worden war, was den Absatz garantierte. Auch Ideen zu einer neuen Einkaufsstrategie diskutierte man mit dem Handelshaus in Lyon schriftlich, bevor man sie umsetzte:

> Wir bilden uns ein, künftig mit den Bazins besser zu rüssieren, wan wir sie wie andere Kauffleuth nach & nach von den Fabricanten roh erkauffen & hernach bleichen & apprêtieren lassen, welcher Einkauf den Winter hindurch geschehen müsste, die H: bel: uns disfahls Ihre Gedanken zueröffnen.[395]

Zusammenfassung: Dem Briefwechsel der Kaufleute Zellweger zwischen den miteinander assoziierten Handelshäusern in Trogen und Lyon sowie in Trogen und Genua kam zentrale Bedeutung zu. Auf dieser intensiven geschäftsinternen Korrespondenz beruhte das System ihres Fernhandels. Sie war die Hauptschlagader. Der ständige intensive schriftliche Austausch zwischen der Heimat und der Ferne ermöglichte engste Zusammenarbeit, engste Kontrolle und schnellste Reaktion auf Veränderungen in Bestellungen, auf die Marktlage allgemein und auf politische Umstände. Das Grundprinzip des Fernhandels der Kaufleute Zellweger war, dass der Einkauf in Trogen und der Verkauf in Lyon miteinander «quadrieren», harmonieren sollten. In Trogen wurde demnach erst auf Bestellung aus Lyon eingekauft. Der Verlust eines solchen «Handlungsbriefes» stellte vor diesem Hintergrund ein dramatisches Ereignis dar. Obwohl posthistoriographisch gern das Bild von Langsamkeit und Unzuverlässigkeit vermittelt wird, war der Postverkehr zwischen Lyon und Trogen in der zweiten Hälfte des 18. Jahrhunderts ausgesprochen verlässlich und pünktlich.[396] Was der Unterhalt dieser über alle Massen verpflichtenden, höchste Konzentration erfordernden Korrespondenz vom Kaufmann Zellweger abverlangte, wird in der Folge anhand von Aussagen über die eigene Befindlichkeit wie «Verdruss», «Kopfschmerzen», «Überlastung» und notwendiger «Erholung» zu zeigen versucht.

---

393 Gebrüder Zellweger & Comp.: 1 lettre à la maison à Lyon, Trogen, 01.07.1754, S. 227.

394 Gebrüder Zellweger & Comp.: 1 lettre à la maison à Lyon, Trogen, 08.07.1754, S. 229.

395 Zellweger, Johannes (1695–1774): 1 lettre à la maison à Lyon, Trogen, 14.09.1750, S. 442.

396 Brune: Von der Nützlichkeit und Pünktlichkeit der Ordinari-Post, in: Bausinger/Beyrer/Korff (Hg.): Reisekultur. Von der Pilgerfahrt zum modernen Tourismus (1991), S. 123–130; Gerteis: Reisen, Boten, Posten, Korrespondenz, in: Vierteljahrschrift für Sozial- und Wirtschaftsgeschichte 87 (1989), S. 19–36; Bachmann: Die Postgeschichte von Winterthur bis 1900, Winterthur 1984; Bohnenblust: Aus den Anfängen der eidgenössischen Post in Winterthur, in: Winterthurer Jahrbuch (32/1984–1985), S. 67–80; Moser: Das Postwesen von Appenzell Ausserrhoden (1/1965); Moser: Das St. Galler Postwesen (1953); Hofmann: Von der Entwicklung des schweizerischen Postwesens bis 1848, in: Hofmann (Hg.): Bundesrat Wilhelm Matthias Naeff (1802–1881) (1949), S. 5–15; Fulpius: La Poste à Genève de l'origine à 1851 (1943); Bideller: Die Post in Winterthur, in: Neues Winterthurer Tagblatt (Jg. 65, 279/1942).

«Der Mensch ist nicht aus Eisen» – Verdruss, Kopfschmerzen, Überlastung und Erholung

Die Forschung bewertete Zellweger-Hirzel-Scheuss und seinen Sohn Zellweger-Gessner bis anhin als die erfolgreichsten und fähigsten unter den Kaufleuten Zellweger. Zellweger-Gessner war für Bodmer «der kommerziell ohne Zweifel begabteste der drei Söhne».[397] Der Vater Zellweger-Hirzel-Scheuss verkörperte hingegen «die «Vollendung» jenes Unternehmertypus, der rastlos schafft, weil er nicht anders kann». Diese Aussage übernahmen sowohl Tanner (1985)[398] als auch Holderegger (1992).[399] Der Kaufmann sieht sich bei seiner Arbeit den zwei Extremen wirtschaftlicher Entfaltung in Form des Potenzials der Null gegenüber. Der geschäftliche Erfolg sah sich ständig der Möglichkeit des «Falliments» gegenüber, zeitgenössischer Ausdruck für Konkurs und Bankrott. Den goldigen Mittelweg zu gehen, erforderte Nervenstärke. Gerade in den «Handlungsbriefen» zwischen den Handelshäusern in Trogen und Lyon liessen sich diverse Stellen ausmachen, wo der Kaufmann Zellweger seiner eigenen emotionalen Befindlichkeit gegenüber dem Geschäftsverlauf Ausdruck verlieh. Wie sich die wirtschaftliche Tätigkeit des Fernhandels auf ihre Gesundheit auswirkte, liess sich an Grossvater Zellweger-Sulser, Vater Zellweger-Hirzel-Scheuss und Sohn Zellweger-Gessner detailliert untersuchen.

«ein Kunst & Müh zu verkaufen» – die Grundsätze der Vorsicht und «Gedult»

Ein über die geschäftlichen Angelegenheiten hinaus enorm belastendes Problem im «Handlungsbrief» zwischen den Handelshäusern in Trogen und Lyon oder Genua stellten Missverständnisse in der Kommunikation dar. Aus Missverständnissen erwuchs Misstrauen. Misstrauen wiederum entfaltete mit der Zeit ein so grosses Sprengpotenzial, dass langjährige Handelsgesellschaften daran scheiterten und aufgelöst werden mussten. Als frühestes Beispiel dafür in der Überlieferung Zellweger steht die Handelsgesellschaft *Zellweger & Eugster* 1748. Ebenfalls aufgrund von Misstrauen musste im selben Jahr die Handelsgesellschaft *Halder & Eberz* aus Lindau in Lyon aufgelöst werden.[400]
Welch hohe Ansprüche die räumliche Trennung von Einkauf und Verkauf im Fernhandel nach Lyon an die schriftliche Ausdrucksfähigkeit der Korrespondenzpartner stellte, zeigte sich am Aufbau der neuen Handelsgesellschaft im Frühjahr 1748. Ein Generationenkonflikt als Nebenprodukt des gemeinsamen Handels von Vater, Onkel und Sohn war nur schriftlich auszutragen. Die junge Handelsgesellschaft Gebrüder *Zellweger & Comp.* leiteten nun nicht mehr die Teilhaber und Brüder Eugster von Reute, sondern der eigene Sohn und Neffe Zellweger-Wetter. Der 26-Jährige verkaufte einem einzigen Kunden, Jean Lyon von Marseille, Textilware im Wert von 90 000 Livers. Und genau dieser eine Kunde ging Konkurs. Die über dreissig Jahre im Geschäft tätigen fünfzig Jahre alten Kaufleute, Brüder und Einkäufer in Trogen reagierten schockiert. In einer Moralpredigt an die Adresse des jungen Verkäufers in Lyon drückte sich ihre Vorstellung von solidem und verlässlichem Handel aus:

> [...] es ist ein Kunst & Müh zu verkaufen, sie ist aber noch grösser, es mit Sicherheit und Vorsichtigkeit zuthun, & ist besser, weniger & sicher als mehr in Unsicherheit handlen. Gott verleihe den Interessenten Gedult & die Bewahrung vor derg[leichen]: Fähllen. Dis ist zwahr die erste, aber triftige Faillite, darinn die jezige Raggione Interesse hat. Wir wünschen, nicht gar übel aus der Sach & niemals mehr in derg[leichen]: Desastres zukommen. Amen.[401]

Gebetsartig wiederholten sie, was ihrem Konzept von zuverlässigem Handeln zuwiderlief. Ihr junger Verkäufer in Lyon war ein zu grosses Risiko eingegangen, einem einzigen Kunden so viel Ware

397 Bodmer: Textilgewerbe (1959), S. 71–72.
398 Tanner: Das Schiffchen fliegt (1985), S. 44.
399 Holderegger: Unternehmer im Appenzellerland (1992), S. 72.
400 Joetze: Das Leben des Lindauer Bürgermeisters Rudolf Curtabatt, in: SVGB (35/1906), S. 35–64.
401 Gebrüder Zellweger & Comp.: 1 lettre à la maison à Lyon, Trogen, 19.05.1749, S. 232.

anzuvertrauen. Sie verboten ihm rundweg, den Verkauf jemals wieder so einseitig und risikoreich auszurichten. Aus eigener Erfahrung schätzten sie den Verkauf als «ein Kunst & Mühe» ein, die sich nur dann auszahlte, wenn man sie «mit Sicherheit und Vorsichtigkeit» ausübte. Der junge Direktor Zellweger-Wetter in Lyon litt unter der belastenden Situation, in welche er die neu gegründete Handelsgesellschaft manövriert hatte:

> Wir sind übrigens überzeuget, dass der H. viel zuthun & noch mehr zu denken & zu sorgen hat, & wünschen, dass der Höchste Ihm an Geist & Leib unterstütze & gesund & vernügt erhalte, indessen ist zuhoffen, dass der Bruder [Zellweger-Hirzel-Scheuss] mit zunemmenden Jahren & Jugement immer besser secundieren & die Last erleichteren werde –

Auf seine Bitte, dass doch der Vater oder der Onkel für zwei Monate nach Lyon kommen sollten, um ihn zu unterstützen, ging man in Trogen nicht ein,

> dan nach Verfluss derselben würden der H: wider *vor gleichen Beschwehrden & Sorgen* [H.d.d.A.] stehen, das beste wirt seyn, sich in nichts übereylen, keinem, den man nicht à fond wol kennt, zuviel vertrauen, alle Praecaution & Information zunemmen & lieber weniger mit Nuzen, als vil mit grosser Gefahr arbeiten.[402]

Wie die Handelsgesellschaft *Gebrüder Zellweger & Comp.* 1751 mit Missverständnissen umging, zeigte sich an der Antwort des alten Vaters Zellweger-Sulzer in Trogen an seinen Sohn in Lyon über einen «Misthon» und das Wort «critisieren». Der Vater verlangte 1751 vom Sohn eine Beurteilung der Appretur der «façon Mousse[lin]:», um deren Imitation in Trogen man sich ausserordentlich bemühte:

> Dass E[ure]L[ieben] aber unser Ansuchen in einem Misthon verstanden haben, ist uns leyd & ein Zeichen, dass ~~altes Blut kälter als das junge, &~~ wir den eigenth[lichen] Verstand & Ausspruch des Worts «critisieren» (:welches nach dem Lexicon «beurtheilen» heisset:) nicht recht begriffen haben. Dann ausser diesem Wort in gedacht unsrem Gebrauch nicht einmahl der Schreiber einiges deswegen bey uns erwecktes Missvernügens verspühren & wann es seyn sollte, so wäre die Feder unsrer aufrichtigen & disfaltigen Intention untreu gewesen.[403]

Der Vater erkannte in seinem Entwurf eine Zündstoff bergende Redewendung über die Erhitzbarkeit von jungem Blut und strich sie wohlweislich durch. Er verwahrte sich vehement dagegen, auch nur den Ansatz eines «Misthons» in seinem Brief verwendet haben zu wollen. Selbst dem Wort «critisieren» suchte er über die lexikalische Definition «beurtheilen» seine empfindliche Spitze zu nehmen. Dieses Nachschlagen im Lexion zeigt, wie umsichtig mit Konflikten aufgrund eines Missverständnisses umgegangen werden musste, wie schmal die Gratwanderung zwischen Vertrauen und Misstrauen selbst in der schriftlichen Korrespondenz zwischen Vater und Sohn auf einer Distanz von 500 Kilometern war. Grund dafür war die persönliche Identifikation mit der geleisteten Arbeit, in vorliegendem Fall die ganz neu eingerichtete Appretur der Textilware unter eigener Regie in Trogen. Es handelte sich dabei wohl um eine schon länger dauernde psychische Belastung des Vaters Zellweger-Sulser. Die Klagen des Sohnes aus Lyon in den wöchentlichen «Handlungsbriefen» bereiteten ihm «Verdruss». In der Hochpreisphase anfangs der 1750er Jahre waren ihm schlicht die Hände gebunden. Dass die Leinwand im Einkauf teuer war, war eine Tatsache. Zudem kaufte die Konkurrenz *von Furtenbach & Eberz* von Arbon enorme Mengen des Artikels «16 ½» ein, was die Preise in die Höhe trieb. Er konnte die Ware nicht mehr zu den alten Preisen einkaufen: «ist dieser Tagen der Fabricant so uns dis Jahr fast die meisten 16 ½ an: geliefret, mit höchsten Unwillen von uns weg gegangen». Neben den konjunkturell bedingten Schwierigkeiten im Einkauf traf ihn besonders hart, dass sein Bruder und er, zwei gestandene Kaufleute, «schon vile Jahr als alte, inactive & ihrer Commoditaet verliegende Leuthe angesehen worden». Doch nun, da mit Zellweger-Hirzel-Scheuss wieder ein tatkräftiger Sohn in Trogen war und ständig «zu Besorgung der

402 Gebrüder Zellweger & Comp.: 1 lettre à la maison à Lyon, Trogen, 26.05.1749, S. 237.
403 Gebrüder Zellweger & Comp.: 1 lettre à la maison à Lyon, Trogen, 24.05.1751, S. 530.

Geschäfte mehr im Feld als bey Haus ist», war der alte Vater nicht mehr bereit, die Klagen einzustecken. Es war nun einmal keine «wohlfeile» Ware vorhanden, das Flachsgarn war «exzessif theür», weil zu wenig gewoben wurde:

> solcher Verdruss wachset bey uns um so stärker an, als es sich hier bey den Fabricanten nicht erzwingen lasst [...]. Was ist dann zu thun? Es scheint fast am sichersten zuseyn, weniger zuthun, & weniger Risque & Verdruss zuhaben, zumal wann all Menschen mögliche Bemühung kein andere Frucht als Verdruss & Schaden gebihret, so ist es besser, beide zu cuittieren; [...] so können uns in die Continuation & stäts anhaltende Klägten nicht mehr richten p G[iro]. Enfin, den ganzen Handel kurz zusammen gefasst finden wir, dass à Costi difficile zu verkaufen seye, & glauben die Hr: deswegen, man sollte hier durch wolfeihlere Preise & bessere Wahr remedieren können. Wir glauben aber nicht, da hier fast kein Garn in sehr theüren Preisen zubekommen, & dass fast keine Wahr gemacht werde, wie dann eben die Blez & rote X bis ca. 34 d fast gar nicht zuerlangen & neuer Dings exessif theür sind.[404]

Für ihn stand fest, dass «zumal wann all Menschen mögliche Bemühung kein andere Frucht als *Verdruss & Schaden* [H.d.d.A.] gebihret, so ist es besser, beide zu cuittieren». Im August 1751 hielt die Preishausse an: «Bey solcher Beschaffenheit & excessif hohen nie erhörten Preisen, finden am besten für uns piano zugehen, sonder[heitlich]:, da allem Vernehmen nach die Cambray à fleurs zufallen scheinen».[405] Im September 1752 wendete sich das Blatt. Nun mussten die alten Einkäufer Zellweger in Trogen ihrerseits «guten Courage fassen», um ihrem jungen Verkäufer in Lyon die «in wenigst f 15 000 Banco bestehende Schuldenlast anzuzeigen». Diese Summe reichte noch nicht aus, um die restlichen Einkäufe, die Fracht, den Bleicherlohn und die Appretur zu bezahlen. Zur Lösung sahen sie «kein ander Mittel, als eben Depots in Lyon aufzunehmen. Hoffentlich werden unsere Debitore bis auf das *Payement des Saints* [H.d.d.A.] raisonabler seyn & ihren Debit abführen».[406] Für ihre Verkäufe während den vier Messen in Lyon wurden sie nicht direkt und in bar, sondern erst einen Monat später mit Wechselbriefen bezahlt. Im Fall der Foire des tous Saints, des Allerheiligenmarkts, welcher vom 3. November an vierzehn Tage dauerte, vollzog sich das besagte Payement des Saints vom 1. bis zum 31. Dezember.[407] Sie mussten also diese um einen Monat verschobenen Zahlungstermine abwarten, bis ihre Kunden in Lyon die eingekaufte Textilware mit Wechselbriefen beglichen. Die Sorge wegen dieses Geschäfts, des «costigem payement & Bezahlung hiesiger Waaren /: an denen wir auch unsern Antheil nemmen:/», fanden sie höchst begründet. Durch diese Verschiebung von Verkaufs- und Zahlungsterminen gerieten die Kaufleute Zellweger in Trogen jeweils in Zahlungsschwierigkeiten. Es entstand ein Loch in der Kasse in Trogen. Um dieses Loch während ihren Einkäufen in Appenzell Ausserrhoden zu stopfen, für welche sie bar bezahlten[408], waren sie darauf angewiesen, immer wieder auf Kredite in Lyon zurückgreifen zu können, sogenannte «Depots«. Solche «Depots» nahmen sie insbesondere dann auf, «si le depot est à un prix raisonnable».[409] Diese Schulden machten sie zunehmend nervös, je mehr sich das Jahr zu Ende neigte und die Bilanz über den tatsächlichen Gewinn und Verlust aufklärte:

404 Gebrüder Zellweger & Comp.: 1 lettre à la maison à Lyon, Trogen, 21.09.1750, S. 443–444.

405 Gebrüder Zellweger & Comp.: 1 lettre à la maison à Lyon, Trogen, 23.08.1751, S. 567.

406 Zellweger, Conrad (1694–1771): 1 lettre à la maison à Lyon, Trogen, 11.09.1752, S. 70.

407 Ludovici, Carl Günther (1707–1778): Eröffnete Akademie der Kaufleute: oder vollständiges Kaufmanns-Lexicon, woraus sämmtliche Handlungen und Gewerbe, mit allen ihren Vortheilen, und der Art, sie zu treiben, erlernet werden können [...] (5/1752–1756), S. 578.

408 «Die Bezahlung leisten wir allemahl baar», in: Gebrüder Zellweger & Comp.: 1 Brief an Jacob Thier in Arnau/Arnau, Trogen, 22.11.1762, S. 11.

409 Gebrüder Zellweger & Comp.: 1 lettre à la maison à Lyon, Trogen, 20.03.1752, S. 499.

> Es thut weh, alte Schulden zahlen & täglich durch Erkauffen anderer Waaren neue machen, die Fracht consumiert auch zimlich vil, & ist E[uren]L[ieben] bekannt, dass gegen der Schluss Rechnung da alles liquidiert werden sollte, die Casse wie ein Pf[effer]: Sack ist; mithin werden uns doch noch etwas Zeit mit noch habenden restt[ieren]:der Wechselbriefe behelfen können.[410]

Dass diese Bilanz samt Inventar noch vor Ende 1752 erstellt werden konnte, war «mehr denen Schlafloosen Nächten so die Zahnschmerzen Schreiber diss erweckten als seinem Fleiss zuzuschreiben». Zellweger-Sulser in Trogen entschuldigte sich bei seinem Sohn in Lyon für seine «Sudeley des Billanzes», woran zu erkennen war, «dass man bey Nacht daran gearbeitet, so Sie einem alten Mann nicht übel nehmen werden». Die Bilanz über das Geschäftsjahr 1752 ergab trotz aller Sorge, «Ursach zu haben dem Höchsten herzlich für ertheilt reichen Seegen & darbey beschehrten Friden & Einigkeit & Gesundheit zu danken [...]». Zugleich forderte Trogen von Lyon wenn immer möglich bei Empfang des Briefes, «ein paar 1000 f bco. zu remettieren & dardurch unsrer grossen Armuth ein wenig zubegegnen».[411] Die Armut bezog sich hierbei wiederum auf das fehlende Bargeld in der Kasse, aus welcher die Lieferanten bar bezahlt werden sollten. Diese «Cassa» in Trogen hatte den Charakter eines gefrässigen Tieres. Sie war meist «evacouiert» und leer, obwohl stets «verschiedene Posten zu bezahlen» waren.[412] In den «Handlungsbriefen» der 1750er Jahre nach Lyon nahmen die Klagen über zu wenig Geld in der Kasse viel Raum ein:

> Hiesige Cassa ist gleich costiger [Cassa in Lyon] sehr schwach, seith deme man ihr ein Vomitif verordnet, mag ihr Magen fast nicht mehr ertragen, vor diesem hat sie sich im Gebrauch verguldter Pillen sehr wol & sie Herz: & Magen stärkend befunden, weil sie aber seit einiger Zeit deren fast keine mehr einnimmt, so würde man fast schliessen, sie wären ihr zuwider; dennoch glauben wir, wann sie es noch ein paar mahl darmit probieren thäte, dass sie sich wider in etwa erholen möchte; entweder weisst sie nicht, was sie mag, oder man gibt ihr nicht, indessen klaget sie den ganzen Tag, sodass es auch denen Leüthen, so ihr abwarten, deswegen ganz bang & weh wirt, wir wünschen, dass der Arth zu ihrer Erquickung bald heylsamme Mittel verordne.[413]

Die Geschäftskasse wurde als lebendiges Wesen mit Magen dargestellt, dem die Einnahme eines Brechmittels – in diesem Fall der Konkurs eines Kunden – schlecht bekam. Es erhielt zu wenig «verguldter Pillen» in Form von Bargeld, um von der plötzlichen Schwächung zu genesen. Funktionierte der Rücklauf der Gelder nicht wie vorgesehen, beklagte sich das eigenwillige Magenwesen, worauf es den Kaufleuten Zellweger in Trogen «ganz bang & weh» wurde. Zu wenig Bargeld in der Kasse löste Gefühle der Sorge und Unruhe aus. Sie tätigten ihre Einkäufe nicht etwa auf Kredit, sondern bezahlten die Fabrikanten bar auf die Hand. Auch im September 1758 waren sie

> dato von allem Gelt entblösset, folglich aussert Stand gesetzet, unsern Creditores zu entsprechen, & den Einkauf der Farb Lwth fortzusetzen, & dennoch Ihrem auf E[ure]L[ieben] ihre gewohnte Punctualitaet uns verlassende, leben wir der besten Hoffnung, die *Krankheit unserer Cassa* [H.d.d.A.] werde ohnverweilt verschwinden.[414]

Die Leere in der Kasse bezeichnete Zellweger-Sulser wiederholt als «Krankheit unserer Cassa». Sie lag im Juli 1755 «im Spithal erbärmlich krank».[415] Kamen aus Lyon keine Wechselbriefe zurück, konnte er in

410 Gebrüder Zellweger & Comp.: 1 lettre à la maison à Lyon, Trogen, 30.10.1752 und 20.03.1752, S. 634.
411 Zellweger, Conrad (1694–1771): 1 lettre à la maison à Lyon, Trogen, 28.12.1752, S. 35.
412 Gebrüder Zellweger & Comp.: 1 lettre à la maison à Lyon, Trogen, 04.06.1759, S. 780.
413 Gebrüder Zellweger & Comp.: 1 lettre à la maison à Lyon, Trogen, 21.02.1757, S. 500.
414 Gebrüder Zellweger & Comp.: 1 lettre à la maison à Lyon, Trogen, 18.09.1758, S. 687.
415 Gebrüder Zellweger & Comp.: 1 lettre à la maison à Lyon, Trogen, 21.07.1755, S. 323.

Trogen weder die Lieferanten bezahlen noch die Einkäufe weiter betreiben.[416] Die *Gebrüder Zellweger & Comp.* legten auch 1756 ein äusserst vorsichtiges Einkaufsverhalten an den Tag. Sie richteten sich primär nach der Konjunktur und dem tatsächlichen Guthaben in ihrer Kasse. Es schien ihnen, dass «alle Leinwath Commercianten in gleichem Spithal krank liegen», denn alle wollten

> der habend alten theüren Waar loos= noch lieber aber versicheret wären, dass die Käufer von gutem Calibre seyn möchten; ander Seiths aber würden sie gern wissen, ob die jezigen hiesigen Preise beharren, noch mehr fallen, oder steigen möchten; wir bekennen, dass unsere Vorsicht & begründete Muthmassungen hierin zu schwach sind, so vil man von Krieg oder Frieden /:von welchen das meiste abhanget:/ nichts gewisses annoch schliessen kann, jndessen ist zu glauben, dass mit dem Krieg die Waar gewiss nicht aufschlagen, ohne ihn aber besser als anjezo bezalt werden werden [...].[417]

Unter solchen ungewissen «Schläg und Läuft» beschlossen sie, «am wenigsten zu fehlen, wann bisweilen ein gut preiswürdiges Tuch annehmen, & uns keineswegs darin übereylen».[418]
Der Handel der Kaufleute Zellweger gründete auf der Strategie, dass das der Handelsgesellschaft zur Verfügung stehende Kapital immer in Umlauf gehalten werden musste: «Wir sind Leuthe, die das Geld gut gebrauchen können». Braudel (1990) sprach diesbezüglich von der ständigen Zirkulation.[419] Es beruhte auf der Einsicht, dass nur arbeitendes Geld sich auch vermehrte. Die Kaufleute Zellweger horteten ihr Kapital nicht, sondern brachten es umgehend wieder in Umlauf. Kaum bezahlten die Kunden in Lyon die Leinenware in Wechselbriefen, lag das Bargeld nach neuen Einkäufen auch schon wieder in den Händen der Fabrikanten vor Ort. Die Vorstellung Schläpfers (1984) von der Endstation der zu Bergen gehäuften Goldmünzen in den Kellern der «Trogener Steinhäuser» – gemeint sind die Kaufhäuser Zellweger – entsprach der damaligen Realität keineswegs.[420] Braudel (1990) ging davon aus, dass die Verbreitung der Vorstellung von Geld als «Produktionsmittel» (Marx), wie man sie bereits bei französischen Ökonomen und Enzyklopädisten der 1750er und 1760er Jahr findet, seit der zweiten Hälfte des 18. Jahrhunderts lange Zeit in Anspruch nahm.[421] Den Kaufleuten Zellweger war dieser Zusammenhang bereits in der zweiten Hälfte des 18. Jahrhunderts so bewusst, dass er als Grundsatz ihres Handels nachgewiesen werden konnte.
Die Kaufleute Zellweger vermieden wann immer möglich, «pour la gloire», um die blosse Ehre, umsonst zu arbeiten. Die Verwendung dieses Ausdrucks in den verschiedensten Variationen liess sich in den «Handlungsbriefen» von Trogen nach Lyon in der Phase von 1749 bis 1775 insgesamt 26-mal nachweisen. Die erste Verwendung mit «ohngeacht wir nicht gern p[our] la Gloire arbeiten» fand sich per Ende Juni 1749.[422] Zum letzten Mal nachweisbar war der Ausdruck in der Kombination mit dem Ausdruck «travailler en dupes» im April 1775 als arbeiten, um betrogen zu werden:

> Mais nous ne serions aucunnement d'avis de vendre une marchandise & être en debours de notre argent pendant 3. à 6. mois moyenant à 5% de provision & fut ce avec la meilleure Maison du monde, car cela

416 Gebrüder Zellweger & Comp.: 1 lettre à la maison à Lyon, Trogen, 18.09.1758, S. 687.
417 Gebrüder Zellweger & Comp.: 1 lettre à la maison à Lyon, Trogen, 19.01.1756, S. 366–367.
418 Gebrüder Zellweger & Comp.: 1 lettre à la maison à Lyon, Trogen, 19.01.1756, S. 367.
419 Braudel: der Handel (1990), S. 114, 259, 370.
420 Schläpfer: Wirtschaftsgeschichte Appenzell Ausserrhoden (1984), S. 62: «Die ostschweizerischen Händler, die in Trogen kauften, zahlten meist in Goldmünzen, vor allem in Louis d'or, die sich in den Kellern der Trogener Steinhäusern zu Bergen häuften. An die Kommissionäre in Lyon schickte man Wechsel, für die man sich durch St. Galler Banken Goldmünzen schicken liess». Ursache für Schläpfers (1984) Konklusion mag sein, dass in Trogen tatsächlich ein Schatz vergraben war. So belegt es zumindest der Chronist Gabriel Walser (1829) für das Jahr 1735, als über 7000 Gulden aus dem «obrigkeitlichen Schatz» gestohlen worden waren, «so unten im Thurm zu Trogen zur Verwahrung lag», vgl: Walser/Rüsch: Appenzeller Chronik [1732–1772] (1829), S. 143.
421 Braudel nannte für die 1760er Jahre den Ökonomen François Véron Duverger de Forbonnais (1722–1800), in den 1750er Jahren den Arzt und Physiokraten François Quesnay (1694–1774) und den Ökonomen André Morellet (1727–1819), in: Braudel: der Handel (1990), S. 250.
422 Gebrüder Zellweger & Comp.: 1 lettre à la maison à Lyon, Trogen, 30.06.1749, S. 240.

s'appelle travailler en dupes & pour la Gloire. Nous n'aimons que la gloire solide. Le faux chiquant n'amuse qu'un moment. *Aussitôt qu'il n'y a pas de la réalité, c'est-à-dire un bénéfice à proportion aux peines, fraix & risques* [H.d.d.A.].[423]

Die Ausdrücke «travailler p[our] la Gloire» und «travailler en dupes» wurden seit Mitte Juli 1751 parallel verwendet. Ende 1752 rief ein Rückschlag wegen eines konkursiten Schuldners im gestandenen Kaufmann Zellweger-Sulser in Trogen die heftigsten Gefühle seiner kaufmännischen Arbeit gegenüber hervor:

> Obgemeldet Faillite ist etwas unerwartetes & möchten die einige Zeit her aus Spanien &ca. eingelofene Widrigkeiten, & andere Streich von dieser Arth einem ab dem Handlen eklen machen, zumal auf solche Weis die Arbeit, Sinn & Sorgen, so El & wir durch das ganz Jahr haben müssen, schlecht belohnet werden, jedoch ist die Gedult niemals stärker als in den Widerwertigkeiten vonnöthen [...].[424]

Den Handel ohne Mehrwert zu betreiben, betrachtete Zellweger-Sulser angesichts der «Arbeit, Sinn & Sorgen», «peines, fraix & risques», der Mühen, Kosten und Risiken, schlicht als «eine Thorheit, & hiessen dieses nur p la Gloire & so handlen, dass man sich selbst blind mache, nur damit andere einäugig werden».[425] Das Arbeiten um die blosse Ehre überliess er andern Kaufleuten: «Die so gerne pour la Gloire arbeiten, mögen es unsertwegen thun».[426] Das Arbeiten um der Ehre willen wurde nur noch vom Arbeiten um des Verlusts willen übertroffen, «n'aiant pas envie de travailler pour la Gloire bien moins encore pour la perte».[427] Er konnte sich nicht vorstellen, umsonst, ohne Entlohnung zu arbeiten: «Mais de travailler entierment pour la gloire est un metier que nous n'ambitionons pas».[428] Braudel (1990) gelang der Nachweis dieses offenbar verbreiteten kaufmännischen Grundsatzes des «lieber nichts tun als umsonst arbeiten» für das Jahr 1727. Er interpretierte ihn «kurzum, als Gewinnstreben [und] Gewinnmaximierung, die bereits damals die stillschweigend anerkannten Faustregeln des Kapitalismus sind».[429] Angesichts der vorsichtigen Handelsgrundsätze der Kaufleute Zellweger erscheint die Gleichsetzung des Strebens nach Gewinn mit Gewinnmaximierung nicht angemessen. Der aus der Bilanz hervorgehende Gewinn des Kaufmanns Zellwegers war sein Lohn für ein ganzes Jahr Arbeit. Seine Teilhaber und er waren an diesem Gewinn prozentual beteiligt. Fiel der Gewinn gut aus, erhöhte sich der jeweilige Anteil daran. Ergab die Bilanz Verlust, trugen ihn alle gemeinsam. Das vorsichtige Vorgehen bestand darin, nicht auf einen einzigen Kunden zu vertrauen, sondern das Risiko auf viele Kunden zu verteilen.
Die Verkaufspreise der Leinwand in Lyon konnten von den Kaufleuten Zellweger keineswegs beliebig angesetzt werden. Sie unterlagen der sozialen Kontrolle der Konkurrenz. Die vielen ansässigen Kaufleute in Leinwand aus der Region Ostschweiz registrierten umgehend, wenn ein Handelshaus einen Artikel billiger anbieten konnte als die Konkurrenz. Bodmer (1960) überlieferte, wie die Handelshäuser von St. Gallen in Lyon 1727 in Aufregung gerieten, als die Handelshäuser aus Bischofszell (Thurgau) in Lyon den Artikel «Leinwandschleier» in gröberer Qualität um 15% billiger anbieten konnten, als es den St. Galler Häusern mit ihren günstigsten Artikeln ähnlicher Art möglich gewesen wäre.[430] Auch zu Hause in der Ostschweiz bestand für den Einkauf der Leinwand die gleiche geschäftliche Kontrolle. Sobald eine Handelsgesellschaft übermässig einkaufte, erhöhten die Fabrikanten umgehend ihre Verkaufspreise. An eine Gewinnmaximierung war unter diesen Umständen nicht zu denken. Der Kaufmann kam trotz intensiver Beobachtung der Konjunktur an die Grenzen dessen, was vorhersehbar war insbesondere dann, wenn Krieg herrschte:

423 Zellweger, Müller & Comp: 1 lettre à la maison à Gènes, Trogen, 17.04.1775, S. 147.
424 Gebrüder Zellweger & Comp.: 1 lettre à la maison à Lyon, Trogen, 27.11.1752, S. 22.
425 Gebrüder Zellweger & Comp.: 1 lettre à la maison à Lyon, Trogen, 19.07.1751, S. 553.
426 Gebrüder Zellweger & Comp.: 1 lettre à la maison à Lyon, Trogen, 19.06.1758, S. 655.
427 Gebrüder Zellweger & Comp.: 1 lettre à la maison à Lyon, Trogen, 20.02.1769, S. 1004.
428 Gebrüder Zellweger & Comp.: 1 lettre à la maison à Lyon, Trogen, 25.06.1764, S. 293.
429 Braudel: der Handel (1990), S. 268.
430 Bodmer: Schweizerische Industriegeschichte (1960), S. 175, Fussnote 233.

> Es scheint, es ligen diesmal alle Leinwath Commercianten in gleichem Spithal krank, indem sie gerne einer Seiths der habend alten theüren Waar loos= noch lieber aber versicheret wären, dass die Käufer [in Lyon] von gutem Calibre seyn möchten; ander Seiths aber würden sie gern wissen, ob die jezigen hiesigen Preise [im Appenzellerland, A.d.A.] beharren, noch mehr fallen, oder steigen möchten; wir bekennen, dass unsere Vorsicht & begründete Muthmassungen hierin zu schwach sind [...].[431]

Zellweger-Hirzel-Scheuss vertrat 1774 die Ansicht: «Il vaut mieux manquer un bénéfice que de risquer de perdre ou de voir des fonds accrochés».[432] Er verzichtete lieber auf einen Gewinn, als das Kapital anzurühren. 1775 riet er seinem Teilhaber Graf in Lyon, sich immer nach dem Grundsatz der Vorsicht zu verhalten: «Vous êtes sur le lieu, faites ce que la prudence vous dite».[433] Die Belastung der Unsicherheit darüber, nach dem Verkauf vom Kunden auch tatsächlich bezahlt zu werden, wirkte sich auf die psychische Verfassung der Kaufleute Zellweger in Lyon aus. Kam zu dieser Belastung weitere Arbeit in Form der Liquidation einer Handelsgesellschaft wie etwa Ende 1754 hinzu, führte das zu Überlastung. Der alte Zellweger-Sulser brachte aus eigener Erfahrung Verständnis für die Situation seines Sohns Zellweger-Wetter auf:

> Wir wünschen EL zu vor seyenden Geschäften vil Gedult & Gesundheit, es macht gar nichts aus, wann schon die Schriften [für die Bilanz, A.d.A.] spather als andere Jahre & nach Dehro Comoditaet empfangen pp.[434]

Er wusste, dass Überlastung in den Geschäften nur in psychischer und physischer Gesundheit und mit einem entsprechenden Zeitbudget zu bewältigen war. Entsprechend konnte das Bilanzgeschäft auch einmal etwas länger dauern als üblich. Die unermüdliche Arbeitshaltung verlangte gerade dem Kopf und dem Charakter des Kaufmanns Zellweger einiges ab. Das entging weder ihren eigenen noch den Beobachtungen einer Ehefrau mit ärztlich geschultem Blick.

Hypochondrie – in der Familie Zellweger «gemein u diesen Temperamenten anerbohren»

Zellweger-Hirzel-Scheuss erkrankte im Sommer 1770. Seine Ehefrau Maria Zellweger-Hirzel (1732–1802), Schwester des Stadtarztes von Zürich, beschrieb ihn als «sehr hypochondrisch». Zedler (1731–1754) definierte das «hypochondrische Übel» als eine «wegen ihrer vermischten und widerwärtigen Zufälle [...] beschwerliche Krankheit». Angstzustände führten zu Verstopfungen.[435] Als ihr Ehemann wegen einer nachhaltig bedrückten Stimmung gegenüber unlösbar erscheinenden Aufgaben einen «Anfall von einer Hypothymie» hatte, beschrieb sie das als in der Familie Zellweger «gemein u diesen Temperamenten anerbohren». Er selber beschrieb, wie zu seiner Hauptbeschwerde «eine öftere Blödigkeit in dem Kopf gekommen ist, die mich eben jzt nicht viel schreiben lasst als ich gerne wollte».[436] Bald darauf war er zu schwach, um den Handelsgeschäften nachgehen zu können. Diese Erfahrung bewog ihn, sich zu überlegen, wie er für die Zukunft einen «Theil dersälben ablegen» konnte.[437] Im November 1770 beschrieb er sich selber als «ein wenig ernstlich & zum Zorn ziemlich geneigt».[438] Seine Geschäfte beschrieb er 1772 als unberechenbar: «[Kaufleuthe müssen] bisweilen einiche Tage über Kopf & Hals arbeiten, andere hingegen müssig sitzen».[439] Im September darauf schrieb er seinem Schwager nach 18:00: «mein Kopf ist izt ein wenig abgemattet. Adieu».[440] Und im Dezember war sein «Kopf

---

431 Gebrüder Zellweger & Comp.: 1 lettre à la maison à Lyon, Trogen, 19.01.1756, S. 366–367.

432 Zellweger, Müller & Comp.: 1 lettre à la maison à Gènes, 24.10.1774, S. 40.

433 Zellweger Vater & Comp.: 1 lettre à la maison à Lyon, Trogen, 16.10.1775, S. 284.

434 Gebrüder Zellweger & Comp.: 1 lettre à la maison à Lyon, Trogen, 02.12.1754, S. 273.

435 N.N. Artikel «Hypochondrisches Übel», in: Zedler (13/1732–1754), S. 761f.

436 Zellweger, Johannes (1730–1802): 1 Brief an Johann Caspar Hirzel (1725–1803) in Zürich, Trogen, 16.07.1770.

437 Zellweger, Johannes (1730–1802): 1 Brief an Johann Caspar Hirzel (1725–1803) in Zürich, Trogen, 23.07.1770.

438 Zellweger, Johannes (1730–1802): 1 Brief an Johann Caspar Hirzel (1725–1803) in Zürich, Trogen, 15.11.1770.

439 Zellweger, Johannes (1730–1802): 1 Brief an Johann Caspar Hirzel (1725–1803) in Zürich, Trogen, 03.02.1772.

440 Zellweger, Johannes (1730–1802): 1 Brief an Johann Caspar Hirzel (1725–1803) in Zürich, Trogen, 28.09.1772.

halb dumm, so viel habe ich heute geschrieben».[441] Im Juli 1775 erlebte er bei der Besichtigung von Leinwand in Rheineck eine Ohnmacht, gefolgt von «Augenwehe» und «Kopfwehe». Am folgenden Tag konnte er seinen «Geschäften warthen[,] nur klageten sich die Augen und der Kopf wie sie es izt auch thun».[442] Dass es ihm bei seinem sitzenden Beruf an Bewegung fehlte, war ihm vollkommen bewusst. Zu Reisezwecken entsprach ihm daher «eine Bewegung zu Pferd besser, als jene der voiture».[443] Weite Teile von Geschäftsreisen unternahm er zu Fuss und zu Pferd zur körperlichen Stärkung. Im August 1775 überlegte er sich, den Rat seines Schwagers und Arztes Hirzel anzunehmen und «diesen Herbst einiche Wochen in Italien» zu verbringen, denn «im Winter aber ist meine gegenwarth allhier sehr nöthig».[444] Im Dezember 1776 schilderte er, wie «mein Kopf so voll [ist] von Billanzgeschäften», dass er sich zwei Wochen Zeit zur Beantwortung eines Briefes ausbat.[445] Im Oktober 1777 bedauerte er, dass er bei seiner Durchreise durch Zürich «nur wie ein Schnapp von dem Vergnügen Dero freundschaftlichen Umganges gehabt, mein Kopf war zu unruhig wegen verschiedenen Geschäften als dass ich mir denselben vollkommen hätte zu Nutzen machen können; [...]».[446] 1779 entschuldigte er sich bei seinem Schwager und Briefpartner für eine ungehaltene Bemerkung:

> Wenn ich Ihnen am Montagabende schreibe, ist mein Kopf vielmal vom Schreiben & Denken müde, denn Sie können sich kaum vorstellen, wie Vielerlei meinem Kopf bisweilen an einem Posttag durch das Gehirn laufen, dann bin ich oft nicht mehr so sorgfältig, meine Ausdrücke gegen Sie als einen nachsichtigen Herrn Schwager so genau abzuwägen [...].[447]

Ende 1778 schob er den Gratulationsbrief an den alten Professor Johann Jakob Bodmer (1698–1783) in Zürich zur Genesung nach einer Krankheit immer wieder hinaus: «Noch nie habe ich einen von Geschäften befreiten & erwünscht aufgemunterten Kopf gehabt, unsern teuren Prof. Bodmer wieder zu bewillkommnen».[448] Sein Kopf war ständig beschäftigt mit kaufmännischen Abwägungen und Betrachtungen:

> [...], so behaupte ich doch, alle Fabriken bieten einander die Hände & halten einander die Waage. Können Sie begreifen, dass ein Aufschlag in der Seide, allemal ganz gewiss auch ein Aufschlag in der Leinwand nach sich zieht? Das ist doch gewiss & die Sache ist sehr leicht zu erklären. Oft entstehet ein Aufschlag in der Seide, weil Seidenwaren über Meer & zugleich Leinwand auch von dort verlangt wird. Allemal aber verursacht der Aufschlag der Seide eine Abondanz von Geld in Italien & diese Abondanz veranlasst die Italiener, desto mehr Leinwand zu kaufen, weil der Bauer Geld hat, sich das Nötige anzuschaffen. Weit erklärbarer aber ist, dass alle ähnlichen Fabriken einander die Waage halten, so dass, wenn die schlesische Leinwand wohlfeiler ist, als die hiesige, im folgenden Jahr ganz gewiss die hiesige auch abschlagen, oder die schelsische wieder aufschlagen müsse & eine gleiche & noch geschwindere Wirkung machen nähere Fabriken aufeinander. Zum Beispiel: wenn die Baumwolltücher & Mousselins allhier billiger sind als in Zürich, so ist die Wirkung um so viel geschwinder & ehe ein Jahr vorbeistreicht. Dieses sind nicht arguments, sondern wahre Erfahrungen, die jeder Kaufmann annehmen muss.[449]

Der Problematik der geschäftlichen Überlastung war sich auch der Baumwollfergger Ulrich Bräker (1735–1798) von Näppis (St. Gallen) bewusst. Er musste zwar in seinem «geringen Berüffle» als Baumwollfergger seine «knochen nicht so sehr anstrengen (dafür muss ich *den geist mehr plagen* [H.d.d.A.].)» Am 10. Januar 1780 hatte er «geschäfft über hals und kopf – gar zu viel macht

441 Zellweger, Johannes (1730–1802): 1 Brief an Johann Caspar Hirzel (1725–1803) in Zürich, Trogen, 12.12.1772.
442 Zellweger, Johannes (1730–1802): 1 Brief an Johann Caspar Hirzel (1725–1803) in Zürich, Trogen, 07.07.1775.
443 Zellweger, Johannes (1730–1802): 1 Brief an Johann Caspar Hirzel (1725–1803) in Zürich, Trogen, 26.04.1784.
444 Zellweger, Johannes (1730–1802): 1 Brief an Johann Caspar Hirzel (1725–1803) in Zürich, Trogen, 28.08.1775.
445 Zellweger, Johannes (1730–1802): 1 Brief an Johann Caspar Hirzel (1725–1803) in Zürich, Trogen, 29.12.1776.
446 Zellweger, Johannes (1730–1802): 1 Brief an Johann Caspar Hirzel (1725–1803) in Zürich, Trogen, 20.10.1777.
447 Zellweger, Johannes (1730–1802): 1 Brief an Johann Caspar Hirzel (1725–1803) in Zürich, Trogen, 22.02.1779.
448 Zellweger, Johannes (1730–1802): 1 Brief an Johann Caspar Hirzel (1725–1803) in Zürich, Trogen, 07.12.1778.
449 Zellweger, Johannes (1730–1802): 1 Brief an Johann Caspar Hirzel (1725–1803) in Zürich, Trogen, 16.06.1783.

verdriesslich [H.d.d.A.]».[450] Die Belastung des Kopfes durch kaufmännisch-geschäftliche Überlegungen führte auch bei ihm zu Überforderung. Sie äusserte sich in emotionaler Verstimmung, in Verdruss. Bräker beobachtete, wie sein «Baumwollherr» Grob von Ebnat-Kappel «immer *mit geschäfften überladen* ist [H.d.d.A.] – und was bringt er davon – ein bisgen nahrung und deke – und am ende 4 bretter, wie alle andere menschen – und solt er seine schätze bey tonnen=golden häüfen». Diesen Lebensstil wünschte sich Bräker nicht. Trotzdem fand er sich eine Woche später im Januar 1783 wieder in Ebnat-Kappel ein, um «mit H. Grob zu rechnen». Die Abschlussrechnung über das Jahr 1782 stand an.[451]

«Verdruss» vs. «Badekur»

Kaufmann Zellweger-Gessner beschrieb in seiner Autobiografie wiederholt, wie ihn der Leistungsdruck im kaufmännischen Beruf krank machte. Während der kaufmännischen Lehre in Lyon fiel er in eine Melancholie. Nach seiner Verheiratung, insbesondere seit seiner definitiven Rückkehr aus Genua nach Trogen, auf welcher Reise er sich täglich nach dem Frühstück übergeben musste, setzten zunehmend Unterleibsbeschwerden ein, welche er an den verschiedensten Kurorten zu heilen versuchte. Die Geschäftsreise zur *Messe Leipzig* im Herbst 1806 bis 1807 mit Rückreise über Schlesien und Böhmen brachte ihn schliesslich an seine physischen Grenzen. Es war die übermässige Belastung durch den zermürbenden «Verdruss», welche Zellweger-Gessner als Hauptgrund vorbrachte, den Beruf des Kaufmanns Ende 1808 niederzulegen:

> Die fortdaurende Unpässlichkeit oder besser zu sagen Krankheit erregte in mir um so mehr den Wunsche, mich den Handlungsgeschäften zu entziehen, da ich fühlte, dass *die obige Beschäftigung unausbleibliche Verdrüsse, wie sie oft zu führen* [H.d.d.A.], müssten zu meiner Herstellung schädlich sein [...].[452]

Für Eisenhut (2013) war Zellweger ein «Rast- und Ruheloser», der während Jahrzehnten eine «grosse Belastung auf sich genommen hatte» und «nervlich erschöpft und nur noch reduziert leistungsfähig auf ärztlichen Rat hin aus dem Geschäft ausstieg»[453] – dies im Alter von vierzig Jahren. Er suchte aktiv Erholung vom kopflastigen Beruf durch Kuraufenthalte. Für den Kaufmann Zuberbühler-Zellweger liess sich im Juli und August 1768 ein dreiwöchiger Kuraufenthalt in Bad St. Moritz nachweisen, während seine Ehefrau Anna Zuberbühler-Zellweger (1730–1786) zu ihren Verwandten Sulser im nahe gelegenen Azmoos im Rheintal verreiste:[454] «Morgen erwarthen wir den H. Vetter Quartierh: Zuberbühler zurück von St: Mauritz».[455] Im Jahr 1770 war im Juli eine Reise nach Baden geplant.[456] Zellweger-Hirzel-Scheuss zog Bad Pfäfers vor, wo er im Sommer regelmässig einen zweiwöchigen Kuraufenthalt machte. Im Juli 1765 war es wieder soweit, auch wenn ihm «dato gar nichts fehlt»:

> Ich bin seith dem 25. passati hier in Pfeffers und hoffe nebst denen von meiner Com[pagnon]: eine gute Cure zu machen: wie gut sie aber seyn werde muss ich den nächsten Winter decidieren lassen, dan dato fehlt mir Gott Lob! gar nichts. Ich hätte sehr gewünscht Sie meinen theürsten hier anzutreffen, allein da ich wegen bey Haus habenden Geschäften den 10. od: 11: diss schon wieder abzureisen gedenke, so bleibt mir keine Hoffnung übrig zu genuss dieses wahren Vergnügens.[457]

450 Holliger et al. (Hg.): Ulrich Bräker. Sämtliche Schriften (2/2010), S. 98 und 133.

451 Tagebuch 09.01.1783 und 16.01.1783, in: Holliger et al. (Hg.): Ulrich Bräker. Sämtliche Schriften (2/2010), S. 347 und 352.

452 Zellweger: Notitzen aus meinem Leben (2/1850), S. 59–60.

453 Eisenhut: Das Appenzeller Fahnenbuch, in: Zeitschrift der schweizerischen bibliophilen Gesellschaft (56, 2–3/2013), S. 83.

454 Zellweger, Johannes (1730–1802): 1 Brief an Johann Caspar Hirzel (1725–1803) in Zürich, Trogen, 11.07.1768.

455 Zellweger, Johannes (1730–1802): 1 Brief an Johann Caspar Hirzel (1725–1803) in Zürich, Trogen, 04.08.1768.

456 Zellweger, Johannes (1730–1802): 1 Brief an Johann Caspar Hirzel (1725–1803) in Zürich, Trogen, 09.07.1770.

457 Zellweger, Johannes (1730–1802): 1 Brief an Johann Caspar Hirzel (1725–1803) in Zürich, Trogen, 05.07.1765.

Die Dauer der Kur hing von den Geschäften und nicht der erhofften Gesellschaft ab. 1768 begründete Zellweger-Hirzel-Scheuss die Notwendigkeit von Erholung konkret mit dem Hinweis auf die zermürbende Wirkung von «Verdruss»:

> Der Mensch ist nicht von Eisen gemacht, und überhäufte Geschäfte ohne Zeit, sich wieder ein wenig zu erholen, geben oft Anlaas zu Schwermuth und Verdruss, welche dem Menschen, wie Sie wissen, zu einem tödlichen Gift werden können.[458]

Im August 1772 war er in Baden zur Kur.[459] Für den Sommer 1773 plante Zellweger-Hirzel-Scheuss eine aussergewöhnliche Kur in Rippoldsau bei Schaffhausen. Sie diente primär der Erholung seiner von der grossen Haushaltung im Kaufhaus am Landsgemeindeplatz 5 in Trogen erschöpften Ehefrau Anna Zellweger-Hirzel (1732–1802). Er klärte über Geschäftskontakte nach Schaffhausen ab, wie er «am bequemsten und in ringesten Spesen» dorthin gelangen konnte, da er keine eigene Kutsche besass.[460] Wie verbreitet das Phänomen des sommerlichen Kurens an einem Badeort war, zeigte auch der Wunsch des «Gremplers» Schinz 1767 nach einer Kur in Baden. Schwägerin und Schwager Hirzel, Stadtarzt in Zürich, wurden zu seiner Wiederherstellung um Abführmittel angefragt. Diverse Kurgäste verfassten eingehende Beschreibungen ihrer Reise zur Kur.[461]

Zusammenfassung: Für Grossvater Zellweger-Sulser ist in der internen Geschäftskorrespondenz ein belastender Generationenkonflikt mit seinem Sohn Zellweger-Wetter über die Art und Weise der gemeinsamen Geschäftsführung überliefert. Der Vater Zellweger-Hirzel-Scheuss zeigte bereits in den 1770er Jahren, sein Sohn Zellweger-Gessner zu Beginn des 19. Jahrhunderts Symptome, die heute unter der Bezeichnung «Burnout» als psychische Erkrankung infolge von Überlastung gelten: Kopfschmerzen, Erschöpfungszustände, Verdruss, unerklärliche psychosomatische Leibesbeschwerden. Die körperlichen Symptome als Folge von Überforderung wurden von Grossvater, Vater und Sohn deutlich wahrgenommen, als solche kommuniziert und ganz konkret auf die Arbeitsüberlastung zurückgeführt. Zur Erholung besuchte man in der zweiten Hälfte des 18. Jahrhunderts während der Sommerzeit meistens das Bad von St. Moritz und Pfäfers. Zu Beginn des 19. Jahrhunderts waren es die Bäder in Baden und Zurzach. Im Vordergrund stand die Pflege der eigenen Gesundheit, an zweiter Stelle die Pflege von gesellschaftlichen Kontakten. Der Pflege der Gesundheit vor Ort in Trogen dienten «Wasserkuren», wobei man über eine bestimmte Zeit mineralhaltiges Wasser trank, das man sich zu diesem Zweck aus St. Moritz (Graubünden) oder Selters (Hessen) kommen liess. Darüber hinaus nahm man regelmässig die Dienste des Schwagers und Stadtarztes Johann Caspar Hirzel (1725–1803) von Zürich in Anspruch, worüber jährlich abgerechnet wurde. Das Resultat der Untersuchung zum Erholungsbedarf der Kaufleute Zellweger ist umso erstaunlicher, als bis anhin gerade in Bezug auf Zellweger-Hirzel-Scheuss stets dessen asketische Lebensweise betont wurde. Zu seinem der Arbeit gewidmeten Leben gehörte aber auch eine Erholungsphase von zwei bis drei Wochen pro Jahr. Er unternahm sie im Wissen um die schädliche Wirkung von «Schwermuth und Verdruss» vorbeugend, auch wenn ihm gesundheitlich nichts fehlte. Er wusste um die Arbeitslast, welche ihn im Kaufhaus Trogen erwartete. Während die Handarbeit in den Magazinen nur noch ansatzweise zu rekonstruieren ist, gibt das nächste Unterkapitel über die Geschäftskorrespondenz Zellweger preis, welches Ausmass allein der schriftliche Teil seiner Arbeit angenommen hatte.

---

458 Zellweger, Johannes (1730–1802): 1 Brief an Johann Caspar Hirzel (1725–1803) in Zürich, Trogen, 21.04.1768.

459 Zellweger, Johannes (1730–1802): 1 Brief an Johann Caspar Hirzel (1725–1803) in Zürich, Trogen, 27.07.1772.

460 Zellweger, Johannes (1730–1802): 1 Brief an Johann Caspar Hirzel (1725–1803) in Zürich, Trogen, 31.05.1773.

461 Hirzel, Anna Maria: 1 Brief an Ihren Ehemann Johann Caspar Hirzel in Trogen, Zürich, 25.06.1767; Ziegler (Hg.): Hartmann, Georg Leonhard: Reise nach Hohenems und Pfäfers, 1804, in: St. Galler Kultur und Geschichte (6/1976), S. 263–270; Kaufmann: Gesellschaft im Bad. Die Entwicklung der Badefahrten und der «Naturbäder» (2009).

Die Geschäftskorrespondenz – wie viel, an wen, wohin?

Für die Kaufleute Zellweger war die Geschäftskorrespondenz das exklusive und alleinige Kommunikationsmittel.[462] Die Distanz insbesondere zu Kunden im Umkreis von Lyon oder Genua ermöglichte persönliche Kontakte nur sporadisch wie etwa auf einer Geschäftsreise. Gerade die zunehmende Verschriftlichung der Geschäftsabwicklung machte unmittelbar persönliche Handelskontakte aber auch weitgehend überflüssig. Diese Verschriftlichung erlaubt der heutigen Forschung die Rekonstruktion eines Handelsraums vor der Industrialisierung im Vergleich zu einem frühindustriellen Handelsraum für Textilien in Europa nach 1800. Die in Briefkopierbüchern überlieferte Geschäftskorrespondenz beschränkt sich ausschliesslich auf den Ausgangspunkt Trogen, das logistische Zentrum des geografischen Dreiecks Trogen, Lyon, Genua.
Diese Geschäftskorrespondenz wurde über eine quantitative Analyse ausgewertet und als Basis für die weitere Forschung greifbar gemacht. Ziel ist es, über die Anzahl Geschäftsbriefe an eine Anzahl von Geschäftspartnern, verteilt auf eine Anzahl von Orten die geografische Dimension des Handelsraumes Zellweger visuell erfassbar zu machen. Von Interesse ist dabei, wie sich dieser Handelsraum im Laufe der Jahre veränderte.

Quantität der Geschäftskorrespondenz – die Übersicht

Basis für die quantitative Datenerhebung über das Korrespondenznetz der Kaufleute Zellweger war die Transkription und Auswertung der Register ihrer fünfzehn Briefkopierbücher. Die meisten Briefkopierbücher enthielten am Ende ein alphabetisch angelegtes Register, wobei ein Registereintrag einem Geschäftspartner entsprach. Der Eintrag umfasste in der Regel Firmenname und/oder Nachname, Vorname sowie Wohnort. Die Zahlen nach dem Buchstaben «f:o» für «Folio» entsprachen denjenigen Seiten, auf welchen ein Geschäftsbrief an den genannten Adressaten nachzulesen war. Die Auszählung dieser Seitenangaben pro Eintrag ermöglicht die quantitative Erfassung der gesamten von Trogen ausgehenden Geschäftskorrespondenz. Fehlte dieses wertvolle Register, wurde es im Rahmen der vorliegenden Arbeit neu erstellt. Seite für Seite der bis zu tausend Seiten umfassenden Briefkopierbücher wurden einzeln umgeblättert und pro Seite jeweils bis zu fünf vorhandene Geschäftsbriefe erfasst. Ein weiterer Arbeitsschritt bildete die sorgfältige und anspruchsvolle Vor- und Aufbereitung des Namen- und Zahlenmaterials über Vereinheitlichung und Normierung ganz unterschiedlich geschriebener Namen ein- und derselben Geschäftspartner als auch Ortschaften. Die Daten wurden in einer Excel-Tabelle erfasst. Sie stellt die Basis dar für folgende Auswertungen, Angaben und Aussagen über den Handelsraum und das Geschäftsnetz der Kaufleute Zellweger.
Von der unvollständig überlieferten Geschäftskorrepondenz der Kaufleute Zellweger von Trogen haben sich insgesamt 39 363 Kopien von Geschäftsbriefen an 3845 Geschäftspartner an 547 Orten erhalten. Für die sechzig fast vollständig überlieferten Jahre von 1747 bis 1817 dürfte wohl mit Einbezug der von Lyon und Genua ausgehenden, nicht überlieferten Korrespondenz von einem ehemaligen Gesamtvolumen von rund 210 000 Geschäftsbriefen auszugehen sein.[463]

462 Mit der Exklusivität der brieflichen Kommunikation war es erst anfangs des 20. Jahrhunderts mit der Standardisierung von Telegramm und Telefon endgültig vorbei; vgl. Schneider: Die Bedeutung von Kontoren, Faktoreien, Stützpunkten, Märkten, Messen und Börsen im Mittelalter und Früher Neuzeit, in: Pohl (Hg.): Die Bedeutung der Kommunikation für Wirtschaft und Gesellschaft (1989), S. 35–63.

463 Errechnet unter folgenden hypothetischen Annahmen: Für die Jahrgänge ohne Überlieferung wurde ein Durchschnittswert angenommen; für die fehlenden Antworten der Adressaten musste die Zahl verdoppelt werden; für die fehlende Korrespondenz von Lyon und Genua wurde davon ausgegangen, dass wohl ebenso intensiv wie von Trogen aus korrepondiert worden war.

Zeitraum	1747–1780	1800–1822	Total
Geschäftspartner	1099	2856	**3955**
Geschäftsbriefe	17368	21953	**39321**
Orte	215	332	**547**

Tabelle 2: Kaufleute Zellweger von Trogen: Auswertung der Register ihrer Briefkopierbände, 1747–1780, 1800–1822

Um diese Zahlen einzuordnen, sei auf die Geschäftskorrespondenz des Kaufmanns Francesco di Marco Datini (1335–1410) von Prato bei Florenz (Toskana) hingewiesen. Zu seinem im 14. Jahrhundert betriebenen Fernhandel zwischen dem Mittelmeer, England, Flandern und der Krim existiert die schiere Überlieferung von 140 000 Geschäfts- und 11 000 privaten Briefen.[464] Die Anzahl der Geschäftsbriefe Zellweger lässt sich aber auch zeitgenössisch einordnen. Im Vergleich dazu sind in der Geschäftskorrespondenz der Speditionsunternehmer Salis-Massner von Chur insgesamt 4210 Geschäftspartner an 466 Ortschaften im Zeitraum von 1727 bis 1797 überliefert, wie meine Auswertung für das Projekt «Historischer Atlas Graubünden» anfangs 2022 ergab. Von hervorragenden Persönlichkeiten der Aufklärung wie dem Schriftsteller Voltaire (1694–1778), dem Universalgelehrten Albrecht von Haller (1708–1777) und Jean-Jacques Rousseau (1712–1778) haben sich Privatkorrespondenzen erhalten. Der Briefwechsel von Voltaire umfasste 22 000 Briefe, davon 18 000 von seiner Hand. Derjenige von Haller belief sich auf rund 30 000 Briefe, davon 17 000 von seiner Hand.[465] Und Roussau verfasste mehr als 7000 Briefe von seiner Hand.[466] Allein die Privatkorrespondenz von Kaufmann Zellweger-Hirzel-Scheuss an seinen Schwager, den Stadtarzt Johann Caspar Hirzel (1725–1803) von Zürich, umfasste 1420 Briefe, verfasst in einer wöchentlichen Frequenz über den Zeitraum von 1764 bis 1800.[467] Die Leistungsfähigkeit und -bereitschaft einer einzelnen Person, über eine ausgedehnte Korrespondenz in ihre kommunikative Vernetzung zu investieren, nahm im 18. Jahrhundert beeindruckende Ausmasse an.
Die erarbeiteten Angaben über die Anzahl der Geschäftspartner, Geschäftsbriefe und Orte werden in der Folge im Sinn der Idee des französischen Historikers der Annales-Schule Fernand Braudel (1902–1985) für die Rekonstruktion des Handelsraums der Kaufleute Zellweger in Abbildungen umgesetzt.

Der Handelsraum Zellweger – die Methode von Fernand Braudel

In seinem monumentalen, dreibändigen Werk «Sozialgeschichte des 15. bis 18. Jahrhunderts» (1979/ deutsche Übersetzung 1986) widmete Braudel den zweiten Band dem «Handel».[468] Darin stellte er Überlegungen zum Umgang mit Geschäftskorrespondenz von Kaufleuten an. Braudel zog folgenden Schluss:

> Der Handelsraum des Kaufmanns ist ein Ausschnitt eines nationalen oder internationalen Raums in einer bestimmten Epoche. Steht die Epoche im Zeichen des Aufschwungs, pflegt sich der Aktionsradius des Kaufmanns v.a. dann rasch auszuweiten, wenn er ins grosse Geschäft einsteigt, sich etwa auf Wechsel- und Geldgeschäfte verlegt.

Braudel ging von der Prämisse aus, dass «Weiträumigkeit ein untrügliches Zeichen für Reichtum und Erfolg [ist]». Daraus leitete er folgende These ab:

464 Origo: «Im Namen Gottes und des Geschäftes» (1985), S. 8.

465 Vgl. http://www.albrecht-von-haller.ch/d/nachlass.php, eingesehen am 20.08.2018.

466 Leigh: Correspondance complète de Jean-Jacques Rousseau, 52 Bde. (1965–1998).

467 Zellweger, Johannes (1730–1802): 1420 Briefe an Schwager Johann Caspar Hirzel (1725–1803) in Zürich, Trogen, 1764–1800.

468 Braudel: Civilisation matérielle, économie et capitalisme (XVe–XVIIIe siècles) (1979) oder Braudel: Sozialgeschichte des 15.–18. Jahrhunderts, Bd. 1: Der Alltag, Bd. 2: Der Handel, Bd. 3: Aufbruch zur Weltwirtschaft (1990).

> Ein Kaufmann unterhält stets Beziehungen zu Käufern, Lieferanten, Darlehensgebern, Gläubigern. Trägt man den Wohnsitz dieser Kontaktpersonen in eine Karte ein, erhält man den für die Existenz des Betreffenden ausschlaggebenden Raum. Je grösser dieser Raum, desto bedeutender ist im Prinzip und fast immer auch in Wirklichkeit der zugehörige Kaufmann.[469]

Die von Braudel vorgeschlagene Methode des «Eintragens der Wohnsitze der 'Kontaktpersonen' in eine Karte» wurde anhand der Geschäftskorrespondenz der Kaufleute Zellweger umgesetzt. Jeder Punkt auf der folgenden Europakarte entspricht dem Wohnsitz einer Kontaktperson und damit eines Geschäftspartners der Kaufleute Zellweger im Zeitraum 1747 bis 1820.

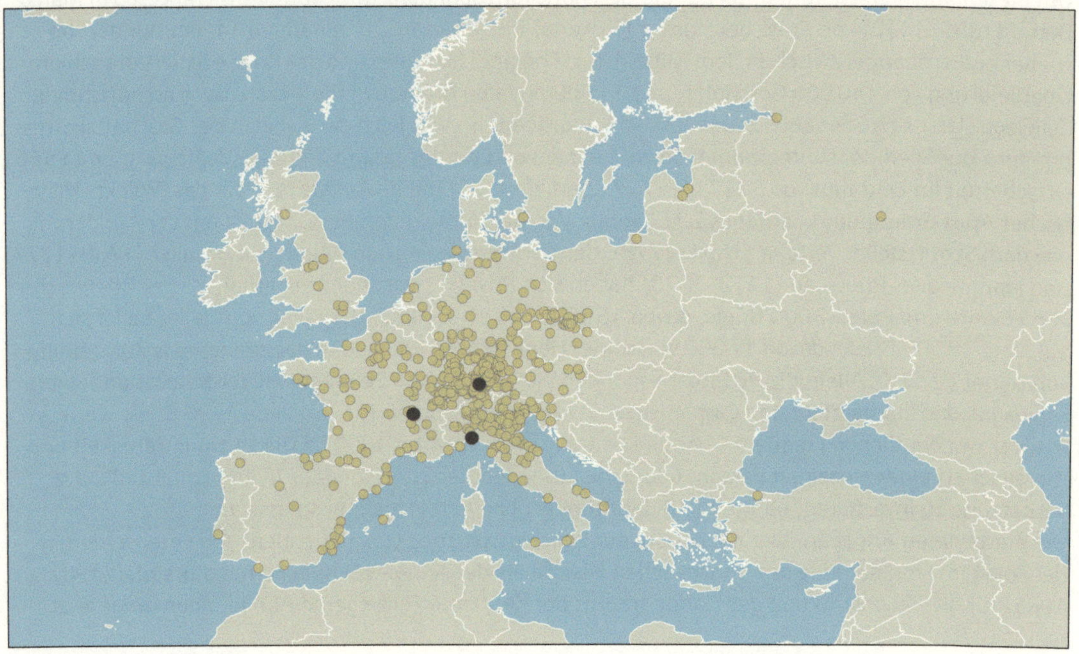

Abbildung 2: Handelsgesellschaften Zellweger von Trogen: Handelsraum mit total 547 Ortschaften, 1747–1780 und 1800–1820

Vom Zentrum Trogen ging die Geschäftskorrespondenz Zellweger haupsächlich in das Gebiet der Eidgenossenschaft. Dann folgten mit Bayern und Baden-Württemberg die südlichen Gebiete des Deutschen Reichs. Drittes Ballungszentrum stellte der Norden Italiens bis Ancona dar. An vierter Stelle stand die Franche-Comté und das Elsass im Osten von Frankreich. Über diese Ballungszentren hinaus deckten die adressierten Orte weite Strecken entlang der Küsten ab. Insbesondere entlang des nördlichen Mittelmeers von Gibraltar bis Zadar (Kroatien) häuften sich Ortschaften mit nachweislich schriftlichem Kontakt aus Trogen. Am dichtesten adressiert wurde die Region der Adria nördlich von Ancona bis nach Triest. Wenn auch in bedeutend bescheidenerem Ausmass zeigte sich das Phänomen auch für die Küsten des Atlantiks, der Nordsee bis an die Ostsee. Hafenstädte waren für Kaufleute seit jeher Ballungszentren, welche den Anschluss an die Schifffahrt sicherstellten.

Insgesamt verteilte sich die Geschäftskorrespondenz Zellweger auf sechzehn Länder. Eine Vielzahl quantitativ wenig relevanter Regionen wie Dänemark, die nördlichen Regionen des Heiligen Römischen Reichs Deutscher Nation, das Vereinigte Königreich England und Lettland befanden sich nördlich der Eidgenossenschaft. Im Osten waren es Österreich, Polen, Russland und Böhmen. Ein Ballungszentrum stellte das Dreiländerdreieck zwischen dem Deutschen Reich, Böhmen und Österreich in der Region des Riesengebirges dar. Weitere kleinere Ballungszentren lagen im Süden an der Ostküste Spaniens und im Süden Italiens. An der Westküste der Türkei waren nur gerade zwei Ortschaften auszumachen. Im

469 Braudel: der Handel (1990), S. 196 und 202.

Westen waren es die Niederlande, Belgien und der Norden Frankreichs. Trotz minutiöser geografischer Auswertung der Briefkopierbücher war keine direkte Geschäftsverbindung der Kaufleute Zellweger nach Amerika, nach den Antillen oder nach Afrika nachzuweisen. Von Trogen aus handelten die Kaufleute Zellweger also nur im europäischen Raum. Das Abbildung erlaubt die Fomulierung der These, dass, je weiter eine Region von Trogen entfernt lag, desto geringer die Anzahl überlieferter Adressatenorte war. Die Übersichtskarte nach der Methode von Braudel vermag einen Eindruck über die geografischen Dimensionen des Handelsraums aller Handelsgesellschaften Zellweger von Trogen zu vermitteln. Sie vermag jedoch weder Hinweise darauf zu geben, wie intensiv die Korrespondenz an einen einzelnen Ort war, noch, wie viele Korrsepondenzpartner dort angeschrieben wurden. Damit relativiert sich die Aussagekraft der Übersichtskarte. Eine nur einmal adressierte Ortschaft wie etwa Eggersriet (St. Gallen) wird genau gleich dargestellt wie die Stadt St. Gallen, an welche 5720 Geschäftsbriefe überliefert sind. Die Bedeutung einer einzelnen Ortschaft innerhalb des Handelsraumes ist somit erst über zwei weitere Werte zu definieren. Der erste Wert von Interesse war, wie viele Geschäftspartner sich an einem einzelnen Ort befanden. Der zweite Wert von Interesse war die Anzahl der Geschäftsbriefe, welche einen einzelnen Ort erreichten. Diese beiden entscheidenden Faktoren berücksichtigte Braudel bei der Formulierung seiner These nicht. Es stellt sich nun die Frage, ob die Erkenntnis über Ballungszentren und die weniger bedeutsame Peripherie im Handelsraum Zellweger auch über die quantitative Analyse der Geschäftsbriefe nach Ländern und Ortschaften zu belegen ist.

Die Geschäftskorrespondenz – nach Adressatenländern

Um die geografischen Schwerpunkte der Geschäftskorrespondenz Zellweger von Trogen auch quantitativ darzustellen, wurden die Resultate in Form eines Säulendiagramms ausgewertet. Die Übertragung auf eine Karte wäre nicht sinnvoll gewesen, weil sich die dichten Informationen überschneiden und verdecken würden.

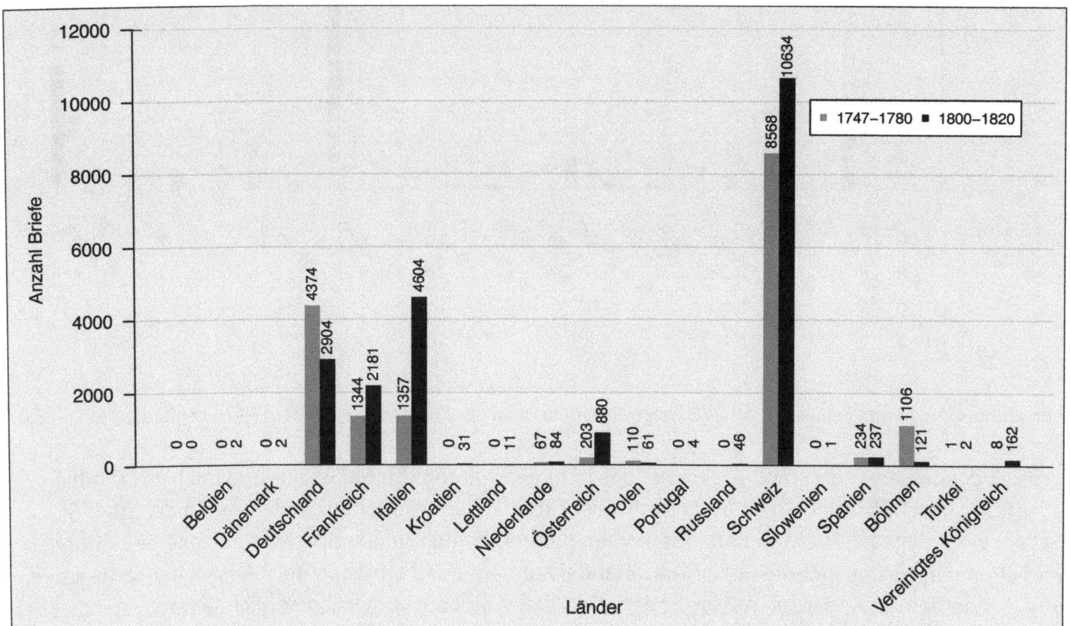

Abbildung 3: Kaufleute Zellweger: Geschäftsbriefe nach achtzehn Ländern, 1747–1780 und 1800–1820

Der Anzahl der Geschäftsbriefkopien entsprechend liessen sich fünf Gruppen von Ländern mit unterschiedlicher Relevanz für den Handelsraum der Kaufleute Zellweger identifizieren. Der Korrespondenzanteil in die Eidgenossenschaft stellte mit rund 20 000 Geschäftsbriefen als weitaus grösster Anteil eine Einheit für sich dar. An zweiter Stelle folgten das Deutsche Reich, Frankreich und Italien mit einem

Anteil von rund 3500 bis 7500 Geschäftsbriefen. An dritter Stelle standen Österreich und Böhmen mit rund 1100 bis 1200 Geschäftsbriefen. An vierter Stelle folgten Spanien, Grossbritannien, Polen, Niederlande mit nur noch 150 bis 400 Geschäftsbriefen. An fünfter und letzter Stelle standen die weit entfernten Länder Kroatien, Russland, Belgien, Dänemark, Lettland, Russland, Türkei mit wenigen, 3 bis 50 Geschäftsbriefen. Es ist bemerkenswert, dass diese Verhältnisse sowohl für den Zeitraum vor 1780 als auch nach 1800 gelten. Mit Ausnahme des deutschen Raums und Böhmen wurde nach 1800 überallhin intensiver korrespondiert als vor 1780. Dabei dauerte der ausgewertete Zeitraum vor 1780 rund dreissig Jahre, während der Zeitraum nach 1800 mit rund zwanzig Jahren deutlich kürzer währte. Dieser Befund erlaubt die unerwartete These, dass der Auf- und Ausbau des Handelsraumes Zellweger nach 1800 trotz der wirtschaftlich schwierigen Lage unter Napoléon durchaus anhielt. Die Annahme im Sinne des Buddenbrooks-Syndroms, dass die junge vierte Generation nach 1800 einer wirtschaftlichen Inaktivität verfiel und deshalb in den Jahren 1814 bis 1820 Konkurs ging, ist angesichts der erbrachten Leistungen innerhalb der Schreibstuben widerlegt.
In der Folge werden nun auch die einzelnen Regionen der oben angeführten Länder nach ihrer Bedeutung untersucht und dargestellt. Dadurch lässt sich die Frage beantworten, welche Regionen besonders im Fokus der Geschäftskorrespondenz und damit im Interesse der Kaufleute Zellweger standen.

Die Eidgenossenschaft – rund 20 000 Geschäftsbriefe

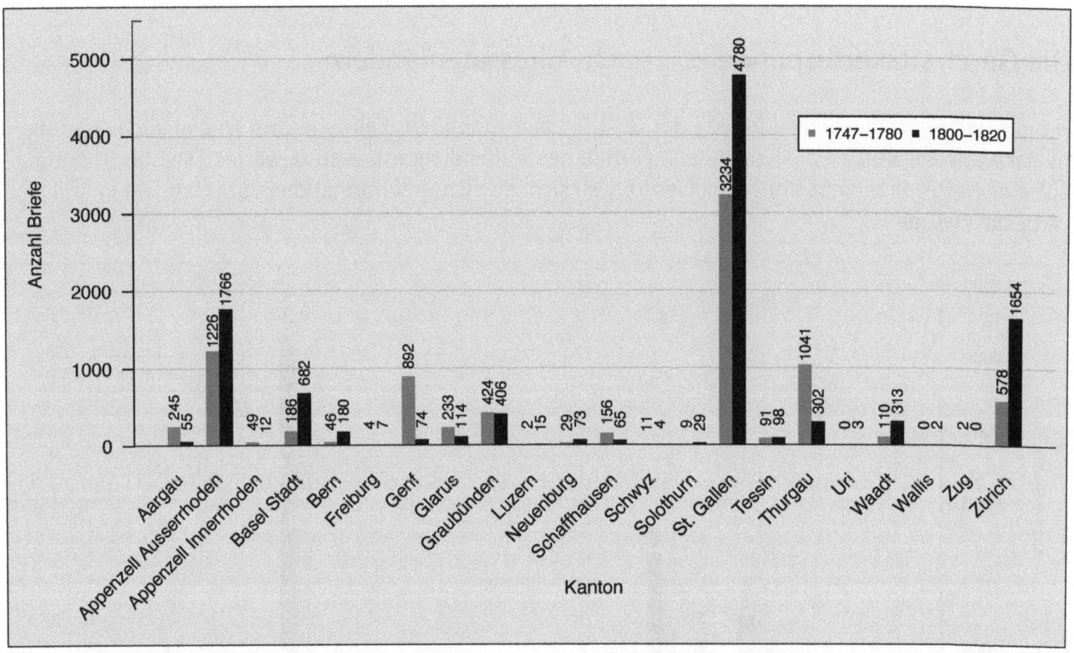

Abbildung 4: Kaufleute Zellweger: 18 288 Geschäftsbriefe nach der Eidgenossenschaft, 1747–1780 und 1800–1820

In der Eidgenossenschaft stand das Gebiet des heutigen Kantons St. Gallen vor und nach 1780 mit über 8000 Geschäftsbriefkopien im Zentrum der Geschäftskorrespondenz Zellweger. In der Stadt St. Gallen, wohin allein 5700 Geschäftsbriefkopien gingen, fanden sie in nächster Nähe alle Bedingungen verdichtet vor, welche ihnen den Leinwandhandel auf dem Land ermöglichten. An zweiter Stelle stand ihre eigene Heimat Appenzell Ausserrhoden. Da sie den Einkauf vor Ort persönlich tätigten, spiegelt der geringen Korrespondenzanteil nicht die Bedeutung, welche Appenzell Ausserrhoden als Beschaffungsmarkt für sie hatte. Die Stadt Genf war vor 1780 das Speditionszentrum für ihren Warentransport nach Lyon. Nach 1800 verlor sie ihre Position gänzlich an Basel, während Chur (Graubünden) die Schlüsselstellung für den Warentransport in den Süden über 1800 hinaus erhalten konnte. Nach 1800 büsste der Thurgau, wo vor 1780 noch einige Grosskunden in Leinwand und Textilveredler ansässig waren, seine Bedeutung zugunsten des Kantons Zürich ein, wo sich das Baumwollgewerbe ausgebreitet hatte.

Deutsches Reich, Frankreich und Italien – je rund 3500 bis 7500 Geschäftsbriefe

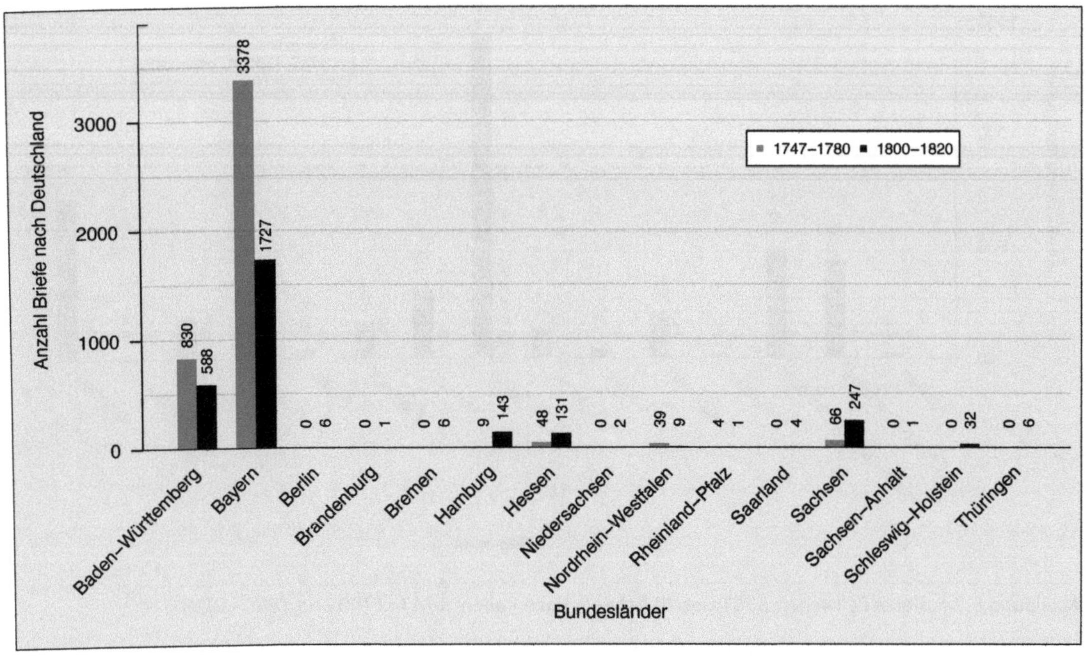

Abbildung 5: Kaufleute Zellweger: 7283 Geschäftsbriefe nach dem Deutschen Reich, 1747–1780 und 1800–1820

Im Deutschen Reich stand vor und nach 1780 Bayern im Fokus der Geschäftkorrespondenz Zellweger. Nach 1800 büsste das Gebiet seine Bedeutung sowohl als Beschaffungsmarkt für Leinenware als auch als Zentrum für das Einwechseln ihrer Wechselbriefe über Augsburg praktisch um die Hälfte ein. Weniger gravierend war der Bedeutungsverlust des Herzogtums Württemberg als Beschaffungsmarkt für Leinenware nach 1800. Mit Hessen und Sachsen entwickelten sich unbedeutende Kontakte erst nach 1800. Die Versuche, Herrnhut, Hartmannsdorf und Zittau als Beschaffungsmärkte für Leinenware zu erschliessen, scheiterten in Sachsen im Winter 1806/1807. In Leipzig nahm für *Zellweger & Comp.* ein Handelsreisender unterwegs die Dienstleistungen diverser Bankhäuser in Anspruch. Hamburg war nur Ziel von Geschäftskorrespondenz nach 1800, weil sich dort der Neffe und Kaufmann Johannes Tanner (1759–1805) niedergelassen hatte, um unter *Tanner & Cie.* selbständig mit Baumwolle aus den Südstaaten Amerikas zu handeln. Zudem war Hamburg über *Roeck & Co.*[470] und *Schäed[t]ler, Hofmann & Co.*[471] als Eingangstor für maschinengesponnenes Baumwollgarn aus England zu identifizieren.

470 Johannes Zellweger Sohn: 1 Brief an Roeck & Co. in Hamburg, Trogen, 07.03.1805, S. 541.

471 Zellweger & Comp.: 30 Briefe an Schäed[t]ler, Hofmann & Co. in Hamburg, Trogen, 1807–1811.

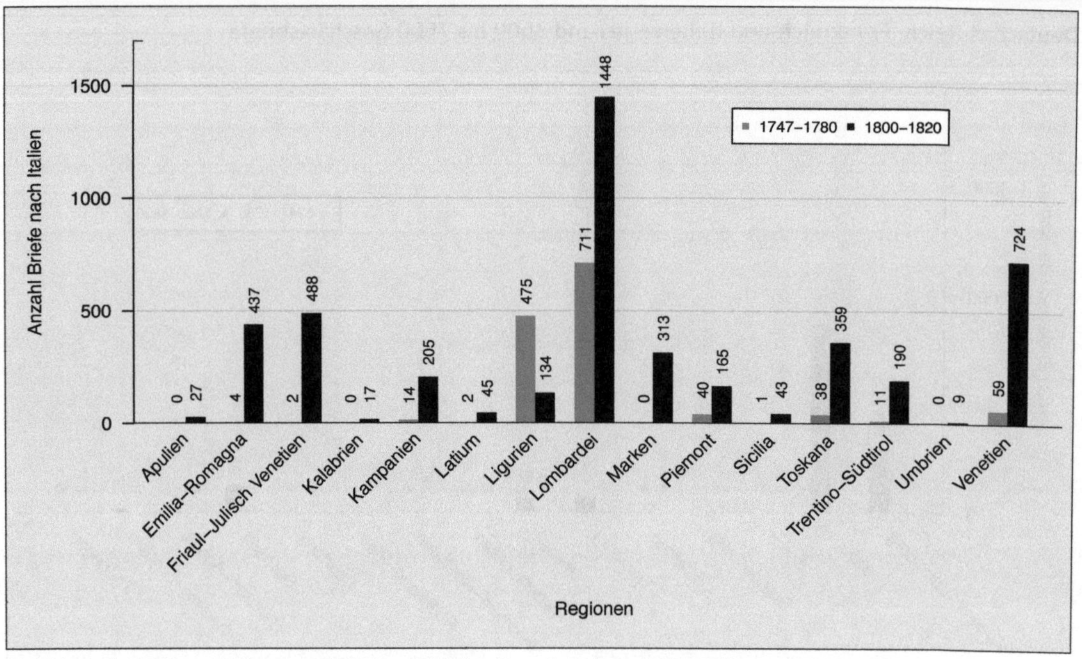

Abbildung 6: Kaufleute Zellweger: 5961 Geschäftsbriefe nach Italien, 1747–1780 und 1800–1820

Auf italienischem Gebiet veränderten sich die Bezugspunkte in der Geschäftskorrespondenz Zellweger vor und nach 1780 massiv. Waren es vor 1780 hauptsächlich die zwei Gebiete Ligurien mit der Hauptstadt Genua und die Lombardei mit dem Speditionszentrum Mailand gewesen, kam es nach 1800 zu einer bedeutsamen Ausweitung der Geschäftskorrespondenz über die Lombardei hinaus nach Venetien, Friaul-Julisch Venetien, Toskana und Marken, Trentino-Südtirol und Piemont. Grund dafür waren die Besetzung und Einverleibung Genuas in das Französische Kaiserreich und der damit einhergehende wirtschaftliche Niedergang der «Superba». In der Folge gaben die Kaufleute Zellweger ihre Handelshäuser *Zellweger & Honnerlag* und *Zellweger & Comp.* vor Ort auf. Sie bedienten die Kundschaft in Cisalpinien nun nur noch direkt über die *Messe Bozen*. Dort mietete sich *Zellweger & Comp.* ein Magazin für die vier Verkaufstermine pro Jahr.

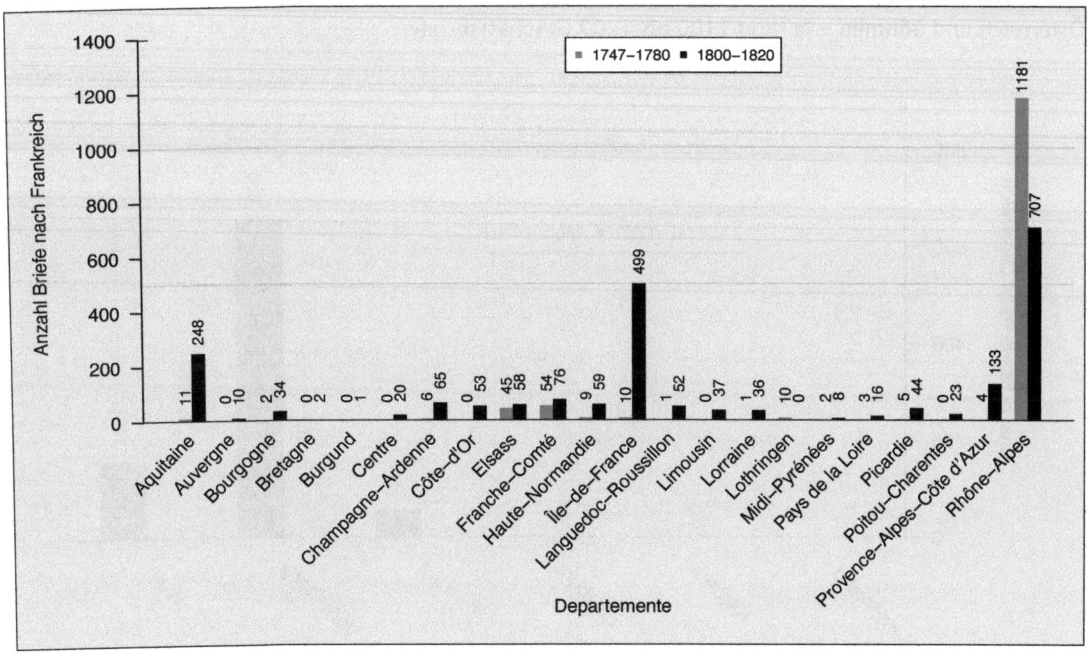

Abbildung 7: Kaufleute Zellweger: 3525 Geschäftsbriefe nach Frankreich, 1747–1780 und 1800–1820

In Frankreich stand vor und nach 1780 die Region Rhône-Alpes mit Lyon im Zentrum der Geschäftskorrespondenz. Wöchentlich ging der «Handlungsbrief» von Trogen nach dem Handelshaus Zellweger in Lyon. Die von dort unterhaltene Geschäftskorrespondenz mit der französischen Kundschaft spiegelt sich mangels Überlieferung nicht in obigem Diagramm wider. Nach Aufhebung der Verkaufshäuser in Lyon während den frühen 1790er Jahren wurde die Geschäftskorrespondenz mit Kommanditnehmern oder Kommissionären vor Ort oder über Handelsreisende unterwegs aufrechterhalten. Die Dimensionen des ehemaligen französischen Absatzmarktes zeigten sich ansatzweise in der Ausdehnung der Geschäftskorrespondenz nach 1800. Paris in der Region Île-de-France lief Lyon als Wechselplatz den Rang ab. Nun bediente sich *Zellweger & Comp.* der Dienstleistungen von Bankhäusern in Paris.

Österreich und Böhmen – je rund 1100 bis 1200 Geschäftsbriefe

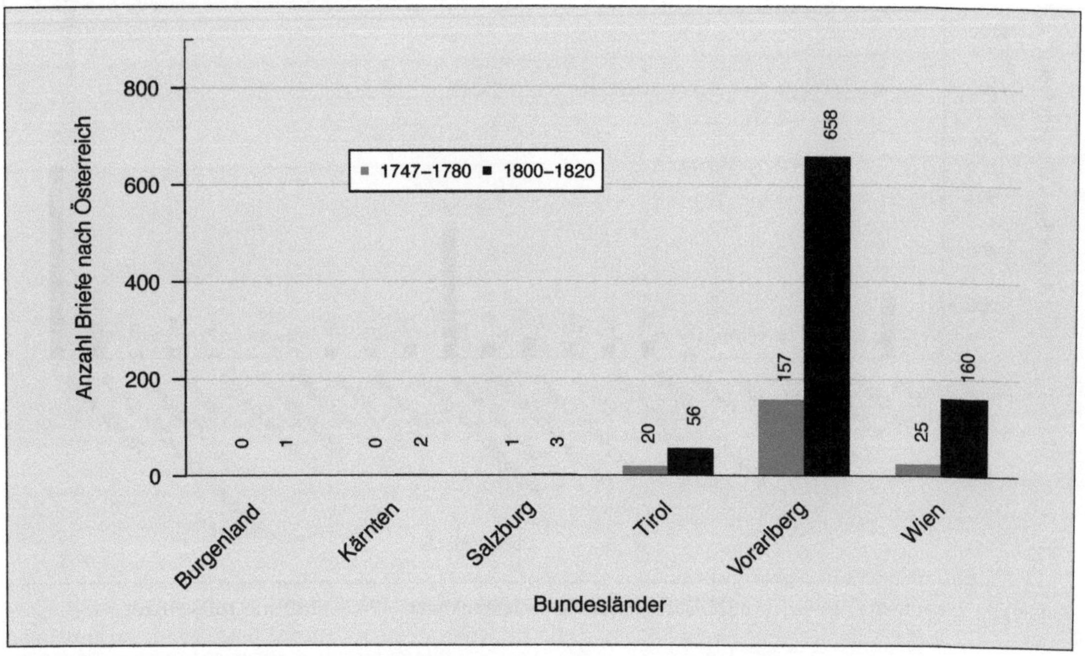

Abbildung 8: Kaufleute Zellweger: 1117 Geschäftsbriefe nach Österreich, 1747–1780 und 1800–1820

Die Geschäftskorrespondenz der Handelsgesellschaften Zellweger nach Habsburg-Österreich war überraschend gering. Insbesondere vor 1780 kam es kaum zu einem schriftlichen Austausch. Die einzige Ausnahme bildete die über zwei Jahrzehnte dauernde, intensive Geschäftskorrespondenz mit dem Bleicher *Ignatius Boch* von Feldkirch. Nach 1800 erlangte die benachbarte Region Vorarlberg eine gewisse Bedeutung. Während der Helvetischen Revolution unterhielt *Zellweger & Comp.* an der Kirchstrasse 28 in Bregenz ein Handelshaus, weshalb sich die Korrespondenz hierher intensivierte. Wien erlangte als Bezugsort für Baumwolle nach Trogen an Bedeutung.

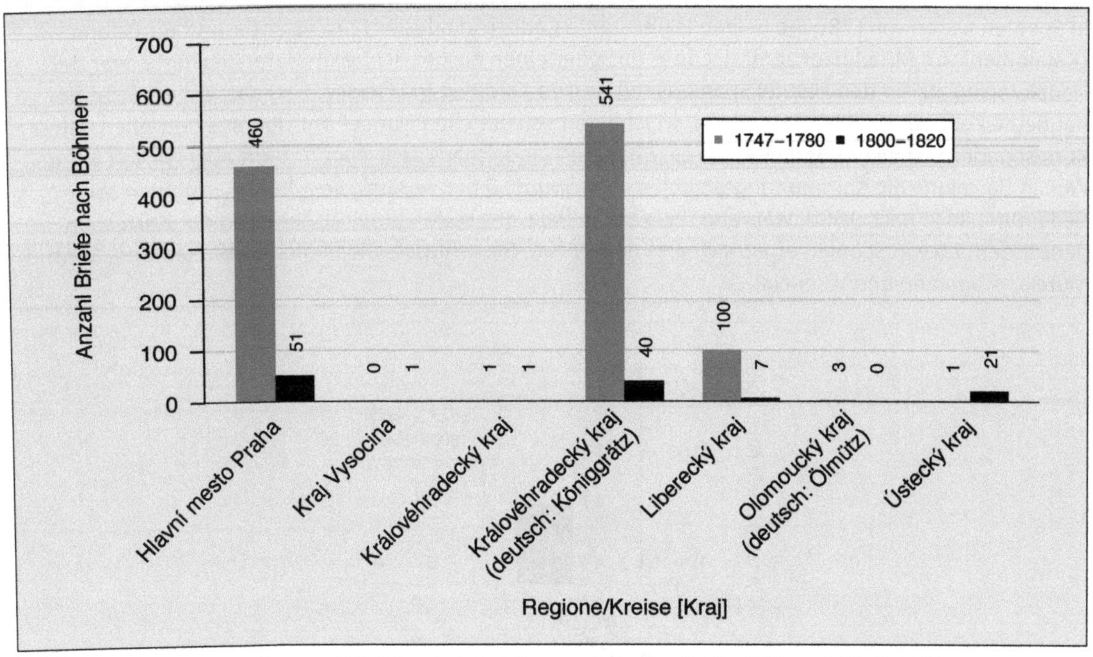

Abbildung 9: Kaufleute Zellweger: 1227 Geschäftsbriefe nach Böhmen, 1747–1780 und 1800–1820

Die Geschäftskorrespondenz Zellweger nach Böhmen ging vor allem in die Hauptstadt Prag und in das Gebiet südlich des Riesengebirges. In Prag waren Bank- und Speditionshäuser ansässig, über welche die Kaufleute Zellweger ihre Lieferanten von Leinwand aus dem Riesengebirge bar bezahlen liessen. Zu diesem Zweck liessen sie ihnen Wechselbriefe zukommen. Über diese Bank- und Speditionshäuser lief zugleich die Spedition der Leinwand über Nürnberg, von wo die Ware über Lindau in Rorschach eintraf. Der Versuch um 1806/07, die Geschäftskorrespondenz wieder zu beleben, verlief erfolglos.

Spanien, Schlesien, Grossbritannien, Niederlande – je rund 150 bis 400 Geschäftsbriefe

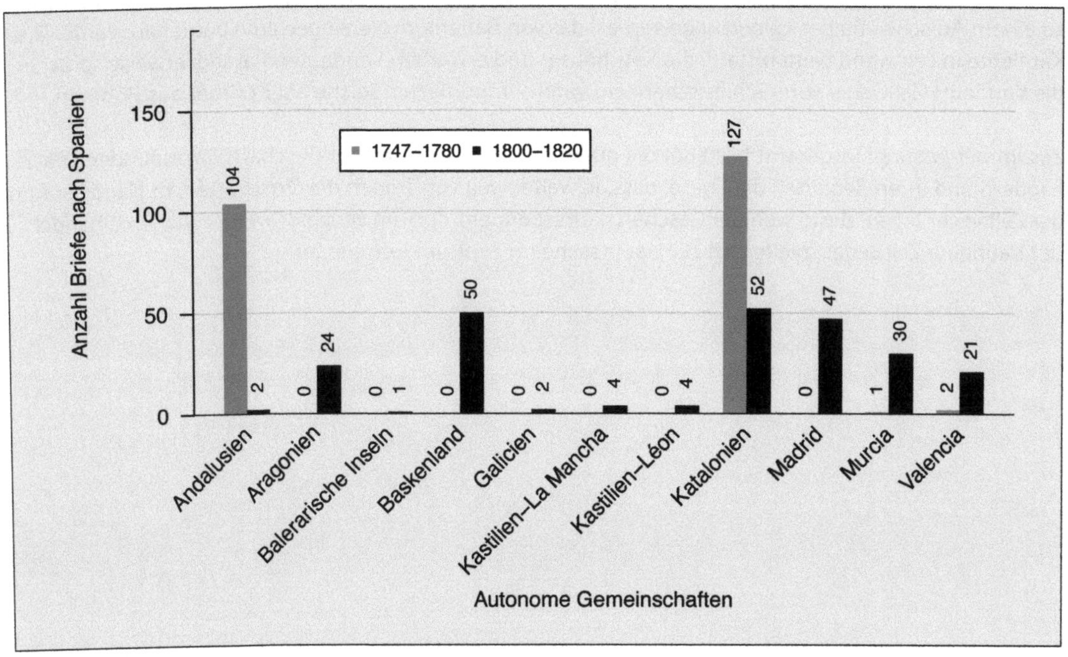

Abbildung 10: Kaufleute Zellweger: 471 Geschäftsbriefe nach Spanien, 1747–1780 und 1800–1820

In Spanien waren vor 1780 die beiden Hafenstädte Cádiz (Andalusien) am Atlantik und Barcelona (Katalonien) am Mittelmeer zentral. Cádiz, das über einen ausgezeichneten Hafen verfügte, war der Hauptstapelplatz für den Handel Spaniens mit dessen Kolonien in Übersee. Hier sassen aus Sicht der Kaufleute Zellweger viele ihrer Kunden, welche den risikoreichen Handel mit Übersee betrieben. Diese Korrespondenz ist nicht überliefert, da sie über das Handelshaus Zellweger in Lyon abgewickelt wurde. Weil in Barcelona die Kommanditgesellschaft *Guebhardt & Cie.* ansässig war, hielt Katalonien seine Bedeutung auch nach 1800, während Cádiz seine Relevanz verlor. Eine Ausdehnung der Korrespondenz innerhalb von Spanien ergab sich erst nach 1800. Sie umfasste die Regionen Baskenland, Madrid, Murcia, Aragonien und Valencia.

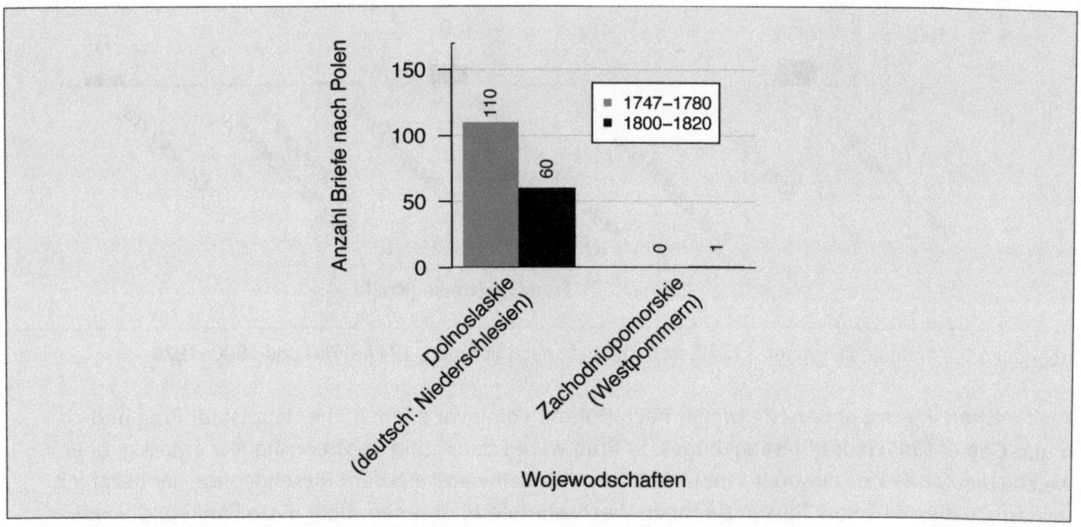

Abbildung 11: Kaufleute Zellweger von Trogen: 161 Geschäftsbriefe nach Schlesien, geografisch nach den heutigen Woiwodschaften geordnet, 1747–1780 und 1800–1820

Die Geschäftskorrespondenz Zellweger nach Schlesien vor 1780 beschränkte sich auf Hirschberg und Landeshut (Niederschlesien) auf der Nordseite des Riesengebirges. In beiden Ortschaften existierte seit 1659 und 1677 je eine Societät der Kaufleue in Leinwand. Die Qualitätskontrolle der Leinwand führte zu einem Aufschwung des Leinwandgewerbes, das von Bauern im Nebengewerbe betrieben wurde. Die Kaufleute in Leinwand bauten stattliche Kaufhäuser und erwarben Landgüter. Paradoxerweise sprachen die Kaufleute Zellweger von «Schlesischer Leinwand», importierten solche aber primär aus Böhmen.

Zusammenfassung: Insgesamt bestätigt die quantitative Auswertung der Geschäftskorrespondenz nach Ländern und ihren Regionen die These, dass, je weiter weg von Trogen die Ortschaften im Handelsraum der Zellweger lagen, desto weniger Geschäftskorrespondenz dorthin versandt wurde. Der Textilhandel der Kaufleute Zellweger spielte sich zur Hauptsache im Zentrum Europas ab.

Die Handelsgesellschaft – ihr Anteil an Kontakten, Korrespondenz und Orten

Die oben dargestellte Geschäftskorrespondenz verfassten insgesamt sieben verschiedene Handelsgesellschaften Zellweger. Welchen Anteil an Korrespondenz, an Kontakten und an Orten sich jeweils eine einzelne Handelsgesellschaft zu erarbeiten im Stande war, wird in Form von Säulendiagrammen dargestellt.

Anzahl Kontakte

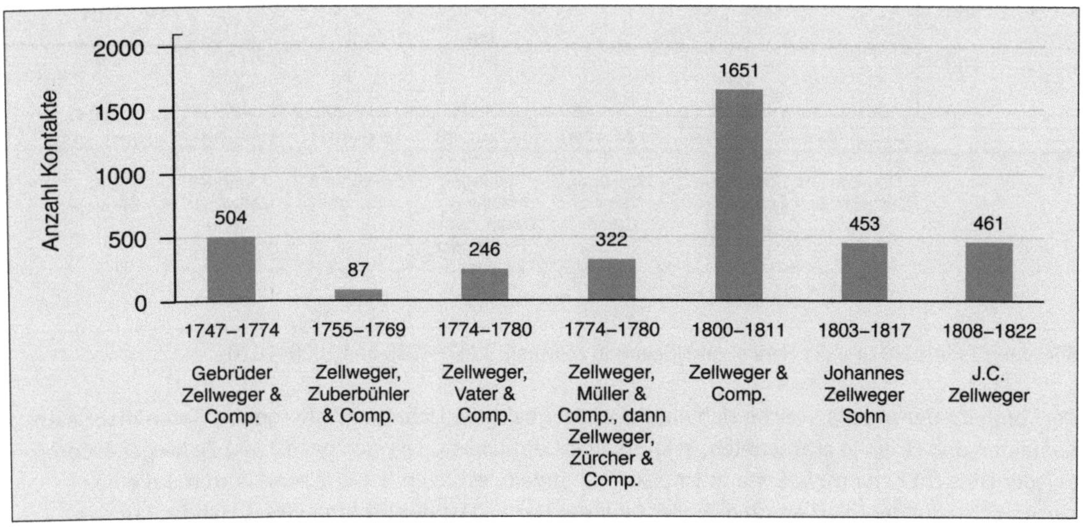

Abbildung 12: Anzahl Kontakte pro Handelsgesellschaft Zellweger, 1747–1780 und 1800–1822

Anzahl Geschäftsbriefe

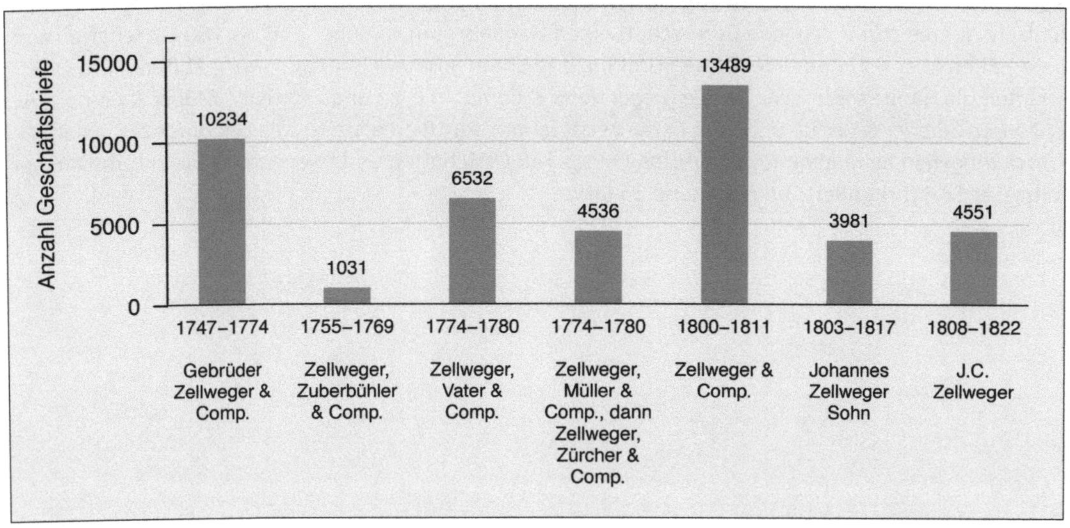

Abbildung 13: Anzahl Geschäftsbriefe pro Handelsgesellschaft Zellweger, 1747–1780 und 1800–1820

Anzahl Orte

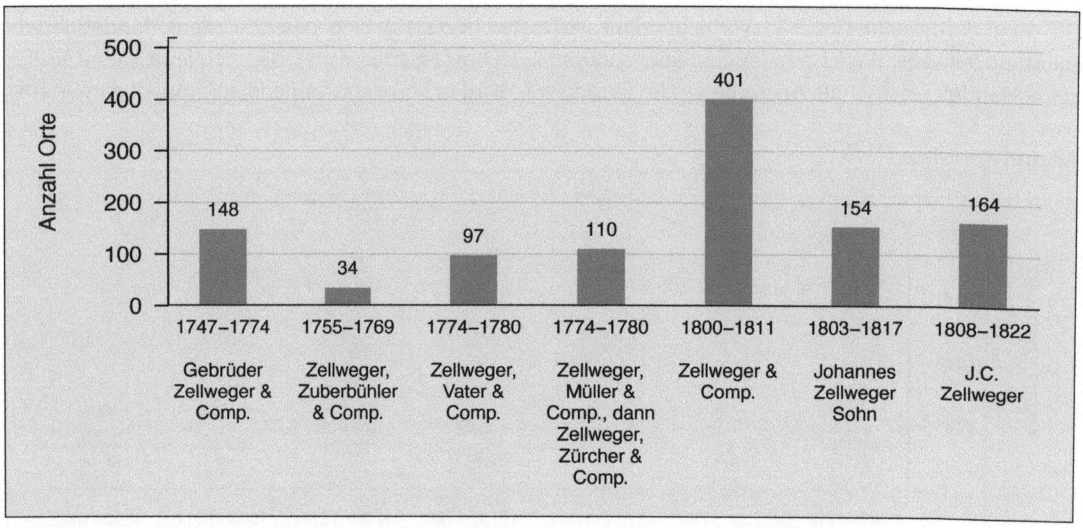

Abbildung 14: Anzahl Orte der Handelsgesellschaften Zellweger, 1747–1780 und 1800–1820

Der Vergleich der Anteile, welche sich die sieben Handelsgesellschaften Zellweger an Geschäftsbriefen, Kontakten und Orten je erarbeiteten, zeigt in aller Deutlichkeit, wie sich nach 1800 *Zellweger & Comp.* in jeder Hinsicht hervorhob. Erstaunlicherweise handelte es sich mit kaum zehn Jahren um einen kurzen Zeitraum der Überlieferung. Es liegt auf der Hand, dass der Umfang dieses Handelsraumes deshalb so umfassend war, weil diese Handelsgesellschaft aus dem Zusammenschluss in den 1790er Jahren der Neugründungen von 1774 in Lyon und Genua hervorgegangen war. Wie schnell jedoch auch ein einzelner Kaufmann Zellweger sich nach 1800 einen eigenen Handelsraum aufzubauen im Stande war, zeigen die Beispiele der Handelsgesellschaften *Johannes Zellweger Sohn* und *J.C. Zellweger*. In rund fünfzehn Jahren baute sich jede Gesellschaft einen Handelsraum von über 150 bis 160 Ortschaften auf, unterhalten über 450 Kontakte. Diesen Umfang erreichten ansatzweise bereits vor 1780 mit 110 Ortschaften die Handelsgesellschaften *Zellweger Vater & Comp.* in Lyon und *Zellweger, Müller & Comp.* bzw. *Zellweger, Zürcher & Comp.* in Genua in nur sechs Jahren der Überlieferung. Die *Gebrüder Zellweger & Comp.* hingegen benötigten für den Aufbau eines 148 Ortschaften umfassenden Handelsraums von der Mitte des 18. Jahrhunderts an noch rund 25 Jahre.

Vom «Lehrjungen» zum «Commis» – die Kaufleute Zellweger als Arbeitgeber

Im Juni 1779 verschaffte der Fergger Bräker aus dem Toggenburg mit seinem «kaufhandel» in Baumwollgarn und -weberei, «hundert meiner nebendmenschen arbeit und brodt».[472] Demnach betrachtete er seinen Handel als «Bagatel». Wie vielen Menschen verschafften die Kaufleute Zellweger ein Auskommen? Bis um 1749 schienen die Brüder Zellweger-Sulser in Trogen alle Arbeit ohne Angestellte bewältigt zu haben. Dass ihre Teilhaber Eugster in Lyon Angestellte hatten, war mit ein Grund für die Auflösung der gemeinsamen Handelsgesellschaft *Zellweger & Eugster*. Kunden betreuen, Bestellungen aufnehmen, Buchhaltung, korrespondieren, einkaufen, die Veredlung über Bleichen, Färben oder Drucken organisieren, kontrollieren, nummerieren, aufbereiten, sortieren, verpacken, verfrachten etc. – all diese Tätigkeiten galt es für den Fernhandel über die Distanz von 550 Kilometern zwischen Trogen und Lyon zu bewältigen. Die Frage nach der Anzahl und Herkunft ihrer Angestellten stellte sich trotz ihrer Relevanz für die Verbreitung des Wissens um den kaufmännischen Beruf in der Bevölkerung bis anhin nur am Rande. In der Schreibstube arbeiteten der Teilhaber, der Buchhalter, der kaufmännische Angestellte und der kaufmännische Lehrjunge. Ausserhalb der Schreibstube arbeiteten der Handelsreisende, der Fuhrmann, der Knecht und die Appreteurin. Im Wohnbereich des Kaufhauses arbeitete abhängig vom Familienzuwachs der Hauslehrer, die Haushälterin und Gesellschafterin, die Magd und Kindsmagd. Gerade in den unteren Rängen des Handelsbereichs stellte Braudel (1990) eine fortschreitende Arbeitsteilung und Auffächerung fest. Diese bildeten die Basis für die lange Zeit unangreifbare, stetig aufgewertete Stellung, welche der Grosskaufmann «innerhalb der von Umstrukturierung geprägten Handelswelt» einnahm.[473] Wie erging es «Handelsdienern» und «Lehrjungen» in den Handelshäusern Zellweger? Die Auswertung von Gesellschafts-, Arbeits- und Lehrverträgen sowie von Korrespondenzen mit Vätern von Lehrjungen ermöglicht Einblicke in ihre Lebensumstände. Sie wurden auf Leistungen hin ausgewertet, welche von den Arbeitnehmern erwartet wurden, sowie auf Leistungen hin, welche die Zellweger als Arbeitgeber erbrachten.

«Handelsdiener» – Buchhalter der Kaufleute Zellweger

Wichtigste Person in der Schreibstube war neben dem Kaufmann, «Director», «Principal» oder «Patron» der «Commis» oder «Handelsdiener», wie der Buchhalter in der Frühen Neuzeit genannt wurde. Um Buchhalter der Kaufleute Zellweger zu werden, verfasste man auch damals bereits ein Bewerbungsschreiben. Wie sich dieses Schreiben inhaltlich gestaltete, kann an der Bewerbung von Krauss von Augsburg gezeigt werden. Das Arbeitsverhältnis des Buchhalters als Arbeitnehmer regelte ein Arbeitsvertrag für kaufmännisch Angestellte. Es haben sich drei Arbeitsverträge für kaufmännische Angestellte von 1679, 1803 und 1806 erhalten. Die Analyse ermöglicht den Vergleich der Leistungen seitens der Arbeitgeber und derjenigen ihrer Arbeitnehmer.

472 Holliger et al. (Hg.): Ulrich Bräker. Sämtliche Schriften (2/2010), S. 98.

473 Braudel: der Handel (1990), S. 415.

«Karriere im Ausland» – das Bewerbungsschreiben aus Augsburg von 1803

Johann Georg Krauss (1786–1859) von Augsburg schrieb sein Bewerbungsschreiben als «Commis» an *Zellweger & Comp.* in Trogen am 18. Dezember 1803 als knapp 17-Jähriger.[474] In der Einleitung instrumentalisierte Krauss zunächst sein gutes Beziehungsnetz zu den Kaufleuten Zellweger. Er bezog sich auf seinen Onkel, der mit dem künftigen Arbeitsgeber Zellweger-Zuberbühler bekannt war. Tatsächlich ist über die Überlieferung ein nicht näher zu identifizierender Krauss als Buchhalter in Lyon 1776 nachweisbar. Dann listete der Junge auf, wo er gelernt und bereits gearbeitet hatte. Seine kaufmännische Lehre hatte er in der «Specerey- und Farbwaaren»-Handlung *Johann Martin Spangenberg* in Augsburg absolviert. Nach dessen Konkurs arbeitete er als Buchhalter bei den Bankiers und Wechselhändlern *Emerich, Haussmann & Co.* in Augsburg.[475] Nach Anpreisung seiner Fähigkeiten als Buchhalter gab der junge Krauss als Grund für seine Bewerbung an, sich unbedingt eine Karriere im Ausland aufbauen zu wollen. Dafür erschien ihm eine Anstellung im Handelshaus *Zellweger & Comp.* ideal. Seine perfekt aufgebaute, strukturierte Bewerbung war erfolgreich. Krauss wurde als Buchhalter eingestellt. Zehn Jahre später machte er in deren Auftrag eine verwegene Handelsreise nach Spanien. Zurück in Trogen, heiratete er im Mai 1813 die älteste Tochter seines Patrons Zellweger-Zuberbühlers, Anna Wibertha Zellweger (1794–1869). Die Heirat fand zu einem Zeitpunkt statt, als *Zellweger & Comp.* bereits in finanziellen Nöten steckte. Trotzdem feierte man gemäss Salomon Zellweger (1807–1887) mit «einem Luxus, wie vorher und seit jener Zeit keine mehr in Trogen».[476] Was nach steilem Karriereverlauf über Einheirat in eine erfolgreiche Kaufmannsfamilie aussah, entsprach längerfristig eher einem Abstieg. Das junge Ehepaar liess sich im benachbarten Rheineck im Rheintal nieder und führte gemäss Bruder Salomon Zellweger ein sparsames Leben. Dass Schwester Bertha Salomon bei Antritt seiner kaufmännischen Lehre vorhielt, für seine Lehre weder ein Lehrgeld noch Kost und Logis zu empfangen, brachte sie um die Liebe des Bruders. Lehrmeister Krauss hingegen war «die Liebe selbst». In Aufregung versetzte Krauss nur die Verschwendung von Siegellack beim Fertigen der Pakete.[477]

Über die Geschäftskorrespondenz liessen sich diverse Absagen auf Bewerbungen von Buchhaltern ausmachen. Dadurch liess sich in der Retrospektive der Einzugsraum an Personal definieren. Bewerbungen aus Leipzig wie etwa jene des Buchhalters Friedrich Hacho 1764 waren nicht erfolgreich.[478] Hingegen waren zeitgleich Bewerbungen aus der Handelsmetropole Augsburg hochwillkommen. Der Buchhalter Gullmann von Augsburg war vor seiner Anstellung 1769 im Handelshaus *Zellweger frères & Comp.* in Lyon neun Jahre in einem Handelshaus in Venedig tätig gewesen und beherrschte die italienische Sprache vollkommen: «H: Gullmann (:so heisst unser neue Buchhalter:) soll den 20.ten diss hier seyn und ich vermuthe, dass Er ca: den 27. [August 1769] werde mit dem lieben neveu [Leonhard Hirzel (1753–1823)] von Zürich als künftigen Lehrjungen nach Lyon] abreisen».[479] Gullmann war bis 1774 als Buchhalter in Lyon nachweisbar.[480] Praktisch nahtlos erfolgte die Anstellung eines weiteren Augsburgers, des im zitierten Bewerbungsschreiben genannten Krauss von Augsburg als «Teneur de livre» 1776.[481]

---

474 Krauss, Georg Friedrich: 1 Brief an Jacob Zellweger (1770–1821) in Trogen, Augsburg, 18.12.1803.

475 Schedel: Allgemeiner Kommerz-Merkur (1/1790), S. 215–216.

476 Zellweger, J.C.: Notitzen aus meinem Leben (1/1850), S. 1.

477 Zellweger, J.C.: Notitzen aus meinem Leben (1/1850), S. 6.

478 Gebrüder Zellweger & Comp.: 1 Brief an Charles Frederick Hacho in Leipzig, Trogen, 17.09.1764, S. 322.

479 Zellweger-Hirzel-Scheuss: 1 Brief an Sohn Zellweger-Egg-Hirzel, Trogen, 07.08.1769.

480 Zellweger Vater & Comp.: 1 lettre à la maison à Lyon, Trogen, 27.06.1774, S. 56.

481 Zellweger Vater & Comp.: 1 lettre à la maison à Lyon, Trogen, 12.12.1776, S. 527.

Arbeitsverträge für Buchhalter 1679, 1796 und 1806

Der älteste Arbeitsvertrag von 1679 war auf Buchhalter Conrad Zellweger-Tanner (1659–1749) im Handelhaus von *Hans Georg und Hans Fittler* in Lyon, die beiden Arbeitsverträge um 1800 auf die Buchhalter der *Zellweger & Comp.* in Trogen ausgestellt worden. 1796 war es Johannes Buff von Wald und 1806 Johann Caspar Waser von Zürich. Die Arbeitsverträge decken die drei Themen Formalitäten, Leistungen des Arbeitgebers und Leistungen des Arbeitnehmers ab. Zellweger-Tanners Arbeitsvertrag von 1679 umfasst elf Artikel, Buffs Vertrag von 1796 und Wasers Vertrag von 1806 nur noch je drei Artikel. Je jünger der Arbeitsvertrag ist, desto weniger Artikel beinhaltet er. Bestätigt auch der Inhalt die Tendenz zur Kurzfassung? Welche Inhalte überstanden allfällige Kürzungen?

Bezüglich der Formalitäten fiel auf, dass an allen drei Arbeitsverträgen nicht zwei, sondern drei Personen beteiligt waren. Neben Arbeitgeber und Arbeitnehmer unterzeichnete stets ein Bürge in Person des Vaters oder Vormunds des Arbeitnehmers. Der Bürge stand finanziell für einen eventuellen Schaden ein, der dem Handelshaus als Arbeitgeber durch nachweislichen Mutwillen des Arbeitnehmers entstehen konnte. Er stellte für die Arbeitgeber eine Art Versicherung mit disziplinierender Wirkung auf den Arbeitnehmer dar. Voraussetzung für die vollständige Aufsetzung des Arbeitsvertrags war eine Probezeit. Im Fall von Zellweger-Tanner in Lyon betrug sie drei Monate, bei Buff in Genua 1796 zehn Monate und bei Waser in Trogen 1806 drei Monate. Sie zählte mit zur Laufzeit des Arbeitsvertrages von in der Regel sechs Jahren.

Die Leistungen des Arbeitgebers beliefen sich auf die Auszahlung eines Arbeitslohns und die Übernahme von Kost und Logis. Zellweger-Tanner erhielt in Lyon die ersten drei Jahre von 1679 bis 1682 gar keinen Lohn, in den letzten drei Jahren jährlich 100 Franken «und solches für Lidlohn, damit ich dann gesätiget seyn solle» (§ 9). Buff erhielt für das erste Jahr 1797 in Genua 1500 Genuesische Gulden und dann jährlich 500 Genuesische Gulden mehr, «in der Überzeugung, dass H: Buff durch leistende gute Dienste, u: in bester Besorgung unsers Nuzens, solch schöne Appointements wohl verdienen werde» (§ 2). Insgesamt erhielt Buff für sechs Jahre Arbeit 16 500 Genuesische Gulden Lohn. Johann Caspar Waser erhielt in den ersten beiden Jahren je 100 Gulden, in den zwei nächsten Jahren je 300 Gulden und zum Schluss je 400 Gulden, total 1600 Gulden (§ 2). Allen dreien wurden freie Kost und Logis gewährt. Zellweger-Tanners Vater wurde verpflichtet, die vorgestreckten Unterhaltskosten bei nicht abgeschlossener Dienstzeit oder im Todesfall seines Sohns dem Arbeitgeber Fittler zu erstatten.[482] Bezüglich der Kleidung der Buchhalter als Arbeitnehmer waren die Leistungen des Arbeitgebers völlig unterschiedlich. Zellweger-Tanner hatte bei *Fittler & Comp.* in Lyon anno 1679 selber für «ehrbare Kleidung» aufzukommen.[483] Während sich bei Buff in Genua 1796 keine Regelung fand, war bei Waser in Trogen 1806 die Wäsche «frei».[484]

Die Leistungen des Arbeitnehmers Zellweger-Tanner finden sich im Arbeitsvertrag von 1679 detailliert aufgelistet. Er hatte sich «keiner Arbeit zu beschämen» weder im «Dienst» noch im Handel. Dazu zählten «Einnehmen und Ausgeben», «Kaufen und Verkaufen», «Empfangen und Verschicken» und «andere Dinge». Er hatte «Tag und Nacht, früh oder spät zu dienen», dem Nutzen der Handelsgeschäfte auf «Land oder Wasser» nachzugehen sowie «Schaden und Nachtheil» abzuwenden. Er hatte die Geschäftsbücher «verschwiegen und geheim» zugunsten des Arbeitgebers zu führen und gute Rechnung abzulegen. Rechnungen, Auszüge, Berichte und Schriften hatte er «ordentlich» zu führen und dem Arbeitgeber «ohne Weigerung und Hinterhaltung» jederzeit die Einsichtnahme zu gewährleisten. Er musste «Red und Antwort» stehen, über «Nützliches wie Schädliches» informieren und nicht zuletzt «Ratschläge» erteilen.[485] Im Gegensatz zum umfangreichen, detaillierten Anforderungskatalog von 1679 nehmen sich die von den Buchhaltern Buff und Waser als Arbeitnehmer um 1800 geforderten Leistung geradezu bescheiden aus. 1796 «engagirt» sich Buff «zu bester Führung der doppelten Buchhaltung, zu Führung der deutschen, italiänischen u: französischen Korrespondenz, wie zu allen anderen in ihrer Handlung

482 Zellweger-Tanner: Arbeitsvertrag bei Fittler in Lyon (1679), § 10.

483 Zellweger-Tanner: Arbeitsvertrag bei Fittler in Lyon (1679), § 5.

484 Zellweger & Comp.: Arbeitsvertrag für Johann Caspar Waser von Zürich (1806), § 2.

485 Zellweger-Tanner: Arbeitsvertrag bei Fittler in Lyon (1679), § 3 und 4.

vorkommenden Geschäften, es seye in Waaren, auf der Schreibstube u. vorfallenden Reisen». 1803 sollte sich Waser von Zürich schlicht «zu allen Handlungs-Geschäften gebrauchen zu lassen»[486] sowie «den Nutzen der Handlung befördern, den Schaden wenden», und zwar in allen Geschäften «in als auch ausser der Schweyz».[487] Bezüglich des Arbeitsethos wurde vom künftigen Buchhalter ein Kriterienkatalog an erwünschten Tugenden gefordert. 1679 sollte Zellweger-Tanner «treu, fleissig, gefliessentlich, förderlich, ordentlich» sowie «redlich, lauter» und «aufrichtig» sein und dabei «ohne Verdruss oder Widerwille» nach «bestem Verstand und Vermögen» arbeiten.[488] 1796 fand sich für Buff das Versprechen auf «Treue»[489], während 1806 Waser «gehorsam, fleissig, willig, getreu, verschwiegen und von guter Aufführung» zu sein hatte.[490]

In seiner Forschung zur «Lebenswelt des Bürgertums: Die Kaufmannschaft als Beispiel» kam Ruppert (1984) zu dem Schluss, dass ein «Handelsdiener» in der Lage sein sollte, sowohl die spezialisierten Aufträge im laufenden Geschäftsbetrieb zu übernehmen als auch den abwesenden Kaufmann zu vertreten. Der «Handelsdiener» war nicht verpflichtet, seinem «Principal» persönlich zu dienen, wohl aber, bei allen Arbeitsgängen dessen Willen zu vollziehen und seinen Entscheidungen dessen «Nutzen» und Interesse zugrunde zu legen.[491] Ruppert verwies auf persönliche, physische und psychische Qualitäten, die ein «Kaufmannsdiener» der Ansicht des Gelehrten Paul Jacob Marpergers (1656–1730)[492] von Nürnberg nach mitbringen sollte, um den Anforderungen seiner Arbeit gerecht zu werden: Die Gegensätze «viel sitzen und speculieren» vs. des Öfteren reisen und viel Handarbeit verrichten hielten sich die Waage. Anforderungen an den Charakter waren «Gottesfürchtigkeit», «Liebe zur Wahrheit und Gerechtigkeit», «Wachsamkeit», «Mässigkeit», «Reinigkeit», «Genügsamkeit» und «Leutseligkeit». Die Fähigkeit zur «Discretion» und «Verschwiegenheit» diente dem Vorteil des Kaufmanns als Arbeitsgeber.

Zentral war die Verpflichtung des Arbeitnehmers auf den «Stillstand». Dabei handelte es sich um die Regelung des Arbeitsverhältnisses des Arbeitnehmers nach Vertragsende. Zum Schutz vor Konkurrenz und «Schaden»[493] für den eigenen Handel wurde dem Arbeitnehmer auferlegt, eine bestimmte Anzahl von Jahren nach Vertragsende «weder direkt noch indirekt für eigene Rechnung Geschäfte in hiesigen Fabrikaten [zu] machen», noch in ein anderes Handelshaus einzutreten, welches mit den entsprechenden Artikeln handelte.[494] Von den Arbeitgebern *Fittler* aus St. Gallen in Lyon wurde Zellweger-Tanner 1679 ein Stillstand von zwei Jahren verordnet. 1796 und 1803 beschränkte *Zellweger & Comp.* den Stillstand für Buff und Waser auf je ein Jahr, erhob aber zusätzlich eine Busse von je 3000 Reichsgulden im nachweislichen Übertretensfall. Wie hoch diese Busse für die Buchhalter angesetzt war, ergibt sich aus dem Vergleich mit ihrem Gesamtverdienst während der Anstellungszeit. Waser verdiente in den ganzen sechs Jahren wenig mehr als die Hälfte dieses Betrags. Der «Stillstand» als Schutz vor Konkurrenz war auch in der Stadt Basel bekannt. Gemäss Röthlin (1986) war der Wechsel eines Handlungsbedienten von einem Kaufmann zum andern in Basel «verpönt». Zumindest den Lehrjungen war es verboten,

486 Zellweger & Comp., Trogen: Arbeitsvertrag für Hans Jacob Tobler von Trogen (1803), § 2.
487 Zellweger & Comp.: Arbeitsvertrag für Johann Caspar Waser von Zürich (1806), § 1.
488 Zellweger-Tanner: Arbeitsvertrag bei Fittler & Comp. in Lyon (1679), § 4.
489 Zellweger & Comp.: Arbeitsvertrag für Buff (1796), § 2.
490 Zellweger & Comp.: Arbeitsvertrag für Johann Caspar Waser von Zürich (1806), § 1.
491 Ruppert: Bürgerlicher Wandel (1984), S. 66.
492 Paul Jacob Marperger (1656–1730) von Nürnberg (Bayern) war einer der ersten deutschen Schriftsteller, der sich mit dem Merkantilismus befasste. Er beschäftigte sich enorm produktiv mit Nationalökonomie und Kameralistik.
493 Vgl. dazu auch Zollikofer, Hans/Zollikofer, Hans Georg: Lehrvertrag für Adrian Zellweger von Trogen in St. Gallen (1690), § 6.
494 Zellweger & Comp.: Arbeitsvertrag für Johann Caspar Waser von Zürich (1806), § 3.

unmittelbar nach der Lehre in die Dienste eines andern Handelsmannes zu treten». Grund für diese Regelung war die Wahrung des «Geschäftsgeheimnisses».[495]
Konkrete Verbote waren nur im Arbeitsvertrag von Buchhalter Zellweger-Tanner (1679) auszumachen. Er hatte während den ganzen sechs Jahren in Lyon weder ein Anrecht auf Urlaub noch durfte er sich verheiraten oder kündigen. Auch «Partikulargeschäfte», also Geschäfte auf eigene Rechnung, Leihgeschäfte oder Bürgschaften einzugehen, war ihm grundsätzlich untersagt, was einem Verbot aller Beschäftigungen im Nebenerwerb gleichkam. Das Thema Nebenerwerb ist heute über das Obligationenrecht geregelt. Es legt die Treupflicht gegenüber dem Arbeitgeber fest und verbietet den Nebenerwerb grundsätzlich.[496]
Pott (1977) stellte in der Beschäftigung mit kaufmännischer Erziehung in der Frühen Neuzeit fest, dass der formaljuristische Übergang vom Lehr- zum Dienstverhältnis für die Betroffenen kaum mit einer erheblichen Verbesserung ihrer sozialen Lage einhergegangen sei. Als «Commis» war der «Jungkaufmann» zwar häufiger mit berufstypischen Arbeiten beschäftigt wie der Erledigung von Botengängen, Wareneinkauf, Zahlungsregulierung, usw. Seinem Arbeitgeber war er wohl «nicht viel weniger untertan» als der Lehrjunge. Das Arbeitsrecht im 17. Jahrhundert war für den Arbeitnehmer negativ gekennzeichnet durch lange Vertragsdauer, Bestrafung bei Vertragsbruch oder Untreue, Verbot von Geschäften auf eigene Rechnung sowie Regelung des Verhaltens in der Freizeit. Dem Arbeitgeber hingegen gestattete es die Entlassung des Arbeitnehmers.[497] Ein solches Anstellungsverhältnis ging Buchhalter Zellweger-Tanner 1679 in Lyon ein. Er bestätigte dies im eigenhändig aufgesetzten Arbeitsvertrag mit dem Ausdruck «soll und will ich» viermal, unterlegte es sechsmal mit «Treue», versprach es siebenmal zu halten und nutzte die Wörter «Dienst», «Diener» und «dienen» insgesamt fünfzehnmal. Zellweger-Tanner kehrte um 1685 nach Trogen zurück, hielt wie versprochen den «Stillstand» von zwei Jahren ein – um dann den «Grundstein für die Handelsunternehmen Zellweger von Trogen» zu legen. North (2000) attestierte dem Beruf des «Handelsdieners» die Möglichkeit einer begrenzt vertikalen, vor allem aber horizontalen Mobilität innerhalb der ständischen Gesellschaft.[498] In der zweiten Hälfte des 16. Jahrhunderts stammten seiner Meinung nach immer weniger «Handelsdiener» aus Kaufmannshäusern und immer mehr aus Handwerkerhäusern. Die Schreibstube der Kaufleute stand für die nächsthöhere ständische Stufe, die es zu erreichen galt. Zellweger-Tanner erreichte sie vorsichtig, langsam, bedächtig, die Spielregeln von Dienst und Treue einhaltend. Buchhalter, denen man sich in «Redlichkeit als Kenntnis ganz anvertrauen konnte», waren unter Kaufleuten gesucht und geschätzt.

«[...] que nous tenons toujours 3 à 4 Commis [...]».

Zellweger-Sulser wies in der Absage auf die Bewerbung des Buchhalters Friedrich Hacho in Leipzig bei *Gebrüder Zellweger & Comp.* im Jahr 1764 darauf hin, «[...] que nous tenons toujours 3 à 4 Commis [...]».[499] Die Hinweise auf die zahlreichen Buchhalter in den Handelsunternehmen Zellweger drängen die Frage auf, woher diese Buchhalter stammten. Rekrutierte man sie ähnlich wie die Teilhaber primär aus der Heimat Appenzell Ausserrhoden?

495 Rötlin: Basler Handelspolitik (1986), S. 154.
496 Das Thema des Nebenerwerbs wird über das Obligationenrecht (OR), Artikel 321 geregelt.
497 Pott (Hg.): Über die kaufmännische Erziehung (1977), S. 25.
498 North: Kommunikation, Handel, Geld (2000), S. 72.
499 Gebrüder Zellweger & Comp.: 1 Brief an Emanuel Falkner bei Frederick Hacho in Leipzig, Trogen, 17.09.1764, S. 322.

Nach der Trennung von seinem Bruder Zellweger-Wetter im Frühjahr 1774 musste Zellweger-Hirzel-Scheuss eigenes Personal in Lyon anstellen. Für ihn entschied das Kriterium, wie «einnehmend» und «habil» der gesuchte Handelsbediente war. Denn gerade diese Eigenschaft war nicht nur dem Verkauf der Ware förderlich, sondern zugleich der langfristigen Bindung der Kundschaft:

> Wegen dem H: Locher sagt mir H: Schwager Kilchsperger precis was Sie, und ich gestehe Ihnen aufrichtig, das ich bey Ihme den einnehmenden abord, der uns die Leuthe so gewogen macht, und der in dem Verkauf der Waaren so vieles hilft, nicht gefunden habe. Es wäre mir recht lieb, einen habilen Bedienten zu finden, der auf Lyon könnte gebraucht werden.[500]

Ein ausserordentlich positives Zeugnis stellte Zellweger-Gessner seinen beiden «Gehülfen» in Genua Fäsi von Zürich und German la Roche von Basel aus:

> Hr. German La Roche von Basel, der in dem Hause in Genua eine drei jährige Lehre gemacht hatte, war bei seinem Austritt für alle Geschäfte, die in einer Handlung vorkommen können, tüchtig. Es war eine Freude mit Hr. Fäsi und La Roche zu arbeiten, aber später hatte ich nie mehr so gute Gehülfen.

Ein ausserordentlich negatives Zeugnis stellte Zellweger-Gessner dem Buchhalter Fitzi von Gais (Appenzell Ausserrhoden) in Genua aus:

> [...] ich [hatte] die Geschäfte besorgt, die ich in grosser Unordnung fand, so dass die Unfähigkeit des Hr. Fitzi, die Geschäfte zu besorgen, offen am Tage lag und ich in Genua verbleiben musste, bis Hr. Schläpfer kommen konnte, der aber zuerst die Niederkunft und Genesung seiner Frau abwarten musste.[501]

Als sich Zellweger-Egg-Hirzel anfangs 1803 selbständig machte, erhielt er insgesamt drei Anfragen für eine Anstellung auf seinem «Comptoir» in Trogen. Die Bewerber stammten aus Madulain (Graubünden), Dornbirn und Feldkirch (Vorarlberg). Er bedauerte, allen absagen zu müssen mit dem Hinweis, «dermahlen genugsam mit jungen Leuten versehen zu sein».[502] Der kinderlose Zellweger-Egg-Hirzel war über seine Ehefrau Nanette Zellweger-Hirzel [...] eng mit seinen Neffen Hirzel von Zürich verbunden, welche bei ihm nach Absolvierung der kaufmännischen Lehre als «Commis» tätig waren.
Insgesamt liessen sich 21 Buchhalter der Kaufleute Zellweger namentlich identifizieren. Mit rund einem Drittel stammte der grösste Anteil aus Appenzell Ausserrhoden.[503] Fünf kamen aus dem Kanton Zürich[504], drei aus Bayern[505] und je einer aus den Kantonen Thurgau, Luzern und Bern.[506] Zwei stammten aus dem Herzogtum Württemberg und einer aus Au (Vorarlberg).[507] Dadurch kann das Einzugsgebiet für Buchhalter auf einen Radius von rund 250 Kilometern um das Zentrum Trogen eingegrenzt werden.

---

500 Zellweger, Johannes (1730–1802): 1 Brief an Johann Caspar Hirzel (1725–1803) in Zürich, Trogen, 07.02.1774.

501 Zellweger, J.C.: Notitzen aus meinem Leben (1/1850), S. 61 und 113.

502 Johannes Zellweger Sohn: 1 Brief an Luzzi J.Bi. Moelli in Madulain, Trogen, 22.12.1803, S. 147; 1 Brief an Marc Aloys Luoger in Dornbirn, Trogen, 02.01.1804, S. 157; 1 Brief an Peter Joseph Leone in Feldkirch, Trogen, 06.09.1804, S. 379.

503 Von Appenzell Ausserrhoden: Johannes Buff um 1796 bis 1802, Fitzi von Gais nach 1800, Laurenz Graf, 1774 bis 1778, Gschwend um 1806, Johann Ulrich Kürsteiner um 1776, David Schlatter um 1780, Adrian Tanner von Herisau bis 1768, Johann Ulrich Zuberbühler um 1806 bis 1807.

504 Von Zürich: Johann Conrad Hirzel (1789–1857), Hans Kaspar Kitt (1749–1801), Heinrich Notz um 1810 bis 1811, Johann Caspar Waser um 1811.

505 Gullmann und zweimal Krauss von Augsburg (Bayern).

506 Johannes Eggmann aus dem Thurgau um 1815 bis 1822, Blum von Luzern [?] um 1806, Amadeo Thormann von Bern [?] um 1809.

507 Ferdinand Foichtig von Rottenburg um 1810 bis 1811, Carl Lang von Blaubeuren (Württemberg) um 1810 bis 1811, Wilhelm Friedrich Rueff von Au [?] (Arlberg, Österreich) um 1800.

Die Lehrjungen der Kaufleute Zellweger

Überschlagsmässig dürften in den Handelshäusern der Kaufleute Zellweger in Trogen, in Genua und in Lyon während den siebzig Jahren von 1747 bis 1817 über hundert Lehrjungen ihre in der Regel dreijährige kaufmännische Lehre absolviert haben.[508] Am Beispiel seiner Untersuchung der Situation in Appenzell Ausserrhoden beurteilte Tanner (1985) die praktische Ausbildung im eigenen Unternehmen oder über Geschäftsbeziehungen in Handelshäusern im Ausland als «die gängigste und bis weit ins 19. Jahrhundert hinein einzige Form kaufmännischer Kenntnis- und Erfahrungvermittlung».[509] Geschäftstätigkeit und -verbindungen des Vaters erhöhten nach Tanner die Chancen des Sohns auf eine kaufmännische Lehrstelle. Vorraussetzungen dafür waren die eheliche Geburt und persönliche Ehrbarkeit.[510] Bruchhäuser (1992) wies auf drei weitere Formen von zeitgenössischen Zugangsbeschränkungen zur kaufmännischen Lehrstelle hin: erstens die Altersbeschränkung der Auszubildenden auf zwanzig Jahre, zweitens die Festlegung von je einem Lehrjungen pro Kaufmann und drittens das regional erlassene Verbot, fremde Sprachen zu erwerben.[511] Welche Kriterien waren aus Sicht der Kaufleute Zellweger relevant, um einen Lehrjungen aufzunehmen? Was wirkte sich aus ihrer Sicht «zugangsbeschränkend» aus? Wer waren diese kaufmännischen Lehrjungen? Welche Bedingungen fanden sie in den «Comptoirs» vor? Welche Karriere stand ihnen nach Lehrabschluss offen? Über die Geschäftskorrespondenz liessen sich etwa vierzig Lehrjungen über den Namen, die geografische Herkunft, den Beruf des Vaters und dessen Beziehung zu den Kaufleuten Zellweger identifizieren. Die Korrespondenzen mit den als Bürgen garantierenden Vätern enthielten Hinweise auf die Auswahlkriterien für Lehrjungen. In den wenigen erhaltenen Lehrverträgen finden sich Hinweise auf ihre Arbeits- und Lebenswelt. In drei Unterkapiteln wird ihre Situation vor, während und nach der Lehre umrissen.

Vor der Lehre – Berufswahl, Lehrstellensuche, Lehrvertrag, Abreise

Vor Antritt einer kaufmännischen Lehre im Ausland vollzogen sich mit der Berufswahl, der Lehrstellensuche und dem Ausarbeiten des Lehrvertrags organisatorische Abläufe, welche in dieser Form bis heute Gültigkeit haben. Von Interesse ist es, diese Abläufe am Beispiel der Lehrjungen in den Handelshäusern Zellweger in den historischen Kontext zu setzen. Welche Gründe sprachen damals für die Wahl des Berufs Kaufmann? Wie populär war das Berufsbild? Sind für die Lehrstellen zugangsbeschränkende Kriterien auszumachen? Welche Inhalte in Bezug auf Leistung der Lehrjungen und Lehrmeister sind den Lehrverträgen zu entnehmen? Wie gestaltete sich die Reise der Lehrjungen aus der Ostschweiz nach Lyon?

Die Berufswahl – «Der philosophische Kaufmann», Zürich (1775)

Als Trouvaille bezüglich der Berufswahl eines kaufmännischen Lehrjungen in den Handelshäusern Zellweger entpuppte sich unvermutet die Erzählung «Der philosophische Kaufmann», Zürich (1775). Der Hinweis «Vom Verfasser des philosophischen Bauers» steht nicht umsonst im Nebentitel. Stadtarzt Johann Caspar Hirzel (1725–1803) von Zürich verfasste mit «Die Wirthschaft eines philosophischen Bauers» (1761) über den fortschrittlichen Bauern Jakob Gujer (1716–1785) von Wermatwil (Zürich),

508 Die Kaufleute Zellweger betrieben von 1748 bis 1755 ein Handelshaus in Trogen und eines in Lyon, das auf ihren eigenen Namen Zellveguer frères & Co. lautete. Seit diesem Zeitpunkt hatten sie alle drei Jahre eine kaufmännische Lehrstelle neu zu vergeben. In der Zeitspanne von 1755 bis 1774 existierten in Trogen, Lyon und Genua insgesamt fünf Handelshäuser der Kaufleute Zellweger. In der Phase von 1774 bis 1793 waren es dann sogar sechs Handelshäuser Zellweger. Von 1792 bis 1802 existierten zwei Handelshäuser Zellweger je mit Sitz in Trogen und Genua. Ab 1802 existierte noch ein Handelsunternehmen Zellweger mit Sitz in Trogen und Genua und eines mit Sitz in Trogen.

509 Tanner: Das Schiffchen fliegt (1985), S. 45.

510 Fahrmeier, Andreas: Artikel «Wirtschaftsbürgertum», in: Jaeger et al. (Hg.): Enzypklopädie der Neuzeit (14/2011), Sp. 1143.

511 Am Beispiel der Hansestädte nachgewiesen, in: Bruchhäuser (Hg.): Quellen zur Berufsbildung deutscher Kaufleute (1992), S. XLI.

genannt Kleinjogg, einen Bestseller mit internationaler Ausstrahlung.[512] Die handlungsarme Erzählung dreht sich um einen Vater und Philosophen namens Arist (Anspielung auf Aristoteles, 384–322 v. Chr., «der Beste»), der sich intensiv mit der Berufswahl seiner vier Söhne auseinandersetzt. Im Zentrum steht die Berufswahl des zweiten Sohns Cleanth (Anspielung auf Kleanthes, gest. um 232 v.Chr.).[513] Er soll Kaufmann werden. Ihren Reiz gewinnt die Erzählung aus der Gegenüberstellung der kindlich-naiven Vorstellungen des Sohnes Cleanth und der philosophisch-moralischen Auseinandersetzung des Vaters Arist mit dem Beruf des Kaufmanns. Als Experte tritt der künftige Lehrmeister Polydor (Anspielung auf Polydoros auf, ein in der griechischen Mythologie gebräuchlicher Vorname, der «Brautschatzreiche») als «einer der einsichtsvollsten Kaufmänner».

Der Vergleich mit real existierenden Personen ergab, dass es sich keineswegs um eine erfundene Geschichte handelt. Als Vorbild für Polydor diente Hirzel, wie zu zeigen ist, sein zweimal verheirateter Schwager und Kaufmann Zellweger-Hirzel-Scheuss von Trogen. Cleanth, Leonhard Hirzel (1753–1823), der zweite Sohn des Autors, absolvierte in den Jahren 1769 bis 1771 seine kaufmännische Lehre im Haus *Zellveguer frères & Comp.* in Lyon, wovon sein Onkel Zellweger-Hirzel-Scheuss Teilhaber war. Hirzel publizierte die Erzählung erst vier Jahre nach dem Lehrabschluss seines Sohnes. Er landete trotz seiner Bemühung, dem Kaufmann etwas Philosophie einzuhauchen, keinen zweiten Bestseller. Die Physiokraten, zu denen auch Hirzel zählte, belegten den Beruf des Kaufmanns wegen seiner Profitorientierung negativ. Einzig der Beruf des Bauern im wertschöpfenden Sektor Landwirtschaft[514] galt als fürsorglich, pflegend und hegend. Der Erfolg von «Die Wirthschaft eines philosophischen Bauers» und der Misserfolg von «Der philosophische Kaufmann» spiegelten somit die wirtschaftspolitische Gesinnung der zeitgenössischen Leserschaft.

In den Augen des Vaters Arists eignete sich der Sohn Cleanth besonders zum Kaufmann, weil dieser von Natur aus «langsam in seinen Begriffen, aber geduldig bey der Arbeit» war, wobei «sich endlich die Begriffe aufheiterten». Zudem liebte er «in den geringsten Kleinigkeiten die Ordnung und Reinlichkeit», war «haushälterisch» sparsam mit seinem Taschengeld und sah «keine vorzügliche Reitze» im «Ehrgeitz». Gerade seiner Unschuld wegen wollte ihn der Vater Arist der Welt als «Beyspiel eines philosophischen Kaufmanns vor Augen legen».[515] Seinen künftigen Beruf stellte sich Cleanth als «angenehmes Spiel» vor. Geschäfte und Menschen wechselten «alle Augenblicke ab», und man hörte «allerley neues; wer sollte in einem solchen Beruffe nicht mit Freuden arbeiten?»[516] Diese Illusionen versuchte Arist mit einer Schilderung der derben Realität der kaufmännischen Lehrjungen zu nehmen: «Auf ein Wink des [Lehr]Herrn» musste «ohne einige Widerred oder Einwurf» «gedient» werden, «Einwürfe würden dir scharfe Verweise und thätliche Züchtigungen zuziehen». Cleanth musste sich also «gewöhnen, blindlings zu gehorchen» und sich nicht um «recht oder unrecht» zu bekümmern. Zuwiderhandlungen führten zu Verweisen bis zu körperlicher Züchtigung. Dieser Einwand verunsicherte den so frei erzogenen Cleanth ob des «Unangenehmen des Zwangs». Arist forderte den Sohn ein letztes Mal auf, sich selbst zu prüfen mit dem Verweis auf unzählige kaufmännische Lehrjungen, welchen «bey diesem Zwang die Lust zur Arbeit vergangen» war, wofür sie sich mit «Schelmerey» wie «lasterhaften Ergötzungen», Betrug, Raub und Flucht rächten – «Gott! welche Abgründe entdecken sich hier!» Cleanth wollte «viel lieber vor Verdruss sterben, als solche Niederträchtigkeiten begehen».[517] Um sicherzugehen, verlangte Vater Arist nun eine Expertise vom künftigen Lehrmeister. Polydor betrachtete es für einen Lehrjungen als Glücksfall, die kaufmännische Lehre in einem Handelshaus machen zu dürfen, wo «Beyspiele von Genauheit und Arbeitsamkeit» zu finden waren und wo er «mit Strenge zu allerley Arbeiten angehalten» wurde. Ein Lehrjunge musste «durch Uebung» und «von unten auf an alle Beschäftigungen, die in einer Handlung vorkommen», gewöhnt werden. Erst die Kenntnis aller Details seines Handelsgeschäfts

512 Schenda: Der gezügelte Bauernphilosoph..., in: Schweizerisches Archiv für Volkskunde (76,1–2/1980), S. 214–228.

513 Der Stoiker Kleanthes empfand Leben, Tod, Ruhm, Lust, Schmerz und Reichtum als Nebensächlichkeit. Wichtig waren ihm Einsicht, Gerechtigkeit und Verantwortung, vgl. Roeck: Der Morgen der Welt (2017), S. 60.

514 Pierenkemper: Wirtschaftsgeschichte. Die Entstehung der modernen Volkswirtschaft (2009), S. 253.

515 Hirzel: Der philosophische Kaufmann (1775), S. 18 und 20.

516 Hirzel: Der philosophische Kaufmann (1775), S. 119–120.

517 Hirzel: Der philosophische Kaufmann (1775), S. 121–122.

machten Cleanth als künftigen Kaufmann zum «Herr seiner Bedienten». Ansonsten wurde er «ein Sclave seiner Bedienten», wodurch «das Glück seines [Handels]Hauses von Ungefehr ab[hanget]».[518]
Für die Berufswahl Kaufmann sprach aus Sicht eines Lehrjungens die Aussicht auf abwechslungsreiche, körperlich wie geistig wenig anstrengende Arbeit und nicht zuletzt Reichtum. Wie gelangte man zu einer Lehrstelle in den Handelshäusern Zellweger? Sind zugangsbeschränkende Kriterien auszumachen? Die Quellenlage erschliesst die Sichtweise der Kaufleute Zellweger.

Die Lehrstelle – zugangsbeschränkende Kriterien

Die Bereitschaft eines Kaufmanns, einen Lehrjungen bei sich aufzunehmen, war auch im 18. Jahrhundert nicht selbstverständlich. Das erfuhr Zellweger-Hirzel-Scheuss bei seinen Bemühungen um Aufnahme seines oben erwähnten Neffen Leonhard Hirzel: «Mein Bruder hätte immer lieber gemachte Leuthe als Lehrjung».[519] Zellweger-Wetter zog qualifiziertes Personal einem Lehrjungen vor. Erst nach der geschäftlichen Trennung von seinem Bruder im Frühjahr 1774 entschied Zellweger-Hirzel-Scheuss als «Patron» allein, wen er als Lehrjungen in seine Handelshäuser in Trogen, Genua und Lyon aufnahm. In jedem seiner Häuser waren stets Lehrjungen angestellt. An erster Stelle stand somit das Angebot einer kaufmännischen Lehrstelle.
An zweiter Stelle stand die Platzfrage. Eine kaufmännische Lehre dauerte drei Jahre und war somit auch nur alle drei Jahre neu zu vergeben. Wie sich gerade die Platzfrage negativ auswirken konnte, zeigt sich am Beispiel des Pfarrersohns Kolb von Zürich.[520] Sein Vater bemühte sich drei Monate lang bis in den November 1767 hinein um eine Lehrstelle. Dann erfolgte die Absage mit der Begründung, «mit jungen Leüthen für unser Comptoir bereits genugsam versehen [zu seyn]».[521]
An dritter Stelle entschied die Frage nach dem Alter über die Aufnahme des Lehrjungen. Gerade für eine kaufmännische Lehre im Ausland war die Konfirmation zwingend. Sie erlaubte die Teilnahme an Gottesdienst und Abendmahl oder im Todesfall die kirchliche Bestattung im Ausland. Die Konfirmation im Alter von vierzehn bis siebzehn Jahren bürgerte sich in der reformierten Schweiz erst seit der zweiten Hälfte des 18. Jahrhunderts langsam ein.[522] Die Alterslimite nach unten wirkte sich im Fall von Salomon Hirzel negativ aus. Der Sohn des Schwagers Salomon Hirzel (1727–1818) hatte «das Alter noch nicht»[523], weshalb er die Reise nach Lyon» nicht machen durfte.[524]
An vierter Stelle entschied die Frage nach der Dauer der Lehrzeit über die Aufnahme eines Lehrjungen. In der Regel dauerte die Lehrzeit drei Jahre. Der Wunsch nach Kürzung auf zwei Jahre wirkte sich im Fall des Sohnes von Johann Georg Fürstenberger von Basel im Jahr 1777 negativ aus. Diese Forderung wog sogar schwerer als Fürstenbergers beste Beziehungen nach Trogen, hatte doch bereits Zellweger-Sulser im «Wollenhaus» Fürstenberger in Basel wohl um 1710 bis 1713 «disciepliert».[525] Trotz bester Ausgangslage scheiterte die Aufnahme des jungen Fürstenbergers zudem an der ungünstigen Konstellation des

518 Hirzel: Der philosophische Kaufmann (1775), S. 42.
519 Zellweger, Johannes (1730–1802): 1 Brief an Johann Caspar Hirzel (1725–1803) in Zürich, Trogen, 02.01.1769.
520 Zellweger, Johannes (1730–1802): 1 Brief an Johann Caspar Hirzel (1725–1803) in Zürich, Trogen, 06.08.1767.
521 Zellweger, Johannes (1730–1802): 1 Brief an Johann Caspar Hirzel (1725–1803) in Zürich, Trogen, 16.11.1767.
522 Kramer, Werner: Artikel «Konfirmation und Firmung», in: e-HLS online, 28.10.2008.
523 Zellweger, Johannes (1730–1802): 1 Brief an Johann Caspar Hirzel (1725–1803) in Zürich, Trogen, 02.05.1774.
524 Zellweger, Johannes (1730–1802): 1 Brief an Johann Caspar Hirzel (1725–1803) in Zürich, Trogen, 09.05.1774.
525 Roth, Paul: Artikel «Fürstenberger», in: HBLS (3/1926), S. 356; Zellweger, Johannes (1730–1802): 1 Brief an Johann Georg Fürstenberg in Basel, Trogen, 03.02.1777, S. 547.

Personals im Handelshaus *Zellweguer père & Comp.* in Lyon. Weil Teilhaber Graf ledig war, ass man ausserhalb «en Pension», was man für Lehrjungen als wenig schicklich erachtete.[526]
An fünfter Stelle stand die Frage, ob der Lehrvertrag so akzeptiert wurde, wie ihn der Kaufmann und Lehrmeister Zellweger dem Vater oder Bürgen des Lehrjungen vorlegte. Die Aufnahme von Leonhard Hirzel von Zürich, dem als Neffen die Schreibstube der Kaufleute Zellweger «offenstand»[527], scheiterte fast am Einspruch des Vaters gegen die Formulierung des Artikels über den «Stillstand». Hirzel wollte seinem Sohn die Erlaubnis des Handels in Baumwollware sichern. Dagegen hatten im Jahr 1769 weder Zellweger-Hirzel-Scheuss noch seine Teilhaber etwas einzuwenden, «zumahle wir gegen Lyon so viel als nichts darin thun». Hirzels Insistieren nötigte dem Schwager folgende Erklärung des Artikels «Stillstand» ab. Kein Kaufmann war «geneigt», einem Lehrjungen seine Handelsgeschäfte zu lehren, wenn er «Schaden» daraus zog. Er verbot ihm drei Jahre über den Lehrabschluss hinaus, in seinem Sortiment Handel zu treiben. Die Beanstandung dieses Artikels erregte im Kaufmann «Unwillen», denn es traf ihn an einer empfindlichen Stelle, seinem Schutz vor Konkurrenz. Für Zellweger-Hirzel-Scheuss lag es auf der Hand, wieso Kaufleute der Stadt Zürich den «Stillstand» nicht kannten: «Die H[erren]: von Zürich haben dergleichen Conditionen nicht nöthig, weil sie meist *Leuthe ab dem Land* [H.d.d.A.] nehmen, die niemahlen nichts in Handlungsgeschäften tentieren dörffen».[528] Die Bürger von Zürich waren also durch ihr Privileg vor Konkurrenz ab der Landschaft geschützt. Im Land Appenzell Ausserrhoden stand es hingegen jedem frei, Handel zu treiben.
Mit dem Verwandtschaftsgrad, der Empfehlung und der Leistung eines Gefallens liessen sich drei Kriterien identifizieren, welche nebst den genannten organisatorischen Faktoren eine grosse Rolle spielten für die Aufnahme eines Lehrjungen in den Handelshäusern Zellweger. An erster Stelle entschied der Verwandtschaftsgrad. Ein solcher konnte unvermutet für Pfarrerssohn Lorenz Hegner (1731–1807) von Winterthur nachgewiesen werden. Über Vetter und Landesfähnrich Tanner von Herisau, der seit 1752 Lehrgeld für ihn bezahlte[529], war die verwandtschaftliche Verbindung seiner Mutter Elisabetha Hegner-Tanner (gest. 1749) von Herisau zu den Kaufleuten Zellweger nachweisbar. Sie war wohl die Schwägerin von Zellweger-Tanner und die zweite Ehefrau von Hans Kaspar Hegner-Sulzer (1697–1750), Mittagsprediger in St. Georgen von Winterthur.[530] Familiäre Bindung war auch für die Aufnahme im Jahr 1750 von Johann Ulrich Wetter (1741–1806) von Herisau ausschlaggebend. Er war der Bruder von Anna Maria Zellweger-Wetter (1730–1777) und absolvierte seine kaufmännische Lehre unter seinem Schwager und Lehrmeister Zellweger-Wetter in Lyon. Wetters Bürge war Alt-Landammann Adrian Wetter (1694–1764). Die Aufnahme eines Schwagers und zugleich Neffen als Lehrjunge ermöglichte es auch Zellweger-Hirzel-Scheuss, auf die Aufnahme seines Neffen Hirzel von Zürich als Lehrjunge 1769 in Lyon zu bestehen. Das Aufgleisen entpuppte sich als eine langfristige Angelegenheit von über einem

526 «Wir hätten uns umso mehr ein wahres Vergnügen gemachte, dero H. Sohn in unser Lyoner Haus aufzunehmen, als Sie uns von s. gute Conduite & Arbeitsamkeit, das beste Zeugnis geben & weilen der s[ee]l[ige]. H. Vatter [Johannes Zellweger (1695–1774)] von Schreiber diss [Johannes Zellweger (1695–1774)] bey dehro l. Hr. Grossvatter disciepliert hat, so hätten es uns zu einer ersten Plicht gemacht, zu seinem Avancement beyzutragen. Allein zwei Dinge könten der Sache hinderlich sein, das eine, dass unsere H: Associés zu Lyon als unverheyrathet en Pension speisen, sowohl als unsere Bediente, denen aber gleichwohlen kein nächtliches Ausbleiben gestattet wird. Sodann sind zwei Jahr zu wenig & sollte er sich wenigst auf drey Jahre engagieren. An Geschäften müsste Ihme nicht fehlen, nach s. Capacitat, & auch das wolten eingehen, dass er, wo die Zeit es zugibt, bey einem Frzlehrer sich perfectionieren könnte. Sind obige zwey Punkten Ihnen nicht entgegen, so geben mit vielen Freuden dehro H: Sohn den Vorzug vor anderen & ertheilen Ihnen so dann unsere äussersten Bedinge. In Erwartung der bel. Antwort empfehlen uns vielen angenehmen Gegendiensten, es seye hier in Lyon oder in Genova, wo wir auch unser eigne Haus under der Ditta Zellweger Müller & Comp. etabliert haben», in: Zellweger, Johannes (1730–1802): 1 Brief an Johann Georg Fürstenberger in Basel, Trogen, 03.02.1777, S. 547.

527 Zellweger, Johannes (1730–1802): 1 Brief an Johann Caspar Hirzel (1725–1803) in Zürich, Trogen, 20.02.1769.

528 Zellweger, Johannes (1730–1802): 1 Brief an Johann Caspar Hirzel (1725–1803) in Zürich, Trogen, 09.03.1769.

529 Danach übernahm sein Stiefbruder Jonas Hegner (1721–1798), seit 1767 Stadtdiakon von Winterthur, die Bezahlung des Tischgelds in Lyon von insgesamt «Franken 503 französisch Gelt à £ (Gulden) 24 gleich 21. Schiltli Doublonen weniger xr. 24 ½», in: Zellweger, Johannes (1695–1774): 1 Brief an Johann Jacob Hegner (1721–1789) in Winterthur, Trogen, 05.01.1756, S. 364.

530 Die erste Ehefrau von Hans Kaspar Hegner-Sulzer (1697–1750) war Elisabeth Sulzer (gest. 1727) von Winterthur.

Jahr.[531] Ein gewichtiges Gegengesuch des befreundeten Professors Johann Jacob Bodmer von Zürich um eine Lehrstelle für seinen Zögling und Pfarrerssohn Kitt von Zürich erhitzte die Diskussionen für oder gegen den jungen Hirzel von Zürich. Für Zellweger-Hirzel-Scheuss wog das Argument der Verwandtschaft schwerer, für seine Teilhaber das Argument der Freundschaft mit Bodmer. Kitt kam letztlich auf die relativ unsichere Lehrstelle im erst 1768 neu gegründeten Handelshaus *Zellweger & Honnerlag* in Genua, während Hirzel in das traditionsreiche Handelshaus in Lyon eintrat.[532] Zellweger-Hirzel-Scheuss fand diese Lösung optimal.[533] Auch für die beiden Lehrjungen Felix und Jacob Sulser von Azmoos war die seit den 1720er Jahren währende Verwandtschaft mit den Zellweger ausschlaggebend. Beide absolvierten ihre kaufmännische Lehre im Haus *Zellweger & Comp.* in Genua in den Jahren 1792 bis wohl 1798.[534]

An zweiter Stelle nach dem Verwandtschaftsgrad stand das Vertrauen, welches in die blosse Empfehlung eines guten Freundes für einen Lehrjungen gesetzt wurde. Auf der Suche nach Lehrjungen für zwei neue Handelshäuser in Lyon und Genua 1774 instrumentalisierte Zellweger-Hirzel-Scheuss seine Freundschaft zu seinem Schwager Hirzel zur Vermittlung von «braven jungen Menschen». Dessen erwünschter «Empfehlung» vertraute er vollkommen:

> Wüssten Sie einen braven jungen Menschen, der gerne seine apprentissage als Handelsjunge zu Lyon machen wollte, so könnte ich izt einen in mein dasiges Haus employieren, und ich wünschte mir einen [,] der von Ihnen empfohlen würde.[535]

Der Lehrjunge Schindler von Mollis (Glarus) wurde auf blosse Empfehlung durch Schwager und Landammann Jacob Sulser von Azmoos hin aufgenommen. Sulser versprach «sehr viel gutes» von Schindler. Zudem empfand Zellweger-Hirzel-Scheuss für das «hochansehnliche Ehren Haus» Schindler «Consideration», «wahre Hochachtung und Freundschaft».[536] An letzter Stelle der Beziehungspflege über die

531 «Ich habe schon bey meinen H: Associés von Dehro brafen H: Leonhard gesprochen: und bey erst sich ereignendem Anlaas werde nicht ermanglen, seiner eingedenk zu seyn, und wann Er einmahl bey mir ist, so solle gewiss an Aufsicht und Anleitung meiner seiths nichts fehlen»., in: Zellweger, Johannes (1730–1802): 1 Brief an Johann Caspar Hirzel (1725–1803) in Zürich, Trogen, 14.03.1768.

532 Zellweger, Johannes (1730–1802): 1 Brief an Johann Caspar Hirzel (1725–1803) in Zürich, Trogen, 27.02.1769.

533 «Da wir Anlaas gehabt haben, von verschiedenen Einrichtungen in unserem Haus zu reden, so habe ich nicht ermanglet bey dieser Gelegenheit meinen lieben Neveu Leonhard meinem L: Vatter und Bruder zu empfehlen, die gantz geneigt sind, ihn in unser Haus aufzunehmen, wan Ihnen damit eine gefälligkeit geschehe, und zum Zeichen dessen, wollen Sie es Ihnen gantz überlassen, Ihren Sohn izt, in 6. oder in 12. Monath nach Dehro belieben in unser Haus in Lyon zu schicken, wo H: Honnerlag sich bemühen wird, ihn zu unterrichten. Ware es Ihnen genehmer, Ihren Sohn noch vorher ein wenig hieher zu schicken, so solle ihme die Schreibstuben auch offen stehen, enfin man wird sich hierinnen gantz nach Dehro Willen richten; Die Conditionen belangend, so hat man sich declariert, dass man diesen meinen Neveu auf nehmliche Bedinge hin annehmen werde, wie man den Schwager von meinem Bruder angenohmen habe: Dessen accordt hiermit in natura zu erheben ist, den ich mir aber ehest möglich wieder zurück ausbitte: ich durfte mehr nicht begehren: wann mithin dermahlen keine Frau in Lyon ist, so wird man auch die £ 120:– o: 5. Nld'ors discretion nicht begehren und sich mit £ 550: – pension jährlich begnügen, mithin meinem Neveu erlauben, die nöthigen Meister sich zu nehmen. Es hat mich wohl erfreut, dass mein Vatter und Bruder sich so willfährig bezeigt haben, da es doch vor etwas Zeit noch nicht so geschienen hatte: Wan Ihnen die Conditionen anständig sind, und sie Dehro Leonhard in unser Haus um Unterricht in der Handlung geben wollen, so ersuchen die Antworth an meinen Bruder zu stellen, es kann vielmahl eine kleine Formalitaet mehr Neigung gegen jemand, und ich hoffete, auch gegen meinen lieben Neveu verursachen. Izt sind Sie, Lieber Herr Schwager, aus dem Wunder über ein Geschäft, dass ich so lange terminieren lassen: und wesswegen ich abbitte. Mithin mögen Sie sich entschliessen, zu was Sie gut finden: und mir den Entschluss anzeigen», in: Zellweger, Johannes (1730–1802): 1 Brief an Johann Caspar Hirzel (1725–1803) in Zürich, Trogen, 20.02.1769.

534 Reich-Langhans: Beiträge Werdenberg und Sargans (2/1929), S. 51–53 und 55–56.

535 Zellweger, Johannes (1730–1802): 1 Brief an Johann Caspar Hirzel (1725–1803) in Zürich, Trogen, 25.04.1774.

536 Zellweger, Johannes (1730–1802): 1 Brief an Jacob Schindler in Mollis, Trogen, 16.05.1776, S. 204.

Aufnahme von Lehrjungen stand das Kriterium, ob man jemandem eine «Obligation», einen Gefallen, einen Freundschaftsdienst leisten konnte:

> Handelsjunge nach Lyon sind mir zwey, aber von Leuthen, denen ich keine Obligation habe, anerbothen; wann mithin biesweilen jemand damit gedient ist, so habe ich noch nichts versprochen in der Meynung, vielleicht einem guten Freund dienen zu können: sollten Sie noch jemand erfahren, so belieben mir es anzuzeigen.[537]

Eine «Obligation» war beispielsweise die Aufnahme des Sohns des langjährigen Bürgermeisters von Schaffhausen und zugleich Mitglieds der *Helvetischen Gesellschaft* Anselm von Meyenburg (1723–1805) im Jahr 1765. Eine lose Korrespondenz mit Meyenburg[538] bildete die Basis für Meyenburgs Anfrage nach einer einjährigen kaufmännischen Lehrstelle für seinen Sohn[539] bei *Zellweger père & Comp.* in Lyon.[540] Der in Kauf genommene Regelverstoss bezüglich der Dauer der Lehre zeigt die Grösse der «Obligation» gegenüber dem auf der Tagsatzung politisierenden Bürgermeister und Schlossherrn von Meyenburg.
Am Beispiel der Kaufleute Zellweger liessen sich somit acht Kriterien belegen, die sich für den Zugang zu einer kaufmännischen Lehrstelle in ihren Handelshäusern beschränkend auswirkten. Fünf Kriterien waren organisatorischer Natur wie Angebot, Platzverhältnisse, Alter des Lehrjungen, Lehrzeit und Vertragsinhalt. Die drei Kriterien Verwandtschaftsgrad, Empfehlung und Leistung einer Gefälligkeit dienten der Beziehungspflege des Kaufmanns. Bruchhäuser (1992) definierte die kaufmännische Lehre im Ausland als früheste Form kaufmännischer Ausbildung und Qualifizierung. Das «Comptoir» als Stätte der Berufsausübung war für ihn der Ort, wo «berufsbezogene Qualifikationen nur im Mitvollzug beruflichen Handelns erworben werden konnten». Wie gestaltete sich diese Ausbildung in der Praxis?

Der Lehrvertrag – «bemerkenswert inhaltsleer»

Bruchhäuser (1992) stellte fest, wie «bemerkenswert inhaltsleer» die kaufmännischen Lehrverträge in Bezug auf den Lehrplan gewesen seien. Pauschale Beschreibungen der Ausbildungsinhalte deuten darauf hin, dass sie weitgehend dem Lehrmeister überlassen waren.[541] Diese «Inhaltsleere» lässt sich an genau einem von wohl über hundert Lehrverträgen für Lehrjungen in den Handelshäusern Zellweger feststellen. Es ist der Lehrvertrag des zahlenden Kostjungen[542] Johann Ulrich Wetter (1741–1806) von Herisau aus dem Jahr 1757. Von vierzig Zeilen Vertragstext, gegliedert in vier nummerierte Artikel oder «Bedingnusse», waren zwei Zeilen dem Lerninhalt gewidmet, nämlich «Ihme zu allen in ihrer Handlung vorfallenden Geschäften zu gebrauchen, auch was ihme hierinn nüzlich seie, anzulehren». Wetter durfte sich «auf seine Kosten im Französischen, Schreiben oder ander anständigen Sachen unterweisen lassen». Weitaus mehr Platz nahm die Definition der Leistungen des künftigen Lehrjungen ein. Dazu gehörte erstens die Bezahlung eines Lehrgeldes von 550 Livres pro Jahr[543] nebst einem einmaligen

---

537 Zellweger, Johannes (1730–1802): 1 Brief an Johann Caspar Hirzel (1725–1803) in Zürich, Trogen, 02.05.1774.

538 Zellweger, Johannes (1730–1802): 1 Brief an Johann Caspar Hirzel (1725–1803) in Zürich, Trogen, 01.04.1765.

539 Das HBLS weist einen Sohn namens Johann Martin von Meyenburg (1757–1833) aus, der zum Reichsvogt, Oberrichter, Kantonsrat, Statthalter, Zunftmeister avanciert, vgl. Wanner-Keller, H.: Artikel «Meyenburg, Anselm Franz von (1723–1805)», in: HBLS (5/1929), S. 96.

540 Zellweger, Johannes (1730–1802): 1 Brief an Johann Caspar Hirzel (1725–1803) in Zürich, Trogen, 10.04.1765.

541 Bruchhäuser (Hg.): Quellen zur Berufsbildung deutscher Kaufleute (1992), S. XLIII–XLIV.

542 Paul Jacob Marperger (1656–1730) zählt in seinem «Wohlunterwiesener Kaufmanns-Jung [...]» den Kostjungen als spezielle Katergorie von Lehrjungen auf.

543 Bezüglich Lehrgeld überliefert Zellweger-Gessner (1768–1855) in seinen «Notitzen aus meinem Leben»: «Jm Jahr 1769 zahlte man für einen Lehrj[un]g[en]. in der Schreibstube in Lyon L 550 jährliche Pension». Zum Vergleich überliefert Thomas Ledergerber (2004) ein «Lehr- und Kostgeld» von 325 Gulden für eine dreieinhalbjährige kaufmännische Lehre um 1787 in einem Handelshaus in Bischofszell (Thurgau). Lehrjunge war der zwölfjährige Johann Ulrich Kreis (1775–1826) aus dem benachbarten Dorf Zihlschlacht (Thurgau), in: Ledergerber: Die Kreis in der Kreisenau (2004), S. 20.

Haushaltsgeld von 120 Francs für die Hausdame.[544] Dieses «Kostgeld» diente zur Abdeckung von Kost und Logis oder eben «Tisch, Kammer und beth».[545] Insgesamt beliefen sich die Ausbildungskosten für einen kaufmännischen Lehrjungen in Lyon in den 1750er Jahren auf 1770 Livres. Viel Platz nahmen auch die Erwartungen an den Charakter des Lehrjungen ein. Wetter musste «willig, wohlmeinend und auf alle Weise von guter und vergnüglicher Conduite» sein sowie stets die Gewinnerzielung der *Gebrüder Zellweger & Comp.* fördern, «Schaden wenden und ihren Befehl und Willen bestens vollziehen». Dann hatte er einen «Stillstand» von drei Jahren nach Lehrabschluss zu akzeptieren. Unter Busse von 3000 Reichsgulden durfte er «weder selbst mit dergleichen Waaren, wie sie führen, handlen, noch in andere Dienste wans wäre, da man das gleiche Comercium führet eintreten oder zu einiger Zeit von ihren Handels Geschäften jemandes etwas offenbahren». Zuletzt sicherten sich die Lehrmeister Zellweger über eine Bürgschaft vor dem Schadensfall und vor «wiederlauffender Aufführung» anstelle von «versprochener Treu, Verschwiegenheit und Wohlverhaltens» des Lehrjungens ab. Vertraglich sehr gut definiert war das Charakterprofil für den kaufmännischen Lehrjungen in der Frühen Neuzeit. Bruchhäuser (1992) sah darin die Formung und Ausbildung eines «bürgerlichen Sozialcharakters», definiert über Eigenschaften wie «Arbeitsethos, persönliche Bescheidenheit und Aufwandminimierung».[546] Der Lehrvertrag des jungen Wetter von 1757 steht exemplarisch für die übrigen nicht überlieferten Lehrverträge. Er diente als Vorlage für denjenigen des jungen Hirzel von Zürich 1769.[547] Hirzel empfahl man, sich im «Schreiben» zu verbessern und sich in den «Rechnungen, Buchhalten & Correspondieren recht fest zu machen»[548], um «wohl zu profitieren».[549]

Auch dem Onkel und Bürgen des Lehrjungen Peyer von Schaffhausen gelang es trotz wiederholter Nachfrage nicht, Konkretes über den Lerninhalt zu erfahren.[550] Der Sohn von «Herr & Madame la Capitaine Payer» war von 1748 bis 1751 der erste Lehrjunge im neuen Handelshaus *Zellweger frères & Comp.* in Lyon. Zellweger-Sulser als federführender Korrespondent versicherte dem besorgten Onkel und Bürgen zwar, dass alles Mögliche getan werde, dass Peyer «wol profitiert, & seinen Zweck erreicht». Mehr war diesbezüglich aber trotz grosszügiger Geschenke wie Tabak von der französischen Kolonie Saint Domingue auf der Westindischen Insel Hispanola nicht herauszuholen.[551] Dem Kostjungen Peyer war es erlaubt, auf eigene Kosten Unterrichtsstunden für das Erlernen von Französisch, Schreiben, Musik «&ca.» zu besuchen. Väter und Bürgen der künftigen Lehrjungen mussten dem Lehrmeister und seiner Ausbildungsleistung fast blindlings vertrauen. Das Vertrauen war denn auch Basis für die Fortsetzung einer Geschäftsbeziehung über den Generationenwechsel hinaus. Dieser Zusammenhang erkärte nicht zuletzt die so häufig anzutreffende kaufmännische Lehre bei Verwandten oder Geschäftsfreunden.[552]

---

544 Während Johann Ulrich Wetters Lehrzeit in Lyon war seine Schwester Anna Maria Zellweger-Wetter (1730–1777) Hausdame in Lyon.

545 Gebrüder Zellweger & Comp.: Lehrvertrag für Johann Ulrich Wetter (1741–1806) von Herisau, Lyon, 28.07.1757.

546 Bruchhäuser (Hg.): Quellen zur Berufsbildung deutscher Kaufleute (1992), S. LI.

547 28.08.1769: «Den Accord werde ich izt mit Gelegenheit aufsetzen und Ihnen übersenden». 04.12.1769: «Ein Mr: Tapi aus dem Welschenbergebieth lehrt zu Lyon die Rechenkunst, und ist ein unvergleichlicher Meister: einen solchen sollten Sie in Zürich haben. Auch da findt man gute Schreibmeister, und gute Buchhalter, doch unter den letzteren keinen, der so gar excelliert. Die Deütschen sind bessere Buchhalter».

548 Zellweger, Johannes (1730–1802): 1 Brief an Johann Caspar Hirzel (1725–1803) in Zürich, Trogen, 18.11.1771.

549 Zellweger, Johannes (1730–1802): 1 Brief an Johann Caspar Hirzel (1725–1803) in Zürich, Trogen, 30.12.1771.

550 Zellweger, Johannes (1730–1802): 1 Brief an Johann Caspar Hirzel (1725–1803) in Zürich, Trogen, 18.11.1771.

551 «Die mit Dehro Hochwerthen Zeilen vom 20. Diss gesanten f 556:- oder f 222:24 sind in H: Payers Credit passiert. Es wirt L[ieb]. Unsrigen in Lyon & uns ein plaisir seyn, wan dato H: Payer wol profitiert, & seinen Zweck erreicht, & werden wir nicht nur hierzu, sondern auch zu all demjenigen äussersten Vermögens contribuieren, wan wir unsrer gegen Dehro hohen Haus nährende Hochachtung an den Tag zu legen vermögend seyn könnten, wir dann hochgeehrtens Herren & Madame la Capitaine Payer unsres schuldigen Respects versichernd, die Ehre haben [...]. Für gesant delicaten Tabac de St. Domingue sind wir höchst dankbahr, & wünschten entgegen mit angenehmen aufwarten zukönnen [...]»., in: Zellweger, Johannes (1695–1774): 1 Brief an Im Thurn de Giersperg in Schaffhausen, Trogen, 26.01.1750, S. 337–338.

552 Bruchhäuser (Hg.): Quellen zur Berufsbildung deutscher Kaufleute (1999), S. XLIII–XLIV.

Vom Lehrvertrag für den Sohn Jacob Schindlers von Mollis (Glarus) hat sich immerhin ein Entwurf von Mitte Mai 1776 erhalten. Anders als ein zahlender Kostjungen musste sich der junge Schindler erstens mit sechs Jahren auf eine doppelt so lange Vertragszeit verpflichten, «in welcher Zeit er sich getreu, fleissig, willig, verschwiegen und unter guter Conduite unseren vorfallenden Geschäften widmen» sollte, hingegen «in denselben nach Capacität von uns angeführt werden». Kost und Logis wurden ihm bezahlt, während «Kleider und alle andere Ausgaben er aus eigenen Mittlen bestreiten soll». Der «Stillstand» und damit das Konkurrenzverbot war wie beim jungen Wetter auf drei Jahre festgesetzt und wurde im widrigen Fall mit 3000 Gulden Strafe geahndet. Der dritte und letzte Artikel regelte wie üblich die Bürgschaft des Vaters «für dessen Treue, Verschwiegenheit & Festhaltung alles obigen».[553]
Die Phase vom 17. bis 18. Jahrhundert gilt gemeinhin als erste bedeutende Entwicklungsstufe in der Geschichte der deutschen Kaufmannsbildung.[554] Samuel Jacob Schröckh (um 1740–nach 1792) stellte in seiner «Einleitung zu einer Allgemeinen Erkenntnis aller Handlungs=Wissenschaften» (1780) fest:

> Die Handlungs=Wissenschaften begreifen ein so weites Feld von gar mancherley Erkenntnissen in sich, dass ein Liebhaber derselben, durch eigene Uebung und Erfahrung, erst nach einer langen Reihe von vielen Jahren zu dem Besitz derselben gelangen kann.[555]

Diese Phase der «systematischen Handlungswissenschaft» begann und endete mit der Publikation zweier massgeblicher Werke der Jahre 1675 und 1804.[556] Es waren «Le parfait négociant» von Jacques Savary (1622–1690), Paris (1675), und die «Vollständige Handelswissenschaft, oder System des Handels» von Johann Michael Leuch (1763–1836), Nürnberg (1804). Zur selben Zeit wirkten mit Paul Jacob Marperger (1656–1730) und Johann Georg Büsch (1728–1800) *die* Klassiker der historischen Wirtschaftspädagogik.[557] Die Fülle an Literatur zur Betriebswirtschaftlehre nahm unter diesen produktiven Schriftstellern kaum zu bewältigende Ausmasse an.[558] Ob diese Fülle an theoretischer Kaufmannsliteratur in die Hände eines kaufmännischen Lehrjungen gelangte, wurde anhand der Bibliothek der Kaufleute Zellweger in Trogen aus dem 18. Jahrhundert überprüft.[559] Die Stichproben auf Kaufmannsliteratur ergaben, dass kein einziges Werk zur vielfältigen zeitgenössischen Handlungswissenschaft

553 Zellweger, Johannes (1730–1802): 1 Brief an Jacob Schindler in Mollis, Trogen, 16.5.1776, S. 204.

554 Pott (Hg.): Über die kaufmännische Erziehung (1977), S. 11; vgl. auch Henning (Hg.): Handelsakademie – Handelshochschule – Wirtschafts- und Sozialwissenschaftliche Fakultät. Der Weg von der Handelsakademie und Handlungswissenschaft des 18. Jahrhunderts zur Wirtschaft- und Sozialwissenschaftlichen Fakultät und Betriebswirtschaftslehre des 20. Jahrhunderts (1990).

555 Schröckh: Einleitung zu einer allgemeinen Erkenntniss aller Handlungs-Wissenschaften (1/1780–1783), S. 2.

556 Diese Begrenzung wurde von Rudolf Seyffert (1893–1971) und Eduard Weber (1884–1916) vorgeschlagen.

557 Pott (Hg.): Über die kaufmännische Erziehung (1977), S. 10.

558 Eine Auswahl an relevanten Titeln: Marperger, Paul Jacob (1656–1730): Nothwendige und nötzliche Fragen über die Kaufmannschafft, 2 Teile, Leipzig/Flensburg, 1714/1715; Ludovici, Carl Günther (1707–1778): Grundriss eines vollständigen Kaufmanns-Systems, nebst den Anfangsgründen der Wissenschaft, Leipzig 1756; May, Johann Karl (1731–1784): Versuch einer allgemeinen Einleitung in die Handlungswissenschaft [...], 2 Bde., Altona/Lübeck 1762/1764; Jung, Johann Heinrich (1740–1814): Gemeinnütziges Lehrbuch der Handlungswissenschaften für alle Klassen von Kaufleuten und Handlungsstudierenden, Leipzig 1785 [hingegen «Lavaters Verklärung» (1801) in KBAR vorhanden]; Büsch, Johann Georg (1728–1800): Theoretisch-praktische Darstellung der handlung in deren mannigfaltigen Geschäften, Hamburg 1792 [nur «Schriften über das Armenwesen» (1792) vorhanden]; Buse, Gerhard Heinrich (1764–1827): Das Ganze der Handlung, oder vollständiges Handbuch der vorzüglichsten Handlungskenntnisse [...], Erfurt 1807. Sozialwirtschaftlich und handelspolitisch orientiere akademische Lehre: Sonnenfels, Josef von (1733–1817): Grundstäze der Polizey, Handlung und Finanz, Zweyter Theil: die Handlung, Wien 1769 (acht Auflagen bis 1822); Beckmann, Johann (1739–1811): Anleitung zur Handlungswissenschaft. Nebst Entwurf zur Handlungsbibliothek, Göttingen 1789 [in KBAR nur Beckmann, Johann Gottlieb: Vollständiger Forstcalender worinnen alle einem Förster obliegende Verrichtungen von Monat zu Monat angezeigt werden, Breslau 1777; Beckmann, Johann Gottlieb (Hg.): Gegründete Versuche und Erfahrungen von der zu unsern Zeiten höchst nöthigen Holzsaat/zum allgemeine Besten, Chemnitz 1756].

559 Die Bibliothek Zellweger wurde dem Kanton vermacht und diente als Basis der heutigen Kantonsbibliothek Appenzell Ausserrhoden.

heute noch vorhanden ist.[560] Statt des «Gemeinnützigen Lehrbuchs der Handlungswissenschaften für alle Klassen von Kaufleuten und Handlungsstudierenden», Leipzig (1785), von Johann Heinrich Jung (1740–1814) finden sich dessen Ansichten zu «Lavaters Verklärung» (1801). Statt der «Theoretisch-praktischen Darstellung der Handlung in deren mannigfaltigen Geschäften», Hamburg (1792), finden sich Johann Georg Büschs (1728–1800) «Schriften über das Armenwesen» (1792). Johann Beckmanns (1739–1811) «Anleitung zur Handlungswissenschaft. Nebst Entwurf zur Handlungsbibliothek», Göttingen (1789), fehlt, während sein «Vollständiger Forstcalender worinnen alle einem Förster obliegende Verrichtungen von Monat zu Monat angezeigt werden», Breslau (1777), und seine «Gegründeten Versuche und Erfahrungen von der zu unsern Zeiten höchst nöthigen Holzsaat zum allgemeinen Besten» (1756) greifbar sind. Als Mitglieder der *Helvetischen Gesellschaft* sammelten die Kaufleute Zellweger offenbar keine Kaufmannsliteratur, sondern Literatur zu praktischen Themen wie dem Armen- und Forstwesen, so das aufschlussreiche Fazit dieser Probe. Die erwähnten Verfasser von Kaufmannsliteratur waren dem Kaufmann Zellweger-Hirzel-Scheuss wohl bekannt. Er konnte dem Lehrjungen Hirzel um 1770 in Lyon «ein paar gute Authoren» nennen.[561]

In der kaufmännischen Lehre der Frühen Neuzeit wurden spezifisch kaufmännische Berufstechniken und Fachkenntnisse erlernt wie Schreiben und Rechnen als Grundlage für das Korrespondieren und Buchhalten. Zur Fachkenntnis zählten Münzkunde, Masskunde, Gewichtskunde, Warenkunde und Rechtskunde aus dem Handels-, Wechsel-, See- und Gewerberecht sowie die Handelsgeographie und Handelsgeschichte.[562] Bruchhäuser (1992) hingegen sah in der Vermittlung der Gewinnerzielung das Grundmotiv der frühneuzeitlichen kaufmännischen Lehre, zu erlernen am besten im direkten Einbezug in Warenkaufs- und Verkaufsvorgang. Der günstige, frühzeitige, nicht übermässige Einkauf, die Nutzung der schnellsten Transportverbindung, die Verringerung des Transportrisikos durch Aufteilung auf mehrere Passagen, das Bestreben nach baldigem Absatz der Ware durch Gewährung günstiger Konditionen an bewährte Kundschaft, die Zurückhaltung bei neuen Kunden sowie die Vermeidung zweifelhafter Forderungen an «böse Schuldner» entsprachen über alles gesehen dem kaufmännischen Prinzip der Vorsicht. Über den Spracherwerb hinaus wurden Handelsbräuche und -normen erlernt. Dazu zählten insbesondere die rechtlichen Rahmenbedingungen, denen die kaufmännische Berufsausübung unterworfen war. Regelverstösse unterlagen Sanktionen von der Beschlagnahmung der Ware bis zur Inhaftierung des fehlbaren Kaufmanns. Das Kernstück der Auslandlehre war aber das Erlernen der Buchführung.[563] Angesichts dieses umfangreichen Lerninhalts ist die «bemerkenswerte Inhaltsleere» der kaufmännischen Lehrverträge in Bezug auf den Lehrplan ein Paradox. Ausbildungsinhalte wurden nur pauschal umschrieben und waren damit weitgehend dem Lehrmeister überlassen. Pott (1977) kritisierte die kaufmännische Ausbildung in der Frühen Neuzeit gerade wegen ihrer Betriebsgebundenheit als «fragwürdig». Die Darstellung der damaligen pädagogischen Ziele, Massnahmen und Wirkweisen erschienen ihm idealisiert und unglaubwürdig. Bereits unter Zeitgenossen verbreitete sich Mitte des 18. Jahrhunderts das Bewusstsein darüber, dass eine ausschliesslich berufspraktische Ausbildung für den kaufmännischen Nachwuchs nicht ausreichte. In Reaktion darauf entstanden die ersten Kaufmannsschulen.[564]

Die Lehrjungen in den Handelshäusern Zellweger

Wer nun alle genannten Kriterien erfüllte und Lehrjunge in den Handelshäusern Zellweger war, wird im Folgenden in einer kurzen Übersicht zu umreissen versucht.

---

560 Die Bibliothek Zellweger wird im Rokokosaal im Kaufhaus am Landsgemeindeplatz 1 aufbewahrt und von der Kantonsbibliothek Appenzell Ausserrhoden verwaltet.

561 «H: Vett[er]: Leonhard möchte sich auch Kaufmännische Bücher anschaffen, und fraget mich um gute Authoren, ich werde Ihme ein paar ad notam geben», in: Zellweger, Johannes (1730–1802): 1 Brief an Johann Caspar Hirzel (1725–1803) in Zürich, Trogen, 22.03.1770.

562 Pott (Hg.): Über die kaufmännische Erziehung (1977), S. 323, Fussnote 21.

563 Bruchhäuser (Hg.): Quellen und Dokumente Mittelalter bis frühe Neuzeit (1999), S. XLVII–XLVIII, L–LI.

564 Pott (Hg.): Über die kaufmännische Erziehung (1977), S. 10 und 25.

Die ersten beiden Generationen der Kaufleute Zellweger machten ihre kaufmännische Lehre in der Stadt St. Gallen bei *Fittler* vor 1679 und in Basel im Wollenhaus *Fürstenberg* um 1710. Danach absolvierten ausnahmslos alle Söhne ihre Lehre in den väterlichen Handelshäusern in Lyon. Im Anschluss folgte ein Aufenthalt im väterlichen Handelshaus in Genua mit abschliessender ausgedehnter Handelsreise zur Abrundung der Ausbildung. Ähnlich ausgebildet wurde eine ganze Generation von Lehrjungen der Familien Honnerlag und Tobler von Trogen. Trogen war somit das Zentrum des Einzugsgebiets von Lehrjungen. Weitere Lehrjungen stammten aus Herisau (Tanner, Wetter, Frischknecht) und Speicher (Zuberbühler), womit auch das Vorder- und Hinterland von Appenzell Ausserrhoden zum engsten Einzugsgebiet gehörten. Je ein Lehrjunge stammte aus dem Rheintal (Sulser) und aus Glarus (Schindler). Mit städtischem Hintergrund stammten am meisten aus Winterthur (Bidermann, Hegner, Schulthess, Sulzer), Zürich (Hirzel, Kitt, Pestalozzi), Basel (Ryhiner, Fäsi, La Roche) und Schaffhausen (von Meyenburg, Peyer). Aus dem näheren Ausland stammte einzig Johann Melchior Riethmayer (1759–1775) von Memmingen (Bayern).[565] Es fehlt jeder Hinweis darauf, wie es zu diesem Kontakt gekommen war.[566] In vielen Fällen liessen sich die Berufe der Väter der Lehrjungen rekonstruieren. Die meisten Väter waren selbst kaufmännisch tätig. Nur vierzehn von vierzig Vätern waren in anderen Berufen aktiv. Sieben davon waren Ärzte (Hirzel von Zürich, Honnerlag von Trogen, Zuberbühler von Speicher), zwei Politiker (von Meyenburg von Schaffhausen), zwei Pfarrer (Hegner von Winterthur, Kitt von Zürich) und je ein Militär (Peyer von Schaffhausen), ein Müller (Rietmeyer von Memmingen) und ein Wirt (Frischknecht von Herisau). Ausnahmslos alle Lehrjungen erhielten über die Beziehung des Vaters oder des Bürgen Zugang zu einer kaufmännischen Lehrstelle bei den Kaufleuten Zellweger. Auf Beziehungsebene spielte der Verwandtschaftsgrad die wichtigste Rolle, dann wurde der Freundschaftsgrad berücksichtigt und erst am Schluss die Verpflichtung gegenüber einem Bekannten.

Die Reise der Lehrjungen nach Lyon

Auf der Reise zum Antritt ihrer kaufmännischen Lehre in Lyon wurden die Söhne Zellweger von ihren Vätern begleitet, wie für die zwei Söhne von Zellweger-Wetter und die drei Söhne von Zellweger-Hirzel-Scheuss nachgewiesen werden kann. Die Bewältigung der Distanz von 500 Kilometern dauerte mehr als eine Woche. Wie reisten die Lehrjungen im Alter von vierzehn- bis sechszehn Jahren? Während die Kosten nach Lyon und zurück vollkommen zu ihren Lasten gingen, organisierten die Kaufleute Zellweger die Platzreservation «für einen jungen Menschen» in der Kutsche von Zürich nach Genf und von Genf nach Lyon. Zudem stellten sie ihm erwachsene, verantwortungsvolle «Reisegefehrten» zur Seite. Der künftige Lehrjunge Sigismund Riethmayer von Memmingen etwa wurde angewiesen, sich bei Schwager und Stadtarzt Hirzel zu melden, welcher ihm in der Stadt Zürich weiterhalf. Die Abreise des Neffen Hirzel von Zürich beschleunigte sich unverhofft, weil ein neuer Buchhalter für die *Zellweger frères & Comp.* nach Lyon verreiste, was als «erwünschte Gelegenheit» betrachtet wurde[567]:

565 Die Rittmeyer immigrierten in die Schweizer Städte St. Gallen und Winterthur. Die Rittmeyer betätigten sich führend in der Entwicklung und dem Ausbau der Maschinenstickerei-Industrie und entfalteten als Kunstmaler und Architekten grosse Wirkkraft, vgl. Rittmayer: Die Riethmayer [...] aus Memmingen, in: Deutsches Familienarchiv (13/1959), S. 170.

566 Vgl. Huber-Sperl, Rita: Handwerk, Verlag, Manufaktur – oder weshalb in Memmingen keine grosse Industrie zu Hause war, in: Jahn, Joachim/Hartung, Wolfgang (Hg.): Gewerbe und Handel vor der Industrialisierung. Regionale und überregionale Verflechtungen im 17. und 18. Jahrhundert, Sigmaringendorf 1991 (= Regio Historica. Forschungen zur süddeutschen Regionalgeschichte 1), S. 70–87.

567 «Meine Societaet hat anstatt eines abgehenden Buchhalters einen anderen von Augsburg engagiert, der 9. Jahr lang in Venedig gestanden ist. Dieser soll medio Aug[ust]: hieher kommen, 3. à 5. Tag lang hier bleiben und dann nach Lyon verreisen. Dieses ist mit heütiger Poste beschlossen worden, und nun kommt mir zu Sinn, ob dieses nicht eine erwünschte Gelegenheit für den H: Vetter Leonhard wäre, die Reise mit Ihme zu machen: es thut mir zwahr wehe, ihn izt schon zu verlassen, allein das es doch in 3. à 4. Wochen spähter laut Abrede geschehen müsste, so wollte ich Ihn doch auch auf dem Weg gerne mit einem guten Gefehrten wissen: wann Er aber von dieser Gelegenheit profitieren wollte & noch 2. à 3. Wochen in Zürich zuzubringen hätte, so gedenke ich wohl, dass Er in kommender Woche schon von hier abreisen müssten. Machen Sie hierüber Dehro reflexionen und befehlen Sie nach Dehro gutdünken»., in: Zellweger, Johannes (1730–1802): 1 Brief an Johann Caspar Hirzel (1725–1803) in Zürich, Trogen, 24.06.1769.

> So bleibt es dann beschlossen, dass unser lieber Vett[er]: Leonhard nächsten Freytag von hier abgehen und mit dem engagierten Bedienten [Gullmann von Augsburg, A.d.A.] in unser H[andelsh]aus nach Lyon reisen muss. Gott beglücke die Reise und gebe seinen Seegen zu dem Vorhaben![568]

Für die Reise seines Neffen verfasste Zellweger-Hirzel-Scheuss eigens einen «Aufsatz zu seinem Verhalt».[569] Über die Höhe der Reisekosten informierte sich Vater Hirzel bei seinem Schwager und erhielt zur Auskunft:

> Den Vetter Leonhard würde ich seine Ausgaben bis Lyon selbst bestreiten lassen, ich übergäbe Ihme 6. Nld'ors, obschon es Ihn nicht mehr als 5. kosten solle. Sobald ich Zeit habe, werde ich Ihme eine Instruction sowohl für die Reise als für den Aufenthalt zu Lyon machen, die Ihme von etwelchem Nutzen seyn solle, wann er sie beobachtet. Zu Lyon wird [Lehrmeister, A.d.A.] H: [Johann Conrad] Honnerlag [1738–1818] Ihme das nöthige Gelt zu bedörfenden Kleidern anschaffen, mithin wird gut seyn, wann Sie H: Vett: Honnerlag Dehro Willen überschreiben, wieviel & was für Kleider Sie Ihme wollen machen lassen, [...].[570]

Zellweger-Hirzel-Scheuss nutzte jede Gelegenheit, seine eigenen Söhne zu selbständigen Kaufleuten zu erziehen, weshalb er auch Hirzel riet, dem Neffen das Reisegeld persönlich anzuvertrauen. Während der Reise beruhigte der erfahrene Zellweger-Hirzel-Scheuss den besorgten Vater Hirzel. Er sprach von harmlosen Dingen wie dem guten Wetter, der ungefähren Reisedauer und der «artigen» Reisebegleitung:

> Nun werden die lieben Reisenden gestern bey sonnigem Wetter ihre Reise angetretten haben. Wann sie mit der Landkutschen abgereist sind, so werden sie von nächstem Donnerstag über 8. Tag in Lyon eintreffen, und Sie können die Nachricht von ihrer Ankunft 8. Tage darnach haben. [...] Mich freut, dass er den H: Gullmann zum Reisgefehrten hat, der mir ein recht artiger Mensch zu seyn scheint. Den Accord [Lehrvertrag] werde ich izt mit Gelegenheit aufsetzen und Ihnen übersenden.[571]

Kaum angekommen, hatte der Lehrjunge die Pflicht, nach Hause zu berichten: «H: Vetter Leonhard hat mir seine glückliche Ankunft in Lyon auch berichtet; ich zweifle nicht, dass der dasige Aufenthalt Ihm wohl gefallen, und Er sich wohl halten werde».[572] Vater Hirzel war schon mehrmals auf diesen Lehrvertrag zu sprechen gekommen.[573] Zellweger-Hirzel-Scheuss hingegen hatte bis vor der Abreise «mit dem Engagement unsers lieben H: Leonhards [...] gar keine Eile».[574] Auf diese Art dürfte er sich um das Geständnis gedrückt haben, dass wie alle anderen auch der Neffe eine Probezeit zu absolvieren hatte, bevor man den Lehrvertrag definitiv aufsetzte.

---

568 Zellweger, Johannes (1730–1802): 1 Brief an Johann Caspar Hirzel (1725–1803) in Zürich, Trogen, 31.07.1769.

569 «Dem H: Vetter Leonhard habe etwas weniges zu seinem Verhalt aufgesetzt, das beyligend folget. Ich hatte aber nicht Zeit genug, es besser auszuarbeiten; zudeme setzte ich mein Vertrauen darinnen, dass Sie Ihme alles zehen mal besser sagen können als ich: und Er selbst ist eines ordentlichen und wohlgesitteten Lebens sehr gewohnt, so dass ich zu ihm ein gutes Vertrauen habe: mithin können Erinnerungen doch nichts schaden. Ich haben den Aufsatz französisch gemacht, damit Er sich in dieser Sprach übe. Sie mögen ihm denselben übersetzen lassen, wann Sie wollen»., in: Zellweger, Johannes (1730–1802): 1 Brief an Johann Caspar Hirzel (1725–1803) in Zürich, Trogen, 14.08.1769.

570 Zellweger, Johannes (1730–1802): 1 Brief an Johann Caspar Hirzel (1725–1803) in Zürich, Trogen, 31.07.1769.

571 Zellweger, Johannes (1730–1802): 1 Brief an Johann Caspar Hirzel (1725–1803) in Zürich, Trogen, 28.08.1769.

572 Zellweger, Johannes (1730–1802): 1 Brief an Johann Caspar Hirzel (1725–1803) in Zürich, Trogen, 18.09.1769.

573 «Wann ein Engagement von Ihnen & H: Vett: Leonhard underzeichnet uns zurückkomt, so wird dies Sache ihre richtigkeit haben; glauben Sie, dass es geschehen seye, wann meine folgende nichts widriges davon melden», in: Zellweger, Johannes (1730–1802): 1 Brief an Johann Caspar Hirzel (1725–1803) in Zürich, Trogen, 23.10.1769.

574 Zellweger, Johannes (1730–1802): 1 Brief an Johann Caspar Hirzel (1725–1803) in Zürich, Trogen, 30.10.1769.

Während der Lehre – «gute Aufführung und unverdrossene application»

Wie erging es den Lehrjungen in den Handelshäusern Zellweger in Lyon und Genua? Welche Arbeiten hatten sie zu verrichten? Welches Verhalten wurde von den Kaufleuten Zellweger nicht toleriert? In drei Unterkapiteln soll erstens den Gründen für den Abbruch einer kaufmännischen Lehre in Lyon, zweitens den organisatorischen und drittens den erzieherischen Problemen während der Lehrzeit nachgegangen werden.

Antritt und/oder Abbruch der Lehre – Herausforderung Heimweh

Die Umsetzung der kaufmännischen Theorie in die Praxis begann mit der Probezeit von drei Monaten als Teil der dreijährigen kaufmännischen Lehre. Was für eine Herausforderung das Absolvieren einer solchen Lehre im Ausland für Lehrjungen bedeutete, zeigte sich mit dem starken Gefühl des Heimwehs. Geradezu übermannt wurde Zellweger-Gessner bei Antritt der Lehre im väterlichen Handelshaus in Lyon von diesem Gefühl der Verlassenheit, Hilflosigkeit und Sehnsucht. Dabei hatte ihn sein Vater bereits als Kind bewusst diesem Gefühl ausgesetzt, um ihn «an Fremde zu gewöhnen». Wie zuwider ihm das war, äusserte sich in seiner grossen Aggression während seines zweiten Aufenthalts bei Patenonkel und Tante Hirzel in Zürich. Wegen seiner Herkunft als «Appenzeller» aufgezogen, schlug der sechsjährige Zellweger-Gessner seinen Plagegeist Escher fast ohnmächtig. Als alter Mann führte er sein unerwünschtes, weil unzivilisiertes kindliches Verhalten auf zutiefst empfundenes Heimweh zurück:

> Alle Abende hatte ich Heimweh und als ich bei Herr Antistes Ulrich [in Zürich] zu Mittag geladen war, war ich sehr unartig, weinte beständig und hatte das Heimweh, bis endlich den 4. Juli 1774 ich die Rükreise mit meinem seel. Vater antrat und den 6. Morgens von St. Gallen aus zu Fus wieder in Trogen eintraf.[575]

Obwohl ihm dieses furchtbare Gefühl also bekannt war, traf es ihn bei Antritt seiner kaufmännischen Lehre 1780 im väterlichen Handelshaus in Lyon schlagartig:

> Bei meiner Ankunft in Lyon, verstand ich noch nicht was man spraach und konnte nur mit Mühe ein wenig sprechen, welches eine grosse Ursache mein[es] heftigen Heimwehes war, welches besonders in Thränen sich am ersten Sonntag nach der Abreise meines Vaters und Bruders äusserte, als Herr Graf, Hr. Schlatter von Lindau unser Reisender und Hr. Gullmann unser Buchhalter jeder seinen Weg gieng und Niemand sich um mich bekümmerte, endlich führte mich unsere alte Magd zu meinem Oheim Herrn Honnerlag, wo meine Base Jungfrau Tanner allein bei Hause war, mich tröstete und unterhielt, was so tiefe Dankbarkeit in mir erregte, dass ich bis zu ihrem Tode ihr deswegen ergeben war.[576]

Seine heftigste emotionale Reaktion auf das Verlassenwerden in der Fremde durch die für ihn verantwortlichen Männer fingen die anwesenden Frauen auf. Das zeigt die vorteilhafte Lage eines Sohns als Lehrjunge. Nicht auffangen liess sich der junge von Meyenburg. Der Sohn des langjährigen Bürgermeisters Anselm Franz von Meyenburg (1723–1805)[577] von Schaffhausen reiste Ende November 1776 für eine einjährige Lehre nach Lyon in das Haus *Zellveguer père & Comp.*[578] Das starke Gefühl von Heimweh entlud sich in hilflosem, unkontrollierbarem Weinen. Es setzte Essen und Schlafen langfristig ausser Funktion:

575 Zellweger: Notitzen aus meinem Leben (1/1850), S. 4.

576 Zellweger: Notitzen aus meinem Leben (1/1850), S. 23–24.

577 De Pizzol, Eric: Artikel «Meyenburg, Franz Anselm von (1723–1805)», in: e-HLS, 05.11.2009.

578 Anselm von Meyenburg baute die Beziehung zu Zellweger auf, indem er sich als Kunde von Zellweger betätigte und ein Stück Leinwand à 91:40.– Gulden bezog.

> Der junge H: v. Meyenburg fienge an zu weinen, sobald Er auf Lyon kame, sagende er habe seit Neufchatel weder gegessen noch geschlaffen vor Heimweh & begehrte wieder abzureisen. Mit vieler Mühe konnte man ihn bereden, 24. Stund lang zu bleiben & Er reiste wieder heim. Dieses wird seinen H: Vatter nicht wohl freuen.[579]

Mit seiner Vermutung über die Reaktion des Vaters Franz Anselm von Meyenburg auf die Heimkehr des Sohnes gab Zellweger-Hirzel-Scheuss preis, wie er selber auf ein Scheitern seiner Söhne wegen Heimwehs reagiert hätte. Sein zweiter Sohn Zellweger-Gessner erkrankte vor Heimweh an Melancholie. Er sah seine Heimat Trogen erst nach vierjähriger Abwesenheit wieder.[580] Das Heimweh war ein entscheidender Grund für den Abbruch einer kaufmännischen Lehre im Ausland. Auch der spätere Textildrucker Mayr von Arbon gab an, dass nebst «schwächlicher Konstitution, wiederholtem Fieber [und] der monotonen Hilfsarbeit [Briefkopieren, A.d.A.]» inbesondere «überwältigendes Heimweh» der ausschlaggebende Grund für den vorzeitigen Abbruch seines Volontariats bei Ambrosius Custer (geb. 1728) aus Altstätten in Genua war. Das Gefühl übermannte ihn, obwohl er als «Kostjunge» «nicht als gewohnter Commis oder gar Lehrjung behandelt wurde». Mayr weilte zeitgleich wie Zellweger-Gessner in Genua. Eine Freundschaft entwickelte sich nicht. Mayr war mit den Kaufleuten Schläpfer aus Speicher in Genua befreundet, der Konkurrenz der Kaufleute Zellweger. Mayr bezeugte, wie in den «Comptoirs [kein] Ofen vorhanden war, bey der strengsten Kälte brachte man eine GlutPfanne in die Schreibstube, wovon es oft Kopfweh zum bersten sezte».[581] Das Problem der Heizung in Genua bestätigte auch Zellweger-Hirzel-Scheuss. Im Dezember 1774 war «die Kälte besonders in Genua empfindlich», wo die Zimmer nicht beheitzt wurden.[582]

Die Flucht des Lehrjungen war ein weiterer Grund für den Abbruch der kaufmännischen Lehre. In der Korrespondenz von Zellweger-Hirzel-Scheuss lässt sich die Flucht des jungen Schulthess von Zürich nachweisen, der zuvor bereits in Genf «nicht richtig wollte». Sein Onkel Hans Jakob Schulthess (1718–1791) von Zürich, «Marchand en gros in Spezerei- und Drogenwaren und Zuckerbäcker» im Haus «zum Grauen Wind» an der Oberdorfstrasse 22 in Zürich und Stifter der Linie Winterthur,[583] fragte die Kaufleute Zellweger an, ob sie sich des Jungen annehmen könnten. Vermittler war Schwager Wolf-Zellweger von Zürich in Trogen. Weitere Auskunft gab Schwager Hirzel in Zürich.[584] Trotz aller Informationen waren die Kaufleute Zellweger «noch unentschlossen, ob wir jemand nehmen werden oder nicht».[585] Schulthess kam «auf eine Prob anhero [nach Trogen]: Er wird bey meinem Bruder [Zellweger-Wetter] logieren».[586] Bald tauchten Zweifel über sein «Bestehen» auf: «Verwundern Sie sich nicht, wann H: Schulthess vielleicht einsmahls aus unserem Haus weg und heimgeschickt wird: Ich haben heüte etwas gehört, dass wann es wahr ist, [er] bey uns nicht bestehen kann».[587] Seine Vermutung bestätigte sich. Zellweger-Hirzel-Scheuss wurde konkreter:

> Under uns gesagt, dann wir wollen den jungen Menschen nicht beschimpfen, bestehen des Schulthessen Vergehen in Untreu, und in einem in allen Absichten schlimmen Caracter: Er hat wüsste Possen gespielt, die allzu weitläuffig zu erzählen wären. Sein Vatter hat einen Mann anher geschickt, ihn abholen zu lassen, allein als Er gestern abends hierher kam & heute mit ihme verreisen sollte, hat der junge Mensch sich in der

579 Zellweger, Johannes (1730–1802): 1 Brief an Johann Caspar Hirzel (1725–1803) in Zürich, Trogen, 23.12.1776.

580 Zellweger: Notitzen aus meinem Leben (1/1850), S. 19.

581 Buenzli (Hg.): Mayr: Meine Lebenswanderung (1/2010), S. 43, 83, 95, 151, (2/2010), S. 83, Fussnote 261, S. 98ff. S. 108f.

582 Zellweger, Johannes (1730–1802): 1 Brief an Johann Caspar Hirzel (1725–1803) in Zürich, Trogen, 19.12.1774.

583 Aicher/Moos: Genealogie der Familie Schulthess (2008).

584 «Herr Hans Jacob Schulthess zum grauen Wind hat H: Wolfen ersucht uns, seinen Neveu, der in Genf steht und dessen Aufführung Er nicht allerdings rühmen kann, zu empfehlen, dass wir ihn in unser Haus aufnehmen möchten: ich zweifle sehr, dass es geschehe, doch habe ich übernohmen bey Ihnen der Sache nachzufragen, zumahlen H: Schulthess uns an Sie verwiesen hat: Ich bitte also, mir eigentlich zu sagen, was Sie von diesem seinem Neveu gutes oder böses wissen & zu sagen, ob es rathsam wäre, ihn anzunehmen», in: Zellweger, Johannes (1730–1802): 1 Brief an Johann Caspar Hirzel (1725–1803) in Zürich, Trogen, 21.10.1771.

585 Zellweger, Johannes (1730–1802): 1 Brief an Johann Caspar Hirzel (1725–1803) in Zürich, Trogen, 04.11.1771.

586 Zellweger, Johannes (1730–1802): 1 Brief an Johann Caspar Hirzel (1725–1803) in Zürich, Trogen, 06.01.1772.

587 Zellweger, Johannes (1730–1802): 1 Brief an Johann Caspar Hirzel (1725–1803) in Zürich, Trogen, 05.10.1772.

> Nacht aus dem Staub gemacht, Gott weiss wohin, ich weiss es nicht. Er förchtete, sein H: Vatter würde ihn ins Zuchthaus einsperren lassen.[588]

Das Vokabular verdeutlicht, dass der junge Schulthess in keiner Weise dem erwünschten «Sozialcharakter» eines kaufmännischen Lehrjungen entsprach. Sein Unvermögen, sich anzupassen, in Kombination mit der väterlichen Ablehnung überforderte den jungen Schulthess emotional. Er nahm aus Furcht um seine persönliche Freiheit Reissaus.
Neben Heimweh und Flucht beendete letztlich auch der Tod eines Lehrjungen die Lehre im Ausland. Dieses Schicksal ereilte drei Lehrjungen in den Handelshäusern Zellweger in Lyon. Der älteste Sohn von Zellweger-Sulser, Johann Conrad Zellweger (1721–1743), starb in Lyon im Alter von 22 Jahren. Genaue Angaben über die Todesursache konnten im Fall des Lehrjungen Melchior Sigmund Riethmayer (1759–1775) von Memmingen in Lyon ausgemacht werden. Am 20. November 1774 von Zürich mit der «Messagerie» nach Lyon abgereist[589], starb der älteste von vierzehn Kindern des Müllers Christian Riethmayer (1728–1782) von Buxach (Bayern)[590] noch vor Mitte Mai 1775 im Haus *Zellweger père & Comp.* an Wurmbefall und Faulfieber infolge einer bakteriellen Infektionskrankheit:

> Der junge H: Riethmayer, den ich Ihnen zugesandt hatte als Er nach Lyon reiste, ligt tod krank in meinem Hause. Il a des Vers, la fivre putride et maligne, lasst alles ins Bethe lauffen, hat schon einiche Tage keine Kanntnus mehr: ich würde Ihn sehr bedauren, dann wir sonsten recht wohl mit Ihme zufrieden sind.[591]

Des einen Unglück war des andern Glück. Nur einen Tag nach Vernahme des Todes von Riehtmayer in Lyon trug Zellweger-Hirzel-Scheuss die freigewordene Lehrstelle dem Sohn von Jacob Schindler in Mollis (Glarus) an. Der Antrag erfolgte auf wiederholte Empfehlung durch Landammann Jacob Sulser von Azmoos (St. Gallen), einem Vetter Zellweger-Hirzel-Scheuss'.[592] Auch der junge Ryhiner, einziger Sohn eines Arztes Ryhiner von Basel und Lehrjunge im Haus *Zuberbühler & Co.* in Lyon, starb während seiner Lehrzeit in Lyon. «[Rhyhiner] ginge in die Rhone zu Baden [und] hatte das Unglück zu ertrinken».[593]

Organisatorische Probleme – Taschengeld für den Lehrjungen, Geschenk für den Lehrmeister

War die kaufmännische Lehre in Lyon angetreten, waren organisatorische Fragen bezüglich des Taschengelds und auch angemessener Anerkennung der Leistung des Lehrmeisters zu regeln. Ruppert (1984) betonte die «patriarchalische Gewalt des Hausvaters gegenüber dem Lehrjungen oder dem Gesinde». Er war sowohl für die Erziehung als auch die Fürsorge des Lehrjungen verantwortlich. Er bestimmte dessen Arbeitswelt und persönlichen Freiraum.[594] Der Kaufmann der Frühen Neuzeit war die unbedingte Autorität in Sachen Ordnung, Beziehungen und Arbeitsfeld der Hausangehörigen. Die Verantwortung für den Umgang des Lehrjungen mit eigenem Geld jedoch lag beim Vater oder Bürgen. Die Kaufleute Zellweger mischten sich nicht ein, sondern befolgten exakt die Anweisungen. Im Dezember 1767 entsetzte sich Johann Jacob Bidermann von Winterthur als Inhaber von *Bidermann & Co. darüber*, wie seinem Sohn als Lehrjungen im Haus *Zellweger frères & Comp.* in Lyon mit total £ 728 viel zu viel Geld «avanciert» worden war. Zellweger-Sulser überliess es Bidermann, die Höhe des Taschengelds festzulegen: «Was Sie entschliessen, solle exact befolget werden. Wir aber wollen auch

---

588 Zellweger, Johannes (1730–1802): 1 Brief an Johann Caspar Hirzel (1725–1803) in Zürich, Trogen, 12.10.1772.

589 «Wann ein junger Mensch Herr Riethmayer von Memmingen gesinnt ist, sich der Messageri zu bedienen, die über 8 Tag, das ist der 19. od. 20. diess, von Zürich abgeht, um sich nach Lyon in unser Haus zu begeben, als fragen hiermit an, ob er sich einenen Platz in der Messagerie auf den 19. bis 21. dis versprechen könne, und welches Tags & zu welcher Stund diese von Costi abgehe: Durch wenige Nachricht hiervon werden Sie sich sehr verbündlich machen, diejenigen so zu dehro werthen Befehlen bereit, mit aller Hochachtung die Ehre haben», 12.09.1774, S. 89.

590 Rittmayer: Die Riethmayer [...] aus Memmingen, in: Deutsches Familienarchiv (13/1959), S. 189.

591 Zellweger, Johannes (1730–1802): 1 Brief an Johann Caspar Hirzel (1725–1803) in Zürich, Trogen, 08.05.1775.

592 Zellweger Vater & Comp.: 1 Brief an Jacob Schindler in Mollis, Trogen, 16.05.1776, S. 204.

593 Zellweger, Johannes (1730–1802): 1 Brief an Johann Caspar Hirzel (1725–1803) in Zürich, Trogen, 12.08.1776.

594 Ruppert: Bürgerlicher Wandel (1984), S. 81.

ohne reproches seyn».[595] Der junge Bidermann, der seine Lehre im Juli 1771 abschloss, lebte gegen den Willen des Vaters in Lyon auf grossem Fuss.[596] Umsichtiger wurde das Problem des Taschengelds im Fall des Lehrjungen Hirzel angegangen. Der Stadtarzt von Zürich verliess sich auf den Vorschlag seines Schwagers bezüglich Taschengeld in Lyon «für mênu plaisirs»:

> Zu Lyon wird H: Honnerlag Ihme das nöthige Gelt zu bedörfenden Kleidern anschaffen, mithin wird gut seyn, wann Sie H: Vett: Honnerlag Dehro Willen überschreiben, wieviel & was für Kleider Sie Ihme wollen machen lassen, und wieviel Sie Ihme monatlich für seine mênu plaisirs geben wollen: ich habe ½ Federth. gehabt, es ist aber zu wenig, & ich würde Ihme weniger nicht als 6., das ist einen Federth[aler]: monathlich geben. Was Sie resolvieren, schreiben Sie nur an H: Honnerlag [...].[597]

Der Vorschlag für das Taschengeld basierte somit auf der persönlichen Erfahrung von Zellweger-Hirzel-Scheuss. Seine nachträgliche Einschätzung zeigt, wie er während seiner Lehrzeit in Lyon finanziell an der kurzen Leine gehalten worden war. Und er hielt es wiederum so mit seinen drei Söhnen, wie Zellweger-Gessner belegt. Die Beschränkung des Taschengeldes diente familienintern der Vermittlung des kaufmännischen Grundprinzips der Sparsamkeit.

Geschenke sollten den Lehrmeister dem Sohn als Lehrjungen gewogen machen. Dieses Vorgehen war insbesondere über die ausgesprochen umfangreiche Korrespondenz in Bezug auf den ersten Lehrjungen Johann Christoph Peyer von Schaffhausen zu belegen.[598] Auf den «vernüglichen Bericht» aus Lyon, «dass Er sich wol schicke, & sie mit Ihme zufriden seyen. Wir hoffen, Er werde ebenfahls ohne Klägten seyn, [...]»[599], machte seine Mutter «Madame la Capitaine» Peyer dem Lehrmeister Zellweger-Wetter in Lyon ein «gar kostbahr Praesent». Es wurde mit «Ergebenheit & Respekt» und dem «verbindlichsten Dank» entgegengenommen.[600] Es handelte sich um feinsten, Tabak von der französischen Kolonie Saint Domingue auf der Westindischen Insel Hispanola: «Für gesant delicaten Tabac de St. Domingue sind wir höchst dankbahr, & wünschten entgegen mit angenehmen aufwarten zukönnen [...]».[601] Im Gegenzug war Zellweger-Wetter als junger «Direktor» des eben gegründeten Handelshauses *Zellweguer frères & Comp.* in Lyon bereit, dem Lehrjungen Peyer Vorschüsse zu «verschidenen Depenses» in der Höhe von £ 849.– zu machen, wohlwissend, dass er sich auf deren Erstattung verlassen konnte.[602] Der Betrag lag um £ 121.– höher als bei Bidermann von Winterthur und wurde nicht beanstandet. Ganz am Ende der Korrespondenz fand sich doch noch ein Hinweis, dass man mit dem Betragen des Lehrjungen Peyer in Lyon nicht immer vollauf zufrieden war und ihm zuweilen eine Standpredigt gehalten hatte. Auf Nachfrage des besorgten Onkels erachtete man das Vorgehen «lediglich zu seinem besten & unserer Schuldigkeit gemäss zu sein». [603] Nach Abschluss der dreijährigen kaufmännischen Lehre reiste der frisch

595 «In Betref vor ferneren avances b[e]l[ieben]. Sie nur Dehro Willens Meinung L[ieb]. Unsrigen in Lyon & dehro H: Sohn allda wohl ausgedruckt zu überschreiben. So werden sie sich allzeit danach richten. Hätten E[uren]L[ieben] uns dieses vor einem Jahr gesagt, so wäre ihm gewiss nicht so viel avanzirt worden. Villeicht wäre am besten gethan, wann Sie ihme die bedörfenden Gelder geradezu übermachten und sich öfter Conti ertheilen liessen. Denn wann er in den ersten 3. Monathen die £ 472:– verbrauchte, so könnte er die 9. übrigen Monath nicht ohne Geld zubringen. Schreiben Sie darüber unserem Haus in Kürze und Dehro H: Sohn»., in: Gebrüder Zellweger & Comp.: 1 Brief an Johann Jakob Bidermann & Co. in Winterthur, Trogen, 10.12.1767, S. 734.

596 Zellweger, Johannes (1730–1802): 1 Brief an Johann Caspar Hirzel (1725–1803) in Zürich, Trogen, 06.08.1767 sowie 01.07.1771.

597 Zellweger, Johannes (1730–1802): 1 Brief an Johann Caspar Hirzel (1725–1803) in Zürich, Trogen, 31.07.1769.

598 Gebrüder Zellweger & Comp.: 21 Briefe an Im Thurn de Giersperg in Schaffhausen, 1747–1751, 14.12.1750, S. 472.

599 Gebrüder Zellweger & Comp.: 1 Brief an Im Thurn de Giersperg in Schaffhausen, Trogen, 12.08.1748, S. 124–125.

600 «[...]; und des Schr[eibers]: diss [Johannes Zellweger (1695–1774)] sein jüngerer Sohn (Johannes Zellweger (1730–1802)] vor etwas Zeit einberichtet, wie dato H: Payer Ihme ein gar kostbahr Praesent gemachet, als thun hiermit sowol msgh: Frau Payerin (:die unserer Ergebenheit & Respects versichern:) als hochgeehrtem H[errn]: den verbindlichsten Dank darfür erstatten, mit dienstfer[tiger]. Bitt, uns ein Anlaas zu schaffen, Sie in der That convincieren zu können, [...]»., in: Gebrüder Zellweger & Comp.: 1 Brief an Im Thurn de Giersperg in Schaffhausen, Trogen, 02.12.1748, S. 165.

601 Gebrüder Zellweger & Comp.: 1 Brief an Im Thurn de Giersperg in Schaffhausen, Trogen, 26.01.1750, S. 337–338.

602 Gebrüder Zellweger & Comp.: 1 Brief an Im Thurn de Giersperg in Schaffhausen, Trogen, 21.07.1749, S. 256.

603 Zellweger, Johannes (1695–1774): 1 Brief an Im Thurn de Giersperg in Schaffhausen, Trogen, 17.05.1751, S. 526.

gebackene Kaufmann Peyer nach Paris. Obwohl die Eltern über den Lernerfolg ihres Jungen bis über den Abschluss der Lehrzeit in Unsicherheit blieben, schien ein Abschlussgeschenk an den Lehrmeister Brauch gewesen zu sein. Der Wert des Geschenkes sollte der Zufriedenheit und Verpflichtung entsprechen. So schickte es sich für das Geschenk an Lehrmeister Honnerlag-Zellweger beim Lehrabschluss des jungen Hirzel in Lyon 1772:

> Das Geschenk kann, wann man nicht precis weiss, mit was man angenehm wäre, an Gelt gemacht werden: doch wann ich es könnte an einem Silberstück, es seye ein Besteck, Thee oder Cafféegeschirr machen, so würde ich es preferieren. Zumal diess ein immerwährendes Andenken ist. Doch meynte ich, der Werth von 3 à 4 Nld'ors wäre genug, dann man wird es als ein Zeichen Dehro Zufriedenheit annehmen und mit nichten als eine Schuldigkeit ansehen.[604]

Das Geschenk an den Lehrmeister sollte ihn motivieren, den Lehrjungen als fähigen Buchhalter ins Berufsleben zu entlassen und «ihme einen guten Platz in einem Seehafen od[er]: in dem Königreich suchen» zu helfen.[605] Über Geschenke sicherten sich die Eltern in der Heimat die Gewogenheit des Lehrmeisters. Zellweger-Hirzel-Scheuss freute sich sehr über das Kompliment des Schwagers, der über die kaufmännische Lehre seines Sohnes im Haus *Zellweger frères & Comp.* in Lyon «sowohl in Ansehung des erlernten als seiner Aufführung halber wohl mit Ihme zufrieden» war. Es war «Dieses der höchste Gipfel, wohin wir unsere Kinder bringen können, wan wir sie zu *Tugend* und *Arbeitsamkeit* bilden können. Gott gebe darzu sein ferneres Gedeyhen!»[606]

Erzieherische Probleme – Charakter, Betragen, Schrift

Ein Bericht von Mayr von Arbon (Thurgau) über sein kaufmännisches Volontariat in Genua in den 1770er Jahren vermag allgemein ein Licht auf die Situation von Lehrjungen in dortigen Handelshäusern zu werfen. Ähnlich wie der junge Peyer, der «als eigen besorg[t] & tractier[t]», also wie ein eigener Sohn behandelt wurde[607], war Mayr gern gesehener und wertgeschätzter «Kostjunge» im Handelshaus Ambrosius Custer in Genua. Seine einzige und ausschliessliche Beschäftigung aber war das «copiren» der Geschäftsbriefe:

> Copiren jeden Tag den Gott das ganze lange Jahr über schenkte, vom ersten Januar bis zum lezten December, oft vom frühen Morgen bis in die späte Nacht, u. an Posttagen bis zwey, drey Uhr nach Mitternacht. Die Sonntage [...] brachte [ich] zu mit copiren, wenigstens die Vormittage, und copirt ward in deutsch, französisch und italienisch.[608]

---

604 Zellweger, Johannes (1730–1802): 1 Brief an Johann Caspar Hirzel (1725–1803) in Zürich, Trogen, 06.01.1772.

605 «Dem H: Schwager od[er]: seiner Liebsten wegen seiner mit dem neveu nehmenden Mühe und getreuwen Sorgfalt ein kleines Presence zu machen, dörfte vielleicht keinen schlimmen effect thun, und veranlassen, dass er seine Mühe gegen ihn verdoppelte & alles anwendete, damit Er bey austritt aus unserem Haus so wohl zu Führung der Correspondenz als doppelter Buchhaltung Tüchtigkeit häte, ich wollte also anrathen, ihme izt und ohne langen Anstand ein Presence von 3. à 4. Nld'ors zu machen für seine angewandte Mühe & Sorgfalt und zugleich bitten zu verschaffen, dass der H: Vetter L[eonhard]: bey Austritt aus unserem Haus im Stande seye, obige zwei Stück zu versehen, und desnahen sich eines Salariums würdig zu machen &ca. Sie möchten ihm zugleich empfehlen, ihme einen guten Platz in einem Seehafen od[er]: in dem Königreich zu suchen, wann Sie es gut finden. Jedoch dass man den jungen Menschen nicht namse, bis sich eine anständige Condition hervor thut. Sie haben mich zu einer geraden Erklärung hierüber aufgefordert, nehmen Sie mir dieselbe nicht in Übel auf. Wann man zu Neuenburg eine Condition fände, häten Sie nicht Lust, Dehro H: Sohn allda in eine Indiennehandlung zu placieren?», in: Zellweger, Johannes (1730–1802): 1 Brief an Johann Caspar Hirzel (1725–1803) in Zürich, Trogen, 06.01.1772.

606 Zellweger, Johannes (1730–1802): 1 Brief an Johann Caspar Hirzel (1725–1803) in Zürich, Trogen, 03.08.1772.

607 «Die Stunden, so H: Payer für die Sprachen, Schreiben, Musis &ca. employeren möchte, wirt man Ihme in so weit es ohne Abbruch der Geschäften geschehen kann, ganz willig vergönnen, & Ihn auf alle weiss als eigen besorgen & tractieren, [...]»., in: Zellweger, Conrad (1694–1771): 1 Brief an Im Thurn de Giersperg in Schaffhausen, Trogen, 12.08.1748, S. 125.

608 Buenzli (Hg.): Mayr: Meine Lebenswanderung (2/2010), S. 83.

Das Urteil Mayrs über den Lerneffekt dieser todlangweiligen Methode des tagefüllenden Kopierens der Geschäftskorrespondenz Custer fiel vernichtend aus. Er lernte nicht das Geringste. Seine Rettung war eine fingierte «mercantil=Correspondenz» über imaginäre Wareneinkäufe, Sendungen, Verkäufe, Zahlungen mit einem Freund», durch welche er auf spielerische Weise «Überlegen und Denken in Handelsdingen» gelernt habe.[609] Dass die «Idée» einer fingierten Handelskorrespondenzen zwecks Übung des Verfassens von Geschäftsbriefen keineswegs nur in Genua kursierte, bewies das Angebot von Johannes Tanner (1759–1804) einer solcherart fingierten Geschäftskorrespondenz an seinen Cousin Johannes Zellweger (1764–1832) in Lyon, was der Lehrjunge Zellweger auf Geheiss des Vaters «unbedingt und dankbar anzunehmen» hatte.[610] Mayr machte aber auch in drastischen Worten darauf aufmerksam, dass Lehrjungen in der Hierarchie innerhalb des «Comptoirs» ganz unten angesiedelt waren: «Auch ward ich als HausGenoss und nicht als gewohnter Commis oder gar Lehrjung behandelt, welche, hin u. wieder, *wie man weiss* [H.d.d.A.], kaum eine Stufe höher als die Hunde beachtet werden».[611] Ihm selber als privilegiertem Kostjungen, dem die Eltern ein «Tischgeld» beim Lehrmeister finanzierten, erging es völlig anders. Mit der Formulierung «wie man weiss» erhob Mayr Anspruch auf Allgemeingültigkeit.[612]
Eine umfangreiche Korrespondenz über das Verhalten eines kaufmännischen Lehrjungen in Lyon entwickelte sich insbesondere dann, wenn sein Verhalten nicht dem geforderten «Sozialcharakters» entsprach. Besonders schien dies bei dem Lehrjungen Sebastian Frischknecht von Herisau in Lyon der Fall gewesen zu sein. Zellweger-Ehrliholzer-Sulser rapportierte seinem Vater, Wirt des Restaurants «Dreikönige», was er 1756 «zu unserer grössten Bestürzung» aus Lyon vernehmen musste. Der junge Frischknecht sei «unanständig und ungehorsam», «gibt keine Acht auf gütliches Ermahnen», «macht alles auf seinen eigenen Kopf hinaus» und «ist so einbildlich, dass er nicht dient, sondern verlangt, dass man ihm dienen soll».[613] Er sah nur noch die Lösung, den Jungen wieder von Lyon «heraus» zurück nach Herisau zu schicken. Die Umstände verschlimmerten sich. Obwohl Frischknecht «alle Geschäfte under die Hände gelassen werden», führte er sich weder «in allem williger [noch] gehorsamer» auf. Eines Tages verschlief er bis nach acht Uhr und damit das Öffnen des Gewölbes für die Kundschaft. Zellweger-Ehrliholzer-Sulser rief entrüstet aus: «Ist dieses nicht eine Schand für einen so jungen Menschen, um 8 Uhr noch im Beth zu seyn?» Auf die «verdiente» Zurechtweisung reagierte Frischknecht, indem er einen halben Tag lang in einem Winkel stehend «stammerte». Das hatte nun in den Augen Zellweger-Ehrliholzer-Sulsers wiederum keine «rechte Manière». Schelte diente der Besserung. Er forderte Vater Frischknecht auf, seinem Jungen kräftig zuzusprechen, damit er gehorsamer und «zu denen Handelsgeschäften willig» werde. Das Pflichtenheft für einen Lehrjungen in den Handelshäusern Zellweger in Lyon umfasste einen ganzen Katalog an Aufgaben:

> Dann das Magazin auf und zu zumachen, auf die Post zu gehen & dergleichen sind Sachen, die einem Handelsjungen zu thun gebühren, und haben es schon vornehmere Leuth thun müssen. Wann man Ihn heisste, Lauf-Geschäfte thun, als Holz oder Wasser tragen, so wäre es was anderes. Aber dieses geschieht nicht. Wann er aber glaubte, er wäre zu kostlich, der Lwth-Handelsgeschäfte zu thun, oder sich einbildet, wir müssten es für einen Dienst haben, dass er bey uns ist /: wie sich dann H: Ehrliholzer verlauten lassen :/, so könnten es nicht guth thun, und wären wir genöthiget, denselben widerum zu entlassen. Dann es gibt junge Leuthe genug, die es für ein Glück sähen, in unser Haus einzutretten.[614]

Der junge Frischknecht schien sich also auf seinem Status als zahlender «Kostjunge» auszuruhen. Für eine solche Haltung ging Zellweger-Ehrliholzer-Sulser jegliches Verständnis ab, da er die geforderten

609 Buenzli (Hg.): Mayr: Meine Lebenswanderung (1/2010), S. 93.
610 Zellweger, Johannes (1730–1802): 1 Brief an Sohn Johannes Zellweger (1764–1832) in Lyon, Trogen, 08.11.1779.
611 Buenzli (Hg.): Mayr: Meine Lebenswanderung (2/2010), S. 83.
612 Auf ähnliche Forschungsresultaten kam Pott (1977) für den Kaufmannsgehilfen. Als Angehöriger einer sozial wesentlich tieferstehende Gruppe als derjenigen der Lehrjungen hatte er die niederen Arbeiten wie das Reinigen zu verrichten, die geführten Artikel zu kennen und die Kundschaft zu bedienen, vgl. Pott (Hg.): Über die kaufmännische Erziehung (1977), S. 25.
613 Zellweger, Conrad (1694–1771): 1 Brief an Sebastian Frischknecht in Herisau, Trogen, 07.02.1756, S. 444.
614 Zellweger, Conrad (1694–1771): 1 Brief an Sebastian Frischknecht in Herisau, Trogen, 07.03.1758, S. 453.

Aufgaben als Lehrjunge selber ausgeführt hatte. Er schlug die Kürzung des Taschengelds als Taktik vor, «umb den Sebastian zu animieren, dass Er sich zu dem schuldig Gehorsam desto williger erzeigen».[615] Über den Lehrjungen Hirzel und sein Verhalten in Lyon ist besonders viel bekannt, da es Thema der wöchentlichen «Partikularkorrespondenz» zwischen seinem Onkel Zellweger-Hirzel-Scheuss und seinem Vater Hirzel war. Schon vor Antritt der Lehre mahnte Zellweger-Hirzl-Scheuss, «lassen Sie ihn indessen Französisch, Italiänisch, und wohl schreiben & rechnen lehren».[616] Bei seiner Einarbeitung in Trogen genügte seine Handschrift den hohen Anforderungen an einen Kaufmann nicht:

> Der Vetter Leonhard und der Graff verstehen sich recht gut miteinander. Der Vetter Leonhard schreibt aber so schlecht, dass ich ihn nicht gern vieles in die Bücher schreiben lasse, welches mir wehe thut. Wann Er auf Lyon komt, wird ein erstes Werck seyn, dass man ihm einen Schreibmeister geben muss. Sonst haltet Er sich meisterlich wohl, ist willig & gehorsam.[617]

Das Problem der Schrift war aber auch im zweiten Lehrjahr 1771 nicht gelöst. Ein von Hirzel selber verfasstes Schriben, wohl die monatliche Verkaufsabrechnung, war so nachlässig verfasst, dass Zellweger-Hirzel-Scheuss ihm Vorwürfe machte:

> wir haben Schriften von H: Vett Leonhard in Lyon geschrieben empfangen, worinnen er sich ungemein negligiert hat. Wir machen Ihme deswegen reproches & ich bitte Ihme zu sagen, dass Er sich das dem Schreibmeister ausgelegte Gelt besser zu Nutz mache. Ich werde Ihme nächstens auch schreiben: mich dunkt, H: Honnerlag gehe allzu gelinde mit Ihme um; dann Er hätte diese Schriften Ihme nicht abnehmen sollen.[618]

Er veranlasste sogar seinen Bruder Zellweger-Wetter, dem jungen Hirzel «seine Sudeli»[619] im «Handlungsbrief» speziell vorzuhalten, da er sich um den Erfolg seines Neffens sorgte:

> [Ich würde] mich schämen, wann Er aus unserem Haus austräte und nicht einen bessern Buchstaben schreibe und mehr Ordnung in einem Conto zu observieren wüsste: Es ist allen jungen Leuten eigen, dass sie von Zeit zu Zeit müssen gemahnet werden, ich erinnere mich auch gar wohl, dass ich nehmliche Mahnungsbriefe erhalten habe: mithin will ich nicht hoffen, dass es Ihnen Verdruss mache, wann ich Ihnen so etwas schreibe, sonsten ich ehender trachten würde, den Sachen anderst zu helfen.[620]

Obwohl Hirzel im November 1771 «von neuem [empfohlen wurde,] sich «in dem Schreiben zu verbessern und in den Rechnungen, Buchhalten & Correspondieren recht fest zu machen»[621], verbesserte sich sein Schriftbild nicht. Welche Konsequenzen das auf seine Berufsaussichten haben würde, versuchte Zellweger-Hirzel-Scheuss seinem Schwager mit dem Hinweis klarzumachen, dass Kaufleute insbesondere auf eine schöne Handschrift achteten:

> Ich kann Ihnen aber zum Voraus sagen, dass seine schlechte Handschrift, die Er ehender negligiert als verbesseret, machet, dass man ihn weniger zu dergleichen Beschäftigungen brauchen kann. Dann Kaufleuthe sehen auf eine schöne Handschrift. Sie haben davon ein Muster, da man Ihnen von Amsterdam aus die Handschrift fordert.[622]

615 Zellweger, Conrad (1694–1771): 1 Brief an Sebastian Frischknecht in Herisau, Trogen, 18/29.12.1758, S. 553.
616 Zellweger, Johannes (1730–1802): 1 Brief an Johann Caspar Hirzel (1725–1803) in Zürich, Trogen, 08.05.1768.
617 Zellweger, Johannes (1730–1802): 1 Brief an Johann Caspar Hirzel (1725–1803) in Zürich, Trogen, 15.05.1769.
618 Zellweger, Johannes (1730–1802): 1 Brief an Johann Caspar Hirzel (1725–1803) in Zürich, Trogen, 05.08.1771.
619 Zellweger, Johannes (1730–1802): 1 Brief an Johann Caspar Hirzel (1725–1803) in Zürich, Trogen, 12.08.1771.
620 Zellweger, Johannes (1730–1802): 1 Brief an Johann Caspar Hirzel (1725–1803) in Zürich, Trogen, 12.08.1771.
621 Zellweger, Johannes (1730–1802): 1 Brief an Johann Caspar Hirzel (1725–1803) in Zürich, Trogen, 18.11.1771.
622 Zellweger, Johannes (1730–1802): 1 Brief an Johann Caspar Hirzel (1725–1803) in Zürich, Trogen, 04.11.1771.

Die Schrift war nicht das einzige Problem. Zellweger-Hirzel-Scheuss gab sich anfänglich ausserordentlich optimistisch in Bezug auf Hirzels Eignung zum Lehrjungen: «Ich meines Orths habe die beste Hoffnung, dass er sich zu den Geschäften tüchtig machen werde: worzu Ihme eine *gute Aufführung* und *unverdrossene application* [H.d.d.A.] sehr behölflich seyn werden».[623] Während eines Besuches von Neffe Hans Caspar Hirzel in Trogen hielt er ihm «moralische Discourse». Zellweger-Hirzel-Scheuss zeigte sich als Anhänger der «strengen application», eines Arbeitseifers, den er gerade bei der «insgemein flüchtigen Jugend» vermisste:

> Der Herr Vetter Hans Caspar ist vielleicht nicht so wohl mit mir zufrieden, weil ich ihm ein paar mahl moralische Discourse gehalten, ich fande es nöthig, dan Er bisweilen ein wenig unbescheiden ist. Ich bitte Sie aber, Ihme nichts davon zu sagen, sondern es unter uns zu behalten, ich glaubte eine *strenge application* wäre seinem Feüer sehr nöthig und dass Er durch dieselben einer der fähigsten Männern werden dörfte. Die Jugend ist insgemein sehr flüchtig, und nur *die application bringt wahre Soliditaet* [H.d.d.A.]. Ich hoffe, Sie nehmen mir dieses gefällte Urtheil als ein Zeichen meiner Besorgnus für das Wohl meines lieben Neveux auf.[624]

Nach den ersten neun Monaten im Handelshaus *Zellweguer frères & Comp.* in Lyon verreiste Hirzels Lehrmeister Honnerlag nach Trogen, um die Schwester seiner Associés zu heiraten, Witwe Anna Tanner-Zellweger (1734–1792). Zellweger-Wetter vertrat ihn während seiner Abwesenheit in Lyon als Direktor und Lehrmeister. Das sah Zellweger-Hirzel-Scheuss als Chance für Hirzel, «seine Fähigkeiten zu schärfen», indem er «desto ehender zu allerhand Geschäften izt muss gebraucht werden».[625] Unter Zellweger-Wetter kam aus, «Dehro H: Sohn seye der Überzeugung, dass weil Er Tischgelt bezahle, habe Er sich um unsere Arbeit nicht so sehr zu bekümmeren». Auch Honnerlag schrieb, «dass Er mit Ihme überhaupt zufrieden seye, qu'il le trouve cependant toujours plus gentil à la table et à la cuisine qu'au comptoir». Das war der Anlass für die zweite Moralpredigt:

> Hätte der l[iebe] H: Vetter dergleichen prinicpia, so wären sie falsch, dann wann Er uns nicht arbeiten & unser interesse recht wohl beherzigen kann, so wird Er sein eigenes auch nicht behertzigen können; Er solle sich auch auf einen Zeit über einen Verweis, den Ihme H: Honnerlag gegeben, beschwährt haben: namlich H: Honnerlag hätte sollen seinem H: Vatter schreiben. So würden Sie ihm zugesprochen und er sich gebesseret haben. Wären Sie nicht mein lieber Herr Schwager, so würde ich Ihnen mit dergleichen Kleinigkeiten verschohnen, dann für uns ist es zu letzt gleich, ob Er ein wenig mehr oder weniger arbeitet, allein ich weisse, dass Sie sich die kleinste Sachen zu Nuz machen. Thun Sie, was Sie gut finden, doch würde ich sehr einrathen, Ihme wieder zu erneueren, was H: Honnerlag seith letzt passiertem von ihm schreibt, & ihme auch einzuschärfen, dass seiner Patronen Befehle sowohl als seines Herrn Vatters in Handlungssachen & was die Sitten belangt, müssen befolget werden.[626]

Auf diese erneute Ermahnung zeigte der junge Hirzel in seinem Brief an den Onkel «die erwünschte emulation, sich nüzlicher zu machen & etwas zu lehrnen».[627] Das Ziel schien erreicht: «Er bekommt einen *selbst trieb*, sich den Geschäften anzunehmen».[628]
Wie es den Lehrjungen der Kaufleute Zellweger nach Lehrabschluss erging, welche Berufe sie ergriffen und welche Laufbahnen sie einschlugen, wird im folgenden Unterkapitel untersucht.

---

623 Zellweger, Johannes (1730–1802): 1 Brief an Johann Caspar Hirzel (1725–1803) in Zürich, Trogen, 07.08.1769.
624 Zellweger, Johannes (1730–1802): 1 Brief an Johann Caspar Hirzel (1725–1803) in Zürich, Trogen, 14.08.1769.
625 Zellweger, Johannes (1730–1802): 1 Brief an Johann Caspar Hirzel (1725–1803) in Zürich, Trogen, 14.05.1770.
626 Zellweger, Johannes (1730–1802): 1 Brief an Johann Caspar Hirzel (1725–1803) in Zürich, Trogen, 24.09.1770.
627 Zellweger, Johannes (1730–1802): 1 Brief an Johann Caspar Hirzel (1725–1803) in Zürich, Trogen, 25.03.1771.
628 Zellweger, Johannes (1730–1802): 1 Brief an Johann Caspar Hirzel (1725–1803) in Zürich, Trogen, 25.04.1771.

Nach der Lehre – Buchhalter, Sensal oder Teilhaber

Dass es auch nach Abschluss einer kaufmännischen Lehre nicht einfach war, eine Arbeit als Buchhalter zu finden, zeigte sich am Werdegang des jungen Hirzel von Zürich. Er betrieb die Stellensuche nicht selbst, sondern verliess sich auf das Engagement von Vater Hirzel und Onkel Zellweger-Hirzel-Scheuss. Dieser drängte bereits im November 1771 auf eine Stellensuche, obwohl Hirzels Lehre erst im Sommer 1772 zu Ende ging. Der «vätterliche» Onkel wollte verhindern, dass sein Neffe auch nur eine Stunde «müssig stehen müsste».[629] Der Müssiggang verleitete zu einer unerwünschten «Lebensarth».[630] Dazu gehörte «das Visite machen & empfahen, spatzieren &ca.». Zellweger-Hirzel-Scheuss empfahl dem Vater, seinen Jungen «so viel möglich in dem Geleise der Geschäfte» zu halten, denn «Gewinn & Nutzen» stellten sich nur als «Belohnung einer redlichen und fleissigen Arbeit» ein. In der Arbeit fortzufahren, war seiner Meinung nach einfach, «aber wo man einmahl aufgehört hat, ist es schwehr sich wieder an dieselbe zu gewöhnen».[631]
Sein erster Vorschlag, den jungen Hirzel für weitere drei Jahre im Handelshaus *Zellweger frères & Comp.* in Lyon anzustellen, scheiterte am Teilhaber Zellweger-Wetter. Dessen Neffe Johann Ulrich Wetter hatte man auch nicht über die Lehrzeit hinaus anstellen wollen.[632] Vater Hirzel und Onkel zapften nun ihre Netzwerke an: «Für den H: Vetter Leonhard werde ich nächstens schreiben, allein in Frankreich wimmelt alles von *Kaufmannsbedienten* [H.d.d.A.], und sie werden mehrest schlecht belohnet [...,]». Die Perspektiven für eine Anstellung als Buchhalter in Frankreich waren denkbar schlecht. Über einen Herrn Deluc wurde versucht, eine Anstellung in Bordeaux zu finden, denn «Es werden da sehr grosse Geschäfte & auch viele Geschäfte nach der Schweitz gemacht, als wie in allerhand Americanischen Produkten».[633] Dann fasste man Amsterdam ins Auge. Wenn der junge Hirzel dort im Handel mit Baumwollartikeln angestellt werden könnte, wäre das sinnvoll für seine künftige Tätigkeit in Zürich. Denn die Baumwollware «schickte» sich besser für Zürich als die Leinenware.[634] Als sich «aus Amsterdam gute Hoffnung» ergab, den Neffen «wohl zu placieren», riet Zellweger-Hirzel-Scheuss, «diesen Faden nicht zu unterbrechen».[635] Er liess nicht locker[636] und insistierte[637]:

> Haben Sie noch keine gute Nachricht für Ihn aus Amsterdam? Wann Sie keine Hofnung hätten, ihn da zu placieren, so wollte ich mich seinetwegen in Frankreich, Genua oder Spanien umsehen. In London habe ich keine Bekanntschaft.[638]

Nach London wurde von 1762 bis 1769 einzig der Kontakt mit dem Kunden *Jean Batista Rebout* unterhalten.[639] Mit «Spanien» meinte Zellweger-Hirzel-Scheuss primär den «Seehaven»[640] Cádiz als Hauptstapelplatz des Handels mit den Kolonien in Übersee. Doch das finanzielle und gesundheitliche Risiko schien zu gross, um diesen Plan weiter zu verfolgen:

> Ich gestehe, dass ich desnahen vorzüglich gesucht hätte, ihn nach Cadix zu placieren, wo grosse Geschäft verkehrt und grosse Fortunes gemacht werden; und wo Er selbst Anlas gehabt häte, gewisse [Baumwoll-] Zeüge von Züricher Fabriques zu verbrauchen: Wann Er aber keine Lust dahin bezeugt, so will ich ihn meines Orthes nicht bereden, dan der Climat & alles ist anderst als bey uns, und wann Er mit Widerwillen dahin

629 Zellweger, Johannes (1730–1802): 1 Brief an Johann Caspar Hirzel (1725–1803) in Zürich, Trogen, 03.02.1772.
630 Zellweger, Johannes (1730–1802): 1 Brief an Johann Caspar Hirzel (1725–1803) in Zürich, Trogen, 02.03.1772.
631 Zellweger, Johannes (1730–1802): 1 Brief an Johann Caspar Hirzel (1725–1803) in Zürich, Trogen, 20.07.1772.
632 Zellweger, Johannes (1730–1802): 1 Brief an Johann Caspar Hirzel (1725–1803) in Zürich, Trogen, 18.11.1771.
633 Zellweger, Johannes (1730–1802): 1 Brief an Johann Caspar Hirzel (1725–1803) in Zürich, Trogen, 02.03.1772.
634 Zellweger, Johannes (1730–1802): 1 Brief an Johann Caspar Hirzel (1725–1803) in Zürich, Trogen, 18.11.1771.
635 Zellweger, Johannes (1730–1802): 1 Brief an Johann Caspar Hirzel (1725–1803) in Zürich, Trogen, 04.11.1771.
636 Zellweger, Johannes (1730–1802): 1 Brief an Johann Caspar Hirzel (1725–1803) in Zürich, Trogen, 13.01.1772.
637 Zellweger, Johannes (1730–1802): 1 Brief an Johann Caspar Hirzel (1725–1803) in Zürich, Trogen, 03.02.1772.
638 Zellweger, Johannes (1730–1802): 1 Brief an Johann Caspar Hirzel (1725–1803) in Zürich, Trogen, 30.12.1771.
639 Gebrüder Zellweger & Comp.: 8 Briefe an Jean Batista Rebout in London, Trogen, 1762–1769.
640 Zellweger, Johannes (1730–1802): 1 Brief an Johann Caspar Hirzel (1725–1803) in Zürich, Trogen, 04.11.1771.

gienge und uns etwa durch eine Krankheit entrissen würde, so häte ich mir deswegen allezeit Vorwürfe zu machen. [...][641]

Als sich in diesem geografisch ambitiös gesteckten Rahmen nichts ergeben wollte, besann sich Zellweger-Hirzel-Scheuss auf die Schweiz und schlug eine Anstellung in Neuenburg vor: «Wann man zu Neuenburg eine Condition fände, häten Sie nicht Lust, Dehro H: Sohn allda in eine *Indiennehandlung* [H.d.d.A.] zu placieren?»[642] Damit käme der junge Hirzel mit dem für Zürich attraktiven Baumwollartikel «Indienne» in Bekanntschaft und bliebe in der Nähe. Doch Zellweger-Hirzel-Scheuss gestand, keine «Condition [Anstellung, A.d.A.] in Neuenburg» zu kennen. Als «Canal» schlug er einen «H: Schehrer» mit Verbindungen nach Neuenburg vor. Schliesslich ergab sich die Möglichkeit einer Anstellung bei Escher in Zürich, der mit Baumwollware handelte. Dazu war ein Empfehlungsschreiben über einen Verbindungsmann notwendig.[643] Diese Lösung fand Zellweger-Hirzel-Scheuss äusserst attraktiv: «Könnte Er bey H: Escher underkommen, so hielte ich ihn für wohl versorgt».[644] Nach drei Jahren bei Escher dürfte der junge Hirzel «nicht fehlen, wann Er sich selbst etablierte».[645] Es sollte noch einmal anders kommen. Hirzel wurde schliesslich Teilhaber bei *Wegmann & Co.* in Zürich. Daneben versah er lange Jahre das städtische Amt des Salzdirektors.

Bezüglich des beruflichen Werdegangs der Lehrjungen der Kaufleute Zellweger ist festzustellen, dass rund drei Viertel sich später selbständig als Kaufleute betätigten. Gründe dafür waren die Vorteile, ein väterliches Geschäft weiterführen zu können und über eine Erbschaft an notwendiges Kapital zu gelangen. Johann Conrad Tobler (1757–1825) von Grub, später Heiden und Speicher, war Sohn eines Kaufmanns, trat um 1770 die kaufmännische Lehre im Haus *Gebrüder Zellweger & Comp.* in Trogen an und kam 1773 in das Handelshaus *Zellweger frères & Comp.* in Lyon zu stehen. Nach Abschluss seiner Dienstzeit 1776 trat er in das väterliche Geschäft ein und übernahm es 1781 auf eigene Rechnung. Im Handel mit englischem Garn arbeitete er sich zum reichen Kaufmann empor, stiftete 1809 die *Waisen- und Armenanstalt Heiden* und 1811 die *Schule Bissau.*[646] Je individuelle Wege schlugen die beiden Pfarrerssöhne Hegner von Winterthur und Kitt von Zürich ein. Lorenz Hegner (1731–1807) baute sich eine Existenz als Kaufmann in der Hafenstadt La Rochelle (Nouvelle-Aquitaine) auf der Basis eines Darlehens der Kaufleute Zellweger von £ 1250.– auf. Später etablierte er sich unter *Hegner & Thieriot* in der *Nation Suisse à Bordeaux.*[647] Über seinen Handel mit den Kolonialwaren Kaffee, Baumwolle, Wein und Zucker aus Übersee pflegte er Handelsbeziehungen nach Bern, Solothurn, Freiburg, Basel, Nürnberg, Frankfurt, Hamburg und Amsterdam.[648] Johann Caspar Kitt (1749–1801), Sohn von Pfarrer David Kitt

641 Zellweger, Johannes (1730–1802): 1 Brief an Johann Caspar Hirzel (1725–1803) in Zürich, Trogen, 04.11.1771.

642 Zellweger, Johannes (1730–1802): 1 Brief an Johann Caspar Hirzel (1725–1803) in Zürich, Trogen, 06.01.1772.

643 Zellweger, Johannes (1730–1802): 1 Brief an Johann Caspar Hirzel (1725–1803) in Zürich, Trogen, 13.01.1772.

644 Zellweger, Johannes (1730–1802): 1 Brief an Johann Caspar Hirzel (1725–1803) in Zürich, Trogen, 03.02.1772.

645 Zellweger, Johannes (1730–1802): 1 Brief an Johann Caspar Hirzel (1725–1803) in Zürich, Trogen, 20.01.1772.

646 Koller/Signer: Appenzellisches Wappen- und Geschlechterbuch (1926), S. 361.

647 Die Schweizer Kolonie in Bordeaux setzte sich zusammen aus J.R.Wirtz von Bern, Ewarre [?] frères und Louis Meuron von Neuenburg, A. Henry von der Berner Landschaft, ein Untertane, Allaret & Chapuis von Genf, Archer, Braun & Cie. von Genf, Jurine & fils & Cie. von Genf sowie Schalch & Brändli, vgl. Lüthy: Die Tätigkeit der Schweizer Kaufleute und Gewerbetreibenden in Frankreich (1943), S. 187; vgl. auch Künzli: Bürgerbuch der Stadt Winterthur (2/1790–1850), S 458.

648 Ganz: Winterthur. Einführung in seine Geschichte (1960), S. 128.

in Brütten (Zürich), wurde «Sensal» und somit Makler oder Vermittler in der Stadt Zürich.[649] «Pestaluzz vom Brünneli» von Zürich wurde Oberrichter.[650]

Zusammenfassung: Die Plätze für Lehrjungen in den Kaufhäusern Zellweger waren begehrt. Über die Phase von 150 Jahren wurden in Trogen, Lyon und Genua insgesamt rund einhundert Lehrjungen zu Kaufleuten ausgebildet. Die Ausweitung von Handel und Geldwirtschaft trug gemäss Roeck (2017) zu einer Ausweitung der Kompetenzen Lesen und Schreiben bei. Über die Kommerzialisierung fand eine Demokratisierung der Bildung statt.[651] Die Forschung über die kaufmännische Lehre in der Frühen Neuzeit kam zu dem Resultat, dass die Ausbildungsverhältnisse ungenügend, schlecht und von Ausschliessungstendenzen gezeichnet gewesen seien. Bei den Kaufleuten Zellweger traten tatsächlich meistens zahlende Kostjungen ihre Lehre an, denen ihre verwandtschaftliche Beziehung den Zugang zur Lehrstelle ermöglichte. Aus der Perspektive der Arbeitgeber entschied das Kriterium, wem man einen Gefallen tun konnte.

Wirtschaftsbürgertum auf der Landschaft

In der Auseinandersetzung mit dem «Kaufmann Zellweger» dominierte seit den 1930er Jahren mit den Begriffen «Aristokratie» und «Dynastie» ein spezifisches Wortfeld mit tendenziöser Implikation; und das, obwohl die Zellweger niemals ein Adelsprädikat verwendeten. Unter «Aristokratie» verstand man seit dem 17. Jahrhundert die Gesamtheit des Adels. Man bezeichnete damit eine «kleine Gruppe besonders befähigter Personen» an oberster Position im Drei-Stände-Modell. Mit «Dynastie» ist spezifisch ein Herrschergeschlecht, eine hochadlig-fürstliche Familie gemeint, welche die Herrschaft über mehr als zwei Generationen innehat. In der Frühen Neuzeit dominierte die Bedeutung von «Dynastie» als Degeneration der Aristokratie in Form einer Oligarchie. Zur gleichen Zeit gelang es einzelnen Aufsteigern aus Familien von Kaufleuten und Bankiers der Medici, in die Kreise herrschender Familien Europas einzudringen.[652] Die Untersuchung, in welchem Kontext die Begriffe «Aristokratie» und «Dynastie» in Bezug auf die Kaufleute Zellweger benutzt wurden, ergab unterschiedliche Resultate. Kann die Frage nach einer «Aristokratie in der direkten Demokratie» möglicherweise mit dem zeitgenössischen Phänomen des «Einkaufs in den Adel» beantwortet werden? Oder handelt es sich dabei nur um den «aristokratischen Anstrich», womit der Kaufmann selber und später auch der Historiker seiner Position «innerhalb der Gesellschaft – ganz unten» ein wenig Glanz verleihen wollte?

649 «Der Handelsmakler oder Sensal, einst hochbedeutsam, genoss durch seinen Maklereid öffentliches Vertrauen als Urkundsperson. [...] Als unabhängiger, freier Vermittler ist er durch kein dauerndes Vertragsverhältnis gebunden. Seine Aufgabe ist es, die Interessenten zusammen zu bringen, er vermittelt zwischen Angebot und Nachfrage. Seine Qualitäten beruhen auf der genauen Kenntnis der Abschlussmöglichkeiten. Er ist über Verkaufswünsche ebenso orientiert wie über Kaufabsichten», in: Seyffert/Sundhoff: Wirtschaftslehre des Handels (1972[5]), S. 50; oder «Vermittler, der bei Handelsgeschäften zwischen fremden Handelsleuten und einheimischen Stadtbürgern kontrollierend mitwirken musste», vgl. Schenk: Handlungsforschung, in: Grothe et al. (Hg.): Handelsforschung heute (1979), S. 25–46, S. 26; oder Krünitz: «Sensal, ein in den Handelsstädten übliches Wort, einen Mäckler der Kaufleute zu bezeichnen, der ihre Waare, Wechselbriefe etc. feil bietet, Gelder für sie unterhandelt etc. [...] Das Wort Sensal stammt aus dem Italienischen Sensale und dem Französischen Sensal. Nach dem Ferrarius soll es von Ascensa, Sensa, dem Himmelfahrtsfeste in Venedig abstammen, an welchem daselbst ein grosser Jahrmarkt ist; nach Andern von dem Lateinischen Censualis, welches eigentlich einen obrigkeitlichen Einnehmer der Zinsen und anderer Gefälle bezeichnet. Adelung ist der Meinung, dass die ältesten Censualen der Kaufleute zunächst dazu bestimmt waren, ihre Schulden einzufordern. In Marseille sollen die Sensalen so alt seyn, dass man ihren Ursprung nicht mehr weiss», in: Krünitz (153/1830), S. 253; vgl. Denzel: Das Maklerwesen auf den Bozner Messen im 18. Jahrhundert, in: Vierteljahrschrift für Sozial- und Wirtschaftsgeschichte (3/2009), S. 297–319.

650 Zellweger, J.C: Notitzen aus meinem Leben (1/1850), S. 36.

651 Roeck: Der Morgen der Welt (2017), S. 346–347.

652 Schnettger, Matthias: Artikel «Dynastie», in: Jaeger et al. (Hg.): Enzyklopädie der Neuzeit (3/2006), Sp. 1–11.

Aristokratie in der direkten Demokratie?

Zur Beschreibung des Landsgemeindeplatzes Trogen griff Otto Zellweger (1954) auf ein Zitat des rechtskonservativen Historikers Gonzague de Reynold (1880–1970) von Freiburg aus dem Jahr 1932 zurück. Gerade an diesem Zitat zeigt sich, wie der Gegner des Liberalismus Reynold einer als «aristokratisch» verkannten Vergangenheit der Schweiz huldigte:

> Neben den alten Strassen von Bern und Freiburg, den Herrschaftsbesitzen und Parkanlage in der Umgebung von Genf, den Palästen Ritter in Luzern und Freuler in Näfels, dem Stockalperschloss in Brig – ist Trogen eine der aristokratischsten Zierden, die man in der Schweiz finden kann [...]. Ein Platz, nicht etwa mit gewöhnlichem Pflaster, sondern kiesbedeckt wie die Terrasse vor einem Schlosseingang – und man wartet nur darauf, dass eine Karosse in elegantem Bogen vorfahre.[653]

Den Landsgemeindeplatz Trogen als der Ort, wo alle zwei Jahre die Landsgemeinde als Organisationsform der alteidgenössisch direkten Demokratie Appenzell Ausserrhodens durchgeführt wurde, verglich Reynold (1932) absurderweise mit einem «kiesbedeckten Platz vor einem Schlosseingang». Der Baustil der Kaufhäuser Zellweger – «im französischen Stil, jenem einfacheren, nüchternen Stil, der am Ende des 18. Jahrhunderts aufkam» – war für ihn identisch mit dem Stil der Paläste des Patriziats von Bern, Freiburg, Luzern und Wallis. Seine verfängliche Beschreibung des Landsgemeindeplatzes Trogen stand am Anfang einer von Urteilen und Bewertungen geprägten Begriffsverwirrung, in welcher sich die Forschung über die Kaufleute Zellweger von Trogen verfing. Sie erschwerte den Zugang zum eigentlichen Thema der Handelsgeschichte. Vor dem Hintergrund des Zweiten Weltkrieges etablierten sich die beiden einschlägigen Begriffe «Aristokratie» und «Dynastie». Den Begriff «Dynastie» führte Schäfer (1940) ein in seinem Beitrag «Trogen und die Familie Zellweger» für das «Lesebuch für Sekundarschulen». Für Schäfer schien es erwiesen, dass die *Leinwandschau Trogen*

> die Familie Zellweger zur *Dynastie von Trogen* [H.d.d.A.] machte, ähnlich wie ihre Geschäfte die Medici in Florenz und die Fugger in Augsburg erhoben hatten, [obwohl] natürlich [...] das Ausmass grosser Verhältnisse fehlte. [...] Genau besehen waren es nicht so sehr die äussern als die inneren Verhältnisse, die sie an einer fürstlichen Machtentfaltung [H.d.d.A] hinderten.[654]

Vor dem Hintergrund der Machtentfaltung in Nazi-Deutschland formulierte Schäfer (1940) die These, dass nur die Landsgemeinde als direktdemokratische Institution die Familie Zellweger daran gehindert habe, «aus ihrer wirtschaftlichen Vormacht in irgend eine *Tyrannis* [H.d.d.A.] hinein zu wachsen». Denn die «Voraussetzungen dazu, Gaben und Mittel, hätte das grösste Mitglied der Familie, [...] der Landammann Jakob Zellweger (1770–1821), wohl gehabt».[655] Zwanzig Jahre später nutzte Bodmer (1959) in seinem überaus fundierten, quellenbasierten Artikel über die Textilindustrie in Appenzell Ausserrhoden die beiden Begriffe «Kaufleute-Dynastie» und «Zellwegersche Kaufherren-Dynastie». In den 1980er Jahren bezeichnete Tanner (1982) in seiner Dissertation «Spulen – Weben – Sticken» die Familien Zellweger und Wetter als «*vornehme Kaufleutedynastien* [H.d.d.A.] in Trogen und Herisau».[656] Schläpfer (1984) sprach in seiner zwei Jahre später erschienen «Wirtschaftsgeschichte des Kantons Appenzell Ausserrhoden bis 1939» von der «so erfolgreichen Trogener Kaufmannsdynastie» Zellweger.[657] Holderegger (1992) benutzte in seiner Dissertation die Formulierungen «Unternehmerdynastie Zellweger»

653 Zellweger, O.: Dorfplatz in Trogen (1954), S. 7–8, zitiert nach Reynold: Schweizer Städte und Landschaften (1932), ohne Seitenangabe.

654 Schäfer: Trogen (1940), S. 185.

655 Schäfer: Familienunternehmen und Unternehmerfamilien in Sachsen 1850–1940, in: Boch/Liestwnik/Pietsch et al. (Hg.): Unternehmensgeschichte heute (2005), S. 207–243, hier S. 186.

656 Tanner: Spulen – Weben – Sticken (1982), S. 161.

657 Schläpfer: Wirtschaftsgeschichte Appenzell Ausserrhoden (1984), S. 53.

und «Zellweger Dynastie».[658] Fricker (1995) kreierte in seiner kurzen Begleitpublikation zu der Ausstellung «Sophie Taeuber Arp, Kindheit und Jugend in Trogen» den Begriff «Zellweger-Dynastie».[659] Fuchs (1999) als profunder Kenner und Autor diverser Gemeindegeschichten Appenzell Ausserrhodens und biografischer Artikel im «Historisch Schweizerischen Lexikon» sprach in seinem Artikel «Zellweger, Jacob (1770–1821)» von der «glorreichen Tradition der Handelsdynastie Zellweger».[660] Damit zementierte er den Ausdruck der Handelsdynastie Zellweger für ein schweizweites Publikum. Der Leiter der Kantonsbibliothek Appenzell Ausserrhoden Weishaupt (2000) verwendete in seinem Katalog zu der Ausstellung «Bande der Hochachtung und der Liebe» den Begriff «Zellwegersche Handelsdynastie».[661] Fässler (2005) gestaltete den Ausdruck «Textildynastie der Zellweger».[662]

Der Name Zellweger wurde von einem abgrenzbaren Historiker- und Interessiertenkreis mit Fokus auf die Wirtschaftsgeschichte Appenzell Ausserrhoden seit den 1940er Jahren mit dem bedeutungsgeladenen Begriff «Dynastie» in allen Formen und Variationen verbunden. Die Kreation und Anwendung von Wortverbindungen zwischen Kaufleuten und «Dynastie» spiegelten sich als Trend durchaus auch in der Unternehmensgeschichte. Chapman/Chassagne (1981) sprachen anhand der Beispiele der Familien Dollfuss, Oberkampf und Krechlin von «[t]he grandes dynasties d'hommes d'affaires», also von «grossen Dynastien der Kaufleute», die «often originated in calico printing [...] [and/or] au circuit de l'indienne».[663] Mottet (1987) sprach im Zusammenhang mit den unzähligen Familien des Grossbürgertums der Stadt Genf, die im Bankwesen tätig waren, von «Dynastien».[664] David S. Landes (2006) spiegelte die Begriffskombination «Wirtschaftsdynastien» im Titel seines Buchs «Die Macht der Familien. Wirtschaftsdynastien in der Weltgeschichte».[665] Inhaltlich wählte er zwischen Begriffen wie «Wirtschaftsdynastie», «Unternehmerdynastie» und «Familiendynastie». In Bezug auf die im Verlagswesen und in der Flugzeug- und Raumfahrtbranche tätige Familie Lagardère erschien ihm die Kombination von Familienname und Dynastie als «Lagardère-Dynastie» angemessen.[666] Einen neuen Begriff benutzte Peter Geffcken (2010) in seinem Artikel über die Familie Schwarz von Augsburg, sie sei eine «Kaufmannsoligarchie» gewesen.[667] Oligarchie wird definiert als «gesetzlose, nur am Eigennutzen interessierte Herrschaft einiger wenigen», als «entartete Form» der Artistokratie. Sonderegger (2010) beschrieb die Kaufleute der Stadt St. Gallen wie etwa die Zollikofer, welche sich als «städtisches Handelspatriziat» und als Besitzer von repräsentativen Gütern auf der Landschaft mit «Junker» anreden liessen, als «erfolgreiche Textilhandelsdynastie».[668]

Was ist mit den Begriffen «Kaufleutedynastie», «Kaufmannsdynastie», «Zellweger-Dynastie», «Handelsdynastie Zellweger» gemeint? Zentral ist die Definition des Begriffs der «Dynastie». In der «Encyclopédie» (1750–1780) von Diderot findet sich der von Mallet verfasste Artikel «Dynastie»: «DYNASTIE, s. f. (Hist. anc.) signifie une suite des princes d'une même race qui ont regné sur un pays. [...]».[669] Während sich im französischen Sprachraum der Begriff bereits im 18. Jahrhundert klar abgrenzbar auf die Herrschaft über ein Land bezog, wird man in Zedlers «Grossem vollständigen Universallexicon aller

658 Holderegger: Unternehmer im Appenzellerland (1992), S. 74–75.

659 Fricker: Sophie Taeuber Arp. Publikation zur Ausstellung in der Kantonsbibliothek Appenzell Ausserrhoden in Trogen vom 23.09. bis 14.10.1995 (1995), unpaginiert [S. 6].

660 Fuchs, Thomas: Artikel «Zellweger, Jacob (1770–1821)», in: e-HLS online, 21.09.1999.

661 Weishaupt: «Bande der Hochachtung und der Liebe». Elf Porträts der Familie Zellweger aus dem 18. Jahrhundert. Katalog zur Ausstellung (2000), S. 9.

662 Fässler: Reise in Schwarz-Weiss (2005), S. 42.

663 Chapman/Chassagne: European Textile Printers (1981), S. 4.

664 Mottet (Hg.): Geschichte der Schweizer Banken (1987), S. 54 und 127.

665 Landes: Die Macht der Familien (2006).

666 James: Familienunternehmen (2006), S. 10, 13.

667 Geffcken, Peter: Artikel «Schwarz, Familie», in: Stadtlexikon Augsburg online, 02.09.2010.

668 Sonderegger: Nicht nur Repräsentation und Sommerfrische, in: Guggenheimer et al. (Hg.): Schloss Greifenstein (2010), S. 63.

669 Mallet, Edmé-François (1713–1755): Artikel «Dynastie», in: Diderot, Denise/d'Alembert, Jean-Baptiste le Rond: Encyclopédie ou Dictionnaire raisonné des sciences, des arts et des métiers. http://encyclopedie.uchicago.edu/node/176, eingesehen am 13.02.2013.

Wissenschaften und Künste» (1731–1754)[670] wie auch in Krünitzs «Oeconomischer Encyclopaedie» (1777–1858)[671] nicht fündig. Weiterführend sind Definitionen von Begriffen im Zusammenhang mit Herrschaft ausübenden Geschlechtern. Im Artikel «Gemein=Herrschaft» zum Beispiel wird die «*Herrschaft oder Dynastie* [H.d.d.A.]» an einen Ort gebunden, über welchen man «die Gemein=Herrschaft mit einem oder mehrern gemeinschaftlich ausübet».[672] Das massgebliche Lexikon für das 19. Jahrhundert, Erschs «Allgemeine Encyclopädie der Wissenschaften und der Künste» (1818–1889),[673] definierte den Begriff «Dynast» 1836. Darunter wurde «im Allgemeinen ein mächtiger, viel vermögender Mann, der durch Rang und Stand vornehmlich in politischer Hinsicht ausgezeichnet ist, also ein Vornehmer, Edler, besonders ein Oberherr, Regent» verstanden. «An den Besitz einer Herrschergewalt schliesst sich die Bedeutung des Ausdrucks zunächst an. In einem engern Sinne wird jedoch [...] nur derjenige [Dynastes genannt], welcher nicht bedeutend genug ist, um mit dem Titel eines Königs belegt werden zu können». In der zweiten Hälfte des 19. Jahrhunderts verwiesen die Brüder Grimm im «Deutschen Wörterbuch» (1854–1971) schliesslich auf den Begriff der «Götterdynastie»[674], der von deutschen Schriftstellern verwendet worden sei. In der sechsten Auflage 1905/1906 brachte «Meyers Grosses Konversations-Lexikon» eine Definition des Begriffs «Dynastie», nachdem er in der vierten Auflage von 1885 bis 1892 noch nicht nachzuweisen ist. Meyer leitete «Dynastie» vom griechischen Wort «dynástēs» ab und definierte ihn als «Herrschergeschlecht, Fürsten-, Herrscherhaus». Meyer wies auf die Problematik hin, dass «dynastische Interessen» oft «im Gegensatz zu den Interessen des Volkes oder des Staates» stünden.[675]

Am nächsten zur Bedeutung des Begriffes «Dynastie», wie er im Zusammenhang mit einer Kaufmannsfamilie verwendet wird, kam wohl die Definition des «Duden» (1976). Hier wurde der Begriff «Dynastie» in erster Linie als «Herrschergeschlecht; Herrscherhaus» definiert. In zweiter Linie gab er eine Definition für Dynastie als «auf einem bestimmten Gebiet bekannte oder hervorragende, Einfluss ausübende Familie, Gruppe» an. Dabei wurde der Begriff «Dynastie» als Synonym der Begriffe «Familie, Familienclan, Geschlecht; (oft ironisch) Clan; (meist scherzhaft oder abwertend) Sippe; (meist abwertend) Sippschaft» verwendet.[676]

Aus dieser Zusammenstellung der Verwendung des Begriffs in der historischen Forschung einerseits und der Definition diverser massgeblicher Lexika andererseits geht hervor, dass die Begriffskonstruktionen «Wirtschaftsdynastie», «Familiendynastie», «Handelsdynastie», «Kaufmanns- oder Kaufleutedynastie» sprachliche Neuschöpfungen der letzten rund siebzig Jahren darstellen. Die deutsche Sprache verdankt diese Begriffskombinationen wohl insbesondere der erfolgreichen US-amerikanischen Fernsehserie «Denver-Clan», welche in den Jahren 1981 bis 1989 ausgestrahlt wurde. Unter dem Originaltitel «Dynastie» handelt sie vom Konkurrenzkampf zweier frei erfundener Ölfirmen Denver Carrington und Colbyco um die Vorherrschaft auf dem Markt. Die zeitliche Übereinstimmung der Fundstellen in diversen Unternehmensgeschichten ist immerhin frappant. Das einmal begonnene Wortspiel erweiterte sich um Ausdrücke wie «Handelsimperium», in welchem natürlich der «König der Kaufleute» nicht fehlen durfte, wozu der superreiche, höchst umstrittene Kaufmann, Bankier, Plantagen- und Sklavenbesitzer Jacques-Louis de Pourtalès (1722–1814) von Neuenburg gekrönt wurde.[677] Aus dem 16. Jahrhundert ernannte Meyer (1987) den Politiker, Heerführer und einer der reichsten Financiers Luzerns Ludwig Pfyffer von Altishofen (1524–1594) wegen seiner Machtvollkommenheit zum «Schweizerkönig».[678] Aus dem 17. Jahrhundert erhob Schöpfer (2012) den Politiker, Industriellen, Kaufmann,

670 Zedler: Johann Heinrich Zedlers Grosses vollständiges Universallexicon, 64 Bde. (1731–1754).

671 Der Bleicher, Färber und Textildrucker Johann Heinrich Mayr (1768–1838) von Arbon besass das Krünitz'sche Lexikon, das 242 Bände umfasst, vgl. Buenzli (Hg.): Mayr: Meine Lebenswanderung (4/2010), S. 1387.

672 N.N.: Artikel «Dynastie», in: Krünitz, Johann Georg: Oekonomisches Encyklopädie (9/1776), S. 136.

673 N.N.: Artikel «Dynastie», in: Ersch: Allgemeine Encyclopädie der Wissenschaften und der Künste (9/1818–1889), S. 460–463.

674 N.N.: Artikel «Dynastie», in: Grimm: Deutsches Wörterbuch (8/1854–1971), Sp. 1017 f.

675 N.N.: Artikel «Dynastie», in: Meyers Grosses Konversations-Lexikon (5/1905–1909), S. 325.

676 N.N.: Artikel «Dynastie», in: Duden: Das grosse Wörterbuch der deutschen Sprache (1976), vgl. Duden online, eingesehen am 29.07.2011.

677 Volorio Perriard, Myriam: Artikel «Pourtalès, Jacques-Louis de (1722–1814)», in: e-HLS online, 29.06.2010.

678 Meyer, Franz: Das Luzerner Bankwesen, in: Mottet (Hg.): Geschichte der Schweizer Banken (1987), S. 187–206, S. 195.

Spediteur, Postmeister und Bankier Kaspar Jodok Stockalper (1609–1691) zum «roi du Simplon».[679] Die Welle der Aristokratisierung über entsprechende Begrifflichkeit machte auch vor erfolgreichen Fabrikanten im Textildruck nicht halt. Witschi (1994) krönte den trotz zweimaligem Konkurs als überaus erfolgreich geltenden Textildrucker Johann Rudolf Wetter (1705–1788) aus Herisau in Marseille und Orange (Provence-Alpes-Côte d'Azur) in einer Kapitelüberschrift zum «König» der «Toiles peintes».[680] Mittersteiner (1994) verlieh den Textildruckern Vogel und Jenny in Hard mit «Die Tüchlebarone» einen Hauch von Adel.[681]
In seiner Dissertation nicht über den Kaufammann Zellweger-Zuberbühler, sondern über den Politiker «Landammann Zellweger», verfasst zu Beginn des Zweiten Weltkrieges, sprach Schläpfer (1939) in Bezug auf die Familie Zellweger von einer «Aristokratie».[682] Drei Jahre nach dem Krieg griff er das Thema «Demokratie und Aristokratie in der Appenzellergeschichte des 17. und 18. Jahrhunderts» (1948) erneut für einen Artikel in den «Appenzellischen Jahrbüchern» auf:

> Es stellt sich die Frage, ob auch in Ausserrhoden von einer Familienherrschaft gesprochen werden darf. Darüber ist nun kein Zweifel möglich. Einige Zahlen mögen es beleuchten. Die Familie Tanner von Herisau hat in den 200 Jahren von der Landteilung bis zur Revolution während 104 Jahren einen Vertreter unter den Landesbeamten gehabt, davon 67 Jahren als Landammann. Die Familie Wetter verzeichnet im 18. Jahrhundert 68 Regierungsjahre und 48 Jahre Landammannamt. Bei der Familie Zellweger sind zwei Linien zu unterscheiden, die beide auf den Landammann Hans Zellweger zurückgehen, der seinerseits beim Verrat von Novara beteiligt war. Diese beiden Linien haben zusammen in 200 Jahren 193 Mal einen Landesbeamten gestellt und in 74 Jahren war ein Zellweger Landammann. Man duldete nämlich, dass beide Linien gleichzeitig vertreten waren. Da die Landbücher keine Bestimmung über die Verwandtschaftsgrade aufstellten, war es beispielsweise möglich, dass von 1710 bis 1728 Landammann Laurenz Tanner von Herisau mit seinem Schwiegersohn Conrad Zellweger von Trogen abwechlsungsweise das Landammannamt versah, während ein zweiter Schwiegersohn Tanners, Conrad Zellweger von der andern Linie, das Statthalteramt bekleidete.

Schläpfer (1948) führte drei Gründe an, wieso immer wieder Männer aus denselben «reichen Kaufmannsgeschlechtern» in das Amt des Landammans gewählt wurden. Erstens sei es die Belastbarkeit dieser Kaufleute gewesen, zweitens ihr gewandtes Auftreten durch ein «Mass an Bildung, das in einem sehr krassen Gegensatz stand zur durchschnittlichen Bildung des Volkes», und drittens ihr «Ansehen und Gewicht» aufgrund ihres Reichtums. Schläpfer glaubte, auf dieser Basis einen «aristokratischen Zug in der Appenzellergeschichte» zu erkennen. Er führte ihn auf drei Wurzeln zurück. Die erste Wurzel glaubte er in der Eigenheit der Verfassung zu erkennen, die zweite in den technischen Schwierigkeiten der Landsgemeindendemokratie und die dritte in einer «obrigkeitliche[n] Tendenz».[683]
Erst Tanner (1990) prägte in «Aristokratie und Bürgertum in der Schweiz im 19. Jahrhundert. Verbürgerlichung der 'Herren' und aristokratische Tendenzen im Bürgertum» die Begriffe der «Handels- und Finanzaristokratie» sowie «Geldaristokratie». Ihre hervorgehobene Stellung basierte seiner Meinung nach gerade auf Voraussetzungen, die «bürgerlich» waren:

> In den Zunftstädten Basel, Zürich Schaffhausen und St. Gallen, aber auch in Genf sowie den Länderorten vermochten sich die herrschenden Familien, vorwiegend reiche Kaufleute und Verleger, Bankiers, Soldunternehmer und Rentiers, nie völlig gegen unten abzuschotten. Auch waren und blieben diese neuen Herren als *Handels- und Finanzaristokratie* [H.d.d.A.] im hohen Masse «bürgerlich» geprägt. Ihr Wohlstand, Ansehen und Vorrang beruhten auf wirtschaftlichem Erfolg, auf Kapital, auf Wissen und Fähigkeiten spezifisch

679 Schöpfer Pfaffen, Marie-Claude: Artikel «Stockalper, Kaspar (1609–1691)», in: e-HLS online, 29.05.2012.
680 Witschi: Appenzeller in aller Welt (1994), S. 209.
681 Mittersteiner (Hg.): Die Tüchlebarone (1999).
682 Schläpfer: Landammann Jacob Zellweger (1770–1821) (1939), S. 20.
683 Schläpfer: Demokratie und Aristokratie, in: APJB (76/1948), hier S. 20–24.

bürgerlicher Art, also auf Grundlagen, die markt- und leistungsbezogen, eben bürgerlich, waren. Von ihren Grundlagen her waren sie also mehr Bourgeoisie als Aristokratie.[684]

Zusammenfassung: Die wiederholten Versuche, «Aristokratie» und «Dynastie» im Kontext der Kaufleute Zellweger und der direkten Demokratie von Appenzell Ausserrhoden zu erklären, stiessen an die Grenze des sprachlichen Ausdrucks. Während der Begriff der «Aristokratie» im Kontext des Zweiten Weltkriegs in Mode kam, erlebt der Begriff der «Dynastie» in der Sparte «Unternehmensgeschichte» eine Hochkonjunktur.[685] Erst die Rezeption der Forschung über das Forschungsthema «Bürgertum» und «Bürgerlichkeit» auf der Landschaft in den 1990er Jahren ermöglichte den neuen Ansatz.

Der «aristokratische Anstrich»

Kaufmann Zellweger-Hirzel-Scheuss brachte seine Ansicht über das Verhältnis von Aristokratie und Demokratie in der Eidgenossenschaft wie folgt zum Ausdruck: «Monarchen denken wie Monarchen, und nicht wie Republikaner, und darf ich es sagen, vielmahl nicht wie Menschen».[686] Er zog die direkte Demokratie der Aristokratie vor, denn «Aristokraten» waren seiner Meinung nach nicht «glücklicher als Democraten»:

> Lieber wollte ich helfen, eine Aristokratie [wie Freiburg] in eine vollkommene Democratie verwandeln. Wir sehen doch nicht, dass Aristocraten glücklicher als Democraten seien, & wenn die Mehrheit eine Democratie verlangte, was wäre dem Staatskörper der Schweiz daran gelegen?[687]

Zellweger-Hirzel-Scheuss war der direkten Demokratie von Appenzell Ausserrhoden verpflichtet. Sie wurde seiner Meinung nach den Bedürfnissen des Volkes als dem «Hauptwesen» am besten gerecht. Der «Wohlstand» des Volkes war demjenigen einiger weniger Bürger vorzuziehen und über die «Constitution», die Staatsverfassung, zu gewährleisten:

> Wegen Abänderung der Constitution denke ich wie Sie, ich halte es für ein wahres Unglück, wo es geschieht, denn alle Gesetze harmonieren mit der Constitution. Nur wo die Constitutionen zum Nachteil des Volkes ausarten, da möchte ich sie wieder zum besten des Volkes verbessern. Das Volk ist doch immer das Hauptwesen, dessen Wohlstand demjenigen einiger Particularen vorzuziehen ist, aber auch da sind die Verbesserungen schwer zu erhalten.[688]

Sein Vater Zellweger-Sulser, der sich als Demokrat verstand, beobachtete, wie der sich rasant ausbreitende Handel mit Baumwolle herkömmliche Gesellschaftsstrukturen aufbrach. 1769 konstatierte er ein «aussergewöhnliches Phänomen» in Person des Kaufmanns in Baumwolle von Starrenberg von Ungarn. Das Pikante daran war, dass es sich dabei um einen kaiserlichen Kammerherrn handelte. Er besuchte alle kaufmännischen Schreibstuben in Zürich, um sie als Zwischenhändler für seine Baumwolle zu gewinnen:

> Vorige Woche war ein kaiserlicher junger Kammerherr «von Starrenberg» in Zürich, welcher allen Schreibstuben Besuch gegeben und macedonische und ungarische Wolle zum Verkauf angetragen hat. Ein ausserordentliches

684 Tanner: Aristokratie und Bürgertum in der Schweiz, in: Brändli et al. (Hg.): Schweiz im Wandel (1990), S. 209–228, hier S. 210–211.

685 Den Begriff der «Familiendynastie» gilt es zu hinterfragen, vgl. Colli: The History of Family Business 1850–2000 (2003); Baus: Die Familienstrategie. Wie Familien ihr Unternehmen über Generationen sichern (2007); Landes: Die Macht der Familien. Wirtschaftsdynastien in der Weltgeschichte (2006); Sachse: Familienunternehmen in Wirtschaft und Gesellschaft bis zur Mitte des 20. Jahrhunderts. Ein historischer Überblick, in: Zeitschrift für Unternehmensgeschichte (36/1991), S. 9–25.

686 Zellweger, Johannes (1730–1802): 1 Brief an Johann Caspar Hirzel (1725–1803) in Zürich, Trogen, 25.08.1766.

687 Zellweger, Johannes (1730–1802): 1 Brief an Johann Caspar Hirzel (1725–1803) in Zürich, Trogen, 15.12.1783.

688 Zellweger, Johannes (1730–1802): 1 Brief an Johann Caspar Hirzel (1725–1803) in Zürich, Trogen, 29.12.1783.

> Phänomen, das man vor 20 Jahren für unmöglich gehalten hätte. Es kommt wohl noch dazu, dass die Souveräne allein Handelsherren und alle Handelsleute nur ihre Commis sind.[689]

Diese Verschiebung innerhalb der ständischen Gesellschaft – Aneignung des Handels durch den herrschenden Adel und Degradierung der selbständigen Kaufleute zu abhängigen «Commis» – empfand Zellweger-Hirzel-Scheuss als Bedrohung. Sein Sohn Zellweger-Gessner folgte ihm in dieser Auffassung. Er zeigte sich in seiner Autobiografie über die offensichtliche Dominanz einiger weniger Geschlechter in Italien geradezu schockiert. In der Erinnerung an seine Reise durch Florenz als 26-Jähriger im Jahr 1794 schrieb er in den 1850er Jahren:

> Der Unterschied zwischen den italienischen und unseren Schweizerischen Republicken besonders den kleinen Kantonen war augenscheinlich. Während Hier [in Florenz, A.d.A.] der Reichthum und die Macht der alten Familien zeigten, dass die Regierung ganz in ihren Händen lag und jede Familie die Zügel davon sich aneign[en] wollte, sieht man im Appenzellerlande die einfachen, zerstreuten Hütten, das Bild der Gleichheit darbieten, die nur für kurze Zeit dem braven, dem geschickten, oder dem volksthümlichen Bürger eine Auszeichnung gewährt wo aber der Arme wie der Reiche gleiche Rechte geniessen.[690]

Obwohl bereits Zeitgenossen die Kaufhäuser Zellweger am Landsgemeindeplatz Trogen als «Paläste» empfanden, schien Zellweger-Gessner ein Vergleich mit den alten mächtigen italienischen Familien überhaupt nicht auf der Hand zu liegen. Vielmehr brachte er sein Bewusstsein darüber zum Ausdruck, wie «kurz» innerhalb der alteidgenössisch direkten Demokratie von Appenzell Ausserrhoden die Zeit doch war, in welcher seiner «braven, geschickten oder volksthümlichen» Herkunftsfamilie auf Basis der Rechtsgleichheit von «Arm und Reich» eine «Auszeichnung» gewährt war. Und doch wirkte Zellweger-Gessner gerade auf seinen Zögling aus ärmsten Verhältnissen als beseelt von einem «aristokratischen Geist». Diesem nicht mit ihm verwandten Halbwaisen Johann Konrad Zellweger (1801–1883) von Teufen ermöglichte der Mäzen die Ausbildung zum Armenlehrer in der berühmten *Erziehungsanstalt Hofwyl* (Bern). In seiner Autobiografie schilderte der Zögling, wie «hart» ihm sein Mäzen hatte aufliegen können. Und doch musste er sich ihm widerwillig unterordnen aufgrund einer «Dankbarkeit», die auf eine finanzielle Schuld zurückging. Der Zögling verbrachte seine Kindheit in «eintöniger Fabrikarbeit» in der mechanischen Baumwollspinnerei am Rothbach in Teufen (Appenzell Ausserrhoden), in der mechanischen Baumwollspinnerei eines Herrn Wenigers an der Brühlgasse in St. Gallen und schliesslich in der Mechanischen Baumwollspinnerei Trogen seines späteren Mäzens Zellweger-Gessner. Als dreizehnjähriger Junge erlebte er den Brand dieser Spinnerei anfangs 1814 mit und verlor dabei seine Arbeit.[691]
Über den «aristokratischen Anstrich» schrieb auch Salomon Zellweger-Walser (1807–1887) als eines der siebzehn Kinder von Zellweger-Zuberbühler und Anna Barbara Zellweger-Zuberbühler in seiner «Selbstbiographie» (1885). Er führte ihn auf die privilegierten Verhältnisse in seinem Elternhaus zurück:

> Alles dies [Haus und Lebensführung trug dazu bei, A.d.A.], das uns Kinder von frühester Jugend an einen *aristokratischen Anstrich* [H.d.d.A.] gab und wir glaubten, mehr zu sein, denn die andern Kinder des Dorfes, darf nicht Wunder nehmen und blieb mehr oder weniger durchs ganze Leben fühlbar.[692]

Mit dem finanziellen Erfolg ging das Bedürfnis nach Selbstdarstellung und Reputation einher. Dazu zählte in erster Linie der Bau eines repräsentativen Kaufhauses und in zweiter Linie der Aufbau einer

---

689 Gebr. Zellweger: 1 Brief an Johannes [?] Sulser in Azmoos, im September 1769, in: Reich-Langhans: Beiträge Werdenberg und Sargans (1929), S. 33–34.

690 Zellweger, Johann Caspar (1768–1855): Notitzen aus meinem Leben (1/1850), S. 51.

691 Zellweger, Konrad (1801–1881): Schlichtes Lebensbild eines Appenzellischen Pädagogen (1875), hier S. 10.

692 Zellweger, Salomon (1807–1887): Selbstbiographie. Erster Teil: von der Geburt bis zum Verlassen des väterlichen Hauses. Zweiter Teil: den Zeitraum beschlagend vom Aufenthalt in Würtemberg bis zur Rückkehr nach Trogen. Dritter Teil: den Zeitraum beschlagend Aufenthalt in Trogen, Uebersiedelung nach Rheineck und Brüssel (vor 1887), S. 2.

Porträtgalerie. Das Porträt galt «als wesentliches Statussymbol».[693] Das erste Porträt in Öl auf Leinwand liess Zellweger-Rechsteiner um 1702 malen. Von allen seinen drei Söhnen und den beiden Schwiegertöchtern Sulser von Azmoos existieren Porträts aus den 1720er Jahren. Zellweger-Tanner liess sich kurz vor seinem Tod 1749 porträtieren. Seit den 1760er Jahren orientierten sich die Zellweger nachweislich an der Porträtkunst von Augsburg. Dort hatte etwa die Standeserhebung der von Liebert in den Freiherrenstand über den Bau des repräsentativen «Schaezlerpalais» 1770 hinaus den Aufbau einer standesgemässen Ahnengalerie zur Folge. Das schlug sich in einer einheitlichen Gestaltung der Porträts von Johann Adam Liebert (1697–1766), seiner Ehefrau Maria Elisabeth Liebert-Mayr (1702–1771), seinem Sohn und seiner Schwiegertochter samt kunstvoll ausgearbeitetem, vergoldetem Rahmen nieder.[694] Praktisch identisch gestaltete, aufwändig vergoldete Rahmen umfassten nun auch die Porträts von Zellweger-Wetter und seiner Ehefrau Anna Maria Zellweger-Wetter (1730–1777), welche in den 1760er Jahren entstanden sein dürften. Sie heben sich in ihrer üppig barocken Gestaltung von den schlichten Rahmen der übrigen zahlreichen Porträts der Zellweger ab. Neben den Kaufleuten Zellweger von Trogen bauten auch die mit ihnen verwandte Ärzte- und Kaufmannsfamilie Honnerlag von Trogen eine rund fünfzehn Porträts umfassende Ahnengalerie auf.[695]

Einkauf in den Adel – Phänomen unter den Kunden der Kaufleute Zellweger

Kellenbenz (1991) identifizierte «die Zeit des Merkantilismus als interessanteste Phase in der europäischen Geschichte, in der sich die Frage der sozialen Mobilität studieren lässt».[696] Er vermochte unzählige Beispiele von «neuen Reichen» und «Emporkömmlingen» im Deutschen Reich, Spanien, Portugal, den Niederlanden, Italien, Frankreich, England, Preussen, Dänemark, Schweden, Russland und der Habsburger Monarchie aufzulisten, welche hohe Beträge für den Kauf von Adelstiteln auszulegen bereit waren. Seit dem Spätmittelalter behielt die adlige Kultur ihren Vorbildcharakter für die durch Handel reich gewordenen Kaufleute. Sie fand Ausdruck in Wohnkultur, Gartenkunst, Bibliotheken und Kunstsammlungen, in einer seigneuralen Lebensweise und im Streben nach Wappenbrief, Ritterschlag und Eintritt in den Staatsdienst.[697] Dieser Trend verstärkte sich in der Frühen Neuzeit. Während die ersten beiden Generationen einer Kaufmannsfamilie das Geschäft aufbauten und konsolidierten, pflegten die folgenden bereits einen adligen Lebensstil, was oft zu Stagnation und Abstieg des Geschlechts führte. Eine eigenständige bürgerliche Kultur, deren Träger die Kaufleute waren, entwickelte sich laut Illi (2008) erst im 18. Jahrhundert.[698] Die gehobene Gesellschaft verfeinerte ihren modischen Geschmack und ihr Bedürfnis nach den Annehmlichkeiten des Lebens.[699] Das Phänomen der Nobilitierung betraf insbesondere zahlreiche Bankiers, Kaufleute oder Fabrikanten im Handelsnetz der Kaufleute Zellweger von Trogen. Sie alle wurden im Verlauf des 17. und 18. Jahrhunderts für ihre wirtschaftlichen Erfolge über eine Standeserhöhung oder eine Erhebung in den Adelsstand nobilitiert.[700] Anhand von diversen Beispielen von Feldkirch (Vorarlberg), Hauptwil (Thurgau), Rorschach (St. Gallen), Chur (Graubünden),

693 Vocelka: Geschichte der Neuzeit 1500–1918 (2010), S. 449.

694 Vgl. De Derichs, Sophonias (1712–1773): Johann Adam Liebert (1697–1766) mit seiner Ehefrau Maria Elisabeth Liebert-Mayr (1702–1771), Öl auf Leinwand, Augsburg 1766 sowie Degle, Franz Joseph (1724–1812): Liebert, Adam Benedikt von Liebenhofen (1730–1810) und Liebert-Laire, Catharina Barbara von (1740–1820) von Liebenhofen, Öl auf Leinwand, Augsburg 1774, in: Trepesch (Hg.): Die deutsche Barockgalerie im Schaezlerpalais (2016), S. 102–105 und 110–113.

695 Eisenhut: Eine Porträtsgalerie der Familie Honnerlag aus dem 17. und 18. Jahrhundert. Trogen, 30.11.2007 (Katalog); Eisenhut: Porträts in der Kantonsbibliothek, in: Appenzell Ausserrhoden, Denkmalpflege, Kantonsbibliothek Staatsarchiv: Jahresberichte (2006), S. 17 und 33; Tunger: Miszelle: Ein zweites Porträt Barthold Honnerlags (1645–1713), in: APJB (127/1999), S. 73–74.

696 Kellenbenz: Der Merkantilismus und die soziale Mobilität in Europa, in: Kellenbenz (Hg.): Wirtschaftliche Leistung und gesellschaftlicher Wandel (3/1991) (= Vierteljahrschrift für Sozial- und Wirtschaftsgeschichte 94), S. 1095–1163.

697 Schultz, Helga: Artikel «Kaufleute», in: Jaeger et al. (Hg.): Enzyklopädie der Neuzeit (6/2007), Sp. 475–483, hier Sp. 482.

698 Illi, Martin: Artikel «Kaufleute», in: e-HLS online, 02.12.2008.

699 Holenstein: Die Indiennes und die Schweiz, in: Schweizerisches Nationalmuseum (Hg.): Indiennes (2019), S. 40–51, hier S. 41.

700 Asch, Ronald G.: Artikel «Nobilitierung», in: Jaeger et al. (Hg.): Enzyklopädie der Neuzeit (9/2009), Sp. 202–205.

Neuenburg (damals Preussen), Augsburg und Kempten (Bayern), Bozen (damals Österreich, dann Bayern) und Frankreich wird dargestellt, wie verbreitet das Phänomen des «Einreihens in den europäischen Adel» über Einkauf war.[701]

Als erster nachweisbarer Kunde der Kaufleute Zellweger in Trogen überhaupt stellte Johann Jakob Hutsch (1645–1726) von Feldkirch (Vorarlberg, Österreich) zugleich auch das erste Beispiel für die Erhebung eines Kaufmanns und Bleichebesitzers in den Adelsstand dar. Der Erbauer und Betreiber der Bleiche Meiningen[702] schuf zahlreiche Arbeitsplätze, brachte den Leinwandhandel zu grosser Blüte und vermehrte dadurch die Zolleinnahmen. Für diese Verdienste erhob ihn Kaiser Leopold I. 1696 mit dem Prädikat «von Adlersburg» – so hiess sein *Bleichehof Meiningen* um 1704 – in den Adelsstand.[703] Bereits 1681 erhob Leopold I. den Kaufmann in Leinwand Balthasar Hoffmann (1636–1726) von Rorschach am Bodensee mit dem Prädikat «von Leuchtenstern» in den Reichs- und österreichischen Adelsstand. Hoffmann kaufte 1703 das Gut «Wiggen» in Rorschacherberg. Obwohl die Besitzer immer Kaufleute waren, wird es als «Schlossgut» bezeichnet. Kaufmann Jacob Schlapritzi (1540–1594), Pursner der «Adelichen Gesellschaft zum Notenstein» von St. Gallen, hatte es 1573 dem Kaufmann Georg Heer von Rheineck abgekauft.[704] 1717 erwarb Franz Joseph Bayer (1665–1724) für die ebenfalls in Rorschach ansässigen Kaufleute in Leinwand Bayer die einfache Nobilitierung. Kaiser Karl VI. stellte den Adelsbrief aufgrund des «namhaften Nutzens» aus, den seine Untertanen aus Bayers «Handelschaft al grosso» zogen, sowie aufgrund der «grossen Treue», die ihm Bayer mit der Vorschiessung von Geld und der Organisation von Pulver und Salpeter zu Kriegszwecken erwies.[705] Die katholischen Bayer stellten zahlreiche Inhaber geistlicher und weltlicher Ämter der Fürstabtei St. Gallen, der Fürstbistümer Konstanz und Chur und zahlreiche Offiziere in fremden Diensten. Die Kaufleute Zellweger verkehrten von 1747 bis 1811 mit *Ferdinand Joseph von Bayer seel. Erben* von Rorschach.[706] Jacques Louis de Pourtalès (1722–1814) von Neuenburg, der «König der Kaufleute», kaufte für sich und seine Nachkommen 1811 kurz vor seinem Tod die Herrschaft Tloskau (Böhmen), um den österreichischen Ritterstand zu erlangen.[707] Mit *Pourtalès & Co.* standen die *Gebrüder Zellweger & Comp.* und *Zellweger Vater & Comp.* in den 1760er und 1770er Jahren in Korrespondenz über den Verkauf von Baumwollware. Sie zeitigte keine Geschäftsabschlüsse.[708]

Auch für das Patriziat in Schweizer Städten ist das Phänomen der Aristokratisierung durch die Erhebung in den Adelsstand nachweisbar. In der zweiten Hälfte des 18. Jahrhunderts fand laut Hilfiker (1993) eine Aristokratisierung unter den Bürgern der Stadt Chur statt.[709] Das Geschlecht der Sprecher von Bernegg, das sich durch die Vertreterin Dorothea Matheysin née Sprecher von Bernegg in der Geschäftskorrespondenz der Zellweger fand, ging allerdings bereits auf ein 1582 vom französischen König Heinrich III. verliehenes Adelsprädikat zurück.[710] In Bern erliess der Grosse Rat der Stadt und Republik

---

701 Mottet/Bauer (Hg.): Geschichte der Schweizer Banken (1987), S. 125–126, zitiert nach Bergeron: Pourtalès et Cie (1753–1801), in: Annales. Economies, Sociétés, Civilisations (2/1970), S. 498–517, S. 498.

702 Von der Bleiche Meiningen findet sich eine sehr schöne Abbildung in: Hager: Meiningen. Aus der Geschichte einer Grenzgemeinde (1981), S. 232 und 233ff., zitiert in: Niederstätter: Aspekte der Vorarlberger Wirtschaft, in: Jahn/Hartung (Hg.): Gewerbe und Handel (1991), S. 142–151, hier S. 145.

703 Burmeister: Tagebuch des Feldkircher Leinwandhändlers Hutsch 1710 (1998), S. 255.

704 Flammer: Städtische Landsitze in der Umgebung der alten Stadt St. Gallen, in: Guggenheimer/Flammer/Sonderegger et al. (Hg.): Schloss Greifenstein (2010), S. 35–60, hier S. 39; Schmid: Die Schlapprizi, in: Der Schweizer Familienforscher (23,1/1956), S. 1–17, hier S. 6–7; Willi, F.: Artikel «Hofman, Familie (SG)», in: HBLS (4/1927), S. 264; Grünberger: Die Rorschacher Familie Hoffmann, in: Rorschacher Neujahrsblatt (58/1968), S. 7–38.

705 Grünberger: Die Rorschacher Kaufmannsfamilie von Bayer in: Rorschacher Neujahrsblatt (62/1962), S. 9–47, hier S. 16.

706 Zellweger: 27 Briefe an Ferdinand Joseph von Bayer seel. Erben in Rorschach, Trogen, 1747–1780; Gebrüder Zellweger & Comp.: 2 Briefe an Georg Wendelin Bayer in Rorschach, Trogen, 1762–1769; Johannes Zellweger Sohn: 3 Briefe an Karl Bayer von Rorschach, Trogen, 1803–1809.

707 Volorio Perriard, Myriam: Artikel «Pourtalès, Jacques Louis de (1722–1814)», in: e-HLS online, 29.06.2010.

708 Gebrüder Zellweger & Comp.: 11 Briefe an Pourtalès & Co. in Neuenburg, Trogen, 1762–1769 und 1774–1778.

709 Hilfiker: Chur im 17. und 18. Jahrhundert, in: Churer Stadtgeschichte (1993), S. 38.

710 Gebrüder Zellweger & Comp.: 4 Briefe an Dorothea Mattheysen née Sprecher von Bernegg, Trogen, 1762–1769; Sprecher, Daniel: Artikel «Sprecher von Bernegg», in: e-HLS online, 11.07.2011.

nach Vorbild von Freiburg ein Jahr zuvor am 9. April 1783 ein Dekret, wonach «allen regimentsfähigen geschlechteren von Bern» erlaubt und freigestellt sei, das Adelsprädikat «von» zu führen.[711] In der Stadt Basel herrschte am Ende des Ancien Régime eine Führungsschicht, die Berner/Röthlin (2010) als «Basler Oligarchie» identifizierten, gespalten in die zwei Lager der Patrioten und Aristokraten.[712] In der Stadt St. Gallen war es Johannes Girtanner (1748–1820), der nach seinem Besitz der Luxburg in Egnach am Bodensee als «Edler von Luxburg» in seiner Tätigkeit als Generalagent der Salzwerke Lothringens 1776 in den Reichsherrenstand, 1779 in den Reichsfreiherrenstand und 1790 in den Reichsgrafenstand erhoben wurde. Die Bürger und Kaufleute in Leinwand der Stadt St. Gallen pflegten den adligen Lebensstil insbesondere in der Sommerzeit auf ihren zahlreichen Landgütern mit Blick auf den Bodensee. Ihre grosszügigen, mit Türmchen, Treppengiebeln und Erkern verzierten, der adligen Wohnkultur nachempfundenen Gebäude auf dem Land waren Ausgangspunkte für die ehemals dem Adel vorbehaltene Jagd.[713] Der Spediteur und Tuchhändler Caspar Zili (1717–1758) von St. Gallen besass das «Schwarze Haus» ob Tübach als Landsitz, wo sein Sohn Hans Anton Zili (1747–1811), langjähriger Spediteur der Kaufleute Zellweger von Trogen, viel Zeit verbrachte. Das war für Ehrenzeller (1928) in einer Kaufmannsfamilie der damaligen Zeit «nichts Aussergewöhnliches».[714] Ein Teil der Kaufleute und Fabrikanten Gonzenbach, zwecks Aufbau ihrer Textilveredlungsmanufaktur unter Verlust ihres Bürgerrechts aus der Stadt St. Gallen auf das Land nach Hauptwil (Thurgau) abgewandert, legten sich gegen Ende des 18. Jahrhunderts den adligen Zusatz «von Gonzenbach» zu, obwohl es laut Menolfi (2011) zumindest für den in der Schweiz wohnhaften Familienzweig nie zur verbrieften Verleihung eines Titels gekommen war. Ihre Dokumente unterschrieben die Gonzenbach in Bezug auf ihren Besitz der Herrschaft Hauptwil mit «Gonzenbach von und zu Hauptwil».[715] Die Kaufleute Zellweger standen mit «Junker» Hans Jacob Gonzenbach (1719–1783) in regstem geschäftlichem Austausch.[716]

Besonders dicht war das Phänomen der Nobilitierung von Bankiers, Kaufleuten und Fabrikanten in der Stadt Augsburg. 1733 wurde der Bankier von *Zellweger & Eugster*, Christian Georg Köpf (1699–1758)[717], als «Köpf von Hammel» von Kaiser Karl VI. (1685–1740) in den Reichsadelsstand erhoben. 1740 nobilitierte er auch dessen Bruder Johann Christoph Köpf.[718] 1763 wurde Bankier Benedikt Adam Liebert (1731–1810) für seine Dienste als Wechselhändler nobilitiert. Die *Gebrüder Zellweger & Comp.* korrespondierten mit ihm in den 1760er Jahren.[719] Die Eröffnung der Kaiserlich-Königlich privilegierten Silberhandlung in Augsburg 1769 mit eigener Schmelzhütte und Verkaufskontor in Triest[720] brachte Liebert 1770 die Erhebung in den Freiherrenstand.[721] 1772 erhob Kaiser Joseph II. (1741–1790) mit dem Textildruckfabrikanten Johann Heinrich Schüle (1720–1811) für dessen Errichtung der erfolgreichen Schüleschen Kattunfabrik im Süden vor Augsburg als das wohl prominenteste Beispiel in den erblichen Adelsstand. Schüle nannte sich in der Folge «Edler von Schüle».[722] *Zellweger & Comp.* stand erst nach 1800 mit einem *J.M. Schüle & Co.* in Kontakt, der womöglich mit dem von Clasen (1995)

711 Kehrli: Patriziat, Briefadel und Titulaturen, in: Holenstein/Schläppi et al. (Hg.): Berns goldene Zeit (2008) (= Berner Zeiten 4), S. 209.

712 Berner, Hans/Röthlin, Niklaus: Artikel «Basel (-Stadt)», in: e-HLS online, 25.02.2010.

713 Vgl. Guggenheimer: Städtische Landsitze [...] St. Gallen, in: Guggenheimer/Flammer/Sonderegger et al. (Hg.): Schloss Greifenstein (2010), S. 21–32.

714 Ehrenzeller: Geschichte der Familie Zili (1928), S. 65 und 75.

715 Menolfi: Hauptwil-Gottshaus (2011), S. 120.

716 Gebrüder Zellweger & Comp.: 565 Briefe an Junker Hans Jacob Gonzenbach in Hauptwil, Trogen, 1747–1769; Zellweger, Müller & Comp.: 7 Briefe an Junker Hans Jacob Gonzenbach in Hauptwil, Trogen 1774–1780..

717 Gebrüder Zellweger & Comp.: 503 Briefe an Christian Georg Köpf in Augsburg, Trogen, 1747–1769.

718 Grünsteudel, Günther/Wüst, Wolfgang: Artikel «Münch», in: Stadtlexikon Augsburg online ,1998.

719 Gebrüder Zellweger & Comp.: 34 Briefe an Benedikt Adam Liebert (1731–1810) in Augsburg, Trogen, 1762–1769.

720 Zorn: Augsburg – Geschichte einer europäischen Stadt (2001⁴), S. 305.

721 Hetzer, Gerhard: Artikel «Liebert, Benedikt Adam von (1731–1810)», in: Stadtlexikon Augsburg online, 25.08.2010.

722 Winkler, Richard: Artikel «Schüle, Johann Heinrich von (1720–1810)», in: Neue Deutsche Biographie (23/2005); Clasen: Textilherstellung in Augsburg (2/1995), S. 410–424.

erwähnten Matthäus Schüle identisch ist.[723] Das Phänomen der Nobilitierung von Bankiers, Fabrikanten und Kaufleuten ist bis weit ins 19. Jahrhundert hinein zu beobachten. 1821 erhob die Bayerische Krone ihren wichtigsten Bankier Johann Lorenz Schaezler (1762–1826) in Augsburg für seine finanziellen Dienste in den Freiherrenstand als «Schaezler Freiherr von Ansbach». Diese Erhebung bildete 1821 zusammen mit dem Erwerb des repräsentativen «Schaezlerpalais», erbaut in den 1760er Jahren von seinem ebenfalls nobilitierten Schwiegervater Bankier Benedikt Adam von Liebert (1731–1810), den Höhepunkt seines sozialen Aufstiegs.[724] J.L. Schaezler war von 1806 an Bankier der *Zellweger & Comp.* und *Johannes Zellweger Sohn.*[725] Zeitgleich mit Schaezler wurden die Besitzer des Bankhauses Wohnlich & Froelich für ihre Verleihung von Staatskrediten in den Adelsstand erhoben. Wohnlich & Froelich war Bankier von *Johannes Zellweger Sohn.*[726] Es handelte sich dabei um Johann Christian von Froelich und Louis von Wohnlich, deren Bankhaus aus einer Textildruckerei hervorgegangen war.[727] 1846 wurde Carl Brentano-Mezzegra (1779–1850) von Augsburg in den erblichen Adelsstand erhoben. Der «Edle von Brentano-Mezzegra» betrieb die 1780 gegründete, seit 1799 privilegierte *Königlich-bayerische Hof-Seidenzeug- und Kirchenstoff-Fabrik.* 1871 erfolgte die Versteigerung der Immobilien. Drei Jahre später wurde ihr Betrieb endgültig eingestellt.[728] Franz und Joseph Brentano-Mezzegra von Augsburg waren in den 1750er und 1760er Jahren Kunden der *Gebrüder Zellweger & Comp.*[729] In Augsburg zeigen diese Nobilitierungen von Bankiers, Kaufleuten und Fabrikanten bis heute nachhaltige Wirkung in Form von Strassennamen wie der Froelich-, Schöppler- und Brentanostrasse. In der Reichsstadt Kempten wurde die alteingesessene Patrizierfamilie König anfangs 1779 in die Adelsmatrikel des Königreichs Bayern eingetragen. Erster Vertreter war der Grosskaufmann und spätere Bürgermeister der Stadt Kempten Georg Matthias von König (1757–1825). Sein Vater unterhielt die Filiale *König seel. Erben* in Venedig und lieferte in den 1760er Jahren Baumwolle an die *Gebrüder Zellweger & Comp.* in Trogen.[730] Ähnliche Muster wie im Königreich Bayern waren in Bozen nachweisbar. Neben engmaschig familiären Verknüpfungen mit dem Landadel strebten «bürgerliche Handelsleute für sich die Nobilitierung an». Die Grenzen zwischen Handelsleuten und Adel wurden fliessend.[731] Die ständische Feudalgesellschaft ging in eine bürgerliche Gesellschaft über, in welcher der Einzelne durch Fleiss und Leistung zu Wohlstand und Adelsdiplomen gelangen konnte, was für manche Adelsfamilie «schmerzhaft» gewesen sein soll.[732] Für Frankreich ist auf das prominente Beispiel des Textildruckers Christoph Philipp Oberkampf (1738–1815) mit Wurzeln in Schwaben und Aarau (Aargau) zu verweisen. Seine äusserst erfolgreiche Textildruckerei in Jouy-en-Josas (Île-de-France) südlich von Versailles erhielt 1783 den Status einer «Manufacture royale». 1787 erhob Louis XVI. diesen äusserst erfolgreichen und umtriebigen Fabrikanten in den Adelsstand in der Meinung, «nie etwas Gerechteres getan zu haben».[733] In Böhmen privatisierte 1790 der Kaufmann in Leinwand Johann Franz Theer von Arnau, der *Zellweger & Comp.*

---

723 Zellweger & Comp.: 3 Briefe an J.M. Schüle & Co. in Augsburg, Trogen, 1806–1807; Clasen: Textilherstellung in Augsburg (2/1995), S. 424.

724 Winkler, Richard: Artikel «Schaezler, Johann Lorenz (1762–1826)», in: Neue Deutsche Biographie (22/2005).

725 Zellweger & Co: 35 Briefe an J.L. Schaezler in Augsburg, Trogen, 1806–1811; Johannes Zellweger Sohn: 142 Briefe an J.L. Schaezler in Augsburg, Trogen, 1803–1816.

726 Johannes Zellweger Sohn: 38 Briefe an Wohnlich & Froelich in Augsburg, Trogen, 1803–1809; Zellweger & Comp.: 1 Brief an Wohnlich & Froelich in Augsburg, Trogen, 08.12.1806, S. 204; J.C. Zellweger: 1 Brief an Wohnlich & Froelich in Augsburg, Trogen, 01.06.1811, S. 75.

727 Trauchbur, Gabriele von: Artikel «Froelich», in: Stadtlexikon Augsburg online 1998.

728 Grünsteudel, Günther: Artikel «Brentano-Mezzegra, Kaufmannsfamilie», in: Stadtlexikon Augsburg online, 1998.

729 Gebrüder Zellweger & Comp.: 82 Briefe an Franz & Joseph Brentano Mezzegra in Augsburg, Trogen, 1747–1769.

730 Gebrüder Zellweger & Comp.: 7 Geschäftsbriefe an [G.M.] König sel. Erben in Venedig, Trogen, 1762–1769.

731 Huber: «de Heren von Botzen... une espèce de noblesse subalterne». Eliten in Bozen, in: Bellabarba et al. (Hg.): Eliten in Tirol zwischen Ancien Régime und Vormärz (2010), S. 244–245.

732 Kink: Die Transformation der adeligen Elite in [...] Bayern, in: Bellabarba (Hg.): Eliten in Tirol zwischen Ancien Régime und Vormärz (2010), S. 93–109, hier S. 108.

733 Wintterlin, August: Artikel «Oberkampf, Christoph Philipp (1738–1814)», in: Allgemeine Deutsche Biographie (24/1886), S. 94–95, ADB online, 28.11.2013; Chapman/Chassagne: European Textile Printers in the Eighteenth Century. A Study of Peel and Oberkampf (1981).

anfangs 1807 einen Ballen «Sangalette» sandte[734], die Herrschaft Hermannseifen durch Aufkauf und nannte sich Freiherr von Silberstein. 1813 errichtete sein Sohn neben der herrschaftlichen Leinwand- und Flachsgarnbleiche Hermannseifen ein neogotisches Schloss inmitten eines prächtigen Parks. 1815 gestaltete Josef Karl Theer (gest. 1839) das alte verfallene Schloss zu einer Bierbrauerei und Weinbrennerei um.[735] Der Hopfen- und Rebenanbau hatte den Flachsanbau abgelöst.

Der Kaufmann innerhalb der Gesellschaft – ganz unten

Zellweger-Hirzel-Scheuss setzte sich mehr als einmal in der Korrespondenz mit seinem Schwager Hirzel von Zürich mit seinem Status als Kaufmann auseinander. Der erste Anlass gab ihm 1764 sein bevorstehender Eintritt in die *Helvetische Gesellschaft,* die erste politische Gesellschaft mit überregionalem Charakter in der Eidgenossenschaft:

> aber wie dörfte ich mir einer so grossen Ehre schmeichlen mit Hirzeln, Bodmer, Meyer, Tschiffeli, Glutz, Iselin und so vieler Gelehrter, und vortrefflicher Männer in einer gleichen Gesellschaft zu stehen, ich, der ich weder Studien noch eine grosse litteratur besitze, sonder nur ein gemeiner Kauffman und ausser stande bin, mit allgemein nützlichen Vorschlägen geziemend aufzuwarthen.[736]

In der gesellschaftlichen Hierarchie stand der «gemeine Kaufmann» also hinter dem Gelehrten, der sich über sein Studium und den Besitz einer Bibliothek als «vortrefflicher» Mann auszeichnete. 1778 gab Zellweger-Hirzel-Scheuss an, als «gemeiner Kaufmann» auch hinter dem «sich weit mehr glaubenden Staatsmann» zu stehen:

> Ich verzeihe es dem Staatsmann gerne, dass er die kaufmännischen Sachen nicht verstehe, aber das kann ich ihm nicht wohl verzeihen, wenn er sie gleichwohl ganz nach seinem Kopf gefaltet wissen will. Aber man glaubt sich weit mehr als ein Kaufmann & würde es sich zur Schande nehmen, wenn man [sich] in Sachen, die ganz in sein Forum einschlagen, von ihm [dem Kaufmann] belehren lassen sollte.[737]

Hintergrund dieser Aussage war die politische Auseinandersetzung um die Handelsprivilegien der Schweizer Kaufleute in Lyon. Sie waren direkt an die letzte Bundeserneuerung mit Frankreich (1777) gekoppelt. Zellweger-Hirzel-Scheuss war sich bewusst, dass der Staatsmann, der Politiker, sich nicht herablassen würde, den Rat eines Kaufmanns anzunehmen, selbst wenn es sich um handelspolitische Fragen mit direktem Bezug auf seinen Beruf handelte. Wie fest nun diese Hierarchie in der Gesellschaft verankert war, zeigte sich am banalen Beispiel der Frankatur von Briefen oder Postpaketen. Der Empfänger hatte um 1770 je nach gesellschaftlicher Position des Absenders unterschiedliche Beträge dafür zu bezahlen:

> Mit H. Landvogt Grob bin ich wegen dem Briefport in dem gleichen Casu wie Sie. Ein Brief von Rheineck auf St: Gallen kostet mich sonst xr: 2.– und wann er von ihm komm, muss ich xr: 6.– dafür bezahlen, ohne Zweifel wird der Both gedenken, dass ein Brief von einem Landvogt allezeit mehr werth seye, als ein anderer, doch der Unterscheid ist bey Ihnen noch weit grösser, und desswegen mögen Sie Ihme wohl schreiben dass er Dehro Briefe an mich addressieren solle, und besonders wann es packe sind. Wann dan das Post Amt in St. Gallen verspühren wird, aus der Enveloppe, dass der Pack von einem *Fetzen Krämer* [H.d.d.A.] kommt, so wird dasselbe auch den Werth des Pacqueto nach dem Werth der begangenschaft schätzen. Ich versichere Sie, dass mich kleine pacquets durch die leichte Post nicht mehr als durch die schwehre von Zürich anhero kosten».[738]

734 Zellweger & Comp.: 1 Brief an Johann Franz Theer unter der Firma Jacob Theer von Arnau, Trogen, 08.01.1807, S. 322.
735 Sommer: Das Königreich Böhmen (3/1835), S. 202–204.
736 Zellweger, Johannes (1730–1802): 1 Brief an Johann Caspar Hirzel (1725–1803) in Zürich, Trogen, 19.04.1764.
737 Zellweger, Johannes (1730–1802): 1 Brief an Johann Caspar Hirzel (1725–1803) in Zürich, Trogen, 18.05.1778.
738 Zellweger, Johannes (1730–1802): 1 Brief an Johann Caspar Hirzel (1725–1803) in Zürich, Trogen, 26.03.1770.

Reissmann (1975) legte in «Die hamburgische Kaufmannschaft» vier Kriterien für die Herausbildung eines Patriziats fest: den alleinigen Anspruch bei der Besetzung der Ratsstühle, das exklusive Konnubium (Heiratsverbindungen), die Aufgabe der kaufmännischen Tätigkeit, die Hinwendung zum adligen Lebensstil.[739] Diese vier Kriterien können nicht auf die Situation der Zellweger übertragen werden. Wahl und Abwahl im alteidgenössich direktdemokratisch organisierten Appenzell Ausserrhoden lösten sich ab je nach Zufriedenheit der Bevölkerung mit der Amtsführung des Amtsinhabers. Neben der Tochter des Landammanns wurden Töchter aus Azmoos, Zürich und St. Gallen als Ehefrauen gewählt. Ihren Handel gaben die Kaufleute Zellweger nicht auf, sondern gründeten eine Handelsgesellschaft nach der anderen. Ihre repräsentativen Kaufhäuser dienten als Arbeits- und Wohngebäude zugleich.
Die neuere Geschichtsforschung über Tirol mit dem grossen Handelsmesseplatz Bozen benutzt in Abgrenzung zu «Aristokratie» und «Dynastie» die Begriffe von «Bürgertum» und «Elite». Bellabarba et al. (Hg.) (2010) veröffentlichte das Werk «Eliten in Tirol zwischen Ancien Régime und Vormärz». Darin definierte Huber Eliten als

> Individuen oder Gruppen von Individuen, die in der Gesellschaft beziehungsweise gesellschaftlichen Teilsystemen führende Rollen einnehmen und diese mitunter auch ändern können. «Führungsschicht» fasst dagegen jene Eliten, die über einen längeren Zeitraum hinweg derselben sozialen Provenienz entstammen und hinsichtlich ihrer Wertorientierung und ihres ökonomischen Status als kompakte Formation auftreten.[740]

Huber (2010) sprach in der Folge von «wirtschaftlicher Elite, poltischer Elite, Reputationselite, Elite und Gegenelite», Bonoldi (2008) von den «Signori dela fiera».[741] Zum «Bürgertum in der Habsburgermonarchie» entstand von 1990 bis 2003 eine zehnbändige Reihe. Der zweite Band befasste sich mit der Frage, wie sich dieses Bürgertum seinen Status «durch Arbeit, Besitz, Wissen und Gerechtigkeit» erarbeitet hatte.[742] Für den deutschen Raum ist die Forschung unter Gall zum Thema «Von der ständischen zur bürgerlichen Gesellschaft» seit 1990 relevant.[743] Kocka (1997) stellte auf der Suche nach den Ursprüngen des modernen Bürgertums im 18. Jahrhundert *drei Sozialkategorien* fest. Die *erste Kategorie* stellte ihm zufolge das «Stadtbürgertum des 18. Jahrhunderts» mit rechtlichen Privilegien in Bezug auf Gewerbe und Handel und Selbstverwaltung dar. Es löste sich aufgrund seines überregionalen Wirkungskreises, der Wettbewerbsorientierung und des Wohlstands von den traditionell ständisch geprägten Wirtschaftsstrukturen der Städte, die noch von der alten Ordnungstrias Zunft, Brauch und Moral beherrscht waren. Das «Freisetzen von Regeln und Reglementierungen» und die «Absonderung von dem alten Stadtbürgertum» können etwa an den Kaufleuten und Erbauern der *Manufaktur Gonzenbach* aus der Stadt St. Gallen im Dorf Hauptwil (Thurgau) exemplarisch belegt werden. Aufgrund der Normen Arbeit, Besitz, Rechtschaffenheit, Sparsamkeit, Religion und politische Mitsprache entwickelten sich neue Lebensformen. Die *zweite Kategorie* waren nach Kocka die «Vertreter des sich durchsetzenden

739 Reissmann: Die Hamburgische Kaufmannschaft im 17. Jahrhunderts (1975), S. 322–330.

740 Huber: «de Heren von Botzen… une espèce de noblesse subalterne». Eliten in Bozen. Beharrung und Wandel zwischen 1800 und 1820, in: Bellabarba et al. (Hg.): Eliten in Tirol zwischen Ancien Régime und Vormärz (2010), S. 241–265, hier S. 242.

741 Bonoldi: Kredit und Handel zwischen Italien und Deutschland: Bozen und seine Messen (XIII–XIX Jhd.), in: Scripta Mercaturae (42,1/2008), S. 9–26; Bonoldi/Denzel: Bozen im Messenetz Europas (2007); Bonoldi: I signori della fiera: le famiglie mercantili bolzanine del XVIII secolo tra politica ed economia, in: Ladner/Imboden (Hg.): Alpenländischer Kapitalismus in vorindustrieller Zeit. Vorträge des siebenten internationalen Syposiums zur Geschichte des Alpenraums (2004), S. 23–54; Bonoldi: «[…] wo man Leichtigkeit und Freiheit genutzt hat, […] muss der Handel unwillkürlich blühen»: Messen, Einrichtungen und städtische Realität im Bozen des 18. Jahrhundert, in: Heiss (Hg.): Bozen 1700–1800. Eine Stadt und ihre Kunst (2004), S. 29–35.

742 Stekl: Durch Arbeit, Besitz, Wissen und Gerechtigkeit (1992).

743 Gall: Von der ständischen zur bürgerlichen Gesellschaft, München 2012 (= Enzyklopädie deutscher Geschichte, 25); Gall: Städtisches Bürgertum und staatliche Modernisierungspolitik, in: Schmidt et al. (Hg.): Gemeinde, Reformation und Widerstand (1998), S. 145–157; Gall (Hg.): Bürgertum und bürgerlich-liberale Bewegung seit dem 18. Jahrhundert (1997) (= Historische Zeitschrift, Sonderheft 17); Gall: Stadt und Bürgertum im Übergang von der traditionalen zur modernen Gesellschaft (1993) (= Historische Zeitschrift. Beihefte. Neue Folge 16); Gall: Vom alten zum neuen Bürgertum (1991) (= Historische Zeitschrift. Beihefte. Neue Folge 14); Gall (Hg.): Stadt und Bürgertum im 19. Jahrhundert (1990) (= Historische Zeitschrift. Beihefte. Neue Folge 12).

Kapitalismus» wie Grosshändler mit überregionalen und internationalen Verbindungen, Kapitalisten und Bankiers, Besitzer und Betreiber von Manufakturen und Bergwerken. Zur *dritten Kategorie* zählte Kocka «sachkundige Bedienstete und gebildete Beamte, Verwaltungs- und Rechtsexperten, Professoren und Kirchenmänner mit universitärem Hintergrund». Kocka verortete «im Überschneidungsbereich und im Kontakt dieser drei Sozialkategorien den Grund dafür, dass in Teilen Europas, im Westen und in der Mitte, vor allem in der zweiten Hälfte des 18. Jahrhundert ein von anderen Gruppen abgrenzbares, vor allem durch seine Kultur zusammengehaltenes, über- oder nichtständisches Bürgertum entstand».[744] Dieser Ansatz ging in die Forschung von Pfister (2003) «Politische Eliten im frühneuzeitlichen Zürich» ein.[745] Mit dem Begriff des Wirtschaftsbürgertums erfasste man selbständig und mit erheblichem Erfolg wirtschaftlich tätige Bürger des 18. und 19. Jahrhunderts. Ein typischer wirtschaftsbürgerlicher Beruf war der Fernhandelskaufmann. Kern seiner beruflichen Tätigkeit war der gewinnorientierte Umschlag von mobilem Kapital auf internationalen Märkten. Die Voraussetzung für den Beruf stellte eine mehr oder weniger formalisierte Lehre dar.[746] In diesen Kontext ist nun die Forschung zu den Kaufleuten Zellweger im voralpinen Trogen zu stellen. Über ihren professionell getätigten Handel mit Leinwand, Baumwolle und Baumwollware gehörten sie zu den Prototypen eines sich entfaltenden Wirtschaftsbürgertums auf dem Land.

Schlussfolgerung

Wissenstransfer: Zellweger-Tanner gehörte nach den Scheuss, Wetter und Ziegler wohl zu den ersten Appenzellern, welche sich in den 1660er und 1670er Jahren über eine kaufmännische Lehre in einem der rund sechzig Textilhandelshäuser der Leinwandstadt St. Gallen das professionelle Wissen über den Textilhandel aktiv aneigneten. Vor der Wirtschaftskrise infolge des Dreissigjährigen Krieges wäre ein solcher Wissenstransfer von der Stadt auf das Land undenkbar gewesen. In dieser Phase suchten vielmehr umgekehrt vereinzelt Kaufleute aus der Stadt, sich auf der Landschaft niederzulassen. Wie andernorts in der Umgebung längst geschehen, machte sich die Landbevölkerung in Appenzell Ausserrhoden mit der Eröffnung der *Leinwandschau Trogen* um 1670 wirtschaftlich selbständig, indem sie sich erstmalig erfogreich aus der Abhängigkeit von der *Leinwandschau St. Gallen* löste. Die Zellweger gehörten zu den ersten von jeweils drei Einkäufern an der *Leinwandschau Trogen*. Sie kauften als Kommissionäre im Auftrag von Kaufleuten aus der näheren Umgebung ein.

Werdegang zum Kaufmann: In der zweiten Hälfte des 18. Jahrhunderts war die Anstellung von Hauslehrern unter wohlhabenden Familien die Regel. Die Kaufleute Zellweger investierten viel in die Anstellung von Hauslehrern und damit in die Bildung ihrer Kinder. Sie nutzten ihr Netzwerk zur damaligen Bildungselite im Umfeld von Professor Johann Jakob Bodmer von Zürich oder griffen auf Empfehlungen anderer Kaufleute zurück. Vor der Helvetischen Revolution waren die Hauslehrer Abgänger des Carolinums in Zürich. Nach Einführung des Kollaturrechts der Gemeinden in der Helvetik standen diese jungen Theologen nicht mehr zur Verfügung. Nach 1800 stammten die Hauslehrer in Trogen zunehmend aus dem deutschen Raum. Sie blieben in der Regel zwei Jahre. Sie hatten die Kinder Zellweger neben der Vermittlung von Lesen, Schreiben, Französisch und Rechnen insbesonders zu regelmässigem Arbeiten zu erziehen. Der Antritt einer kaufmännischen Lehre in Lyon stellte eine grosse emotionale Herausforderung für die fünfzehnjährigen Jungen aus ländlichen Gebieten dar. Die heftigsten Gefühle wie Heimweh, Einsamkeit und Leistungsdruck waren zu bewältigen. Der persönliche Kontakt mit der Herkunftsfamilie brach für Jahre ab. Ersatz bildete die schriftliche Korrespondenz nach Hause. Die Jungen sahen sich der moralischen Herausforderung einer Grossstadt gegenüber. Entweder man verfiel dem Überangebot von

---

744 Kocka: Phasen der europäischen Bürgertumsgeschichte, in: Kaufhold/Gerhard (Hg.): Struktur und Dimension (2/1997) (= Vierteljahrschrift für Sozial- und Wirtschaftsgeschichte 133), S. 339–349, hier S. 339–340.

745 Pfister: Politische Eliten im frühneuzeitlichen Zürich, in: Niederhäuser (Hg.): Alter Adel – neuer Adel? (2003) (= Mitteilungen der Antiquarischen Gesellschaft Zürich 70), S. 211–230.

746 Fahrmeier, Andreas: Artikel «Wirtschaftsbürgertum», in: Enzypklopädie der Neuzeit (14/2011), Sp. 1142–1148, hier Sp. 1142–1143.

Lustbarkeit, oder man entsagte der eigenen Gesundheit willen. Die Gestaltung der Freizeit war auf Lernen ausgerichtet. Schreiben, Spracherwerb und Rechnen kamen vor Vergnügungen wie Tanzen, Musik, dem Spiel um Geld und dem Besuch von Theater, Oper und Ballett.[747] Der Leistungsdruck in der Schreibstube in Lyon war hoch. Unter den fünf Cousins Zellweger in Lyon der Jahre 1770 bis 1785 herrschte Konkurrenz um die möglichst baldige Erbringung anspruchsvoller kaufmännischer Leistungen. Dazu zählten die Führung des Hauptbuches, der Abschluss der ersten eigenen Bilanz und als Kür die Vertretung des auf Geschäftsreisen abwesenden Direktors.

«Heurats Geschäft»: In der Retrospektive lassen sich im Heiratsverhalten der Söhne Zellweger strategische Züge nachweisen. Die «gute Partie» war in ihrem Fall stets die Tochter des Landammanns von Appenzell Ausserrhoden. Über die wirtschaftliche Ebene hinaus bestand somit auch auf privater Ebene das Bestreben, den Status zu sichern. Mit dem Dorf Azmoos im Rheintal (Sulser), der Stadt Zürich (Hirzel, Gessner) und der Stadt St. Gallen (Ehrliholzer, Huber) waren drei Einzugsgebiete für reformierte Ehefrauen über den sonst üblichen geografischen Rahmen Appenzell Ausserrhoden hinaus nachweisbar. Die Ehefrauen aus der Stadt Zürich waren die einzigen Töchter von literarisch tätigen Vätern (Hirzel, Gessner). Nur zwei Generationen Zellweger heirateten in Kaufmanns- und Bürgerfamilien der Stadt St. Gallen ein (Ehrliholzer, Huber). Ähnlich dem wirtschaftlich motivierten Heiratsmuster der Söhne Zellweger gestaltete sich das Heiratsmuster der Töchter Zellweger. Mit dem gleichen Erbanspruch wie die Söhne heirateten sie mit Zustimmung des Vaters vornehmlich Männer, die sich in den Handelsgesellschaften Zellweger vom Lehrjungen zum fähigen Teilhaber hochgerarbeitet hatten (Tanner, Honnerlag). Durch die Verheiratung der Töchter Zellweger mit Teilhabern sicherten sich die Kaufleute Zellweger die schwesterlichen Anteile am Vermögen in Form von Handelskapital. Die Teilhaber band man erfolgreich in die Familie ein. Weniger erfolgreich war die Verheiratung mit Angestellten, die nicht innerhalb der Handelsgesellschaften Zellweger ausgebildet worden waren (Sturzenegger, Zuberbühler, Krauss). In diesen Fällen erfolgten nach der Heirat zumeist umgehend Gründungen von eigenen Gesellschaften. Nachträglich ist der systematische Ansatz deutlich rekonstruierbar, den wirtschaftlichen Aufstieg über vorteilhafte verwandtschaftliche Beziehungen in das politische Umfeld der Heimat abzusichern. Während sich etwa die Wetter von Herisau für Heiraten mit Französinnen offen zeigten, war das für die Zellweger keine Option. Ihre Kaufhäuser, die Arbeiten und Wohnen verbanden, konnten im Vergleich mit unzähligen ähnlichen Bauten aus der Schweiz und dem deutschen Raum des 18. Jahrhunderts als übliches Statussymbol vermöglicher Kaufleuten identifiziert werden.

Alltagsgeschäft: In der Regel unternahm der Kaufmann Zellweger einmal pro Jahr eine Reise von Trogen je nach Lyon und Genua. Zwischen den rund 500 bis 600 Kilometer auseinanderliegenden Arbeitsplätzen fand nebst der wöchentlichen geschäftsinternen Korrespondenz mindestens einmal jährlich ein persönlicher Austausch zwischen den Teilhabern statt. Die Kaufleute Zellweger verreisten primär aus geschäftlichem Anlass. Dazu zählten die Etablierung des eigenen Handelshauses in Lyon und Genua, Vertragserneuerungen, Stellvertretungen für den abwesenden Direktor in Lyon, Interessenvertretungen durch persönliche Präsenz im Fall von Kundenkonkursen oder eine Abschlussreise nach der kaufmännischen Ausbildung. Mit Geschäftsreisen verbunden wurden private Ereignisse wie die Heirat in der Heimat oder die Gründung eines eigenen Hausstandes. Wie im Fall der Ehepaare Zellweger-Wetter, Honnerlag-Zellweger oder Zellweger-Gessner nachweisbar, nahm ein «Heiratsgeschäft», gerechnet ab dem Zeitpunkt der Heimreise von Lyon oder Genua inklusive dem Freien, der Hochzeit und der Abreise mit der frisch angetrauten Ehefrau etwa zwei bis drei Monate Zeit in Anspruch. Gereist wurde in den Monaten Februar bis Oktober, wobei sich insbesondere die Übergangszeiten im Frühjahr und Herbst für eine mehrtägige Reise auf dem Pferd, in der Littière oder in der Kutsche quer durch die Schweiz nach Frankreich eigneten. Ausschlaggebender Faktor für eine solche Reise war das Wetter. Kälte und Nässe waren dem Reisen hinderlich und griffen zudem die Gesundheit des Reisenden etwa in Form von Erfrierungen

747 Bspw. betrieb zwischen 1754 und 1756 ein Soufflot ein Theater in Lyon in der Nähe des Hôtel de Ville mitten im Quartier des Terreaux, das sich zum auserwählten Wohnort der Kaufleute entwickelt hatte, in: Zeller: Géographie sociale, loisir et pratique culturelle: Abonnés et abonnements au théâtre de Lyon (1761–1789), in: Revue d'histoire moderne et contemporaine (44,4/1997), S. 580–600, hier S. 581, Bayard: Vivre à Lyon sous l'ancien régime (1997), S. 308–309, Vallas: Un siècle de musique et de thèatre à Lyon (1688–1789) (1932), S. 291 und Garden: Lyon et les Lyonnais au XVIIIe siècle (1971).

an. Eis barg für Pferd, Reiter oder Kutsche Rutschgefahr. Meterhoher Schnee liess Reisende tagelang vor Ort stecken bleiben. Überschwemmungen von Bächen und Flüssen machten Brücken unpassierbar. Bei Hitze und Trockenheit beeinträchtigte die Staubbildung auf den Strassen die Luftverhältnisse in der Kutsche. Wichtigstes Ziel war es immer, die Reise gesund, ohne Komplikation und möglichst schnell zu absolvieren.

Geschäftskorrespondenz: Die Anzahl der Kontakte, der Briefe und der angeschriebenen Ortschaften vermehrten sich im Verlauf der untersuchten Zeit markant. Nach 1800 wurden mehr als doppelt so viele Geschäftspartner angeschrieben, es wurden rund 4000 Geschäftsbriefe mehr verfasst. Sie gingen an mehr als einhundert neue Ortschaften.

Personal: Als zentrales Anliegen in der Personalauswahl stellte sich das vage, weil auf Charakter- und Gefühlsebene liegende Kriterium des Vertrauens heraus. Gefordert wurde ein Sozialcharakter, der auf Eigenschaften wie solide, ehrlich, zuverlässig, fleissig, treu und verschwiegen basierte.

Wirtschaftsbürgertum auf der Landschaft: In der bisherigen Forschungsliteratur stand die Frage im Zentrum, ob die Kaufleute Zellweger Aristokraten waren und eine wie auch immer geartete Dynastie bildeten. Tatsächlich kauften sich im 18. Jahrhundert und bis weit ins 19. Jahrhundert hinein unzählige Bankiers und Kunden im Handelsnetz der Zellweger nachweislich in den Adel ein. Wirtschaftsbürger der Frühen Neuzeit waren demnach für die Käuflichkeit der adligen Kultur in hohem Masse empfänglich. Die Dichte dieses zeitgenössischen Phänomens veranschaulicht, wie erstrebenswert der soziale Aufstieg in höchste soziale Schichten erschien. Der Wirtschaftsbürger setzte damit seinem erfolgreichen wirtschaftlichen Handeln die Krone auf. Er gehörte in sozialer wie materieller Hinsicht zu den Gewinnern des neuzeitlichen Modernisierungsprozesses. Im Gegensatz zum Bildungsbürgertum entstand unter dem Wirtschaftsbürgertum keine über die Erhebung in den Adelsstand hinausgehende Rangordnung.[748] Über ihren ausgedehnten Textilhandel standen die Kaufleute Zellweger mit diversen geadelten Bankiers, Kaufleuten und Fabrikanten aus Rorschach, Basel, Augsburg und Bozen in direktem Kontakt. Sie wussten um deren Lebensstandard und Haushaltführung und orientierten sich daran. Dass ihr Verhalten von ihren ländlich-heimatlichen Zeitgenossen als aristokratisch wahrgenommen wurde, dürfte vor diesem Hintergrund zu erklären sein. Die Zellweger waren und blieben jedoch politisch aktive Angehörige einer direkten Demokratie, das Gegenteil einer Aristokratie. Die Zellweger legten sich weder Adelsprädikate zu, noch kauften sie sich in den Adel ein. Sie blieben nicht nur ihrer ländlichen Herkunft als Basis ihres wirtschaftlichen Handelns, sondern auch dem Handel selber stets verpflichtet. Ruppert (1984) identifizierte die Kaufleute als entscheidende Gruppe von Vorreitern, die zur Ausprägung des Bürgertums beigetragen hatte. Kocka (1997) definierte das Wirtschaftsbürgertum des 18. Jahrhunderts als eine relativ kleine Formation von Kaufleuten, Bankiers und Rentiers.[749] Für Roeck (2017) war bereits der Bürger der Renaissance «ein in wirtschaftlich gesicherten Verhältnissen lebender Mensch».[750] Altena (2009) betonte die «eigene Anstrengung», über welche sich der Bürger im Unterschied zum Adligen «seine Stellung in der Gesellschaft» erworben habe.[751] Der Kaufmann Zellweger gehörte der Herleitung nach also zum Prototypen eines sich neu ausbildenden Wirtschaftsbürgertums im ländlichen Appenzell Ausserrhoden. In der ersten Hälfte des 19. Jahrhunderts nahm diese Kategorie an Zahl, Wohlstand und Bedeutung zu. Mit dem steigenden Ansehen der Fabrikanten begann sich die soziale Zusammensetzung des Wirtschaftsbürgertums zu verändern.

---

748 Fahrmeir, Andreas: Artikel «Wirtschaftsbürgertum», in: Jaeger et al. (Hg.): Enzyklopädie der Neuzeit (14/2011), Sp. 1142–1148, hier 1147.

749 Kocka: Phasen der europäischen Bürgertumsgeschichte, in: Kaufhold/Gerhard (Hg.): Struktur und Dimension (2/1997) (= Vierteljahrschrift für Sozial- und Wirtschaftsgeschichte 133), S. 339–349, hier S. 341.

750 Roeck: Der Morgen der Welt (2017), S. 65.

751 Altena/Lente: Gesellschaftsgeschichte der Neuzeit 1750–1989 (2009), S. 35.

[Beich, Gabriel (ca.1624–1700)]: Manufaktur Gonzenbach, Hauptwil, Planvedute, 1670 [STATG: Slg. 1, K/P 03000]

Kapitel 2: Vor der Industriellen Revolution – Unternehmensgeschichte 1675 bis 1780

Einleitung

Das zweite Kapitel stellt den ersten Bestandteil der Unternehmensgeschichte Zellweger 1675 bis 1780 vor. Zunächst vermittelt ein Firmenstammbaum den «Überblick» über das dynamische Gebilde der insgesamt siebzehn Handelsgesellschaften Zellweger. Dann werden die Phasen «Aufbau (1673 bis 1730)» und «Expanison (1731 bis 1774)» unterschieden. Jede Handelsgesellschaft wird einzeln präsentiert. Unter «Die Handelsgesellschaft» folgen Fakten zu Gründung, Teilhaber, Personal, Sitz und Löschung. Unter «Die Handelsabläufe» werden Einkauf und Verkauf über Diagramme und unter «Der Handelsraum» die geografischen Dimensionen über Karten dargestellt. Bis 1774 war der jeweilige Anteil der Handelsgesellschaften Zellweger am Einkauf an der *Leinwandschau Trogen* rekonstruierbar. Seit 1747 ermöglicht die Überlieferung der Geschäftskorrespondenz zudem die Rekonstruktion des jeweiligen Handelsraums.

Überblick über die Handelsgesellschaften Zellweger

Die erstmalige Darstellung des vollständigen Firmenstammbaums Zellweger verdeutlicht zugleich die Entwicklungsphasen der Unternehmensgeschichte. In den ersten achtzig Jahren der Unternehmensgeschichte von 1675 bis 1755 bestand nur eine einzige Handelsgesellschaft Zellweger am Landsgemeindeplatz Trogen. Nach der Separation von *Zellweger & Eugster* 1748 existierten mit den *Gebrüdern Zellweger* und den *Gebrüdern Eugster* plötzlich zwei Handelsgesellschaften mit identischem Geschäftsmodell. Die *Gebrüder Eugster* schlossen sich als Kommissionäre mit dem äusserst finanzkräftigen Kunden von *Zellweger & Eugster* zusammen, der Handelsgesellschaft in Leinwand *Furtenbach & Eberz* von Arbon (Thurgau). Sieben Jahre später waren mit der ersten Separation innerhalb der Familie Zellweger auch zum ersten Mal zwei Handelsgesellschaften Zellweger gleichzeitig am Landsgemeindeplatz Trogen tätig. Der neu gegründete Zweig auf Basis der Zusammenarbeit mit Schwiegersöhnen erwies sich als kurzlebig. Er ging 1782 ein. 1768 fassten die Kaufleute Zellweger unter *Zellweger & Honnerlag* zum ersten Mal Fuss in der Hafenstadt Genua am westlichen Mittelmeer. 1774 gingen aus der Teilung von *Gebrüder Zellweger & Comp.* wieder zwei neue Handelsgesellschaften hervor, welche vom Landsgemeindeplatz Trogen aus in identischen Strukturen arbeiteten. Sowohl *Zellweger älter & Comp.* als auch *Zellweger Vater & Comp.* betrieben nun je ein Handelshaus in Lyon und in Genua. Die Separation führte sowohl in Trogen als auch in den Handelsmetropolen Lyon und Genua zu einer Verdopplung der Handelshäuser Zellweger. Diese Konstellation blieb über die Industrielle Revolution hinaus bestehen. In Lyon besiegelte die Französische Revolution die definitive Aufhebung der dortigen Handelshäuser *Zellweger l'ainé & Comp.* und *Zellweger père & Comp.* in den 1790er Jahren. Auch in Genua waren es der Revolutionsexport nach Ligurien und die Ausdehnung des Französischen Kaiserreichs, infolgedessen man die beiden dortigen Handelshäuser *Zellweger & Honnerlag* und *Zellweger & Comp.* im ersten Jahrzehnt nach 1800 definitiv aufhob.

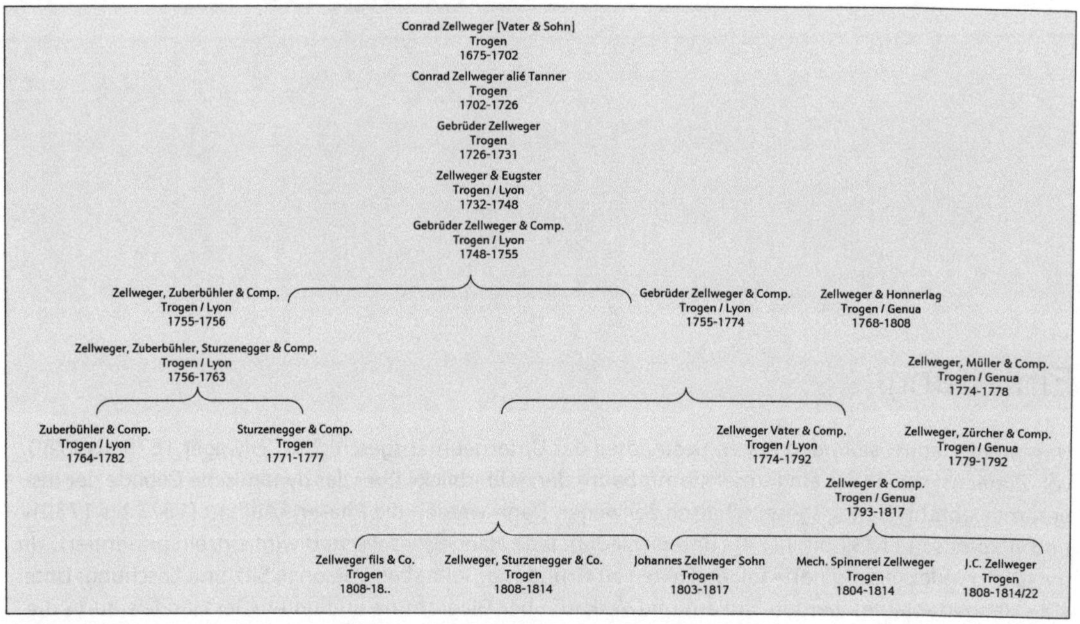

Abbildung 15: Stammbaum der Handelsgesellschaften Zellweger, 1675–1822

Weitere Separationen erfolgten erst nach 1800 aufgrund des Hinschieds der alten Generation mit Zellweger-Hirzel-Scheuss 1802 und Zellweger-Wetter 1808. Ihre Söhne und fünf Cousins Zellweger machten sich mit je einer eigenen Handelsgesellschaft selbständig, sodass nun insgesamt fünf Handelsgesellschaften Zellweger am Landsgemeindeplatz Trogen in mehr oder weniger denselben Handelsstrukturen zeitgleich tätig waren. Neben *Zellweger & Comp.* entstanden die Handelsgesellschaften *Johannes Zellweger Sohn* und *J.C. Zellweger*. Aus *Zellweger älter & Comp.* gingen die Handelsgesellschaften *Zellweger, Sturzenegger & Comp.* und *Zellweger fils & Comp.* hervor. Drei davon sollten nach rund 150 Jahren Erfolg im Textilhandel noch vor 1820 in den Konkurs gehen. Danach blieb am Landsgemeindeplatz Trogen mit *J.C. Zellweger* nur eine Handelsgesellschaft Zellweger weiterhin tätig. Wie sich *Zellweger fils & Comp.* entwickelte, deren Inhaber nach Hauptwil, Bischofszell und Winterthur abwanderten, ist mangels Quellen nicht nachvollziehbar. Die Mitglieder gerade dieses abgewanderten Familienzweiges blieben aber der Tradition des kaufmännischen Berufes bis ins 20. Jahrhundert hinein verpflichtet.

Aufbau – 1675 bis 1730

Aufbauarbeit erbrachten die drei Handelsgesellschaften *Conrad Zellweger [Vater & Sohn]*, *Conrad Zellweger alié Tanner* und *Gebrüder Zellweger* in der Phase von 1670 bis 1730. Mangels Quellen können selbst zu Namen und Struktur der Handelsgesellschaften nur wenig verlässliche Angaben gemacht werden. Um trotzdem erfassbar zu machen, wie sich die Phase des Anfangs und Aufbaus der Unternehmensgeschichte Zellweger gestaltete, sind über die Briefkopierbücher Zellweger hinaus auch die Rechnungsbücher der *Leinwandschau Trogen* auf die Einkäufe der Kaufleute Zellweger hin ausgewertet worden. Dadurch lassen sich ihre Handelsräume und deren geografische Ausdehnung bis 1747 immerhin ansatzweise rekonstruieren. Über das Abbildung lassen sich die zwei Hauptphasen der Zunahme der Einkäufe von 1688 bis 1735 von der Phase der Abnahme der Einkäufe von 1736 bis 1774 deutlich voneinander unterscheiden. Die Phase der Zunahme von minimalen Einkäufen bis zu maximalen 3622 Stück Leiwand vollzog sich langsam und volatil während den ersten rund fünzig Jahren. Die Phase der Abnahme gestaltete sich mit einem leichten, stetigen Abwärtstrend zwischen 2767 Stück (1736) bis 1053 Stück (1773) während vierzig Jahren ausgeglichener. Die Tausendermarke konnte erstmals 1696 durchbrochen werden. Die Zweitausendermarke erreichte man erstmalig 1724. Das Durchbrechen der Dreitausendermarke hingegen gelang bereits vier Jahre später, konnte aber auch nur kanpp ein Jahrzent auf diesem Höchstniveau gehalten werden (1728 bis 1735). Während den nächsten dreissig Jahren schwankte der Einkauf pro Jahr um die Zweitausendermarke, und fiel seit 1767 definitiv unter die Tausendermarke der Anfangszeit bis 1713.

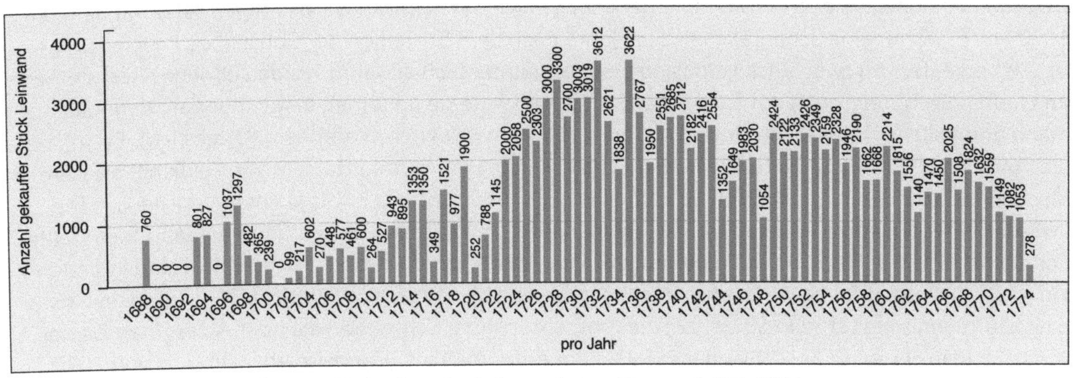

Abbildung 16: Kaufleute Zellweger: Einkauf an der Leinwandschau Trogen, 1688–1774

Conrad Zellweger [Vater & Sohn], Trogen, [1675/1688] bis 1702

Die Handelsgesellschaft

Die Überlieferungssituation für die frühesten Jahre der Handelstätigkeit der Kaufleute Zellweger von Trogen ist sehr schlecht. Es dürfte sich selbst beim Namen *Conrad Zellweger [Vater & Sohn]* wohl um ein Konstrukt handeln, unter welchem Bodmer (1959) die erste Handelstätigkeit in Leinwand von Conrad Zellweger-Rechsteiner (1630–1705), dem Vater, und dessen Sohn Conrad Zellweger-Tanner (1659–1749) für die Jahre 1688 bis 1702 zusammenfasste. Name und Existenz einer Handelsgesellschaft aufgrund eines Gesellschaftsvertrages waren nicht zu belegen. Wohnhaft und tätig waren die beiden am Landsgemeindeplatz 5 und 43 in Trogen. Die Anfänge des Leinwandhandels von Zellweger-Rechsteiner waren eng mit der Gründung und Eröffnung der *Leinwandschau Trogen* verbunden.

Als Seckelmeister und Verwalter der Staatsfinanzen von Appenzell Ausserrhoden gaben Zellweger-Rechsteiner und der Ratsherr Michel Bruderer den Kaufleuten Bartholome Gonzenbach (1616–1694) und Hans Jacob Gonzenbach (1611–1671) in Hauptwil am 28. Dezember 1667

> zu erkennen, welcher gestalt die Herrn für gut und nohtwendig Erachteten, eine *ordenliche geschworne Leinwaht Schau* [H.d.d.A.] aufzurichten, umb selbige sowohl auf unseren alss auch auf Seithe der Hrrn Landtleüthe zur geniessen [...].[752]

Aufgrund dieses Briefes interpretierte Walser (1740), dass die *Leinwandschau Trogen* 1667 gegründet worden sei. Andere Autoren zogen das Jahr 1675 in Betracht.[753] Meine erneute Lesung des Originals ergab, dass die Gonzenbach aus Hauptwil Ende 1667 lediglich ihre mündliche Zusage schriftlich bestätigten, als Kunden an der «notwendigen» *Leinwandschau Trogen* auftreten zu wollen. Sie erklärten,

> wann uns der Liebe Gott Bey fridtliche, und gesunden Zeiten auch gesegneter Handtlung erhalten wirt, wir hinfüro alle 8 in 14 Tag oder 3 Wuch, je nach deme es unsere Angelegenheit und Nothurft so erforderen wirt, den hier aufgerichteten *Leinwahtbank* [*Trogen*, H.d.d.A.] besuchen, und Jedes mahl so oft wir zu Erscheinen gedenken, es den Sontag vorhero zur mänigklichen Nachrichtung bedeuten lassen wollen.[754]

Das Vorgehen der Ratsherren Zellweger-Rechsteiner und Bruderer, sich *vor* Eröffnung der *Leinwandschau Trogen* das allfällige Interesse potentieller Kundschaft wie der Gonzenbach in Hauptwil bestätigen zu lassen, zeugt von wirtschaftlicher Weitsichtigkeit. Zellweger-Rechsteiner stellte die nötigen Räumlichkeiten in seinem Haus am Landsgemeindeplatz 43 in Trogen zur Verfügung. Er hatte kurz zuvor das Haus seines Schwiegervaters, des Landammanns Johannes Rechsteiner (1618–1666) am Landsgemeindeplatz 5 geerbt. Das erste Rechnungsbuch der *Leinwandschau Trogen* setzt mit dem Jahr 1670 ein[755], womit eine Schautätigkeit zwei Jahre nach dem Schreiben der Gonzenbach nachweisbar ist. Als Verkäufer von zwei Stück Leinwand erstmals namentlich erwähnt wurde Zellweger-Rechsteiner im zweiten Rechnungsbuch am 5. Juni 1675. Er veräusserte sie an seinen ersten Kunden, den Kaufmann und Bleicher Hans Jakob Hutsch (1645–1726) von Feldkirch (Vorarlberg, Österreich). Bis in die 1690er Jahre kauften *Conrad Zellweger [Vater & Sohn]* im Auftrag Hutschs von Feldkirch grössere Mengen Leinwand. Bodmer (1959) bezeichnete sie in ihren Anfängen «als kleinere Verleger».[756] Die Zellweger strebten von Beginn an nach Professionalität im kaufmännischen Beruf an. Vor ihnen stellte Conrad Scheuss von Herisau 1662 den jungen Hans Anton Spindler von St. Gallen als «Handelsdiener» ein.[757] Bereits um 1667 bis 1670 absolvierte der Bauernsohn Laurenz Wetter (1654–1734) von Gais eine kaufmännische Lehre in St. Gallen, die ihm sein späterer Schwiegervater, der Arzt Adrian Ziegler von Gais finanzierte. Im Anschluss daran folgte ein Aufenthalt als «Handelsdiener» in Lyon von 1670 bis 1675.[758] Zellweger-Rechsteiner, der 1663 anlässlich der Bundeserneuerung mit der Französischen Krone selber mit seinem Schwiegervater Landammann Rechsteiner in Paris war[759], finanzierte seinem Sohn Zellweger-Tanner nun eine kaufmännische Lehre wohl bei *Fittler & Comp.* in St. Gallen. Inhaber waren Hans Georg und Hans Fittler von St. Gallen. Belegbar ist Zellweger-Tanners sechsjährige Anstellung als «Handelsdiener» in deren Handelsgesellschaft *Fittler & Comp.* in Lyon. Der Arbeitsvertrag von

752 Gonzenbach, H.J./Gonzenbach, B.:1 Brief an Landammann und Rat von Appenzell Ausserrhoden, Hauptwil, 28.12.1667.

753 Vgl. die Debatte über das Gründungsjahr der Leinwandschau Trogen, in: Steinmann: Die Kunstdenkmäler des Kantons Appenzell Ausserrhoden (2/1980), S. 31, Fussnote 57.

754 Gonzenbach, H.J./Gonzenbach, B.: 1 Brief an Landammann und Rat von Appenzell Ausserrhoden, Hauptwil, 28.12.1667, 2 S.

755 Leinwandschau Trogen: Rechnungsbuch (1670–1673), ohne Seitenangaben.

756 Bodmer: Textilgewerbe (1959), S. 14.

757 Spindler erhielt den Auftrag, die Leinwandzeichen und -masse der Leinwandschau St. Gallen auszuspionieren. Er wurde gefasst, eingekerkert und nur unter schweren Bussen freigelassen, vgl. Bodmer: Textilgewerbe (1959), S. 12–13, Fussnote 16.

758 Fuchs, Thomas: Artikel «Wetter, Lorenz », in: e-HLS online, 28.10.2013; Holderegger: Unternehmer im Appenzellerland (1992), S. 64 und 96.

759 Zum Thema der Bündnispolitik über Gesandtschaften aus der Stadt St. Gallen an die Bundeserneuerung mit dem König von Frankreich in Paris vgl. Wild: Eine kaufmännische Gesandtschaft nach Paris 1552–1553 (1904).

1679 bis 1685, quellenmässig eine Rarität, konnte im Rahmen dieser Arbeit transkribiert und identifiziert werden. Zellweger-Tanner verpflichtete sich darin vertraglich, «Ihr Getrüer und geflissener Diener zuseyn»:

> Viertens sol und wil Ich auch alle meiner Herrn Bücher und Rechnungen, so mir ihres Handels halber anvertrauet werden möchten, ordenlich und fleissig halten und alsonsten meinen Dienst und Handlung, Einnahmens und Ausgebens, Kauffens und Verkauffens, empfahens und verschickens und andern Dinge halben, wenn Rechnung von Mir begehrt würde, versprech ich Ihme dieselbige und alles und so viel ich mit den Ihrigen und in Ihrem Handel thue und verricht hete, redliche lautrer aufrichtige Rechnung von mir Begehrt würde thun und geben, und Sie dann jedes mahls umb Alles, so ich Ihnen darbey schuldig, und mir an meiner Rechung abgeben möchte hablich Machen und bezahlen, desgleichen Ihnen alle Bücher, Auszüge, Bericht Schriften Ihren Handel betreffend, so ich umb Handen haben werde, treülich und ordenlich wider zu Hand stellen, wann und so oft sie es begehren möchten, ohne alles weigeren, Ihnen noch Hinderhaltung einiger Sachen, es betreffe was es wolle.[760]

Die Vermutung des Genealogen Victor Eugen Zellweger (1921), wonach sich Zellweger-Tanner in Lyon bereits in der Geschäftsfiliale des Vaters aufgehalten habe, ist dadurch widerlegt.[761] Er eignete sich das professionelle Wissen über den kaufmännischen Beruf während insgesamt neun Jahren in den Filialen von *Fittler & Comp.* in St. Gallen und Lyon an. Er transferierte es im Anschluss an den zweijährigen Stillstand erfolgreich auf die Landschaft. Auch die Version von Zellweger-Gessner, dass sich Zellweger-Rechsteiner erst nach der Rückkehr seines Sohns Zellweger-Tanner von Lyon für das Errichten einer *Leinwandschau Trogen* eingesetzt habe, ist zu korrigieren.[762] Es war gerade der Erfolg der jungen *Leinwandschau Trogen*, welcher Zellweger-Rechsteiner veranlasste, seinen Sohn nach St. Gallen und Lyon zu schicken, um sich das professionelle Wissen über den Fernhandel mit Leinwand an Ort und Stelle anzueignen.[763] Er schöpfte es für die eigenen Möglichkeiten ab und übertrug es von der Stadt auf die Landschaft.

Louis XIV. (1658–1715) hob im Revokationsedikt von Fontainbleau am 16. Oktober 1685 das Edikt von Nantes (1598) und damit die Gewährung der Glaubensfreiheit für Protestanten in Frankreich auf. 200 000 Hugenotten flüchteten nach Preussen, in die Niederlande und in die Schweiz.[764] Auch der reformierte Zellweger-Tanner musste deswegen zwei Monate vor dem ordentlichen Abschluss seines sechsjährigen Arbeitsverhältnisses in Lyon nach Trogen zurückkehren. Zum Zeitpunkt seiner Heimkehr war die *Leinwandschau Trogen* bereits mindestens fünfzehn Jahre aktiv. Im Arbeitsvertrag mit *Fittler & Comp.* waren zwei Jahre «Stillstand» festgelegt, was ihm den Handel als auch die Arbeit in einem Handelshaus verbot, das im gleichen Sortiment wie *Fittler & Comp.* tätig war. Ab 1688 stand es ihm dann frei, sich demselben Sortiment zuzuwenden, wie er es von seinen Arbeitgebern her kannte. Und tatsächlich ist im Rechnungsbuch der *Leinwandschau Trogen* vermerkt, wie im Jahr «1688 H: Conrad Zellweger angefangen [hat], Tücher zu kaufen für H: Bidermann». Dieser Kunde könnte ein Kaufmann in Leinwand aus Bischofszell (Thurgau) oder Winterthur (Zürich) gewesen sein. Fünf Jahre später lautete der Eintrag im Rechnungsbuch der *Leinwandschau Trogen* dann: «1693 kauften H: Statthalter Conrad Zellweger (alle Resttücher) und sein Sohn Conrad 801 St[ück]. [Leinwand, A.d.A.]».[765] Allem Anschein nach traten *Conrad Zellweger [Vater & Sohn]* nun als Einheit auf. 1702 zog sich der Vater aus dem Geschäftsleben zurück, der Sohn blieb aktiv: «1703 kaufte Conrad Zellweger jünger 217 St[ück]. [Leinwand]».

760 Zellweger, Conrad (1659–1749): Arbeitsvertrag als Kommis bei Hans Georg und Hans Fittler von St. Gallen, Lyon, 25.12.1679.

761 Zellweger, V.E.: Zellweger'sches Familienbuch (1/1921), Nr. 19.

762 Zellweger, J.C.: Handel und Fabrikation (1852), S. 314.

763 Leinwandschau Trogen: Rechnungsbuch (1670–1673), ohne Seitenangaben.

764 Birmstiel, Eckhart: Artikel «Edikt von Nantes», in: Jaeger (Hg.): Enzypklopädie der Neuzeit (3/2006), Sp. 26–29, hier Sp. 29.

765 Leinwandschau Trogen: Rechnungsbuch (1689–1694), ohne Seitenangaben.

Die Vermutung liegt nahe, dass die Geschäftsübergabe in Form eines Verkaufs stattfand. Das erlaubte dem alten Vater die Teilung seines Erbes. In Appenzell Ausserrhoden berücksichtigte das Erbrecht alle Kinder ohne Unterschied des Geschlechts gleichermassen.[766] Der Verkauf der Handelsgesellschaft an die nachkommenden Söhne war spätestens bei der nächsten Generation als üblich nachzuweisen. Nach der Übernahme zeichnete der in Lyon zum professionellen Kaufmann in Leinwand ausgebildete Zellweger-Tanner in den Rechnungsbüchern der *Leinwandschau Trogen* neu mit *Conrad Zellweger alié Tanner*. Er war zu diesem Zeitpunkt 43-jährig und Vater von drei Söhnen im Alter von zehn, acht und sieben Jahren.

Die Handelsabläufe

Conrad Zellweger [Vater & Sohn] betätigte sich von 1688 bis 1702 im Einkauf von Leinwand an der *Leinwandschau Trogen*. Total kaufte man 5907 Stück Leinwand ein. Im Jahr 1697 belief sich der Einkauf auf ein Maximum von 1297 Stück Leinwand. Im Jahr 1701, als der Spanische Erbfolgekrieg (1701–1714) ausbrach, kaufte man gar nichts ein. Der Einkauf belief sich durchschnittlich auf 590 Stück Leinwand pro Jahr.[767] Die Übergabe an den Sohn im Jahr 1702 fand demnach zu einem denkbar ungünstigen Zeitpunkt statt. Die Einkäufe waren seit 1698 kontinuierlich zurückgegangen und stagnierten 1701 vollständig.

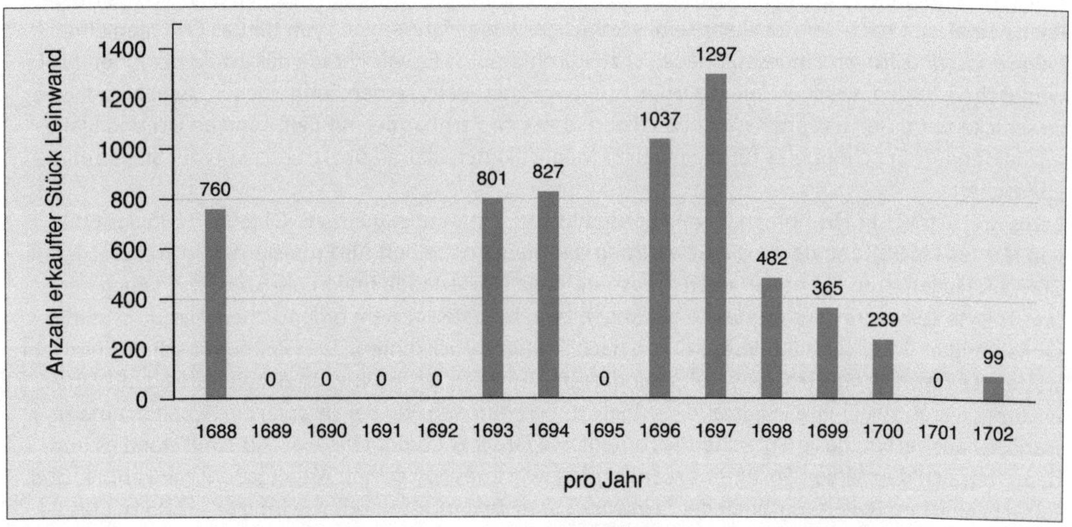

Abbildung 17: Conrad Zellweger [Vater & Sohn]: Einkauf an der Leinwandschau Trogen, 1688–1702

Bezüglich des Verkaufs überliefert das Rechnungsbuch der *Leinwandschau Trogen* für das Jahr 1675 einen einzigen Kunden von Zellweger-Rechsteiner mit Namen. Es handelte sich um den erwähnten Kaufmann Hans Jakob Hutsch (1645–1726) von Feldkirch (Vorarlberg). Der initiative Hutsch baute auf unfruchtbarem Boden neben dem Melankenbach die *Bleiche Meiningen* auf. Er erhielt das Gebiet

766 Appenzell Ausserrhoden: Artikel 103 «Vom Erbrecht der Elteren und Kinderen», in: Landbuch des Kantons Appenzell Ausserrhoden [1746], nach dem auf dem Rathhause in Trogen befindlichen Original abgedruckt, Trogen, 1828, S. 73–74.

767 Auswertung erstellt von Maya Zellweger aufgrund der Rechnungsbücher zur Leinwandschau Trogen (1688–1689, 1689–1694, 1694–1699, 1699–1704).

1683 von der österreichischen Hofkammer gegen einen Jahreszins von 80 Gulden zum Lehen. Er betrieb die Bleicherei bis zu seinem Tod. 1696 erreichte er für seine Verdienste um die Schaffung von zahlreichen Arbeitsplätzen die Erhebung in den Adelsstand. Hutsch erwähnte in seinem Tagebuch um 1710 zweimal die *Messe Bozen* und einmal Venedig.[768] Absatzmarkt seines Leinwandhandels war somit Italien. Zellweger-Rechsteiner belieferte einen Kunden, der im Fernhandel mit Italien tätig war. Er kaufte für Hutsch im Sommer 1675 fünf Stück Leinwand ein.[769] 1688 kam mit einem Bidermann ein weiterer Kunde wohl von Winterthur (Zürich) dazu.

Der Handelsraum

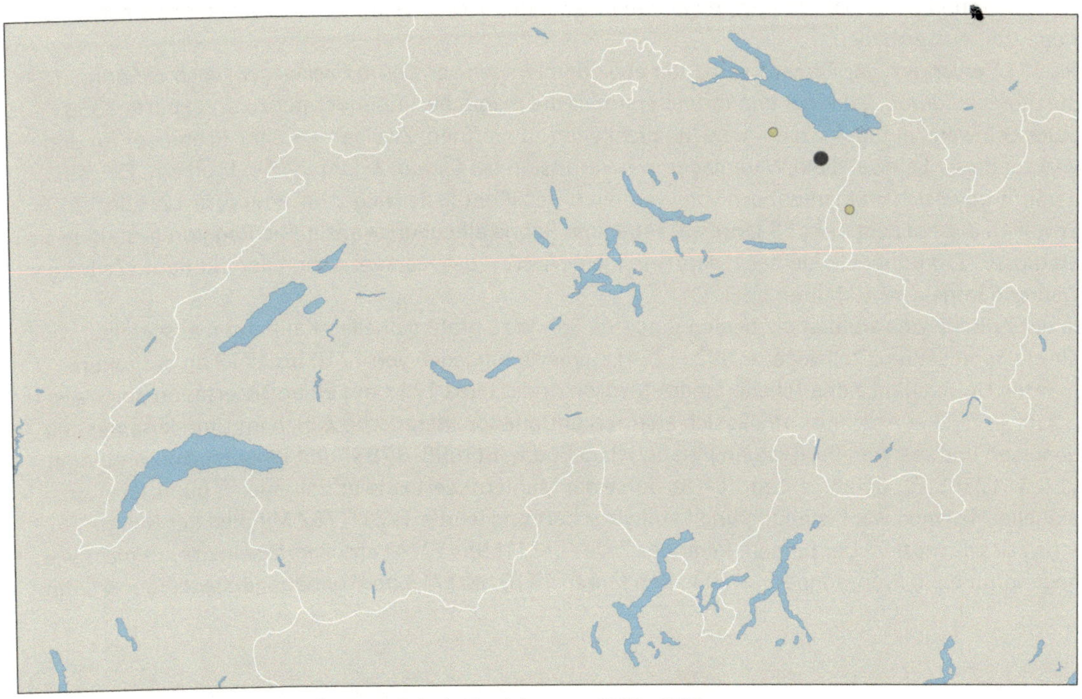

Abbildung 18: Conrad Zellweger [Vater & Sohn]: Handelsraum, 1688–1702

Der Handelsraum von *Conrad Zellweger [Vater & Sohn]* von Trogen war im Zeitraum von 1688 bis 1702 vollständig auf die Region rund um ihren Beschaffungsmarkt an der *Leinwandschau Trogen* beschränkt. Der Verkauf ging vorerst gerade einmal an zwei regional ansässige Kaufleute aus Feldkrich und Bischofszell oder Winterthur, welche den Fernhandel mit Italien und Frankreich pflegten. Ihr Handelsraum vom Zentrum Trogen aus gesehen hatte zu diesem Zeitpunkt mit einem maximalen Radius von 65 Kilometern in Richtung Osten und Westen regionalen Charakter.

768 Burmeister: Tagebuch des Feldkircher Leinwandhändlers Hutsch 1710 (1998), S. 276–278.

769 Leinwandschau Trogen: Rechnungsbuch (1674–1675), ohne Seitenangaben.

Conrad Zellweger alié Tanner, Trogen, 1702 bis 1726

Die Handelsgesellschaft

Conrad Zellweger alié Tanner entstand 1702. Es handelte sich hierbei immer noch um einen einzelnen Kaufmann, der wohl ohne «Handelsaccord» im Handel mit Leinwand tätig war. Conrad Zellweger-Tanner (1659–1749), im Handelshaus in Leinwand *Fittler & Comp.* von St. Gallen in Lyon zum Kaufmann ausgebildet, übernahm das Handelshaus *Conrad Zellweger [Vater & Sohn]* seines Vaters Zellweger-Rechsteiner. Der Vater trat im Alter von 73 Jahren in den Ruhestand und verstarb drei Jahre später. Zellweger-Tanner war zum Zeitpunkt der Übernahme 43 Jahre alt, Vater von drei Söhnen im Alter von zehn, acht und sieben Jahren und verwaltete im Amt des Seckelmeisters die Finanzen des Staates Appenzell Ausserrhoden.
Bis 1711 entsprach das Einkaufsverhalten etwa demjenigen von *Conrad Zellweger [Vater & Sohn]*. 1714 durchbrach *Conrad Zellweger alié Tanner* erstmals die magische Tausendergrenze und kaufte 1353 Stück Leinwand ein. Das schien neue Möglichkeiten zu eröffnen. Zwei Jahre später richtete er für den Verkauf dieser Leinwand ein Warenlager in Kommission bei *Chapat & Jordan*[770] in Lyon ein. Ein Jahr darauf trug er sich im Markenbuch von Lyon ein unter «Conrad Zellweger de Trogue, le 12. Juin 1717». Er war zu diesem Zeitpunkt 58 Jahre alt, seine drei Söhne alle über zwanzig. Die Raggion gestaltete sich als grosses Z, darüber ein kleines t, darin ein kleineres W – das Markenzeichen der Kaufleute Zellweger während insgesamt 57 Jahren bis 1774.
In der Zwischenzeit wurden die beiden jüngeren Söhne zu professionellen Kaufleuten ausgebildet. Der älteste Sohn Laurenz Zellweger (1692–1764) studierte hingegen von 1710 bis 1713 an der renommierten Universität Leiden (Niederlande) Medizin und schloss 1713 mit einer Dissertation ab.[771] Als Gelehrter fand er Anschluss an das sich erstmals entfaltende literarische Zürich im Umfeld seiner Zeitgenossen und späteren Professoren Johann Jakob Bodmer (1698–1783) und Johann Jakob Breitinger (1701–1776). Für deren Zeitschrift «Discourse der Mahlern» verfasste er Beiträge[772], publizierte zu aktuellen Themen wie Erziehung und Landwirtschaft und wurde 1761/1762 Mitglied der *Helvetischen Gesellschaft*.[773] Der jüngere Johannes Zellweger (1695–1774) absolvierte seine Lehre nicht wie angenommen in Lyon, sondern wohl in den Jahren 1710 bis 1713 im Wollhaus *Fürstenberger & Sohn*

770 Die Familie Chapatte stammte entweder von Le Noiremont oder von Le Peuchapatte (Herrschaft Freiberge unter Fürstbistum Basel). Die Familie Jordan war vor dem 18. Jahrhundert vor allem in den Kantonen Waadt (10), Wallis (6) und Freiburg (4) eingebürgert, vgl. Einträge, in: Familiennamenbuch der Schweiz (1689), online, eingesehen am 16.06.2018; die Handelsgesellschaft Chapat & Jordan liess sich weder im Markenbuch der Nation Suisse à Lyon der Jahre 1654–1702 noch der Jahre 1707–1775 nachweisen.

771 Fuchs, Thomas: Artikel «Zellweger, Laurenz (1692–1764)», in: e-HLS online, 28.09.2012; Zellweger, Laurenz: De nutritione animali (1713) [ZB: Z 4 O 1713/16].

772 Vetter: Laurenz Zellweger (1692–1764) an die Maler (Auszug), Trogen, 6. Juni 1721, frz., in: Vetter (Hg.): Die Chronik der Gesellschaft der Mahlern (1887), S. 85–89; Zellweger, Laurenz: XI. Discours: Über die Verschiedenheit der Menschen, in: Bodmer/Breitinger: Die Discourse der Mahlern. Erster Theil (1721); auch in: Vetter (Hg.): Die Chronik der Gesellschaft der Mahlern (1887), S. 53–58; Zellweger, Laurenz: IX. Discours: Über das schädliche Vorurtheil des menschlichen Ansehens und der Nachahmung, in: Bodmer/Breitinger: Die Discourse der Mahlern. Zweyter Theil (1722), S. 65–71; Zellweger, Laurenz: XVII. Discours: Satire über die Gefallsucht der Menschen oder Der Komplimententeufel, in: Bodmer/Breitinger: Die Discourse der Mahlern. Dritter Theil (1722), S. 129–136; vgl. auch Eisenhut: Gelehrte auf Molkenkur. Laurenz Zellweger und sein Kreis in Trogen, in: Eisenhut/Lütteken/Zelle (Hg.): Heilkunst und schöne Künste (2011), S. 271–301.

773 Zellweger, Laurenz: [Ueber die Auferziehung der Kinder im Appenzellerland. Beitrag vom 24.01.1723], in: Schweizerisches Museum XLV (4/1784), S. 894–901a; Zellweger, Laurenz: Kurze Beschreibung des Acker- und Feldbaus im Lande Appenzell, in: Abhandlungen der naturforschenden Gesellschaft in Zürich (1/1761), S. 120–121; Zellweger, Laurenz: Vorschlag für Errichtung kantonaler Gesellschaften für Staatswissenschaften und eidgenössische Korrespondenz an der Versammlung der Helvetischen Gesellschaft in Schinznach 17./18. Mai 1763; Zellweger, Laurenz: Herrn Doktor Zellwegers patriotischer Abschied von der Helvetischen Gesellschaft, in: Verhandlungen der Helvetischen Gesellschaft in Schinznach (1764), S. 47–80.

in Basel.[774] Danach dürfte er sechs Jahre als «Handelsdiener» in einem Handelshaus in Lyon gearbeitet haben. Seit 1720 arbeiteten dann beide Söhne in der väterlichen Handelsgesellschaft. Nach dem Rückzug des Vaters Zellweger-Tanner im Alter von 67 Jahren ging *Conrad Zellweger alié Tanner* 1726 in natürlicher Nachfolge in die Handelsgesellschaft *Gebrüder Zellweger*. Inhaber der Handelsgesellschaft mit Sitz am Landsgemeindeplatz 5 in Trogen waren nun seine beiden jüngeren Söhne und Kaufleute Conrad (1694–1771) und Johannes Zellweger (1695–1774).

Die Handelsabläufe

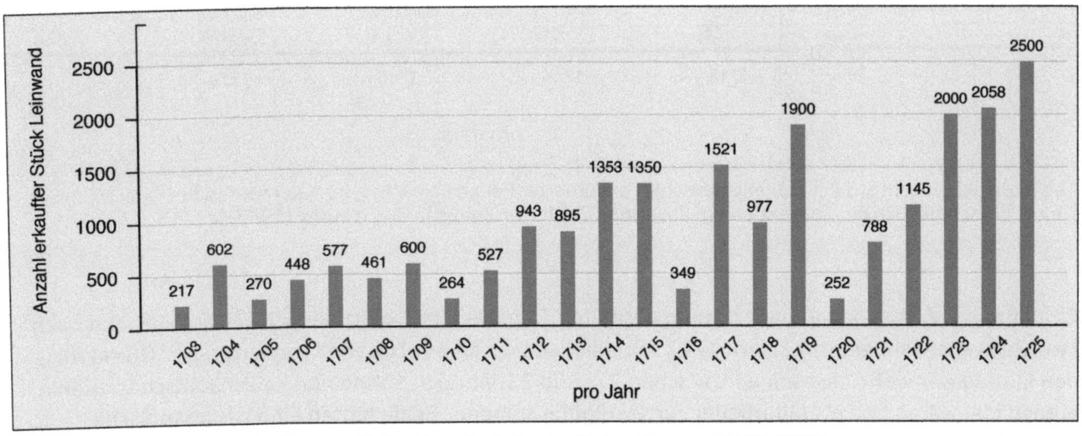

Abbildung 19: Zellweger alié Tanner: Einkauf an der Leinwandschau Trogen, 1703–1726

Conrad Zellweger alié Tanner betätigte sich von 1703 bis 1726 während 23 Jahren im Einkauf von Leinwand an der *Leinwandschau Trogen*. Total kaufte *Conrad Zellweger alié Tanner* 21 997 Stück Leinwand ein. Im Jahr 1703 belief sich der Einkauf auf ein Minimum von 217 Stück Leinwand, 1725 auf ein Maximum von 2500 Stück Leinwand. Der durchschnittliche Einkauf pro Jahr belief sich auf 956 Stück Leinwand.[775] Im Vergleich zu *Conrad Zellweger [Vater und Sohn]*, welche durchschnittlich 590 Stück Leinwand pro Jahr eingekauft hatte, verdoppelten sich die jährlichen Einkäufe nun beinahe. Die Abbildung über die Einkaufstätigkeit zeigt trotz tiefen Einbrüchen im Einkauf rund alle fünf Jahre insgesamt eine kontinuierliche Zunahme der Einkaufszahlen. Das volatile Einkaufsverhalten entsprach in etwa der wirtschaftlichen Situation in Frankreich als der Exportdestination für Schweizer Leinwand schlechthin. Ludwig XIV. (1638–1715) hinterliess bei seinem Tod im Jahr 1715 den absolutistisch regierten Staat Frankreich in einer schweren Wirtschaftskrise. In den letzten Kriegsjahren des Spanischen Erbfolgekriegs erreichte der schweizerische Export nochmals einen Höhepunkt. Dann brach er in sich zusammen. Die Anzahl exportierter Ballen Leinwand aus dem Einnahmebuch der Subvention des Zolls von Lyon erschloss Lüthy (1943).[776] 1716 erreichte der Leinwandexport seinen tiefsten Punkt seit fünfzig Jahren. Die Anzahl exportierter Ballen Leinwand entsprach nur noch wenig mehr als ein Viertel der Anzahl im Jahr 1714.

774 Zellweger, Johannes (1730–1802): 1 Brief an Hans Georg Fürstenberger in Basel, Trogen, 03.02.1777, S. 547.

775 Auswertung erstellt von Maya Zellweger, aus: Leinwandschau Trogen: Rechnungsbücher (1699–1704, 1704–1712, 1713–1719, 1720–1725).

776 Lüthy: Die Tätigkeit der Schweizer Kaufleute und Gewerbetreibenden in Frankreich (1943), S. 153.

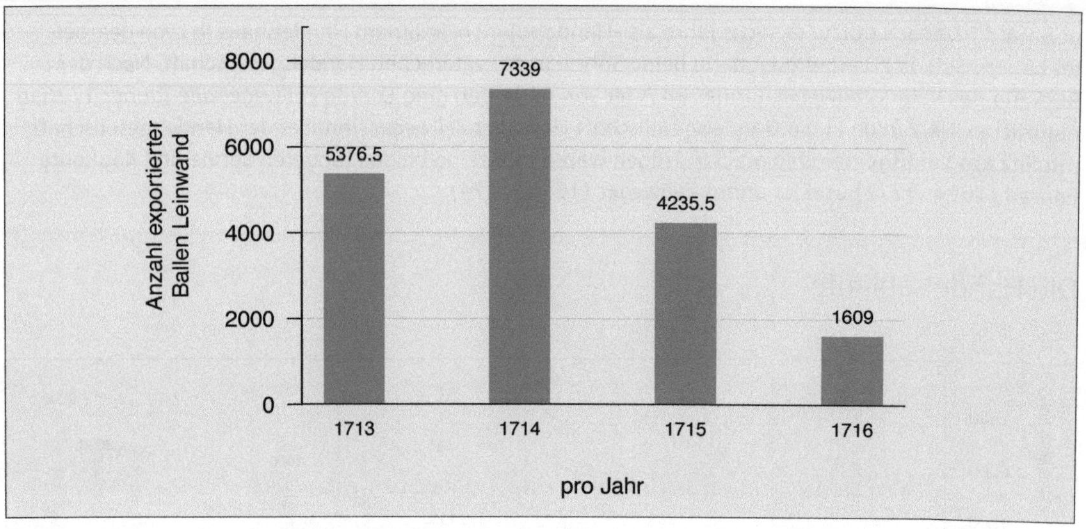

Abbildung 20: Anzahl aus der Eidgenossenschaft exportierter Ballen Leinwand, in: Kaufmännisches Directorium Zürich: Einnahmebuch der Subvention am Zoll Lyon [Zahlen erschlossen durch Lüthy (1943)], 1713–1716

Es fällt nun auf, dass genau nach diesem absoluten Tiefpunkt im Export der Schweizer Leinwand nach Lyon Zellweger-Tanner am 12. Juni 1717 sein Markenzeichen am Zoll von Lyon eintrug.[777] Grund für den Eintrag war wohl, dass seine inzwischen 22- und 23-jährigen Söhne nun kaufmännisch sorgfältig ausgebildet waren und als Mitarbeiter zur Verfügung standen. Beide hatten eine kaufmännische Lehre absolviert und dürften zu diesem Zeitpunkt als «Handelsdiener» während sechs Jahren in einem Ostschweizer Handelshaus in Lyon Berufserfahrung gesammelt haben, wie das bereits ihr Vater Zellweger-Tanner in den Jahren 1679 bis 1685 getan hatte. Inzwischen betrieb dieser Vater neben dem Kommissionsgeschäft für Kaufleute in Leinwand aus der näheren Umgebung gemäss Bodmer (1959) nachweislich den direkten Export von Leinwand nach Lyon. Er bezog den Artikel «doppeldicke Leinwand» aus St. Gallen[778] auf eigene Rechnung und organisierte die Textilveredlung wie Bleichen, Walken und Färben zunächst über Bischofszell (Thurgau). Nach und nach wurde die Textilveredlung verschiedenen Fabrikanten in der näheren Umgebung anvertraut, etwa dem Bleicher *Jakob Custers Erben* in Altstätten (St. Gallen) sowie den Färbern *Jakob Allgöwer älter* und *Friedrich Giertanner älter* in St. Gallen. Die veredelte Leinwand versandte Zellweger-Tanner über St. Gallen an das Speditionsunternehmen *Caille, Trembley & Dumont* in Genf, das den Weitertransport nach Lyon organisierte. In Lyon verwalteten die Kommissionäre *Chapat & Jordan* ein Warenlager für Zellweger-Tanner, zugleich aber auch eines für den Kaufmann Lorenz Wetter (1654–1734) von Herisau, der sein Markenzeichen bereits 1699 und damit 18 Jahre vor Zellweger-Tanner in Lyon eingetragen hatte.[779] Nach gelungenem Verkauf einer Ware an Kundschaft in Lyon sandten *Chapat & Jordan* Wechselbriefe ausgestellt auf Amsterdam an *Conrad Zellweger alié Tanner* in Trogen. Zellweger-Tanner sandte diese Wechselbriefe an Handelsgesellschaften in St. Gallen, welche ihm dafür Bargeld meist in Form von alten Louis d'ors oder St. Galler Münzen überwiesen.[780]

1708 kaufte Zellweger-Tanner von 461 Stück Leinwand allein 372 Tuche (vier Fünftel) für seinen grössten Kunden *Johann Jakob Hutsch* von Feldkirch (Voralberg, Österrreich) ein. Mit Hutsch, der bereits seit 1675 von Zellweger-Rechsteiner Leinwand einkaufen liess, war wohl die allererste und mit 33 Jahren zugleich äusserst langlebige Kundenbeziehung nachzuweisen. 1708 kaufte Zellweger-Tanner

777 Nation Suisse à Lyon: Noms et marques des marchands Suisses inscrits à la Douane de Lyon (1780–1788), S. 12.

778 Auch «Creas» genannte doppel- oder Lederleinwand, kräftige Ware aus Flachsgarnen in Leinwandbindung für Bettzeug, Kittel, Schürzen, in: Kiessling/Matthes: Textil-Fachwörterbuch (1993), S. 70.

779 Bodmer: Textilgewerbe (1959), S. 18–19;

780 Bodmer: Textilgewerbe (1959), S. 19; Nation Suisse à Lyon: Raggionenbuch (1654–1701).

aber auch nachweislich «89 Tuche (⅕) für einen guten Freund in Lion» ein. Damit fand erstmalig der Absatzmarkt Lyon Erwähnung, den Zellweger-Tanner von seiner Zeit als Buchhalter bei *Fittler & Comp.* in Lyon 1679 bis 1685 bestens kannte. Die Zahl steht aber in keinem Verhältnis zu dem, was er für den regional ansässigen Kunden *Hutsch* einkaufte. 1709 «kaufte Conrad Zellweger (alié Tanner) 600 St[ück]. Leinwand» wiederum ausschliesslich für seinen Grosskunden Hutsch. Für 1710 fehlten Angaben über Kunden. 1711 hatte sich der Kundenstamm Zellweger-Tanners bereits auf fünf Kaufleute aus der Region Ostschweiz erweitert. Aus Altstätten im Rheintal (St. Gallen) stammten die Kaufleute Custer. Aus Arbon am Bodensee (Thurgau) stammten die in den 1690er Jahren von Leutkirch (Allgäu) zugewanderten Kaufleute in Leinwand Furtenbach[781] und die aus Lindau oder Isny zugewanderten Eberz, welche sich später zur Handelsgesellschaft *Furtenbach & Eberz* zusammenschlossen.[782] Aus Hauptwil (Thurgau) nahe an der Grenze zum Kanton St. Gallen stammte der aus der Stadt St. Gallen abgewanderte Kaufmann Jakob Gonzenbach. Aus der benachbarten Stadt Bischofszell stammten mit «ewr. Lieben» möglicherweise das Chorherrenstift, der Kaufmann Lieb sowie Wolfgang und Sigmund Speiser. Ihr Handelshaus *Speiser genannt Zwinger* von Bischofszell war es laut Bodmer (1959), welches Zellweger-Tanner seit 1716 eine direkte Beziehung zur Handelsgesellschaft *Chapat & Jordan* in Lyon für den kommissionsweisen Verkauf vermittelte.[783]

Jahr	Einkäufer	Auftraggeber/Kommissionär	Einkauf Tuche	Total Tuche	Preis
1708	Zellweger, Conrad	für einen guten Freund in Lion	89		
1708	Zellweger, Conrad	Hans Jacob Hutsch von Feldkirch	372	461	[Angabe fehlt]
1709	Zellweger, Conrad	Hans Jacob Hutsch von Feldkirch	600	600	f 250
1710	Zellweger, Conrad	[keine Angabe]	264	264	f 66
1711	Zellweger, Conrad	ewr. lieben von Bischofszell/Junckher Jacob Gonzenbach von Hauptwil	238		[f 59 kr 30]
	Zellweger, Conrad	Wolfgang Sigmund Spieser von Bischofzell	51		
	Zellweger, Conrad	Junker Eberz	270		
	Zellweger, Conrad	Herr Furtenbach	119		
		geht ab 6 Thuch so H. ZW nit wolln in die Rechnung geben	minus 6	672	f 227 kr 30
	Total			1997	[f 661 kr 90]

Tabelle 3: Conrad Zellweger-Tanner (1659–1749): Namensliste seiner Kunden in Leinwand, 1708–1711

1719 investierte *Conrad Zellweger alié Tanner* in die 1717 umfirmierte *Compagnie d'Occident/Company of the West*. Ihre Vorgängerin – gegründet 1684 in der französischen Kolonie Louisiane – hiess *Compagnie des Indes Occidentales*. In der Definition von Fässler (2005) handelte es sich dabei um ein «Spekulationskarussell um Profite, Kolonien, Edelmetalle, Kaffee, Zucker, Tabak, Sklavinnen und Sklaven».[784] Diese bedeutendste Spekulationsblase nach der «Tulpenblase» (1637) ging als «Südseeblase» (1720) in die Geschichte der Frühen Neuzeit ein. Die Erforschung des Phänomens dieser grossen Finanzkrise als «Manie» oder «Panik» in Form einer «Madness of Crowds» um das vermeintlich schnelle Geld setzte 1841

781 Michael von Eberz-Furtenbach von Leutkirch erbaute in Arbon 1729 das «Rote Haus», von Furtenbach erbaute 1731 das Haus «zur Straussenfeder», 1986 von der Bürgergemeinde Arbon erworben, vgl. Geisser, Hans: Ein Haus im Wandel der Zeit. geschichtlicher Rückblick zur Renovierung des Arboner Stadthauses, in: Thurgauer Zeitung (14.01.1999), S. 25.

782 Mathias von Eberz (1675–1722) war Bürgermeister von Lindau und Jakob Felix Eberz (1745–1822) Bürgermeister von Isny, vgl. Herde, Simone: Artikel «Schurbein», in: NDB (23/2007), S. 345 und Kammerer/Nebinger: Die schwäbischen Patriziergeschlechter Eberz und Furtenbach (1955), S. 294

783 Bodmer: Textilgewerbe (1959), S. 17.

784 Fässler: Reise in Schwarz-Weiss (2005), S. 85.

ein und hält bis heute unvermindert an, wie ein Blick auf die umfangreiche Literatur zeigt.[785] Hinter der staatlich privilegierten *Westindien-Kompanie* stand der «Mann, der das Geld erfand», der schottische Geldtheoretiker und Privatbankier John Law (1671–1729).[786] Law überzeugte die französische Regierung mit seinem Projekt einer Privatbank, welche als Ersatz für das in seiner Menge beschränkte, den Handel einengende Metallgeld Papiergeld ausgab. Aus der privaten *Banque Générale* wurde bald die öffentliche *Banque Royale*. Die *Compagnie d'Occident* erweiterte Law 1719 durch Fusion zur *Compagnie des Indes*. Ihre Aktien erreichten durch gewaltige Spekulationen einen Kurs,
der wirtschaftlich nicht mehr zu rechtfertigen war. Inflation und übermässige wirtschaftliche Expansion weckten das Misstrauen der Kundschaft. 1720 platzte die «Südseeblase». Frankreich stand vor dem Staatsbankrott. Law entzog sich der Verantwortung durch Flucht nach Venedig.
Die Zellweger bezahlten ihre Tuchfühlung mit dem globalen Handel teuer. Sie mussten 2739 Gulden an «Billets et comptes de banques» abschreiben. Den Verlust trugen der Vater Zellweger-Tanner, die beiden jüngeren Söhne Zellweger-Ehrlimann-Sulser und Zellweger-Sulser sowie *Chapat & Jordan* in Lyon gemeinsam.[787] In Trogen schnallte man den Gürtel umgehend enger. Bis zum Enkel Zellweger-Gessner wurde die familieninterne Erzählung überliefert, wie man dreimal pro Tag Hafermus ass[788], bis für den Einkauf von Leinwand wieder genügend Kapital zusammengespart war. Der Geschäftsverkehr belebte sich erst allmählich über Kommissionsgeschäfte. Kunden waren die *Gonzenbach* und *Johann Ulrich Welter* in Hauptwil, *Speiser genannt Zwinger* und *Zwinger & Daller* in Bischofszell sowie *Adrian Wetter* in Herisau. Für das Jahr 1725 konnte Bodmer (1959) bereits wieder ein Konsignationslager in Genf und etwas später sogar in Turin ausmachen.[789] Bodmers Angaben sind heute mangels Quellen nicht mehr zu überprüfen.

785 Vgl. Menning, Daniel: South Sea Bubble. Globalisierung und Spekulation 1720, Berlin 2019; Lux, Maike: Investors and their Behavior during the South Sea Bubble, München 2017; Vera, Antonio: Spekulationsblasen in der frühen Neuzeit, Lohmar 2015; Sappelt, Julian: Die grossen Bubbles in Grossbritannien und Frankreich: South Sea Bubble und Law-Skandal, München 2006; Murphy, Anne: The Origins of English Financial Markets. Investment and Speculation before the South Sea Bubble. Cambridge 2009; Balen, Malcolm: A Very English Deceit. The Secret History of the South Sea Bubble and the First Great Financial Scandal, London 2002; Schmeh, Klaus: Die 55 grössten Flops der Wirtschaftsgeschichte, Wien/Frankfurt am Main 2002; Kindleberger, Charles P.: Manien, Paniken, Crashs. Die Geschichte der Finanzkrisen dieser Welt, Kulmbach 2001; Liss, David: Die Papierverschwörung (Roman), München 2001; Stratmann, Silke: Myths of Speculation. The South Sea Bubble and 18th Century English Literature (Dissertation), München 2000; Stratmann, Silke: «South Sea's at best a mighty bubble», Trier 1996; John: The South Sea Bubble; London 1960 (zweite Auflage 2001); Ainsworth, William Harrison: The South-Sea Bubble. A tale of the year 1720 (Roman), 2 Bde., Leipzig 1868; Mackay, Charles: Memoirs of Extraordinary Popular Delusions and the Madness of Crowds, 1841 (diverse Neuauflagen 2007, 2009, 2011, 2018).

786 Gleeson, Janet: Der Mann, der das Geld erfand/The moneymaker (Biographie) [John Law], München 2003.

787 Bodmer: Textilgewerbe (1959), S. 18.

788 Zellweger, J.C.: Handel und Fabrikation (1852), S. 315.

789 Bodmer: Textilgewerbe (1959), S. 19.

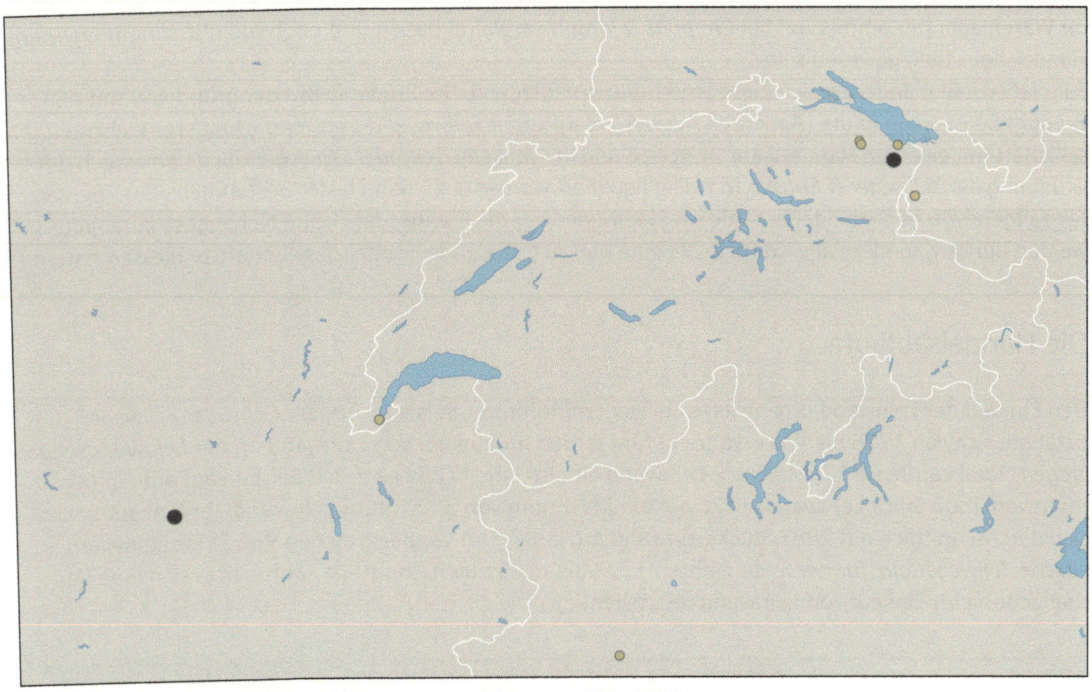

Abbildung 21: Conrad Zellweger alié Tanner: Handelsraum, 1702–1726

Die Abbildung des Handelsraums von *Conrad Zellweger alié Tanner* zeigt nun die Anfänge derjenigen Strukturen, welche von den nachkommenden Handelsgesellschaften Zellweger im Verlauf der Jahre ausgebaut werden sollten. Noch überwog die Region Ostschweiz als Absatzgebiet, während der weit entfernt liegende Absatzmarkt Lyon seit 1708 erst zögerlich, seit der Eintragung der eigenen Raggion im Markenbuch von Lyon 1717 vermehrt kommissionsweise beliefert wurde. Der am weitesten in den Süden reichende Punkt war Turin. Dadurch erschloss man erstmals italienisches Gebiet für den Absatz. Der Handelsraum mit dem Zentrum Trogen hatte nun mit einem Radius von 520 Kilometern Richtung Westen erstmals überregionale Züge angenommen.

Gebrüder Zellweger, Trogen und Lyon, 1726 bis 1731

Die Handelsgesellschaft

Die Handelsgesellschaft in Leinwand *Gebrüder Zellweger* wurde 1726 gegründet. Anlass gab der Rückzug des Vaters Zellweger-Tanner im Alter von 67 Jahren. Seine beiden jüngeren Söhne, die Kaufleute Zellweger-Ehrliholzer-Sulser und Zellweger-Sulser waren wie bereits ihr Vater ausgebildete Kaufleute in Leinwand. Sie hatten seit 1722 in den Geschäften des Vaters mitgearbeitet. Zum Zeitpunkt der Übernahme waren sie 30 und 31 Jahre alt, verheiratet und Familienväter. Vermutlich gründeten die Brüder nun die erste Handelsgesellschaft Zellweger auf Basis eines «Handelsaccord». Für diese Annahme spricht der verbindliche Gesellschaftsname *Zellveguer frères*, unter dem sie das erste Mal per «Martini» am 11. November 1727 für ihre Einkäufe im Rechnungsbuch der *Leinwandschau Trogen* zeichneten. 1727 erbaute Zellweger-Tanner anlässlich der definitiven Rückkehr von Zellweger-Ehrliholzer-Sulser aus Lyon ein ansehnliches dreistöckiges Holzhaus unter einem Satteldach am Landsgemeindeplatz 3 in Trogen. Es steht wie für Appenzeller Häuser üblich auf einem soliden ersten Stockwerk aus Stein. Die Handelsgesellschaft *Gebrüder Zellweger* verstand sich als Nachfolgerin im väterlichen Geschäft. Man zeichnete mit derselben Raggion, welche 1717 in Lyon eingetragen worden war. Zellweger-Ehrliholzer-Sulser organisierte nun den Einkauf in Trogen und Zellweger-Sulser den Verkauf in Lyon. Er dürfte

ihr Warenlager in Kommission bei *Chappat & Jordan* verwaltet haben und noch nicht in einem eigenem Handelshaus tätig gewesen sein.
Fünf Jahre später änderten sich diese Strukturen grundlegend. Die Brüder Zellweger gründeten mit den Brüdern Eugster von Reute (Appenzell Ausserrhoden) unter *Zellweger & Eugster* die erste Handelsgesellschaft mit eigenem Handelshaus in Trogen und in Lyon. Die *Gebrüder Zellweger* dürfte anlässlich der Gründung der *Zellweger & Eugster* freiwillig liquidiert worden sein, denn fester Bestandteil aller überlieferten zeitgenössischen «Handelsaccorde» der Zellweger war die Klausel, dass keine Nebengeschäfte geführt werden durften, sondern alle Kräfte in die eine neu zu gründende Handelsgesellschaft zu fliessen hatten.

Die Handelsabläufe

Den Einkauf der Leinwand organisierte Zellweger-Ehrliholzer-Sulser in Trogen. *Gebrüder Zellweger* betätigte sich von 1726 bis 1731 während fünf Jahren im Einkauf von Leinwand an der *Leinwandschau Trogen*. Total kaufte sie 17 325 Stück Leinwand ein. Im Jahr 1726 belief sich der Einkauf auf ein Minimum von 2303 Stück Leinwand, 1728 auf ein Maximum von 3300 Stück Leinwand. Ihr Einkauf belief sich durchschnittlich auf 2887 Stück Leinwand pro Jahr.[790] Im Vergleich zu den 956 Stück Leinwand, welche *Zellweger alié Tanner* in den Jahren 1703 bis 1725 durchschnittlich kaufte, liess sich eine Verdreifachung im Einkauf von Leinwand feststellen.

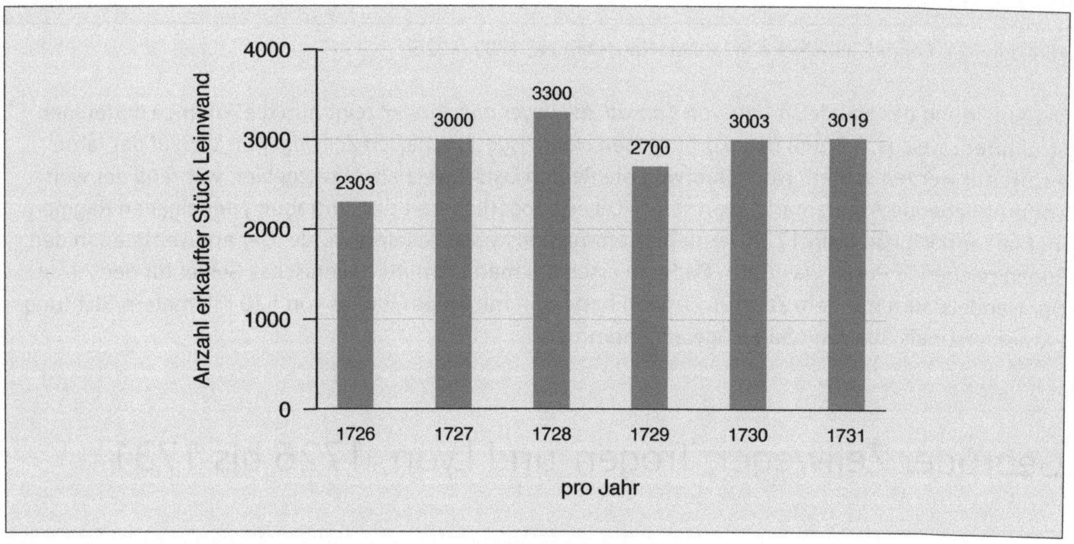

Abbildung 22: Gebrüder Zellweger: Einkauf an der Leinwandschau Trogen, 1726–1731

Für den Verkauf der Leinwand in Lyon war Zellweger-Sulser zuständig. Seine sechs Kinder kamen von 1720 bis 1735 alle in Lyon zur Welt und wuchsen in der Handelsmetropole im Netzwerk der *Nation Suisse à Lyon* auf. Bodmer (1959) behauptete ohne Angabe von Quellen, dass die *Gebrüder Zellweger* zwecks Verkaufs ein Warenlager in Kommission bei *Chapat & Jordan*[791] in Lyon betrieben hätten.[792] Vor 1730 waren sie zwar in Lyon wohnhaft, aber noch nicht mit eigenem Handelshaus vertreten. Die enorme Steigerung des Warenumsatzes gab den Ausschlag, diesen Umstand per Ende 1731 zu ändern. Der Handelsraum der *Gebrüder Zellweger* lässt sich mangels Angaben von Lieferanten und Kunden in den Rechnungsbüchern der *Leinwandschau Trogen* in dieser Phase nicht abbilden.

790 Auswertung durch Maya Zellweger, aus: Leinwandschau Trogen: Rechnungsbücher (1726–1731) und aus: Zellweger, V.E.: Zusammenstellung über die ihm noch zur Verfügung stehenden Rechnungsbücher (bis 1774).

791 Bodmer: Textilgewerbe (1959), S. 17.

Expansion – Lyon 1731/1748/1774 und Genua 1768/1774

Die Einrichtung eines eigenen Handelshauses Zellweger in der französischen Handelsmetropole Lyon 1731 und in der freien Hafenstadt Genua 1768 markierte jeweils den Beginn einer neuen Phase in der Entwicklung der Handelsgesellschaften Zellweger von Trogen. Die Umstände, welche zur Gründung der eigenen Handelshäuser in Lyon führten, sollen in der Folge an den Handelsgesellschaften *Zellweger & Eugster*, *Gebrüder Zellweger & Comp.* sowie *Conrad Zellweger, Zuberbühler & Comp.* untersucht werden. Die Bedingungen für die Eröffnung der Handelshäuser in Genua wird an *Zellweger & Honnerlag*, *Zellweger, Müller & Comp.* und *Zellweger, Zürcher & Comp.* untersucht. Gingen die Kaufleute Zellweger innovativ vor? Oder imitierten sie nicht vielmehr das Verhalten anderer Schweizer Kaufleute vor Ort?

Zellweger & Eugster, Trogen und Lyon, 1731 bis 1748

Die Handelsgesellschaft

Die Gründung von *Zellweger & Eugster* erfolgte im November 1731. Es handelte sich um den Zusammenschluss der Brüder Conrad (1694–1771) und Johannes Zellweger (1695–1774) mit den Brüdern Bartholome und Johann Conrad Eugster von Reute (Appenzell Ausserrhoden). Die beiden Eugster trugen sich zu diesem Zweck am 26. November 1731 unter eigener Raggion in das Markenbuch der *Nation Suisse à Lyon* ein.[793] Den Ausschlag zu diesem Zusammenschluss von zwei Kaufleuten von Appenzell Ausserrhoden zu einer Handelsgesellschaft gab nebst dem wirtschaftlichen Interesse die Freundschaft unter den Vätern Zellweger und Eugster.[794] An diese Handelsgesellschaft erinnerte sich Kaufmann Zellweger-Gessner: «Es kömme uns wahrscheinlich vor, ohne es gewiss behaupten zu können, dass er schon mit Herrn Eugster aus Wald ein Haus in Lyon errichtete, welches den Namen *Zellweger und Eugster* [H.d.d.A.] führte».[795] Tatsächlich handelte es sich bei *Zellweger & Eugster* um die erste Handelsgesellschaft, mit welcher die Kaufleute Zellweger über ein eigenes Handelshaus in Lyon Fuss fassten, wo sie seit 1679 präsent waren. Die Einrichtung dieses Handelshauses in Lyon finanzierte sich über einen Kredit von 6000 Gulden der *Gebrüder Sulser* von Azmoos (Sargans, St. Gallen). Die Kreditgeber waren doppelte Schwäger der *Gebrüder Zellweger*. Enge verwandtschaftliche und damit vertrauenswürdige Beziehungen machten diesen Kredit möglich.

793 Es handelte sich um Barthelemy und Jean Conrad Ougster/Eugster, in: Nation Suisse à Lyon: Noms et marques des marchands Suisses (1700–1788), S. 26.

794 Zellweger, Conrad (1694–1771): 1 Brief an Gebrüder Eugster in Lyon, Trogen, 13.05.1747, S. 56.

795 Die Gebrüder Eugster von Reute begründeten mit ihrer Filiale in Lyon das spätere Handelshaus Bärlocher in St. Gallen, vgl. Zellweger, J.C.: Handel und Fabrikation (1852), S. 314–315.

Zellweger & Eugster hatten nun je ein Handelshaus am Landsgemeindeplatz 3 und 5 in Trogen und eines an der Rue Sereine in Lyon.[796] Der «Handlungsaccord» bestimmte, dass jeweils ein Zellweger und ein Eugster gleichzeitig in Trogen und in Lyon anwesend sein mussten.[797] Bis 1740 war Zellweger-Sulser in Lyon. Von seinen sechs Kindern dürften vor allem seine älteren beiden Söhne Conrad Zellweger (1721–1743) und Zellweger-Wetter ihre kaufmännische Lehre in den 1730er Jahren unter dem Vater Zellweger-Sulser absolviert haben. Der älteste Sohn Conrad verstarb 1743 während seiner Zeit als «Handelsdiener» in Lyon. Der Vater Zellweger-Tanner kehrte zeitgleich definitiv nach Trogen zurück. Das Handelshaus in Lyon leiteten nun die beiden Teilhaber Eugster älter und jünger, unterstützt vom «Handelsdiener» Zellweger-Wetter. Nach 1745 dürfte sein Bruder Zellweger-Hirzel-Scheuss seine kaufmännische Lehre in Lyon angetreten haben. Ihm folgte 1747 mit dem Sohn des Pannerherrs Good von Mels (St. Gallen) ein erster kaufmännischer Lehrjunge, der für seine Ausbildung im Handelshaus *Zellweger & Eugster* in Lyon ein sogenanntes «Kostgeld» als «Kostjunge» bezahlte.[798] Es diente zur Bestreitung seines Unterhalts.

Zellweger & Eugster wurde, wie im Fall von Streitigkeiten vertraglich im «Handelsaccord» vorgesehen, im Frühjahr 1748 durch ein kaufmännisches Schiedsgericht in Trogen freiwillig geteilt und liquidiert. Beim kaufmännischen Schiedsgericht handelt es sich um ein «privates, geheim verhandelndes Organ zur Entscheidung privatrechtlicher Streitigkeiten im Schiedsgerichtsverfahren».[799] Es setzte sich aus drei Schiedsrichtern unter einem Obmann zusammen.[800] Eine Schiedsgerichtsklausel war in jedem der wenigen überlieferten «Handelsaccorde» der Kaufleute Zellweger vorgesehen und detailliert umschrieben. Jeder Partei stand es zu, einen Schiedsrichter ihrer Wahl auszusuchen. Wurden sich diese beiden Schiedsrichter nicht einig, bestimmten sie gemeinsam einen Schiedsrichter, dessen Spruch dann Geltung hatte. Wer diesen Spruch letzter Instanz nicht akzeptieren wollte, hatte die vertraglich definierte schwere Busse zu bezahlen.

Für *Zellweger & Eugster* waren die «Vergleichspunkte» am 10. März 1748 «formiert & genehmigt».[801] Anfangs April 1748 brachte der für die Trennung extra von Lyon nach Hause bestellte «Eugster le cadet» das «projet de séparation» nach Trogen. Nach der Unterschreibung des Teilungsvertrags, «fait par M. Zörnlin»[802], Kaufmann der Stadt St. Gallen, folgte zehn Tage später «die Nota über die Teilung von Waren, Wechselbriefen, Schuldbriefen & Bargeld nach Lyon».[803] Die Eugster entnahmen ihr Kapital von 6000 [Gulden oder Livre tournois] per 1. März 1748 aus der gemeinsamen Kasse. Am 13. Mai 1748 traf der jüngere Eugster wieder in Lyon ein. Ende Mai 1748 berichtete Zellweger-Ehrliholzer-Sulser erfreut nach Lyon, wie «nun in Kurzem alles werden getheilt sein [...] und senden der alten Raggion Calcul über noch restierende Ballen Cambrais».[804] Im Geschäftsbrief an *Berthold Saxer & Sohn* von Aarau vom 9. Mai 1748 gaben die *Gebrüder Zellweger & Comp.* bekannt, wie sie bis anhin «sous la raison de *Zellweguer & Ougster*» geschäftet hatten, «laquelle société se trouve dissolu depuis le moi dernier [April 1748]».[805] Nach der Separation wünschten sich die Zellweger versöhnlich,

796 Bodmer: Textilgewerbe (1959), S. 26.

797 Dieser «Handlungsaccord» (1731) wurde nicht überliefert. Er wird aber in der Korrespondenz Zellweger & Eugster anlässlich der Trennung von 1748 explizit erwähnt.

798 Möglicherweise handelte es sich um Joseph Fridolin Good, Pannerherr und Landamman, Vater von Pannerherr Kaspar Rudolf Good (1757–1835), vgl. Bischof, Franz Xaver: Artikel «Good, Kaspar Rudolf (1757–1835)», in: e-HLS online, 28.11.2005.

799 N.N.: Artikel «Schiedsgericht», in: Gabler: Gabler Wirtschaftslexikon online, eingesehen am 10.05.2017.

800 Creifelds: Rechtswörterbuch (2011), S. 1045.

801 Zellweger, Johannes (1695–1774): 1 lettre à la maison à Lyon, Trogen, 18.03.1747, S. 51.

802 Zellweger, Conrad (1694–1771): 1 ettre à la maison à Lyon, Trogen, 05.04.1748, S. 52.

803 Zellweger, Conrad (1694–1771): 1 lettre à la maison à Lyon, Trogen, 15.04.1748, 54.

804 Zellweger, Conrad (1694–1771): 1 Brief an Gebrüder Eugster in Lyon, Trogen, 27.05.1748, S. 59–60.

805 Gebrüder Zellweger: 1 Brief an Berthold Saxer & Sohn in Aarau, Trogen, 09.05.1748, S. 77.

die sowol zwischen unsern Eltern als uns selbsten gepflanzte Freundschaft fortzusezen, zu welchem Ende unser wiewol geringen und doch aufrichtigen Dienst offerieren & zu glauben be[lieben]: dass wir uns allseits eine Freude machen werden, etwas ang[enehmes]: erweisen zu können.[806]

Noch während der Teilungsgeschäfte realisierten die Zellweger, dass sich die Eugster in Lyon längst neu ausgerichtet hatten. Sie traten nun als Kommissionäre für die finanzkräftige Handelsgesellschaft *von Furtenbach & Eberz* von Arbon auf, den ehemaligen Kunden der *Zellweger & Eugster*. Dadurch entwickelten sie sich zu Konkurrenten im Einkauf der Leinwand in Appenzell Ausserrhoden.[807] Das Schiedsgericht in St. Gallen sprach den Eugster zudem die Wohnräume und Gewölbe für das Magazin in Lyon zu, was ihre nahtlose Weiterarbeit nach der Teilung sicherstellte. Die Zellweger hingegen hatten tatenlos die Teilung abgewartet, was sie nun unter Druck setzte. Im Eiltempo mussten sie neue Räumlichkeiten in Lyon mieten und einen Leiter für ihr neues Handelshaus in Lyon finden. Die sechsjährige Dienstzeit als «Handelsdiener» des 24-jährigen Zellweger-Wetter unter *Zellweger & Eugster* dürfte exakt im Jahr 1747 abgelaufen sein. Der Schritt zum jungen «Director» in seiner Karriere als Kaufmann stand an.

Die Handelsabläufe

Zellweger & Eugster betätigte sich von 1732 bis 1747 während fünfzehn Jahren im Einkauf von Leinwand an der *Leinwandschau Trogen*. Total kaufte sie 38 524 Stück Leinwand ein. Im Jahr 1744 belief sich der Einkauf auf ein Minimum von 1352 Stück Leinwand, 1734 auf ein Maximum von 3622 Stück Leinwand. Ihr Einkauf belief sich durchschnittlich auf 2408 Stück Leinwand pro Jahr. Damit lag sie unter den durchschnittlichen 2887 Stück Leinwand der *Gebrüder Zellweger* in den Jahren 1726 bis 1731. Die hohen Einkaufszahlen der 1730er Jahren waren in den kriegerischen 1740er Jahren nicht mehr zu halten. Insgesamt war ein deutlicher Abwärtstrend im Einkauf festzustellen.

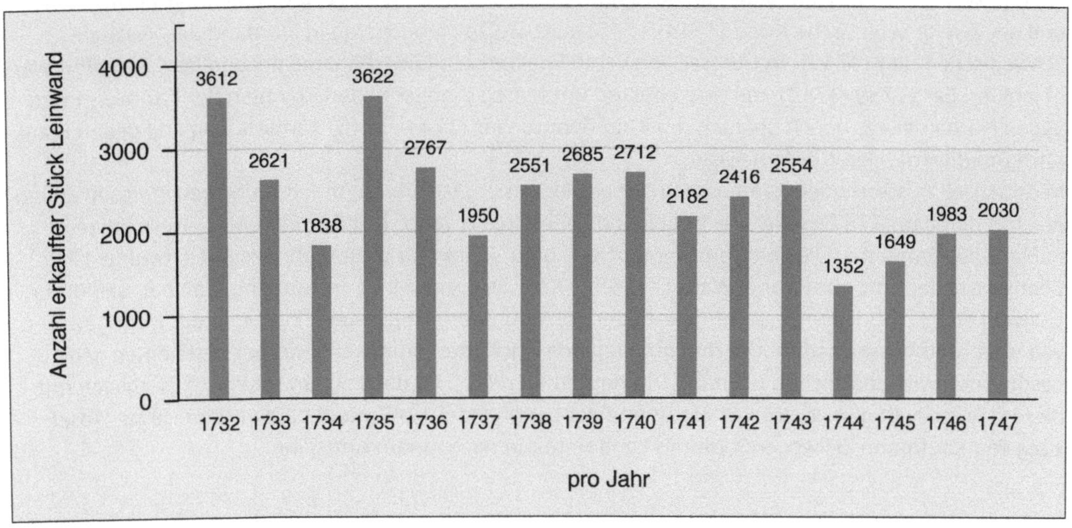

Abbildung 23: Zellweger & Eugster: Einkauf an der Leinwandschau Trogen, 1732–1747

Die Gründe für diesen Abwärtstrend lagen in den politisch wie klimatisch schwierigen Zeitumständen. Kaum waren mit *Zellweger & Eugster* zwei Geschlechter von Appenzell Ausserrhoden gemeinsam eine Handelsgesellschaft zwecks Exports von Leinwand nach Lyon eingegangen, brach in Appenzell Ausserrhoden eine schwere innenpolitische Krise aus. Sie verlief geografisch zwischen dem sogenannten Vorderland mit dem Zentrum Trogen und dem Hinterland mit dem Zentrum Herisau. Der Kaufmann

806 Zellweger, Conrad (1694–1771): 1 Brief an Gebrüder Eugster in Lyon, Trogen, 13.05.1747, S. 56.
807 Bodmer: Textilgewerbe (1959), S. 26.

Lorenz Wetter (1654–1734) von Herisau führte die «Harten» an gegen die «Linden» unter Kaufmann Conrad Zellweger-Tanner (1659–1749) von Trogen, zwei Kaufleute und Politiker ähnlichen Formats. Lorenz Wetter hatte bereits vor Zellweger-Tanner in den 1670er Jahren in einem Kaufhaus in Lyon als «Commis» gearbeitet. Zellweger-Tanner absolvierte dieselbe Ausbildung in den 1680er Jahren. Nach ihrer Rückkehr nach Hause warben beide um dieselbe Frau, die Tochter des Landammanns Tanner von Herisau. Maria Magdalena Tanner (1671–1747) heiratete 1691 Zellweger-Tanner von Trogen. Nach dem Tod Wetters im Jahr 1734 führte sein Sohn, der Kaufmann und seit 1733 Landammann Adrian Wetter (1694–1764) die «Harten». Ihm gelang die Beilegung der Krise über ein Strafgericht 1735, das die «Linden» mit hohen Bussen belegte und von allen staatlichen Ämtern ausschloss.[808]
Nach dieser politischen Herausforderung sah sich *Zellweger & Eugster* klimatischen Herausforderungen gegenüber. 1735 setzte mit einem nassen Sommer eine dem Flachsanbau und somit dem Leinwandgewerbe klimatisch äusserst ungünstige siebenjährige Periode mit einer Teuerung der Lebensmittel ein. Weder Heu noch Flachs trockneten, «Gewinn & Gewerb steckten». Vor diesem Hintergrund ist die Auswanderung einiger politisch bedrängter «Linden» 1736 nach Kalifornien zu betrachten. 1741 brach eine Hungersnot aus:

> Dieser Zeit [1741] regierte ein solcher Hunger im Land unter den Leuten, dass verschiedene Personen vor Hunger gestorben [...]. [D]ie Leute [mussten] allerhand ungesunde und ungewohnte Speisen essen, entstuhnden viel Seuchen und Krankheiten in In= und Ausser=Rooden.[809]

Das Jahr 1742 brachte die ersehnte überaus reiche Korn- und Flachsernte. Nun sah sich *Zellweger & Eugster* mit der Herausforderung des Handels in Kriegszeiten konfrontiert. 1742 brach «das Kriegsfeuer in allen IV Theilen der Welt aus». Die Wahl des ersten Kaisers von Bayern nach rund 300 Jahren Habsburger Herrschaft war ein Ereignis von ungeheurer Sprengkraft im Deutschen Reich. Zwei Jahre vorher war infolge der Trohnbesteigung Maria Theresias (1717–1780) der Österreichische Erbfolgekrieg (1740–1748) ausgebrochen. In dessen Kontext fanden der Erste Schlesische Krieg (1740–1742) und der Zweite Schlesische Krieg (1744–1745) statt. Zugleich herrschte in Finnland der Russisch-Schwedische Krieg (1742). In Übersee versuchte England erfolglos, Panama anzugreifen. Seit dem War of Jenkins' Ear (1739–1742) kämpfte England um seinen Einfluss in den Kolonien der Karibik und im Süden Nordamerikas gegen Spanien. Im King Georg's War (1744–1748) kämpfte England gegen Frankreich um die Kolonien Nordamerikas.
In Appenzell Ausserrhoden kamen nach diesen «klemmen, betrübten, theuren und gewinnlosen Zeiten» erst mit dem Jahr 1747 wieder «recht goldene Zeiten in das Land. [...] Gewinn und Gewerb kamen in Flor und Aufnahm». Die Leinwand verkaufte sich gut. Exakt für dieses Jahr des Aufschwungs 1747 überlieferte der Chronist Gabriel Walser (1695–1776), wie «man im Land anfieng, Barchet, geblümte Leinwad etc. zu fabricieren». Damit feierte der Rohstoff Baumwolle seinen Einzug in das Heimgewerbe von Appenzell Ausserrhoden. Der durchschlagende Erfolg des Baumwollgewerbes hatte einen ganz bestimmten wirtschaftlichen Grund: «[D]a hatte man *alles* [H.d.d.A.] zu gewinnen».[810] Zeitgleich mit diesem Aufschwung in der Wirtschaft keimte der Landhandel 1747 wieder auf und führte zur Absetzung von Kaufmann Zellweger-Sulser als Landammann nach einem Amtsjahr.

808 «Landhandel» war der zeitgenössische Ausdruck für politische Auseinandersetzungen, vgl. den Tschurri-Murri-Handel oder Vogthandel in der Stadt Zug anfangs 18. Jahrhundert, den Toggenburger Landhandel anfangs 18. Jahrhundert und den Werdenberger Handel von 1719 bis 1722; vgl. Fuchs, Thomas: Artikel «Landhandel», in: e-HLS online, 14.11.2007; Brändle: Demokratie und Charisma. Fünf Landsgemeindekonflikte im 18. Jahrhundert, Dissertation (2005); Brändle: Der Appenzeller Landhandel, in: SVGB (124/2006), S. 157–174; Schläpfer: Appenzell Ausserrhoden (von 1597 bis zur Gegenwart) (1972), S. 162–182; Marti: Geschichte des grossen Landhandels im Kanton Appenzell Ausserrhoden in den Jahren 1732–1734, in: APJB (45 /1917), S. 1–56; Walser/Rüsch: Appenzeller Chronik [1732–1772] (1829); N.N.: Artikel «Landhandel», in: Schweizerisches Idiotikon online (2/1885), Sp. 1398.

809 Walser/Rüsch: Appenzeller Chronik [1732–1772] (1829), S. 169.

810 Walser/Rüsch: Appenzeller Chronik [1732–1772] (1829), S. 169, 171, 177 und 198.

In diesen schwierigen 1740er Jahren machte sich zunehmend Misstrauen zwischen den Teilhabern Eugster in Lyon und Zellweger in Trogen breit. Die Eugster in Lyon machten den Zellwegern in Trogen den schwerwiegenden Vorwurf, «aparte Geschäfte» zu führen.[811] Damit waren Zellweger-Sulser und sein Sohn Zellweger-Hirzel-Scheuss gemeint. Zellweger-Sulser antwortete, nichts von solchen verbotenen Nebengeschäften zu wissen, das Kapital seines Neffens sei so klein, dass er gar «keine considerablen Geschäfte machen» könne.[812] Nebengeschäfte waren in beiden überlieferten «Handelsaccorden» für *Conrad Zellweger, Zuberbühler & Comp.* (1756) und *Zellweger, Zürcher & Comp.* (1778) unter drakonisch hohen Strafen bei Zuwiderhandlung strengstens untersagt. Alle Kräfte hatten in die eine Handelsgesellschaft zu fliessen, an deren Gewinn alle Teilhaber prozentual beteiligt waren. Zellweger-Sulser fand es «bedauernswürdig, dass die Vertraulichkeit unter den Schweizer à Costi [in Lyon, A.d.A.] so schlecht ist».[813] Die Brüder Eugster in Lyon misstrauten nicht nur der Korrektheit der Kassenabrechnung der Zellweger in Trogen, sondern auch ihrem Einkaufsverhalten für die gemeinsame Gesellschaft *Zellweger & Eugster*. Zellweger-Sulser hielt schliesslich fest, «dass unsere Z. auf diesem mit Mistrauen angefült, & ihrer Ehre zu nahe meldenden Fuss absoluté nicht mehr arbeiten, noch ferner auf eine ihnen noch alle wäg schädliche falsche weise erbieten werden dupiert seyn wollen». Nun begann auch er, das Verhalten der Eugster in Zweifel zu ziehen, und beanstandete, dass seine Meinung «von nicht eben so starkem Gewicht & Kraft als der H[erren]. O[/Eugster]. ihre seyn solle».[814] Er wiederholte im August 1747: «[...] an uns soll es nicht mangeln, so gut & wolfeihl einzukaufen als es immer möglich, worauf sich zu verlassen gehe».[815] Das gegenseitige Misstrauen verschärfte sich.
Unter *Zellweger & Eugster* war Trogen ein bedeutender Absatzmarkt. Zum bestehenden Kundenstamm der Kaufleute in Leinwand aus der Ostschweiz wie *Gonzenbach* von Hauptwil und *Furtenbach & Eberz* von Arbon am Bodensee kam neu das Haus *Johann de Albertis & Comp.* in Rorschach. Diese Kaufmannsfamilie war in den 1720er Jahren eingewandert.[816] Das Haus *Zellweger & Eugster* in Lyon schloss laut Bodmer (1959) mit einem jährlichen Gewinn von 11 und 15.6% ab. Geleitet wurde das Handelshaus in Lyon zunächst von Zellweger-Sulser. Er besass 1738 ein Kapitalkonto von 15 000 Gulden.[817] Als er sich anfangs der 1740er Jahre nach Trogen zurückzog, übernahmen die Eugster die Leitung des Verkaufs in Lyon. Damit trug man der Vorschrift im «Handlungsaccord» nicht mehr Rechnung, dass in Trogen wie in Lyon jeweils ein Zellweger und ein Eugster zusammenarbeiten sollten. Die äusserst kriegerischen 1740er Jahre brachten den Eugster zudem «missliche Zeiten im Verkauf». Unter solchen Umständen lautete die Devise der Zellweger im Verkauf der Leinwand auf unbedingte Zurückhaltung. Ende September 1747 spitzte sich die Lage zu:

> Betreffend nun in diesen misslichen Zeiten den Verkauf, so geht unsere gänzliche Meynung dahin, etwas weniger Gewinn & mit soliden Häusern arbeiten, als dem ansehen nach mehreren Profit zu machen & die Forderung auf die Spitze ungewisser debitoren sezen.[818]

Die Zellweger waren auf solide Verkäufe an vertrauenswürdige Kunden aus, während die Eugster offenbar auf den schnellen, aber unsicheren Gewinn setzten. Ende November 1747 wiederholten die Zellweger ihren Grundsatz:

> Unsere Meynung ist aber weder in guten noch in schlechten Zeiten meisthens gewesen, nicht Wahren à tout [le] monde anzuhenken, wol aber die Handlung, was mit Soliditet geschehen kann, mit allen Kräften zu poussieren. Verbleiben hiermit dato noch auf gleicher Meinung.[819]

811 Zellweger, Conrad (1694–1771): 1 lettre à la maison à Lyon, Trogen, 04.09.1747, S. 11.
812 Zellweger, Conrad (1694–1771): 1 lettre à la maison à Lyon, Trogen, 04.09.1747, S. 9.
813 Zellweger, Conrad (1694–1771): 1 lettre à la maison à Lyon, Trogen, 11.09.1747, S. 11.
814 Zellweger, Conrad (1694–1771): 1 lettre à la maison à Lyon, Trogen, 18.09.1747, S. 12.
815 Zellweger, Conrad (1694–1771): 1 lettre à la maison à Lyon, Trogen, 21.08.1747, S. 6.
816 Bodmer: Textilgewerbe (1959), S. 21.
817 Bodmer: Industriegeschichte (1960), S. 245; Bodmer: Textilgewerbe (1959), S. 20.
818 Zellweger, Conrad (1694–1771): 1 lettre à la maison à Lyon, Trogen, 25.09.1747, S. 16.
819 Zellweger, Conrad (1694–1771): 1 lettre à la maison à Lyon, Trogen, 27.11.1747, S. 34.

Somit dürften die Zellweger die vorsichtigeren Kaufleute im Vergleich zu den Eugster gewesen sein. Sie rückten nun die von den Eugster verschwiegenen zahlungsunfähigen Kunden wie *Lyon* von Marseille in den Fokus des schwelenden Konflikts. Die Kommunikation der Eugster in Lyon über den Stand der bilanzrelevanten Rubrik «Schlechte Debitoren» stimmte für sie schon seit längerem nicht mehr:

> Wir haben schon seit einigen Jahren observiert, dass wann uns gewundert od[er]. haben wissen wollen, wie es mit unseren schlechten debitoren als Fournel, Gebard, Melqiord, Enguerrant, &ca. stehe, wir solches niemahl haben erfahren können».[820]

Dieser eine Satz enthält vier Namen von Kunden, welche von *Zellweger & Eugster* in Lyon Leinwand bezogen. Keiner davon wurde in den Briefkopierbüchern in Trogen überliefert, wodurch sie nicht zu lokalisieren sind. Mitte September 1747 erreichte der Konflikt einen ersten Höhepunkt. Die Zellweger in Trogen forderten, was vertraglich abgemacht war: «Es ist ein kurzer Process, wir plangen das der Einte der H: vereh: O[ugster/Eugster]. hierher kommen, sich stäts da aufhalte, damit das verheillose Mistrauen & die insolente Expression der Contes Bleufs aufhören».[821] Auf diese Forderung ging keiner der Eugster in Lyon ein. Die Zellweger betrachteten sich als «Ehren Leuth», welche Kassenabrechnung und Einkauf nach vorgeschriebenem Sortiment «in der Absicht der Societät nützlich zu seyn eingerichtet». Doch «in der H.O[/Eguster] ihren Augen ist keines recht». Im Oktober 1747 beanstandeten die Eugster:

> die Z[ellweger] die Einkauf nicht in rechter Zeit oder zu theuer oder zu stark oder zu schwach oder nicht in rechter qualitaet machen, die Calculs[,] die Cassa Rechung, die Spesa Copie &a: werden gefallen; die Bleicher, die Färber, apreteurs & Emballeurs in keiner Ordnung gehalten & was noch vil andere Sachen mehr sind, was ist das an solchen Verderben laut der H: Vet[ter]: O[/Eugster]: ihren Principis Schuld? Antwort: die Z[ellweger]».[822]

Die schriftliche Kommunikation gestaltete sich schliesslich so schwierig, dass die Zellweger im Oktober 1747 entschieden, nur noch mündlich weiterverhandeln zu wollen:

> Wir finden es übrigens eine verlohrene Zeit & Müh zu seyn, sowol über unsers selbers & Sohn sein Engagement, als auch über andere den accord &a betreffenden Sachen zu correspondieren, alle diese zimlich weit ausgehenden Sachen können & müssen alhier mündlich discutiert & behandlet werde.[823]

Ende Oktober 1747 warfen die Zellweger den Eugster vor, dass die Unkosten für die Gewölbe in Lyon seit Jahren zunahmen. Um die genaue Anzahl der von ihnen nach Lyon gesandten Ware wissend, schlossen sie, dass es die Brüder Eugster waren, welche die gemeinsamen bezahlten Magazine für ihren eigenen «aparten Handel» auf Kosten des Gesellschaftskapitals nutzten. Zudem achteten die Eugster in den «heutigen Zeitumständen, da *das Commercium en general Noth leidet* [H.d.d.A.]», allgemein zu wenig auf das Vermeiden von Spesen. Die nicht benutzten «Appartements» vermieteten die Eugster nicht weiter, sondern beanspruchten sie für sich.[824] Am 25. Dezember 1747 bezeichnete es Zellweger-Sulser schliesslich als «eine offenbare Ruptur» des «Handlungssaccords», wenn nicht endlich einer der Eugster nach Trogen kam. Er drohte, innerhalb eines Monats werde einer der Zellweger nach Lyon reisen und den «Bruch ziehen».[825] Auf diesen massiven Druck hin reiste Eugster «le cadet» endlich nach St. Gallen. Das Teilungsgeschäft konnte beginnen und war im Frühjahr 1748 abgeschlossen.

---

820 Zellweger, Conrad (1694–1771): 1 lettre à la maison à Lyon, Trogen, 25.09.1747, S. 16.

821 Zellweger, Conrad (1694–1771): 1 lettre à la maison à Lyon, Trogen,18.09.1747, S. 11.

822 Zellweger, Conrad (1694–1771): 1 Brief an Gebrüder Eugster in Lyon, Trogen, 02.10.1747, S. 18–19.

823 Zellweger, Conrad (1694–1771): 1 lettre à la maison à Lyon, Trogen, 16.10.1747, S. 22.

824 Zellweger, Conrad (1694–1771): 1 lettre à la maison à Lyon, Trogen, 30.10.1747, S. 25.

825 Zellweger, Conrad (1694–1771): 1 lettre à la maison à Lyon, Trogen, 25.12.1747, S. 38.

Der Handelsraum

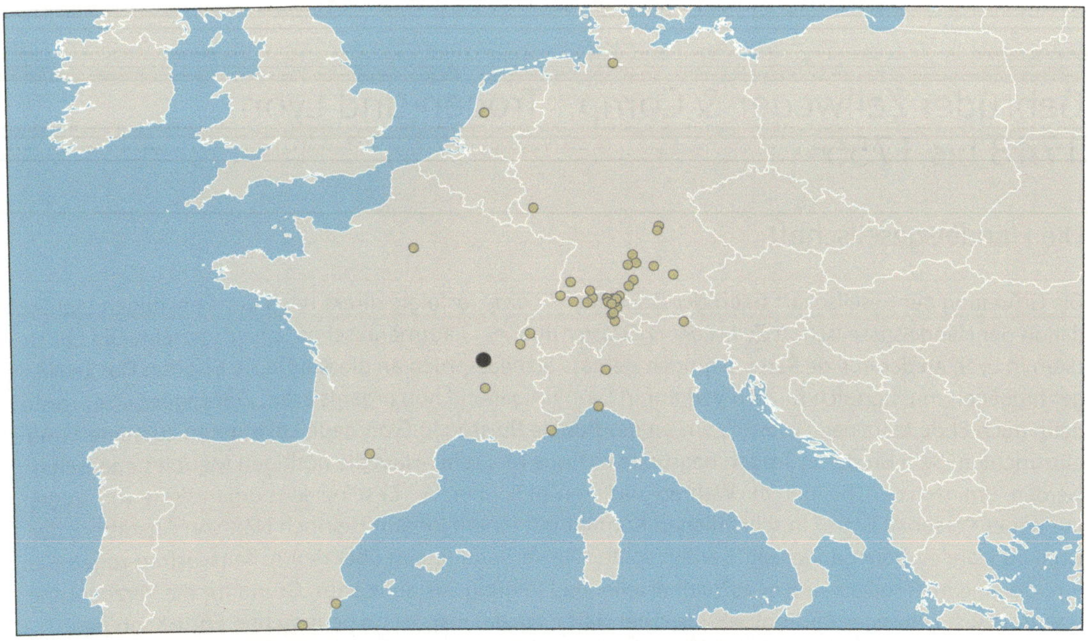

Abbildung 24: Zellweger & Eugster: Handelsraum mit 90 Adresssaten an 37 Orten, um 1747

Der Handelsraum der *Zellweger & Eugster* mit eigenem Handelshaus in Trogen und Lyon war über die Geschäftskorrespondenz nur für das letzte Jahr ihres Bestehens 1747 ansatzweise zu erschliessen. Um 1747 erstreckte sich der Handelsraum über 37 Ortschaften, verteilt auf sieben Länder. In diesen Ortschaften wohnten insgesamt rund neunzig Adressaten. Nach Amsterdam wurde gleichzeitig je einmal mit den beiden Bankiers *Heinrich Hooft* und *Cornelis Karseboom* über den Verbleib gestohlener Wechselbriefe korrespondiert.[826] Nördlichster Punkt in Bayern bildete Schwabach, von wo aus der Kunde *Daniel Michael Cramer* den Artikel «Schetter» bezog.[827] Den südlichsten Punkt bildete Cádiz, wo man *J. Allain Jolif & Comp.* die Ankunft von *Paul Ritter* anzeigte.[828] Der Handelsraum mit dem Zentrum Trogen erstreckte sich damit über einen Radius von 2250 Kilometern.

Zusammenfassung: Der Handelsgesellschaft *Zellweger & Eugster* kam aus fünf Gründen besondere Bedeutung zu. Erstens handelte es sich um diejenige Handelsgesellschaft, mit welcher die Kaufleute Zellweger den Fernhandel nach Frankreich erstmalig über ein eigenes Handelshaus in Lyon betrieben. Zweitens war es die erste Handelsgesellschaft, welche nachweislich auf der Basis eines gültigen «Gesellschaftsaccords» geschlossen worden war.[829] Drittens war es das erste Mal, dass sich die Zellweger mit einem anderen Handelshaus aus Appenzell Ausserrhoden zusammenschlossen. Viertens barg die Gründung dieser Handelsgesellschaft von vier Kaufleuten aus Appenzell Ausserrhoden für den Fernhandel nach Lyon politisch ungeheuren Zündstoff. Nicht von ungefähr brach genau im Jahr der Gründung 1732 im «Landhandel» die längst schwelende geschäftliche und private Konkurrenz des 78-jährigen Kaufmanns und Landammanns Lorenz Wetter (1654–1734) von Herisau im Hinterland gegenüber seinem Kontrahenten, dem 73-jährigen Kaufmann Zellweger-Tanner von Trogen im Vorderland, in Form einer politischen Bürgerbewegung aus. Fünftens stellte die Gesellschaft *Zellweger & Eugster* ein erstes

826 Gebrüder Zellweger & Comp.: 1 Brief je an Heinrich Hooft und Cornelis Karseboom in Amsterdam, Trogen, 27.11.1752, S. 23.

827 Gebrüder Zellweger & Comp.: 15 Briefe an Daniel Michael Cramer in Schwabach, Trogen, 1747–1755.

828 Gebrüder Zellweger & Comp.: 1 Briefe an J. Allain Jolif & Comp. in Cádiz, Trogen, 19.12.1747, S. 37.

829 Die Zellweger erwähnten den «Handlungsaccord» in ihren «Handlungsbriefen» nach Lyon während der Auseinandersetzung mit den Eugster 1747/1748, vgl. bspw. Zellweger, Conrad (1694–1771): 1 lettre à la maison à Lyon, Trogen, 16.10.1747, S. 22.

Beispiel dafür dar, welches Sprengpotential gerade die Nachfolgeregelung selbst für langjährig funktionierende Handelsgesellschaften in sich barg.

Gebrüder Zellweger & Comp., Trogen und Lyon, 1748 bis 1755

Die Handelsgesellschaft

Die Gründung der Gesellschaft *Gebrüder Zellweger & Comp.* erfolgte direkt nach der freiwilligen Liquidation der Handelsgesellschaft *Zellweger & Eugster* über ein kaufmännisches Schiedsgericht. Die Lokalitäten in Lyon an der Rue de Sereine gingen gemäss Schiedsspruch an die Kaufleute Eugster. Die Zellweger hingegen mussten sich für den Verkauf in Lyon umgehend neu organisieren. Zellweger-Sulser reiste denn auch Ende März nach Lyon[830], um an der Rue de Buisson in Lyon neue Lokalitäten zu mieten und einzurichten. Sein Bruder in Trogen begrüsste es Ende Mai sehr, «dass die nöthigen Meubles angeschafft werden, um nach der Theilung die Wahren plazieren zu können».[831] Er seinerseits organisierte von Trogen aus neues Personal. Er trat in schriftlichen Kontakt mit einem Johann Heinrich Näff von Altstätten, der wohl als Handelsdiener angestellt werden sollte. Die Verhandlungen über den Arbeitsvertrag zogen sich hin, bis eine mehr oder weniger zufriedenstellende Einigung zustande kam. Grund für die Verzögerung war, dass sich Zellweger-Ehrliholzer-Sulser bei Näff unsicher war, «si on peut s'y fier. Enfin si on peut trouver quelqu'autre sujet solid et convenable, il convenit de le préferer».[832] Aus der Stadt St. Gallen trafen ungünstige Berichte über Näff in Trogen ein. Die Unsicherheit bezüglich Näffs Vertrauenswürdigkeit erwies sich als begründet. Kaum in Lyon angelangt, pochte Näff auf Abänderung des zentralen Artikels über den Stillstand als einem in der Regel zweijährigen Konkurrenzverbot, mit dem er zu Hause im Entwurf einverstanden gewesen war. Daraufhin kam es nicht zum Vertragsabschluss – und Näff strich die 1000 Louis d'or als Entschädigung für seine Reisekosten nach Lyon ein.
Nun blieb nur die Lösung, dem ältesten Sohn Zellweger-Wetter in Lyon, der vorher bei *Zellweger & Eugster* als Handelsdiener angestellt gewesen war, zunächst die Procura[833] und nach der gescheiterten Anstellung Näffs sogar die Leitung des neuen Handelshauses *Zellweger frères & Comp.* anzuvertrauen. Er war zu diesem Zeitpunkt 25-Jährig und ledig. Die Geschäftstrennung seines Vaters und Onkels von den Kaufleuten Eugster stimmte damit genau mit dem Zeitpunkt überein, zu welchem er fähig war, die Leitung eines eigenen Hauses in Lyon zu übernehmen. Gegen Kostgeld nahm man als kaufmänischen Lehrjunge in Lyon den jungen Peyer von Schaffhausen auf. Anfangs Oktober 1748 reiste dann auch noch ein Vetter Jacob Sulser von Azmoos als künftiger Handelsdiener «mit der Coche» nach Lyon.[834]
Der sich noch in Ausbildung befindende Sohn Zellweger-Hirzel-Scheuss reiste nach Einrichtung der neuen Lokalitäten für *Zellweger frères & Comp.* in Lyon anfangs Juli 1748 mit seinem Vater zurück nach Trogen.[835] Dort führte ihn sein Onkel in den Einkauf ein. Er unterstützte Vater und Onkel vor allem mit zahlreichen Ausritten zwecks Kontrolle der Fortschritte des Bleicheprozesses auf den verschiedensten Bleichen in der Region. Als sich sein Bruder 1754 in Trogen vermählte, war der 24-Jährige fähig, den Bruder in Lyon zu vertreten. Zellweger-Wetter blieb Leiter des Hauses in Lyon bis Ende der 1750er Jahre. Dann kehrte er mit seiner Familie nach Trogen zurück. In dieser Zeit war Zellweger-Wetter Lehrmeister diverser kaufmännischer Lehrjungen. 1748 trat neben Peyer von Schaffhausen[836] auch der Sohn

830 Zellweger, Conrad: 1 Brief an seinen Bruder Johannes Zellweger (1695–1774) in Lyon, Trogen, 08.04.1748, S. 62.
831 Zellweger, Conrad: 1 Brief an seinen Bruder Johannes Zellweger (1695–1774) in Lyon, Trogen, 20.05.1748, S. 57.
832 Zellweger, Conrad: 1 Brief an seinen Bruder Johannes Zellweger (1695–1774) in Lyon, Trogen, 08.04.1748, S. 63.
833 Zellweger, Conrad (1694–1771): 1 Brief an seinen Bruder Johannes Zellweger (1695–1774) in Lyon, Trogen, 10.06.1748, S. 92.
834 Zellweger, Conrad (1694–1771): 1 Brief an seinen Bruder Johannes Zellweger (1695–1774) in Lyon, Trogen, 07.10.1748, S. 147.
835 Zellweger, Conrad (1694–1771): 1 Brief an seinen Bruder Johannes Zellweger (1695–1774) in Lyon, Trogen, 08.07.1748. S. 105.
836 Gebrüder Zellweger & Comp.: 6 Briefe an Peyer von Schaffhausen, Trogen, 1752–1754.

des Statthalters Zuberbühler von Herisau seine kaufmännische Lehre in Lyon an. Von 1752 bis 1755 absolvierte der Sohn von Pfarrer Hegner, Lorenz Hegner (1730–1807) von Winterthur, seine kaufmännische Lehre in Lyon. Verwandtschaftliche Beziehungen seiner Mutter zu den Tanner in Herisau, welche ihrerseits mit den Zellweger verwandt waren, hatten seine Anstellung möglich gemacht.
Die *Gebrüder Zellweger & Comp.* ging 1755 freiwillig in die Liquidation. Ausschlaggebend für die Separation war die Problematik der Nachfolge. Zellweger-Sulser widersetzte sich dem natürlichen Bedürfnis des älteren Bruders Zellweger-Ehrliholzer-Sulser, mangels eigener Söhne seine Schwiegersöhne als Teilhaber in die Handelsgesellschaft aufzunehmen. In der Folge trat Zellweger-Ehrliholzer-Sulser nach rund dreissig Jahren Zusammenarbeit aus der gemeinsamen Handelsgesellschaft aus, um mit seinen Schwiegersöhnen eine eigene Handelsgesellschaft aufzubauen. Der Ältere überliess dem Jüngeren und dessen zwei Söhnen den Gesellschaftsnamen, die alte Raggion von 1717 wie auch das Haus an der Rue de Buisson in Lyon.

Die Handelsabläufe

Die *Gebrüder Zellweger & Comp.* betätigte sich von 1748 bis 1755 während sieben Jahren im Einkauf von Leinwand an der *Leinwandschau Trogen*. Total kaufte sie 14 667 Stück Leinwand ein. Im Jahr 1748 belief sich der Einkauf auf ein Minimum von 1054 Stück Leinwand, 1752 auf ein Maximum von 2426 Stück Leinwand. Ihr Einkauf belief sich durchschnittlich auf 2095 Stück Leinwand pro Jahr.[837] Der Einkauf von *Zellweger & Eugster* in den Jahren 1732 bis 1747 mit durchschnittlich 2408 Stück Leinwand pro Jahr lag deutlich höher, was nur in den zwei Jahren 1749 und 1752 übertroffen wurde. Die durchschnittlichen 2887 Stück Leinwand der *Gebrüder Zellweger* in den Jahren 1726 bis 1731 wurde von der *Gebrüder Zellweger & Comp.* nicht annähernd mehr erreicht. Nach dem deutlichen Einbruch der Einkaufszahlen im Jahr der Geschäftstrennung von *Zellweger & Eugster* 1748 zeigte sie aber ein ausgesprochen ausgewogenes Einkaufsverhalten.

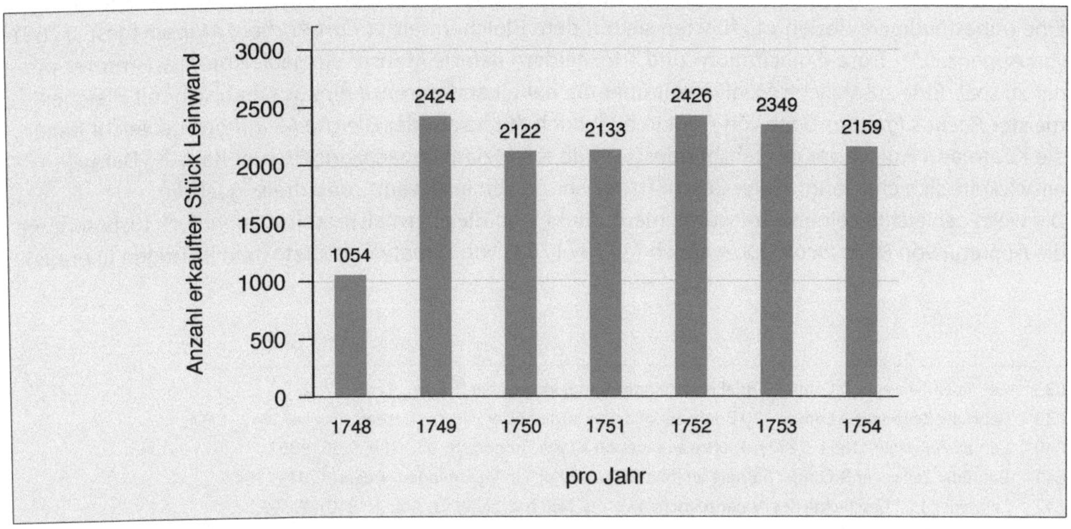

Abbildung 25: Gebrüder Zellweger & Comp.: Einkauf an der Leinwandschau Trogen, 1748–1754

837 Auswertung nach den Angaben von Zellweger, V.E.: Auszug aus dem Schau= und Mess=Buch von Trogen, 1688–1774, Manuskript, ohne Datum (1920–1940?).

Über die Briefkopierbücher waren mit *Nänni* und *Mittelholzer* zwei Lieferanten in Appenzell Ausserrhoden namentlich zu identifizieren. Es war *Johannes Nänni* von Speicher, der «Manchetten aus Leinen und Baumwolle für Frauen und Männer» herstellte[838], und *Mittelholzer*, welcher «Druckware» und «dickes Leinen» für *Gebrüder Zellweger & Comp.* einkaufte.[839] Im Frühjahr 1750 fand die Leinwand in der Umgebung Appenzell Ausserrhoden trotz Teuerung reissenden Absatz. Einkäufer Zellweger-Ehrliholzer-Sulser begründete dies damit, «qu'il y a toujours plus d'acheteur que de marchand[andises]: à vendre». Die Nachfrage überstieg also das Angebot, die Preise für die Leinwand stiegen enorm. Unter diesen Umständen hielt sich Zellweger-Ehrliholzer-Sulser an folgenden Grundsatz:

> Nous sommes dans parreille circumstances fermement resolu de n'acheter que ce qu'il nous faut et de ne point nous surcharger des marchand[ises]: hors de Prix ainsy que cella vous serves de regle dans les ventes.[840]

Möglicherweise war es diese erhöhte Konkurrenz im Einkauf, welche *Gebrüder Zellweger & Comp.* veranlasste, ihren Beschaffungsmarkt über Bayern, Württemberg und Böhmen in Richtung Norden auszuweiten. In Bayern kauften sie beim Lieferanten *Johann Daniel Koch* von Memmingen Farbware ein[841], darunter «7/4 breite Leinen zu Rouens teints», «18er. grob. dünn & rauh, das Farbtuch zu dünn, also dass die Lwth geringer an Farb». «18er» bestanden aus zwei «Wahlen» weniger als die «20er». Eine «Wahl» enthielt in der Breite 48 Paar Fäden.[842] Die «20er» waren demnach von besserer Qualität. Im Herzogtum Württemberg bezogen sie von *Johann Jacob Angerer* von Isny im Allgäu[843] und *Mathias Keyser* in Leutkirch im Allgäu ebenfalls «Rouens teints pp».[844]
In Böhmen lieferte *Johann Carl Erben* von Hermannseifen den sehr begehrten Artikel «Sangalette».[845] Diesen Artikel bezog man auch von den Lieferanten in Schlesien *Johann Jacob Stattmiller*[846], *V. Glaffey*[847] sowie *Johannes Hartmann*, welche alle in Hirschberg ansässig waren.
Gebrüder Zellweger & Comp. kauften die Leinwand grundsätzlich im rohen, ungebleichten Zustand ein. Zu ihrem Aufgabenbereich gehörte die sehr zeitintensive Organisation des Bleichens. Diese Arbeit lagerte man an Bleichermeister in der Umgebung aus. Absolute Favoriten waren die beiden Bleichermeister *Hans Jacob Gonzenbach* (1719–1783) von Hauptwil[848] und *Hans Ulrich Roth älter* von Rorschach.[849] Eine unbeständigere Beziehung führten sie mit dem Bleichermeister *Carl Anthoni Manser* (gest. 1769) von Appenzell.[850] Trotz «Sollicitation» und Trinkgeldern lieferte Manser die gebleichte Ware immer wieder zu spät. Eine zusätzliche Möglichkeit über die nahe Landesgrenze hinaus ergab sich mit Bleichermeister *Rochus Ignatius Boch* von Feldkirch.[851] Boch dürfte auf der *Bleiche Meiningen* gebleicht haben, die Kaufmann Hutsch vor der Jahrhundertwende am Melankenbach eingerichtet hatte.[852] Daraus entwickelte sich eine langfristige Geschäftsbeziehung von insgesamt rund dreissig Jahren.
Die weiss gebleichte Leinenware wurde meist direkt vom Bleichermeister selbst appretiert. Insbesondere die Appretur von *Hans Jacob Gonzenbach* (1719–1783) von Hauptwil schätzte man in Trogen überaus.

---

838 Gebrüder Zellweger & Comp.: 1 Brief an Johannes Nänni in Speicher, Trogen, 1747–1752.
839 Gebrüder Zellweger & Comp.: 130 Briefe an Johannes Mittelholzer Vater in Herisau, Trogen, 1747–1754.
840 Conrad Zellweger (1694–1771): 1 lettre à la maison à Lyon, Trogen, 16.03.1750, S. 361–362.
841 Gebrüder Zellweger & Comp.: 5 Briefe an Johann Daniel Koch in Memmingen, Trogen 1747–1754.
842 Zellweger, J.C.: Geschichte des Appenzellischen Volkes. Neu bearbeitet (3, Abt. 2/1840), S. 395.
843 Gebrüder Zellweger & Comp.: 1 Brief an Johann Jacob Angerer in Isny im Allgäu, Trogen, 1747–1752.
844 Gebrüder Zellweger & Comp.: 5 Briefe an Mathias Keyser in Leutkirch im Allgäu, Trogen, 1747–1754.
845 Gebrüder Zellweger & Comp.: 3 Briefe an Johann Carl Erben in Hermannseifen, Trogen, 1747–1752.
846 Gebrüder Zellweger & Comp.: 7 Briefe an Johann Jacob Stattmiller in Hirschberg, Trogen 1747–1754.
847 Gebrüder Zellweger & Comp.: 2 Briefe an V. Glaffey in Hirschberg, Trogen, 1747–1752.
848 Gebrüder Zellweger & Comp.: 121 Briefe an Hans Jacob Gonzenbach (1719–1783) in Hauptwil, Trogen, 1747–1754.
849 Gebrüder Zellweger & Comp.: 177 Briefe an Hans Ulrich Roth älter in Rorschach, Trogen, 1747–1754.
850 Gebrüder Zellweger & Comp.: 54 Briefe an Carl Anthoni Manser (17..–1769) in Appenzell, Trogen, 1747–1754.
851 Gebrüder Zellweger & Comp.: 44 Briefe an Rochus Ignatius Boch in Feldkirch, Trogen, 1747–1752; Bilgeri spricht von Kaufmann Boch von Feldkirch, Sohn von Franz Joseph Boch, in: Bilgeri: Bregenz. Geschichte der Stadt (1980), S. 345.
852 Hager: Meiningen (1981), S. 232–246.

Man nahm aber auch wiederholt die Dienste der städtischen Appreteure *Bernhard Weyermann*[853] und *Caspar Vonwiller* von St. Gallen in Anspruch.[854]
Leinwand geringerer Qualität eignete sich als «Farbware», welche nicht vollkommen weiss zu bleichen war. Auch hier griff *Gebrüder Zellweger & Comp.* auf langjähriges Fachwissen im städtischen Umfeld von St. Gallen zurück. Die mit Textilfärber *David Allgöwer* begonnene Beziehung[855] intensivierten sie nach seinem Rückzug aus dem Geschäft oder nach seinem Tod nahtlos bis 1754 mit dessen Sohn *Jacob de David Allgöwer*.[856] Auch *Jacob Wilhelm Furtenbach* von Arbon schien sich zumindest organisatorisch mit der Textilfärberei beschäftigt zu haben.[857]
Die *Gebrüder Zellweger & Comp.* nahmen nach ihrer Separation von *Zellweger & Eugster* im April 1748 auch Ware zum kommissionsweisen Verkauf in Lyon für Handelshäuser aus der Ostschweizer an. Mitte Juni 1748 kündigte Einkäufer Zellweger-Ehrliholzer-Sulser an: «Es dörfte sein, dass H: David Zollikoffer etwas weisse PP p Lyon in unser Haus senden thätte, umb die Provision zu verkaufen, u: vielleicht ein ander Haus».[858]
Von Trogen aus bemühte sich die alte Generation nicht nur um den Einkauf, sondern auch um die Ankurbelung des Verkaufs an regionale und überregionale Kundschaft. In der Schweiz war *Johann Jacob Speiser genannt Zwinger* von Bischofszell (Thurgau) ein wichtiger Kunde.[859] Am Bodensee belieferte man den Kaufmann in Leinwand *Johann Anton Sigismund Hoffmann von Leuchtenstern* von Rorschach (St. Gallen) mit «Schwabengärniger Leinwand».[860] An *Gebrüder Heer* von Rheineck lieferte man den Artikel «Cambrais».[861] *Johann Jacob Bidermann jünger & Co.* von Winterthur konnte dem Anschein nach nicht als Kunde gewonnen werden.[862] Überregionalen Charakter hatte die Kundschaft aus Bayern. Über die identischen Dienstofferten vom 12.02. und 22.04.1748 an mehrere potenzielle Kunden zugleich gelang es den *Gebrüdern Zellweger & Comp.*, *Franz & Joseph Brentano Mezzegra* von Augsburg als Kunde für die Artikel «Cambrais» und «Schleier» zu gewinnen.[863] Auch *Daniel Michael Cramer* von Schwabach (Bayern) gewann man über diese Dienstofferte als Kunden von «Schetter».[864] Wenig Erfolg hatte ihre Werbung um Kundschaft in Nürnberg (Herzogtum Württemberg). *Johann Gottlieb Falck* von Nürnberg ging nicht ein auf die offerierten Artikel «Stauchen: Weissware/Rohware: zu Steiff=Leinwand oder sogenannt Hartklärten: ordinari, mittel, feine/Schetter (Tele Lustrini): glatt, schwarz, ordinari, mittel, feine/Farbware: Rouens teints p 15 aun/Rouens teints double battus p 18 aun/Dicke Ware/Dünne Ware/Schleier: Weissware/Barchent/Bazins».[865] *Gebrüder Zellweger & Comp.* verliessen sich also nicht ausschliesslich auf den Verkauf in Lyon, sondern versuchten aktiv, regionale und überregionale Absatzmärkte zu erschliessen. Wie nötig die Akquisition über Dienstofferten war, zeigte sich nur allzubald.[866]
Kaum stand *Gebrüder Zellweger & Comp.* mit ihrem Handelshaus *Zellweger frères & Comp.* in Lyon knapp ein Jahr auf eigenen Füssen, sahen sie sich im Frühjahr 1749 von zahlungsunfähigen Kunden, Krise und Konkurs herausgefordert. Der Verzweiflung nahe, liess Zellweger-Ehrliholzer-Sulser in Trogen seinem Ärger schriftlich Lauf. Er verfasste einen fulminanten «Handlungsbrief» an die Adresse seines Neffens Zellweger-Wetter als sehr jungen Leiter des Verkaufs in Lyon:

853 Gebrüder Zellweger & Comp.: 68 Briefe an Bernhard Weyermann in St. Gallen, Trogen, 1747–1752.
854 Gebrüder Zellweger & Comp.: 31 Briefe an Caspar Vonwiller in St. Gallen, Trogen, 1747–1752.
855 Gebrüder Zellweger & Comp.: 2 Briefe an David Allgöwer in St. Gallen, Trogen, 1747–1752.
856 Gebrüder Zellweger & Comp.: 50 Briefe an Jacob de David Allgöwer in St. Gallen, Trogen, 1747–1752, 86 Briefe, 1752–1754.
857 Gebrüder Zellweger & Comp.: 7 Briefe an Jacob Wilhelm Furtenbach in Arbon, Trogen, 1747–1752.
858 Gebrüder Zellweger & Comp.: 1 lettre à la maison à Lyon, Trogen, 19.06.1748, S. 65.
859 Gebrüder Zellweger & Comp.: 88 Briefe an Joh. Jacob Speiser genannt Zwinger in Bischofszell, Trogen, 1747–1755.
860 Gebrüder Zellweger & Comp.: 64 Briefe an Joh. Anton Sigismund Hoffmann von Leuchtenstern in Rorschach, Trogen, 1747–1754.
861 Gebrüder Zellweger & Comp.: 25 Briefe Gebrüder Heer von Rheineck, Trogen, 1747–1755.
862 Gebrüder Zellweger & Comp.: 1 Brief an Joh. Jacob Bidermann jünger in Winterthur, Trogen, 18.10.1752, S. 33.
863 Gebrüder Zellweger & Comp.: 69 Briefe an Franz & Joseph Brentano Mezzegra in Augsburg, Trogen, 1747–1754.
864 Gebrüder Zellweger & Comp.: 7 Briefe an Daniel Michael Cramer in Schwabach, Trogen, 1752–1754.
865 Gebrüder Zellweger & Comp.: 3 Briefe an Johann Gottlieb Falck in Nürnberg, Trogen, 1747–1754, hier 27.09.1752, S. 716.
866 N.N.: Artikel «Akquisition», in: Hudetz/Kaapke: Lexikon Handelsmanagement. Controlling – Führung – Marketing (2009), S. 17.

> Welches Haus ist so unglücklich als wir? Man weist wol, das jedem Haus etwan eintwas widriges widerfahren kan, aber bey vorsichtig Leuth kommt doch nicht ein fataler Streich nach dem anderen, wie bey uns seith 3 od 4 Monaten. Haben wir den Lyon, Roux & Cabasse, Camplonch, Rouillon & den Darre gewiss auch, & wer weisst wer noch mehr unter der Deke steket?

Zellweger-Ehrliholzer-Sulser zählte mit *Lyon* von Marseille, *Roux & Cabasse*, *Camplonch*, *Rouillon* und *Darre* sechs französische, zahlungsunfähige Kunden auf. Offenbar versandte er diesen ungewöhnlich emotional gehaltenen «Handlungsbrief» dann doch nicht, er strich die Briefkopie vollständig durch. Hinter dem emotionalen Ausbruch verbarg sich die Furcht, durch den unvorsichtigen Verkauf seines 25-jährigen Neffen in Lyon nicht nur sein Kapital, sondern viel schlimmer seinen ganz persönlichen Kredit bei Handelshäusern in der Schweiz mit Niederlagen in Frankreich zu verlieren:

> Was wirt ein Saxer, ein Furtenbach, Caspar & Hofmann &ca. in der Schweiz & die Häuser in Lyon gedenken, die uns Gelter en Depot gegeben, wann sie diese unsere grossen & öftere Verlurst sehen & dass die Directoren unsers Lyoner Hauses solches alles aus junge Leuth ohne genugsamme Überlegung zuwegen gebracht? [...] Wie wirt es einem Professor Bodmer, H: von Mayenburg, H: ImThurm zu Muth seyn?[867]

Mit *Saxer*, *Furtenbach* von Arbon und *Caspar & Hofmann* von Rorschach zählte Zellweger-Ehrliholzer-Sulser regionale Darlehensgeber der *Gebrüder Zellweger & Comp.* aus dem Raum Bodensee auf. Dazu zählten auch private Darlehensgeber wie der mit dem Arzt Laurenz Zellweger (1692–1764) in intensivem, privatem Briefverkehr stehende Professor und Literaturkritiker Johann Jakob Bodmer (1698–1783) von Zürich, Bürgermeister von Meyenburg und Im Thurn de Giersperg von Schaffhausen sowie das Handelshaus *Berthold Saxer & fils* oder aber Beat Ludwig Saxer (1700–1766) von Aarau, der 1753 Bürgermeister wurde.[868] Hinzu kamen weitere Schweizer Handelshäuser mit Niederlage in Lyon als Darlehensgeber. Diese Angst, vor seinen Kreditgebern nicht bestehen zu können, zeigte, wie sehr die Kaufleute Zellweger selber davon abhingen, auf Basis ihrer Kreditwürdigkeit jederzeit Kredite aufnehmen zu können.[869] Ansonsten enthielten die Briefkopierbücher Zellweger von Trogen praktisch keine Namen von französischen Kunden. Mit *Coulaud père & fils* von Lyon war nur ein einziger Kunde von «Cambrais» namentlich auszumachen.[870]

Für ihre wöchentlichen Warenfuhren auf der Ost-West-Achse von Trogen nach Lyon fanden die *Gebrüder Zellweger & Comp.* in der Stadt St. Gallen optimalen Anschluss an ein bestens organisiertes, überregional funktionierendes Transportwesen. Sie führten eine äusserst intensive, langjährige Korrespondenz mit dem Speditionsunternehmen *Caspar Zili*.[871] *Caspar Zili* organisierte die wöchentliche Warenfuhr nach Genf. Seine Fuhrmänner stammten offenbar hauptsächlich aus Flawil, das an der Route lag. In Genf nahm *Trembley & fils* die Textilware in Empfang und organisierte den weiteren Transport nach Lyon.[872] Nach *Trembley & fils* konnten sich *Les cousins Bonnet* als Speditionsunternehmen für *Gebrüder Zellweger & Comp.* etablieren.[873] Von Genf bis Seychelle war die Ware auf dem Landweg zu transportieren, da die Rhone dort unterirdisch verlief. In Seychelle wurde sie auf Schiffe verladen und auf der Rhone direkt nach Lyon transportiert. Beim Verladen der Ware kam es zu Unfällen, wobei Ballen von Leinenware in den Fluss fielen und bestenfalls wieder geborgen werden konnten. Anstatt einen Totalverlust hinnehmen zu müssen, blieb das Beheben des Schadens an der Ware.

Die Nord-Süd-Achse für die Transporte von Trogen nach Italien wurde von *Gebrüder Zellweger & Comp.* erst um 1750 aktiv benutzt. Die wichtigsten Speditionshäuser waren in Nürnberg, Lindau und Chur ansässig. Das am weitesten im Norden gelegene Speditionsunternehmen war *Wolfgang Pflüger seel.*

867 Gebrüder Zellweger & Comp.: 1 lettre à la maison à Lyon, Trogen, 22.09.1749, S. 284.

868 Tribolet, H.: Artikel «Saxer, Familie», in: HBLS (6/1931), S. 110.

869 Guggenheimer: Kredite, Krisen und Konkurse (2014).

870 Gebrüder Zellweger & Comp.: 18 Briefe an Coulaud père & fils in Lyon, Trogen, 1747–1755.

871 Gebrüder Zellweger & Comp.: 259 Briefe an Caspar Zili in St. Gallen, Trogen, 1747–1754, 2 Briefe, 1752–1759.

872 Gebrüder Zellweger & Comp.: 122 Briefe an Trembley & fils in Genf, Trogen, 1747–1752, 19 Briefe, 1747–1755.

873 Gebrüder Zellweger & Comp.: 32 Briefe an Les cousins Bonnet in Genf, Trogen, 1747–1752, 211 Briefe, 1752–1759.

Wittib & Sohn von Nürnberg.[874] Über dieses Haus liess man sich die in Böhmen eingekaufte Leinenware nach Lindau spedieren. In Lindau waren diverse Speditionsunternehmen ansässig, welche sich sowohl im Waren- als auch im Geldtransport für die Kaufleute Zellweger von Augsburg nach St. Gallen betätigten. In Lindau im Bodensee als wichtiges Speditionszentrum auf der Nord-Süd-Achse der Frühen Neuzeit stand man mit diversen Spediteuren in Kontakt. *Andreas Cramer seel. Erben* übernahmen im Auftrag der *Gebrüder Zellweger & Comp.* sowohl die Warenspedition an den Kunden *Franz & Joseph Brentano Mezzegra* in Augsburg als auch von Augsburg zurück ihre Geldtransporte.[875] *Rudolph Curtabat* (1729–1799) betreute den Warentransport eines Fasses Leinenware für Furtenbach in Arbon nach Rorschach und von *Heisser & Plassin* in Passau an Zoller Lutz in Rheineck.[876] Mit *Ludwig Falck* «zum Krebs» konnte über die Geschäftskorrepondenz der Hauptspediteur vor Ort der *Gebrüder Zellweger & Comp.* identifiziert werden.[877] Über *Johann Michael von Seutter* von Lindau liefen die Geldtransporte von Bankier Köpf in Augsburg nach St. Gallen und der Transport eines Ballens Wollware des Lieferanten *Le Resche* in Leeds (England) nach Trogen.[878] Für Warentransporte über den Splügen standen die Speditionsherren *Simeon & Johann Baptist de Joh. Bawier* von Chur zur Verfügung.[879]

Das finanzielle Instrument, das den *Gebrüdern Zellweger & Comp.* den Fernhandel in Leinwand von Trogen nach Lyon erlaubte, war der Wechselbrief. Die Kunden in Lyon bezahlten die auf den *Messen Lyon* erkaufte Leinwand mit Wechselbriefen auf den Bankier *Cornelis Karseboom* im Finanzzentrum Amsterdam lautend.[880] *Zellweger frères & Comp.* in Lyon sandten diese Wechselbriefe umgehend als Beilage der wöchentlichen «Handlungsbriefe» nach Trogen. *Gebrüder Zellweger & Comp.* leiteten sie ihrem Bedürfnis nach Bargeld für den Einkauf von neuer Leinenware entsprechend weiter nach Augsburg, einem weiteren bedeutenden Banken- und Wechselplatz im 18. Jahrhundert. Zur Einlösung dieser Wechselbriefe durch Präsentation vor dem ursprünglichen Schuldner standen je nach Wechselgebräuchen rund drei Monate Zeit zur Verfügung. In dieser Zeit betrieben die Bankiers von Augsburg Handel mit den Wechselbriefen, welche sie den Bankiers in Amsterdam zum jeweiligen herrschenden Wechselkurs zum Kauf anboten.

Bodmer (1959) schrieb über die Bankiers der *Gebrüder Zellweger & Comp.* in Augsburg:

> Seit 1750 wurden die Wechselbriefe auch ab und zu an das Augsburger Bankhaus Christian Georg von Köpf zum Verkauf gesandt, welches den Erlös gutschrieb und je nach Instruktion entweder zu Überweisungen an Lieferanten verwendete oder aber in Bargeld nach Trogen schickte.[881]

Die Auswertung der Geschäftskorrespondenz ergab nun, dass *Gebrüder Zellweger & Comp.* ihre Wechselgeschäfte ausschliesslich über Bankier *Christian Georg Köpf* (1699–1758) von Augsburg abwickelten.[882] Davon zeugte eine intensivste Korrespondenz von fast 700 Geschäftsbriefen während rund sieben Jahren. Das ergab die hohe Frequenz von einem Geschäftsbrief innerhalb von drei Tagen. Gegenüber den guten Konditionen, von welchen *Gebrüder Zellweger & Comp.* für ihre Wechselgeschäfte

874 Gebrüder Zellweger & Comp.: 4 Briefe an Wolfgang Pflüger seel. Wittib & Sohn in Nürnberg, Trogen, 1747–1752, 10 Briefe, 1752–1759.

875 Gebrüder Zellweger & Comp.: 9 Briefe an Andreas Cramer seel. Erben in Lindau, Trogen, 1747–1752, 12 Briefe, 1752–1759.

876 Gebrüder Zellweger & Comp.: 2 Briefe an Rudolph Curtabat (1729–1799) in Lindau, Trogen, 1752–1759.

877 Gebrüder Zellweger & Comp.: 55 Briefe an Ludwig Falck in Lindau, 1747–1752; 4 Briefe, 1752–1759; 169 Briefe, 1762–1769; 105 Briefe, 1769–1774.

878 Gebrüder Zellweger & Comp.: 15 Briefe an Johann Michael von Seutter in Lindau, Trogen, 1747–1752, 23 Briefe, 1752–1754.

879 Gebrüder Zellweger & Comp.: 18 Briefe an Simeon & Johann Baptist de Joh. Bawier in Chur, Trogen, 1747–1752, 2 Briefe, 1752–1754.

880 Gebrüder Zellweger & Comp.: 3 Briefe an Cornelis Karseboom in Amsterdam, Trogen, 1747–1759.

881 Bodmer: Textilgewerbe (1959), S. 57.

882 Gebrüder Zellweger & Comp.: 503 Briefe an Christian Georg Köpf (1699–1758) in Augsburg, Trogen, 1747–1755, 195 Briefe, 1752–1754; Grünsteudel, Günther/Wüst, Wolfgang: Artikel «Köpf», in: Stadtlexikon Augsburg online (1998).

bei *Christian Georg Köpf* profitierten, hatte der Bankier *Carli & Co.* von Augsburg das Nachsehen.[883] Als *Christian Georg Köpf* 1767 Konkurs ging, waren *Gebrüder Zellweger & Comp.* mit rund 9000 Gulden seine Gläubiger: «man machet uns hoffnung, dass nicht alles zu verliehren seyn werde. Dergleichen Verlürste siend nicht angenehm und ein Überfluss an Gelt hat ihn veranlasset, aber das ist auch ein Mittel wider den Überfluss an Gelt».[884]

Ihre Einkäufe von Leinwand aus Böhmen bezahlten *Gebrüder Zellweger & Comp.* mit Wechselbriefen, welche sie ihrem Bankier *Wolfgang Pflüger* von Nürnberg zukommen liessen.[885] Pflüger handelte die Wechselbriefe bei Bank- und Speditionshäusern in Prag ein, welche auf dieser Grundlage die Bezahlung der Lieferanten in Bargeld veranlassten. In der Stadt St. Gallen standen den *Gebrüder Zellweger & Comp.* mit *Georg Mayer*[886], *François Foux*[887], *Bartholome Binder*[888], *Caspar Wegelin älter*[889] und wohl dessen Nachfolger *Caspar Wegelin jünger*[890] diverse Bankhäuser für den Handel mit Wechselbriefen zur Verfügung. In Herisau war *Adrian Wetter* als Bankier tätig.[891] Die Auswertung der Korrespondenz zeigt deutlich, dass die *Gebrüder Zellweger & Comp.* in Augsburg die besten Konditionen für ihre Wechselbriefe aus Lyon erhielten und nur selten auf die entsprechenden Dienstleistungen von Bankiers in St. Gallen zurückgriffen.

883 Gebrüder Zellweger & Comp.: 3 Briefe an Carli & Co. in Augsburg, Trogen, 1747–1755; Carli & Co. ging wie Süsskind wegen risikoreichen Spekulationen 1825/1826 Bankrott, in: Möller: Bürgerliche Herrschaft in Augsburg 1790–1880 (1998) (= Stadt und Bürgertum 9), S. 138.

884 Zellweger, Johannes (1730–1802): 1 Brief an Johann Caspar Hirzel (1725–1803) in Zürich, Trogen, 10.12.1767.

885 Gebrüder Zellweger & Comp.: 13 Briefe an Wolfgang Pflüger in Nürnberg, Trogen, 1747–1755.

886 Gebrüder Zellweger & Comp.: 24 Briefe an Georg Mayer in St. Gallen, Trogen, 1747–1755.

887 Gebrüder Zellweger & Comp.: 23 Briefe an François Foux in St. Gallen, Trogen, 1747–1755, 12 Briefe, 1752–1754.

888 Gebrüder Zellweger & Comp.: 7 Briefe an Bartholome Binder in St. Gallen, Trogen, 1747–1755.

889 Gebrüder Zellweger & Comp.: 2 Briefe an Caspar Wegelin älter in St. Gallen, Trogen, 1747–1755.

890 Gebrüder Zellweger & Comp.: 7 Briefe an Caspar Wegelin jünger in St. Gallen, Trogen, 1747–1755.

891 Gebrüder Zellweger & Comp.: 8 Briefe an Adrian Wetter in St. Gallen, Trogen, 1747–1755, 4 Briefe, 1752–1754.

Die Handelsabläufe

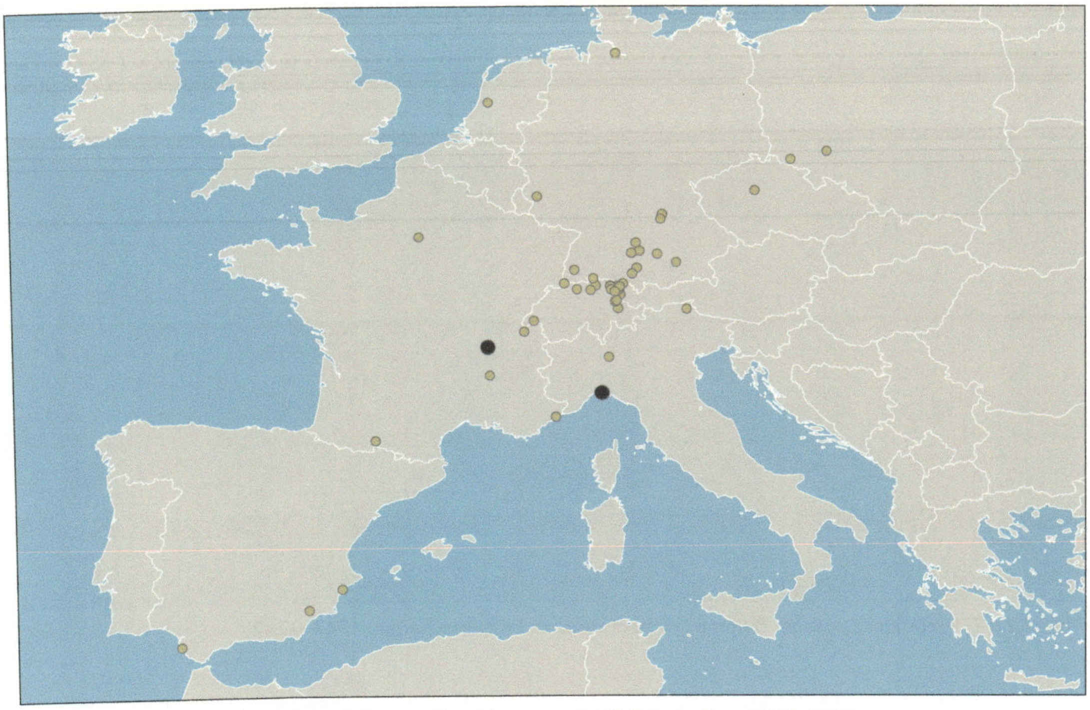

Abbildung 26: Gebrüder Zellweger & Comp.: Handelsraum mit 77 Ortschaften, 1747–1755

Der Handelsraum der *Gebrüder Zellweger & Comp.* umfasste von 1747 bis 1755 bereits 77 unterschiedliche Orte mit einem oder mehreren Geschäftspartnern. Von 1747 bis 1752 wurden 47 Ortschaften angeschrieben. Bis 1755 erweiterte sich der Handelsraum auf 77 Ortschaften. In den «goldenen 1760er Jahren» erreichte der Handelsraum der *Gebrüder Zellweger & Comp.* mit 104 angeschriebenen Ortschaften seine grösste Dimension. In den Krisenjahren 1769 bis 1774 schrumpfte er auf 83 Ortschaften zusammen. Der Handelsraum bewegte sich somit von Jahrzehnt zu Jahrzehnt je nach wirtschaftlicher Lage dynamisch. Die geografisch dichteste Ballung war in der Ostschweiz im Raum der Stadt St. Gallen bis an den Bodensee auszumachen. Unzählige Korrespondenzpartner wohnten entlang der Ost-West-Achse bis nach Genf, wohin *Gebrüder Zellweger & Comp.* ihre Ware spedieren liessen. Dort übernahm ein Genfer Speditionsunternehmen die Organisation des Weitertransports bis nach Lyon. Ebenfalls deutlich auszumachen waren die vielen Korrespondenzpartner an der Nord-Süd-Achse von Augsburg über Lindau, Rheineck, Altstätten, Chur, Chiavenna und Mailand nach Genua. Zudem sind Kontakte in jede grössere Hafenstadt entlang des Mittelmeers überliefert nach Triest, Venedig, Livorno, Genua, Nizza, Marseille, La Bisbal, Barcelona und Alicante. Mit Cádiz und Bayonne waren zwei Hafenstädte entlang des Atlantiks auszumachen. Mit Bayerisch-Schwaben und Böhmen waren die zwei Zentren im Norden. Sie waren neben Appenzell Ausserrhoden die zwei grössten Beschaffungsmärkte für Leinwand der Sorte «Sangalette».

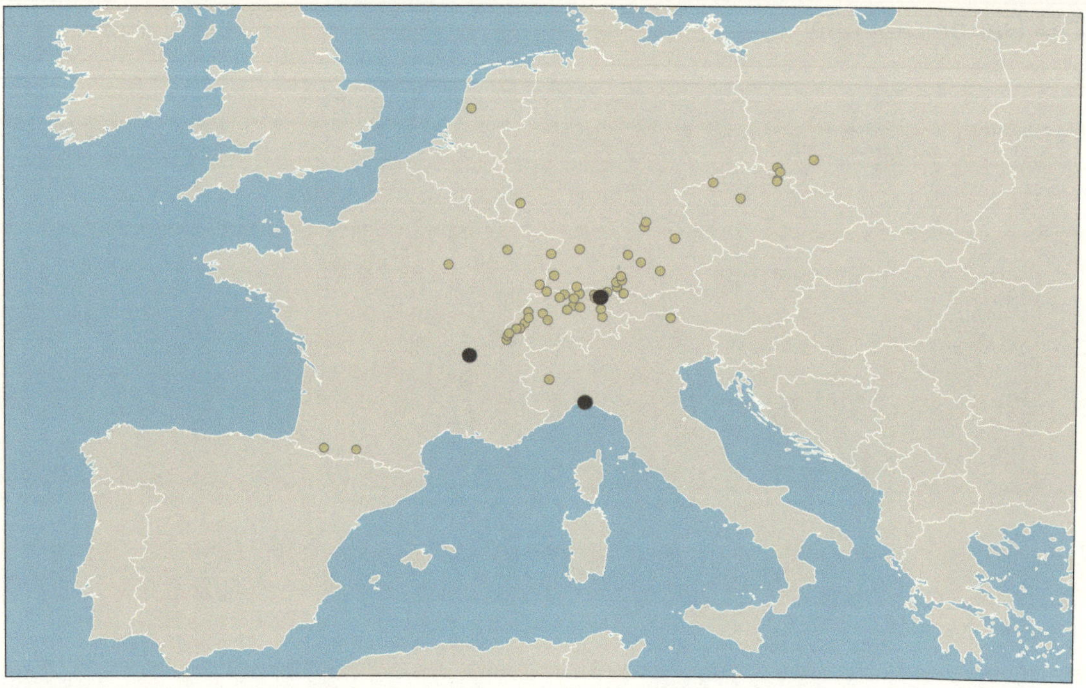

Abbildung 27: Gebrüder Zellweger & Comp.: Handelsraum mit 47 Ortschaften, 1747–1752

Gebrüder Zellweger & Comp., Trogen und Lyon, 1755 bis 1774

Die Handelsgesellschaft

Den Anlass zur Weiterführung der Gesellschaft *Gebrüder Zellweger & Comp.* 1755 unter veränderten Teilhabern bot die Trennung von Zellweger-Ehrliholzer-Sulser von seinem Bruder Zellweger-Sulser. Letzterer führte die Handelsgesellschaft nun mit seinen beiden Söhnen Zellweger-Wetter und Zellweger-Hirzel-Scheuss weiter, wobei Gesellschaftsnamen, Raggion und Handelshaus in Lyon gleichblieben. 1768 zog sich der Vater im Alter von 73 Jahren aus dem Geschäftsleben zurück. Teilhaber waren nun seine beiden Söhne Zellweger-Wetter und Zellweger-Hirzel-Scheuss. Das Kapital der Schwestern blieb der Handelsgesellschaft erhalten. Anna Tanner-Zellweger heiratete zunächst Adrian Tanner-Zellweger (1733–1761) von Herisau, der das Handelshaus *Zellweger frères & Comp.* in Lyon wohl von 1757 bis 1761 leitete. Wenige Jahre nach seinem Tod heiratete sie seinen Nachfolger Johann Conrad Honnerlag-Zellweger (1738–1818) von Trogen, der das Haus in Lyon von 1761 bis 1774 führte. Beide Ehemänner hatten sowohl ihre kaufmännische Lehre als auch ihre sechsjährige Anstellung als «Handelsdiener» bei *Gebrüder Zellweger & Comp.* in Trogen und Lyon absoviert. In den Jahren 1769 bis 1774 war ein Gullmann von Augsburg Buchhalter in Lyon.

Im Dienst der *Gebrüder Zellweger & Comp.* waren mindestens zwei Handelsreisende unterwegs. Ende Mai 1756 war ein Ulrich Schläpfer im Auftrag der *Zellweger frères & Comp.* von Lyon aus auf Handelsreise. Er war 1750 mit Zellweger-Wetter nach Lyon gereist.[892] Seine sechs Jahre als «Handelsdiener» waren geleistet, die Phase als Handelsreisender begann. Schläpfers entscheidende Aufgabe war das Einbringen von Bestellungen, die er per Post nach Lyon weiterleitete: «Übrigens sehen mit Lieb, dass unser Hr: Schläpfer seine Reise glücklich continuiert und E[uren]l[ieben] dann & wann einige kleine

892 Zellweger, Johannes (1695–1774): 1 lettre à la maison à Lyon, Trogen, 23.03.1750, S. 363.

Memmoires einsendt. Seinem weiteren Verrichten sehen mit Begird entgegen […]».[893] Zwei Jahre später war Schläpfer erneut unterwegs: «Dass wider eine Partey unserer f[açon]: mousseline & Farb Waar abgegangen, & von Zeit zu Zeit einige Commissionen par le Canal de n[ôt]re Schläpfer einlaufen, sehen sehr gerne, […]».[894] Anfangs April 1758 befand sich Schläpfer in Bordeaux, von wo aus er das Neueste über eine Welle von Konkursen berichtete: «so wol hierauf als den anderen Faillites, das immer mehr einreissende Misere gar leicht observieren können, davon die Br[ie]f von unserem Schl[äpf].[e]r aus Bord[eau].x &ca. das mehere an das Licht sezen».[895] Ende August 1758 freute sich Zellweger-Sulser, «dass Schl[äpfer]. glücklich auf seiner Reise avanciert». Ziel der Reise war Cádiz, wo er im Oktober eintreffen sollte.[896] Schläpfer kehrte erst Mitte Mai 1759 «glücklich» von seiner Handelsreise nach Lyon zurück.[897] Im November 1768 war die Rede von einem Reisekonto eines Tanners: «Nous solderons le compte de voiage de Mr. Tanner de votre conformité».[898]

Über die Geschäftskorrespondenz waren diverse kaufmännische Lehrjungen namentlich zu identifizieren. Die zwei Lehrjungen Sulzer und Bidermann von Winterthur absovierten ihre Lehrjahre in Lyon von 1756/1757 bis 1766/1767. Dazwischen durchliefen mit Johann Ulrich Wetter (1741–1806) von 1757 bis 1760, Johannes Tanner (1759–1804) von Herisau von 1765 bis 1768 und Hans Conrad Tobler (1757–1825) von Grub drei Lehrjungen aus Appenzell Ausserrhoden bei *Zellweger frères & Comp.* in Lyon ihre kaufmännische Lehre. Der spätere Salzdirektor von Zürich Leonhard Hirzel (1753–1823) war von 1769 bis 1772 Lehrjunge in Lyon. Für alle diese Kostjungen konnten entweder direkte oder lose verwandtschaftliche Beziehungen zu den Zellweger festgestellt werden.

Der nicht erhaltene «Handelsaccord» der *Gebrüder Zellweger & Comp.* von 1768/1769 dürfte wie üblich auf sechs Jahre abgeschlossen worden sein. Danach spitzte sich Konflikt zwischen den Brüdern Zellweger zu, der während den zwanzig Jahren ihrer Zusammenarbeit schwelte. Zu sehr unterschieden sie sich in ihrer Lebensführung. Das gab Anlass zu Streit. Ehefrau Anna Maria Zellweger-Hirzel von Zürich schilderte die Ursachen dafür im August 1774. Sie selber konnte nichts für die Wiederherstellung des Friedens tun, denn «hier gälten die Weiber nichts, nur die Jungfrauen». Diese zwei Schwestern «Jungfrauen», welche durch ihr Kapital in der *Gebrüder Zellweger & Comp.* interessiert waren, hingen offenbar an ihrem ältesten Bruder Zellweger-Wetter und «wohlen mein Man nirgend gälten lassen». Doch Anna Maria Zellweger-Hirzel gab gerne zu,

> mein Liebster ist all zu grad und zum Nachgäben nicht geneigt. Aber das Übel hat er nicht allein. Sonder es ist in der Familie ein Laster, dass sich keiner von andern gern besser oder bereden, sonder was ein iedes im Kopf hat, das solte sein. Es sei Gott lieb oder leid. Das habe ich schon oft wahr genomen, deswägen hüte ich mich, so viel ich kann, dass ich in kein Wortwäxel mit ihnen komme.

Die grösste Ursache der Streitereien sah sie jedoch in der ungleichen «Gesinnung» in Bezug auf die Religion. Während Zellweger-Wetter sich über sein Wissen aus der «Encyclopédie» als aufgeklärt definierte, lebte ihr Ehemann Zellweger-Hirzel-Scheuss religiös. Sie verwies weiter auf die Rolle ihres soeben verstorbenen Schwiegervaters Zellweger-Sulser:

> Ich habe mir alle Zeit eingebildet, wann einmahl der Herr Vater sterbe, so gehe es nicht mehr schlächt. Es waren immer Zwistigkeiten under den Geschwüsteren, aber so lang der Herr Vater bei Läben wahr, ist der Groll verborgen geblieben. Jetzt aber hat er den Ausbruch genommen, hoffe aber, er werde sich auch wider enderen. Der Mänschen Gedanken sind alle verenderlich, und nichts wärt auf der Wält ewig. Hoffte also, dieser Hass werde auch nicht ewig währen. Dennoch kenne ich sie alle auf einem solchen Fuss, dass man ihnen gewüss nicht trauen kann.[899]

893 Zellweger, Johannes (1695–1774): 1 lettre à la maison à Lyon, Trogen, 24.05.1756, S. 400.
894 Zellweger, Johannes (1695–1774): 1 lettre à la maison à Lyon, Trogen, 09.01.1758, S. 599.
895 Zellweger, Johannes (1695–1774): 1 lettre à la maison à Lyon, Trogen, 10.04.1758, S. 633.
896 Zellweger, Johannes (1695–1774): 1 lettre à la maison à Lyon, Trogen, 16.10.1758, S. 693–695.
897 Zellweger, Johannes (1695–1774): 1 lettre à la maison à Lyon, Trogen, 14.05.1759, S. 773.
898 Zellweger, Johannes (1695–1774): 1 lettre à la maison à Lyon, Trogen, 28.11.1768, S. 964.
899 Zellweger-Hirzel, Anna Maria: 1 Brief an Johann Caspar Hirzel (1725–1803) in Zürich, Trogen, 15.08.1774.

Mangels Quellenstudiums interpretierte Otto Zellweger (1954), dass es Zellweger-Wetter war, der sich von seinem Bruder Zellweger-Hirzel-Scheuss trennen wollte, was

> unser Johannes Zellweger wohl als den schwersten Schlag seines Lebens empfunden [haben dürfte], der ihn ungleich härter traf als die Amtsentsetzung an der Landsgemeinde. Das Schmerzlichste dabei war, dass die Brüder nicht einmal selber die Teilung des grossen weitverzweigten Geschäftes vornehmen konnten, sondern dass Schiedsrichter aus St. Gallen sie vollziehen mussten.[900]

Es war aber gerade der Jüngere, der die Trennung von seinem älteren Bruder 1774 forderte. Die Einberufung eines kaufmännischen Schiedsgerichts war keineswegs «schmerzlich», sondern eine in jedem «Handelsaccord» schriftlich detailliert ausformulierte Lösung im Fall von Streitigkeiten. Am 8. Februar 1774 ging Zellweger-Hirzel-Scheuss mit seinem Bruder nach St. Gallen, «um anzuhören, was unsere Herren Arbitres zu unseren Differenzien sagen, ich wünsche, dass Sie es recht bald einig machen, damit wir ein jeder auf seiner Seithe unsere Geschäfte mit neuem Muth prosequieren können».[901] Über seine «Differenzen mit meinem Bruder» schrieb Zellweger-Hirzel-Scheuss nicht gerne, «die materie» war zu «weitläufig». Mitte Februar 1774 war der «Spruch der H. Arbitres» noch nicht gesprochen, denn «es ist noch um die Theilung des Ligenden zu thun». Er gestand seinem Schwager: «letste woche hat es ein paar harte Kämpfe gegeben».[902]

> Dass nunmehro alles mit meinem Bruder in richtigkeit geht, wann den Arbitralischen Spruch annimmt, der darin besteheht, dass die Liquidation zu Lyon (NB: ich hatte es so begerth:) gemeinsam geschehen, die Schulden wie die Waaren & Mobilien durch unpartheijsche Loos getheilt werden, & einer dem anderen ein Jahr lang für die Schulden gut stehen solle &ca. 2. Wegen dem dass mein Bruder das Lyoner Hauss errichtet, viele Jahre allein geführt, und auch die Oranger Geschäfte zuwegen gebracht, solle Er wählen mögen die Magazins oder das Zeichen für sich zu behalten, und falls Er beede haben wollte, solle Er mir einen mir beliebigen Ersatz dafür geben &ca.: Mein Bruder will sich aber noch nicht darin declarieren, ob Er ihn [den Schiedsspruch, A.d.A.] annehmen wolle oder nicht, ich meines Orthes habe mich entschlossen, ihn anzunehmen. Wollte mein Bruder die Sache weiter treiben, so muss er mir f 1000:– zahlen, & als dan mag Er vor unserer Landes Obrigkeit appellieren. Er wird sich aber vorher noch wohl bedenken.[903]

Im April 1774 war die freiwillige Liquidation über ein kaufmännisches Schiedsgericht vollzogen. Alles war geteilt. *Gebrüder Zellweger & Comp.* erlosch nach rund 57 Jahren. Daraus gingen *Zellweger älter & Comp.* und *Zellweger Vater & Comp.* mit je einem Haus in Trogen und Lyon hervor.

900 Zellweger, O.: Der Dorfplatz in Trogen (1954), S. 57.

901 Zellweger, Johannes (1730–1802): 1 Brief an Johann Caspar Hirzel (1725–1803) in Zürich, Trogen, 07.02.1774.

902 Zellweger, Johannes (1730–1802): 1 Brief an Johann Caspar Hirzel (1725–1803) in Zürich, Trogen, 14.02.1774.

903 Zellweger, Johannes (1730–1802): 1 Brief an Johann Caspar Hirzel (1725–1803) in Zürich, Trogen, 21.02.1774.

Die Handelsabläufe

Geschäftsbeziehungen

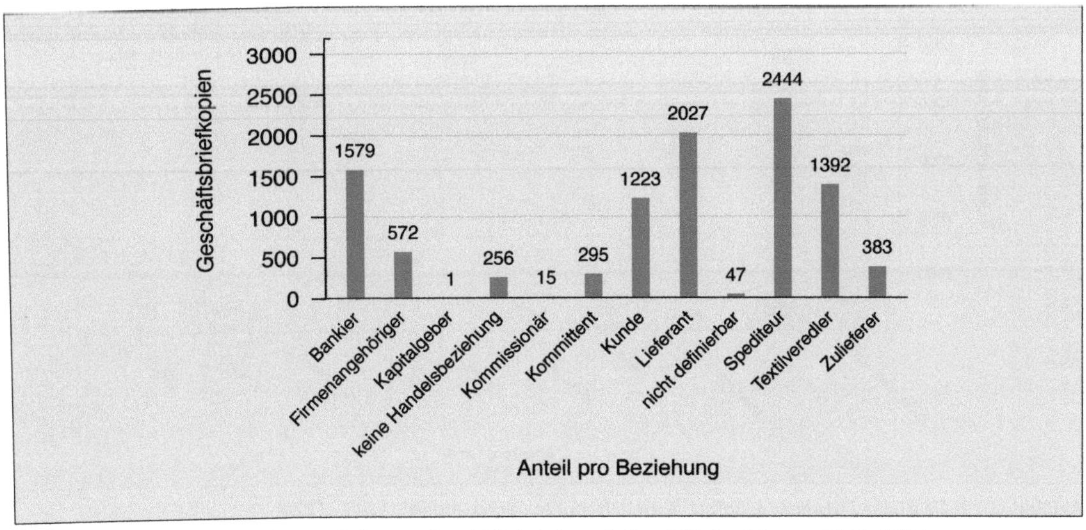

Abbildung 28: Gebrüder Zellweger & Comp.: Geschäftsbriefe nach Geschäftsbeziehung, 1747–1774

Die obenstehende Abbildung über die Art der Geschäftsbeziehungen zeigt, wie intensiv mit welcher Art Geschäftspartner *Gebrüder Zellweger & Comp.* von Trogen aus im Zeitraum von 1747 bis 1774 schriftlich kommunizierten. Am intensivsten war die Korrespondenz mit Spediteuren. Die Anweisungen, welche Ware unter welchen Bedingungen wohin versandt werden musste, hatten höchste Priorität. Pünktlichkeit und Verlässlichkeit im Versand entschieden über den Verkaufsvorteil. Die Handelsmessen erlaubten den privilegierten zollfreien Verkauf nur an ganz bestimmten Daten im Jahr. Traf die Ware zu spät in Lyon ein, kaufte die Kundschaft nicht mehr ein. Der Kaufmann blieb auf der Ware sitzen. An zweiter Stelle stand die Korrespondenz mit den Lieferanten der Textilware. An dritter Stelle kam der Briefwechsel mit den Bankiers in Augsburg zwecks Handels der Wechselbriefe, welche im Anschluss an den Verkauf in Lyon nach Trogen geschickt wurden. Erst an dritter Stelle folgte die Korrespondenz mit denjenigen Kunden, welche von Trogen aus bedient wurden. An vierter Stelle stand die Korrespondenz mit den Textilveredlern in der näheren Umgebung, welche man zwecks Kontrolle der Fortschritte der eigenen Ware wiederholt persönlich besuchte. Die gesamte Organisation der Textilveredlung fiel in den Aufgabenbereich des Handelshauses in Trogen. Die firmeninterne Korrespondenz zwischen Trogen und Lyon sowie mit Firmenangehörigen unterwegs kam vor dem Anteil an Korrespondenz an Zulieferer von Gebrauchsmaterialien wie Schreibpapier, Packpapier, Federnkielen und Siegelwachs als Schreibwerkzeuge, «Kläre», Seife etc.

Geschäftskorrespondenz nach Ländern

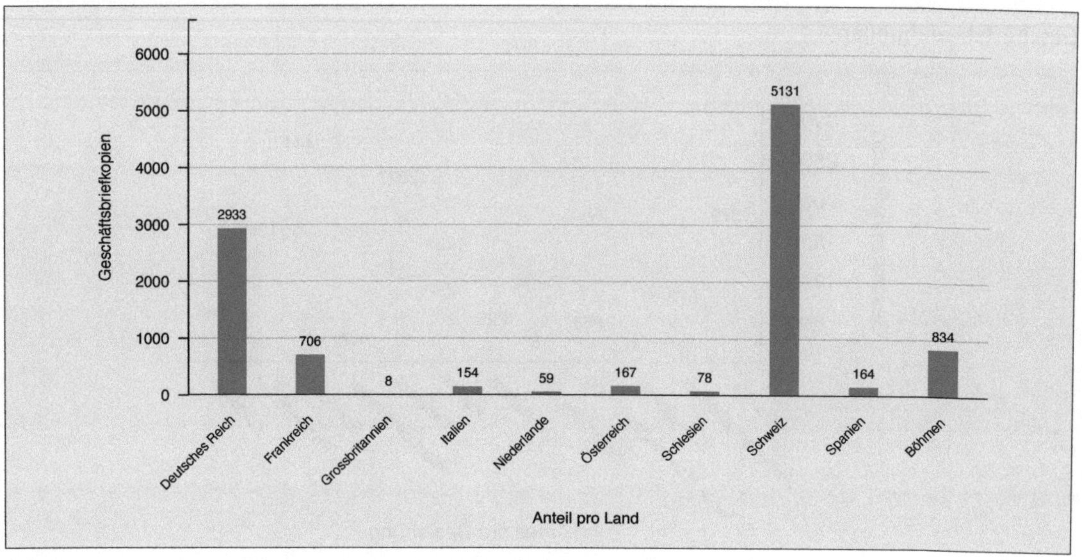

Abbildung 29: Gebrüder Zellweger & Comp.: Geschäftsbriefe nach Ländern, 1747–1774

Die Abbildung präsentiert die Geschäftskorrepondenz der *Gebrüder Zellweger & Comp.* von 10 234 Briefen im Zeitraum von 1747 bis 1774 nach Ländern dargestellt. Sie zeigt, wie zentral die Bewirtschaftung des Schweizer Raumes war. Mit grossem Abstand folgte der süddeutsche Raum als Beschaffungsmarkt. Im Vergleich dazu erreichte den Beschafftungsmarkt Böhmen drei- bis viermal weniger Geschäftskorrespondenz aus Trogen. In Frankreich war Lyon der Absatz- und Adressatenort schlechthin. Wöchentlich traf dort ein «Handlungsbrief» von Trogen ein. Die Kundschaft spiegelt sich nur zu einem kleinen Teil in dieser Darstellung. Diese Korrespondenz wurde hauptsächlich von Lyon aus geführt und ist nicht überliefert.

Geschäftskontakte

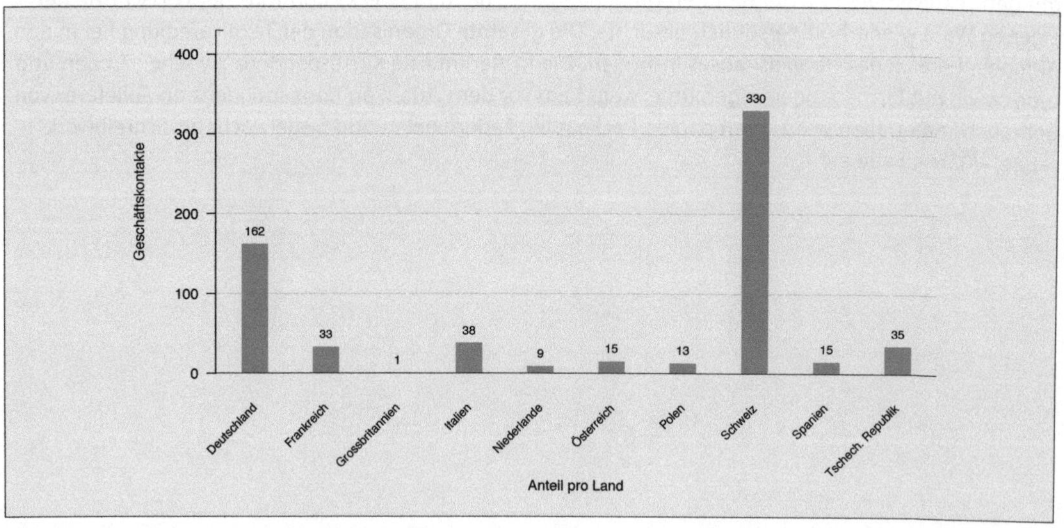

Abbildung 30: Gebrüder Zellweger & Comp.: 504/651 Geschäftskontakte, verteilt auf Länder, 1747–1774

Auch die Abbildung über die Anzahl der Geschäftskontakte verteilt auf die Herkunftsländer verdeutlicht die drei Beschaffungsmärkte Schweiz, süddeutscher Raum sowie die Region Böhmen und Schlesien. Die Verhältnisse spiegeln sich in den Zahlen. In der Schweiz waren mit grossem Abstand die meisten Geschäftskontakte auszumachen. Es waren doppelt so viele wie im süddeutschen Raum. In dieser Phase vor der Industriellen Revolution war ein einziger, erster Kontakt nach Grossbritannien auszumachen. In viel kleinerem Masse, aber ebenfalls deutlich erkennbar sind die Absatzgebiete Italien und Frankreich, wo mit 38 und 33 Kontakten etwa gleich viele Geschäftskontakte auszumachen waren.

Die Leinenware

Einkauf an der Leinwandschau Trogen

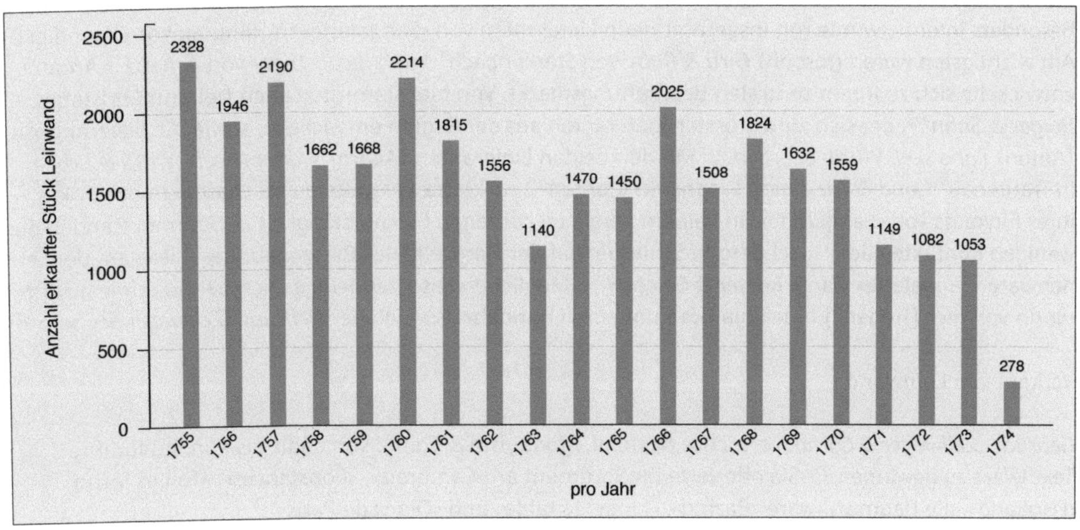

Abbildung 31: Gebrüder Zellweger & Comp.: Einkauf an der Leinwandschau Trogen, 1755–1774

Die *Gebrüder Zellweger & Comp.* betätigte sich von 1755 bis 1774 im Einkauf von Leinwand an der *Leinwandschau Trogen*. Total kaufte sie 31 549 Stück Leinwand ein. Im Jahr 1774 belief sich der Einkauf auf ein Minimum von 278 Stück Leinwand, 1755 auf ein Maximum von 2328 Stück Leinwand. Ihr Einkauf belief sich durchschnittlich auf 1577 Stück Leinwand pro Jahr. Die rund zwanzig Jahre Einkaufstätigkeit an der *Leinwandschau Trogen* waren von einem generellen Abwärtstrend geprägt. Dieses Resultat stimmte mit den kriegerischen Zeitumständen überein. Der Dritte Schlesische Krieg (1756–1763), auch Siebenjähriger Krieg genannt, fand zeitgleich statt mit dem ebenfalls Siebenjähriger Krieg genannten Kolonialkrieg zwischen Frankreich und England um die Vorherrrschaft in Nordarmerika (1754–1763).
In den 1760er Jahren waren für Appenzell Ausserrhoden mehr Lieferanten von Leinenware auszumachen als noch in den 1750er Jahren. *Johannes Nänni* von Speicher[904] lieferte «Manchetten für Frauen und Männer» als Leinenware und Baumwollware. In Herisau wurde nun mit fünf Lieferanten von Leinenware korrespondiert. Der wichtigste war *Lorenz Wittmer*[905], gefolgt von *Bartholome Thörig älter* als Lieferant von «d[oppel]d[ickem] Tuch»[906] und *Johannes Wetter* als Lieferant von «weisser Leinenware».[907] *Laurenz Schefer* lieferte «halbdicke Leinenware»[908] und *Johann Jacob Zölper* den Artikel «Constance».[909]

904 Gebrüder Zellweger & Comp.: 4 Briefe an Johannes Nänni in Speicher, Trogen, 1762–1769.
905 Gebrüder Zellweger & Comp.: 18 Briefe an Lorenz Wittmer in Herisau, Trogen, 1762–1769.
906 Gebrüder Zellweger & Comp.: 4 Briefe an Bartholome Thörig älter in Herisau, Trogen, 1762–1769.
907 Gebrüder Zellweger & Comp.: 4 Briefe an Johannes Wetter in Herisau, Trogen, 1762–1769.
908 Gebrüder Zellweger & Comp.: 2 Briefe an Laurenz Schefer in Herisau, Trogen, 1762–1769.
909 Gebrüder Zellweger & Comp.: 1 Brief an Johann Jacob Zölper in Herisau, Trogen, 1762–1769.

Einkauf im deutschen Raum

In den 1760er Jahren kam der Beschaffungsmarkt Zofingen im Aargau dazu. *Jeaques Imhoof* lieferte die Artikel «Tischwäsche» und «Servietten».[910] Gleichzeitig war eine Ausdehnung der Beschaffungsmärkte insbesondere für den Artikel «Sangalette» nach Bayern und Württemberg auszumachen. In Bayern begann mit *Christoph Ulrich Zech* von Isny im Allgäu eine zwanzig Jahre lang dauernde Beziehung als Lieferant von 5 ½ Ellen breiter Leinenware in den Qualitäten von f 14.– à f 20.– die Elle und von 6/4 Ellen breiter Leinenware in den Qualitäten von x 20.– à 28.–.[911] In den 1760er Jahren bezog *Gebrüder Zellweger & Comp.* die Leinenware «Sangalette» auch bei den zwei Lieferanten *Sigmund Kühnel & Sohn*[912] und *Johann Georg Fidler & Sohn* in Hartmannsdorf (Sachsen).[913]

Einkauf in Böhmen und Schlesien

Besonders intensiv wurde mit insgesamt neun Lieferanten von «Sangalette» in Böhmen korrespondiert. Am wichtigsten waren (Joseph) *Giru & Ruby* von Starkenbach[914] und *Jacob Theer* von Arnau.[915] Arnau entwickelte sich zu ihrem zentralen Beschaffungsmarkt. Von hier stammten auch (Johann Christoph) *Berger & Sohn*[916], der sich zum grössten Lieferanten aus der Region entwickelte, sowie die Lieferantin (Anton) *Lang seel. Wittib & Erben*.[917] Mit den beiden Lieferanten (Adam) *Wagner seel. Wittib & Erben* in Trautenau[918] und *Franz Anton Wagner* in Mohren[919] rückten zwei weitere Ortschaften in den Fokus ihres Einkaufs von «Sangalette». In keinem Vergleich zur regen Einkaufstätigkeit in Böhmen standen die wenigen Kontakte nach Hirschberg in Schlesien auf der Nordseite des Riesengebirges. Lieferant der Leinenware «Sangalette» war *Schaefer & Geichtel*.[920] Möglicherweise handelte es sich bei (Johannes) *Hartmann von hier* [Trogen?] in Jelenia Góra um einen Handelsreisenden der *Gebrüder Zellweger & Comp.*[921]

Verkauf von Leinwand

Gebrüder Zellweger & Comp. versuchte zweimal, *Montefisto & Comp.* von Cádiz als Kunden für ihre Textilware zu gewinnen.[922] Sie offerierte ihr Sortiment an «Cambrais», «Constances», «Toilles facon d'Holland», die Baumwollware «Bazino», «Linge de table» und «Olans de Paris».
Andere Kunden fragten von sich aus um eine Offerte an, wie für den einzigen Kunden aus England in den 1760er Jahren, *Jean Battista Rebout* von London, zu belegen war.[923] Im Januar 1766 offerierte ihm auf seine Anfrage *Gebrüder Zellweger & Comp.* folgende Artikel aus ihrem Sortiment:

---

910 Gebrüder Zellweger & Comp.: 11 Briefe an Jeaques Imhoof in Zofingen, Trogen, 1762–1769; Johann Jakob Imhoof (1693–1764) betrieb seit 1740 eine Textilmanufaktur mit dem Oberen Bleichgut in unmittelbarer Nähe des Römerbades, mit der wohl ältesten Indiennes-Druckerei in Zofingen und seit 1752 mit einer Textilfärberei. Dass die Kaufleute Zellweger in Zofingen drucken liessen, war nicht nachzuweisen, vgl. Hunziker/Meier/Roth/Sauerländer: Zofingen vom Mittelalter bis 1798 (2004) (= Veröffentlichungen zur Zofinger Geschichte 4), S. 274 und 341,1740.

911 Gebrüder Zellweger & Comp.: 3 Briefe an Christoph Ulrich Zech in Isny, Trogen, 1762–1774.

912 Gebrüder Zellweger & Comp.: 3 Briefe an Sigmund Kühnel & Sohn in Hartmannsdorf, Trogen, 1762–1769.

913 Gebrüder Zellweger & Comp.: 1 Brief an Johann Georg Fidler & Sohn in Hartmannsdorf, Trogen, 16.03.1769, S. 1020.

914 Gebrüder Zellweger & Comp.: 44 Briefe an Giru & Ruby in Jilemnice, Trogen, 1762–1769.

915 Gebrüder Zellweger & Comp.: 49 Briefe an Jacob Theer in Arnau, Trogen, 1762–1769.

916 Gebrüder Zellweger & Comp.: 24 Briefe an Berger & Sohn in Arnau, Trogen, 1762–1769.

917 Gebrüder Zellweger & Comp.: 12 Briefe an Lang seel. Wittib & Erben in Arnau, Trogen, 1762–1769.

918 Gebrüder Zellweger & Comp.: 18 Briefe an Wagner seel. Wittib & Erben in Trutnov Trogen, 1762–1769.

919 Gebrüder Zellweger & Comp.: 19 Briefe an Franz Anton Wagner von Rudník v Krkonosich, Trogen, 1762–1769.

920 Gebrüder Zellweger & Comp.: 7 Briefe an Schaefer & Geichtel in Jelenia Góra, Trogen, 1762–1769.

921 Gebrüder Zellweger & Comp.: 1 Brief an (Johannes) Hartmann in Jelenia Góra, Trogen, 05.12.1763, S. 204.

922 Gebrüder Zellweger & Comp.: 2 Briefe an Montefisto & Comp. in Cádiz, Trogen, 1762–1774.

923 Gebrüder Zellweger & Comp.: 8 Briefe an Jean Battista Rebout in London, Trogen, 1762–1769.

- Toilles de Cotton en cru et en blanc sans aprèt ou aprетté comme les Mousselins
- Mousselins de nos fabriques en uni, rayé, broché ou brodé en Manchettes, Mouchoirs, tabliers &ca.: à desseins suivis
- Cambray uny ou à fleurs brochés en ⅔ et ¾
- Linons unis
- Rouens blanc ¾, battus ou double battus
- Bazins en touttes sortes de Toilles teints, comme Rouens teints double battus
- Trillis p Fouttres de Chappeaux; Trillis 4 fers p habits &ca.:[924]

Wie schwierig die Rekonstruktion dessen ist, worum es sich bei einem einzelnen Artikel handelte, zeigt sich an der Definition von «Cambrais». Diese locker gewebte dünne Batistleinwand, auch «Kammertuch» oder «Claires» genannt, wurde besonders in der namensgebenden Stadt Cambrai (Haute-de-France, Frankreich) hergestellt. «Cambric» erschien in vielen verschiedenen Sorten. Die Fortschritte in der Baumwollspinnerei führten bald zur Nachahmung des Stoffes in England, Frankreich, Deutschland und der Schweiz.[925]

Die Baumwolle

Einkauf von Baumwolle – über Triest und Kempten nach Trogen

Im Jahr 1767 offerierte der jüdische Kaufmann *Aron Morpurgo* in Triest (Friaul-Julisch Venetien) *Gebrüder Zellweger & Comp.* die Anschaffung von Baumwolle über Triest. *Gebrüder Zellweger & Comp.* antwortete, Baumwolle bis anhin nur über Venedig bezogen zu haben. Weil Morpurgo im Gegenzug bereit war, für 400 Gulden Leinwand einzukaufen, erteilte man ihm vorsichtig nur einen kleinen Auftrag zur Bemusterung über zwei Ballen «Smirnische Bwol pr:[im]a sort an schöner reiner Woll». Morpurgo sollte sie über den «wenigst kostbaren Weg» an Wendel Falk in Lindau senden und auf «beste Qualitaet, und mindest mögl. Preis auf unser eigter Spese» achten.[926] Die Korrespondenz brach an dieser Stelle ab, es kam zu keinem weiteren Geschäft. Es handelte sich um den einzigen Hinweis darauf, dass *Gebrüder Zellweger & Comp.* bereits vor 1767 Baumwolle eingekauft hatte, und zwar über Venedig. Venedig war das frühneuzeitliche Zentrum des Baumwollimports aus der Levante schlechthin. *Gebrüder Zellweger & Comp.* hatte Kontakt mit insgesamt acht Lieferanten in Venedig für Baumwolle aus der Levante. Diese Lieferanten waren praktisch ausschliesslich deutschen Ursprungs. *Johann Michael Wagner* beispielsweise war die Filiale des Handelshauses von Johann Michael Wagner (1685–1767) aus der Umgebung von Nürnberg.[927] Er mauserte sich zum Hauptlieferanten von «cypriotischer» Baumwolle, angebaut auf der Insel Zypern. An zweiter Stelle stand *Peter Ochs* mit seinem 1763 neu gegründeten Handelsunternehmen als Lieferant von «macedonischer» Baumwolle.[928] *König selig Erben*[929] und *Joh. Jacob Gutermann*[930] lieferten die Sorten «Saloniki» und «Smirna» und *Conrad Heinzelmann* die Sorte «cypriotisch».[931] Die süddeutschen Handelshäuser in Venedig waren also auf den Import einer spezifischen Sorte Baumwolle von unterschiedlicher Herkunft spezialisiert. Sie importierten Baumwolle je entweder aus Zypern, Mazedonien, Griechenland oder der Türkei.

924 Gebrüder Zellweger & Comp.: 1 Brief an Kunde Jean Battista Rebout in London, Trogen, 28.10.1765, S. 493.
925 Heiden: Handwörterbuch der Textilkunde aller Zeiten und Völker (1904), S. 110.
926 Gebrüder Zellweger & Comp.: 1 Brief an H. Aron Morpurgo in Triest, Trogen, 03.08.1767, S. 680.
927 Gebrüder Zellweger & Comp.: 25 Briefe an Johann Michael Wagner in Venedig, Trogen, 1762–1769; vgl. Simonsfeld: Der Fondaco dei Tedeschi in Venedig (1887), S. 196.
928 Gebrüder Zellweger & Comp.: 13 Briefe an Peter Ochs in Venedig, Trogen, 1762–1769, bspw. 19.09.1763, S. 169; «Der Grosskaufmann und Bankier Peter Ochs (1729–1804) avancierte in Wien zum einflussreichen Hofbankier», in: Schibler, Thomas: Artikel «Ochs, Familie», in: e-HLS online, 20.08.2009.
929 Gebrüder Zellweger & Comp.: 7 Briefe an König selig Erben in Venedig, Trogen, 1762–1769.
930 Gebrüder Zellweger & Comp.: 5 Briefe an Joh. Jacob Gutermann in Venedig, Trogen, 1762–1769.
931 Gebrüder Zellweger & Comp.: 6 Briefe an 1769 Conrad Heinzelmann in Venedig, Trogen, 1762–1769.

Wegen viel zu hoch angesetzter Preise für Baumwolle kam es weder mit *Johann Carl Schwäger, Reck & Laminit* noch mit *Dirck* zu einem Geschäftsabschluss. Bei allen diesbezüglichen Schreiben handelte es sich um Absagen der Gebrüder Zellweger & Comp.:

> Da wir dermalen die Baumwolle von einem Freund in Kempten wirklich zu einem bessern Preis einzuthun wissen, als wann wir sie würklich von Venedig selbsten ziehen würden, so haben unterlassen, auf El verschiedene Schreiben zu repliciren, womit um fernerer unnöthigen Brief-Porti auszuweichen uns Künftig zu verschonen bel[ieben].[932]

Selbst in Kempten (Bayern), wo die Kosten des Transports für die Baumwolle über 450 Kilometer Land von Venedig hinzukamen, waren die Preise niedriger als bei *Dirck* in Venedig. Die *Gebrüder Zellweger & Comp.* zeigten sich damit als bestens informiert über den Kurs der Baumwolle. Dirck entlarvten sie unschwer als nicht vertrauenswürdig und verboten sich diese Art Handel samt mühsamer Korrespondenz. Gerade über diese Absage liess sich Kempten als ein frühes Zentrum ihres Imports von Baumwollfaser identifizieren. Die Spedition der im Auftrag der *Gebrüder Zellweger & Comp.* erkauften vier Ballen «cypriotischer» Baumwolle durch *Conrad Heinzelmann* in Venedig erfolgte denn auch zuerst an *Johann Jacob Gebhardt* in Kempten. Dieser sandte die Baumwolle dann über Spediteur *Wendel Falk* in Lindau nach Trogen.[933] Auch Leonhard Föhr vom Handelshaus *Föhr & Söhne* in Kempten betrieb den Import von Baumwollfaser 1764 über seinen «*H: Sohn & Bruder* aus Venedig».[934] Als drittes Beispiel war 1764 *Johann Jacob de Matthias Jenisch* in Kempten zu identifizieren. Jenisch hielt mit der Auslieferung von sieben Ballen Baumwolle der *Gebrüder Zellweger & Comp.* an den Spediteur *Wendel Falck* in Lindau zurück, bis Zoll- und Fuhrlohn bezahlt waren. Auf diese als unerhört empfundene Forderung drohten die *Gebrüder Zellweger & Comp.* selbstbewusst, in Kempten vor Gericht zu ziehen.[935] Die seit 1623 von Augsburg nach Kempten eingewanderten, im Handel mit Venedig und Bozen erfolgreich tätigen Kaufleute Jenisch stellten in dieser Zeit die drei grössten Steuerzahler der Reichsstadt Kempten dar.[936] Kempten selber erlebte aufgrund des Imports von Baumwolle aus Venedig eine späte Blüte. Die Kaufleute der Reichsstadt König, Jenisch, Fehr/Föhr und andere brachten ihren Wohlstand durch repräsentative Ausgestaltung ihrer Stadthäuser zum Ausdruck.[937] In diesen frühesten Bezügen von Baumwolle über bayerische Handelshäuser in Venedig wohl aus dritter, wenn nicht sogar vierter Hand im Jahr 1764 lagen die Anfänge jeglichen Imports von Baumwolle durch die Kaufleute Zellweger. Es lag auf der Hand, dass sich der Import von Baumwolle anstatt umständlich über das rund 110 Kilometer nördlich von Trogen liegende Kempten über die Gründung eines eigenen Handelshauses in Genua effizienter gestalten liess.

Verkauf von Baumwolle – Absatz im Toggenburg, Rheintal und Zürichgebiet

In den 1760er Jahren entwickelten *Gebrüder Zellweger & Comp.* in der Region Toggenburg diverse Beziehungen zu Kunden von Baumwolle. In Lichtensteig bezog der wichtigste Kunde *Johann Jacob Grob* die Sorten «Zypriotisch» und «Saloniki».[938] Grob verlegte diese Baumwolle dem Baumwollfergger Ulrich Bräker (1735–1798) von Näppis. Bräker begann seinen als klein empfundenen Baumwollhandel im Jahr 1759. Er zettelte die Baumwolle bei sich zu Hause, bereitete sie portionsweise vor und ging dann zu Fuss nach Ganterschwil, um sie an Spinnerinnen aus der Region zu verlegen. Bei seinem nächsten Besuch holte er das versponnene Baumwollgarn bei ihnen zu Hause ab und zahlte ihnen den Spinnerlohn. Zu Hause wusch er das Baumwollgarn, liess es an der Sonne trocknen und haspelte es sauber auf.

932 Gebrüder Zellweger & Comp.: 1 Brief an Dirck in Venedig, Trogen, 13.03.1769, S. 1016.
933 Gebrüder Zellweger & Comp.: 1 Brief an Johann Jacob Gebhardt in Kempten, Trogen, 29.04.1765, S. 419.
934 Gebrüder Zellweger & Comp.: 1 Brief an Föhr & Sohn in Kempten, Trogen, 05.03.1764, S. 250.
935 Gebrüder Zellweger & Comp.: 1 Brief an Johann Jacob de Matthias Jennisch in Kempten, Trogen, 17.12.1764, S. 357.
936 Nebinger: Die Jenisch in Kempten, in: Allgäuer Geschichtsfreund (83–84/1984), S. 140–255, hier S. 150–154.
937 Petz, Wolfgang: Artikel «Kempten, Reichsstadt», in: Historisches Lexikon Bayerns online, 10.09.2012.
938 Gebrüder Zellweger & Comp.: 21 Briefe an Johann Jacob Grob in Liechtensteig, Trogen 1762–1769.

Dann brachte er das Baumwollgarn wiederum zu Fuss auf den *Garnmarkt St. Gallen*. Weitere Kunden von Baumwolle der *Gebrüder Zellweger & Comp.* waren *Abrahm Abderhalden*[939] sowie *Jacob Abderhalden* in Wattwil, nur fünf Kilometer westlich von Näppis.[940] In Ebnat-Kappel bezogen die beiden Kunden *Dominic Bühler & Co.*[941] und *Hs. Jacob Edelmann* die Sorte «Zypriotisch».[942] Auch *Johannes Wohlwend* von Sennwald bezog die Sorte «Zypriotisch».[943] Weitere Kunden von Baumwolle waren im Rheintal ansässig. Dazu zählten in erster Linie *Mathias Sulser & Co.* in Azmoos, *Custer u. Labhardt* von Altstätten[944] und *Joh. Gasser* von Rheineck.[945] *Gasser* interessierte sich bereits in dieser frühen Phase des Rohstoffhandels mit Baumwolle neben der Sorte «Alta» aus der Levante auch für die Sorte «Buenos Aires» aus Südamerika. Äusserster Absatzmarkt im Osten war Zürich, wo *Gebrüder Zellweger & Comp.* die Kunden *Werdmüller & Co.*[946] und *Benjamin Wegmann* mit Baumwolle belieferte.[947]

Die Baumwollware

Einkauf von Baumwollware in der Schweiz

Baumwollware für ihr Sortiment bezogen die *Gebrüder Zellweger & Comp.* zunächst aus der Region. *Johann Ulrich Scheuss* (1711–1775) von Herisau entwickelte sich zum Lieferanten von Baumwollware.[948] Zentrum der Beschaffung von Baumwollware war jedoch die Stadt St. Gallen. Hier hatte der aus Heidelberg zugezogene Peter Bion (1684–1735) 1721 mit der Barchentweberei als Erster das Baumwollgewerbe eingeführt.[949] Peter Gonzenbach (1701–1779), Spross des abtrünnigen Hauptwiler Zweiges der Kaufmannsfamilie, kehrte der Landschaft den Rücken und in die Stadt St. Gallen zurück, um 1726 in das Baumwollgeschäft von Peter Bion einzusteigen und es 1732 zu übernehmen.[950] Er liess in feine Leinwand Punkte und Blumen von Baumwollgarn weben und vermarktete das Produkt als «gemüggelte» oder «geblümte» Leinwand. 1750/1751 wurde in St. Gallen die erste Mousse[lin]: gewoben, welche Gonzenbach von 1753 an auch in Vorarlberg besticken liess.[951] Die *Gebrüder Zellweger & Comp.* pflegten in den 1760er Jahren erste Kontakte zu den drei Lieferanten von Baumwollware *Johann Conrad Billwiller*[952], *Ulrich de Caspar Vonwiller*[953] und *Züblin & Schlatter* von St. Gallen.[954] *Billwiller* lieferte «Barchent» und «Bazin». Mit *Matheysin née Sprecher von Bernegg* in Chur war kurzzeitig auch eine Frau als Lieferantin von Baumwollware tätig.[955]

---

939 Gebrüder Zellweger & Comp.: 16 Briefe an Abrahm Abderhalden in Wattwil, Trogen, 1762–1769.
940 Gebrüder Zellweger & Comp.: 4 Briefe an Jacob Abderhalden in Wattwil, Trogen,1762–1769.
941 Gebrüder Zellweger & Comp.: 13 Briefe an Dominic Bühler & Co. in Ebnat-Kappel, Trogen, 1762–1769.
942 Gebrüder Zellweger & Comp.: 6 Briefe an Hs. Jacob Edelmann in Ebnat-Kappel, Trogen, 1762–1769.
943 Gebrüder Zellweger & Comp.: 6 Briefe an Johannes Wohlwend in Sennwald, Trogen, 1762–1769.
944 Gebrüder Zellweger & Comp.: 1 Brief an Custer u. Labhardt in Altstätten, Trogen, 1762–1769.
945 Gebrüder Zellweger & Comp.: 2 Briefe an Joh. Gasser in Rheineck, Trogen, 1762–1769.
946 Gebrüder Zellweger & Comp.: 27 Briefe an Werdmüller & Co. in Zürich, Trogen, 1769–1774.
947 Gebrüder Zellweger & Comp.: 5 Briefe an Benjamin Wegmann in Zürich, Trogen, 1769–1774.
948 Gebrüder Zellweger & Comp.: 11 Briefe an Johann Ulrich Scheuss (1711–1775) in Herisau, Trogen, 1762–1769.
949 Mayer, Marcel: Artikel «Bion, Peter (1684–1735)», in: e-HLS online, 03.08.2004.
950 Müller, Peter: Artikel «Gonzenbach, Peter (1701–1779)», in: e-HLS online, 18.11.2005.
951 Nägele: Das Textilland Vorarlberg (1949), S. 42.
952 Gebrüder Zellweger & Comp.: 6 Briefe an Johann Conrad Billwiller (1735–1803) in St. Gallen, Trogen, 1762–1769.
953 Gebrüder Zellweger & Comp.: 3 Briefe an Ulrich de Caspar Vonwiller (1735–1808) in St. Gallen, Trogen, 1762–1769.
954 Gebrüder Zellweger & Comp.: 6 Briefe an Züblin & Schlatter in St. Gallen, Trogen, 1762–1769.
955 Gebrüder Zellweger & Comp.: 4 Briefe an Matheysin née Sprecher von Bernegg in Chur, Trogen, 1762–1769.

Verkauf von Baumwollware in der Schweiz

Als einziger Kunde von Baumwollware der *Gebrüder Zellweger & Comp.* in den frühen 1770er Jahren liess sich *Rudolf & Christoph Schalch* von Schaffhausen identifizieren.[956]

Der Textildruck – eine Frage der Organisation

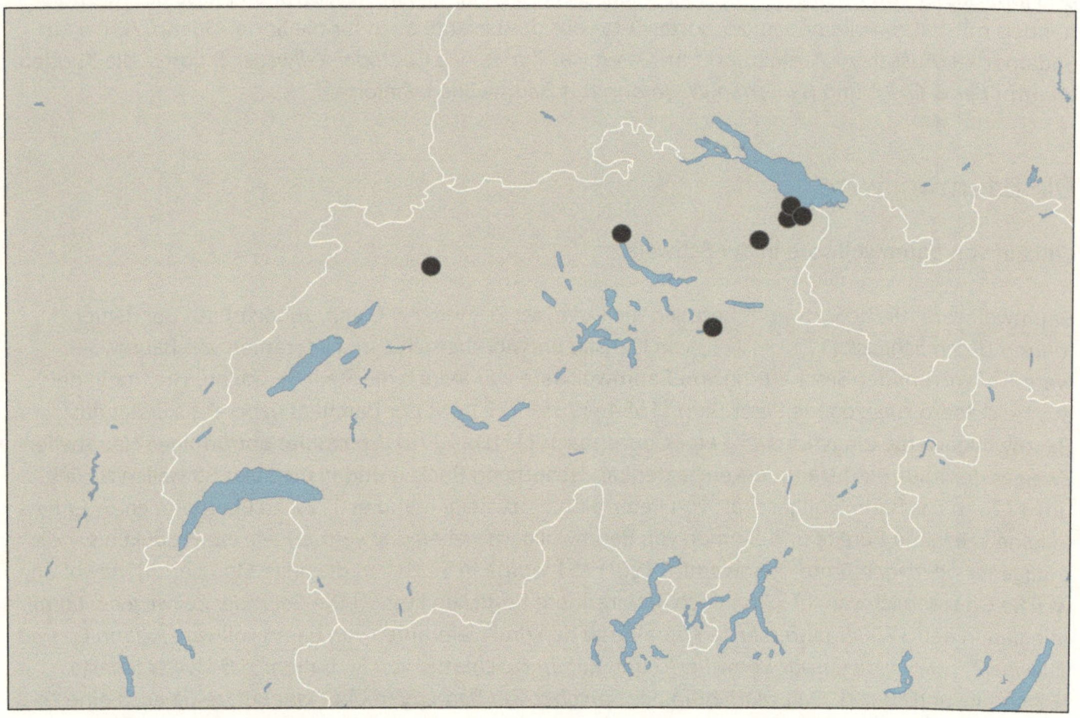

Abbildung 32: Gebrüder Zellweger & Comp.: Wohnsitze ihrer Textildruckereien, 1762–1769

Die allerersten zwei Geschäftskorrespondenzen über den Textildruck führte *Gebrüder Zellweger & Comp.* im Jahr 1763. Im Mai liessen sie *Scheuss & Merz* von Herisau[957] vier Baumwolltücher für den Textildruck zu «Mouchoirs Porcelaines» «bleu à double faces von schön und lebhafter Farben» zukommen. Im Juli ersuchten sie die Firma um baldige Lieferung. «Wann diese schön ausfallen & der Druckerlohn raisonable», wollten sie weitere Baumwolltücher bedrucken lassen. Ein Versuch «vor einigen Jahren» war gescheitert, «eine Parthey Waar» dabei «übel verderbt» worden.[958] Die zweite Korrespondenz ging an den Textildrucker *Michael Steinmann & Co.* in der Stadt St. Gallen.[959] Somit dürfte *Gebrüder Zellweger & Comp.* erst ab 1763 Druckware auf der Basis von Baumwollstoffen in ihr Sortiment aufgenommen haben. Es war der Auftakt zu umfangreicheren Bemühungen um Druckware.
1765 verliefen zwei weitere Anfragen um den Textildruck erfolglos. Die eine ging im Februar an *Johann Heinrich Rordorf* von Zürich[960] und die andere im April an *Ramandier père & fils* von Erlangen (Bayern).[961] Im Herbst 1766 wandte man sich ein erstes Mal an *Johannes Gschwend* von Rorschach.[962]

956 Gebrüder Zellweger & Comp.: 21 Briefe an Rudolf & Christoph Schalch in Schaffhausen, Trogen, 1769–1774.
957 Gebrüder Zellweger & Comp.: 5 Briefe an Scheuss & Merz in Herisau, Trogen, 1762–1769.
958 Gebrüder Zellweger & Comp.: 1 Brief an Scheuss & Merz in Herisau, Trogen, 11.07.1763, S. 143.
959 Gebrüder Zellweger & Comp.: 1 Brief an Michael de Michael Steinmann in St. Gallen, Trogen, 19.05.1763, S. 121.
960 Gebrüder Zellweger & Comp.: 1 Briefe an Johann Heinrich Rordorf in Zürich, Trogen, 28.02.1765, S. 389.
961 Gebrüder Zellweger & Comp.: 1 Brief an Ramandier père & fils in Erlangen, Trogen, 01.04.1765, S. 408.
962 Gebrüder Zellweger & Comp.: 1 Brief an Johannes Gschwend in Rorschach, Trogen, 22.09.1766, S. 589.

Mit *Gschwend* ergab sich eine erste rege Korrespondenz um den Textildruck auf Leinenware.[963] Im Juli 1767 begann eine fruchtbare Korrespondenz mit *Johannes Baumgartner in der Farb* von Mörschwil, ebenfalls über den Druck auf Leinenware.[964] Im Herbst 1767 nahmen *Gebrüder Zellweger & Comp.* Kontakt mit *Gebrüder Rahn* von Zürich auf.[965] Sie wollten eine «kleine Prob mit Ihnen in Mouchoirs» auf Baumwollware machen. Dazu sandten sie vier 6/4 breite und 32 Stab lange Baumwolltücher nach Zürich mit folgendem Druckauftrag:

> Stk. 3 ganze od[er] 6 halbe von 16 a[u]n[es]. weiss & roth drucken zu lassen von verschiedenen quadrillen gedupften oder andere Mittel Schilten und mit gestreiften Rändern und verschiedenen Streifen. Stk. 1 ganzes od. 2 halbe von anderen Farben und Modlen, die Ihnen ganz überlassen sind. In dergleichen Gattungen druckt man uns hier eine recht artige Waar um f 4 ½ hiesig V[alu]ta für 46 Stab zur Nachricht. Die Stück lassen wir ganz, um unnöthige Resten zurendiren. Wenn 2 Dotz[end]. an dem ganzen Stück gedruckt sind, so schneidet man sie ab und druckt dann auf die andere Helfte so viel es enthaltet.[966]

Zugleich kündigte man an, auch eine Probe mit «ganz Leinen Tüchern zu Mouchoirs» machen zu wollen. *Gebrüder Rahn* druckten den Artikel «Mouchoirs» in der Farbe Rot somit auf Leinen- und Baumwollware. Der Druckerlohn sollte in etwa demjenigen in Appenzell Ausserrhoden von f4 ½ für 46 Stab Druckware entsprechen.

Woher nun dieses plötzliche Interesse der *Gebrüder Zellweger & Comp.* an Druckware in den 1760er Jahren kam, erklärt sich wohl am besten mit dem Hinweis auf den Konkurs der *Compagnie d'Orange* 1766. Diese über einen grossartigen Bildzyklus von mehreren wandhohen Ölgemälden sehr gut dokumentierte Textildruckerei wurde von Jean-Rudolph Wetter (1705–1788) von Herisau 1757 in Orange gegründet. Zwei Jahre zuvor war Wetter infolge einer Trockenheit mit seiner 1744 in Marseille gegründeten Indiennedruckerei in den Konkurs gegangen.[967] Warum Wetter diese Indiennedruckereien trotz wiederholten Verboten des Königs zwischen 1686 und 1759 gründen konnte, wäre Gegenstand besonderer Untersuchung. Elf Jahre später ging Wetter auch in Orange in den Konkurs. *Zellweger frères & Comp.* in Lyon, nur 300 Kilometer nördlich von Orange gelegen, berichtete nach Trogen:

> Letsten Montag haben wir die Nachricht erhalten, dass die Compagnie von Orange, davon H: Rudolf Wetter ein Mitglied ist, aufgehört habe zu zahlen. Diese Compagnie ist uns auch viel schuldig, allein wir haben auch viele Waaren in Handen, desnahe ich nicht glaube, dass wir vieles verliehren werden. Sie machet Hoffnung, Capital & Interessé zu bezahlen. Ich wünsche es».[968]

Gebrüder Zellweger & Comp. kam nicht zu Schaden, weil sie genug bedruckte Baumwollware im Gegenwert «in Handen» hatte, sodass «wir von der Comp[agnie]: d'Orange um den letsten Heller werden bezahlt werden, da die in Handen habende Waaren uns zur Garantie unserer Ansprache schon zuerkennt sind».[969] Wie gross die «Mühe», aber auch der «Profit» im Geschäft mit den «Indiennes» von Orange war, fasste Zellweger-Hirzel-Scheuss im Bewusstsein der Wirkung von Reichtum auf den Charakter in folgenden Worten zusammen:

> Wann uns dieser Ast abgehet, so haben wir weniger Gefahr, weniger Mühe, und auch weniger Profit; diss letstere aber kränkt mich nicht, zumahlen ich den allzu grossen Reichtum nicht erwünschte und immer

963 Gebrüder Zellweger & Comp.: 8 Briefe an Johannes Gschwend in Rorschach, Trogen, 1766–1769.

964 Gebrüder Zellweger & Comp.: 2 Briefe an Johannes Baumgartner in Mörschwil, Trogen, 29.07.1767, S. 679.

965 Gebrüder Zellweger & Comp.: 2 Briefe an Gebrüder Rahn in Zürich, Trogen, 1762–1769.

966 Gebrüder Zellweger & Comp.: 1 Brief an Gebrüder Rahn in Zürich, Trogen, 29.09.1767, S. 709.

967 Chassagne: Le coton et ses patrons: France, 1760–1840 (1991), S. 75–76.

968 Zellweger, Johannes (1730–1802): 1 Brief an Johann Caspar Hirzel (1725–1803) in Zürich, Trogen, 27.11.1766.

969 Zellweger, Johannes (1730–1802): 1 Brief an Johann Caspar Hirzel (1725–1803) in Zürich, Trogen, 18.12.1766.

> förchte, ich möchte nur so viel schlimmer werden als ich reicher würde, und meine Kinder noch schlimmer den ich.[970]

Zellweger-Hirzel-Scheuss analysierte den Handel mit bedruckter Baumwollware als attraktiv und gefährlich zugleich. Ein weiterer Hinweis zur *Compagnie d'Orange* stammte aus dem Jahr 1774. Bei der Separation der *Gebrüder Zellweger & Comp.* überliess Zellweger-Hirzel-Scheuss seinem Bruder Zellweger-Wetter aus einem bestimmten Grund den Vortritt, zwischen Magazinen oder dem Handelszeichen der alten Raggion Zellweger zu wählen. Dieser hatte offenbar gewisse «Oranger Geschäfte zuwege gebracht»:

> Wegen dem, dass mein Bruder das Lyoner Hauss errichtet, viele Jahre allein geführt, und auch die Oranger Geschäfte zuwegen gebracht, solle Er wählen mögen, die Magazins oder das Zeichen für sich zu behalten, und falls Er beede haben wollte, solle Er mir einen mir beliebigen Ersatz dafür geben &ca.: [971]

Leider fanden sich keinerlei weiterführende Angaben dazu, welcher Natur diese «Oranger Geschäfte» waren. Immerhin liess sich in der Geschäftskorrespondenz ab diesem Zeitpunkt eine Ausdehnung auf weitere Textildrucker in der Region feststellen. Im März 1768 wandte sich *Gebrüder Zellweger & Comp.* an *Johann Heinrich Streiff* (1709–1780) von Glarus[972], weil sie «vernohmen, dass E.L. schöne weisse und blaue Mouchoirs druken [...] in different schönen Desseins». Sie baten um «beste und schöne Arbeit, damit wir künftig beträchliche Versendungen machen dürfen».[973] Im Juni begann der Kontakt mit *Gebrüder Steiger zum Steinberg* von Winterthur nach der Einsendung eines Musters «Mouchoirs» samt Preis und «Trukerlohn». *Gebrüder Steiger* druckte in «doppelt roth» und in «schönen neuen Desseins» um f. 4 ¾ den «Nld'ors zu f 11.–» gerechnet.[974] Der Rückzug des Vaters Zellweger-Sulser aus den Geschäften und die Übernahme der Handelsgesellschaft *Gebrüder Zellweger & Comp.* 1768 durch die Söhne dürfte der jungen Generation Anlass gegeben haben, die Druckware als festen Bestandteil in ihr Sortiment aufzunehmen.

Gebrüder Zellweger & Comp. versuchte sich bei den Textildruckern nicht nur als Auftraggeberin sondern auch als Lieferantin von zum Druck geeigneter Leinen- und Baumwollware zu positionieren. Zwei Beispiele dafür waren *Franz Wagner & Co.* von Solothurn und *Johannes Merz* von Herisau. *Franz Wagner & Co.* von Solothurn verlangte im Februar 1769 offenbar von sich aus, einen Versuch mit dem Bedrucken von Leinwand der *Gebrüder Zellweger & Comp.* machen zu wollen. Vermittelt hatte diesen Kontakt ein Teilhaber der *Zellweger & Honnerlag* auf der Durchreise.[975] *Gebrüder Zellweger & Comp.* priesen sich dem Textildrucker als Lieferanten von Leinwand an, wodurch sie mehr Interesse am Verkauf ihrer eigenen Leinenware zeigten als an der Dienstleistung des Textildrucks durch Wagner gegen Druckerlohn. Dem Textildrucker *Johannes Merz* von Herisau schlug *Gebrüder Zellweger & Comp.* im Januar 1770 ebenfalls nicht den Textildruck auf Probe vor, sondern versprach, ihm «von allerhand Gattung Waare, die in den Druck dienen, anzuschaffen». Ihr «Hauptaugenmerk» lag dabei nicht auf dem Gewinn, sondern «einen honetten Zins auf eine solide Art zu beziehen». Von der Ware liess sie nicht aussuchen, «sondern ein No. muss allemahl samthaft genohmen werden. Wir müssten anderst einen merklichen Unterschied im Preis machen».[976]

970 Zellweger, Johannes (1730–1802): 1 Brief an Johann Caspar Hirzel (1725–1803) in Zürich, Trogen, 18.12.1766.

971 Zellweger, Johannes (1730–1802): 1 Brief an Johann Caspar Hirzel (1725–1803) in Zürich, Trogen, 21.02.1774.

972 Gebrüder Zellweger & Comp.: 7 Briefe an Johann Heinrich Streiff (1709–1780) in Glarus, Trogen, 1762–1769.

973 Gebrüder Zellweger & Comp.: 1 Brief an Johann Heinrich Streiff (1709–1780) in Glarus, Trogen, 22.03.1768, S. 774; Zellweger, Müller/Zürcher & Comp.: 13 Briefe an Johann Heinrich Streiff in Glarus, Trogen, 1774–1780.

974 Gebrüder Zellweger & Comp.: 1 Brief an Gebrüder Steiger zum Steinberg in Winterthur, Trogen, 24.06.1768, S. 845.

975 Gebrüder Zellweger & Comp.: 1 Brief an Franz Wagner & Co. in Solothurn, Trogen, 27.02.1769, S. 1006.

976 Gebrüder Zellweger & Comp.: 1 Brief an Johannes Merz in Herisau, Trogen, 03.01.1770, S. 143.

Die Warenspedition

Auf der Ost-West-Achse – Trogen–Genf–Lyon

Auf der Ost-West-Achse Trogen–Genf–Lyon war alleiniger Spediteur *Caspar Zili* unter der Leitung von Hans Antoni Zili (1747–1811) von St. Gallen.[977] Gegen ihn war die Spedition von *Daniel Fehr* chancenlos.[978] In Genf übernahmen ihre Spedition nach Lyon ausschliesslich *Les cousins Bonnet*[979], gegen welche *Caspard Bonnet & fils* das Nachsehen hatte.[980] Eine andere Transportroute nach Lyon ging über Morges und wurde durch die Spediteure *Blanchenay les frères* bedient[981], während *Veret & Piachaud* von Nyon kaum berücksichtigt wurden.[982]

Auf der Nord-Süd-Achse – Trogen–Chur–Splügen–Chiavenna–Mailand–Genua

Auf der Nord-Süd-Achse Trogen–Chur–Splügen–Chiavenna–Mailand–Genua stand *Gebrüder Zellweger & Comp.* mit diversen Spediteuren in Kontakt. Spediteur *Johann Christoph von Röthen & Frey* in Regensburg versandte die Ware, welche von Arnau in Böhmen über Prag in entgegengesetzter Flussrichtung der Donau bei ihm eintraf[983], weiter an den Spediteur *Wendel Falck* in Lindau.[984] Die beiden Spediteure *Christoph Halder*[985] und *Rudolph Curtabat* von Lindau waren auf den Geldtransport von Augsburg nach St. Gallen spezialisiert.[986] *Zoller & Co.* von Arbon[987] und *G. Wendelin Bayer* von Rorschach[988] organisierten die Spedition der Leinenware des Lieferanten *Raymond Denzel* von Leutkirch (Bayern). *Hans Jacob de Joh. Custer* von Altstätten organisierte die Spedition nach Chur. Dort übernahmen *Simon & Johann Baptist de Joh. Bawier* die Spedition nach Chiavenna und Mailand.

Das Wechselgeschäft

Bodmer (1959) fasste das Wechselgeschäft der Kaufleute Zellweger so auf, dass Ende der 1750er Jahre die Wechselbriefe von beiden Häusern Zellweger nach Augsburg an *Köpf* und *Johannes von Halder* gesandt worden seien. Diese Bankiers hätten den Erlös dann meist in Louis d'or oder Karlins nach Trogen zurück überwiesen.[989] Tatsächlich ergab die Auswertung ihrer Geschäftskorrespondenz enorm intensive Korrespondenzen mit den Bankiers Halder von Augsburg. Die umfangreichste wurde mit *Johannes Halder* geführt[990], dicht gefolgt von *Johannes & Georg Walter von Halder*.[991] Es war die Weiterführung der Beziehung, die bereits unter *Joseph von Halder & Co.* begonnen hatte.[992] Dass die Halder die Wechselbriefe der Kaufleute Zellweger tatsächlich nach Amsterdam einwechselten, belegt nebst den ständigen Erkundigungen der Zellweger nach dem Kurs auf Amsterdam ihre schmale Korrespondenz mit dem Bankier

977 Gebrüder Zellweger & Comp.: 228 Briefe an Caspar Zili in St. Gallen, Trogen, 1762–1769.
978 Gebrüder Zellweger & Comp.: 1 Brief an Daniel Fehr in St. Gallen, Trogen, 1762–1769.
979 Gebrüder Zellweger & Comp.: 230 Briefe an Les Cousins Bonnet in Genf, Trogen, 1762–1769.
980 Gebrüder Zellweger & Comp.: 9 Briefe an Caspard Bonnet & fils in Genf, Trogen, 1762–1769.
981 Gebrüder Zellweger & Comp.: 65 Briefe an Blanchenay les frères in Morges, Trogen, 1762–1769.
982 Gebrüder Zellweger & Comp.: 2 Briefe an Veret & Piachaud in Nyon, Trogen, 1762–1769.
983 Gebrüder Zellweger & Comp.: 35 Briefe an Johann Christoph von Röthen & Frey in Regensburg, Trogen, 1755–1769.
984 Gebrüder Zellweger & Comp.: 35 Briefe an Wendel Falck in Lindau, Trogen, 1755–1759, 169 Briefe, 1762–1769.
985 Gebrüder Zellweger & Comp.: 4 Briefe an Christoph Halder in Lindau, Trogen, 1755–1759.
986 Gebrüder Zellweger & Comp.: 2 Briefe an Rudolph Curtabat in Lindau, Trogen, 1755–1759, 7 Briefe,1762–1769.
987 Gebrüder Zellweger & Comp.: 2 Briefe an Zoller & Co. in Arbon, Trogen, 1762–1769.
988 Gebrüder Zellweger & Comp.: 2 Briefe an G. Wendelin Bayer in Rorschach, Trogen, 1762–1769.
989 Bodmer: Textilgewerbe (1959), S. 57.
990 Gebrüder Zellweger & Comp.: 286 Briefe an Johannes Halder in Augsburg, Trogen, 1762–1769.
991 Gebrüder Zellweger & Comp.: 266 Briefe an Johannes & Georg Walter von Halder in Augsburg, Trogen, 1762–1769.
992 Gebrüder Zellweger & Comp.: 35 Briefe an Joseph von Halder & Co.in Augsburg, Trogen, 1762–1769.

André Pels & fils von Amsterdam.[993] Gegen die Bankiers Halder hatten *Gullmann & Sohn*[994], *Johann Adam Liebert* (1697–1766)[995] und *Benedict Adam Liebert*[996] sowie *Eberz & Co.* das Nachsehen.[997] Für die Bank- und Speditionsgeschäfte betreffend den Import der Leinwand aus Böhmen auf der Nord-Süd-Route war *Thum seel. Frau Tochter*[998] weit vor *Pradatsch Wittib u. Sohn* in Prag Ansprechpartnerin.[999] In der Stadt St. Gallen liefen Bankgeschäfte vor allem über *Friedrich de Friedrich Girtanner*[1000] und *Anhorn*.[1001] Unbedeutend waren die Kontakte zu den übrigen Bankiers *Georg Mayer*[1002], *Heinrich de Heinrich Huber*[1003], *Bartholome Binder*[1004], *Heinrich de Hermann Schlumpf*[1005], *Fehr & Söhne*[1006] und *Heinrich de Johann Ulrich Stählin*.[1007]

Der Handelsraum

Abbildung 33: Gebrüder Zellweger & Comp.: Handelsraum mit 60 Ortschaften, 1752–1759

993 Gebrüder Zellweger & Comp.: 9 Briefe an André Pels & fils in Amsterdam, Trogen, 1762–1769.
994 Gebrüder Zellweger & Comp.: 64 Briefe an Gullmann & Sohn in Augsburg, Trogen, 1762–1769.
995 Gebrüder Zellweger & Comp.: 3 Briefe an Johann Adam Liebert in Augsburg, Trogen, 1755–1759.
996 Gebrüder Zellweger & Comp.: 34 Briefe an Benedict Adam Liebert in Augsburg, Trogen, 1762–1769.
997 Gebrüder Zellweger & Comp.: 18 Briefe an Eberz & Co. in Augsburg,Trogen, 1762–1769.
998 Gebrüder Zellweger & Comp.: 107 Briefe an Thum seel. Frau Tochter in Prag, Trogen, 1762–1769.
999 Gebrüder Zellweger & Comp.: 9 Briefe an Pradatsch Wittib u. Sohn in Prag, Trogen, 1762–1769.
1000 Gebrüder Zellweger & Comp.: 56 Briefe an Friedrich de Friedrich Girtanner in St. Gallen, Trogen, 1762–1769.
1001 Gebrüder Zellweger & Comp.: 50 Briefe an Anhorn in St. Gallen, Trogen, 1762–1769.
1002 Gebrüder Zellweger & Comp.: 24 Briefe an Georg Mayer in St. Gallen, Trogen, 1762–1769.
1003 Gebrüder Zellweger & Comp.: 9 Briefe an Heinrich de Heinrich Huber in St. Gallen, Trogen, 1762–1769.
1004 Gebrüder Zellweger & Comp.: 7 Briefe an Bartholome Binder in St. Gallen, Trogen, 1762–1769.
1005 Gebrüder Zellweger & Comp.: 7 Briefe an Heinrich de Hermann Schlumpf in St. Gallen, Trogen, 1762–1769.
1006 Gebrüder Zellweger & Comp.: 2 Briefe an Fehr & Söhne in St. Gallen, Trogen, 1762–1769.
1007 Gebrüder Zellweger & Comp.: 1 Brief an Heinrich de Johann Ulrich Stählin in St. Gallen, Trogen, 1762–1769.

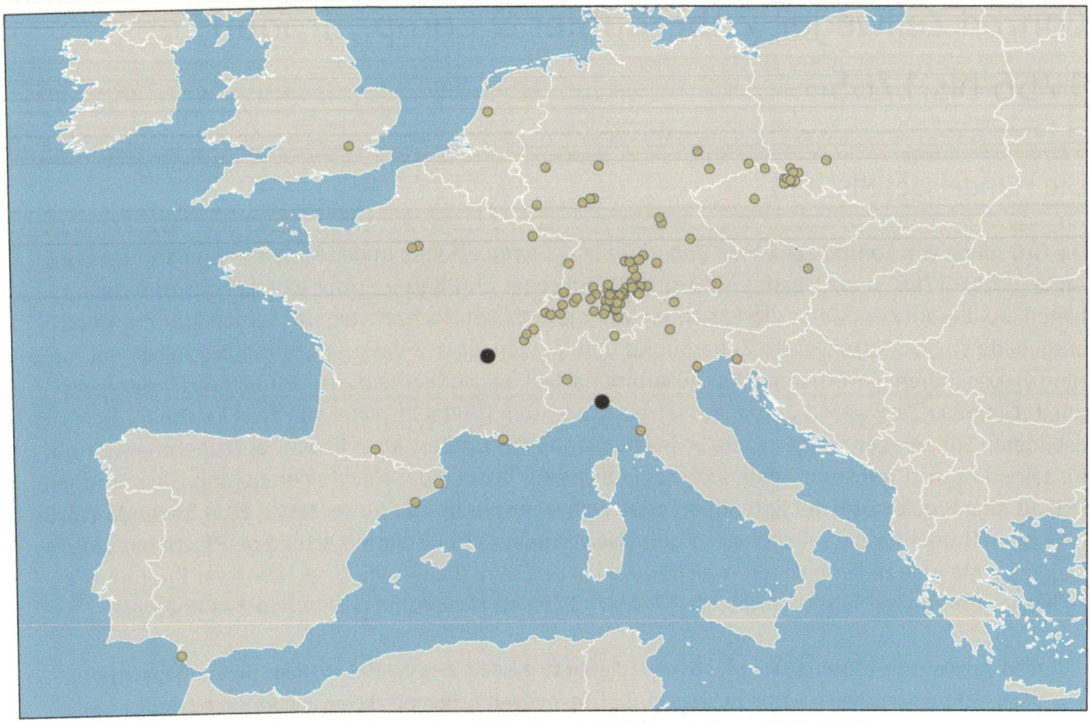

Abbildung 34: Gebrüder Zellweger & Comp.: Handelsraum mit 105 Ortschaften, 1762–1769

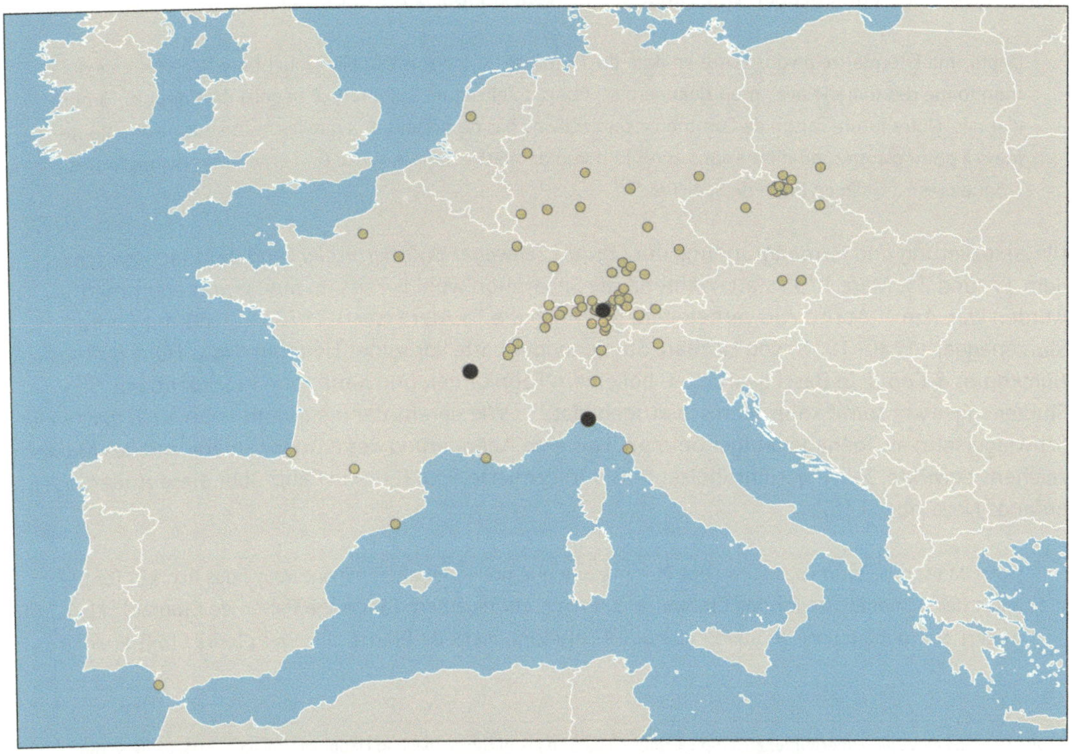

Abbildung 35: Gebrüder Zellweger & Comp.: Handelsraum mit 83 Ortschaften, 1769–1774

Conrad Zellweger, Zuberbühler & Comp., Trogen, 1756 bis 1765

Die Handelsgesellschaft

Die Gründung von *Conrad Zellweger, Zuberbühler & Comp.* erfolgte in der Absicht, den Familien von Anna (1730–1786) und Elsbeth (1733–1789) Zellweger-Ehrliholzer-Sulser eine Lebensgrundlage zu bieten. Zu diesem Zweck assoziierte sich ihr Vater jeweils am Hochzeitstag mit seinen kaufmännisch ausgebildeten Schwiegersöhnen Zuberbühler und Sturzenegger. Zellweger-Ehrliholzer-Sulser war nach rund vierzig Jahren einvernehmlicher Zusammenarbeit aus der gemeinsam geführten Handelsgesellschaft *Gebrüder Zellweger & Comp.* ausgetreten, weil sein Bruder als Vater von zwei kaufmännisch ausgebildeten Söhnen sich weigerte, die Schwiegersöhne des Bruders als Teilhaber aufzunehmen. Grund für seinen Austritt war somit seine unterschiedliche Auffassung der Nachfolgeregelung. Sie entpuppte sich als eine Problematik mit Sprengpotential. Zellweger-Ehrliholzer-Sulser fasste es in folgende Worte: «wie mein Bruder für die seinigen gesorget, also vermein [ich] als Vatters schuldige Pflicht das gleiche gegen die Meinige zu beobachten, welches um kurz zu sein, die einzige Ursach unserer Ruptur».[1008] Zellweger-Ehrliholzer-Sulser schrieb am 17. März 1755 an *Heer, Kuhn & Usenbentz* in Rheineck:

> In frl. Antworth dero wehrten vom 4. diss habe die ehr zu melden, dass meine Sach folg:l unserer Separat[io]:n noch nicht eingerichtet, wie sie seyn sollte. [...] Dermahlen habe noch keine andere Unterschrift als wie hierunter zu sehen. Ich offeriere meine Gegendienste &ca.[1009]

Nur eine Woche später schrieb sein Schwiegersohn Zuberbühler-Zellweger von Speicher, der nach seiner Heirat nach Trogen umgezogen war, hingegen an *Veuve Sapte & fils* in Genua:

> Depuis ma D[èrniè]:re à vous écrite en date du 18. passé, je me suis associé p[our] faire le commerce déjà mentionné des toillerie avec mon Beaupère M. Conrad Zellveguer qui a fait ce negoce déjà depuis nombre d'annés. Notre future raison de Commerce sera celle cy bas de nottées aux quelles nous vous prions ajouter foy & à point d'autres, de même vous aures la bonté de mettre dans la suitte sur les adresses de nos lettres à Trogue près St. Galle en Place de Speicher.[1010]

Die Assoziierung und Firmengründung der *Conrad Zellweger & Zuberbühler* fand demnach zwischen dem 17. und 25. März 1755 statt, während die Separation wohl bereits im Januar vorgenommen worden war. Am 1. April 1756 verheiratete sich auch die Tochter Elsbeth (1733–1789) mit Conrad Sturzenegger (1730–1815) von Herisau. Sturzenegger hatte vor seiner Heirat im Haus *Hans Balthasar Burckhardt & Comp.* in Basel gearbeitet, bei einem Fabrikanten und Kaufmann in Seidenband.[1011] Sturzenegger war somit kaufmännisch ausgebildet.[1012] Wie bereits der erste wurde nun auch der zweite Schwiegersohn als Teilhaber aufgenommen, was eine Abänderung des Firmennamens und des Markenzeichens bewirkte. Zellweger-Ehrliholzer-Sulser informierte *Paul Ritter* in Cádiz über diese Änderungen anfangs November 1757:

> Notre Maison de Lyon vous aura peut-être marqué que nous souhaiterions que vous nous fichiez C[on]:te apart des 2 sudites B[allo]:tins C[am:b[rai]s à fleur, qui regardent l'ancienne Raison de C[onrad]: Z[ell-weger] & Z[ouberbuler] de même que des 4. B[al]:les Olans de P[aris]. qui sont p[our] C[on]:te de la

1008 Conrad Zellweger, Zuberbühler & Comp.: 1 Brief an Johann Jakob Gonzenbach in Hauptwil, Trogen, 23.01.1755, S. 163.
1009 Conrad Zellweger, Zuberbühler & Comp.: 1 Brief an Heer, Kuhn & Usenbentz in Rheineck, Trogen, 17.03.1755, S. 165.
1010 Conrad Zellweger, Zuberbühler & Comp.: 1 Brief an Veuve Sapte & fils in Genua, Trogen, 25.03.1755, S. 166.
1011 Horlacher/Tröhler et al. (Hg.): Sämtliche Briefe an Johann Heinrich Pestalozzi (1/2009), S. 373.
1012 Conrad Zellweger, Zuberbühler & Comp.: 1 Brief an Johann Philipp Cornez in Wroclaw, Trogen, 16.08.1756, S. 272.

nouvelle Societé, ayant associé à n[ôt]re Commerce le S[eigneur]: C[onra]d. St[urzenegger]:, notre Gendre & Beaufrère. N[ôt]re Raison de Trogue roulera donc à l'avenir sous les Noms de *C[onra]d. Z[ellweger]., Z[ouberbuler] & Co.* [H.d.d.A.] comme cy au Pied. Nous vous prions en prendre Notte, p[our] ajouter foy aussy à la Sig[natu]re du sud[ite]. S[eigneur]. St[urzenegger]:. La Raison de la Maison de Lyon subsistera telle quelle pour avis.[1013]

Die neue Gesellschaft *Conrad Zellweger, Zuberbühler & Comp.* hatte ihren Sitz am Landsgemeindeplatz 3 in Trogen. Im Gesellschaftsvertrag von 1. April 1756 definierte sich der Zweck der Gesellschaft als «Une sociéte pour Negocier en Toillerie de Suisse, ainsi que de tel autre negoce que nous nous aviserons & jugerons à propos».[1014] Die Geschäftsbücher waren in «doubles Ecritures» zu führen, womit die Doppelte Buchführung als Standard vorgesehen war. Der Vertrag dauerte acht Jahre und verpflichtete zur Weiterführung der Gesellschaft auch im Todesfall eines Teilhabers. Im Streitfall war ein kaufmännisches Schiedsgericht in Appenzell Ausserrhoden einzuberufen, bestehend aus zwei Schiedsrichtern. Zur Vermeidung einer Beschwerdeführung gegen deren Urteil war eine Strafe von 3000 Reichsgulden vorgesehen. Der Betrag war an die Armenkasse Trogen auszuzahlen.
Die Beteiligung an Gewinn und Verlust richtete sich nach der Höhe des eingebrachten Eigenkapitals, wie aus dem erhaltenen «Handelsaccord» ersichtlich. Einzig der Schwager Laurenz Ehrliholzer von St. Gallen erhielt, weil er das Handelshaus in Lyon führte, im Vergleich zu seinem Eigenkapitel überproportional viel Anteil daran. Die Kapitalkonten wurden jährlich mit 4.5% verzinst. Laut Bodmer (1759) belief sich der Nettogewinn nach Abzug der Spesen im Jahr 1758 auf 2800 Gulden und damit 4%.[1015]

Teilhaber	Kapitalkonto à 4.5%/Jahr	Gewinn und Verlust
Conrad Zellweger (1694–1771) von Trogen	36 266 Gulden 4 Kreuzer	16/35 (45.7%)
Johann Laurenz Zuberbühler (1733–1790) von Speicher	18 130 Gulden 20 Kreuzer	8/35 (22.8%)
Conrad Sturzenegger (1730–1815) von Herisau	13 600 Gulden	6/35 (17.2%)
Laurenz Ehrliholzer von St. Gallen, in Lyon	2 000 Gulden	5/35 (14.3%)
Total Eigenkapital	69 996 Gulden	

Tabelle 4: Conrad Zellweger, Zuberbühler & Comp.: Kapital, Gewinn und Verlust, in: Gesellschaftsvertrag, 01.04.1756

Der Konflikt um die Nachfolgeregelung bewirkte eine neue Herausforderung. Mit der Gründung der *Conrad Zellweger & Zuberbühler 1755* waren am Landsgemeindeplatz Trogen plötzlich zwei Handelsgesellschaften Zellweger nebeneinander im Handel mit denselben Landesfabrikaten aktiv. Dadurch ergab entstand zum ersten Mal die Situation der Konkurrenz innerhalb der Familie Zellweger. Johann Laurenz Zuberbühler (1733–1790) reiste nach Lyon, um auch dort ein zweites Handelshaus einzurichten. Die neue Gesellschaft *Conrad Zellweger, Zuberbühler & Comp.* beschloss 1756, der Einfachheit halber Zuberbühlers Raggion zu übernehmen. Es bestand aus einem Z, auf der oberen Querlinie war ein Kreuz, entlang der Diagonalen ein kleines Z, entlang der Diagonalen ein C.[1016]

Zur Erschliessung eines eigenen Absatzmarktes kam der neuen Gesellschaft das Beziehungsnetz der Schwiegersöhne zugute. Sturzenegger wandte sich am 16. August 1756 an den Lieferanten der Leinenware «Sangalette» *Johann Phillip Cornez & Comp.* in Breslau (Polen) unter Bezugnahme auf seine Korrespondenz für das Haus *Hans Balthasar Burckhardt & Comp.* von Basel. Sturzenegger verwies darauf,

1013 Zellweger, Conrad (1694–1771): 1 Brief an Paul Ritter in Cádiz, Trogen, 01.11.1757, S. 395.
1014 Conrad Zellweger, Zuberbühler & Comp.: Gesellschaftsvertrag, Trogen, 01.04.1756.
1015 Bodmer: Textilgewerbe (1959), S. 33.
1016 Conrad Zellweger, Zuberbühler & Comp.: 1 Brief an Rho e Martelli in Mailand, Trogen, 02.11.1756, S. 285.

dass er sich demnächst mit dem Haus *Zellweger & Zuberbühler* assoziieren werde.[1017] Die Kontaktaufnahme verlief jedoch erfolglos.

Namentlich als Personal zu identifizieren war von 1755 bis 1760 ein Baerlocher von Thal (St. Gallen), der als Buchhalter in Lyon angestellt war.[1018] Zudem wechselte Jacob Sulser von Azmoos von *Zellweger frères & Comp.* zu *Conrad Zellweger, Zuberbühler* & Comp.[1019] Als kaufmännischer Lehrjunge waren ein Tanner und ein Sebastian Frischknecht als Sohn eines Wirtes auszumachen. Beide stammten aus Herisau.

Zellweger-Ehrliholzer-Sulser zog sich nach Ablauf der acht Jahre aus dem Geschäft zurück. Vor seinem Rückzug hatten die vier Associés Zellweger, Zuberbühler, Sturzenegger und Ehrliholzer total 83 000 Gulden in Form von Kapital- und Kontokorrentgeldern investiert. Laut Bodmer (1959) waren es im November 1769 rund 105 000 Gulden. Zellweger-Ehrliholzer-Sulser war nur noch Kontokorrentgläubiger für die Summe von 23 000 Gulden. Hauptbeteiligter war nun Zuberbühler mit einem Kapitalkonto von 30 000 Gulden[1020], weshalb die Handelsgesellschaft *Zuberbühler & Comp* hiess.

Die Handelsabläufe

Conrad Zellweger, Zuberbühler & Comp. betätigte sich von 1755 bis 1765 im Einkauf von Leinwand an der *Leinwandschau Trogen*. Total kaufte sie 13 230 Stück Leinwand ein. Im Jahr 1756 belief sich der Einkauf auf ein Minimum von 674 Stück Leinwand, 1763 auf ein Maximum von 1493 Stück Leinwand. Ihr Einkauf belief sich durchschnittlich auf 1202 Stück Leinwand pro Jahr.

Im Vergleich dazu hatte sich der Einkauf der *Gebrüder Zellweger* in den Jahren 1726 bis 1731 auf durchschnittlich 2887 Stück Leinwand belaufen, der Einkauf von *Zellweger & Eugster* in den Jahren 1732 bis 1747 auf durchschnittlich 2408 Stück Leinwand und der Einkauf der *Gebrüder Zellweger & Comp.* in den Jahren 1748 bis 1755 auf durchschnittlich 2095 Stück Leinwand. Diese Zahlen erreichte *Conrad Zellweger, Zuberbühler & Comp.* nicht mehr annähernd.

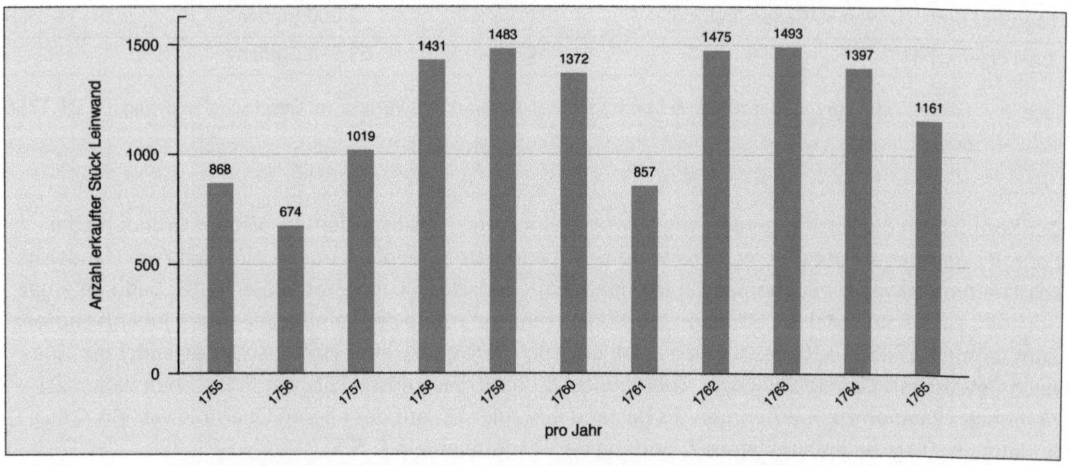

Abbildung 36: Conrad Zellweger, Zuberbühler & Comp.: Einkauf an der Leinwandschau Trogen, 1755–1765, nach: Zellweger, V.E.: Auszug aus dem Schau= und Mess=Buch von Trogen [Manuskript], 1688–1774

Conrad Zellweger, Zuberbühler & Comp. profitierte im Einkauf von der langjährigen Erfahrung Zellweger-Ehrliholzer-Sulsers, der bereits bei *Gebrüder Zellweger & Comp.* für den Einkauf zuständig gewesen

1017 Sturzenegger, Conrad: 1 Brief an Johann Philipp Cornez in Breslau, Trogen, 16.08.1756, S. 272.

1018 Conrad Zellweger, Zuberbühler & Comp.: 1 Brief an Baerlocher in Lyon, Trogen, 1755–1760.

1019 Conrad Zellweger, Zuberbühler & Comp.: 13 Briefe an Jacob Sulser in Lyon, Trogen, 1755–1760.

1020 Bodmer: Textilgewerbe (1959), S. 40, zitiert nach Fussnote 43.

war.[1021] 1759 versicherte er, den Artikel «gefärbte Leinwand» während des ganzen Jahres liefern zu können. Für die Ausführung einer Bestellung in Farbware benötigte er lediglich zwei Monate Zeit. Für vollständig weiss gebleichte Leinwand mussten die Bestellungen hingegen bis spätestens Ende August bei ihm eintreffen.[1022]

In Herisau lieferte Landeshauptmann *Lorenz Tanner* Leinenware «6/4 breit, roh, recht dick, fein und wohl gewoben».[1023] Ähnliche Ware dürfte auch *Lorenz Schä/ef[f]er* von Herisau geliefert haben.[1024] *Daniel Haltmeyer* von St. Gallen lieferte «Stauchen».[1025] Als einziger Lieferant von Baumwollware konnte *Christoph Weniger* von St. Gallen ausgemacht werden.[1026] In Bayern war nur *Paul von Furtenbach* von Leutkirch im Allgäu als Lieferant von Leinenware zwecks Farbware «Rouens teints pp» aktiv.[1027] Für die Bleiche richtete sich *Conrad Zellweger, Zuberbühler & Comp.* ebenfalls neu aus. Es kam zu einem Versuch mit Bleichermeister *Carl Seeloss* von Immenstadt im Allgäu.[1028]

Nach dem Rückzug von Zellweger-Ehrliholzer-Sulser wurde die Handelsgesellschaft unter dem Namen *Zuberbühler & Comp.* weitergeführt. Der Einkauf von *Zuberbühler & Comp.* an der *Leinwandschau Trogen* belief sich im Jahr 1770 auf ein Minimum von 1198 Stück Leinwand. Im Jahr 1767 kaufte sie ein Maximum von 2471 Stück Leinwand ein. Im Schnitt kaufte sie während den fünf Jahren 1766 bis 1770 jährlich 1886 Stück Leinwand ein. Das war bedeutend mehr als die durchschnittlichen 1202 Stück unter *Conrad Zellweger, Zuberbühler & Comp.*

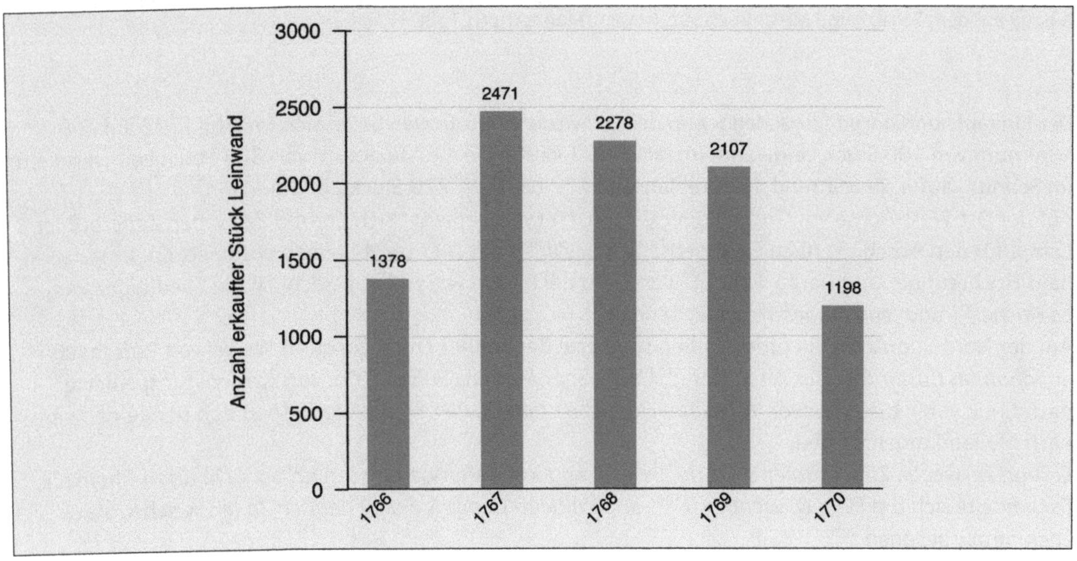

Abbildung 37: Zuberbühler & Comp.: Einkauf an der Leinwandschau Trogen, 1766–1770, nach: Zellweger, V.E.: Auszug aus dem Schau= und Mess=Buch von Trogen [Manuskript], 1688–1774

Zuberbühler & Comp. stellte 1782 die Handelstätigkeit ein. Damit erlosch der auf Zellweger-Ehrliholzer-Sulser zurückgehende Firmenzweig. Nach Zellweger-Ehrliholzer-Sulsers Tod 1771 trennte sich Sturzenegger von den beiden übrigen Teilhabern und führte bis 1777 eine eigene Gesellschaft.

1021 Bodmer: Textilgewerbe (1959), S. 28.
1022 Zellweger, Conrad (1694–1771): 1 Brief an Giovanni Ulrico Sparagnapane in Chiavenna, Trogen, 15.05.1759, S. 601.
1023 Conrad Zellweger, Zuberbühler & Comp.: 1 Brief an Lorenz Tanner in Herisau, Trogen, 1755–1760.
1024 Conrad Zellweger, Zuberbühler & Comp.: 4 Briefe an Lorenz Schä/ef[f]er in Herisau, Trogen, 1755–1760.
1025 Conrad Zellweger, Zuberbühler & Comp.: 1 Brief an Daniel Haltmeyer in St. Gallen, Trogen, 04.06.1756, S. 259.
1026 Conrad Zellweger, Zuberbühler & Comp.: 2 Briefe an Christoph Weniger in St. Gallen, Trogen, 1755–1760.
1027 Conrad Zellweger, Zuberbühler & Comp.: 9 Briefe an Paul von Furtenbach in Leutkirch, Trogen, 1755–1760.
1028 Conrad Zellweger, Zuberbühler & Comp.: 7 Briefe an Carl Seeloss in Immenstadt, Trogen, 1755–1760.

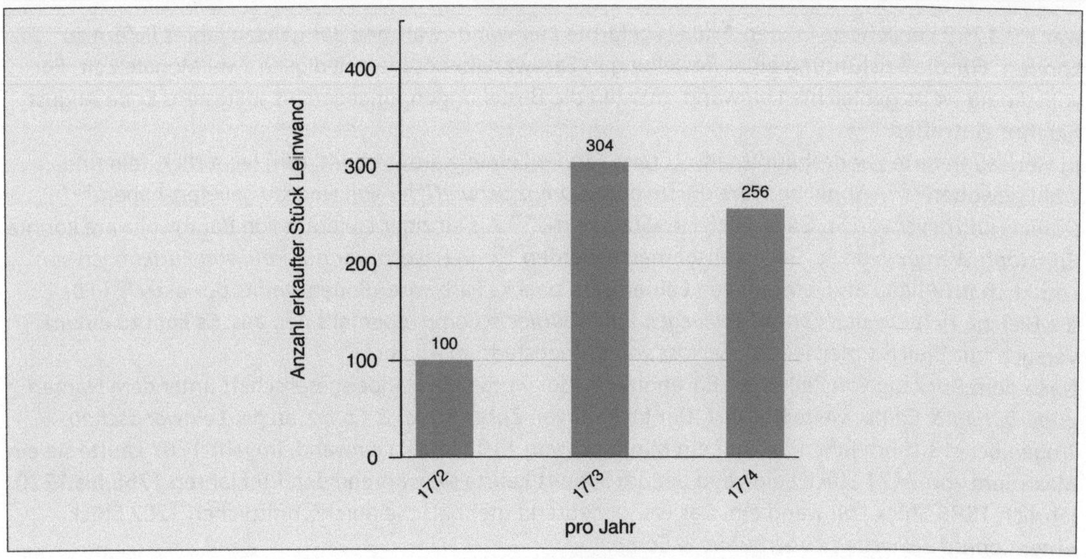

Abbildung 38: Conrad Sturzenegger: Einkauf an der Leinwandschau Trogen, 1772–1774, nach: Zellweger, V.E.: Auszug aus dem Schau= und Mess=Buch von Trogen [Manuskript], 1688–1774

Der Einkauf von *Conrad Sturzenegger* an der *Leinwandschau Trogen* belief sich im Jahr 1772 auf ein Minimum von 100 Stück Leinwand. Im Jahr 1773 kaufte sie ein Maximum von 304 Stück Leinwand ein. Im Schnitt kaufte sie während den drei Jahren 1772 bis 1774 220 Stück Leinwand ein.

Auf der Ost-West-Achse von Trogen über Genf nach Lyon bediente sich *Conrad Zellweger, Zuberbühler & Comp.* für den Abschnitt nach Genf nebst *Caspar Zili*[1029] der Dienste von *Hochreutiner & Co.* unter Leonhard Hochreutiner und Daniel Fehr.[1030] Von Genf nach Lyon waren hauptsächlich die Spediteure *Jaques La Roche*[1031] und *Jean Jaques Trembley* tätig.[1032]

Auf der Nord-Süd-Achse Richtung Italien spedierte der Zöllner *Franz Constant Weibel* von Rorschach[1033] an *Johannes Custer & Co.* in Altstätten.[1034] Schwager *Mathias Sulser & Co.* von Azmoos[1035] spedierte nach Chur, von wo aus *Simeon & Johann Baptist de Joh. Bawier*[1036] die Weiterspedition der Leinenware nach Mailand organisierten.

Conrad Zellweger, Zuberbühler & Comp. lieferte an zwei bisherige Kunden im benachbarten Rheineck. Es handelte sich um *Heer & Usenbentz*[1037] und *Wilhelm Georg & Felix Friedrich Zoller*, welche «Stauchen, grob» bezogen.[1038]

In Frankreich waren Kunden in Lyon und Troyes auszumachen. *Rieussez, Maurell & Fraissinez* von Lyon bezogen «Trillis 4 fers par 10 aunes, Trillis par 20 aunes et Rouens noirs par 19 aunes».[1039] *Bouquier Oncle et Neveu* von Troyes interessierte sich für Flachsgarn.[1040] Aus dem damals der Schweiz zugewandten Ort Mülhausen bezog *Johann Georg Zetter* «Trillis satiné».[1041]

1029 Conrad Zellweger, Zuberbühler & Comp.: 1 Brief an Caspar Zili in St. Gallen, Trogen, 12.12.1758, S. 548.
1030 Conrad Zellweger, Zuberbühler & Comp.: 9 Briefe an Hochreutiner & Co. in St. Gallen, Trogen, 1755–1760.
1031 Conrad Zellweger, Zuberbühler & Comp.: 106 Briefe an Jaques La Roche in Genf, Trogen, 1755–1760.
1032 Conrad Zellweger, Zuberbühler & Comp.: 67 Briefe an Jean Jaques Trembley in Genf, Trogen, 1755–1760.
1033 Conrad Zellweger, Zuberbühler & Comp.: 1 Brief an Franz Constant Weibel von Rorschach, Trogen, 30.09.1755, S. 207.
1034 Conrad Zellweger, Zuberbühler & Comp.: 3 Briefe an Johannes Custer & Co. in Altstätten, Trogen, 1755–1760.
1035 Conrad Zellweger, Zuberbühler & Comp.: 5 Briefe an Mathias Sulser & Co. in Azmoos, Trogen, 1755–1760.
1036 Conrad Zellweger, Zuberbühler & Comp.: 50 Briefe an Simeon & J. Baptist de Joh. Bawier in Chur, Trogen, 1755–1760.
1037 Conrad Zellweger, Zuberbühler & Comp.: 13 Briefe an Heer & Usenbentz in Rheineck, Trogen, 1755–1760.
1038 Conrad Zellweger, Zuberbühler & Comp.: 5 Briefe an Wilhelm Georg & Felix F. Zoller in Rheineck, Trogen, 1755–1760.
1039 Conrad Zellweger, Zuberbühler & Comp.: 2 Briefe an Rieussez, Maurell & Fraissinez in Lyon, Trogen, 1755–1760.
1040 Conrad Zellweger, Zuberbühler & Comp.: 2 Briefe an Bouquier Oncle et Neveu in Troyes, Trogen, 1755–1760.
1041 Conrad Zellweger, Zuberbühler & Comp.: 1 Brief an Johann Georg Zetter in Mülhausen, Trogen, 31.10.1758, S. 535.

In Italien stammten die meisten Kunden aus Genua. Es handelte sich um *Franco Maria Antola*[1042], *Charles Louis Delarue*[1043], der «Cambrais» bezog, *Ferrando & Co.*[1044], *Giovanni Battista Grillo*[1045], *Carlo dell' Orto*[1046] und vor allem *Vautier, Delarue & Co.*[1047] als Kunden von «Bertagnette» und «Cambrais». Etwas weiter südlich in der Hafenstadt Livorno wohnten die Kunden *Joseph Harroué*[1048] sowie *Mazel, Camplan & Cazenove.*[1049] Von Mailand stammten *Simone e fratelli Pestalozza* als Kunden der Baumwollware «Mousse[lin]:» und der Leinenware «Cambrais» sowie «Tela tinta».[1050] Welche Artikel *Antonio Venino & Co.* bezog, ist unbekannt.[1051] In Alessandria (Piemont) wohnte *Carlo Nara.*[1052] In Verbania (Piemont) waren die Kunden *Fratelli Gorini & Albasini* als Kunden gefärbter Leinenware «Roani tinti bassi»[1053] sowie *Carlo Antonio Lossa & Co.* ansässig.[1054]
Gemäss Bodmer (1959) stand die Exporttätigkeit von *Conrad Zellweger, Zuberbühler & Comp.* grossen Schwierigkeiten gegenüber. Im Jahr 1755 brach der Englisch-Französische Kolonialkrieg aus und löste zusammen mit dem von 1756 bis 1763 dauernden Siebenjährigen Krieg im Textilhandel einen Konjunkturrückgang aus, was in eine Wirtschaftskrise mündete.[1055] Bei *Conrad Zellweger, Zuberbühler & Comp.* trafen wiederholt Klagen der Kommissionäre ein, die von Trogen gelieferte Textilware schlicht nicht verkaufen zu können. Die Handelsgesellschaft *Conrad Zellweger, Zuberbühler & Comp.* schien auf die Angebote seitens der italienischen Kaufleute *Veuve Sapte & fils* einzugehen, Textilware auf Rechnung der Gesellschaft in Livorno zu verkaufen:

> Nous [...] voyons que vous venes de trouver nos Diferents articles des toilles & [hausel], celle cy ne sera donc uniquement que p vous dire que p profitter de vos offres obligentes de services, nous vous enverons qques Ballots des 9aunes & des autre articels pour faire une petite essay sur votre place, dès aussy tot que nos toilles cru seront de retour du Blanchissage & appretage, ne doutons nullement de notre Punctualité & Exactitude à servir nos amys, du reste comme vous dites fort bien ce sera par cet essay que nous verrons comment cela vous tournera à c[on]:te.[1056]

Offenbar hatte bereits die Gesellschaft *Conrad Zellweger & Zuberbühler* Kontakt mit *Paul Ritter* in Cádiz aufgenommen. Paul Ritters Vater, wohl von Altstätten, besuchte Zellweger-Ehrliholzer-Sulser persönlich in Trogen. In seinen Briefen an den Sohn sprach Zellweger-Ehrliholzer-Sulser von «notre cher Cousin».[1057] «Cousin» kann durchaus auch mit dem allgemeinen Verwandtschaftsgrad des Vetters übersetzt werden. Vor der Abwicklung reeller Geschäfte waren diverse Freundschaftsdienste von beiden Seiten nachweisbar. Während Zellweger-Ehrliholzer-Sulser *Paul Ritter* bereits Ende 1747 bei *Allain Jolif & Comp.* in Cádiz für dessen dortigen «Séjour» empfahl[1058], gab Ritter wiederum Zellweger-Ehrliholzer-Sulser die Gesellschaften *Delile l'ainé* in Marseille als neue Kundschaft und *Magon & Lefer frères* in Cádiz als Kommissionäre an. Mit *Magon & Lefer frères* ergab sich in der Folge tatsächlich eine kleine Korrespondenz. Sie nahmen sechs Ballen Textilware auf Rechnung der alten, nicht mehr existierenden

1042 Conrad Zellweger, Zuberbühler & Comp.: 1 Brief an Franco Maria Antola in Genua, Trogen, 04.07.1759, S. 608.
1043 Conrad Zellweger, Zuberbühler & Comp.: 1 Brief an Charles Louis Delarue in Genua, Trogen, 25.03.1755, S. 166.
1044 Conrad Zellweger, Zuberbühler & Comp.: 2 Briefe an Ferrando & Co. in Genua, Trogen, 1755–1760.
1045 Conrad Zellweger, Zuberbühler & Comp.: 1 Briefe an Giovanni Battista Grillo in Genua, Trogen, 21.08.1759, S. 632.
1046 Conrad Zellweger, Zuberbühler & Comp.: 1 Briefe an Carlo dell' Orto in Genua, Trogen, 04.07.1759, S. 608.
1047 Conrad Zellweger, Zuberbühler & Comp.: 38 Briefe an Vautier, Delarue & Co. in Genua, Trogen, 1755–1760.
1048 Conrad Zellweger, Zuberbühler & Comp.: 3 Briefe an Joseph Harroué in Livorno, Trogen, 1755–1760.
1049 Conrad Zellweger, Zuberbühler & Comp.: 1 Brief an Mazel, Camplan & Cazenove in Livorno, Trogen, 21.08.1759, S. 631.
1050 Conrad Zellweger, Zuberbühler & Comp.: 1 Brief an Simone e fratelli Pestalozza in Mailand, Trogen, 11.12.1756, S. 295.
1051 Conrad Zellweger, Zuberbühler & Comp.: 2 Briefe an Antonio Venino & Co. in Mailand, Trogen, 1755–1760.
1052 Conrad Zellweger, Zuberbühler & Comp.: 1 Brief an Carlo Nara in Alessandria, Trogen, 22.07.1755, S. 189.
1053 Conrad Zellweger, Zuberbühler & Comp.: 2 Briefe an Fratelli Gorini & Albasini in Verbania, Trogen, 1755–1760.
1054 Conrad Zellweger, Zuberbühler & Comp.: 3 Briefe an Carlo Anstonio Lossa & Co. in Verbania, Trogen 1755–1760.
1055 Bodmer: Textilgewerbe (1959), S. 29.
1056 Conrad Zellweger, Zuberbühler & Comp.: 1 Brief an Veuve Sapte & fils in Livorno, Trogen, 25.03.1755, S. 166.
1057 Zellweger, Conrad (1694–1771): 1 Brief an Paul Ritter in Cádiz, Trogen, 22.08.1758, S. 511.
1058 Zellweger, Conrad (1694–1771): 1 Brief an Allain Jollif & Co. in Cádiz, Trogen,19.12.1747, S. 37.

Gesellschaft *Conrad Zellweger & Zuberbühler* für den Weiterverkauf an.[1059] Zellweger-Ehrliholzer-Sulser erteilte für diese Ware den Auftrag, dass sie keinesfalls nach Amerika verschifft, sondern dass sie vor Ort in Cádiz verkauft werden sollte:

> nous ne sommes point incliné de faire passer nos dittes March[andi]:es en Amerique, le retour nous seroit trop long, quand-même de plus grand hazard, elles se vendroient à leur arrivée.[1060]

Grund dafür war einerseits das hohe Risiko, andererseits aber auch die zu lange Zeitspanne, bis die Bezahlung der Ware erfolgte. Eine direkte Anfrage auf Verkaufshilfe an *Paul Ritter* erfolgte dann anfangs März 1756:

> Nous prenons la libertée, Monsieur, de vous adresser la presente sous les auspices & courant de Monsieur votre très honnoré Père, sachant que vous avez fait de tems en tems des ventes p[our] des amys dans ces articles & de demander si vous voudriez bien vous charger de la votre d'une Partie de ceux ou de toutes sous provision & du croire ord[inaire]:

Grund für die Anfrage war die äusserst schlechte Verkaufslage in Italien. Ihre Textilware schien in den Gewölben von *Charles Louis de la Rue* in Genua und von *Veuve Sapte & fils* in Livorno unverkäuflich zu sein:

> Comme nous avons actuellement q[uel]ques B[al]:les de nos Toilleries en Italie ou nos amys se plaignent extrêmement du peu de Consommation qu'il y a présentement dans ces articles & qu'ils ne font pas l'esperance de les pouvoir écouler, moins encore de nous envoyer des C[on].tes dès de quelques chertés. Malgré qu'il ne peut trainer ni la qualitée ny l'apprêt de la march[andi]:se qui est veritablement de outre beauté.

Der Ausweg aus der sehr schlechten Verkaufslage in Italien schien nun der direkte, schnellere Verkauf über Cádiz. Zellweger-Ehrliholzer-Sulser hoffte, «que si les d[itte]:s march[andises]: etoient dans d'aussy bonnes Mains ques les v[ô]tr[e]s qu'elles ne chaumeroient point en Magazin».[1061] In der Folge versandte *Veuve Sapte & fils* in Livorno einen Ballen Ware mit dem französischen Schiff «Le Cerf obscur» an *Paul Ritter* in Cádiz. Im Namen der *Conrad Zellweger, Zuberbühler & Comp.* verschiffte Ritter die zwei Ballen «Cambrais façonné» weiter auf die «Ile St. Domingue». Davon erhielt Zellweger-Ehrliholzer-Sulser anfangs November 1757 Kenntnis. Er reagierte erfreut:

> [...] nous aprennons aussi celle du B:le No: 33. d'envoy de Mr: Vautier de la Rue & Co. de Gènes, & que les ayez déjà fait mettre à Bord du Vaiselle Le dine d'acquitt: p[our] les faire passer au Cap. Hs. dans l'Ile St. Domingue en les recomandant au mieux au Cap[itaine]: Isnard. Nous agréons parfaitement vos soins à ce sujet d'autant mieux que le retour ne trainera pas tant en long de cette manière & le dit Cap[itai]:ne étant si bien connu de vous Mr. & de v[ôt]re Raison. Nous ne doutons en aucune façon de la bonne reussite.[1062]

Zellweger-Ehrliholzer-Sulser in Trogen vertraute blind der guten Bekanntschaft von *Paul Ritter* mit Isnard, den Kapitän des Schiffes «Le dine d'Aquittaine», der einen guten Ruf hatte. Der Name des Schiffes verwies auf die Region Aquitanien im Südwesten von Frankreich. Es dürfte sich damit wiederum um ein Schiff französischen Ursprungs gehandelt haben. Ziel der Überfahrt dürfte, falls das Kürzel «Cap Hs». denn überhaupt richtig gedeutet werden kann, wohl Cap-Haïtien (heute Haiti) auf der Insel Hispaniola gewesen sein. Die Ungeduld und die Aussicht auf einen schnelleren Verkauf der Ware liessen den sonst so vorsichtigen Zellweger-Ehrliholzer-Sulser die Risiken des Überseehandels unterschätzen. Im August 1758 antwortete er auf den vernichtenden Bericht aus Cádiz den Umständen entsprechend resigniert:

1059 Zellweger, Conrad (1694–1771): 1 Brief an Paul Ritter in Cádiz, Trogen, 17.01.1758, S. 431.

1060 Zellweger, Conrad (1694–1771): 1 Brief an Magon & Lefer frères in Cádiz, Trogen, 30.11.1756, S. 290.

1061 Zellweger, Conrad (1694–1771): 1 Brief an Paul Ritter in Cádiz, Trogen, 01.03.1756, S. 232.

1062 Zellweger, Conrad (1694–1771): 1 Brief an Paul Ritter in Cádiz, Trogen, 01.11.1757, S. 395.

> N'ayant rien à repliquer sur la p[remiè]:re [lettre], nous voyant par la 2.e que le pauvre Cap[itaine]: Isnard a été malheureu à la vue du Cap & que malgre sa grande perte, les Anglais lui ont encore voté ce qu'il restoit d'argent. Nous le plaignons en verité d'avantage que nos 2 B[allo]:tes Camb[rai]:s à fleurs. Dieu veuille seulement en grace preserver vous & nous à l'avenir d'autres mauvaises aff[ai]:res.[1063]

Sein Versuch, zwei Ballen Leinenware des Artikels «Cambrais à fleurs» in die Karibik zu verschiffen und auf der Insel Hispaniola[1064] erfolgreich zu verkaufen, scheiterte kläglich. Der Plünderung des französischen Schiffes durch englische Piraten 1758 ging womöglich bereits ein Schiffbruch voraus, angedeutet in der «grande perte à la vue du Cap». Immerhin schien «Le montant des 2 dits B[allo]:tin n'etat pas bien considerable», weshalb «nous sommes resolus de les risquer en y allant [...]».[1065] Die zwei Ballen gehörten der nicht mehr existierenden Gesellschaft *Conrad Zellweger & Zuberbühler* an und mussten endlich «ab der Rechnung». Gemäss Bodmer (1959) waren die Absatzverhältnisse in Italien seit 1758 schlecht. 1760 waren in Italien Kredite im Wert von 12 000 bis 15 000 Gulden eingefroren.[1066]
Bereits 1757 waren vier Ballen Leinenware des Artikels «Olans de Paris» nach Cádiz gelangt. Zellweger-Ehrliholzer-Sulser hoffte, dass diese Ware Abnehmer und Absatz bei der Ankunft der Schiffe aus Übersee in Cádiz fand:

> Nous souhaitons ardement que l'arrivées & l'attente des Vaisseaux mentionnés p[ar] v[ôt]re chère Père procure la vente aux 4 B[al]:les Olans de Paris de n[ôt]re Maison de Lyon, il y a du moins bonne esperance.[1067]

Im Gegensatz zur Einschiffung der zwei Ballen «Cambrais à fleurs» auf Rechnung der *Conrad Zellweger & Zuberbühler* setzte die *Conrad Zellweger, Zuberbühler & Comp.* im November 1757 auf den Verkauf der vier Ballen «Olans de Paris» direkt auf dem Handelsplatz Cádiz. Die Ware fand unverhofft einen Käufer:

> Nous nous attendions aussi peu que vous à une aussi prompte Vente des 4 B[al]:les Olans de Paris de n[ôt]re maison de Lyon, & le C[on]:te de d[it]:te nous surprit asses agreablement.[1068]

Die Überlieferung von Quellen bricht an dieser Stelle ab. Ob und wie intensiv die Gesellschaft *Conrad Zellweger, Zuberbühler & Comp.* von Trogen den Überseehandel nach diesen desaströsen Anfängen weiterbetrieb, ist nicht mehr festzustellen.

1063 Zellweger, Conrad (1694–1771): 1 Brief an Paul Ritter in Cádiz, Trogen, 22.08.1758, S. 511.

1064 Hispaniola ist die zweitgrösste Insel der Westindischen Inseln und der Grossen Antillen in der Karibik; auf der Insel liegen zwei Staaten, im Westen Haiti und im Osten die Dominikanische Republik.

1065 Zellweger, Conrad (1694–1771): 1 Brief an Paul Ritter in Cádiz, Trogen, 01.11.1757, S. 395.

1066 Bodmer: Textilgewerbe (1959), S. 31.

1067 Zellweger, Conrad (1694–1771): 1 Brief an Paul Ritter in Cádiz, Trogen, 01.11.1757, S. 395.

1068 Zellweger, Conrad (1694–1771): 1 Brief an Paul Ritter in Cádiz, Trogen, 17.01.1758, S. 431.

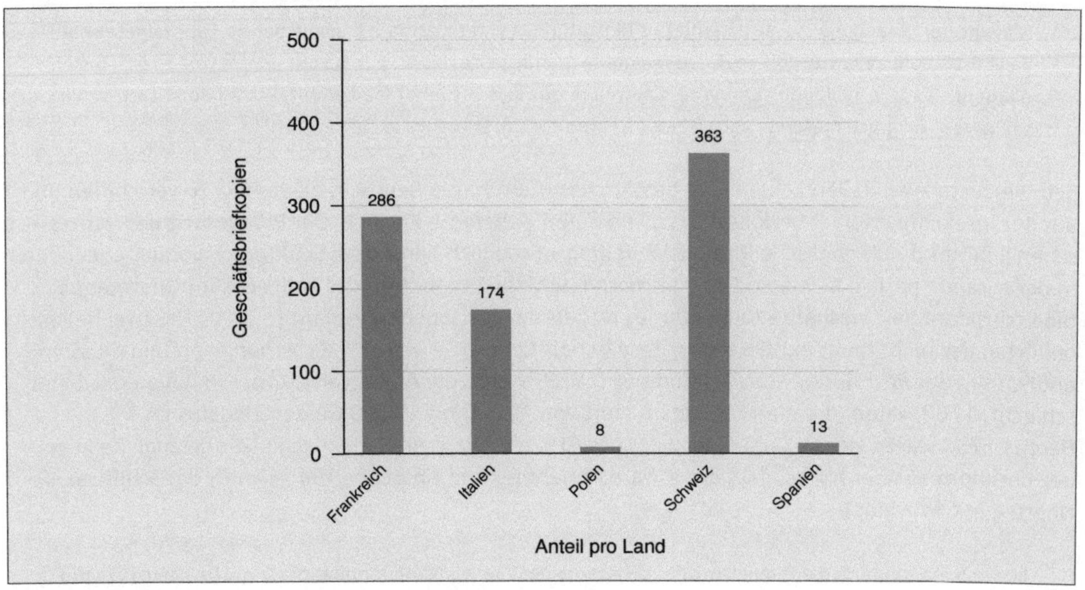

Abbildung 39: Conrad Zellweger, Zuberbühler & Comp.: Geschäftskorrespondenz verteilt auf Länder mit Geschäftspartner, 1755–1760

Die Auswertung der Geschäftskorrespondenz, welche Zellweger-Ehrliholzer-Sulser im Auftrag der *Conrad Zellweger, Zuberbühler & Comp.* unterhielt, zeigte, dass sein Schwerpunkt in der Schweiz lag, gefolgt von den Absatzmärkten Frankreich und Italien.

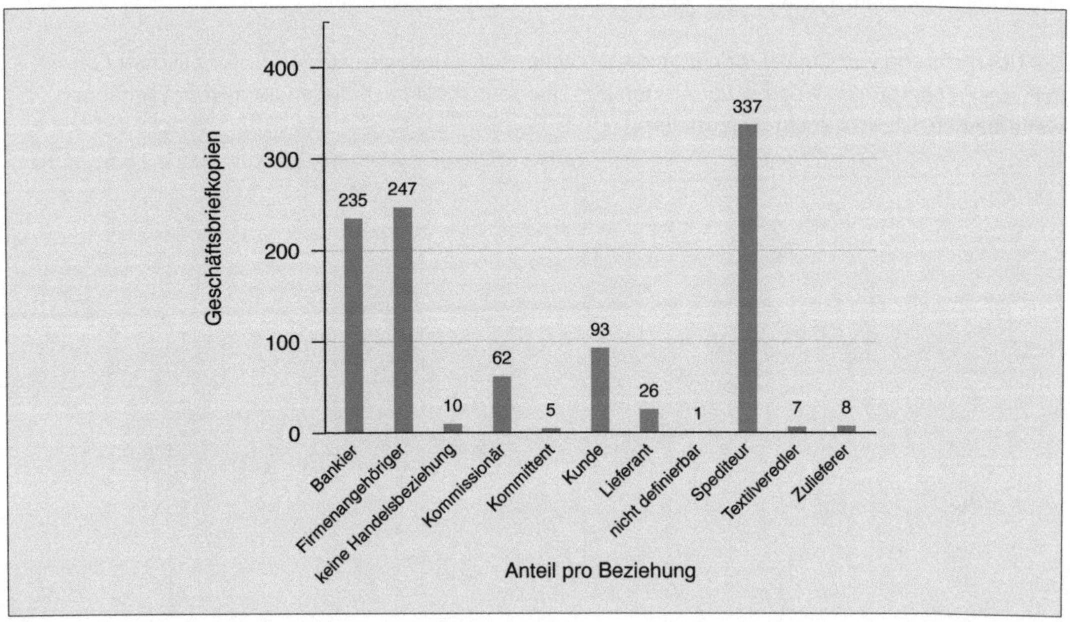

Abbildung 40: Conrad Zellweger, Zuberbühler & Comp. von Trogen: Geschäftskorrespondenz nach Ländern, 1755–1760

Die intensivste Geschäftskorrespondenz führte *Conrad Zellweger, Zuberbühler & Comp.* mit den Spediteuren. Am wichtigsten war die Korrespondenz mit den Spediteuren *Jaques La Roche*[1069] und *Jean Jacques Trembley* in Genf.[1070] Damit war die Ost-West-Achse über Genf Hauptabsatzroute. Die Spedition auf der Nord-Süd-Achse lief über die Spediteure *Rudolph Curtabat* von Lindau[1071], *Simon & Johann Baptist de Joh. Bavier* von Chur[1072], *Antonio Mattoi* in Chiavenna[1073], *Christoffero Martelli*[1074] und *André del Era* in Mailand.[1075] An zweiter Stelle folgte die geschäftsinterne Korrespondenz, über welche die beiden Häuser in Trogen und Lyon miteinander korrespondierten.
An dritter Stelle folgten die Korrespondenzen mit den Bankiers von Augsburg. Zentral war *Johannes Halder*[1076], gefolgt von *Joseph Halder & Sohn*[1077] und *Gullmann & Sohn.*[1078] Die Beziehung zu *Gebrüder Köpf* von Augsburg war beendet worden.[1079] In der Stadt St. Gallen stand *Conrad Zellweger, Zuberbühler & Comp.* mit den Bankiers *Anhorn*[1080], *François Foux*[1081] und *Friedrich de Friedrich Girtanner* in Kontakt.[1082] In Lyon pflegte man Beziehungen zu *Gailliard & Guinard.*[1083]
Besonders schmal erschienen die Korrespondenzen mit Lieferanten aus der Region wie *Lorenz Schäfer/Scheffer*[1084] und *Lorenz Tanner* von Herisau[1085], *Daniel Haltmeyer* [1086] und *Christoph Wegelin* von St. Gallen.[1087] Diese Beziehungen waren wohl hauptsächlich mündlich unterhalten worden. Aus dem Ausland waren es *Paul von Furtenbach* in Leutkirch im Allgäu[1088], *Christoph Cuntz*[1089] und ein *Johannes Hartmann* «von hier» in Jelenia Gora[1090] sowie *Cornez & Co* in Wroclaw.[1091]
Conrad Zellweger, Zuberbühler & Comp. pflegte diverse Korrespondenzen mit Kunden aus der Region. Zwei davon waren *Heer & Usenbentz*[1092] und *Wilhelm Georg & Felix Friedrich Zoller* von Rheineck.[1093] Zwecks Verkaufs korrespondierte man mit den Kommissionären *Rive & Rilliez* in Genua[1094], *la Veuve Sapte & fils*[1095] und *Aubert & Co.* in Livorno[1096], *Gio. Ulrico Sparaguapane* in Mailand[1097] sowie *Paul Ritter* und *Magon & Lefer frères* in Cádiz.[1098] Nur einen kleinen Anteil hatte die Korrespondenz mit den

1069 Conrad Zellweger, Zuberbühler & Comp.: 106 Briefe an Jaques La Roche in Genf, Trogen, 1755–1760.
1070 Conrad Zellweger, Zuberbühler & Comp.: 67 Briefe an Jean Jacques Trembley in Genf, Trogen, 1755–1760.
1071 Conrad Zellweger, Zuberbühler & Comp.: 21 Briefe an Rudolph Curtabat in Lindau, Trogen, 1755–1760.
1072 Conrad Zellweger, Zuberbühler & Comp.: 50 Briefe an Simon & J. Baptist de Joh. Bavier in Chur, Trogen, 1755–1760.
1073 Conrad Zellweger, Zuberbühler & Comp.: 19 Briefe an Antonio Mattoi in Chiavenna, Trogen, 1755–1760.
1074 Conrad Zellweger, Zuberbühler & Comp.: 20 Briefe an Christoffero Martelli in Mailand, Trogen, 1755–1760.
1075 Conrad Zellweger, Zuberbühler & Comp.: 8 Briefe an André del Era in Mailand, Trogen, 1755–1760.
1076 Conrad Zellweger, Zuberbühler & Comp.: 93 Briefe an Johannes Halder in Augsburg, Trogen, 1755–1760.
1077 Conrad Zellweger, Zuberbühler & Comp.: 34 Briefe an Joseph Halder & Sohn, Trogen, 1755–1760.
1078 Conrad Zellweger, Zuberbühler & Comp.: 20 Briefe an Gullmann & Sohn in Augsburg, Trogen, 1755–1760.
1079 Conrad Zellweger, Zuberbühler & Comp.: 20 Briefe an Gebrüder Köpf in Augsburg, Trogen, 1755–1760.
1080 Conrad Zellweger, Zuberbühler & Comp.: 11 Briefe an Anhorn in St. Gallen, Trogen, 1755–1760.
1081 Conrad Zellweger, Zuberbühler & Comp.: 10 Briefe an François Foux in St. Gallen, Trogen, 1755–1760.
1082 Conrad Zellweger, Zuberbühler & Comp.: 5 Briefe an Friedrich de Friedrich Girtanner in St. Gallen, Trogen, 1755–1760.
1083 Conrad Zellweger, Zuberbühler & Comp.: 34 Briefe an Gailliard & Guinard in Lyon, Trogen, 1755–1760.
1084 Conrad Zellweger, Zuberbühler & Comp.: 4 Briefe an Laurenz/Lorenz Schäfer/Schefer/Scheffer in Herisau, Trogen, 1755–1760.
1085 Conrad Zellweger, Zuberbühler & Comp.: 1 Brief an Lorenz Tanner in Herisau, Trogen, 18.09.1759, S. 645.
1086 Conrad Zellweger, Zuberbühler & Comp.: 1 Brief an Daniel Haltmeyer in St. Gallen, Trogen, 04.06.1756, S. 259.
1087 Conrad Zellweger, Zuberbühler & Comp.: 2 Briefe an Christoph Wegelin in St. Gallen, Trogen, 1755–1760.
1088 Conrad Zellweger, Zuberbühler & Comp.: 9 Briefe an Paul von Furtenbach in Leutkirch, Trogen, 1755–1760.
1089 Conrad Zellweger, Zuberbühler & Comp.: 6 Briefe an Christoph Cuntz in Jelenia Gora, Trogen, 1755–1760.
1090 Conrad Zellweger, Zuberbühler & Comp.: 1 Brief an Johannes Hartmann in Jelenia Gora, Trogen, 25.07.1757, S. 406.
1091 Conrad Zellweger, Zuberbühler & Comp.: 1 Brief an Cornez & Co. in Wroclaw, Trogen, 16.08.1756, S. 272.
1092 Conrad Zellweger, Zuberbühler & Comp.: 13 Briefe an Heer & Usenbentz in Rheineck, Trogen, 1755–1760.
1093 Conrad Zellweger, Zuberbühler & Comp.: 5 Briefe an Wilhelm Georg & Felix F. Zoller in Rheineck, Trogen, 1755–1760.
1094 Conrad Zellweger, Zuberbühler & Comp.: 14 Briefe an Rive & Rilliez in Genua, Trogen, 1755–1760.
1095 Conrad Zellweger, Zuberbühler & Comp.: 21 Briefe an la Veuve Sapte & fils in Livorno, Trogen, 1755–1760.
1096 Conrad Zellweger, Zuberbühler & Comp.: 6 Briefe an Aubert & Co. in Livorno, Trogen, 1755–1760.
1097 Conrad Zellweger, Zuberbühler & Comp.: 8 Briefe an Gio. Ulrico Sparaguapane in Mailand, Trogen, 1755–1760.
1098 Conrad Zellweger, Zuberbühler & Comp.: 5 Briefe an Magon & Lefer frères in Cádiz, Trogen, 1755–1760.

Kommittenten *Saxer & fils*[1099] und *Saxer & Wydler* in Aarau[1100], womit diese Art Geschäft von *Conrad Zellweger, Zuberbühler & Comp.* wohl kaum betrieben worden war.

Der Handelsraum

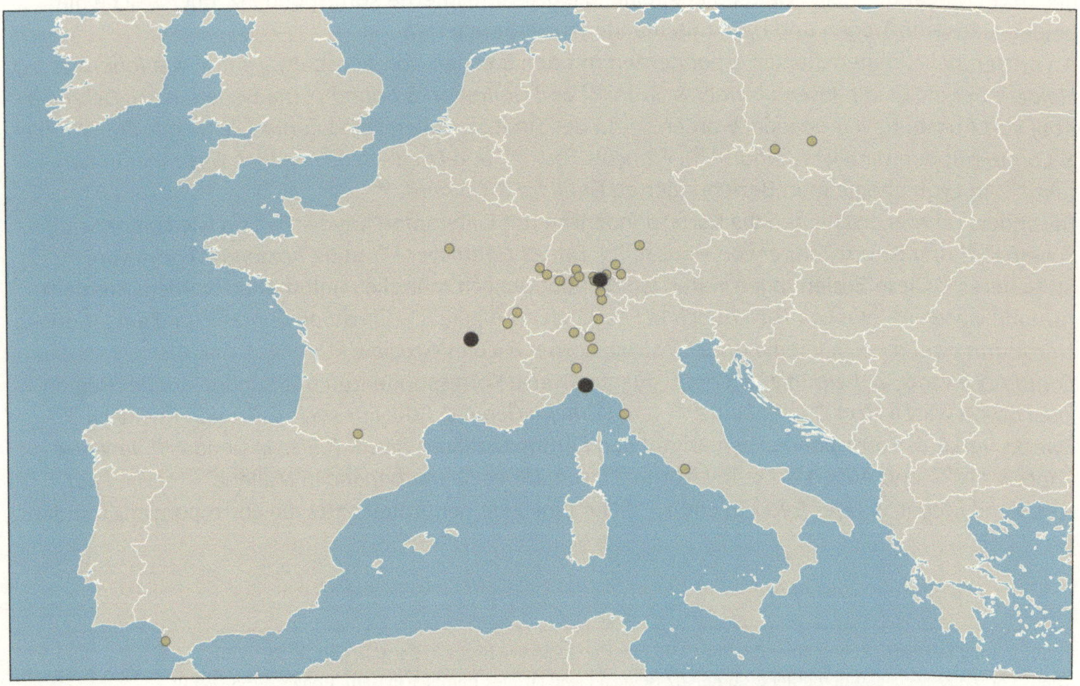

Abbildung 41: Conrad Zellweger, Zuberbühler & Comp.: Handelsraum mit 34 Ortschaften, 1755–1760

Der überlieferte Handelsraum von *Conrad Zellweger, Zuberbühler & Comp.* von Trogen erstreckte sich in den Jahren 1755 bis 1760 auf 34 Ortschaften und verteilte sich auf sechs Länder Europas. Unterhalten wurde er mit 87 Geschäftspartnern. Sie erhielten 1031 Geschäftsbriefe. Die neu gegründete Handelsgesellschaft tat sich offensichtlich schwer mit dem Aufbau eines eigenen, ähnlich umfassenden Handelsraums, wie er für *Gebrüder Zellweger & Comp.* für denselben Zeitraum nachweisbar war.

1099 Conrad Zellweger, Zuberbühler & Comp.: 2 Briefe an Saxer & fils in Aarau, Trogen, 1755–1760.

1100 Conrad Zellweger, Zuberbühler & Comp.: 3 Briefe an Saxer & Wydler in Aarau, Trogen, 1755–1760.

Zellweger & Honnerlag, Trogen und Genua, 1768 bis 1808

Die Handelsgesellschaft

Zellweger & Honnerlag wurde wohl als dritte Handelsgesellschaft aus Appenzell Ausserrhoden mit Niederlassung in Genua gegründet. Bereits in den 1740er Jahren hatte Jacob Schläpfer (1719–1779) von Speicher mit seinem Bruder Mathias ein Handelshaus in Genua eröffnet. 1764 machte sich auch ihr ehemaliger Leiter Johannes Schläpfer (1725–1802) mit einem eigenen Handelshaus selbständig. Die Raggion *Zellweger & Honnerlag* gestaltete sich 1768 als ein H, darüber ein Z, darüber ein Kreuz, darüber eine 4, alles verbunden durch den verlängerten senkrechten Strich der 4. Der Zweck der Handelsgesellschaft war der Verkauf der «Landesfabrikate» wie Leinwand und Baumwollware am Laufmeter über Genua. In Umkehrung der Geschäfte zählten nun erstmals der Einkauf des Rohstoffes Baumwolle ab dem Hafen Genua und ihr Verkauf im Raum Trogen zum Tätigkeitsbereich.
Teilhaber waren von 1768 bis 1771 der Vater Zellweger-Sulser, von 1768 bis 1799 der Sohn Zellweger-Wetter, von 1768 bis 1774 der Sohn Zellweger-Hirzel-Scheuss und von 1768 bis 1799 Johann Georg Honnerlag-Schiess (1743–1820) von Trogen. Letzterer baute zusammen mit seinem Bruder Sebastian Honnerlag-Nänni-Sulser-Zellweger (1735–1801) das Handelshaus in Genua auf und leitete es bis zu seinem Tod. Um 1780 dürften der Sohn Zellweger-Huber und seit 1784 der Sohn Zellweger-Sulser als Teilhaber aufgenommen worden sein. Bei der Auflösung der *Gebrüder Zellweger & Comp.* im Jahr 1774 ging das Handelshaus *Zellweger & Honnerlag* in Genua an Zellweger-Wetter mit der Begründung, dass das Haus vor allem auf seine Initiative hin gegründet worden war. Die Liquidation der Handelsgesellschaft *Zellweger & Honnerlag* in Genua erfolgte wegen der von Frankreich ausgehenden Revolution in Genua 1799. Genua wurde 1805 Teil des Französischen Kaiserreichs. Das Ehepaar Honnerlag-Schiess bildete den Mittlpunkt der Schweizer Kolonie in Genua und pflegte mit dem städtischen Adel der Durazzo, Grimaldi und Negroni freundschaftlichen Umgang. Im Jahr seiner Verheiratung 1782 setzte sich Honnerlag -Schiess für die Einrichtung des ersten protestantischen Friedhofs in Genua ein, der allen nichtkatholischen Religionsangehörigen zur Verfügung stand. Er avancierte zum Konsul, führte nach Löschung der *Zellweger & Honnerlag* die Geschäfte auf eigene Rechnung weiter und starb in Genua 1820.[1101]

1101 Koller/Signer: Appenzellisches Wappen- und Geschlechterbuch (1926), S. 144–145.

Die Handelsabläufe

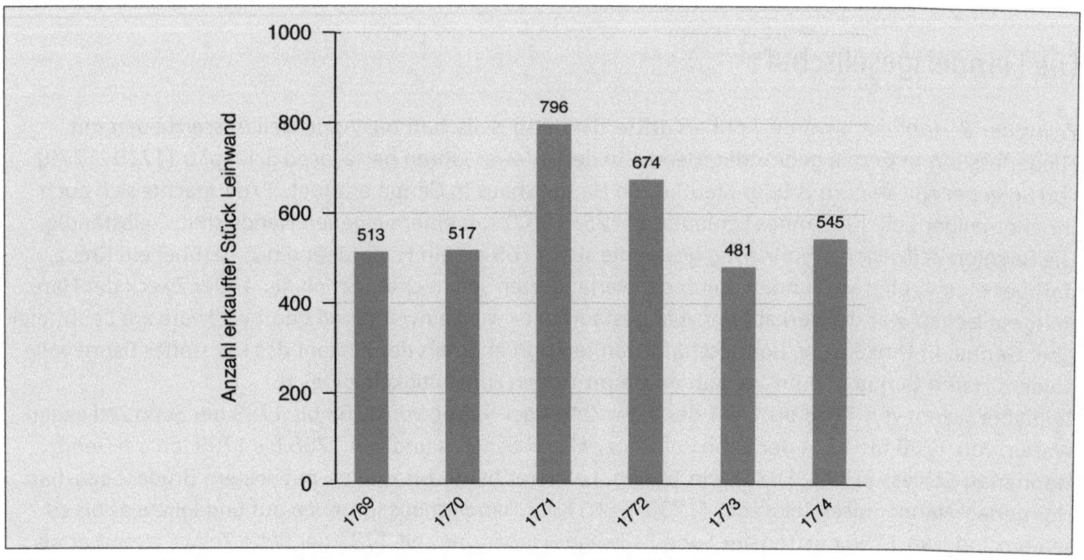

Abbildung 42: Zellweger & Honnerlag: Einkauf an der Leinwandschau Trogen, 1769–1774, nach: Zellweger, V. E.: Auszug aus dem Schau= und Mess=Buch von Trogen [Manuskript], 1688–1774

Zellweger & Honnerlag betätigte sich nachweislich während den fünf Jahren von 1769 bis 1774 im Einkauf von Leinwand an der *Leinwandschau Trogen*. Die weitere Einkaufstätigkeit ist mangels Überlieferung nicht mehr belegbar. Total kaufte sie 3526 Stück Leinwand ein. Im Jahr 1773 belief sich der Einkauf auf ein Minimum von 481 Stück Leinwand, 1771 auf ein Maximum von 796 Stück Leinwand. Ihr Einkauf belief sich durchschnittlich auf 588 Stück Leinwand pro Jahr. Damit bewegte sie sich auf einem Niveau, das demjenigen von *Conrad Zellweger [Vater & Sohn]* in den Jahren 1688 bis 1702 entsprach. Das Hauptinteresse lag somit wohl nicht mehr auf der Leinwand, sondern auf dem Einkauf der Baumwolle ab dem Hafen Genua und ihrem Export in die Schweiz.
Baumwolle wurde nur auf konkret vorliegende Bestellungen von Kunden in der Ostschweiz eingekauft. Diese Bestellungen einzuholen, war Sache des Handelshauses in Trogen, welches die «Einkaufsnotta» nach Genua versandte. Honnerlag-Schiess kaufte die Baumwolle direkt im Hafen von Genua. Hier traf die Baumwolle aus dem Osmanischen Reich rund um das Mittelmeer nach der Quarantäne im Hafen der mit Genua rivalisierenden Stadt Livorno ein. Osmanische Kaufleute hatten sich im 17. und 18. Jahrhundert in den ägyptischen Hafenstädten niedergelassen. Thessaloniki etwa war ein wichtiger Hafen für den Import für ägyptische Ware. Das Zurückdrängen der Türken durch die Habsburger seit dem späten 17. Jahrhundert bewirkte ein Aufblühen des Handels mit dem Balkan, wo griechische Kaufleute unter anderem den Handel mit Baumwolle betrieben. Kaufleute aus Frankreich, den Niederlanden und England erhielten Handelsprivilegien, sogenannte Kapitulationen, und eröffneten Konsulate in Izmir (früher Smirna), Thessaloniki und auf den Dardanellen. Griechische Kaufleute und Kapitäne aus dem Osmanischen Reich spielten nach wie vor eine entscheidende Rolle im Mittelmeerhandel, auf welchem in den 1780er Jahren rund 400 griechische Schiffe unterwegs waren. Griechische Kaufleute lebten in Amsterdam, Livorno, Venedig, Wien und Triest, von wo aus sie den Handel und Finanzverkehr zwischen dem Osmanischen Reich und Westeuropa dominierten. Der Religionskrieg zwischen Christentum und Islam beeinträchtige den Schiffsverkehr im Mittelmeer selbst dann, wenn keine akuten Auseinandersetzungen stattfanden. Piraterie, Gefangenschaft, Sklaverei und Lösegeldgeschäfte prägten das westliche Mittelmeer, wo zwischen 1450 und 1850 rund drei Millionen Muslime und Christen zur See

und zu Land gefangen genommen und versklavt wurden.[1102] In Genua betrieben spezialisierte Kaufleute den Import von Baumwolle aus den diversen Pflanzgebieten im Osmanischen Reich. Von ihnen kaufte *Zellweger & Honnerlag* die Baumwolle ein. Dann liess sie das sackweise verpackte weiche weisse Gold auf den Rücken von Maultieren auf den bis heute bestehenden, steil die Abhänge des Apennin hinter Genua hinaufführenden, «crêuze» genannten Saumpfaden und über die Landstrecke Mailand, Chiavenna, Splügenpass und Chur nach Trogen spedieren.[1103]
Sobald der Einkauf in Genua erfolgt war, informierte man die Kunden in der Ostschweiz. So legten es die Geschäftsbriefe an den Kunden von Baumwolle *Matthias Sulser & Comp.* von Azmoos nahe.[1104] Weitere Kunden von Baumwolle der Sorte «Alta» und «Maragnon» waren *Custer & Labhardt* von Altstätten[1105] und *Johann Entz jünger* von Herisau.[1106] In Zürich belieferte *Zellweger & Honnerlag* die beiden Kunden von Baumwolle der Sorte «Maragnon» *Werdmüller & Co.*[1107] und *Benjamin Wegmann.*[1108] Mangels Überlieferung können keine Aussagen über den Handelsraum von *Zellweger & Honnerlag* mit eigenen Handelshäusern in Trogen und Genua gemacht werden.

Zellweger älter & Comp./Zellweger ainé & Comp., Trogen und Lyon, 1774 bis 1808

Die Handelsgesellschaft

Zellweger älter & Comp. entstand infolge der Auflösung der Gesellschaft *Gebrüder Zellweger & Comp.* im Jahr 1774 mittels eines kaufmännischen Schiedsgerichts. Hintergrund der Auflösung war die persönliche und geschäftliche Uneinigkeit der Teilhaber und Brüder Zellweger-Wetter und Zellweger-Hirzel-Scheuss. Die Trennung wurde vor allem vom jüngeren Zellweger-Hirzel-Scheuss angestrebt, wie seine Hinweise darauf in seiner Korrespondenz mit dem Schwager Hirzel in Zürich belegen. Das kaufmännische Schiedsgericht wies wohl daher *Zellweger älter & Comp.* die beiden Häuser in Lyon und Genua sowie das alte Markenzeichen der *Gebrüder Zellweger* von 1717 zu. Zellweger-Wetter trug sich am 9. Mai 1774 unter «*Jaques Zellweger & ses fils Jean & Laurent Zellweger de Trogen dans le Canton d'Appenzell*» neu im Markenbuch der *Nation Suisse à Lyon* ein. Er verwies mit «confirmés dans le Privileg de leur pères inscrit le 12. Juni 1717» ausdrücklich darauf, dass er die 57 Jahre alte Raggion weiterführte.[1109]
Der bisherige Leiter des Handelshauses *Zellweger frères & Comp.* in Lyon Conrad Honnerlag-Zellweger (1738–1818) trat in die neue Handelsgesellschaft *Zellweger ainé & Comp.* ein und leitete das Handelshaus an der Rue de Buisson in Lyon unter verändertem Namen weiter bis 1784. Dann kehrte er mit seiner Familie nach Trogen zurück und bewohnte den westlichen Teil des Honnerlag'schen Doppelhauses in den Nideren. Um 1780 dürfte der ältere Sohn Zellweger-Huber 24-jährig als Teilhaber aufgenommen worden sein und 1782 sein jüngerer Bruder Zellweger-Sulser. Anlass für den Rückzug Honnerlag-Zellwegers dürfte somit die Nachfolgeregelung gewesen sein. Während der Französischen

---

1102 «Durch die osmanische Eroberung Syriens und Ägyptiens (1516/17) entstand ein osmanisches Mittelmeer, befanden sich jetzt doch insgesamt drei Viertel der Küstenlinie unter Istanbuls Kontrolle», in: North: Zwischen Hafen und Horizont (2016), S. 87–91, 105.

1103 Roth: GENUA la Superba (2022), S. 230.

1104 Zellweger & Honnerlag: 96 Briefe an Mathias Sulser & Comp. in Azmoos, Trogen, 1771–1798.

1105 Gebrüder Zellweger & Comp.: 1 Brief an Custer & Labhardt in Altstätten, Trogen, 23.05.1771, S. 582.

1106 Gebrüder Zellweger & Comp.: 1 Brief an Johann Entz jünger in Herisau, Trogen, 19.07.1773, S. 628.

1107 Gebrüder Zellweger & Comp.: 27 Briefe an Werdmüller & Co. in Zürich, Trogen, 1769–1774.

1108 Gebrüder Zellweger & Comp.: 5 Briefe an Benjamin Wegmann in Zürich, Trogen, 1769–1774.

1109 Nation Suisse à Lyon: Noms et marques des marchands Suisses inscrits à la Douane de Lyon (1700–1788), S. 57.

Revolution wurde das Haus *Zellweger l'ainé & Comp.* in Lyon definitiv geschlossen. *Zellweger älter & Comp.* in Trogen bestand zwar weiter, war aber seit 1802 inaktiv. Im Todesjahr des Gründers Zellweger-Wetter 1808 erfolgte die freiwillige Liquidation aufgrund der Separation seiner Söhne und Teilhaber. Zellweger-Huber gründete in der Folge *Zellweger fils & Comp.* und Zellweger-Sulser *Zellweger & Sturzenegger*.

Die Handelsabläufe und der Handelsraum

Mangels Überlieferung können keine Aussagen über die Handelsabläufe und den Handelsraum von *Zellweger älter & Comp.* gemacht werden. Alle Akten und Bücher dürften infolge des Auszugs aus dem väterlichen Kaufhaus am Landsgemeindeplatz 1 in Trogen, des Verkaufs, der Niederlassung und Einbürgerung in Hauptwil nach dem emotional geführten Prozess über den vermeintlichen Inzest von Zellweger-Huber um 1820 vernichtet worden sein.

Zellweger Vater & Comp./Zellweger père & Comp., Trogen und Lyon, 1774 bis 1791

Die Handelsgesellschaft

Zellweger-Hirzel-Scheuss zog sofort nach der Teilung der *Gebrüder Zellweger & Comp.* im April 1774 alle Fäden, um seine Geschäfte in genau dem gleichen Stil wie vorher, aber «mit neuem Muth prosequieren zu können»:

> Ich habe mit meinen Leuthen zu Lyon & genua nur interims Conditionen gemachet, wir haben zu völliger Berichtigung eine Zusammenkunft nöthig, es sollen aber Societäten gemacht werden; wie und auf was arth müssen wir noch bestimmen, die Hauptpunkte aber sind gegen Lyon berichtiget, & mit Genua wird es nach Ankunft H. Müllers geschehen.[1110]

Er errichtete innerhalb kürzester Frist vom Landsgemeindeplatz 5 in Trogen aus je ein eigenes Handelshaus in Lyon und in Genua. Ab diesem Zeitpunkt waren in Trogen, Lyon und Genua erstmals zwei Handelshäuser Zellweger tätig.
Für *Zellweger père & Comp.* in Lyon tat er sich mit dem ehemaligen Buchhalter Laurenz Graf von Heiden zusammen. Graf führte das Handelshaus in Lyon bis zur Aufhebung im Jahr 1792 während achtzehn Jahren. Er erneuerte den der Handelsgesellschaft zugrunde liegenden «Handelsaccord» insgesamt dreimal. Dann trat er der neuen Handelsgesellschaft *Zellweger & Comp.* als Teilhaber bei. Graf betrieb nebenher einen kleinen «Commerce de Musique» mit Musiknoten, woran Zellweger-Hirzel-Scheuss nicht beteiligt war.[1111] In Trogen nahm Zellweger-Hirzel-Scheuss den Kaufmann Speiser von Bischofszell (Thurgau) als Teilhaber auf. Seinen «Handelsaccord» erneuerte er 1780 aber nicht mehr – mangels Vertrauen in einen «Mann von dem gütigsten Charakter, freundlich, höflich, nachgebend, tugendhaft, wohldenkend». Aus kaufmännischer Sicht beurteilte Zellweger-Hirzel-Scheuss die «Güte» Speisers aber als «Laster», denn er konnte weder «auf ihn zählen» noch bei Abwesenheiten «ihm allein die Geschäfte *anvertrauen* [H.d.d.A.]».[1112] Am Beispiel von Speiser von Bischofszell zeigte sich das enorm hohe Anforderungsprofil an den Charakter und das Verhalten eines fähigen Teilhabers. Er musste zwar einen gefälligen Charakter haben, durfte aber auch nicht sein.

1110 Zellweger, Johannes (1730–1802): 1 Brief an Johann Caspar Hirzel (1725–1803) in Zürich, Trogen, 25.04.1774.
1111 Zellweger, Johannes (1730–1802): 1 Brief an Sohn Johannes Zellweger (1764–1832) in Lyon, Trogen, 06.12.1779.
1112 Zellweger, Johannes (1730–1802): 1 Brief an Johann Caspar Hirzel (1725–1803) in Zürich, Trogen, 28.02.1780.

Buchhalter in Trogen war bis 1779 Grafs Bruder Johannes Graf[1113], ein Speiser, ein Weni[n]ger[1114] sowie um 1779 ein Johann Riss von Emmendingen (Baden-Württemberg). Ein Lehrjunge Zuberbühler «est pleine de bonne volonté et j'espère qu'ils se fera avec le tems». Der Austritt von Johannes Graf brachte Ruhe in die Schreibstube. Riss übernahm die Arbeit Grafs, «excepté les achapts et les assortiments, qu'étant ici j'ai toujours fait moi même comme vous le savez».[1115] Inhaber Zellweger-Hirzel-Scheuss war somit für die zentralen Bereiche Einkauf und Zusammenstellen des Sortiments persönlich zuständig. In Lyon waren mit einem Frei von Lindau im Bodensee und von 1777 bis 1783 «der junge Gullmann»[1116] von Augsburg zwei Buchhalter aus Handelsstädten aus dem süddeutschen Raum tätig.[1117] 1786 trat ein «Herr Häm [wohl Heim?]»[1118] seine Anstellung an. 1774 wurde mit Hans Kaspar Kitt (1749–1801) von Zürich ein Pfarrerssohn als Lehrjunge bei *Zellweger Vater & Comp.* in Trogen[1119] aufgenommen. Kitts Familienangehörige waren bereits im 17. Jahrhundert als Kaufleute in Lyon tätig gewesen. Salomon Kitt (1744–1825) etwa arbeitete nach dem Konkurs 1776 unter *Kitt, Iselin & Cie.* auf den Niederländischen Antillen, dann auf den Jungferninseln und schliesslich in der Hafenstadt Baltimore (Maryland) als Kaufmann.[1120] Auf Kitt folgten von 1777 bis 1780 mit Michael Tobler (1761–1830) von Trogen und 1779 mit Bastian Zuberbühler zwei Lehrjungen aus der Region. Der erste kaufmännische Lehrjunge im Haus in Lyon war 1774/1775 der Müllerssohn Melchior Sigismund Riethmayer (1759–1775) von Memmingen (Bayern). Der begabte Junge verstarb jedoch in Lyon an einer tödlich verlaufenden Krankheit.[1121] Auf Riethmayer folgte von 1776 bis 1779 ein junger Schindler von Mollis (Glarus) als Sohn eines Kunden. 1776 nahm Zellweger-Hirzel-Scheuss aus Gefälligkeit den Sohn des Bürgermeisters von Meyenburg von Schaffhausen für die aussergewöhnlich kurze Dauer eines Jahres auf. Der junge Meyenburg bestand jedoch nach Ankunft in Lyon auf sofortige Heimreise.[1122] 1779 trat dann der älteste Sohn Zellweger-Egg-Hirzel seine Lehre an, 1782 folgte der zweite Sohn Zellweger-Gessner und 1785 der dritte Sohn Zellweger-Zuberbühler.

In den 1780er Jahren schloss Zellweger-Hirzel-Scheuss mit Johannes Walser (1739–1805) von Herisau eine Kommanditgesellschaft unter *Walser & Co.* in St. Petersburg ab Zellweger-Hirzel-Scheuss trat als Kommanditgeber auf. Der Reiseschriftsteller Johann Gottfried Ebel (1764–1830) schrieb 1798 über diesen «Russlandhandel»:

> Das Haus Zellweger von Trogen, welches in Frankreich und Italien Komptoirs und Niederlagen hat […], eröffnete jetzt den Handel nach Polen und Russland, wagte zuerst diesen Weg und errichtete bald ein Haus zu Petersburg.[1123]

Diese Formulierung erweckte den Anschein, *Zellweger Vater & Comp.* hätte in St. Petersburg ein den beiden Häusern in Lyon und Genua entsprechendes Haus unterhalten. Dem war nicht so. Koller/Signer (1926) präzisierten, dass *Zellweger Vater & Comp.* und *Walser & Co.* wohl seit Ende 1789 über einen sogenannten Kommanditvertrag verbunden gewesen seien.[1124] Dieser in der Regel auf sechs Jahre geschlossene Gesellschaftsvertrag bestimmte Zellweger-Hirzel-Scheuss als Kommanditgeber und Walser als Kommanditnehmer. Zellweger-Hirzel-Scheuss investierte mit entsprechender Beteiligung an

1113 Zellweger, Johannes (1730–1802): 1 Brief an Sohn Johannes Zellweger (1784–1832) in Lyon, Trogen, 13.12.1779.

1114 Zellweger-Hirzel, Anna: 2 Briefe an Johann Caspar Hirzel (1725–1803) in Zürich, Trogen, 07. und 15.08.1774; ein Henry und ein Gaspard Kitt hatten sich bereits 1659 bzw. 1660 als Kaufleute im Markenbuch von Lyon eingetragen, vgl. Markenbuch Lyon, 1654–1701.

1115 Zellweger, Johannes (1730–1802): 1 Brief an Sohn Johannes Zellweger (1764–1832) in Lyon, Trogen, 06.12.1779.

1116 Zellweger, Johannes (1730–1802): 1 Brief an Sohn Johannes Zellweger (1764–1832) in Lyon, Trogen, 18.10.1779.

1117 Zellweger, J.C.: Notitzen aus meinem Leben (1/1850), S. 8–9.

1118 Zellweger-Hirzel-Scheuss: 1 Brief an Sohn Johannes Zellweger (1764–1832) in Lyon, Trogen, 20.09.1786.

1119 Zellweger-Hirzel, Anna: 2 Briefe an Johann Caspar Hirzel (1725–1803) in Zürich, Trogen, 07. und 15.08.1774.

1120 Lassner, Martin: Artikel «Kitt, Salomon (1744–1825)», in: e-HLS online, 16.10.2008.

1121 Zellweger, Johannes (1730–1802): 1 Brief an Johann Caspar Hirzel (1725–1803) in Zürich, Trogen, 08.05.1775.

1122 Zellweger, Johannes (1730–1802): 1 Brief an Johann Caspar Hirzel (1725–1803) in Zürich, Trogen, 23.12.1776.

1123 Ebel: Schilderung der Gebirgsvölker der Schweiz (1/1798), S. 274.

1124 Koller/Signer: Appenzellisches Wappen- und Geschlechterbuch (1926), S. 378–379.

Gewinn und Verlust. Der Kommanditnehmer Walser verpflichtete sich über den Vertrag lediglich, dem Kommanditgeber jährlich die Bilanz zukommen zu lassen. Der Einblick in die Bilanz ermöglichte dem Kommanditgeber ein Minimum an Kontrolle darüber, was mit seinem Kapital durch die Kommanditgesellschaft erwirtschaftet worden war. Bodmer (1959) bezeichnete Walser und Zellweger-Hirzel-Scheuss als «Associés». Er führte aus, dass es gerade «das spekulative Geschäftsgebahren» Walsers im Zusammenhang mit Finanzgeschäften gewesen sei, «das den soliden Geschäftsgrundsätzen Zellwegers widersprach». Sie trennten sich nach Ablauf des Kommanditvertrags 1795/1796. Zellweger-Hirzel-Scheuss investierte nun erneut auf der Basis einer Kommanditgesellschaft in die neu gegründete *Riss, Sulzberger & Co.*, welche das unter Walser begonnene Ostgeschäft auf der Basis von solidem Warenhandel bis 1800 mit Erfolg weiterführte. Die Leitung vor Ort übernahmen Johann Riss von Emmendingen (Baden-Württemberg) und Johannes Sulzberger von Frauenfeld (Thurgau).[1125] Riss war seit 1779 als Buchhalter bei *Zellweger Vater & Comp.* angestellt und bestens mit dem Inhaber und dessen Handelsgeschäften bekannt. *Riss & Sulzberger* von Rheineck betrieben von 1797 bis 1823 den Verkauf von «Mousslin» aus der Schweiz an der *Messe Leipzig* und stiegen 1813 in die eigene Fabrikation ein.[1126]
Ganz ähnlich wie Ebel (1798) über das Handelshaus *Walser & Co.* in St. Petersburg schrieb auch Zellweger (1954) über das Handelshaus *Guebhardt, Schläpfer & Cie.* in Barcelona: «In Barcelona besass das Haus [*Zellweger Vater & Comp./Zellweger & Comp.*] auch eine Filiale».[1127] Damit setzte er das Haus in Barcelona demjenigen in Lyon gleich. Wie bei *Walser & Co.* in St. Petersburg handelte es sich aber um eine Kommanditgesellschaft. Das belegt neben einer umfangreichen Korrespondenz mit *Zellweger & Comp.* insbesondere der Kommanditvertrag, der am 19. Dezember 1801 in Burgdorf unterzeichnet worden war.[1128] Die Kommanditgesellschaft *W.A. Gebhardt & Co. war* die Nachfolgerin von *Guebhardt, Schläpfer & Cie.* in Barcelona.[1129] Nach Austritt Schläpfers zwecks Übernahme der Leitung des Handelshauses *Zellweger & Comp.* in Genua führte es Wilhelm Anton Gebhardt ab 1802 vertraglich vereinbart während sechs Jahren allein weiter. Gebhardt dürfte wohl ein Sohn des Lieferanten von Leinenware im Allgäu gewesen sein, der in den 1770er Jahren an *Zellweger, Müller/Zürcher & Comp.* geliefert hatte.[1130] Die Kommanditgeber und Kaufleute in Leinwand *Gebrüder Fankhauser* von Burgdorf[1131] stellten zusammen mit *Zellweger & Comp.* von Trogen *W.A. Gebhardt & Co.* je ein Kapital von £ 32 000.– zur Verfügung, das ihnen mit 6% verzinst wurde. Für seinen eigenen Unterhalt stand Gebhardt vom Unkostenkonto jährlich ein Betrag von 800 Livres catalanes zur Verfügung, über welchen er separat Buchhaltung zu führen hatte. 2000 Livres catalanes pro Jahr durfte er für Ausgaben von seinem Kapitalkonto ziehen. Gebhardt verpflichtete sich als Kommanditnehmer, den Kommanditgebern Fankhauser und Zellweger jährlich die Bilanz zukommen zu lassen. Es war Gebhardt strengstens verboten, Nebengeschäfte auf eigene Rechnung oder Schulden ohne das Wissen der Kommanditgeber zu machen. Der Streitfall war über ein kaufmännisches Schiedsgericht zu bereinigen bei Strafe von £ 500.– im Falle des Widerspruchs.

1125 Bodmer: Textilgewerbe (1959), S. 62; für die Zusammenfassung der Bemerkungen Bodmers (1959), vgl. Witschi: Appenzeller in aller Welt (1994), S. 167–169.

1126 Lendenmann: Schweizer Handelsleute in Leipzig (1978), S. 60 und 94.

1127 Zellweger, O.: Der Dorfplatz in Trogen (1954), S. 58.

1128 Zellweger & Comp. von Trogen/Gebrüder Fankhauser von Burgdorf: Kommanditvertrag mit Wilhelm Anton Gebhardt über die Kommanditgesellschaft Guebhardt & Cie. in Barcelona, Burgdorf, 19.12.1801; Zellweger & Comp.: 28 Briefe an Guebhardt & Cie. in Barcelona, Trogen, 1806–1839.

1129 Zellweger & Comp.: 1 Brief an Guebhardt, Schläpfer & Cie. in Barcelona, Trogen, 27.07.1801, S. 695.

1130 Ein Johann Jakob Gebhardt in Kempten war bereits in den 1760er Jahren einmal als Spediteur tätig, vgl. Gebrüder Zellweger & Comp.: 1 Brief an Johann Jakob Gebhardt in Kempten, Trogen, 29.04.1765, S. 419; Zellweger, Müller/Zürcher & Comp.: 40 Briefe an Johann Reinhard Gebhardt in Isny im Allgäu, Trogen, 1774–1780.

1131 Zellweger & Comp./J.C. Zellweger: 40 Briefe an Gebrüder Fankhauser in Burgdorf, Trogen, 1800–1839; die Handelsgesellschaft in Leinwand Gebrüder Fankhauser in Burgdorf war 1630 von Jakob Fankhauser (1605–1657) gegründet worden. Sie wurde durch die drei Brüder Friedrich Ludwig Fankhauser (1766–1825), Johann Jacob Fankhauser (1762–1844) und Johannes Fankhauser (1763–1844) betrieben, vgl. Fankhauser, Heinz: Artikel «Fankhauser, Friedrich Ludwig (1766–1825)», in: e-HLS online, 24.10.2005; Fankhauser: 300 Jahre Entwicklung einer Emmenthaler Firma, 1630–1936 (1936).

Aufgrund dieser Beteiligung an den beiden Kommanditgesellschaften in St. Petersburg und Barcelona wurde Zellweger-Hirzel-Scheuss als Gründer der *Zellweger Vater & Comp.* (1774) in dem Artikel «Johannes Zellweger» im «Appenzellischen Monatsblatt» (1839) einen Sonderstatus zugesprochen:

> Unter den Kaufleuten unsers Landes hat keiner eine grössere Bedeutung erlangt, als [...] Zellweger-Hirzel-Scheuss]. Sein Haus [Zellweger Vater & Comp./Zellweger & Comp.] gehörte, neben denjenigen der Pourtalès in Neuenburg und Merian in Basel, zu den ersten Häusern seiner Zeit in der Schweiz, und [er] dehnte seine Geschäfte von Lissabon bis Moskau, von Hamburg bis Malta aus; diese Geschäfte waren aber auch von einem so gländzenden Erfolge begleitet, dass er sich zum reichsten Appenzeller emporarbeitete, der wohl je gelebt hat.[1132]

Er wurde als bedeutendster Kaufmann unter allen Kaufleuten von Appenzell Ausserrhoden bezeichnet. Argumentiert wurde mit dem Umfang seines Handelsraums und seinem Reichtum. Als vorausschauender Kaufmann befasste sich Zellweger-Hirzel-Scheuss bereits im Januar 1784 und damit fünf Jahre vor Ausbruch der Französischen Revolution mit dem Gedanken, sein Haus *Zellweger père & Comp.* in Lyon zu schliessen. 1783 waren nämlich die letzten Handelsprivilegien für Schweizer Kaufleute in Lyon aufgehoben worden. Als Ersatz zog er damals schon in Betracht, jährlich einen Handelsreisenden «eine Tour durch Frankreich machen zu lassen». Die Auflösung des Hauses *Zellveguer père & Comp.* in Lyon anfangs der 1790er Jahre erfolgte nicht nur wegen der revolutionären Umstände. Wie gefährlich es dennoch für Schweizer Kaufleute auch in der mehrheitlich antirevolutionär eingestellten Stadt Lyon war, bezeugte Georg Leonhard Zili (1774–1860) von St. Gallen, der spätere Kassier des *Kaufmännischen Directoriums St. Gallen*. Der Spross des traditionsreichen Speditionsunternehmens *Caspar Zili* von St. Gallen absolvierte von 1791 bis 1793 seine kaufmännische Lehre in Lyon. «Das Haupt des einen seiner Prinzipalen war unter der Guillotine gefallen», noch während er im April 1793 nach Hause reiste. Die Enthauptung von Schweizer Kaufleuten in Lyon war demnach Realität. Zellweger-Hirzel-Scheuss erneuerte den dreimal verlängerten Gesellschaftsvertrag mit Graf in Lyon Ende 1792 nicht mehr. Der nun seiner Stelle in Lyon enthobene Graf kehrte nach Trogen zurück und beteiligte sich an *Zellweger & Comp.* mit Filialen in Trogen und Genua, welche aus dem Zusammenschluss von *Zellweger Vater & Comp.* für Trogen und Lyon und *Zellweger, Zürcher & Comp.* für Trogen und Genua hervorgegangen war.

Die Handelsabläufe

Über das Briefkopierbuch von *Zellweger Vater & Comp.* liessen sich die Beschaffungsmärkte für «Doppeldickes Leinen» besonders gut rekonstruieren. Im Zentrum stand Herisau (Appenzell Ausserrhoden). Als Einkäufer und Lieferant waren einmal *Hans Ulrich Meyer*[1133] und einmal *Bartholome Thörig älter* von Herisau nachweisbar.[1134] Regelmässige wöchentliche Einkaufstouren auf dem Pferd führten den Kaufmann Zellweger-Hirzel-Scheuss nach Flawil, wo das Handelshaus Egli stand. Eine umfangreiche Korrespondenz mit *Johannes de Hans Ulrich Egli* zeugt von dieser intensiven Handelsbeziehung zu einem Lieferanten von Leinenware und Baumwollware.[1135] Von *Johann Heinrich Hunziker jünger* von Aarau bezog *Zellweger Vater & Comp.* «Tischwäsche» und «Servietten».[1136] Auch das Königreich Bayern pflegte Zellweger-Hirzel-Scheuss über ausgedehnte Einkaufstouren von Süden nach Norden zu bereisen. In Sonthofen waren *Johann & Andreas Messnang* als Lieferanten von Leinwand aktiv.[1137] Von Immenstadt im Allgäu lieferte *Johann Georg Jeck* «Schlagware 24 bis ox» und «Schwabenware».[1138] Deutlich

1132 N.N.: Artikel «Johannes Zellweger (1730–1802)», in: Appenzellisches Monatsblatt (1/1839), S. 104–111, hier S. 104–105.
1133 Zellweger Vater & Comp.: 1 Brief an Hans Ulrich Meyer in Herisau, Trogen, 19.09.1776, S. 480.
1134 Zellweger Vater & Comp.: 1 Brief an Bartholome Thörig älter in Herisau, Trogen, 19.09.1776, S. 481.
1135 Zellweger Vater & Comp.: 11 Briefe an Johannes de Hans Ulrich Egli in Flawil, Trogen, 1774–1778.
1136 Zellweger Vater & Comp.: 12 Briefe an Johann Heinrich Hunziker jünger in Aarau, Trogen, 1774–1778.
1137 Zellweger Vater & Comp.: 33 Briefe an Johann & Andreas Messnang in Sonthofen, Trogen, 1774–1778.
1138 Zellweger Vater& Comp.: 14 Briefe an Johann Georg Jeck in Immenstadt im Allgäu, Trogen, 1774–1778.

intensiver waren die Korrespondenzen mit dem Lieferanten *Johann Caspar Bauer* von Lauingen[1139] und *Heisser & Plassin* von Passau, was wohl auf die grosse Distanz zurückzuführen war.[1140] In der freien Reichsstadt Isny im Allgäu fand *Zellweger Vater & Comp.* 1774 in *Johann Reinhard Gebhardt*[1141] und *Christoph Ulrich Zech* zwei Lieferanten von Leinwand.[1142] In Leutkirch im Allgäu lieferte *Mathias Fehr* «Farbware 6/4 und 5/4 breit» und «Packtuch».[1143] Seine Korrespondenz war noch umfangreicher als diejenige mit Bauer in Lauingen. Leinenware lieferte auch *Franz Anton Krautheimer* in Dietenheim.[1144] In Blaubeuren lieferten die an der *Leinwandschau Blaubeuren* beteiligten Kaufleute *Johann Ernst Honold*[1145] und *Johann Friedrich Strohacker «20er, 5/4 breit»*.[1146] Im Norden von Württemberg lieferten die Kaufleute *Kodweiss & Co.*, welche an der *Leinwandschau Heidenheim a/d Brenz* beteiligt waren, ebenfalls «18er».[1147] In Sachsen war einzig *Adolph Stoll* von Zittau als Lieferant von «Leinen roh, weiss, gestreift, 7/4 breit» auszumachen.[1148]

Fünf Lieferanten von Leinwand waren auf der Südseite des Riesengebirges im Norden Böhmens beheimatet. Von Westen nach Osten erschloss *Zellweger Vater & Comp.* dieses im Leinwandgewerbe äusserst aktive Gebiet, das durch eine Handelsstrasse quer über das Riesengebirge mit der Leinwandregion Schlesien verbunden war, als Beschaffungsmarkt insbesondere für den Artikel «Sangalette». In Arnau war der Kaufmann (Johann Christoph) *Berger & Sohn* der Hauptlieferant[1149], gefolgt von *Finger & Lang seel. Erben.*[1150] Von Hermannseifen lieferten *Ferdinand Knohl*[1151] und *Franz Anton Wagner.*[1152] In Trautenau waren *Zehender & del Curto* Lieferanten von «Patille» und «Sangalette».[1153] Einziger Beschaffungsort in Schlesien war Hirschberg. Dort war ein *Johannes Hartmann* «von hier [Trogen?]» als Lieferant aktiv.[1154]

Zellweger Vater & Comp. liess ihre Leinenware vor allem in Herisau bleichen. Dort nahm sie die Dienstleistung von drei Bleichern in Anspruch. Am wichtigsten dürfte *Johannes Scheuss in der Tiefe* (1733–1804) gewesen sein[1155], gefolgt von *Peter Tanner* (1732–1782).[1156] Wenig Bedeutung hatte der Kontakt zu dem Bleicher *Valentin Mettler.*[1157] Der zuvor intensive Kontakt zu dem Bleicher *Rochus Ignatius Boch* von Feldkirch ging mit dessen Tod 1780/1781 zu Ende. Auch der Versuch mit dem neu als Bleicher tätigen *Andreas Hanselmann* von Frümsen scheiterte an dessen Tod, sodass die Ware ungebleicht von *Hanselmann And. seel. Wittib* zurückbeordert werden musste.[1158]

Die Leinwand verkaufte sich immer noch an diverse Kunden in Lyon. Den Artikel «Trillis sattinés», der als Innenfutter von Hüten Verwendung fand, kauften *Barral Neuveu, Rouber & C.*[1159], *Bruyas Père & fils*[1160],

1139 Zellweger Vater & Comp.: 36 Briefe an Johann Caspar Bauer in Lauingen, Trogen, 1774–1778.
1140 Zellweger Vater & Comp.: 15 Briefe an Heisser & Plassin in Passau, Trogen, 1774–1778.
1141 Zellweger Vater & Comp.: 34 Briefe an Johann Reinhard Gebhardt in Isny, Trogen, 1774–1778.
1142 Zellweger Vater & Comp.: 24 Briefe an Christoph Ulrich Zech in Isny, Trogen, 1774–1778.
1143 Zellweger Vater & Comp.: 38 Briefe an Mathias Fehr in Leutkirch im Allgäu, Trogen, 1774–1778.
1144 Zellweger Vater & Comp.: 3 Briefe an Franz Anton Krautheimer in Dietenheim, Trogen, 1774–1778.
1145 Zellweger Vater & Comp.: 37 Briefe an Johann Ernst Honold in Blaubeuren, Trogen, 1774–1778.
1146 Zellweger Vater & Comp.: 2 Briefe an Johann Friedrich Strohacker in Blaubeuren, Trogen, 1774–1778.
1147 Zellweger Vater & Comp.: 22 Briefe an Kodweiss & Co. in Heidenheim an der Brenz, Trogen, 1774–1778.
1148 Zellweger Vater & Comp.: 3 Briefe Adolph Stoll von Zittau, Trogen, 1774–1778.
1149 Zellweger Vater & Comp.: 61 Briefe an Johann Christoph Berger & Sohn in Arnau, Trogen, 1774–1778.
1150 Zellweger Vater & Comp.: 12 Briefe an Finger & Lang seel. Erben in Arnau, Trogen, 1774–1778.
1151 Zellweger Vater & Comp.: 6 Briefe an Ferdinand Knohl in Hermannseifen, Trogen, 1774–1778.
1152 Zellweger Vater & Comp.: 7 Briefe an Franz Anton Wagner in Hermannseifen, Trogen, 1774–1778.
1153 Zellweger Vater & Comp.: 16 Briefe an Zehender & del Curto in Trautenau, Trogen, 1774–1778.
1154 Zellweger Vater & Comp.: 1 Brief an Johannes Hartmann in Hirschberg, Trogen, 26.08.1776, S. 465.
1155 Zellweger Vater & Comp.: 5 Briefe an Johannes Scheuss in der Tiefe in Herisau, Trogen, 1774–1778.
1156 Zellweger Vater & Comp.: 10 Briefe an Peter Tanner (1732–1782) in Herisau, Trogen, 1774–1778.
1157 Zellweger Vater & Comp.: 1 Brief an Valentin Mettler in Herisau, Trogen, 10.10.1776, S. 493.
1158 Zellweger Vater & Comp.: 1 Brief an Hanselmann And. seel. Wittib in Frümsen, Trogen, 07.10.1775, S. 675.
1159 Zellweger Vater & Comp.: 7 Briefe an Barral Neuveu, Rouber & C. in Lyon, Trogen, 1774–1778.
1160 Zellweger Vater & Comp.: 3 Briefe an Bruyas Père & fils in Lyon, Trogen, 1774–1778.

Bubaton et Co.[1161], *Chabert et Clavel*[1162], *Ducleaux & Granier* [1163], der auch «Constance ⅝ und ⅔ breit» kaufte, *Maurier père & fils*[1164] und *Robelin Charrlin et Co.*[1165] In Besançon kaufte *Muguet & Pion* die Leinenware «Cambrais», «Sangalette» und die Farbware «Teinturailles en gris».[1166] *Wey Père et fils* kaufte «Cambrais»[1167], *Wey frères* einmal «Cambrais fin».[1168] *Zellweger Vater & Comp.* versuchte erfolglos, *Meuron, Philipou et Fabre* von Saint-Sulpice (Neuenburg) als Kunden für «Mouchoirs imprimés» und «Toile de Cotton» zu gewinnen.[1169] Neuenburg war ein Zentrum des Textildrucks und nicht auf den Handel mit denselben Artikeln von Trogen angewiesen. Hingegen war mit *François Muguet* von Besançon ein guter Kunde von «Mouchoirs, bleu et doubles face imprimés» auszumachen[1170], während *Jean Baptiste Wey* nur wenige «Mouchoirs imprimés» und «Toile de Cotton» einkaufte.[1171]

Die Auswertung über die Lieferanten von Baumwollware für *Zellweger Vater & Comp.* ergab, dass die Handelsgesellschaft im grösseren Stil rohe Baumwollware einkaufte, welche sich für den Textildruck zu «Indiennes» und «Mouchoirs» eignete. Sie kaufte Baumwollware in Bischofszell, St. Gallen, Herisau, Brugg (Aargau) und Zürich ein. Gemessen an der Intensität der Korrespondenz dürften *Johann Ulrich Wetter* von Herisau als Lieferant von Baumwollware «für den Textildruck in Lörrach»[1172] sowie *Johannes de Hans Ulrich Egli* von Flawil[1173] als Lieferant von Leinwand und Baumwollware die beiden Hauptlieferanten gewesen sein. Bei beiden handelte es sich um angesehene Kaufleute. *Johann Ulrich Wetter* (1741–1806) von Herisau zählte laut Fuchs (2014) zu den führenden Kaufleuten in Appenzell Ausserrhoden im Handel mit Frankreich.[1174]

Den Textildruck auf Baumwollware liess *Zellweger Vater & Comp.* durch fünf Textildrucker ausführen. Die intensivste Korrespondenz überliefert sich mit *Niclaus de Johann Friedrich Küpfer* in Lörrach über den Textildruck von «Mouchoirs Calencas» und «Mouchoirs Patenas».[1175] An zweiter Stelle standen die regional ansässigen *Scheuss & Merz*[1176] und *Johannes Merz*[1177] in Herisau, welche «Mouchoirs à double face» druckten. Dann folgte *Samuel Seiler & Co.* von Lenzburg.[1178] Er bedruckte «Mouchoirs» im Stil «Patena fin». Eine im Verhältnis dazu kleine Korrespondenz überliefert sich mit Textildrucker *Georg Friedrich Zackelmayer* von Augsburg über «Mouchoirs Calencas» und «mi Calencas». Über Zackelmayers Herkunft sowie seinen äusserst erfolgreichen Werdegang als Unternehmer ist bis dato praktisch nichts bekannt.[1179] Möglicherweise liegt das an den Schreibweisen seines Nachnamens. Die Zellweger benutzten die Varianten Zaggelmeyer und Zegelmajer.

Zellweger-Hirzel-Scheuss stellte anfangs 1779 fest: «Die wenigen Waren, die Frankreich bezieht, könnten wir den Franzosen hier à droiture verkaufen, da ohnedem die mehrste jährlich in die Schweiz

1161 Zellweger Vater & Comp.: 3 Briefe an Bubaton et Co., in Lyon, Trogen, 1774–1778.
1162 Zellweger Vater & Comp.: 1 Brief an Chabert et Clavel in Lyon, Trogen, 02.03.1778, S. 748.
1163 Zellweger Vater & Comp.: 1 Brief an Ducleaux & Granier in Lyon, Trogen, 08.12.1777, S. 707.
1164 Zellweger Vater & Comp.: 2 Briefe an Maurier père & fils in Lyon, Trogen, 1774–1778.
1165 Zellweger Vater & Comp.: 4 Briefe an Robelin Charrlin et Co. in Lyon, Trogen, 1774–1778.
1166 Zellweger Vater & Comp.: 34 Briefe an Muguet & Pion in Besançon, Trogen, 1774–1778.
1167 Zellweger Vater & Comp.: 12 Briefe an Wey père et fils in Besançon, Trogen, 1774–1778.
1168 Zellweger Vater & Comp.: 1 Brief an Wey frères in Besançon, Trogen, 26.08.1778, S. 732.
1169 Zellweger Vater & Comp.: 2 Briefe an Meuron, Philipou et Fabre in Saint-Sulpice, Trogen, 1774–1778.
1170 Zellweger Vater & Comp.: 28 Briefe an François Muguet in Besançon, Trogen, 1774–1778.
1171 Zellweger Vater & Comp.: 3 Briefe an Jean Baptiste Wey in Besançon, Trogen, 1774–1778
1172 Zellweger, Müller/Zürcher & Comp.: 2 Briefe an Johann Ulrich Wetter in Herisau, Trogen, 1774–1780.
1173 Zellweger Vater & Comp.: 11 Briefe an Johannes de Hans Ulrich Egli in Flawil, Trogen, 1774–1778.
1174 Fuchs, Thomas: Artikel «Wetter, Familie», in: e-HLS online, 11.11.2014.
1175 Zellweger Vater & Comp.: 6 Briefe an Niclaus de Johann Friedrich Küpfer in Lörrach, Trogen, 1774–1778.
1176 Zellweger Vater & Comp.: 69 Briefe an Scheuss & Merz in Herisau, Trogen, 1774–1778.
1177 Zellweger Vater & Comp.: 65 Briefe an Johannes Merz in Herisau, Trogen, 1774–1778.
1178 Zellweger Vater & Comp.: 53 Briefe an Samuel Seiler & Co. in Lenzburg, Trogen, 1774–1778.
1179 Zellweger Vater & Comp.: 15 Briefe an Georg Friedrich Zackelmayer in Augsburg, Trogen, 1774–1778; vgl. Häberlein, Mark/Schmölz-Häberlein, Michaela: Artikel «Zackelmayer», in: Augsburger Stadtlexikon online, 03.09.2010; Zorn: Handels- und Industriegeschichte Bayerisch-Schwaben (1961), S. 55.

kommen, die Mousse[lin]: aufzukaufen».[1180] Damit beschrieb er einen strukturellen Wandel mit weitreichenden Konsequenzen für seinen Textilhandel. Trogen war nicht mehr ausschliesslich Einkaufsstandort, sondern eben auch Verkaufsstandort. Französische Kaufleute kamen jedes Jahr persönlich, um ihre Textilware direkt in den Magazinen der Kaufleute Zellweger auszuwählen. Der begehrteste Handelsartikel war aber nicht mehr die Leinenware, sondern die «Mousse[lin]:», eine Baumwollware. Gerade diesem Handel wurde 1785 durch das französische Einfuhrverbot für Baumwollware ein harter Schlag versetzt. Gemäss Leuenberger (1966) «hing dieses Verbot ohne Zweifel zusammen mit der Gründung der neuen Französisch-ostindischen Compagnie, mit welcher sich Frankreich eine Monopolstellung im gesamten Handel mit Baumwollgeweben sichern wollte. Das Verbot blieb bis zur Französischen Revolution bestehen. Es gelang den St. Galler Kaufleuten gemeinsam mit den französischen Kaufleuten, welche das gleiche Interesse am Handel mit Baumwollware hatten, das Verbot zu umgehen».[1181] Leuenberger beschrieb nun gerade nicht, auf welche Art es den Kaufleuten gelang, das Importverbot zu umgehen. Es lief wohl oder übel auf die «Contrebande» hinaus, den Schmuggel. Die Überlieferungslücke für die Zeit von 1780 bis 1800 liess ebenfalls keine weiteren Untersuchungen zu. Wie sehr dieses Verbot vom 10. Juni 1785 über den Import von Baumwollware nach Frankreich die Stadt St. Gallen an empfindlicher Stelle traf und alle Tätigkeit lahmlegte, erzählte Zellweger-Gessner in seinen «Lebensnotitzen»:

> Als die Nachricht von dem Verbot der Baumwollstoffe nach St. Gallen kam, kaufte plözlich kein Mensch mehr solche Waar. Die Einen weinten, die andern lamentirten, die dritten fluchten und die vierten glaubten, das Übel sei nicht so gross, man wäre bald zu muthwillig worden, welches auch meines Vaters Meinung war, nur wünschte er, alle seine Musselin verkaufen zu können.

In dieser «schwierigen Zeit» erhielt der siebzehnjährige Zellweger-Gessner die Procura. Er musste die Geschäfte leiten, während der Direktor Johannes Graf umgehend nach Barcelona reiste, um den schnellst- und bestmöglichen Verkauf der dortigen Baumwollware zu organisieren. Er bestand seine Feuertaufe zum Kaufmann mit Bravour:

> Ich hatte das Glük während dieser Zeit den Hr. [Gross?] [Davillier] von Paris, der später nach St. Gallen zog und starb, zu bewegen nach Lyon zu kommen, und ihm für L[ouis d'or] 20 000 wenigstens Mousselin zu verkaufen, zwar mit kleinem Gewinn, aber doch zu grosser Zufriedenheit meines Vaters, der sie mit einem Abschlag von 30 bis 50% ersetzen konnte. Bei der Rükkunft des Hr. Grafen von Barcelona, machte er mir ein Geschenk von 25 Louis d'or, welches, wie leicht zu errathen, mich ungemein freute.[1182]

Auch der Baumwollfergger Ulrich Bräker (1735–1798) im Toggenburg hinterliess eine Beschreibung, wie dieser Schock sich auf seinen Handel mit Baumwollgarn und Baumwollgeweben auswirkte. Er musste «bey meinem kleinen und einfältigen Händelchen über 200 fl. einbüssen», ohne Aussicht darauf, dass der «Baumwollentücher-Verkehr in unserm Land jemals wieder zu seinem ehevorigen Flor» gelangen würde. Dennoch ging es ihm «passabel». Hätte er sich jemals «zur Kargheit, selbt nur zu einer ängstlichen Sparsamkeit bekehren wollen», wäre er «ein so genannt bemittelter Mann heissen und seyn können». Doch «dieser Talent [...], dieser Talent, sag'ich, war mir eben nie zu Theil».[1183]

1180 Zellweger, Johannes (1730–1802): 1 Brief an Johann Caspar Hirzel (1725–1803) in Zürich, Trogen, 11.01.1779.

1181 Leuenberger: 500 Jahre Kaufmännische Corporation St. Gallen (1966), S. 52–53.

1182 Zellweger, J.C: Notitzen aus meinem Leben (1/1850), S. 14.

1183 Bräker: Der arme Mann im Tockenburg (1993), S. 258.

Der Handelsraum

Abbildung 43: Zellweger Vater & Comp.: Handelsraum mit 97 Ortschaften, 1774–1778

Der überlieferte Handelsraum von *Zellweger Vater & Comp.* von Trogen erstreckte sich in den Jahren 1774 bis 1778 auf 97 Ortschaften, verteilt auf neun Länder Europas. Unterhalten wurde er mit 246 Geschäftspartnern, an welche sich 6532 Geschäftsbriefe erhalten haben. Der italienische Sprachraum bildete sich nicht ab. Für seine Bewirtschaftung war *Zellweger, Müller/Zürcher & Comp.* in Trogen und Genua zuständig.

Zellweger, Müller/Zürcher & Comp., Trogen und Genua, 1774 bis 1792

Die Handelsgesellschaft

Zellweger-Hirzel-Scheuss musste nach der Liquidation von *Gebrüder Zellweger & Comp.* auf einen Streich zwei neue Handelshäuser einrichten, eines in Lyon und eines in Genua. Der Abschluss eines «Handelsaccords» für Genua Ende Mai 1774 mit dem künftigen Teilhaber Johann Conrad Müller von Herisau war für ihn von solcher Wichtigkeit, dass er die Teilnahme an der Versammlung der *Helvetischen Gesellschaft* in Schinznach absagte: [1184]

> [D]ann meine Gegenwarth [in Genua ware] doppel nothwendig. Ich habe würcklich mit dem H: Müller eine Societaet [Handelsgesellschaft, A.d.A.] entworfen, so dass ich ihn bald Ihnen als meinen neuen Associé werde empfehlen können: Er wird seinen Rückweg [nach Genua] über Schaffhausen, Basel, Müllhausen, Bern und Zürich und über den Gotthard nehmen: Erlauben Sie, dass ich ihn Ihnen auch zuschicke.[1185]

Zellweger-Hirzel-Scheuss arbeitete den Gesellschaftsvertrag für die Handelsgesellschaft *Zellweger, Müller & Comp.* zur Betreibung des Handels zwischen den Handelshäusern in Trogen und in Genua im Sommer 1774 aus. Er war auf sechs Jahre angelegt. Der Teilhaber Müller wurde als «liebenswürdiger Mann»[1186] beschrieben. Als Buchhalter konnte Jakob Zürcher (1739–1808) von Teufen gewonnen werden. Der zuvor jahrelang im Handelshaus *Fratelli Schläpfer* aus Speicher (Appenzell Ausserrhoden) in Genua tätig gewesene Zürcher wechselte in das neue Handelshaus, *Zellweger, Müller & Comp.*, um bereits vier Jahre später als Teilhaber der *Zellweger, Zürcher & Comp.* zu zeichnen. Zellweger-Hirzel-Scheuss beteuerte, dass die Trennung von Müller nicht aus «Caprice», aus Eigensinn oder einer Laune heraus geschehen war. Handfestere Gründe gab er dennoch nicht an, zumal keine «schlimmern Geschäfte oder Verluste» vorlagen. Hauptsache schien, «dass Alles in *schönster Harmonie vorbeigegangen* & dass wir *keine Verbitterung auf einander haben* [H.d.d.A.]». Als Beweis dafür reisten die ehemaligen Teilhaber sogar «in der gleichen Chaise» bis nach Mailand.[1187] Einzig die interne Geschäftskorrespondenz ergab, dass sich Müller überaus lange in Spanien aufgehalten hatte. Auch nach mehrmaliger Aufforderung seitens Zellweger-Hirzel-Scheuss traf er keinerlei Anstalten, nach Genua zurückzukehren. Aus dieser erneuten Separation 1778 als Gewinner hervor ging Buchhalter Zürcher, mit dem sich Zellweger-Hirzel-Scheuss am 22. September 1778 auf sechs Jahre vergesellschaftete. Sein in bäuerlichen Verhältnissen lebender Vater, der beliebte Landammann Gebhardt Zürcher (1701–1781),[1188] gratulierte seinem Sohn am 21. November 1774 zu seinem ersten Arbeitsvertrag als Buchhalter der *Zellweger, Müller & Comp.* Er reagierte mit dreimal wiederholtem «sonderem Vergnügen» auf den Stellenwechsel des Sohns in Genua und versicherte ihm, «das Hr. Vigo und Schläpfer nicht das geringst hier wider haben können, wie Hr: Schläpfer mir selbst zu erkennen geben». Zellweger-Hirzel-Scheuss hatte den Landammann Zürcher zum Abendbrot eingeladen und «mir bej diesem Anlass alles erzelt und den Acort von Wort zu Wort vorgelesen [... und] alles Gutte anerbotten».[1189] Der Abschluss eines Arbeitsvertrags war somit nicht nur Sache zwischen den Vertragsparteien, sondern bedurfte der Zustimmung des sozialen Netzwerkes

1184 Zellweger, Johannes (1730–1802): 1 Brief an Johann Caspar Hirzel (1725–1803) in Zürich, Trogen, 02.05.1774.

1185 Zellweger, Johannes (1730–1802): 1 Brief an Johann Caspar Hirzel (1725–1803) in Zürich, Trogen, 23.05.1774.

1186 Zellweger, Johannes (1730–1802): 1 Brief an Johann Caspar Hirzel (1725–1803) in Zürich, Genua, 02.09.1776.

1187 Zellweger, Johannes (1730–1802): 1 Brief an Johann Caspar Hirzel (1725–1803) in Zürich, Trogen, 01.10.1778.

1188 Schläpfer: Appenzell Ausserrhoden (1972), S. 183, 187, 221, 225, 232–233; Fuchs, Thomas: Artikel «Zürcher, Gebhardt (1701–1781) von Teufen», in: e-HLS online, 24.02.2014.

1189 Zürcher, Gebhardt (1701–1783): 1 Brief an Sohn Jakob Zürcher (1739–1808) in Genua, Teufen, 21.11.1774; die Korrespondenz umfasst insgesamt 56 Briefe, deren Inhalt die Lebensumstände eines Buchhalters als Angestellter bei Vigo & Schläpfer in Genua beschreibt.

in der Heimat. Am Beispiel des Buchhalters Zürcher von Teufen liess sich ein regelrechter Konkurrenzkampf um die qualifizierten Kaufleute aus der Heimat Appenzell Ausserrhoden in Genua nachweisen. Für den 39-jährigen kaufmännischen Angestellten in Genua ermöglichte der Abschied von *Vigo & Schläpfer* den beruflichen Aufstieg vom Angestellten zum Teilhaber der *Zellweger, Zürcher & Comp.*, der mit 50% an Gewinn und Verlust beteiligt war. Seine alten Arbeitgeber Schläpfer in Genua boten ihm diese Chance nicht und mussten ihn ziehen lassen. Eine so drastische Veränderung im Personal musste sowohl in Genua als auch in Appenzell Ausserrhoden besprochen und im Optimalfall von allen Beteiligten abgesegnet werden. Der Gesellschaftsvertrag sah eine Laufzeit von sechs Jahren vor. Danach durfte jeder Teilhaber nach Ermessen austreten oder den Vertrag verlängern. Im Todesfall räumten sich die Teilhaber gegenseitig das Recht auf Weiterführung oder Aufhebung der Gesellschaft ein. Das Geschäftsjahr war jeweils mit einer Bilanz samt Inventar per 31. Dezember abzuschliessen.

Teilhaber	Kapitalkonten zu 6 & 5%	Gewinn und Verlust
Johannes Zellweger (1730–1802) von Trogen	50 000 Genues. Gulden	50%
Jacob Zürcher (1739–1808) von Teufen	7 600 Genues. Gulden	50%
Total Eigenkapital	57 600 Genues. Gulden	

Tabelle 5: Zellweger, Zücher & Co.: Kapital, Gewinn und Verlust, in: Gesellschaftsvertrag, 22.09.1778

In Bezug auf das Handelskapital brachte Zellweger-Hirzel-Scheuss 50 000 Genuesische Gulden ein. Zürcher kam mit 7600 Genuesischen Gulden auf etwas mehr als ein Siebtel. Trotz dieses markanten Unterschiedes wirkte sich die Höhe des eingebrachten Eigenkapitals nicht auf die Beteiligung an Gewinn und Verlust aus. Das trugen beide Teilhaber zu gleichen Teilen. Diese ausgewogene Beteiligung ging Zellweger-Hirzel-Scheuss aus der Überzeugung ein, dass «nichts so sehr attachiert als das Interesse».[1190] Auch die hohe Verzinsung der Kapitalkonten bezweckte diese Verbundenheit mit der Handelsgesellschaft, wenn auch hier ein erheblicher Unterschied festzustellen war. Das Konto von Zellweger-Hirzel-Scheuss wurde mit 6% verzinst, dasjenige von Zürcher mit 5%.

Johann Ulrich Kürsteiner von Trogen war 1776 als Buchhalter bei *Zellweger, Müller & Comp.* in Trogen tätig. Bei *Zellweger, Zürcher & Comp.* waren es 1780 David Schlatter von Herisau und 1786 bis 1791 Sohn Zellweger-Gessner. Von 1789 bis 1792 absolvierte der spätere Oberrichter Pestalozzi «vom Brünneli» von Zürich seine kaufmännische Lehre in Genua.[1191]

Die Handelsgesellschaft *Zellweger, Zürcher & Co.* erwies sich auf der Basis des ausgewogenen Beteiligungsverhältnisses als äusserst stabil. Zellweger-Hirzel-Scheuss wusste das «Attachement» Zürchers zudem auch privat zu stärken. Er band seinen 44-jährigen Teilhaber Zürcher in die Familie ein, indem er ihm 1783 seine Nichte Elisabetha Hirzel (1759–1831) von Zürich als Ehefrau vermittelte. Der sechsjährige Vertrag wurde prompt um weitere sechs Jahre bis zum 31. Dezember 1792 verlängert. Dann zog sich der 51-jährige Zürcher in die Heimat zurück. Hintergrund dieses Rückzugs war wohl der Umstand, dass die drei Söhne seines Teilhabers Zellweger-Hirzel-Scheuss nun alt genug waren, um als professionell ausgebildete Kaufleute mit dem Vater zusammen die neue Handelsgesellschaft *Zellweger & Comp.* weiterzubetreiben. Der von Zürcher eingearbeitete, erst 22-jährige Sohn Zellweger-Gessner übernahm auf Geheiss des Vaters die Leitung des Hauses in Genua, ohne selber Teilhaber zu sein.

Die Handelsabläufe

Als Beschaffungsmärkte für Leinwand bewirtschaftete *Zellweger, Müller/Zürcher & Comp.* Regionen den Norden des Herzogtums Württemberg, das Königreich Bayern und Böhmen. *Benedikt Blassa* von

1190 Zellweger, Johannes (1730–1802): 1 Brief an Johann Caspar Hirzel (1725–1803) in Zürich, Trogen, 01.10.1772.

1191 Zellweger, J.C.: Notitzen aus meinem Leben (1/1850), S. 36.

Wiesensteig lieferte wiederholt «18er, 20er».[1192] Ob *Johann Beyschlag* von Merklingen tatsächlich «Kölsch» lieferte, war aufgrund der einen Geschäftsbriefkopie nicht auszumachen.[1193] Von Blaubeuren aus lieferten die an der *Leinwandschau Blaubeuren* beteiligten Kaufleute *Johannes Honold*[1194] und *Johann Friedrich Strohacker «20er, 5/4 breit»*.[1195]
Die Beschaffungsmärkte für «Doppeldickes Leinen» entsprachen denjenigen von *Zellweger Vater & Comp.*, wurden aber intensiver genutzt. Im Zentrum stand Herisau. Die intensivste Korrespondenz führte man mit den beiden Einkäufern und Lieferanten *Hans Ulrich Meyer*[1196] und *Laurenz Wetter* (1726–1793).[1197] Dann folgten *Daniel Meyer seel. Wittib u Sohn*[1198], *Bartholome Thörig älter*[1199], *Thörig & Tanner*[1200], *Johannes Brugger jünger*[1201] und *Johann Entz älter*.[1202] Einzig *Johann Jacob Zölper älter* war als Lieferant von «Constance» auszumachen.[1203] Regelmässige wöchentliche Einkaufstouren auf dem Pferd führten den Kaufmann Zellweger-Hirzel-Scheuss nach Flawil, wo das Handelshaus Egli stand. Eine umfangreiche Korrespondenz mit *Johannes de Hans Ulrich Egli* zeugt von dieser intensiven Handelsbeziehung zu einem Lieferanten von Leinenware und Baumwollware.[1204] Nach dem Tod von Johannes Egli wurde sie mit *Egli seel. Wittib* weitergeführt, die kurz nach ihrem Ehemann ebenfalls verstarb.[1205] Von *Johann Heinrich Hunziker jünger* von Aarau bezog *Zellweger, Müller/Zürcher & Comp.* «Tischwäsche» und «Servietten».[1206] *Beuther, Macuard & Co.* von Bern lieferten den Artikel «Mouchoir».[1207] Auch das Königreich Bayern pflegte Zellweger-Hirzel-Scheuss über ausgedehnte Einkaufstouren von Süden nach Norden zu bereisen. In Sonthofen waren *Johann & Andreas Messnang* als Lieferanten von Leinwand aktiv.[1208] Von Immenstadt im Allgäu lieferte *Johann Georg Jeck* «Schlagware 24 bis ox» und «Schwabenware».[1209] In Kempten lieferte der erst kürzlich zugewanderte *Christian Marco Calgeer*, der von *Felix Jacob Fehr* um 1769 die Geschäfte übernommen haben dürfte.[1210] Mit (Benedikt Hermann) *Karrer & Co.* in Memmingen[1211] wie auch mit *Pichler seel. Erben* von München[1212] ergaben sich keine Verbindungen. In Augsburg ging Zellweger-Hirzel-Scheuss *Johann Michael Schöppler* (1754–1839) als Lieferanten von «grobem Leinen aus Pappenheimer Garn, stark und gleichmässig» an.[1213] Deutlich intensiver waren die Korrespondenzen mit den Lieferanten *Johann Caspar Bauer* von Lauingen[1214] und *Heisser & Plassin* von Passau, was wohl auf die grosse Distanz zurückzuführen sein dürfte.[1215] In der freien Reichsstadt Isny im Allgäu fand Zellweger-Hirzel-Scheuss 1774 vier Lieferanten von Leinwand. Es waren

1192 Zellweger, Müller & Comp.: 22 Briefe an Benedikt Blassa in Wiesensteig, Trogen, 1774–1778.
1193 Zellweger, Zürcher & Comp.: 1 Brief an Johann Beyschlag in Merklingen, Trogen, 09.10.1780, S. 1148.
1194 Zellweger, Müller/Zürcher & Comp.: 7 Briefe an Johannes Honold in Blaubeuren, Trogen, 1774–1780.
1195 Zellweger, Müller/Zürcher & Comp.: 2 Briefe an Johann Friedrich Strohacker in Blaubeuren, Trogen, 1774–1780.
1196 Zellweger, Müller/Zürcher & Comp.: 30 Briefe an Hans Ulrich Meyer in Herisau, Trogen, 1774–1780.
1197 Zellweger Müller/Zürcher & Comp.: 27 Briefe an Laurenz Wetter in Herisau, Trogen, 1774–1780.
1198 Zellweger, Müller/Zürcher & Comp.: 12 Briefe an Daniel Meyer seel. Wittib u Sohn in Herisau, Trogen, 1774–1780.
1199 Zellweger, Müller/Zürcher & Comp.: 6 Briefe an Bartholome Thörig älter in Herisau, Trogen, 1774–1780.
1200 Zellweger, Müller/Zürcher & Comp.: 5 Briefe an Thörig & Tanner in Herisau, Trogen, 1774–1780.
1201 Zellweger, Müller/Zürcher & Comp.: 4 Briefe an Johannes Brugger jünger in Herisau, Trogen, 1774–1780.
1202 Zellweger, Müller/Zürcher & Comp.: 2 Briefe an Johann Entz älter in Herisau, Trogen, 1774–1780.
1203 Zellweger, Müller/Zürcher & Comp.: 13 Briefe an Johann Jacob Zölper älter in Herisau, Trogen, 1774–1780.
1204 Zellweger, Müller/Zürcher & Comp.: 101 Briefe an Johannes de Hans Ulrich Egli in Flawil, Trogen, 1774–1780.
1205 Zellweger, Müller/Zürcher & Comp.: 4 Briefe an Egli seel. Wittib in Flawil, Trogen, 1774–1780.
1206 Zellweger, Müller/Zürcher & Comp.: 54 Briefe an Johann Heinrich Hunziker jünger in Aarau, Trogen, 1774–1780.
1207 Zellweger, Müller/Zürcher & Comp.: 17 Briefe an Beuther, Macuard & Co. in Bern, Trogen, 1774–1780.
1208 Zellweger, Müller/Zürcher & Comp.: 13 Briefe an Johann & Andreas Messnang in Sonthofen, Trogen, 1774–1780.
1209 Zellweger, Müller/Zürcher & Comp.: 23 Briefe an Johann Georg Jeck in Immenstadt im Allgäu, Trogen, 1774–1780.
1210 Zellweger, Müller/Zürcher & Comp.: 8 Briefe an Christian Marco Calgeer in Kempten, Trogen, 1774–1780.
1211 Zellweger, Zürcher & Comp.: 1 Brief an (Benedikt Hermann) Karrer & Co. in Memmingen, Trogen, 12.04.1779, S. 848.
1212 Zellweger, Zürcher & Comp.: 1 Brief an Pichler seel. Erben in München, Trogen, 24.05.1779, S. 864.
1213 Zellweger, Zürcher & Comp.: 2 Briefe an Joh. Michael Schöppler (1754–1839) in Augsburg, Trogen, 1779–1780.
1214 Zellweger, Müller/Zürcher & Comp.: 5 Briefe an Johann Caspar Bauer in Lauingen, Trogen, 1774–1780.
1215 Zellweger, Müller/Zürcher & Comp.: 15 Briefe an Heisser & Plassin in Passau, Trogen, 1774–1780.

Johann Reinhard Gebhardt[1216], *Jacob Schlegel jünger*[1217], *Georg Leonhard Thomann*[1218] als Lieferanten von «Schäggen» und *Christoph Ulrich Zech*.[1219] In Leutkirch im Allgäu lieferte *Mathias Fehr* «Farbware 6/4 und 5/4 breit» und «Packtuch».[1220] In Dietenheim wohnte Lieferant *Franz Anton Krautheimer*.[1221] *Zellweger, Müller/Zürcher & Comp.* liess von *Joseph Anthony Manser* (1754–1813) in Appenzell (Appenzell Innerrhoden)[1222], von *Johann Jacob Heer* in Rheineck[1223] und von *Johann Ulrich Ackermann* in Rorschach bleichen.[1224] Für die Textilfärberei nahm *man* die Dienste von Färbern im Thurgau in Anspruch. Es handelte sich um *Leodegarius Mayr*[1225] und *Georg Hermann Kern* in Arbon am Bodensee[1226] sowie *Felix Schmidhauser* in Hauptwil.[1227]

Eine Überlieferung, welche den Einkauf der Baumwolle dokumentieren würde, besteht nicht. Den Einkauf der Baumwolle durch *Zellweger, Müller/Zürcher & Comp.* wickelte man im Hafen von Genua ab. Der Teilhaber Müller, dann Zürcher kauften die Baumwolle in Sorte, Qualität und Menge genau nach der vorliegenden Bestellung ein, um welche sich Zellweger-Hirzel-Scheuss von Trogen aus zuvor aktiv bei der Kundschaft in der Region bemüht hatte. Zu diesen Kunden gehörten *Samuel Seiler & Sohn* von Lenzburg und *Felix Battier* von Basel, der die Sorte «Maragnon» kaufte.[1228] Ebenfalls für die Sorte «Maragnon» interessierten sich *Benjamin Wegmann* von Zürich, der «Maragnon mittelgut» kaufte[1229], *Werdmüller & Co.* von Zürich[1230] und *Johann Werdmüller jünger*.[1231] *Salomon Walcher* von Winterthur kaufte die Sorten «Alta» und «Saloniki» aus der Levante.[1232]

1216 Zellweger, Müller/Zürcher & Comp.: 6 Briefe an Johann Reinhard Gebhardt in Isny, Trogen, 1774–1780.
1217 Zellweger, Müller/Zürcher & Comp: 3 Briefe an Jacob Schlegel jünger in Isny, Trogen, 1774–1780.
1218 Zellweger, Müller/Zürcher & Comp.: 10 Briefe an Georg Leonhard Thomann in Isny, Trogen, 1774–1780.
1219 Zellweger, Müller/Zürcher & Comp.: 15 Briefe an Christoph Ulrich Zech in Isny, Trogen, 1774–1780.
1220 Zellweger, Müller/Zürcher & Comp.: 19 Briefe an Mathias Fehr in Leutkirch im Allgäu, Trogen, 1774–1780.
1221 Zellweger, Müller/Zürcher & Comp.: 5 Briefe an Franz Anton Krautheimer in Dietenheim, Trogen, 1774–1780.
1222 Zellweger, Müller/Zürcher & Comp.: 6 Briefe an Joseph Anthony Manser (1754–1813) in Herisau, Trogen, 1774–1778.
1223 Zellweger, Müller/Zürcher & Comp.: 6 Briefe an Bleicher Johann Jacob Heer in Rheineck, Trogen, 1774–1778.
1224 Zellweger, Müller & Comp.: 1 Brief an Johann Ulrich Ackermann in Rorschach, Trogen, 12.08.1776, S. 421.
1225 Zellweger Vater & Comp.: 31 Briefe an Leodegarius Mayr in Arbon, Trogen, 1774–1778.
1226 Zellweger Vater & Comp.: 17 Briefe an Georg Hermann Kern in Arbon, Trogen, 1774–1778.
1227 Zellweger Vater & Comp.: 4 Briefe an Felix Schmidhauser in Hauptwil, Trogen, 1774–1778.
1228 Zellweger, Müller/Zürcher & Comp.: 6 Briefe an Felix Battier in Basel, Trogen, 1774–1780.
1229 Zellweger, Müller/Zürcher & Comp.: 12 Briefe an Benjamin Wegmann in Zürich, Trogen, 1774–1780.
1230 Zellweger, Müller/Zürcher & Comp.: 51 Briefe an Werdmüller & Co. in Zürich, Trogen, 1774–1780.
1231 Zellweger, Müller/Zürcher & Comp.: 11 Briefe an Johann Werdmüller jünger in Zürich, Trogen, 1774–1780.
1232 Zellweger, Müller/Zürcher & Comp.: 18 Briefe an Salomon Walcher in Winterthur, Trogen, 1774–1780.

Abbildung 44: Zellweger, Müller/Zürcher & Comp.: Wohnsitze ihrer Textildruckereien, 1774–1780

Zellweger, Zürcher & Comp. setzte als erste Handelsgesellschaft Zellweger intensiv auf die neuen Artikel der bedruckten Baumwollware. Sie standen mit insgesamt 29 Textildruckereien in Kontakt, welche an zwölf Standorten tätig waren. An die Textildruckereien gingen total 737 Geschäftsbriefe. Die wichtigsten Zentren waren Herisau [236] und die Stadt St. Gallen [211]. Mit grossem Abstand folgten weiter entfernte Zentren des Textildrucks wie Mülhausen [96], Lenzburg [72] und Zürich [61]. Wenig Bedeutung kam den Textildruckereien in Rorschach [27], Glarus [13], Augsburg [11], Lörrach [5], Solothurn [2], Aarau [1] und Altstätten [2] zu. In Herisau verteilte sich die Geschäftskorrespondenz auf total acht Textildrucker von «Mouchoirs». Am wichtigsten war *Johannes Merz* (1721–1786)[1233], gefolgt von (Adrian) *Scheuss & Merz*, welche «Mouchoirs à double face» bedruckten.[1234] Dann folgten *Gebrüder Merz*[1235], *Sebastian Mettler*[1236], *Anthony Frischknecht*[1237] und *Baumann*, der «Mouchoirs porcelaine in schönem Desseins von schmahlen Rändern & feine kleine Jnnerwerk aus Rosen» bedruckte.[1238] *Ulrich Mittelholzer* bedruckte «Mouchoirs, einfach rot».[1239] *Maximilian Scheuss/Schiess*, dann Maximilian *Schiess seel. Sohn* stellten Druckware und Farbware her.[1240] In der Stadt St. Gallen waren sechs Textildrucker für *Zellweger, Zürcher & Co.* tätig. Am wichtigsten war *Salomon Schlatter & Co.*[1241] Er bedruckte «Mouchoirs patenas».[1242] Mit grossem Abstand folgte *Othmar de Joachim Glintz*.[1243] Er stellte Druckware auf Leinwand her, «Mouchoirs weiss mit rothen Rändern & kleinem Geblümel als auch mit einem

1233 Zellweger Vater & Comp.: 63 Briefe an Johannes Merz (1721–1786) in Herisau, Trogen, 1774–1778.

1234 Zellweger, Müller/Zürcher & Comp.: 54 Briefe an (Adrian) Scheuss & Merz in Herisau, Trogen, 1774–1780.

1235 Zellweger, Müller/Zürcher & Comp.: 39 Briefe an Gebrüder Merz in Herisau, Trogen, 1774–1780.

1236 Zellweger, Müller/Zürcher & Comp.: 36 Briefe an Sebastian Mettler in Herisau, Trogen, 1774–1780.

1237 Zellweger, Müller/Zürcher & Comp.: 17 Briefe an Anthony Frischknecht in Herisau, Trogen, 1774–1780.

1238 Zellweger, Müller/Zürcher & Comp.: 15 Briefe an Baumann in Herisau, Trogen, 1774–1780.

1239 Zellweger, Müller/Zürcher & Comp.: 7 Briefe an Ulrich Mittelholzer in Herisau, Trogen, 1774–1780.

1240 Zellweger, Müller/Zürcher & Comp.: 5 Briefe an Maximilian Scheuss/Schiess in Herisau, Trogen, 1774–1780; Vorgängerfirmen dürften Maximilian Schiess, dann wohl bis 1774/1775 Maximilian Schiess seel. Wittib gewesen sein.

1241 Zellweger, Müller/Zürcher & Comp.: 118 Briefe an Salomon Schlatter & Co. in St. Gallen, Trogen, 1774–1780.

1242 Zellweger, Müller/Zürcher & Comp.: 1 Brief an Salomon Schlatter & Co. in St. Gallen, Trogen, 28.08.1774.

1243 Zellweger, Müller/Zürcher & Comp.: 58 Briefe an Othmar de Joachim Glintz in St. Gallen, 1774–1780.

Bouquet in der Mitte, nach Musterbuch».[1244] *David Tobler älter & Co.* stellte «Mouchoirs» auf «Mousse[lin]:» her.[1245] Weniger bedeutsam scheint die Beziehung zu *Johann Heinrich Ritz & Sohn* gewesen zu sein.[1246] Die Bestellung einer Probe per 16. Oktober 1775 von «Mousselins so fein wie Muster, [...] die Desseins [...] nach dem Gout des Musters & von verschiedenen anderen Mödlen»[1247] gab offenbar keinen Anlass zu grösseren Bestellungen. Etwas mehr Bewegung löste die Probebestellung bei *Johann Georg Bion*[1248] am 25. Juli 1777 aus von «Mouchoirs weissboden mit Randen und Eingeweid, doppelroth und einfach roth».[1249] *Laurenz Vonwiller* bedruckte «Mouchoirs rot und blau».[1250] Zellweger-Hirzel-Scheuss liess sich erst 1784 von Buchdrucker Mathias Sturzenegger (1747–1820)von Trogen zwei eigene Musterbücher «von Deseng» [frz. dessin] entwerfen.[1251] In Lörrach konzentrierte sich die Korrespondenz um den Textildruck ausschliesslich auf *Niclaus de Johann Friedrich Küpfer.*[1252] Seine «Calencas» und «Mouchoirs patenas» waren offenbar ebenso begehrt wie diejenigen von *Salomon Schlatter & Co.* in St. Gallen. In Zürich verteilte sich die Korrespondenz auf die zwei Textildrucker *Johann Ulrich Rordorf*, der «Mouchoirs» und «Mouchoirs patenas» bedruckte[1253], und auf *Salomon Wolf*, der «Mouchoirs» herstellte.[1254] In Lenzburg bedruckte (Samuel) *Seiler & Sohn* «Mouchoirs» und «Patenas fin».[1255] *Hünerwadel Marx & Sohn* stellte «Indiennes à fond Jeaune» und «Indiennes à 4 Couleurs» her.[1256] Nach Rorschach unterhielt *Zellweger, Zürcher & Co.* drei Korrespondenzen für den Textildruck von «Mouchoirs». Am wichtigsten war *Gschwend & Roth*[1257], gefolgt von *Baumann & Mettler*[1258] und *Johannes Baumgartner* in der Farb.[1259]

An die weiter entfernt liegenden Textildruckereien gingen im Vergleich zu den oben genannten Korrespondenzen nur wenige Geschäftsbriefe. In Augsburg war mit *Georg Friedrich Zackelmayer* ein sehr erfolgreicher Textildrucker seit 1775 für *Zellweger, Zürcher & Co.* im Druck von «Calenca, mi Calenca als Mouchoirs» tätig.[1260] Die kleine Korrespondenz mit *Franz Wagner & Co.* von Solothurn für den Druck von «Indiennes» markierte den Anfang einer Geschäftsbeziehung, welche bis nach 1800 Bestand hatte.[1261] Wagners Indienne-Manufaktur erlebte in den 1790er Jahren mit 250 Angestellten ihre Blütezeit. Nach 1814 setzte wegen der englischen Konkurrenz, veralteter Produktionsmethoden und Importverboten ein Niedergang ein, der 1824 in den Bankrott und die Liquidation des Unternehmens mündete.[1262] Mit *Samuel Köchlin* von Lörrach[1263], der ebenfalls «Mouchoirs» bedruckte, war ein Nachfolger von Johann Friedrich Küpfer (1708–1757) von Bern zu belegen. Küpfer gilt als Gründer der bis ins Jahr 2017

1244 Zellweger, Müller & Comp.: 1 Brief an Othmar de Joachim Glintz in St. Gallen, Trogen, 11.09.1776, S. 435.

1245 Zellweger, Müller/Zürcher & Comp.: 23 Briefe an David Tobler älter & Co. in St. Gallen, Trogen, 1774–1780.

1246 Zellweger, Müller/Zürcher & Comp.: 2 Briefe an Johann Heinrich Ritz & Sohn in St. Gallen, Trogen, 1774–1780.

1247 Zellweger, Müller & Comp.: 1 Brief an Johann Heinrich Ritz & Sohn in St. Gallen, Trogen, 16.10.1775, S. 210.

1248 Zellweger, Müller/Zürcher & Comp.: 8 Briefe an Johann Georg Bion in St. Gallen, Trogen, 1774–1780.

1249 Zellweger, Müller & Comp.: 1 Brief an Johann Georg Bion in St. Gallen, Trogen, 25.07.1777, S. 569.

1250 Zellweger, Müller/Zürcher & Comp.: 2 Briefe an Laurenz Vonwiller in St. Gallen, 1774–1780.

1251 Brunold-Bigler: «Den ersten hinkenden Boten neuer Zeit herausgegeben», in: Schweizerisches Archiv für Volkskunde (79/1983), S. 63–84, hier S. 67.

1252 Zellweger, Müller/Zürcher & Comp.: 96 Briefe an Niclaus de Johann Friedrich Küpfer in Lörrach, Trogen, 1774–1780.

1253 Zellweger, Müller/Zürcher & Comp.: 49 Briefe an Johann Ulrich Rordorf in Zürich, Trogen, 1774–1780.

1254 Zellweger, Müller/Zürcher & Comp.: 12 Briefe an Salomon Wolf in Zürich, Trogen, 1774–1780.

1255 Zellweger, Müller/Zürcher & Comp.: 49 Briefe an (Samuel) Seiler & Sohn in Lenzburg, Trogen, 1774–1780.

1256 Zellweger, Müller/Zürcher & Comp.: 23 Briefe an Hünerwadel Marx & Sohn in Lenzburg, Trogen, 1774–1780.

1257 Zellweger, Müller/Zürcher & Comp.: 16 Briefe an Gschwend & Roth in Rorschach, Trogen, 1774–1780.

1258 Zellweger, Müller/Zürcher & Comp.: 7 Briefe an Baumann & Mettler in Rorschach, Trogen, 1774–1780.

1259 Zellweger, Müller/Zürcher & Comp.: 4 Briefe an Johannes Baumgartner in der Farb in Rorschach, Trogen, 1774–1780.

1260 Zellweger, Müller/Zürcher & Comp.: 11 Briefe an Georg Friedrich Zackelmayer in Augsburg, Trogen, 1774–1780.

1261 Zellweger, Müller/Zürcher & Comp.: 2 Briefe an Franz Wagner & Co. in Solothurn, Trogen, 1774–1780.

1262 Meyer, Erich: Artikel «Wagner (SO)», in: e-HLS online, 15.05.2012; Schwab: Die industrielle Entwicklung des Kantons Solothurn (1927), S. 226–269.

1263 Zellweger, Müller/Zürcher & Comp.: 5 Briefe an Samuel Köchlin in Lörrach, Trogen, 1774–1780.

aktiven *KBC – Koechlin Baumgartner & Cie.* in Lörrach.[1264] *Zellweger, Müller & Comp.*, dann *Zellweger, Zürcher & Co.* waren die ersten Handelsgesellschaften Zellweger, welche einen grossen Anteil an der Geschäftskorrespondenz in die Kommunikation mit Textildruckereien investierten. Dem Handel mit bedruckter Baumwollware kam damit neben der Leinwand erstmals Bedeutung zu.

1264 Forrer: Die Kunst des Zeugdrucks vom Mittelalter bis zur Empirezeit (1898), S. 47; Quellen dazu vgl. Köchlin, Baumgartner & Cie: Unternehmensarchiv, 18 Laufmeter (1846–1970) [Universität Hohenheim: Wirtschaftsarchiv Baden-Württemberg: Y 270]. (Das Archivgut wurde 2001 übernommen. Weitere Quellen verwahrt auch das Schweizerische Wirtschaftsarchiv in Basel.)

Schlussfolgerung

Die Aufbauphase der Handelsgesellschaften Zellweger war geprägt von zwei Initiativen. Die erste Initiative war die Einrichtung der *Leinwandschau Trogen* um das Jahr 1670 in Räumlichkeiten, die Zellweger-Rechsteiner in seinem Haus am Landsgemeindeplatz 43 zur Verfügung stellte. Mit anderen Ratsherren von Trogen setzte er sich aktiv für ihre Einrichtung ein, indem er wirtschaftlich vorausschauend zunächst das Interesse möglicher Kunden wie der Gonzenbach in Hauptwil mit ihrer beeindruckenden Textilmanufaktur sondierte. Die zweite Initiative war der aktiv betriebene Transfer von Wissen über den kaufmännischen Beruf aus der Stadt auf das Land. Nach dem Vorbild von Scheuss und Wetter von Herisau ermöglichte auch Zellweger-Rechsteiner seinem Sohn Zellweger-Tanner eine kaufmännische Lehre in St. Gallen und im Anschluss daran eine sechsjährige Anstellung als «Handelsdiener» im selben Handelshaus *Fittler & Comp.* in Lyon. Die Auswertung der Rechnungsbücher der *Leinwandschau Trogen* ergab, dass sich der jährliche Einkauf der Kaufleute Zellweger in der ersten Phase des Aufbaus von 1688 bis 1725 verdoppelte. Als 1726 mit den *Gebrüdern Zellweger* zum ersten Mal zwei Brüder Zellweger gemeinsam selbständig tätig wurden, verdreifachte er sich. Das veranschaulichen die drei Maximalzahlen der Jahre 1697 mit 1300 Stück, 1725 mit 2500 Stück und 1728 mit 3300 Stück Leinwand.
Die Expansionsphase war geprägt von der Eröffnung des ersten eigenen Handelshauses *Zellweger & Eugster* in Lyon Ende 1731. Die Einkäufe steigerten sich nicht mehr, sondern gingen unter klimatisch und politisch schwierigsten Bedingungen konstant zurück. Das Baumwollgewerbe kam als überaus attraktive Konkurrenz zum arbeitsintensiven Leinwandgewerbe auf. Die Trennung von den Brüdern Eugster 1748 erhöhte die Konkurrenz im Einkauf in Appenzell Ausserrhoden. Die Trennung Zellweger-Ehrliholzer-Sulsers von den *Gebrüdern Zellweger & Comp.* 1755 löste dann zum ersten Mal auch eine innerfamiliäre Konkurrensituation aus – mit positiven Folgen für die *Leinwandschau Trogen*. *Gebrüder Zellweger & Comp.* und *Conrad Zellweger, Zuberbühler & Comp.* kauften zusammen nun mehr ein als vorher. Das Modell der Handelsgesellschaft mit Schwiegersöhnen bewährte sich langfristig nicht. Kaum löste sich die Situation der ersten innerfamiliären Konkurrenz 1771, teilte sich 1774 *Gebrüder Zellweger & Comp.* freiwillig. Unter *Zellweger älter & Comp.* und *Zellweger Vater & Comp.* ging jeder seiner Wege – auf denselben Handelsrouten. In Trogen, Lyon und Genua existierten ab diesem Zeitpunkt erstmals je zwei Handelshäuser Zellweger. In diese Zeit fielen zudem die Anfänge ihres Imports des Rohstoffs Baumwolle über Handelshäuser in Baumwolle von Kempten (Bayern) mit eigenen Handelshäusern in Venedig. Vor diesem Hintergrund ergab sich 1768 die Gründung der ersten Handelsgesellschaft *Zellweger & Honnerlag* mit Standbein in Genua. Wie bereits in Lyon waren die Kaufleute Zellweger auch in Genua keineswegs die ersten Kaufleute aus Appenzell Ausserrhoden, sondern taten es den erfolgreichen Pionieren Schläpfer von Speicher gleich.
In Kapitel 3 sollen nun die Zusammenhänge der Warenflüsse zwischen Einkauf und Verkauf je nach Rohstoff Flachs oder Baumwolle unterschieden dargelegt werden.

Holzer, Johann Evangelist: Christian Georg von Köpf (1699–1758) d. Ä. von Augsburg, Bankier, Porträtgemälde, Öl auf Leinwand (107.5 x 85 cm), Augsburg, 1735 [Kunstsammlungen und Museen Augsburg: Kat. Nr. 60, Inv. Nr. L 802]

Kapitel 3: Warenflüsse – zwischen Einkauf und Verkauf

Einleitung

Das Warensortiment ist *die* Grundlage der Betriebstätigkeit einer Handelsgesellschaft. Gerade im Warensortiment können sich jedoch von Jahr zu Jahr beachtliche Umwandlungen ergeben. Der Kaufmann muss Veränderungen auf dem Markt rechtzeitig erkennen und in die Bestückung seines Warensortiments mit einbeziehen. Er entwickelt ein Sensorium für die Problematik der Struktur seines Sortiments und richtet seine Sortimentspolitik laufend neu danach aus.[1265] Mit dieser Problematik sahen sich die Kaufleute Zellweger insbesondere in Bezug auf die Rohstoffe ihrer Handelsware konfrontiert. Sie begannen ihre Handelstätigkeit mit regional hergestellter Leinwand auf Basis des regional angebauten Rohstoffs Flachs. Doch seit Mitte des 18. Jahrhunderts verdrängte das manuelle Baumwollgewerbe das manuelle Leinwandgewerbe zunehmend. Der Vorteil des Rohstoffes Baumwolle gegenüber dem arbeitsintensiven Rohstoff Flachs lag in der einfacheren Verarbeitung. Nicht etwa die spröde Flachsfaser, sondern die geschmeidige Baumwollfaser ermöglichte die mechanische Spinnerei, welche 1780 auf der Grundlage von Wasserkraft in Manchester die Industrielle Revolution auslöste.[1266] Der Nachteil des Baumwollgewerbes war seine Abhängigkeit vom Import der Baumwolle. Er hing gänzlich vom Exportwillen des Osmanischen Reichs ab. Dort baute man die Baumwolle in der Subsistenzwirtschaft an, ähnlich wie der Anbau von Flachs in Europa.[1267] Gegen Ende des 18. Jahrhunderts eröffneten sich dem rohstoffhungrigen mechanischen Baumwollgewerbe in England und auf dem Kontinent neue Beschaffungsmärkte für Baumwolle in den Südstaaten Amerikas. Hier legten europäische Pflanzer zunehmend Baumwollplantagen an – auf Basis aggressiver Landenteignung, Versklavung von Menschen und Ausbeutung ihrer Arbeitskraft über unbezahlte Sklavenarbeit.

Das Kapitel 3 widmet sich der Rekonstruktion der Bedingungen und der Beschaffung von Rohstoffen und Handelsprodukten der Kaufleute Zellweger zwischen Einkauf und Verkauf. Zuerst wird der Bezugs- und Absatzmarkt für den regionalen Rohstoff Flachs, das Halbfabrikat Flachsgarn und den fertigen Handelsartikel Leinwand untersucht. Dann folgt dasselbe für den globalen Rohstoff Baumwolle, das Baumwollgarn und die Baumwollware. Schliesslich interessieren die unterschiedlichen Speditionsbedingungen auf der West-Ost-Achse von Trogen nach Lyon und auf der Nord-Süd-Achse von Trogen nach Genua. Nachfolgend werden die Wege nachgezeichnet, welche ihre Wechselbriefe und Geldtransporte über diverse Bankiers in Europa nahmen.

1265 Seÿffert, Rudolf/Sundhoff, E.: Wirtschaftslehre des Handels (1972), S. 62–63.

1266 Vgl. Hobsbawm in: «Industrie und Empire»: «Wer Industrielle Revolution sagt, meint Baumwolle», zitiert nach Beck: Indigo, Cochenille und Brasilholz, in: Kultur & Technik (4/1988), S. 222–229, hier S. 222.

1267 Der Begriff Subsistenzwirtschaft entstand im Kontext der entwicklungspolitischen und modernierungstheoretischen Diskussion nach dem Zweiten Weltkrieg. Er bezeichnet die Produktion von landwirtschaftlichen Gütern für den Eigenbedarf im Unterschied zur Marktproduktion, vgl. Sokoll, Thomas: Artikel «Subsistenzwirtschaft», in: Jaeger et al. (Hg.): Enzyklopädie der Neuzeit (13/2011), Sp. 1–7.

Flachs – der regionale Rohstoff

In Bezug auf den Handel mit Flachs im Mittelalter stellte Spufford (2004) fest, dass anders als bei Baumwolle und Seide, «deren Transport auch über enorme Entfernungen rentabel war, Flachs und Hanf kaum der Mühe wert waren, überhaupt wohin verbracht zu werden. Folglich wurden Leinen und Barchent, Segeltuch und Seile in jenen Gegenden Europas hergestellt, wo Flachs und Hanf gediehen. Gegenstand des [Fern]handels waren Fertigprodukte, nicht die Rohstoffe».[1268] Das Leinwandgewerbe in der Ostschweiz während der Frühen Neuzeit basierte auf dem lokalen Anbau des Rohstoffs Flachs. Die Landbevölkerung im Thurgau, im Rheintal, auf der Alten Landschaft und im unteren Toggenburg pflanzte neben dem Anbau des Gemüsegartens auf einem Teil des Bodens Flachs an. Der «Leinenblätz» als das für den Flachs bestimmte Landstück leitete seinen Namen vom späteren Fertigprodukt ab.[1269]
Die Herstellung von Flachszöpfen als Basis für das Spinnen erforderte viele Arbeitsschritte auf dem Feld, auf dem Hof und in der Stube. Auf dem Feld erfolgten das Pflanzen (nötig waren ein mässiges Klima, keine Staunässebildung, keine Trockenheit), das Raufen (Ernte des Flachses samt Wurzeln), das Faulenlassen der Stängel in einer Pfütze («roezen» genannt[1270]) und das Taurösten (Trocknen des Flachses in einer Flachsröste durch wiederholtes Wenden zwecks Ablösen der Holzteile). Auf dem Hof riffelte (Entfernen der Samenkörner) und schwang (Brechen des Strohs zwecks Entfernens des Holzkerns) man den Flachs. In der Stube erfolgten das Hecheln (Ausrichten der Flachsfaser) und Drehen in Zöpfe.
Die Ostschweiz war nur eine von zahlreichen Leinwandregionen auf der Höhe des 50. Breitengrades. Ausgehend von den mittelalterlichen Leinwandregionen um Konstanz, Augsburg, Ulm, Nördlingen und St. Gallen entstanden im Spätmittelalter und in der Frühen Neuzeit auch Leinwandregionen in der Bretagne, der Normandie, um Cambrésis und Saint-Quentinois, im Hennegau, in Südostflandern, in den Gebieten Nordwestdeutschlands um Osnabrück, Bielefeld und Wuppertal, in Niedersachsen, Hessen, Schlesien, der Lausitz und um Chemnitz.[1271]
Die volkswirtschaftliche Bedeutung des Flachsanbaus und seiner Verarbeitung im Nebengewerbe war in der Frühen Neuzeit immens. Ganze Regionen waren über das Leinwandgewerbe in Heimarbeit organisiert. In Meiningen bei Feldkirch wurde im Jahr 1800 noch auf 60 «Mitmel» Flachs angebaut. 1 «Mitmel» entsprach einer Fläche von 100 Schritt Länge und 10 Schritt Breite.[1272] Im Sarganserland bauten die Gemeinden Wartau, Sevelen und Buchs Flachs und Hanf für den Hausgebrauch an, Grabs oberhalb von Werdenberg hingegen nicht. Der mit Schafwolle verwobene Hanf ergab ein dauerhaftes Tuch, «Metzi» oder «Mätzen» genannt, woraus man die Kleidung für den Eigenbedarf schneiderte.[1273]
Das Endprodukt des Flachses, die Leinwand, war im Alltag unentbehrlich. Der Absatz des hochbegehrten «Werg, Garn und Tuch» gegen Bargeld war gewiss. «Selbst die ärmste Klasse» und «ledige Personen» pflanzten Flachs an, wie eine zeitgenössische Beschreibung eines Pfarrers überliefert. Der Erlös aus dem Verkauf dieses Flachses ermöglichte den einen bereits die Erfüllung persönlicher Wünsche über die Grundbedürfnisse hinaus. Bei Missernte infolge «Tröckne oder Gewitterschauer» erwuchs denjenigen, welche gänzlich davon abhingen, «Mangel».[1274]
Der Erfolg im Anbau von Flachs als gewinnbringender Rohstoff für jedermann hing vom Klima ab. Der hohe, schlanke Flachs ist eine an sich anspruchslose Pflanze, welche weder Dünger braucht noch Schädlinge kennt. Sie gedeiht auf mageren, kalkhaltigen Böden und benötigt keine Düngerzugabe. Der Anbau in schädliche Monokulturen ist nicht möglich. Nach zweimaligem Anbau auf demselben Feld

1268 Spufford: Handel, Macht und Reichtum (2004), S. 249.

1269 Baumann: Konfess., polit., wirtschaft. Vielfalt, in: Kantonsgeschichte St. Gallen (3/2003), S. 94.

1270 Hager: Meiningen (1981), S. 237.

1271 Pfister, Ulrich: Artikel «Leinen», in: Jaeger et al. (Hg.): Enzyklopädie der Neuzeit (7/2008), Sp. 827–830, hier Sp. 828.

1272 Hager: Meiningen (1981), S. 237; Bilgeri: Getreidebau (1947), S. 62.

1273 Schindler: Werdenberg (1986), S. 155.

1274 Baumann: Konfess., polit., wirtschaft. Vielfalt, in: Kantonsgeschichte St. Gallen (3/2003), S. 105, zitiert nach Weidmann: Beschreibungen, S. 76.

verlangt der Boden eine Pause von sieben Jahren, bevor erneut Flachs angebaut werden kann. Einzig übermässige Trockenheit oder Nässe schaden ihm. Er verdorrt infolge von Dürre oder verfault infolge von Staunässe. Ähnlich dem Getreide neigt der Flachs mit seinem bis zu 1 Meter hohen und dünnen Stängel unter Einfluss von zu viel Wind oder Regen zum Knicken oder Umfallen. Unter diesen klimatischen Extremen blieb die begehrte Flachsernte im 18. Jahrhundert vollständig aus. Der Rohstoff für die Flachsspinnerei fehlte. Vom Gelingen der regionalen Flachsernte hing die Produktionsmenge von Flachsgarn während der landwirtschaftlich unproduktiven Winterzeit ab. Sie entschied darüber, ob genug von dem unerlässlichen Halbfabrikat Flachsgarn als Grundlage für das frühneuzeitliche Leinwandgewerbe hergestellt werden konnte. Diesem Zusammenhang zwischen Erntemenge von Flachs und Produktionsmenge von Flachsgarn schenkte die Forschung über das frühneuzeitliche Leinwandgewerbe bisher keine Aufmerksamkeit. Die Klimageschichte geht von einer Klimaverschlechterung im 17. Jahrhundert aus. Eine Trockenperiode von 1687 bis 1700 mündete in die Kleine Eiszeit mit tiefen Temperaturen in allen Jahreszeiten. Bis 1730 erwärmte sich das Klima und ging bis 1800 in das kontinentale Klima mit kaltem, trockenem Winter und Frühling, kurzem, warm-feuchtem Sommer und kühlem Herbst über.[1275] Es stellt sich die Frage, wie das Einpendeln des kontinentalen Klimas in der Region Appenzell Ausserrhoden verlief.

Walser überlieferte in seiner «Neuen Appenzeller-Chronik» (1740/1829/1831) jährlich eindrückliche Bemerkungen bezüglich Flachsernte, Leinwandgewerbe und -handel. Den Flachsanbau erwähnte Walser, wenn er entweder überhaupt nicht oder besonders schön geriet. Ansonsten war von einer durchschnittlichen, normalen Flachsernte auszugehen. Entsprechend der Wortwahl Walsers bezüglich der Konjunktur des Leinwandgewerbes vergab ich Werte zwischen +5 für «Leinwath=Gwerb in vortrefflichem Flor» und –5 für «Gewinn und Gewerb stunden still» und «Hungers=Noth». Die aus diesen Werten hervorgehende Abbildung identifiziert fünf klimatisch hochproblematische Phasen in der Zeit von 1666 bis 1798. In der Folge werden auf der Grundlage von Walsers Beobachtungen die Zusammenhänge zwischen Flachsernte und Leinwandgewerbe herausgearbeitet.

1275 Baumann: Konfess., polit., wirtschaft. Vielfalt, in: Kantonsgeschichte St. Gallen (3/2003), S. 107, zitiert nach Pfister: Klimageschichte (1/1984), S. 118–131.

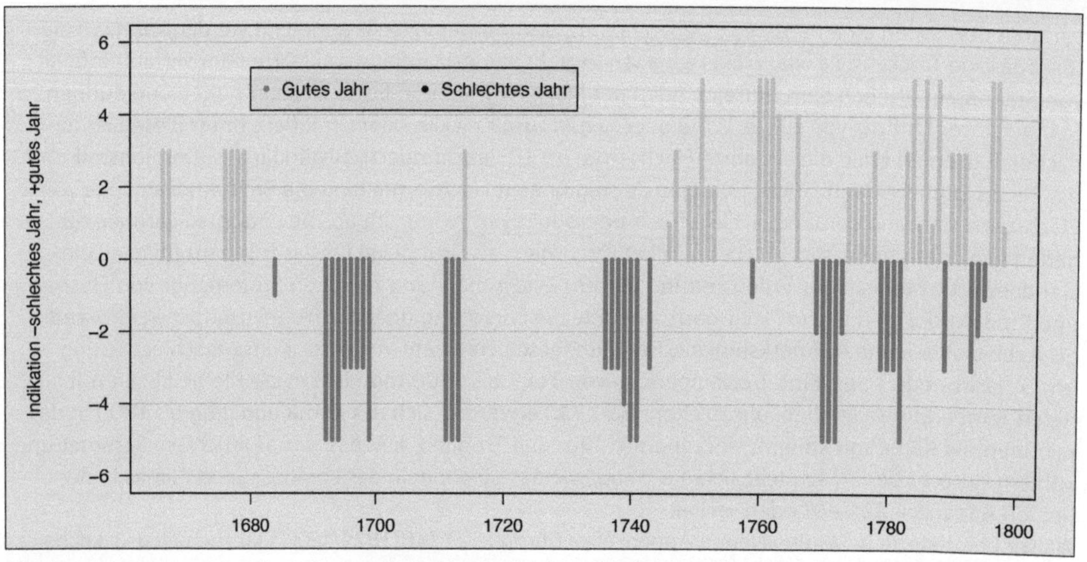

Abbildung 45: Appenzeller Chronik von Walser (1829): Klimatische Angaben wie «schlechtes Leinwath-Jahr», «der Leinwath-Gwerb steckt», «Hunger» (-6) im Gegensatz zu «Wunder-Jahr» (+6) übertragen in Datenpunkte -6 bis +6, 1666–1798

1676 erwähnte Walser als «ein gar gutes Leinwad=Jahr». Der Verkauf eines Leinwandtuches brachte so viel Geld ein, «dass [man] aus dem Gewinn [Leinen]Garn zu zwey andern Leinwad=Tüchern kauffen können».[1276] Ohne dass er etwas am Webstuhl oder am Weben verändert hätte, machte der Leinwandweber 1676 also aufgrund optimaler klimatischer Verhältnisse einen Gewinn von 100%.
Das Klima blieb gut, das «Leinwad=Gewerbe blühete» bis 1679 «vortrefflich».[1277] Doch 1680 «jagte des wunder=grossen Comets Schweif=Ruthe gleich einem *grossen ausgespannten Leinwad=Tuch* [H.d.d.A.] jedermann einen Schrecken ein».[1278] Das mit dem Fertigprodukt des Leinwandgewerbes verglichene Himmelszeichen deutete man als «böse». Vier Jahre später trat eine «Stockung des Leinwand=Gwerbs» ein, 1688 folgten Teuerung und Hunger. Als im Juni 1690 der Flachs im Feld am schönsten stehen und blühen sollte, regnete es «einige Tage beständig», sodass «die um die Stadt [St. Gallen] ligenden Gegenden einem See ähnlich gewesen». Getreide und Flachs verfaulten vollständig. 1692 brach die Hungersnot aus: «Sonderlich in [Appenzell] Innroden, allwo der Leinwad=Gwerb nicht viel getrieben wird, und daher die Hungers=Noth noch viel grösser, als in Aus=Roden war». Die katholischen Spinnerinnen, «so sich sonst mit [Flachs] Spinnen wohl ernähren können», konnten aus Schwäche «die Spillen nicht mehr führen, und vor Blödigkeit und Hunger bey der Kunckel niedergesunken».[1279] Die Entlassung von Angestellten und Arbeitsmangel führten zu Auswanderungen nach Schwaben. Dadurch «ward der Leinwad=Gwerb ins Schwaben=Land, und an verschiedene auswärtige Ort gebracht, und zu grossem Schaden dem Land [Appenzell Ausserrhoden] in vielem entrissen».[1280] Nur wenige Jahre später «gerieth der Leinwand=Gwerb» wiederum «in Stecken», die Ausserrhoder wanderten auch 1699 aus.
In den 1710er Jahren dürfte die Flachsernte annehmbar gewesen sein. Doch dann «kam der Leinwad=Gwerb, von deme sich sonst viele tausend Einwohner nähren», erneut «ins Stecken».[1281] 1711 wanderten die Ausserrhoder bereits bis nach Preussen aus, «allwo die Pest gantze Dörfer ausgelähret hatte».[1282] Das Jahr 1713 schilderte der Chronist Walser als «eines der allerbetrübtesten» Jahre. Die

1276 Walser: Appenzeller Chronik [-1731] (1740), S. 12.
1277 Walser: Appenzeller Chronik [-1731] (1740), S. 14–15.
1278 Walser: Appenzeller Chronik [-1731] (1740), S. 16.
1279 Walser: Appenzeller Chronik [-1731] (1740), S. 653.
1280 Walser: Appenzeller Chronik [-1731] (1740), S. 653.
1281 Walser: Appenzeller Chronik [-1731] (1740), S. 712.
1282 Walser: Appenzeller Chronik [-1731] (1740), S. 714.

Ausserrhoder starben vor Hunger und wiederum zog «eine grosse Anzahl aus Mangel der Nahrung aus dem Land». Extreme klimatische Bedingungen liessen den Flachs nicht gedeihen, weshalb keine Gewinne erzielt werden konnten und «der gemeine Mann kein Geld hatte, an statt dass in voriger Teuerung Gelds genug war».[1283] 1714 sorgte endlich ein «ziemlich guter Herbst» für eine umfangreiche Flachsernte und entsprechend für «ein gar gutes Leinwad=Jahr».[1284] Zwanzig Jahre ging nun alles seinen gewohnten Gang.
Mitte der 1730er Jahre leitete Nässe die erneute Katastrophe ein: «Der Sommer war gar nass und man konnte kein Heu recht dörr machen [...]».[1285] Trocknete das Heu nicht, gelang auch die Tauröste des Flachses auf dem Feld nicht. Vor diesem problematischen Hintergrund fand zudem der grosse Landhandel in Appenzell Ausserrhoden statt. 1736 wanderten im Herbst «99 Personen aus dem Land [Appenzell Ausserrhoden]» in die neu gegründete englische Kolonie Carolina in Amerika aus.[1286] Darunter fanden sich viele der den «Harten» unterlegenen «Linden» aus dem Vorderland. 1737 folgte die Teuerung der Lebensmittel. 1738 «war ein recht betrübtes Jahr[, w]egen denen immer fortdauernden schlechten, klemmen und gewinnlosen Zeiten». 1739 «stand das Land in betrübten Umständen», denn «eine grosse Armuth, Hunger und Mangel druckte das Land». Der Rohstoff Flachs fehlte, infolgedessen «[lag] das Leinwadgwerb, von deme sich die Landleute sonsten nähren mussten, zu Boden». Das Jahr 1740 beschrieb Walser als äusserst «bedenklich und höchst betrübt». 1741 grassierte der Hunger, die Rote Ruhr raffte die geschwächte Bevölkerung dahin. Eine Überschwemmung infolge massiven Regens ruinierte nicht nur die letztjährige Leinwand auf der Bleiche, sondern auch die Flachsernte von 1741. Der Flachs verfaulte. 1742 fiel die Flachsernte endlich wieder wunderbar aus. Die «Zeiten» blieben aber bis 1743 «gewinnlos und schlecht». Der Ausbruch des Zweiten Schlesischen Krieges (1744/1745) brachte «klemme, betrübte, theure und gewinnlose Zeiten». Erst 1747 kamen «Gewinn und Gewerb in Flor» und damit wieder «recht goldene Zeiten in das Land».[1287] Das Jahr 1748 war geprägt von ausserordentlich «viel Hagelwetter», was die dünnen, langen Flachsstängel niederschlug, knickte und die Flachsernte erheblich beeinträchtigte.
In den 1750er Jahren deutete der Kirchenbau in den Dörfern Stein, Hundwil, Grub und Gais von 1749 bis 1754 an, dass es sich um «sehr gute Leinwadjahre» handelte, wie für das Jahr 1751 überliefert.[1288] Der Kaufmann bezahlte dem Fabrikanten die Leinwand «in excessif hohen nie erhörten Preisen».[1289] Dann schlug das Wetter wieder um. 1756 blieb das Hochwasser von Bodensee und Rhein wochenlang liegen und vernichtete «die schönsten Fruchtfelder» – der Flachs verfaulte.[1290] Auch das Jahr 1757 war kalt und nass, sodass Heu und Flachs nicht trockneten, «das meiste verfaulte».[1291] Im Jahr 1758 sorgte die andere klimatische Katastrophe für die Vernichtung der Flachsernte: «Abermalen war ein strenger und kalter Winter. Auf diese Kälte folgte ein grosse Hitz, und da 28 Tage kein Regen=Tropfen gefallen, so *ist der grösste Theil Flachs verdorret* [H.d.d.A.], und das Gras in den Weiden wurde ausgebrannt». Im Sommer 1758 brach im Rheintal das Wuhr an zwei Stellen: «Das Wasser [überschwemmte Diepoldsau, Kriessern, Au und Widnau] und *schwemmte den Flachs hinweg* [H.d.d.A.]».[1292]

1283 Walser: Appenzeller Chronik [–1731] (1740), S. 719.
1284 Walser: Appenzeller Chronik [–1731] (1740), S. 721.
1285 Walser/Rüsch: Appenzeller Chronik [1732–1772] (1829), S. 147.
1286 Walser/Rüsch: Appenzeller Chronik [1732–1772] (1829), S. 156–157.
1287 Walser/Rüsch: Appenzeller Chronik [1732–1772] (1829), S. 198.
1288 Walser/Rüsch: Appenzeller Chronik [1732–1772] (1829), S. 212.
1289 Gebrüder Zellweger & Comp.: 1 lettre à la maison à Lyon, Trogen, 23.08.1751, S. 567.
1290 Walser/Rüsch: Appenzeller Chronik [1732–1772] (1829), S. 233.
1291 Walser/Rüsch: Appenzeller Chronik [1732–1772] (1829), S. 236.
1292 Triet: Der Sutterhandel in Appenzell Innerrhoden 1760–1829 (1977), S. 10; Walser/Rüsch: Appenzeller Chronik [1732–1772] (1829), S. 239–240, 242.

Die 1760er Jahre hingegen gingen nach grossartigem Auftakt mit dem «recht gesegneten Wunder=Jahr 1760»[1293] wieder als «gute und wohlfeile Zeiten» in die Geschichte ein. Doch dann überschwemmte 1767 und 1768 der Rhein gleich zweimal nacheinander die Felder in der Ebene.[1294] Die Flachsernte fiel aus, eine Teuerung setzte ein. 1769 richteten Schneemassen und Unwetter viel Schaden an. 1770 «gerieth Gewinn und Gewerb in Stecken». Der Arbeitslohn für «Weben, Spinnen, Sticken, Ausschneiden ward auf die Helffte herunter gesetzt».[1295] Die «Armen Leute» in Appenzell Ausserrhoden verkauften ihre Kleider und Mobilien «um Halb Geld, nur das Leben zu erhalten». Bei dieser Kleidung der «gemeinen Leute» handelte es sich nicht etwa um gewöhnliche Leinenware. Sie war aus luxuriösen Stoffen wie «Seiden und Damast» hergestellt und mit «silbern Ketten» verziert.[1296] Dieser Ansatz von Wohlstand und Luxus, der sich aufgrund der Verarbeitung des eigenen Flachses in der Kleidung der «armen, gemeinen Leuten» zeigte, verflog, sobald «Handel und Gwerb» mit der Leinwand «ins Stocken» gerieten.
Die 1770er Jahre begannen mit der grossen Hungerkatastrophe von 1771, geprägt von «Misswachs der Früchten» und des Flachses: «Viele Leute sind Hunger gestorben, viele mussten aus dem Land ziehen».[1297] Physiokratisch gesinnte Angehörige der Oberschicht wie Zellweger-Hirzel-Scheuss oder Konrad Schindler (1734–1809) von Mollis verfassten belehrende Schriften darüber, wie dem Elend zu begegnen sei.[1298] Dem traumatischen «Jammer und Elend» setzte erst das «fruchtbare Jahr» 1772 ein Ende. Das «Leinwad=Gwerb» hingegen «blieb im Stocken». Denn «der Flachs war nicht [g]erathen», sodass «das *Pfund Werch oder Flachs* 1 Gulden» kostete.[1299] 1773 und 1774 brachten Appenzell Ausserrhoden trotz «weniger günstiger Witterung» Erholung von den «erlittenen Drangsalen».[1300] «Handelschaft und Gewerbe hatten ihren guten Fortgang». 1775 gründete man diverse Vereine und ordnete das Staatsarchiv in Trogen.
In den 1780er Jahren zeigte sich das Klima unstet. 1782 gingen wieder «[m]anche Feldfürchte zu Grunde und *besonders der Flachs*; [...]». Zum ersten und einzigen Mal erwähnte Walser einen Import des Rohstoffes Flachs: «man musste solchen [Flachs] aus *Italien* und *Russland* kommen lassen».[1301] Besserung trat erst 1785 ein, die «[...] Erndte war etwas spät, doch geriethen bei warmem Nachsommer die Feld= und Steinfrüchte, auch Aepfel und *Flachs* gut, Birnen aber schlecht».[1302] 1787 waren «[d]er übrige Sommer und Herbst ausserordentlich schön», «*Flachs*, Feldfrüchte und Reben *gediehen gut zur Reife*».[1303] 1788 war «[d]as Heu köstlich, *der Flachs so schön, wie man ihn seit Mannsdenken nie gesehen hat*».[1304] Trotzdem wanderten 1789 «manche nach Dorrenbirn und seine Umgebung aus». Nur handelte es sich dabei nicht etwa mehr um Flachsspinner und Leinwandweber, sondern bereits um Baumwollspinner und -weber. Anlass für die Abwanderung war die Werbung von Kaiser Joseph II.

1293 Walser/Rüsch: Appenzeller Chronik [1732–1772] (1829), S. 245; vgl. auch Bräker, Ulrich: «Uebrigens war diess Tausend siebenhundert und sechzig ein vom Himmel ausserordentlich gesegnetes rechtes Wunderjahr [...]»., in: Holliger et al. (Hg.): Ulrich Bräker. Sämtliche Schriften (4/2010), S. 477.

1294 Walser/Rüsch: Appenzeller Chronik [1732–1772] (1829), S. 281–287.

1295 Walser/Rüsch: Appenzeller Chronik [1732–1772] (1829), S. 294.

1296 Walser/Rüsch: Appenzeller Chronik [1772–1798] (1831), S. 299; zur Thematik der «Luxusenfaltung» und «Putzsucht» vgl. Baumann: Konfess., polit., wirtschaft. Vielfalt, in: Kantonsgeschichte St. Gallen (3/2003), S. 133.

1297 Walser/Rüsch: Appenzeller Chronik [1732–1772] (1829), S. 297.

1298 Vgl. Zellweger, Johannes (1730–1802): Nützliche Gedanken über die Sterbelisten 1771 des Landes Appenzell A.Rh., Trogen 1772 sowie ders.: Religiöse Bemerkungen über die schauerliche Menge der Leichen im Hungerjahre [ohne Ort und Jahr]; Konrad Schindler von Mollis, Physiokrat: «Aufweckung zur Verbesserung der Sitten und Landwirtschaft» (1771) [Schindler forderte die bessere Bebauung der Allmenden], in: Schindler: Werdenberg (1986), S. 316; zur Thematik vgl. Graber: Wohlstandswahrung für wenige oder Nahrungssicherung für alle? Armut, Tugenddiskurs und Krisenbekämpfungskonzepte im Kontext der Hungerkrise 1770/71 auf der Zürcher Landschaft, in: Holenstein/Kapossy/Tosato-Rigo/Zurbuchen (Hg.): Reichtum und Armut in den schweizerischen Republiken des 18. Jahrhunderts (2010), S. 195–214.

1299 Walser/Rüsch: Appenzeller Chronik [1732–1772] (1829), S. 305.

1300 Walser/Rüsch: Appenzeller Chronik [1772–1798] (1831), S. 3.

1301 Walser/Rüsch: Appenzeller Chronik [1772–1798] (1831), S. 46.

1302 Walser/Rüsch: Appenzeller Chronik [1772–1798] (1831), S. 101.

1303 Walser/Rüsch: Appenzeller Chronik [1772–1798] (1831), S. 121.

1304 Walser/Rüsch: Appenzeller Chronik [1772–1798] (1831), S. 126.

(1741–1790) in der Absicht, die Baumwollmanufaktur in den habsburgischen Ländern einzuführen.[1305] Allen Androhungen von Strafen zum Trotz kehrten die Auswanderer auch nach Befehl des Grossen Rats von Appenzell Ausserrhoden im Juli 1790 nicht zurück. «Arbeitslosen Menschen» war es gemäss Walser ihrer persönlichen Freiheit zuwider, sich in «verdienstlosen Zeiten» nicht «anderwärts ihren Unterhalt» zu suchen.[1306]
Nach dem guten Jahr 1791 kamen bei Ausbruch der Napoleonischen Kriege (1792–1815) wieder «viele Weber um ihren Verdienst».[1307] Erst das Jahr 1794 brachte eine Beruhigung, «das *Flachsspinnen* gabe reichlich Verdienst».[1308] 1795 brachte der Staatsbankrott in Frankreich «unzählige Menschen in grossen Schaden».[1309] 1796 sank der Preis für das Flachsgarn um einen Drittel.[1310] Infolge des Friedens zwischen Frankreich und Österreich im Frühjahr 1797 kamen Handel und Gewerbe wieder «in Flor»[1311] und gerieten bereits 1798 wieder ins Stocken.[1312]

Zusammenfassung: Das Abbildung zum Indikator Flachs zeigt, dass sich das kontinentale Klima in der Ostschweiz im 18. Jahrhundert mit überaus krassen Ausschlägen einpendelte. Es identifiziert fünf Phasen von jeweils vier bis sieben Jahren, in welchen Nässe oder Trockenheit Getreide- und zugleich Flachsernte vollständig vernichteten. Der Verlust der Verdienstmöglichkeit über das Spinnen des eigenen Flachses in winterlicher Heimarbeit schlug sich bei Walser (1829/1831) als «gewinnlose Zeiten» nieder. Nebst der politischen Katastrophe Krieg verursachte insbesondere der Ernteausfall des Korns und des Flachses eine Teuerung der Lebensmittel, was jeweils in die Hungerkatastrophe mündete. Sie markierte den todbringenden Höhepunkt von Krisenjahren. Die Bevölkerung lernte den Umgang mit der Krise und griff immer früher auf das Gegenmittel der Auswanderung zurück, anstatt den Hunger abzuwarten. Flachsspinner und Leinwandweber loteten der Reihe nach alle vier Himmelsrichtungen für den Aufbau einer neuen Existenz aus. Ende des 17. Jahrhunderts zog man in das benachbarte Schwaben, von 1711 bis 1713 nach Preussen, 1736 bereits in die 1663 gegründete und 1729 neu organisierte englische Kolonie Carolina in Amerika. 1771 stand Graubünden im Fokus. Inwiefern beim eigenen Flachsanbau noch von Subsistenzwirtschaft gesprochen werden darf oder bereits von darüber hinaus zielendem Gewinn, müssten weitere Forschungen ergründen. Der Preis des Halbfabrikats Flachsgarn und der Preis der Leinwand stiegen, sobald die Flachsernte ausfiel. Der Verkauf stockte. Gelang die Flachsernte besonders gut, funktionierte das Leinwandgewerbe reibungslos und sorgte für «wohlfeile, goldige Zeiten».

1305 Walser/Rüsch: Appenzeller Chronik [1772–1798] (1831), S. 139.
1306 Der Befehl erging am 07.07.1790, in: Walser/Rüsch: Appenzeller Chronik [1772–1798] (1831), S. 142.
1307 Walser/Rüsch: Appenzeller Chronik [1772–1798] (1831), S. 151.
1308 Walser/Rüsch: Appenzeller Chronik [1772–1798] (1831), S. 186.
1309 Walser/Rüsch: Appenzeller Chronik [1772–1798] (1831), S. 177.
1310 Walser/Rüsch: Appenzeller Chronik [1772–1798] (1831), S. 186.
1311 Walser/Rüsch: Appenzeller Chronik [1772–1798] (1831), S. 195.
1312 Walser/Rüsch: Appenzeller Chronik [1772–1798] (1831), S. 203.

Flachsgarn – begehrtes Halbfabrikat mit Absatzgarantie

Vor der Industrialisierung um 1780, welche mit der mechanischen Baumwollspinnerei einsetzte, war alles Flachsgarn von Hand gesponnenes Handgarn, hergestellt mit dem handlich kleinen, tragbaren Rocken oder am Spinnrad in Heimarbeit. Die Qualität des Flachsgarns entschied über seine Verwendung beim Weben. Zur Bespannung des hölzernen Webstuhls setzte man Kettgarn ein. Das Kettgarn war in jeder Qualität teurer als das Schussgarn, das man in die auf dem Webrahmen gespannte Kette einwob.[1313] In der Folge interessieren sowohl die Fragen, wo und über wen sich der Handel mit Flachsgarn abspielte, als auch, wie es sich mit der Gestaltung des Garnpreises verhielt.

Lokale Märkte fanden über Jahrhunderte hinweg am gleichen Werktag statt, in St. Gallen beispielsweise am Freitagnachmittag und Samstag. Der jeweilige Marktplatz war der Branche entsprechend vorgegeben. Eine Marktgasse fand sich überall, ein Fischmarkt in jedem Hafenstädtchen, bis heute ein Platz mit Namen *Garnmarkt Winterthur*. Hier verkauften die Spinner ihr Flachsgarn und versorgten sich mit neuem Rohstoff, dem Flachswerg. In den Städten standen oft Lauben entlang der Marktgasse zur Verfügung, für die Niederlage der Ware und deren Verzollung öffentliche Kauf-, Korn- oder Waaghäuser. Chur errichtete nach dem Brand von 1464 das *Rathaus Chur* neu mit integrierter, offener Markthalle im Erdgeschoss. Das *Rathaus St. Gallen* baute man 1663/1664 ebenfalls mit offener Markthalle im Erdgeschoss. Die *Markthalle Zofingen* mit einer Tuchlaube im Obergeschoss entstand 1726. Mit der landwirtschaftlichen Spezialisierung auf Viehzucht, Milchprodukte und Wein sowie mit dem Aufkommen des ländlichen Leinwandgewerbes stieg das Bedürfnis nach zusätzlichen Orten, wo sich die Bevölkerung mit Bedarfsgütern versorgen konnte. Die Regierungen bewilligten in Dörfern neue Märkte. Die alten Marktstädte erhielten durch Marktflecken auf der Landschaft Konkurrenz, namentlich im Rheintal, am Bodensee und im Bündnerland. Dazu gehörten Rorschach, Berneck, Werdenberg, Kriessern, Oberriet und Mels. Im rechtsrheinischen Vorarlberg entstanden neben den alten Zentren Feldkirch, Bregenz und Bludenz zwischen 1600 und 1700 die Märkte in Dornbirn, Hohenems, Rankweil und Götzis. Das ganze Rheintal wuchs damals zu einem regionalen Wirtschaftsraum zusammen.[1314]

Wie sich der Handel mit Flachsgarn etwa auf dem *Garnmarkt Lindau* gestaltete und wer sich daran beteiligte, schilderten *Gebrüder Zellweger & Comp.* 1768 auf Anfrage von *Raymund Denzel* in Augsburg. Es erforderte offenbar keinerlei kaufmännische «Korrespondenz» dazu:

> unsere Fabricanten [thun] nichts in Correspondenz, sondern sie kaufen alle Samstag in Lindau das [Leinen] Garn, das sie bedürfen, mithin ist der Preis von Batzen 27. p Boschen od[er] f 9:– p. 100 Schneller noch allzuhoch, dass man darbei bestehen könnte, zumal es in Lindau von 20. bis 25 Batzen bezahlt wird. El werden wohl thun, sich in Lindau einen Factoren auszusuchen [...].[1315]

Der Import dieses «Schwabengarns» direkt ab dem *Garnmarkt Lindau* im Norden von Trogen machte zahlreiche Garnhändler in der Ostschweiz reich.[1316] Er sicherte dem Leinwandweber bei regional schlechter Flachsernte das Vorhandensein des begehrten Halbfabrikats, auf das er angewiesen war. Dass die Schwaben ihr Flachsgarn verkauften, anstatt es selber zu verarbeiten, führte der umstrittene Professor für deutsche Literatur Johann Michael Afsprung (1748–1808) von Ulm im «Zweyten Brief» über seine «Reise durch einige Cantone der Eidgenossenschaft» (1784) auf ihre «Gutherzigkeit» zurück:

1313 Vgl. die zeitgenössische Preisliste über Flachsgarn, in: Metrà: Il mentore perfetto (1797), S. 40.

1314 Baumann: Konfess., polit., wirtschaft. Vielfalt, in: Kantonsgeschichte St. Gallen (3/2003), S. 137.

1315 Gebrüder Zellweger & Comp.: 1 Brief an Raymund Denzel in Augsburg, Trogen, 08.02.1768, S. 756.

1316 Bodmer: Schweizerische Industriegeschichte (1960), S. 201, Fussnote 52. Bodmer verwies auf Zinzendorf, S. 199, J.C. Fäsi, Bd. 3l, S. 80, 287, 596, G.Ph. H. Norrmann, Bd. 2, S. 1855, Bd. 3, S. 1912, 1951.

> Der herrliche Flachsbau im Thurgau und die *gutherzigen Schwaben* [H.d.d.A.], die den St. Gallern von je her ihr Garn verkauften, [kamen] den sorgsamen Anstalten der Regierung und der musterhaften Industrie der Bürger zu St. Gallen in der Beförderung des LeinwandGewerbes sehr zu statten.[1317]

Anders verhielt es sich mit dem Flachs aus Vorarlberg, der in den regenreichen Gebieten des hinteren Bregenzerwaldes, nördlich und nordöstlich von Bregenz und im unteren Rheintal angebaut und im Land versponnen wurde. 1554 verbot die Regierung Vorderösterreichs den Verkauf von «gesponnenem Flachs» ausserhalb von Bregenz. Erst nach dreimaligem erfolglosem Angebot in Bregenz war der Verkauf auch anderswo gestattet.[1318] Vor Ort ansässige Aufkäufer erwarben es und verkauften es weiter nach Kempten (Bayern) und in die benachbarte Ostschweiz.[1319]
Über die Bevölkerung im Rheintal bemerkte Afsprung (1784), wie «stark sie sich auf die Flachs- und Baumwoll=Spinnerey legen, weben zwar auch selbst Tücher, doch verkaufen sie meistens ihr Gesponnenes [Garn] auf einem wöchentlichen beträchtlichen Garnmarkte zu Altstätten an St. Galler und Appenzeller».[1320] Der *Garnmarkt Altstätten* war ein weiteres Zentrum des regionalen Garnhandels, wo Garnhändler aus der Stadt St. Gallen und aus Appenzell Ausserrhoden als Kunden auftraten. Noch 1795 gestaltete sich der städtische *Markt St. Gallen* «ungemein lebhaft» im Handel mit Flachs, Flachsgarn und Leinwand:

> Von Schwaben und dem Thurgau kommen gewöhnlich am Donnerstage, als dem grossen Wochenmarkt, an 100 vierspännige Wagen, und im Herbst wohl viermal so viel, mit Korn, Lebensmitteln aller Art, *Flachs, Garn, Leinwand* [H.d.d.A.], u.s.f. [...]. Die alte Landschaft schickt eine Menge Gespinst und Gewebe, [...] und das Toggenburg gleichfalls seine Manufaktur- und Albenprodukte hieher.[1321]

Am Handel mit Flachsgarn beteiligten sich die Kaufleute Zellweger nicht. Sie waren grundsätzlich gegen jeglichen Export von Flachsgarn aus der Region Ostschweiz. Zellweger-Sulser betrachtete es im November 1758 für «unsre hiesigen Lwth fabrique vor schädlich, unverarbeitet Garn zu versenden». Er zeigte «keine Neigung», eine vorliegende Bestellung von Flachsgarn für den Kunden *Recamier & Co.* von Lyon auszuführen. Seine Begründung zeugt von seinem Bewusstsein und Verständnis für die fragilen wirtschaftlichen Zusammenhänge des frühneuzeitlichen Leinwandgewerbes. Seines «Erachtens wäre kein sicheres Mittel, sich alhier allen Jammer über den Hals zu ziehen, als Garn & Korn hier aufzukaufen & an entlegne Örther zu versenden». Zellweger-Sulser wies auf den Zusammenhang zwischen guter Flachs- und Kornernte hin. Schon Jahre zuvor habe er eine Bestellung aus Frankreich auf Flachsgarn «zu liefern refüssiert». Er ging davon aus, dass diese Zusammenhänge auch seinem Sohn Zellweger-Wetter in Lyon einleuchteten. Doch der hakte nach. Der Vater fand es auch eine Woche später «um schon allegierter Ursachen willen, nicht rathsam, gesotten Garn zu fournieren».[1322] Fünf Jahre später traf erneut eine Bestellung für Flachsgarn über «Garn Nr. 40 p[our] Essai» für den Kunden *Bouquier Neveu* von Troyes in Trogen ein. Wiederum äusserte Zellweger-Sulser grosse Bedenken, darauf einzugehen, da «wir uns bey dergleichen Garn Einkäuften bey unseren Lwth Fabricanten stinkend miechten thäten, und würde überhaupt des Landes Nutz schlecht darbey beförderet». Er schlug vor, dem Kunden zu schreiben, «dass die Ausfuhr des Garns aus dem Land nicht wohl gestattet werde». Die teuren Preise des Flachsgarns liessen selbst die Fabrikanten der Leinwand nur «kümmerlich bestehen».[1323] Zellweger-Sulser war sich also vollkommen bewusst, dass er mit dem Export von Flachsgarn das regionale Leinwandgewerbe untergraben würde, auf dem sein Fernhandel mit dem Fertigprodukt Leinwand beruhte.

1317 Afsprung: Reise durch einige Cantone der Eidgenossenschaft (1784), S. 34–35.

1318 Zellweger, J.C.: Geschichte des Appenzellischen Volkes. Neu bearbeitet (3, Abt. 2/1840), S. 389.

1319 Niederstätter: Aspekte der Vorarlberger Wirtschaft, in: Jahn/Hartung (Hg.): Gewerbe und Handel (1991), S. 142–151, hier S. 144–145.

1320 Afsprung: Reise durch einige Cantone der Eidgenossenschaft (1784), S. 72.

1321 Baumann: Konfess., polit., wirtschaft. Vielfalt, in: Kantonsgeschichte St. Gallen (3/2003), S. 137.

1322 Gebrüder Zellweger & Comp.: 1 lettre à la maison à Lyon, Trogen, 06.11.1758, S. 701 und 13.11.1758, S. 703.

1323 Gebrüder Zellweger & Comp.: 1 lettre à la maison à Lyon, Trogen, 04.04.1763, S. 101.

Um seines eigenen und des «Landes Nutz» verzichtete der erfahrene Kaufmann in Trogen konsequent darauf. Dem für den Verkauf zuständigen Sohn in Lyon waren diese wirtschaftlich sensiblen Zusammenhänge in der Heimat fremd und erklärungsbedürftig.
Anders lag der Fall im Handel mit schlesischem Flachsgarn. Im April 1759 liessen *Gebrüder Zellweger & Comp.* extra einen «Fabricant von schlesinger Garn» zu sich kommen, der das Muster eines Stück Flachsgarns des Kunden *Aldebert* in Barcelona «für Schlesinger Garn erkannte». *Gebrüder Zellweger & Comp.* versprachen umgehend, «desswegen Informationen» einzuholen und nach Lyon zu berichten, «ob & auf was Weise, wir dergleichen Garn, den C[entne]r. f[ran]co in Marseille, Nice oder Genes gelegt, lieferen könnten».[1324] Auch im September 1763 versprachen sie *Zellveguer frères & Comp.* in Lyon, «wegen dem weissen Garn nach Schlesien [zu] schreiben & El sodann die Antworth darüber zu communicieren».[1325] Die Preisangaben aus Schlesien liessen dann jedoch keine «exacté aus Rechnung» über die tatsächlichen Kosten zu, weshalb eine Bestellung auf Probe vorgeschlagen wurde. Dem Kunden konnte man «die kekesten Versicherungen geben, dass wir dergleichen Garn ebenso gut als Niemand anschaffen können».[1326] Diese Versicherung, «dass wir ihn so wohl als kein anderer seiner Freünden bedienen können», bekräftigte man nur zwei Wochen später nochmals.[1327] Zedler (1731–1754) wies in seinem «Grossen vollständigen Universallexicon aller Wissenschafften und Künste» auf den umfangreichen Export von rohem und gebleichtem Flachsgarn aus Schlesien hin: «Viel tausent Centner jährlich» verliessen Schlesien Richtung Holland. Offenbar «befleissigten sich in Schlesien unter dem gemeinen Bauer=Volcke grosse und kleine, alte und junge, Frauen und Männer des Spinnens». Zedler beklagte den Umstand, dass man nach Ausfuhr des billigen Halbfabrikats die in Holland gewobene Manufakturware teuer bezahlen musste.[1328] Noch Ende des 18. Jahrhunderts zählte Metra (1797) diejenigen schlesischen Ortschaften auf, wo das schönste Flachsgarn hergestellt wurde. Es waren «Zwickau, Röhrsdorf, Grumbach, Georgenthal, Grunde, Warnsdorf, Rumburg, Königswald, e Schlukenau». [1329] Im Juli 1767 konnte mit *Eichborn & Comp.* in Wroclaw tatsächlich ein Lieferant für schlesisches Garn ausgemacht werden.[1330] Auf Empfehlung von *Wengers seel. Wittib* in Prag ersuchten *Gebrüder Zellweger & Comp.* das Haus, «gebleichtes Schlesinger Garn in bester Qualität und wohlfeilstem Preis anzuschaffen». Dazu wurde ein Muster Flachsgarn beigelegt mit der Bitte, «den äussersten Preis gegen baar Bezahlung f:co Praag [...] anzuzeigen».[1331]
Obwohl am Handel mit regional hergestelltem Flachsgarn unbeteiligt, waren die Kaufleute Zellweger über den aktuellen Preis des Flachsgarns auf den Garnmärkten in Lindau und Altstätten dennoch aus einem bestimmten Grund genau informiert. Der Preis des Flachsgarns wirkte sich direkt auf den Preis ihres Haupthandelsartikels Leinwand aus. Wie dieser Zusammenhang in ihre Überlegungen einfloss, kann für die 1750er Jahre an den «Lettres à la maison à Lyon» nachvollzogen werden. Insbesondere Zellweger-Sulser erwähnte immer wieder den Preis des Flachsgarns. Gerade im Jahr 1748, als die *Gebrüder Zellweger & Comp.* nach Trennung von den Eugster ihren Verkauf in Lyon neu einrichten mussten, stieg der Garnpreis in nie gekanntem Ausmass. Ende September 1748 sprach er von «horrible theuren Garn».[1332] Im Oktober 1748 galt «das Garn so letst Frühjahr 14 kr. der Schneller gekostet, jez gern 19 kr.». Und dennoch wurde es «aller Ohrten immer theürer».[1333] Anfangs Dezember 1748 stand es für ihn fest, dass «alles Garn jmmer mehr aufschlagt, & inexorbitant theuer von Preissen» wurde, da «ja an eingen Orthen jez schon Mangel an Flax» war. Im selben Brief doppelte er nach: «hier ist das Garn bey MannsGedenken nie so theür & der Flax so rar wie dis Jahr [1748] gewesen».[1334] Im Mai 1749

1324 Gebrüder Zellweger & Comp.: 1 lettre à la maison à Lyon, Trogen, 02.04.1759, S. 761.
1325 Gebrüder Zellweger & Comp.: 1 lettre à la maison à Lyon, Trogen, 05.09.1763, S. 164.
1326 Gebrüder Zellweger & Comp.: 1 lettre à la maison à Lyon, Trogen, 10.10.1763, S. 178.
1327 Gebrüder Zellweger & Comp.: 1 lettre à la maison à Lyon, Trogen, 24.10.1763, S. 182.
1328 Artikel «Flachsgarn», in: Zedler: Grosses vollständiges Universal-Lexikon (16/1731–1754), S. 809.
1329 Metrà: Il mentore perfetto (1797), S. 40–41.
1330 Gebrüder Zellweger & Comp.: 5 Briefe an Eichborn & Comp. in Wroclaw, Trogen, 1762–1769; Zellweger & Comp.: 2 Briefe an Eichborn & Comp. in Wroclaw, Trogen, 1808–1809.
1331 Gebrüder Zellweger & Comp.: 1 lettre à la maison à Lyon, Trogen, 13.07.1767, S. 668.
1332 Gebrüder Zellweger & Comp.: 1 lettre à la maison à Lyon, Trogen, 30.09.1748, S. 145.
1333 Gebrüder Zellweger & Comp.: 1 lettre à la maison à Lyon, Trogen, 20.10.1749, S. 291.
1334 Gebrüder Zellweger & Comp.: 1 lettre à la maison à Lyon, Trogen, 02.12.1748, S. 167.

schienen sich endlich die Anzeichen für einen Preisabschlag für das Flachsgarn zu häufen: «[D]as feine Garn schlug wegen unbegehrtem feinem Cambrais à fleurs zimlich stark ab».[1335] Die geringe Nachfrage nach dem Artikel «Cambrais à fleurs» verursachte somit einen Preisabschlag auf das dafür nötige feine Flachsgarn. Doch selbst der in «Schläg und Läuft» jahrelang erfahrene Zellweger-Sulser sollte sich täuschen. Im September 1749 begann wiederum «alles Garn theürer zu werden». Dadurch hatte er «ein Banqueroute umb die ander [zu] ertragen». Die Last war so gross, dass er befürchtete, «mit unsrem Handlen, Müh & Sorgen bald zu Boden [zu] seyn».[1336] Rigoros unterstrich er, wie im Juli 1750 «an einen Abschlag der [Leinwand]Wahr bey dermahlig sehr theüren & pizaretten Garn Einkauf nicht zugedenken» war: «Gott lasse nur *die heurige raccolta* [Flachsernte, A.d.A.] besser gerathen, so möchte alsdann ehender auf einen Abschlag Staat zumachen seyn».[1337] Doch das Flachsgarn blieb bis November 1750 «rar & thür».[1338] Im Frühjahr 1753 machte ein «sich zeigender Flachs Mangel» das Flachsgarn «theürer».[1339] Mitte Mai 1753 war von «excesifem Flax Mangel & daraus fliessend theüren Garn» die Rede. Bis Ende Juni 1753 wurde «das Garn alle Tag theürer», denn von der Flachsernte «im Turgow & Schwaben» wurde kein erfreulicher Bericht erstattet.[1340] Die Ernte im November 1753 bestätigte dann, dass «der Flax nicht wol gerathen, folglich es wider weder vil noch wolfeihle Garn haben wirt».[1341] Fünf Jahre später glaubten sie das Flachsgarn «hier theür, man kähme von Arau oder Langenthal besser darzu».[1342] Grund dafür war das extreme Klima des Jahres 1758. Auf einen überaus kalten Winter folgte «ein grosse Hitz», der Flachs verdorrte. Im Rheintal durchbrach der Rhein das Wuhr, zerstörte die Felder und «schwemmte den Flachs hinweg».[1343]

Die klimatischen Bedingungen bestimmten den Umfang der Flachsernte, der sich wiederum direkt auf den Preis für 1 Schneller Flachsgarn auswirkte. Wie unterschiedlich sich der Preis pro Schneller Garn im Verlauf des 18. Jahrhunderts gestaltete, liess sich über vereinzelte Angaben des Chronisten Walser (1829/1831) für die Jahre 1741 bis 1796 rekonstruieren. Je nach Qualität lag er zwischen 4 und maximal 40 Kreuzern, dem Zehnfachen. Nur einen einzigen Hinweis hinterliess Walser (1829) zum entscheidenden Verhältnis zwischen dem Preis von 1 Schneller Flachsgarn und dem tatsächlichen Spinnerlohn. Im Jahr 1751 erzielte 1 Schneller Flachsgarn auf dem Markt 10 bis 11 Pfennige, während die Spinner mit 4 bis 6 Pfennigen die Hälfte davon als Spinnlohn verdienten. Im Jahr 1794 «gabe [b]esonders [...] das Flachsspinnen reichlichen Verdienst. Die Waaren schlugen um einen Viertheil und mehr auf».[1344]

1335 Gebrüder Zellweger & Comp.: 1 lettre à la maison à Lyon, Trogen, 04.05.1750, S. 380.
1336 Gebrüder Zellweger & Comp.: 1 lettre à la maison à Lyon, Trogen, 22.09.1749, S. 284.
1337 Gebrüder Zellweger & Comp.: 1 lettre à la maison à Lyon, Trogen, 20.07.1750, S. 416.
1338 Gebrüder Zellweger & Comp.: 1 lettre à la maison à Lyon, Trogen, 16.11.1750, S. 462.
1339 Gebrüder Zellweger & Comp.: 1 lettre à la maison à Lyon, Trogen, 30.04.1753, S. 82.
1340 Gebrüder Zellweger & Comp.: 1 lettre à la maison à Lyon, Trogen, 25.06.1753, S. 104.
1341 Gebrüder Zellweger & Comp.: 1 lettre à la maison à Lyon, Trogen, 19.11.1753, S. 161.
1342 Gebrüder Zellweger & Comp.: 1 lettre à la maison à Lyon, Trogen, 06.11.1758, S. 701.
1343 Walser/Rüsch: Appenzeller Chronik [1772–1798] (1831), S. 239 und 242.
1344 Walser/Rüsch: Appenzeller Chronik [1772–1798] (1831), S. 171.

Jahr	Kommentar	Schneller Flachsgarn	Spinnlohn
1741	der Schneller Garn nur 10 bis 11 Pfenning galt, und man von einem Schneller nur 4, 5 bis 6 Pfenning Spinnlohn hatte	10–11 Pfennige	4–6 Pfennige/ Schneller
1754	ein schlechter Schneller Garn galt 7 bis 9 kr. [...].	7–9 Pfennige	
1763	Ein Mann von Hundweil verkauffte einen feinen Schneller Garn in St. Gallen zu 40 kr. [...].	40 Kreuzer	
1763	Eine gemeine Spinnerin konnte in einer Woche 3 fl. verdienen. [...] das Gespinnst in Flachs [...] wurde theuer genug bezahlt.		3 Gulden/ Woche
1768	In Lindau ist das [Leinen]Garn Batzen 27. p Boschen od[er] f 9:- p. 100 Schneller noch allzuhoch, dass man darbei bestehen könnte. Wird 20. bis 25 Batzen bezahlt. Gut, redlich Garn de 24. à 25. Batzen f:co Lindau.	f 9 p. 100 Schneller zu hoch, 20–25 Batzen	
1772	Der Schneller das schönste Garn galt nur 4 bis 5 kr. Hergegen das Pfund Werch, oder Flachs 1 fl. weil er nicht gerathen.	4–5 Kreuzer	
1785	Weber konnten leicht 6 fl., Spinnerinnen 4 fl. wöchentlich verdienten [...].		4 Gulden/ Woche
1788	[...] Garn [...] bis zur ersten Hälfte des Jahres sehr theuer, in der zweiten wohlfeiler.		
1794	Flachsspinnen [gab] reichlichen Verdienst. Die Fabrikanten gingen den Spinnerinnen in die Häuser nach, um Schneller Garn zu bekommen.		
1796	Das flächsene Garn sank im Verhältnis gegen das vorige Jahr um ein Drittheil im Preise, [...] der Schneller galt nach Massgabe seiner Feinheit 8–16 kr.	8–16 Kreuzer	

Tabelle 6: Chronik von Walser (1829/1831): Kommentare zum Preis pro Schneller Flachsgarn und zum wöchentlichen Verdienst von Spinnerinnen in der Region Appenzell Ausserrhoden, 1732–1772 und 1772–1798

Der Zusammenhang zwischen Flachsernte und Garnpreis wirkte sich direkt auf die Preise der «Landesfabrikate» und damit der Handelsartikel der Kaufleute Zellweger aus, der gewöhnlichen Leinwand in all ihren Qualitäten, Längen und Breiten. Daher richteten die Kaufleute Zellweger ihr Einkaufsverhalten genau nach dem Preis des Flachsgarns aus. Im Mai 1753 nahmen sie an Leinwand «nur das nötigste» an, da «an keinen Abschlag zu gedenken war».[1345] Dieses Vorgehen behielten sie bei, denn der Flachs im Feld fing «aus Mangel des Regens [an], Noth [zu] leiden». Also ging Zellweger-Sulser von einem Aufschlag der Preise aus und wartete ab. Denn «man [kann] noch alle Zeit theüre Waar kaufen».[1346] Er behielt Recht. Noch Ende Juni 1753 war auch «für das künftig Jahr wenig Hofnung zu wolfeihler Waar vorhanden».[1347] Im November 1753 wandelten sich die Verhältnisse. Nach einer Preiserhöhung für die Leinenware war er froh, «wann das wenige von gemeiner qualitaet mit Aufschlag erlangen können».[1348] Im Dezember schliesslich «wollten die Fabricanten wegen anhaltend theürem Garn sich noch zu keinem Abschlag verstehen». Er unterliess deshalb den Einkauf «bis auf favorablere Zeit».[1349] Der Fabrikant wollte teuer verkaufen, der Kaufmann billig einkaufen. Waren die Zeiten gut, setzte sich der Fabrikant durch. Waren die Zeiten schlecht, wurde auch das Flachsgarn teuer, weshalb der Preisnachlass erst sehr spät einsetzte. In den Worten Zellweger-Sulsers verursachte dieser Zusammenhang entweder «theurere Wahr, oder einen merklichen Verlust, es seye für den Fabricanten, oder den Kaufmann».[1350] In dieser Aussage versteckt sich die ganze Fatalität der kaufmännischen Beobachtungsgabe. Sie zahlt sich aus, wenn sich der Markt den beobachteten

1345 Gebrüder Zellweger & Comp.: 1 lettre à la maison à Lyon, Trogen, 14.05.1753, S. 89.
1346 Gebrüder Zellweger & Comp.: 1 lettre à la maison à Lyon, Trogen, 04.06.1753, S. 96.
1347 Gebrüder Zellweger & Comp.: 1 lettre à la maison à Lyon, Trogen, 25.06.1753, S. 104.
1348 Gebrüder Zellweger & Comp.: 1 lettre à la maison à Lyon, Trogen, 12.11.1753, S. 157.
1349 Gebrüder Zellweger & Comp.: 1 lettre à la maison à Lyon, Trogen, 10.12.1753, S. 168.
1350 Gebrüder Zellweger & Comp.: 1 lettre à la maison à Lyon, Trogen, 02.12.1748, S. 167.

Kriterien entsprechend verlässlich entwickelt. Wie sich die Flachsernte jedoch tatsächlich gestalten würde, wussten aber weder Spinner noch Fabrikant noch Kaufmann im Voraus.
Das Flachsspinnen ging so lange auf eigene Rechnung, wie die Spinner den Werg selber herstellten. Das Kaufsystem ging in das Verlagssystem über, sobald die Spinner den Werg und die Leinwandweber das Flachsgarn direkt von einem Fabrikanten bezogen, dem sie es in Form des Halbprodukts Flachsgarn auch wieder verkauften.[1351] Bis der Grosskaufmann die rohe Leinwand an der Leinwandschau einkaufte, hatte sich bereits eine grosse Mittelschicht von Fabrikanten, Kleinverlegern, Kleinhändlern, Ferggern und Trägern am lokalen Gewerbe und Handel beteiligt. Erlaubte es die wirtschaftliche Lage, hielten die Leinwandweber ihre Stücke so lange zurück, bis sie den gewünschten Preis dafür erhielten. War die wirtschaftliche Lage hingegen schlecht, mussten sie den offerierten Preis annehmen. Dadurch entstand ein abwartendes Verhalten. Jeder versuchte aus seiner Perspektive des Produzenten oder Kaufmanns, den optimalen Zeitpunkt für den Verkauf bzw. Einkauf der Leinwand einzuschätzen. Denn das lokale Leinwandgewerbe war in den internationalen Handel mit Leinwand eingebunden. Es waren die Grosskaufleute, welche den Absatz des Überschusses sicherstellten. Sie kauften die rohe Leinwand auf den städtischen und ländlichen Leinwandschauen auf eigene Rechnung ein, liessen sie auf eigene Kosten veredeln und auf eigenes Risiko in weit entfernte Absatzmärkten spedieren. Im Juli 1765 schlug Zellweger-Sulser vor: «wenn die Conjuncturen in der Lwth nicht bald eine andere Gestalt gewinnen, so wird man wohl dieses Commercium besser quittieren müssen». Denn «wann hier Flax, Garn & Leinwath von Jahr zu Jahr rarer & hiermit theürer werden», aber in Lyon nur die «gute Qualitet» zu verkaufen war, ging der Handel für ihn nicht mehr auf.[1352]

Zusammenfassung: Flachsgarn kaufte und verkaufte man auf dem Garnmarkt eines Fleckens oder Städtchens mit Marktrecht. Dieses Marktrecht beinhaltete das Monopol über die möglichst vollständige Abwicklung des lokalen und regionalen Handels über den Wochenmarkt, woraus Gemeinwesen und Obrigkeit Einkünfte aus Zöllen, Abgaben und Standgebühren erzielten. Vor diesem Hintergrund ist ihr rigides Vorgehen gegen den Fürkauf zu verstehen, den privaten Handel von einer Person zur andern. Dazu zählten Geschäftsabschlüsse ausserhalb der Marktzeiten, das Abfangen von Händlern vor ihrem Eintreffen am Marktort sowie heimliche Absprachen in Wirtschaften und Privathäusern. Das begehrte Halbfabrikat Flachsgarn profitierte von der Absatzgarantie im Leinwandgewerbe. Die Kaufleute Zellweger handelten mit dem Fertigprodukt Leinwand. Welche Artikel ihr Sortiment umfasste, wird im nächsten Unterkapitel dargestellt.

Leinenware – die Regionale

Die Rekonstruktion des Sortiments Zellweger aufgrund derjenigen Artikel, welche das Leinwandgewerbe im Appenzellerland und Umgebung zu fertigen im Stande war, sieht sich erheblichen Schwierigkeiten gegenüber. Zellweger-Hirzel-Scheuss erwähnte einmal ein Sortiment von bis zu sechzig verschiedenen Artikeln. Dessen Bestückung setzte ein umfassendes Fachwissen voraus.[1353] Die Artikel liefen in den Handlungsbriefen nach Lyon oder Genua unter verschiedenen Namen und Abkürzungen. Einen Überblick verschaffet der Hinweis Zellweger-Gessners auf zehn Hauptartikel in Leinenware, welche *Zellweger Vater & Comp.* bis 1782 in Lyon vertrieb:

1351 Baumann: Konfess., polit., wirtschaft. Vielfalt, in: Kantonsgeschichte St. Gallen (2003/3), S. 130.
1352 Gebrüder Zellweger & Comp.: 1 lettre à la maison à Lyon, Trogen, 1765.07.01, S. 448.
1353 Zellweger, Johannes (1730–1802): 1 Brief an Johann Caspar Hirzel (1725–1803) in Zürich, Trogen, 1760er Jahre.

1. «Treillis 4. fers» oder «steif Leinwand», Sorte: grob, unbleichige Farbware in Schwarz, Verwendung: Versteifung der Kleidung zwischen Stoff und Futter, Preis: sehr günstig, Herstellungsort: Rehetobel
2. «Treillis», Sorte: grob, klar, unbleichige Farbware in Schwarz, Blau, Grün, Rot, Verwendung: Hutfutteral, Appretur: mit geschliffenem Glas und Wachs glänzend gemacht, Herstellungsort: Rehetobel
3. «Sangalettes» oder «Böhmische Schock Leinen», Sorte: feineres Leinen, Verwendung: Hutfutteral, Herstellungsort: Neupacka, Trautmannsdorf (Böhmen)
4. «Rouens teints», Sorte: Farbware in grossem Verbrauch, Verwendung: Futteral von Kleidung, Blusen für die Bruderschaften bei maskierten Prozessionen, Herstellungsort: Trogen, Wald, Walzenhausen (Appenzell Aussserrhoden), Immenstadt (Bayern)
5. «Rouens blancs 2/2 xx», Sorte: etwas festeres Leinen als «Rouens teints», zur Bleiche tauglich
6. «Rouens double battus», Sorte: doppel dickes Leinen, weiss gebleicht, Verwendung: Hemde, Appretur: weiss gemangt, Herstellungsort: Heiden (Appenzell Ausserrhoden), St. Gallische Stiftslande, Thurgau
7. «Rouens demi battu ¾», Sorte: halbdickes Leinen, Herstellungsort: Oberegg (Appenzell Innerrhoden), Hirschberg, Reute, Walzenhausen, Herisau (Appenzell Ausserrhoden) und Toggenburg (St. Gallen)
8. «Toiles façon Mousselins», Sorte: feinstes, halbdickes Leinen, Verwendung: Taschentuch, Halstuch für Frauen, Hemdärmel, Appretur: gemangt und mit schweren Marmorkugeln etwas dünner gemacht, dann auf poliertem Granitblock mit Holzschlegeln weich geklopft
9. «Toiles Cambrays» oder «Stauchen», Sorte: dünnstes, feines Leinen, Verwendung: Chorkleidung, Hauben für Frauen, Hemdärmel, Windeln, Herstellungsort: Trogen, Speicher, Gais (Appenzell Ausserrhoden)
10. «Muggen», «brochierte Stauchen» oder «Toile de fleur», Sorte: dünnstes, feines Leinen, Verwendung: Vorhang, Moskitonetz, Schürze und Jupe für Frauen, Herstellungsort: Speicher (Appenzell Ausserrhoden)

Die Kaufleute Zellweger handelten also mit fester Leinenware am Laufmeter, die sich als Futter zur Steifung von Kleidung oder für Hüte eignete, mit feiner Leinenware, welche sich für Taschentücher, Hemden und Hemdsärmel sowie Halstücher nutzen liess, und mit feinster Leinenware, welche zu Spitzenhauben für Frauen, Chorkleidung für den religiös-zeremoniellen Gebrauch, Vorhänge und Windeln für den praktischen Gebrauch verarbeitet wurde. Der Textilexperte Bodmer[1354] (1959) fasste das Sortiment in Leinwand weniger nach dem Gesichtspunkt des Verbrauchs zusammen, sondern vor allem nach seiner Herkunft aus Schwaben, Schlesien, Ulm, Walzenhausen, St. Gallen, Konstanz, Rouen, Cambrais. Damit wurde damals zugleich die Qualität definiert:

> Ihre Hauptartikel waren [im Jahr 1763] Toiles Constances, Cambrais serrés, Cambrais unis und Cambrais à fleurs, Rouens blancs und Rouens teints, Toiles façon de Hollande, Toiles façon Mousselins, Sangalette, Treillis, Mousselins (de Coton), Basins, Mouchoirs de fils, de fils et coton, et de tout coton. Bald kamen auch grobe weisse Baumwolltuche, bedruckte Indiennes und Calancas hinzu. [...] Schwabenleinwand, [...] Ulmer Leinwand, [...] schwäbische Schetter, [...] Tischzeug, [...] Schlesische Leinwand, [...] gewöhnliche Stauchen, dichtere Walzenhausertuche, normale Leinwand, [...] Lautertuche oder Linons, gestreifte und geblümte Leinwand sowie Muggenstücke, [...] Barchent, [...] Doppeldicke Leinwand.[1355]

Wie eine Fundgrube zu ihrem Sortiment im Jahr 1767 liest sich der Geschäftsbrief von 1767 an den jüdischen Kaufmann *Aron Morpurgo* in Triest (Friaul-Julisch Venetien). Morpurgo offerierte *Gebrüder Zellweger & Comp.*, Baumwolle über Triest anzuschaffen. Gewohnt, die Baumwolle über Venedig zu beziehen, erteilte man ihm einen kleinen Auftrag von zwei Ballen «Smirnische Bwol pr[im]:a sort an schöner reiner Woll» als Muster. *Morpurgo* sollte sie über den «wenigst kostbaren Weg» an *Wendel Falk* in Lindau unter Berücksichtigung «bester Qualitaet», «mindest mögl. Preis auf unser eigter Spese» spedieren lassen.[1356] Das Wagnis dieser Musterbestellungen ging *Gebrüder Zellweger & Comp.* nur ein, weil *Morpurgo* im

1354 Walter Bodmer (1896–1989) war der Sohn des Seidenfabrikanten Bodmer von Bodmer & Hürlimann in Zürich und arbeitete als Leiter der firmeneigenen Textilfärberei in Como.

1355 Bodmer: Textilgewerbe (1959), S. 46–47.

1356 Gebrüder Zellweger & Comp.: 1 Brief an H. Aron Morpurgo in Triest, Trogen, 03.08.1767, S. 680.

Gegenzug bereit war, ihnen für 400 Gulden Leinenware abzukaufen. Dass er wenig Ahnung von der Differenziertheit eines Sortiments in Leinwand hatte, zeigt «etwelche Erläuterung»:

> [...] nämlich ob E.L. weisse Hemder od. andere weisse Waar verstehen & ob Sie vorzüglich von den groben, mittleren od. feinen Gattungen verlangen. Wir halten P.P. Lwth. zusammen von x 40 bis f 4.30 den Lyoner Stab, halb dicke Lwth auch zu Hemden von x 30. bis f 1. den Lyoner Stab, Stauchen das Sück von 7. Genfer Stäben von f 2 ¾ bis f 40. das Stück. M[ousslines] ist eine dünne Waar zu Hauben, zu Corrhemder & dergleichen, geblümte Lwth von f 3.30:– bis f 12:– das Tuch von 6 Genfer Stäben. Von diser Gattung hat es auch Schossen, Manchettes & Halstücher, Mousselins glatte, gestreifte, geblümte und gestickte, von sehr verschiedenen Gattungen & Preisen, es hat auch Manchettes Halstücher. Halb dicke gemangte Lwthen Barchet von x 34 bis x 90 der Lyoner Stab von sehr verschiedenen Gröben. Sodann haben wir auch Farb Leinwathen als schwarzes Hutfutter od[er] Glanz Lwth von f 1.40 bis f 6.– das Tuch von 7. Genfer Stäben. Roani von verschiedenen Farben von x 30 bis x 36. der Lyoner Stab, gestreifte Schnupftücher von f 3 ½ bis f 8:– das D[u]z[en] t:, blau & weiss gedruckte Schnupftücher von f 5 bis f 8 das D[u]z[en]t:, es hat auch kleine bis auf f 1.30 das D[u]z[en]t:, dergleichen roth & weiss & andere Farben von f 6 bis f 12 das D[u]z[en]t:, &ca. Befehlen Sie, was Ihnen anständig ist denen, so &ca.[1357]

Auch Schläpfer (1984) versuchte sich in einer Zusammenfassung des Sortiments der Kaufleute Zellweger in Leinenware:

> Die Hauptartikel in diesem Geschäft bildeten immer noch die Cambrais (gröbere Leinwandtuche, Stauchen), ferner doppeldicke Leinwand, die dicker gewoben waren und eine längere Bleichezeit benötigte. Weitere Artikel waren die Rouens blancs (weiss gebleichte Tuche), Rouens teints (Farbleinwandtuche) oder Treillis (Gewebe mit Leinwandbindung).[1358]

Im Unterschied zu Zellweger-Gessner definierte Schläpfer die «Stauche» als gröberes Leinen. An diesem Beispiel zeigt sich, wie schwer man sich mit der Definition der ursprünglichen Qualitäten von Leinenware tat.
Wie nun der stetige Einkauf zur Bestückung und zum Unterhalt dieses Sortiments in Lyon und der Verkauf funktionierten, wird in den beiden Unterkapiteln «Einkauf – die eine Hälfte der «Seel des Commercii»» und «Verkauf – die andere Hälfte der «Seel des Commercii»» dargestellt.

Einkauf – die eine Hälfte der «Seel des Commercii»

Die Berufsbezeichnung «marchand en gros», Grosskaufmann, löst heutzutage eine ganz bestimmte Vorstellung davon aus, wie Handel betrieben wird. Grossisten kaufen in Massen ein, um die Ware günstiger und direkt an den Endverbraucher zu verkaufen. Es ist nun ein bemerkenswertes Resultat des Quellenstudiums, dass diese Vorstellung auf den Einkauf des frühneuzeitlichen Grosskaufmanns Zellweger in keiner Art und Weise zutraf. Sein Einkauf von Leinwand basierte auf der sogenannten «Einkaufsnota» oder dem «Memoire d'Achat» aus Lyon, einer Art Einkaufszettel. Er enthielt die Bestellungen, welche entweder schriftlich oder mündlich von den Kunden in der Filiale in Lyon entgegengenommen und gesammelt worden waren. Die Zusammenstellung dieses Schriftstückes war eine der zentralen Aufgaben der Filiale in Lyon. Die «Einkaufsnota», eine strukturierte Zusammenstellung über alle eingetroffenen Bestellungen, gelangte als eine der wichtigsten Beilagen des wöchentlichen «Handlungsbriefs» nach Trogen. Auf ein überaus seltenes Ausbleiben dieses immens wichtigen «Handlungsbriefes» reagierten die Kaufleute Zellweger hochemotional. Es bedeutete für sie eine «Fatalitaet & Etourderie [frz. Schusseligkeit, Kopflosigkeit]», einen «höchsten Verdruss». Es «schmerzte umb so mehr, als E[ure] L[ieben]

1357 Gebrüder Zellweger & Comp.: 1 Brief an H. Aron Morpurgo in Triest, Trogen, 14.09.1767, S. 702–703.

1358 Schläpfer: Wirtschaftsgeschichte Appenzell Ausserrhoden (1984), S. 62.

ohne Zweifel dem Brf: eine *Memoire d'Achat* [H.d.d.A.], den Bericht, was à Costi passiert &ca.» beigelegt hatten. Auf dieses «Memoire d'Achat» waren die Kaufleute Zellweger in Trogen aus einem bestimmten Grund angewiesen. Sie richteten ihren Einkauf vollumfänglich und in jeder Einzelheit auf die vorliegenden Bestellungen aus Lyon aus. Sie kauften nur ein, wofür eine konkrete Bestellung vorlag. Dem «gehörlosen Buben», der als «Unterboth» diesen «Handlungsbrief» im Wert von 16 Kreuzer Porto auf dem schnellsten Weg von St. Gallen nach Trogen verloren hatte, bekam seine Nachlässigkeit im Sommer 1754 schlecht. Er wurde «fast krank & desperat» und bat «umb des jüngsten Gerichts willen» «um Gnad & Verzeihung».[1359]
Die Zustellung der «Einkaufsnota» zeigte, dass es keineswegs die Handelshäuser in der Ostschweiz waren, welche als Zentrale alles dirigierten, wie für Handelsgesellschaften in Leinwand von St. Gallen festgehalten wurde.[1360] Vielmehr bestand zwischen den Handelshäusern in der Ostschweiz und in Lyon eine vielfältige Abhängigkeit. Ohne Informationen über den Verkauf in Lyon zwecks Planung des weiteren Einkaufs waren die Handelshäuser Zellweger in Trogen in Bezug auf den Einkauf völlig hilflos. Das Unterkapitel untersucht das Einkaufsverhalten der Zellweger auf der regionalen, überregionalen und internationalen Ebene anhand der drei Beschaffungsmärkte *Leinwandschau Trogen*, Bayerisch-Schwaben und Schlesien/Böhmen. Aufgrund der geografischen Nähe war praktisch keine Geschäftskorrespondenz innerhalb von Appenzell Ausserrhoden zu belegen. Hingegen liessen sich umfangreiche Geschäftskorrespondenzen mit überregionalen Beschaffungsmärkten in Bayerisch-Schwaben und noch weiter entfernt in Schlesien und Böhmen ausmachen.

Regional: Die Leinwandschau Trogen

Der regionale Einkauf in Appenzell Ausserrhoden lief primär über die *Leinwandschau Trogen*. Sie existierte spätestens seit 1670, wenn es sich beim ersten überlieferten Rechnungsbuch tatsächlich um das älteste handelt.[1361] Wie an der Fleischschau bis heute durch einen beamteten Veterinär Fleisch auf seine Qualität hin geprüft wird, schaute und prüfte ein beamteter Leinwandschauer an der Leinwandschau die Leinwand auf ihre Qualität hin. Wie ausgeklügelt das System der amtlichen Schauen gewesen war, lässt sich an der Reichsstadt Kempten besonders gut nachvollziehen. Hier existierte noch 1797 neben der *Silberschau* eine *Viehschau*, eine *Ziegelschau*, eine *Zinnschau*, eine *Gewürzschau*, eine *Kornschau*, eine *Mehlschau*, eine *Brodschau*, eine *Fleischnachschau*, eine *Heringsschau*, eine *Feuerschau*, eine *Mühlen- und Sargschau*, eine *Bau- und Feldschau* und natürlich die *Leinwandschau Kempten*. Sie setzte sich mit dem Roh- oder Vorschauer, dem Nachschauer, dem Weissschauer, dem Feldschauer, dem Leinwandmesser und -zeichner in den Walken und dem Leinwandmesser «auf der Tafel» aus sechs Beamten zusammen.[1362] Der vereidete Leinwandschauer «beschaute» mit blossem Auge die in Heimarbeit auf Holzrahmen von Hand gewobene Meterware und prüfte sie gegen eine Gebühr, das «Schaugeld», auf ihre Qualität. An der *Leinwandschau Trogen* betrug dieses «Schaugeld» im Jahr 1679 «15 Kreuzer für die Kirche».[1363] Je nach Artikel beschaute und kontrollierte der Leinwandschauer rund 100 Meter lange, rund 1 Meter breite Stoffbahnen auf einen ebenen Faden und ein gleichmässiges Gewebe hin. In einem zweiten Schritt kontrollierte er mit dem «Leinwandreif» – einer in Leder gefassten Kette – Breite und Länge. Je nach Befund stempelte er das beschaute Stück mit dem entsprechenden Gütesiegel, das sehr begehrt war. Es wirkte sich verkaufsförderlich auf das noch rohe Stück Leinwand ab dem Webrahmen aus.
Für die *Leinwandschau Trogen* haben sich die Rechnungsbücher über die Jahre 1670 bis 1731 erhalten. Darin führte man die Einkäufer der geprüften Leinenware namentlich auf. In den ersten sechzig Jahren

1359 Gebrüder Zellweger & Comp.: 1 lettre à la maison à Lyon, Trogen, 29.07.1754, S. 227.
1360 Baumann: Konfess., polit., wirtschaft. Vielfalt, in: Kantonsgeschichte St. Gallen (3/2003), S. 11–147.
1361 Leinwandschau Trogen: Rechnungsbuch (1670–1673), ohne Seitenangaben.
1362 Kempten: Der kaiserlichen freyen Reichsstadt Kempten Stadtregiment, samt allen andern Aemtern und Pflegern (1797), unpaginiert, S. 4–8.
1363 Walser: Appenzeller-Chronick [–1731] (1740), S. 658.

von 1670 bis 1730 fanden sich mit Altherr, Eugster, Jacob, Schläpfer, Ungemuth und Zellweger sechs Einkäufer. Das Quellenstudium ergab aber, dass immer nur drei dieser insgesamt sechs Geschlechter gleichzeitig im Einkauf tätig waren. Der Einkäufer Hans Eugster beispielsweise war von 1693 bis 1700 im Einkauf aktiv.[1364] Stellten dann die Eugster ihre Einkäufe ein, traten neu die Schläpfer als Einkäufer auf. Und als die Jacob ihre Einkäufe einstellten, erschienen neu die Altherr in der Liste. Der Nachname Wetter tauchte 1718/1719 insgesamt zweimal mit dem Eintrag «auf eigene Rechnung» auf.[1365] Trat ein Feilträger von seiner Tätigkeit zurück, besetzte ein Nachfolger aus derselben Familie den Posten. Am Beispiel der Altherr liess sich zunächst ein Johannes, dann ein Jost und schliesslich ein Michael Altherr im Amt des Feilträgers nachweisen. In der ersten Phase der *Leinwandschau Trogen* von rund sechzig Jahren zeigten die Altherr insgesamt zehn Jahre Präsenz, die Schläpfer rund zwanzig Jahre. Einzig die Zellweger von Trogen waren seit 1693 bis 1732 immer präsent. Gleich den anderen Geschlechtern, von welchen jeweils mehrere Personen im Einkauf tätig waren, waren in dieser ersten Phase mit Conrad Zellweger-Rechsteiner (1630–1707), Conrad Zellweger-Tanner (1659–1749), Conrad Zellweger-Ehrliholzer-Sulser (1694–1771) und dessen Bruder Johannes Zellweger-Sulser (1695–1774) drei Generationen Zellweger als Einkäufer an der *Leinwandschau Trogen* nachweisbar.
Aus den Rechnungsbüchern liess sich über den Zeitraum der ersten sechzig Jahren das Total der verkauften Tücher ermitteln. Die restlichen Rechnungsbücher bis zur Schliessung der Institution 1798 existieren nicht mehr. Für die Frage, wie gross der Anteil der von den Handelsgesellschaften Zellweger erkauften Leinenware an der *Leinwandschau Trogen* insgesamt war, interessierte sich bereits der Kaufmann Zellweger-Gessner Ende März 1818.[1366] Er wertete die damals noch vollständig vorhandenen Rechnungsbücher der *Leinwandschau Trogen* dahingehend aus und kam auf ein Total von 521 696 beschauten Tuchen für den Zeitraum von 1670 bis 1798. Davon kauften die Kaufleute Zellweger 227 664 Tuche im Zeitraum von 1680 bis 1798.[1367] Das entsprach 43.6% des Totals der beschauten Tücher während der 128-jährigen Existenz der *Leinwandschau Trogen* von 1670 bis 1798. Die folgende Abbildung zeigt anschaulich, wie volatil die Gesamtmenge beschauter Tücher und in Entsprechung dazu das Einkaufsverhalten der Kaufleute Zellweger war.

1364 Leinwandschau Trogen: Rechnungsbuch (1694–1699); dito (1699–1704), ohne Seitenangabe.

1365 Leinwandschau Trogen: Rechnungsbuch (1713–1719), ohne Seitenangabe.

1366 Zellweger, J.C.: Fortsetzung des Auszugs aus dem Schau- und Mess-Buch von Trogen – von Münzen, Bestellungen u. Unkosten, 1818 [KBAR: Fa Zellweger: Ms 484 oder 321].

1367 Zellweger, J.C.: Handel und Fabrikation (1852), S. 314; alle heute noch von 1670 bis 1732 überprüfbaren Zahlen sind mit den Rechnungsbüchern der Leinwandschau Trogen verglichen und für korrekt befunden worden.

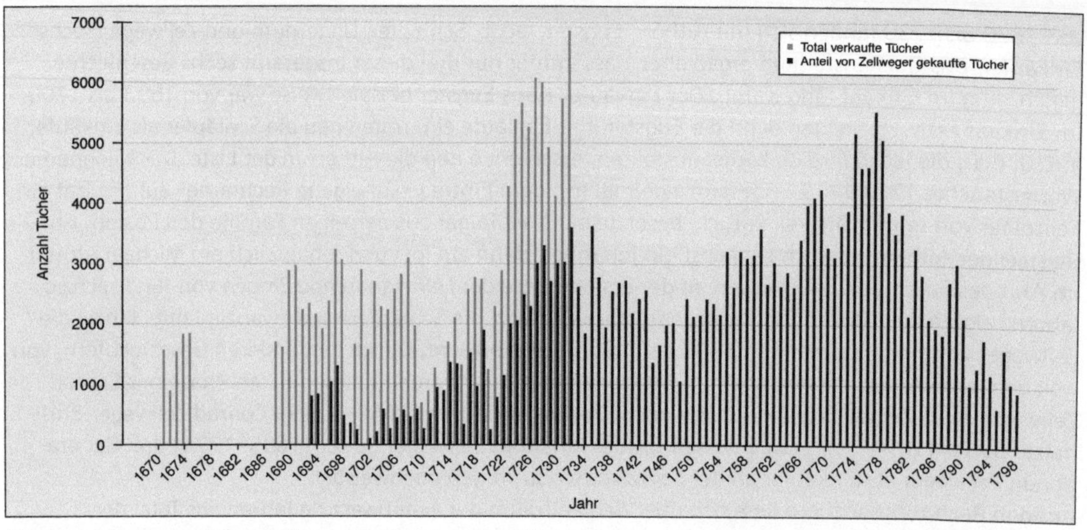

Abbildung 46: Leinwandschau Trogen: Total verkaufter Tücher pro Jahr vs. Total durch alle Handelsgesellschaften Zellweger gemeinsam erkauften Tüchern, erstellt auf Basis der Zahlen von Zellweger-Gessner, 1670–1798

Die ersten zwanzig Jahre belief sich das Total beschauter Tücher auf unter 2 000. Seit 1690 näherte man sich 3 000 Tuchen und durchbrach diese Marke im Jahr 1697 erstmals. In den 1720er Jahren entfaltete die *Leinwandschau Trogen* ihr volles Potential. 1723 beschaute man erstmals mehr als 4 000 Stück Leinwand, 1724 mehr als 5 000 und erreichte 1727 mit maximal 6 900 beschauten Tuchen knapp die 7000er-Marke. Dann bricht die Überlieferung der Rechnungsbücher ab. Welchen Anteil konnte die *Leinwandschau Trogen* auf der Landschaft im Vergleich zur städtischen *Leinwandschau St. Gallen* auf ihrem eigenen «Leinwahtbank» begutachten? Für die *Leinwandschau St. Gallen* liegen seit der Erforschung der Rechnungsbücher durch Mayer (1981) die genauen Zahlen für die Jahre 1721 bis 1760 vor.[1368]

Leinwandschau	St. Gallen		Trogen
Belegbarer Zeitraum	1721–1760		1670–1798
	ohne Kölsche, Stauchen, Barchent, Geblümte	mit Kölschen, Stauchen, Barchent, Geblümten	
Anzahl beschauter Tücher: total	759 852	1 048 661	521 696
Anzahl der Jahre der Überlieferung	39	39	128
Anzahl beschauter Tücher: pro Jahr	19 483	26 889	4 076
Anteil Trogen an St. Gallen (=100%) im Schnitt pro Jahr	21%	15%	

Tabelle 7: Anzahl beschauter Tücher an der Leinwandschau St. Gallen [1721–1760] und an der Leinwandschau Trogen [1670–1798] im Vergleich

Der Anteil der durch die *Leinwandschau Trogen* jährlich beschauten Tuche im Vergleich zur *Leinwandschau St. Gallen* belief sich auf 15 bis 21%, also maximal auf einen Fünftel. Wie attraktiv dieser Anteil wirtschaftlich war, zeigt sich daran, dass Trogen bei weitem nicht das einzige Dorf auf der Landschaft mit eigener Leinwandschau war. Die *Leinwandschau Rorschach* im äbtisch-katholischen Städtchen am

1368 Mayer: Leinwandindustrie der Stadt St. Gallen (1981), S. 127.

Bodensee war seit 1610 in Betrieb.[1369] 1681 begann die *Leinwandschau Altstätten* ihre Tätigkeit.[1370] 1706 kamen die *Leinwandschau Herisau* und 1750 die *Leinwandschau Speicher* hinzu, eingerichtet nach derjenigen in Trogen.[1371] Diese vier Ortschaften liegen 2 bis 20 Kilometer um Trogen. Die *Leinwandschau Rorschach* entfaltete sich besonders nach dem Dreissigjährigen Krieg und erreichte kurz vor 1670 – die *Leinwandschau Trogen* wurde gerade eingerichtet – mit jährlich über 4 000 beschauten Tuchen einen ersten Höhepunkt, gefolgt von starken Schwankungen mit zwischen 2 000 und 3 500 beschauten Tuchen. Den Absatz dieser Leinwand organisierten vier bis fünf grosse, ortsansässige Handelshäuser nebst zwanzig kleinen und kleinsten Handelsgeschäften in Leinwand.[1372] Auf diesen Erfolg der Leinwandschauen auf der Landschaft führte Bodmer (1960) unter anderem den markanten Rückgang beschauter Tuche an der *Leinwandschau St. Gallen* zurück, wo in den 1740er Jahren 9 000 bis 10 000 gute Tuche beschaut wurden, um 1770 hingegen nur noch 1 000 bis 3 000.[1373] Das Leinwandgewerbe der Stadt St. Gallen befand sich 1752 in einer Notlage. Der Rat verzichtete probeweise auf das gegenüber den bürgerlichen Kaufleuten seit Jahrhunderten verteidigte Veredlungsmonopol und gewährte den Kaufleuten ausserdem Vorschüsse beim Einkauf von Leinwand. Die Konzessionen kamen zu spät. 1759 stellte der Rat fest, die getroffenen Massnahmen hätten nicht die erhoffte belebende Wirkung auf den einheimischen Leinwandhandel gehabt.

Das gar nicht so «unerforschliche Schicksal» des Leinwandgewerbes der Stadt St. Gallen in den 1750er Jahren hatten Kaufleute längst kommen sehen. Spanien war in den Englisch-Französischen Kolonialkrieg (1754–1763) verwickelt und fiel infolgedessen als Absatzmarkt für Leinwand weg. Das verschärfte die Krise. *Gebrüder Zellweger & Comp.* stellten bei ihren letzten Bleicheeinkäufen im August 1758 fest, «dass wir ein schwaches, ja noch an keiner Bleiche ein so geringes Quantum erkauft [...]». Dazu trug «das allgemeine Misere, die hohen Preise, der schlechte Abgang der Waar [in] so critischen Zeiten» bei. Auch dem Einkäufer *Mittelholzer* von Herisau gelang der Einkauf von «45 extra dicken Stauchen Th». nicht. Er «wusste viel Jahr keine Bleiche so schlecht». Auch in Walzenhausen kaufte man «kaum 12 Th: wegen ihrer Theüre»:

> [Heinrich Kellenberg von Walzenhausen] ist *an dem Tag der letsten Schau* [H.d.d.A.] mit 12 Th[uch]: zu uns gekommen, darvon wir aber kein Stk. erkauft, wie wir sie überhaubt 10 d theürer als die vorjährigen, die El geholffen einkaufen, hätten bezahlen müssen. Enfin, die Ital[ienischen]. Häuser haben die hohe Preise lustig souteniert, hingegen waren die franz. [Handelshäuser] nicht hietzig [...].[1374]

1369 Grünberger: Kaufmannsfamilie von Albertis (1952), S. 23.
1370 Menolfi: Die wirtschaftliche Entwicklung Wil, Weesen, Altstätten, in: Kantonsgeschichte St. Gallen (3/2003), S. 219–244, hier S. 239.
1371 Schläpfer: Wirtschaftsgeschichte Appenzell Ausserrhoden (1984), S. 50 und 63.
1372 Baumann: Konfess., polit., wirtschaft. Vielfalt, in: Kantonsgeschichte St. Gallen (3/2003), S. 125–126.
1373 Bodmer: Schweizerische Industriegeschichte (1960), S. 198.
1374 Gebrüder Zellweger & Comp.: 1 lettre à la maison à Lyon, Trogen, 28.08.1758, S. 681.

Auch der Export nach Italien ging für kurze Zeit stark zurück.[1375] Im September 1762 machte Zellweger-Sulser in Trogen dieselbe Bemerkung:

> Unser Lebtag ist die rohe Farb L[ein]w[a]th niemahls rar als dermal gewesen, desgleichen gibt es fast keine Waar zu Sangalettes p: 16 an: ½; wann der *Generalfrieden* [H.d.d.A.] einmahl erfolgte, so würde dieses Commercium eine bessere Gestalt bekommen –[1376]

Seit 1754 war die Anzahl der Tücher auf den Bleichen der Stadt St. Gallen rückläufig. 1827 erfolgte die definitive Einstellung der *Leinwandschau St. Gallen*.[1377] Mit einer Leinwandsatzung, datiert auf vor 1364[1378], gehörte sie neben derjenigen von Konstanz 1289[1379], Augsburg um 1300[1380], Frankfurt am Main, München, Stendal und Ulm[1381] zu den ältesten Leinwandschauen überhaupt.

Zusammenfassung: Die ersten rund sechzig Jahre des Einkaufs an der *Leinwandschau Trogen* kennzeichneten sich durch drei Merkmale. Erstens kann für den Zeitraum von 1693 bis 1700 nachgewiesen werden, dass sich immer drei Einkäufer gleichzeitig im Einkauf der Leinenware in Trogen betätigten. Neben Zellweger waren es Eugster von Reute und Schläpfer von Speicher. Aus diesen drei Geschlechtern gingen in der Folge Kaufleute mit Fernhandelsbeziehungen nach Frankreich und Italien hervor. Mit den äussserst erfolgreichen Eugster verbanden sich die Brüder Zellweger-Sulser in den Jahren 1730 bis 1747 zum Handelsunternehmen *Zellweger & Eugster* mit je einem Haus in Trogen und Lyon. Zweitens zeigten die Zellweger von Trogen als einzige der einheimischen Einkäufer eine stetige, rund sechzig Jahre dauernde Präsenz an der *Leinwandschau Trogen*. Im Gegensatz zu den Eugster von Reute und Schläpfer von Speicher wohnten die Zellweger zugleich auch vor Ort in Trogen – ein Heimvorteil für sie. Drittens gelang es den Kaufleuten Zellweger erstmalig 1711 mit den Aufträgen für die Kaufleute Gonzenbach in Hauptwil, grosse Einkäufe an der *Leinwandschau Trogen* zu tätigen. Durchschnittlich kauften die Kaufleute Zellweger mit rund 1929 Stück weniger als die Hälfte von den 4075 jährlich beschauten Tuchen. Mangels Überlieferung ist nicht belegbar, durch wen die andere, grössere Hälfte aufgekauft wurde.

Überregional: Bayerisch-Schwaben

Trogen lag nicht nur mitten im frühindustrialisierten Appenzell Ausserrhoden und in unmittelbarer Nähe zur Leinwandstadt St. Gallen, dem Textilzentrum der Ostschweiz. Die Übersicht über die frühindustrialisierte Schweiz im «Historischen Atlas der Schweiz» von Ammann (1958) zeigt, wie es direkt vor den Toren zu Bayerisch-Schwaben lag, einem ausgedehnten, im Leinwandgewerbe vorindustriell tätigen Gebiet.[1382] Die Gebietsbezeichnung Bayerisch-Schwaben ist eine Konstruktion von Frei, Friedrich und Kiessling (2010) für ihr Werk «Historischer Atlas von Bayerisch-Schwaben», um das damals territorial

1375 Bodmer: Schweizerische Industriegeschichte (1960), S. 199, zitiert nach den Ratsprotokollen St. Gallen [StASG: Ratsprotokolle: 1752, S. 146; 1759, S. 107; 1760, S. 167].

1376 Gebrüder Zellweger & Comp.: 1 lettre à la maison à Lyon, Trogen, 27.09.1762, S. 12–13.

1377 Ziegler: Zur Geschichte des stadtsanktgallischen Leinwandgewerbes, in: Rorschacher Neujahrsblatt (73/1983), S. 51–76, hier S. 61–62.

1378 Ziegler: Zur Geschichte des stadtsanktgallischen Leinwandgewerbes, in: Rorschacher Neujahrsblatt (73/1983), S. 51–76, hier S. 55; vgl. auch Stadt St. Gallen: «Von den Webern Vnd von der Linwât» in den Stadtsatzungen St. Gallen 1426, in: Ernst Ziegler/Jost Hochuli (Hg.): Hefte zur Paläographie des 13. bis 20. Jahrhunderts aus dem Stadtarchiv (Vadiana) St. Gallen (3/1987), S. 10–11.

1379 Nägele: Das Textilland Vorarlberg (1949), S. 13.

1380 Die «Geschau» der Barchenttücher im Rathaus Augsburg wurde 1372 erwähnt, 1389 kaufte die Weberzunft das Weberhaus, in: Clasen: Textilherstellung in Augsburg (1/1995), S. 259. Sie bestand bis ins 18. Jahrhundert hinein, vgl. Häberlein: Die Fugger. Geschichte einer Augsburger Familie (2006), S. 17 und 199.

1381 Maurer: Geschichte der Städteverfassung in Deutschland (3/1870), S. 20.

1382 Ammann/Schib (Hg.): Historischer Atlas der Schweiz (1958), S. 36.

kleinräumig strukturierte Gebiet zu erfassen.[1383] Anbaugebiet für den Rohstoff Flachs war bis ins das 19. Jahrhundert die Schwäbische Alb. Der karge Boden auf Kalkstein und das feuchte, gemässigte Klima dieser Mittelgebirgslandschaft im Südwesten des Reiches liess den Flachs gedeihen. Welcher Qualität dieser Flachs entsprach, ist immer wieder Gegenstand der Untersuchung, wie Flik (1990) darlegte. Während selbst die *Universität Ulm* (2018) immer noch von einem besonders feinen, qualitativ hochstehenden Flachs spricht[1384], führte Flik aus, dass sich der württembergische Flachs bei ersten Versuchen der maschinellen Verarbeitung als zu spröde erwiesen habe. Der Flachsanbau warf denn auch nie übermässig viel ab, was sich an den regelmässig wiederholten Verboten des Exports von Flachs zeigte. Zudem waren Ernteausfälle infolge ungünstiger Witterung nicht selten. Im 19. Jahrhundert war man gar auf den Import von Flachs angewiesen. Insgesamt konnte die Region laut Flik mit den optimalen Voraussetzungen in den klassischen Flachsanbaugebieten an der niederländisch-belgischen Küste, in Irland oder im Baltikum nicht mithalten.[1385] In den Bauernhäusern für den Eigenbedarf versponnen und verwoben, bildete der Flachs dennoch die Grundlage für ein äusserst leistungsfähiges Heimgewerbe. Auf dessen Basis betrieben die Kaufleute in den oberschwäbischen Städten wie der Reichsstadt Ulm erfolgreich Handel mit Leinwand in ganz Europa.[1386] Als letzter erfolgreicher Kaufmann dürfte Friedrich Karl Hailbronner (1724–1779) genannt werden, der 1774 ins Patriziat aufgenommen wurde.[1387] Alt-Bayern schaffte die Binnenzölle 1765 ab.[1388] Das steigerte die Attraktivität der bayerischen Landschaft für den Export der Leinwand.

In den Reichsstädten der Region fanden sich mit den Leinwandschauen über Jahrhunderte hinweg die für den Handel entscheidenden, weil qualitätssichernden Institutionen. Die städtische *Leinwandschau Augsburg* bestand bis ins 18. Jahrhundert hinein.[1389] Dass in Ulm 1742 der Leinwandschauer Daniel Baldinger der Ältere zugleich als Fleisch- und Brotschauer amtierte, lässt sich dahingehend interpretieren, wie unbedeutend das Amt gerade an der ehemals so wichtigen *Leinwandschau Ulm* geworden war.[1390] Sie war zunächst im Rathaus und seit 1613 im «Golschenkeller»[1391] auf dem Judenhof untergebracht.[1392] Sie wurde jeweils am Samstag durchgeführt. 1775/1776 beschaute man noch 39 675 Stück Leinwand, mit der Farbware zusammen 44 221. Die Ware stammte sowohl von Leinwandwebern der Stadt als auch von Webern aus Württemberg. Den Handel betrieben vier bis fünf Grosshändler. Seit 1784 befand sich der städtische Leinwandhandel trotz Abgabeerleichterungen im Verfall.[1393] Am 30. Januar 1813 hob man die *Leinwandschau Ulm* als «unverträglich mit den neuen Grundsätzen des Handels, mehr hemmend als fördernd, und nach dem Wunsche mehrerer Kaufleute» auf.[1394] Ähnlich diesem Muster entwickelten sich die Leinwandschauen in Bayern und Württemberg, die sich als Beschaffungsmärkte der Zellweger identifizieren liessen. Die *Leinwandschau Blaubeuren* existierte etwa zeitgleich mit der privilegierten *Blaubeurer Leinwandhandlungs-Kompagnie* von 1726 an. Die Webereigebühren wie Stempel-, Schau- und Messgelder, welche die Leinwandweber bezahlen mussten, gingen an den Herzog von Württemberg.[1395] Wenige Jahre nach 1794 waren die Einnahmen aus Zoll- und Schaugeld so gering, dass sie nicht einmal mehr zur Bestreitung der Kosten von Schauanstalt

1383 Frei/Friedrich/Kiessling: Historischer Atlas von Bayerisch-Schwaben (2010).

1384 Vgl. Artikel «Leinfeld», in: https://www.uni-ulm.de/einrichtungen/garten/freiland/dreifelderwirtschaft/, eingesehen am 13.03.2018.

1385 Flik: Die Textilindustrie in Calw und Heidenheim 1750–1870 (1990), S. 88–89, zitiert nach Flad: Flachs und Leinen (1984), S. 7 und 14–31.

1386 Flik: Die Textilindustrie in Calw und Heidenheim 1750–1870 (1990), S. 89.

1387 Specker, Hans Eugen: Artikel «Ulmer Patrizier und Bürger», in: Historisches Lexikon Bayerns online, eingesehen am 15.03.2018.

1388 Walter: Handelshemmnisse [... Alt-Württemberg, Baden-Baden und Baden-Durlach], in: Pohl (Hg.): Die Auswirkungen von Zöllen und anderen Handelshemmnissen (1987), S. 84–120, hier S. 98.

1389 Häberlein: Die Fugger. Geschichte einer Augsburger Familie (2006), S. 17 und 199.

1390 Ulm: Almanach auf das gemeine Jahr [...] MDCCXLII (= Ratskalender Ulm 1742) [StA Ulm: G 5/1 35].

1391 «Gölsch, Kelsch, Kölsch, stärkere Leinwand zu Bettzeug, blau und weiss gewürfelt», vgl. Schmid, Johann Christoph von: Schwäbisches Wörterbuch mit etymologischen und historischen Anmerkungen (1844), S. 238.

1392 Merkle: Gewerbe und Handel Ulm (1988) (= Beiträge zur südwestdeutschen Wirtschafts- und Sozialgeschichte 7), S. 74.

1393 Zorn: Handels- und Industriegeschichte Bayerisch-Schwabens (1961), S. 112.

1394 Dieterich: Beschreibung der Stadt Ulm (1825), S. 85 und 133.

1395 Lang: 225 Jahre Blaubeurer Bleiche (1951), S. 11.

und Besoldung des Webereiinspektors oder Leinwandschauers ausreichten.[1396] Die Aufhebung der 1598 eingerichteten amtlichen[1397] *Leinwandschau Urach*[1398], der *Leinwandschau Heidenheim* und der *Leinwandschau Blaubeuren* erfolgte offenbar ebenfalls in den Jahren 1810 bis 1817.[1399] Die *Leinwandschau Sonthofen* fand von 1729 bis 1739 am Montag statt, am Dienstag die nur 10 Kilometer entfernte *Leinwandschau Immenstadt*. Es stand jedem Untertan von Rötenberg frei, seine Leinwandstücke beschaut oder unbeschaut, und wohin er wollte, zu verkaufen. Auf der *Leinwandschau Sonthofen* wurden vom Herbst 1729 bis zum Herbst 1739 total 56 072 Stück Leinwand beschaut[1400], durchschnittlich also 5600 Stück pro Jahr. Für die Tätigkeit des Beschauens entfielen Abgaben in der Höhe von insgesamt 5045 Gulden, 39 Kreuzern und 4 Hellern. Das Monopol für die Einrichtung der *Leinwandschau Immenstadt* wurde 1536 durch Kaiser Karl V. verliehen.[1401], beschaute man zeitgleich mit derjenigen von Sonthofen von 1729 bis 1739 93 536 Stück Leinwand. Das waren mit durchschnittlichen 9 353 Stück pro Jahr fast doppelt so viel wie an der benachbarten *Leinwandschau Sonthofen*. Von jedem Stück wurden 6 Kreuzer für den Grafen, 7 Kreuzer für die Angestellten und 3 Kreuzer für die Kasse als Abgabe bezogen.[1402] 1776 wurden an einem einzigen Schautag etwa 1 000 Stück vorgelegt. Wie vergleichsweise früh diese Leinwandschauen auf der Landschaft Ostschweiz und im Süden des Deutschen Reichs eingerichtet worden waren, zeigt der Vergleich mit Bern und mit Norddeutschland. In Bern entschloss sich die Obrigkeit erst 1758 auf Vorschlag des Kommerzienrates, die staatliche Qualitätskontrolle und Gewebemessung einzuführen.[1403] In Norddeutschland entstanden die ersten «Linnenleggen» genannten Leinwandschauen im Lüneburger Raum erst 1790 in Wustrow (Mecklenburg-Vorpommern), Lüchow und Bergen. Noch 1833 folgte Dannenberg (Niedersachsen).[1404] In Preussen führte die Verdrängung des Kaufsystems durch das Verlagssystem zur Abschaffung dieser «Leggen» genannten Leinwandschauen.[1405]
Dieses riesige, im vorindustriellen Leinwandgewerbe tätige Gebiet Bayerisch-Schwaben erschlossen die Kaufleute Zellweger einerseits über eine umfangreiche Geschäftskorrespondenz, andererseits über Einkaufsreisen. Nach der Rekonstruktion der geografischen Dimension dieser «Einkaufsreislein» folgt eine Auswertung über das Allgäu als Beschaffungsmarkt. Die Ortschaften werden in der Reihenfolge ihrer Bedeutung in der Geschäftskorrespondenz Zellweger mit Fokus auf ihre jeweiligen Lieferanten hin ausgewertet.

«Mein Reislein ins Algäu»

An drei Stellen der Korrespondenz im Jahr 1767 mit seinem Schwager in Zürich erzählte Zellweger-Hirzel-Scheuss davon, wie er «kleine Reislein» zu unternehmen hatte. Am Montag, dem 24. März 1767, schrieb er kurz und knapp nach Zürich: «Weil ich heute in das Allgäu reisen muss & erst Donnerstags zurück kommen kann [...]. In Eile, verzeihen Sie dieselbe».[1406] Sein «Reislein» führte ihn weit über das Appenzellerland hinaus Richtung Norden über den Bodensee ins Allgäu. Es dauerte insgesamt vier Tage. Nur einen Monat später, am 27. April 1767, erzählte er wiederum: «Ich habe bey gutem Wetter mein

1396 Flik: Die Textilindustrie in Calw und Heidenheim 1750–1870 (1990), S. 107.

1397 Medick: Weben und Überleben in Laichingen 1650–1900 (1997), S. 67.

1398 Sowohl Flachs als auch Rohleinwand waren ausschliesslich an die Leinwandschau Urach zu verkaufen, womit sie von einem Monopol profitierte, in: Mayer: Leinenindustrie und Landwirtschaft in Laichingen (1939), S. 12.

1399 Aufhebung der Leinwandschau Urach, Heidenheim, Blaubeuren (Alb-Donau-Kreis) und Ulm, 1810–1817 [Hauptstaatsarchiv Stuttgart: Geheimer Rat I, E 31 Bü 1125].

1400 Nägele gibt 67 577 Stück an, vgl. Nägele: Das Textilland Vorarlberg (1949), S. 22.

1401 Nägele: Das Textilland Vorarlberg (1949), S. 22.

1402 Waibel: Die Reichsgrafschaft Königsegg-Rothenfels und die Herrschaft Staufen (1851), S. 132.

1403 Bodmer: Die Wirtschaftspolitik Berns und Freiburgs im 17. und 18. Jahrhundert, in: Archiv des Historischen Vereins Bern (57/1973), S. 7–108, hier S. 16.

1404 Jürries: Vom Flachs zum Leinen. Wendlandhof Lübeln (1993) (Pamphlet).

1405 Pfister, Ulrich: Artikel «Kaufsystem», in: Jaeger et al. (Hg.): Enzyklopädie der Neuzeit (6/2007), Sp. 514–516, zitiert nach: Wischermann: Preussischer Staat und westfälische Unternehmer zwischen Spätmerkantilismus und Liberalismus (1992), S. 81–154.

1406 Zellweger, Johannes (1730–1802): 1 Brief an Johann Caspar Hirzel (1725–1803) in Zürich, Trogen, 24.03.1767.

Reislein ins Algäu vollzogen und dieses Reislein hat meiner Gesundheit gute Dienste geleistet».[1407] Am 5. Januar 1772 berichtete Zellweger-Hirzel-Scheuss erneut von einem «Streifzug wegen Geschäften»[1408] und am 26. April 1773 wieder von einem «Reislein».[1409] Die Wortwahl «mein Reislein» deutet darauf hin, dass es sich hier um eine institutionalisierte Reise ins Allgäu handelte, die regelmässig, einmal im Monat unternommen worden sein dürfte. Sie bezweckte den persönlichen Einkauf von Leinenware vor Ort und gehörte als regelmässiges Ereignis zum Arbeitsalltag und zur Alltagsrealität des Kaufmanns Zellweger-Hirzel-Scheuss. Als für den Einkauf verantwortlicher Teilhaber der *Gebrüder Zellweger & Comp.* mit Wohnsitz in Trogen suchte er aktiv den Anschluss an die zahlreichen Beschaffungsmärkte für Leinwand im süddeutschen Raum.

Nach der Auflösung der *Gebrüder Zellweger & Comp.* im Jahr 1774 und Gründung der eigenen Handelsgesellschaft *Zellweger Vater & Comp.* veränderte sich der Charakter dieser vom Inhaber Zellweger-Hirzel-Scheuss unternommenen Einkaufsreisen ins Allgäu vollkommen. 1776 war der Buchhalter Laurenz Graf von Speicher im Auftrag der *Zellweger Vater & Comp.* zwecks Einkaufs im süddeutschen Raum unterwegs. Die überlieferte Korrespondenz ermöglichte nicht nur die Rekonstruktion der Dauer seiner Einkaufsreise, sondern auch die seiner ungefähren Reiseroute.[1410] Laurenz Graf war von Mitte Februar bis Mitte Juni 1776 insgesamt rund vier Monate unterwegs, was gegenüber den viertätigen Ausflügen Zellweger-Hirzel-Scheuss' ein ganz anderes Einkaufsverhalten ermöglichte. Seine Reise führte ihn über das Allgäu hinaus nach Günzburg und Lauingen bis nach Niederstotzingen. Von dort kehrte er über Günzburg, Immenstadt im Allgäu und Lindau zurück nach Trogen. Im schwäbischen Niederstotzingen[1411] diente ihm das Gasthaus Krone als Basis für kleinere Einkaufsreisen in die Umgebung. Er besuchte die umliegenden Ortschaften Heidenheim an der Brenz, Blaubeuren, Bibertal, Ulm, Söflingen, Burgau, Bad Urach und Elchingen auf dem Härtsfeld. Die Korrespondenz mit Zellweger-Hirzel-Scheuss zeigt, bei welchen Lieferanten er Einkäufe tätigte:

> Seith Abgang unseres letsten vom 12. u. 15. diess erhalten Euer werthes vom 13. ditto [13.02.1776], woraus ersehen, wie Ihr bey *H. Baur in Lauingen* [H.d.d.A.] eine Parthey 5 ½ [bis] ¼ brt: ausgesucht habet u. selbige theürer als bis jzt bezahlen müsst, gedult! Wann nur die Waar recht dik u. wohl gewürkt ist, dann beständig haben wir Klägden von [der Filiale *Zellweger père & Comp.*, A.d.A.] Lyon, dass sie nicht dik genug seye, auch haben L[ieb]: unsrigen die Ihnen gesandt rohe ohne Nuz hingeben müssen.[1412]

Mit *Johann Caspar Bauer* in Lauingen konnte ein bedeutender, in den Jahren 1774 bis 1811 langfristig aktiver Lieferant von 5 ½ bis 5 ¼ Ellen breiter Leinenware identifiziert werden.[1413] Neben der Auswahl von «recht diker u. wohl gewürkter Waar» hatte Laurenz Graf bei seinem Einkauf für Zellweger-Hirzel-Scheuss vor allem den Einkaufspreis zu berücksichtigen:

> Uns solle sehr lieb seyn, wann unsre Einkäufe eben so gut u preiswürdig beschaffen als die von andere Freunden, ein mehreres können wir nicht begehren u: ersuchen Euch anmit allein, bey unserem Einkauf alle Menschenmögliche Sorgfalt anzuwenden, dass Ihr uns eine gute u. preiswürdige Waar verschaffet, damit wir in dem Verkauf neben anderen bestehen mögen.[1414]

1407 Zellweger, Johannes (1730–1802): 1 Brief an Johann Caspar Hirzel (1725–1803) in Zürich, Trogen, 27.04.1767.

1408 Zellweger, Johannes (1730–1802): 1 Brief an Johann Caspar Hirzel (1725–1803) in Zürich, Trogen, 05.10.1772.

1409 Zellweger, Johannes (1730–1802): 1 Brief an Johann Caspar Hirzel (1725–1803) in Zürich, Trogen, 26.04.1773.

1410 Davon bspw. Zellweger Vater & Comp.: 20 Briefe an Laurenz Graf auf Einkaufsreise in Bayern, Trogen, Frühjahr 1776.

1411 Niederstotzingen waren ein reichsritterschaftlicher Ort. Es zählte zum Kanton Donau des Ritterkreises Schwaben und kam über Bayern (1806) und Württemberg (1810) an Baden-Württemberg (1951/1952), in: Köbler: Historisches Lexikon der deutschen Länder (2007), S. 471.

1412 Zellweger, Vater & Comp.: 1 Brief an Laurenz Graf auf Einkaufsreise in Bayern, Trogen, 22.02.1776, S. 372.

1413 Zellweger Vater & Comp.: 41 Briefe an Johann Caspar Bauer in Lauingen, Trogen, 1774–1780, sowie Zellweger & Comp.: 14 Briefe an Johann Caspar Bauer in Lauingen, Trogen, 1800–1811.

1414 Zellweger Vater & Comp.: 1 Brief an Laurenz Graf in Niederstotzingen, Trogen, 18.03.1776, S. 394.

Erklärtes Ziel war es, die Einkaufspreise mit «Menschenmöglicher Sorgfalt» auszuhandeln. Hintergrund dieses Anliegens war, mit dem Verkauf der Leinenware in Lyon neben der Konkurrenz der zahlreichen Leinwandhäuser aus der Ostschweiz in Lyon «bestehen» zu können. Mit dieser Konkurrenz war nebst den über fünfzig Häusern von St. Gallen in erster Linie das Handelshaus seines Bruders Zellweger-Wetter von Trogen gemeint, *Zellweger ainé & Comp*. Seit 1774 waren nach der Auflösung der *Gebrüder Zellweger & Comp.* zwei Handelsgesellschaften derselben Familie vor Ort in Trogen im Einkauf von derselben Leinenware aktiv, welche auf dieselbe Art und Weise an demselben Absatzort in Lyon an die Kundschaft gebracht werden musste. Das erhöhte den Konkurrenzdruck erheblich.

Beschaffungsmarkt für Leinwand aus dem Allgäu

Die Geschäftskorrespondenz der Kaufleute Zellweger in das Allgäu und das nördlich anstossende Württemberg beeindruckt allein angesichts ihres grossen Umfangs [749]. Die Schwäbische Alp als Anbauregion für Flachs auf 500 bis 1000 Meter über Meer erstreckt sich im Südwesten von Tuttlingen auf einer Breite von 20 bis 40 Kilometer über 200 Kilometer bis nach Nördlingen im Nordosten. Sie steigt nach Südosten sanft an und fällt an der Südwestseite steil ab. Sie liegt zum Grossteil im heutigen Baden-Württemberg, im Nordosten auch auf Gebiet Bayerns. Für alle relevanten Ortschaften war der Anteil an der Geschäftskorrespondenz vor 1780 [657] enorm, derjenige nach 1800 hingegen klein [92]. Daran wird ersichtlich, wie der ehemals bedeutsame Raum Bayerisch-Schwaben als Beschaffungsmarkt von Leinwand nach 1800 praktisch wegfiel. Vor 1780 waren insbesondere die Reichsstädte und freien Reichsstädte wie Leutkirch höchst attraktive, aktiv bewirtschaftete Beschaffungsmärkte. Gemessen an der Geschäftskorrespondenz stand Leutkirch [234] an erster Stelle, an zweiter Stelle Sonthofen [187], an dritter Immenstadt [163] und an vierter Isny [119]. Wenig bedeutsam waren die Ortschaften Kempten [23] und Wangen [22]. Welche Lieferanten an diesen Ortschaften aktiv waren, wird nun nachfolgend untersucht.

Abbildung 47: Kaufleute Zellweger von Trogen: Geschäftsbriefe an Lieferanten von Leinwand im Raum Bayerisch-Schwaben, 1747–1780 und 1800–1822

Mit der protestantischen Reichsstadt Leutkirch im Allgäu [234] mit ihren rund 1300 Einwohnern pflegten die Kaufleute Zellweger am meisten zu korrespondieren. Die Korrespondenz fand vorwiegend vor 1780 statt [214], ein geringer Anteil nach 1800 [20]. Sie verteilte sich auf insgesamt zwölf Lieferanten.

Die erste überlieferte Korrespondenz unterhielt man bereits in den späten 1740er Jahren mit *Mathias Keyser*.[1415] In den 1750er Jahren setzte der Kontakt mit *Paul von Furtenbach* ein.[1416] In den 1760er Jahren waren sechs Lieferanten tätig. Die wichtigsten waren *Raymond Denzel*[1417], *Joh. Denzel jünger*[1418] und *Paulus Schneider*.[1419] *Zellweger Vater & Comp.* unterhielt die unter den *Gebrüdern Zellweger & Comp.* etablierten Beziehungen mit *Johann Friedrich Baab*[1420], *Bartholome Thomann*[1421] und vor allem *Matthias Fehr*[1422] bis in die späten 1770er Jahre. Versuche der Kontaktaufnahme mit *Johannes von Johannes Zorn*[1423] und *Martin Fehr*[1424] waren nur mässig erfolgreich. 1802 kam Leutkirch an Bayern und 1810 an Württemberg.[1425] Trotz dieser politischen Umwälzungen blieb *Matthias Fehr* als Lieferant für *Zellweger & Comp.* auch nach 1800 äusserst aktiv. Als letzter neuer Lieferant etablierte sich *Störr & Fehr*.[1426]

Die katholische Stadt Sonthofen im Allgäu [187] stand an zweiter Stelle in der Geschäftskorrespondenz der Kaufleute Zellweger. Hier bestand seit 1729 die *Leinwandschau Sonthofen*. Seit den 1750er Jahren unterhielt *Gebrüder Zellweger & Comp.* eine äusserst intensive Beziehung mit den Lieferanten *Johann & Andreas Messnang*[1427], welche auch *Zellweger Vater & Comp.* und *Zellweger, Zürcher & Comp.* von 1774 bis 1780 weiterhin pflegten.[1428] Die Messnang lieferten den Kaufleuten Zellweger rohe «Schwabenleinwand». Professionell durchgeführte Recherchen von dritter Hand im Stadtarchiv Sonthofen ergaben keinerlei Hinweise darauf, um wen es sich hierbei handeln könnte.[1429] Das erstaunt angesichts der dichten Überlieferungssituation. Weitere Recherchen ergaben dann, dass die Messnang/Mössnang von Tiefenbach stammten, einem Ortsteil auf der Landschaft fünf Kilometer östlich von Sonthofen auf 835 Meter über Meer. Das ländliche Dörfchen Tiefenbach, dem ländlichen Flecken Trogen auf 903 Meter über Meer ähnlich, hielt sich als Beschaffungsmarkt für *Zellweger & Comp.* nach 1800 nicht. Denn die Messnang/Mössnang etablierten sich nun selber als «Negotianten».[1430] Nach 1800 stammte mit *Gabriel Ettensperger* nur noch ein einziger und nur kurzzeitig aktiver Lieferant von Leinwand aus Sonthofen.[1431]

In der katholischen Reichsgrafschaft Immenstadt im Allgäu [163], nur gerade 10 Kilometern nördlich von Sonthofen, bestand seit 1729 ebenfalls eine eigene Leinwandschau.[1432] Für die Weber und den Verkauf ihrer Leinwand war es von Vorteil, dass die *Leinwandschau Sonthofen* am Montag und die *Leinwandschau Immenstadt* am Dienstag stattfand. Die *Leinwandschau Immenstadt* schaute von 1729 bis 1739 jährlich fast doppelt so viel wie die *Leinwandschau Sonthofen*.[1433] Die Korrespondenz der Kaufleute Zellweger verteilte sich auf insgesamt vierzehn Lieferanten von Leinenware. Zu den bereits in den 1760er Jahren nachweisbaren Lieferanten der *Gebrüder Zellweger & Comp.* zählten *Christian Kegel*[1434],

---

1415 Gebrüder Zellweger & Comp.: 6 Briefe an Mathias Keyser in Leutkirch, Trogen, 1747–1759.

1416 Gebrüder Zellweger & Comp.: 23 Briefe an Paul von Furtenbach in Leutkirch, Trogen, 1752–1769.

1417 Gebrüder Zellweger & Comp.: 68 Briefe Raymond Denzel in Augsburg, Trogen, 1762–1769.

1418 Gebrüder Zellweger & Comp.: 12 Briefe Joh. Denzel jünger in Leutkirch, Trogen, 1762–1769.

1419 Gebrüder Zellweger & Comp.: 8 Briefe an Paulus Schneider in Leutkirch, Trogen, 1762–1769.

1420 Zellweger Vater & Comp.: 21 Briefe an Johann Friedrich Baab in Leutkirch, Trogen, 1762–1778.

1421 Zellweger Vater & Comp.: 8 Briefe an Bartholome Thomann in Leutkirch, Trogen, 1762–1778.

1422 Zellweger Vater & Comp./Zellweger & Comp.: 60 Briefe Matthias Fehr in Leutkirch, Trogen, 1774–1813.

1423 Zellweger Vater & Comp.: 6 Briefe an Johannes von Johannes Zorn in Leutkirch, Trogen, 1774–1778.

1424 Zellweger, Zürcher & Co.: 1 Brief an Martin Fehr in Leutkirch, Trogen, 1774–1780.

1425 Köbler: Historisches Lexikon der deutschen Länder (2007⁷), S. 345.

1426 Zellweger & Comp.: 17 Briefe Störr & Fehr in Leutkirch, Trogen, 1806–1811.

1427 Gebrüder Zellweger & Comp.: 137 Briefe an Johann & Andreas Messnang in Sonthofen, Trogen, 1752–1774.

1428 Zellweger Vater & Comp.: 33 Briefe an Johann & Andreas Messnang in Sonthofen, Trogen, 1774–1778; Zellweger, Zürcher & Co.: 13 Briefe an Johann & Andreas Messnang in Sonthofen, Trogen, 1774–1780.

1429 Zellweger, Maya: 1 E-Mail an das Stadtarchiv Sonthofen um Auskunft über die Messnang, Winterthur, 16.05.2013; Ketterle, Stadtarchivar: 1 Brief an Maya Zellweger in Winterthur, Sonthofen, 07.08.2013.

1430 Ein «Herr Mössnang, Negotiant von Sonthofen» hielt sich gemäss der «Fremdenanzeige» im «Weisshund» in der Altstadt Kempten auf, in: Königliches-Baierisches Intelligenzblatt des Iller Kreises, Nr. II., 11.10.1816, S. 39 b.

1431 Zellweger & Comp.: 4 Briefe an Gabriel Ettensperger in Sonthofen, Trogen, 1806–1809.

1432 Röder: Geografisches-Statistisch=Topographisches Lexicon von Schwaben (1791), Sp. 824.

1433 Waibel: Die Reichsgrafschaft Königsegg-Rothenfels (1851), S. 132.

1434 Gebrüder Zellweger & Comp.: 5 Briefe an Christian Kegel in Immenstadt, Trogen, 1762–1769.

Johann Georg Huber[1435] und *Ignaty Drexel*.[1436] Wichtigster und langfristig bis nach 1800 tätiger Lieferant[1437] war aber *Johann Georg Jeck*, Lieferant von 6/4 Ellen breiter, roher «Schwabenleinwand».[1438] Für den Kauf eines Fasses Leinenware erschien im Juli 1769 ein Vertreter der *Gebrüder Zellweger & Comp.* persönlich bei *Johann Georg Kögel*.[1439] Möglicherweise handelte es sich hier um den Nachfolger des erwähnten *Christian Kegel*. Für *Zellweger Vater & Comp.* ist zusätzlich der Kontakt zu *Johann Michael Zick* zu belegen.[1440] Obwohl Immenstadt 1804 an Österreich und 1805 an Bayern fiel[1441], hielt es sich als Beschaffungsort von Leinenware für die *Zellweger & Comp.* über die Jahrhundertwende hinaus. Bei *Fidelis Jerg* konnte für den Oktober 1806 ein Direkteinkauf durch Johann Ulrich Zuberbühler, einen Reisenden für *Zellweger & Comp.*, nachgewiesen werden.[1442] Ein weiterer Lieferant war *Johann Kirchmann*.[1443] *Reutimann* dürfte für *Johannes Zellweger Sohn* im Einkauf von Pferden tätig gewesen sein.[1444]
In der evangelischen Reichsstadt Isny im Allgäu [119] kontaktierten die Kaufleute Zellweger neun Lieferanten von Leinenware. Die früheste Beziehung in den 1750er Jahren mit *Johann Jacob Angerer* war nicht nachhaltig.[1445] Hingegen entwickelte sich *Christoph Ulrich Zech* in den 1760er Jahren zu einem bedeutenden Lieferanten von Leinenware für *Gebrüder Zellweger & Comp.*[1446] In den 1770er Jahren etablierte sich *Johann Reinhard Gebhardt* zu einem Lieferanten für *Zellweger Vater & Comp.*[1447] Wie sich die Beziehung mit *Jacob Schlegel jünger* entwickelte, ist mangels Überlieferung nach 1780 nicht nachzuvollziehen.[1448] Die Beziehung zu *Georg Leonhard Thomann* hingegen erhielt sich über die Jahrhundertwende hinaus.[1449] 1803 kam die Reichsstadt Isny zusammen mit der Abtei Isny an die Grafen von Quadt-Wickrath, 1806 schliesslich an Württemberg.[1450] In dieser Zeit fand *Zellweger & Comp.* in *Kleiber Johannes seel. Witwe* eine neue Lieferantin.[1451] Kleinstkorrespondenzen mit *Johann Herak. Kleiber*[1452], *Christoph Feller*[1453] und *Guardiasoler*[1454] gingen aber nicht über die Kontaktaufnahme seitens der Zellweger hinaus.
Die evangelische Reichsstadt Kempten [23] war vom 15. bis ins 17. Jahrhundert hinein das Leinwandzentrum von Oberschwaben.[1455] Der Grosskaufmann Joseph König (1535–1602) dominierte den Leinwandexport um 1600 einseitig und weitete ihn aus. Nach dem wirtschaftlichen Zusammenbruch während dem Dreissigjährigen Krieg konnte das städtische Leinwandgewerbe trotz langsamer Erholung

1435 Gebrüder Zellweger & Comp.: 19 Briefe an Johann Georg Huber in Immenstadt, Trogen, 1762–1774.
1436 Gebrüder Zellweger & Comp.: 3 Briefe an Ignaty Drexel in Immenstadt, Trogen, 1769–1774.
1437 Zellweger & Comp.: 3 Briefe an Johann Georg Jeck in Immenstadt, Trogen, 1807.
1438 Gebrüder Zellweger & Comp.: 76 Briefe an Johann Georg Jeck in Immenstadt, Trogen, 1762–1780.
1439 Gebrüder Zellweger & Comp.: 28 Briefe an Johann Georg Kögel in Immenstadt, Trogen, 1769–1774; Gebrüder Zellweger & Comp.: 1 Brief an Johann Georg Kögel in Immenstadt, Trogen, 03.07.1769, S. 55.
1440 Zellweger, Vater & Co.: 3 Briefe an Johann Michael Zick in Immenstadt, Trogen, 1774–1778
1441 Köbler: Historisches Lexikon der deutschen Länder (2007⁷), S. 286–287.
1442 Johannmes Zellweger Sohn: 9 Briefe an Fidelis Jerg in Immenstadt, Trogen, 1803–1809; Zellweger & Comp.: 1 Brief an Fidelis Jerg in Immenstadt, Trogen, 30.10.1806, S. 72.
1443 Johannes Zellweger Sohn: 5 Briefe an Johann Kirchmann in Immenstadt, Trogen, 1803–1809.
1444 Johannes Zellweger Sohn: 1 Brief an Reutimann in Immenstadt, Trogen, 1803–1809.
1445 Gebrüder Zellweger & Comp.: 1 Brief an Johann Jacob Angerer in Isny, Trogen, 1752–1759.
1446 Gebrüder Zellweger & Comp.: 2 Briefe an Christoph Ulrich Zech in Isny, Trogen, 1762–1774; Zellweger Vater & Comp.: 15 Briefe an Christoph Ulrich Zech in Isny, Trogen, 1774–1780; Zellweger, Zürcher & Co.: 24 Briefe an Christoph Ulrich Zech in Isny, Trogen, 1774–1778.
1447 Zellweger Vater & Comp.: 40 Briefe an Johann Reinhard Gebhardt in Isny, Trogen, 1774–1780.
1448 Zellweger Vater & Comp.: 3 Briefe an Jacob Schlegel jünger in Isny, Trogen, 1774–1780.
1449 Zellweger Vater & Comp.: 10 Briefe an Georg Leonhard Thomann in Isny, Trogen, 1774–1780; Johannes Zellweger Sohn: 5 Briefe an Georg Leonhard Thomann in Isny, Trogen, 1803–1809
1450 Köbler: Historisches Lexikon der deutschen Länder (2007⁷), S. 291.
1451 Zellweger & Comp.: 13 Briefe an Kleiber Johannes seel. Witwe in Isny, Trogen, 1800–1809.
1452 Zellweger & Comp.: 2 Briefe an Johann Herak. Kleiber in Isny, Trogen, 1807–1808.
1453 Johannes Zellweger Sohn: 1 Brief an Christoph Feller in Isny, Trogen, 1803–1809.
1454 Johannes Zellweger Sohn: 1 Brief an Guardiasoler in Isny, Trogen, 1803–1809.
1455 Für 1476 wird die Zahl der Leinwandweber mit 400 Meistern und 300 Gesellen angegeben, für 1617 waren es 581 Meister, die mit ihren Gesellen rund 17 000 Stück Rohleinwand im Jahr herstellten.

nicht mehr an die frühere Bedeutung anknüpfen. Nur zwei von drei städtischen Bleichen blieben aktiv. Im 18. Jahrhundert sank die Zahl von 107 Webermeistern um 1725 auf 73 um 1787. Unter anderem die Familien König, Jenisch und Fehr betätigten sich nun in einem vor allem auf Venedig und Triest ausgerichteten Fernhandel. Sie exportierten Leinen, Pelze, Felle und Lederwaren und importierten den Rohstoff Baumwolle. Ihr Wohlstand spiegelt sich bis heute in Form ihrer repräsentativen Stadthäuser, etwa in dem von dem Kaufmann Johann Christoph Fehr 1764 erbauten Kaufhaus am Rathausplatz 1 mit seinen zehn Fensterachsen.[1456] 1760 wurde das Jenisch-Haus mit seinen vier Fensterachsen am St. Mang-Platz 1 im Inneren umgebaut. Zeitgleich entstanden in Trogen die repräsentativen Kaufhäuser am Landsgemeindeplatz 5 durch Kaufmann Zellweger-Ehrliholzer-Sulser und am Landsgemeindeplatz 1 durch Kaufmann Zellweger-Wetter. Entsprechend erfolglos gestaltete sich die Korrespondenz der Kaufleute Zellweger nach Kempten.[1457] *Felix Köhner* etablierte sich um 1770 nicht als Lieferant von Leinwand für *Gebrüder Zellweger & Comp.*[1458] Wenig später fand *Zellweger Vater & Comp.* immerhin in *Christoph Marco Calgeer* einen Lieferanten von 6/4 Ellen breiter Leinwand.[1459] Mit der Familie Calgeer aus dem Veltlin war wiederum eine Familie von Einwanderern zu identifizieren, deren Mitglieder sich erfolgreich als Kaufleute etablierten. *Christoph Marco Calgeer* war kurz vor dem Kontakt mit den Kaufleuten Zellweger 1769 in Kempten ansässig geworden.[1460] Nach 1800 betätigte sich nur noch *Zacharias Biechteler* als Lieferant, und dies nicht mehr von Leinwand, sondern von Pferden für den Pferdehandel von *Johannes Zellweger Sohn*.[1461]

In der katholischen Reichsstadt Wangen im Allgäu[1462] [22] etablierte sich für *Gebrüder Zellweger & Comp.* in den 1760er Jahren mit *Johann Baptist Haim* ein einziger Lieferant von 5/4 und 6/4 Ellen breiter Leinenware.[1463] Keine Geschäftsbeziehung ergab sich mit *Joseph Anthony Ammann*.[1464] Nach 1800 fand *Johannes Zellweger Sohn* in *Johann Georg Rist* einen Lieferanten von Pferden.[1465]

Überregional: Herzogtum Württemberg

Im Herzogtum Württemberg standen die beiden Ortschaften Blaubeuren an der Blau [189] und Heidenheim an der Brenz [102] als Beschaffungsmärkte für Leinwand im Zentrum des Interesses der Kaufleute Zellweger. Mit Heidenheim setzte bereits um 1747 eine umfangreiche Korrespondenz ein, während nach Blaubeuren erst in den späten 1760er Jahren korrespondiert wurde. In Württemberg hatte sich das Leinwandgewerbe zum «Hauptobjekt der merkantilistischen Bestrebungen der Herzöge» entwickelt.[1466] Über die in Alt-Württemberg bis 1808 existierenden 69 Hauptzollstellen nebst unzähligen kleineren Wehrzollstellen versuchte der Herzog, an Einnahmen aus seinem unübersichtlich zersplitterten Territorium zu gelangen. Auf den Export von Leinwand wurden 2 Schillinge und 4 Pfennige pro Stück und weitere 2 Schillinge pro Pferd im Vorgespann des Wagens erhoben. Ohne dem Herzog viel einzubringen, bedeuteten diese häufigen Visitationen für den Handel hauptsächlich einen Zeitverlust.[1467] Der Fokus lag zudem auf der Erschliessung von Einkünften aus Zinsen auf Verpachtungen und Konzessionsgeldern für die Verleihung von Monopolen. Dieser Kameralismus, welcher sich vollständig an den finanziellen Interessen des Herzogs orientierte, war denn auch eine spezifisch deutsche

1456 Petz, Wolfgang: Artikel «Kempten», in: Historisches Lexikon Bayerns online, eingesehen am 13.03.2018.
1457 Köbler: Historisches Lexikon der deutschen Länder (2007⁷), S. 307.
1458 Zellweger, Zürcher & Co.: 2 Briefe an Felix Köhner in Kempten, Trogen, 1774–1780.
1459 Gebrüder Zellweger & Comp.: 8 Briefe an Christoph Marco Calgeer in Kempten, Trogen, 1769–1774.
1460 Böck: Handel mit Langwaren und Kirchenparamenten, in: Das schöne Allgäu (61/1998), S. 39.
1461 Johannes Zellweger Sohn: 10 Briefe an Zacharias Biechteler in Kempten, Trogen, 1803–1822.
1462 Köbler: Historisches Lexikon der deutschen Länder (2007⁷), S. 697.
1463 Gebrüder Zellweger & Comp.: 20 Briefe an Johann Baptist Haim in Wangen im Allgäu, Trogen, 1762–1774.
1464 Gebrüder Zellweger & Comp.: 2 Briefe an Joseph Anthony Ammann in Wangen im Allgäu, Trogen, 1762–1769.
1465 Johannes Zellweger Sohn: 4 Briefe an Johann Georg Rist in Wangen im Allgäu, Trogen, 1803–1809.
1466 Flik: Die Textilindustrie in Calw und Heidenheim 1750–1870 (1990), S. 88.
1467 Walter: Handelshemmnisse [... Alt-Württemberg, Baden-Baden und Baden-Durlach], in: Pohl (Hg.): Die Auswirkungen von Zöllen und anderen Handelshemmnissen (1987), S. 84–120, hier S. 84–94.

Ausformung des Merkantilismus. Die merkantilistisch-protektionistisch geprägte Politik des Herzogtums manifestierte sich in der Verleihung von staatlichen Handelsprivilegien für Leinwand für drei Handelsunternehmen. Dazu zählte die 1662 gegründete *Uracher Leinwandhandlungs-Compagnie*[1468] der Kaufleute Lang, die 1729 gegründete *Blaubeurer Leinwandhandlungs-Compagnie* der Kaufleute Lang und Kodisch sowie die 1736 gegründete *Heidenheimer Leinwandhandlungs-Compagnie* der Kaufleute Rheinwald, Fink und Vischer. Zudem erliess der Herzog einen ganzen Katalog von Ein- und Ausfuhrverboten in Bezug auf das Leinwandgewerbe. In den Jahren 1739, 1751, 1755, 1784 und 1798 war die Ausfuhr der Rohstoffe Flachs und Hanf, 1784 des Zwischenprodukts Pottasche und 1785 von Flachsgarn verboten. Trotz dieses Wusts an wirtschaftlichen Vorschriften erlebte der Handel in Württemberg ähnlich wie im übrigen Südwesten des Reichs zwischen dem Siebenjährigen Krieg und den Napoleonischen Kriegen gemäss Walter (1987) «eine gewisse Blüte».[1469] Dazu trug, wie im Folgenden gezeigt werden soll, unter anderem wohl auch der Absatz an die Kaufleute Zellweger von Trogen bei.

Blaubeuren und Heidenheim – staatlich privilegiert im Leinwandhandel

In der reformierten Stadt Blaubeuren[1470] [189] dominierten unter den acht Korrespondenten jeweils diverse Vertreter mit dem Nachnamen Lang. Dabei handelte es sich laut Medick (1997²) um eine «Händler- und Bleicherdynastie des 17. und 18. Jahrhunderts».[1471] Andreas Lang (1693–1736) war um 1729 Hauptinitiator der kurzlebigen *Blaubeurer Leinwandhandlungs-Compagnie*. Er investierte 800 Gulden, sein Schwiegervater Kodisch 300 und die Stadt Blaubeuren 1350 Gulden. Daraufhin tätigte Lang mit insgesamt fl. 4000.– einen einmaligen Einkauf von 432 Stück Leinwand. Mangels Absatzmöglichkeit blieb die Ware jedoch auf dem Lager liegen, bis Lang sich entschloss, alles auf eigene Rechnung zu übernehmen und als alleiniger Teilhaber der *Blaubeurer Leinwandhandlungs-Compagnie* zu übernehmen. Zu diesem Zweck strebte er die Einrichtung einer *Leinwandschau Blaubeuren* an. Obwohl nun eine solche im Rathaus eingerichtet wurde, brachten die Weber ihre Stücke jedoch wie bis anhin an die *Leinwandschau Ulm* oder an die *Leinwandschau Günzburg*, wo sie im Gegensatz zu Blaubeuren genügend Abnehmer fanden.[1472] Tatsächlich gelang es *Lang seel. Erben & Strohacker Elisa* von Blaubeuren erst im Jahr 1767, sich als Lieferanten der *Gebrüder Zellweger & Comp.* von Trogen zu etablieren.[1473] In den 1770er Jahren intensivierten sich die Kontakte zwischen den Lieferanten Lang und Honold von Blaubeuren und den Kunden Zellweger von Trogen. *Zellweger Vater & Comp.* trat in enge Beziehung mit *Joseph Ernst Honold*[1474] und *Johannes Honold*.[1475] Beide betätigten sich als Lieferanten von 5/4 Ellen breiter und 20 Ellen langer Leinenware. Wie sich der zeitgleiche Kontakt mit (Moritz Friedrich) *Lang & Brainte* entwickelte, ist nicht überliefert.[1476] Welche Dynamik eine solche Beziehung entwickeln konnte, lässt sich am Beispiel von *Andreas Friedrich Lang* darlegen.[1477] Was in den 1770er Jahren mit nur sechs Geschäftsbriefen begann, steigerte sich nach 1800 zu einer intensiven Geschäftskorrespondenz von siebzig Geschäftsbriefen an *Andreas Friedrich Lang*.[1478] Andreas Friedrich Lang (1752–1824) war der Sohn des Kaufmanns in Leinwand und Inhabers des Privilegs für den Leinwandhandel Johannes Lang-Honold (1723–1763), dessen Vater Andreas Lang (1693–1736) sich ehemals erfolgreich um das Privileg für den Leinwandhandel bemüht hatte. Sein Enkel Andreas Friedrich Lang (1752–1824) war elf Jahre alt, als sein Vater im Alter von vierzig Jahren starb. Dennoch absolvierte er eine fundierte

1468 Flik: Die Textilindustrie in Calw und Heidenheim 1750–1870 (1990), S. 90–91.

1469 Walter: Handelshemmnisse [...Alt-Württemberg, Baden-Baden und Baden-Durlach], in: Pohl (Hg.): Die Auswirkungen von Zöllen und anderen Handelshemmnissen (1987), S. 84–120, hier S. 104.

1470 Köbler: Historisches Lexikon der deutschen Länder (2007⁷), S. 65.

1471 Medick: Weben und Überleben in Laichingen 1650–1900 (1997), S. 276; Lang: 400 Jahre Blaubeurer Leinen (1960).

1472 Lang: 225 Jahre Blaubeurer Bleiche (1951), S. 18–20.

1473 Gebrüder Zellweger & Comp.: 59 Briefe an Lang seel. Erben & Strohacker Elisa in Blaubeuren, Trogen, 1767–1778.

1474 Zellweger Vater & Comp.: 37 Briefe an Joseph Ernst Honold in Blaubeuren, Trogen, 1774–1778.

1475 Zellweger, Zürcher & Co.: 7 Briefe an Johannes Honold in Blaubeuren, Trogen, 1774–1780.

1476 Zellweger, Zürcher & Co.: 3 Briefe an Lang & Brainte in Blaubeuren, Trogen, 1774–1780.

1477 Zellweger, Zürcher & Co.: 6 Briefe an Andreas Friedrich Lang in Blaubeuren, Trogen, 1774–1780.

1478 Zellweger & Comp.: 70 Briefe an Andreas Friedrich Lang an diversen Orten, Trogen, 1800–1811.

Ausbildung zum Kaufmann. Nach der kaufmännischen Lehre in Basel war er bei *Gebrüder Zellweger & Comp.* in Trogen und danach im nur 37 Kilometer westlich von Blaubeuren gelegenen Urach als Handelsbedienter angestellt. Im Alter von 22 Jahren übernahm er 1774 die Bleiche und die privilegierte *Blaubeurer Leinwandhandlungs-Compagnie*. Er kaufte sie anfangs Februar 1775 seinem Stiefvater Strohaker für 7600 Gulden ab. Bis 1785 steigerte der als «fleissig» und «geschickt» geschilderte Lang angesichts seiner guten Beziehungen zu den Kunden *Gebrüder Zellweger & Comp.* und *Zellweger Vater & Comp.* von Trogen sowie der allgemein günstigen Entwicklung des Leinwandgewerbes seinen Umsatz auf 67 000 bis 70 000 Gulden.
Wie positiv sich seine Tätigkeit auf die Umgebung auswirkte, zeigte sich an der Entwicklung der Weber im Raum Blaubeuren. Von 1748 bis 1780 wuchs die Zahl der Weber in der Stadt und im Amt Blaubeuren von 126 auf 200. 1778 waren allein im Amt etwa 500 Weber aktiv. 1787 zog Lang aus steuertechnischen Gründen in die Stadt Blaubeuren um. Zwecks Weiterführung des Leinwandhandels ersteigerte er sich ein Haus an der Rossmarktgasse aus der Konkursmasse von Kapff. 1790 verkaufte Lang die *Bleiche Blaubeuren*, behielt aber das gerade in den Jahren der Revolution wieder hochumstrittene Handelsprivileg bis zu seinem Tod 1824. Die neue Grenzziehung verwandelte die während Jahrhunderten peripher gelegene Grenzstadt Blaubeuren in eine fast mitten im neuen Königreich Württemberg gelegene Oberamtsstadt. Die bislang übermächtige Reichsstadt Ulm dagegen wurde zur Kreis- und Oberamtsstadt degradiert. Diese politischen Veränderungen wirkten sich direkt auf die Wirtschaft aus. Während sich die Lang in Blaubeuren halten konnten, ging in Ulm und Urach die Phase des grossen Leinwandhandels zu Ende.[1479] Dass nun wie bereits der Vater Andreas Friedrich Lang (1752–1824) in den 1770er Jahren auch sein Sohn Carl Philipp Friedrich Lang (1786–1853) von 1808 bis mindestens 1811 als Handelsreisender für *Zellweger & Comp.* unterwegs war, gehört zu einem faszinierenden Ergebnis der vorliegenden Forschung.[1480] Auf diesen Reisen lernte Lang die für ihn relevanten Absatzmärkte in allen Einzelheiten kennen. Medick (1997) beurteilte die Handelsgesellschaft der Gebrüder Carl Philipp Friedrich Lang (1786–1853) und Carl August Lang (1787–1844) von Blaubeuren als «das grösste württembergische Leinwandhandlungshaus der Zeit».[1481] In den 1810er Jahren fand demnach nachweislich ein Wissenstransfer über die Natur des Leinwandhandels von einer im Leinwandgewerbe aktiven Landschaft der Ostschweiz in eine solche Landschaft im süddeutschen Raum statt, was nachhaltig für Prosperität sorgte. Dass die Ostschweiz nicht nur im Leinwandhandel, sondern auch in der Textilveredlung eine wegweisende Stellung einnahm, zeigt sich darin, dass die als nicht mehr zeitgemäss empfundene *Bleiche Blaubeuren* im November 1824 «nach Schweizer Art» mit einem Netzfeld eingerichtet werden sollte. Ziel dieser Umbauten war es, die Bleichkosten einzusparen, welche bis dahin auf die für ihre Arbeit geschätzten Bleichen in der Schweiz abgeflossen waren.[1482]
In der reformierten Stadt und Herrschaft Heidenheim an der Brenz[1483] [102] im Herzogtum Württemberg pflegten die Kaufleute Zellweger Geschäftsbeziehungen mit insgesamt acht Lieferanten von Leinenware. Heidenheim mit den übrigen Albdörfern, wo das Leinwandgewerbe in Hausarbeit betrieben wurde, gehörte zum wirtschaftlich produktiven Hinterland der Reichsstadt Ulm. Den Rohstoff Flachs baute man im Brenztal und auf der kargen Ostflanke der Schwäbischen Alb an. 1599 erhielt Heidenheim einen eigenen Garnmarkt. Um über die Spinnerei hinaus die Leinen- und Barchentweberei zu fördern, gründete der Herzog um 1600 die Weberkolonie «Im Flügel» vor dem Unteren Tor. Über diese Massnahmen sollte Heidenheim aus der wirtschaftlichen Abhängigkeit der dominanten Reichsstadt Ulm gelöst werden. 1618 bestanden vor Ort ein Waschhaus für Garn, eine Leinmühle und eine Bleiche. Für das aufblühende Heidenheim bedeutete der Dreissigjährige Krieg eine Katastrophe. Auf die Plünderung nach der Schlacht bei Nördlingen um 1634 folgten Pest und Hungersnot. Die Bevölkerung reduzierte sich von 463 Einwohnern um 1650 auf die Hälfte.[1484] Im 18. Jahrhundert knüpfte der Herzog

1479 Lang: 225 Jahre Blaubeurer Bleiche (1951), S. 34–35, 38.
1480 Zellweger & Comp.: 122 Briefe an Carl Philipp Friedrich Lang (1786–1853) an diversen Orten, Trogen, 1808–1822.
1481 Carl Philipp Friedrich Lang (1786–1853), in: Medick: Weben und Überleben in Laichingen 1650–1900 (1997), S. 276 und 280.
1482 Lang: 225 Jahre Blaubeurer Bleiche (1951), S. 40.
1483 Köbler: Historisches Lexikon der deutschen Länder (2007^7), S. 242.
1484 Krüger/Akermann: Heidenheim. Die Stadt und ihre Industrie (1984), S. 15–17.

an seine Förderungspolitik des Leinwandgewerbes an, indem er für den Absatz der Leinwand von 1736 bis 1767 während drei Jahrzehnten das Privileg für den Einkauf von Leinwand an die *Heidenheimer Leinwandhandlungs-Compagnie* verlieh. Das Privileg war ein Monopol, welches die Weber verpflichtete, ihre Leinwand zuerst dieser *Compagnie* zum Kauf anzubieten. Die staatlich privilegierte Handelsgesellschaft richtete sich in einem leerstehenden Gebäude des herzoglichen Eisenwerks ein. Bereits 1742 zog sie in ein eigens errichtetes Gebäude mit Lagergewölbe, Mange, Presse und Raum zur Durchführung der *Leinwandschau Heidenheim* um. Damit vereinte die Handelsgesellschaft Leinwandschau und Handel unter einem Dach. Nicht zum Betrieb gehörte eine Bleiche. Gemäss Flik (1990) war es für den Leinwandexport von Württemberg im 18. Jahrhundert geradezu charakteristisch, dass die rohe Leinwand lediglich gereinigt und zurechtgemacht, nicht aber veredelt in den Versand gelangte. Die Masse ging als Halbfabrikat nach Italien und in die Schweiz, wo zahlreiche mit Netzfeldern ausgerüstete Bleichen und Appreturen auf die Textilveredlung spezialisiert waren.[1485] Die *Heidenheimer Leinwandhandlungs-Compagnie* war nach dem Vorbild der *Uracher Compagnie* eingerichtet und versuchte ähnlich dem Mutterunternehmen, den Leinwandhandel in der gesamten Herrschaft Heidenheim zu kontrollieren.[1486] Gegen aussen trat diese *Heidenheimer Leinwandhandlungs-Compagnie* als *Rheinwald, Fink & Vischer*[1487] auf. *Rheinwald, Fink & Vischer* war nachweislich der erste belegbare Kontakt der *Gebrüder Zellweger & Comp.* nach Heidenheim in den späten 1740er Jahren.[1488] Nach dem Konkurs der privilegierten Handelsgesellschaft im Jahr 1767 war dann *Kodweiss & Fink & Co.* als Lieferant der *Gebrüder Zellweger & Comp.* aktiv.[1489] Doch die verantwortlichen Kaufleute Christoph Heinrich Kodweiss und Christoph Matthäus Fink stellten wohl mangels Kapital und Erfahrung ihren Einkauf von Leinwand zweimal innerhalb von nur drei Jahren ein. Der Herzog entzog ihnen das Privileg und verlieh es für die zwanzig Jahre von 1775 bis 1795 an den damals bedeutendsten Leinwandgrosshändler der Stadt Ulm *Friedrich Karl von Hailbronner*. In diesen zwanzig Jahren erlebte das Leinwandgewerbe nochmals einen bescheidenen Aufschwung. Mitglieder der Familie Kodweiss blieben weiter im Einkauf von Leinwand tätig. In den 1770er Jahren belieferten schliesslich *Christoph Heinrich Kodweiss*[1490] und *Kodweiss & Co.*[1491], bei welchen es sich um ein- und dieselbe Handelsgesellschaft gehandelt haben dürfte, *Zellweger Vater & Comp.* Das von 1736 bis 1796 während sechzig Jahren bestehende Monopol im Einkauf von Leinwand war zeit seines Bestehens hochumstritten. Die Weber setzten sich 1765/1766 und 1788 erfolglos für die Aufhebung und ihr Recht auf freien Verkauf ihrer Leinwand ein, während der Kaufmann Hailbronner noch 1780 um dessen Wiederbelebung bat. *Pommer & Comp.* übernahm das Privileg, ohne dass es dem Unternehmen nach dem Frieden von 1804 bessere Umsätze einbrachte. 1805 gewährte der Herzog auch dem Speditionsunternehmen *Seybold, Seligman & Nast* von Lauingen die Leinwandschau und den Einkauf von Leinwand.[1492] Diese beiden privilegierten Handelsunternehmen fanden sich nicht unter den vier hiesigen Lieferanten der *Zellweger & Comp.* nach 1800. Der Handel mit Leinwand kam denn auch in den Kriegen gegen Frankreich mehrmals völlig zum Erliegen. Mit *David Wolfgang Langensee* betätigte sich ein neuer Einkäufer in Leinwand für *Zellweger & Comp.*[1493] Sie schrieb ihm im Oktober 1800, «dass der Leinwath Artikel von grosser Concourrenz ist, und dass um darbey zu bestehen, man alle mögliche Vorsicht bey dem Einkauf gebrauchen müsse».[1494] Langensee, ursprünglich langjähriger Faktor bei *Karl Friedrich Hailbronner* von Ulm, betrieb den Einkauf von Leinwand selbständig weiter. Neben Langensee wurde mit *Christoph Matthäus Fink* ein Spross der Leinwandhändler Fink

1485 Flik: Die Textilindustrie in Calw und Heidenheim 1750–1870 (1990), S. 97.
1486 Medick: Weben und Überleben in Laichingen 1650–1900 (1997), S. 122.
1487 Flik (1990) bezeichnete sie als Vischer, Rheinwald & Fink. Die Kaufleute Zellweger führten die Handelsgesellschaft in ihren Briefkopierbüchern unter «R» wie Rheinwald, Fink & Vischer.
1488 Gebrüder Zellweger & Comp.: 10 Briefe an Rheinwald, Fink & Vischer in Heidenheim, Trogen, 1747–1752.
1489 Gebrüder Zellweger & Comp.: 13 Briefe an Kodweiss & Fink & Co. in Heidenheim, Trogen, 1769–1774.
1490 Gebrüder Zellweger & Comp.: 13 Briefe an Christoph Heinrich Kodweiss in Heidenheim, Trogen, 1769–1778.
1491 Zellweger, Zürcher & Co.: 29 Briefe an Kodweiss & Co. in Heidenheim, Trogen, 1774–1780.
1492 Flik: Die Textilindustrie in Calw und Heidenheim (1990), S. 100–107.
1493 Zellweger & Comp.: 17 Briefe an David Wolfgang Langensee in Heidenheim, Trogen, 1800–1801.
1494 Zellweger & Comp.: 1 Brief an David Wolfgang Langensee in Heidenheim, Trogen, 23.10.1800, S. 168.

angegangen.[1495] *Jacob Friedrich Kuhn*[1496] sowie *C.F. Ploucquet*[1497] hingegen waren zwei neu im Einkauf von Leinwand tätige Kaufleute. Christoph Friedrich Ploucquet (1781–1844), Spross einer Hugenottenfamilie mit Niederlassung in Stuttgart und Tübingen, begann zeitgleich mit dem Einkauf ins Bürgerrecht von Heidenheim 1806, Handel mit Gemischtwaren zu treiben. Wie erfolgreich er damit war, zeigte sich im Jahr 1840, als er in eine Lohnweberei mit 300 mechanischen Webstühlen und den Kauf einer Stückfärberei nicht etwa in das häuslich organisierte Leinwandgewerbe, sondern ausschliesslich in die Baumwollverarbeitung innerhalb einer Fabrik investierte. Das Gelände, auf welchem er sein Unternehmen ansiedelte, war bereits vorher industriell über eine Nagel- und Drahtschmiede sowie eine Papiermühle industriell genutzt worden.[1498] Das Unternehmen startete 1903 mit Exportaktivitäten und diversifizierte in Farben, Stoffen, Futterstoffen und wasserdichter Imprägnierung. 1922 wurden neue industrielle Färbeanlagen und Appreturen gebaut. Die Produktion baute man um Oberbekleidungs- und Sportkonfektionsstoffen aus. 1938 expandierte es über den Bau und Ankauf von Webereien mit rund tausend Webstühlen und machte erste Erfahrungen in der Produktion von Zellstoff und Kunstseide. Im Jahr 2000 kaufte das Unternehmen einen Betrieb in Zittau und gründete das Textilveredlungsunternehmen *Ploucquet GmbH*. Die Firma *C.F. Ploucquet* steht damit in der Reihe der wenigen Textilunternehmen, welche auf Basis von Baumwolle bis heute wirtschaftlich erfolgreich im Textilbereich tätig sind.[1499] Flik (1990) ging davon aus, dass der hiesige Export von Leinwand aus Heidenheim nach Italien 1806 vollkommen zum Erliegen gekommen sei. Italien war nun Teil von Frankreich, das im selben Jahr die für den Handel in Europa so fatale Kontinentalsperre erliess. Die Leinwandweberei in Heidenheim ging in der ersten Hälfte des 19. Jahrhunderts vollständig nieder.[1500]

Günzburg und Ulm – städtische und ausländische Konkurrenz

In die dazumal österreichische Landeshauptstadt Günzburg [175] entwickelte sich um die Mitte des 18. Jahrhunderts eine beachtliche Korrespondenz. Die Kontaktaufnahme mit der aus der Gegend des Comersees stammenden Handelsgesellschaft in Leinwand *Brentano, Monticelly & Co.* gelang trotz der Bemühung der *Gebrüder Zellweger & Comp.* nicht.[1501] Zu ähnlich war wohl die Tätigkeit der Brentano im Einkauf roher Leinwand, in der Qualitätsprüfung an der städtischen *Leinwandschau Günzburg*, in der Veredlung der Leinwand auf den Bleichen entlang der Günz und dem Verkauf der gebleichten Leinenware über Fernhandel. Von diesen Ähnlichkeiten zeugen bis heute in Natura die beiden repräsentativen Kaufhäuser mit Walmdach, welche sowohl Zellweger-Sulser im ländlichen Trogen als auch *Brentano, Monticelly & Co.* im städtischen Günzburg beide 1747 erbauen liessen. So wie die Kaufleute Zellweger von dem Privileg profitierten, schweizerische Leinwand zollfrei nach Lyon exportieren zu dürfen, profitierte die Handelsgesellschaft *Brentano, Monticelly & Co.* von «Zollfreiheits-Patenten», welche der württembergische Herzog an Italiener und Juden vergab, damit sie dem Handel im Land aufhalfen. Erst in der zweiten Hälfte des 18. Jahrhunderts verschärfte er die Kontrolle über diese Zollausnahmeanträge.[1502] Die italienische Handelsgesellschaft *Brentano, Monticelly & Co.* rekrutierte mit Erfolg die Weber um Blaubeuren und Urach für ihre Niederlassung. Zwischen 1700 und 1796 wurden auf der *Bleiche an der Günz* rund 275 000 Leinwandstücke gebleicht und durch Brentano und Rebay nach Mailand und Triest verkauft.[1503] Die Brentano gaben den Leinwandhandel in Günzburg 1763 auf. An ihrer Stelle

1495 Zellweger & Comp.: 12 Briefe an Christoph Matthäus Fink in Heidenheim, Trogen, 1800–1809.

1496 Zellweger & Comp.: 5 Briefe an Jacob Friedrich Kuhn in Heidenheim, Trogen, 1808–1809.

1497 Zellweger & Comp.: 12 Briefe an C.F. Ploucquet in Heidenheim, Trogen, 1808–1809.

1498 Krüger/Akermann: Heidenheim. Die Stadt und ihre Industrie (1984), S. 16.

1499 Vgl. die Homepage des Unternehmens C.F. Ploucquet, Heidenheim an der Brenz, www.ploucquet.de.

1500 Flik: Die Textilindustrie in Calw und Heidenheim 1750–1870 (1990), S. 108–116.

1501 Gebrüder Zellweger & Comp.: 1 Brief an Brentano, Monticelly & Co. in Ulm, Trogen, 12.02.1748, S. 49.

1502 Walter: Handelshemmnisse, in: Pohl (Hg.): Die Auswirkungen von Zöllen und anderen Handelshemmnissen (1987), S. 84–120, hier S. 106.

1503 Sczesny: Zwischen Kontinuität und Wandel. Ländliches Gewerbe und ländliche Gesellschaft im Ostschwaben des 17. und 18. Jahrhunderts (2002) (= Oberschwaben – Geschichte und Kultur 7), S. 37–38, zitiert nach Kiessling: Günzburg und die Markgrafschaft Burgau (1990) (= Heimatkundliche Schriftenreihe für den Landkreis Günzburg 10), S. 37–40 u. a.

übernahmen *Gebrüder Molo* die Pacht der städtischen Bleiche und liessen 1767 4014 Stück und damit das Maximum an jemals gebleichter Ware auslegen.[1504] Die *Blaubeurer Leinwandhandlungs-Compagnie* wurde 1729 mit dem Hinweis gegründet, die Konkurrenz der Brentano in Günzburg «aus dem Feld zu schlagen».[1505] Dieses Ziel verfehlte sie. Erst in den 1760er Jahren etablierte sich in Günzburg zunächst *Niclaus Groll* zum Hauptlieferanten von 16 ½ Ellen langer Leinenware für die *Gebrüder Zellweger & Comp.*[1506] Gleichzeitig entwickelte sich auch *Giovanni Angelo Rebay* als Lieferant von «14er» und «18er» Leinenware von entsprechender Länge, was vor zwanzig Jahren noch nicht möglich gewesen war.[1507] Nach 1800 gingen *Molo, Rebay & Söhne* auf die Anfrage von *Zellweger & Comp.* im Oktober 1809 um Leinenware «schön weiss, 5/4 breit, von f 10 à 12 rohen Ankaufs» anders als in den 1760er Jahren nicht mehr ein.[1508] Sie organisierten ihren Verkauf über *de Molo, de Rebay & Co.* in Mailand.[1509] Diese übernahm für *Zellweger & Comp.* über *Massner & Braun* von Chur in den Jahren 1806/1807 einige Speditionsaufträge etwa an die Kunden «*Gambarini e Pami* di Bologna, *Cioja Golson & Co.* di Ancona» und an «*F[rate]ll[i]. Dunner* di Livorno».[1510] Nach 1800 betätigten sich in Günzburg *Johann Georg Roschmann*[1511] und wohl sein Nachfolger *Johannes Roschmann* als Lieferanten von 5/4 Ellen breiter Leinenware «schön gleichgärnig und dicht gewoben».[1512] Nachdem Günzburg 1806 bayerisch geworden war, war nur noch *Mathias Umhofer* als letzter Lieferant nachzuweisen.[1513]
Für die reformierte Reichsstadt Ulm[1514] [31] ergaben sich sechs Handelskontakte in der zweiten Hälfte des 18. Jahrhunderts. Ulm wurde zu Beginn des 18. Jahrhunderts infolge des Spanischen Erbfolgekrieges (1701–1714) in der wirtschaftlichen Entwicklung nachhaltig behindert. 1702 wurde es durch bayerische Truppen erobert, war bis 1704 bayerisch-französisch und wurde 1707 erneut französisch besetzt. Der Leinwandhandel, welcher mit dem Handel des erfolgreichen Markenartikels «Ulmer Barchent» den wirtschaftlichen Aufstieg der Stadt Ulm ausgelöst hatte, litt unter Absatzschwierigkeiten. Die Kriege im Europa des 18. Jahrhunderts leisteten ihren Beitrag dazu.[1515] Der Handel in Ulm unterlag der städtisch-herrschaftlichen Aufsicht. Die Leinwand musste wie andernorts auch eine amtliche Güteprüfung durchlaufen, an welcher in Form von Gebühren ein fiskalisches Interesse der Stadt bestand. Für alle Erzeugnisse des städtischen Territoriums herrschte ein scharfer Marktzwang.[1516] Dennoch wurde in Ulm noch 1805 «ein starker Handel in Barchent, Leinwand, Woll-Leinen und Bandwaaren betrieben».[1517] Von Blaubeuren wurde der Leinwandhandel in Ulm noch um 1730 als äusserst schädigend wahrgenommen.[1518] Den ältesten und zugleich auch intensivsten Kontakt pflegte *Gebrüder Zellweger & Comp.* in den 1740er Jahren zu *Walter Heinrich Kolb*, ein Ratsherr, Eherichter und Almosenpfleger.[1519]

1504 Zorn: Handels- und Industriegeschichte Bayerisch-Schwabens (1961), S. 111.

1505 Lang: 225 Jahre Blaubeurer Bleiche (1951), S. 17.

1506 Gebrüder Zellweger & Comp.: 95 Briefe an Niclaus Groll in Günzburg, Trogen, 1762–1769.

1507 Gebrüder Zellweger & Comp.: 32 Briefe an Giovanni Angelo Rebay in Günzburg, Trogen, 1762–1769.

1508 Zellweger & Comp.: 1 Brief an Molo Rebay & Söhne in Günzburg, Trogen, 01.10.1809, S. 490.

1509 Zellweger & Comp.: 9 Briefe an de Molo, de Rebay & Co. in Mailand, Trogen, 1806.

1510 Zellweger & Comp.: 1 Brief an de Molo, de Rebay & Co. in Mailand, Trogen, 23.10.1806, S. 51.

1511 Zellweger & Comp.: 8 Briefe an Johann Georg Roschmann in Günzburg, Trogen, 1800–1801.

1512 Zellweger & Comp.: 33 Briefe an Johannes Roschmann in Günzburg, Trogen, 1806–1811.

1513 Zellweger & Comp.: 5 Briefe an Mathias Umhofer in Günzburg, Trogen, 1806–1807.

1514 Die refomierte Reichsstadt Ulm verfügte über Güter von 1260 Quadratkilometer und insgesamt 50 000 Einwohnern. 1802/1803 fiel sie an Bayern, 1810 an Württemberg und gehört seit 1951/1952 zu Baden-Württemberg, in: Köbler: Historisches Lexikon der deutschen Länder (2007⁷), S. 667.

1515 Specker, Hans Eugen: Artikel «Ulm», in: Historisches Lexikon Bayerns online, eingesehen am 14.03.2018.

1516 Neusser: Das Territorium der Reichsstadt Ulm (= Forschungen zur Geschichte der Stadt Ulm 4) (1964), S. 143.

1517 A.H.: Beschreibung der Reichsstadt Ulm, in: A.H.: Neu-Bayern, oder: geografisch-topographische Beschreibung der in dem schwäbischen Kreise dem Kurhause Pfalz-Bayern nunmehro zugehörigen Fürstenthümer, Reichsstädte und Reichsprälaturen [...] (1805), S. 14–22, hier S. 20.

1518 Lang: 225 Jahre Blaubeurer Bleiche (1951), S. 16.

1519 Gebrüder Zellweger & Comp.: 16 Briefe an Walter Heinrich Kolb in Ulm, Trogen, 1747–1752; N.N.: Jetzt lebend- und florirender Staat, Des Löblich Schwäbischen Craysses: enthaltend Die Regierende Geist- und Weltliche Hohe Reichs-Fürsten und Stände (1750), S. 14.

Hingegen entwickelten sich in den 1760er Jahren trotz Anfragen an *Joseph Breitinger*[1520] und *Lorentz Merckh* keine weiteren Beziehungen.[1521] Erst *Zellweger Vater & Comp.* gelang in den 1770er Jahren der Aufbau von Kontakten zu den Lieferanten *Reinhart & Holl*[1522] und *Georg Ludwig Bürgler*.[1523] Nach 1800 ging je ein Schreiben der *Zellweger & Comp.* ohne nachhaltige Wirkung an *Septimus Holl*[1524] und eines an *David Gabriel Langensee*.[1525] 1810 ging Ulm an Württemberg, wobei man die einst mächtige Reichsstadt zu einer Oberamtsstadt degradierte.
Für das überwiegend katholische Städtchen Niederstotzingen [46] mit Marktrecht – in einer Hangmulde an der südöstlichen Randstufe der Stotzinger Alb als dem regionalen Anbaugebiet von Flachs gelegen – waren drei Korrespondenten erst ab den 1770er Jahren nachweisbar. Neben *Christoph Friedrich Fetzer*[1526] waren insbesondere die Kaufleute Markthaler aktiv. Den Grundstein zu dieser Beziehung legte *Zellweger Vater & Comp.* im Jahr 1776 mit *Johann Ulrich & Christoph Markthaler*[1527], woraus das Unternehmen *Markthaler Johann Ulrich seel. Sohn* hervorgegangen sein dürfte.[1528] Es betätigte sich als Lieferant für die *Zellweger & Comp.* als Nachfolgerin der *Zellweger Vater & Comp.* bis über das erste Jahrzehnt nach 1800 hinaus. Wie Ulm fiel auch Niederstotzingen 1810 an Württemberg. Danach waren keine Handelskontakte mehr zu belegen.
Für die paritätische Reichsstadt Biberach [38] war erst nach 1800 Korrespondenz nachzuweisen. Biberach erlebte während des Dreissigjährigen Krieges einen Bevölkerungsverlust von 60%. Obwohl der Grosshandel grundsätzlich jedermann freistand, waren es vor allem Kaufleute von Ulm, die nach dem Dreissigjährigen Krieg den Absatz der hiessigen Leinwand organisierten. Die Stadt wurde grausam verwüstet, Handel und Gewerbe vernichtet. Der Krieg beschleunigte den unwiderruflichen Rückgang der Herstellung und des Exports von Leinwand. In Biberach war das Leinwandgewerbe in der Weberzunft organisiert. Die Leinwandweberei weitete sich nach dem Dreissigjährigen Krieg neben der rohen Leinwand auf die Herstellung von Kolschen, Schecken, Bomasin, Hals- und Schnupftüchern aus, um die Fabrikation bereits im 18. Jahrhundert wieder einzustellen. 1666 zählte man 130 Webstühle, 1667 setzte ein kontinuierlicher Rückgang ein, sodass man 1696 noch 95 Webstühle zählte und 1725 noch 63. 1727 sollte eine neue Weberordnung mit schärferen Verordnungen dem Leinwandgewerbe wieder aufhelfen. Zudem errichtete man in den 1730er Jahren erfolglos eine Handelsgesellschaft «zur Förderung des Commericums insbesondere des Leinwandabsatzes». Sämtliche Aufträge für Barchent und Leinwand waren nun an ein zunftähnlich organisiertes Verkaufskommitee aus achtzehn Personen zu richten. Das Komitee verhandelte dann umständlich mit dem Käufer, ob und unter welchen Bedingungen der Auftrag angenommen werden konnte, wobei der Preis entscheidend war. Er sollte jedem Webermeister ein standesgemässes Auskommen sichern. Das magere Resultat dieser Massnahmen zeigte sich im weiteren Rückgang der Webstühle. 1745 zählte man 48 Webstühle, 1755 noch 45. Die neue Weberordnung von 1757 und wohl auch die Aufhebung des schwerfälligen «Verkaufskomitees» brachten ein wenig Freiheit, was sich in der kontinuierlichen Zunahme der Webstühle bis 1798 zeigte. 1763 zählte man 47 Webstühle, 1780 62, 1790 65 und 1798 wieder 70 Webstühle. Um 1800 zählte man nur noch 55 Webstühle. Ende des 18. Jahrhunderts spielten Herstellung und Export von Leinwand in Biberach nur noch eine untergeordnete Rolle, die Lohnarbeit bildete die Hauptbeschäftigung der Weber. Weichhardt (1931) beurteilte die Entwicklung der Weberei nach dem Dreissigjährigen Krieg und besonders im 18. Jahrhundert als «ein typisches Beispiel des gewerblichen Verfalls in einer Reichsstadt».[1529]

1520 Gebrüder Zellweger & Comp.: 1 Brief an Joseph Breitinger in Ulm, Trogen, 20.04.1767, S. 650.
1521 Gebrüder Zellweger & Comp.: 1 Brief an Lorentz Merckh in Ulm, Trogen, 25.02.1765, S. 389.
1522 Zellweger Vater & Comp.: 6 Briefe an Reinhart & Holl in Ulm, Trogen, 1774–1778.
1523 Zellweger Vater & Comp.: 4 Briefe an Georg Ludwig Bürgler in Ulm, Trogen, 1774–1778.
1524 Zellweger & Comp.: 2 Briefe an Septimus Holl in Ulm, Trogen, 1800–1801.
1525 Zellweger & Comp.: 1 Brief an David Gabriel Langensee in Ulm, Trogen, 20.11.1806, S. 139.
1526 Zellweger Vater & Comp.: 14 Briefe an Christoph Friedrich Fetzer in Niederstotzingen, Trogen, 1774–1778.
1527 Zellweger Vater & Comp.: 10 Briefe an Johann Ulrich & Christoph Markthaler in Niederstotzingen, Trogen, 1774–1778.
1528 Zellweger & Comp.: 22 Briefe an Markthaler Johann Ulrich seel. Sohn in Niederstotzingen, Trogen, 1800–1811.
1529 Weichhardt: Die Entwicklung der wirtschaftlichen Verhältnisse der freien Reichsstadt Biberach im 18. Jahrhundert (1931), S. 18–19, 62–65 und 87.

1802 fiel Biberach mit seinen 27 Dörfern an Baden und wurde 1806 an Württemberg ausgetauscht.[1530] In Biberach war mit *Johann Friedrich Biber* ein Lieferant für die *Zellweger & Comp.* tätig, der wohl bereits vor der Jahrhundertwende aktiv gewesen war.[1531] Biber wurde Ende April 1803 in den Rat von Biberach beordert.[1532] Regelmässige Kontakte pflegte *Zellweger & Comp.* bis 1811 mit *Johann Nepomuk Pfaff*.[1533] Eine letzte Lieferantenbeziehung entwickelte sich mit *Heinrich Hocheisen*.[1534] 1824 wob man in Biberach nur noch für den örtlichen Markt.
Ähnlich wie für das Marktstädtchen Niederstotzingen und die Reichsstadt Biberach war auch für das überwiegend protestantische Dorf Laichingen [18] erst nach 1800 Korrespondenz nachweisbar. Laichingen bildete den Mittelpunkt an der einst bedeutsamen Handels- und Verkehrsstrasse über die Hochfläche der Schwäbischen Alb mit lebhafter Leinwandweberei in Heimgewerbe. Man wob über den Eigengebrauch hinaus für den Absatz im Fernhandel. Laichingen lag in nur 25 Kilometer Entfernung zu den Märkten in Reutlingen, Blaubeuren und Ulm. Laichingen entwickelte sich zu einem Fabrikationszentrum mit vielen Webersiedlungen auf der Münsinger Albhochfläche[1535] und damit zum Hauptort des produktiven Hinterlandes von Urach. Im Dreissigjährigen Krieg schwer verwüstet, erholte sich das Leinwandgewerbe in den 1670er Jahren und expandierte kontinuierlich im Verlauf des 18. Jahrhunderts.[1536] Bis 1661 besorgten die drei Kaufleute Stephan Schwan von Urach sowie Matthäus Stürtzel und Amandus Jäger von Ulm den Absatz der Leinwand. Im gleichen Jahr wurde die staatlich privilegierte *Uracher Leinwandcompagnie* und 1703 die *Leinwandschau Laichingen* gegründet. Dieser *Uracher Leinwandcompagnie* als Nachfolgerin der 1598 gegründeten *Leinwandschau Urach* mussten die Weber von Laichingen sämtliches in der Umgebung gewobene Tuch nach dem kursierenden Preis anbieten.[1537] Sie durften es erst nach ihrem Verzicht anderweitig verkaufen. Diese offensichtliche Benachteiligung erregte viel böses Blut unter den Webern, zumal diese Handelsgesellschaft sehr wohl ausländische Leinwand aus benachbarten Gemeinden jenseits der württembergischen Grenze kaufen durfte. Zudem profitierte die Kompagnie vom alleinigen Recht zum Aufkauf des Flachses, der Schneller [volle Spindel] und des Zwischenhandels mit Webmaterialien. Der Verkauf ging zum grossen Teil in die Schweiz und nach Italien. Veredelte Leinwand hingegen ging in die Rheinländer, nach Frankreich und Spanien. Im 18. Jahrhundert wurden Strassburg, die *Messe Bozen* (Österreich) und *Messe Zurzach* (Aargau) wichtig, nach 1750 zunehmend auch die Hafenstädte Genua und Hamburg, von wo aus die Leinwand nach Übersee ging. 1786 waren in Laichingen 160 selbständige Weber tätig, welche wöchentlich 300 Stück Leinwand à 12 bis 20 Gulden das Stück woben. Ende des 18. Jahrhunderts war der Höhepunkt des Leinwandgewerbes in Laichingen wie in ganz Württemberg überschritten.[1538] Die Öffnung des hiesigen Marktes nach der Auflösung der *Leinwandcompagnie Urach* 1793 und ihrem zweihundertjährigen Monopol kam zu spät. Das Leinwandgewerbe in der Umgebung von Urach verfiel sehr rasch. Nur in Laichingen konnten sich die Weber halten, ständig mit Absatzschwierigkeiten kämpfend, zu welchen die hohen Zölle beitrugen.[1539] Nach 1800 waren mit Christian Friedrich Rheinwald (1769–1856), Georg Christoph Nestel und Theodor Wilhelm Perrenon wie bereits im 17. Jahrhundert drei grosse Kaufleute vor Ort tätig.[1540] Davon etablierte sich einzig Christian Friedrich Rheinwald (1769–1856)

1530 Köbler: Historisches Lexikon der deutschen Länder (2007⁷), S. 60.

1531 Zellweger & Comp.: 16 Briefe an Johann Friedrich Biber in Biberach, Trogen, 1800–1801.

1532 N.N.: Artikel «Baden – Biberach, Ratswahlen», in: Schwäbische Chronik, 14.07.1803, S. 337.

1533 Zellweger & Comp.: 10 Briefe an Johann Nepomuk Pfaff in Biberach, Trogen, 1800–1811.

1534 Zellweger & Comp.: 12 Briefe an Heinrich Hocheisen in Biberach, Trogen, 1808–1809.

1535 Sasse: Die Leineweberei in Laichingen (1914), S. 13.

1536 Medick: Weben und Überleben in Laichingen 1650–1900 (1997), S. 121–122.

1537 Die Ansiedlung von Webern in Urach ging auf ein Projekt von König Friedrich I. zurück, der zu diesem Zweck anno 1599 29 Doppelhäuser für Weber erbauen liess, vgl. Volz: Beiträge zur Geschichte der Leinwandfabrikation und des Leinwandhandels in Württemberg (1854–1855), S. 39–41.

1538 Sasse: Die Leineweberei in Laichingen (1914), S. 19.

1539 Mayer rechnete die Leinwandschau Urach als Vorgängerin der Uracher Leinwandhandlungscompagnie dazu, vgl. Mayer: Leinenindustrie und Landwirtschaft in Laichingen (1939), S. 5, 12, 71, 73–75.

1540 Medick: Weben und Überleben in Laichingen 1650–1900 (1997), S. 255.

unter *Rheinwald & Co.* als Lieferant der *Zellweger & Comp.* für 5/4 und 6/4 Ellen breite Stauchen.[1541] Seine Vorfahren Johann Heinrich Rheinwald sowie dessen Sohn Christian Jacob Rheinwald waren damals die massgeblichen Teilhaber an der *Uracher Leinwandhandlungscompagnie* gewesen. Seine Herkunftsfamilie war damit seit zwei Generationen im Handel mit Leinwand tätig. Medick (1997²) wies nach, dass die Rheinwald Ende des 18. Jahrhunderts vom nur 30 Kilometer westlich von Laichingen liegenden Urach eingewandert seien.[1542] Wegen zu hoher Preise der 20 Ellen langen Leinenware kam es damals zu keinem Geschäft.[1543] Zehn Jahre vor dem schriftlichen Kontakt war Johann Heinrich Rheinwald als Betreiber der privilegierten *Heidenheimer Compagnie* in Konkurs gegangen.[1544]

Zusammenfassung: Das Allgäu konnte über die Geschäftskorrespondenz Zellweger seit den 1740er Jahren, besonders aber seit den 1760er und 1770er Jahren als Einzugsgebiet mit zahlreichen Beschaffungsmärkten für Leinenware identifiziert werden. Das war anhand der umfangreichen Geschäftskorrespondenz zu belegen. Der grösste Teil wurde von 1747 bis 1780 versandt. Ein kleiner Rest wurde im ersten Jahrzehnt des 19. Jahrhunderts verfasst. Pro Ortschaft waren bis zu vierzehn Kontakte nachzuweisen. Äusserst intensive Geschäftsbeziehungen entwickelten sich jeweils nur zu einzelnen Lieferanten pro Ortschaft. Als Hauptlieferanten aus dem Allgäu liessen sich folgende Personen und Unternehmen identifizieren: *Raymond Denzel* und *Matthias Fehr* in Leutkirch, allen voran *Johann & Andreas Messnang* in Sonthofen, *Johann Georg Jeck* in Immenstadt, *Christoph Ulrich Zech* und *Johann Reinhard Gebhardt* in Isny sowie *Christoph Marco Calgeer* in Kempten. Als Hauptlieferanten in Württemberg liessen sich einzig *Lang seel. Erben & Strohacker Elisa* sowie *Andreas Friedrich Lang* in Blaubeuren ausmachen. Im Vergleich hielten *Johann & Andreas Messnang* in Sonthofen die absolute Spitze. Im Gegensatz zum Allgäu entwickelte sich eine Korrespondenz über den Einkauf von Leinwand im weiter entfernt liegenden Württemberg erst nach 1800. Sie richtete sich nach Ulm, Niederstotzingen, Laichingen, Heidenheim und Blaubeuren. Die Erschliessung der einzelnen Ortschaften als Beschaffungsmärkte für Leinwand fand zu ganz unterschiedlichen Zeitpunkten statt. Generell liess sich feststellen, dass zunächst die Region Bayern im Fokus des Einkaufs lag. Eingekauft wurde über regelmässig persönlich unternommene Einkaufsreisen. In den 1770er Jahren erweiterte sich das Gebiet bis in das nördlich angrenzende Herzogtum Württemberg. Die Korrespondenzanteile für den Zeitraum 1747 bis 1780 waren praktisch überall bedeutend höher als nach 1800. Nach der Jahrhundertwende wurde zwar versucht, an vielen neuen Ortschaften Kontakte zu knüpfen. Nachhaltigen Erfolg zeitigten sie angesichts des fortschreitenden Niedergangs des Leinwandgewerbes aber nicht mehr.

International: Böhmen vs. Schlesien

Böhmen und Schlesien liegen je rund 800 Kilometer von Trogen entfernt. Trotzdem unternahm 1806 Zellweger-Gessner eine ausgedehnte Einkaufsreise in die Region. Bis 1780 kauften die Kaufleute Zellweger ausschliesslich über die Geschäftskorrespondenz ein. Daher bieten sich diese Regionen für eine Auswertung des geografischen Radius der Einkaufstätigkeiten geradezu an. Ziel der Korrespondenz war der Einkauf des Artikels «Schlesische Leinwand».[1545] Warum es sich dabei aber um eine in Böhmen fabrizierte Leinwand handelte, beschrieb Zellweger-Hirzel-Scheuss 1780 folgendermassen:

> Die Leinwand, die wir unter dem Namen Schlesische Leinwand einführen, ist keine schlesische, sondern *Böhmische Leinwand* [H.d.d.A.], aus den Ländern Kaiserin Königin Maria Theresia. Eine gleiche Leinwand

---

1541 Zellweger & Comp.: 18 Briefe an Rheinwald & Co. in Laichingen, Trogen, 1800–1809.

1542 Kriedte/Medick/Schlumbohm (Hg.): Industrialisierung vor der Industrialisierung (1977), S. 276.

1543 Zellweger Vater & Comp.: 1 Brief an Kieser, Lau, Stuber & Rheinwald in Urach, Trogen, 26.01.1778, S. 732.

1544 Medick: Weben und Überleben in Laichingen 1650–1900 (1997), S. 67–70, 123, 256.

1545 Zur Qualität der Schlesischen Leinwand: «[...]schon im [18.] Jahrhundert wurden die Westfälischen Garne als die festesten und feinsten, die Westälischen Leinen als die weissesten und dauerhaftesten angesehen und höher wie die Schlesischen bezahlt», in: Viebahn: Ueber Leinen- und Woll-Manufakturen (1846), S. 20.

> wird auch hier & im Schwabenland gemacht & bisweilen alle 3 Sorten unter einander in einen Ballen vermischt. Die Schwabenleinwand geniesst die gleichen Freiheiten wie die unsrige, & die Schwaben führen die Böhmische Leinwand gleich uns zollfrei in Frankreich ein. Frankreich macht keine Schwierigkeiten dagegen, weil keine solche Leinwand in Frankreich fabriciert wird. Warum sollte man deswegen in der Schweiz Schwierigkeiten machen?[1546]

Die Kaufleute Zellweger suchten also im «Schwabenland» und in den «Ländern Kaiserin Königin Maria Theresia» die genau gleiche Sorte Leinwand, welche in Appenzell Ausserrhoden hergestellt wurde. Als eigene Ware deklariert, durfte sie «zollfrei» in Frankreich eingeführt werden. Die räumliche Distanz stellte aber von Anfang an ein Problem für die pünktliche Lieferung dar: «Wir schr[eiben]: zwar dato an die Hirschberger Freund, unter Recommendation guter & geschwinder Bedienung. [Wir] besorgen aber, es werde fast unmöglich seyn, die 16 ½ aun: auf [die *Messe] Beaucaire* zuliefern, wegen grosser Entlegenheit [...]».[1547] Die sorgfältige Auswertung der Korrespondenz an Lieferanten von Leinenware in Böhmen ergab, dass zwei Regionen in den Ländern der Böhmischen Krone unter Habsburg im Fokus der Kaufleute Zellweger standen. Von den 911 Geschäftsbriefen in diese Region gingen 259 nach Prag in Mittelböhmen. 652 Geschäftsbriefe gingen in acht Ortschaften in der Region Nordostböhmen. Mit 876 Geschäftsbriefen wurde die grosse Mehrzahl vor 1780 verfasst. Im Vergleich dazu kamen die 44 Geschäftsbriefe nach 1800 einem Stillstand gleich. Die Ortschaften werden folgend in der Reihenfolge ihrer Bedeutung für den Einkauf der Kaufleute Zellweger dargestellt. Es wird jeweils untersucht, an wen die Korrespondenz ging, wie sie sich verteilte und wann sie unterhalten wurde.

In der Residenzstadt Prag traten die *Gebrüder Zellweger & Comp.* als Erstes mit *Glasser & Eidau* in Beziehung, welche sogenannte «Farbware» lieferten[1548], eine schlecht zu bleichende Leinenware, die sich über die Textilfärberei veredeln liess. Alle übrigen Lieferanten lieferten ausschliesslich den Artikel «Sangalette», dessen Namensgebung auf den Ort seiner ursprünglichen Produktion St. Gallen verweist. Bei *Wenger seel. Frau Wittib & Erben*[1549] handelte es sich wohl um eine Beziehung, welche mit *Wenger seel. Frau Wittib Erben & Wolf* bereits in den 1750er Jahren unterhalten worden war.[1550] In den 1760er Jahren waren drei Hauptlieferanten von «Sangalette» aktiv. An erster Stelle stand *Beer & Stoltz*[1551], gefolgt von *Simon Thadeus Zunterer & Plass*[1552] und *Johann Matthäus Plass.*[1553]

Die Stadt Arnau[1554] [318] im Nordosten von Böhmen stand im Zentrum des Interesses der Kaufleute Zellweger. Sie traten im Verlauf der Jahre mit insgesamt neun hiesigen Lieferanten von Leinenware in Kontakt. In den 1750er Jahren betätigte sich erst *Heissler & Co.*[1555] als Lieferant für *Gebrüder Zellweger & Comp.*, dem mit *Vicenz Heissler* ein Lieferant für *Zellweger Vater & Comp.* folgte.[1556] In den 1760er Jahren kontaktierten *Gebrüder Zellweger & Comp.* fünf weitere Lieferanten. Wenig nachhaltig entwickelte sich die Beziehung zu *Joh. Runter.*[1557] Hingegen waren *Jacob Theer* [1558], *Finger & Lang seel.*

1546 Zellweger, Johannes (1730–1802): 1 Brief an Johann Caspar Hirzel (1725–1803) in Zürich, Trogen, 12.06.1780.

1547 Gebrüder Zellweger & Comp.: 1 lettre à la maison à Lyon, Trogen, 24.02.1749, S. 201.

1548 Gebrüder Zellweger & Comp.: 5 Briefe an Glasser & Eidau in Prag, Trogen, 1752–1759.

1549 Gebrüder Zellweger & Comp.: 28 Briefe an Wenger seel. Frau Wittib & Erben in Prag, Trogen, 1762–1774.

1550 Gebrüder Zellweger & Comp.: 3 Briefe an Wenger seel. Frau Wittib Erben & Wolf in Prag, Trogen, 1752–1759.

1551 Gebrüder Zellweger & Comp.: 119 Briefe an Beer & Stoltz in Prag, Trogen, 1762–1774.

1552 Gebrüder Zellweger & Comp. : 55 Briefe an Simon Thadeus Zunterer & Plass in Prag, Trogen, 1762–1774;/Zellweger Vater & Comp.: 11 Briefe an Simon Thadeus Zunterer & Plass in Prag, Trogen, 1774–1778.

1553 Gebrüder Zellweger & Comp.: 20 Briefe an Johann Matthäus Plass in Prag, Trogen, 1762–1774.

1554 Sommer (1835) bezeichnete Arnau als Stadt, in: Sommer: Das Königreich Böhmen (3/1835), S. 125.

1555 Gebrüder Zellweger & Comp.: 8 Briefe an Heissler & Co. in Arnau, Trogen, 1752–1769.

1556 Gebrüder Zellweger & Comp.: 3 Briefe an Vicenz Heissler in Arnau, Trogen, 1774–1780.

1557 Gebrüder Zellweger & Comp.: 3 Briefe an Joh. Runter in Arnau, Trogen, 1762–1769.

1558 Gebrüder Zellweger & Comp.: 51 Briefe an Jacob Theer in Arnau, Trogen, 1762–1774; Zellweger & Comp.: 1 Brief an Jacob Theer in Arnau, Trogen, 08.01.1807, S. 322.

Erben[1559] und wohl deren Nachfolger *Lang seel. Wittib & Erben*[1560] sehr aktiv, wobei auch *Franz Finger* weiterhin lieferte.[1561] In den 1770er Jahren kam *Johannes Renicker* hinzu.[1562] Aus allen Lieferanten stach jedoch *Berger & Sohn* als bedeutenster Lieferant hervor. An ihn allein waren zwei Drittel der gesamten Korrespondenz nach Arnau gerichtet.[1563] Noch kurz vor 1800 führte Metrà (1797) *Giovanni Cristoforo Berger e Figli* in Arnau in seiner Liste über «Case commercianti nelle [...] Tele» in Böhmen auf.[1564] Für die Zeit nach 1800 schilderte Hoser (1804), wie «dem Kaufmann, Herrn Berger zu Arnau» das Dorf und Schloss Forst gehörte, nördlich von Arnau gegen das Riesengebirge gelegen.[1565] Der Hauptlieferant in den Jahren 1769 bis 1780 Johann Christoph Berger konnte damit als Kaufmann und Besitzer eines Schlosses samt dazugehörigem Dorf identifiziert werden. Nach 1800 versandete die nach Arnau verfasste Korrespondenz wirkungslos. *Franz Finger* verzichtete auf die Spedition seiner im Jahr 1800 der *Zellweger & Comp.* offerierten hundert Stück «Sangalette» wohl mangels «schöner gleichgarniger & dicker Waar».[1566] *Jacob Theer* versandte um 1807 gerade noch eine einzige Kiste Leinwand.[1567]Auf die Offerte von *Carl Berger* im Dezember 1808 ging Zellweger-Gessner wegen «gegenwärtig allgemeiner Stockung allen Handels» gar nicht mehr ein. Er wollte sich «bey einem günstigeren Zeitpunkt» wieder an Berger wenden.[1568]

Im Dorf Hermannseifen [91], entlang des schmalen Flusstals der Seifen gelegen, breitete sich das Leinwandgewerbe im Verlauf des 18. Jahrhunderts aus. Die Kaufleute Zellweger traten mit insgesamt neun Korrespondenten in Beziehung. Die ältesten Kontakte pflegte *Gebrüder Zellweger & Comp.* mit *Johann Carl Erben*[1569] und *Franz Anton Wagner*.[1570] In den 1770er Jahren korrespondierte *Zellweger Vater & Comp.* mit *Ferdinand Knohl*[1571] und *Johann Anton Wentzel Erben*.[1572] Alle vier wurden um Lieferung des Artikels «Sangalette» angegangen. Nach 1800 versuchte *Zellweger & Comp.* erfolglos, an frühere Kontakte anzuknüpfen. Weder mit *Johann Adam Schneider*[1573], *Erben seel. Erben*[1574], *Johann Adam Kluge* (1777–1849)[1575], *Gebrüder Schaideck*[1576] noch mit *Anton Ulrich Erben*[1577] ergaben sich intensive Korrespondenzen.

Mit Starkenbach [90] wurde ausschliesslich vor 1780 korrespondiert [90]. *Gebrüder Zellweger & Comp.* bauten in den 1760er Jahren einen engen Kontakt zu den Lieferanten *Giru & Ruby*[1578] und

1559 Gebrüder Zellweger & Comp.: 10 Briefe an Finger & Lang seel. Erben in Arnau, Trogen, 1762–1774; Zellweger Vater & Comp.: 12 Briefe an Finger & Lang seel. Erben in Arnau, Trogen, 1774–1778; Zellweger, Müller/Zürcher & Comp.: 6 Briefe an Finger & Lang seel. Erben in Arnau, Trogen, 1774–1780.

1560 Gebrüder Zellweger & Comp.: 10 Briefe an Lang seel. Wittib & Erben in Arnau, Trogen, 1768–1769.

1561 Zellweger Vater & Comp./Zellweger & Comp.: 9 Briefe an Franz Finger in Arnau, Trogen, 1774–1801.

1562 Gebrüder Zellweger & Comp.: 10 Briefe an Johannes Renicker in Arnau, Trogen, 1769–1774.

1563 Gebrüder Zellweger & Comp.: 114 Briefe an Berger & Sohn in Arnau, Trogen, 1762–1774; Zellweger Vater & Comp.: 61 Briefe an Berger & Sohn in Arnau, Trogen, 1774–1778; Zellweger Vater & Comp.: 21 Briefe an Berger & Sohn in Arnau, Trogen, 1774–1780.

1564 Metrà: Il mentore perfetto de negozianti (5/1797), S. 44.

1565 Hoser: Das Riesengebirge (2/1804), S. 116.

1566 Zellweger & Comp.: 1 Brief an Franz Finger in Arnau, Trogen, 11.08.1800, S. 40.

1567 Zellweger & Comp.: 1 Brief an Jacob Theer in Arnau, Trogen, 08.01.1807, S. 322.

1568 Zellweger & Comp.: 1 Brief an Carl Berger in Arnau, Trogen, 22.12.1808, S. 9.

1569 Gebrüder Zellweger & Comp.: 17 Briefe an Johann Carl Erben in Hermannseifen, Trogen, 1752–1774.

1570 Gebrüder Zellweger & Comp.: 28 Briefe an Franz Anton Wagner in Hermannseifen, Trogen, 1762–; /Zellweger Vater & Comp.: 7 Briefe an Franz Anton Wagner in Hermannseifen, Trogen, 1774–1778; Zellweger, Müller/Zürcher & Comp.: 4 Briefe an Franz Anton Wagner in Hermannseifen, Trogen, 1774–1780.

1571 Zellweger Vater & Comp.: 14 Briefe an Ferdinand Knohl in Hermannseifen, Trogen, 1774–1780.

1572 Zellweger Vater & Comp.: 3 Briefe an Johann Anton Wentzel Erben in Hermannseifen, Trogen, 1774–1780.

1573 Zellweger & Comp.: 6 Briefe an Johann Adam Schneider in Hermannseifen, Trogen, 1807–1808.

1574 Zellweger & Comp.: 5 Briefe an Erben seel. Erben in Hermannseifen, Trogen, 1806–1807.

1575 Zellweger & Comp.: 4 Briefe an Johann Adam Kluge (1777–1849) in Hermannseifen, Trogen, 1806–1808.

1576 Zellweger & Comp.: 2 Briefe an Gebrüder Schaideck in Hermannseifen, Trogen, 13.10.1806, S. 8.

1577 Zellweger & Comp.: 1 Brief an Anton Ulrich Erben in Hermannseifen, Trogen, 13.06.1806, S. 8.

1578 Gebrüder Zellweger & Comp.: 75 Briefe an Giru & Ruby in Starkenbach, Trogen, 1762–1778; Zellweger Vater & Comp.: 2 Briefe an Giru & Ruby in Starkenbach, Trogen, 1774–1778.

Kotzaurek & Co.[1579] auf. *Zellweger Vater & Comp.* fand in den 1770er Jahren in *Ruby & Co.*[1580], 1774 aus der Trennung von *Giru & Ruby* hervorgegangen, und in *Gross & Sohn*[1581] neue Lieferanten für den Artikel «Sangalette».[1582] Hoser (1804) bezeichnete Starkenbach neben Hohenelbe als zweiten «Hauptsitz» der «Schleierweberei» in Böhmen: «Starkenbach soll indess den Vorzug besserer Bleichen und feinerer Appretur vor Hohenelbe haben»:

> [Starkenbach] liegt zwar nicht mehr innerhalb den Gränzen des eigentlichen Riesengebirgs; allein es ist für den cameralistischen Reisenden als Mittelpunct und Hauptniederlage der feinen Leinwand- und Batistmanufakturen, und vieler anderer Erzeugnisse des umliegenden industriereichen Gebirges vorzüglich merkwürdig. Die wichtigsten Webereyen, Bleichen, und Apreturen dieser Artikel befinden sich grösstentheils in den umliegenden Dörfern.[1583]

Auch mit Trautenau [69] wickelte sich die überlieferte Korrespondenz fast ausschliesslich vor 1780 ab. *Gebrüder Zellweger & Comp.* pflegte in den 1760er Jahren Kontakte zu *Wagner seel. Wittib & Erben*[1584] und *Johann Georg Seidel.*[1585] *Zellweger Vater & Comp.* fand in *Zehender & del Curto* einen langfristig tätigen Lieferanten, der neben «Sangalette» auch «Schetterleinen» lieferte.[1586] *Zehender & del Curto* war eine «K.K. privilegierte Lwth Handlungs Comp». Hoser (1804) wies auf den täglichen, «sehr ansehnlichen und besuchten Getreide-, Garn- und *Leinewandmarkt Trautenau* [H.d.d.A.]» hin, «bey welchem sich selbst immer eine Anzahl schlesischer Leinwand- und Garnhändler einfindet».[1587] Über *Franz Xaver Millsimmer* lotete *Zellweger & Comp.* nach 1800 die dortigen Garnpreise aus.[1588]
Nach Pilnikau [35] pflegte *Gebrüder Zellweger & Comp.* eine einzige umfangreiche und langfristige Korrespondenz mit dem Lieferanten *Wenzel Horn*[1589], der «Farbware»[1590] und «Schockleinen» lieferte.[1591]
Neupaka [30] wurde vor 1780 [14] etwa gleich oft kontaktiert wie nach 1800 [16]. Die Korrespondenz ging an fünf Lieferanten. Im 18. Jahrhundert war zunächst *Martin Shadeck*[1592] für *Gebrüder Zellweger & Comp.* tätig, der sich dann mit Hilmar zu *Hilmar & Shadeck Co.* verband und *Zellweger Vater & Comp.* belieferte.[1593] Nach 1800 korrespondierte *Zellweger & Comp.* mit *Hilmar & Sohn*[1594], *Raym & Fasslers seel. Tochter*[1595] und *Wenzel Franz Sahorsky & Gebr.* wegen der Lieferung des Artikels «Sangalette».[1596]
Das mitten im Gebiet der Schleierweberei gelegene Hohenelbe stellte mit nur drei überlieferten Geschäftsbriefen aus zwei Gründen kein Beschaffungsmarkt für die Kaufleute Zellweger dar. Erstens befanden sich hier bereits «mehrere Grosshandlungen», darunter eine Filiale der Schweizer Grosskaufleute *Jenny & Aebli* von Ennenda (Glarus) mit direkten Verbindungen in die rund 350 Kilometer entfernte Hauptstadt Wien.[1597] Zweitens waren gerade diese *Jenny & Aebli* auch in der Fabrikation aktiv. Sie

1579 Gebrüder Zellweger & Comp.: 7 Briefe an Kozaurek & Co. in Starkenbach, Trogen, 1768–1774, z.B. 18.01.1768, S. 747.
1580 Zellweger Vater & Comp.: 5 Briefe an Ruby & Co. in Starkenbach, Trogen, 1774–1778.
1581 Zellweger Vater & Comp.: 1 Brief an Gross & Sohn in Starkenbach, Trogen, 27.02.1775, S. 157.
1582 Gebrüder Zellweger & Comp.: 1 Brief an Giru & Ruby in Starkenbach, Trogen, 23.09.1762, S. 11.
1583 Hoser: Das Riesengebirge (1/1803), S. 130.
1584 Gebrüder Zellweger & Comp.: 18 Briefe an Wagner seel. Wittib & Erben in Trautenau, Trogen, 1762–1769.
1585 Gebrüder Zellweger & Comp.: 7 Briefe an Johann Georg Seidel in Trautenau, Trogen, 1762–1774.
1586 Zellweger Vater & Comp.: 41 Briefe an Zehender & del Curto in Trautenau, Trogen, 1769–1780.
1587 Hoser: Das Riesengebirge (1/1803), S. 130, 160 und 163.
1588 Zellweger & Comp.: 3 Briefe an Franz Xaver Millsimmer in Trautenau, Trogen, 1806–1810.
1589 Gebrüder Zellweger & Comp.: 35 Briefe an Wenzel Horn in Pilnikau, Trogen, 1765–1778.
1590 Gebrüder Zellweger & Comp.: 1 Brief an Wentzel Horn in Pilnikau, Trogen, 11.11.1765, S. 498.
1591 Zellweger Vater & Comp.: 1 Brief an Wentzel Horn in Pilnikau, Trogen, 04.02.1776, S. 362.
1592 Gebrüder Zellweger & Comp.: 5 Briefe an Martin Shadeck in Neupaka, Trogen, 1762–1769.
1593 Gebrüder Zellweger & Comp.: 9 Briefe an Hilmar & Shadeck Co. in Neupaka, Trogen, 1769–1778.
1594 Zellweger & Comp.: 6 Briefe an Hilmar & Sohn in Neupaka, Trogen, 1800–1801.
1595 Zellweger & Comp.: 6 Briefe an Raym & Fasslers seel. Tochter in Neupaka, Trogen, 1800–1801.
1596 Zellweger & Comp.: 4 Briefe an Wenzel Franz Sahorsky & Gebr. in Neupaka, Trogen, 1806–1808.
1597 Iselin/Lüthy/Schiess: Der Schweizerische Grosshandel (1943²), S. 69.

betrieben eine eigene «Schleyermanufaktur» im 230 Kilometer westlich davon liegenden Ort Schwanstadt. Hoser (1804) beurteilte sie als die grösste in ganz Oberösterreich:

> Hohenelbe [als Hauptsitz der Schleyerweberey, A.d.A.] vereinigt dagegen wieder mehrere Grosshandlungen in diesem Artikel [Schleyer, A.d.A.], worunter die der Herrren *Jenny und Abeli in Wien* [H.d.d.A.], die zugleich Inhaber der grossen Schleyermanufaktur in Schwanstadt in Oberösterreich sind, die beträchtlichste ist.[1598]

Der Baumwollfergger Ulrich Bräker (1735–1798) sah die Teilhaber dieser «Wiener compagnie Äble und Jene» in St. Gallen Mitte Mai 1787 mit eigenen Augen. Er beschrieb sie als «wakere Schweitzer – männer wie baüm – gegen denen ich nur ein keind war – frische, hübsche gesunde, aufgeraumte starke männer – freylich *handlungsseelen* [H.d.d.A.] – doch schienen sie mir unverdorben [...]».[1599] Veyrassat (1991) bezeichnete *Jenny & Aebli* als die «berühmte Wienerhandlung in Schwanenstadt».[1600] Jenny (1902) schrieb detailliert über ihren Einkauf der Leinwand in Hohenelbe und Verkauf in Wien.[1601] Ennenda erlebte als Handelsdorf ab 1750 «goldene Jahre».[1602] Mit *Jenny & Aebli* aus Ennenda in Hohenelbe und Wien war an anderen Standorten ein Handelsmodell nachzuweisen, das demjenigen der Kaufleute Zellweger in Trogen und Lyon/Genua entsprach. Entsprechend unattraktiv gestaltete sich der Platz Hohenelbe für den Einkauf der *Gebrüder Zellweger & Comp.*, was die geringe Korrespondenz mit *Gebrüder Strzischek* belegt.[1603] Am 20. März 1769 traf in Trogen eine Probebestellung über hundert Stück 7/4 Ellen breiter «Sangalette» in den Preisen assortiert von 6 ½ bis 7 ¼ Gulden ein.[1604] Bei diesem einen Fass auf Probe liess *Gebrüder Zellweger & Comp.* bewenden. Generell hielt Hoser (1803) über die Qualität des in Hohenelbe verfertigten Artikels «Schleyer» fest, dass er ausländischen Qualitäten in nichts mehr nachstehe ausser der abschliessenden Appretur:

> In Böhmen ist die Schleyerweberey eigentlich noch nicht viel über 20 Jahre alt. Ihr Hauptsitz sind die beyden Dominien Starkenbach und Hohenelbe. Wenn die böhmischen Schleyer in Rücksicht der Appretur den französischen, und zum Theil auch den schlesischen noch nachstehen, so weichen sie doch an Feinheit weder böhmische Schleyer, noch böhmische Battiste keinen der Ausländischen mehr, ja sie übertreffen sie bereits in einzelnen Stücken. Alles in dieser Gegend gefertigte feine Gespinnst (sogenannte Lothgarn), das ehedeme nach Holland ausgeführt wurde, wird nun, seitdem die Ausfuhr durch Josephs des 2ten väterliche Fürsorge verboten worden ist, im Lande selbst verarbeitet, wobey der Spinner seine Rechnung weit besser findet, da er unter den zahlreichen Schleyer- und Battistwebern eine grosse Concurrenz von Käufern vor sich hat.[1605]

Im Vergleich zum habsburg-österreichischen Böhmen [911] fiel die Geschäftskorrespondenz der Kaufleute Zellweger nach Preussisch-Niederschlesien[1606] [137] in der überlieferten Phase rund siebenmal geringer aus. Über zwei Drittel der Korrespondenz fiel in die Jahre 1747 bis 1769 [101]. Dennoch schienen die Handelsgesellschaften Zellweger von Trogen in Schlesien ein Begriff gewesen zu sein. Im Juli 1783 besuchte ein Baron von Schlabrendorf von Schlesien den Flecken Trogen.[1607] Es dürfte sich dabei wohl um einen der acht Söhne von Ernst Wilhelm von Schlabrendorf (1719–1769) auf Bildungsreise

1598 Hoser: Das Riesensgebirge (1/1803), S. 130.

1599 Holliger et al. (Hg.): Ulrich Bräker. Sämtliche Schriften (2/2010), S. 578.

1600 Veyrassat: The rise and fall of the textil printing industry in nineteenth century Glarus, in: Circurel (Hg.): 1291–1991. The Swiss Economy (1991), S. 104–107, hier S. 104.

1601 Jenny: Handel und Industrie des Kantons Glarus (1902), S. 14–18.

1602 Marti-Weissenbach, Karin: Artikel «Ennenda», in: e-HLS online, 16.01.2006.

1603 Gebrüder Zellweger & Comp.: 3 Briefe an Gebrüder Strzischek in Hohenelbe, Trogen, 1762–1769.

1604 Gebrüder Zellweger & Comp.: 1 Brief an Gebrüder Strzischek in Hohenelbe, Trogen, 24.05.1769, S. 27.

1605 Hoser: Das Riesengebirge (1/1803), S. 130.

1606 Das heute polnische Schlesien wurde im Jahr 1919 in Ober- und Niederschlesien geteilt, in: Köbler: Historisches Lexikon der deutschen Länder (2007⁷), S. 576.

1607 «Jetzt muss ich Ihnen noch sagen, dass wir letzte Woche den Baron von Schlabrendorff aus Schlesien bei uns gehabt haben», in: Zellweger, Johannes (1730–1802): 1 Brief an Johann Caspar Hirzel (1725–1803) in Zürich, Trogen, 07.07.1783.

gehandelt haben. Schlabrendorf selber war erster Minister von Schlesien seit 1755 und stand wegen seiner vorbildlichen Amtsführung in der Gunst Friedrichs II.[1608] Ein Drittel der Geschäftsbriefe fiel in die Jahre 1806 bis 1811 [36]. Nur ein einziger Brief ist für die Jahre 1800/1801 belegt, was einem Kommunikationsstillstand gleichkam. Erst auf der Heimreise von der *Messe Leipzig* im Herbst 1806, welche Zellweger-Gessner zu einer Einkaufstour im Riesengebirge nutzte, um alte Kontakte zu pflegen und neue Kontakte zu knüpfen, belebte sich die Geschäftskorrespondenz für eine letzte kurze Phase, doch ohne die erhoffte Langzeitwirkung.[1609] Die Korrespondenz wurde mit fünf Ortschaften geführt. Von Westen nach Osten gesehen waren es Hirschberg [84], Schmiedeberg [7], Landeshut in Schlesien [33], Schweidnitz [20] und Breslau [3]. Die beiden südlichsten Ortschaften Hirschberg und Landeshut in Schlesien stossen an die Nordseite des Riesengebirges, über welches die Grenze zum südlich gelegenen Böhmen unter Habsburg-Österreich verläuft.
Der grösste Anteil der gesamten Korrespondenz nach Niederschlesien ging nach Hirschberg [97]. Die Hauptbetätigung der örtlichen Kaufleute, welche sich seit 1658 in der *Hirschberger Kaufmanns-Sozietät* organisierten, war der Export der Leinenware.[1610] Die Kaufleute Zellweger wandten sich insgesamt an zehn Lieferanten. Darunter stach die älteste und umfangreiche Korrespondenz mit *Johannes Hartmann* hervor, mit welchem die *Gebrüder Zellweger & Comp.* und *Zellweger Vater & Comp.* in Kontakt standen.[1611] Zu den ältesten Kontakten zählten im Weiteren *Johann Jacob Stattmiller*, der «Farbware» lieferte[1612], *Kretschmer, Contessa & Zangerl*[1613], *V. Glaffey*[1614] und *Glaffey & Gaupp*.[1615] *Conrad Zellweger, Zuberbühler & Comp.* bezog Leinenware von *Christoph Cuntz*.[1616] In den 1760er Jahren kamen *Johann David Gaupp*[1617] und *Schaefer & Geichtel*[1618] als Lieferanten der *Gebrüder Zellweger & Comp.* hinzu. *Johann David Gaupp* lieferte den Artikel «Linon», eine «schöne, gleiche, perfect weisse & wohl ausgerüstete Waar», wobei der Preis so einzurichten war, dass «wir neben anderen Freunden, die die Waar gleich uns mit baarem Geld einthun, bestehen können».[1619] Die Kaufleute Zellweger waren sich auch im Einkauf des schlesischen Artikels «Schleyer», der dem Artikel «Linon» entspricht, ihrer Konkurrenz bewusst. Nach 1800 bemühte sich *Zellweger & Comp.* um den Aufbau einer Beziehung zu *Michel Sigismund Morgenbesser*[1620] und *Jentsch seel. Sohn*.[1621] Mit *Christ: Melchior Weissig* entwickelte sich über die Kontaktaufnahme hinaus keine Beziehung.[1622] Diese Korrespondenten liessen sich insbesondere als Lieferanten des Artikels «Sangalette» von 7/4 Ellen Breite und 72 Ellen Länge identifizieren. Hirschberg liegt etwa 30 Kilometer nördlich von der heutigen tschechischen Grenze. Es galt als Zentrum des Artikels «Schleyer» in Böhmen. Laut Hoser (1804) führte von hier die «am häufigsten betretene Passage [über das Riesengebirge, A.d.A.] nach Schlesien, die zugleich der nächste Weg zwischen Hohenelbe und Hirschberg ist». Diese Strasse oder Passage wurde «ungeachtetet ihrer unbeschreiblich elenden Beschaffenheit, doch mit dem Namen einer Commerzial-Strasse beehrt». «Hirschberg», so Hoser (1804) weiter,

1608 Grünhagen, Colmar: Artikel «Schlabrendorf, Ernst Wilhelm von», in: Allgemeine Deutsche Biographie (ADB) (31/1890), S. 316–319.

1609 Zellweger, J.C.: Notitzen aus meinem Leben (2/1850), S. 14–18.

1610 Cassel: Die Hirschberger Kaufmanns-Sozietät (von 1658–1740) (1918).

1611 Gebrüder Zellweger & Comp.: 20 Briefe an Johannes Hartmann in Hirschberg, Trogen, 1747–1774; Zellweger Vater & Comp.: 1 Brief an Johannes Hartmann in Hirschberg, Trogen, 26.08.1776, S. 465; Zellweger, Müller/Zürcher & Comp.: 7 Briefe an Johannes Hartmann in Hirschberg, Trogen, 1774–1780.

1612 Gebrüder Zellweger & Comp.: 11 Briefe an Johann Jacob Stattmiller in Hirschberg, Trogen, 1747–1759.

1613 Gebrüder Zellweger & Comp.: 4 Briefe an Kretschmer, Contessa & Zangerl in Hirschberg, Trogen, 1747–1752.

1614 Gebrüder Zellweger & Comp.: 6 Briefe an V. Glaffey in Hirschberg, Trogen 1752–1759.

1615 Gebrüder Zellweger & Comp.: 4 Briefe an Glaffey & Gaupp in Hirschberg, Trogen, 1752–1769.

1616 Conrad Zellweger, Zuberbühler & Comp.: 6 Briefe an Christoph Cuntz in Hirschberg, Trogen, 1755–1760.

1617 Gebrüder Zellweger & Comp.: 9 Briefe an Johann David Gaupp in Hirschberg, Trogen, 1762–1778.

1618 Gebrüder Zellweger & Comp.: 7 Briefe an Schaefer & Geichtel in Hirschberg, Trogen, 1762–1769.

1619 Gebrüder Zellweger & Comp.: 1 Brief an Johann David Gaupp in Hirschberg, Trogen, 13.06.1768, S. 832–833.

1620 Zellweger & Comp.: 6 Briefe an Michel Sigismund Morgenbesser in Hirschberg, Trogen, 1806–1809.

1621 Zellweger & Comp.: 3 Briefe an Jentsch seel. Sohn in Hirschberg, Trogen, 1807–1813.

1622 Zellweger & Comp.: 1 Brief an Christ. Melchior Weissig in Hirschberg, Trogen, 25.06.1801, S. 622.

ist unter den schlesischen Gebirgsstädten die erste, die schönste und reichste. [...] Die Arkaden (Lauben) an der Vorderseite der Häuser sind für den Handel eine grosse Bequemlichkeit. [...] am Markte hingegen sind die Häuser mehrentheils 3, und auch 4 Stockwerke hoch. [...] Hirschberg ist der Hauptsitz der schlesischen Schleyerweberey und vieler andern Industrial-Zweige. Die 3 Jahrmärkte im May, August und November sind sehr besucht. Mittwochs und Donnerstags ist Wochen- und Garnmarkt, [...]; Schleyer und Leinwand wird in den hiesigen Handlungen alle Tage eingekauft und versendet».[1623]

Für Landeshut in Schlesien [33] verteilte sich die Korrespondenz auf sieben Lieferanten, wobei drei den Namen Fischer trugen. Der älteste Kontakt zu *Fischers David seel. Wittib & Söhne* war zugleich auch der intensivste und am längsten währende. Zunächst für *Gebrüder Zellweger & Comp.* betreffs des Artikels «Schleyer» aktiv, erstreckte sich der Kontakt über *Zellweger Vater & Comp.* bis zu *Zellweger & Comp.* nach 1800.[1624] *Zellweger Vater & Comp.* baute den Kontakt zum Lieferanten *Rumel & Co.* in Friedland bei Landeshut auf und kaufte bei ihm rohe und weisse 6/4 breite und 60 Ellen lange Leinenware der dicksten Qualität.[1625] Nach 1800 suchte *Zellweger & Comp.* den Kontakt zu *Hasenclever, Ruck & Co.*[1626], *Kallers Wb. & Butterhofer*[1627], *Mattern & Böhm*[1628] und *Fischers seel. Wittib*[1629], wobei es sich um die Witwe von Johann Traugott Fischer und dessen Sohn *Fischer seel. Sohn* handelte.[1630] Der überlieferte Brief an *Böhm seel. Wittwe & Dorn* führte nicht über die Kontaktaufnahme hinaus.[1631] 1793 kam es wegen der zweifelhaften Aufkaufspraktiken der einheimischen Flachsgarnhändler zu «Weberunruhen». Der Export von Leinwand vervierfachte sich im Zeitraum der vierzig Jahre von 1765 bis 1805.

Mit der Hauptstadt Breslau [3] kam trotz Versuchs seitens der Zellweger praktisch keine Korrespondenz zustande. *Eichborn & Co.* konnte als einziger Lieferant von «Flachsgarn» identifiziert werden.[1632] Das Haus Eichborn gehörte gemäss Schulze-Gaevernitz (1915) zu den Vorläufern der deutschen Kreditbanken. Als Bankhaus Eichborn in Breslau pflegte es im 18. Jahrhundert neben dem Warenhandel und dem Speditionsgeschäft vor allem Wechselgeschäfte, indem es die Zahlungsbeziehungen der Leinenverleger von Hirschberg nach Amsterdam vermittelte.[1633] Der Warenhandel bestand aus Flachsgarn und Leinwand. Weder *Conrad Zellweger, Zuberbühler & Comp.* gelang der Aufbau einer fruchtbaren Beziehung mit *Cornez & Co.*[1634] noch den *Gebrüdern Zellweger & Comp.* mit *Falice & Molinari*[1635] und *Neugebauers seel. Sohn.*[1636] Diese Situation änderte sich auch nach 1800 nicht. Die Überlieferung endet mit den einzelnen Anfragen von *Zellweger & Comp.* an *Weigel & Söhne*[1637], *Cl. Engelhard Opiz*[1638] und an das neu gegründete Unternehmen *Ferdinand Rembowsky.*[1639]

Für Schmiedeberg [7] verteilte sich die Korrespondenz auf vier Lieferanten. *Hasenclever & Co.* lieferte den *Gebrüdern Zellweger & Comp.* den Artikel «Sangalette».[1640] Nach 1800 etablierte sich *Carl Heinrich*

1623 Hoser: Das Riesengebirge (2/1804), S. 61, 118, 126–128.
1624 Zellweger: 13 Briefe an Fischers David seel. Wittib & Söhne in Landeshut, Trogen, 1762–1807.
1625 Zellweger Vater & Comp.: 4 Briefe an Rumel & Co. in Friedland bei Landeshut, Trogen, 1774–1778.
1626 Zellweger & Comp.: 3 Briefe an Hasenclever, Ruck & Co. in Landeshut, Trogen, 1806–1809.
1627 Zellweger & Comp.: 2 Briefe an Kallers Wb. & Butterhofer in Landeshut, Trogen, 1806–1807.
1628 Zellweger & Comp.: 5 Briefe an Mattern & Böhm in Landeshut, Trogen, 1806–1808.
1629 Zellweger & Comp.: 2 Briefe an Fischers seel. Wittib in Landeshut, Trogen, 1807–1808.
1630 Zellweger & Comp.: 4 Briefe an Fischer seel. Sohn in Landeshut, Trogen, 1808–1809.
1631 Gebrüder Zellweger & Comp.: 1 Brief an Fischers David seel. Wittib & Söhne in Landeshut, Trogen, 24.03.1768, S. 776–777.
1632 Gebrüder Zellweger & Comp.: 5 Briefe an Eichborn & Co. in Breslau, Trogen, 1762–1774; Zellweger & Comp.: 2 Briefe an Eichborn & Co. in Breslau, Trogen, 1808–1809.
1633 Schulze-Gaevernitz/Jaffé: Grundriss der Sozialökonomik (1915), S. 28.
1634 Conrad Zellweger, Zuberbühler & Comp.: 1 Brief an Cornez & Co. in Breslau, 16.08.1756, S. 272.
1635 Gebrüder Zellweger & Comp.: 1 Brief an Falice & Molinari in Breslau, 02.12.1748, S. 166.
1636 Gebrüder Zellweger & Comp.: 1 Brief an Neugebauers seel. Sohn in Breslau, 03.05.1756, S. 392.
1637 Zellweger & Comp.: 1 Brief an Weigel & Söhne in Breslau, Trogen, 03.12.1807, S. 134.
1638 Zellweger & Comp.: 1 Brief an Cl. Engelhard Opiz in Breslau, Trogen, 03.12.1807, S. 129.
1639 Zellweger & Comp.: 1 Brief an Ferdinand Rembowsky in Breslau, Trogen, 06.02.1809, S. 107.
1640 Gebrüder Zellweger & Comp.: 2 Briefe an Hasenclever & Co. in Schmiedeberg, Trogen, 1752–1769.

Federici als Lieferant für *Zellweger & Comp.* von «Farbware».[1641] Keine nennenswerte Geschäftsbeziehung ergab sich mit *Waiber & Co.*, obwohl Zellweger-Gessner persönlich auf seiner Handelsreise durch Schlesien bei *Waiber & Co.* wie auch bei *Carl Heinrich Federici*[1642] nachweislich einkaufte. Die Bezahlung nach seiner Rückkehr nach Trogen erfolgte über das Bankhaus *Frege & Co.* in Leipzig.[1643] In Schweidnitz [10] gelang *Zellweger Vater & Comp.* in den 1770er Jahren der Aufbau einer Beziehung zu *Jentsch seel. Wittib u. Sohn*. Das Unternehmen lieferte 8/4 breite und 84 Ellen lange Leinenware.[1644]

Zusammenfassung: Der quantitative Vergleich der Korrespondenzen nach Böhmen und nach Schlesien zeigt, dass Preussisch-Niederschlesien als Beschaffungsmarkt für die Kaufleute Zellweger von Trogen geringe Bedeutung zukam. Selbst die persönlich geknüpften Kontakte auf einer Einkaufsreise im Jahr 1806 änderten nichts an dieser Tatsache. Im 18. Jahrhundert schrieb man immerhin siebzehn Lieferanten an, im 19. Jahrhundert sogar 21. Nachhaltige Geschäftsbeziehungen entwickelten sich aber nicht.

1641 Zellweger & Comp.: 6 Briefe an Carl Heinrich Federici in Schmiedeberg, Trogen, 1806–1809.
1642 Zellweger & Comp.: 1 Brief an Carl Heinrich Federici in Schmiedeberg, Trogen, 29.12.1806, S. 290.
1643 Zellweger & Comp.: 1 Brief an Waiber & Co. in Schmiedeberg, Trogen, 12.01.1807, S. 338.
1644 Zellweger, Vater & Co.: 1 Brief an Jentsch seel. Wittib u. Sohn in Schweidnitz, Trogen, 02.09.1776, S. 472.

Verkauf – die andere Hälfte der «Seel des Commercii»

Im folgenden Unterkapitel «Verkauf über die Kaufhäuser in Trogen» wird herausgearbeitet, wie zunächst an regionale Leinwandhändler verkauft wurde, wie man schon damals die schriftliche «Dienstofferte» zur Gewinnung von Kunden einsetzte und wie sehr sich das Verkaufsgeschäft änderte, als immer mehr Kunden aus Frankreich und Italien in St. Gallen und Trogen erschienen. Wie sich der Verkauf über die Filialen in Lyon und Genua gestaltete, liess sich mangels Überlieferung an Kaufmannsbüchern aus den dortigen Kaufhäusern nur ansatzweise über den wöchentlichen «Handlungsbrief» rekonstruieren. Vor 1780 waren für den Verkauf die privilegierten, periodisch wiederkehrenden Handelsmessen von zentraler Bedeutung. Welche waren das? Und warum verloren sie nach 1800 an Bedeutung?

Verkauf über die Kaufhäuser Zellweger in Trogen – regionale Leinwandhändler als Kunden

Die Zellweger begannen als Einkäufer an der *Leinwandschau Trogen* im Auftrag regionaler Kaufleute in Leinwand von Feldkirch, Rorschach, Arbon, Hauptwil und Bischofszell. Daraus ergaben sich langjährige Beziehungen zu Kunden, welche direkt von Trogen beliefert wurden. Die Bücher der *Leinwandschau Trogen* enthalten für diese erste Phase wertvolle Hinweise auf die Kundschaft der hier tätigen Einkäufer. Der Feilträger Johannes Jacob von Trogen, seit 1693 nachweisbar, trat als Einkäufer für die Kaufleute Eberz von Arbon (Thurgau) auf.[1645] 1730 wurde er nochmals als Feilträger für Johannes Seiller aus der «Massschwendi» (Zürich) genannt.[1646] Jacob verkaufte somit Leinwand von Trogen an Kaufleute im Thurgau und aus Zürich. Johannes Schläpfer tätigte von 1702 bis 1710 Einkäufe für die Kaufleute Furtenbach von Arbon (Thurgau) und Jacob Gonzenbach in Hauptwil (Thurgau) und somit ausschliesslich für Kunden aus dem Thurgau. 1715 zählte neu auch L. Mayr von Arbon (Thurgau) zu seinen Kunden. 1717 kamen mit [Jachinos] Frey von Lindau (Österreich) und Bayer von Rorschach (St. Gallen) zwei weitere Kunden aus der im Leinwandgewerbe und -handel äusserst aktiven Bodenseeregion hinzu.[1647] Ab 1711 kaufte Jost Altherr für den Junker Eberz und dessen Handelsunternehmen *Eberz & Co.* von Arbon (Thurgau) sowie für *Lucas & Johannes Custer* von Altstätten (St. Gallen) ein.[1648] Die Aufträge von *Lucas & Johannes Custer* nahmen dann einen so grossen Umfang an, dass für deren Einkauf spezifisch «Pfleger» Michael Altherr zuständig wurde. Von den drei Linien Custer in Altstätten entwickelte sich der Stamm auf dem 1712 erkauften Herrensitz Prestegg auf der Basis von Fernhandel mit Leinwand und Seide und nach Einheirat in das Handelshaus Heer 1775 zur reichsten Familie der Alten Eidgenossenschaft.[1649]

1645 Leinwandschau Trogen: Rechnungsbuch (1704–1712).

1646 Leinwandschau Trogen: Rechnungsbuch (Martini 1693); dito (Martini 1710); dito (Martini 1730), ohne Seitenangabe.

1647 Leinwandschau Trogen: Rechnungsbuch (1713–1719), ohne Seitenangabe.

1648 Leinwandschau Trogen: Rechnungsbuch (1704–1712), ohne Seitenangabe.

1649 Göldi, Wolfgang: Artikel «Custer», in: e-HLS online, 15.03.2005.

Ähnlich dem Beispiel Johannes Schläpfers veränderte sich im gleichen Zeitraum auch die Kundschaft von Conrad Zellweger-Tanner (1659–1749). Während er 1699 allein für den Kaufmann und Bleichebetreiber in Meiningen Hans Jacob Hutsch (1645–1726) von Feldkirch (Vorarlberg, Österreich) einkaufte, kamen 1703 die Kaufleute *Speiser genannt Zwinger* von Bischofszell (Thurgau) sowie die Kaufleute Bayer von Rorschach (St. Gallen) als Kunden hinzu. 1704 kaufte er neu auch für seinen späteren Konkurrenten Laurenz Wetter (1654–1734) von Gais, seit 1709 von Herisau (Appenzell Ausserrhoden) ein.[1650] 1710 kaufte Zellweger-Tanner ein erstes Mal nachweislich «für sich» selber ein. 1711 bestand seine Kundschaft aus *Lieb & Zwinger* sowie *Wolfgang & Sigmund Speiser* von Bischofszell (Thurgau) und dem Junker Jacob Gonzenbach (gest. 1720) von Hauptwil (Thurgau). 1712 kam mit dem Junker Caspar Gonzenbach (1648–1721) von Hauptwil ein weiterer Kunde hinzu.[1651] 1714 kaufte Zellweger-Tanner «für einen guten Freund» ein. 1715 kam *Zwinger & Daller* von Bischofszell als Kunde hinzu. 1718 kaufte Zellweger-Tanner wenige achtzehn Tuche «für einen Italiener».[1652] 1724 erweiterte sich der Kundenstamm auf Ulrich Welther von Hauptwil (Thurgau).[1653] Seit Martini 1729 wurden die Kunden nicht mehr namentlich aufgelistet, sondern nur noch unter «Fehrnere» zusammengefasst. Dadurch verlieren sich alle wertvollen Hinweise auf den Kundenstamm Zellweger-Tanners.[1654] Zusammenfassend war festzustellen, dass es den Zellweger von Trogen in den ersten sechzig Jahren des Bestehens der *Leinwandschau Trogen* gelang, ihren Kundenstamm von Feldkirch, Bischofszell, Hauptwil und Herisau bis auf Italien stetig auszubauen.

Verkauf über die Dienstofferte – Werbung in der Frühen Neuzeit

Der Verkauf von Trogen aus entwickelte im Verlauf der Jahre eine eigene Dynamik. Die eine Methode, um neue Kunden anzuwerben, war das Versenden von Dienstofferten. Die andere Methode war es, alte Kunden mit Zirkularen zur Wiederaufgabe einer Bestellung zu bewegen. Eine dritte Methode war es, Kunden zum Besuch der *Messe Bozen* zu bewegen, wo sie sich im Magazin der Kaufleute Zellweger neu eindecken und zugleich die Schulden vom letzten Einkauf begleichen konnten. Der geografische Überblick über die Adressaten dieser Dienstofferten und Zirkulare vermittelt ansatzweise eine Idee davon, wie sich der Absatzmarkt der Handelsunternehmen Zellweger im Verlauf der Jahre veränderte.
Um neue Kundschaft zu gewinnen, versandten die Kaufleute Zellweger identisch lautende Dienstofferten zeitgleich an mehrere Adressaten. Dieses schriftliche Vorgehen lässt sich mehrmals in der Geschäftskorrespondenz belegen. Insgesamt versandten die Kaufleute Zellweger von Trogen aus mindestens vierzig Dienstofferten. Im Folgenden werden zunächst die Offerten vor 1780 untersucht.

1650 Leinwandschau Trogen: Rechnungsbuch (1699–1704), ohne Seitenangabe.
1651 Leinwandschau Trogen: Rechnungsbuch (1704–1712), ohne Seitenangabe.
1652 Leinwandschau Trogen: Rechnungsbuch (1713–1719), ohne Seitenangabe.
1653 Leinwandschau Trogen: Rechnungsbuch (1720–1725), ohne Seitenangabe.
1654 Leinwandschau Trogen: Rechnungsbuch (1726–1731), ohne Seitenangabe.

Verfasser	Offerte über	An	Kunden	In der Stadt	Land	Datum
Gebrüder Zellweger & Comp.	Leinenware	3	Kaufleute	Augsburg	D	12.02.1748
Gebrüder Zellweger & Comp.	Leinenware	8	Kaufleute	Augsburg	D	22.04.1748
Gebrüder Zellweger & Comp.	Leinenware	1	Kaufmann	Genua	I	19.03.1751
Gebrüder Zellweger & Comp.	Leinenware	7	Kaufleute / Hutmacher	Genf	CH	24.04.1752
Gebrüder Zellweger & Comp.	Leinenware	10	Kaufleute / Hutmacher	Lausanne, Coppet, Moudon, Payerne, Nyon, Neuchâtel, Fribourg, Nancy, Turin	CH	25.06.1756
Gebrüder Zellweger & Comp.	Leinenware	13	Kaufleute / Hutmacher	Biel, Bern, Thun, Zug, Luzern, Brugg, Basel, Winterthur, Mülhausen	CH	25.06.1756
Gebrüder Zellweger & Comp.	Leinenware	3	Kaufleute	Genua	I	04.06.1759
Gebrüder Zellweger & Comp.	Baumwollware	3	Kaufleute mit Fabrik für den Textildruck	Neuenburg	CH	01.06.1766
Gebrüder Zellweger & Comp.	Jalappe	6	Apotheker	Erlangen, Nürnberg	CH	13.03.1766
Gebrüder Zellweger & Comp.	Jalappe	8	Apotheker	Bern/Solothurn	CH	24.04.1769
Zellweger Vater & Comp.	Cochenille	5	Fabrikanten im Textildruck	Basel	CH	30.11.1774
Zellweger, Müller & Comp.	Baumwollfaser: Spanische	2	Kaufleute / Fabrikanten	Winterthur	CH	05.01.1775
Zellweger, Müller & Comp.	Leinenware /Baumwollware	4	Kaufleute in Leinen- und Baumwollware	Como, Pavia/Lugano	I/CH	02.10.1775
Zellweger, Müller & Comp.	Baumwollfaser: Maragnon	6	Kaufleute / Fabrikanten	Winterthur, Zürich	CH	11.03.1776
Zellweger, Müller & Comp.	Baumwollfaser: Maragnon	1	Kaufmann	Winterthur	CH	18.03.1776
Zellweger, Müller & Comp.	Baumwollfaser: Maragnon	7	Kaufleute	Basel, Lenzburg, Winterthur, Zürich	CH	11.02.1777
Zellweger, Müller & Comp.	Baumwollfaser: Maragnon	4	Kaufleute / Fabrikanten	Glarus	CH	07.05.1777
Zellweger, Müller & Comp.	Leinenware	3	Kaufleute	Neapel, Rom	I	
Zellweger, Müller & Comp.	Baumwollfaser	6	Kaufleute	Basel, Winterthur, Zürich	CH	20.10.1777
Zellweger, Müller & Comp.	Leinenware	9	Kaufleute	Como	I	23.10.1777
Zellweger, Müller & Comp.	Baumwollfaser: Saloniki	4	Kaufleute / Fabrikanten	Glarus	CH	23.02.1778
Zellweger, Müller & Comp.	Baumwollfaser: Alta	7	Kaufleute / Fabrikanten	Glarus	CH	26.04.1778
Zellweger, Müller & Comp.	Farbstoff: Cochenille	3	Fabrikanten im Textildruck	Augsburg/Basel	D/CH	14.06.1779
Zellweger, Müller & Comp.	Baumwollfaser: Alta, Maranon, Smirna, Saloniki/ Baumwollware/ Cochenille	4	Kaufleute / Fabrikanten	Kempten	D	19.07.1779
Zellweger, Müller & Comp.	Baumwollfaser: Alta	7	Kaufleute / Fabrikanten	Glarus	CH	26.04.1780
Zellweger, Müller & Comp.	Baumwollfaser: Alta	5	Kaufleute / Fabrikanten	Glarus	CH	03.05.1780

Tabelle 8: Offerten der Kaufleute Zellweger von Trogen an neue Kunden, 1747–1780

Die 1748 gegründete *Gebrüder Zellweger & Comp.* bemühte sich im ersten Jahrzehnt ihres Bestehens von 1748 bis 1759 über sieben verschiedene Offerten über Leinenware sehr um neue Kundschaft. Eine Offerte richtete sich jeweils zugleich an drei bis dreizehn Adressaten, welche man neu als Kunden für Leinenware zu gewinnen suchte. Im Normalfall handelte es sich dabei um ortsansässige Kaufleute, welche in ihrem Stoffladen Textilhandel betrieben. Für ihre Laufkundschaft schnitten sie dann jeweils die verlangte Menge vom gewünschten Stoffballen ab, wieso man auch vom Kurzwarenhandel spricht. Mitte Februar 1748 standen aber zunächst Grosskaufleute wie *Moy & Brentano Mezzegra*, *Schweiger & Greiff* und das Bankhaus *Carly & Comp.*[1655] in Augsburg als neue Kunden im Fokus.[1656] Mangels Rückmeldung doppelte man bereits im April mit einer Offerte an sieben weitere Adressaten in Augsburg nach.[1657] Einzig mit *Daniel Michael Cramer* von Schwabach nördlich von Augsburg entwickelte sich über die Offerte hinaus eine weiterführende Korrespondenz.[1658] Er bezog in der Folge schwarz glänzende «Schetter» oder «Tele luotrino» aus Trogen. Der einzige, dafür sehr gute Kunde aus Augsburg für «Cambrais» und «Schleier» der *Gebrüder Zellweger* in den Jahren 1747 bis 1755 war die Firma *Franz & Joseph Brentano Mezzegra*.[1659] Gerne hätte die neue Handelsgesellschaft *Gebrüder Zellweger & Comp.* mehr Kunden in Augsburg gehabt, doch die Werbeaktion zur Erschliessung Augsburgs als Absatzmarkt im Frühjahr 1748 scheiterte.

Im April 1752 richtete *Gebrüder Zellweger & Comp.* eine Offerte an sieben Adressaten in Genf. Den Leinwandhandel bezeichneten sie als ihr «principal commerce»:

> notre principal commerce consiste en toutes sortes de toilleries qui se fabriquent dans ces contrées, comme Cambrays uny, façon Mousselins, Bazins, Cambrays rayé & à fleurs, Linons, Rouens ¾ & double battus, touttes sortes des toilles teintes, &:ca.[1660]

Doch auch diese Dienstofferte hatte keinen Erfolg. Es folgten keinerlei Bestellungen der Kaufleute in Genf. 1756 verschob sich der Fokus auf neue Kundschaft in der Westschweiz (Genf, Lausanne, Coppet, Moudon, Payerne, Nyon, Neuchâtel, Fribourg,) und in der Nordostschweiz (Biel, Bern, Thun, Zug, Luzern, Brugg, Basel, Winterthur, Mülhausen). Im Juni 1756 fassten die *Gebrüder Zellweger & Comp.* mit den Hutmachern eine neue Kundengruppe ins Auge. Diesen Hutmachern wollten sie den Artikel «Glanzleinwand» verkaufen, auch «Trillis satiné» genannt. Er fand als Hutfutter Verwendung. Es handelte sich um eine Art lose gewebte Leinwand, die man so stark appretierte und glättete, bis der Stoff Steife und Glanz erhielt. *Gebrüder Zellweger & Comp.* offerierten in der Annahme, dass die Hutmacher ja «alljährlich etwas Steiftuch zu Huthfutter gebrauchen». Sie empfahlen sich mit «bilichen Preisen und guten Qualitaeten» und mit dem Hinweis darauf, dass «wir die Einkäufte durch uns selbsten machen und alle Unkosten bestens erspahren». Sie forderten die Hutmacher zu einer Probe auf, welche «gewiss

1655 Gebrüder Zellweger & Comp.: 3 Briefe an Carly & Comp. in Augsburg, Trogen, 1747–1752.

1656 Gebrüder Zellweger & Comp.: Dienstofferte zugleich an Moy & Brentano Mezzegra, Schweiger & Greiff und Carly & Comp. in Augsburg und Günzburg, Trogen, 12.02.1748, S. 49.

1657 Gebrüder Zellweger & Comp.: Dienstofferte zugleich an Andrea Brentano, Brentano & Pedrone, Carlo Brentano Mezzegra, Matteo Brentano Mezzegra, Gio: Fehr, Gio: Frederico Holzhauser, Arnoldo Frobenier in Augsburg und Daniel Michael Cramer in Schwabach, Trogen, 22.04.1748.

1658 Gebrüder Zellweger & Comp.: 15 Briefe an Daniel Michael Cramer von Schwabach, Trogen, 1748–1752.

1659 Gebrüder Zellweger & Comp.: 67 Briefe an Franz & Joseph Brentano Mezzegra in Augsburg, Trogen, 1747–1755 und 1752–1759; die Brentano-Mezzegra in Augsburg entwickelten sich zu Kaufleuten und später Fabrikanten von Seidenware, in: Gründsteudel, Günther: Artikel «Brentano-Mezzegra», in: Stadtlexikon Augsburg online 1998.

1660 Gebrüder Zellweger & Comp.: 1 Dienstofferte zugleich an Johannot & Bayller, Archer Buff & Archer fils, Ferderic & David Audeoud, Rafinesque les frères, Pierre Alexander Beranger, J. Jaques Desgoutte & fils, Mademoiselle Susanne Mathieu née Falque in Genf, Trogen, 24.04.1752, S. 644–645.

Anlass zur Continuität gäbe».[1661] Doch auch die Hutmacher reagierten nicht, es entwickelten sich keine Korrespondenzen. Etwas mehr Glück hatte die Dienstofferte an die drei Kaufleute *Franco Maria Antola*, *Charles Delcorto* und *Ferrando & Co.* in Genua vom Juni 1759.[1662] Immerhin Letzterer liess sich auf eine Probe für Leinwand ein.[1663] Die erste Offerte nach Genua im März 1751 an *J:cs Lassale & fils* erzielte eine Probebestellung in «toutes sortes de toillerie».[1664] Im Januar 1766 richtete *Gebrüder Zellweger & Comp.* eine Dienstofferte an die drei Handelsgesellschaften *Osterwald & Co.*, *Leidekerk & Co.* und *Pourtalès & Co.* in Neuenburg.[1665] Auch sie zog keine Reaktion nach sich.

Zusammenfassung: Gebrüder Zellweger & Comp. versuchte intensiv, über Dienstofferten neue Kunden zu akquirieren. Eine Dienstofferte vor 1780 richtete sich jeweils an drei bis dreizehn potentielle Neukunden. Die Schreibstuben in Trogen entwickelten eine enorme Dynamik, was die Schreibleistung anbelangt. Jede Dinestofferte war trotz identisch lautendem Inhalt von Hand zu schreiben. Insgesamt wurden über 136 potentielle Kunden angeschrieben. Der Rücklauf dieser Kaltakquise war äusserst bescheiden.

Verkauf an Kunden aus Frankreich – in der Stadt St. Gallen

Ab 1800 kann über die Geschäftskorrespondenz der *Zellweger & Comp.* nachgewiesen werden, wie eine ganze Schar von Kunden aus Frankreich persönlich nach St. Gallen reiste. Ziel dieser Kundschaft war der Einkauf von Baumwollware. Leider gaben die meisten Kleinstkorrespondenzen oft den gekauften Artikel nicht an. Eine dankbare Ausnahme stellte die mit Laurenz Meyer von Strassburg[1666] in St. Gallen dar. Er kaufte «Mousse[lin]:» und die Druckwaren «Callicos» und «Mouchoirs ballasores». Als einziger Kunde kaufte *Charles Guerin Oncle* von Lyon in St. Gallen bei *Zellweger & Comp.* in Trogen noch eine Leinenware, die Farbware «Sangalette perle» zu 16 Ellen Länge.[1667] Zu einer Reise nach St. Gallen und im Anschluss daran direkt nach Trogen lud *Zellweger & Comp.* aktiv diverse Kunden ein. So meldete Zellweger-Hirzel-Scheuss seinen Söhnen in Bregenz Mitte März 1799: «Pelegrin ayné wird gegen Ende nächsten Monathes hierher kommen».[1668] Es dürfte sich hierbei um einen Teilhaber der «Toiliers» *Pelegrin, Velay & Co.* an der Rue de l'Abre-Sec 37 in Lyon[1669] gehandelt haben, welche als Kunden der *Zellweger & Comp.* auftraten.[1670] Im Gegenzug kaufte *Zellweger & Comp.* bei *Pelegrin, Velay & Co.* den Artikel «Soffranon d'Espagne», die sogenannte «Färberdistel», deren Blütenblätter rote und gelbe Farbstoffe für die Textildruckerei und -färberei lieferten.

1661 Gebrüder Zellweger & Comp.: Dienstofferte zugleich an die Hutmacher Melchior Streckeisen in Basel, Rudolph Mayer an der Gerber Gass in Basel, Johann Heinrich Rengger in Biel, Carl Dominicus Buchely in Luzern, Frantz Carl Blondscy in Zug, Peter Carel in Strassburg, «la chapellière» Marguerite Klein in Freiburg, Emanuel Küpfer in Bern, Abraham & Jacob Rengger in Brugg, Johannes Schneider in Thun, Jacob Müller in Thun; Michel Schlumberger und Mathias Frank in Müllhausen, Hans Caspar Weber in Winterthur, Trogen, 25.06.1756, S. 415–416.

1662 Gebrüder Zellweger & Comp.: Dienstofferte zugleich an Franco Maria Antola, Charles Delcorto und Ferrando & Co. in Genua, 04.06.1759, S. 608–609.

1663 Gebrüder Zellweger & Comp.: 4 Briefe an Ferrando & Co. in Genua, Trogen, 1747–1760.

1664 Gebrüder Zellweger & Comp.: 1 Brief von 3 an J:cs Lassale & fils in Genua, Trogen, 22.03.1751, S. 503.

1665 Zellweger Vater & Comp.: Dienstofferte zugleich an Osterwald & Co., Leidekerk & Co. und Pourtalès & Co. in Neuenburg, Trogen, 06.01.1766, S. 515.

1666 Strassburg war seit 1790 in den französischen Zollraum eingebunden, vgl. Degen, Bernard: Artikel «Strassburg», in: e-HLS online, 05.03.2012.

1667 Zellweger & Comp.: 1 Brief an Charles Guerin Oncle in Lyon in St. Gallen, Trogen, 1810–1811, S. 77.

1668 Zellweger, Johannes (1730–1802): 1 Brief an Sohn Johannes Zellweger (1764–1832) in Bregenz, Trogen, 18.03.1799.

1669 Tynna: Almanach du commerce de Paris (1820), S. 950.

1670 Zellweger & Comp.: 8 Briefe an Pelegrin, Velay & Co. in Lyon, Trogen, 1807–1809.

Diese ausländischen Kaufleute auf Einkaufsreise in St. Gallen stiegen nun entweder im Gasthaus «Cheval blanc» ab[1671], oder sie logierten im Gasthaus «au boeuf». Dass sich gerade diese zwei Herbergen als zeitweilige Adressen französischer Kunden in St. Gallen in den Registern der Briefkopierbücher Zellweger fanden, liess sich mit dem Hinweis erklären, dass diese «Auberges» im «Almanach du commerce de Paris» von Jean de la Tynna (1811) als Übernachtungsmöglichkeiten in der Stadt St. Gallen angegeben waren. Derselbe «Almanach du commerce» wies auch darauf hin, dass die «Foires à Saint-Gall» jeweils im Mai und im Oktober stattfanden, «le 10. mai, 15 jours; le 18. october 4 jours».[1672] Zwischen 1800 und 1811 kamen ganze Gruppen französischer Kunden aus Paris, Lyon und Marseille zu *Zellweger & Comp.* nach Trogen. Einzelne stammten aus Reims, Toulouse, Châtillon-sur-Seine, Saumure, Nancy und Strassburg.

Nachname	Firmenname	Ort (Norm)	Kanton		Von	Bis	Total Briefe
Caron	Caron frères	Paris	Île-de-France	Frankreich	1807	1811	10
Le Boeuf	Le Boeuf Veuve & Co.	Paris	Île-de-France	Frankreich	1806	1808	2
Porret	Porret	Paris	Île-de-France	Frankreich	1807	1811	4
Vauloger/Houlet	Vauloger & Houlet	Paris	Île-de-France	Frankreich	1807	1811	16
Papan	Veuve de Claude Papan & Co.	Marseille	Provence-Alpes-Côte d'Azur	Frankreich	1807	1809	5
Vaissé	Vaissé ainé & Co.	Marseille	Provence-Alpes-Côte d'Azur	Frankreich	1800	1809	27
Guerin	Guerin Oncle	Lyon	Rhône-Alpes	Frankreich	1808	1811	2
Schnatter/Guérin	Schnatter, Guerin & Co.	Lyon	Rhône-Alpes	Frankreich	1800	1809	47
La Picottière	Madame la Picottière	Lyon	Rhône-Alpes	Frankreich	1810	1811	1
Barreau Petit	Reisender von Barreau frères & Co.	Toulouse	Midi-Pyrénées	Frankreich	1807	1809	6
Carter/Estienne	Veuve Carter et Louis Estienne	Châtillon-sur-Seine	Côte-d'Or	Frankreich	1800	1801	7
Reh	Reisender von Dubois père & fils	Reims	Champagne-Ardenne	Frankreich	1809	1813	4
Lambert	Lambert & fils	Saumur	Pays de la Loire	Frankreich	1800	1808	11
Legoupil	Goguel Legoupil	Nancy	Lorraine	Frankreich	1810	1811	2
Warnery	Hector Warnery	Rouen	Haute-Normandie	Frankreich	1803	1809	2
Meyer	Laurenz Meyer	Strassburg	Elsass	Frankreich	1810	1811	6
Gesamtergebnis					1800	1811	152

Tabelle 9: Kunden aus Frankreich, welche persönlich bei Zellweger & Comp. in Trogen einkauften, 1800 bis 1811

1671 Im September und Oktober 1810 stiegen folgende Personen im «Cheval blanc à St. Gall» ab und tätigten ihre Einkäufe bei Zellweger & Comp.: Caron ainé und Porret von Paris, Guerin Oncle und Madame la Picottiere von Lyon, Laurenz Meyer von Strassburg.

1672 Tynna: Almanach du commerce de Paris (1811), S. 948.

Sobald die Reisenden in St. Gallen eingetroffen waren, erkundigten sich *Zellweger & Comp.* schriftlich bei ihnen, wann sie den Abstecher nach Trogen hinauf planten, um ihnen pünktlich die Kutsche nach St. Gallen senden zu können. Offensichtlich bemühte man sich darum, der Kundschaft die unangenehme Reise in das rund 10 Kilometer entfernte und 200 Meter höher gelegene Trogen so einfach und angenehm wie möglich zu machen, wie aus der Einladung an *Schnell fils ainé* von Marseille in St. Gallen hervorgeht:

> Ayant appris Monsieur, que vous déjournez q[uel]que tems à St. Gall, nous nous prenons la liberté de vous faire nos offres de service et de vous prier de venir nous voir ici, esperont de pouvoir faire quelque partie. Soyez persuadez que nous ferons pour vos Interets à ce qui dépend de nous. Veuillez seulement nous indiquer le jours ou il vous plaira vernir ici pour pouvoir vous envoyer nre voiture.[1673]

Auch *Caron ainé* von Paris in St. Gallen lud man ein, «à venir nous voir & à nous annoncer quel jours vous nous destinerez pour que nous puissions vous envoyer chercher».[1674] Den Kunden *Dorwil* von Frankfurt am Main in St. Gallen, der an 6/4 Ellen breiter Baumwollware interessiert war, wollte man auch im Dezember 1809 gerne «bey uns sehen, zu welchem Behuf wir Ihnen unsern Bedienten mit einem Schlitten schicken». Auch wenn nicht sofort ein Geschäft mit seinem «respectablen Haus» abgeschlossen werde, könne man ihm immerhin gute Konditionen für den Einkauf auf Provision unterbreiten.[1675] War es dem Kunden unmöglich, von St. Gallen nach Trogen zu reisen, hoffte man, Geschäfte mit dessen Reisenden zu machen, wie im Fall von *Porret* von Paris in St. Gallen: «Nous regretons beaucoup Monsieur d'en avoir pas eu le plaisir de vous voir chez nous, nous esperons que nous seront plus heureux avec votre voyageur en ce rapport».[1676]Als Zeitpunkt dieses Direktverkaufs liess sich diverse Male der Sonntagmorgen belegen, wie im Januar 1807 aus dem Geschäftsbrief an *Le Boeuf Veuve & Comp.* von Paris in St. Gallen zu lesen war:

> Esperant que dimanche passé, vous soyez heureusement retourné [à St. Gall, A.d.A.], nous prenons la libertée de vous transmettre Messieurs d'autre part factur de votre achat suivant la quelle vous voudrez bien nous crediter au f 551:25 le Ls à f 11.- pour 9 Mois. La Marchandises fut expédiée suivant vos ordres à Mr. Gaspar Schlatter à St. Gall en 2 paquet, en Toiles cirées & cachete. Ayez la bontée d'en disposer chez lui. Nous nous flattons, Monsieur, de voir suivi cette première affaire de beaucoup d'autres.[1677]

Bei den meisten dieser Kunden aus Frankreich in St. Gallen handelte es sich nicht um alte Kundschaft, sondern neue Kontakte, die wohl eher zufällig zustande gekommen waren. Der Wunsch, dass erste Einkäufe Anlass für viele weitere geben würden, wurde oft wiederholt. Entsprechend war man in Trogen bereit, Verluste auf sich zu nehmen, um einen Anfang für eine langfristige Geschäftsbeziehung zu schaffen. So geschah es im Fall von *Goguel Legoupil* von Nancy in St. Gallen:

> Quoique nous perdons à l'offre vous faite sur la marchandise choisie aujourd'hui, nous y achumerons pour avoir l'honneur d'entrer en liaison avec vous Mr. vous donnerons d'autre part factur de la partie f 606:21 Ls neuf après l'escompte de 3%. Veuillez donc nous faire remise de cette somme en dates de 4 mois sur Paris.[1678]

Der Bitte von *Madame la Picottière* aus Lyon vom September 1811 entsprach man hingegen nicht, die Ware, die sie im April bei *Zellweger & Comp.* gekauft hatte, zurückzunehmen. *Zellweger & Comp.* sah sich nicht in der Verantwortung für lange Lieferfristen.[1679] Dass französische Kaufleute selber in die Schweiz kamen, um

1673 Zellweger & Comp.: 1 Brief an Schnell fils ainé von Marseille in St. Gallen, Trogen, 31.03.1808, S. 511.
1674 Zellweger & Comp.: 1 Brief an Caron ainé von Paris in St. Gallen, Trogen, 28.10.1810, S. 215.
1675 Zellweger & Comp.: 1 Brief an Dorwil von Frankfurt am Main in St. Gallen, Trogen, 02.12.1809, S. 608.
1676 Zellweger & Comp.: 1 Brief an Porret von Paris in St. Gallen, Trogen, 03.10.1810, S. 122.
1677 Zellweger & Comp.: 1 Brief an Le Bœuf Veuve & Comp. von Paris in St. Gallen, Trogen, 11.01.1807, S. 455.
1678 Zellweger & Comp.: 1 Brief an Goguel Legoupil von Nancy in St. Gallen, Trogen, 19.09.1810, S. 78.
1679 Zellweger & Comp.: 1 Brief an Madame la Picottière von Lyon in St. Gallen, Trogen, 20.09.1810, S. 391.

ihre Einkäufe persönlich zu erledigen, war offenbar kein neues Phänomen. Schindler (1922) wies auf einen Bericht des Syndics Councler/Kunkler (1688–1756) der *Nation Suisse à Lyon* aus dem Jahr 1741 hin, wonach mehr französische Händler denn je viele französische Händler zum Einkauf nach Zürich kämen.[1680]

Verkauf an Kunden aus der Schweiz und Italien in St. Gallen

Neben den Kunden aus Frankreich trafen auch Italiener und Schweizer in St. Gallen ein. Die Genfer *Landry, Dabetra & Co.* waren im Frühjahr 1801 besonders an «Mouchoirs brodées» interessiert. Doch *Zellweger & Comp.* getrauten sich nicht, sie deswegen nach Trogen zu bemühen:

> Il nous fera bien entrer qques p.ces de Mouchoris brodés dans les qualtiés que vous désiriez mais le nombre en effet est si petit que nous n'avions pas osé vous inviter à faire un voyage pour cela, en nous en a promis encore pour Demain mais nous ignorons combien.[1681]

Rueff & Piccard von Basel stiegen im Februar 1809 persönlich im Gasthaus «Ochsen» in der Stadt St. Gallen ab. Von dort aus gingen sie nach Trogen, um bei *Zellweger & Comp.* die Baumwollware 7/4 Ellen breite «Mousselins» und die 10/4 Ellen breite Druckware «Mouchoirs ballasores» einzukaufen. *Zellweger & Comp.* wüschte,

> dass Sie dieser nach allen Theilen vortheilhafte Kauf animieren werde, uns mit vielem ferneren Zuspruch zu erfreuen, wir werden stets alles anwenden, um uns durch gute Bedienung Ihr gänzliches Zutrauen zu erwerben [...]. – Sobald die Mouchoirs Ballasores aus dem Appret kommen, werden Ihnen solche nach Basel senden.[1682]

Am Beispiel des Einkaufs der *Gomes, Pessia & Co.* als auch der *Bognier frères* von Turin zeigte sich, dass der Kunde bei seinem Einkauf in Trogen über die Ausführung der Appretur entschied. *Zellweger & Comp.* organisierten die entsprechende Verarbeitung und sandten die 6/4 Ellen breite «Mousselin Cambric» «pour samedi prochaine» nach St. Gallen.[1683] Doch auch hier ergab sich nur mühsam eine längerfristige Kundenbeziehung. Die *Zellweger & Comp.* musste sich eine Jahr später selber bei *Bognier frères* in Erinnerung rufen:

> Il y a très long tems, Messieurs, que nous sommes privés de l'honneur de vos chères Lettres; mais animés du désir de renouveler nos anciennes Relations, nous venons vous rappeler par la présente dans votre Souvenir en Vous réitérant les offres empressés de nos services.[1684]

Nachname	Firmenname	Ort (Norm)	Kanton		Von	Bis	Total Briefe
Landry/Dabetra	Landry, Dabetra & C.	Genf	Genf	Schweiz	1800	1801	1
Rueff/Piccard	Rueff & Piccard	Basel	Basel Stadt	Schweiz	1803	1811	11
Bognier	Laurent & Pierro Bognier frères	Turin	Piemont	Italien	1807	1811	9
Gomes/Pessia	Gomes, Pessia & Co.	Turin	Piemont	Italien	1807	1811	13
Gesamtergebnis					**1800**	**1811**	**34**

Tabelle 10: Italienische und Schweizer Kunden, die sich in St. Gallen einquartierten, um von dort aus persönlich bei Zellweger & Comp. in Trogen einzukaufen, 1800–1811

1680 Schindler: Zur Geschichte von Schweizer Handel und Industrie (1922) S. 140.

1681 Zellweger & Comp.: 1 Brief an Landry, Dabetra & C. von Genf in St. Gallen, Trogen, 30.04.1801, S. 503.

1682 Zellweger & Comp.: 1 Brief an Rueff & Piccard von Basel in St. Gallen, Trogen, 25.02.1809, S. 139.

1683 Zellweger & Comp.: 1 Brief an Bognier frères von Turin in St. Gallen, Trogen, 12.11.1807, S. 66.

1684 Zellweger & Comp.: 1 Brief an Bognier frères von Turin in St. Gallen, Trogen, 05.01.1809, S. 39.

Zusammenfassung: Anhand der Entwicklung vom Einkaufsstandort zum Verkaufsstandort für Kundschaft direkt aus Frankreich, Italien und der Schweiz zeigt es sich, wie das Dorf Trogen, das im 18. Jahrhundert auf der Basis des Leinwandgewerbes und -handels Ambitionen auf einen Hauch grosse Welt entwickelte, wieder zu dem wurde, was es ursprünglich gewesen war – ein Dorf, ein Nest in aller Abgeschiedenheit auf der Landschaft. Nach 1800 büsste es seinen Vorteil auf der freien und ungebundenen Landschaft ein. Es lag bereits wieder zu weit vom städtischen Zentrum St. Gallen entfernt, wo sich das Marktgeschehen auf dem Sektor Baumwollware abspielte. Der Aufwand, neue Kundschaft nach Trogen in das Magazin der *Zellweger & Comp.* zu bringen, zahlte sich angesichts der wenigen Verkäufe nicht aus. In einem Fall gab ein zu kleines Sortiment den Ausschlag dafür, den Kunden gar nicht erst nach Trogen einzuladen.

Verkauf über die Filiale in Lyon, seit 1717

Verkauf in Lyon – Ausrichtung auf die Messe Beaucaire

Das Verkaufsjahr für Leinwand in Lyon richtete sich nach den Daten der grossen Handelsmessen. Ihre kurzen, periodisch wiederkehrenden Verkaufsphasen des privilegierten, weil zollbefreiten Handels bestimmten massgeblich den Rhythmus. Jede bevorstehende Messe bedeutete einen Höhepunkt im Verkauf. Auf diese Daten arbeitete man unter enormem Druck und Beschleunigung hin. Traf die Ware auch nur einen Tag zu spät ein, war kein Geschäft mehr abzuschliessen. Man blieb unweigerlich auf der Ware sitzen. Der junge Zellweger-Wetter reagierte als «Directeur» von *Zellweguer frères & Comp.* in Lyon, auf diesen immer wiederkehrenden emotionalen Stress auch körperlich und erkrankte. Vater und Onkel wussten aus eigener Erfahrung während ihren jahrelangen Aufenthalten in Lyon, welche Anstrengungen dieser phasenweise Verkauf dem verantwortlichen «Directeur» abverlangte, und reagierten äusserst besorgt.

Die Recherchen ergaben, dass im Zentrum eines erfolgreich verlaufenden Verkaufsjahres die «Foire de la St. Madeleine» in Beaucaire stand. Sie fand jährlich vom 21. bis 25. Juli in dem kleinen Städtchen an der Rhônemündung statt, das in der Frühen Neuzeit über einen direkten Zugang zum Mittelmeer verfügte. Seine strategisch optimale Lage an den Wasserstrassen zwischen Italien und Spanien prädestinierte den Ort für eine Handelsmesse. Seit dem 12. Jahrhundert vermochten die jeweils feierlich eröffneten vier Tage des privilegierten zollfreien Handels hunderttausende Händler anzuziehen. Sie boten ihre Ware in einer zuvor eigens erstellten Zeltstadt feil. Auf Booten auf der Rhone von Lyon herkommend, trafen sie mit ihrer Handelsware gruppenweise nach Herkunft geordnet unter Einhaltung eines Zeremoniells in Beaucaire ein. Im 18. Jahrhundert entwicklete sich die *Messe Beaucaire* gerade gegenläufig zur allgemeinen wirtschaftlichen Tendenz. Sie stagnierte in der Zeit des Aufschwungs von 1724 bis 1765. In der Zeit des allgemeinen Niedergangs zwischen 1775 und 1790 verzeichnete sie hingegen wieder einen Aufschwung. Braudel (1990) erklärte sich diesen Sachverhalt, indem er erfolgreiche Messen im 18. Jahrhundert als «schlechtes Zeichen für die wirtschaftliche Gesundheit einer Region» einschätzte. Seiner Meinung nach war die Organisationsform von Handeslmessen längst überholt. Sie war dem neuen Tempo des Wirtschaftslebens nicht mehr gewachsen. Den Hauptgrund für den Verfall der *Messe Beaucaire* sah Braudel im allgemeinen Abbau der Zölle auf die meisten Exportartikel und importierten Rohstoffe. Damit verlor sich der Vorzug der periodischen *Messe Beaucaire*, der ja gerade in der kurzzeitigen Aufhebung dieser handelshemmenden Zölle bestanden hatte.[1685]

1685 Braudel: der Handel (1990), S. 92.

Schindler (1922) erwähnte in seiner «Geschichte von Schweizer Handel und Industrie» lediglich, wie im Jahr 1736 dreizehn von total zweiundreissig Kaufleuten aus der Eidgenossenschaft in Lyon ein «Convenium» über den Verkauf an der *Messe Beaucaire* beschlossen hätten.[1686] Viel realistischer schätzten Iselin/Lüthy/Schiess (1943) die Bedeutung der Messe Beaucaire für die Mitglieder der *Nation Suisse à Lyon* ein. Über diese Messe verlief der Handel nach Spanien und in das riesige spanische Kolonialreich in Übersee. Für die *Nation Suisse à Marseille* definierten Iselin/Lüthy/Schiess den Handel mit dem spanischen Reich sogar als Hauptaufgabe. 1778 umfasste sie siebzehn Mitglieder. Die *Nation Suisse à Lyon* war mit ihren 81 Mitgliedern bedeutend grösser.[1687] Der Verkehr mit Spanien ergab einen gewinnbringenden Handel mit Kolonialwaren, der Import lag dabei fast ausschliesslich in den Händen von Kaufleuten aus der Eidgenossenschaft. Auch im Transithandel spielten Kaufleute aus der Eidgenossenschaft eine grosse Rolle, soweit sie den Monopolen der Überseegesellschaften nicht in die Quere kamen. Für den Verkauf der Leinenware aus St. Gallen, des Käses aus Freiburg, der Baumwollware aus Zürich und Genf, der Seidenware aus Zürich und Basel, der Schmuck- und Uhrenerzeugnisse aus Genf sowie der Metallerzeugnisse aus Neuenburg und Basel war der Absatz in Frankreich entscheidend. Damit wiesen Iselin/Lüthy/Schiess (1943) die Abhängigkeit grosser Teile der Bevölkerung und ihrer Erwerbssituation in der Alten Eidgenossenschaft von der Möglichkeit des freien Handels in und durch Frankreich nach.[1688] Spanien selber beseitigte «über mehrere Stufen das Monopol des Amerikahandels über Cádiz». Die Einführung des «Comercio libre» 1778 erlaubte praktisch allen grösseren spanischen und amerikanischen Häfen den direkten Handelsverkehr. Infolgedessen vervierfachte sich das Handelsvolumen zwischen dem Mutterland und den amerikanischen Besitzungen innerhalb von zwanzig Jahren.[1689] Für den Verkauf der Textilware der Kaufleute Zellweger war die *Messe Beaucaire* für die Phase 1747 bis 1780 und damit vor Öffnung des spanischen Marktes von entscheidender Bedeutung. Sie erwähnten diese Messe in den 2045 transkribierten «Handlungsbriefen» von Trogen nach Lyon insgesamt 256-mal. Das ergab eine Erwähnung innerhalb von zwei Monaten. Die Kaufleute Zellweger in Trogen richteten sich in ihren Einkäufen genau nach den Bedürfnissen aus, die man für den Verkauf vor der *Messe Beaucaire* nötig zu haben glaubte. Diese Einkäufe etwa für den Artikel «Cambrais» begannen bereits ein Jahr vor der nächsten Messe:

> Sonsten glauben hier mit obigen 41 Ballen Cambrais bis auf künftige *Foire de Beaucaire* [H.d.d.A.] nicht genug zu haben es ist eben noch lange Zeit bis dorthin, die H. Ö[ugster, A.d.A.]: haben hier schon 500 Stauchen Tuch erkaufen lassen, zwahr können wir unser Tuch nicht nach ihrem Leist schneiden, weil sie mehr Gelt als wir haben.[1690]

Nur kurze Zeit nach der Geschäftstrennung 1747 spürten sie schon die Konkurrenz der finanzkräftigen Eugster im Einkauf. Der Einkauf musste aber so früh geschehen, weil die roh eingekaufte Leinenware im Herbst oder Frühjahr gebleicht werden musste. So war für die Arbeit der Kaufleute Zellweger in der zweiten Hälfte des 18. Jahrhunderts zu bestätigen, was Iselin, Lüthy und Schiess (1943) für die Stadt Genf feststellten:

> Die grossen europäischen Messen, auf die hin die Kaufleute ihre grössten Aufträge erteilten, regelten geradezu den Rhythmus der Arbeit in Genf; vor der Messe Beaucaire und der Messe Frankfurt glich die Stadt, nach den Schilderungen des 18. Jahrhunderts, einem aufgescheuchten Ameisenhaufen.[1691]

1686 Schindler: Zur Geschichte von Schweizer Handel und Industrie (1922), S. 132.

1687 Zum gleichen Zeitpunkt zählte die Nation Suisse à Lyon 81 Mitglieder, diejenige in Bordeaux 5, in La Rochelle 6, in Nantes 4, in Marseille 17, in Paris 8, in Rouen 1, vgl. Schindler: Zur Geschichte von Schweizer Handel und Industrie (1922), S. 151.

1688 Iselin/Lüthy/Schiess: Der Schweizerische Grosshandel (1943²), S. 55.

1689 Kleinmann: Der Aufgeklärte Absolutimus in Spanien, in: Reinalter/Kueting (Hg.): Der aufgeklärte Absolutimus im europäischen Vergleich (2002), S. 113–128, hier S. 170

1690 Gebrüder Zellweger & Comp.: 1 lettre à la maison à Lyon, Trogen, 22.07.1748, S. 112.

1691 Iselin/Lüthy/Schiess: Der Schweizerische Grosshandel (1943²), S. 72.

Verkauf an «die Herren Montpellianer» – «Sociskrieg» um den «Kriegsboss», 1747 bis 1780

Die Kaufleute Zellweger in Lyon besuchten die *Messe Beaucaire* nicht selber, um ihre Handelsware zu vertreiben. Dazwischen schob sich eine spezifische Gruppe von Kunden, die «Herren Montpellianer».[1692] Diese Kundengruppe war in den «Handlungsbriefen» von 1747 bis 1780 26-mal auszumachen, was ihre Relevanz für das Verkaufsgeschäft der *Zellweger frères & Comp.* in Lyon verdeutlicht. Montpellier liegt etwa 80 Kilometer westlich von Beaucaire, während Lyon über die 250 Kilometer lange Wasserstrasse der Rhone direkt mit Beaucaire verbunden ist. Die Kaufleute von Montpellier tätigten ihre Einkäufe während der Franchise vor der «Foire de la Sainte Madeleine» unter anderem in den Magazinen der Kaufleute Zellweger in Lyon. Dann beluden sie die «cloches d'eaux», wie die Boote auf der Rhone genannt wurden, mit ihren Stoffballen und liessen sich auf der langen Wasserstrasse Rhone mit dem Strom gemütlich nach Beaucaire hinuntertreiben, wo sie ungefähr fünfzehn bis zwanzig Tage vor der *Messe Beaucaire* einem genauen Empfangszeremoniell folgend eintrafen. Der Beginn der *Messe Beaucaire* am 21. Juli um 19:00 bis 20:00 Uhr wurde feierlich ausgerufen. Exakt ab diesem Moment konnten die Kaufleute vom Privileg der Franchise auf den Kauf und Verkauf von Kaufmannsware profitieren.[1693] Die kurze Dauer der *Messe Beaucaire* animierte zu enormen Geschäften. Vor Abschluss musste alle Kaufmannsware mit einer Erlaubnis der Zollpächter der *Messe Beaucaire* versehen und spediert sein, um von der Franchise zu profitieren.
In den Briefkopierbüchern von Trogen fand sich leider kein einziger Eintrag eines Kunden aus Montpellier. Aus den «Handlungsbriefen» waren immerhin die Namen *Argiot & Co.*[1694], *Farell ainé*[1695], *Sarazin Serrane & Co.*[1696] und *Isnet et Luchaire*[1697] von Montpellier auszumachen. Der Inhalt der «Handlungsbriefe» drehte sich beständig um die «Betrachtung dessen, was wir à costi zu Underhaltung der Freünden bedörfen».[1698] Im Juni 1746 schrieb Zellweger-Ehrliholzer-Sulser nach Lyon:

> dass bisher die Montpel[lianer]: &ca. noch nit anbeissen wollen, hören nit gerne, wann sie es bey anderen auch so machen, patience! Wieso [? D]ann wär der Socis Krieg herumb & gemachet ist das Glück. Endlich kann [man] die Braut heim führen.[1699]

Mit dem «Sociskrieg» spielte er auf die Konkurrenz der vielen Handelshäuser in Leinenware in Lyon an. Sie stammten zur Hauptsache aus der Stadt St. Gallen, aus dem Kanton Bern und dem Untertanengebiet Thurgau. Sein Bruder Zellweger-Sulser in Trogen zweifelte im Juni 1749 keineswegs daran, «gleich nach der Vormess oder der Abreiss der Montpellianer ein anders [Einkaufsmemoire, A.d.A.] nach denen Verkäufen eingerichtet zu empfangen».[1700] Jeweils im Juni verdichteten sich die Kommentare aus Trogen zur Kundschaft wie: «Wir wünschen, dass die H[erren]: mit den Montpellianern gute Verkäufe machen»[1701], oder kurz darauf: «Ob die H: Montp[ellianer]: noch ent[scheiden?], & mehr als Sie vorgeben kaufen werden, oder nicht, sind begirig anzuhören».[1702] Diese «Montpellianer» kauften keineswegs nur im Haus *Zellweger frères & Comp.* ein: «Was endlich Mr: Farell & die übrigen Montp[ellianer]: noch gemacht haben werden, biten uns anzuzeigen, es scheint unsere Schweizer Häuser haben dismahl kein Ursach wegen der *foire de Beaucaire* [H.d.d.A.] in der Carosse zufahren, Gedult du edles Kraut!»[1703] Wenn das schlechte Wetter im Frühjahr das zeitige Bleichen verhinderte, «wäre zuwünschen, dass dem

1692 Gebrüder Zellweger & Comp.: 1 lettre à la maison à Lyon, Trogen, 30.06.1755, S. 316.
1693 Fassin: Essai historique et juridique sur la foire de Beaucaire (1900), S. 132 und 136.
1694 Gebrüder Zellweger & Comp.: 1 lettre à la maison à Lyon, Trogen, 02.03.1750, S. 358.
1695 Gebrüder Zellweger & Comp.: 1 lettre à la maison à Lyon, Trogen, 05.07.1751, S. 548.
1696 Gebrüder Zellweger & Comp.: 1 lettre à la maison à Lyon, Trogen, 07.09.1758, S. 685.
1697 Gebrüder Zellweger & Comp.: 1 lettre à la maison à Lyon, Trogen, 24.03.1766, S. 546.
1698 Gebrüder Zellweger & Comp.: 1 lettre à la maison à Lyon, Trogen, 02.12.1748, S. 167.
1699 Gebrüder Zellweger & Comp.: 1 lettre à la maison à Lyon, Trogen, 19.06.1748, S. 96.
1700 Gebrüder Zellweger & Comp.: 1 lettre à la maison à Lyon, Trogen, 23.06.1749, S. 248–249.
1701 Gebrüder Zellweger & Comp.: 1 lettre à la maison à Lyon, Trogen, 15.06.1750, S. 403.
1702 Gebrüder Zellweger & Comp.: 1 lettre à la maison à Lyon, Trogen, 29.06.1750, S. 407.
1703 Gebrüder Zellweger & Comp.: 1 lettre à la maison à Lyon, Trogen, 05.07.1751, S. 548.

Bleichen einen anfang, & die Spedition der Wahr à tems p[our] *la foire de Beaucaire* [H.d.d.A.] machen könnte, worzu jez noch ein sehr schlechtes Ansehen».[1704] Auch die Lieferung des Fabrikants in Baumwollware *Caspar Vonwiller* von St. Gallen hing vom Wetter ab: «H: Vonwiller gedenket ca: 600 St[ück] Basins p 12 au[nes]: pour *la foire de Beaucaire* lieferen zu können p avis, es wirt zwahr vieles von dem Frühlings Wetter disfahls dependieren».[1705] Die «Montpellianer» kauften also nicht nur Leinenware ein. 1751 begann eine Phase, während welcher das Verkaufsgeschäft mit den Montpellianer schlecht lief: «Wir haben mit Freude vernommen, dass El etwas den Mr: de Montp[ellianer]: haben verkaufen können, obschon die Wahr wohlfeil sol verkauft worden seyn, [...]».[1706] Diese Phase dauerte bis 1755 an: «Dass die H: Montp[ellianer]: theils aus begründeten Ursach, & theils nach Gewohnheit den Kriegboss & folglich nidere Preise zumachen trachten werden, daran zweiflen nicht, nur ist die Frag, was solches vor eine Influenz auf hiesigem Cours machen könne od: werde».[1707] Die «Montpellianer» gingen somit «im Socis Krieg» als «Kriegsboss» hervor. Der Kunde als König bestimmte letztlich über die Preise. 1756 hofften die Kaufleute Zellweger: «Wann die 16 ½ an: für die Hr. Montp[ellianer]: zu spath anlangen[...], dass El Ihnen hergegen Camb[rais]:, Trillis &ca.: werden verkaufen können, so uns sehr lieb zu vernemmen seyn würde, sonderlich wann H: Farell ayné auch widerum recht anbeissen wollte».[1708] 1757 stagnierte der Verkauf immer noch: «Es ist glaublich, dass bey jezig critischen Zeitläuften die H: Montp[ellianer]: in ihren Klägten begründt seyen, die Abwechslung der Zeiten ist aber von jewelten her der Natur so eigen als Licht & Finsternuss, also müssen sie & wir uns derselben unterziehen».[1709] Vom Einkauf dieser «Montpellianer» erhofften sie sich im Juni 1758 nicht viel:

> Weil die Kaufleüth von Montpellier sich à costi anfangen sehen lassen, so werden ihre Preperationes auch bald kund werden, wir verstehen uns aber hierinn zu keinen sonderlich wichtigen, weil sie die schlechten Zeiten gleich andern empfinden & sich dieselben in dem Einkauf bestmöglich zu Nuz machen werden.[1710]

Im Mai 1764 befanden sich die Kaufleute Zellweger mit der *Messe Beaucaire* «im Krieg». Man hoffte auf einen besseren Verkauf während der zollbefreiten Franchise im nächsten Jahr.[1711]

In den 1750er Jahren liess sich mit den «Herren Clairmoneser» eine weitere Kundengruppe identifizieren. Wiederum belegen die Briefkopierbücher keinen einzigen Kunden aus Clermont, einer Ortschaft, welche bei zehnmaligem Vorkommen in Frankreich auch kaum zu lokalisieren ist: «Wir sehen mit Liebe, dass wieder einige Waaren verkauft worden, vielleicht geschiehet bey den H: Clairmoneseren ein gleiches-».[1712] 1778 wurden «les amis de Limoges» erwähnt. Die Einkäufe dieser Kunden aus dem über 400 Kilometer westlich von Lyon gelegenen Limoges (Limousin) erfolgten praktischerweise etwas versetzt zu denjenigen der «Montpellianer»: «vous les vendrez surement aux Mrs: de Montp[ellier]: et plus tard aux amis de Limoges».[1713]

Nach der Jahrhundertwende, als keine eigenen Handelshäuser mehr in Lyon betrieben wurden, erwähnten die Kaufleute Zellweger die *Messe Beaucaire* in ihren «Handlungsbriefen» nach Genua kein einziges Mal mehr. Das Grossereignis hatte seine Bedeutung vollständig eingebüsst. Der Bericht in der «Allgemeine Handlungs=Zeitung» von Leipzig im Juli 1814 über die *Messe Beaucaire* fokussierte auf den Import von Kolonialwaren wie Kakao, Caraccas, Zucker, Baumwolle und Farbstoffen wie Farbhölzern und nicht mehr auf den Export von Leinwand und Baumwollware.[1714]

1704 Gebrüder Zellweger & Comp.: 1 lettre à la maison à Lyon, Trogen, 31.03.1749, S. 216.
1705 Gebrüder Zellweger & Comp.: 1 lettre à la maison à Lyon, Trogen, 06.01.1749, S. 187.
1706 Gebrüder Zellweger & Comp.: 1 lettre à la maison à Lyon, Trogen, 26.06.1752, S. 670–671.
1707 Gebrüder Zellweger & Comp.: 1 lettre à la maison à Lyon, Trogen, 23.06.1755, S. 315.
1708 Gebrüder Zellweger & Comp.: 1 lettre à la maison à Lyon, Trogen, 21.06.1756, S. 413.
1709 Gebrüder Zellweger & Comp.: 1 lettre à la maison à Lyon, Trogen, 27.06.1757, S. 537.
1710 Gebrüder Zellweger & Comp.: 1 lettre à la maison à Lyon, Trogen, 19.06.1758, S. 654.
1711 Gebrüder Zellweger & Comp.: 1 lettre à la maison à Lyon, Trogen, 28.05.1764, S. 281–282.
1712 Gebrüder Zellweger & Comp.: 1 lettre à la maison à Lyon, Trogen, 23.10.1752, S. 8.
1713 Gebrüder Zellweger & Comp.: 1 lettre à la maison à Lyon, Trogen, 02.03.1778, S. 746.
1714 N.N: Artikel «Bericht aus Frankreich», in: «Allgemeine Handlungs=Zeitung [Leipzig]», (21,130/1814), 07.07.1814, S. 525.

Verkauf an «die Spanier», ein «sehr gefährliches Commercium» seit den 1750er Jahren

Mit dem Direktverkauf an spanische Kunden machten die Kaufleute Zellweger in den 1750er Jahren äusserst schlechte Erfahrungen. 1752 schlossen sie, dass «das Commercium mit den Spaniern sehr gefährlich» war. Alles, was Spanier kauften, war «Klägten, Rabais, Chicannes & der Zurückgab unterworffen, so gewiss die Versendung geschiehet». Die Kunden aus Spanien schien *Gebrüder Zellweger & Comp.* in Trogen «anfangs ganz tractables & höflich zuseyn, ist man aber accordiert, so kehren sie den Spiess & machen es wie die Kazen, die vorne lecken & hinten krazen».[1715] Anlässlich ihrer freiwilligen Liquidation 1755 schrieb die Handelsgesellschaft *Gebrüder Zellweger & Comp.* die zwei Kunden *Vahnot* von Limoux mit fl. 395.12 und *Puyou* von Cartagena (Spanien) mit £ 5351.12 – auf «Gewinn und Verlust» ab. Sie vermuteten, dass auch ein *Joseph Fabre*[1716] sowie ein *Jeaume* von Alicante (Spanien) «von der Classe» Debitoren waren, welche abzuschreiben waren: «Dergleichen Pillen sind ein vortreffliches Laxatif, die überflüssige Humores dem Gewinn und Verlust Conto auszuführen, doch sind solche Medici nicht die angenehmsten Gäste».[1717] Dennoch sahen *Zellweger frères & Comp.* in schlechten wirtschaftlichen Zeiten in Lyon kein anderes Mittel, als Spanien und damit den Absatzmarkt der «Herren Montpellianer» selber als Absatzmarkt auszuloten. Dazu wurde der Angestellte Schläpfer nach Barcelona geschickt, was von dieser Kundengruppe gewiss nicht gerne gesehen wurde: «Er wirt ohne Zweifel von denen allda [in Barcelona, A.d.A.] angetroffenen Montpellianern sehr liebreich [empfangen] worden seyn».[1718] Anfangs 1765 war mit «unser H: Honnerlag» wieder ein Reisender der Zellweger unterwegs über Montpellier nach Barcelona: «Wir sind sehr begierig, seine fernere Gott gebe beglückte Reiss und daher erwarthend guten Succés mit dehro folgendem zu vernehmen».[1719] Der Erfolg seiner Reise hing direkt von der Anzahl Bestellungen ab, welche er bei der Kundschaft aufnehmen konnte. Jeder Verkauf wie auch jede Bestellung wurde in Trogen genau «observiert» und mit Wünschen «von Herzen zur fehrner gut reüssite» bedacht.[1720]

Verkauf über die eigene Filiale in Genua «La Superba» – seit 1768

Mit der Eröffnung des eigenen Hauses *Zellweger & Honnerlag* in Genua 1768 begann auch hier der direkte Verkauf der aus Trogen spedierten Leinen- und Baumwollware. Die Hafenstadt Genua hatte der Stadt Lyon gemäss Braudel (1990) bereits im 16. Jahrhundert den Rang als bedeutendste Handelsstadt abgelaufen.[1721] Zudem betrieb Genua laut Kellenbenz (1987) traditionell eine entgegenkommende Politik gegenüber den aus dem deutschen Raum stammenden Waren, was sich im niederen Steuersatz von nur 1% ihres Werts bis 1600 ausdrückte.[1722] Mit dieser Politik versuchte Genua, den deutschen Warenstrom nach Venedig in die eigene Richtung zu lenken. Venedig wäre die andere mögliche Hafenstadt gewesen, um ein eigenes Handelshaus zu eröffnen. Doch Venedig war traditionell von Kaufleuten aus dem süddeutschen Raum besetzt. Sie unterhielten hier seit 1228 im *Fondaco dei Tedeschi* eine eigene Niederlassung. In der zweiten Hälfte des 18. Jahrhunderts betätigten sich in Venedig vor allem Kaufleute in Leinwand aus Kempten im Export von Baumwolle. Dazu gehörten die König, Jenisch und Fehr. *Zellweger & Honnerlag* war wohl das dritte Handelshaus von Appenzell Ausserrhoden in Genua. Bereits in den 1740er Jahren eröffneten *Gebrüder Schläpfer* von Speicher in Genua eine Filiale. Die beiden im Handel unerfahrenen Bauernsöhne Jacob (1719–1779) und Matthias verdankten ihren Erfolg zunächst ihrem Geschäftsleiter, dem nicht mit ihnen verwandten Johannes Schläpfer (1725–1802). Nach dessen

1715 Gebrüder Zellweger & Comp.: 1 lettre à la maison à Lyon, Trogen, 20.11.1752, S. 18–19.

1716 Gebrüder Zellweger & Comp.: 2 Briefe an Joseph Fabre in Lyon, Trogen, 1747–1752.

1717 Gebrüder Zellweger & Comp.: 1 lettre à la maison à Lyon, Trogen, 07.01.1755, S. 176.

1718 Gebrüder Zellweger & Comp.: 1 lettre à la maison à Lyon, Trogen, 19.06.1758, S. 654.

1719 Gebrüder Zellweger & Comp.: 1 lettre à la maison à Lyon, Trogen, 28.01.1765, S. 376.

1720 Gebrüder Zellweger & Comp.: 1 lettre à la maison à Lyon, Trogen, 01.07.1765, S. 449.

1721 Braudel: Aufbruch zur Weltwirtschaft (1990), S. 359.

1722 Kellenbenz: Die Graubündner Pässe, in: Lindgren (Hg.): Alpenübergänge vor 1850 (1987), S. 27–46, hier S. 41.

Austritt 1765 zwecks Eröffnung einer eigenen Filiale in Lyon unter dem Namen *Schläpfer und Vigo*[1723] wurden die Brüder Sebastian und Johann Georg Honnerlag-Schiess (1743–1820) von Trogen Teilhaber der *Gebrüder Schläpfer* in Genua. Honnerlag-Schiess leitete ihre Filiale drei Jahre lang. 1768 setzte der Niedergang dieses Hauses ein. Die Brüder Honnerlag traten aus *Gebrüder Schläpfer* aus zwecks Einrichtung des neuen Hauses *Zellweger & Honnerlag* in Genua, welchem Honnerlag-Schiess bis zu dessen Auflösung vorstand, um es dann unter eigenem Namen weiterzuführen.[1724] 1778, zehn Jahre später, ergriff auch der langjährige Buchhalter der Gesellschaft *Gebrüder Schläpfer* in Genua, Jacob Zürcher-Hirzel (1741–1808) von Teufen, das attraktive Angebot, als Teilhaber und Leiter der *Zellweger, Zürcher & Comp.* beizutreten. Diese Gesellschaft war seit vier Jahren unter *Zellweger, Müller & Comp.* in Genua betrieben worden. Der Sohn des Landammanns und Bauerns Gebhardt Zürcher nutzte damit die Chance zum beruflichen Aufstieg, welche ihm *Gebrüder Schläpfer* nicht boten. Denn die Besetzung der beiden Filialen Zellweger in Genua 1768 und 1778 mit Personal erfolgte zweimal über Abwerbung von bei den *Gebrüdern Schläpfer* in Genua tätigem, aus dem Vorderland von Appenzell Ausserrhoden stammendem Personal. Lange vor diesen drei Handelsgesellschaft aus Appenzell Ausserrhoden hatte sich die Konkurrenz aus Rorschach am Bodensee in Genua etabliert. Der ausgedehnte Exporthandel der von Bayer in den Mittelmeerraum lief bereits um 1650 vor allem über Genua und Venedig. Im 18. Jahrhundert verkörperten die Bayer in Rorschach eine Art Handelspatriziat und Beamtenaristokratie. Das Handelshaus hiess nach dem Tod von Ferdinand Bayer (1633–1691) *Erben von Bayer.*[1725] Die *Gebrüder von Albertis*, um 1720 nach Rorschach eingewandert, arbeiteten bis 1801 eng mit ihrem in Genua wohnhaften Familienzweig zusammen.[1726] Auch die Custer aus dem nahe gelegenen Altstätten betrieben in den 1780er Jahren ein Handelshaus in Genua, dem Ambrosius Custer vorstand. Damit waren für die zweite Hälfte des 18. Jahrhunderts mindestens fünf Handelsgesellschaften aus der Ostschweiz in Genua auszumachen.

Zusammenfassung: Die Eröffnung einer Filiale zwecks Verkauf in Lyon 1731 und Genua 1768 erfolgte in dem grossen Abstand von 37 Jahren. Über Lyon bediente man Kundengruppen aus Montpellier, Clermont und Limoges, welche die Ware an der *Messe Beaucaire* an Kunden aus Spanien vertrieben. Obwohl als «sehr gefährlich» eingeschätzt, verlagerten sich die Zellweger zunehmend auf den Direktverkauf an die Spanier.
Wie und warum die Kaufleute Zellweger auf «die alle Orte um sich fressende Baumwoll=Spinnerey» als Konkurrenz zur Flachsspinnerei mit der Eröffnung einer Filiale in Genua reagierten, ist Inhalt des nächsten Unterkapitels.

1723 Fuchs, Thomas: Artikel «Schläpfer, Jacob (1719–1779)», in: e-HLS online, 10.06.2010.

1724 Fuchs, Thomas: Artikel «Honnerlag, Johann Georg (1743–1820)», in: e-HLS online, 20.09.2006

1725 Grünberger, Richard: Die Rorschacher Kaufmannsfamilie von Bayer in: Rorschacher Neujahrsblatt (62/1972), S. 9–47, S. 24.

1726 Müller, Peter: Artikel «Albertis, Familie», in: e-HLS online, 17.04.2001.

«die alle Orte um sich fressende Baumwoll=Spinnerey»

Für das Jahr 1747 überlieferte Walser in seiner «Appenzeller-Chronick», wie

> anstatt der vorigen klemmen, betrübten, theuren und gewinnlosen, nun recht goldenen Zeiten in das Land kamen. [...] Gewinn und Gewerb kamen in Flor und Aufnahm; nicht nur hatte die Leinwad ihren Abgang, sondern man fieng im Land an, Barchet, geblümte Leinwad etc. zu fabricieren, *da hatte man alles zu gewinnen* [H.d.d.A.].[1727]

Die Bedeutsamkeit dieses Eintrags ergibt sich erst aus dem Wissen um die Beschaffenheit von «Barchent». «Barchent» war als Mischgewebe kein reines Leinengewebe mehr.[1728] Für die Kette nutzte man immer noch Flachsgarn. Doch gewoben wurde mit Baumwollgarn. «Barchent» war je nach Verwendung «gestreift oder gewürfelt, auch verschiedentlich gefärbt und gedruckt. [...] *glatt* und *gerauht*».[1729] Walser (1829) wies auf die Begehrtheit dieses Mischgewebes hin. Es habe dem Fabrikanten nie dagewesenen Gewinn eingebracht. Die Herstellung von «Barchent» hatte mit Peter Bion (1684–1735) von Heidelberg im Jahr 1721 Eingang in die Stadt St. Gallen gefunden.[1730] Daraus erwuchs dem Haupthandelsartikel der Kaufleute Zellweger in Leinwand in den 1750er Jahren zunehmend eine gefürchtete Konkurrenz. Ursache für diese grundlegende Veränderung im Heimgewerbe war, dass sich ganz Europa für die wunderbar farbig bedruckte Baumwollware aus Indien begeisterte, welche die privilegierten *Ostindischen Compagnien* exportierten. Im Gegensatz zur Leinwand eignete sich die Baumwollware hervorragend für den Textildruck.[1731] Bergier (1990^2) führte zwei Faktoren an, welche die wirtschaftliche Entwicklung der Schweiz im 18. Jahrhundert begünstigt hätten. Einerseits sei es der Aufschwung der Konjunktur seit 1730 und andererseits das Auftreten der Baumwolle gewesen.[1732]

Der erste diesbezügliche Kommentar der *Gebrüder Zellweger & Comp.* datiert vom Dezember 1755: «mithin ist doch die allgemein Klag, dass es *wegen jmmer stärker zunehmender Baumwoll-Spinnerey* wenig Garn von Flax, folglich hierinn *keine wolfeihle Preise gebe* [H.d.d.A.]».[1733] Im Januar 1757 schlug das Flachsgarn «hier & im Rheinthal auf, weil die *Gespunst der Cottons* die von dem Flax fast anémiert (H.d.d.A.)».[1734] Die Baumwollspinnerei drohte, die Flachsspinnerei «auszubluten». Die Klagen über die sich mehr und mehr ausbreitende Baumwollspinnerei häuften sich im Frühjahr 1758. Im Januar war «das [Leinen]Garn *wegen der Baumwoll=Spinnerey* ziml[ich]. rar & seine Preise /:sonderl. was schön & fein ist:/ souteniert».[1735] Auch eine Woche später war kein Preisabschlag in der hiesigen Leinwand zu erwarten, denn das Flachsgarn war «stark gesucht». Es war weder genug vorhanden noch «in niederen Preisen», «wozu *die alle Orten um sich fressende Baumwoll=Spinnerey* vieles contribuiert». Ende Februar 1758 tat «die *Baumwoll=Spinnerey* der *Flächtenen* [*Spinnerey*] mehr & mehr Abbruch, & wirt das *flächtene beste Garn* annoch von denen Fabricants der Camb[rais]: à fleurs in hohem Preis weg geraft».[1736] Hier wurde nun zum ersten Mal auf einen konkreten Artikel verwiesen, der als Mischgewebe aus Leinenkette und Baumwollschuss hergestellt wurde, die «Cambrais à fleurs». Auf Schweizerdeutsch hiess dieses der Herstellung von Leinwand so schädliche Gewebe «Muggen» (hochdeutsch: Mücken). Mit diesen Mücken meinte man «blumicht oder geblümtes [...], künstliches und der Natur nachgeahmtes

1727 Walser: Appenzeller-Chronick [1732–1772] (1829), S. 198.

1728 Bodmer: Textilgewerbe (1959), S. 74.

1729 Merck: Merck's Warenlexikon (1884), S. 31.

1730 Mayer, Marcel: Artikel «Bion, Peter (1684–1735)», in: e-HLS online, 03.08.2004; Nägele: Das Textilland Vorarlberg (1949), S. 42.

1731 Vgl. den Katalog zur Ausstellung «Indiennes: Bedruckte Baumwollstoffe erobern die Welt», in: Schweizerisches Nationalmuseum, Schloss Prangin, 22.04.–14.10.2018.

1732 Bergier: Die Wirtschaftsgeschichte der Schweiz (1990^2), S. 168.

1733 Gebrüder Zellweger & Comp.: 1 lettre à la maison à Lyon, Trogen, 08.12.1755, S. 35.

1734 Gebrüder Zellweger & Comp.: 1 lettre à la maison à Lyon, Trogen, 31.01.1757, S. 493.

1735 Gebrüder Zellweger & Comp.: 1 lettre à la maison à Lyon, Trogen, 09.01.1758, S. 599.

1736 Gebrüder Zellweger & Comp.: 1 lettre à la maison à Lyon, Trogen, 16.01.1758, S. 602.

[...] Blumenwerk», welches der Weber mit Baumwollschuss in die Leinenkette hineinwebte.[1737] Im Dezember 1748 machte Zellweger-Sulser eine Beobachtung mit fataler Konsequenz für seinen Handel:

> [W]ie schon oft gemeldt, [wirt] die [Leinwand] allem ansehen nach theürer, dan das wenige mittel & feine [Flachs]Garn wirt durch die immer mehr zunemmende Fabricanten der geblümten oder Muckenwahr in exorbitanten Preisen reissend weggekauft, so dass dieser fatalen Wahr immer mehr & hingegen von gem[einer]: L[ein]w[a]th weniger fabriciert wirt, wan sich das Blath mit der Mucken nit bald wendet, *so muss die ordinary Lwthfabrique gänzlich unterliegen & kan nicht mehr subsistieren* [H.d.d.A.]-[1738]

Wurde die «gemeine, ordinari Leinwath» nicht mehr gewoben, war auch kein Handel mehr damit zu treiben. Für die Kaufleute in Leinwand Zellweger waren die «Mucken» also eine schicksalsbestimmende, «fatale Wahr». Sie verdrängte die «Leinwathfabrique», womit nicht die fabrikmässige Herstellung von Leinwand gemeint war, sondern das in manueller Arbeit organisierte Leinwandgewerbe. Der Kaufmann in Leinwand blieb nun entweder stur bei seiner Leinwand, ohne langfristig «subsistieren» zu können. Oder er erschloss neue Beschaffungsmärkte für Leinwand. Oder er nahm das «fatale» Mischgewebe von Leinen- und Baumwollgarn in sein Sortiment auf und reagierte damit auf die neuen Bedürfnisse auf seiner Absatzmärkte.

Anlass für die sich stark vermehrende Baumwollspinnerei und in der Folge davon auch die Baumwollweberei gab der lange Siebenjährige Krieg um Schlesien (1754–1763). Aus Schlesien als einem der Zentren der frühneuzeitlichen Flachsspinnerei exportierten Kaufleuten von Prag in Friedenszeiten Flachsgarn.[1739] Das fehlende Flachsgarn aus dem weit entfernten Beschaffungsmarkt Schlesien in Kriegszeiten wirkte sich umgehend beschränkend auf das Leinwandgewerbe in Appenzell Ausserrhoden aus. Zeitgleich fand der Siebenjährige Krieg in Nordamerika (1754–1763) statt, wo die Kolonialmächte Grossbritannien und Frankreich um die Vorherrschaft kämpften. Dieser Krieg liess die Nachfrage nach Leinwand aus der Eidgenossenschaft in Frankreich sinken, was zu einem Preiszerfall führte. Zellweger-Sulser wünschte 1758 «wie jedermann» sehnlichst, «wann es dem Himmel gefiele, unser Europa bald mit einem Friden zu begünstigen, wie einige hoffen [...], dass die Leinwath merkl[ich]. steigen möchte».[1740] Der Friede liess auf sich warten. Die Leinwand blieb ohne Absatz. Die Baumwollspinnerei erfasste unterdessen auch das Toggenburg. Dort begann der bekannte «arme Mann» Ulrich Bräker (1735–1798), der als Kind vom Vater das Spinnen erlernt hatte, im Jahr 1759 seinen «lässig, unvorsichtig und ungeschickt» betriebenen Handel mit Baumwollgarn.[1741] Dem aus armen Verhältnissen stammenden Bräker erlaubte der Handel mit Baumwolle und Baumwollgarn den sozialen Aufstieg zum Arbeitgeber für über hundert Personen. Die Basis dazu bildete eine ihn lebenslänglich erdrückende Schuldenlast von 1000 Gulden. Gerade in heimgewerblich bereits entwickelten Gebieten wie dem Toggenburg lebten immer mehr Menschen vom Baumwollgewerbe.[1742] Bräker verfasste 1775 für die *Moralische Gesellschaft* zu Lichtensteig sogar eine Preisschrift zum Thema «Ist es für unser Land vorteilhafft, dass der Baumwollen-Gewerb, mit Vernachlässigung des Leinwand-Handels, so stark betrieben wird?»[1743] Die Schrift gilt als verschollen. Auch in den beiden Gemeinden Grabs und Gams im Sarganserland ohne eigenen Flachsanbau verbreitete sich die Baumwollspinnerei seit den 1750er Jahren schnell: «Das Aufkommen der [Baumwollw]eberei [in Appenzell Ausserrhoden] hatte eine verstärkte Nachfrage nach Baumwollgarn zur Folge, die aus dem Glarnerland, dem Thurgau, dem Rheintal, ja

1737 N.N.: Artikel «Blumly-Leinwand» siehe «Blumicht», in: Krünitz: Oekonomisches Encyklopädie (5/1777–1858), S. 787–788. online; Bodmer: Textilgewerbe (1959), S. 22.

1738 Gebrüder Zellweger & Comp.: 1 lettre à la maison, Trogen, 09.12.1748, S. 171.

1739 In Wroclaw war es das Haus Eichborn & Co. und in Prag die Häuser Beer & Stoltz, Thum seel. Frau Tochter sowie Pradatsch Wittib u. Sohn.

1740 Gebrüder Zellweger & Comp.: 1 lettre à la maison à Lyon, Trogen, 16.01.1758, S. 602.

1741 Trotz dieser Selbsteinschätzung Bräkers sprach Maissen (2010) von Bräkers «Scheitern im Garnhandel», vgl. Maissen: Geschichte der Schweiz (2010), S. 145.

1742 Baumann: Konfess., polit., wirtschaft. Vielfalt, in: Kantonsgeschichte St. Gallen (3/2003), S. 132.

1743 Holliger et al. (Hg.): Ulrich Bräker. Sämtliche Schriften (5/2010), S. 801, Zeile 27.

sogar den Bündner Tälern und dem Vorarlberg gedeckt wurde».[1744] 1767 schliesslich führte *Gebrüder Zellweger & Comp.* den Artikel «Toiles de fleurs» im eigenen Sortiment: «das Tuch von 6 Genfer Stäben (= 7.2 m)», in den Qualitäten «f 3:30 bis f 12:– [...]. Von diser Gattung hat es auch Schossen [Schürzen, A.d.A], Manchettes & Halstücher».[1745]
Wie die Kaufleute in Leinwand Zellweger von Trogen auf die Konkurrenz der «alle Orte um sich fressende Baumwollspinnerey» in logischer Konsequenz mit dem Einstieg in den Import von Baumwolle reagierten, wird im nächsten Unterkapitel «Baumwolle – die Globale» dargestellt.

Baumwolle – die Globale

Baumwolle, das weisse und weiche Gold, das man zum «King Cotton» ernannte, gedeiht ausschliesslich im «Baumwoll-Gürtel» zwischen dem 36. Breitengrad Süd und dem 43. Breitengrad Nord. Daher war das Baumwollgewerbe in Europa von allem Anfang von der Abhängigkeit der Zufuhr des Rohstoffs Baumwolle aus dem Osmanischen Reich primär über Venedig geprägt. Baumwolle gilt wie der Flachs als arbeitsintensive Pflanze, bis der Rohstoff zur Verarbeitung vorliegt. Vor dem 18. Jahrhundert baute man Baumwolle nicht als Monokultur an. Ähnlich dem «Leinenbletz» im Garten europäischer Bäuerinnen pflanzte man Baumwolle in klimatisch günstigen Zonen ober- und unterhalb des Äquators nebst Nahrungsmitteln in heimgewerblicher Arbeitsteilung im Familienverband und für den Eigengebrauch vor Ort an. Die Erstarkung des Osmanischen Reichs in den 1560er Jahren mündete in einer Beschränkung im Export seiner Baumwolle. Infolgedessen brach das längst davon abhängige in Norditalien und Süddeutschland etablierte Baumwollgewerbe zusammen. Zudem legte wenig später der Dreissigjährige Krieg jegliche wirtschaftliche Betätigung in Europa lahm. Beckert (2014) erkannte in dieser Abhängigkeit von einem Rohstoff, dessen Anbau andere kontrollierten, die Verwundbarkeit des europäischen Baumwollgewerbes. In der Folge verlegte sich der Handel mit der Baumwolle vom Mittelmeer in Richtung Atlantik. Dort veränderte «die Macht des bewaffneten Handels» innerhalb der zweihundert Jahre nach 1600 die alten Netzwerke des Baumwollhandels in ungeheurer Geschwindigkeit und Radikalität. Auf der Grundlage von Landenteignung und Sklaverei, auf welcher die noch nie dagewesene Monokultur der Baumwolle neu basierte, stieg Nordamerika um 1802 zum wichtigsten Lieferanten von Baumwolle für die mechanisierte Baumwollindustrie in Grossbritannien empor. Am meisten Sklaven setzte man aber nicht auf den Baumwollfeldern ein, sondern auf den Zuckerplantagen. «Zucker war über mehr als dreihundert Jahren neben den Edelmetallen das wichtigste Produkt in den Kolonien der Neuen Welt, und in keinem Sektor wurden mehr Sklaven eingesetzt».[1746] Diese radikale Veränderung in der Herkunft der Baumwolle liess die Dominanz der osmanischen, karibischen und brasilianischen Baumwolle im vorindustriellen Baumwollgewerbe in Vergessenheit geraten.[1747] Gerade in dieser Phase waren die Kaufleute Zellweger von 1768 bis 1808 rund vierzig Jahre im Handel mit Baumwolle aktiv. Nach der Übersicht über die Sorten und die Herkunft der Baumwolle, mit welcher die Zellweger Handel trieben, wird zunächst Jahrzehnt um Jahrzehnt dargestellt, wie sich der Einkauf der Baumwolle durch die Zellweger gestaltete. Dann wird der «Verkauf der Baumwolle in der Schweiz wo möglich anhand von Karten dargestellt. Welche Absatzmärkte bedienten sie? Wer waren ihre Kunden in Baumwolle?

1744 Schindler: Werdenberg (1986), S. 157–158, zitiert nach Wartmann: Industrie und Handel des Kantons St. Gallen (1875), S. 131 ff., 150 ff.
1745 Gebrüder Zellweger & Comp.: 1 Brief an H. Aron Morpurgo in Triest, Trogen, 14.09.1767, S. 702–703.
1746 Meissner/Mücke/Weber: Schwarzes Amerika (2008), S. 37.
1747 Beckert: King Cotton (2014), S. 27–30, 40, 44, 94, 110–114.

Einkauf der Baumwolle

Auf welche Art und Weise sich die Kaufleute Zellweger am Einkauf von Baumwolle aus dem Osmanischen Reich vor 1780 und am globalisierten Welthandel mit dem Rohstoff Baumwolle[1748] nach 1800 beteiligten, geht am besten aus der Übersicht über die in ihrer Geschäftskorrespondenz genannten Sorten hervor. Der Einkauf lief über je nach Zeitraum unterschiedliche Beschaffungsmärkte wie Venedig, Genua, Triest und Marseille am Mittelmeer.

Levante	9 Sorten	Südamerika	10 Sorten	Westindien	6 Sorten	Nordamerika	3 Sorten	Weitere	4 Sorten
Ägypten	Ägyptische Alexandria	Argentinien	Bakin	Französische Antille	Guadeloupe, Martinique	Georgia	Georgia «kurz»	nicht lokalisierbar	Rickezek Sodo Siam
Griechenland	Saloniki	Brasilien	Bahia, Buenos Aires, Pernambuco	Karibik	Carriacou, Haïti, Jacquemel/ Jacmel, Saint Domingue	Louisiana	Luisiana New Orleans		
Mazedonien	Mazedonische	Kolumbien	Cartagena						
Türkei	Alta, Kirkağaç, Smirna, Subusoce	Niederländisch-Guyana	Berbice, Cayenne, Essequibo/ Isequebo, Surinam						
Zypern	Ciprische, Cypro	Peru	Maragnon						

Tabelle 11: Kaufleute Zellweger: 31 Sorten Baumwolle, in Genua eingekauft und in der Ostschweiz verkauft, zusammengetragen aus ihrer Geschäftskorrespondenz der Jahre 1747–1780 und 1800–1820

Die Auswertung der Geschäftskorrespondenz über den Einkauf von Baumwolle ergab, dass die Kaufleute Zellweger mit 31 Sorten Baumwolle handelten. Sie stammten aus der Levante, Südamerika, Westindien und Nordamerika. Am wichtigsten waren die neun Sorten aus der Levante, gefolgt von den zehn Sorten aus Südamerika. Die Sorten unterschieden sich durch ihre Stapellänge, Feinheit und Sauberkeit. Über diese drei Kriterien definierten sich die Qualität und in Abhängigkeit davon der Preis. Welche massiven Preisunterschiede sich dabei ergaben, zeigt das Beispiel vom Mai 1785. Der Kunde *Sulser & Cie.* von Azmoos zahlte *Zellweger & Honnerlag* L 300 für einen Ballen Baumwolle «Pernambuc» aus Brasilien. Zur gleichen Zeit bot *Zellweger & Honnerlag* in Genua *Sulser & Cie.* die qualitativ weniger hochstehende Baumwolle «Alta» aus der Türkei für L 190 an.[1749]

1760er Jahre – Einkauf von Baumwolle über Venedig «la Serenissima» und Kempten

Venedig, «die Göttliche», war *das* frühneuzeitliche Zentrum des Baumwollimports aus der Levante. Alle acht Baumwolllieferanten aus der Levante in Venedig waren deutschen Ursprungs. *Johann Michael*

1748 Bärtschi: Die industrielle Schweiz (2011), S. 72.

1749 Zellweger & Honnerlag: 1 Brief an Jacob Sulser & Cie. in Azmoos, 07.05.1785, in: Reich-Langhans: Beiträge Werdenberg und Sargans (1929), S. 39.

Wagner[1750] beispielsweise war die Filiale des Handelshauses von Johann Michael Wagner (1685–1767) aus der Umgebung von Nürnberg.[1751] Es war Hauptlieferant der *Gebrüder Zellweger & Comp.* von «cypriotischer» Baumwolle, angebaut auf der Insel Zypern. An zweiter Stelle stand *Peter Ochs* [1752] mit seinem 1763 neu gegründeten Handelsunternehmen als Lieferant von «macedonischer» Baumwolle.[1753] *König selig Erben*[1754] und *Joh. Jacob Gutermann*[1755] lieferten beide die Sorten «Saloniki» und «Smirna», während *Conrad Heinzelmann* die Sorte «cypriotisch» lieferte.[1756] Jedes dieser süddeutschen Handelshäuser in Venedig war also auf den Import einer spezifischen Sorte Baumwolle unterschiedlicher Herkunft aus Zypern, Mazedonien oder Griechenland und damit aus der Levante spezialisiert. Der Name der Sorte leitete sich meist von der nächstgelegenen grösseren Stadt ab.
Über diese süddeutschen Lieferanten liess sich Kempten als ein frühes Zentrum des Imports von Baumwolle identifizieren. Kempten selber erlebte aufgrund dieses Baumwollimports im 18. Jahrhundert eine späte Blüte.[1757] In diesen wenigen, aber frühesten Bezügen von Baumwolle über bayerische Handelshäuser in Venedig wohl aus dritter, wenn nicht sogar vierter Hand im Jahr 1764 lagen die Anfänge jeglichen Imports von Baumwolle durch die Kaufleute Zellweger. Aus der Perspektive von Trogen fand dieser Import umständlicherweise über das rund 110 Kilometer nördlich davon gelegene Kempten statt. Welche Massnahmen die Kaufleute Zellweger ergriffen, um diesen Import effizienter zu gestalten, wird im Folgenden untersucht.

1770er Jahre – Einkauf von Baumwolle im Hafen von Genua «la Superba»

Mit der Eröffnung der Handelsgesellschaft *Zellweger & Honnerlag* in der Hafenstadt Genua, «der Erhabenen», im Jahr 1768 hörte schlagartig alle Geschäftskorrespondenz mit süddeutschen Lieferanten von Baumwolle über Venedig auf. 1774 erfolgte bereits die Eröffnung des zweiten Handelshauses *Zellweger, Müller & Comp.*, welches 1778 in *Zellweger, Zürcher & Comp.* und 1793 in *Zellweger & Comp.* überging. Beide Handelsgesellschaften wurden nach der Besetzung und Integration von Genua in das französische Kaiserreich in den ersten Jahren nach 1800 für immer aufgelöst. Im Folgenden wird untersucht, welche Gründe und welche Konsequenzen das hatte.
Nebst dem Verkauf der Leinenware in Italien gehörte es zum Aufgabenbereich der Handelshäuser Zellweger in Genua, vor Ort Baumwolle zu kaufen und nach Trogen spedieren zu lassen. Damit imitierte *Gebrüder Zellweger & Comp.* das ihnen bekannte Modell der süddeutschen Handelsgesellschaften mit eigenen Handelshäusern in Venedig, von wo sie bis anhin Baumwolle bezogen hatte. *Zellweger & Honnerlag* tätigte den Einkauf von Baumwolle direkt im Hafen Genua, sobald ein Schiff mit Baumwolle aus dem Osmanischen Reich oder aus Übersee eintraf. Die Baumwolle der Sorte «Alta» aus der Levante hatte zunächst die Quarantäne – vierzig Tage – in Livorno zu absolvieren, bevor sie nach Genua eingeführt werden durfte. Vor dem Einkauf begutachtete *Zellweger & Honnerlag* die Qualität der Baumwolle im Hafen Genuas: «Diese Woche [anfang Mai 1785] ist die erste Alta Baumwolle aus der Levante angekommen und nach der Quarantaine in Livorno hier angelangt und weil schöne ist, haben von selbiger zu L 190 gekauft».[1758] Welche verheerende Wirkung die Missachtung der Vorschriften über die Quarantäne haben konnte, zeigt das Beispiel der Pestepidemie im Jahr 1720. Als Auslöser war Seidenware identifiziert worden, welche, ohne die Quarantäne absolviert zu haben, direkt in den Verkauf an der

1750 Gebrüder Zellweger & Comp.: 25 Briefe an Johann Michael Wagner in Venedig, Trogen, 1762–1769.
1751 Simonsfeld: Der Fondaco dei Tedeschi in Venedig (1887), S. 196.
1752 Gebrüder Zellweger & Comp.: 13 Briefe an Peter Ochs in Venedig, Trogen, 1763–1769.
1753 Gebrüder Zellweger & Comp.: 1 Brief an Peter Ochs in Venedig, Trogen, 19.09.1763, S. 169.
1754 Gebrüder Zellweger & Comp.: 7 Briefe an König selig Erben in Venedig, Trogen, 1762–1769.
1755 Gebrüder Zellweger & Comp.: 5 Briefe an Joh. Jacob Gutermann in Venedig, Trogen, 1762–1769.
1756 Gebrüder Zellweger & Comp.: 6 Briefe Conrad Heinzelmann in Venedig, Trogen, 1762–1769.
1757 Petz, Wolfgang: Artikel «Kempten, Reichsstadt», in: Historisches Lexikon Bayerns online, 10.09.2012.
1758 Zellweger & Honnerlag: 1 Brief an Jacob Sulser & Cie. in Azmoos, 07.05.1785, in: Reich-Langhans: Beiträge Werdenberg und Sargans (1929), S. 39.

stark frequentierten *Messe Beaucaire* gelangte. In der Menschenmenge fand die Seuche ideale Voraussetzungen zur verheerenden Ausbreitung. Auf den Import der Baumwolle über das Mittelmeer hatten sich laut Beckert (2014) seit dem 12. Jahrhundert Kaufleute aus Venedig und Genua spezialisiert. Auf dieser Basis entwickelten sich beide Städte zu führenden Häfen für den Import von Baumwolle aus dem Osmanischen Reich. Venedig importierte Baumwolle aus Anatolien und Syrien, Genua hingegen Baumwolle aus Anatolien, Sizilien und Ägypten. Die Kontrolle über den Anbau und Export der begehrten Baumwolle verblieb immer im Osmanischen Reich, wo sich alte Handelsnetzwerke mit dem Vertrieb beschäftigten. Diese Abhängigkeit vom Import machte gemäss Beckert (2014) die Verwundbarkeit des vorindustriellen Baumwollgewerbes in Norditalien und Süddeutschland aus.[1759]

Genua als selbständige Seerepublik organisierte sich über eine aristokratische Verfassung. Der grundbesitzende und zugleich Seehandel treibende Adel bestimmte die konservative Politik der Stadt. Anders als in Venedig, wo die finanzkräftige Kommune für die Schiffsflotte aufkam, hatte die Stadtkommune Genua weder Budget noch Flotte. Schiffe baute in Genua die finanzkräftige Wirtschaftselite nach Bedürfnis. Es gehörte zum Geschäft der adligen Familien, ihre Schiffe an die Stadt zu vermieten. Genua kam mit ihrem weiten und eindrucksvollen Netzwerk an Handelsstützpunkten und mit ihrem «Mittler- und Durchgangshafen eine gewisse Bedeutung» zu. Massgebend war seine Funktion als Zentrum des ins Unermessliche anschwellenden Geld- und Kreditverkehrs zwischen Alter und Neuer Welt über die «eigenartige Finanzmacht» der *Casa di San Giorgio*, des 1407 gegründeten Bankhauses, über welches Spanien seine Goldtransporte aus den südamerikanischen Kolonien löschte.[1760] Der Freihafen Genua für Getreide war ein Produkt der tiefen Wirtschaftskrise Ende des 16. Jahrhunderts. 1606 erweiterte man ihn zum «porto franco generalissimo», wodurch Zollerlass und Steuervorteil nun für sämtliche Handelsware galt. Im letzten Jahrzehnt des 18. Jahrhunderts bemühte man sich um längst anstehende Reformen. 1792 führte man eine Geldreform durch, 1796 schloss man die Reform der *Camera di Commercio* ab. Doch 1797 verlor Genua mit dem Einmarsch der Franzosen seinen Status als selbständige Republik und wurde Teil der kurzlebigen, von Frankreich abhängigen Ligurischen Republik. 1805 wurde die Stadt dem Kaiserreich Frankreich einverleibt und die *Casa di San Giorgio* geschlossen. Nach Zusammenbruch der Herrschaft Napoléons 1814 wurde Genua dem Königreich Sardinien angegliedert. Diese grundlegenden Veränderungen wirkten sich negativ auf den Handel aus. Er lag wie auch im übrigen Frankreich darnieder.[1761] Damit kam um 1800 der Import von Baumwolle durch *Zellweger & Comp.* in Genua zum Erliegen. Mit *Delueti ed Enrile* von Genua konnte der wohl letzte Lieferant von «zypriotischer» Baumwolle identifiziert werden.[1762] *Zellweger & Comp.* liquidierte ihre Magazine in Genua 1808/1814. Die Kaufleute Zellweger zogen sich nach vierzig Jahren Präsenz in Genua nach Trogen zurück. Wie in den 1760er Jahren bezogen sie nun Baumwolle wieder von Trogen aus über Lieferanten. Diese Importeure von Baumwolle waren nicht länger in Venedig ansässig, sondern in den beiden aufstrebenden Hafenstädten der Zeit – Triest und Marseille.

1800er Jahre – Einkauf von Baumwolle über Triest

Triest unter Habsburg-Österreich stand wirtschaftlich jahrhundertelang im Schatten von Venedig. Daran änderten auch die grossen hafen- und städtebaulichen Bestrebungen Maria Theresias und ihres Sohns und Nachfolgers Joseph II. im 18. Jahrhundert nichts, deretwegen Zellweger-Gessner die Stadt auf seiner Geschäftsreise 1794/1795 «neu» und «angenehm» vorkam.[1763] Erst mit der Besetzung Venedigs durch Napoleon 1797 änderte sich um die Jahrhundertwende die wirtschaftliche Lage schlagartig zugunsten von Triest. In Triest fanden sich im Gegensatz zu den süddeutschen Kaufleuten in Venedig

1759 Beckert: King Cotton (2014), S. 37–40.

1760 Roth (2022), S. 57; Doren: Italienische Wirtschaftsgeschichte (1/1934), S. 254–255, 693.

1761 Giacchero: Economia e societa del settecento Genovese (1973), S. 59, 426–434; N.N.: Artikel «Genua», in: Meyers Konversations-Lexikon (1885–1892⁴), S. 121–122.

1762 Zellweger & Comp.: 1 Brief an Delueti ed Enrile in Genua, Trogen, 25.06.1801, S. 619.

1763 Zellweger: Notitzen aus meinem Leben (1/1850), S. 52.

vermehrt Italiener und Juden als Lieferanten von Baumwolle. Um 1800/1801 waren für *Zellweger & Comp.* bereits dreizehn Lieferanten in Triest tätig. Die vier Hauptlieferanten der *Zellweger & Comp.* waren *Risnich e Palienetia*[1764], *Andrulacchi, Tabisco & Pontini*[1765], *Gio. Giac. Braig*[1766] und *Christiano Mauronner.*[1767] Über *Andrulacchi, Tabisco & Pontini* in Triest und *Ochs, Geymüller & Co.* in Wien liess man sich beispielsweise zehn Ballen «veri subugie» zukommen.[1768] Recherchen ergaben, dass es sich dabei um die qualitativ hochwertigste Baumwolle «Souboujac» handelte, auch «Soborga, Subuja, Souboutscha» genannt. Sie wurde in der Nähe von Izmir (früher Smyrna, Türkei) angebaut. Keess (1824) rühmte sie als die beste Sorte der levantischen Baumwolle, verspinnbar bis Garn Nr. 60.[1769] Duckett (1855) beschrieb ihre Faser «d'une soie fine, douce et un peu frisée; c'est le plus beau de toute la contrée, blanc brillant, tout propre».[1770] Diese qualitativ hochstehende Sorte vermischte man offenbar gern mit einer kurzstapeligen Faser minderer Qualität aus dem Norden Syriens.[1771]
Den übrigen zehn Lieferanten von Baumwolle, *J. di F. Pienotti*[1772], *Johann Tabisco*[1773], *Leon & Aron Vivante*[1774], *Caspar & Damillo Casati*[1775], *Filippo Casati*[1776], *Andrin Griott & Comp.*[1777] und *Contogoni & Blasick* kam kaum Bedeutung zu.[1778] Ihre grosse Anzahl zeigt immerhin, wie rasant sich die wirtschaftlich erwachenden Hafenstadt entwickelte. An der Nachfolgefirma der obgenannten *Andrulacchi, Tabisco & Pontini*, der *Andrulacchi & Gold* zeigte sich exemplarisch, wie sich enge Beziehung von 1800/1801 bereits 1807 nicht mehr aufrechterhalten liess. Die Idee, dass der Handelsreisende Graf in Triest sein «neues ansehnliches Assortiment» gegen «Bwollen und andere Produkte eintauschte», löste keine weitere Korrespondenz aus.[1779] Die Beziehung zum Lieferanten *Drago Theodorovich* liess sich auf den Umstand zurückführen, «che amice intime siete di mie Genere»[1780], dass also persönliche Freundschaften bestanden. Tatsächlich war in diesem Handelshaus in Triest bis 1813 ein Scheitlin von St. Gallen angestellt. Mit seinem Austritt Ende 1813 endete aber auch dieser Kontakt.[1781] An dieser Stelle sei auf das illustrative Kondolenzschreibend der *Gebrüder Gonzenbach* von St. Gallen in Triest von Ende April 1817 hingewiesen, das über zwei kolorierte Zeichnungen detailgetreue Einblicke in die zeitgenössischen Schreibstuben von Kaufleuten in Textilien in der Ostschweiz und direkt am Mittelmeer erlaubt.[1782]

1764 Zellweger & Comp.: 13 Briefe an Risnich e Palienetia in Triest, Trogen, 1800–1801.
1765 Zellweger & Comp.: 10 Briefe an Andrulacchi, Tabisco & Pontini in Triest, Trogen, 1800–1801.
1766 Zellweger & Comp.: 6 Briefe an Gio. Giac. Braig in Triest, Trogen, 1800–1809.
1767 Zellweger & Comp.: 6 Briefe an Christiano Mauronner in Triest, Trogen, 1800–1801.
1768 Zellweger & Comp.: 5 Briefe an Andrulacchi & Gold in Triest, Trogen, 28.07.1800, S. 27.
1769 Keess: Darstellung des Fabriks- und Gewerbswesens in seinem gegenwärtigen Zustande (1824²), S. 118.
1770 Duckett: Dictionnaire de la conversation et de la lecture (17/1855²), S. 389.
1771 Timber: The Commerce of Syria. Articles of Trade, in: Hunt: Hunt's Merchant's Magazine and Commercial Review (7/1842), S. 42–57, hier S. 43.
1772 Zellweger & Comp.: 2 Briefe an J. di F. Pienotti Filippo Casati in Triest, Trogen, 1800–1801.
1773 Zellweger & Comp.: 4 Briefe an Johann Tabisco in Triest, Trogen 1806–1809.
1774 Zellweger & Comp.: 2 Briefe an Leon & Aron Vivante in Triest, Trogen, 1800–1801.
1775 Zellweger & Comp.: 1 Brief an Caspar & Damillo Casati in Triest, Trogen, 27.04.1801, S. 498.
1776 Zellweger & Comp.: 5 Briefe an Filippo Casati in Triest, Trogen, 1800–1801.
1777 Zellweger & Comp.: 2 Briefe an Andrin Griott & Comp. in Triest, Trogen, 1800–1801.
1778 Zellweger & Comp.: 1 Brief an Andrulacchi & Gold in Triest, Trogen, 12.03.1807, S. 554.
1779 Zellweger & Comp.: 1 Brief an Contogoni & Blasick in Triest, Trogen, 23.10.1800, S. 174.
1780 Zellweger, J.C.: 9 Briefe an Drago Theodorovich in Triest, Trogen, 1807–1814, vgl. 20.08.1812, S. 206.
1781 «Die ½ senden Sie nicht mehr ans Drago Teodorovick, weil Hr. Scheidlin aus dem Haus tritt, sondern an H. Ant. Sakvison & Co. in Triest, ob aber wahrscheinlichkeit vorhanden seye o. nicht zu Erfüllung dieser Bestellung, will ich gerne zu vernehmen erwarten»., in: J.C. Zellweger: 1 Brief an J. Mittelholzer & Co. in Neapel, Trogen, 20.12.1813, S. 101.
1782 Gebrüder Gonzenbach: Kondolenzschreiben zum Tod von Buchhalter Jacob Ruosch (mit zwei Gouache-Miniaturen mit Darstellungen der Schreibstuben in Triest und St. Gallen), St. Gallen/Triest 21.04.1817 (STASG: W185/3.3).

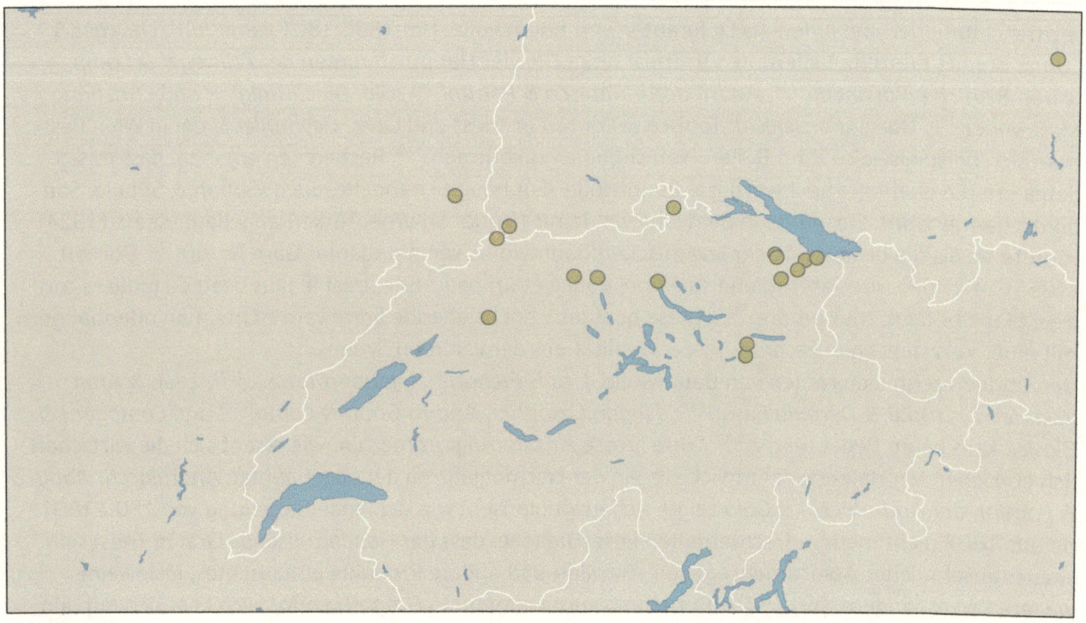

Abbildung 48: Kaufleute Zellweger von Trogen: Geschäftsbriefe an Lieferanten von Baumwolle, 1747–1780 und 1800–1822

1800er Jahre – Einkauf von Baumwolle über Marseille

Um 1800 entwickelte sich eine einzige Geschäftsbeziehung in Marseille zum Hauptlieferanten von Baumwolle für alle drei überlieferten Handelsgesellschaften Zellweger in Trogen. Es handelte sich um *Trümpler & Gysi*.[1783] Diese Handelsgesellschaft mit Hauptsitz in der Stadt Zürich lieferte die durch Sklaverei produzierte Baumwolle «Georgia». Die Hafenstadt Marseille, in der begeisterte Anhängerin der Französische Revolution lebten, etablierte sich im Französischen Kaiserreich zum Tor zum Mittelmeer und entwickelte sich rasant. Das war der Grund, wieso seit 1800 alle Bezüge von Baumwolle durch *Johannes Zellweger Sohn*[1784] und *J.C. Zellweger*[1785] über die Geschäftskorrespondenz mit *Trümpler & Gysi* in Marseille erfolgten.[1786] Bei *Trümpler & Gysi* handelte es sich ganz ähnlich der *Zellweger & Comp.* in Genua um eine Handelsgesellschaft ab einer Schweizer Landschaft. Jean Jacques Trümpler (1768–1845) war der Sohn eines Landwirts von Küsnacht am Zürichsee, der einen Baumwollverlag

1783 Zellweger & Comp.: 13 Briefe an Trümpler & Gysi in Marseille, Trogen, 1800–1814.

1784 Johannes Zellweger Sohn: 16 Briefe an Trümpler & Gysi in Marseille, Trogen, 1803–1809.

1785 J.C. Zellweger: 31 Briefe an Trümpler & Gysi in Marseille, Trogen, 1809–1814.

1786 «Le Coton du Levant que l'on connoit dans le commerce sous le nom générique de Coton de Chypre & dont *l'entrepôt est toujours à Marseille* [H.d.d.A.], d'où il passe ensuite ou par terre ou par mer dans les Provinces qui s'occupent de la fabrication des étoffes de Coton, est généralement moins estimé que celui des iles. Quoique d'un beau blanc, il est toujours très impur, un peu dur & sec, rempli de noeuds, qui le rendent sujet à se rempre, & n'admettent pas une filature bien fine. Le Coton du Levant nous arrive dans des ballots de deux cent à deux cent cinquante livres. On distingue à Marseille près de trente espèces de Coton venant du levant, dont les uns sont appelés Coton de terre, les autres Coton de mer. Les Cotons de terre sont ceux de l'anatolie; les principaux sont ceux de Kerkagadje, Alknissar, Magnésie, Kanaba en approchent; mais ceux d'Alknissar, de Magnésie & de Baindre sont d'une qualité inférieure. Le coton de mer vient des Iles de l'Archipel; dans le commerce, on le distingue plus particulièremen sous le nom de Coton de Salonique, des Dardanelles, de Gallipoli, d'Enos. Le coton de Gallipoli est le plus éstimé & le plus fin, sur-tout quand il est de première qualtié. Celui de Salonique est très-inférieur à celui de Gallipoli; il n'en vient pas beaucoup à Marseille; la plus grande quantité se consomme dans le pays, ou passe dans les Echelles du Levant. – Parmi les trente Espèces de Coton qui arrivent tous les ans à Marseille, on compte qu'Alexandrie en fournit quatre sortes, Smyrne neuf, Seyde onze, Alep cinq, Chypre deux», in: Tessier/Thouin/de Bondaroy: Encyclopédie méthodique. Agriculture (3/1787–1821), S. 577.

betrieb.[1787] Der Junge von der Landschaft absolvierte zunächst eine kaufmännische Lehre bei *Caspar Schulthess & Cie.* in der Stadt Zürich, und arbeitete dort bis 1794 als Commis. Dann gründete er 1794 in Lausanne mit Gabriel Boulanger und Christian Dapples die *Société de Commerce* und übernahm die Vertretung dieser Firma in Genua und Marseille. 1799 verheiratete er sich mit Caroline Steiner (geb. 1779) von Winterthur, Tochter des in Lausanne tätigen Bankiers Steiners. Wohl zeitgleich mit seiner Verheiratung gründete er erneut eine Handelsgesellschaft, die besagte *Trümpler & Gysi* in Marseille, diesmal mit Martin Gysi. Trümpler kehrte 1811 definitiv in die Stadt Zürich zurück, wo er sich 1812 auch einbürgerte. Hier startete der Kaufmann in Baumwolle eine äusserst erfolgreiche Karriere als Fabrikant, wofür er als Wirtschaftspionier in die Literatur der 1960er Jahre einging.[1788] Als Importeur von Baumwolle über Marseille investierte er nun zur Verarbeitung dieser Baumwolle in den Aufbau von mechanischen Baumwollspinnereien auf der Landschaft Zürich. 1829 besass er zwei Drittel der ersten mechanischen Baumwollweberei *Corrodi & Pfister* in Oberuster. Diese Fabrik setzten am 22. November 1832 enttäuschte Heimweber in Brand. Die mechanisierte Baumwollspinnerei war mit den ersten mechanischen Webstühlen ausgestattet. Das zentrale Anliegen dieser Heimweber in Form ihrer Forderung eines Verbots eben dieser Webmaschinen im Uster-Memorial, war durch den neuen liberalen Grossen Rat übergangen worden, dem sie am sogenannten Ustertag zum Aufstieg verholfen hatten. Die Ketten- und Gefängnisstrafen bis zu 24 Jahren, zu welchen rund fünfzig Beteiligte verurteilt wurden, wurden zwar sieben Jahre später infolge des Zürichputschs 1839 erlassen. Der «Usterbrand» ging aber als das bekannteste Beispiel eines Maschinensturms in der Schweiz in die Geschichte ein.[1789] Trümpler liess sich durch den massiven Widerstand der ländlichen Bevölkerung nicht beirren, kaufte über *Trümpler & Gysi* das gesamte Fabrikareal auf und investierte 1836/1837 in die Errichtung neuer mechanischer Produktionsanlagen. Erst 1993 und damit nach rund 160 Jahren stellte die *Trümpler AG* die Textilproduktion ein.

Trümpler gelang im Unterschied zu seinem Zeitgenossen Zellweger-Gessner und seinem viel früher erfolgten Aufbau der *Mechanischen Spinnerei Trogen* im voralpinen Appenzell Ausserrhoden von 1804 bis 1814 der Aufbau einer nachhaltigen mechanisierten, industriellen Baumwollproduktion über Baumwollspinnereien und -webereien auf der Zürcher Landschaft. Die Grundlage dazu war seine Handelsgesellschaft *Trümpler & Gysi* in Marseille für den Import von sklavereiproduzierter Baumwolle aus Georgia (USA). Wie *Zellweger & Comp.* hatte er sich aus dem französisch besetzten Genua zurückgezogen, betrieb aber weiterhin seine Filiale in der Hafenstadt Marseille, welche sich zum bedeutendsten Hafen des Französischen Kaiserreiches entfaltete. Die Entwicklung und Bedeutung des Hafens verstärkte sich gerade zu Beginn der Industrialisierung, welche gänzlich vom Import der Baumwolle aus den Südstaaten Nordamerikas über Hafenstädte wie Marseille am Mittelmeer und Le Havre am Atlantik abhing.

Mit *Pelluard & Comp.* von Liancourt (Piccardie)[1790] und *Vassal & Comp.* von Paris[1791] konnten zwei weitere französische Lieferanten für kardierte, gekratzte Baumwolle ausgemacht werden. Ihre Korrespondenzen standen im Schatten derjenigen mit *Trümpler & Gysi* von Marseille.

1806 bis 1811 – Einkauf von Baumwolle über Livorno

Ab 1806 etablierte sich auch die Hafenstadt Livorno (Toskana) als Bezugsort von Baumwolle. Ähnlich wie Triest sich gegenüber Venedig hervortat, trat mit dem Erlass der Kontinentalsperre auch Livorno aus dem Schatten von Genua. *Zellweger & Comp.* in Trogen unterhielt während fünf Jahren eine rege Beziehung mit der Gesellschaft *Gebrüder Dünner* in Livorno, über welche man amerikanische Baumwolle

1787 Baertschi, Christian: Artikel «Trümpler, Jean Jacques (1768–1845)», in: e-HLS online, 19.11.2012.

1788 Schoch, F.: Die Auslandjahre des Wirtschaftspioniers Jean Jacques Trümpler (1768–1845) von Küsnacht, 1768–1810, in: Jahrbuch vom Zürichsee (20/1962–1963), S. 146–165.

1789 Bürgi, Markus/Schmid, Bruno: Artikel «Usterbrand», in: e-HLS online, 19.02.2013.

1790 Zellweger & Comp.: 6 Briefe an Pelluard & Comp. in Liancourt, Trogen, 1806–1808.

1791 Zellweger & Comp.: 12 Briefe an Vassal & Comp. in Paris, Trogen, 1810–1811.

bezog.[1792] Der Grossteil der Korrespondenz wurde zwischen 1806 und 1809 geführt, zu einem Zeitpunkt, als *Zellweger & Comp.* ihre eigenen Magazine in Genua auflöste. *J.C. Zellweger* ging ein paar Jahre später *Gebr. Dünner & Tschudy* in Glarus um Baumwollgarn an.[1793] Falls diese beiden Firmen in Glarus und Livorno zusammengehörten, würde sie dem erfolgreichen Modell der Kombination einer Handelsgesellschaft für den Baumwollimport vor Ort in einer Hafenstadt am Mittelmeer und einer Baumwollspinnerei auf der Landschaft in der Schweiz bestens entsprochen haben. Mit ihrem Rückzug aus dem französisch besetzten Genua machten die Kaufleute Zellweger diesen Entwicklungsschritt nicht mit. Sie waren nun erneut abhängig von Lieferanten von Baumwolle vor Ort in den Hafenstädten entlang des Mittelmeers. In Anbetracht der Eröffnung einer eigenen mechanischen Baumwollspinnerei von 1804 bis 1814, deren Betrieb auf den Nachschub von Baumwolle angewiesen war, warf dieser Rückzug Fragen auf.

1810 bis 1814 – Einkauf von Baumwolle in der Schweiz

Während des Rückzugs aus Genua war *Zellweger & Comp.* und später *J.C. Zellweger* für den Betrieb der *Mechanischen Baumwollspinnerei Trogen* auf den Import von Baumwolle angewiesen. Sie bezogen Baumwolle nun vermehrt über den Zwischenhandel mit Schweizer Handelshäusern. Einzig von *Christoph Burckhardt & Sohn* von Basel bezogen sie noch Levante-Baumwolle aus Ägypten.[1794] Südamerikanische Sorten wie «Phernambuc» kaufte *Zellweger & Comp.* von *Anton Ott* von Arbon[1795], «Maragnon» von *Zwinger zur Linden* von St. Gallen.[1796] *J.C. Zellweger* kaufte «Maragnon» und «Louisiana» bei *J.J. Waibel* von Herisau.[1797] Weitere sklavereiproduzierte «Louisiana» bezog er bei *J.J. Sulzberger jünger*[1798] und bei *Heinrich und Jacob Sulzer zum Adler* von Winterthur.[1799] Im März 1811 fragte er sie, ob die Administration der *Mechanischen Baumwollspinnerei Hard* bei Winterthur

> nicht stückweise Spillen, Cylinder &ca. machen und sich auf eine gewissen Zeit der Lieferung verpflichten würden; wir haben das Zutrauen, dass die Arbeit sorgfältiger als in Frankreich gemacht würden, und weil wir die Arbeit gern beschleunigt hätten, so möchten sie nicht gerne in unserer eigenen Werkstätten verfertigen.[1800]

Über den Handel mit Baumwolle hinaus ergaben sich erste Zusammenarbeiten in der aufkommenden schweizerischen Maschinenindustrie.[1801]

1792 Zellweger & Comp.: 30 Briefe an Gebrüder Dünner in Livorno, Trogen, 1800–1811.

1793 J.C. Zellweger: 1 Brief an Gebr. Dünner & Tschudy in Glarus, Trogen, 1813–1814.

1794 Zellweger & Comp.: 3 Briefe an Christoph Burckhardt & Sohn in Basel, Trogen, 1800–1811; vgl. Haenger/Labhardt: Basel und der Sklavenhandel. Das Beispiel der Burckhardtschen Handelshäuser zwischen 1780 und 1815, in: Bott/David/Lützelschwab/Schaufelbuehl et al. (Hg.): Schweiz – Afrika (18.–20. Jahrhundert): Vom Sklavenhandel zum Ende des Apartheid-Regimes (2005), S. 25–42; Stettler/Haenger/Labhardt (Hg.): Baumwolle, Sklaven und Kredite (2005); Stettler: Regionalisierung trotz Globalisierungsstrategie. Die Grosshandelsfirma Christoph Burckhardt & Co. in Basel und ihre Tochtergesellschaft Bourcard Fils & Comp. in Nantes, 1789–1813, in: Gilomen/Müller/Veyrassat (Hg.): Globalisierung – Chancen und Risiken (2003), S. 99–111; Fierz: Eine Basler Handelsfirma: Christoph Burckhardt & Co. (1994); Crowhurst: The effect of war on the Swiss cotton trade: Christophe Burckhardt of Basel, 1793–1810, in: Textile History (18,1/1987), S. 17–32.

1795 Zellweger & Comp.: 4 Briefe an Anton Ott in Arbon, Trogen, 1808–1811.

1796 Zellweger & Comp.: 9 Briefe an Zwinger zur Linden in St. Gallen, Trogen, 1810–1811.

1797 J.C. Zellweger: 7 Briefe an J.J. Waibel in Herisau, Trogen, 1809–1813.

1798 J.C. Zellweger: 4 Briefe an J.J. Sulzberger jünger in Winterthur, Trogen, 1809–1814.

1799 J.C. Zellweger: 37 Briefe an Heinrich und Jacob Sulzer zum Adler in Winterthur, Trogen, 1809–1814.

1800 J.C. Zellweger: 1 Brief an Heinrich und Jacob Sulzer zum Adler in Winterthur, Trogen, März 1811, S. 56.

1801 Ende 1802 nahm in der Hard die erste mechanische Grossspinnerei der Schweiz ihren Betrieb auf. Als Antriebsenergie diente die direkte mechanische Nutzung der Wasserkraft der Töss [...] für die zuerst 8000 und schon bald 20 000 Spindeln, in: Keller: Hard (2010), S. 1.

Verkauf der Baumwolle in der Schweiz

Der Verkauf der Baumwolle erfolgte über die Schreibstuben der Handelsgesellschaften Zellweger in Trogen. Vor 1780 gestaltete sich dieser Verkauf völlig anders als nach 1800. Der Absatzmarkt für Baumwolle veränderte sich praktisch von Jahrzehnt zu Jahrzehnt. Er begann im Dorf Azmoos (St. Gallen), weitete sich in den 1760er Jahren in das Toggenburg aus und umfasste in den 1770er Jahren auch den Kanton Glarus. Baumann (2003) legte am Beispiel des Toggenburgs dar, wie kompliziert sich das Verlagssystem im Baumwollhandel in der alltäglichen Realität gestaltete. Den Grosskaufleuten war der direkte Kontakt mit den unzähligen Heimarbeiterinnen und Heimarbeiter unmöglich. Es entwickelte sich dafür eine Mittelschicht von Fabrikanten, Kleinverlegern, Kleinhändlern, Ferggern und Trägern. Sie kauften ein grösseres oder kleineres Quantum Baumwolle beim Grosskaufmann, stellten Teile davon einzelnen Haushaltungen mit Spinnern zu und entlöhnten diese dann für das abgelieferte Garn. Das Baumwollgarn veräusserten die Kleinfergger entweder an einen Garnhändler, oder sie brachten es in Weberfamilien und verkauften dann das dort produzierte Baumwolltuch an einen Kaufmann. In diesem System konnte ein fleissiger Heimarbeiter Geld sparen. Damit kaufte er dann selber eine kleine Menge Baumwolle und liess sie ausserhalb seines Hauses zu Garn spinnen. So entwickelte er sich zum Kleinstverleger. Der Verlag von Baumwolle zeichnete sich als äusserst durchlässige soziale Organisationsform aus. Er ermöglichte es tüchtigen Spinnern durchaus, zu Grossverlegern oder Grossgarnhändlern aufzusteigen. Im Toggenburg waren 1800 schätzungsweise über hundert derartige Fabrikanten tätig, in Appenzell Ausserrhoden weitaus mehr.
Ulrich Bräker (1735–1798) war ein solcher Unterhändler. Seit 1759 zog er mit selber vor- und zubereiteter Baumwolle zu Spinnerinnen und Spinner in Ganterschwil, welche sie gegen Entschädigung im Stücklohn verspannen. Zu Beginn seines Handels in Baumwolle betrogen ihn diese Spinnerinnen und Spinner übel, sodass Bräker wegen falschen Haspeln auf dem Garnmarkt zu St. Gallen schwer büssen musste. Gemäss Baumann (2003) hob das «Verlagswesen die seit dem Mittelalter übliche und im Zunftsystem verankerte Trennung von Produktion und Handel auf». Nach Baumann griffen die Kaufleute nun direkt in die Produktion ein, um sich über die Kontrolle der Fabrikation und Fertigstellung eine Schlüsselstellung in der Branche zu verschaffen. Die Spinner, Weber und Sticker stellte er als Akkordarbeitende dar, welche sich als ehemals freie Gewerbetreibende zu lohnabhängigen Arbeitern und Arbeiterinnen entwickelten. Ihre Abhängigkeit zeigte sich bei der Lieferung des Rohstoffs, aber auch bei der Abnahme ihres Produkts.[1802] Der Kaufmann setzte sich mit dem beschwerlichen Import der Baumwolle einem hohen finanziellen Risiko aus. Aus seiner Sicht lag der Vorteil des Verlagswesens darin, dieses Risiko breitgefächert über seine Abnehmer verteilen zu können.

1802 Baumann: Konfess., polit., wirtschaft. Vielfalt, in: Kantonsgeschichte St. Gallen (3/2003), S. 130.

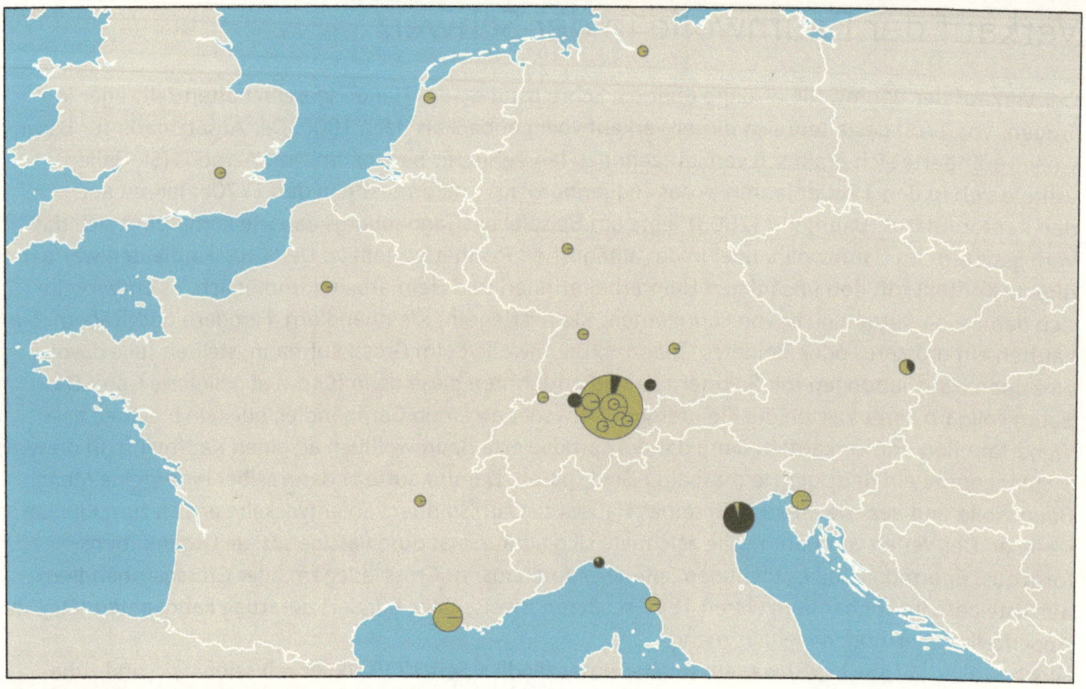

Abbildung 49: Kaufleute Zellweger: Geschäftsbriefe an Kunden von Baumwolle, 1747–1780 und 1800–1820

Die Auswertung der Geschäftskorrespondenz bezüglich der Kunden von Baumwolle ergab, dass die umfangreichste Korrespondenz mit den Firmen Sulser in Azmoos (St. Gallen) geführt wurde.[1803] Zwei Drittel der 302 Geschäftsbriefe wurden vor 1780 versandt, ein Drittel nach 1800. An zweiter Stelle standen die Kunden für Baumwolle in Glarus, wohin vor 1780 134 Geschäftsbriefe gingen und nach 1800 noch deren 19. An dritter Stelle standen Kunden für Baumwolle in Zürich, wohin vor 1780 51 Geschäftsbriefe gingen, nach 1800 noch 21. An vierter Stelle standen Kunden in Winterthur, wo vor 1780 52 Geschäftsbriefe auszumachen waren, nach 1800 nur noch 9. An fünfter Stelle kamen die Kunden in Herisau, an welche vor 1780 45 Geschäftsbriefe gingen. An sechster Stelle standen die Kunden in Kaufbeuren mit 8 Geschäftsbriefen vor 1780 knapp vor denjenigen in Kempten mit 6 Geschäftsbriefen vor 1780.

1803 Zellweger: 302 Briefe an die Firmen Sulser in Azmoos, Trogen, 1748–1820.

1748 bis 1820 – Verkauf der Baumwolle in Azmoos

Die grössten Kunden des Rohstoffes Baumwolle der Kaufleute Zellweger waren die mit den Zellweger verwandten Sulser in Azmoos (St. Gallen). Reich-Langhans (1929) bezeichnete die Familie Sulser «als die ersten Baumwoll-Industriellen im St. Galler Oberland». Landammann Jacob Sulser-Forrer (1654–1738), der Landammann Mathias Sulser-Gantenbein (1707–1784) und der Seckelmeister Michael Sulser (geb. 1732) bezeichnete er «als die bedeutendsten Handel- und Gewerbetreibenden» der Region.[1804] Die Sulser nutzten die günstige Verkehrslage ihres Heimatdörfchens Azmoos direkt an der Nord-Süd-Achse des frühneuzeitlichen Handelsverkehrs nach Italien. Von hier aus betrieben sie während rund 200 Jahren Speditions- und Handelsgeschäfte. Seit den 1750er Jahren setzten sie auf das Aufkommen des Baumwollgewerbes. Sie bauten ein weitgespanntes Heimgewerbe mit mehreren Ferggereien im Raum Sarganserland und Werdenberg auf. Die Landbevölkerung verspann und verwebte die Baumwolle der Sulser. Die Veredlung der rohen Baumwolltücher besorgten die Sulser über ihre Walke, Bleiche und Färberei und seit 1763 über ihre Textildruckerei in Azmoos.[1805] Der seit 1649 bestehenden Walke, der Färberei in der Stadt Sargans[1806] sowie der *Bleiche Mels* erwuchs dadurch Konkurrenz. Der Lehensinhaber der *Bleiche Mels* Johann Heinrich Ledni wehrte sich denn auch 1763 vor dem Landvogt des Sarganserlandes gegen die neue *Bleiche Azmoos* des innovativen Mathias Sulser. Ledni erreichte, dass Sulser nur zu bleichen erlaubt wurde, was ihm aus der Gemeinde Wartau in Arbeit gegeben wurde, nichts aber aus der Grafschaft Sargans.[1807] Die Forschung ergab nun, dass Sulser von *Zellweger & Honnerlag* und *Zellweger, Zürcher & Comp.* über Genua Baumwolle der Sorte «Alta» aus der Levante, aber auch «Maragnon» aus Südamerika bezog.
Den Handel mit Baumwolle betrieben die Sulser über mehrere Generationen. 1738 ging das väterliche Unternehmen von Jacob Sulser (1654–1738) an seine vier Söhne Michael (geb. 1685), Jacob (geb. 1689), Alexander (geb. 1691) und Mathias Sulser (1707–1784), welche es unter *Gebrüder Sulser* weiterführten. Der jüngste Sohn führte das Unternehmen unter *Mathias Sulser & Cie.*[1808] Er stieg 1745 in die Baumwollproduktion ein. Im 13 Kilometer nördlich gelegenen Werdenberg belieferte er erstmals 1753 bis 1755 drei Einwohner mit mehreren Ballen Baumwolle. In Werdenberg betrieb man die Baumwollspinnerei wenig spezialisiert im Nebengewerbe. Der Webermeister H.C. Küentzler von Walzenhausen beklagte sich, dass die Qualität des Baumwollgarns aus Werdenberg so mangelhaft war, dass ihm seine Weber davonliefen.[1809] Erst nach 1800 verkauften die Sulser das versponnene Baumwollgarn nachweislich an *Walser, Kriemler & Co.* von Wald (Appenzell Ausserrhoden) und an die Handelsgesellschaft *Zellweger & Comp.* von Trogen.[1810] Um 1766 beschäftigten sich die Einwohner Werdenbergs noch vor allem im Winter mit der Baumwollspinnerei. Bereits 1774 beschäftigten sich die ärmeren Einwohner wohl ganzjährig damit. Nach 1800 ernährten die schlechten Absatzverhältnisse für Baumwollware die vielen Baumwollspinner nicht mehr.[1811] 1764 wurde Mathias Sulser wie bereits sein Vater von der Landsgemeinde des Sarganserlandes[1812] in das Amt des Landammanns gewählt. Spätestens bei seinem Tod 1784 führten seine drei Söhne Mathias (geb. 1731), Michael (geb. 1732) und Johannes Sulser (1740–1802) das Unternehmen des Baumwollverlags weiter.[1813] Nach 1800 übernahmen die drei

1804 Reich-Langhans: Beiträge Werdenberg und Sargans (2/1929), S. 377.
1805 Peyer: 100 Jahre vereinigte Webereien Sernftal Azmoos (1964), S. 25–26.
1806 Zur Walke in Sargans vgl. STASG: AA 4A 15b–42b, zur Färberei vgl. den Haustausch zwischen dem Landschreiber Jakob Gallati in der Färberei mit der Witwe Elisabeth Broder und ihren Kindern gegen ihr Haus, Schloss Sargans, 20.05.1748, in: Rechtsquellen des Kantons St. Gallen (3/2013), Nr. 315, S. 1071–1072 sowie Lehens- und Pachturkunden zur Färberei in Sargans vgl. OGA Sargans: Mappe XI, Nr. 601; Urk. II/593; StASG, AA 4 L41.
1807 Rechtsquellen des Kantons St. Gallen (3/2013), Nr. 340, S. 1132–1134.
1808 Reich-Langhans: Beiträge Werdenberg und Sargans (2/1929), S. 365.
1809 Schindler: Werdenberg (1986), S. 157, zitiert nach Reich-Langhans: Beiträge Werdenberg und Sargans (2/1929), S. 21, 92–104.
1810 Schindler: Werdenberg (1986), S. 156, zitiert nach Senn: Charakterbilder Schweizerischen Landes und Lebens (1/1884), S. 217.
1811 Schindler: Werdenberg (1986), S. 156.
1812 Gabathuler: Artikel «Wartau (Gemeinde)», in: e-HLS online, 23.08.2013.
1813 Reich-Langhans: Beiträge Werdenberg und Sargans (2/1929), S. 365.

Söhne von Michael Sulser (geb. 1732) die Leitung von *Mathias Sulser & Cie.* Felix (1775–1807), Jacob (geb. 1779) und Mathias Sulser (1789–1842) nannten die Firma *Mathias Sulser & Cie.* spätestens 1800 in *Gebrüder Sulser* um.[1814] Diese drei Brüder errichteten im letzten Jahre der Helvetischen Revolution von 1802 bis 1804 das prächtige «Rote Haus» in Azmoos. Ihre Geschäftskorrespondenz der Jahre 1803 bis 1805 prägte eine schlechte finanzielle Situation.[1815] *Gebrüder Sulser* stand um diese Zeit der mittlere Bruder Jacob Sulser-Nüscheler (geb. 1779) vor. Neben seiner hauptberuflichen Tätigkeit als Kaufmann war er politisch mehrfach engagiert als Grenzkommissär, Kirchenrat, Schulrat, Kantonsrat und Gemeindeammann. 1804 verheiratete er sich mit Emerentina Nüscheler von Zürich, die aus einer Familie stammte, die mit Baumwolle von *Zellweger & Comp.* arbeitete.[1816] Unter seiner Leitung ging *Gebrüder Sulser* 1811 in Konkurs. Reich-Langhans (1929) sah die Ursache in «selbstverschuldeten Gründen», ohne diese weiter zu erläutern.[1817] Peyer (1964) begründete den Konkurs einerseits mit den Revolutionskriegen seit 1798 und den von Napoléon seit 1805 aufgezwungenen Handelssperren. Zudem verwies er auf eine gewagte und misslungene Spekulation in Baumwolle.[1818] Am 5. Januar 1813 ging die Konkursmasse von Jacob Sulser-Nüscheler (geb. 1779) für 20 000 Gulden an *Johannes Paravincini & Cie.* in Glarus. Die Massa umfasste das neue «Rote Haus», Obstgarten, Garten mit Holzschopf, einen halben Torkel, zwanzig ⅛ Stösse Alpung und drei Äcker. Ein Sohn von Mathias Sulser (1789–1842), Johannes Sulser-Sulser (geb. 1792), schien von 1814 bis 1817 weiterhin wohnhaft im «Roten Haus» in Azmoos gewesen zu sein. Hingegen verliessen Jacob (geb. 1779) und sein jüngerer Bruder Mathias Azmoos. Beide wurden in den Heimatstädten ihrer Ehefrauen wohnhaft, Jacob in Zürich und Mathias zuerst in Schaffhausen, 1833 dann in Augsburg als der Heimat seiner zweiten und dritten Ehefrau. Dem Brand in Azmoos am 4. März 1819 fielen schliesslich Webstühle, Webgerichte, Lager an roher Baumwolle und Garne der ehemaligen Kaufleute Sulser vollständig zum Opfer. Reich-Langhans (1988^2) bewertete die Leistung der Sulser mit dem Hinweis, dass «es der Geschäftsverkehr der Kaufherren Sulser mit Glarner Gewerbe- und Handeltreibenden [war], der eine Annäherung der Glarner mit den Wartauern zustande brachte [und alte Vorurteile durch] Geschäfts- und Privatinteressen verdrängte».[1819]
Wie gestaltete sich der Verkauf von roher Baumwolle durch *Zellweger & Honnerlag* an *Jacob Sulser & Co.* konkret? Auf die Bestellung Sulsers hin tätigte *Zellweger & Honnerlag* im Frühjahr 1785 im Hafen von Genua etwa den Einkauf der Sorten «Pernambuc» aus Südamerika sowie «Alta» aus der Levante und liess die Ballen durch Speditionsunternehmen auf Fuhrwerken, Schiffen und Saumtieren von Genua über den Splügenpass nach Azmoos spedieren. Während des Transports durch das Rheintal kam es wiederholt zu Diebstählen. Das stellte den Baumwollhandel vor Herausforderungen. Der Diebstahl auf der Strasse «sonderheitlich in den Baumwollen» verursachte «Schaden und Verdriesslichkeiten unter den besten Freunden», womit das Verhältnis zwischen Kunde und Lieferant gemeint war.[1820] Über die Verhaftung von Baumwolldieben versuchte man, «die Sicherheit der Strasse wiederherzustellen».[1821] In den überlieferten Diebstahl von 1785 involviert waren der Fuhrmann Peter Many und sein siebzigjähriger Schwager aus dem Kanton Zürich. Der alte Schwager wurde «neben den Pranger gestellt und des Sarganserlandes verwiesen», weil er die gestohlene Baumwolle weiterverkauft hatte. «Der arme Mann» Peter Many hingegen wurde «aus seiner langwierigen und harten Gefangenschaft entlassen», um «für 100 Jahre auf die Galeere verbannt und durch zwei Harschiere gebunden nach Hünigen abgeführt zu werden».[1822] Die Hoffnung, dass dadurch «die Rheinwälder oder Bündner Route gesäubert würde», schlug aber fehl. Die Verhältnisse änderten sich auch nach dem «Mandat des Landvogts für die Faktoren

1814 Reich-Langhans: Beiträge Werdenberg und Sargans (2/1929), S. 367.

1815 Reich-Langhans: Beiträge Werdenberg und Sargans (2/1929), S. 374; andernorts schreibt Reich-Langhans den Bau des Roten Hauses direkt Mathias Sulser (1789–1842) zu, vgl. S. 367.

1816 Vgl. Zellweger & Comp.: 6 Briefe an Matthias Nüscheler & Sohn. in Zürich, Trogen, 1800–1801.

1817 Reich-Langhans: Beiträge Werdenberg und Sargans (2/1929), S. 369.

1818 Peyer: 100 Jahre vereinigte Webereien Sernftal Azmoos (1964), S. 26.

1819 Reich-Langhans: Beiträge Chronik Werdenberg/Sargans, S. 367, 370, 375, 377 und 382.

1820 Zellweger & Honnerlag: 1 Brief an Jacob Sulser & Cie. in Azmoos, Trogen, 07.05.1785, in: Reich-Langhans (1929), S. 39.

1821 Zellweger & Honnerlag: 1 Brief an Jacob Sulser & Cie. in Azmoos, Trogen, 01.01.1785, in: Reich-Langhans (1929), S. 39.

1822 Sulser, Jacob (gest. 1804), Alt-Landammann, Azmoos (SG): 1 Brief an seinen Vetter Johannes Zellweger-Hirzel (1730–1802) in Trogen, Azmoos, 15.02.1785, in: Reich-Langhans (1929), S. 15.

von Ragaz und Trübbach wegen des Transports von Baumwollballen [...]» vom 8. April 1784 nicht, erlassen aufgrund der Klage der Kaufleute über «diebische Hände» und «üble Misshandlung» wie das Stopfen der durch den Baumwolldiebstahl in den Ballen entstandenen Löcher mit «steinen, sandt, holtz [...]», ein «höchst sträfliches verfahren». Gegen Androhung «hochoberkeithlicher Straff und ungnad» durften den Fuhrleuten «zerrissene und nicht vollkomen gueth conditionierte» Baumwollballen nicht mehr aufgegeben werden. Zudem wurde den Fuhrleuten untersagt, Kaufmannsgüter «über nacht zwüschen Ragaz, Trübenbach und Wallenstath zu Vilters, Wangs, Mels, Sargans etc. stehen zu lassen», sondern befohlen, sie «an dem gleichen tag» in der «Sust zu Walenstadt» abzuladen.[1823] «Die grössern Schelme» betrieben den Diebstahl aus den Baumwollballen während des Transports weiterhin. Im Mai 1785 liessen *Zellweger & Honnerlag* präventiv die für Sulser in Azmoos bestimmten 26 Ballen Baumwolle «Pernambuc», bereits von ihren Spediteuren *Bataglia* in Mailand und *Bottagiso* in Chiavenna «sofort nach ihrer Ankunft visitieren, um so die Diebe eher zu entdecken».[1824]

1760er bis 1780 – Verkauf der Baumwolle im Toggenburg

Die Sulser in Azmoos blieben nicht die einzigen Kunden für Baumwolle aus Genua. In den 1760er Jahren versuchten *Gebrüder Zellweger & Comp.* von Trogen, das Toggenburg als Absatzmarkt für Baumwolle zu erschliessen. Das Toggenburg war zwar über eine politisch untergeordnete Paritätische Landsgemeinde organisiert, wurde jedoch bis ins 18. Jahrhundert hinein als konstitutionelle Monarchie durch den Abt von St. Gallen verwaltet.[1825] *Gebrüder Zellweger & Comp.* belieferten die drei «Spinnerherren» *Abraham Abderhalden*[1826] und *Jacob Abderhalden* in Wattwil[1827] sowie *Johann Jacob Grob* in Lichtensteig.[1828] Womöglich handelte es sich bei *Hartmann & Grob* in Lichtensteig um Grobs Nachfolger und in den 1770er Jahren Kunde von *Zellweger Vater & Comp.*[1829] Gerade über seinen Wochenmarkt für Garn- und Baumwolltücher sowie über die vier Jahrmärkte erlangte Lichtensteig als Marktort zunehmend an Bedeutung.[1830] Auch in Wattwil verdrängte in der zweiten Hälfte des 18. Jahrhunderts die einfach zu verarbeitende Baumwolle mit rasch wachsenden Baumwollmanufakturen das Leinwandgewerbe. Um 1800 waren diverse Mousselinwebereien in Betrieb. Die mechanische Weberei nahm 1820 mit insgesamt fünfzehn Fabriken ihren Betrieb auf, ausgestattet mit den neuen Jacquardwebstühlen.[1831] Wie sich die Verteilung dieser Baumwolle auf die Spinner gestaltete, lässt sich in den Briefkopierbüchern Zellweger nicht nachvollziehen.

Es sei daher auf «den armen Mann im Tockenburg» Ulrich Bräker (1735–1798) in Näppis (Toggenburg) verwiesen. 1759 begann Bräker seinen als klein empfundenen Handel mit Baumwolle. Die Baumwolle bezog er käuflich zunächst von seinem «Baumwollherrn» Hartman. Nach diversen Aufbereitungsschritten zu Hause lief er mit den wohl zu- und vorbereiteten Baumwollbündeln zu Fuss zu seinen Spinner in Ganterschwil, um verlegen zu lassen. Bei seinem nächsten Besuch kaufte er ihnen das inzwischen handgesponnene Baumwollgarn ab. Am Markttag brachte er es zu Fuss nach St. Gallen auf den Garnmarkt. Gerade zu Beginn betrogen die Spinner ihren Fergger Bräker dermassen, dass er 1759 «wegen allzukurzen Häspeln» in Arrest genommen wurde. Bräker musste sich «vor den Herren Zunftmeistern stellen». Der infolge eines Unfalls immobile Bräker hatte «Itzt weder Garn noch Geld [...]. Zu St. Gallen

1823 Malamud/Sutter (Hg.): Die Rechtsquellen des Sarganserlandes (2013) (= Sammlung schweizerischer Rechtsquellen. Abt. 14, Die Rechtsquellen des Kantons St. Gallen. Teil 3, Die Landschaften und Landstädte 2), S. 1193–1194.

1824 Weitere Klagen über Diebstähle von Kaufmannsgütern finden sich bei Peter: Wartau, eine Gemeinde im st. gallischen Rheintal (1960), S. 472–473 und Gabathuler: Die Spen zu Wartau, in: Werdenberger Bücher-Reihe (9/1989), S. 151–152.

1825 Baumann: Konfess., polit., wirtschaft. Vielfalt, in: Kantonsgeschichte St. Gallen (3/2003), S. 69.

1826 Gebrüder Zellweger & Comp.: 16 Briefe an Abraham Abderhalden in Wattwil, Trogen, 1762–1769.

1827 Gebrüder Zellweger & Comp.: 4 Briefe an Jacob Abderhalden in Wattwil, Trogen, 1762–1769.

1828 Gebrüder Zellweger & Comp.: 21 Briefe an Johann Jacob Grob in Lichtensteig, Trogen, 1762–1769.

1829 Zellweger, Zürcher & Comp.: 3 Briefe an Hartmann & Grob in Lichtensteig, Trogen, 1774–1780.

1830 Büchler, Hans: Artikel «Lichtensteig», in: e-HLS online, 27.11.2008.

1831 Büchler, Hans: Artikel «Wattwil», in: e-HLS online, 23.11.2016.

kam ich mit 15 Gulden Busse davon.[1832] Bräker «spielte» seiner eigenen Aussage nach 1759/1760 «nun so den Handelsherr», weil seine künftige Ehefrau Salome Ambühl (1735–1822) unbedingt einen Kaufmann zum Ehemann haben wollte. Das Jahr 1760 pries er als

> ein vom Himmel ausserordentlich gesegnetes rechtes Wunderjahr, durch ein seltenes Gedeihen der Erdfürchte, und namhaften Verdienst, bey äusserst geringem Preis aller Arten von Lebensmittel. [...] Mit meinem Bauelgewerb wär's mir um diese Zeit gewiss recht gut gegangen, wenn ich ihn nur besser verstanden, und mehr Geld und Zeit darein zu setzen gehabt hätte.[1833]

In seiner «Lebensgeschichte [...] des Armen Mannes im Tockenburg» (1788) beschrieb er die 1760er Jahre als «goldige Jahre» insbesondere für den Baumwollhandel. Er selber, der in diesem Jahrzehnt mit Hausbau samt Einbau eines Webkellers, Werbung, Heirat, Gründung eines Haushaltes, Auferziehen der Kinder und nach dem Tod des Vaters zudem mit der Verantwortung für Mutter und kleine Geschwister beschäftigt war, «vertrödelte diese Sechzigerjahre, dass ich nicht recht sagen kann, wie?» 1768 wurde er «des Garnhandels überdrüssig, weil ich dabey, [...], mit gar zu viel rohen und gewissenlosen Menschen umzugehen hätte».[1834] Drei bis vier Jahre lang widmete er sich nun der Baumwollweberei und dem Handel mit eigenen Baumwolltüchern.[1835] Dann kehrte er zum Handel mit Baumwollgarn zurück. Das reduzierte seinen Baumwollverbrauch, was wiederum seinen «Baumwollenherr unzufrieden und mürrisch» machte. «[D]iese Art Handel», über welchen er sich zunächst so viel Verdruss und Ärger einhandelte, gewann er im Laufe von dreissig Jahren «[...] gleichsam von Jahr zu Jahr lieber», bis ihm seine «kleinen Geschäfte wirklich am Herzen lagen» und er sich «ihrer mit allem mir möglichen Fleiss annahm [...]». Diese Wandlung erstaunte Bräker selber. Er betrachtete sich selbst «als Stümper», der «den Handelsmann» als «Rolle» spielte, ohne «dies Talent in gehörigem Maasse» zu haben.[1836] Dieser Handel hatte ihn eben doch immer ernährt, sodass er ihn «an keine andere Profession vertauschen, obwohl manche ihren Mann, wo nicht reicher, doch sicherer nährt». Bräker, der «Schlendrian», der trotz «tausend Vorsätzen» nicht «ökonomisch handelte», weil «Schätze sammeln meiner ganzen Natur zuwider ist», stellte sich sogar vor, dass sein Sohn damit fortfahren könne, «wenn er anders Lust dazu hat, und meinen Unterricht, so weit dieser reichet, annehmen will [...]». Alles hing davon ab, ob «dieser Gewerb gänzlich in Verfall komme».[1837] Der Baumwollhandel stockte 1793 infolge der Französischen Revolution. Trotzdem gründete Bräker 1794 mit seinem Schwiegersohn Johann Zwicky in Lichtensteig eine Textildruckerei für Baumwolle. Damit lud er sich erneut finanzielle Probleme und harte Arbeit auf. Kurz vor seinem Tod 1798 gab der Vielgepeinigte auf und erklärte sich infolge des Konkurses seines Sohnes kurzum für bankrott.[1838]

Eine besonders intensive, «gegenseitig nützliche Geschäftsbeziehung» konnten die Kaufleuten Zellweger von 1762 bis 1780 mit den Kaufleuten Egli in Burgau im Untertoggenburg aufzubauen. Wegen Konflikten mit der Gemeinde Burgau siedelten die Egli im Verlauf des 18. Jahrhunderts nach dem mehrheitlich reformierten Oberglatt über, wo die Glatt das Toggenburg vom katholischen Fürstenland trennte.[1839] Der Kontakt begann in den 1760er Jahren mit Hans Ulrich Egli (1704–1769) unter

1832 Bräker: Lebensgeschichte [...] des Armen Mannes im Tockenburg (1788), in: Holliger et al. (Hg.): Ulrich Bräker. Sämtliche Schriften (4/2010), S. 478, 540–541.

1833 Bräker: Der arme Mann im Tockenburg (1993), S. 208.

1834 Bräker: Lebensgeschichte [...] des Armen Mannes im Tockenburg (1788), in: Holliger et al. (Hg.): Ulrich Bräker. Sämtliche Schriften (4/2010), S. 484 und 486.

1835 Tagebucheintrag 19.02.1783: «mitt den bauelstuken ists ielenger je schlimer – h. Grob will gar keins ansehn – habe sie dort ligen lassen – skönte gar ins steken gerathen – villicht 3. 4. wochen, wer weiss.», in: Holliger et al. (Hg.): Ulrich Bräker. Sämtliche Schriften (2/2010), S. 365.

1836 Bräker: Lebensgeschichte [...] des Armen Mannes im Tockenburg (1788), in: Holliger et al. (Hg.): Ulrich Bräker. Sämtliche Schriften (4/2010), S. 496 und 540.

1837 Bräker: Lebensgeschichte [...] des Armen Mannes im Tockenburg (1788), in: Holliger et al. (Hg.): Ulrich Bräker. Sämtliche Schriften (4/2010), S. 540–541.

1838 Holliger et al. (Hg.): Ulrich Bräker. Sämtliche Schriften (5/2010), S. 801, Zeile 27, S. 1028–1029.

1839 Bühler, Beat: Artikel «Flawil», in: e-HLS online, 08.12.2005.

Egli & Comp.[1840] Egli kaufte Baumwolle der Sorte «Alta» aus der Levante und «Maragnon» aus Südamerika. *Gebrüder Zellweger & Comp.* kaufte zu diesem Zeitpunkt bei Egli noch keine Baumwollware, sondern «dickes, schönes Leinen für den Hausgebrauch».[1841] Nach dem Tod von Hans Ulrich Egli übernahm sein Sohn Johannes Egli (1734–1780) das väterliche Geschäft und führte es unter dem neuen Namen *Johannes de Hans Ulrich Egli* weiter.[1842] Egli entschloss sich, seine Aufträge für den Einkauf von Baumwolle ganz *Zellweger, Zürcher & Comp.* in Genua anzuvertrauen. Er war Kunde und Abnehmer der Sorten «Berbice», «Isequebo» und «Surinam» aus Niederländisch-Guyana (Südamerika).[1043] Egli betätigte sich als «Baumwollherr». Er verteilte den Rohstoff Baumwolle an diverse Baumwollfergger weiter, welche ihre Spinner damit belieferten.
In Zürich fand *Gebrüder Zellweger & Comp.* in *Werdmüller & Co.*[1844] einen Kunden für die Baumwolle «Maragnon». *Werdmüller & Co.* organisierte die Herstellung des Baumwollartikels «Mouchoir», welcher dann wiederum von *Gebrüder Zellweger & Comp.* und *Zellweger Vater & Comp.* gekauft wurde.

1774 bis 1780 – Verkauf der Baumwolle im Kanton Glarus

Im Land Glarus begann die Handspinnerei von Baumwolle in den Jahren 1714 bis 1720. Sie verschaffte der ländlichen Bevölkerung während zwei Generationen Arbeit und verbreitete sich bis in die hintersten Gemeinden des Landes. Die «Spinnerherren» oder «Garnferker» als Verleger des zum Spinnen benötigten Rohstoffes Baumwolle wohnten in Glarus, Ennenda, Schwanden und Sool, einzelne in Mollis und im Grossthal.[1845] Für die Kaufleute Zellweger lassen sich erste, vereinzelte Geschäftskontakte in den Kanton Glarus für die 1760er Jahre nachweisen. Zehn Jahre später versuchte sich *Zellweger, Zürcher & Comp.* von Trogen als Lieferant der Baumwollfaser «Alta» in Position zu bringen. Seine Kundschaft waren nun die «Spinnerherren» *Johann Ulrich Glarner*[1846], *Johann Tschudi & Sohn*[1847], *Salomon Walcher*[1848], *Jost Tschudi*[1849], *Elmer & Zweifel*[1850], *Jenny & Schiesser*[1851] und *Gebrüder Iselin*[1852], um die wichtigsten im Hauptort Glarus zu nennen. Um weitere potenzielle Kunden zu einer Bestellung einer bestimmten Anzahl Ballen zu animieren, verfasste *Zellweger Zürcher & Comp.* am 7. Mai 1777 eine Offerte, worin er das Eintreffen einer grösseren Ladung Baumwolle im Hafen von Genua in Aussicht stellte. Die Offerte erging zeitgleich an die drei «Spinnerherren» in Glarus *Johann Heinrich Aebli*, *Johann Jacob de Cosman Elmer & Zweifel* sowie an *Tschudi & Sohn*. Am 23. Februar 1778 erging eine ähnliche Offerte an dieselben drei Häuser sowie ausserdem an *Salomon Walcher* in Glarus. Die Offerte vom 26. April 1778 erreichte dann bereits sechs Häuser, wobei *Johann Ulrich Glarner*, *Heitz & Häusser* und *Gebrüder Iselin* [Rudolph und Heinrich] neu im Verteiler erschienen. Eine vierte Offerte wurde am 26. April 1780 an dieselben Empfänger in Glarus versandt. Die letzte Offerte von anfangs Mai 1780 für den Einkauf von Baumwolle richtete sich mit *Fridolin Jenny* und *Joachim Jenny* von Enneda, *Johannes Luchsinger* von Schwanden und Steuervogt *Luchsinger* von Mollis wiederum an vier potenzielle Neukunden. Zellweger-Hirzel-Scheuss offerierte ihnen erstmals seine Dienste im Einkauf von Baumwolle der Sorte «Alta» in Genua:

1840 Gebrüder Zellweger & Comp.: 42 Briefe an Egli & Comp. in Oberglatt, Trogen, 1762–1769.
1841 Gebrüder Zellweger & Comp.: 1 lettre à la maison à Lyon, Trogen, 08.10.1762, S. 16.
1842 Zellweger, Zürcher & Comp: 101 Briefe an Johannes de Hans Ulrich Egli in Oberglatt, Trogen, 1774–1780.
1843 Z.B. Zellweger Vater & Comp.: 1 Brief an Johannes de Hans Ulrich Egli in Oberglatt, Trogen, 26.04.1774, S. 27.
1844 Gebr. Zellweger & Comp./ Zellweger, Zürcher & Co.: 51 Briefe an Werdmüller & Co. in Zürich, Trogen, 1769–1780.
1845 Jenny: Handel und Industrie des Kantons Glarus (1902), S. 31–32.
1846 Zellweger, Müller/Zürcher & Comp.: 45 Briefe an Johann Ulrich Glarner in Glarus, Trogen, 1774–1780.
1847 Zellweger, Müller/Zürcher & Comp.: 35 Briefe an Johann Tschudi & Sohn in Glarus, Trogen, 1774–1780.
1848 Zellweger, Müller/Zürcher & Comp.: 18 Briefe an Salomon Walcher in Glarus, Trogen, 1774–1780.
1849 Zellweger, Müller/Zürcher & Comp.: 13 Briefe an Jost Tschudi in Glarus, Trogen, 1774–1780.
1850 Zellweger, Müller/Zürcher & Comp.: 10 Briefe an Elmer & Zweifel in Glarus, Trogen, 1774–1780.
1851 Zellweger, Müller/Zürcher & Comp.: 8 Briefe an Jenny & Schiesser in Glarus, Trogen, 1774–1780.
1852 Zellweger, Müller/Zürcher & Comp.: 7 Briefe an Gebrüder Iselin in Glarus, Trogen, 1774–1780.

> Wir haben zwahr noch niemahlen die Ehre gehabet mit EL in Liaison zu stehen, da uns aber bekannt ist, dass Sie einen starken Verkehr in B[aum]wollen haben und wir vermittelst unsers Hauses in Genua im Stande sind, EL in diesem Artickel nach Verlangen zu bedienen, so machen Ihnen hiermit unserer Dienst offerta und benachrichtigen Sie, dass dermahl eine Parthey von 300. Ballen Alta Bwoll in Genua erwarthet wird, die man schön und von guter Qualität beschreibt, dieser Artikel wird darin à 170:– vergeblich gesucht, wann aber diese Parthey mit Einander übernehmen könnten, so schmeicheln wir uns solche à 165:– wenn nicht gar à 160:– zu erhalten.[1853]

Mit keinem der vier potenziellen Neukunden aus Ennenda, Schwanden und Mollis ergab sich von Mai bis Dezember 1780 eine weiterführende Korrespondenz. Die französische Einfuhrbegünstigung für Schweizer Textilware förderte die Nachfrage der häuslichen Baumwollweberei in St. Gallen und Appenzell Ausserrhoden nach handgesponnenen Baumwollgarnen aus dem wirtschaftlichen Hinterland Glarus. Die Baumwollweberei etablierte sich im Glarnerland gemäss Jenny (1902) zeitlich versetzt zur Baumwollspinnerei erst in den 1790er Jahren.[1854] Laupper (2007) führte den Erfolg der Wirtschaft in Glarus auf institutionelle Faktoren zurück wie niedrige Steuerabgaben, kein einengendes Zunftwesen wegen des Verzichts der Obrigkeit auf das Salzregal bis in die zweite Hälfte des 18. Jahrhunderts. Die Spezialisierung auf den Textildruck löste einen bemerkenswerten Aufschwung der Produktion von Baumwollware in der zweiten Hälfte des 18. Jahrhunderts aus. Die schlechte Wirtschaftslage von 1798 bis 1820 verursachte wie überall in der Textilindustrie grosse Arbeitslosigkeit.[1855]

1800 bis 1807 – Verkauf der Baumwolle in der Ostschweiz, im Aargau, in Basel, Lyon und Rouen

Nach 1800 etablierte sich *Zellweger & Comp.* auch am Bodensee als Lieferant von Baumwolle. In Rorschach war zunächst *Joseph Anton Heer*[1856] Kunde, seit 1806 aber insbesondere *A. Fr. & B. Tschudy*[1857] der Sorte «Kirkagaz». In Altstätten konnte *Eichmüller & Fohl* als Kunde von «Alta» und «Zypriotischer» Baumwolle identifiziert werden, während es mit *Mattheus Eichmüller* Mitte November 1809 mangels «Alta»-Baumwolle in Trogen zu keinem Geschäftsabschluss kam.[1858] Auch mit *Johann Jacob Gasser* ergaben sich keine Geschäfte.[1859] Nach der Helvetik besonders aktiv im Ankauf von «Kirkagaz» war *Johannes Oehler.*[1860] *Issac Kuhn* von Oberuzwil[1861] kaufte die Sorten «Alta» und «Kirkagaz». Von 1806 an war *Johann Conrad Baumgartner* von St. Gallen[1862] Kunde für die Sorte «Saloniki» und lieferte *Zellweger & Comp.* dann das fertige Baumwollgarn.
Kunden aus der Region Vorarlberg für Baumwolle «Maragnon» und «Pernambuc» aus Südamerika und der Baumwolle «Alta» aus der Levante waren *Franz Anton Dreyer* von Bürserberg[1863], *Johann Jacob*

1853 Zellweger, Zürcher & Co.: 1 Dienstofferte an Fridolin Jenny und Joachim Jenny in Enneda, Johannes Luchsinger in Schwanden und Steuervogt Luchsinger in Mollis, Trogen, 05.03.1780.

1854 Jenny: Handel und Industrie des Kantons Glarus (1902), S. 32–33.

1855 Laupper, Hans: Artikel «Glarus (Kanton), Gesellschaft, Wirtschaft und Kultur vom Hochmittelalter bis ins 18. Jahrhundert», in: e-HLS online, 04.07.2007; Dürst: Die wirtschaftlichen und sozialen Verhätlnisse des Glarnerlandes (1951).

1856 Zellweger & Comp.: 7 Briefe an Joseph Anton Heer in Rorschach, Trogen, 1800–1801.

1857 Zellweger & Comp.: 25 Briefe an A. Fr. & B. Tschudy in Rorschach, Trogen, 1806–1813.

1858 Zellweger & Comp.: 1 Brief an Eichmüller & Fohl in Altstätten, Trogen, 22.05.1800; Zellweger & Comp.: 1 Brief an Mattheus-Eichmüller in Altstätten, Trogen, S. 550; 16.11.1809, S. 574.

1859 Zellweger & Comp.: 1 Brief an Johann Jacob Gasser in Altstätten, Trogen, 23.01.1808, S. 313.

1860 Zellweger & Comp.: 12 Briefe an Johannes Oehler in Altstätten, Trogen, 1806–1808.

1861 Zellweger & Comp.: 15 Briefe an Issac Kuhn von Oberuzwil, Trogen, 1800–1801.

1862 Zellweger & Comp.: 12 Briefe an Johann Conrad Baumgartner in St. Gallen, Trogen, 1806–1809.

1863 Zellweger & Comp.: 3 Briefe an Franz Anton Dreyer in Bürserberg, Trogen, 1806–1807.

Ganahl von Feldkirch[1864] und *Roedler & Grieser* von Weiler.[1865] Im Kanton Glarus waren *Kundert & Speich* von Luchsingen[1866], *Zweifel, Dünner & Tschudy*[1867] und *König & Co.*[1868] von Glarus Kunden der Sorte «Alta».
In der Stadt Zürich war nach 1800 *Heinrich Stieckler*[1869] der einzige Kunde für Baumwolle der Sorte «Pernambuc». Von den bis 22 kleinen Baumwollgewerben in Stäfa[1870] war keines nachweisbar. Sie bezogen die Baumwolle von Zürich. In Winterthur, das sich nach 1800 zu einem Zentrum des Baumwollhandels entwickelte[1871], ergaben sich weder mit Jacob & Melchior *Sulzer & Steiner* [1872] noch mit Melchior & Johann Heinrich *Ziegler & Sulzer*[1873] Geschäfte im Bezug auf die Sorte «Pernambuc». Nach 1800 war mit Rapperswil am Zürichsee (St. Gallen) ein neuer Absatzmarkt für Baumwolle entstanden. Von 1806 bis 1811 konnten hier mit *Jacob Anton Helbling*[1874] und *Christian Neef* in Rapperswil[1875] zwei Kunden von Baumwolle der *Zellweger & Comp.* ausgemacht werden. Bei Christian Neef/Näf (1742–1820) handelte es sich um einen wohlhabenden Kaufmann aus Hemberg im Toggenburg, der dort 1776 die Mousselinweberei eingeführt hatte. Er liess sich zunächst in Wattwil nieder, dann in der Stadt St. Gallen und schliesslich in Rapperswil am Zürichsee. Anlass für seine Ortswechsel war die mechanische Baumwollspinnerei. 1801 beteiligte er sich mit einer von 26 Mulemaschinen an der *Baumwollen-Spinnerey-Gesellschaft*, welche im leer stehenden ehemaligen Kloster St. Gallen die erste mechanische Spinnerei der Schweiz einrichtete. Kaum kämpfte das junge Unternehmen mit Schwierigkeiten, löste sich Neef/Näf ab und richtete 1803 in der alten Hammerschmiede am Stadtbach in Rapperswil selber eine mechanische Baumwollspinnerei ein. Er importierte Maschinen für den Betrieb von insgesamt 3600 Spindeln. Die Herrschaft Rapperswil war bis 1798 zugewandter Ort der Eidgenossenschaft und erst seit 1803 eine Gemeinde des neu geschaffenen Kantons St. Gallen. Der protestantische Christian Neef/Näf und sein Schwiegersohn Jacob Brändlin-Neef/Näf fanden in der kleinen katholischen Stadt Wasserkraft und durch das Bevölkerungswachstum im 18. Jahrhundert Arbeitskräfte, welche noch nicht in der Heimarbeit tätig waren. Während Halter (1962) hervorhob, dass «diese Industrie die stets wachsende Bevölkerung beschäftigen und ernähren konnte»[1876], wies Müller (2009) darauf hin, wie Textilarbeiter der Region aus Angst vor Arbeitslosigkeit mehrmals mit der Zerstörung der mechanischen Baumwollspinnerei gedroht hätten.[1877] Der Kleine Rat St. Gallen traf Massnahmen zum Schutz der Fabrik. Von 1806 bis 1811 bezog Neef/Näf als Kunde von *Zellweger & Comp.* von Trogen die Baumwolle «Alta» sowie Wassergarn aus der 1804 gegründeten *Mechanischen Bamwollspinnerei Trogen*. In der Schweiz setzte die Gründerwelle von mechanischen Baumwollspinnereien ab 1806 ein. 1810 besass Neef/Näf auch eine Textilfärberei. 1817 verkaufte er seine mechanische Spinnerei. Sein Schwiegersohn Brändlin-Neef/Näf hatte sich 1810 mit seinen drei Brüdern selbständig gemacht und in der ehemaligen Papiermühle am Stadtbach in Rapperswil die *Mechanische Baumwollspinnerei Brändlin* gegründet.
Im Aargau waren die *Gebrüder Holliger* in Boniswil[1878] und in der Stadt Basel Leonhard *Heusler & C.*[1879] Kunden der Baumwolle «Kirkagaz». Die Holliger sind heute noch in Boniswil tätig. Leonhard Heusler (1754–1807) übernahm 1778 das väterliche Geschäft für Strumpffabrikation. 1797 gründete er die

1864 Zellweger & Comp.: 6 Briefe an Johann Jacob Ganahl in Feldkirch, Trogen, 1800–1801.
1865 Zellweger & Comp.: 1 Brief an Roedler & Grieser in Weiler, Trogen, 10.08.1800, S. 38.
1866 Zellweger & Comp.: 5 Briefe an Kundert & Speich in Luchsingen, Trogen, 1800–1801.
1867 Zellweger & Comp.: 3 Briefe an Zweifel, Dünner & Tschudy in Glarus, Trogen, 1800–1801.
1868 Zellweger & Comp.: 4 Briefe an König & Co. in Glarus, Trogen, 1806–1809.
1869 Zellweger & Comp.: 7 Briefe an Heinrich Stieckler in Zürich, Trogen, 1807–1808.
1870 Bärtschi: Industriekultur im Kanton Zürich (2009) (= Industriekultur 2), S. 26–27.
1871 Sulzer: Vom Baumwollzentrum zur Maschinenindustrie, in: Winterthurer Jahrbuch (1995), S. 9–28, hier S. 13.
1872 Zellweger & Comp.: 2 Briefe an Jacob & Melchior Sulzer & Steiner in Winterthur, Trogen, 1800–1807.
1873 Zellweger & Comp.: 1 Brief an Melchior & Johann Heinrich Ziegler & Sulzer in Winterthur, Trogen, 22.12.1806, S. 264.
1874 Zellweger & Comp.: 2 Briefe an Jacob Anton Helbling in Rapperswil, Trogen, 1806–1808.
1875 Zellweger & Comp.: 2 Briefe an Christian Neef in Rapperswil, Trogen, 1806–1811.
1876 Halter: 150 Jahre Spinnerei Brändlin (1962), S. 21–22
1877 Müller, Peter: Artikel «Näf, Christian (1742–1820)», in: e-HLS online, 04.02.2009.
1878 Zellweger & Comp.: 7 Briefe an Gebrüder Holliger in Boniswil, Trogen, 1800–1801.
1879 Zellweger & Comp.: 5 Briefe an Leonhard Heussler & C. in der Stadt Basel, Trogen, 1806–1807.

Handelsgesellschaft *Leonhard Heusler & Co.*, mit der er sich auf den Spezereihandel und Spekulationsgeschäfte spezialisierte. Als Kaufmann war er Mitglied der provisorischen Regierungskommission für die Stadt Basel, mehrfach Delegierter an Handelskonferenzen, Präsident der Postkammer und des Handlungskomitees, wobei er sich auf die Wirtschafts- und Verkehrspolitik fokussierte.[1880]
Zellweger & Comp. verkaufte Baumwolle bis nach Lyon und Rouen. In Lyon wurden die Baumwollsorten «Kirkagaz» und «Saloniki» aus der Levante verkauft. Als Kunden belieferten sie *Puy, Scherb & C.*[1881], *Mottet, Cordier & C.*[1882] mit «Kirkagaz» und *Devillas & Boissière*[1883] mit «Saloniki». Mit *Gros Davillier* in Paris[1884] kam es über «Pernambuc» aus Südamerika wohl nicht zu einem Geschäftsabschluss. Hingegen trat ihr Kommissionär in Rouen (Haute-Normandie) *Cabanon & C.*[1885] als Kunde für «Kirkagaz» der *Zellweger & Comp.* auf.

Zusammenfassung: Der Absatzmarkt für Baumwolle der Kaufleute Zellweger konnte als dynamisches Gebilde identifiziert werden. Beschränkte er sich um 1750 noch auf den Verkauf in der benachbarten Region Sargans, dehnte er sich im Verlauf der 1760er Jahren auf das Toggenburg aus, und erfasste in den 1770er Jahren Glarus. Nach 1800 veränderte sich seine Geografie vollständig. Nun fanden sich in Altstätten, Rorschach und St. Gallen Abnehmer von Baumwolle. Darüber hinaus wurden Kunden in Rapperswil, Boniswil und Basel beliefert. In Lyon liessen sich vier Kunden ausmachen, in Rouen einer. Als Nächstes wird untersucht, auf welche Weise sich der Handel der Kaufleute Zellweger mit der im Heimgewerbe hergestellten Baumwollware gestaltete.

1880 Hess, Stefan: Artikel «Heusler, Heussler, Leonhard (1754–1807)», in: e-HLS online, 15.10.2007; H. Tr.: Artikel «Heusler, Heussler, Leonhard (1754–1807)», in: HBLS (4/1927), S. 231.
1881 Zellweger & Comp.: 7 Briefe an Puy, Scherb & C. in Lyon, Trogen, 1800–1801.
1882 Zellweger & Comp.: 5 Briefe an Mottet, Cordier & C. in Lyon, Trogen, 1800–1808.
1883 Zellweger & Comp.: 3 Briefe an Devillas & Boissière in Lyon, Trogen, 1800–1801.
1884 Zellweger & Comp.: 1 Brief an Gross, Davillier & Cie. in Paris, Trogen, 29.06.1809, S. 336.
1885 Zellweger & Comp.: 11 Briefe an Bernard Cabanon & C. in Rouen, Trogen, 1800–1808.

Baumwollware – die Revolutionäre

Das Weben von Baumwollware in Heimarbeit begann in der Alten Eidgenossenschaft von Region zu Region zu unterschiedlichen Zeitpunkten. Dort, wo das Leinwandgewerbe betrieben wurde, gestaltete sich die Umstellung auf die viel einfacher zu verarbeitende Baumwolle mühelos. In der Stadt St. Gallen beispielsweise führte Peter Bion (1684–1735) von Heidelberg als Erster im Jahr 1721 die Weberei des Mischgewebes «Barchent» ein.[1886] In Appenzell Ausserrhoden setzte die Baumwollweberei laut Walser/Rüsch (1829) im Jahr 1747 und damit rund 26 Jahre später ein.[1887] Wie unterschiedlich sich die Zeitpunkte der Einführung der Baumwollweberei gestalteten, lässt sich an den nur 12 Kilometer voneinander entfernt liegenden Ortschaften Näppis und Hemberg im Toggenburg besonders gut veranschaulichen. Ulrich Bräker (1735–1798) in Näppis (Toggenburg, St. Gallen) wurde nach neun Jahren 1768 «des Garnhandels überdrüssig» – er begann mit der «Baumwollentüchlerey». Denn er glaubte, «mit den Webern besser als mit den Spinnern auskommen zu können». Doch beurteilte er dies im Nachhinein als «für meine Oekonomie ein thörigter Schritt [...]». Mit den kalten und nassen Sommern der Jahre 1768 und 1769 kündigte sich das Hungerjahr 1770 an, in welchem «der Baumwollen-Gewerb fast gänzlich ins Koth fiel». Also «lud ich mir schon A[nno]. 71 oder 72 meine Weberey, obgleich mit ziemlichem Verlust ab mir; das brachte mir eben auch nicht den besten Ruf; denn mein Baumwollenbrauch wurde dadurch geringer – also mein Baumwollenherr unzufrieden und mürrisch».[1888] Bräkers «Baumwollherr» war *Hartemann & Grob jünger* von Ebnat-Kappel.[1889] Baumwollweberei und Handel mit Baumwollware betrieb Bräker somit nur drei bis vier Jahre intensiv. Danach kehrte er reumütig zum Handel mit Baumwollgarn zurück. In Hemberg (Toggenburg, St. Gallen) hingegen führte der Kaufmann Christian Neef/Näf (1742–1820) die Baumwollweberei, insbesondere der «Mousse[lin]:», 1776 ein und damit 17 Jahre später als in Näppis. Neef/Näf von Hemberg etablierte sich in der Folge als einer der ersten Schweizer Fabrikanten 1801 mit einer mechanischen Baumwollspinnerei in Rapperswil.

Im Gegensatz zum schweren Leinengewebe ohne grossen Faltenwurf zeichnet sich das Baumwollgewebe durch seine Leichtigkeit aus. Für Kleider zeigt es zudem einen schönen Faltenwurf. Johann Heinrich Mayr (1768–1838) von Arbon, Fabrikant in Textildruckerei und Textilfärberei, hielt in seiner Autobiografie eine persönliche Beobachtung bezüglich des Unterschiedes zwischen Leinenware und Baumwollware fest. Der immer kränkelnde Mayr kam zu der festen Überzeugung, dass leinene Hemden und Strümpfe ungesund waren, weil sie kühl auf der Haut lagen.[1890] Das Baumwollgewebe hingegen pries er als angenehm wärmend, was für die Gesundheit des Trägers ein ganz entscheidender Vorteil sei. Zudem liess sich Baumwollware viel besser bedrucken als Leinenware. Letzteres bezeichnete er sogar als unmöglich. Durch den Textildruck liessen sich ungeahnte, die Konsumenten verzückende Möglichkeiten der Farbgebung, der zeichnerischen Gestaltung verwirklichen. Darin lag Mayrs ganze Leidenschaft. Den einzige Nachteil von Baumwollware, ihr höherer Verschleiss als Leinenware, war aus seiner Perspektive als Verkäufer sogar vorteilhaft für sein Geschäft. Was das für den Verkauf der Baumwollware bedeutete, umschrieb Braudel (1990) in poetisch anmutender Manier:

> Und schliesslich tritt der letzte Rivale, die Baumwolle an, um sich die Krone des Sieges zu holen. Seit langem schon in Europa eingeführt, gelangt sie nun mit den Indiennes [A.d.A.], deren im Abendland unbekannte Druck- und Farbtechniken lebhaften Anklang finden, bald auf den ersten Platz. Ja es besteht sogar die Gefahr einer Überschwemmung Europas mit indischen Geweben, denn die Eindringlinge reissen alle Barrieren

1886 Mayer, Marcel: Artikel «Bion, Peter (1684–1735)», in: e-HLS online, 03.08.2004.

1887 Walser: «1747 fieng man im Land an, Barchet, geblümte Leinwad etc. zu fabricieren, da hatte man alles zu gewinnen»., in: Walser/Rüsch: Appenzeller-Chronick [1732–1772] (1829), S. 198.

1888 Bräker: Der arme Mann im Tockenburg (1993), S. 219, 222, 224, 236.

1889 Tagebucheintrag 16.01.1783: «hat mit h. Grob [Hartemann & Grob jünger, Ebnat-Kappel] zurechnen», in: Holliger et al. (Hg.): Ulrich Bräker. Sämtliche Schriften (2/2010), S. 352.

1890 Buenzli (Hg.): Mayr: Meine Lebenswanderung (3/2010), S. 678.

nieder. So musste sich Europa wohl oder übel bequemen, Indien zu imitieren und Baumwolle zu weben und zu bedrucken.[1891]

Drastischer beschrieben diese Veränderungen Marks (2006) und Beckert (2014). War Indien um 1700 der grösste Exporteur von qualitativ hochstehender und trotzdem billiger Baumwollware, überstieg bereits um 1750 die Nachfrage nach indischer Baumwollware die Produktion in Heimarbeit. Noch 1707 hatte die britische Regierung die Einfuhr indischer Baumwollware verboten, um dem britischen Textilgewerbe Raum und Zeit zur Entwicklung zu geben. Dass England sich vom Importeur von Baumwollware zum Exporteur mauserte, war mit ein Resultat des Siebenjährigen Krieges in Nordamerika. 1760 errangen britische Truppen den entscheidenden Sieg über die Franzosen. In der Folge musste sich Frankreich aus Indien zurückziehen.[1892] Die *Britische Ostindien-Kompanie* (1600–1858) wurde zum grössten Exporteur indischer Baumwollware. Mit der Industriellen Revolution in Grossbritannien, gleichzusetzen mit der Erfindung der mechanischen Baumwollspinnerei in Manchester in den 1780er Jahren[1893], gelang es Grossbritannien, die im Heimgewerbe organisierte Produktion von Baumwollware in Indien zu überflügeln. An welche Beschaffungs- und Absatzmärkte für Baumwollware knüpften die Kaufleute Zellweger an? Ihr «Einkauf» und «Verkauf von Baumwollware» wird in den folgenden Unterkapiteln dargestellt.

Einkauf der Baumwollware

Die Identifikation des Kaufhauses Egli in Oberglatt (St. Gallen) ist eines der faszinierenden Ergebnisse dieser Arbeit. Über die Korrepondenz Zellweger liess sich die Geschichte eines prächtigen Gebäudes aus den 1770er Jahren nachvollziehen, das heute, verlassen auf der Landschaft stehend, dem Betrachter Rätsel aufgibt. Es ist «sichtlich auf Repräsentation angelegt» mit seiner Strassenfassade, die trotz hölzernem Riegelbau einen städtischen Steinbau vortäuscht, mit Türmchen als Statussymbol des Adels, mit reich ausgestattetem Portal samt Familienwappen, mit sieben Fensterachsen – deren fünf waren im Toggenburg die Regel –, mit ummauertem Hof und nicht zuletzt mit geradezug fürstlich grosszügigem Treppenhaus. All das macht einen «palastartigen» Eindruck.[1894] Nur die eisernen Fensterläden vor den Büroräumen und Lagergewölben im Erdgeschoss verraten den vermöglichen Grosskaufmann.[1895] Zwei Ereignisse definieren die Geschichte dieses faszinierndn Hauses mit seinen total 32 Zimmern als von Anfang an tragisch. Erstens beschloss der Abt von St. Gallen genau während der Phase des Hausbaus 1777 den Bau einer effizienten Strassenverbindung zwischen St. Gallen und seinem Zweitsitz Wil, die nördlich an Oberglatt vorbeiführte. Dadurch sah sich das bis dahin optimal an der Hauptverkehrsachse unterhalb eines Steiges gelegene Gebäude von heute auf morgen vom lebensnotwendigen Verkehrsfluss abgeschnitten und auf die Landschaft versetzt. Zweitens erlebte der Bauherr Johannes Egli-Haug (1734–1780) den Bauabschluss nicht mehr. Seine Ehefrau Anna Egli-Haug (1741–1781) starb nur ein Jahr später. Sie galt als in «Kauf- und Handelschaft sehr kenntnisreich und erfahren, fleissig und unverdrossen, treu und redlich, gewissenhaft und ordentlich».[1896] Sie hatte «niemanden übervorteilt» und war weder «stolz» noch «hochmütig» – ein sympathischer Befund für die selbständig tätige Kauffrau, die das neueste und grösste Kaufhaus im ganzen Toggenburg bewohnte.
Die Zellweger korrespondierten mit *Johannes de Hans Ulrich Egli*, mit dessen Ehefrau unter *Johannes Egli seel. Wittib* und mit ihrem Sohn und Nachfolger Johann Ulrich Egli (1766–1808), für den aber

1891 Braudel: der Handel (1990), S. 340.
1892 Marks: Die Ursprünge (2006), S. 114–117.
1893 Beckert: King Cotton (2014).
1894 Im Jahr 2010 priesen Antoniol+Huber+Partner AG Architekten das Objekt als «Wohnen wie im Schloss» an, vgl. Pamphlet «Hirschen» mit Befund, Baubeschrieb und Umbaukonzept (2010).
1895 Vetsch: Von Textilherren und ihren Häusern, in: Rutz (Hg.): Flawil – eine Zeitreise (2008), S. 85–92, hier S. 88.
1896 Klinkmann: Die Geschichte des Hirschen (2008), S. 3.

nur noch eine kleinste Korrespondenz für das Jahr 1801 nachweisbar war.[1897] In jenem Jahr besass das Handelsunternehmen Egli ein Kapital von 100 000 Gulden.[1898] Es profitierte davon, das einzige im Untertoggenburg zu sein, wo «ein schöneres, ebeneres und zum Teil fruchtbareres Land [...] die Einwohner [...] dem mühsamen Ackerbau, [...] einer harten und strengen Arbeit unterw[arf], deshalb weniger den Handel betreiben können».[1899] Der Kontakt zu den Kaufleuten Egli in Burgau und Oberglatt gestaltete sich jeweils über schriftliche Anfragen seitens der Kaufleute Zellweger. Darin erkundigten sie sich, ob Egli wieder ein Sortiment «Doppeldicker Tuche» angeschafft hatte, welches sie bei ihm besichtigen wollten. Wie regelmässig Zellweger-Hirzel-Scheuss in Oberglatt einzukaufen gewohnt war, zeigt sich insbesondere an seinem Kondolenzschreiben an die Witwe Anna Egli-Haug (1741–1781) zum Tod ihres Ehemanns Johannes Egli (1734–1780) im Juli:

> Mit vielem Bedauren vernemen wir aus dem Schreiben Ihres H. [Stierlen/Steinlin?] die Nachricht von dem seeligen Hintritt Dero H. Egli, besonders nehmen wir an dem hinduch seiner hinterlassenen Frau Wittwe erweckten Kummer wahren Antheil. Gott tröste Sie in diesem Leiden und ersetz Ihr diesen Verlust mit Gesundheit und anderm reichen Seegen. Sein wir im Stande, derselben zu dienen, so werden wir uns allzeit bereit bey uns finden lassen. Ansonst bestätigen unser letztes vom 13. dis und ersuchen uns mit umgehender Post zu melden, ob wir auf den nächstkommenden Donnerstag oder Freytag rohe d.d. an preiswürdiger Tuch bey EL antreffen u. besichtigen können.[1900]

Das Kondolenzschreiben entpuppte sich als parallele schriftliche Anfrage für einen erneuten Geschäftsbesuch. Selbst der Tod des Lieferanten Egli-Haug stellte für Zellweger-Hirzel-Scheuss die Regelmässigkeit seiner Einkaufstour nach Oberglatt nicht in Frage. Nur eine Woche später erfolgte die nächste Anfrage:

> Nach Bestätigung unsers Vorgestrigen sind wir auf dasselbe zu vernehmen gewärtig, ob wir diese Woch eine Parthey preiswürdiger d.d. Tuches bey EL besichtigen können. Ansonsten berichten hiermit, dass bey H: Girtanner in St. Gallen wiederum 50 Stk. Bthlr. für Sie parat liegen, welche zu beziehen und uns dafür mit f 1200 zu creditieren bel[ieben]. Hätten Sie sodann neuliche preiswürdige weiss, so dürften vielleicht auch einich mit nehmen.[1901]

Einzig das schlechte Wetter schien ein Grund gewesen zu sein, diese im Hochsommer fast wöchentlich nachweisbare Einkaufstour nicht zu unternehmen:

> Antwortlich auf Dero werhtes vom 25. diss sollen anmit allein anzeigen, dass wann die Witterung günstig bleibt, Schreiber diss nächsten Samstag, das ist, in kommend W[oche]. sich zu Ihnen verfügen wird, um zu sehen, ob er etwas preiswürdige Waar roh od. weisse Tuch bey Ihnen auszusuchen findet.[1902]

Das Wetter war der Sache hold, die angekündigte Einkaufstour wurde unternommen. Anfangs August 1780 überwies Zellweger-Hirzel-Scheuss zugunsten von Egli-Haug an den Bankier *Girtanner* in St. Gallen 1000 Gulden und 23 Kreuzer, «welche den Betrag der letzthin gehandelten rohen Tüchern saldieren werden».[1903] Die umfangreiche Korrespondenz mit Johannes Egli (1734–1781) lässt vermuten, dass es sich bei der Handelsbeziehung mit Egli um eine «gegenseitig nützliche Korrespondenz» handelte. Tatsächlich entschloss sich Egli, seine Einkäufe von Baumwolle *Zellweger & Honnerlag* und *Zellweger, Müller & Comp.*, später *Zellweger, Zürcher & Comp.* in Genua anzuvertrauen. Während die Kaufleute

1897 Zellweger & Comp.: 3 Briefe an Johann Ulrich Egli (1766–1808) in Oberglatt, Trogen, 1801.

1898 Klinkmann: Die Geschichte des Hirschen (2008), S. 4.

1899 Zitat nach «Die Toggenburger Agrarzonen aus der Sicht des Landschreibers Andreas Giezendanner (1733–1797), 1766», in: Baumann: Konf., polit., wirtschaftl. Vielfalt, in: Kantonsgeschichte St. Gallen (3/2003), S. 99.

1900 Zellweger, Johannes (1730–1802): 1 Brief an Anna Egli-Haug in Oberglatt, Trogen, 17.07.1780, S. 1097.

1901 Zellweger, Johannes (1730–1802): 1 Brief an Anna Egli-Haug in Oberglatt, Trogen, 24.07.1780, S. 1100.

1902 Zellweger, Johannes (1730–1802): 1 Brief an Anna Egli-Haug in Oberglatt, Trogen, 27.07.1780, S. 1101.

1903 Zellweger, Johannes (1730–1802): 1 Brief an Anna Egli-Haug in Oberglatt, Trogen, 07.08.1780, S. 1111.

Egli um 1770 noch vornehmlich die Leinenware «Doppeldickes Tuch» einkauften, verlegten sie das Schwergewicht im Laufe der Jahre auf Baumwollware. Im August 1800 fragte *Zellweger & Comp.* bei *Johann Ulrich Egli* um 7/4 und 8/4 Ellen breite Baumwollware an:

> Unterm 6ten dis sandten wir für dero Rechnung an H: Frie. Girtanner & Co. in Geld f 1100–, von denen Sie sich erkennen zu lassen belieben & scheint, empfangen Sie den Saldo Ihrer Rechnung vom 21. Juli f 550:42:–. Der kleine Differenz von f 1.42 rührt vom Abgang im Maas her. Sie bel[ieben]., von diesem Geld guten Empfang zu besorgen und davon zu berichten. Melden Sie uns gefellig, ob Sie mit guten dicken 7/4 & 8/4 Bwollth & zu was Preis versehen seyen. Wir könnten vielleicht noch etwas gebrauchen.[1904]

Das Beispiel zeigt nicht nur auf, dass bei *Johann Ulrich Egli* Baumwollware eingekauft wurde, sondern gewährt zugleich einen Einblick in das Zahlungswesen. Den Lieferanten Egli bezahlte man über das Bankhaus *Friedrich Girtanner & Co.* in St. Gallen. Zudem lässt sich nachvollziehen, mit welcher Exaktheit sowohl Verkäufer als auch Käufer einander, obwohl langjährige Geschäftspartner, die Handelsware abmassen und kleinste Fehler im Längenmass gegenseitig verrechneten.
Mit *Jonas Lenggenhager* in Mogelsberg[1905] (St. Gallen) konnte ein langjähriger Lieferant von Baumwollware der *Zellweger & Comp.*, *Johannes Zellweger Sohn* und *J.C. Zellweger* im Toggenburg identifiziert werden. Weiter nördlich in Hemberg war *Joseph Mettler seel. Frau Wittib*[1906] (St. Gallen) Kundin von Baumwollgarn und Lieferantin von «weisser, glatter Mousse[lin]:» für *Zellweger & Comp.* Hier war auch *Hans Härch Mettler* (1717–1778) seit 1745 als Baumwollverleger tätig. Mit der Einbürgerung in St. Gallen gelang der Familie Mettler in der zweiten Hälfte des 19. Jahrhunderts rasch der Aufstieg unter die reichen Textilunternehmer. *Mettler & Cie.*, seit 1936 *Mettler & Co.*, produzierte bis 1987 feine Baumwollgewebe.[1907]

Verkauf der Baumwollware

Die *Gebrüder Zellweger & Comp.* verfassten im Januar 1766 eine erste Offerte über eine «partie de Toilles de Cotton bleu d'un Ami qui fabrique une parfaitte qualité de March[andise]:». Dieser Lieferant hatte ihnen bis anhin alles verkauft, was er herstellte. Doch nun konnten die Zellweger ihm seine Baumwollware aus zwei Gründen nicht mehr abnehmen. Einerseits war bei Pont de Beauvoisin (Auvergne-Rhône-Alpes) eine Erhöhung des Zolls auf Baumwollware durchgesetzt worden. Andererseits war viel derselben Ware direkt aus Indien in Frankreich eingetroffen. Die Offerte ging an die drei Handelshäuser *Osterwald & Co.*, *Leidekerk & Co.* und *Pourtalès & Co.* in Neuenburg.[1908] Einzig mit Jacques Louis de Pourtalès[1909] ergab sich eine schmale Korrespondenz ohne Geschäftsabschluss. Die andern gingen auf das Schreiben nicht ein. Die Offerte von anfangs 1766 zeigt, dass die Kaufleute Zellweger bereits vorher Baumwollware in ihr Sortiment aufgenommen hatten. Doch Baumwollware unterlag anders als die Leinwand nicht den Handelsprivilegien der Schweizer Kaufleute in Frankreich. Sie unterlag

1904 Zellweger & Comp.: 1 Brief an Johann Ulrich Egli in Oberglatt, Trogen, 15.08.1800, S. 48.

1905 Zellweger & Comp.: 30 Briefe an Jonas Lenggenhager in Mogelsberg, Trogen, 1806–1811; Johannes Zellweger Sohn: 10 Briefe an Jonas Lenggenhager in Mogelsberg, Trogen, 1803–1821; J.C. Zellweger: Total 10 Briefe an Jonas Lenggenhager in Mogelsberg, Trogen, 1809–1839.

1906 Zellweger & Comp.: 17 Briefe an Joseph Mettler seel. Frau Wittib in Hemberg, Trogen, 1800–1811.

1907 Mettler: Chronik des Textilunternehmens Mettler & Co. A.G. St. Gallen, 1745–1945 (1945), S. 9–14.

1908 Gebrüder Zellweger & Comp.: 1 Dienstofferte zugleich an Osterwald & Co., Leidekerk & Co. und Pourtalès & Co. in Neuenburg, Trogen, 06.01.1766, S. 515.

1909 Gebrüder Zellweger & Comp.: 3 Briefe an Pourtalès & Co. in Neuenburg, Trogen, 1766–1769.

vielmehr der grossen Konkurrenz der begehrten Baumwollware aus Indien. Deren Handel stellte das Privileg der *Ostindischen Gesellschaften* dar. Insgesamt nahm sich die Geschäftskorrespondenz an Kunden von Baumwollware mit 251 Geschäftsbriefen von 1747 bis 1780 und damit vor der Industriellen Revolution äusserst bescheiden aus. Für die *Gebrüder Zellweger & Comp.* waren mit *Gschwend & Lechleitner* von Rorschach[1910] und *Rudolf & Christoph Schalch* von Schaffhausen[1911] gerade einmal zwei Kunden von Baumwollware zu belegen. *Schalch* kaufte Ende 1770 ein Ballot Baumwollware von «Schnupftüchern» und bezahlte über Linder von Basel.[1912]

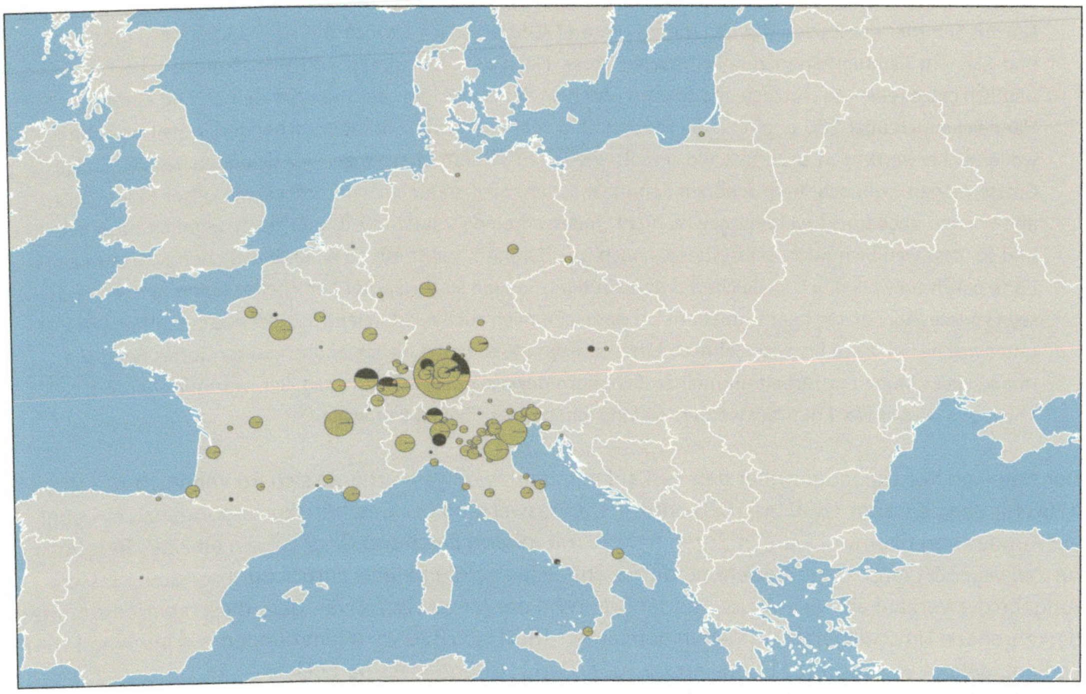

Abbildung 50: Kaufleute Zellweger: Geschäftsbriefe an Kunden von Baumwollware, 1747–1780 und 1800–1820

Seit der Aufteilung der *Gebrüder Zellweger & Comp.* 1774 bestand im Handel mit der Leinwand eine familieninterne Konkurrenz zwischen *Zellweger älter & Comp.* und *Zellweger Vater & Comp.* Es war wohl dieser Umstand, der Zellweger-Hirzel-Scheuss dazu veranlasste, vermehrt auf den Handel mit Baumwollware zu setzen und zwar mit *Johannes Scheussens seel. Fr[au]: W[itti]:b* von Herisau[1913], zu welcher verwandtschaftliche Beziehungen bestanden haben dürften. Möglicherweise handelte es sich um seine Schwägerin aus erster Ehe. Zellweger-Hirzel-Scheuss begann, für Baumwollwaren einen Absatzmarkt in Italien zu bewirtschaften. Er versandte am 2. Oktober 1775 eine Offerte an die zwei Adressen in Lugano (Tessin) *Grd. Ant. Buonvicini*[1914] und *A. Magatty*[1915] und an die zwei Adressen in Pavia (Lombardei) (Carlo) *Pagani e figli*[1916] sowie *Scardino e Bussi*.[1917] Mit allen vier neuen Kontakten entwickelte sich in der Folge eine Geschäftskorrespondenz. Kein Erfolg hatte die Kontaktaufnahme mit möglichen Kunden im Süden Italiens. Weder *Gin. Battista Bevalldo* in Novi Ligure[1918] (Piemont) noch

1910 Gebrüder Zellweger & Comp.: 8 Briefe an Gschwend & Lechleitner in Rorschach, Trogen, 1762–1780.
1911 Gebrüder Zellweger & Comp.: 21 Briefe an Rudolf & Christoph Schalch in Schaffhausen, Trogen, 1769–1774.
1912 Gebrüder Zellweger & Comp.: 1 Brief an Rudolf & Christoph Schalch in Schauffhausen, Trogen, 31.12.1770, S. 284.
1913 Zellweger, Zürcher & Co.: 65 Briefe an Johannes Scheussens seel. Fr: W:b in Herisau, Trogen, 1774–1780.
1914 Zellweger, Zürcher & Co.: 10 Briefe an Grd. Ant. Buonvicini in Lugano, Trogen, 1774–1780.
1915 Zellweger, Zürcher & Co.: 4 Briefe an A. Magatty in Lugano, Trogen, 1774–1780.
1916 Zellweger, Zürcher & Co.: 18 Briefe an (Carlo) Pagani e figli in Pavia, Trogen, 1774–1780.
1917 Zellweger, Zürcher & Co.: 5 Briefe an Scardino e Bussi in Pavia, Trogen, 1774–1780.
1918 Zellweger, Zürcher & Co.: 1 Brief an Gin. Battista Bevalldo in Novi Ligure, Trogen, 30.11.1780, S. 1175.

François Gabriel Durat [1919] noch *Francesco Pane* von Neapel[1920] noch *Giochino Genzardi* in Palermo[1921] (Sizilien) reagierten. Möglicherweise wurden diese Kunden aber direkt über das Handelshaus in Genua bedient. In Frankreich entwickelten sich Kontakte zu *François* Muguet[1922] und *Jean Baptiste Wey* von Besançon[1923] (Franche-Comté) sowie im Ansatz mit *Antoine Demeve* von Oueilloux (Midi-Pyrénées).[1924] Im Jahr 1785 erliess der französische König erneut ein Einfuhrverbot für Baumwollware nach Frankreich, obwohl es 1759 aufgehoben worden war. Ulrich Bräker (1735–1798) beschrieb die Auswirkungen dieses Verbots auf seinen Handel mit Baumwollware in drastischen Worten:

> Nur im Sommer des letzten der genannten Jahre (1785) erlitt' ich freylich mit so vielen andern grössern und kleinern Leuthen einen ziemlich harten Stoss. Nach dem bekannten Königlich Französischen Edikt nämlich gab es einen so plötzlich und starken Abschlag der Waare, dass bey meinem kleinen und einfältigen Händelchen ich über 200 fl. einbüssen musste. Und seither ist kein Anschein vorhanden, dass der Baumwollentücher-Verkehr in unserm Land jemals wieder zu seinem ehevorigen Flor gelangen werde. Einige Grosse mögen wol noch ihren schönen Schnitt machen; aber so ein armer Zumpel, wie unser einer, dem alle Waaren abgedruckt werden, gewiss nicht. Indessen gieng's auch mir immer noch ziemlich passabel; und so, dass wenn ich mich, selbst damals noch, zur Kargheit, selbst nur zu einer ängstlichen Sparsamkeit hätte bekehren wollen, ich vielleicht auf den heutigen Tag ein so genannter bemittelter Mann heissen und seyn könnte. Aber dieser Talent (mit dem ich wahrscheinlich auch nicht in jene Schuldenlast gerathen wäre, unter welcher ich zehn bis zwölf Jahre so bitter seufzen musste, und die ich endlich, unter Gottes Beystand, mit so vieler Mühe und Arbeit ab meinen Schultern gewälzt) dieser Talent, sag' ich, war mir eben nie zu Theil, und wird es wohl nimmer werden, so lang ich in dieser Zeitlichkeit walle.[1925]

Der Anteil an Korrespondenz über den Verkauf von Baumwollware erhöhte sich im Vergleich zu vor 1780 für den Zeitraum 1800 bis 1820 enorm. Die Auswertung der Geschäftskorrespondenz Zellweger auf Kunden von Baumwollware in Bozen lieferte mit *Johann Jacob von Graff* [1926] ein einziges Resultat für *Zellweger & Comp.* Diese Beziehung dürfte auf Zellweger-Egg-Hirzel zurückzuführen sein, dessen Aufgabe der Verkauf an italienische Kunden während der *Messe Bozen* war. Über diesen periodisch wiederkehrenden Umschlagplatz wurden in den Jahren 1800 bis 1820 vor allem Kunden von Venedig [104] bedient, gefolgt von Turin [84] und Ferrara [69], Bari [16] und Messina [11].
Im November 1809 konnte *Zellweger & Comp.* die Handelsgesellschaft *Schalch & Comp.* von Schaffhausen nur als Kunde von Baumwollware gewinnen, weil sie einen Verlust einzustecken bereit war. Sie versuchte, mit folgendem Argument zu weiteren Einkäufen zu animieren: «*Wir glauben, dass Sie in gegenwärtigen Umständen noch andere Article vortheilhafter von uns als von den Fabricanten selbst kaufen würden* [H.d.d.A.], weswegen uns sehr angenehm wäre, mit einem Besuch von Ihnen beehrt zu werden, in welche angenehmer Hoffnung uns Ihnen höflichst empfehlen».[1927]
In Frankreich wurden wie bereits vor 1780 weiterhin Kunden in Besançon [35] mit Baumwollware beliefert. Sie hiessen *Desaintoyant*[1928], *Pion, Grognot & Co.*[1929] und *Nicolas Clerc ainé*.[1930] Besançon erlebte als Bollwerk gegen das Reich im 18. Jahrhundert eine Phase des Wohlstands. In Bordeaux [22] und Bayonne [23] wurden Kunden in zwei Hafenstädten am Atlantik beliefert, in Nîmes [10] und Marseille [32] Kunden in zwei Hafenstädten am Mittelmeer.

1919 Zellweger, Zürcher & Co.: 2 Briefe an François Gabriel Durat in Neapel, Trogen, 1774–1780.
1920 Zellweger, Zürcher & Co.: 1 Brief an Francesco Pane in Neapel, Trogen, 10.11.1777, S. 631.
1921 Zellweger, Zürcher & Co.: 1 Brief an Giochino Genzardi in Palermo, Trogen, 10.04.1780, S.1041.
1922 Zellweger, Zürcher & Co.: 28 Briefe an François Muguet in Besançon, Trogen, 1774–1778.
1923 Zellweger, Zürcher & Co.: 3 Briefe an Jean Baptiste Wey von Besançon, 1774–1778.
1924 Zellweger, Zürcher & Co.: 2 Briefe an Antoine Demeve in Oueilloux, Trogen, 1774–1780.
1925 Bräker: Der arme Mann im Tockenburg (1993), S.258–259.
1926 Zellweger & Comp.: 8 Briefe an Johann Jacob von Graff von Bozen, Trogen, 1800–1801.
1927 Zellweger & Comp.: 1 Brief an Schalch & Comp. von Schaffhausen «à St. Gall, au bœuf», Trogen, 09.11.1809, S.563.
1928 Zellweger & Comp.: 17 Briefe an Desaintoyant in Besançon, Trogen, 1800–1808.
1929 Zellweger & Comp.: 4 Briefe an Pion, Grognot & Co. in Besançon, Trogen, 1800–1801.
1930 Zellweger & Comp.: 12 Briefe an Nicolas Clerc ainé in Besançon, Trogen, 1806–1811.

Wie funktionierte nun der Transport der Leinwand und der Baumwollware von Trogen aus an die Kundschaft? Im nächsten Unterkapitel werden die Warenflüsse auf den Transportrouten nach Lyon im Westen und Genua im Süden anhand der Abläufe der Spedition zwischen «Speditionsherren» und «Fuhrknechten» im Handelsraum Zellweger untersucht.

Warenflüsse – zwischen «Speditionsherren» und «Fuhrknechten»

Einleitung

Für den Export ihrer Leinwand von Trogen aus nach Lyon oder Genua konnten sich die Kaufleute Zellweger auf ein ausgebautes, intaktes und äusserst zuverlässig funktionierendes Transportwesen verlassen. In der Schweiz spielte das spezialisierte Transportwesen von jeher eine herausragende Rolle.[1931] Beide Routen waren mit rund 520 Kilometern etwa gleich lang. Der Unterschied lag in ihrer geografischen Ausrichtung Ost-West nach Lyon und Nord-Süd nach Genua, woraus sich die entsprechenden verkehrstechnischen Herausforderung ergaben. Mit der Stadt St. Gallen für die Ost-West-Achse Richtung Lyon und dem Landstädtchen Altstätten für die Nord-Süd-Achse Richtung Genua liegen zwei Ausgangs-, Anknüpfungs- und Verkehrsknotenpunkte auf beiden Transportrouten geografisch in nächster Nähe von Trogen. Die Kaufleute in Leinwand der Handelsstadt St. Gallen hatten sich in den Jahrhunderten zuvor intensiv um den Ausbau des Speditionswesens nach Lyon und insbesondere auch des Postnetzes über das «Lyoner Ordinari» bemüht. Die Kaufleute von Lindau unterhielten seit dem 14. Jahrhundert den «Lindauer Boten» nach Mailand, der sich auf der Rückreise von Mailand herkommend «Mailänder Bote» nannte.[1932] Das Rheintal war für die Kaufleute aus den süddeutschen Handelsstädten Nürnberg, Ulm und Augsburg die Hauptverkehrsachse, über welche sie ihre Handelswaren über Lindau im Bodensee, Rheineck, Chur, über die Bündner Pässe nach Mailand und Genua spedieren liessen. Mit dem Landstädtchen Altstätten am wichtigen Verkehrsweg mitten durch das Rheintal gelegen, ist Trogen über die Trogener Strasse unter dem Pass Stoss direkt verbunden. An diese optimalen Voraussetzungen fanden die Kaufleute Zellweger ab der Landschaft Anschluss für ihre geschäftlichen Bedürfnisse im Post- und Speditionswesen.

Nach einleitenden Bemerkungen zu den zeitgenössischen Strassenverhältnissen und dem aufkommenden «Strassenbau» wird im ersten Unterkapitel «Die Ost-West-Achse von Trogen nach Lyon» untersucht, im zweiten Unterkapitel «Die Nord-Süd-Achse von Trogen nach Genua». Diese Unterkapitel orientieren sich inhaltlich am ehemaligen Routenverlauf. Wie verliefen die Routen geografisch? Welche verkehrstechnischen Herausforderungen galt es zu bewältigen? Wie gestaltete sich der Transport der Textilware auf den unterschiedlichen Wegstücken? Wie organisierte sich die Spedition? Wer waren die Spediteure der Kaufleute Zellweger? Handelte es sich um kurzfristige oder langfristige Geschäftsbeziehungen? Wer waren die Fuhrknechte? Welche Unfälle passierten auf der Route? Wer hatte die Verantwortung für die zu transportierende Handelsware? Welche Route stand in welcher Phase des Textilhandels der Kaufleute Zellweger im Zentrum ihres Interesses?

1931 Braudel: der Handel (1990), S. 386.

1932 Dobras: Mailänder Bote, Lindauer Bote, in: Bündner Monatsblatt (5/1989), S. 339–356.

«in so schlechten Zustand und in gänzlichen Zerfall geraten» – Strassenverhältnisse und Strassenbau

Die Strassen auf dem Gebiet von Appenzell Ausserrhoden beschrieb Rüsch (1835) für das 18. Jahrhundert als «ausgefahrene enge Graben, sogenannte Hohlgassen, oft mit Holz statt mit Steinen besetzt und nur für Fussgänger, Saumpferde und Bauernwagen [dienlich]». Von der Stadt St. Gallen nach Trogen und von Herisau nach Peterzell wurden erst 1789 Strassen angelegt, welche auch mit Kutschen befahrbar waren.[1933] Der Saumpfad über den Pass Stoss nach Altstätten ins Rheintal entstand 1799 auf Verlangen der französischen Besatzer. Eine kantonsübergreifende Verbindung über die alte Stossstrasse wurde auch hier erst 1804 und 1807 auf der Basis von Weggeldern erstellt, welche die Eidgenössische Tagsatzung zusprach.[1934] Auch in der voralpinen Landschaft Toggenburg waren die Strassen 1771 in einen «so schlechten Zustand und in gänzlichen Zerfall geraten, dass man zur Schande und zum grossen Nachteil des Landes nirgendwo mehr mit Leib und Gut sicher fortkommen und dadurch die Lebensmittel viel teurer angeschafft werden müssen».[1935] Dasselbe galt für die Strassen in der Ebene um 1780, wie für das Gebiet südlich von Feldkirch (Österreich) zu belegen war. Anlässlich einer Beschwerde über die unbrauchbare Strasse erteilte die Obrigkeit den Fuhrleuten den Rat, über Äcker und Wiesen zu fahren, was sie natürlich längst taten.[1936] Hauptproblem im Strassenbau war die Entwässerung der Wege, was in einer sumpfigen Ebene wie dem Rheintal zunächst den arbeits- und unterhaltsintensiven Bau von Dammanlagen voraussetzte. Weiter südlich im Rheintal von St. Luzisteig bis Chur baute man die Reichsstrasse in den Jahren 1782 bis 1786 aus.

Auf dem Gebiet des heutigen Kantons St. Gallen bewogen die Hungerjahre 1770/1771 den Fürstabt Beda Angehrn (1725–1796) dazu, über den Ausbau der äusserst schlechten Strasse zwischen seinen beiden Hauptsitzen in St. Gallen und Wil in die Arbeitsbeschaffung zu investieren. Mit dem Ziel, eine direkte Verbindung zwischen dem Kornhaus im äbtischen Rorschach am Bodensee nach Wil zu schaffen, verlegte er die Strassenführung. 1776 war der Strassenabschnitt bis Gossau fertiggestellt. Wegen politischen Widerstandes aus Flawil und Oberuzwil entschied der Fürstabt, die Strasse nicht wie geplant über das untere Toggenburg, sondern direkt nach seinem Sitz in Wil zu führen. Dadurch blieb für die dort ansässigen Kaufleute und Fuhrleute mit dem Verkehr auch die Verdienstmöglichkeit aus. So sah sich beispielsweise das eben erbaute Kaufhaus Egli in Oberglatt bei Flawil unverhofft auf die abgelegene Landschaft versetzt. Seine ehemals optimale Position direkt an der alten Landstrasse unterhalb des «Glattstichs» war dahin. Wo bei der Suste bis anhin emsiges Treiben der Fuhrleute mit Vorspannpferden zur Bewältigung des Geländeanstiegs herrschte, breiteten sich nun Stille und Öde aus.[1937] Selbst der im Auftrag der Kaufleute von St. Gallen nach Zürich reitende Postbote nahm seine Route nun nicht mehr über die alte Landstrasse durch das untere Toggenburg, sondern über die neue Strasse durch das Land des Abtes. Daran änderten weder ein Gesuch von *Johannes Egli & Comp.* von Oberglatt 1780 an den Direktor der Zürcher Post noch eine Gesandtschaft des *Kaufmännischen Directoriums St. Gallen* 1781 etwas, welche die Strassenverhältnisse vor Ort beim Kaufhaus Egli überprüfte.[1938] Das seiner Funktion beraubte, bis heute verloren auf der Landschaft stehende grosszügige Kaufhaus Egli in Oberglatt ist ein Beispiel dafür, wie nachhaltig der Strassenbau Landschaft und Wirtschaft prägte und veränderte. Er strukturierte wirtschaftliche Räume neu und klassifizierte Verbindungen je nach Tätigkeit und Perspektive der Anwohner zu ihrem Vor- oder Nachteil.

1933 Rüsch (Hg.): Der Kanton Appenzell, historisch, geografisch, statistisch geschildert (1835), S. 149.

1934 Witschi, Peter: Artikel «Stoss», in: e-HLS online, 25.07.2011.

1935 Aus einem hochobrigkeitlichen Befehlsschein vom 16.11.1771, zit. bei Baumann: Konfess., polit., wirtschaftl. Vielfalt, in: Kantonsgeschichte St. Gallen (3/2003), S. 147, nach Hungerbühler: Industriegeschichtliches über die Landschaft Toggenburg (1852), S. 51.

1936 Dobras: Mailänder Bote, Lindauer Bote, in: Bündner Monatsblatt (5/1989), S. 339–356, hier S. 351.

1937 Bänziger: Der «Hirschen» in Oberglatt, in: Toggenburger Annalen (1989), S. 67–72, hier S. 68–69.

1938 Klinkmann: Die Geschichte des Hirschen (2008), S. 3.

Im 18. Jahrhundert trieb man in der Eidgenossenschaft den Strassenbau intensiv vorwärts. Der Strassenbau stand in direkter Wechselwirkung mit dem Bevölkerungs- und Wirtschaftswachstum, weshalb Schiedt (2012) darin einen wichtigen Ausgangspunkt staatlicher Infrastrukturpolitik sah. Die jüngere Forschung verortete im Bau der «Chausseen» eine erste Verkehrsrevolution. Sie begann mit der Errichtung einer durchgehenden Strassenverbindung im Kanton Bern in den 1740er Jahren.[1939] Ziel war es, die neuen «Chausseen» als zusammenhängende Linienführungen entlang von Hauptverkehrswegen mit möglichst geringer Steigung zu projektieren. Erst diese «Chausseen» ermöglichten dem Transportverkehr die ganzjährige Wagenführung unter allgemein vorhersehbaren Bedingungen.
Der Bau der «Chausseen» im Gebirge hingegen war erst nach 1800 möglich, was der Bau der Simplonstrasse bis 1805 demonstrierte. Den übrigen verkehrstechnisch entscheidenden Alpenpässen San Bernardino, Splügen, St. Gotthard und Julier brachten dann die 1820er Jahre befahrbare Gebirgsstrassen. Zuvor war der teilweise in den Felsen gehauene Saumpfad in Form von Serpentinen die Regel, begangen von Saumtieren unter der Leitung eines Säumers. Verbesserungen dieser Saumpfade wie etwa desjenigen des von den Kaufleuten Zellweger auf der Nord-Süd-Achse ausschliesslich benutzten gefährlichen Cardinells auf der Südseite des Splügenpasses von 1709 gingen noch von privaten Initianten aus. Solche Projekte setzten grosses politisches Durchsetzungsvermögen voraus.[1940]

Die Ost-West-Achse von Trogen nach Lyon

Die Spedition auf der Strecke von Trogen nach Lyon unterteilte sich für die Kaufleute Zellweger in zwei grosse Abschnitte. Der eine Abschnitt erstreckte sich von St. Gallen nach Genf über rund 370 Kilometer, der andere von Genf nach Lyon über 180 Kilometer. Das Speditionswesen unterschied sich je nach Streckenabschnitt in seiner Organisation vollkommen.

Erster Abschnitt – von St. Gallen nach Genf mit dem Spediteur Caspar Zili

Im Jahr 1764 gelangte Karl von Zinzendorf (1739–1813) als «Dirigierender Staats- und Konferenzminister» Österreichs auf einer seiner dienstlichen Kommerzialreisen in die Schweiz.[1941] Auf dieser Reise besuchte er Trogen und informierte sich bei *Gebrüder Zellweger & Comp.* und *Conrad Zellweger, Zuberbühler & Co.* über ihr Speditionswesen:

> Alle Samstage früh gehet ihre ausgerüstete Waare nach St. Gallen, von da mit den Flawiler Fuhrleuten nach Morges und dann nach Lyon. Von Lyon gehet vieles nach Spanien, theils über Marseille, theils über Agde, wo ein Speditionshandel ist, theils über Bayonne, wohin die Waaren auf Mauleseln über die Gebirge des Limousin gebracht werden.[1942]

Der Hinweis Zinzendorfs auf die Fuhrleute von Flawil ist umso wertvoller, als sich ihre Tätigkeit in keiner Art und Weise in den Briefkopierbüchern der Kaufleute Zellweger spiegelt. In Flawil betrieben ab dem 17. Jahrhundert etliche Familien den überregionalen Warentransport.[1943] Als Fuhrleute führten sie Transporte im Auftrag der Speditionsunternehmen von St. Gallen aus. Für ihre Belange in Sachen Spedition auf der Strecke von St. Gallen bis Genf korrespondierten alle Kaufleute Zellweger des 18. Jahrhunderts ausschliesslich mit *Caspar Zili* von St. Gallen als Betreiber der wöchentlichen «St. Galler Fuhr», auch «Ordinarifuhr» genannt. Die «Speditionshandlung» *Caspar Zili* stellte den Warentransport

1939 Schiedt, Hans-Ulrich: Artikel «Strassen», in: e-HLS online, 30.07.2012.
1940 Vgl. dazu Hilfiker: Thomas Massner (1663–1712) (1978).
1941 Henrich, Rainer: Artikel «Zinzendorf, Karl von (1739–1813)», in: e-HLS online, 12.09.2012.
1942 Deutsch: Des Grafen Karl von Zinzendorf eingesammelte Nachrichten (1936), S. 214.
1943 Bühler, Beat: Artikel «Flawil», in: e-HLS online, 08.12.2005.

von St. Gallen bis Genf sicher. Die zentrale Bedeutung des Kontakts zu *Caspar Zili* zeigt sich daran, dass es sich um eine der intensivsten Korrespondenzen überhaupt handelte. Sie belief sich während den Jahren 1747 bis 1822 insgesamt auf eindrückliche 1200 Geschäftsbriefe. *Caspar Zili* war jahrzehntelang *der* Favorit der Kaufleute Zellweger für den Gütertransit ihrer Textilware auf Basis eines fahrplanmässig organisierten Transportverkehrs. Namensgebend für das Speditionsunternehmen war Caspar Zili-von Orelli (1717–1758) von St. Gallen. Er hatte im Alter von 23 Jahren von seinem Vater Hans Antoni Zili (gest. 1741) dessen Tuch- und Speditionshandlung übernommen.[1944] Über die belegbaren zwölf Jahre von 1747 bis zu seinem Tod 1758 gestaltete sich der geschäftliche Kontakt der Kaufleute Zellweger zu *Caspar Zili*[1945] als einer der intensivsten überhaupt.[1946] Zu Zili-von Orellis Lebenszeit schaffte es sein Konkurrent *Lau[o]renz Wegelin* nicht über ein Angebot für seine Speditionsdienste hinaus.[1947] Während des Transportes waren die Fuhrleute von Flawil für die Handelsware, ihre Trockenheit und Sicherheit persönlich zuständig. Nahm die gerade auf Nässe empfindlich reagierende Textilware etwa bei Regen während des Transportes auf dem Fuhrwerk Schaden, musste der betreffende Fuhrmann dafür geradestehen. Die Korrespondenz darüber führten die Zellweger mit *Caspar Zili*. Bei Empfang in Lyon packten die Teilhaber und Angestellten die Textilware sofort aus und prüften ihren Zustand. Reklamationen sandten sie nach Trogen, von wo aus mit *Caspar Zili* verhandelt wurde. *Gebrüder Zellweger & Comp.* von Trogen schrieb das Resultat schliesslich nach Lyon: «H: Zili machet E[uren] L[ieben] sein höfl: Compliment & erbietet, den Schaden der beschädigten Trillis 4 fer in [den Fässern, A.d.A.] N:247:248. zu bonificieren, bittend inständig, sein Inte[resse]: hierinn bestens zu observieren, weil es *einen armen Fuhrmann* [H.d.d.A.] betreffe [...]».[1948] *Caspar Zili* zog somit den Schaden direkt am Lohn des verantwortlichen Fuhrmanns ab.
Kurz vor Zili-von Orellis Tod 1758 übergab *Conrad Zellweger, Zuberbühler & Comp.* einmal *Pierre Muret* von Morges die Warenspedition, «pourvu que cela ne lui [*Caspar Zili*, A.d.A.] fasse pas de la peine [...]».[1949] Kaum war der Inhaber von *Caspar Zili* verstorben, versuchte seine Konkurrenz *Leonhard & Daniel Hochreutiner & Co.* in St. Gallen mit wenig Erfolg, *Conrad Zellweger, Zuberbühler & Comp.* als Kunden abzuwerben.[1950] Es gelang *Hochreutiner & Co.* in den 1760er Jahren, sich kurze Zeit als Spediteure für *Gebrüder Zellweger & Comp.* zu etablieren.[1951] Dennoch blieben die Kaufleute Zellweger dem von der Witwe Susanna Zili-von Orelli (1717–1799) interimistisch weitergeführten Speditionsgeschäft *Caspar Zili* treu. Zum Zeitpunkt von Zilis Tod 1758 war sein Sohn Hans Anton Zili (1747–1811) erst elf Jahre alt. Nach seiner kaufmännischen Lehre in Morges trat er 17-jährig in das väterliche Speditionsgeschäft ein, um das es 1764 schlecht stand. 1770 gelang es ihm, seinen «Competenten» und damit seine Konkurrrenz im Transportwesen zu bewegen,

> seine wenigen Handlungaufträge vermittelst eines lebenslänglichen Genusses auch mir zu überlassen. [...] Da ich nun allein war, konnte ich alles dauerhafter und nützlicher einrichten, und meine Handlung, wozu ich wieder neuen Muth bekam, bald auf einen Fuss bringen, dass mehr als das Nöthige darbei zu verdienen ware.

Das Speditionsunternehmen *Caspar Zili* profitierte nun über eine lange Phase von seiner Monopolstellung im Speditionsbereich in der Stadt St. Gallen.[1952] Auch unter dieser Generation Zili entwickelte sich die Korrespondenz wiederum zu einer der intensivsten überhaupt.[1953] 1799 kaufte Zili das Haus

1944 Ehrenzeller: Geschichte der Familie Zili (1928), S. 41.
1945 Gebrüder Zellweger & Comp.: 547 Briefe an Caspar Zili in St. Gallen, Trogen, 1747–1758.
1946 Gebrüder Zellweger & Comp.: 257 Briefe an Caspar Zili in St. Gallen, 1747–1752, 289 Briefe, Trogen, 1752–1759.
1947 Gebrüder Zellweger & Comp.: 3 Briefe an Laurenz Wegelin in St. Gallen, Trogen, 1747–1752.
1948 Gebrüder Zellweger & Comp.: 1 lettre à la maison à Lyon, Trogen, 30.08.1751, S. 572.
1949 Conrad Zellweger, Zuberbühler & Comp.: 1 Brief an Pierre Muret in Morges, Trogen, 28.03.1758, S. 462.
1950 Conrad Zellweger, Zuberbühler & Comp.: 1 Brief an Leonhard & Daniel Hochreutiner in St. Gallen, Trogen 01.09.1758, S. 517.
1951 Gebrüder Zellweger & Comp.: 8 Briefe an Leonhard & Daniel Hochreutiner & Co. in St. Gallen, Trogen, 1762–1769.
1952 Ehrenzeller: Geschichte der Familie Zili (1928), S. 65, 67, 71, 73 und 84.
1953 Gebrüder Zellweger & Comp.: 273 Briefe an Caspar Zili in St. Gallen, Trogen, 1762–1774; Zellweger Vater & Comp.: 16 Briefe an Caspar Zili, 1774–1778; Zellweger, Zürcher & Co.: 8 Briefe an Caspar Zili, 1774–1780; Zellweger & Comp.: 310 Briefe an Caspar Zili in St. Gallen, Trogen, 1800–1811; Johannes Zellweger Sohn: 4 Briefe an Caspar Zili, 1816–1822.

des *Kaufmännischen Directoriums St. Gallen* namens «Nothenstein» für 8800 Gulden, was sich vom Standort her als sehr «nützlich» erwies. 1801/1802 liess er an seiner Stelle einen Neubau direkt neben dem Waaghaus errichten. Nun konnten die zu spedierenden Ballen und Kisten gleich neben dem eigenen Geschäftshaus in der städtischen Waage gewogen werden. An den Samstagen war der Platz vor dem Wohn- und Geschäftshaus «Nothveststein» bis zur St. Katharinengasse entsprechend mit Kisten und Ballen überdeckt. Diese entscheidende Neuerung Zilis, «eine Sammelstelle für den Gütertransport zu schaffen, brachte dem Geschäft so grossen Aufschwung, dass der Tuchladen aufgegeben werden konnte». Nach der Wahl in das *Kaufmännische Directorium St. Gallen* 1804 war Zili als Kassier tätig. Ehrenzeller (1928) beschrieb ihn als

> eifrigen Geschäftsmann, der keine Mühe und Arbeit scheute, um sein Speditionsgeschäft in die Höhe zu bringen. Seitdem er ca. 1770 seinen Teilhaber ausgelöst hatte, stand das Geschäft ausschliesslich unter seiner Leitung. Mit seinen zum Teil noch später in mühsamen Selbstunterricht errungenen Sprachkenntnissen, mit dem Einsatz seiner ganzen Kraft oft bis spät in die Nacht hinein, mit unablässigem Nachdenken über Verbesserungen seiner Geschäftseinrichtungen entwickelte er die Firma Caspar Zili, wie sie nach seinem Vater hiess, zu schneller Blüte.

Nach dem Tod Zilis 1811 übernahm dessen Sohn Georg Leonhard Zili (1774–1860) – ein «Mann der Biederkeit, Arbeitsliebe und einem einfachen religiösen Sinn»[1954] – mit dem Bruder Caspar Zili (1783–1863) und dem Onkel Johann Caspar Schobinger die Leitung von *Caspar Zili*. Mit Georg Leonhard Zili korrespondierte insbesondere Zellweger-Gessner als Betreiber der *Mechanischen Spinnerei Trogen* intensiv.[1955] Ziegler (1943) ging davon aus, dass *Caspar Zili* bereits im 18. Jahrhundert «jenen internationalen Zahlungsverkehr, der mit ihrem Warenverkehr im Zusammenhang stand, abgewickelt und so auch das Wechselgeschäft gepflegt hatte». Der Übergang vom Speditionsunternehmen *Caspar Zili* zum reinen Bankhaus *Wegelin & Co.* vollzog sich jedoch erst seit 1813 bis zur Mitte des 19. Jahrhunderts[1956] und damit nach der Zeit der Kaufleute Zellweger.

Nach 1800 verlor *Caspar Zili* zunehmend seine Monopolstellung. Für *Zellweger & Comp.* etablierten sich weitere Speditionsunternehmen. *Georg Leonhard Fehr beim Kaufhaus* in St. Gallen[1957] spedierte sowohl für *Zellweger & Comp.* als auch für *Johannes Zellweger Sohn*[1958] nach Lyon. Er spedierte an *Battier* in Lyon, aber auch an *Johann Heinrich Streiff* in Glarus. *Kelly & Comp.* spedierte im Auftrag der Zellweger bereits seit den 1770er Jahren hin und wieder nach Paris oder Rouens.[1959] *Johann Joachim Steinmann* (1703–1792) spedierte die Textilware der *Zellweger & Comp.*[1960] und der *Johannes Zellweger Sohn*[1961] an *François Heyberger* in Reims. Die *Gebrüder Wartmann* im «Seidenhof» in St. Gallen übernahmen 1806/1807 die Spedition der Textilware der *Zellweger & Comp.* an eine Kundin in Le Havre[1962], 1808 bis 1809 hiess die Gesellschaft wohl bereits *Wartmann & Co.*[1963] Tynna (1820) bezeichnete dieses Unternehmen einige Jahre später als «Nég[ociant]. de mousselines et toiles».[1964]

1954 Ehrenzeller: Geschichte der Familie Zili (1928), S. 77–79, 84 und 87.

1955 J.C. Zellweger: 92 Briefe an Georg Leonhard Zili in St. Gallen, Trogen, 1809–1821.

1956 Ziegler: Die Firma Caspar Zili, in: Iselin/Lüthy/Schiess (Hg.): Der Schweizerische Grosshandel (1943), S. 233–234; Wegelin: Von der Speditionsfirma Caspar Zili zum Bankhaus Wegelin & Co. (1941), S. 14–17.

1957 Zellweger & Comp.: 19 Briefe an Georg Leonhard Fehr beim Kaufhaus in St. Gallen, Trogen, 1800–1811.

1958 Johannes Zellweger Sohn: 5 Briefe an Georg Leonhard Fehr beim Kaufhaus in St. Gallen, Trogen, 1803–1822.

1959 Gebrüder Zellweger & Comp.: 2 Briefe an Kelly & Co. in St. Gallen, Trogen, 1769–1774; Zellweger Vater & Comp.: 3 Briefe an Kelly & Co., Trogen, 1774–1778; Zellweger, Zürcher & Co.: 2 Briefe an Kelly & Comp., 1774–1780; Zelllweger & Co.: 2 Briefe an Kelly & Co., Trogen, 1806–1807.

1960 Zellweger & Comp.: 3 Briefe an Johann Joachim Steinmann in St. Gallen, Trogen, 1807–1808.

1961 Johannes Zellweger Sohn: 5 Briefe an Johann Joachim Steinmann in St. Gallen, Trogen, 1816–1822.

1962 Zellweger & Comp.: 1 Brief an Gebrüder Wartmann im Seidenhof in St. Gallen, Trogen, 24.02.1806, S. 503.

1963 Zellweger & Comp.: 1 Brief an Wartmann & Co. im Seidenhof in St. Gallen, Trogen, 16.06.1809, S. 314.

1964 Tynna: Almanach du commerce de Paris (1820), S. 1089.

Zweiter Abschnitt – von Genf nach Lyon mit Les Cousins Bonnet

Noch im Februar 1767 beschrieb der Kaufmann in Leinwand Zellweger-Hirzel-Scheuss die Lage der Stadt Genf verkehrsgeografisch als optimal: «Die Laage von Genf ist so beschaffen, dass keine bessere & kostbahre kan gefunden werden».[1965] Der Abschnitt des Rhonetals von Genf bis Lyon war in der Frühen Neuzeit «eine für Versorgung und wirtschaftliche Entwicklung entscheidende Verbindungs- und Verkehrsachse».[1966] Hier übernahmen Spediteure den Versand der Textilware nach Lyon. Die Ware musste zur Bewältigung der 50 Kilometer langen Strecke zum Hafen von Seyssel auf Fuhrwerke verladen werden. Wegen des sogenannten Perte du Rhône bei Bellegarde-sur-Valserine, wo das Wasser unterirdisch verlief, war die Wasserstrasse Rhone erst ab Seyssel schiffbar. Heute ist dieser ehemals verkehrstechnische Engpass im Stausee von Génissiat versunken. Der restliche Abschnitt der Rhone war weitgehend schiffbar. Die starke Strömung flussabwärts nach Lyon ermöglichte auch den Transport schwerer Waren.[1967]

Erster nachweisbarer Spediteur der Handelsgesellschaft *Zellweger & Eugster* in Genf von 1732 bis 1747 war *Trembley & fils.*[1968] Der intensive Kontakt um Speditionsbelange brach genau mit der Auflösung der Handelsgesellschaft im Frühjahr 1748 ab. Die neu gegründete *Gebrüder Zellweger & Comp.* nutzte ab diesem Zeitpunkt die Speditionsdienste der Bonnet von Genf. Zunächst gingen die Speditionsaufträge an *Etienne & Gaspard Bonnet & Co.*[1969] Zum Hauptspediteur von Genf nach Lyon entwickelte sich *Les Cousins Bonnet*, was sich in einer überaus intensiven Korrespondenz spiegelte.[1970] Im Frühjahr 1755 schlug das neu gegründete Handelsunternehmen *Zellweger l'ainé, Zouberbühler & Co.* in der Wahl seines Genfer Spediteurs zunächst alte Wege ein. Es griff auf den Kontakt aus den 1740er Jahren zu *Jean Jacques Trembley*[1971] zurück. In *Jaques la Roche* von Genf[1972] fand es dann einen neuen Spediteur, der die Textilware direkt von der wöchentlichen Fuhr *Caspar Zilis* von St. Gallen übernahm. Die *Gebrüder Zellweger & Comp.* blieben hingegen weiterhin bei den Speditionsfirmen *Bonnet & fils*[1973] von Gaspard Bonnet und in den Jahren 1774 bis 1778 *Bonnet père & fils.*[1974] Wie eng die Beziehungen zu den Spediteuren Bonnet von Genf waren, zeigte sich an einer persönlichen Begegnung. Nach der Heirat in Trogen statteten Zellweger-Wetter und seine Ehefrau Anna Maria Wetter (1730–1777) auf der Durchreise nach Lyon im Jahr 1754 bei den Bonnet ihren Anstandsbesuch ab: «Nous esperons que nôtre Sr: Jaques Z: & Mad: son Epouse auront eu l'honneur à vous rendre leur Devoir en passant par vôtre Ville [...]. Excusés s['il]:v[ous]:plait l'Embaras qu'ils vous aurant causé [...].»[1975] Bei Trembley handelte es sich um ein Patriziergeschlecht mit Vertretung im Kleinen Rat[1976], während La Roche wohl ein Bürgergeschlecht von Lausanne war.[1977] Die Kontakte zu den Spediteuren Bonnet verloren sich zu Beginn der 1770er Jahre. Als Grund dafür gab Zellweger-Hirzel-Scheuss seinem Schwager Hirzel Mitte September 1771 eine für Genf gravierende Veränderung der Transportroute über Nyon an:

1965 Zellweger, Johannes (1730–1802): 1 Brief an Johann Caspar Hirzel (1725–1803) in Zürich, Trogen, 12.02.1767.
1966 Lüthy: Die Tätigkeit der Schweizer Kaufleute in Frankreich (1943), S. 186.
1967 Grossmann: Die Rhone als Flosstrasse, in: Mitteilungen der Antiquarischen Gesellschaft in Zürich (52,1/1972), S. 52–62.
1968 Gebrüder Zellweger & Comp.: 141 Briefe an Antoine Trembley & fils in Genf, Trogen, 1747–1748.
1969 Gebrüder Zellweger & Comp.: 51 Briefe an Etienne & Gaspard Bonnet & Co. in Genf, Trogen, 1747–1752.
1970 Gebrüder Zellweger & Comp.: 473 Briefe an Les cousins Bonnet in Genf, Trogen, 1747–1769.
1971 C. Conrad Zellweger, Zuberbühler & Comp.: 67 Briefe an Jean Jacques Trembley in Genf, Trogen, 1755–1760.
1972 C. Conrad Zellweger, Zuberbühler & Comp.: 106 Briefe an Jean Jacques La Roche in Genf, Trogen, 1755–1760.
1973 Gebrüder Zellweger & Comp.: 11 Briefe an Bonnet & fils in Genf, Trogen, 1762–1774.
1974 Zellweger Vater & Comp.: 1 Brief an Bonnet Père & fils in Genf, Trogen, 14.11.1774, S. 92.
1975 Gebrüder Zellweger & Comp.: 1 Brief an Les Cousins Bonnet in Genf, Trogen, 20.05.1754, S. 212.
1976 Rizzo, Salomon: Artikel «Trembley», in: e-HLS online, 02.11.2012 sowie Geisendorf: Les Trembley de Genève (1970).
1977 Vgl. Artikel «Bonnet», in: HBLS (2/1924), S. 305, Reymond, M.: Artikel «Roche, Roch», in: HBLS (5/1929), S. 659 sowie Jordan, J.: Artikel «Roche, de la», in: HBLS (5/1929), S. 659.

> Unsere Correspondenz mit Genf ist wie todt, bis wir sie wieder lebhaft machen, dann wir thun keine Waaren mehr in Genf adressieren. [A]lles geht auf Nyon, und mit unseren Freünden [in Genf, A.d.A.] correspondieren wir nur, wann uns etwas von ihren Händlen wunder nimmt.[1978]

Mit den «Händlen» meinte Zellweger-Hirzel-Scheuss den langjährigen Bürgerkrieg zwischen Patriziat und Bürgertum in Genf. Das politische Leben in Genf im 18. Jahrhundert war geprägt durch eine Reihe von europaweit Aufmerksamkeit erregenden Revolutionen. In den 1760er Jahren war anlässlich der Verurteilung der Werke «Emile» und «Contrat social» von Rousseau 1763 eine weitere revolutionäre Bewegung in Gang gekommen, welche 1768 mit dem Recht für den Conseil Générale, die Hälfte der Mitglieder der Zweihundert zu wählen, vorübergehend beigelegt werden konnte. Ein Etienne Bonnet (1721–1802) war 1766 einer dieser 24 von der Bürgerschaft Beauftragten, welche ihre Rechte bei den Gewalthabern verteidigen sollten. 1770 wurde er in den Rat der Zweihundert gewählt, nach dem Edikt von 1782 jedoch aus der Stadt verbannt.[1979] Ob es sich dabei um den obgenannten Spediteur der *Gebrüder Zellweger & Comp.* handelte, muss weiter erforscht werden. Schon bald forderten auch die politisch und wirtschaftlich rechtlosen Natifs mehr Mitspracherecht. Die Weigerung des Genfer Rats, im Anschluss an die Zugeständnisse an den Conseil Générale auch den Natifs mehr Mitspracherecht zu geben, mündete im April 1782 in einem Regierungssturz durch Bürgertum und Arbeiterschaft. In der Folge nahm Genf eine repäsentativ-demokratische Verfassung an. Nur durch das vereinte militärische Eingreifen von Franzosen, Bernern und Sarden ein halbes Jahr später vermochte sich das Patriziat in seiner Macht zu restituieren.[1980] Das zwang viele in der Industrie tätige Bürger in die Emigration, wie am Beispiel von Etienne Bonnet gezeigt wurde. Auf den Handel wirkten sich die politischen Unruhen in Genf negativ aus. Der Warenverkehr wich trotz optimaler Lage der Stadt auf andere Routen aus. Zellweger-Hirzel-Scheuss war davon überzeugt, dass es sich nur um vorübergehende Routenänderungen etwa über Pontalier handeln konnten: «[D]ie Handelschaft, die Franchis Güther & Contrebande müssen so bald nach dem Frieden wieder vollkommen in ihren vorherigen Stand [über Genf, A.d.A.] hergestellt werden».[1981] Es sollte anders kommen. Frankreich reagierte empfindlich auf die Unruhen in Genf. Bereits 1767 sollte Aussenminister Étienne-François de Choiseul (1719–1785) «unwiderruflich entschlossen haben, den Genfern den passages der Waaren & selbst die Poststation zu entziehen, und auf Gex zu verlegen [...]».[1982] Durch den Verkauf von Zollstätten an Pächter Geld zu machen, gehörte schon immer zur Strategie der Könige Frankreichs zur Lösung ihrer finanziellen Probleme. Infolgedessen betrachteten die Zollpächter die Verwaltung des Zolls als ihre persönliche Angelegenheit. Die im Ewigen Frieden von 1516 – der «zentralen Konstante der eidgenössischen Aussenbeziehungen zu Frankreich»[1983] – festgelegten Privilegien, welche Schweizer Kaufleuten die zollfreie Einfuhr bestimmter Textilien nach Frankreich erlaubten, waren diesen Pächtern ein Dorn im Auge. Lüthy (1943) deklarierte die Strecke zwischen Genf und Lyon als «zollfrei» für den Transit bestimmter Ware aus der Schweiz.[1984] In der Praxis gestaltete sich diese Zollfreiheit gerade auf schweizerische Leinwand aber als komplizierte und komplexe Angelegenheit, die einem gravierenden Problem unterlag. Es gelang den Zollpächtern im Verlauf der Jahre, diese Privilegien auf immer weniger Textilien zu reduzieren. In seiner Dissertation zeichnete Schindler (1922) diese Problematik am Beispiel der Transportroute von Genf nach Lyon für die Jahre 1664 bis 1750 nach. Bereits 1664 begannen die Einschränkungen von Transportrouten und Handelsartikeln. Standen bisher für die Ein- und Ausfuhr mehrere Wege durch die Champagne, Bourgogne und Bresse frei zur Wahl, wurde die Einfuhr des Artikels «Toille barrée» nun auf die drei Routen über Gex, Collonges und St. Jean de Losne beschränkt. Seit Mai 1736 musste jedes importierte Stück Tuch unter Androhung der Konfiskation im «Bureau de Visite» in Lyon auf die Kennzeichen an beiden

1978 Zellweger, Johannes (1730–1802): 1 Brief an Johann Caspar Hirzel (1725–1803) in Zürich, Trogen, 16.09.1771.

1979 Deonna, Henry: Artikel «Bonnet, Etienne (1721–1802)», in: HBLS (2/1924), S. 305, Nr. 4.

1980 Mottu-Weber, Liliane: Artikel «Genf (Kanton)», in: e-HLS online, 10.01.2018.

1981 Zellweger, Johannes (1730–1802): 1 Brief an Johann Caspar Hirzel (1725–1803) in Zürich, Trogen, 12.02.1767.

1982 Zellweger, Johannes (1730–1802): 1 Brief an Johann Caspar Hirzel (1725–1803) in Zürich, Trogen, 26.02.1767.

1983 Holenstein, André: Artikel «Ewiger Friede», in: e-HLS online, 07.05.2010.

1984 Lüthy: Die Tätikgkeit der Schweizer Kaufleute in Frankreich (1943), S. 186.

Enden kontrolliert werden. Der geschickte Hinweis auf eine mögliche Ablenkung des Transithandels von der Route über Marseille auf die Route über Genua durch den Syndicus der *Nation Suisse à Lyon* bewirkte jedoch, dass sich Spediteure und Zollpächter in Marseille zusammen mit der *Nation Suisse à Marseille* umgehend gegen diese Einschränkung auflehnten, hingen sie selber geschäftlich doch direkt von der Einfuhrroute über Genf und Lyon nach Marseille ab. Im März 1737 nahm man die Schweizer Textileinfuhr nach Frankreich von der Neuerung vorläufig aus, sodass auf der Route über Besançon, Dijon, Belfort und Langres bis 1739 immerhin nur die halbe «Droit de sortie» bezahlt werden musste. Auf Betreiben der französischen Zollpächter verordnete Ende April 1742 der *Conseil de commerce à Lyon*, dass nur noch die Artikel «Toile blanchée», «Trillis» und «Boucassin» mit Schweizer Herkunft in den Genuss der Zollfreiheit kamen. Für die «Toile rayée», «barrée» oder «à carreaux» und andere Artikel dieser Art «façonnée» war wie für die übrigen fremden Textilien Zoll zu entrichten. Das «Tischzeug», das zur façonnierten Leinenware gehörte, und die gefärbte «Trillis» wurden mit einem hohen Zoll von 30% belastet. 1746 kam es wegen der Schliessung der Route über Seyssel (Rhône-Alpes) an der Rhone für Schweizer Textilien sogar zu einem temporären Konflikt.[1985]
Über die Entwicklung im brodelnden Genf in den 1760er Jahren war insbesondere Zellweger-Wetter durch seine Korrespondenz in die Stadt genauestens informiert. Die Lage für den Textilhandel der *Gebrüder Zellweger & Comp.* nach Lyon spitzte sich weiter zu. Aus ihrer Korrespondenz mit Jaques-Louis de Pourtalès (1722–1814) in Neuenburg zu Beginn 1766 ging hervor, dass auch die südliche Route über Le-Pont-de-Beauvoisin Zollerhöhungen unterlag. Es betraf in diesem Fall nicht die Leinwand, sondern den zeitgenössischen Exportschlager schlechthin, die Baumwollware: «[...] nous ne pouvons nous en charger à cause de l'augmentation des droits survenue au Pont de Beauvoisin et par la raison qu'il est venu beaucoup de cet article des Indes».[1986] Mit der Einfuhr von Baumwollware aus der Schweiz nach Lyon kamen die Kaufleute mit dem Privileg der französischen *Compagnie des Indes* in Konflikt, das ausschliesslich ihr den Import der extrem begehrten, weil fröhlich farbig bedruckten Baumwollware von Indien nach Frankreich zugestand. Die Einfuhrroute über Pont de Beauvoisin entsprach nicht der direkten Route.[1987] Sie führte zu weit südlich über Annecy, Aix-les-Bains, Le-Pont-de-Beauvoisin quer durch das Département Rhône-Alpes nach Lyon. Im Januar 1767 wurden dann sogar 21 Ballen Leinwand der *Gebrüder Zellweger & Comp.* in Frankreich unter Arrest genommen, obwohl sie ordnungsgemäss mit «oberkeitlich gesigleten Attesti» ausgerüstet waren:

> Wir wissen nicht, ob Frankreich mit solchem Verfahren etwas an die Schweizt sucht, vielweniger womit wir dergleichen Proceduren verschuldet haben. Man hat von Seiten Lyon & Genf an den Hof um die Relaxation der Waren geschrieben, allein die Antworth ist erst noch zu gewarthen.[1988]

Zellweger-Hirzel-Scheuss hingegen, der sich 1783 in Zusammenarbeit mit dem *Kaufmännischen Directorium St. Gallen* intensiv um die Beibehaltung der Privilegien in Frankreich bemühen sollte[1989], blieb 1767 gelassen. Er betrachtete es «nicht für so schädlich für die Schweitz, wan Frankreich alle Handlungen mit derselben aufheben wollte». Grund für seine Ruhe war der Umstand, dass Frankreich längst nicht mehr Hauptabsatzort der Textilware der *Gebrüder Zellweger & Comp.* war, sondern Spanien: «[U]nsere Waaren consumieren sich mehr in Spanien als in Frankreich».[1990] Doch als der Königliche Arrêt eintraf, «der alle Schweitzer und Genffer zu Bezahlung der *Capitation et Industrie* condemniert», wurde es selbst ihm zu viel, «dan wir müssen doch allzeit zum Voraus setzen, dass das franz[ösische]: Gelt unsere Schweiz halb verkauft».[1991]

1985 Schindler: Zur Geschicht von Schweizer Handel und Industrie (1922), S. 84, 108, 117, 124, 128–129.
1986 Zellweger, Johannes (1730–1802): 1 Brief an Jaques-Louis de Pourtalès (1722–1814) in Neuenburg, Trogen, 06.01.1766, S. 515.
1987 Schindler: Zur Geschicht von Schweizer Handel und Industrie (1922), S. 111.
1988 Zellweger, Johannes (1730–1802): 1 Brief an Johann Caspar Hirzel (1725–1803) in Zürich, Trogen, 26.01.1767.
1989 Vgl. dazu Zellweger, Johannes (1730–1802): 3 Briefe an G.C. Hildenbrandt, Secretaire du Conseil, in St. Gallen, Trogen, 24.03.1783, 23.06.1783 und 03.12.1783 [StaSG: CVIII b Paq 9].
1990 Zellweger, Johannes (1730–1802): 1 Brief an Johann Caspar Hirzel (1725–1803) in Zürich, Trogen, 12.02.1767.
1991 Zellweger, Johannes (1730–1802): 1 Brief an Johann Caspar Hirzel (1725–1803) in Zürich, Trogen, 17.09.1767.

Damit spielte Zellweger-Hirzel-Scheuss auf den seit 1516 im Ewigen Frieden festgelegten Umstand an, dass die Eidgenossenschaft ihre Handelsvorteile gegen das Recht Frankreichs erhalten hatte, in der Schweiz Truppen zu rekrutieren. Unter Hinweis auf die Truppenbedürfnisse Frankreichs gelang es den Schweizern immer wieder, ihre Handelsvorteile von Neuem zu behaupten. Blieben für die Truppenlieferungen aus der Schweiz die Bedingungen durch die Jahrhunderte ungefähr gleich, verschob sich die Bedeutung der Privilegien in Bezug auf den Handel zugunsten der Schweiz. Die Regelung der ökonomischen Interessen im Vergleich zum Solddienst der Schweizer in Frankreich machte schliesslich den Hauptbestandteil der 1777 anstehenden letzten Bundeserneuerung aus. Wild (1917) stellte fest, wie «gerade durch die antinationale Söldnerpolitik sich die Möglichkeit einer industriellen Entwicklung in der Heimat ergab». Die wirtschaftliche Entwicklung in der Schweiz legte letztlich die Basis zur Abschaffung dieses «unheilvollen Söldner- und Pensionenwesens». Frankreich verlor in der zweiten Hälfte des 18. Jahrhunderts zunehmend sein Interesse an der Beibehaltung der Privilegien für die Eidgenossen. Nur sechs Jahre nach der letzten Erneuerung des Vertragswerks mit Frankreich 1777[1992], in welchem die Handelsvorteile nochmals verteidigt werden konnten[1993], wurden die Privilegien 1783 vollständig abgeschafft. 1792/1793 kehrten die Kompanien Lobb/ppacher, Oberteuffer, Sturzenegger und Merz aus dem revolutionären Frankreich und Sardinien nach Appenzell Ausserrhoden zurück.[1994]
Trotz dieser regelmässig wiederkehrenden Unsicherheiten und Auseinandersetzungen mit den Zollpächtern über die Zolltarife blieb für die Kaufleute Zellweger von Trogen die Route über Genf bis 1770 Standard. Dass sie die Route über den Hafen von Seyssel für ihre Spedition nach Lyon auch im Jahr 1770 immer noch nutzten, konnte mit einer einzigen Fundstelle in über zweitausend «Handlungsbriefen» belegt werden: «Nous sommes facheux d'apprendre ce qu'il ait péri *un bateau de Seyssel* à Lyon [H.d.d.A.], sur lequel notre Envoi du 22. du passé [22.09.1770, A.d.A.] s'est trouvé». Die Zellweger schätzten sich glücklich, nicht noch mehr Texilware auf diesem verunglückten Boot geladen zu haben. Denn ihre Fässer mit den Artikeln «Trillis No. 300.400» und «Enveloppes» fielen in die Rhone, konnten aber immerhin durchnässt an Land gezogen werden. Die «Trillis» mussten nach Trogen zurückspediert werden, um sie neu färben zu lassen, und zwar «aux fraix de fermiers de Coches». Die «Enveloppes» hingegen mussten vor Ort umgehend ausgewaschen werden, «pour leurs faire perdre les taches jaunes que la march[andi]:se prend ordin[airemen]:t dans l'eau».[1995] Der Hinweis auf das Schiffsunglück Ende September 1770 ist als einziger zitierbarer Beweis dafür, dass die Textilware der Kaufleute Zellweger von Trogen tatsächlich per Schiff auf der Rhone von Seyssel nach Lyon transportiert wurde, besonders wertvoll.

1992 Körner, Martin: Artikel «Allianzen», in: e-HLS online, 19.09.2006.

1993 Wild: Die letzte Allianz, in: Schweizer Studien zur Geschichtswissenschaft (X,2/1917), hier S. 288.

1994 Tobler: Regenten und Landesgeschichte des Kantons Appenzell der äusseren Rhoden (1813), S. 166.

1995 Gebrüder Zellweger & Comp.: 1 lettre à la maison à Lyon, Trogen, 29.10.1770, S. 267.

Die Route über Nyon nach Lyon

Von den Unruhen in Genf profitierten die Spediteure *Veret & Piachaud* in Nyon.[1996] Sie organisierten nun den Weitertransport der Textilware der *Gebrüder Zellweger & Comp.* Auch *Zellweger Vater & Comp.* blieb mit Henri *Veret & Piachaud* in Kontakt.[1997] Ein Nachfolgeunternehmen *Veret & Co.* unter Jaques Veret übernahm auch nach 1800 Speditionsaufträge der *Zellweger & Comp.* von den Spediteuren *Francilion, Zili & Co.* in Lausanne an *Cuzel fils ainé & Co.* in Lyon.[1998] Daneben bedachte *Zellweger & Comp.* auch *Giral & Bonnard* in Nyon mit Aufträgen.[1999] 1817 interessierte sich *J.C. Zellweger* zwecks Versands von Baumwollgarn für die Speditionspreise von Nyon nach Lyon, wohin er Baumwollgarn liefern wollte. Die Beziehung zu *Giral & Michel*[2000] scheiterte nicht nur an zu hohen Frachtpreisen, sondern auch an der Weigerung des Speditionsunternehmens, das Risiko bei «sinistren» Umständen zu übernehmen.[2001] Die gleiche Anfrage ging an *Levrier & Jacquemêl* [2002] und *H.J. Maes* in Nyon, der sich als Spediteur für *J.C. Zellweger* durchsetzte.[2003]
Für die Bedürfnisse der Kaufleute Zellweger in Bezug auf den Warentransport war der Bruch mit Genf als Umschlagplatz definitiv. Die politischen Unruhen in Genf sowie die Französische Revolution führten zur endgültigen Schliessung der beiden Handelshäuser *Zellweger ainé & Comp.* und *Zellweger père & Comp.* in Lyon im Verlauf der 1790er Jahre. Den Verkauf wickelten sie nun nicht mehr persönlich vor Ort ab, sondern über in Lyon ansässige Kommissionäre. Ein weiterer Grund für die Verschiebung des Speditionsnetzes weg vom Knotenpunkt Genf war, dass es französische Kunden nach 1800 vorzogen, die bei *Zellweger & Comp.* zum Teil persönlich in Trogen eingekauften Textilwaren durch ihre eigenen Spediteure nach Frankreich schaffen zu lassen. Die Firma *Brison, Berli & Co.* in Lyon etwa liess sich ihre Warenbestellung 1806 über *Augustin Bonnard* in Nyon und *Odier, Fazy & Dunant* in Genf liefern.[2004] *Entz & Co.* in Lyon liess sich die 1807 bei *Zellweger & Comp.* bestellte Textilware über den Spediteur *Henrion Berthier* in Nancy senden.[2005] Der Kunde *Pichard* von Laval (Pays de la Loire) liess sich 1807 die Leinenware «Sangalette» und «Trillis satiné» – auch «Lin teintes pour Coiffes à Chapeau» genannt – über *Morau* an der Rue d'Orléans im Hôtel d'Aligne in Paris kommen.[2006] Ein besonders intensiver Speditionskontakt entwickelte sich zwischen *Zellweger & Comp.* und *Delay & Getaz* in Vevey (Vaud).[2007] Genf hingegen war nur noch selten Transitort für die Textilwaren der Kaufleute Zellweger.[2008] Wie die Stadt Basel von der Einbusse Genfs als Umschlagsplatz profitierte, wird im Folgenden dargestellt.

Die Route über Basel durch die Franche-Comté nach Frankreich

Ähnlich wie Nyon profitierte auch die Stadt Basel von der Verschiebung des Transitverkehrs weg von Genf. Für Basel liess sich in der Korrespondenz der Kaufleute Zellweger die aussergewöhnlich hohe Zahl von 39 Spediteuren nachweisen. Ihre Kontakte verteilten sich zudem völlig unterschiedlich auf die beiden untersuchten Zeiträume. Vor 1780 waren gerade drei Spediteure in Basel für die Kaufleute Zellweger tätig, während nach 1800 deren 36 aktiv waren. Welche Gründe hatte diese Verschiebung

1996 Gebrüder Zellweger & Comp.: 11 Briefe an Veret & Piachaud in Nyon, Trogen, 1762–1774.
1997 Zellweger Vater & Comp.: 4 Briefe an Henri Veret & Piachaud in Nyon, Trogen, 1774–1780.
1998 Zellweger & Comp.: 9 Briefe an Veret & Co. in Nyon, Trogen, 1806–1811.
1999 Zellweger & Comp.: 13 Briefe an Giral & Bonnard in Nyon, Trogen, 1807–1808.
2000 Zellweger & Comp.: 2 Briefe an Giral & Michel in Nyon, Trogen, 1817.
2001 J.C. Zellweger: 1 Brief an Giral & Michel in Nyon, Trogen, 13.01.1817, S. 152.
2002 J.C. Zellweger: 6 Briefe an Levrier & Jacquemêl in Nyon, Trogen, 1816–1822.
2003 J.C. Zellweger: 12 Briefe an H.J. Maes in Nyon, Trogen, 1816–1821.
2004 Zellweger & Comp.: 1 Brief an Brison, Berli & Co. in Lyon, Trogen, 17.10.1806, S. 66.
2005 Zellweger & Comp.: 1 Brief an Berthier in Henrion Berthier in Nancy, Trogen, 14.08.1809, S. 417.
2006 Zellweger & Comp.: 1 Brief an Morau in Paris, Trogen, 29.10.1807, S. 26.
2007 Zellweger & Comp.: 39 Briefe an Delay & Getaz in Vevey, Trogen, 1800–1811.
2008 Die beiden Speditionsunternehmen Emery und Dejean in Genf beteiligten sich nach 1800 an grenzüberschreitenden Transporten. Beide konnten in den Briefkopierbüchern Zellweger nicht nachgewiesen werden, vgl. Tissot, Laurent: Artikel «Transportgewerbe», in: e-HLS online, 05.11.2013.

der Bedeutung Basels im Speditionsnetz der Kaufleute Zellweger? Schindler (1922) gab an, dass die Zollfreiheiten der Schweizer Kaufleute lediglich für den direkten Import nach Lyon Geltung hatten. Davon ausgeschlossen war der Transport in und durch die Franche-Comté im Westen von Basel. Neben den persönlichen Taxen war es denn auch die Passsperre in der Franche-Comté, welche zu konstanten Klagen der Schweizer Kaufleute Anlass gab. 1741 beschäftigte sich das *Kaufmännische Directorium Basel* intensiv mit der Wiederherstellung des direkten Handelsverkehrs nach und durch die Franche-Comté. Es delegierte mit Saldin d'Onex sogar einen eigenen Agenten an den französischen Hof. Eine Lösung scheiterte am starken Widerstand der französischen Zollpächter. Die Einfuhr in die Franche-Comté blieb eingestellt. In Reaktion darauf erledigten die Kaufleute aus der Comté ihre Einkäufe persönlich direkt in Lyon.[2009]
Persönliche Dinge wie etwa eine Perücke oder einen Atlas für ihre Kinder liessen sich die Zellweger in den 1760er Jahren über *Jn. Cretien Kolb* in Basel aus Frankreich liefern.[2010] An *J.J. Obermeyer*, der nach Genua und Lyon spedierte, ergingen gerade drei Geschäftsbriefe.[2011] Sehr intensiv und dauerhaft, bis ins 19. Jahrhundert hingegen war der Kontakt zu dem Spediteur *Emanuel Linder & fils*[2012], wogegen die Dienste des Spediteurs *Lucas Preiswerk* beim Kaufhaus selten in Anspruch genommen wurden.[2013] Preiswerk spedierte nicht in die Franche-Comté, sondern nach Lörrach im Norden von Basel. *Zellweger Vater & Comp.* liess ihm über die «gewohnte Fracht» von *Caspar Zili* ballenweise Baumwollware zukommen mit dem Auftrag, sie an den Textildrucker *Niklaus de Johann Friedrich Küpfer* in Lörrach zu spedieren.[2014] Lucas Preiswerk, Schwiegersohn von Isaak Iselin (1728–1782)[2015], war ein umtriebiger und vorausschauender Geschäftsmann. Im Januar 1783 besuchte er alle Leinwandhändler in der Stadt St. Gallen, um abzuklären, wie viel «Unkosten» jede Gattung Leinenware «ertragen könnte». Hintergrund seiner Umfrage war die Abschaffung der Privilegien der Schweizer Kaufleute in Lyon, wodurch ihre Handelsware nun zollpflichtig wurde. Preiswerk wollte wissen, wie kostengünstig er seine Spedition einrichten musste, um die Kaufleute der Stadt St. Gallen für die Spedition über Basel zu gewinnen. Zellweger-Hirzel-Scheuss, welchen Preiswerk am 19. Januar 1783 in Trogen persönlich aufsuchte, um «allerhand Vorschläge» zu machen, «unsere Leinwand über Basel & Lothringen in Frankreich einzuführen», konnte Preiswerk nicht überzeugen. Er fand, unter «allen Vorschlägen nicht einen, der eine solide Handlung erhoffen liess».[2016] Zu Beginn des Jahres 1784 glaubte Zellweger-Hirzel-Scheuss in der politischen Haltung der Stadt Basel den Wunsch zu erkennen, «dass unserer Leinwand beständig durch Basel & Flandern nach Frankreich geführt werden müsse».[2017] Dass sich Basel durchaus für den Gütertransit eignete, erklärten Berner/Röthlin (2010) mit dem Hinweis darauf, dass die Stadt in den Konflikten zwischen dem Deutschen Reich und Frankreich jeweils neutral geblieben war. Die städtische Wirtschaft entwickelte sich bis ins 19. Jahrhundert hinein positiv.[2018]
Nach 1800 konnte als Hauptspediteur der *Zellweger & Comp.* nach Frankreich *Klenk & Comp.* in Basel identifiziert werden.[2019] Es spedierte seit 1806 unter anderem an *Moneau* in Paris, an *Pralon & Co.* in Beaun, an die *Ecole Impériales des Arts et Métiers* in Chalons-sur-Marne und nach Lyon. An zweiter Stelle, für die Spedition nach Lyon, positionierte sich insbesondere in den Jahren 1810/1811

2009 Schindler: Zur Geschichte von Schweizer Handel und Industrie (1922), S. 119, 122–123.

2010 Gebrüder Zellweger & Comp.: 5 Briefe an Jn. Cretien Kolb in Basel, Trogen, 1762–1769.

2011 Gebrüder Zellweger & Comp.: 1 Brief an J.J. Obermeyer in Basel, Trogen, 1762, S. 150; Zellweger Vater & Comp.: 2 Briefe an J.J. Obermeyer in Basel, Trogen, 1774–1778.

2012 Zellweger: 72 Briefe an Emanuel Linder & fils in Basel, Trogen, 1755–1811.

2013 Gebrüder Zellweger & Comp.: 1 Brief an Lucas Preiswerk in Basel, Trogen, 20.12.1775, S. 687; Zellweger Vater & Comp.: 6 Briefe, 1774–1778; Zellweger, Zürcher & Co.: 5 Briefe Lucas Preiswerk in Basel, Trogen, 1774–1780.

2014 Zellweger, Vater & Co.: 1 Brief an Lucas Preiswerk beim Kaufhaus in Basel, Trogen, 11.05.1775, S. 162 oder auch 09.10.1775, S. 259.

2015 Möglicherweise handelte es sich um Niclaus Preiswerk (1755–1815), seit 1776 verheiratet mit Anna Maria Iselin (1758–1840).

2016 Zellweger, Johannes (1730–1802): 1 Brief an Johann Caspar Hirzel (1725–1803) in Zürich, Trogen, 20.01.1783.

2017 Zellweger, Johannes (1730–1802): 1 Brief an Johann Caspar Hirzel (1725–1803) in Zürich, Trogen, 26.01.1784.

2018 Berner, Hans/Röthlin, Niklaus: Artikel «Basel Stadt», in: e-HLS online, 25.02.2010.

2019 Zellweger & Comp.: 75 Briefe an Klenk & Comp. in Basel, Trogen, 1800–1811.

Faesch & Co.[2020] Zuvor wurden auch die Dienste von *Ryhiner & Reber*[2021] und vor allem von *Preiswerk & Zimmerlin* genutzt[2022], welche an *Pialon & Comp.* in Brune und weitere Kunden in Frankreich spedierte. *Burckhardt Wittwe & Sohn*[2023] versandte an Bazile *Poussy & Comp.* in Chatillon-sur-Seine die Artikel «Mouchoir brodés et Mousselin». In der Phase kurz nach 1800 nicht positionieren konnten sich *Rochet & Faesch*[2024], *Zaeslin Oltendorf*[2025] und *Zaeslin & Streckeisen.*[2026] Eine Zeit lang wurden *Emanuel Brenner*[2027] und *Walz, Datt & Co* aktiv.[2028] Von 1800 bis 1811 waren allen voran *Johann Jacob Thurneisen*[2029], dann Christoph Burkhardt (1740–1812) von *Burkhardt & Co.*[2030], *Johann Franz Werthemann*[2031] und *Rueff & Piccard* nachzuweisen.[2032] Von 1810 bis 1811 machte *Zellweger & Comp.* nochmals mehrere Versuche mit neuen Spediteuren in Basel. Daraus ergaben sich schmale Korrespondenzen mit *Walz & Bonalli*[2033], *Mieg*[2034] und *J. & P. Datt*[2035], letztere für die Spedition an den Kommissionär *Schnatter* in Lyon. Mit den *Gebrüder Merian*[2036] und *J.H. Thurneisen*[2037] entwickelte sich über die Kontaktaufnahme hinaus keine Korrespondenz. *Johannes Zellweger Sohn* spedierte in den Jahren 1803 bis 1809 über fünf verschiedene Spediteure in Basel. Es handelte sich um *Nicolas Preiswerk*[2038], *Valentin Münch*[2039], *Charles Wild*[2040], *Bauler, Faesch & Co.*[2041] und *Gebrüder Merian.*[2042] *J.C. Zellweger* nahm die Dienste von Johann Jacob Wieland (1783–1848?) unter *Wieland & Co.*[2043], *J. Steiger*[2044], *Landerer & Dietrich*[2045] sowie *Conrad Fischer*[2046] in Anspruch, insgesamt sechs Speditionsunternehmen in Basel. *Benedikt La Roche* (1762–1807)[2047] sowie *Klenk & Co.*[2048] stellten die Spedition von Maschinenteilen für seine *Mechanische Baumwollspinnerei Trogen* von der *Ecole impériale d'Arts et Metiers* in Chalons-sur-Marne sicher.[2049]

2020 Zellweger & Comp.: 44 Briefe an Faesch & Co. in Basel, Trogen, 1810–1811.
2021 Zellweger & Comp.: 8 Briefe an Ryhiner & Reber in Basel, Trogen, 1800–1801.
2022 Zellweger & Comp.: 27 Briefe an Preiswerk & Zimmerlin in Basel, Trogen, 1800–1809.
2023 Zellweger & Comp.: 22 Briefe an Burckhardt Wittwe & Sohn in Basel, Trogen, 1800–1809.
2024 Zellweger & Comp.: 2 Briefe an Rochet & Faesch in Basel, Trogen, 1800–1801.
2025 Zellweger & Comp.: 2 Briefe an Zaeslin Oltendorf, in Basel, Trogen, 1800–1801.
2026 Zellweger & Comp.: 2 Briefe an Zaeslin & Streckeisen in Basel, Trogen, 1806–1807.
2027 Zellweger & Comp.: 6 Briefe an Emanuel Brenner in Basel, Trogen, 1807–1809.
2028 Zellweger & Comp.: 4 Briefe an Walz, Datt & Co. in Basel, Trogen, 1808–1809.
2029 Zellweger & Comp.: 35 Brief an Johann Jacob Thurneisen in Basel, Trogen, 1808–1811.
2030 Zellweger & Comp.: 9 Briefe an Burkhardt & Co. in Basel, Trogen, 1800–1811.
2031 Zellweger & Comp.: 12 Briefe an Johann Franz Werthemann in Basel, Trogen, 1803–1811.
2032 Zellweger & Comp.: 8 Briefe an Rueff & Piccard in Basel, Trogen, 1803–1811.
2033 Zellweger & Comp.: 11 Briefe an Walz & Bonalli in Basel, Trogen, 1810–1811.
2034 Zellweger & Comp.: 6 Briefe an Mieg in Basel, Trogen, 1810–1811.
2035 Zellweger & Comp.: 5 Briefe an J. & P. Datt in Basel, Trogen, 1810–1811.
2036 Zellweger & Comp.: 1 Brief an Gebrüder Merian in Basel, Trogen, 01.11.1810, S. 231.
2037 Zellweger & Comp.: 1 Brief an J.H. Thurneisen in Basel, Trogen, 08.09.1810, S. 34.
2038 Johannes Zellweger Sohn: 7 Briefe an Nicolas Preiswerk in Basel, Trogen, 1803–1809.
2039 Johannes Zellweger Sohn: 6 Briefe an Valentin Münch in Basel, Trogen, 1803–1809.
2040 Johannes Zellweger Sohn: 3 Briefe an Charles Wild in Basel, Trogen, 1803–1809.
2041 Johannes Zellweger Sohn: 2 Briefe an Bauler, Faesch & Co. in Basel, Trogen, 1803–1809.
2042 Johannes Zellweger Sohn: 1 Brief an Gebrüder Merian in Basel, Trogen, 23.09.1806, S. 625.
2043 J.C. Zellweger: 11 Briefe an Wieland & Co. in Basel, Trogen, 1816–1821.
2044 J.C. Zellweger: 3 Briefe an J. Steiger in Basel, Trogen, 1813–1814.
2045 J.C. Zellweger: 1 Brief an Landerer & Dietrich in Basel, Trogen, 23.12.1816, S.136.
2046 J.C. Zellweger: 1 Brief an Conrad Fischer in Basel, Trogen, 28.11.1816, S. 111.
2047 J.C. Zellweger: 21 Briefe an Benedikt La Roche (1762–1807) in Basel, Trogen, 1809–1814.
2048 J.C. Zellweger: 6 Briefe an Klenk & Co. in Basel, Trogen, 1809–1821.
2049 J.C. Zellweger: 21 Briefe an Benedikt La Roche (1762–1807), Trogen, 1809–1814.

Zusammenfassung: Nach 1800 hatte sich die Spedition nach Frankreich über die Stadt Basel bereits fest etabliert. Für *Zellweger & Comp.* und *J.C. Zellweger* gewann Basel gegenüber Genf nach 1800 als Transitort für die Spedition ihrer Textilware nach Frankreich enorm an Bedeutung. Von den zahlreichen Spediteuren positionierten sich ähnlich wie in Genf vor 1780 wiederum nur einzelne langfristig. Wie entwickelte sich im Unterschied zur Ost-West-Achse das Speditionswesen auf der Nord-Süd-Achse?

Die Nord-Süd-Achse von Trogen nach Genua

Wie sich das Speditionswesen auf der Nord-Süd-Achse organisierte, erregte das persönliche Interesse des Kaisers des Heiligen Römischen Reichs Deutscher Nation Joseph II. (1741–1790) auf dessen Italienreise 1783/1784. Am 16. Februar 1784 fand im Gasthaus «Santa Marta» in Genua abends um 17:00 Uhr eine Unterredung zwischen dem Kaiser und einem Kaufmann statt. Der reformfreudige, physiokratisch-merkantilistisch denkende Kaiser interviewte den seit Jahrzehnten in Genua als Kaufmann tätigen Johann Jakob Zürcher (1739–1808) von Teufen[2050] inbesondere über Belange, welche das Speditionswesen betrafen. Auf die Frage, mit welcher Ware er handelte, antwortete Zürcher: «In Schweizer Leinwand, aller Gattung baumwollene, gedruckte Waren, auch schlesischer Leinwand». Auf die Frage, wie ihm diese Ware und über welche Wege zukomme, gab er an: «Auf Pferden und Maultieren, [d]as Meiste über Chur, Clefen [Chiavenna, A.d.A.], Mailand, das Wenigste über Intra». Die Spedition kostete auf beiden Routen etwa gleich viel, auch wurden «die Leute und die Güter» gleich gut behandelt. Die Route über Mailand zeichnete sich dadurch aus, dass sie etwas schneller war als diejenige über Intra.[2051]
Dieser in Sachen Spedition auf der Nord-Süd-Achse bewanderte Kaufmann Zürcher war seit sechs Jahren leitender Teilhaber der *Zellweger, Zürcher & Comp.* in Genua. Das Handelshaus war 1774 unter *Zellweger, Müller & Comp.* als zweites Handelshaus Zellweger nach *Zellweger & Honnerlag* 1768 in Genua eröffnet worden. Zürcher war zuvor bereits Buchhalter in einem der zwei Handelshäuser Schläpfer von Speicher in Genua gewesen.
Wann begannen die Kaufleute Zellweger, die Nord-Süd-Achse für ihren Handel zu nutzen? Mit welchen Spediteuren im Rheintal, in Chur, Chiavenna und Mailand standen sie in Kontakt? Welche Handelsgüter hatten sie über Chur in den Süden zu spedieren? Wie funktionierte damals die Spedition der Handelsware von Trogen aus über die Alpen nach Genua? Welche verkehrstechnischen Herausforderungen waren zu bewältigen?

2050 Fuchs, Thomas: Artikel «Zürcher, Johann Jakob (1739–1808)», in: e-HLS online, 01.10.2013.
2051 Zellweger, Johannes (1730–1802): 1 Brief an Johann Caspar Hirzel (1725–1803) in Zürich, Trogen, 29.02.1784.

Erster Abschnitt – von Trogen durch das Rheintal nach Chur

1749 interessierten sich die *Gebrüder Zellweger & Comp.* ein erstes Mal nachweislich für die Spedition ihrer Ware nach Genua. Sie reagierten damit wohl auf einen weiteren Konflikt auf der Ost-West-Achse um die 1746 erfolgte Schliessung der Route über Seyssel an der Rhone für Schweizer Textilien nach Lyon.[2052] Für die Berechnung der Speditionskosten auf der Nord-Süd-Achse standen ihnen keinerlei Erfahrungswerte zur Verfügung. Ihr Lieferant Furtenbach in Arbon gab ihnen genaue Auskunft über «Fracht & Spesen bis Genoua». In Pavia waren «36 xr [Kreuzer] p[ar] Colli [Packet, A.d.A.]» Zoll zu bezahlen. Ansonsten «kan man alle Wahren, ohne das man von hier [Mailand, A.d.A.] bis Genua einen Underscheid der Zöllen machet, dahin senden». Für diese Strecke kam Furtenbach «1 Collo nicht über 3 Centner auf ca. f [florin = Gulden, A.d.A.] 8 zu stehen, [je] nachdem die Wege schlimm oder gut sind». Übergewicht kostete «extra Spesen», da es zusätzliche Saum- oder Zugtiere erforderte. Aus Furtenbachs Angaben berechneten die Kaufleute Zellweger die Frachtkosten für eines ihrer «Colli» von Trogen nach Genua ungefähr auf das Doppelte mit «f 16.20 xr». «Accurat calculieren» konnten sie nicht, weil sie erst ausprobieren mussten, wie viel Stück der «rayierten [gestreiften, A.d.A.] Wahr in 1 Collo kommen».[2053] Um diese Angaben gingen sie das Speditionsunternehmen *Simeon & Johann Baptista Bavier* in Chur an. Im Unterschied zu Furtenbach in Arbon erhielten sie trotz wiederholter Anfrage keine Auskunft. Der Informationsfluss stockte. So unternahmen sie im Dezember 1749 einen ersten Versuch auf eigene Faust mit vier «Ballots» von Trogen nach Genua, «1000 Stk: Bazins p[our] Mess: *Terride & Comp*». enthaltend.[2054]

Im Speditionsbuch der Kaufleute Zellweger über die Jahre 1738 bis 1756 findet sich für 1751 eine Auskunft des Spediteurs *Matthias Sulser & Co.* von Azmoos betreffend die Güterspedition und Fracht bis Chur. Sulser unterschied die zwei möglichen Routen Trogen, Oberried, Salez, Holenweg, Chur und Trogen, Altstätten, Werdenberg, Azmoos, Chur mit Angabe des jeweiligen Spediteurs vor Ort. Auf der zweiten Route kam der Verfasser Sulser selber zum Zug und erhielt von den Kaufleuten Zellweger dadurch jeweils «2 d Hausgelt vom Collo»:

1 Stückgut von ca. 240 Stück à 40 Loth zahlt Fuhrlohn wie folgt			
Trogen–Oberried–Salez–Holenweg–Ragaz–Chur		**Trogen–Altstetten–Werdenberg–Azmoos–Ragaz–Chur**	
von Trogen nach Oberried	-:52:-	von Trogen bis Altstetten	-:40:-
von Oberried [Ammann Tüchny] bis Salez	-:15:-	von Altstetten [Jacob Custer] bis Werdenberg	-:30:-
von Salez [Seckelmeister Berger] bis Holenweg	-:19:-	von Werdenberg [Richter Michael Hilti auf dem Kaufhaus] bis Azmoos	-:15:-
von Holenweg [Hans Heinrich Witenweyler] bis Ragaz	-:17:-	von Azmoos [Seckelmeister Mathias Sulser] bis Ragaz	-:15:
Zoll am Schollberg	-:04:-	Zoll am Schollberg	-:04:-
von Ragaz [Johann Peter Gabenthuller bei dem Wilden Mann] bis Chur[2]	-:24:-	von Ragaz [Johann Peter Gabenthuller bei dem Wilden Mann] bis Chur	-:24:-
bey jedem Speditor 2 d Hausgelt vom Collo	-:03:-	bey jedem Speditor 2 d Hausgelt vom Collo	-:03:-
f	**2:14:-**	f	**2:11:-**

Tabelle 12: Mathias Sulser in Azmoos: Offerte an Gebrüder Zellweger & Comp. in Trogen für ihre Warenspedition von Trogen nach Chur, 12.05.1751, in: Gebrüder Zellweger & Comp.: Speditionsbuch, auf Schmutzblatt geklebt

2052 Schindler: Zur Geschichte von Schweizer Handel und Industrie (1922), S. 128.

2053 Zellweger-Sulser-Erleholzer, Conrad (1694–1771): 1 lettre à la maison à Lyon, Trogen, 10.03.1749, S. 207.

2054 Zellweger-Sulser-Erleholzer, Conrad (1694–1771): 1 lettre à la maison à Lyon, Trogen, 08.12.1749, S. 317.

Auf den rund 100 Kilometern von Altstätten nach Chur betrug der Unterschied für die Spedition auf den beiden Routen 3 Kreuzer zugunsten der Route über Azmoos. Es kamen jeweils vier Spediteure zum Einsatz. Jeder Spediteur erhielt einen Frachtbrief, wobei «alle Fuhrbriefe dem ersten oder nächsten Speditor gesant [werden], der sodan die übrigen weiter verschickt».[2055] Drei Jahre später offerierte auch *Johann de Lorentz Heer* in Rheineck am Bodensee seine Konditionen für die Fuhr nach Chur. Sein Hinweis, dass «man die Colli wochentlich alle Marcktag bey dem Adler [in Altstätten, A.d.A.] übergeben kann»[2056], zeigt auf, dass seine Fuhr ganz ähnlich derjenigen von *Caspar Zili* in St. Gallen von einer zentralen Sammelstelle ausgehend organisiert war. Die beiden Routen trafen am Schollberg zusammen, dem ersten von zwei Nadelöhren auf der Nord-Süd-Achse. Über das Höhenprofil lassen sich die zwei verkehrstechnisch grössten Herausforderungen auf dieser Transportroute identifizieren.[2057] Es waren der Schollberg (874 Meter über Meer) auf Kilometer 55 und der Splügenpass (2115 Meter über Meer) auf Kilometer 150 über die Bündner Alpen.

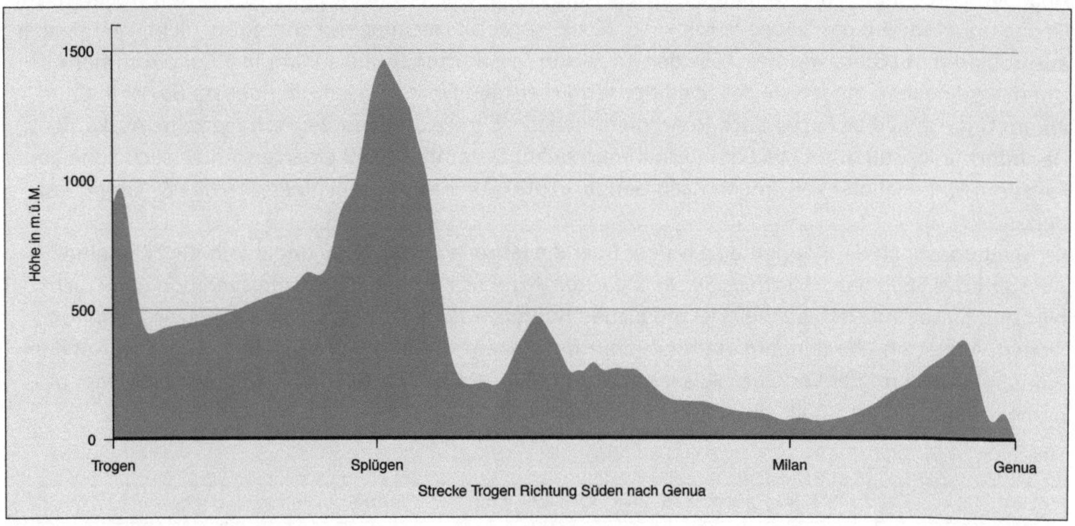

Abbildung 51: Höhenprofil der rund 530 Kilometer langen Strecke Trogen (903 Meter über Meer), Splügenpass (2115 Meter über Meer), Genua (20 Meter über Meer)

Die Ostflanke des Schollbergs, heute als Steinbruch genutzt, stellte *die* verkehrstechnische Herausforderung im Rheintal der Frühen Neuzeit dar. Der wilde, unbegradigte Rhein floss direkt am Fuss der «Grossen Howand» des Schollbergs vorbei. Deshalb musste der gesamte Güterverkehr mit Saumtieren auf einem schmalen Saumpfad über den Schollberg geführt werden. Bereits im Jahr 1490 beschloss die Eidgenössische Tagsatzung den Bau der Schollbergstrasse mit dem erklärten Ziel, die steile und hohe «Howand» samt Fuhrwerk bequem auf halber Höhe traversieren zu können.[2058] Um Platz für die Fuhrwerke zu schaffen, war ein Stück der Strasse in den Berg hineinzuhauen, wovon bis heute ein kleiner Viaduktbogen zeugt. Dieses beeindruckende Strassenbauwerk, 1492 quasi als erste Nationalstrasse der

2055 Gebrüder Zellweger: Speditionsbuch, 12.05.1751.

2056 Johann de Lorentz Heer, Rheineck: Offerte für die Warenspedition von Altstätten nach Chur, 27.07.1754, in: Gebrüder Zellweger: Speditionsbuch, 1738–1756.

2057 Vgl. Zellweger, M.: «[...] par add[ress]:e. H[erren]: Simeon & Johann Baptist Bawier in Chur». Spedition im Auftrag der Textilkaufleute Zellweger von Trogen nach Genua, 1750 bis 1820, in: Bündner Kalender (177/2018), S. 86–97.

2058 Schweiz (Hg.): Amtliche Sammlung der ältern eidgenössischen Abschiede, 1478 bis 1499 (3. Abt. 1/1839–1886), S. 245, 364, 370 und 373.

Alten Eidgenossenschaft eröffnet, inspirierte als Sujet mehrere zeitgenössische Künstler.[2059] Die Spuren, welche die Räder der schwer mit Handelsware beladenen Fuhrwerke während den folgenden 300 Jahren in das Steinpflaster einfrassen, sind bis heute auf der Alten Schollbergstrasse zu besichtigen.[2060] Ihr Bau und Unterhalt finanzierte sich damals über Zollabgaben. Im Jahr 1751 waren gemäss dem Spediteur Matthias Sulser von Azmoos pro Stückgut von etwa 150 Kilogramm 4 Kreuzer «Zoll am Schollberg» zu bezahlen. Eingezogen wurde dieser «Warenzoll» im Zollhaus des Weilers Vild südlich des Schollbergs, von wo er letztlich in die Kasse des Landvogts floss, der als Verwalter der eidgenössischen Landvogtei Sargans im Schloss residierte. Die südlich davon gelegene Glarner Landvogtei Werdenberg war, obwohl optimal an der linksrheinischen Strasse gelegen, gänzlich vom Gütertransport und Transitverkehr abgeschlossen. Die linksrheinische Route verlor zugunsten der rechtsrheinischen Strasse im 17. und 18. Jahrhundert zunehmend an Bedeutung. Der Rhein trat im 17. Jahrhundert insgesamt fünfmal über die Ufer. Im 18. Jahrhundert hingegen überschwemmte er ganze achtzehnmal die Rheinebene. Man führte das Phänomen auf den zunehmenden Raubbau in den Wäldern seines Einzuggebiets zurück. Wegen seiner Unberechenbarkeit gab man dem Fluss den Übernamen «Talvogt Rhein».[2061]

Zweiter Abschnitt – von Chur über Splügen nach Chiavenna

Der Gütertransit auf der Nord-Süd-Achse war das Hauptgewerbe der Drei Bünden im 18. Jahrhundert.[2062] Er verlief mitten durch das Nadelöhr Chur. Von hier aus organisierten und finanzierten «Speditionsherren» den Transport über die Alpenpässe. Anlass und Auftrag für ihre Saum- und Speditionsgeschäfte gaben unter vielen anderen[2063] die «Kaufherren» Zellweger von Trogen. Auf die Bestellung ihrer Kunden abgestimmte Textilwaren verpackten sie mit Packpapier in kleine Pakete, welche in mit Stroh ausgepolsterte hölzerne Fässer kamen, sogenannte «Leinwand-Legelen». Das Legel war ein längliches, im Querschnitt stark elliptisches kleines Fass, das sich von seiner Form her bestens für den Transport auf Saumtieren eignete. Die beiden je auf einer Seite des Lasttieres befestigten Fässchen bildeten zusammen den «Saum».[2064] Ein «Saum» entspricht mit 3 bis 4 Zentnern der Last, welche ein Lastpferd tragen konnte.[2065] Wie viele solcher kleinen Pakete in einem «Legel» Platz fanden, hing vom Gewicht der zu spedierenden Textilartikel ab. Diese Erfahrungswerte eignete sich der Kaufmann beim Verpacken und Wägen seiner Ware an.

Die Kaufleute Zellweger dürften schätzungsweise 2 bis 4 Legel Textilware pro Woche Richtung Chur aufgegeben haben. Diese befanden sich wohl unter den rund vierzehn Wagenladungen mit Handelsware aus dem Reich, welche in der zweiten Hälfte des 18. Jahrhunderts wöchentlich in Chur eintrafen, wie der Zeitgenosse und Stadtschreiber Andreas Otto (geb. 1745)[2066] angab. Zentrale Anlaufstelle für den Güterverkehr war das Rathaus Chur. Im offenen Erdgeschoss befand sich das Kaufhaus. Hier herrschte

---

2059 Vgl. Hackaert, Jan: [Die Schollbergstrasse], 1655 [Das Original der braun lavierten Zeichnung findet sich in Wien, Österreichische Nationalbibliothek: Atlas van der Hem (13/1662–1678), Blatt 49; die Graphische Sammlung der Zentralbibliothek Zürich besitzt eine farbgetreue Faksimile-Ausgabe: Jan Hackaert: Die Schweizer Ansichten 1653–1656. Faksimile (1981) [ZB: LGS 70 RCA HAC 100, Nr. 14]; Bleuler, Louis (1792–1850): [Die Schollbergstrasse (1820–1850)] [Landesmuseum Vaduz/Liechtenstein] sowie Hess, Ludwig: [Die Schollbergstrasse], um 1800 [Zentralbibliothek Zürich].

2060 Die Schollbergstrasse wurde als Projekt «ViaStoria» unter der Leitung von Cornel Doswald 2015/2016 restauriert, vgl. http://www.sarganserland-walensee.ch/lokalgeschichte/schollberg.htm.

2061 Schindler: Werdenberg (1986), S. 290 und 319.

2062 Hilfiker: Handel und Verkehr, in: Verein für Bündner Kulturforschung (Hg.): Handbuch der Bündner Geschichte (2/2000), S. 66; über die «Speditionsherren» Massner vgl. Hilfiker: Handwerk und Gewerbe, Verkehr und Handel, in: Handbuch der Bündner Geschichte (2/2005); Hilfiker: Chur im 17. und 18. Jahrhundert, in: Churer Stadtgeschichte (1993), S. 14–66; Hilfiker: Die Familie Massner in Chur, in: Beiträge zur alpinen Passgeschichte (1987), S. 205–216.

2063 Vgl. dazu die ausgedehnte Kundschaft von Daniel & Ambrosius Massner von Chur, 1727–1797 [STAGR: A Sp III 9 a].

2064 N.N.: Artikel «Lägel», in: Schweizerisches Idiotikon digital (3/1895), Sp. 1167–1169.

2065 N.N.: Artikel «Saum», in: Schweizerisches Idiotikon digital (7/1913), Sp. 944–949.

2066 Andreas Otto war Mitinhaber der Druckerei und Bücherei Jakob Otto & Söhne in Chur, welche von 1772 bis 1816 diverse lokale Blätter verlegte, vgl Collenberg, Adolf: Artikel «Otto, Bernhard (1752–1816)», in: e-HLS online, 09.11.2011.

«eine unglaubliche Niederlag der Güter». Aus den Alpen trafen täglich zahlreiche Saumkolonnen von jeweils acht Saumtieren ein. Sie stellten unter der Leitung eines Säumers den Gütertransport über die Alpenpässe nach Italien sicher. In den Drei Bünden löste im 18. Jahrhundert die freie Strack- oder Güterfuhr die uralte Tradition der Roden ab. Das erlaubte dem selbständigen Säumer, im Sinn des Kaufmanns transportschonende, speditive Direkttransporte von Chur nach Chiavenna auszuführen.[2067]
Die Kaufleute Zellweger verfassten 762 Speditionsbriefe nach Chur, fast gleichmässig verteilt auf die beiden überlieferten Zeiträume 1747 bis 1780 (412, 54%) und 1800 bis 1839 (350, 46%).

Nachname	Vorname	Firmenname	Ort	1747–1780 Briefkopien	In %	1800–1820 Briefkopien	In %	Total	In %
Bavier	S. & J. de J. Baptist	Simon & Johann Baptist de Joh. Baptist Bavier	Chur	148	36	11	3	159	21
Cantieni	Otto	Cantieni & Co.	Chur			20	6	20	3
Dalp		Dalp & C.	Chur			4	1	4	1
Fischer		Fischer & Comp.	Chur			2	1	2	
Hoesle		Hoesle & Co.	Splügen			2	1	2	
Jenatsch	Otto	Otto d'Anton Jenatsch	Chur			6	2	6	1
Laurer	Johannes	Johannes de Jeremias Laurer	Chur	133	32			133	17
Massner	Daniel & Ambrosius	Daniel & Ambrosius Massner	Chur	126	31	39	11	165	22
Massner/ Braun		Massner & Braun	Chur			187	53	187	25
Schwarz	Georg	Georg Schwarz	Chur	5	4			5	1
Wassali	Johannes	Wassali & Co.	Chur			79	23	79	10
Gesamtergebnis				**412**	**100**	**350**	**100**	**762**	**100**

Tabelle 13: Liste der Spediteure in Chur samt Anzahl der an sie verfassten Kopien von Speditionsbriefen, 1747–1820

In der zweiten Hälfte des 18. Jahrhunderts (412 Speditionsbriefe, 100%) standen *Simeon & Johann Baptist de Joh. Baptist Bavier* (148, 36%) an erster Stelle, dicht gefolgt von *Johannes de Jeremias Laurer* (133, 32%) und *Daniel & Ambrosius Massner* (126, 31%). Die drei Speditionsunternehmen erhielten also je einen Drittel der Speditionsbriefe aus Trogen. Die Kaufleute Zellweger dürften ganz bewusst die Strategie der gleichmässigen Berücksichtigung dieser drei dominanten «Speditionsherren» in Chur gewählt haben. Die Vermeidung ohnehin bestehender wirtschaftlicher Rivalitäten[2068] war der flüssigen Abwicklung ihrer Speditionsgeschäfte gewiss zuträglich.
Nach 1800 (total 350, 100%) verblieb im Rennen um die Speditionsgeschäfte der Kaufleute Zellweger nur noch die Familie Massner mit den beiden Speditionsfirmen *Massner & Braun* (187, 53%) und *Daniel & Ambrosius Massner* (39, 11%). Mit *Wassali & Co.* (79, 23%) trat ein neues Speditionsunternehmen auf, das immerhin einen Viertel der Speditionskorrespondenz absorbierte. Den Rest teilten sich *Cantieni & Co.* (20, 6%), *Simeon & Johann Baptist de Joh. Baptist Bavier* (11, 3%), *Otto d'Anton Jenatsch* (6, 2%) sowie die drei Speditionsunternehmen *Dalp & C.*, *Fischer & Comp.* und *Hoesle & Co.* (je 2, 1%). Die Helvetische Revolution (1798–1803) vermochte also die drei jahrzehntelang bestehenden Speditionsverbindungen der Kaufleute Zellweger nach Chur zu sprengen. Nur die Speditionsunternehmen Massner konnten ihre einstige Bedeutung halten. *Simeon & Johann Baptist de Joh. Baptist Bavier*

2067 Hilfiker: Die Familie Massner in Chur, in: Beiträge zur alpinen Passgeschichte (1987), S. 205–216, hier S. 205; Simonett: Verkehrsverlust und Re-Agrarisierung, in: Beiträge zur alpinen Passgeschichte (1987), S. 217–230, hier S. 217.

2068 Bavier stellte das Monopol Massner auch ohne die Kaufleute Zellweger erfolgreich in Frage, vgl. Hilfiker: Die Familie Massner in Chur, in: Beiträge zur alpinen Passgeschichte (1987), S. 210.

hingegen rutschten unter die übrigen sechs Anwärter ab, Laurer verschwand ganz aus der Korrespondenz. Grund dafür war nicht zuletzt auch ihre politische Gesinnung. Aus der Familie Bavier gingen radikale Anhänger der Helvetischen Revolution hervor, die sich an vorderster Front politisch betätigten.[2069] Von den föderalistisch eingestellten Kaufleuten Zellweger hingegen landeten Zellweger-Hirzel-Scheuss und sein dritter Sohn Zellweger-Zuberbühler in Untersuchungshaft in St. Gallen bzw. als Geisel im Gefängnis auf der Aarburg.[2070] Obwohl die Kaufleute Zellweger nach 1800 mit deutlich mehr Speditionsunternehmen in Chur korrespondierten, blieb die alte Geschäftsverbindung mit Massner die einzig relevante.
Als Bindeglied zwischen Kaufmann und Fuhrmann bzw. Säumer erbrachten die «Speditionsherren» *Simeon & Johann de Joh. Bapt. Bavier*, *Johannes de Jeremias Laurer* und *Daniel & Ambrosius Massner* in Chur vor allem organisatorische und finanzielle Leistungen. Sie vermittelten dem Säumer die Fracht, welche ihnen die Kaufleute schriftlich ankündigten und anvertrauten. Sie übernahmen Haftpflicht und Risiko für die Güter, wählten die Transportart, bestimmten eine allfällige Neuverpackung, gaben den Fuhrleuten Geld für Zölle und Weggelder mit und bezahlten ihnen den Fuhrlohn.[2071] Im Transportvertrag in Form eines Frachtbriefs für den Säumer legten sie schriftlich alle Einzelheiten fest bezüglich Güterart und Menge, Nummern, Zeichen, Transportart, Namen des Säumers, Zeit und Bestimmungsort, Lohn und Zollgebühren. Für das Ausstellen dieser Frachtbriefe benötigten die «Speditionsherren» eine Schreibstube in einem Kaufhaus. Um diese Leistungen in dem grossen Schwankungen unterlegenen Transportgewerbe der Frühen Neuzeit erbringen zu können, mussten die «Speditionsherren» über beträchtliches Eigenkapital verfügen. Die Spediteure zählten daher zu den vermögenden bürgerlichen Geschlechtern in Chur.[2072] Der «Speditionsherr» Daniel Massner etwa übernahm 1728 mit der Zollpacht auch die staatliche Landeskasse der Drei Bünde, welche somit bis 1803 durch eine Privatfirma verwaltet wurde.[2073] Ihre Schlüsselposition im Umgang mit Bargeld in verschiedensten Währungen, mit Bargeldsendungen und mit Wechselbriefen legte den Übergang zur Bank nahe.[2074] Ob sich das Bankhaus *Massner & Braun* tatsächlich aus dem traditionsreichen Speditionshaus *Daniel & Ambrosius Massner* entwickelt hatte, müsste weitere Forschung am umfangreichen Archiv nachweisen.[2075]
Für ihren Gütertransit und für ihre jährliche Geschäftsreise nach Genua nutzten die Zellweger ausschliesslich den Splügenpass, den «wohl meistbegangenen, wichtigsten aller Bündner Pässe» der Frühen Neuzeit. Der Zeitgenosse und Topograf Gottlieb Sigmund Gruner (1717–1778) von Bern lobte den Splügenpass als «brauchbarsten Pass aus dieser Gegend nach Italien» in einer Zeit, in welcher die Bergwelt generell als «überwältigend», «schauerlich» und «schrecklich» empfunden wurde.[2076] Die 9 Kilometer lange Nordrampe hinauf führte die berühmte «Viamala», die im 18. Jahrhundert baulich bezwungen werden konnte. Mitten im Sommer konnte es hier so kalt sein, dass mit Schneefall gerechnet werden musste. Kurz vor der Passhöhe verwandelte sich der Saumpfad wieder in eine bepflasterte, stellenweise bis zu 3 Meter breite, bequeme Strasse.[2077] Die kahle Passhöhe (2115 Meter über Meer) setzte Säumer

---

2069 Hilfiker, Max: Artikel «Bavier [von]», in: e-HLS, 18.06.2002.

2070 Geiselnahme und Deportation nach Innsbruck erlebte auch der Kaufmann Alexander Laurer (geb. 1769), vgl. Persenico-Gysin: Die aussergewöhnlichen Erfahrungen des junge Bergellers Agostino Redolfi (1782–18..), in: Bündner Kalender (176/2017), S. 54–62, hier S. 56. Seine Verbindung zum Speditionsunternehmen Johannes de Jeremias Laurer müsste erforscht werden; als Landammann wurde Zellweger-Zuberbühler 1809 wegen seiner freien Äusserung gegen die willkürliche Forderung Napoléons einer Grenzbesetzung von Schaffhausen bis in den Tessin durch die Eidgenossenschaft als Schutz Frankreichs im Krieg gegen Österreich noch einmal in seinen Kanton begrenzt, vgl. Hürbin: Handbuch der Schweizer Geschichte (2/1908), S. 560.

2071 Hilfiker: Chur im 17. und 18. Jahrhundert, in: Churer Stadtgeschichte (1993), S. 33.

2072 Buc: Beiträge zur Verkehrsgeschichte Graubündens (1917), S. 31.

2073 Hilfiker: Chur im 17. und 18. Jahrhundert, in: Churer Stadtgeschichte (1993), S. 36.

2074 Im 18. Jahrhundert sollen in Chur Handelshäuser mit Geschäftspartnern in ganz Europa entstanden sein, vgl. Hilfiker, Max.: Artikel «Chur, Gemeinde», in: e-HLS online, 05.09.2006.

2075 Das umfangreiche Archiv dieser Firmen wird im Staatsarchiv Chur aufbewahrt, vgl. Juvalta, Roman: Salis-Massner, Bank- und Speditionshaus, 1727–1797. Dokumentation (1969/1974) [StAGR: A Sp III 9 a]; die Raggion von Massner & Braun findet sich im «Reisrödel» [StadtA Chur: AB III/F22.004].

2076 Margadant: Graubünden im Spiegel der Reiseberichte (1978), S. 48.

2077 Gredig: Die Saumwege am Splügenpass, in: Jäger (Hg.): Der Splügenpass (2016), S. 83–92, hier S. 85.

und Saumtier schutzlos der Witterung aus. Im Winter pflügten Ochsengespanne die verschneiten Saumwege mit Baumstämmen im Schlepptau. Auf der rund 30 Kilometer langen Südrampe harrte die Bewältigung des gefährlichen Wegstücks durch den fast überhängend steilen Cardinell mittels in die Felsen gehauenen Stufen. So heisst die spektakuläre Schlucht des Bergbachs Liro oberhalb von Isola, der sich unmittelbar neben dem Saumpfad unter tosendem Lärm in die dunkle Tiefe stürzte. Wegen der stellenweisen Enge des Saumpfades regelten ungeschriebene Gesetze das prekäre Ausweichmanöver. Vortrittsrecht auch vor Reisenden zu Pferd hatten überall die beladenen Saumtiere.[2078]

Dritter Abschnitt – von Chiavenna durch die Poebene nach Mailand

In Chiavenna, wo sich seit 1502 die Sust zwischen Splügen und Comersee befand[2079], übernahmen die Spediteure *Pedretti & di Giorgi* sowie *Antonio Mattoi* den Weitertransport der Güter der Kaufleute Zellweger über den rund 80 Kilometer langen Comersee nach Como. Zellweger-Hirzel-Scheuss gab im August 1778 an: «Auf dem Comersee ist ein Schiff mit circa 60 Ballen Waren untergegangen, wovon die wenigsten wieder aus dem Wasser gerettet werden konnten; es ist ein besonderes Glück, dass wir nichts dabei hatten, denn jede Woche haben wir mehr oder weniger über diesen See zu spedieren».[2080] Die «Benetzung» der Textilware war ein «besonderes Unglück». Alles musste sofort ausgepackt, frisch gewaschen, zum Trocknen aufgehängt und zur erneuten Appretur nach Trogen zurückspediert werden. Hart traf es die *Gebrüder Zellweger* Ende August 1765. Aus Chur und Genf traf zugleich «betrübte Nachricht» ein über das «Unglück» der «Benetzung» ihrer Textilware auf den Wegen nach Genua und Lyon. 400 Stück «Toilles à 11 aunes» auf dem Weg von Chur nach Genua «seyen alle benetzt worden, wir lassen die Waar zurück kommen, um sie bestmöglich in guten Stand zu stellen». Aus Genf schrieben die Spediteure *Les Cousins Bonnet*, «dass die 3. Bal[lots] Cazeres [...] das Unglück gehabt, in den [Genfer-]See zu fallen». *Les Cousins Bonnet* veranlassten die sofortige Übergabe und Reparatur der aus dem Wasser gefischten Textilware an einen Textilbleicher zur Reparatur vor Ort.[2081] «Benetzung» nahmen die Kaufleute Zellweger in Kauf, denn der Transport auf dem Wasser verkürzte die Speditionszeit, was trotz des Verlustgeschäftes im Schadensfall höhere Priorität hatte. Erst eine massive Erhöhung der kaiserlichen Zölle auf den Gütertransport auf dem Comersee löste die Verlagerung des Transits von der Splügenstrasse weg auf den San Bernardino aus.[2082]

Wie die Weiterspedition von Como nach Mailand funktionierte, liess sich in einer Antwort von *Conrad Zellweger, Zuberbühler & Comp.* in Trogen an den Spediteur *Francesco Casati* in Como im Jahr der Gründung 1755 nachlesen. *Conrad Zellweger, Zuberbühler & Comp.* hatte einen Vertrag mit den «Speditionsherren» *Simeon & Johann Baptist Bavier* von Chur abgeschlossen, welche die Fracht für «tutti li nostri Colli p l'Italia» franko Mailand übernahmen: «Nissuno altro speditore che con loro essendo melo piu comodo p noi di questo maniere». *Conrad Zellweger, Zuberbühler & Comp.* hatten dadurch für die ganze Strecke von Chur nach Mailand praktischerweise nur mit einem einzigen Speditionsunternehmen zu korrespondieren. Man schlug *Francesco Casati* in Como daher vor, seine Speditionsdienste direkt *Simeon & Johann Baptist Bavier* in Chur anzutragen.[2083]

2078 Margadant: Graubünden im Spiegel der Reiseberichte (1978), S. 99.

2079 Dobras: Mailänder Bote, Lindauer Bote, in: Bündner Monatsblatt (5/1989), S. 339–356, hier S. 341.

2080 Zellweger, Johannes (1730–1802): 1 Brief an Johann Caspar Hirzel (1725–1803) in Zürich, Trogen, 10.08.1778.

2081 Gebr. Zelllweger & Co.: 1 lettre à la maison à Lyon, Trogen, 26.08.1765, S. 469.

2082 Hilfiker: Die Familie Massner in Chur, in: Beiträge zur alpinen Passgeschichte (1987), S. 205–216, hier S. 216.

2083 Conrad Zellweger, Zuberbühler & Comp.: 1 Brief an Francesco Casati in Como, Trogen, 19.08.1755, S. 198.

Vierter Abschnitt – von Mailand nach Genua über das Mittelmeer

Mailand war für die Drei Bünde *das* Speditionszentrum ihres Gütertransits über die transalpinen Handelsrouten in den Süden schlechthin.[2084] Für die Kaufleute Zellweger war Mailand ein erstes Verteilzentrum für ihre Textilware. Wichtigste Destination war hingegen Genua, dessen Hafen die Verbindung über das Mittelmeer nach Frankreich und Spanien sicherstellte. In Mailand waren insbesondere die Spediteure *Martelli* für den Gütertransport der Zellweger nach Genua tätig. *Antonio Maria Martelli* und sein Nachfolger *Ignace qm Antonio Martelli* empfingen die Textilware der Zellweger von *Pedretti & di Giorgi* aus Chiavenna. Mit *Christoffero Martelli* und *Antonio Venino Martelli* waren zwei weitere Martelli als Spediteure aktiv. In Genua übergaben die Spediteure *Martelli* von Mailand die Textilware an die hier ansässigen Spediteure *Galup fratelli*.[2085] Seit 1768 lieferten sie direkt in die eigene Filiale *Zellweger & Honnerlag*. Ähnlich wie in Chur konnten sich neben *Martelli* mit *Vincenco Bellati* und *Maumari & Montillon* erst nach 1800 zwei weitere Spediteure in Position bringen. Unter dem Französischen Kaiserreich verschlechterten sich die Speditionsbedingungen von Mailand nach Genua seit 1806 zunehmend.[2086] Im April 1809 beschloss *Zellweger & Comp.* sogar, keine Ware mehr zu versenden, «puisque les Communications deviennent si difficile».[2087]

Zusammenfassung: Von insgesamt rund 50 000 überlieferten Kopien von Geschäftsbriefen konnten 762 als Speditionsbriefe nach Chur identifiziert werden. Das entsprach einem Anteil von 1.5% an der Gesamtkorrespondenz. Nach Genf als Speditionszentrum auf der Ost-West-Achse Richtung Lyon ging ein vergleichbarer Anteil von 1.7%. Chur konnte sich bis in die ersten Jahrzehnte des 19. Jahrhunderts als wichtiger Speditionsknotenpunkt auf der Nord-Süd-Achse für die Kaufleute Zellweger behaupten. Genf hingegen büsste nach 1800 infolge der Französischen Revolution jede Bedeutung ein. Hinter dem Gütertransit als Hauptgewerbe der Drei Bünde in der Frühen Neuzeit standen Kaufleute als Auftraggeber. Sie stammten aus den vorindustriell äusserst tätigen Gebieten im Norden von Chur. In Appenzell Ausserrhoden waren es die Kaufleute Zellweger, welche ihre Textilware zwecks Verkaufs in den Süden transportieren liessen. Sie nutzten die Nord-Süd-Achse seit 1749 während rund fünfzig Jahren über die Dienste der *Bavier*, *Laurer* und *Massner* in Chur. In Chur, Chiavenna, Mailand und Genua etablierten sich erst nach 1800 infolge der Helvetischen Revolution sowie der Napoleonischen Kriege radikal neue Spediteure. Einzig die Beziehung zu *Massner & Braun* in Chur blieb bestehen.
Wie die Legelen der Kaufleute Zellweger auf der Nord-Süd-Achse transportiert wurden, unterschied sich je nach Gelände. Im flachen Rheintal und in der Poebene wurde die Ware auf Fuhrwerken transportiert. Auf dem Comersee kamen Schiffe zum Einsatz. Chur profitierte von der Funktion als Umschlagplatz vom Fuhrwerk auf das Saumtier. Saumtierkarawanen stellten den Transport über den Splügenpass sicher. Erst mit dem Bau der «Commercialstrasse», einer Handelsstrasse, in den Jahren 1818 bis 1823 wurde der Splügen durchgehend befahrbar. Zeitgleich verbesserte der Bau einer neuen Schollbergstrasse auf Niveau Rhein die Verkehrsverhältnisse im Rheintal. Diese Entwicklungsschritte betrafen den Textilhandel der Kaufleute Zellweger von Trogen nicht mehr. Die intensiven Handelskontakte nach Genua hinterliessen dennoch ihre Spuren am Landsgemeindeplatz Trogen. Mit dem «Pentagon» entstand 1806 bis 1809 das letzte von sechs Kaufhäusern Zellweger im Stil eines Stadtpalais von Genua.
Nach den Warenflüssen werden nun die Geldflüsse untersucht. Wie nutzten die Kaufleute Zellweger die Wechselbriefe für ihren Handel mit Leinwand? Über welche Finanzplätze wickelten sie ihre Bankgeschäfte ab? Welche Bankiers waren für sie tätig?

2084 North: Kommunikation, Handel, Geld (2000), S. 10–11 sowie Hilfiker: Handel und Verkehr, in: Verein für Bündner Kulturforschung (Hg.): Handbuch der Bündner Geschichte (2/2000), S. 72.
2085 Gebrüder Zellweger & Comp: 9 Briefe an Giovanni Galup & Fratelli in Genua, Trogen, 1747–1752.
2086 Zellweger & Comp.: 1 Brief an Maumari, Montillon fils & Co. in Mailand, Trogen, 17.11.1806, S. 24.
2087 Zellweger & Comp.: 1 Brief an J.J. Graf in Triest, Trogen, 10.04.1809, S. 256.

Geldflüsse – zwischen Wechselbriefen, Bankiers und Geldtransporten

Einleitung

Für ihren Warenhandel zwischen Trogen und Lyon waren die Kaufleute Zellweger auf den bestens organisierten Wechselhandel angewiesen. Der Wechsel als Wertpapier war Träger der Liquidität in Westeuropa in der Frühen Neuzeit schlechthin. Schwarzer und Denzel (1992) erkannten im Wechsel die Grundform des bargeldlosen Zahlungsverkehrs. Er ermöglichte den Ersatz eines fremden Schuldners durch einen einheimischen Schuldner. Um einen Wechsel als «internationales Geld» zirkulieren zu lassen, musste er von überregional kreditwürdigen Firmen emittiert und von deren Korrespondenten-Firmen an anderen Finanzplätzen akzeptiert bzw. ausgezahlt werden. Der Wechsel erlebte zwischen 1670 und 1720 eine rasche Ausbreitung. Auf der Basis von Wechseln mit kurzer Laufzeit entstand ein internationaler Kapitalmarkt. Das Finanzsystem konzentrierte sich zunächst auf Amsterdam, später London und Hamburg als den drei Finanzzentren in Europa.[2088]
Nach der Untersuchung, in welcher Form sich die Kaufleute Zellweger den Wechselbrief als internationales Zahlungsmittel zunutze machten, folgt eine Übersicht über ihre Bankiers in Augsburg, St. Gallen, Prag und Paris. Das Unterkapitel schliesst mit einer Untersuchung, wie man Geldtransporte organsierte und woher das Bargeld stammte.

Wechselbriefe – bargeldloses Zahlungsmittel der Frühen Neuzeit

Zentrales Thema in den «Handlungsbriefen» der Zellweger von Trogen nach Lyon waren die «Remissen». Die Handelshäuser Zellweger in Trogen forderten von ihrem für den Verkauf zuständigen Handelshaus in Lyon in einer auffallenden Dringlichkeit Remisse über Remisse, wonach eine ungeheure, nie zu stillende Nachfrage bestand. Eine Remisse war ein in Zahlung gegebener Wechsel vor seiner Annahme, dem sogenannten Akzept. Für die Stadt St. Gallen ging Simon (1974) davon aus, dass der Wechsel seit der zweiten Hälfte des 15. Jahrhunderts «allgemein bekannt und gebräuchlich war».[2089] Wechsel auf Bankhäuser in Amsterdam galten nebst Edelmetallen seit dem 17. Jahrhundert als internationale Liquidität. In der zweiten Hälfte des 18. Jahrhunderts erlangten zunehmend auch Wechsel auf Bankiers in London denselben Status, obwohl sich London erst nach den Napoleonischen Kriegen bis etwa 1870 zum unangefochtenen Zentrum der Liquidität entwickelte. Aus Sicherheitsaspekten, welche die Kreditwürdigkeit betrafen, waren nur erstklassige Forderungen als international verwendbares Kreditgeld handelbar. Demnach kamen nur Währungen von starken Zentren in Frage, welche von der Wirtschaftskraft des jeweiligen Landes gestützt wurden. Die Preise der Wechsel wurden am Markt festgelegt. Bei metallgebundenen schwankten sie um die Münz- bzw. Währungsparität.[2090] Neben den bedeutenden Finanzstädten Augsburg und Nürnberg im oberdeutschen Raum waren Prag und Breslau im böhmisch-schlesischen Raum und Wien im österreichischen Raum massgeblich. Messeplätze wie Lyon im südlichen Frankreich, Bozen in Tirol und Leipzig in Mitteldeutschland vermittelten den Handelsverkehr ausserhalb

2088 Schneider/Schwarzer/Zellfelder/Denzel: Währungen der Welt (6/1992) (= Beiträge zur Wirtschafts- und Sozialgeschichte 49).

2089 Simon: Der Wechsel als Träger des internationalen Zahlungsverkehrs (1974) (= Schriften zur südwestdeutschen Landeskunde 12), S. 74.

2090 Schwarzer: Das System des internationalen Zahlungsverkehrs, in: Denzel/Schwarzer (Hg.): Währungen der Welt I. Europäische und Nordamerikanische Devisenkurse 1777–1914 (1991) (= Beiträge zur Wirtschafts- und Sozialgeschichte 44, I), S. 1–30, hier S. 4.

der Gewerbelandschaften.[2091] Während der *Messe Lyon* profitierten eidgenössische Kaufleute von einer Vielzahl von Privilegien. Seit Ludwig XI. (1423–1483) war ihnen Niederlassungsfreiheit auch in der Zeit zwischen den Messen sowie das Recht gewährt, während den Messen das Geschäft des Geldwechsels frei zu betreiben. Ludwig erliess eigens Reglemente für den Wechselverkehr und sicherte ihnen Testierfreiheit zu. Dadurch verschob sich die Hauptbedeutung der *Messe Lyon* schon im 16. Jahrhundert weg vom Warenhandel hin zum Geld- und Wechselhandel.[2092]
Die Kaufleute Zellweger, welche nun gerade im 18. Jahrhundert immer noch diesen privilegierten Warenhandel mit Leinwand betrieben, profitierten für den Geldfluss nach dem Verkauf der Leinwand in Lyon zurück nach Trogen vom bestens organisierten Wechselhandel vor Ort. Die Wechselbriefe, welche vor 1780 durch die Filiale in Lyon für die Bezahlung ihrer Verkäufe von den Kunden eingezogen und nach Trogen gesandt wurden, lauteten ausnahmslos alle auf Amsterdam. Die Zellweger in Trogen sandten diese erhaltenen «Rimessen» nicht etwa direkt nach Amsterdam, sondern an ihren Bankier in Augsburg. Er übernahm gegen eine Provision das Einhandeln des Wechsels in Amsterdam. Aus diesem Grund forderten die Kaufleute Zellweger von ihren Bankiers in Augsburg immer wieder den neuesten Stand des Wechselkurses von Augsburg auf Amsterdam. Ende April 1748 war den *Gebrüdern Zellweger & Comp.* der Kurs auf Amsterdam zu schlecht, um ihrem Bankier *Christian Georg Köpf* «rimessa» machen zu können.[2093] In der Hoffnung auf einen besseren Kurs in Augsburg sandten sie ihm dann erst Ende Mai 1748 zwei Wechselbriefe auf Amsterdam.[2094] Die Wechselbriefe im Wert von «f 2775:8:5 B[an]:co à 106 ⅛» «negotierte» *Christian Georg Köpf* in Augsburg und übermachte ihnen «den Valor mit f 2233:11: Corr[en].t an L[au]bt[alern] p[ar] St. Gallen».[2095]

Die Bankiers der Zellweger in Augsburg, St. Gallen, Prag und Paris

Finanzzentrum Augsburg, 1747 bis 1820

In die Paritätische Reichsstadt Augsburg pflegten die Kaufleute Zellweger insgesamt 67 Kontakte. Davon konnten 13 als Bankiers identifiziert werden. An diese 13 Banken gingen 2364 Geschäftsbriefe. Die übrigen 54 Adressaten in Augsburg erhielten 570 Geschäftsbriefe. Den Bankiers von Augsburg kam damit eine herausragende Bedeutung in der Geschäftskorrespondenz der Kaufleute Zellweger zu. Im 18. Jahrhundert waren es der Handel und insbesondere das Bankwesen, die den Namen Augsburgs als Handelsstadt retteten.[2096] Augsburgs eigentliche «Stunde» hatte laut Braudel (1990) ja bereits im 16. Jahrhundert geschlagen.[2097] Die Stadt pflegte in der Phase «vor dem Übergang der drei Augsburger Reichsstände an Bayern (1803 und 1806) als Wechselplatz und im Ausbau der Fabrikindustrie einen lebhaften wirtschaftlichen Austausch mit der Schweiz, vor allem mit St. Gallen».[2098] Im Folgenden wird untersucht, wie sich dieser Austausch am Beispiel der Kaufleute Zellweger von Trogen gestaltete, das wenige Kilometer südlich der Stadt St. Gallen mitten in der voralpinen Landschaft liegt.

2091 Schwarzer/Denzel: Geld und Währungen (1992), S. 3.
2092 Wild: Die eidgenössischen Handelsprivilegien in Frankreich 1444–1635 (1909), S. 27 und 30.
2093 Gebrüder Zellweger & Comp.: 1 Brief an Christian Georg Köpf (1699–1758) in Augsburg, Trogen, 29.04.1748, S. 54.
2094 Gebrüder Zellweger & Comp.: 1 Brief an Christian Georg Köpf (1699–1758) in Augsburg, Trogen, 27.05.1748, S. 57.
2095 Gebrüder Zellweger & Comp.: 1 Brief an Christian Georg Köpf (1699–1758) in Augsburg, Trogen, 10.06.1748, S. 67.
2096 Zorn: Augsburg – Geschichte einer europäischen Stadt (2001⁴), S. 328.
2097 Braudel: der Handel (1990), S. 349.
2098 Zorn, Wolfgang: Artikel «Augsburg», in: e-HLS online, 22.11.2001.

Nachname	Firmenname	Ort	Von	Bis	Total Briefe	18. Jh.	19. Jh.
Carli	Carli & Co.	Augsburg	1747	1809	12	3	9
Eberz	Eberz & Co.	Augsburg	1762	1774	18	18	0
Erzberger/Schmid	Erzberger & Schmid	Augsburg	1803	1822	55	0	55
Erzberger/ Schmid/Wollmuth	Erzberger & Co.	Augsburg	1803	1809	4	0	4
Giulini	Gebrüder Guilini	Augsburg	1803	1809	2	0	2
Gullmann	Gullmann & Sohn	Augsburg	1752	1774	84	84	0
Halder	Johannes & Georg Walter von Halder	Augsburg	1762	1811	738	471	267
	Johannes Halder	Augsburg	1762	1769	379	379	0
	Joseph Halder & Sohn	Augsburg	1755	1760	34	34	0
	Joseph von Halder & Co.	Augsburg	1752	1759	35	35	0
Köpf	Christian Georg Köpf	Augsburg	1747	1769	503	503	0
	Gebrüder von Köpf	Augsburg	1755	1760	2	2	0
	Georg Jacob Köpf	Augsburg	1762	1769	4	4	0
Liebert	Benedict Adam Liebert	Augsburg	1762	1769	34	34	0
	Johann Adam Liebert	Augsburg	1752	1759	3	3	0
Münch	Christian Münch & Co.	Augsburg	1769	1780	20	20	0
	Johann Carl & Christian Münch	Augsburg	1774	1780	15	15	0
	Münch & C.	Augsburg	1800	1809	40	0	40
Obwexer	Obwexer sell. Söhne	Augsburg	1769	1809	14	5	9
Schäzler	J.L. Schäzler	Augsburg	1803	1822	177	0	177
Süsskind	J.G. Süsskind	Augsburg	1806	1822	151	0	151
Wohnlich/Fröhlich	Wohnlich & Fröhlich	Augsburg	1803	1813	40	4	40
Gesamtergebnis					**2364**	**1610**	**754**

Tabelle 14: Kontakte der Kaufleute Zellweger mit Bankiers von Augsburg, total 2364 Geschäftsbriefe, 1747–1822

Der früheste belegbare und gleichzeitig sehr intensive Kontakt der *Gebrüder Zellweger & Comp.* zu einem Bankhaus in Augsburg war derjenige zu *Christian Georg von Köpf.*[2099] Dieser älteste Kontakt rangiert trotz seines erstaunlichen Umfangs von 478 Geschäftsbriefen in sieben Jahren aber nur an zweiter Stelle hinter *Johannes & Georg Walter von Halder*[2100], an welche 738 Geschäftsbriefe in rund dreissig Jahren überliefert sind. Über *Christian Georg von Köpf* in Augsburg wickelten die Zellweger während den acht überlieferten Jahren ihre wöchentlichen Wechselgeschäfte ab. Dazu unterhielten sie eine intensive Postfrequenz von rund einem Geschäftsbrief pro Woche. Bankier Köpf «negotierte» die bei ihm eintreffenden Wechselbriefe im Auftrag der Kaufleute Zellweger, das heisst, er löste sie ein. Solche Wechselbriefe lauteten etwa auf den Kunden *Abraham Donzel et C.* in Lyon, welcher sich seinerseits «sur» *André Pels et fils* in Amsterdam berief, wie diejenigen von «f 600: u f 700 B[an]co» «vom 13. July à 2 Usances, davon nach vortheilhafter Negotiat[ion]: den Valor gleichfalls uns in Lbl. [Laubtaler] zu

2099 Gebrüder Zellweger & Comp.: 478 Briefe an Christian Georg von Köpf (1699–1758) in Augsburg, Trogen, 1747–1755.

2100 Gebrüder Zellweger & Comp.: 266 Briefe an Johannes & Georg Walter von Halder in Augsburg, Trogen, 1762–1774; Zellweger, Zürcher & Comp.: 104 Briefe an Johannes & Georg Walter von Halder in Augsburg, Trogen, 1774–1780; Zellweger & Comp.: 102 Briefe an Johannes & Georg Walter von Halder in Augsburg, Trogen, 1806–1811; Johannes Zellweger Sohn: 79 Briefe Briefe an Johannes & Georg Walter von Halder in Augsburg, Trogen, 1803–1816.

übersenden belieben».[2101] Die «2 Usances» bezeichneten die Termine von je nach Wechselplatz unterschiedlicher Dauer zur Bezahlung der Wechselbriefe. Für seine Arbeit als Makler bezog Köpf von seinen Kunden *Gebrüder Zellweger* eine Courtage oder Provision von 0.5% auf den Wert des Wechselbriefes. In der Regel übermachte er ihnen im Anschluss daran eine Barzahlung nach St. Gallen. Je nach Auftrag führte er aber auch Direktzahlungen an ihre bayerisch-schwäbischen Lieferanten in Ulm und in Memmingen aus.[2102] Dazu zählten im Juli 1747 etwa *Walther Heinrich Kolb* von Ulm, *Johann Georg von Grimel*[2103] und im Juli 1748 *Johann Daniel Koch* in Memmingen.[2104] Die unschlagbar gute Kondition im Wechselgeschäft von *Christian Georg von Köpf* stach die Konkurrenz anderer Bankhäuser in Augsburg wie etwa *Carli, Schweiger, Greiff*[2105] oder *Johann Adam Liebert* (1697–1766)[2106] aus, wie die beiden Kleinstkorrespondenzen zeigen. Diese beiden Bankhäuser verbanden sich um 1769 zum ersten gemischt-konfessionellen Bankhaus im Paritätischen Augsburg.[2107]

Auf welchem Vertrauen die Geschäftsbeziehung mit Köpf basierte, zeigte sich im Januar 1748. Die Zellweger gingen ihren Bankier eigens um Adressen derjenigen Häuser in «Italien, Spanien &ca.:» an, «welche am stärksten mit Leinen handeln».[2108] Grund für diese Anfrage war die geschäftliche Separation der *Zellweger & Eugster* im Frühjahr 1748. *Gebrüder Eugster* verfügten als Verkäufer der Ware in Lyon über die Adressen der bisher gemeinsam bedienten Kundschaft. Um sich nun in Abgrenzung davon einen eigenen Kundenstamm aufzubauen, bemühte sich *Gebrüder Zellweger & Comp.* aktiv um neue Kundschaft für ihre Textilware. In ihrer ersten überlieferten Offerte im Februar 1748 an vier potentielle Neukunden in Augsburg und Günzburg gaben sie denn auch Köpfs Namen als Referenz an, bei welchem man sich «nach Belieben nach ihrem Tun erkundigen» konnte.[2109] Sie blieben Köpf bis 1755 treu. Das Marktangebot bezüglich der Konditionen im Wechselgeschäft überprüften sie dennoch laufend. Im Juli 1753 fragten sie den Bankier Johann Balthasar *Gullmann & Sohn* um seine Konditionen im Wechselgeschäft an.[2110] Sie verwiesen in der Hoffnung auf gleichwertige Behandlung auf ihre Konkurrenz, die Kaufleute in Leinwand und «Herren Nachbaren in St: Gallen, Arbon, Bischofszell, Rorschach, Rheinegg &ca», mit welchen Gullmann «ohne Zweifel [...] in Correspondenz stehen, allwo E[ure]l[ieben] nach Gefallen sich unsertwegen informieren können». *Gullmann & Sohn* offerierten als Maklergebühr 0.875%. Im Vergleich zu den 0.5% von Köpf bedeutete dieses Angebot das Ende der Korrespondenz nach nur zwei Geschäftsbriefen.[2111]

Christian Georg Köpf (1699–1758) hatte das Bankgeschäft in jungen Jahren von seinem aus Lindau im Bodensee zugewanderten Vater Johann Köpf (1669–1722) übernommen. Kurz vor seinem eigenen Tod führte er es wohl gemeinsam mit seinem Bruder Johann Christoph Köpf unter *Gebrüder Köpf*[2112], an welche Adresse zwei Briefkopien der *Conrad Zellweger, Zuberbühler & Comp.* abgingen. Die Köpf, welche in den Jahren 1733 und 1740 nobilitiert wurden, kontrollierten zusammen mit den Carli, Liebert und Obwexer im 18. Jahrhundert den reichsstädtischen Geldhandel. Im 18. Jahrhundert diente die Augsburger Finanz mehr denn je den Interessen des neu erstarkten habsburgischen Kaiserhauses

2101 Gebrüder Zellweger & Comp.: 1 Brief an Christian Georg Köpf (1699–1758) in Augsburg, Trogen, 29.07.1748, S. 116.

2102 Gebrüder Zellweger & Comp.: 1 Brief an Christian Georg Köpf (1699–1758) in Augsburg, Trogen, 08.07.1748, S. 103.

2103 Gebrüder Zellweger & Comp.: 1 Brief an Christian Georg Köpf (1699–1758) in Augsburg, Trogen, 24.07.1747, S. 11.

2104 Gebrüder Zellweger & Comp.: 1 Brief an Christian Georg Köpf (1699–1758) in Augsburg, Trogen, 08.07.1748, S. 103.

2105 Gebrüder Zellweger & Comp.: 3 Briefe an Carli, Schweiger, Greiff in Augsburg, Trogen, 1747–1755.

2106 Gebrüder Zellweger & Comp.: 3 Briefe an Johann Adam Liebert (1697–1766) in Augsburg, Trogen, 1747–1755.

2107 Ein Tomaso Carli von Bolvedro-Tremezzo (Comersee) liess sich 1727 als Wechselhändler in Augsburg nieder. Die Familie beteiligte sich am Münzhandel zwischen Westeuropa und der Levante. Dazu gehörten das Einschmelzen schlechter Münzen und die Neuprägungen in Tirol. Bis 1803/1806 bildeten die Carli zusammen mit Obwexer die beiden einzigen grossen katholischen Bank- und Handelshäuser. 1769 gründeten sie zusammen mit Köpf und Liebert das einzige gemischt-konfessionelle Konsortium im 18. Jahrhundert, vgl.: Zellfelder: Das Kundennetz des Bankhauses Gebrüder Bethmann (1994), S. 197.

2108 Gebrüder Zellweger & Comp.: 1 Brief an Christian Georg Köpf (1699–1758) in Augsburg, Trogen, 28.01.1748, S. 45.

2109 Gebrüder Zellweger & Comp.: 1 Dienstofferte zugleich Majo & Brentano, Monticelly e Comp., Brentano e Pedrone, Carlo Brentano Mezzegra und Carli & Comp. in Augsburg und Günzburg, Trogen, 12.02.1748, S. 49.

2110 Gebrüder Zellweger & Comp.: 1 Brief an Johann Balthasar Gullmann & Sohn in Augsburg, Trogen, 23.07.1753, S. 115.

2111 Gebrüder Zellweger & Comp.: 1 Brief an Johann Balthasar Gullmann & Sohn in Augsburg, Trogen, 03.09.1753, S. 120.

2112 Gebrüder Zellweger & Comp.: 2 Briefe an Gebrüder Köpf in Augsburg, Trogen, 1755–1760.

unter Maria Theresia und ihrem Sohn Joseph I. Dazu zählten die *Raunersche Handlung*, das Wechselhaus *Rad & Hösslin*, die Silberhandlung *Schnurbein* sowie der Bankier *Benedikt Adam Liebert*. Die Erfolge der Köpf im Bankgeschäft manifestierten sich 1732 in Form einer Parkanlage, dem Köpf'schen Garten, und 1738/1739 im Ausbau des grossen bestehenden Stadthauses an der heutigen Philippine-Welser-Strasse zu einem repräsentativen Kaufhaus, dem «Köpf'schen Haus». Kein Erfolg war dem Projekt einer Porzellanfabrik anfangs der 1750er Jahre beschieden. Hingegen verlief die Beteiligung seit 1756 am Silbergeschäft äusserst erfolgreich. Es ermöglichte der Bank den geregelten Verkauf von Maria-Theresia-Talern in den Orient. Nach seinem Tod belieferte sein Nachfolger und Neffe Georg Jakob Köpf (1719–1772) von 1759 bis 1766 gemeinsam mit *Obwexer*, *Carli* und *Liebert* die Münzstätten in Hall und Günzburg mit Silber für mehr als 4.3 Millionen Gulden. 1769 erhielten *Liebert, Carli & Co.* und *von Köpf* als Inhaber der *Kaiserlich-Königlich privilegierten Silberhandlung* mit eigener Schmelzhütte und Verkaufskontor in Triest[2113] ein Münzmonopol für acht Jahre. Georg Jakob Köpf profitierte nicht mehr lange davon. Sein Konkurs im November 1771 erzwang den frühzeitigen Ausstieg. Aus der Konkursmasse Köpf erwarb 1772 der Bankier Christian Münch der Jüngere (1728–1780) dessen Haus am heutigen Martin-Luther-Platz als Stadtresidenz und Sitz des Bankhauses *Münch*, das bis 1808 bestand.[2114]

Nach der Trennung der Inhaber der *Gebrüder Zellweger & Comp.* anfangs 1755 verblieb weder Zellweger-Sulser noch Zellweger-Ehrliholzer-Sulser bei *Christian Georg Köpf*, auch nicht bei dessen Nachfolger *Georg Jakob Köpf*. Beide wechselten zu je einem Bankhaus Halder. *Gebrüder Zellweger & Comp.* begann 1755 eine Korrespondenz mit *Joseph von Halder & Co.*[2115], während *Conrad Zellweger, Zuberbühler & Comp.* mit *Joseph Halder & Sohn*[2116] und nun auch mit *Gullmann & Sohn* zusammenarbeitete.[2117] *Conrad Zellweger, Zuberbühler & Comp.* ging bei der Suche nach einer neuen Bankverbindung effizient vor. Anfragen zu den Konditionen im Wechselgeschäft richtete man zugleich an *Conrad Schwarz* und *Joseph Halder &. Sohn* in Augsburg. Die Adressen hatte *Johannes Custer & Co.* in Altstätten vermittelt. Die Anfrage enthält detaillierteste Angaben über die Konditionen, die man sich bis anhin bei *Christian Georg Köpf* für das Wechselgeschäft gewohnt war:

> [...] fragen also hiermit an, fahls uns resolvierten, unsere Wexelbrief p: Amsterdam zur Negotiation zu übersenden, was für Provision die Hr: geübt zu nehmen. ~~Hr: Christian Georg Köpf verrechnet 0.5%~~ Es hat Häuser à Costi, welche ½% berechnen, liefert die Gelter für St. Gallen u. stehet gut darvor. Nun bel: uns zu melden, ob der Hr: uns auf gleichem Fuss trachten würde, auch was der dermahlige Amsterd: Cours seye u mit was vor Agio die Carli u alte Dopie oder Ld'ors eingethan werden. In Erwarthung einer bel: Antw: zu unserem Verhalt haben die Ehren, neben unserer höflichen Empfehl: mit aller Estime zu seyn [...].[2118]

Den Zuschlag erhielt schliesslich *Joseph Halder & Sohn*.[2119] Joseph Halder (1701–1757) zählte zu den bedeutendsten Repräsentanten der Bankierfamilie Halder und war leitender Mitinhaber der Silberhandlung *Caspar & Halder*.[2120] Als Joseph Halder 1757 verstarb, zeigte der Sohn *Johannes Halder*[2121] die Weiterführung der väterlichen Bankgeschäfte unter seinem eigenen Namen per Zirkular an. *Conrad Zellweger, Zuberbühler & Comp.* machten

> von der uns angezeigten Firma behörig Nota [...] und haben zugleich die Ehre, zu allen dero Handl[ungen].

2113 Zorn: Augsburg (2001), S. 305.

2114 Grünsteudel, Günther /Wüst, Wolfgang: Artikel «Münch», in: Stadtlexikon Augsburg online, 1998.

2115 Gebrüder Zellweger & Comp.: 35 Briefe an Joseph von Halder & Co. in Augsburg, Trogen, 1752–1759.

2116 Conrad Zellweger, Zuberbühler & Comp.: 34 Briefe an Joseph Halder & Sohn in Augsburg, Trogen, 1755–1760.

2117 Conrad Zellweger, Zuberbühler & Comp.: 20 Briefe an Gullmann & Sohn in Augsburg, Trogen, 1755–1760.

2118 Conrad Zellweger, Zuberbühler & Comp.: 1 Brief je an Conrad Schwarz und an Joseph Halder u. Sohn in Augsburg, Trogen, 19.04.1756, S. 245.

2119 Conrad Zellweger, Zuberbühler & Comp.: 34 Briefe an Joseph Halder & Sohn in Augsburg, Trogen, 1755–1760.

2120 Zorn, Wolfgang: Artikel «Halder», in: Stadtlexikon Augsburg online, 23.08.2010.

2121 Conrad Zellweger, Zuberbühler & Comp.: 379 Briefe an Johannes Halder in Augsburg, Trogen, 1755–1769.

> und Unternehmungen den wahren himml. Seegen hertzl. zu aprecieren, und dass der Allerhöchste Sie vor Schaden und Unglück in Gnaden bewahren wolle. Die uns neuerdings zu machen bel. Dienst offerte verdanken auf das höfl. und da Sie uns dero attention für unser Int[eress]e bestens versichern, so werden wir uns jederzeit eine Freude machen, die bis dahin gepflogene Correspondenz vernüglicht fortzusetzen [...].[2122]

Diese wohl beiderseits «vergnügliche» Korrespondenz mit *Johannes Halder*[2123] unterhielt man bis Juni 1760. Dann endet die Überlieferung. Besonders intensiv korrepondierte *Gebrüder Zellweger & Comp.* mit *Johannes Halder*[2124] in den 1760er Jahren. Die etwa zeitgleich geführte Korrespondenz mit dem Bankhaus *Gullmann & Sohn*[2125] nahm sich geradezu bescheiden aus. Seit etwa 1768 hiess *Johannes Halder* neu *Johannes & Georg Walter von Halder*[2126], mit welchen *Gebrüder Zellweger & Comp.* weiterhin in Korrespondenz standen. Der Kontakt zu *Johannes & Georg Walter von Halder* hielt sich bis 1774[2127], als es in Trogen zu einer weiteren Geschäftstrennung kam. Nach dieser Trennung führte Zellweger-Hirzel-Scheuss die Beziehung für seine beiden neu gegründeten Handelsgesellschaften in Lyon und Genua in gleicher Intensität fort. Für *Zellweger Vater & Comp.* konnten an *Johannes & Georg Halder*[2128] 101 Geschäftsbriefe ausgemacht werden und für *Zellweger, Müller & Comp.*, dann *Zellweger, Zürcher & Comp.* in Genua mit 104 Geschäftsbriefen noch einmal so viel.[2129] Dieses langjährige Vertrauensverhältnis war Zellweger-Hirzel-Scheuss nicht bereit, ohne besonderen Grund aufzugeben. Das war der Absage an den Bankier *Conrad Schwarz* in Augsburg trotz des «lebhaftesten Eindrucks» zu entnehmen, den die «Empfehlung aber H. *Samuel Seiller & Sohn* in Lentzburg» hinterliess:

> Allein ein Zutrauen von vielen Jahre hat uns mit H. v. Halder immer fester verbunden, weil sie uns beständig zu unserer Zufriedenheit bedienten. Wir halten es also der Billigkeit gemäss, wann wir sie dagegen nicht ohne eine ganz besondere Veranlassung zu abandonnieren gedenken. Sollte sich aber der Fall einer Abänderung ereignen, so werden wir uns Ihnen ganz gewiss erinnern.[2130]

Auch als Zellweger-Hirzel-Scheuss seine beiden Handelsgesellschaften 1793 vereinte, blieb die neue Handelsgesellschaft *Zellweger & Comp.* dem Bankhaus *Johannes & Georg Walter von Halder* bis 1811 verbunden.[2131] Als sich sein Sohn unter *Johannes Zellweger Sohn* 1803 selbständig machte, pflegte er weiterhin regen Kontakt zu *Johannes & Georg Walter von Halder*.[2132] Die Halder wurden 1785 in das Patriziat von Augsburg aufgenommen und zählten 1806 mit den Häusern der Obwexer, Carli, Köpf und Liebert zur finanzpolitischen Oligarchie der Stadt. Ihr Kapital floss in Auslandgeschäfte und in die Manufakturwirtschaft.[2133] Mit den Kaufleuten Zellweger von Trogen waren äusserst langjährige Kunden der Halder von Augsburg auszumachen.

Neben den bis über die 1830er Jahre hinaus erfolgreichen Bankiers Halder kam den Korrespondenzen mit den Bankhäusern Liebert, Münch und Obwexer nur wenig Bedeutung zu. Obwexer, Carli, Liebert und Köpf lieferten von 1759 bis Anfang 1766 an die Münzen von Hall und Günzburg im Wert von 4 312 878 Gulden Silber, das wohl teilweise noch aus dem Silberberg von Schwaz (Tirol, Österreich) stammte. 1769 erhielten sie ein Münzmonopol auf zwölf Jahre, das sie zur jährlichen Ausprägung von 4 Millionen Gulden verpflichtete. Der Konkurs von Köpf und Absatzschwierigkeiten nötigten sie 1776

2122 Conrad Zellweger, Zuberbühler & Comp.: 1 Brief an Johannes Halder u. Sohn in Augsburg, Trogen, 12.10.1757, S. 296.
2123 Conrad Zellweger, Zuberbühler & Comp.: 93 Briefe an Johannes Halder in Augsburg, Trogen, 1757–1760.
2124 Gebrüder Zellweger & Comp.: 286 Briefe an Johannes Halder in Augsburg, Trogen, 1762–1769.
2125 Gebrüder Zellweger & Comp.: 62 Briefe an Gullmann & Sohn in Augsburg, Trogen, 1762–1774.
2126 Gebrüder Zellweger & Comp.: 50 Briefe an Johannes & Georg Walter von Halder in Augsburg, Trogen, 1768–1769.
2127 Gebrüder Zellweger & Comp.: 216 Briefe an Johannes & Georg Walter von Halder in Augsburg, Trogen, 1769–1774.
2128 Zellweger Vater & Comp.: 101 Briefe an Johannes & Georg Walter von Halder in Augsburg, Trogen, 1774–1778.
2129 Zellweger, Müller/Zürcher & Comp.: 104 Briefe an Johannes & Georg Walter von Halder in Augsburg, Trogen, 1774–1780.
2130 Zellweger, Müller & Comp.: 1 Brief an Conrad Schwarz in Augsburg, 22.07.1776, S. 410.
2131 Zellweger & Comp.: 188 Briefe an Johannes & Georg Walter von Halder in Augsburg, Trogen, 1800–1811.
2132 Johannes Zellweger Sohn: 79 Briefe an Johannes & Georg Walter von Halder in Augsburg, Trogen, 1803–1816.
2133 Zorn, Wolfgang: Artikel «Halder», in: Stadtlexikon Augsburg online, 1998.

zum vorzeitigen Ausstieg aus dem Geschäft.[2134] An *Christian Münch & Co.* richteten *Gebrüder Zellweger & Comp.*[2135] seit 1769 einige Geschäftsbriefe. *Zellweger Vater & Comp.* korrespondierte seit 1774 mit *Johann Carl & Christian Münch.*[2136] Erst nach 1800 pflegte *Zellweger & Comp.* während neun Jahren eine etwas intensivere Geschäftsbeziehung mit *Münch & Co.* bis zu deren Konkurs 1808.[2137] Während die Kontaktaufnahme der *Gebrüder Zellweger & Comp.* mit dem Bankier *Johann Adam Liebert* (1697–1766) in den frühen 1750er Jahren scheiterte[2138], gestaltete sich die Korrespondenz der *Gebrüder Zellweger & Comp.* an dessen Sohn und Nachfolger *Benedict Adam Liebert* (1731–1810) in den 1760er Jahren immerhin etwas umfangreicher.[2139] *Gebrüder Zellweger & Comp.* pflegten auch mit dem Bankhaus *Eberz & Co.* Kontakt.[2140]

Nach 1800 ergaben sich Kontakte zu einer neuen Generation Bankiers in Augsburg. *Zellweger & Comp.* trat mit dem Bankier *J.G. Süsskind*[2141] in eine neue, intensive Geschäftsbeziehung, welche in der Folge auch *J.C. Zellweger* nutzte.[2142] Im Sommer des Hungerjahres 1817 ergriff Süsskind wie auch die übrigen Bankiers von Augsburg «die strengsten Massnahmen gegen ihre Korrespondenten». Süsskind weigerte sich, die 900 Gulden Schulden, lautend auf einen Wechselbrief auf Zellweger-Gessner zu zahlen. Doch der Bankier *Johann Jacob de Georg Mayer* von St. Gallen empfing den Protest und befahl Süsskind umgehend, ohne Zellweger-Gessners Auftrag abzuwarten, den Wechsel zu bezahlen.[2143] Süsskind machte aufgrund von risikoreichen Spekulationen in den 1820er Jahren Bankrott.[2144] Während die *Zellweger & Comp.* offenbar nicht mit dem Bankhaus *Wohnlich & Froelich*[2145] Geschäfte trieben, unterhielt *Johannes Zellweger Sohn*[2146] mit diesem Bankhaus regen Kontakt. Teilhaber waren Carl Wohnlich und sein evangelischer Schwiegersohn Johann Christian Froelich. Das Bankhaus vergab Staatskredite und besass in Paris eine Niederlassung. Ab 1822 richtete sich das Hauptinteresse der Familie auf das erfolgreiche Bankgeschäft *Wohnlich & Froelich.* 1825/1826 erfolgte die Spaltung in die zwei Häuser *Louis von Wohnlich* und *Christian Froelich & Söhne.*[2147]

Zellweger & Comp. verfasste 1808/1809 wenige Geschäftsbriefe an das 1804 neu eröffnete Bankhaus *Erzberger & Co.* in Augsburg.[2148] Es stand für die erfolgreiche Karriere des Waisen Jakob Friedrich Schmid (1777–1824). Nach dem Besuch des Gymnasiums absolvierte Schmid eine kaufmännische Lehre in der Schweiz, wo er den Bankier Dietrich Erzberger (1779–1851) von Basel[2149] kennenlernte. 1806 heiratete Schmid Susanna Johanna Erzberger von Rad, was ihm Zugang zu Kreisen des Patriziats verschaffte. Nach seinem Tod 1824 übernahmen Mitglieder der verwandten Familien von Rad und Süsskind die Leitung des Bankhauses.[2150] Kurz vor seinem Konkurs trat auch *Johannes Zellweger Sohn* mit *Erzberger & Schmid* in Kontakt.[2151] Die Verbindung der *Zellweger & Comp.* mit dem evangelischen

2134 Fassl, Peter: Wirtschaft, Handel und Sozialstruktur 1648–1806, in: Gunther/Baer/Becker et. al. (Hg.): Geschichte der Stadt Augsburg (1985), S. 468–480, hier S. 472.

2135 Gebrüder Zellweger & Comp.: 17 Briefe an Christian Münch & Co. in Augsburg, Trogen, 1769–1774.

2136 Zellweger, Zürcher & Co.: 15 Brief an Johann Carl & Christian Münch in Augsburg, Trogen, 1774–1780.

2137 Zellweger & Co: 40 Briefe an Münch & Co. in Augsburg, Trogen, 1800–1809.

2138 Gebrüder Zellweger & Comp.: 3 Briefe an Johann Adam Liebert (1697–1766) in Augsburg, Trogen, 1752–1759.

2139 Gebrüder Zellweger & Comp.: 34 Briefe an Benedict Adam Liebert (1731–1810) in Augsburg, Trogen, 1762–1769.

2140 Gebrüder Zellweger & Comp.: 18 Briefe an Eberz & Co. in Augsburg, Trogen, 1762–1774.

2141 Zellweger & Comp.: 106 Briefe an Johann Georg. Süsskind in Augsburg, Trogen, 1806–1811.

2142 J.C. Zellweger: 45 Briefe an J.G. Süsskind in Augsburg, Trogen, 1809–1822.

2143 Zellweger, J.C.: Notitzen aus meinem Leben (1/1850), S. 60.

2144 Möller: Bürgerliche Herrschaft in Augsburg 1790–1880 (1998) (= Stadt und Bürgertum 9), S. 138.

2145 Zellweger & Comp.: 1 Brief an Wohnlich & Froelich in Augsburg, Trogen, 1806–1807.

2146 Johannes Zellweger Sohn: 38 Briefe an Wohnlich & Froelich in Ausburg, Trogen, 1803–1809.

2147 Trauchburg, Gabriele von: Artikel «Froelich», in: Stadtlexikon Augsburg online, 1998.

2148 Zellweger & Comp. 4 Briefe an Erzberger & Co. in Augsburg, Trogen, 1808–1809.

2149 N.N.: Indexeintrag «Erzberg, Dietrich (1779–1851) von Basel», in: Deutsche Biographie, Registereintrag, 1912, vgl. auch Winkler, Richard: Artikel «Schüle, Johann Heinrich Edler von (1720–1811)», in: Neue Deutsche Biographie (23/2007), S. 635–637.

2150 Liebhart, Wilhelm: Artikel «Schmid», in: Stadtlexikon Augsburg online, 1998.

2151 Johannes Zellweger Sohn: 55 Briefe an Erzberger & Schmid in Augsburg, Trogen, 1815–1822.

Bankier *J.L. Schaezler*[2152] wurde auch von *Johannes Zellweger Sohn* intensiv genutzt.[2153] Nach einer kaufmännischen Lehre trat Johann Lorenz Schaezler (1762–1826) von Ansbach 1791 als Handlungsgehilfe in das Bankhaus von *Benedikt Adam Liebert* im «Liebert-Palais» ein, heute bekannt unter «Schaezler-Palais». 1793 heiratete er dessen Tochter Marianna Barbara Liebert (1768–1838). Anfangs 1800 gründete er unter *J.L. Schaezler* ein eigenes Bankgeschäft. Seine geschäftlichen Erfolge und insbesondere mehrere wohltätige Stiftungen legten die Basis für das hohe Ansehen dieses in das Patriziat aufgestiegenen Kaufmanns.[2154] *Johannes Zellweger Sohn* pflegte als einzige Handelsgesellschaft der reformierten Kaufleute Zellweger von Trogen auch eine Korrespondenz mit dem katholischen Bankhaus *Obwexer seelig Söhne* in Augsburg.[2155] Für *Zellweger Vater & Comp.* ergab sich hingegen über eine Kontaktaufnahme mit diesem Handelshaus unter Joseph Anton Obwexer (1730–1795) und Peter Paul Obwexer (1739–1817) hinaus keine Geschäftskorrespondenz.[2156] Dabei betrieben die Brüder Obwexer von 1770 bis 1779 eine Kattunmanufaktur in Bregenz. Ähnlich wie andere Bankiers in Augsburg verwirklichten auch sie ihre Erfolge 1782 in Form einer Gartenanlage, wozu sie einen Drittel des sogenannten Postgartens vor dem Eserwall kauften.[2157] 1778 bis 1806 exportierten sie aufgrund enger Geschäftsbeziehungen zu *Matthäus Schüle*[2158], welcher 1806/1807 Kunde für Baumwollware der *Zellweger & Comp.* war, Augsburger Kattune und schlesische Leinwand über Amsterdam und die Insel Curaçao in der Karibik in die französischen und spanischen Kolonien in Westindien. Auf Curaçao war ihr eigener Faktor Pierre Brion (gest. 1799) stationiert. Er organisierte den Export von amerikanischer Kolonialware wie Zucker, Kaffee, Kakao und Indigo nach Europa. Sein Nachfolger war Georg Hohenleiter.[2159] Die finanziellen Schwierigkeiten seit den 1790er Jahren mündeten 1811/1812 in den Bankrott und die Verarmung der Familie Obwexer, von deren Mitgliedern Porträtgemälde des Augsburger Malers Franz Joseph Degle (1724–1812) von 1777 und ein Familienbildnis existieren.[2160]
Mit der Leinwandstadt St. Gallen lag ein weiterer finanzkräftiger Bankenplatz ganz in der Nähe von Trogen. Im Folgenden wird untersucht, welche Bankhäuser hier für welche Handelsgesellschaften Zellweger tätig waren.

Finanzzentrum St. Gallen

In der Stadt St. Gallen waren von 1747 bis 1780 etwa zehn Bankiers für die Kaufleute Zellweger von Trogen aktiv. Mit *François Foux*[2161] und *Georg Mayer*[2162] waren die ersten nachweisbaren Bankiers der *Gebrüder Zellweger & Comp.* zu identifizieren. Die schriftlichen Kontakte beschränkten sich noch auf etwas mehr als einen Brief pro Jahr. Das änderte sich in den 1760er Jahren.

2152 Zellweger & Comp.: 35 Briefe an J.L. Schaezler in Augsburg, Trogen, 1806–1811.

2153 Johannes Zellweger Sohn: 142 Briefe an J.L. Schaezler in Augburg, Trogen, 1803–1822.

2154 Krämer, Gode: Artikel «Schaezler, Johann Lorenz (1762–1826», in: Stadtlexikon Augsburg online, 1998.

2155 Johannes Zellweger Sohn: 9 Briefe an Obwexer selig Söhne in Augsburg, Trogen, 1803–1807.

2156 Zellweger, Zürcher & Co.: 1 Brief an Obwexer selig Söhne in Augsburg, Trogen, 08.09.1777, S. 592.

2157 Hetzer, Gerhard: Artikel «Obwexerscher Garten», in: Stadtlexikon Augsburg online, 1998; die Investition in eine grosszügige Gartenanlage war ein zeitgenössisches Phänomen, vgl. dazu auch die Gartenanlagen der Kaufleute in Lindau und die Gartenanlage der Brüder Honnerlag in den Niederen von Trogen, vgl. Sigel: «Auf den Bergen ist Freiheit». Der Garten Honnerlag in Trogen, in: Sigel et al.: Nutzen und Zierde. Fünfzig historische Gärten in der Schweiz (2006), S. 194–199; Eisenhut: Der Honnerlag'sche Garten, in: Obacht Kultur (3/2014), S. 29–31.

2158 Zellweger & Comp.: 3 Briefe an Matthäus Schüle in Augsburg, Trogen, 1806–1807.

2159 Schmölz-Häberlein: «Voll Feuerdrang nach ausgezeichneter Wirksamkeit» – die Gebrüder von Obwexer, Johann Heinrich von Schüle und die Handelsstadt Augsburg im 18. Jahrhundert, in: Burkhardt (Hg.): Augsburger Handelshäuser im Wandel des historischen Urteils (1996), S. 130–146, hier S. 134.

2160 Trepesch: Die deutsche Barockgalerie im Schaezlerpalais (2016), S. 104–106; Häberlein, Mark/Schmölz-Häberlein, Michaela: Artikel «Obwexer – Kaufmannsfamilie, Bankiers», in: Stadtlexikon Augsburg online, 1998; Häberlein/Schmölz-Häberlein: Die Erben der Welser (1995), S. 32.

2161 Gebrüder Zellweger & Comp.: 13 Briefe an François Foux in St. Gallen, Trogen,1747–1759.

2162 Gebrüder Zellweger & Comp.: 12 Briefe an Georg Mayer in St. Gallen, Trogen, 1747–1755.

Nachname	Firmenname	Ort	Von	Bis	Total Briefe	18. Jh.
Binder	Batholome Binder	St. Gallen	1747	1774	7	7
Foux	François Foux	St. Gallen	1747	1759	23	23
Mayer	Georg Mayer	St. Gallen	1747	1769	24	24
Wegelin	Caspar Wegelin älter	St. Gallen	1747	1752	2	2
	Caspar Wegelin jünger	St. Gallen	1747	1778	7	7
Anhorn	Anhorn	St. Gallen	1762	1774	61	61
Fehr	Fehr & Söhne	St. Gallen	1762	0769	2	2
Huber	Heinrich de Heinrich Huber	St. Gallen	1762	1769	9	9
Schlumpf	Heinrich de Hermann Schlumpf	St. Gallen	1762	1769	6	6
Stählin	Heinrich de Johann Ulrich Stählin	St. Gallen	1762	1769	1	1
Wegelin	Wegelin	St. Gallen	1774	1778	7	7
Heer	Lorenz de Johann Conrad Heer	Rheineck	1762	1769	5	5
Gesamtergebnis					**154**	**154**

Tabelle 15: Kaufleute Zellweger: Korrespondenzen mit Bankiers von St. Gallen, 1747 bis 1774

Neu pflegten die Kaufleute Zellweger in der Stadt St. Gallen ähnlich wie in Augsburg einen einzigen, aber überaus intensiven und langfristigen Kontakt mit dem Bankhaus *Friedrich de Friedrich Girtanner*.[2163] Im Vergleich dazu kam *Anhorn beim Pflug*[2164] praktisch keine Bedeutung zu. Den Kontakt zu dem Bankier *Georg Mayer* behielten *Gebrüder Zellweger & Comp.* bei.[2165] 1774 entschied sich Zellweger-Hirzel-Scheuss weiterhin für das Bankhaus von *Johann Jacob de Georg Mayer*, das inzwischen vom Vater Georg auf den Sohn Johann Jacob Mayer (1744–1827) übergegangen war.[2166] Nach Zusammenschluss seiner beiden Handelshäuser in Lyon und Genua unter *Zellweger & Comp.* ergab sich daraus eine intensive, langfristige Beziehung[2167], an welcher selbst seine Söhne unter *Johannes Zellweger Sohn*[2168] und *J.C. Zellweger*[2169] bis in die 1820er Jahre festhielten. Kurz nach dem Tod des erblindeten Mayer 1827 ging sein Bankhaus in den Konkurs.[2170] Von 1755 bis 1760 unterhielt *Conrad Zellweger, Zuberbühler & Comp.* in der Stadt St. Gallen enge Kontakte zu den Bankiers *Friedrich de Friedrich Girtanner*[2171] und *Ruprecht Huber zum Schegg* am Marktplatz.[2172] Ziegler (1986/1987) untersuchte in seinen Forschungen

2163 Conrad Zellweger, Zuberbühler & Comp.: 5 Briefe an Friedrich de Friedrich Girtanner in St. Gallen, Trogen, 1755–1760; Gebrüder Zellweger & Comp.: 56 Briefe an Friedrich de Friedrich Girtanner in St. Gallen, Trogen, 1762–1774; Zellweger Vater & Comp.: 15 Briefe an Friedrich de Friedrich Girtanner in St. Gallen, Trogen, 1774–1780; Zellweger, Zürcher & Co.: 47 Briefe an Friedrich de Friedrich Girtanner in St. Gallen, Trogen, 1774–1778; Zellweger & Comp.: 304 Briefe an Friedrich de Friedrich Girtanner in St. Gallen, Trogen, 1800–1810; Johannes Zellweger Sohn: 36 Briefe an Friedrich de Friedrich Girtanner in St. Gallen, Trogen, 1803–1809; J.C. Zellweger: 148 Briefe an Friedrich de Friedrich Girtanner in St. Gallen, Trogen, 1809–1821.

2164 Conrad Zellweger, Zuberbühler & Comp.: 11 Briefe an Anhorn zum Pflug in St. Gallen, Trogen, 1755–1760; Gebrüder Zellweger & Comp.: 50 Briefe an Anhorn beim Pflug, in St. Gallen, Trogen, 1769–1774.

2165 Gebrüder Zellweger & Comp.: 12 Briefe an Georg Mayer in St. Gallen, Trogen, 1762–1769.

2166 Zellweger, Zürcher & Co.: 11 Briefe an Johann Jacob de Georg Mayer in St. Gallen, Trogen, 1774–1780.

2167 Zellweger & Comp.: 156 Briefe an Johann Jacob de Georg Mayer in St. Gallen, Trogen, 1801–1811.

2168 Johannes Zellweger Sohn: 116 Briefe an Johann Jacob de Georg Mayer in St. Gallen, Trogen, 1803–1822.

2169 J.C. Zellweger: 311 Briefe an Johann Jacob de Georg Mayer in St. Gallen, Trogen, 1816–1827

2170 Bischof, Franz Xaver: Artikel «Mayer, Johann Jakob (1744–1827)», in: e-HLS online, 17.05.2007.

2171 Conrad Zellweger, Zuberbühler & Comp.: 5 Briefe an Friedrich de Friedrich Girtanner in St. Gallen, Trogen, 1755–1760.

2172 Conrad Zellweger, Zuberbühler & Comp.: 1 Brief an Ruprecht Huber zum Schegg in St. Gallen, Trogen, 02.06.1758, S. 481.

über das «St. Galler Bankenwesen» und die «Sanktgaller Banken» primär die Stadt-Kasse von 1661, die Leinwandkasse von 1752, die Sparkasse von 1811 sowie den Übergang des Speditionshauses Zili nach 1813 in die Bank Wegelin. Weiterführende Angaben zu den genannten Bankiers fehlen gänzlich.[2173] Wenig Bedeutung hatten die Bankiers *Melchior Steiner* von Winterthur (Zürich)[2174] und *Johann Georg Mayr* von Arbon (Thurgau).[2175]
Keine Kontakte bestanden im 18. Jahrhundert zu Bankiers in der übrigen Eidgenossenschaft. Keine einzige Beziehung war mit dem Bankenplatz Genf auszumachen, für welchen Mottet (1987) immerhin zwanzig Namen von Bankiers-Persönlichkeiten auflisten konnte.[2176] Namentlich konnte er allein für die hier relevante Zeit die sechs Bankhäuser *Pictet, Berthoud, Bontemps, Charles Bugnion, Cazenove* und *Louis Sylius Dapples* aufzählen.[2177] Mit dem Bankhaus *Candolle, Lavit & Cie.*[2178] kann diese Liste sogar ergänzt werden. Zellweger-Hirzel-Scheuss versuchte zwar, mit Johann Jacob Amman (1699–1777) in Schaffhausen Wechselgeschäft aufzunehmen.[2179] Doch fand er seine Interessen nicht optimal vertreten.[2180] Der Kontakt zu dem Kaufmann-Bankier Amman, der en gros ein Sortiment von Indigo, Tabak, Kaffee, Tee und Wein, Metallen und Eisen, Stoffen und Garn handelte[2181], verlief sich kurz vor Ammans Tod.

Prag – Drehscheibe für den Import von Leinwand aus Böhmen seit 1762

Im System des europäischen Zahlungsverkehrs war Prag seit dem 18. Jahrhundert das ökonomische Zentrum von Böhmen. Denzel (1995) konnte nachweisen, dass Prag innerhalb der Habsburger-Monarchie als Wechselplatz eher regionale Bedeutung zukam. Als Vorort von Böhmen war Prag aber in das System überregionaler bzw. internationaler Wechselverbindungen integriert.[2182]

2173 Ziegler: Zur Geschichte des St. Galler Bankenwesens, in: Mottet (Hg.): Geschichte der Schweizer Banken (1987), S. 225–244.
2174 Conrad Zellweger, Zuberbühler & Comp.: 17 Briefe an Melchior Steiner in Winterthur, Trogen, 1755–1760.
2175 Conrad Zellweger, Zuberbühler & Comp.: 8 Briefe an Johann Georg Mayr in Arbon, Trogen, 1755–1760.
2176 Mottet: Die Genfer Bankiers, in: Mottet (Hg.): Geschichte der Schweizer Banken (1987), S. 87–138
2177 Mottet: Die Genfer Bankiers, in: Mottet (Hg.): Geschichte der Schweizer Banken (1987) S. 87–138.
2178 Teilhaber des Bankhauses Candolle, Lavit & Cie. war Paul Moultou (1731–1787), Korrespondenzpartner von Jean-Jacques Rousseau, vgl. Cossy, Valery: Artikel «Moultou, Paul (1731–1787)», in: e-HLS online, 08.01.2009.
2179 Zellweger Vater & Comp.: 3 Briefe an Johann Jacob Amman in Schaffhausen, Trogen, 1774–1778.
2180 Zellweger Vater & Comp.: 2 Briefe an Johann Jacob Ammann in Schaffhausen, Trogen, 1774–1778; Zellweger, Zürcher & Co.: 1 Brief an Johann Jacob Ammann in Schaffhausen, Trogen, 13.04.1778, S. 725.
2181 Denzel: Geldwesen und Zahlungsverkehr in regionalen und internationalen Zusammenhängen in der alten Schweiz. Das Fallbeispiel des Schaffhauser Kaufmann-Bankiers Amman (um 1750–1781), in: Ladner (Hg.): Alpenländischer Kapitalismus in vorindustrieller Zeit (2004) (= Veröffentlichungen des Forschungsinstituts zur Geschichte des Alpenraums, Stockalperschloss Brig), S. 55–99; Denzel: Die Geschäftsbeziehungen des Schaffhauser Handels- und Bankhauses Amman 1748–1779. Ein makroökonomisches Fallbeispiel, in: Vierteljahrschrift für Sozial- und Wirtschaftsgeschichte (89,1/2002), S. 1–40; Engel: Zwischen Produktion und Konsum: Der Kaffeehandel des Schaffhauser Handelshauses Amman 1748–1780, in: Rossfeld (Hg.): Genuss und Nüchternheit. Geschichte des Kaffees in der Schweiz vom 18. Jahrhundert bis zur Gegenwart (2002), S. 40–63; Engel: Der Warenverkauf des Handelshauses Amman in Schaffhausen 1748–1779. Methoden und Entwicklungslinien (2002); Rüedi: Ein Schaffhauser Handelshaus auf den Zurzacher Messen des 18. Jahrhundert. Die Aufarbeitung der Bestände zum Handels- und Bankhaus Ammann, in: Schaffhauser Beiträge zur vaterländischen Geschichte (35/1958), S. 107–126; Rüedi: Die Familie Ammann von Schaffhausen (1950).
2182 Denzel: Prag als Finanzplatz, in: Prager Wirtschafts-und Sozialhistorische Mitteilungen (2/1995), S. 25–56, hier S. 26, 28–29.

Nachname	Vorname	Firmenname	Ort	Von	Bis	Total Briefe	18. Jh.	19. Jh.
Beer/Stoltz		Beer & Stoltz	Prag	1762	1774	119	119	0
Pradatsch	Johann Georg	Pradatsch Wittib u. Sohn	Prag	1762	1780	45	45	0
Pradatsch	Johann Georg	Pradatsch seel. Erben	Prag	1769	1774	5	5	0
Thum	Mätthäus	Thum seel. Frau Tocher	Prag	1762	1801	156	147	9
Thum	Matthäus	Thum seel. Erben	Prag	1806	1811	35	0	35
Gesamtergebnis						360	316	44

Tabelle 16: Kontakte der Kaufleute Zellweger mit Bank- und Speditionshäusern in Prag (Habsburg-Österreich), 1762 bis 1811

In Prag verkehrten die *Gebrüder Zellweger & Comp.* seit 1762 mit vier Bank- und Speditionshäusern. Bei zweien davon handelte es sich bemerkenswerterweise um von Frauen geführte Häuser. *Thum seel. Frau Tochter*[2183] war die Tochter von Matthäus Thum. Der intensive Kontakt mit ihr hielt sich bis 1801.[2184] Nach ihrem Tod hiess das Haus von 1806 bis 1811 *Thum seel. Erben.*[2185] Gleichzeitig mit Thum setzte auch der Kontakt zu *Pradatsch Wittib u. Sohn* ein, der sich bescheidener gestaltete.[2186] Daneben war auch die Gesellschaft *Johann Georg Pradatsch seel. Erben* aktiv.[2187] Das Hauptgeschäft wickelte *Gebrüder Zellweger & Comp.* aber in dieser Zeit über *Beer & Stoltz* ab.[2188] Sie erteilten ihren Lieferanten in Böhmen den Auftrag, die bei ihnen schriftlich bestellte Leinenware an diese Bank- und Speditionshäuser in Prag zu spedieren. Zur Bezahlung dieser Lieferanten erhielten *Thum seel. Frau Tochter* und *Johann Georg Pradatsch seel. Erben* in Prag Wechselbriefe aus dem Portefeuille der Zellweger. Auf Basis dieser Wechselbriefe bezahlten die Bankiers Thum und Pradatsch die schlesischen Lieferanten mit Bargeld, höchstwahrscheinlich in Böhmischen und Prager Groschen. Denzel (1995) ging davon aus, dass der böhmische Zahlungsverkehr meistens mit Silber aus Mittelböhmen abgewickelt worden sei.[2189] Thum und Pradatsch erhielten dann von den Kaufleuten Zellweger genaue Anweisung über die Weiterspedition der Textilware. Ging die Spedition zunächst über Nürnberg, änderte sich die Route im Verlauf der Jahre. Über *von Röthen & Frey* in Regensburg an *Wendel Falk* in Lindau konnte kostengünstiger spediert werden.

Finanzzentrum Paris, nach 1800

Während vor 1780 kein einziges Bankhaus in Paris auszumachen war, bediente sich *Zellweger & Comp.* nach 1800 der Dienstleistungen bereits mehrerer hiesiger Bankhäuser. An den ersten drei Stellen standen mit *Rougemont de Löwenberg*[2190], *Rougemont & Scherer*[2191] und *Rougemont & Co.*[2192] drei Häuser der Familie Rougemont. Aus dieser Abhängigkeit wollte man sich erst 1810 befreien, als neue Kontakte

2183 Gebrüder Zellweger & Comp.: 147 Briefe an Thum seel. Frau Tochter in Prag, Trogen, 1762–1774; Zellweger Vater & Comp.: 24 Briefe an Thum seel. Frau Tochter in Prag, Trogen, 1774–1780; Zellweger, Zürcher & Co.: 16 Briefe an Thum seel. Frau Tochter in Prag, Trogen, 1774–1778.

2184 Zellweger & Comp.: 9 Briefe an Thum seel. Frau Tochter in Prag, Trogen, 1800–1801.

2185 Zellweger & Comp.: 35 Briefe an Thum seel. Erben in Prag, Trogen, 1806–1811.

2186 Gebrüder Zellweger & Comp.: 14 Briefe an Pradatsch Wittib u. Sohn in Prag, Trogen, 1762–1774; Zellweger Vater & Comp.: 32 Briefe an Pradatsch Wittib u. Sohn in Prag, Trogen, 1774–1778; Zellweger, Zürcher & Co.: 4 Briefe an Pradatsch Wittib u. Sohn in Prag, Trogen, 1774–1780.

2187 Gebrüder Zellweger & Comp.: 5 Briefe an Johann Georg Pradatsch seel. Erben in Prag, Trogen, 1769–1774.

2188 Gebrüder Zellweger & Comp.: 81 Briefe an Beer & Stoltz in Prag, Trogen, 1769–1774.

2189 Denzel: Prag als Finanzplatz, in: Prager Wirtschafts-und Sozialhistorische Mitteilungen (2/1995), S. 25–26.

2190 Zellweger & Comp.: 93 Briefe an Rougemont de Löwenberg in Paris, Trogen, 1800–1811.

2191 Zellweger & Comp.: 37 Briefe an Rougemont & Scherer in Paris, Trogen, 1800–1809.

2192 Zellweger & Comp.: 18 Briefe an Rougemont & Co. in Paris, Trogen, 1806–1807.

mit *Collin, Dapples & Co.*[2193] und *Scherer & Finguerlin*[2194] auszumachen waren. Die Familie Rougemont stammte aus Neuenburg und Dapples aus Lausanne. Scherer aus Bischofszell und Finguerlin aus St. Gallen hingegen waren seit dem 17. Jahrhundert im Leinwandhandel tätige Mitglieder der *Nation Suisse à Lyon*. In Lyon kontaktierte *Conrad Zellweger, Zuberbühler & Comp.* das Bankhaus *Gailliard & Guinard*.[2195]

Nachname	Firmenname	Ort	Von	Bis	Total Briefe	18. Jh.	19. Jh.
Gailliard/Guinard	Galliard & Guinard	Lyon	1755	1760	34	34	0
Regnefittler	Regnefittler	Lyon	1810	1811	3	0	3
Collin/Dapples	Collin, Dapples & Co.	Paris	1810	1811	3	0	3
Coulon/Meuron	Coulon, Meuron & C.	Paris	1809	1814	9	0	9
Guebhard	Louis Guebhard	Paris	1803	1809	9	0	9
La Greca	Michel La Greca	Paris	1803	1809	24	0	24
Rougemont	Rougemont & C.	Paris	1806	1807	18	0	18
	Rougemont de Löwenberg	Paris	1800	1813	94	0	94
Rougemont/Schwerer	Rougemont & Scherer	Paris	1800	1809	37	0	37
Scherer/Fingerlin	Schewrer & Fingerlin	Paris	1803	1811	4	0	4
Gesamtergebnis					360	316	44

Tabelle 17: Kontakte der Kaufleute Zellweger mit Bank- und Speditionshäusern in Lyon und Paris, 1755 bis 1814

In klarer Abgrenzung zu seinen Brüdern unter *Zellweger & Comp.* stand *Johannes Zellweger Sohn* in Paris von 1803 bis 1809 mit dem Bankier *Michel La Greca* in Kontakt.[2196] Deutlich weniger intensiv waren seine Bankgeschäfte mit *Scherer & Finguerlin*[2197] mit Wurzeln in der Ostschweiz. Mit *Rougemont de Löwenberg*, dem Hauptbankier der *Zellweger & Comp.*, entwickelte sich keine Korrespondenz.[2198] *J.C. Zellweger* korrespondierte mit dem Bankhaus *Coulon, Meuron & Co.* in Paris.[2199]

Zusammenfassung: Der Wechselplatz Augsburg war für die Kaufleute Zellweger von Trogen im 18. Jahrhundert das Zentrum für das Einlösen ihrer Wechsel auf Lyon schlechthin. In den 1750er bis 1760er Jahren war ihr wichtigstes Bankhaus *Christian Georg Köpf*, seit den 1770er Jahren bis in das 19. Jahrhundert hinein *Johannes & Georg Walter von Halder*. Optimale Bedingungen im Wechselgeschäft zur Einlösung ihrer Wechselbriefe von Lyon gegen Bargeld schufen die Grundlage für jahrzehntelange Geschäftsverbindungen. Gegen die unschlagbar guten Konditionen, auf welchen das langfristige Vertrauen der Kundschaft Zellweger basierte, waren die übrigen Bankiers in Augsburg und Nürnberg chancenlos. Im Osten korrespondierten die Zellweger mit Häusern, welche sowohl Bank- als auch Speditionsdienste anboten. In Wroclaw und Prag waren das die Häuser *Eichborn & Co.*, *Beer & Stoltz*, *Thum seel. Frau Tochter* sowie *Pradatsch Wittib u. Sohn*. Sie organisierten sowohl die Bezahlung der böhmischen Lieferanten als auch die Spedition der Leinenware an die Kaufleute Zellweger. Die Zellweger bezahlten diese Dienstleistungen in Form von Wechselbriefen. Keine einzige Bankverbindung pflegten die Zellweger in die Städte Genf, London und Wien. Dabei erlebte das Bankenwesen in Genf gerade

2193 Zellweger & Comp.: 3 Briefe an Collin, Dapples & Co. in Paris, Trogen, 1810–1811.

2194 Zellweger & Comp.: 1 Brief an Scherer & Finguerlin in Paris, Trogen, 19.09.1810, S. 75.

2195 Conrad Zellweger, Zuberbühler & Comp.: 34 Briefe an Gailliard & Guinard in Lyon, Trogen, 1755–1760.

2196 Johannes Zellweger Sohn: 24 Briefe an Michel La Greca in Paris, Trogen, 1803–1809.

2197 Johannes Zellweger Sohn: 3 Briefe an Scherer & Finguerlin in Paris, Trogen, 1803–1809.

2198 Johannes Zellweger Sohn: 16 Briefe an Rougemont de Löwenberg in Paris, Trogen, 1803–1809.

2199 J.C. Zellweger: 9 Briefe an Coulon, Meuron & Co. in Paris, Trogen, 1809–1814.

im 18. Jahrhundert einen blühenden Aufschwung.[2200] Für den Bankenplatz London wurde dargelegt, wie sich im Laufe des 18. Jahrhunderts immer mehr internationale und nationale Finanzgeschäfte in der Stadt niederliessen.[2201] Durch diese Bevorzugung lief London im 18. Jahrhundert Amsterdam den Rang als Finanzzentrum ab.[2202] Auch nach Wien entpuppte sich der einzige Kontakt mit Bankier *Johann Andreas Curtabat* als eine Überweisung im Auftrag von *Matthias Sulser* in Azmoos.[2203] An den Geschäftskontakten mit Bankhäusern in Paris konnte gezeigt werden, dass jede Handelsgesellschaft Zellweger für ihre Bedürfnisse im Wechselgeschäft eigene Wege einschlug. Dadurch löste man sich aus einer möglichen finanziellen Kontrolle, wahrte die finanzielle Unabhängigkeit und sicherte die eigene Selbständigkeit. Von einer Kontinuität der einen Geschäftsbeziehung, wie noch vor 1780 üblich, konnte damit keine Rede mehr sein.
Wie sich nun die Überweisung von Bargeld von Augsburg nach Trogen konkret gestaltete, wird im nächsten Unterkapitel über die Geldtransporte dargelegt.

Geldtransporte – quer durch Europa

Ende April 1748 war den *Gebrüdern Zellweger & Comp.* der Kurs auf Amsterdam zu schlecht, um Köpf «rimessa» machen zu können.[2204] In der Hoffnung auf einen besseren Kurs in Augsburg sandten sie Köpf Ende Mai 1748 zwei Wechselbriefe lautend auf Amsterdam.[2205] Dass im Austausch gegen die Wechselbriefe tatsächlich Bargeld nach St. Gallen geliefert worden war, belegt die Bestätigung über die Spedition von «2233:11 Corrent an L[au]bt[halern]» nach St. Gallen im Juni 1748:

> Es gibt uns das sehr Wehrte vom 30. pass[ato = 30.05.1748]: zu vernehmen dass letztübermachte f 2775:8:5 B[an]:co à 106 ⅛ sind negotiert u. der Valor mit f 2233:11: Corr.t an Lbt p[ar] St: Gallen spediert worden, so auch empfangen u. hiermit diese Parthey seine Richtigkeit, mit Erstem werden was mehreres einsenden, unterdessen sind zu vernehmen erwarthend, was in dem Cours passiert.[2206]

Als Laubtaler bezeichnete man in Deutschland die von 1726 bis 1790 in Frankreich geprägten «écus neufs» oder «écus de six livres». Das darauf geprägte Lilienschild war von einem Lorbeerkranz umrahmt, was man als Laub bezeichnete. Der auch als «Franzgeld» bekannte Laubtaler bildete besonders im Westen und Südwesten des Reiches bis etwa 1760 die wichtigste silberne Handelsmünze.[2207] Gemäss *Gebrüder Zellweger & Comp.* machten im April 1765 «deren 4 [Laubthaler] einen französischen neuen Louisd'or aus».[2208] Die Zellweger prüften das Bargeld nach Eintreffen in Trogen auf seinen Silber- oder Goldgehalt, um nicht mit «schlechtem» Münzgeld betrogen zu werden. Sandte Bankier *Christian Georg Köpf* einmal zu leichte «Carl d'or à f 10:-» nach Trogen, sandten sie die einzelnen Münzen postwendend über den Spediteur *Johann Michael von Seutter* in Lindau[2209] zurück nach Augsburg mit der Bitte um vollwertigen Ersatz.[2210] Die Geldtransporte zwischen Augsburg und St. Gallen führte mit dem Ratsherr *Rudolph Curtabat* auch ein zweiter Spediteur in Lindau aus, wobei es sich wohl um zwei Generationen

2200 Mottet (Hg.): Geschichte der Schweizer Banken (1987), S. 51–72.
2201 Tilly: Geld und Kredit in der Wirtschaftsgeschichte (2003), S. 59.
2202 Kreutzmüller: Händler und Handlungsgehilfen. Der Finanzplatz Amsterdam (2005), S. 309.
2203 Gebrüder Zellweger & Comp.: 1 Brief an Johannes Andreas Curtabat in Wien, Trogen, 17.04.1769, S. 7.
2204 Gebrüder Zellweger & Comp.: 1 Brief an Christian Georg Köpf (1699–1758) in Augsburg, Trogen, 29.04.1748, S. 74.
2205 Gebrüder Zellweger & Comp.: 1 Brief an Christian Georg Köpf (1699–1758) in Augsburg, Trogen, 27.05.1748, S. 84.
2206 Gebrüder Zellweger & Comp.: 1 Brief an Christian Georg Köpf (1699–1758) in Augsburg, Trogen, 10.06.1748, S. 90.
2207 Schrötter: Wörterbuch der Münzkunde (1930), S. 345.
2208 Gebrüder Zellweger & Comp.: 1 Brief an Ramandier père & fils in Erlangen (Bayern), Trogen, 01.04.1765, S. 408.
2209 Gebrüder Zellweger & Comp.: 15 Briefe an Johann Michael von Seutter in Lindau, Trogen, 1747–1752, 23 Briefe, 1752–1759, 4 Briefe, 1762–1769.
2210 Gebrüder Zellweger & Comp.: 1 Brief an Johann Michael Seutter in Lindau, Trogen, 23.11.1752, S. 20.

Curtabat handelte.[2211] Dem Bankier und Spediteur sandte man von Trogen aus Bargeld zuhanden der Bankiers *von Halder* in Augsburg.[2212] Der Schwerpunkt dieser beiden Geschäftskorrespondenzen mit Lindauer Spediteuren betreffs den Transport von Bargeld lag in den 1750er Jahren. In der Stadt Basel kontaktierte *Zellweger Vater & Comp.* im 18. Jahrhundert *Fischer & Co.*[2213] Anlass dafür gab die erhebliche Teuerung des Portos für Geldtransporte von Lyon nach Zürich im Juni 1776. *Leonhard Fischer* in Basel sollte seine Konditionen in Kurs und Transport des Bargeldes angeben, «wann nur der Cours ein wenig favorable ist»:

> Wir haben ziemliche Parteyen auf Lyon abzugeben u. diese können wir à vue auf visierte Th. od. en payement in kleineren od. starken appoints nach bel[ieben]. fournieren, wann nur der Cours ein wenig favorable ist. Es solle uns lieb seyn, wann Sie uns Mittel an Hand geben können, eine gegenseitig nüzliche Correspondenz unter uns anzuheben. Da wir Ihnen nicht bekannt sind, mögen Sie sich unsertwegen in Lyon und hiesiger Enden informieren.[2214]

Das Ergebnis dürfte nicht überzeugt haben. Die Korrespondenz endete nach drei Geschäftsbriefen im Jahr 1778. Bargeldtransporte von Lyon quer durch Frankreich und die Schweiz nach Trogen waren zu Kriegszeiten möglich. Schweizer Kaufleute profitierten dabei von der freien Ausfuhr von Gold und Silber als einem ihrer Handelsprivilegien in Lyon.[2215]

«Jalapp» anstelle von Wechselbrief

Wurde ein Kunde zahlungsunfähig, löste das in der Regel grosse Umtriebe für die Kaufleute Zellweger aus. Sie bangten stets um ihr Interesse, das sie in der Regel nicht persönlich vertreten konnten, da die Kundschaft zu weit entfernt wohnhaft war. Je nach Höhe des geschuldeten Betrages entschieden sie dennoch, die Kosten einer Reise zu riskieren, um während des Konkursverfahrens ihre Ansprüche an die Konkursmasse in eigener Person mit Nachdruck geltend machen zu können. Wohl mangels Aussicht auf Bezahlung liessen sich *Zellweger & Honnerlag* im Herbst 1768 einmalig darauf ein, anstelle von Geld eine ihrem Textilhandel völlig fremde Ware anzunehmen. Bodmer (1959) nannte diese Art «Tausch- oder Kompensationsgeschäft» und stellte die These auf, dass sich die Kaufleute Zellweger «öfters» auf diese Art Handel eingelassen hätten.[2216] Diese Vermutung Bodmers bestätigten die Untersuchungen nicht. Die Recherchen zum Fall der Schiffsladung «Jalapp» ergaben den pragmatischen Grund dafür. Die Wurzel aus Indien fand in pulverisierter Form Verwendung als Purgiermittel. Es wurde also in Apotheken verkauft. Aber Kontakte zu Apothekern fehlten den Kaufleuten in Leinwand Zellweger vollständig. Um die «Jalapp» überhaupt verkaufen zu können, instrumentalisierte Zellweger-Hirzel-Scheuss seine private Beziehung zu seinem Schwager, dem Stadtarzt Hirzel von Zürich, der ihn mit dem Apotheker Lavater bekannt machte. Er schloss diesen Handel mit den Worten:

> Travailler pour la gloire est un system rejetté dans le Commerce aussi bien que dans le Militaire (NB: Point d'argent, point des Suisses). Mais travailler et sacrifier son propre argent en rendant service aux autres, seroit faire un trou à la Lune irreparable. Ma société se trouve encore chargé de 8 Balots de Jalap [...].[2217]

2211 Gebrüder Zellweger & Comp.: 37 Briefe an Rudolph Curtabat (1729–1799) in Lindau, Trogen, 1752–1774; Zellweger & Comp.: 4 Briefe an Rudolph Curtabat (1760–18..) in Lindau, 1800–1811.

2212 Gebrüder Zellweger & Comp.: 1 Brief an Rudolph Curtabat in Lindau, Trogen, 08.08.1763, S. 153.

2213 Zellweger Vater & Comp.: 3 Briefe an Fischer & Co. in Basel, Trogen, 1774–1778.

2214 Zellweger Vater & Comp.: 1 Brief an Leonhard Fischer in Basel, Trogen, 13.06.1776, S. 419.

2215 Schwab, F.: Artikel «Handelsprivilegien», in: HBLS (4/1927), S. 71.

2216 Bodmer: Textilgewerbe (1959), S. 55.

2217 Zellweger, Johannes (1730–1802): 1 Brief an Johann Caspar Hirzel (1725–1803) in Zürich, Trogen, 12.12.1768.

Gebrüder Zellweger & Comp. bemühte sich von Trogen aus intensiv um den Verkauf dieser ihrem Textilsortiment so fremden Wurzel. Im Frühjahr 1769 verfassten sie zwei Offerten an sechs Apotheker in Erlangen und Nürnberg[2218] und an acht Apotheker in Bern und Solothurn.[2219] Sie wiesen extra darauf hin, dass «dieses zwar sonst keines von unseren führenden Artiklen, sondern unsere Handlung bestaht in aller Sortes Leinwath». Sie offerierten «das Pfund von 32 Loth à f 1.– in kays[erlichen]. Th[a]l[e]r à f 2 ⅖ zahlbar» und hätten gerne eine Menge von je «1 Bäl[chen] von ca. 1 ¾ cent verkauft». Dabei priesen sie die Qualität der Jalapp «nach dem Ausspruch der Kenner [als] sehr schön» an. Wie mühsam der Verkauf vonstatten ging, zeigte sich darin, dass sich von allen vierzehn angeschriebenen Apothekern einzig mit *Christoph Adam Rothkeppel* von Erlangen überhaupt ein Geschäft ergab.[2220] Der Tauschhandel mit der «Jalapp» war für die *Gebrüder Zellweger & Comp.* als sortimentsfremde Ware überaus umständlich und mühsam. In allen siebzehn Briefkopierbüchern war kein einziges weiteres Tauschgeschäft zu belegen.

Schlussfolgerung

Leinenware: Die *Leinwandschau Trogen* war für die Kaufleute Zellweger die wöchentlich wiederkehrende Institution für den persönlichen Einkauf praktisch vor der eigenen Haustüre. Als sich ihr Betrieb nach 130 Jahren nicht mehr lohnte, schaffte man sie 1798 als veraltet ab. Das äusserst arbeitsintensive manuelle Leinwandgewerbe war vom Baumwollgewerbe abgelöst worden. Seine Erzeugnisse unterlagen keiner Kontrolle mehr. Damit schloss aus der Perspektive der Kaufleute Zellweger diejenige Institution ihres Einkaufs, für welche sie während 118 Jahren durchschnittlich 40% der jährlich beschauten Leinwandtücher den Absatz sichergestellt hatten. 60% der in Trogen beschauten Leinwand wurde über andere Wege abgesetzt. Je nach politischer Einstellung des Lesers kann dieses Resultat als jahrelange Ausnutzung der in Heimarbeit tätigen Bevölkerung bewertet oder als eigenständige wirtschaftliche Leistung im Fernhandel auf Basis der zeitgenössischen Wirtschaftsstruktur betrachtet werden. Dazu gehörte, dass genau wie in Altstätten und Rorschach, Blaubeuren, Günzburg, Heidenheim und Urach, um ein paar Beispiele von Landstädtchen mit eigener Leinwandschau zu nennen, auch in Trogen die geringe Anzahl von drei bis fünf Grosskaufleuten über den Fernhandel den Absatz der Leinwand organisierte, welche in keinem Verhältnis zur grossen Anzahl der am Entstehen des Endprodukts beteiligten Menschen stand. In der Geschäftskorrespondenz Zellweger schlug sich Urach mit eigener Leinwandschau als Beschaffungsmarkt nicht nieder, obwohl der gesamte Leinwandhandel in Württemberg in geradezu auffälliger Weise auf Urach ausgerichtet war.[2221] Auch das zweite Zentrum Heidenheim mit eigener Leinwandschau folgte erst nach Blaubeuren und Günzburg. Das Gebiet Bayerisch-Schwaben als Beschaffungsmarkt wurde monatlich über eine Einkaufsreise eines Zellwegers auf dem Rücken eines Pferdes aufgesucht und für den Einkauf von «Schwabenware» erschlossen. Weit entfernte Beschaffungsmärkte für Leinenware wie Schlesien und insbesondere Böhmen erschlossen die Zellweger hingegen ausschliesslich über Geschäftskorrespondenz. Der Verkauf der Leinwand fand zu periodisch wiederkehrenden Zeitpunkten statt. Zunächst kreiste er insbesondere um die *Messe Beaucaire* jeweils Ende Juli. Das Privileg, die Leinwand zu Messezeiten zollfrei in Frankreich einführen zu dürfen und sie an Kaufleute weiterzuverkaufen, welche sie während diesen Messezeiten ebenso zollfrei weiterverkaufen konnten, verlieh dem Verkauf der Leinwand aus der Schweiz in der Frühen Neuzeit eine verlässliche Struktur, welche sich Jahr für Jahr wiederholte. Der Einkauf funktionierte über konkret vorliegende Bestellungen von Kunden aus Lyon, der Verkauf zu ganz bestimmten Daten im Jahr. Die Organisation der

2218 Gebrüder Zellweger & Comp.: 1 Dienstofferte über Jalapp zugleich an Christoph Adam Rothkeppel von Erlangen, Georg Jacob Kiessling, Johann Sundersberg, Johann Wilhelm Pflüger, Stellweg & Linder sowie Justus Christian Kiessling von Nürnberg, Trogen, 13.03.1769.

2219 Gebrüder Zellweger & Comp.: 1 Dienstofferte über Jalapp zugleich an Samuel Wagner, Gottlieb Wittenbach, Wittenbach auf dem Platz, Morel beim Rathaus und Wittenbach bey der Gerechtigkeit von Bern, Frau Brunner an der Baarfüsser Gass und Gassmann «bey der Pfisterzunft» von Solothurn sowie an Gartier, Chirurgus, Lutzigen bei Solothurn, Trogen, 24.04.1769.

2220 Gebrüder Zellweger & Comp.: 15 Briefe an Christoph Adam Rothkeppel in Erlangen, Trogen, 1769–1774.

2221 Flik: Die Textilindustrie in Calw und Heidenheim 1750–1870 (1990), S. 90.

umfangreichen, komplexen Abläufe zwischen Einkauf, Textilveredlung und Spedition mit dem Ziel, die Leinwand auf dieses fixe Datum in Lyon zum Verkauf präsentieren zu können, machte die Hauptarbeit der Kaufleute Zellweger aus.

Baumwolle: Der Rohstoff Baumwolle stellte das Geschäftskonzept der Handelsgesellschaften Zellweger auf den Kopf. Für den Einkauf der Leinwand war das Haupthaus in Trogen zuständig, für den Verkauf der Leinwand die Filiale in Lyon. Für den Einkauf der Baumwolle hingegen war nun die Filiale in Genua zuständig, das Haupthaus in Trogen für deren Verkauf. Mit dem Einkauf von Baumwolle begannen sie nachweislich in den 1760er Jahren. Bis zur Gründung der ersten Filiale *Zellweger & Honnerlag* in Genua lief der Einkauf über Netzwerke, welche süddeutsche Kaufleute wie König und Jenisch von Kempten über eigene Handelshäuser in Venedig aufgebaut hatten. Jedes dieser Häuser lieferte eine ganz bestimmte Sorte Baumwolle aus verschiedenen Anbauzentren in der Levante. Von 1768 bis 1797 waren die Kaufleute Zellweger mit zwei eigenen Handelshäusern in Genua präsent. Sie kauften Baumwolle ab dem Hafen in Genua ein und spedierten sie in die Schweiz. Der Import des Rohstoffes über das Mittelmeer nach Europa hingegen wurde ausschliesslich von darauf spezialisierten Kaufleuten in Venedig und Genua organisiert. Die Absatzmärkte für Baumwolle in der Heimat der Kaufleute Zellweger veränderten sich von Jahrzehnt zu Jahrzehnt. Zu den ersten Kunden zählten die verschwägerten Sulser aus Azmoos im Sarganserland. In den 1760er Jahren wurden Kunden im Toggenburg beliefert, in den 1770er Jahren Kunden im Kanton Glarus. Wie begehrt die Baumwolle war, bezeugen Diebstähle während des Transportes der Ballen auf der Route durch das Bünderland. Gefasste Diebe wurden zu drastischen Galeerenstrafen verurteilt. Der politische Umsturz in Genua durch die Besetzung der Franzosen 1797 setzte der Präsenz Zellweger nach über vierzig Jahren 1808/1814 ein Ende. Die Zellweger selber etablierten sich nach 1800 nicht mehr als Baumwollimporteure, sondern bezogen zur Betreibung der *Mechanischen Spinnerei Trogen* nun Baumwolle hauptsächlich über *Trümpler & Gysi* ab der Zürcher Landschaft in Marseille, dem Tor des Französischen Kaiserreichs zum Mittelmeer. Im Unterschied zu den Zellweger investierten *Trümpler & Gysi* ihr Handelskapital seit den 1830er Jahren in die *Mechanische Baumwollspinnerei Uster* und betätigten sich bis ins 20. Jahrhundert hinein erfolgreich in der Textilindustrie.

Baumwollware: Die Etablierung der wärmenden und leicht zu bedruckenden, farbigen Baumwollware bedeutete eine Revolutionierung der Konsumgewohnheiten der Kunden im Ancien Régime. Entsprechend revolutionierte sie auch das Sortiment der Kaufleute Zellweger. 1774 investierte *Zellweger, Müller & Comp.* enorm in die Vernetzung mit Textildruckereien. Der begehrte Artikel der Zeit war das farbig bedruckte «Mouchoir». Zellweger-Hirzel-Scheuss stellte den Textildruckereien seine Baumwollware zu, welche gemäss seiner Auswahl aus dem Musterbuch «in schönen Desines» im Stücklohn bedruckt wurde. Den «Druckerlohn» vereinbarte man vertraglich im voraus.

Speditionswesen: Für den Transport ihrer Textilware zu den weit entfernten Absatzmärkten fanden die Kaufleute Zellweger Anschluss an professionell organisierte, intakte Speditions- und Transportwesen auf der Ost-West-Achse sowie auf der Nord-Süd-Achse. Die Geschäftskorrespondenzen an die «Speditionsherren» in St. Gallen und in Chur gehörten zu den intensivsten Korrespondenzen, was auf ihre zentrale Bedeutung hinweist. Sie zählten darüber hinaus zu den langfristigsten Beziehungen überhaupt. Für *Caspar Zily* konnte gezeigt werden, wie sich dieses Speditionshaus von St. Gallen eine Monopolstellung erarbeitet hatte. Es schluckte die aufkommende Konkurrenz und arbeitete ständig an der Verbesserung seiner Dienstleistungen. Nach 1800 brachen diese Beziehungen auseinander. Die Speditionsrouten veränderten sich, neue Spediteure versuchten sich zu positionieren. Abgabe- und Zollerhöhungen behinderten den Warenfluss massiv. Der aufkommende Strassenbau über die Alpen tangierte den Handel der Kaufleute Zellweger bereits nicht mehr.

Geldflüsse: Ganz ähnliche Festellungen, wie sich über das Speditionswesen ergaben, waren auch in Bezug auf das Bankenwesen auszumachen. In der zweiten Hälfte des 18. Jahrhunderts profitierten die Kaufleute Zellweger von langfristigen und stabilen Beziehungen zu den Bankiers Köpf und Halder von Augsburg. Die in Zahlung gegebenen Wechselbriefe, welche das Handelshaus in Lyon nach Trogen schickte, gingen von Trogen nach Augsburg. Dort organisierte der Bankier gegen eine Provision den Akzept. Der Gegenwert gelangte über Bargeldtransporte durch die «Speditionsherren» Seutter in Lindau nach Trogen, von wo das Bargeld umgehend über den Einkauf neuer Leinwand und Baumwollware direkt in die Hände der Fabrikanten gelangte.

Nach dieser Untersuchung des Sortimentes, des Einkaufs und Verkaufs, der Beschaffungsmärkte und Absatzmärkte, sowie der Waren- und Geldflüsse der Kaufleute Zellweger ist das Kapitel 4 dem Sektor der vorindustriellen Textilveredlung gewidmet. Erst durch die Veredlung wandelte sich das blosse Stück Gewebe ab dem Webstuhl in einen für den Verkauf geeigneten Artikel. Wie sich die Organisation, Kontrolle und Finanzierung der Textilveredlung für ihre Leinen- und Baumwollware gestaltete, soll anhand dieser drei äusserst arbeitsintensiven Aufgaben der Kaufleute Zellweger dargestellt werden.

N.N.: Johann David Gonzenbach, Textilkaufmann, im Magazin am Pult sitzend und schreibend, Gouache-Miniatur, Triest, 1817 [STASG: W 185/3.3]

Kapitel 4: Textilveredlung – zwischen Organisieren und Kontrollieren

Einleitung

Beeindruckt von den Abläufen der arbeitsintensiven Textilveredlung in Appenzell Ausserrhoden, beschrieb sie Johann Caspar Hirzel (1725–1803) auf Besuch in Trogen 1766 in einem Brief nach Zürich:

> Dan wird das Zeug auf die Bleiche oder in die Farbe geschickt. Die gebleichte Leinwand wird von 4 Menschen im Takt auf einem Glettstein mit nussbaumenen Schlegeln geschlagen. Hernach wird ihm ein Appret gegeben, vom Appreteur gebüglet, und durch die Calanden gezogen, endlich sauber zusammen gelegt, und die dünne Stauchenwahr ist mit seidenen Zötlen und rothen Pastbändchen an dem ende geteilt und ein illumiertes Hauszeichen darauf gehefftet. Du siehst, dass man hier viel zusehen hat, und dass insonderheit ein Bauernmann viel zusehen hätte [...].[2222]

Hirzel war der Autor der «Die Wirthschaft eines philosophischen Bauers» (1761) über das landwirtschaftliche Mustergut des «Bauernmanns» Jakob Gujer (1716–1785) von Wermatswil (Zürich), genannt «Kleinjogg» – ein Bestseller in ganz Europa. Das Buch wurde bereits ein Jahr später unter dem Titel «Le Socrate rustique» (1762) in die französische Sprache übersetzt.[2223] Hirzel, als ein engagierter Physiokrat und Mitbegründer der Oekonomischen Gesellschaft in Zürich interessierte sich insbesondere für Ideen, die das Potenzial hatten, dem Bauernstand zur ökonomischen Weiterentwicklung zu verhelfen. Das vorindustriell umtriebige Appenzell Ausserrhoden stellte ihm geradezu ein Ideal vor. Es gelang ihm jedoch nicht, mit seinem Werk «Der philosophische Kaufmann» (1775), in welchem er seinen Schwager Zellweger-Hirzel-Scheuss als idealen Lehrmeister seines Sohnes Leonhard Hirzel beschrieb, an seinen Erfolg aus den 1760er Jahren anzuknüpfen. Und doch war es genau dieser Kaufmann, der jeden Schritt der umständlichen Textilveredlung für die Textilware organisierte, und zwar aus diesem Grund, weil sie ihm gehörte. Aus der Untersuchung ihres Einkaufsverhaltens ging hervor, dass die Kaufleute Zellweger ihre Leinen- und Baumwollware wenn immer möglich «roh» und unveredelt direkt ab dem Webstuhl einkauften. Im rohen Leinwandstück steckte nur die Arbeit des Spinnens und Webens. Der künftige Handelsartikel entstand aber erst durch die Veredlung dieser «rohen» Textilware. Jeder Arbeitsprozess,

2222 Hirzel, Johann, Caspar (1725–1800): 1 Brief an seine Ehefrau Anna Maria Hirzel-Ziegler (1725–1790) in Zürich, Trogen, 30.06.1766.

2223 Mörgeli, Christoph: Artikel «Hirzel, Hans Caspar (1725–1803)», in: e-HLS online, 18.12.2007.

vom Bleichen, Färben, Drucken oder Walken[2224] bis hin zum «Ausrüsten» mit Griffigmachen über Appretur gegen das Knittern, steigerte ihren Wert. Bärtschi (2011) definierte den Begriff Textilveredlung als Zusammenfassung «aller Produktionsschritte von der Qualitätskontrolle bis zur Zubereitung als versandfertige Ware».[2225] Spätestens seit dem 16. Jahrhundert erfolgte die Spezialisierung des Handwerks auf je einen einzelnen Ablauf innerhalb der Textilveredlung. Wegen ihrer grossen Dynamik bezeichnete man diese Spezialisierung des Handwerks als Erste Industrielle Revolution.[2226]
Das vorliegende Kapitel widmet sich der Frage, wie die Kaufleute Zellweger die Veredlung ihrer Textilware organisierten. Es wird untersucht, welche Bereiche der Textilveredlung sie auslagerten und welche sie selber auszuführen im Stande waren. In der Reihenfolge der einzelnen Veredlungsschritte vom Bleichen, Färben und Drucken zum Appretieren soll aufgezeigt werden, wer ihre Bleicher, Textilfärber, Textildrucker und Appreteure waren, ob sie in der Stadt oder auf dem Land ansässig waren[2227] und wer weshalb bevorzugt wurde.

Bleichen – vom «Netzfeld» zu den «Bleichedieben»

Einleitung

Um die Organisation des Bleichens zu verstehen, wird zunächst der arbeitsintensive Prozess des Bleichens betrachtet. Gerade in der untersuchten Phase löste die Schnellbleiche das uralte Verfahren der Naturbleiche ab, weshalb beide Verfahren dargestellt werden. Danach wird der Bleicherlohn untersucht. Wie er berechnet wurde, zeigt zugleich auf, wie sich aufgrund dieses Lohnes das Arbeitsverhältnis zum Kaufmann gestaltete. An der Problematik des sogenannten Bleichediebstahls zeigt es sich, wie soziale Disziplinierung in Appenzell Ausserrhoden anhand der offen auf dem «Netzfeld» ausgebreiteten und für jedermann zugänglichen Leinwand im Verlauf des 18. Jahrhunderts funktionierte. Um die Regionen auszumachen, wo überall Bleichemeister für die Kaufleute Zellweger tätig waren, werden die genutzten Bleichen geografisch dargestellt.[2228]

2224 Walkemühlen übernahmen das Kneten, Schlagen oder Pressen von Texilien im Wasser unter Zusatz von Walkerde, Urin oder Seife, wodurch eine grössere Dichte, Resistenz und Reinigung erreicht wurde. Durch die Weiterentwicklung der Walke konnten auch feine Tuche wie Leinwand, Barchent und Kattun mechanisch gewalkt werden. Im 18. Jahrhundert war die Walke bereits so modernisiert, dass sie im 19. Jahrhundert nur noch in wenigen Details verändert werden musste und mit einer Dampfmaschine betrieben werden konnte, vgl. Reith, Reinhold: Artikel «Walkmühle», in: Enzyklopädie der Neuzeit (14/ 2011), Sp. 583–586.

2225 Bärtschi: Die industrielle Schweiz (2011), S. 81.

2226 Struckmeier: Die Textilfärberei (2011), S. 22.

2227 Sczesny: Stadt, Markt und Land im Textilrevier Ostschwabens im 17. und 18. Jahrhundert, in: Häberlein/Jeggle (Hg.): Vorindustrielles Gewerbe (2006), S. 65–82, hier S. 65–66.

2228 Vgl. städtisches «Bleichen», in: Clasen: Textilherstellung in Augsburg (1/1995), S. 97–181.

Bleicheprozedur, Entlöhnung und soziale Problematik der «Bleichediebe»

Die Naturbleiche – Sonnenschein und Wasser

Die Naturbleiche, die in der Frühen Neuzeit betrieben wurde, war vollständig auf das Zusammenspiel von Sonne, Wasser und nicht zuletzt den Menschen angewiesen. Die Leinwandbleicherei war ein saisonaler Betrieb, der sich auf die warme Zeit mit höchstmöglichem Sonnenschein beschränkte. Im Jahr 1773 machte *Gebrüder Zellweger & Comp.* «die letzten Einkäufe auf die dissjährige Bleiche» am 22. August.[2229] Dieses intensive Geschäft beanspruchte Zellweger-Hirzel-Scheuss derart, dass es ihn an seiner wöchentlichen Routine hinderte, seinem Schwager Hirzel am Montag zu schreiben oder dessen Sohn, der auf Besuch in Trogen weilte, Gesellschaft zu leisten. Was der saisonale Bleichebetrieb konkret für den Bleichemeister bedeutete, veranschaulicht das Beispiel von Johann Heinrich Mayr (1768–1838) von Arbon (Thurgau) am Bodensee. Zu seinem umfangreichen Bleichebetrieb gehörten wie üblich Waschküche, Laughaus, Wasserhaus und Walke.[2230] Im Winter kamen arbeitswillige Männer aus der näheren und ferneren Umgebung zu ihm, um sich als Bleicheknechte für den Sommer «dingen» zu lassen. Wie umfangreich und enorm arbeitsintensiv der Bleicheprozess für jährlich drei- bis viertausend Stück Leinwand war, zeigt sich darin, dass Mayr für die nächste Bleichesaison jeweils insgesamt achtzehn solcher Bleicheknechte anstellte.[2231] Die Naturbleiche war auf frisches, fliessendes Wasser angewiesen. Daher lagen die
Naturbleichen immer am Ufer eines Sees, Bachs oder Flusses. Entsprechend katastrophal wirkte sich Hochwasser aus. Es richtete auf den direkt am Ufer liegenden Bleichen verheerenden Schaden an, wie das für die Bleichen in Appenzell (Appenzell Innerrhoden) bereits für das Jahr 1680 zu belegen war.[2232] Mayr gab das arbeitsintensive, als überaus lästig empfundene Bleichen auf, um sich seiner Leidenschaft zu widmen, dem kreativen Textildruck.

Diderot (1778) unterschied in seiner Beschreibung des Bleichevorgangs in der «Encyclopédie» fünf Arbeitsschritte. Erstens legte man die Tücher gefaltet in ein Holzfass, übergoss sie mit Lauge und reinigte und trocknete sie nach erfolgter Gärung. Als Zweites erfolgte ein umständliches Laugebad in selbstgefertigter Lauge aus Asche. Nach der Reinigung erfolgte drittens das Auslegen auf dem Gras mit ständiger Besprengung mit frischem Wasser. Diese ersten drei Prozesse wiederholten sich zehn- bis sechzehnmal. Viertens stand eine Behandlung mit milder Säure an, um alle Salz- und Laugereste zu entfernen. Dafür wurden die Tücher im Holzfass mit Buttermilch oder saurer Milch übergossen, mit blossen Füssen gestampft und mit einem gelöcherten Deckel verschlossen zum Gären stehen gelassen. Anschliessend wusch man sie in fliessend Wasser aus. Als fünfter und letzter Schritt erfolgten das Einseifen und Einlegen in Lauge, bis keine braune Farbe mehr zu sehen war. Nach dem Auswaschen wurden die Tücher auf das Gras gelegt und angefeuchtet, bis die Sonne die gewünschte weisse Farbe gebleicht hatte.[2233]

Die Naturbleichen in der Schweiz zeichneten sich über eine bestimmte Struktur aus. Sie verfügten über ein «Nezfeld».[2234] Aus einem Kanalsystem, das Wasser in kleine Gruben, sogenannte Wassersammler leitete, schöpfte der Bleicheknecht mit einer an einer langen Stange befestigten hölzernen Schöpfkelle frisches Wasser und benetzte damit die ausgelegten Leinwandbahnen in einem ständigen Prozess immer und immer wieder.[2235] Die Sonne trocknete die feuchte Leinwand und bleichte sie. Als Erstes

2229 Zellweger, Johannes (1730–1803): 1 Brief an Johann Caspar Hirzel (1725–1803) in Zürich, Trogen, 28.08.1773.

2230 Vgl. die «Obere Bleiche» in Augsburg, Clasen: Textilherstellung in Augsburg (1/1995), S. 119.

2231 Buenzli (Hg.): Mayr: Meine Lebenswanderung (4/2010), S. 172.

2232 Bischofberger: Appenzeller Chronik (1682), S. 677.

2233 Diderot: Beschreibung der Bleiche der feinen Leinwand in Holland, in: Encyclopédie ou dictionaire raisonée des Sciences et des Métiers, Vol. 5, p. 1778, zitiert nach Clasen: Textilherstellung in Augsburg (1/1995), S. 141–142.

2234 Gebrüder Zellweger & Comp.: 1 lettre à la maison à Lyon, Trogen, 17.01.1756, S. 488.

2235 Vgl. das Bild eines Netzfeldes samt arbeitendem Bleicheknecht auf der Planvedute der Manufaktur Gonzenbach in Hauptwil von 1670 [STATG: K/P 03000], in: Menolfi: Hauptwil-Gottshaus (2011), S. 77, 83.

im Jahr wurden diejenigen «Stauchen» auf das Netzfeld gelegt, welche «zum weiss Bleichen gewidmet» waren. Dann kamen die «Farbware» oder «Farb Leinwath» an die Reihe, welche gefärbt werden sollten und daher nur annähernd weiss gebleicht werden musste.[2236] Der Blick ins nähere Ausland ergab, dass ein solches Netzfeld bis über das erste Viertel des 19. Jahrhunderts auf der *Bleiche Blaubeuren* (Baden-Württemberg) nicht existierte. Zu einem Politikum wurden Umbau und Einrichtung dieser *Bleiche Blaubeuren* nach erwünschter «Schweizer Art» 1824 erst nach der Einsicht, wie viel Geld der Kaufleute in Leinwand auf die qualitativ besser eingerichteten Bleichen in der Schweiz abfloss. Der Umbau auf «Schweizer Art» forderte den Bau von siebzig bis 80 «Laufgräben». Die Beschaffung von genügend frischem Wasser aus der Blau oder der Ach zur Bewässerung dieser Laufgräben stellte sich jedoch als problematisch heraus. Ihre Wasserkraft nutzten die bestehenden Mühlen. Es begann ein langes Hin und Her, ob nun die Kaufleute Lang die erforderlichen neuen Gebäude auf der herrschaftlichen Bleichewiese zu errichten oder nicht doch eher der König von Württemberg das Bauprojekt zu finanzieren hatte. 1828 erstand Friedrich Hausmann die Anlage und baute sie bis 1832 kontinuierlich aus. 1835 erweiterte er die Leinwandbleiche um eine Baumwollbleiche und Appretur.

Die Schnellbleiche – Chemie verdrängt Natur

Trotz der Verbesserung der Bleichresultate zeigte es sich, dass auch die «Schweizer Art» des Bleichens auf einem Netzfeld mit der neuen «irischen Art» zu bleichen nicht mithalten konnte.[2237] Was damit gemeint war, beschrieb Grünes (1832) wie folgt:

> Sonderbar ist die Zubereitung und das Bleichen der Leinwand [in Antrim, Nordirland, A.d.A.]; sie wird nehmlich hier 2 bis 3 Monate hindurch wöchentlich zweimal, jedesmal 5 bis 6 Stunden lang so stark in Salzsäure gekocht, dass das Zeug in dem eisernen Kessel durch eine Art Presse niedergehalten werden muss. Aus dem Kessel kommt die Leinwand allemal zum Bleichen an die Sonne.[2238]

Mit der «irischen Art» zu bleichen brach das Zeitalter der Schnellbleiche unter Verwendung aggressivster Chemikalien wie Salzsäure an. Der französische Chemiker Claude-Louis Berthollet (1748–1822), der insbesondere Färbe-[2239] und Bleichmittel erforschte, entdeckte Ende der 1780er Jahre die bleichende Wirkung des Chlors und führte dieses bzw. das Hypochlorit als Bleichmittel in die Textilindustrie ein. Das nach dem Produktionsort als «Eau de Javel» benannte Javelwasser gilt als das erste chemische Bleichmittel und ist bis heute ein beliebtes Reinigungs-, Bleich- und Desinfektionsmittel.[2240] *Gebrüder Zellweger & Comp.* machten bereits im Mai 1758 erste Erfahrungen mit einer «scharfen unerlaubten, die Waar entkräftigenden Matery», benutzt von Bleichemeister *Peter Tanner* von Herisau. Zum Entsetzen der Zellweger waren die ersten, von Tanner weiss gelieferten Stauchen «viel zu kurtz & jede Ballen rendiert 1 à 2 Stk. weniger als von anderen Bleichenen». Man schloss daraus, dass Tanner

2236 Gebrüder Zellweger & Comp.: 1 lettre à la maison à Lyon, Trogen, 17.01.1756, S. 487–488.

2237 Lang/Württembergische Leinen-Industrie: 225 Jahre Blaubeurer Bleiche (1951), S. 40–42.

2238 Grünes: Neuestes Gemälde von Grossbritannien und Irland, in: Schütz's Allgemeine Erdkunde, oder Beschreibung aller Länder der fünf Welttheile, ihrer Lage, ihres Klima, ihrer Naturprodukte, Landeskultur, merkwürdigsten Städte, Gegenden, Kunstwerke, Ruinen und Denkmäler [...] (24/1832), S. 379.

2239 Berthollet, Claude-Louis (1748–1822): Elements de l'Art de la Teinture, Paris: Didot, 1804.

2240 «Da nämlich das Chlor von Berthollet als Verbindung der Salzsäure mit Sauerstoff' angesehen ward, so galten die Chloride lange Zeit für sauerstoffhaltige Salze. [D]ieser Irrthum [wurde] später verbessert»., in: Oppenheim: Geschichte der chemischen Theorien seit Lavoisier bis auf unsere Zeit (1869), S. 14.

> /:entweders aus Hauslichkeit od[er]. die Waar desto geschwinder weiss zu haben:/ eine *scharfe unerlaubte, die Waar entkräftigende Matery* [H.d.d.A.] gebrauche, dardurch sie eine gewisse rudesse & Entkräftigung bekommt, deswegen sie das Ausstrecken nicht mehr erleiden mag, folglich nothwendig zu kurtz messen muss.[2241]

Sie forderten Tanner auf, «mit unser noch bey Ihm ligenden Waar besser & nach Gebühr [zu] procedieren», denn «eine solche entkräftete Waar in unsrem Commercio von sehr schädlicher Consequenz wäre, & wir auf solchern Fuss keineswegs mit Ihme /:Tanner:/ fortfahren könnten». Sie wollten keinesfalls «die Dupes & geschädigte seyn».
In der Geschäftskorrespondenz der Kaufleute Zellweger fanden sich erst nach 1800 «Schnellbleicher». *Jost Xaver Degen* von Kriens (Luzern) offerierte 1801 *Zellweger & Comp.* die «Schnellbleiche» für die Baumwollware «Mousse[lin]:». Das Angebot wurde abgelehnt mit dem Hinweis auf die zu grosse Distanz zwischen Trogen und Kriens.[2242] Ein paar Jahre später waren *Mayer & Mittelholzer* von Herisau als Schnellbleicher tätig.[2243] Hinter dem Unternehmen, das als «Geschwindbleiche» bezeichnet wurde, standen Laurenz Mayer (1768–1828) und Johannes Heinrich Mittelholzer. Sie versprachen die «geschwinde» Lieferung der gebleichten Ware in nur vierzehn Tagen, ohne den sich selber gesetzten Liefertermin einhalten zu können. *Zellweger & Comp.* empfand die Verzögerung als «schädlich», was nicht zu neuen Aufträgen «animierte».[2244]

Der Bleicherlohn

Kaufmann Zellweger-Hirzel-Scheuss wusste, dass in der Stadt St. Gallen in den 1770er Jahren «ein Burger gebunden [war], durch St: Galler [Bleicher oder Indienne-Fabrikanten] die Waar bleichen zu lassen». Er selber hielt es jedoch «Für die Handelschaft [...] nüzlich, wann man die Kaufleuthe nicht allzu stark an gewisse Handwerksbräuche bindt». Für die Region Appenzell Ausserrhoden gab er an, dass Bleichemeister die Leinwand ausschliesslich «um den Lohn» bleichten. Die Baumwollware hingegen bleichten alle Textildrucker selber, «und zwar nicht um den Lohn, sondern allein diejenige Waare, die man ihnen zu drucken gibt». Diese Textildrucker, die «Jndienne Fabricanten», «bleichen oft in Mitte des Winters, nur damit sie im Drucken nicht gehindert werden». Der Bleicherlohn für Baumwollware war offenbar einfach zu berechnen: «Die Baumwolltücher hingegen zahle schmahle und breite durcheinander von 32. à 33. Stab lang £ 24. alles hiesig Gelt». Der Bleicherlohn für Leinwand dagegen war eine hochkomplexe Angelegenheit. Er richtete sich jeweils nach der Qualität, Länge und Breite des zu bleichenden Tuches:

> Der Bleicherlohn von der Leinwath ist sehr verschieden, und wird nach der dicken oder dünnen Qualitaet der Lwth, und nach der Breite und Länge der Tücher eingerichtet. Zum Exempel ein Stauchen Tuch von 135. Ellen zalt f 1:24:–, ein doppelt dickes von nehmlicher Breite und nur 100. Ellen lang zalt f 2:16:– und so ferner.[2245]

2241 Gebrüder Zellweger & Comp.: 1 Brief an Peter Tanner in Herisau, Trogen, 29.05.1758, S. 645–646.
2242 Zellweger & Comp.: 1 Brief an Jost Xaver Degen in Kriens, Trogen, 18.06.1801, S. 609.
2243 Zellweger & Comp.: 2 Briefe an Mayer & Mittelholzer in Herisau, Trogen, 1807–1808.
2244 Zellweger & Comp.: 1 Brief an Mayer & Mittelholzer in Herisau, Trogen, 05.03.1808, S. 433.
2245 Zellweger, Johannes (1730–1802): 1 Brief an Johann Caspar Hirzel (1725–1803) in Zürich, Trogen, 26.01.1770.

Im Jahr 1758 forderten die «Herisauer & Appenzeller Bleicher [...] wegen Theüre des Holzes, der Asche & zum Theil der Lebensmittlen» eine Lohnerhöhung von 4 Kreuzer pro «Stauche» und «in der Farbwaar à proportion». *Gebrüder Zellweger & Comp.* schrieb nach Lyon, dass diese Lohnerhöhung allgemein alle Bleichemeister «in Hauptweil, Bischofszell &ca.» forderten und dass das Konkurrenzunternehmen *Conrad Zellweger, Zuberbühler & Comp.* von Trogen auf diese Forderung einzugehen bereit war: «Es scheint schier, wann wir gute Bedienung geniessen wollen, dass wir uns dieser Augmentation schwährlich werden entziehen können, oder was gedenken E[ure] l[ieben] hiervon?» [2246] Die Forderung nach Lohnerhöhung aller Bleichemeister hatte 1758 Erfolg. Ein einzelner Kaufmann oder eine einzelne Handelsgesellschaft mussten einer Erhöhung des Bleicherlohns entsprechen. Ansonsten riskierte man, dass die eigene Leinwand entweder bis zuletzt liegengelassen oder nur liederlich gebleicht wurde. Das war für das Verkaufsgeschäft wegen seiner Abhängigkeit vom Verkaufstermin im Juli abträglich. Dieses Beispiel zeigt einerseits, dass die Bleichemeister in der Region Ostschweiz untereinander bestens organisiert waren und gemeinsam einer Forderung nach Lohnerhöhung erfolgreich Nachdruck verleihen konnten. Es zeigt andererseits, wie der Konkurrenzdruck unter den Handelsgesellschaften dafür sorgte, dass dieser Lohnforderung entsprochen wurde, wenn man nicht riskieren wollte, dass die eigene Leinwand zu spät gebleicht wurde. Wer den Bleichemeister am besten bezahlte, wurde am besten bedient. Der Kaufmann war jedoch nicht an einen einzelnen Bleichemeister gebunden, wie das Beispiel von *Carl Anthoni Manser* von Appenzell im Oktober 1756 zeigte. Fühlte sich *Gebrüder Zellweger & Comp.* trotz «Extra-Trinkgelt» nicht gut bedient, gab diese Erfahrung in der Folge Anlass zu diversen Versuchen mit anderen Bleichemeistern.[2247] Offenbar bestand auch ein Unterschied im Bleicherlohn für die «Schles[ische]: Waar[, die] von Natur unbleichiger als die hiesige, & ist ein sehr liederlicher Bleicherl[ohn]: darbey, sonderl[ich]: bey der Schles[ischen]:, darüber der Bleicher sich beschwäret».[2248]

Der Bleichediebstahl – soziale Disziplinierung durch das Schwert

Die Naturbleiche brachte es mit sich, dass die Leinenware lange Zeit ungeschützt und für jedermann zugänglich auf der offenen Bleichewiese lag. Dadurch bot sich die Leinenware, welche den Fabrikanten oder Kaufleuten gehörte und sich vorübergehend in Obhut des Bleichemeisters befand, wie auf dem Präsentierteller als Beute für sogenannte Bleichediebe an. An der Problematik des Bleichediebstahls, der auch in Augsburg trotz Zäunen, Mauern und ständiger Bewachung zum Alltag des Bleichens gehörte[2249], zeigte sich das soziale Auseinanderklaffen der frühneuzeitlichen Gesellschaft auf drastische Weise. Dass sich in Appenzell Ausserrhoden junge Frauen und Männer als Bleichediebe betätigten, zeigt, wie attraktiv diese auf freiem Feld liegende Leinwand als begehrtes, weil bestens verkäufliches Diebesgut war. Ganzen Diebesbanden aus dem Schwarzwald (Baden-Württemberg) war der Weg nicht zu weit. Die Problematik und die Tragik des Bleichediebstahls werden anhand diverser Beispiele aus der Sekundärliteratur für den Zeitraum von 1754 bis 1817 chronologisch geordnet dargestellt.

Am 26. Juni 1754 wurden auf der staatlichen Richtstätte in Trogen Hans Adam Mettler «aus dem Tettnangischen» (Baden-Württemberg) und Joseph Stadtler «aus der Herrschaft Breganz» (Vorarlberg) mit dem Strang und dem Schwert hingerichtet. Zwischen Ostern und Juni 1754 konnten sie nach spektakulärer Flucht nach Appenzell Innerrhoden bei dem Versuch gefasst werden, sich über den Rhein nach Österreich abzusetzen. Ihre Frauen, die [so bezeichneten] «S.v.zwey Huren aber wurden mit Ruthen ausgehauen und des Landes verwiesen». Sie hatten zusammen «in der Woche vor Ostern *ab der Bleiche zu Herisau* über 600 Ellen Leinwad gestohlen».[2250] Im gleichen Jahr wurde auf derselben

2246 Gebrüder Zellweger & Comp.: 1 lettre à la maison à Lyon, Trogen, 30.01.1758, S. 607.

2247 Gebrüder Zellweger & Comp.: 1 lettre à la maison à Lyon, Trogen, 25.10.1756, S. 460.

2248 Gebrüder Zellweger & Comp.: 1 lettre à la maison à Lyon, Trogen, 17.01.1756, S. 487.

2249 Clasen: Textilherstellung in Augsburg (2/1995), S. 118.

2250 Walser/Rüsch: Appenzeller-Chronik [1772–1798] (1831), S. 122.

Richtstätte in Trogen der «famöse Erz=Spitzbub Hans Meyer, Grosshans genannt aus dem Schwarzwald gebürtig» nach dreissig «Bleichediebstählen» «die rechte Hand abgehauen und hernach gehenkt».[2251] Die Stadt Bischofszell (Thurgau) statuierte mit der Hinrichtung des ehemaligen Bleicheknechts Georg Joachim Bischof von Hohentannen durch das Schwert 1767 ein Exempel «gegen den sich mehrenden Bleichediebstahl».[2252] Am 13. November 1774 hatten die Pfarrer auf den Kanzeln in Appenzell Ausserrhoden zu verkünden, dass demjenigen die stattliche Summe von 50 Gulden geboten wurde, der den Bleichedieb in Herisau anzeigen konnte.[2253] 1776 wurde «[...] Andreas Hilber aus dem Toggenburg, wohnhaft zu Appenzell, 50 Jahre alt, wegen 39 Bleiche= und 171 andern Diebstählen gehängt [...]». 1787 wurde der 32-jährige Johannes Krüsi von Schönengrund «wegen 28 Diebstählen an Hennen, Bienen und *Leinwandtüchern* enthauptet [H.d.d.A.]». 1795 «wurde der Schuster Daniel Koller von Teufen, Sohn des Seckelmeisters, wegen vielen *Bleiche=* und andern *Diebstählen* in seinem Alter von 40 Jahren enthauptet». 1797 «hatte dasselbe Schicksal Hs.C. Scheuss von Herisau wegen *Bleiche-* und andern *Diebstählen*».[2254] Ende 1798 wurde der Bleicheknecht Ulrich Signer von Hersiau «wegen wiederholten Diebstahls» zur Verhaftung ausgeschrieben. Seine «vols notaments avant minuit et à la nuit» vom 4. und 28. September 1798 umfassten «12 pièces Moussel unie & brodée et quelque mouchoirs brodée par 16 & 24 aunes 7/4 & 8/4 de large» sowie «3/2 pièces Moussel et mouchoirs de Moussel unie et brodée par 8 & 16 aunes».[2255] 1805 enthauptete man kurz nacheinander drei Personen wegen Bleichediebstahls auf der Richtstätte in Trogen.[2256] In Appenzell Innerrhoden richtete man noch 1817 ein verheirateter Weber und Schnellbleicher im Alter von 28 Jahren wegen Bleichediebstahl auf der Bleiche von *Manser Sohn* von Appenzell hin.[2257] Die Steckbriefe der hingerichteten Bleichediebe lauteten auffallend ähnlich. Es handelte sich meist um Männer im Alter von dreissig bis fünfzig Jahren und meistens um Wiederholungstäter. Oft waren es ehemalige Bleicheknechte, welche mit den Abläufen und Vorgängen auf einer Bleiche bestens vertraut waren, um den Bleichediebstahl optimal einzurichten.

Eine Kritik am harschen Vorgehen gegen Bleichediebe in Appenzell Ausserrhoden setzte nach 1800, und zwar von aussen ein. 1805 empörte sich Escher von Zürich über die Hinrichtung von drei Bleichedieben auf der Richtstätte in Trogen: «Eure Hinrichtungen sind eine Abscheulichkeit besonders wenn man an die 6 Kreuzerstücke des Landammanns denkt, der wohl Praesident des Criminalgerichts sein wird».[2258] Escher verband mit seiner Kritik am Kriminal- und Gerichtssystem in Appenzell Ausserrhoden eine persönliche Kritik an Landammann Zellweger-Zuberbühler, dem Inhaber der Handelsgesellschaft *Zellweger & Comp.* Escher bezichtigte ihn, für die ausgesprochenen Todesurteile Geld einzustreichen. Eine tendenziöse Sichtweise verleitete auch Eisenhut (2017) dazu, *das* Symbol für Gerechtigkeit schlechthin, die Justizia, sobald sie im Wappen der Zellweger erscheint, wegen des erhobenen Schwertes in der rechten Hand als «bedrohlich [...]!» und «für die strafende Gerechtigkeit stehend» zu interpretieren.[2259] Ein auf einem Löscheimer aus Leder gemaltes Wappen dürfte wohl kaum von Künstlerhand ausgeführt worden sein. Mit Umberto Eco müssen «Grenzen der Interpretation» gewahrt werden.[2260] Für das entscheidende Moment, dass die «Dame» Justizia mit verbundenen Augen in der anderen Hand die Waage als Symbol der Grenzfindung zwischen Recht und Unrecht hält, scheint Eisenhut blind zu

2251 Walser/Rüsch: Appenzeller Chronik [1732–1772] (1829), S. 224–225.

2252 Bridler: Der Leinwandhandel in Bischofszell, in: TGJB (5/1930), S. 18.

2253 Zellweger, Johannes (1730–1802): 1 Brief an Johann Caspar Hirzel (1725–1803) in Zürich, Trogen, 14.11.1774.

2254 Walser/Rüsch: Der Appenzeller-Chronik [1772–1798] (1831), S. 13, 122, 180 und 193.

2255 Mayer, Johann Conrad, Diestriktstatthalter in Herisau: Ansuchen an den Vorsteher der Gemeinde Mels um Verhaftung des Bleichers Ulrich Signer von Herisau wegen wiederholtem Diebstahl, Hersiau, 10.12.1798 [STALU: FA Good: PA 3000/1349, Schachtel 103].

2256 Schläpfer: Landammann Jacob Zellweger (1770–1821) (1939), S. 146, Zitat nach Oechsli, Bd. 2, S. 173.

2257 Gollino: Bleichemühle, Appenzell, in: Fuchs/Graf (Hg.): Mahlen – Bläuen – Sägen (2005), S. 88; seine Hinrichtung fand am 15.07.1817 statt.

2258 Schläpfer: Landammann Jacob Zellweger (1770–1821) (1939), S. 146.

2259 Eisenhut: «Wunderlich kommt mir die Baute vor» (2019), S. 231; Dölemeyer, Barbara: Artikel «Justiz», in: Jaeger et al. (Hg.): Encyklopädie der Neuzeit (6/2007), Sp. 203–226.

2260 Eco: Die Grenzen der Interpretation. Aus dem Italienischen von Günter Memmert (2004³).

sein. Die Justizia ist das Symbol der Gerechtigkeit als erste der vier Kardinaltugenden.[2261] Das harsche Vorgehen des Staates Appenzell Ausserrhoden gegen Bleichediebe ging vielmehr auf die einflussreiche Strafrechtskodifikation der «Constitutio Criminalis Carolina» (1532) zurück, welche in lakonischer Kürze bestimmte, Räuber generell mit dem Schwert hinzurichten.[2262] Der Staat Appenzell Ausserrhoden verurteilte im 18. Jahrhundert rund siebzig Menschen zum Tod auf dem Richtplatz im Gfeld in Trogen, meist wegen Ehebruchs, Hurerei und Sodomie. Die Enthauptung durch das Schwert galt sogar als ehrenhafte Strafe. Schimpflich waren das Rädern und Erhängen.[2263] Auch Schläpfer (1939) ordnete die harte Kriminaljustiz als eine Zeiterscheinung ein. Appenzell Ausserrhoden unterhielt aus Kostengründen weder eine Zuchtanstalt noch soziale Einrichtungen. Das *Armenhaus Trogen* von 1764 ging auf die private Stiftung des Kaufmanns Zellweger-Wetter zurück. In Lyon hattte er entsprechende städtische Institutionen wie «La charité» und das «Hôtel Dieu» aus dem 17. Jahrhundert kennengelernt. Miranda, Francisco de (1750–1816), Caracas (Venezuela) besuchte das *Armenhaus Trogen* im August 1788, wo «19 Personen, vom Waisenkind bis zum armen Invaliden» seiner Meinung nach «gut untergebracht und sauber und angemessen versorgt [wurden]». Der Globetrotter, der am Kaiserhof in St. Petersburg verkehrte, schloss mit dem Ausruf: «Wieviel reiche Städte, die immer noch nicht an solche Einrichtungen gedacht haben!»[2264] Das *Armenhaus Trogen* steht als ein Beispiel dafür, wie sich in der zweiten Hälfte des 18. Jahrhunderts die privaten Anstrengungen reicher Wirtschaftsbürger mehrten, über Vergaben, Vermächtnisse und Fonds die Armenversorgung auf Gemeindeebene zu verbessern.[2265] Weil die Unterbringung der Bleichediebe zu teuer war, hob Appenzell Ausserrhoden den Vertrag mit der schwäbischen *Strafanstalt Oberdischingen* bei Ulm (Baden-Württemberg) um 1808 auf. Auch Versuche mit dem *Zuchthaus Lindau* misslangen. So blieb Appenzell Ausserrhoden bei seinem billigen und tödlich-harten Diszilinierungs- und Strafsystem des Richtschwerts bis 1862.[2266] Geradezu gefordert wurde es übrigens von denjenigen Berufsleuten, welche durch die Bleichediebstähle am meisten Schaden erfuhren – den Bleichemeistern.[2267] Verantwortlich für die zu bleichende Leinwand, hatten sie für Diebstähle finanziell einzustehen. Ob sie – wie für die Bleichen in Augsburg und die *Bleiche Blaubeuren* belegt – Feldwächter angestellt hatten, welche von Einbruch der Dunkelheit an in Begleitung von Wachhunden das Bleichefeld sicherten, bleibt nachzuweisen. Auf einer Darstellung der *Bleiche Blaubeuren* um 1800 sind im Vordergrund links unten drei grosse schwarze Wachhunde dargestellt.[2268] Die Feldwächter hatten verdächtige Personen «ernstlich» anzurufen, notfalls «einen Schuss zu tun», damit andere Feldwächter zu Hilfe eilen konnten. Ziel war die Ergreifung des Bleichediebs inflagranti. Schlafende Feldwächter wurden bestraft. Für gestohlene Leinwand mussten sie Ersatz leisten. Die Verantwortung schob man wie beim «Schwarzen Peter» von dem einen zum anderen. Zur Sicherstellung nahtloser Wachsamkeit war das Bleichefeld erst zu verlassen, wenn am Morgen die Bleicheknechte ihre Arbeit aufnahmen.

2261 Kahsnitz, R.: Artikel «Justitia», in: Braunfels/Kirschbaum (Hg.): Lexikon der christlichen Ikonographie (2/1970), Sp. 466–472; Eisenhut, Heidi: Artikel «Caritas und Justitia als Fundamente», in: Appenzell, Ausserrhoden/Appenzell, Innerrhoden (Hg.): Zeitzeugnisse (2013), S. 28–29.

2262 Schwerhoff, Gerd: Artikel «Eigentumsdelikte», in: Jaeger et al. (Hg.): Enzyklopädie der Neuzeit(3/2006), Sp. 108–112, hier Sp. 109.

2263 Die innerhalb dieser Arbeit identifizierten Posträuber vom November/Dezember. 1752 fanden ihr Ende auf diese «schimpfliche» Art, belegt in: Hoesli, Kathrin: Artikel «Von armen Sündern und Scharfrichtern», in: Appenzell, Ausserrhoden/Appenzell, Innerrhoden (Hg.): Zeitzeugnisse (2013), S. 26–27.

2264 Rudersdorf: Aus einem Reisetagebuch. Francisco de Miranda (1750–1816), in: SVGB (137/2019), S. 162–190, hier S. 172.

2265 Schläpfer: Wirtschaftsgeschichte des Kantons Appenzell Ausserrhoden bis 1939 (1984), S. 108.

2266 Hoesli, Kathrin: Artikel «Von armen Sündern und Scharfrichtern», in: Appenzell Ausserrhoden/Appenzell Innerrhoden (Hg.): Zeitzeugnisse (2013), S. 26–27.

2267 Schläpfer: Landammann Jacob Zellweger (1770–1821) (1939), S. 146, Zitat nach Oechsli, Bd. 2, S. 173.

2268 Lang: 225 Jahre Blaubeurer Bleiche (1951), S. 14 und S. 44 a; Lang: 400 Jahre Blaubeurer Leinen (1960), S. 4 a.

Die Bleichemeister im Netzwerk der Kaufleute Zellweger

Für das über 60 Kilometer von Trogen entfernte Langenargen am nördlichen Ufer des Bodensees war im Februar 1801 ein Kontakt zu dem Bleichemeister *Johannes Klotz & Sohn* auszumachen. Offensichtlich handelte es sich dabei nur um einen Versuch der *Zellweger & Comp.* auf Ratschlag eines «Dritten» hin. Der Versuch missriet aufgrund hoher Kosten, welche sich aus der Extrareise von Trogen nach Rorschach, Fuhrkosten, Abgaben an die Bleichebehörde und höherem Bleicherlohn ergaben.[2269] Dieses Beispiel veranschaulicht, warum die Kaufleute Zellweger die Bleichen in nächster Nähe bevorzugten. Hauptkriterium dafür, welchen Bleichemeistern die Kaufleute Zellweger ihre Leinen- und Baumwollware zur Bleiche anvertrauten, war die geografischen Nähe. Sie überwachten den Fortgang des Bleicheprozesses kontinuierlich mit Besuchen auf der Bleiche. Diese zeitintensive Kontrolle setzte voraus, dass die Bleichen innerhalb nützlicher Frist per Pferd von Trogen aus erreichbar waren. Die persönliche Kontrolle über den Fortschritt des Bleicheprozesses war notwendig, um sicherzustellen, dass die eigene Leinwand tatsächlich in die Bearbeitung aufgenommen wurde und der Bleichemeister nicht etwa zuerst die Ware der Konkurrenz auslegte. Der Bleichemeister bleichte dessen Leinwand am ehesten, mit dem er verwandtschaftliche Beziehungen unterhielt oder der ihm einen guten Bleicherlohn zahlte. Der Kaufmann in Leinwand im Fernhandel war, um seine Ware überhaupt verkaufen zu können, abhängig vom Bleicheprozess, der vor dem nächsten Termin der *Messe Beaucaire* fertig sein musste. War das Wetter schlecht, so änderten auch alle schriftlichen Bemühungen der Kaufleute Zellweger um Lieferung nichts daran, dass weder Leinwand noch Baumwollware weiss wurde, wie im Mai 1749 geschehen:

> Es gehet dies Frühjahr aller Ohrten sehr gemach auf denen Bleichenen, & wirt fast, ja villeicht gar keine Wahr du nouveau blanc auf costigem Vormarkt erscheinen; ungeachtet unsrer öfteren münd- und schrift[licher]. Solicitationen in Manung Appenzell, Haubtweil & St. Gallen p[our] les Bazins.[2270]

Manser auf der «Bleiche am Wies», Appenzell (Appenzell Innerrhoden)

Im Dorf Appenzell ging die *Bleiche am Wies* nahe am Ufer der Sitter auf Bestrebungen privater Kreise zurück, Appenzell bereits um 1535 zu einem selbständigen Leinwandplatz zu erheben.[2271] Nach einem Stillstand seit 1558 war sie von 1604 bis ins 19. Jahrhundert hinein in Betrieb.[2272] Nach 1739 bleichte man ausschliesslich für auswärtige Handelsunternehmen.[2273] *Gebrüder Zellweger & Comp.* zählte zu diesen Auftraggebern des Bleichemeisters *Carl Anthoni Manser*. Das belegt ihre umfangreiche Korrespondenz in den Jahren 1747 bis 1769.[2274] Im Jahr 1756 beschäftigte sich Manser mit der Gestaltung des älteren Wohnhauses. Die Fassade liess er mit ornamentalen Malereien in Grün und Grau verzieren und eine Familiengrabtafel gestalten. Dieser bereits in der ersten Hälfte des 16. Jahrhunderts zwecks Mange und Leinwandpresse erstellte «bedeutsamste Innerrhodische Profanbau in der einheimischen Blockbauweise» mit «am besten erhaltener Fassadenbemalung» gilt heute als «schmuckster, interessantester Bau der Innerrhoder Einzelhoflandschaft».[2275] Über seine zweite Ehe mit Maria Franziska Romana Streule, der ältesten Stieftochter des vormaligen Bleichebesitzers Anton Joseph Sutter (1720–1784), kam Carl Anthoni Manser-Streule-Wyss (gest. 1769) 1743 bis 1760 in den Besitz der *Bleiche am Wies*.

2269 Zellweger & Comp.: 1 Brief an Johannes Klotz & Sohn in Langenargen, Trogen, 23.02.1801, S. 394.
2270 Gebrüder Zellweger & Comp.: 1 lettre à la maison à Lyon, Trogen, 26.05.1749, S. 304.
2271 Fischer: Bleiche, in: Ders.: Die Kunstdenkmäler des Kantons Appenzell Innerrhoden (1981), S. 378–381.
2272 Zellweger, J.C.: Geschichte des Appenzellischen Volkes. Neu bearbeitet (3, 2. Abt./1840), S. X.
2273 Schürmann, Markus: Artikel «Appenzell (Innerrhoden)», in: e-HLS online, 11.09.2007.
2274 Gebrüder Zellweger & Comp.: 42 Briefe an Carl Anthoni Manser in Appenzell, Trogen, 1747–1769.
2275 Gollino: Bleichemühle, Appenzell, in: Fuchs/Graf (Hg.): Mahlen – Bläuen – Sägen (2005), S. 82–83.

Er gelangte über den umfangreichen Betrieb von Mühle, Stampfe und 1754 gebauter Bäckerei zu Wohlstand und Ansehen. Nach seinem Tod übernahm sein Sohn Joseph Anthon Manser-Streule-Schai (1754–1813) 15-jährig den Bleichebetrieb. Nach 1800 liess sich *Zellweger & Comp.* als Auftraggeber von *Joseph Anthon Manser* im Zeitraum 1806 bis 1822 nachweisen.[2276] Der Sohn Joseph Anton Manser liess das neue Wohnhaus 1809 in Rot und Weiss bemalen. Auch diese Fassadenmalerei zeugt davon, welchen Reichtum und Wohlstand mit dem erfolgreichen Betreiben einer Bleiche zu erlangen war.[2277] Darüber hinaus machte Manser politisch Karriere. Die Landsgemeinde wählte ihn 1809 zum Pannerherrn und 1810 zum regierenden Landammann. Seine Tochter Anna Maria Antonia Josefa Rusch-Manser (1776–1838) übernahm als «Blächiammareieli» nach dem Tod des Vaters und ihres Mannes von 1813 bis zu ihrem Tod die Leitung des Bleichebetriebs. Er befindet sich bis heute im Besitz der Familie Rusch.
Die *Bleiche am Wies* in Appenzell war für *Gebrüder Zellweger & Comp.* optimal gelegen. Sie versahen den Betrieb von Anfang an mit ihrer Leinwand, um sie im Lohn bleichen zu lassen. Die Geschäftsbeziehung gestaltete sich schwierig. «Leuth & Wetter» ergänzten sich offenbar, was die pünktliche «Expedition» ihrer gebleichten Ware verhinderte. Insgesamt fühlte man sich von Manser schlecht bedient,

> /:ungeacht er von uns diss Jahr das meiste und zwahr lauter Stauchen Th[uch]: zu bleichen gehabt, & wir dem Bleichmeister über das ordinari= noch ein extra Trinkgelt versprochen, wann er in rechter Zeit alles schön weiss mache:/ nicht die beste Bedienung & bey unsrer Sollicitationen & Zusprüchen anstatt der Remedur spizige, trochne Antw: empfangen; [...].

Schlechte Bedienung und unhöfliche Reaktionen Mansers in Appenzell trotz Trinkgeld, Bitten und Nachsuchen brachten Zellweger-Sulser im Herbst 1756 auf eine Idee: «Es dörfte vileicht nicht übel seyn, wan schon künftig Frühjahr eine Prob auf der Altstetter Bleiche & sonderlich wegen Beaucaire miechen».[2278] Hintergrund der Sorge um die rechtzeitige Bleiche der «Stauchen» war somit der Zeitdruck, den die periodisch wiederkehrende *Messe Beaucaire* als bedeutendstes Verkaufsereignis jährlich im Juli vorgab.

Custer auf der «Bleichi», Altstätten (St. Gallen)

Von der *Bleiche Altstätten* zeugt heute nur noch die Bushaltestelle «Bleichi» an der Kriessernstrasse als Zugang in die Trogener Strasse. Zwischen dem Stadtbach und der Rietaach im Osten von Altstätten gelegen, zeichnete sie sich um die Mitte des 18. Jahrhunderts aus der Perspektive der *Gebrüder Zellweger & Comp.* dadurch aus, dass man im milden Klima des Rheintals am frühesten im Jahr mit dem Bleichen beginnen konnte. Wer hier bleichen liess, konnte bereits auf den Vormarkt in Lyon vor der *Messe Beaucaire* im Juli «Nouveau Blanc» liefern. Doch Ende Juli 1749 «hinkte alles diesfahls aller Orten». Sie konnten keine diesjährige weisse Leinwand nach Lyon liefern. Selbst die Kaufleute Custer von Altstätten, deren Ware «sehr zeitig dort ausgelegt worden» war, konnten keine weisse Ware entgegennehmen. Liefern konnte nur, wer noch über letztjährige, sogenannte alte oder blinde Ware verfügte.[2279] Im Januar 1756 stellten die *Gebrüder Zellweger & Comp.* folgende Überlegungen an:

> hingegen würde der Bleicherl[ohn]. der Cambrays mit Einschluss des Fuhrl[ohns]: in Altstetten xr: 3 wolfeihler als in Rorschach zu stehen kommen. Wie aber die Bedienung in Altstetten dermalen beschaffen, ist uns unbekannt.[2280]

2276 Zellweger & Comp.: 6 Briefe an Joseph Anthony Manser (1754–1813) in Appenzell, Trogen, 1806–1822.
2277 Gollino: Bleichemühle, Appenzell, in: Fuchs/Graf (Hg.): Mahlen – Bläuen – Sägen (2005), S. 82–94.
2278 Gebrüder Zellweger & Comp.: 1 lettre à la maison à Lyon, Trogen, 25.10.1756, S. 460.
2279 Gebrüder Zellweger & Comp.: 1 lettre à la maison à Lyon, Trogen, 26.05.1749, S. 304.
2280 Gebrüder Zellweger & Comp.: 1 lettre à la maison à Lyon, Trogen, 17.01.1756, S. 487.

Im August 1757 sandten sie 150 «Stauchen» auf die *Bleiche Altstätten*, während 100 Stück auf die *Bleiche Herisau* und der Rest auf die *Bleiche Appenzell* ging.[2281] Dem Risiko, keine gebleichte Ware zu haben, versuchte man mit der Verteilung der «Stauchen» auf drei Bleichen zu begegnen. Doch bereits im Oktober 1757 stellte *Gebrüder Zellweger & Comp.* fest, dass

> in Altstetten aber *es sehr Rheinthalerisch zu gehet* [H.d.d.A.] & ist glaublich, dass von dorther nicht 30 weisse Th[uch]: erhalten werden, wir wünschten, denen H[errn]: Custer nicht 1 St[üc]k übergeben & sie hingegen p[our] Herisau gesandt zu haben, welches künftig zur Regul dienet, es ist aber unserem Schaden nicht darmit geholfen.[2282]

Nur wenige Tage später ereiferten sie sich darüber, wie die Lieferung von nur acht weissen von insgesamt 150 Tüchern ab der *Bleiche Altstätten* doch «eine überzeügende Prob [der Herren: Custer] ihres kargen & unverantwortlichen Betragens» war. Die Kontrolle des Fortgangs auf der *Bleiche Altstätten* gestaltete sich aufwändig: «dieser Tagen sondiern, was die Ursach des observierenden Stillschweigen der H: Custer seye».[2283] Nach dem Seitenhieb auf die neben dem Bleichegeschäft im Leinwandhandel tätige Konkurrenz folgte die Schilderung der fatalen klimatischen Bedingungen, welche das Bleichen im Herbst 1757 verunmöglichten:

> bey habend völligen Winter-Wetter müssen noch froh seyn, wann die Waar tale quale getrocknet, dem Schnee & denen Mäusen entrissen werden kann. Enfin kein Mann erinnert sich eines solchen Herbst allhier [...], kurtz die Witterung ist ausserordenlich & der Schaden allgemein.[2284]

Der Herbst 1757 gestaltete sich klimatisch wie ein Winter, sodass man zur Stallfütterung des Viehs übergehen musste, obwohl das Heu noch gar nicht eingebracht war. Fehlender Sonnenschein machte dem Verkaufsgeschäft mit der begehrten «nouveaux blanc» einen Strich durch die Rechnung. Die Bleichen in Altstätten, Appenzell, Rorschach und Herisau lieferten Mitte November 1757 praktisch nur «blinde Th[uche]»:[2285]

> verlangtes quantum unserer blinden Tuchen können, bis die Lieferung der Waar von Altstetten bestehen, El noch nicht, wol aber vorläufig melden, dass von Altstetten & Appenzell fast alle Walzenh.[hausener] Th. blind seyn werden. Rorsch., Herisau & Appenzell haben uns alle sowol Stauchen als Farb Lwth gelieferet [...].

Misserfolge im Bereich des Bleichens waren auch aufgrund von Schicksalsschlägen zu verzeichnen. *Zellweger Vater & Comp.* machte im Jahr 1775 einen einzigen Versuch mit dem neuen Bleicher *And. Hanselmann* von Frümsen, 20 Kilometer südlich von Altstätten im Rheintal gelegen. Nach dem unerwarteten Tod Hanselmanns bat Zellweger-Hirzel-Scheuss bei *And. Hanselmann seel. Wittib* um Lieferung seiner Ware.[2286]

Ignatius Boch auf dem Bleichehof Meiningen, Feldkirch (Österreich)

Am 29. Juli 1767 berichtete Zellweger-Hirzel-Scheuss nach Zürich: «Heute habe ich ein Reislein bis über den Rhein gegen Veldkirch gemacht». Sein «Reislein» in das knapp 40 Kilometer von Trogen entfernt liegende Feldkirch in Vorarlberg (Österreich) am östlichen Ufer des Rheins dauerte nur einen Tag. Über die Geschäftskorrespondenz nach Feldkirch gelang es festzustellen, wen er in Feldkirch aufsuchte und weshalb. Es war der Bleichemeister *Rochus Ignatius Boch*, dessen Bleiche von

2281 Gebrüder Zellweger & Comp.: 1 lettre à la maison à Lyon, Trogen, 29.08.1757, S. 560.
2282 Gebrüder Zellweger & Comp.: 1 lettre à la maison à Lyon, Trogen, 24.10.1757, S. 573–574.
2283 Gebrüder Zellweger & Comp.: 1 lettre à la maison à Lyon, Trogen, 14.11.1757, S. 579–580.
2284 Gebrüder Zellweger & Comp.: 1 lettre à la maison à Lyon, Trogen, 31.10.1757, S. 575.
2285 Gebrüder Zellweger & Comp.: 1 lettre à la maison à Lyon, Trogen, 14.11.1757, S. 579–580.
2286 Zellweger Vater & Comp.: 1 Brief an And. Hanselmann seel. Wittib in Frümsen, Trogen, 07.10.1775, S. 675.

Gebrüder Zellweger & Comp. in den Jahren 1747 bis 1774 intensiv genutzt wurde, belegbar über eine Korrespondenz von 45 Briefen.[2287] Grund für das «Reislein» war somit die persönliche Kontrolle der Fortschritte des Bleicheprozesses seiner Leinwand auf Bochs Bleiche. Zellweger-Hirzel-Scheuss unterhielt unter *Zellweger Vater & Comp.* den Kontakt bis kurz vor Bochs Tod.[2288] Der *Bleichehof Meiningen* ist über die Literatur bestens erschlossen.[2289] Der Leinwandhändler Johann Jacob Hutsch (1645–1726) von Feldkirch – einer der ersten Kunden der Zellweger überhaupt! – erbaute ihn 1683 am Melankenbach in Meiningen auf dem dortigen alten Lehenshof. Hutsch wirtschaftete sehr erfolgreich, schuf zahlreiche Arbeitsplätze und entsprechende Vermehrung der Zolleinnahmen. Dafür wurde er 1696 mit dem Prädikat von Adlersburg in den Adelsstand erhoben. Am 25. Februar 1702 war ihm der «Plaichehof zu Mainingen» per «Kaiserlicher Landesfürstlicher Resolution» «erblehensweise» an Nachkommen beiderlei Geschlechts verliehen worden.[2290] Die Leinwand, welche er bleichte und wohl meist Richtung Italien exportierte, liess er durch Zellweger-Tanner an der *Leinwandschau Trogen* einkaufen. Für 1705/1706 waren es gemäss Witschi (1992) mit 488 Tuchen rund 19% der beschauten Tuche, 1711/1712 waren es mit 316 Tuchen bereits rund 25%, womit er etwas mehr als die Kaufleute Gonzenbach von Hauptwil (Thurgau) einkaufte, welche mit 288 Tuchen auf einen Anteil von 23% kamen.[2291] Hutsch selber berichtete, wie ihm Ende Oktober «die letze 1710 Leinwant ab der Bleich geliffert» wurde.[2292] Eine derart verlängerte Bleichesaison konnte nur einem besonders sonnigen Herbst abgerungen werden.
Die männliche Linie starb mit Hutsch aus. Seine weiblichen Nachkommen brachten den *Bleichehof Meiningen* jeweils dem neuen Bleichemeister mit in die Ehe. Daher folgte auf Hutsch möglicherweise ein Bleichemeister Miller von Aichholz und seit den 1750er Jahren obgenannter *Rochus Ignatius Boch*. Boch war bis 1780 während rund dreissig Jahren so erfolgreich, dass er seine Anlage im Frühjahr 1760 über zwei Landkäufe vergrössern konnte.[2293] Wie bereits Hutsch, fehlten auch Boch männliche Nachkommen, welche den Bleichebetrieb weiterführten. Über das Erblehen an Nachkommen beiderlei Geschlechts ging er im März 1781 an Johann Baptist Martin.[2294] Drei Jahre später verkaufte Bochs Tochter Katharina Boch verh. Egger diverse weitere Grundstücke. Im Mai 1785 war ein mit Maria Katharina Boch verheirateter Franz Adam Kessler Bleichemeister auf dem *Bleichehof Meiningen*. Als er zur Ätzungszeit der Kühe Leinwand auf die als Almend dienende Sindes-Wiese legte, wurde er um 3 Pfennige in die Gemeindekasse gebüsst. 1789 liess Kessler nochmals eine Bemarkung vornehmen und ersetzte den Zaun mit einer Mauer. 1792 war der *Bleichehof Meiningen* mit guten Appreturmaschinen ausgestattet. Während der Franzosenzeit von 1798 bis 1803 lebte Kessler finanziell in gesicherten Umständen, was ihm eine Anhleihe an die Gemeinde um 946 Gulden zu günstigen Bedingungen erlaubte. 1802 finanzierte er die Ausmalung der Pfarrkirche.[2295] Als Franz Adam Kessler 1804 in ein Konkursverfahren verwickelt war, gab das k.k. Fiskalamt in Innsbruck die Weisung, dass der *Bleichehof Meiningen* als «Landesfürstliches Erblehen» vom Gantvermögen auszuscheiden sei. Er blieb als Erblehen im alleinigen Besitz seiner Ehefrau Maria Katharina Kessler-Boch, einer Tochter des frühern Bleichemeisters *Rochus Ignatius Boch*.

Roth älter auf der «Oberen Bleiche», Rorschach (St. Gallen)

Zu den frühesten belegbaren Kontakten zu Bleichemeistern gehörte die äusserst intensive Beziehung zu *Hans Ulrich Roth älter* auf der *Oberen Bleiche* im äbtisch-katholischen Rorschach. Das belegt eine

2287 Gebrüder Zellweger & Comp.: 45 Briefe an Rochus Ignatius Boch in Meiningen, Trogen, 1747–1774.

2288 Zellweger, Zürcher & Co.: 10 Briefe an Rochus Ignatius Boch in Meiningen, Trogen, 1774–1780.

2289 Burmeister: Tagebuch des Feldkircher Leinwandhändlers Hutsch 1710 (1998), S. 255–279; Bilgeri: Politik, Wirtschaft, Verfassung der Stadt Feldkirch (1987), S. 323; Hager: Der Bleichehof Meiningen, in: Hager: Meiningen (1981), S. 232–246.

2290 Hager: Meiningen (1981), S. 235.

2291 Witschi: Appenzellerland und Vorarlberg, in: SVGB (110/1992), S. 31–44, hier S. 39–40.

2292 Burmeister: Tagebuch des Feldkircher Leinwandhändlers Hutsch 1710 (1998), S. 275.

2293 Kaufvertrag: Verkäufer Franz Xaver Müller – Käufer Rochus Ignaz Boch, 30.04.1760 und 14.04.1760 [Stadtarchiv Feldkirch: Nr. 1357 und Nr. 1358].

2294 Kaufvertrag: Verkäufer Ignaz Rochus Boch'sche Erben. Käufer Johann Baptist Martin, 22.03.1781 [Stadtarchiv Feldkirch: Nr. 1572].

2295 Hager: Meiningen (1981), S. 239.

umfangreiche Korrespondenz von 115 Geschäftsbriefen im Zeitraum 1747 bis 1759.[2296] *Gebrüder Zellweger & Comp.* sandte Roth jeweils im Dezember die Jahresabrechnung über die ihm zur Bleiche anvertraute Leinwand, wie das Beispiel vom 18. Dezember 1753 veranschaulicht.[2297] Im Herbst 1755 fühlte man sich vom «Rorschacher Bleicher» «übel» bedient «en Teinturaille», in der «Farbware». Im Januar 1756 gaben sie ihm bereits wieder

> das Zeugnus, dass er jederzeit im Frühling unsere Stauchen *pour Beaucaire* [H.d.d.A.] wol beförderet habe; die Schles[ische]: Waar ist von Natur unbleichiger als die hiesige, & ist ein sehr liederlicher Bleicherl[ohn]: darbey, sonderl[ich]: bey der Schles[ischen]:, darüber der Bleicher sich beschwäret.[2298]

Die Kaufleute Zellweger liessen ihre hautpsächlich aus Böhmen und nicht aus Schlesien importierte «Sangalette», welche sie dennoch «Schlesische Ware» nannten, nach Ankunft per «Lädine», einem Lastsegelschiff,[2299] von Lindau her kommend, direkt in Rorschach bleichen:

> Wir finden, dass umb weisse Stauchen auf die *Foire de Beaucaire* [H.d.d.A.] zulieferen, der Rorsch[acher]: od[er]: Altstetter Bleiche absolutè bedörffen, zumal die von Appenzell hierzu zu spath ist; brauchen wir aber die in Altstetten & Rorschach hingegen nicht, so fallt der Inconvenient vor, dass wir von der Schles[ischen]: & Schwaben Leinwath den Fuhrl[ohn]: vom Bodensee bis Altstetten & von dorten bis St: Gallen werden bezahlen sollen, dessen wir durch den Gebrauch der Rorschacher Bleiche enthoben sind.[2300]

Das ersparte ihnen zumindest einmal den Fuhrlohn. Doch mit dem Bleichen dieser «unbleichigen» schlesischen Ware schien es eine eigene Bewandtnis gewesen zu sein. Bereits im August 1757 sandten sie *Hans Ulrich Roth älter* «wegen schlechter Bedienung» keine Ware mehr, sondern bevorzugten die *Bleiche Altstätten* und die *Bleiche Appenzell*. Dorthin kam sie offenbar auch der Fuhrlohn weniger hoch zu stehen.[2301] In den 1760er Jahren verkehrten die Kaufleute Zellweger dann mit *Johann Baptist Roth* in Rorschach.[2302] Roth wurde nicht mehr als «Bleicher» bezeichnet, sondern als «Bleuer». Möglicherweise vollzog sich unter ihm der Übergang zur Textilfärberei *Roth & Comp.*[2303] Bei *Roth & Frauenknecht* handelte es sich hingegen um ein Speditionsunternehmen[2304], das um 1815 wohl in *G.F. Roth & Sohn* überging.[2305]

Mayr auf der «Bleiche am See», Arbon (Thurgau)

In Arbon wurde die *Bleiche am See* durch die Bleichemeister Mayr betrieben. Die Mayr waren ursprünglich als Kaufleute in Leinwand tätig gewesen. Streitigkeiten führten zur Auflösung der Handelsgesellschaft *Gebrüder Mayr*. Die *Bleiche am See* lag bei der Stachersmühle am Saabach eine halbe Stunde entfernt östlich von Arbon. Die *Gebrüder Zellweger* von Trogen begannen mit dem Bleichemeister *Johann Melchior Mayr* (1686–1780) eine kleine Korrespondenz im Zeitraum 1747 bis 1752.[2306] Von ihm ging der Gutshof an seinen Sohn Andreas Mayr (1723–1773) über, zu dessen Handelsgesellschaft

---

2296 Gebrüder Zellweger & Comp.: 115 Briefe an Hans Ulrich Roth älter auf der Oberen Bleiche von Rorschach, Trogen, 1747–1759.

2297 Gebrüder Zellweger & Comp.: 1 lettre à la maison à Lyon, Trogen, 18.12.1753, S. 33.

2298 Gebrüder Zellweger & Comp.: 1 lettre à la maison à Lyon, Trogen, 17.01.1756, S. 487–488.

2299 Das flachbodige Lastsegelschiff mit Rahsegel auf dem Bodensee ist von den Malern Johann Sebastian Dirr (1766–1830) aus Überlingen und Nikolaus Hug (1771–1852) aus Konstanz in Veduten festgehalten worden, vgl. Schwoerbel/Hakelberg/Kinsky: Das historische Rahsegel im Seemuseum Kreuzlingen, in: SVGB (125/2007), S. 70 und 92.

2300 Gebrüder Zellweger & Comp.: 1 lettre à la maison à Lyon, Trogen, 17.01.1756, S. 487.

2301 Gebrüder Zellweger & Comp.: 1 lettre à la maison à Lyon, Trogen, 29.08.1757, S. 560.

2302 Gebrüder Zellweger & Comp.: 13 Briefe an Johann Baptist Roth in Rorschach, Trogen, 1762–1774.

2303 J.C. Zellweger: 2 Briefe an Roth & Comp. in Rorschach, Trogen, 1831.

2304 Zellweger & Comp.: 78 Briefe an Roth & Frauenknecht in Rorschach, Trogen, 1800–1814.

2305 Johannes Zellweger Sohn: 4 Briefe an G.F. Roth & Sohn in Rorschach, Trogen, 1816–1821.

2306 Gebrüder Zellweger: 3 Briefe an Johann Melchior Mayr (1686–1780) von Arbon, Trogen, 1747–1752.

David Mayr & Co. in den 1760er Jahren einige wenige Kontakte zu belegen waren.[2307] Nach seinem Tod führte sein Bruder Leodegarius Mayr (1726–1791) den Bleichebetrieb weiter, nachdem er 1767 als letzter Kaufmann Mayr seine Insolvenz hatte erklären müssen. *Leodegarius Mayr* gelang es, die Beziehung zu *Gebrüder Zellweger & Comp.* deutlich zu intensivieren, was 67 Geschäftsbriefe im Zeitraum 1762 bis 1780 belegen.[2308] Er positionierte sich bei ihnen nicht als Bleichemeister, sondern als Textilfärber. Bei seinem Tod 1791 übernahm sein Sohn Johann Heinrich Mayr (1768–1838) nach einer frühzeitig abgebrochenen kaufmännischen Lehre in Genua im Alter von erst 23 Jahren den umfangreichen Bleichebetrieb. Ähnlich wie bei der *Bleiche am Wies* in Appenzell gehörte neben der Textilfärberei ein rund dreissig Hektar grosser landwirtschaftlicher Betrieb mit eigener Mühle und Bäckerei dazu. Im Sommer war das Haus der Mayr jeweils von drei- bis viertausend Leinwandtüchern umgeben, «als läge hier ein ewiger Schnee». Die *Bleiche am See* lag in einer ausgedehnten Bucht des Bodensees, wo es regelmässig zu Überschwemmungen kam. Dann musste Tuch um Tuch, wovon jedes einzelne mit «Zweken und kleinen Pfählen fest am Boden befestiget» war, unter dem morastigen Wasser losgemacht, herausgezogen, ausgewaschen und ins Trockene gebracht werden. Dabei erlitt die Leinwand Schaden, was ein unberechenbares Risiko mit verheerender Wirkung für den Bleichemeister und die ihm anvertraute Leinenware darstellte. Mayr empfand das Bleichen seit jeher als mühsame, gefährliche und wenig Gewinn abwerfende Tätigkeit. So entledigte er sich 1797 der Bleiche. Der allgemeine Niedergang des Leinwandgeschäfts dürfte seinen Entschluss bestärkt haben.[2309] *Johann Heinrich Mayr* war dann als Textilfärber und -drucker für *Zellweger & Comp.* tätig.[2310]

Heer und Indermauer auf der «Alten Bleiche», Rheineck (St. Gallen)

In Rheineck ist ein erstes «Bleikhus» bereits für 1350 belegbar.[2311] Für das Jahr 1766 überlieferte ein Urbar die «Bleiche auf dem Bau Hof und Eggwies» nebst einem «buch hauss»[2312], dem Bauchhaus, in welchem die Leinwand zwecks Vorbleiche in einem Laugebad abgekocht wurde. *Zacharias Indermauer*[2313] war als Bleichemeister wohl auf dieser *Alten Bleiche* auf der Eggwies in der Nähe des Freibachs im Westen von Rheineck für *Gebrüder Zellweger & Comp.* von 1762 bis 1774 tätig. Möglicherweise übernahm danach der Bleichemeister *Johann Jacob Heer* den Bleichebetrieb.[2314] Er arbeitete für *Zellweger Vater & Comp.* und nach 1800 weiterhin für *Zellweger & Comp.*[2315] Auf Heer folgte der Bleichemeister *Ulrich Egger*, den man bis 1809 kontaktierte.[2316]

Schiess in der Tiefe und Tanner auf ihren Bleichen, Herisau (Appenzell Ausserrhoden)

Mit 1762 setzte die Überlieferung von Geschäftskorrespondenz mit allen Bleichemeistern in Herisau im Vergleich zu derjenigen mit dem Bleichemeister Manser in Appenzell und mit Boch in Feldkirch 1747 relativ spät und auffallenderweise zu genau dem gleichen Zeitpunkt ein. Das Jahr stimmte zudem mit dem Datum überein, als der bis anhin als Papiermeister tätige Johannes Scheuss/Schiess (1733–1804) seine grosse Bleicherei mit zwei Walken an der Glatt erbaute. Der Betrieb einer Bleicherei erschien Scheuss/Schiess somit erst 65 Jahre nach dem Erbau der Papiermühle 1697/1698 wirtschaftlich attraktiv. Die 1760er Jahre gelten als die «goldigen Jahre» des Textilgewerbes in der Ostschweiz. 1788 rüstete Scheuss/Schiess mit dem Bau einer Textildruckerei nach. Mit diesem äusserst umtriebigen

2307 Gebrüder Zellweger: 7 Briefe an David Mayr & Co. von Arbon, Trogen, 1762–1774.
2308 Gebrüder Zellweger: 67 Briefe an Leodegarius Mayr von Arbon, Trogen, 1762–1780.
2309 Buenzli (Hg.): Mayr: Meine Lebenswanderung (1/2010), S. 40–41, vgl. Fussnote 85, S. 48, 172 und 199.
2310 Zellweger & Comp.: 36 Briefe an Johann Heinrich Mayr (1768–1838) von Arbon, Trogen, 1800–1811.
2311 N.N.: Artikel «Bleiche, Rheineck», in: ortsnamen.ch online, eingesehen am 09.04.2018.
2312 Urbar, 1766 [StASG: AA 1 B 56 [302].
2313 Gebrüder Zellweger & Comp.: 13 Briefe an Zacharias Indermauer in Rheineck, Trogen, 1762–1774.
2314 Zellweger, Zürcher & Co.: 8 Briefe an Johann Jacob Heer in Rheineck, Trogen, 1774–1780.
2315 Zellweger & Comp.: 3 Briefe an Johann Jacob Heer in Rheineck, Trogen, 1806–1807.
2316 Zellweger & Comp.: 4 Briefe an Ulrich Egger in Rheineck, Trogen, 1807–1809.

Johannes Schiess in der Tiefe war denn auch ein überaus langfristiger Kontakt im Zeitraum 1762 bis 1808 mit *Gebrüder Zellweger & Comp.*, *Zellweger Vater & Comp.* bis *Zellweger & Comp.* über die Jahrhundertwende hinaus zu belegen.[2317] Neben seiner wirtschaftlichen Tätigkeit machte Schiess politisch Karriere. Er war Ratsherr, Quartierhauptmann, Landesrittmeister, von 1781 bis 1796 Gemeindepräsident von Herisau und von 1798 bis 1801 Präsident des Distriktgerichts Herisau.[2318] Sein Sohn *Johannes Schiess* übernahm den Betrieb und arbeitete für *Zellweger & Comp.*[2319] Dann verkaufte er ihn nach 38 Jahren Betriebsdauer 1824 mangels Interesses der Söhne an der Übernahme.[2320]
Nach Scheuss/Schiess stand der Bleichemeister *Peter Tanner* (1723–1782) an zweiter Stelle.[2321] Büchler (1854) beschrieb ihn als «Bleicher zu Moosberg M.B». Die 1666 im Osten von Herisau erbaute grosse *Bleiche Moosberg* war ein Werk der Brüder Batholome Scheuss (1625–1697) und Ulrich Scheuss (1622–1677).[2322] Zur Gewinnung von Bleichewiesen legten sie das ursprünglich sumpfige Gebiet trocken, indem sie das reichlich fliessende, zum Bleichen benötigte Wasser in einem Teich sammelten.[2323] Offenbar betrieb *Peter Tanner* die *Bleiche Moosberg* samt grosser Landwirtschaft, zwei Wohnhäusern und Ökonomiegebäuden wie Leinwandwalke und Sägerei in Pacht. Fuchs (1999) überlieferte die Plakerei des Buben Johann Jakob Schiess (1774–1851), der sich als Bleicheknecht auf dem grossen Bleichebetrieb abrackerte. Schiess beklagte in seinen «Erinnerungen» das immerwährende Laufen und Springen, «ins Feld tragen, bieten, auslegen, aufziehen, stickeln, auf- und abnehmen» der Stoffbahnen als nur einige seiner vielfältigen Aufgaben.[2324] Wie erfolgreich der mit Maria Kuechle verheiratete *Peter Tanner* seine *Bleiche Moosberg* betrieb, zeigte sich darin, dass er der Gemeinde Herisau bei seinem Tod 140 Gulden zu vermachen in der Lage war.[2325] Dieser *Peter Tanner* brauchte bereits im Mai 1758 «eine scharfe unerlaubte, die Waar entkräftigende Matery», wodurch die Zellweger zu ihrem Schrecken zum ersten Mal mit dem verheerenden Resultat der chemischen Schnellbleiche Erfahrungen machten.[2326]
Mit *Valentin Mettler* korrespondierte vor allem *Gebrüder Zellweger & Comp.* in den Jahren 1762 bis 1769, während für *Zellweger Vater & Comp.* in den 1770er Jahren nur noch zwei, drei Schreiben zu belegen sind.[2327] Ihm wurde der jährliche Bleicherlohn jeweils Ende November in bar bezahlt, wie aus einem Schreiben im Jahr 1777 hervorgeht. Zur Aushändigung seines «Kontos» von f 172:11 war *Valentin Mettler* zuvor persönlich in Trogen erschienen.[2328] Ein Mettler schloss sich zu diesem Zeitpunkt mit *Baumann* [2329] zum Bleichebetrieb *Baumann & Mettler* zusammen, wo *Zellweger Vater & Comp.* bleichen liess.[2330] Welchen Schwung die Textilveredlung auf der Basis der Bleicherei in Herisau entwickelten, zeigte sich daran, dass 1824 gemäss Sturzenegger (1894) in Herisau bereits neun Bleichereien tätig waren, wovon eine chemisch bleichte. Pro Bleicherei waren elf bis zwölf Arbeiter angestellt.

2317 Zellweger: 41 Briefe an Johannes Schiess in der Tiefe in Herisau, Trogen, 1762–1808.
2318 Koller/Signer: Appenzellisches Wappen- und Geschlechterbuch (1926), S. 281.
2319 Zellweger & Comp.: 10 Briefe an Johannes Schiess in Herisau, Trogen, 1806–1809.
2320 «Es klappern die Mühlen an der rauschenden Glatt», in: Üseri Glatt (2011), S. 6; Fuchs: Inventar – 250 Mühlen im Appenzellerland, in: Fuchs/Graf (Hg.): Mahlen – Bläuen – Sägen (2005), S. 140–166, hier S. 144, Nr. 33, 35.
2321 Gebrüder Zellweger & Comp.: 13 Briefe an Peter Tanner (1723–1782) in Herisau, Trogen, 1762–1774; Zellweger Vater & Comp.: 10 Briefe an Peter Tanner (1723–1782) in Herisau, Trogen, 1774–1778; Zellweger, Müller/Zürcher & Comp.: 10 Briefe an Peter Tanner (1723–1782) in Herisau, Trogen, 1774–1780.
2322 Koller/Signer: Appenzellisches Wappen- und Geschlechterbuch (1926), S. 279–280.
2323 Diem, Witwe: 1 Postkarte an Pfarrer Hauri in St. Gallen, Herisau, Kurhaus Heinrichsbad, 03.10.1910 [STAAR: Ms. 363], vgl. Kommentar auf www.zeitzeugnisse.ch.
2324 Fuchs: Geschichte der Gemeinde Herisau (1999), S. 129 mit zeitgenössischer Abbildung des Hauptgebäudes der Moosberg-Bleiche samt Bleichewiesen, mit mindestens elf Bleicheknechten nei der Arbeit, Wandmalerei, Öl auf Holz, [nach 1666?].
2325 Büchler: Geschichte der Nebenlinien des Geschlechtes Tanner, nach genealogischer Form geschichtlich dargestellt (1854), Nr. 62.
2326 Gebrüder Zellweger & Comp.: 1 lettre à la maison à Lyon, Trogen, 29.05.1758, S. 646 und 648.
2327 Gebrüder Zellweger & Comp.: 12 Briefe an Valentin Mettler in Herisau, Trogen, 1762–1780; Zellweger Vater & Comp.: 2 Briefe an Valentin Mettler in Herisau, Trogen, 1774–1778; Zellweger, Zürcher & Co.: 1 Brief an an Valentin Mettler in Herisau, Trogen, 1774–1780.
2328 Zellweger, Zürcher & Co.: 1 Brief an Valentin Mettler in Herisau, Trogen, 25.11.1777, S. 662.
2329 Zellweger, Zürcher & Co.: 15 Briefe an Baumann in Herisau, Trogen, 1774–1780.
2330 Zellweger, Zürcher & Co.: 7 Briefe an Mettler & Baumann in Herisau, Trogen, 1774–1780.

Darüber hinaus waren vier Warensengereien, insgesamt zwölf Appreturen mit je etwa fünf Arbeitern, aber nur zwei Textilfärbereien aktiv.[2331] Wieso diese zwei Textilfärbereien genügten, kann im folgenden Unterkapitel anhand der Schilderung des effizient organisierten Arbeitsablaufs des Färbens gezeigt werden. Es konnte festgestellt werden, dass die Zellweger die Bleichen der Stadt St. Gallen offenbar niemals benutzten. Aufgrund des Niedergangs des Leinwandgeschäftes und entsprechend geringer Nachfrage vermietete die Stadt St. Gallen ihre Bleichen von 1815 bis 1820 zunehmend an ihre Bürger zur Nutzung als «Pflanzplätz».[2332]

2331 Sturzenegger: Handel und Industrie des Kantons Appenzell (Schluss) (1894), S. 6.

2332 Ziegler, Ernst: Zur Geschichte des stadtsanktgallischen Leinwandgewerbes, in: Rorschacher Neujahrsblatt (1983, 73), S. 51–76, hier S. 69.

Färben – «Milchfarb», «Leibfarb», «Cremisi», «Celeste», «Mordoré», «Morello»

Einleitung

Die Textilfärbereien, in welchen die Kaufleute Zellweger färben liessen, wurden von dem ansonsten sehr gründlichen Bodmer (1959) nicht untersucht. Während er im Anhang eine Liste über die Textildrucker im Dienst der Zellweger aufführte, fehlt jede Untersuchung zu den Textilfärbern. Möglicherweise wollte der ehemalige Leiter einer Textilfärberei in Fossano (Piemont)[2333], der sich für die Textilfärberei im 18. Jahrhundert ganz besonders interessiert haben dürfte, die gewonnenen Daten anderweitig auswerten. Die Textilfärberei basierte in der Frühen Neuzeit auf der Arbeit mit natürlichen Ressourcen wie Pflanzen und Klima. Gefärbt wurde in wässrigen Lösungen. Die auf Basis von Pflanzenteilen oder Tieren hergestellten Naturfarbstoffe nannte man «Färbedroge».[2334] Pflanzliche Farbstoffe waren die alte Kulturpflanze Färberdistel, auch Saflor, Bauern-, Deutscher oder Wilder Safran genannt, der Krapp und Indigo. Bei Saflor färbten die Blüten rot, bei der bedeutendsten Färbepflanze Krapp die Wurzeln.[2335] Blau färbender Indigo wurde aus der Pflanze gewonnen. Die farbstarke, rot färbende Cochenille hingegen war ein Insektenfarbstoff, der in Europa erst mit der Eroberung Mexikos um 1519/1521 bekannt wurde. Cochenille gewann man aus getrockneten und pulverisierten weiblichen Schildläusen. Ausser Indigo und Purpur, für welche der aufwändigste Färbeprozess der Küpenfärbung anzuwenden war, sind die meisten Naturfarbstoffe wasserlöslich oder können in wasserlösliche Form überführt werden. In diese Färbeflotte wurde die Leinwand oder die Baumwollware je nach gewünschter Farbtiefe eine bestimmte Zeit lang getaucht und im sogenannten «Ausziehverfahren» herausgezogen. Gerade Naturfarbstoffflotten enthielten nach der ersten Färbung immer noch beträchliche Farbstoffmengen, welche in der «Nachzugfärbung» für hellere Farbtöne verwendbar waren.[2336] Im 18. Jahrhundert hiessen sie «ordinari»-Farben, während der Erstauszug «hohe» Farben ergab. Wie weit entwickelt das Handwerk der Textilfärberei in der zweiten Hälfte des 18. Jahrhunderts war, vermittelt das «Vollständige Färbe- und Blaichbuch zu mehrerm Unterricht, Nutzen und Gebrauch für Fabrikanten und Färber» (1779–1819) des Färbermeisters Jeremias Friedrich Gülich aus Ulm. Es umfasst acht Bände.[2337] Die traditionelle Art der Farbstoffgewinnung aus Pflanzen und Tieren zwecks Textilfärberei wurde in den ausgehenden 1850er Jahren mit dem Einsetzen der Herstellung künstlicher, organischer Farbstoffe aus Teer als Abfallprodukt der Steinkohlenverkokung verdrängt.[2338]

Wie das Bleichen war auch die traditionelle Textilfärberei ein saisonales, dem Klima unterworfenes Handwerk. Gerade die Kälte war ihr sehr schädlich. Während der winterlichen Kälte, insbesondere der Gefrörnis, mussten die Textilfärbereien in der Ostschweiz ihre Arbeit unterbrechen.[2339] Diesen Umstand galt es im Handel Rechnung zu tragen. Im Oktober 1762 sollte noch rasch «so viel als möglich» an der «Farbware» im Sortiment ersetzt werden:

2333 Bodmer leitete von 1923 bis 1942 die Tessitura Serica die Fossano, vgl. Bürgi, Markus: Artikel «Bodmer, Walter (1896–1989)», in: e-HLS online, 11.08.2004.

2334 Struckmeier: Die Textilfärberei (2011), S. 31.

2335 Bis der pulverisierte Farbstoff, die Färberröte oder das Türkischrot vorlagen waren bis zu zwanzig verschiedene Verfahrensschritte nötig, vgl. Struckmeier: Die Textilfärberei (2011), S. 99–101.

2336 Struckmeier: Die Textilfärberei (2011), S. 35, 104–107.

2337 Gülich: Vollständiges Färbe- und Blaichbuch zu mehrerm Unterricht, Nutzen und Gebrauch für Fabrikanten und Färber (1779–1819).

2338 Straumann: Die Schöpfung im Reagenzglas (1995), S. 3.

2339 Vgl. städtisches «Färben», in: Clasen: Textilherstellung in Augsburg (2/1995), S. 183–334.

> Weil die vorgeschriebene Farben en Sangalettes p: 16 a[u]n[es] ½ & en Rouens teints p.p. dieser Tagen zu complettieren verhoffen, wird uns lieb seyn, von El erstens hierin eine andere Notta des Couleurs zu empfangen, um vor der anrückenden Kälte annoch so viel möglich ersetzen und EL spedieren zu können.[2340]

Im November 1750 erfolgte von Trogen aus ein letztes Mal die Aufforderung nach Lyon, «uns ohne fehrneren Anstand mehr Farben anzuzeigen, umb sie, *ehe die Farben wegen der Kälte beschlossen werden* [H.d.d.A.], noch färben zu können».[2341] Gelang dies nicht, musste beispielsweise die Kundin *Chatelain* von Paris sich «wegen der Lieferung der Trillis N: 2800 gedulden, bis das Wetter wärmer wirt». In Trogen herrschte zu diesem Zeitpunkt bereits während vier Wochen «gefrorene Zeit». Um die Wartezeit auf die Lieferung der Farbware «Trillis» zu umgehen, erkundigte man sich im Dezember 1749, «ob man in Lyon in solcher färben könne».[2342]
Die Handelsgesellschaften Zellweger nannten diejenige Leinwand, welche sie zu färben beabsichtigten, «Farbware». In welchen Farben gefärbt werden sollte, bestimmte ausschliesslich das Haus in Lyon. Es kannte Sortiment, Vorlieben und Geschmack der Kundschaft am besten. Es sandte eine überarbeitete «Notte des Couleurs» nach Trogen.[2343] Aufgrund dieser «Farbnote» begann man in Trogen «ohne Anstand, etliche best. Rouens teints p.p. perle *in die Farb zu schneiden* [H.d.d.A.]».[2344] Welche Organisation diesen im besten Fall genau aufeinander abgestimmten Vorgängen vorausging, zeigte sich, wenn etwas schieflief:

> Dehro *contre ordre* [H.d.d.A.] wegen denen Farben der Toille p 16 ½ a[u]n[es]: N: 6 ist zu spath angekommen; gesanter Farben zu einer Balle Rouens p 15 a[u]n[es]: en Couleurs bedienen uns, es bleiben zu dieser Sort hier noch 5 gebauchte & ½ weisse Tuch übrig, über welche E[ure]l[ieben] Gelegenheit der Farben halber auch disponieren können p[our] avis.[2345]

Struckmeier (2011) hat in ihrer naturwissenschaftlich-technischen Analyse «Die Textilfärberei vom Spätmittelalter bis zur Frühen Neuzeit» anhand von deutschsprachigen Quellen untersucht. Über Experimente mit zeitgenössischen Farbstoffen versuchte sie, Blau- und Violettfärbungen über Heidel- und Holunderbeeren, Indigo, Brasilholz, Krapp und Saflor, Gelbfärbungen mit Saflorgelb und Safran, Grünfärbungen mit Grünspan und Braunfärbungen mit Walnussschale, Brasilholz und Krapp nachzuahmen.[2346] Bemerkenswert waren die unterschiedlichsten, feinstens abgestimmten Farbtöne, welche von den Kaufleuten Zellweger in Auftrag gegeben wurden. Die Farbbezeichnungen nahmen sich bisweilen kompliziert aus, weil keinerlei Normen bestanden. Ziel war es, beim regional ansässigen Textilfärber, der über seine eigenen Farbrezepte verfügte, möglichst den vom französischen Kunden in Lyon gewünschten Farbton zu erhalten. Die von den Kaufleuten Zellweger bestellten Farbtöne für ihre verschiedenen Sorten Leinwand reichten von «Milchfarb», Gelb, «Jeaune Claire», «Hautfarben» oder «Leibfarb», «Incarnat»[2347] (Hellrot), «Cremisi» (Karmesinrot), «Rule», «paces», «verd»[2348], «verde piano», «Celeste» (Himmelblau), Blau, «mordoré» (Goldbraun), «caffé» (Kaffeebraun), «Perlfarben», «perla carico» (kräftiges, grelles oder intensives Perlgrau) oder «satt perlfarben»[2349], Grau, «gris foncé» (Dunkelgrau), «gris d'argent clair» (helles Silbergrau)[2350] bis zu «morello» (Rappenschwarz). Die von Isaac Newton (1642–1726) angeregte wissenschaftliche Diskussion um die Farbenlehre war von den Farbentheoretikern Louis-Bertrand Castel (1688–1757), Tobias Mayer (1723–1762), Johann Heinrich

2340 Gebrüder Zellweger & Comp.: 1 lettre à la maison à Lyon, Trogen, 18.10.1762, S. 19.
2341 Gebrüder Zellweger & Comp.: 1 lettre à la maison à Lyon, Trogen, 16.11.1750, S. 463.
2342 Gebrüder Zellweger & Comp.: 1 lettre à la maison à Lyon, Trogen, 15.12.1749, S. 320.
2343 Gebrüder Zellweger & Comp.: 1 lettre à la maison à Lyon, Trogen, 18.10.1762, S. 19.
2344 Gebrüder Zellweger & Comp.: 1 lettre à la maison à Lyon, Trogen, 21.07.1766, S. 575.
2345 Gebrüder Zellweger & Comp.: 1 lettre à la maison à Lyon, Trogen, 26.11.1753, S. 164–165.
2346 Struckmeier: Die Textilfärberei (2011), hier S. 204–251.
2347 Zellweger, Zürcher & Co.: 1 Brief an Felix Schmidhauser in Hauptwil, Trogen, 18.09.1777, S. 668.
2348 Zellweger & Comp.: 1 lettre à la maison in Genua, Trogen, 19.01.1807, S. 372.
2349 Zellweger, Zürcher & Co.. 1 Brief an Felix Schmidhauser in Hauptwil, Trogen, 12.07.1776, S. 406.
2350 Gebrüder Zellweger & Comp.: 1 Brief an Leodegarius Mayr in Arbon, Trogen, 16.04.1769, S. 6.

Lambert (1728–1777) und Ignaz Schiffermüller (1727–1809) weitergeführt worden. Seit 1782 dürfte sich für die Namen der Farbtöne das zweibändige «Farbenlexikon» (1782) von Professor Christian Friedrich Prange (1756–1836) aus Halle durchgesetzt haben. Sein ambitionierter Versuch, eine umfassende «Farbenmustercharte» mit insgesamt 4608 Farbnuancen samt Katalognummer, deutschem Namen und empfohlenen Pigmenten anzulegen, bleibt in Bezug auf die Anzahl der Farbtöne bis heute unerreicht. Ausgehend von einem einfachen Grundfarbensystem (Braun, Rot, Blau, Gelb, Schwarz, Weiss)[2351] griff er zur Benennung der Farbtöne auf bekannte Wortbildungen wie Colombin (Taubenblau), Incarnat (Hellrot), Mordorebraun (Goldbraun), Seladongrün (Meergrün), Tombakbraun (Messingfarben) oder Zimtbraun zurück. Andere Namen wie «Ameisenfarbig», «Atlasroth», «Ligustergrün», «Tiegergelb», «Tompfaffenrot» (leuchtendes Rosenrot der Brust und dem Oberbauch des Vogels Gimpel entsprechend) und «Wanzenbraun» waren wohl Eigenkreationen. Um 1810 erschien Johann Wolfgang von Goethes (1749–1832) Beitrag «Zur Farbenlehre».

Handel mit Farbstoffen

Für *Zellweger Vater & Comp.* konnte seit 1774 der Handel mit den Farbstoffen Saflor, Indigo und Cochenille nachgewiesen werden. Einerseits belieferte man Textilfärbereien aus der Region, welche für *Zellweger Vater & Comp.* färbten. Indigo kauften die Textilfärber *Johannes Scheussens seel. Frau Wittib* von Herisau und *Bartholome Schläpfer* von Thal. Cochenille kaufte *Georg Hermann Kern* von Arbon. Andererseits wurde auch versucht, den überregionalen Markt zu beliefern. Auf die Anfrage von *Johann Christoph Glutz* aus Augsburg gab *Zellweger Vater & Comp.* Auskunft: «Indigo schaffen wir allein um 2% Provision mittelst unsers franz. Hauses an. Er gilt dermahlen 9.10 der schönste Kupfrige».[2352] *Zellweger Vater & Comp.* bezog die in spanischen Kolonien von Sklaven hergestellten Farbstoffe Indigo und Cochenille nicht direkt aus Übersee, sondern über Geschäftskontakte in die im Sklavenhandel äusserst aktive Hafenstadt Nantes.[2353] Mit *Schweighauser & C.*[2354], *Schoulz & C.*[2355] und *Teucher, Riede et C.*[2356] konnten drei Lieferanten von Indigo in Nantes identifiziert werden, wobei *Schweighauser & C.* aus Basel und *Schoulz & C.* wohl aus dem deutschen Sprachraum stammten.[2357] Nach Trogen spediert wurde dieser Indigo über *Lucas Preiswerk* von Basel. Von Trogen aus versuchte Zellweger-Hirzel-Scheuss, den Absatz an Handelshäuser und grosse Textildruckereien in Augsburg wie *Leonhard Mahler & Sohn*, *Johann Michael Schöppler* und *Georg Friedrich Zackelmayer* zu organisieren. *Zackelmayer* zählte seit etwa 1770 zu den grössten Kattunfabrikanten in Augsburg.[2358] Über eine gleichlautende Offerte vom 19. Juli 1779 versuchte Zellweger-Hirzel-Scheuss, zugleich vier Handelshäuser in Kempten als Kunden nicht nur für Baumwolle aus der Levante wie «Alta», «Saloniki» und «Smirna» zu gewinnen, sondern sie auch «besonders in spanischem Indigo & Cochenille zur äussersten Zufriedenheit zu bedienen». Die vier potentiellen Neukunden waren *Otto Philipp Praun*, *Johann Jacob Warttweiller, Math. Schmid* und *Johann Jakob Gebhardt*.[2359] Da die Überlieferung hier abbricht, bleibt offen, ob sich aufgrund dieser Offerte tatsächlich Handelsbeziehungen entwickelten. Cochenille offerierte *Zellweger Vater & Comp.* in den 1770er Jahren zweimal an mögliche Kunden in Basel. Am 30. November 1774 richtete er seine

2351 Prange: Christian Friedrich Prangens [...] Farbenlexicon (1/1782), S. 5.

2352 Zellweger, Johannes (1730–1802): 1 Brief an Johann Christoph Glutz in Augsburg, 14.03.1777, S. 566.

2353 Vgl. dazu Höfer: Deutsch-französische Handelsbeziehungen im 18. Jahrhundert. Die Firma Breton frères in Nantes (1763–1766) (1982) (= Beiträge zur Wirtschaftsgeschichte 18).

2354 Zellweger Vater & Comp.: 1 Brief an Schweighauser & C. in Nantes, Trogen, 08.12.1777, S. 707.

2355 Zellweger Vater & Comp.: 1 Brief an Schoulz & C. in Nantes, Trogen, 08.12.1777, S. 705.

2356 Zellweger Vater & Comp.: 1 Brief an Teucher, Riede et C. in Nantes, Trogen, 08.12.1777, S. 705.

2357 Salvisberg, André: Artikel «Schweighauser, Johann (1738–1806)», in: e-HLS online, 21.11.2011; Wieland: Über die Salvisberg in Basel, in: Basler Jahrbücher (1883), S. 87–99; Wieland: Über die Schweighauser in Basel, in: Basler Jahrbuch (1883), S. 87–99.

2358 Häberlein, Mark/Schmölz-Häberlein, Michaela: Artikel «Zackelmayer, Friedrich Georg, Kattunfabrikant», in: Stadtlexikon Augsburg online, 1998.

2359 Zellweger, Zürcher & Comp.: 1 Offerte an Otto Philipp Praun, Johann Jacob Warttweiller, Math. Schmid und Johann Jakob Gebhardt von Kempten, Trogen, 19.07.1779, S. 899.

Offerte an *Gemuseus & Stähelin*[2360], *Niclaus Harscher & Söhne de Reinhard*[2361], *Johannes Obermeyer*[2362] und *Ludwig & Benedict Respinger*.[2363] Am 14. Juni 1779 ging eine Offerte an *Wagner & Reber* von Basel[2364], nochmals an *Johannes Obermeyer* sowie an die Bankiers *Johann Carl & Christian Münch* von Augsburg.[2365] Cochenille trug er auch den beiden Häusern in Zürich *Caspar Schulthess*[2366] und *Johann Caspar Ulrich* an.[2367]

Genau wie das Bleichen bezahlte man auch das Färben im Stücklohn. Ähnlich wie bereits für die Bleicher in der Ostschweiz im Jahr 1756 nachgewiesen werden konnte, setzten auch die Textilfärber der Stadt St. Gallen im Jahr 1748 eine Erhöhung ihres Färberlohns durch. Dem hatten sich die Kaufleute zu «underwerffen», wollten sie weiterhin gut von den Färbern bedient werden:

> Die Kaufmannschaft in St: Gallen hat den dasigen Färberen eine Augmentation des Färberl[ohns]. von xr. ½ bis xr. 3. je nachdem die Sortes sind, eingewilliget. Ohne Zweifel werden wir uns derselben auch underwerffen sollen.[2368]

Für Augsburg fand Clasen (1995) heraus, dass den städtischen Textilfärbern aufgrund des Protests der Grosskaufleute in Leinwand der Färberlohn 1749 auf den Stand von 1738 zurückgekürzt worden war, mit dem Argument, die Löhne könnten nicht mit denjenigen auf der Landschaft mithalten. Clasen stellte fest, dass der Stücklohn je nach Stoffart, Grösse und Qualität der zu färbenden Stücke variierte sowie je nachdem, ob in «Hoher Farbe» oder in «Ordinari oder geringer Farbe» zu färben war. Die «hohe Farbe» entsprach dem ersten Auszug eines Stücks aus dem Färberbottich, die «Ordinari» dem nachfolgenden Auszug, womit das restliche Färbemittel verwertet wurde. Besonders teuer war die aufwändige Blau- und Schwarzfärberei.[2369]

In der Folge wird untersucht, wo die Kaufleute Zellweger ihre Leinwand färben liessen. Es zeigte sich, dass je nach gewünschtem Farbton verschiedene Färbereien angeschrieben wurden. Die Blau- und Rotfärberei setzte je eine Spezialisierung des Färbers auf den entsprechenden Farbton voraus.

2360 Zellweger, Müller/Zürcher & Comp.: 3 Briefe an Gemuseus & Stähelin in Basel, Trogen, 1774–1780.
2361 Zellweger, Müller/Zürcher & Comp.: 10 Briefe an Niclaus Harscher & Söhne de Reinhard in Basel, Trogen, 1774–1780.
2362 Zellweger, Müller/Zürcher & Comp.: 8 Briefe an Johannes Obermeyer in Basel, Trogen, 1774–1780.
2363 Zellweger, Müller & Comp.: 1 Brief an Ludwig & Benedict Respinger in Basel, Trogen, 30.11.1774, S.65.
2364 Zellweger, Müller/Zürcher & Comp.: 4 Briefe an Wagner & Reber von Basel, Trogen, 1774–1780.
2365 Zellweger, Müller/Zürcher & Comp.: 15 Briefe an Johann Carl & Christian Münch von Augsburg, Trogen, 1774–1780.
2366 Zellweger, Müller/Zürcher & Comp.: 8 Briefe an Caspar Schulthess in Zürich, Trogen, 1774–1780.
2367 Zellweger, Zürcher & Co.: 5 Briefe an Johann Caspar Ulrich in Zürich, Trogen, 1774–1780.
2368 Gebrüder Zellweger & Comp.: 1 lettre à la maison à Lyon, Trogen, 29.05.1748, S. 648.
2369 Clasen: Textilherstellung in Augsburg (2/1995), S. 283–285.

St. Gallen Stadt: Textilfärberei Allgöwer

In den Jahren 1747 und 1755 liessen die *Gebrüder Zellweger & Comp.* ihre Farbware primär von den Färbermeistern Allgöwer in der Stadt St. Gallen färben. Es waren *David Allgöwer* [2370] und in ganz besonderem Masse dessen Nachfolger *Jacob de David Allgöwer* in den 1750er Jahren.[2371] Diese überaus enge Beziehung überdauerte die Trennung der *Gebrüder Zellweger & Comp.* 1755.[2372] Selbst die Firma *Zellweger Vater & Comp.* erteilte noch in den 1770er Jahren Färbeaufträge an Allgöwer in St. Gallen.[2373] Ein Ende fand diese dauerhafte Beziehung wohl erst mit dem Textilfärber *Johann Conrad Allgöwer* in St. Gallen nach 1800.[2374] Die langfristige Geschäftsbeziehung der Kaufleute Zellweger mit den Textilfärbern Allgöwer von St. Gallen basierte vor allem auf dem Umstand, dass «uns dieser Orth so bequem, dass wir ihn nicht gerne verlassen, und um vieler Ursachen willen nicht anderst können, als entweder alle Waaren in St: Gallen oder an einem anderen Orth ausrüsten zu lassen». Der örtliche Vorteil wog für Zellweger-Sulser so schwer, dass er auf eine Offerte seitens der Textilfärber *Mayr* von Arbon noch 1767 nicht einging, obwohl sie «von so wehrter Hand [Sulzer von Winterthur, A.d.A.] empfohlen wird».[2375] Kaum übergab Zellweger-Sulser jedoch das Handelsunternehmen *Gebrüder Zellweger & Comp.* 1768 seinen Söhnen Zellweger-Wetter und Zellweger-Hirzel-Scheuss, richteten sie sich im Färbebereich neu aus. Grund dafür war, dass die Appretur der Farbware durch den Textilfärber Allgöwer die neuen Geschäftsinhaber im Jahr 1768 nicht mehr zufriedenstellte. Sie unternahmen nun erste Versuche mit den «Färbermeistern» in Arbon (Thurgau) *Georg Hermann Kern*[2376] und *Leodegarius Mayr* (1726–1791).[2377] Zu diesem Zeitpunkt weilte die Schwägerin Anna Maria Hirzel-Ziegler (1725–1790) von Zürich in Trogen und prophezeite: «[Die Kaufleute Zellweger, A.d.A.] werden ohne Zweifel in der Farb wieder etwas anders anfangen. Weill es Ihnen so wohl gelingt in allen ihren Vornehmen».[2378] Sie sollte sich in ihrem Urteil gewaltig täuschen.

Textilfärberei J.S. von Furtenbach und Baptist Ruf

Mit Textilfärbern im ländlichen Dorf Staad und dem Leinwandstädtchen Rorschach am Bodensee führten die Zellweger nur Kleinstkorrespondenzen. Man vergab die Aufträge wohl meist mündlich, da man in Rorschach wöchentlich die gelieferte Textilware aus Bayerisch-Schwaben und Böhmen abholte, welche vom Speditionszentrum Lindau aus hier eintrafen. Im Februar 1751 ging eine Anfrage an *Baptist Ruf* in Staad, wie viel das Färben eines 32 Ellen langen Stückes in «Incarnat» oder «fleischfarben» kostet.[2379] Nach der Jahrhundertwende hingegen liess *Zellweger & Comp.* einige Male bei *Johann Heinrich Kuhn* in Staad färben.[2380] Damit war in Staad während rund sechzig Jahren der Betrieb einer Textilfärberei nachzuweisen.

2370 Gebrüder Zellweger & Comp.: 16 Briefe an Färber David Allgöwer in St. Gallen, Trogen, 1747–1752.

2371 Gebrüder Zellweger & Comp.: 238 Briefe an Färber Jacob de David Allgöwer in St. Gallen, Trogen, 1752–1759.

2372 Gebrüder Zellweger & Comp.: 77 Briefe an Färber Jacob de David Allgöwer in St. Gallen, Trogen, 1762–1809.

2373 Zellweger, Zürcher & Co.: 8 Briefe an Färber David Allgöwer in St. Gallen, Trogen, 1774–1780.

2374 Zellweger & Comp.: 1 Brief an Färber Johann Conrad Allgöwer in St. Gallen, Trogen, 14.01.1807, S. 344.

2375 Gebrüder Zellweger & Comp.: 1 lettre à la maison à Lyon, Trogen, 09.11.1767, S. 721.

2376 Gebrüder Zellweger & Comp.: 1 Brief an Hermann Kern in Arbon, Trogen, 16.12.1773, S. 685; Zellweger Vater & Comp.: 2 Briefe an Hermann Kern in Arbon, Trogen, 1774–1778; Zellweger, Müller/Zürcher & Comp.: 17 Briefe an Hermann Kern in Arbon, Trogen, 1774–1780.

2377 Gebrüder Zellweger & Comp.: 25 Briefe an Leodegarius Mayr in Arbon, Trogen, 1762–1774; Zellweger Vater & Comp.: 11 Briefe an Leodegarius Mayr in Arbon, Trogen, 1774–1778; Zellweger, Müller/Zürcher & Comp.: 31 Briefe an Leodegarius Mayr in Arbon, Trogen, 1774–1780.

2378 Hirzel-Ziegler, Anna Maria ((1725–1791): 1 Brief an Ehemann Johann Caspar Hirzel (1725–1803), Trogen, 14.03.1768.

2379 Gebrüder Zellweger & Comp.: 1 Brief an Baptist Ruf in Staad, Trogen, 15.02.1751, S. 490.

2380 Zellweger & Comp.: 5 Briefe an Johann Heinrich Kuhn in Staad, Trogen, 1800–1810.

Textilfärberei Furtenbach und Mayr in Arbon und Schmidhauser in Hauptwil, Thurgau

An *J.S. von Furtenbach* von Arbon war in den 1750er Jahren nur ein Brief auszumachen.[2381] Leodegarius Mayr (1726–1791) bewirtschaftete einen Bleichebetrieb, der bei Übernahme durch den Sohn Johann Heinrich Mayr (1768–1838) im Jahr 1791 neben einem landwirtschaftlichen Betrieb von 100 Jucharten mit eigener Mühle auch eine eigene Textilfärberei und Textildruckerei umfasste.[2382] Die Geschäftsbeziehung mit der Textilfärberei Mayr in Arbon begann 1768 mit der Sendung von Farbmustern aus Arbon nach Lyon. Erst nach Augenschein und im Einverständnis des Associés in Lyon vergaben die *Gebrüder Zellweger & Comp.* in Trogen einen ersten Auftrag zur Färbung der Farbware «Rouens teints» nach Arbon. Im Februar 1768 versandte Mayr vier gefärbte Ballen «Roani» oder «Rouens teints» und 32 schwarze «Kutten» direkt an das Speditionshaus *Bavier* in Chur.[2383] Doch kaum war der Farbartikel im Handel, trafen im März 1769 heftigste Klagen aus Lyon über die in der Textilfärberei *Mayr* in Arbon offenbar völlig ruinierte Leinenware in Trogen ein. *Gebrüder Zellweger & Comp.* in Trogen reagierte schockiert auf die «fatale teinture d'Arbon». Noch niemals hatten sie mit dem Textilfärber *Allgöwer* von St. Gallen solche Unannehmlichkeiten und Schädigungen in der «Farbware» erlebt:

> Depuis que nous somme dans ce commerce, nous n'avons jamais essuyé autant de desagrement & de prejudice, que *la fatale teinture d'Arbon* [H.d.d.A.] nous a occasionné & occasionne encore, que faire? Il est bien fort de prendre le mal en patience /: car nous ne serons jamais indemnisés de la perte qui nous est resulté :/ & de s'accommoder avec Mr: Rivera Vilasera & Comp. & tous les autres amis qui ont eu de ces marchandises piquées.[2384]

Offensichtlich war die Leinenware während dem Färben durch Mayr in Arbon zerlöchert worden, was für die Kaufleute Zellweger Klagen ihrer Kundschaft, einen grossen finanziellen Schaden und darüber hinaus einen Imageschaden nach sich zog. Im April 1769 machte *Gebrüder Zellweger & Comp. Leodegarius Mayr* die heftigsten Vorwürfe bezüglich der Qualität der Farben und der Appretur. Die «perle» waren nicht wie gewünscht «perle foncé» gefärbt worden, sondern in einem «Gris d'argent clair». Die Appretur war so «liderlich, dass die Waar eher Lumpen als einer verkäuflichen Waar gleichet». Die schlechte Färbung und Appretur verlangten, dass alles nochmals gemacht werden musste, was «ganz gewiss beträchtliche Spese & Embarasses verursachet, mithin nicht gedenken, von einer Waar das Färben, aber so wenig den Apret doppelt zu bezahlen». Das Vergüten der Spesen konnte ihnen nichts gegen die Klagen aus dem Verkauf in Lyon nützen: «[Wir werden] bey Anlass neuer einlaufenden Klagen unser Brauchen im Färben ohne anders von Ihnen abwenden».[2385]

Über die mangelhafte Qualität hinaus war die Textilfärberei von *Leodegarius Mayr* in Arbon aber auch schlicht zu weit entfernt von Trogen. Das verhinderte die entscheidende Kontrolle der Arbeitsprozesse durch den persönlichen Augenschein des Kaufmanns Zellweger vor dem Versand nach Lyon, was bei der Textilfärberei *Allgöwer* in St. Gallen selbstverständlich die Regel war. In der Folge bemühte sich der Textilfärber *Allgöwer* erneut um Aufträge der Kaufleute Zellweger mit dem Hinweis, seine Appretur unterdessen neu eingerichtet zu haben. Nach der negativen Erfahrung mit *Leodegarius Mayr* von Arbon und den fatalen Folgen für den Verkauf ihrer «Farbware» kehrte *Gebrüder Zellweger & Comp.* zu ihrem verlässlichen Zulieferer *Allgöwer* zurück. Auch andere Kaufleute aus der Gegend wie etwa die *Gebrüder Eugster* waren mit der Färberei von *Leodegarius Mayr* in Arbon unzufrieden, liessen gar nichts mehr

2381 Gebrüder Zellweger & Comp.: 1 Brief an J.S. Furtenbach in Arbon, Trogen, 18.06.1756, S. 411.

2382 Bünzli, Kurt: Artikel «Mayr, Johann Heinrich (1768–1838)», in: e-HLS online, 27.08.2008; Buenzli (Hg.): Mayr: Meine Lebenswanderung (2010); Trösch, Erich: Dossier über die Familie Mayr von Arbon [STATG: Slg. 8.1.].

2383 Gebrüder Zellweger & Comp.: 1 Brief an Leodegarius Mayr in Arbon, Trogen, 22.02.1768, S. 763.

2384 Gebrüder Zellweger & Comp.: 1 lettre à la maison à Lyon, Trogen, 11.09.1769, S. 94.

2385 Gebrüder Zellweger & Comp.: 1 Brief an Leodegarius Mayr in Arbon, Trogen, 16.04.1769, S. 6.

in Arbon färben und kehrten ebenfalls zu dem Textilfärber *Allgöwer* in St. Gallen zurück.[2386] Der als Textildrucker sehr erfolgreiche Sohn Johann Heinrich Mayr (1768–1838) sprach in seiner Autobiografie über die tiefe und generelle Abneigung seines Vaters Leodegarius Mayr gegen arbeitsunwillige Appenzeller. Dieses negative Gefühl hatte seinen Ursprung möglicherweise in diesen für beide Seiten fatalen Anfängen in seiner Textilfärberei.[2387]
Ein paar Jahre später machte *Zellweger Vater & Comp.* nochmals einen Versuch mit *Leodegarius Mayr.*[2388] Dieser war von mehr Erfolg gekrönt. Mittlerweile bestand in Arbon bereits eine zweite Textilfärberei unter *Georg Hermann Kern.*[2389] Der Kontakt zu diesem Zulieferer begann wohl Mitte Dezember 1773. Zellweger-Hirzel-Scheuss bezahlte *Kern* den «Conto über die von Ihnen gefärbte Kutten».[2390] Ein Jahr später erhielt *Kern* «42 Tücher für Kutten, die wie folgt auf schleunigst möglichst zu färben bitten [...]».[2391] Ende Januar 1776 verdross *Zellweger, Zürcher & Comp.* die «so langsame Lieferung, wir hingegen aber mit der Waaren ausserordentlich pressiert sind».[2392] Zwei Wochen später insistierte der ungeduldige Kaufmann mit dem Verweis darauf, dass das Wetter dem Walken nun zuträglich war:

> [Wir haben] zu wiederholtem mal gemeldt, dass wir um unsere Waar besonders pressiert sind, u. müssen uns umso mehr wundern, dass Sie gleichwohl in der Lieferung so ausserordentlich langsam sind. Wann wir sähen, dass die Witterung an der Ausrüstung vornehmlich, weil solche vom Himmel kömmt, mit Gedult darein ergeben, da man aber seit ungefähr 8 bis10 Tage wieder Walk fabriquen tendieren kann, so ersuchen wir doch, dass Sie uns auch befördern wollen.[2393]

Was man sich unter dem Artikel «Kutten» vorzustellen hat, ging aus der Korrespondenz mit *Kern* hervor, worin die Farben erwähnt werden, in welchen er zu färben im Stande war. Im Juli 1776 erhielt *Kern* «Tuch 18 Schwabenlwth vom Bleicher in Rheinegg für uns zugesandt, solche ungesäumt wie folgt zu färben als 9 Th[uch] zu Cremisi, 15 Th[uch] zu morello nach Muster, 12 schwarz, [total] 36 St[üc]k. Kutten aus 18. Schwabenlwthen, die Sie in zwey zu schneiden bel[ieben]».[2394] Kutten waren somit halb so lang wie ein Stück schwäbische Leinwand und in den Farben Karmin, Rappenschwarz und Schwarz gefärbt. Nur eine Woche später erfolgte der nächste Auftrag: «16. halbweisse Kutten Stücke mit unserem Zeichen marquirt, 6 St[üc]k. zu Cremisi, 8 zu Celeste oder Himmelblau, 2 zu perla carico oder satt perlenfarb, [total] 16 Th[uch]».[2395] Im November 1776 wurde *Kern* wieder aufgefordert, bei dem Bleicher *Leodegarius Mayr* in Arbon «36 Schwabenlwth» zu beziehen und zu «Perle foncé, 5 blau, 1 gelb, 8 perle, 5 Leibfarb, 5 Milchfarb, 1 Carmosinroth» zu färben.[2396] Das Farbspektrum des Textilfärbers *Georg Hermann Kern* beschränkte sich also keineswegs auf dunkle Farben, wie das die Bezeichnung des Artikels «Kutte» glauben lassen möchte. Es reichte von Milchfarben, Gelb, Hautfarben, Karmesinrot, Himmelblau, Blau, Perlfarben, Grau bis zu Rappenschwarz. Dazu wurde ihm nur «halbweiss» gebleichte Leinenware aus Schlesien zugestellt. Ein Färbeauftrag belief sich jeweils auf rund 36 Tuche, wobei ein Tuch etwa acht Ellen ausmachte. Ein Auftrag lautete auf bis zu sechs verschiedene Farbtöne. Nach 1800 ging die Korrespondenz wohl mit *Georg Hermann Kerns* Nachfolger *Johannes Kern* weiter, bei welchem *Zellweger & Comp.* färben liess.[2397] Ein Missverständnis über das Farbsortiment zum Leinenartikel

2386 Gebrüder Zellweger: 1 lettre à la maison à Lyon, Trogen, 03.04.1769, S. 1030–1031.
2387 Hafner: Welt mit weitem Horizont. Die «Lebenswanderung» des Thurgauer Textilunternehmers Johann Heinrich Mayr (1768–1838), in: NZZ (232, 87/2011), 13.04.2011, S. 50.
2388 Zellweger, Müller & Comp.: 11 Briefe an Leodegarius Mayr in Arbon, Trogen, 1774–1778; Zellweger, Müller/Zürcher & Comp.: 31 Briefe an Leodegarius Mayr in Arbon, Trogen, 1774–1780.
2389 Zellweger, Müller/Zürcher & Comp.: 17 Briefe an Georg Hermann Kern in Arbon, Trogen, 1774–1780.
2390 Gebrüder Zellweger & Comp.: 1 Brief an Georg Hermann Kern in Arbon, Trogen, 16.12.1773, S. 685.
2391 Zellweger, Müller & Comp.: 1 Brief an Georg Hermann Kern in Arbon, Trogen, 23.10.1774, S. 39.
2392 Zellweger, Müller & Comp.: 1 Brief an Georg Hermann Kern in Arbon, Trogen, 29.01.1776, S. 327.
2393 Zellweger, Müller & Comp.: 1 Brief an Georg Hermann Kern in Arbon, Trogen, 12.02.1776, S. 334.
2394 Zellweger, Müller & Comp.: 1 Brief an Georg Hermann Kern in Arbon, Trogen, 05.07.1776, S. 403.
2395 Zellweger, Müller & Comp.: 1 Brief an Georg Hermann Kern in Arbon, Trogen, 12.07.1776, S. 406.
2396 Zellweger, Müller & Comp.: 1 Brief an Georg Hermann Kern in Arbon, Trogen, 11.11.1776, S. 466.
2397 Zellweger & Comp.: 78 Briefe an Johannes Kern in Arbon, Trogen, 1806–1811.

«Rouens teints» zeigte, dass *Johannes Kern* in den Farben «incarnat, rule, paces, verd, &ca.» zu färben im Stande war.[2398]

In Hauptwil etablierte sich ein weiteres Zentrum der frühneuzeitlichen Textilfärberei des Thurgaus. Zwei Aufträge von *Zellweger, Müller & Comp.* an *Felix Schmidhauser* in Hauptwil im September 1777 belegen, dass er für Zellweger-Hirzel-Scheuss die Leinenware «Sangalette» färbte. In einem Auftragsschreiben wurden die Farben «Jeaune Claire» und «Incarnat» erwähnt.[2399] Während *Schmidhauser* in der zweiten Hälfte des 18. Jahrhunderts noch in den Farbtönen Hellgelb und Inkarnat gefärbt hatte, hatte sich der «Rotfärber» *Johann Jacob Brunnschweiler* (1759–1830) in Hauptwil um 1800 auf die Rotfärberei von Garn wohl auf der Basis des Türkischrot-Verfahrens mit Krapp spezialisiert, einem aufgrund bis zu zwanzig verschiedener Arbeitsschritten äusserst aufwändigen Färbeverfahren.[2400] Brunnschweiler färbte jedoch nicht für die Zellweger, sondern war Kunde für den Artikel «Wassergarn», einem von *Zellweger & Comp.* aus England importierten, durch Wasserantrieb mechanisch gesponnenen Baumwollgarns.[2401]

Blaufärberei Tanner in Herisau

In der zweiten Hälfte des 18. Jahrhunderts dominierten die Tanner die Textilfärberei in Herisau, insbesondere auf dem Spezialgebiet der Blaufärberei. Sie beherrschten den aufwändigsten Färbeprozess überhaupt, denjenigen der Küpenfärbung. Der wasserunlösliche Farbstoff Indigo war durch die chemische Reaktion mit einem Reduktionsmittel in alkalischer Lösung wasserlöslich zu machen. Nach der Färbung war der Leukofarbstoff durch Oxidation wieder zum wasserunlösslichen Farbstoff zurückzuoxidieren. «Hervorragende Nass- und Lichtechtheiten» rechtfertigen gemäss Struckmeier (2011) «noch heute den hohen technischen Aufwand der Küpenfärberei».[2402]

Aus der Geschäftskorrespondenz Zellweger ging insbesondere *Peter Tanner* hervor.[2403] Der stets um die Lieferung der Textilware pressierte Zellweger-Hirzel-Scheuss meldete *Peter Tanner* im Februar 1775: «Wir können nicht begreifen, warum Sie uns mit *der prob in blau gefärbter Lwth* [H.d.d.A.] so lange aufhalten, dass uns bey nahe die Gedult vergehen möchte, länger darauf zu warten».[2404] Für Ende 1776 stellte er ihm die Abrechnung über den «diessjährigen Blaulohn» zu:

> Zufolg obiger Rechnung haben Sie vor diessjährigen Blaulohn an uns zu fodern f 169:38:–. Sie bel[ieben]. aber nachzusehen, ob darinnen keine Verwirrung geschehen ist, u. und das Bestimmte davon anzuzeigen, damit wir es gehörig auf unsere Bücher nottieren können.[2405]

Nachfolger war wohl dessen Sohn *Johann Jacob de Peter Tanner*.[2406] Im September 1800 fehlte bei seiner Lieferung von «12 dd ganzen 9 ½ Tuch» ein Tuch. Da er *Zellweger & Comp.* bei Empfang der Ware das fehlende Tuch nicht angezeigt hatte, konnte sich die Handelsgesellschaft «an niemand als an Sie halten. Ersuchen Sie also, die nöthige Nachforschungen zu machen, und es uns zu lieferen».[2407]An *Anthony Tanner* in Herisau wurden im Februar 1776 «2 Carlin à f 11:6» bezahlt «p[our] uns gelieferte

2398 Zellweger & Comp.: 1 lettre à la maison à Gènes, Trogen, 19.01.1807, S. 372.
2399 Zellweger, Müller & Comp.: 1 Brief an Felix Schmidhauser in Hauptwil, Trogen, 18.09.1777, S. 668.
2400 Struckmeier: Die Textilfärberei (2011), S. 100–101.
2401 Zellweger & Comp.: 1 Brief an Johann Jacob Zuberbühler in Hauptwil, Trogen, 06.11.1800, S. 93.
2402 Struckmeier: Die Textilfärberei (2011), S. 37.
2403 Gebrüder Zellweger & Comp.: 13 Briefe an Peter Tanner in Herisau, Trogen, 1762–1774; Zellweger Vater & Comp.: 10 Briefe an Peter Tanner in Herisau, Trogen, 1774–1778; Zellweger, Müller/Zürcher & Comp.: 10 Briefe an Peter Tanner in Herisau, Trogen, 1774–1780.
2404 Zellweger Vater & Comp.: 1 Brief an Peter Tanner in Herisau, Trogen, 17.02.1775, S. 108.
2405 Zellweger Vater & Comp.: 1 Brief an Peter Tanner in Herisau, Trogen, 19.12.1776, S. 327.
2406 Zellweger & Comp.: 7 Briefe an Johann Jacob de Peter Tanner in Herisau, Trogen, 1800–1807.
2407 Zellweger & Comp.: 1 Brief an Johann Jacob de Peter Tanner in Herisau, Trogen, 04.09.1800, S. 90.

4 Stk. Blaue».[2408] Für das Jahr 1826 überlieferte Sturzenegger (1894) in Herisau nur noch die Existenz von zwei Textilfärbereien, ohne die konkreten Unternehmen zu nennen.[2409] Auch Witschi (2007) gab keine weiterführenden Hinweise an.[2410]

Zusammenfassung: Insgesamt liessen die Zellweger ihre Leinwand bei sechs bis sieben Textilfärbereien färben. Sie befanden sich in der Stadt St. Gallen, in Arlon und Hauptwil im Thurgau und in Herisau in Appenzell Ausserrhoden. Der intensivste Kontakt war mit den Textilfärbern Allgöwer in St. Gallen zu belegen. Die Tanner in Herisau waren auf das anspruchsvolle Blaufärben spezialisiert. Im Gegensatz zu den arbeitsintensiven Branchen der Bleicherei und Textildruckerei reichte eine Textilfärberei pro Ort völlig aus. Beim Färben konnte effizienter gearbeitet werden als in der äusserst arbeitsintensiven Bleicherei oder Textildruckerei.

Drucken – «Die Welt will jmmer etwas neues haben»

Einleitung

Der Modestoff des 18. Jahrhunderts war nicht mehr die alte Leinwand. Es war die bedruckte Baumwollware, die «Indiennes». Nach ihrer Herkunft Indien benannt, tauchten die farbenprächtigen, mit exotischen, stets dem zeitgenössischen Modegeschmack nachempfundenen Motiven bedruckten Baumwollstoffe um 1630 in Frankreich auf.[2411] Das leichte Baumwollgewebe war angenehm warm zu tragen und unkompliziert in der Pflege, was im Unterschied zu anderen Geweben praktisch alle Gesellschaftsschichten anzusprechen und ihren Konsum von Stoffen vollständig umzukrempeln vermochte. «Indiennes» fanden reissenden Absatz in ganz Europa. Kleiderordnungen galten als überholt. «Der Kampf um standesübergreifende Kleidungsfreiheit war Ende des 18. Jahrhunderts vielerorts erfolgreich».[2412] Die breite Bevölkerung staffierte sich mit modischen Accessoires wie bedruckten Halstüchern, Taschentüchern und verzierten Bändern aus, wie die Porträts der Familie des Baumwollferggers Ulrich Bräker (1735–1798) aus dem Jahr 1791 bezeugen.[2413] Als Vorhänge, Tapeten und Überzüge für Sofas schmückten die farbenprächtigen Baumwollstoffe die Wohnräume des gehobenen Bürgertums. Nahm Indien zu Beginn des 17. Jahrhunderts eine herausragende Stellung im Baumwollgewerbe und -handel ein, erlebte es im 18. Jahrhundert einen Niedergang als weltweit wichtigste Quelle für Texilien.[2414] Die Engländer avancierten zum Haupthandelspartner der bengalischen Textilproduktion, die zuvor im Schatten von Gujarat (Holzmodelldruck) und der Koromandelküste (Handmalerei) gestanden hatte.[2415] Die Textildruckerei in der Schweiz, früher auch Zeugdruckerei genannt, erlebte gemäss Wanner-Jean-Richard (1968) zwei Gründungsperioden. Die erste Welle setzte zu Beginn des 18. Jahrhunderts ein

2408 Zellweger Vater & Comp.: 1 Brief an Anthony Tanner in Herisau, Trogen, 08.02.1776, S. 330.

2409 Sturzenegger: Beiträge zu einer Geschichte des Handels und der Industrie AR (1894), S. 6.

2410 Witschi: Porträt der appenzellischen Industrielandschaft, in: Altherr et al. (Hg.): Fabrication. Kleine Industriegeschichte des Appenzellerlandes (2007), S. 9–47.

2411 Abgottspon: Das Farbenreich. [...] Textildruck und Textilfärberei bei Jenny & Schindler, in: Mittersteiner (Hg.): Die Tüchlebarone (1999), S. 78–153, hier S. 80.

2412 Rublack, Ulinka: Artikel «Mode», in: Jaeger et al. (Hg.): Enzyklopädie der Neuzeit (8/2008), Sp. 644–646.

2413 Reinhart, Joseph (1749–1824) von Luzern: Ulrich Bräker und seine Ehefrau Salome, Ganzkörperporträts mit Tabakspfeiffe und Baumwollgarnhaspeln, Öl auf Leinwand, in: Trachtenbilderzyklus, erstellt im Auftrag von Fabrikant Johann Rudolf Meyer von Aarau [Historisches Museum Bern], 1791, vgl. z.B. Abbildung in: HBLS (6/1931), S. 64 b.

2414 Fotheringham: Indiens Textilproduktion im 17. und 18. Jahrhundert, in: Schweizerisches Nationalmuseum (Hg.): Indiennes (2019), S. 24–38, hier S. 25.

2415 North: Zwischen Hafen und Horizont (2016), S. 152.

und ging auf französische Refugianten zurück.[2416] Mit den flüchtenden Hugenotten gelangten Pioniere des Textildrucks wie Daniel Vasserot (gest. 1726) und Antoine Fazy (um 1681–1731) nach Genf, Jean-Jacques Deluze (vor 1666–1734) und Jacques-Louis de Pourtalès (1722–1814) in das Fürstentum Neuenburg.[2417] Bodmer (1968/1969) wies auf den Zusammenhang der ersten Gründung in Genf mit dem Verbot im Jahr 1686 der Fabrikation der äusserst begehrten, weil farbig und als modern empfundenen «toiles peintes» in Frankreich hin. Dieses Verbot motivierte Kaufleute in Genf und in Lyon, in den Textildruck einzusteigen. Welche wirtschaftlichen Auswirkungen diese Zusammenarbeit zeitigte, lässt sich an Genf nachvollziehen. Die Anzahl der sogenannten Indiennefabrikanten stieg in den ersten dreissig Jahren des 18. Jahrhunderts von vier auf sieben.[2418] Infolge der mehrmals wiederholten Konsum- und Produktionsverbote für die beliebten «Indiennes» in Frankreich zwischen 1686 und 1759 wanderten protestantische Textildruckfabrikanten aus und eröffneten Manufakturen in den anliegenden Grenzgebieten. Holenstein (2019) bezeichnete die beiden fast gleichzeitig getroffenen politischen Entscheidungen – die Widerrufung des Toleranzedikts von Nantes 1685 und das Verbot der Herstellung von bedruckten Baumwolltüchern 1686 – hinsichtlich ihrer wirtschaftspolitischen Konsequenz als «spektakuläre Eigentore des Sonnenkönigs Louis XIV.».[2419] In der Schweiz stieg in der Folge die Anzahl von Textildruckereien, sogenannter «Indiennesmanufakturen» entlang des Jurabogens von Genf, Neuenburg, Basel über Mülhausen stark an.[2420]
Auch die zweite Gründungsperiode dürfte im Zusammenhang mit dem 1759 erneuerten Verbot des Druckes von «Indiennes» in Frankreich gestanden haben. Sie setzte vor und nach 1800 ein und ging auf Textildrucker in Biel und in den Gebieten des Thurgaus und Glarus zurück, die ihr Handwerk wohl in der Westschweiz, insbesondere in Genf erlernt haben dürften. Bodmer (1960) beschränkte sich auf die Beschreibung von Textildruckereien, welche bis 1750 entstanden waren.[2421] Die Erforschung der Textildruckereien, mit welchen die Kaufleute Zellweger seit den 1760er Jahren in Kontakt waren, leistet hier eine Weiterführung seiner Arbeit für die zweite Hälfte des 18. Jahrhunderts. Ähnlich wie Wanner-JeanRichard für Genf und Thurgau bzw. Glarus stellte Bodmer (1968/1969) einen Austausch im Bereich der Textildruckerei zwischen dem Fürstentum Neuenburg und dem Gebiet des heutigen Kantons Freiburg fest. Die zahlreichen Gründungen von Textildruckereien in Neuenburg beeinflussten die Textildruckerei in Freiburg positiv.[2422] Für dieses Gebiet legte Ehrensperger (2003) mit der «Indienne-Druckerei im Drei-Seen-Land im 18. und 19. Jahrhundert» einen sorgfältigen Überblick vor.[2423]

2416 1678 gründeten zwei Kaufleute aus Amsterdam gemeinsam mit einem türkischen Färber die erste kontinentaleuropäische Kattundruckerei im holländischen Amersfoort. 1676 war eine Kattundruckerei in West Ham östlich von London entstanden. In den frühen 1680er Jahren fasste die Textildruckerei in Frankreich Fuss. In Deutschland zählten Augsburg (1689) und Berlin (um 1690), in der Schweiz Genf (1698) und Zürich (1701) zu ersten Zentren des Baumwolldrucks. Die erste Gründung einer Kattundruckerei im später für diesen Industriezweig so bedeutenden Kanton Glarus erfolgte erst im Jahr 1740, vgl. Abgottspon: Das Farbenreich. [...] Textildruck und Textilfärberei bei Jenny & Schindler, in: Mittersteiner (Hg.): Die Tüchlebarone (1999), S. 78–153, hier S. 81.

2417 Holenstein: Die Indiennes und die Schweiz, in: Schweizerisches Nationalmuseum (Hg.): Indiennes (2019), S. 40–51, hier S. 42.

2418 Bodmer: Die Indienne-Industrie im Kanton Freiburg (1968/1969), S. 36–37.

2419 Holenstein, André: Die Indiennes (2019), S. 40–51, hier S. 41 und 47; darin als Beispiel abgedruckt der «Arest du Conseil d'Estat du Roy» vom 04.12.1725, S. 46.

2420 Bieri Thomson, Helen: Leitartikel «Ein Stoff erobert die Welt», in: e-HLS online, 06.2018.

2421 Bodmer: Schweizerische Industriegeschichte (1960), S. 185–188.

2422 Bodmer: Die Indienne-Industrie im Kanton Freiburg (1968/69), S. 37.

2423 Ehrensperger: Die Indienne-Druckerei im Drei-Seen-Land (4/2003), S. 29–49.

Von Interesse ist, dass in die Textildruckerei das Fabriksystem früher Eingang fand als in den Prozess der Textilherstellung selbst. Schon die vorindustriell organisierte Textildruckerei erkannte, dass eine Zusammenfassung des Druckprozesses technisch und wirtschaftlich vorteilhaft war. Es entstanden rasch umfangreiche Textildruckbetriebe, sogenannte Manufakturen, bestehend aus diversen Gebäuden wie der Textildruckerei, der Farbküche und dem Tröckneturm. Darin waren Hunderte von Arbeitnehmern beschäftigt. Zeichner und Maler entwarfen die Muster, Holzschneider und Graveure fertigten die Druckmödel, Farbmischer stellten die Farbe her, Kinder schleppten sie eimerweise an die Druckertische, «Streichjungen» bestrichen die Druckmödel, mit welchen Männer dann die Stoffe von Hand bedruckten, Frauen pinselten Motive aus, Träger schafften die bedruckten Stoffbahnen in die Tröcknetürme. Über die Konkurrenzfähigkeit einer frühneuzeitlichen Textildruckerei entschieden drei Kriterien: der direkte Zugang zu viel frischem Wasser, der Höhe des Druckerlohns und der Qualität und Aktualität des Textildruckes.[2424]

Zum Kriterium des frischen Wassers: Ausschlaggebend für die Wahl des Standortes einer frühneuzeitlichen Textildruckerei war reichlich vorhandenes frisches Wasser. Überschüssige Farbe wuschen die Textildrucker im Wasser aus den bedruckten Stoffbahnen. Die bedruckten Stoffe wurden auf im Bach stehende Holzhaspeln gespannt oder von «Waschbrücken» aus im fliessenden Wasser geschwenkt. Das Wasser verfärbte sich dabei in der jeweiligen Farbe der überschüssigen Farbstoffe, deren Inhaltsstoffe, wie etwa Blei, das Wasser vergifteten. Die Abhängigkeit der angestellten Textildrucker von diesem durch ihre Arbeit unzumutbar verunreinigten Trinkwasser führte im Fall der *Textildruckerei Mittelweiherburg* in Hard (Vorarlberg, Österreich) zu schwersten sozialen Unruhen. Sie endeten mit der Schliessung der 1794 direkt über dem regionalen Quellgebiet installierten Textildruckerei.[2425]

Zum Kriterium des Druckerlohns: Billige Kinderarbeit war in den Textildruckereien des 18. Jahrhunderts der Regelfall. Als «Streichjungen» strichen die Kinder das hölzerne Druckmodell des erwachsenen Textildruckers immer wieder mit neuer Farbe ein und reichten es ihm zur geschwinden, effizienten Weiterarbeit. Die Kinder schleppten eimerweise neue Farbe aus der Farbküche herbei, um die laufende Versorgung mit Farbstoff sicherzustellen. Das eindrückliche, bereits unzählige Male veröffentlichte Ölgemälde von Gabriel Maria Rossetti (1764) über die Textildruckerei *Compagnie d'Orange* von Johann Rudolf Wetter (1705–1785) von Herisau, dem «König» der «Toiles peintes», publizierte auch Braudel (1990) noch einmal. Erst Witschi (1994) wies explizit auf den «hellen Arbeitssaal mit den von Kindern assistierten Handdruckern» hin.[2426] Durch genaue Aufzählung sind auf diesem instruktiven Gemälde über die Organisation des Textildrucks um 1764 nicht weniger als 37 Kinder auszumachen. Sie tummeln sich um die Druckertische, schleppen Eimer voller Farbe, prügeln sich untereinander oder stecken Ohrfeigen von einem der rund 27 abgebildeten Erwachsenen ein. Wie in der *Compagnie d'Orange* gehörte Kinderarbeit auch in der *Textildruckerei Mittelweiherburg* in Hard (Vorarlberg, Österreich) zum Textildruck, um auf das Beispiel aus der Nachbarschaft der Kaufleute Zellweger zurückzukommen. Die Gemeinde Hard vergab 1978 in Erinnerung an den die Region jahrzehntelang prägenden Textildruck 1978 den Auftrag, einen Bildzyklus zum Thema Textildruckerei als Schmuck für die Hauptschule Markt zu schaffen. Der Diplomgrafiker Rudolf Tronje Hagen schuf eine Darstellung mit Mädchen und Jungen im Vordergrund, welche randvoll mit Farbe gefüllte Holzeimer schleppen. Im Hintergrund beugen sich die erwachsenen, männlichen Textildrucker über die Druckertische. Kinderarbeit gehörte auch in der Textildruckerei von Mayr von Arbon (Thurgau) zum Alltag. Im Jahr 1797 plante der erfolgreiche Mayr einen Ausbau seiner Textildruckerei in Rheineck (St. Gallen). Zwei wesentliche Voraussetzungen verhinderten das Projekt. Erstens gab es zu wenig frisches Wasser und zweitens zu wenig Kinder. Denn «die waren zur Arbeit des Streichens nöthig, u. deren konnte ich zuweilen schon ezt nicht genugsam finden». Kinder waren als «Streichjungen» begehrte, billige Arbeitskräfte. Vollständig in die Arbeitsprozesse der Erwachsenen integriert, überstieg die Nachfrage des Arbeitsmarktes nach arbeitsfähigen Kindern das Angebot.

Zum Kriterium der Qualität und Aktualität des Textildrucks: Die Qualität des Textildrucks definierte sich über satte Farben, Fleckenlosigkeit und saubere «Böden». Damit dürften bei einseitig bedruckten

2424 Vgl. städtisches «Drucken», in: Clasen: Textilherstellung in Augsburg (2/1995), S. 353–500.

2425 Weitensfelder: Rote Bäche, schwarze Zahlen, in: Mittersteiner (Hg.): Die Tüchlebarone. (1999), S. 36–77, hier S. 36–38.

2426 Witschi: Appenzeller in aller Welt (1994), S. 209–211.

«Mouchoirs» wohl die nicht bedruckten Unterseiten gemeint gewesen sein. Das beidseitige Bedrucken des Artikels «double face» war entsprechend teurer. Ein Problem stellte die Echtheit der Farbstoffe dar. Mayr von Arbon erzählte in seiner Autobiografie, wie Neapel ein dankbarer Absatzmarkt selbst für «Ramschware» war, bei welcher die Farbe schon im ersten Waschgang aus dem Gewebe ging. Massgebend für den Verkauf der Druckware war zudem ein je nach herrschender Mode geschmackvolles französisches oder englisches Dessin. Aussagen über das Dessin der Druckware sind Mangelware selbst in den schriftlichen Auftragserteilungen der Kaufleute Zellweger an die Textildrucker. Der Grund dafür lag in der Organisation der Auftragserteilung. Der Kaufmann wählte die Dessins über das Musterbuch des Textildruckers aus, welches ihm der Drucker persönlich oder per Post zustellte. Nach erfolgter Einsicht und Auswahl brauchte er nur noch die Nummern der begehrten Muster anzugeben. Musterbücher von Textildruckereien aus dem 18. Jahrhundert sind eine Rarität. Das *Textilmuseum Augsburg* bewahrt Musterbücher der Firma *Schöppler & Hartmann* auf. Im ausserordentlich dichten Zeichnungsarchiv der heute noch tätigen *KBC* in Lörrach, damals *Merian & Koechlin*, beginnt die Überlieferung von Musterbüchern erst 1810. Dabei liess *Zellweger, Müller & Comp.* bereits in den 1770er Jahren bei dem Vorgängerunternehmen *Nicolaus de Johann Friedrich Küpfer* in Lörrach ihre Baumwollware drucken. Dem eingesehenen Musterbuch von *Merian & Koechlin* von 1810 kommt damit eine besondere Bedeutung hinsichtlich der Vermittlung eines Eindrucks über die Gestaltung des Textildrucks um 1810 zu.[2427] Eine Ausnahme bilden die einzelnen Angaben zur Gestaltung insbesondere des Artikels «Mouchoir» aus den Auftragserteilungen von Zellweger-Hirzel-Scheuss. Für ein Taschentuch unterschied er zwischen den Gestaltungsflächen «Rand» und «Eingeweid», wobei er Wert auf «schmale Rande» legte. Als Gestaltungselemente nannte er «Dupfen und kleine Rösgen od. Blümchen» oder auch «Eck- & Mittelrosen». Im Stil unterschied er zwischen englischem und französischem Geschmack. Immer wieder verlangte er den Artikel «Mouchoir Patena». Wanner-JeanRichard (1968) führte diese Stilrichtung der «Indiennes» auf Stoffvorbilder aus dem indischen Patna zurück. Seine charakteristischen Gestaltungselemente waren ein- oder zweifarbig ausgeführte, längliche Mangofrüchte. Sie waren «mit Punkten, Linien und Schraffierungen» kleinteilig ornamentiert.

> Toiles imprimées à une et deux couleurs, dont les rouges et noirs ou deux couleurs s'appellent Patnas, et les pièces à un seul rouge ou à un seul violet Surates, du nom des villes indiennes dont on les avait tirées...[2428]

Zellweger-Hirzel-Scheuss begehrte auch immer wieder «Mouchoir Calanca». Wanner-Jean Richard (1968) schilderte die «Calancas» als besonders «farbenprächtig»:

> Mit der Entwicklung der Technik verschwinden die indischen Motive nicht, man trifft sie nun auf den *farbenprächtigen Calancas* [H.d.d.A.], und gegen das Jahrhundertende werden sie auch in Kupferplatten gestochen. Diese Drucke, die um 1775 in England entstanden, zeigen immer noch fremdartige Blüten, doch scheinen sie europäischen Pflanzenformen näher zu stehen. Man weiss, dass die Muster hier nicht direkt nach indischen Stoffen kopiert worden sind; denn Vorbilder konnten auf fünf Kupferstichen von Jean Pillements «Fleurs de Fantaisie dans le goût chinois» und «Fleurs de Caprice» (beide 1760 in London erschienen) entdeckt werden. In diesen und auch in anderen Werken von Pillement finden sich Motive, wie sie auf vielen *Indiennes* [H.d.d.A.] vorkommen. Seine Stiche bildeten also Zeugdruckvorlagen.[2429]

Jean Pillement (1728–1808) von Lyon war ein äusserst vielseitiger Maler. Ständig auf Reisen, arbeitete er als Landschaftsmaler, Genre- und Blumenmaler, als Zeichner von Ornamenten und als Kupferstecher in Frankreich, Portugal, Spanien, Polen, England und Österreich.[2430] Ähnlich dem für seinen treffenden Ausdruck von Emotionen berühmten, äusserst populären Kupferstecher Daniel Nikolaus Chodowiecki (1726–1801), prägte Jean Pillement den künstlerischen Geschmack des 18. Jahrhunderts in

2427 Zellweger, Maya: Korrespondenz mit der KBC in Lörrach und Besuch vor Ort, Winterthur, 27.06.2013–10.07.2013.
2428 Wanner-Jean Richard: Kattundrucke der Schweiz im 18. Jahrhundert (1/1968), S. 77.
2429 Wanner-JeanRichard: Kattundrucke der Schweiz (1/1968), S. 49.
2430 Thieme/Becker/Vollmer (Hg.): Allgemeines Lexikon der bildenden Künstler (27/1933), S. 42.

Sachen Textildessin in ganz entscheidendem Mass. Holenstein (2019) fasste die Erfolgsgeschichte der «Indiennes» im 18. Jahrhundert zusammen als

> Beweis der wirtschaftlichen und kulturellen Dynamik des sogenannten Ancien Régime. Sie steht für die Globalisierung des Handels, zeugt von Verfeinerung der Mode, der materiellen Kultur und der Ausbreitung neuer Konsumgewohnheiten [...]. Und nicht zuletzt steht die Schweizer Geschichte der «Indiennes» für den Beitrag von Migranten zur Erfolgsgeschichte eines kleinen Landes, das immer wieder seine Fähigkeit und Cleverness unter Beweis gestellt hat, wenn es galt, Profit aus seiner Lage mitten in Europa zu schlagen.[2431]

Die Kaufleute Zellweger und der Textildruck

Die erste Geschäftskorrespondenz der Zellweger in Bezug auf den Textildruck ist für das Jahr 1763 überliefert , und zwar mit dem Textildrucker *Michael Steinmann & Co.* von St. Gallen.[2432] Somit dürfte *Gebrüder Zellweger & Comp.* erst seit den 1760er Jahren Druckware auf der Basis von Baumwollstoffen in ihr Sortiment aufgenommen haben. Im Juli 1763 setzte die Korrespondenz mit *Scheuss & Merz* von Herisau ein[2433], im September 1766 die Korrespondenz mit *Johannes Gschwend* von Rorschach.[2434]
Die Korrespondenz in Sachen Textildruck vergrösserte sich laufend. Der Rückzug des Vaters und die Übergabe der Handelsgesellschaft *Gebrüder Zellweger & Comp.* an die Söhne dürften die junge Generation motiviert haben, die Druckware als festen Bestandteil in ihr Sortiment aufzunehmen. Nach der Separation von Zellweger-Wetter und Zellweger-Hirzel-Scheuss im Frühjahr 1774 war für die beiden neu von Zellweger-Hirzel-Scheuss gegründeten Handelsgesellschaften *Zellweger Vater & Comp.* sowie *Zellweger, Müller & Comp.* eine geradezu explosionsartige Zunahme an Geschäftskorrespondenzen mit Textildruckern festzustellen. Sie waren in nächster Umgebung von Trogen (Herisau, St. Gallen Stadt, Rheineck, Thal) tätig, aber auch im Berner Aargau (Aarau, Lenzburg, Zofingen), im deutschsprachigen Raum (Hard in Vorarlberg und Lörrach in Württemberg) und Mülhausen (seit 1798 Frankreich).
Zellweger-Hirzel-Scheuss bemühte sich nach der Separation von seinem Bruder 1774 intensiv um neue Geschäftskorrespondenzen mit unzähligen Textildruckern. Welch hohen Stellenwert der Druckware in seinem Sortiment zukam, zeigte sich an einer Handelsreise seiner Söhne im Jahr 1792. Der Sohn Zellweger-Gessner bezeugte, wie «ich mit meinem älteren Bruder eine Reise in der Schweiz machte, *verschiedene Drukereien zu besuchen* [H.d.d.A.], zu einer Zeit wo die Schweiz befürchtete von Frankr[eich] angegriffen zu werden».[2435]
Für diese Geschäftsreise quer durch das von den Franzosen besetzte Helvetien war Zellweger-Gessner, Direktor des Handelshauses *Zellweger & Comp.* in Genua, eigens nach Hause zurückgekehrt. Die Geschäftsreise bezweckte Besuch und Besichtigung verschiedener Textildruckereien in der Schweiz, unbeeindruckt von politischen Umständen und Zeitverlauf. Grund dafür war die unbedingte Abhängigkeit des Textildrucks von der launischen Natur der Mode. Schnellstmögliche Reaktion auf aktuelle Modeerscheinungen, neueste Produktionsverfahren und verbesserte Abläufe beim Textildruck entschieden über die Konkurrenzfähigkeit des Textildruckers und seines Auftraggebers, dem Kaufmann in Leinen- und Baumwollware. Nach einer Übersicht über die Ortschaften, wo die Zellweger ihre Baumwollware bedrucken liessen, werden die einzelnen Beziehungen zu Textildruckern untersucht. Dabei ergaben sich klare Präferenzen in Form von langfristigen Geschäftsverbindungen im Unterschied zu blossen Kontaktaufnahmen ohne nachhaltiges Resultat.
«Die Zahl der Stoffdrucker war ausserordentlich gross, mit welchen die Firma [der Kaufleute Zellweger, A.d.A.] von 1762 bis 1780 arbeitete», stellte Bodmer (1959) fest. Er zählte bis zu 32 Textildruckereien in den Ortschaften Herisau, Mörschwil, Rorschach, Arbon, Bischofszell, Thal, Glarus, Mollis,

2431 Holenstein: Die Indiennes (2019), S. 40–51, hier S. 43.

2432 Gebrüder Zellweger & Comp.: 1 Brief an Michael de Michael Steinmann in St. Gallen, Trogen, 19.05.1763, S. 121.

2433 Gebrüder Zellweger & Comp.: 1 Brief an Scheuss & Merz von Herisau, Trogen, 11.07.1763, S. 143.

2434 Gebrüder Zellweger & Comp.: 1 Brief an Johannes Gschwend von Rorschach, Trogen, 22.09.1766, S. 589.

2435 Zellweger, J.C.: Notitzen aus meinem Leben (1/1850), S. 9.

Schaffhausen, Zürich, Lenzburg, Neuenburg und Lörrach und führte sie im Anhang namentlich auf.[2436] Der Vergleich dieser Liste mit den vorliegenden Recherchen zeigte nun, dass die Zahl von Textildruckereien viel grösser und um diverse Textildruckereien im Ausland zu erweitern war. Wie die Abbildung zeigt, wies die Geschäftskorrespondenz der Kaufleute Zellweger mit Textildruckereien im Unterschied zu derjenigen mit Bleichern und Färbern deutlich überregionalen Charakter auf.

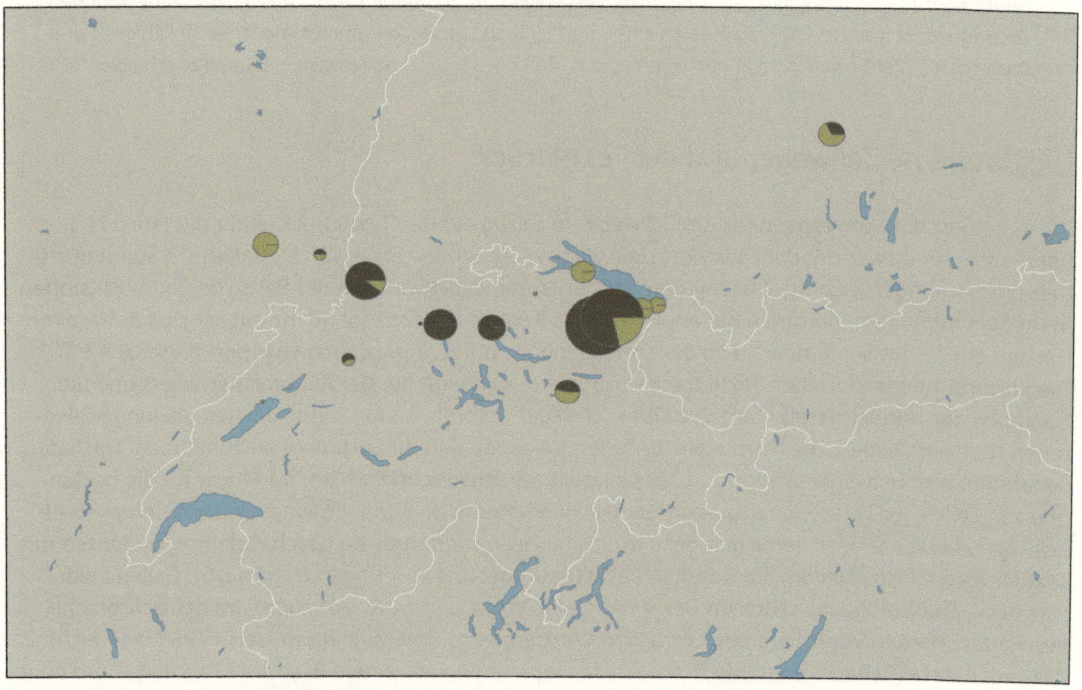

Abbildung 52: Kaufleute Zellweger: Wohnsitze ihrer Textildruckereien, 1747–1780 und 1800–1820

Für die Phase von 1762 bis 1780 stellten das Dorf Herisau [266] und die Stadt St. Gallen [211] die beiden Zentren des Textildrucks im Handelsraum der Kaufleute Zellweger dar. An zweiter Stelle folgte Lörrach [102], an dritter Stelle Lenzburg (Aargau) [74] und an vierter Stelle die Stadt Zürich [51]. Dann folgten Glarus [20], Augsburg [15] und Mörschwil [10], Rorschach [10] und Müllhausen [5]. Nach 1800 veränderte sich der geografische Raum grundlegend, in welchem *Zellweger & Comp.* ihre Bedürfnisse im Textildruck deckte. Die Stadt St. Gallen [57] hielt die Spitzenstellung, aber die einstige Bedeutung von Herisau und Lörrach ging auf andere Orte über. Im Fokus standen nun Textildruckereien in Kirchberg [48], Konstanz [38], Rheineck [35], Arbon [32] und Augsburg [32]. Während Glarus seine Stellung halten konnte [23], entstand in Hard [20] eine neue Beziehung. Das nahe gelegene Herisau [16] führte nur wenig vor dem weit entfernten Lörrach [12]. Praktisch ohne Bedeutung blieben die Kontakte mit Textildruckern in Solothurn [5], Mülhausen [5] und Neuenburg [1]. Mit dem erfolgreichen Textilfärber und -drucker Bernhard Greuter (1745–1822) aus Islikon (Thurgau) [1] entwickelte sich über eine Anfrage zu seinen «Druckerpreisen» seitens *Zellweger & Comp.* keine weitere Korrespondenz.[2437] Der heute als Industriedenkmal unter Denkmalschutz stehende *Greuterhof* wurde 1880 stillgelegt.[2438]

Welche Textildrucker waren im Auftrag der Kaufleute Zellweger tätig? Wie erteilte der Kaufmann dem Textildrucker einen Auftrag? Wie erfolgte die Auswahl der Dessins und der Farben? Welche Textildrucker

2436 Bodmer: Textilgewerbe (1959), S. 49 sowie Anhang II, S. 75.

2437 «Wann Sie [...] uns Ihre Druckpreise nebst einigen Mustern Ihrer Artikel einsenden wollten, so könnte wir vielleicht dadurch veranlast werden, Sie mit unseren Aufträgen zu incommodieren», in: Zellweger & Comp.: 1 Brief an Bernhard Greuter (1745–1822) in Islikon, Trogen, 08.01.1806, S. 97.

2438 Zur Biographie vgl. Rothenbühler, Verena: Artikel «Greuter, Bernhard (1745–1822)», in: e-HLS online, 23.01.2007.

druckten auf Baumwollware und welche auf Leinwand? Welche Artikel druckten sie hauptsächlich? Wem gehörte die zu bedruckende Leinwand oder Baumwollware? Was geschah, wenn der Drucker «fehlte», indem er «eine Parthy Ware zugrunde richtete»? Diese Fragen sollen in der Folge von Trogen ausgehend anhand der geografischen Räume Schweiz, Frankreich, Deutsches Reich und Habsburg-Österreich untersucht werden.

Textildrucker der Zellweger in der Schweiz

Appenzell Ausserrhoden

Herisau

Bodmer (1959) zählte für Appenzell Ausserrhoden die Textildrucker *Johannes Merz*, *Johannes Baumann*, *Anton Frischknecht* (in Wilen), *Gebrüder Merz*, *Maximilian Scheuss*, *Fabrikant Mittelholzer*, *Baumann & Mettler*, *Sebastian Mettler* und *Schiess* auf.[2439] Die Forschung ergab nun, dass auch Tanner im Textildruck engagiert war. Insgesamt gingen 266 Geschäftsbriefe der Zellweger an den Textildrucker in Herisau. Obwohl hier seit 1735 im Betrieb von Johann Ulrich Loppacher (1697–1759) gedruckt wurde[2440], setzten erste Geschäftsbeziehungen erst in den 1760er, die meisten vor allem aber in den 1770er Jahren ein.
Anton Frischknecht von Herisau war Baumwolldrucker und auf den Druck der Farbe Rot spezialisiert.[2441] Er offerierte *Zellweger, Müller & Comp.* 1778 «den Druck von einfach rothen Mouchoirs à f 3:–». Daraufhin erhielt er vierzig Baumwolltücher zum Bedrucken. Als die fertige Druckware in Trogen eintraf, zeigte man sich vom Resultat enttäuscht. Sie war «mit einem gemeinen Druck & mittelmässigen Farben» bedruckt worden. Besonderen Anstoss erregte, dass Frischknecht nun plötzlich «f 4:– p[ar] Druck forderte». *Zellweger, Müller & Comp.* empfanden das nicht als «Ermunterung zur Forsetzung unserer Aufträge» und liessen «diese Waar zu dero Disposition liegen». Nur aus «Gefälligkeit» zeigte man sich dennoch bereit, «die verstandenen f 3:– p[ar] Th[uch]: zu vergüthen, ob wir schon schönere Waar zu diesem Preis können machen lassen».[2442] Dieser erste Geschäftsbrief zwischen Textildrucker und Kaufmann veranschaulicht, wie scharf man um den Druckerpreis feilschte. Der Textildrucker *Anton Frischknecht* forderte mehr als offeriert, ohne eine besondere Gegenleistung zu erbringen. Sein Kunde *Zellweger, Müller & Comp.* hingegen berief sich auf die Offerte, kritisierte die mittelmässige Leistung und wies auf die grosse Konkurrenz unter den Textildruckern in Herisau hin.
Die Textildrucker *Gebrüder Merz* von Hersiau druckten in den 1770er Jahren offenbar auf Leinwand.[2443] Im Dezember 1778 erhielten sie von *Zellweger, Müller & Comp.* «5 Th. weisse L[ein]w[a]then», wovon drei Tücher in «Blauboden M[ouchoir]s: mit rothen Randen» und zwei Tücher «theils in Caffé u. theils in Mordoré Boden» zu «verwandeln» waren. *Gebrüder Merz* verstanden sich somit auf den Druck auf Leinwand in den Farben Blau, Rot, Kaffeebraun und Goldbraun. Weil es sich dabei um eine Probe handelte, war jeweils nur ein halbes Dutzend Taschentücher mit dem gleichen «Dessein» zu bedrucken.[2444] Die Probe schien gut ausgefallen zu sein. *Gebrüder Merz* erhielten Ende 1780 die Aufforderung, «ihren

2439 Bodmer: Textilgewerbe (1959), S. 75.

2440 Fuchs: Geschichte der Gemeinde Herisau (1999), S. 130; Bartholome Loppacher zum Stein und Johannes Loppacher in der Schurtanne bei Trogen erschienen erst in den Briefkopierbüchern von *Johannes Zellweger Sohn* als Schuldner in dessen Konkursverfahren 1817.

2441 Zellweger, Müller/Zürcher & Comp.: 17 Briefe an Anton Frischknecht in Herisau, Trogen, 1774–1780.

2442 Zellweger, Zürcher & Comp.: 1 Brief an Anton Frischknecht in Herisau, Trogen, 15.04.1778, S. 376.

2443 Zellweger, Müller/Zürcher & Comp.: 39 Briefe an Gebrüder Merz in Herisau, Trogen, 1774–1780.

2444 Zellweger, Zürcher & Comp.: 1 Brief an Gebrüder Merz in Herisau, Trogen, 08.12.1778, S. 799.

Auszug unserer diesjährigen Rechnung einzusenden, damit wir bis gegen costigen Abschluss unserer Bücher gleichen Vortrag mit E[uren]L[ieben] auf neue Rechnung machen können».[2445]

Eine besonders intensive Geschäftsbeziehung bestand in den 1770er Jahren mit dem Blaudrucker *Johannes Merz* von Herisau.[2446] Es kam zu einem kleinen Kauf in «Gummi de Senegal»[2447], der in der Textildruckerei für das Abdecken von Farbfeldern Verwendung fand. Im August 1774 stand der «Imprimage Accord» zur Debatte, nachdem *Zellweger, Müller & Comp.* von ihm «Gummi» im Wert von «f 22:10» gekauft hatte. Es stellte sich die Frage, ob *Johannes Merz* «nun f 2 ¾ » oder «f 3 p[ar] Stück von 16 aun[es]: sich bezahlen machen».[2448] Der Druckerlohn war ein Stücklohn, der sich nach der Länge des zu bedruckenden Stückes richtete. Die von Zinzendorf erwähnten 3 Gulden stellten das absolute Maximum an Druckerlohn dar. Die Beziehung dürfte nach dem Tod von *Johannes Merz* über *Joha. Schiess seel. Frau Witwe* weitergeführt worden sein.[2449] *Zellweger, Müller & Comp.* sandte ihr eine «Kiste» mit dem Farbstoff «Indigo N. 96» im Wert von f 655. Sie beschäftigte sich mit dem Blaudruck. «Hauptmann Wetter» von Herisau stellte ihr 36 Baumwolltücher von 7/9 Ellen Breite direkt zu, mit dem Auftrag, diese «ungesäumt [...] in Mouchoir double face verwandlen zu lassen». Bezüglich des Dessins waren 27 Tücher mit «grösseren Mödel» zu bedrucken, das letzte Viertel mit kleineren.[2450] Nach der Jahrhundertwende war mit dem Sohn *Daniel de Johannes Scheuss* [2451] wohl der Nachfolger von *Joha. Schiess seel. Frau Witwe* und *Johannes Merz* auszumachen. Für *Zellweger & Comp.* «druckte er bestens» und «liess bald befördern» 13 weisse, 32 Ellen lange und 6/4 Ellen breite Baumwolltücher «zu weissbödigen Mouchoirs mit nummerierten Randen» und einen Drittel davon «mit Eck & Mittelrosen».[2452]

Die Beziehung zu dem Textildrucker *Ulrich Mittelholzer* von Herisau gestaltete sich in den 1770er Jahren wegen langer Lieferzeiten schwierig.[2453] Nachdem *Zellweger, Müller & Comp.* gehört hatte, dass er «dermahlen zieml[ich]. wohl mit gustuosen M[ouchoir]s. Desseins versehen seye», baten sie ihn, «uns dero Musterbuch einzusenden». Zugleich ersuchten sie seinen «äussersten Druckerpreis» für 6/4 sowie 7/4 Ellen breite «M[ouchoir]s: rothb[ödig]: mit blau im Innerwerk oder Ränden u. weissbödig mit rothen Randen u. blau im Innerwerk».[2454] Die Geschäftsbeziehung scheiterte nicht an den Dessins, sondern an der Pünktlichkeit der Lieferung durch *Ulrich Mittelholzer* trotz «Sollicitation» durch Zellweger-Hirzel-Scheuss. Dabei war im Juni doch «die beste Zeit zu deren Verkauf»: «Solten wir immerfort dergleichen saumselige Bedienung von E[uren]l[ieben] zu erwarten haben, so könnten wir mit Ihnen nicht continuieren».[2455]

Die Textildrucker *Scheuss & Merz*[2456] von Herisau schätzte Zellweger-Hirzel-Scheuss für ihre besonders schönen Dessins für den Artikel «Mouchoir double face»: «Mr. le Capitain Mertz n'a pas de beaux desseins en double face comme Mr. *Schiess & Mertz qui sont maîtres en desseins* [H.d.d.A.]».[2457] Nur vier Monate später wiederholte er dieses ausserordentliche Kompliment, was dessen Bedeutung unterstrich. Der Erfolg in der Textildruckerei hing entscheidend vom Dessin ab. Es musste je nach Zeitgeist und Mode «geschmackvoll» sein und denjenigen «Gout» treffen, der die Kunden zum Kauf der Druckware bewog, weil er als neu und modern empfunden wurde. Von Zinzendorf wies denn auch extra auf die «geschickten» Söhne des Landsfähnrichs Merz hin: «Der eine zeichnet so schön, dass als er nach

2445 Zellweger, Zürcher & Comp.: 1 Brief an Gebrüder Merz in Herisau, Trogen, 14.12.1780, S. 1185.

2446 Zellweger, Müller/Zürcher & Comp.: 63 Briefe an Johannes Merz von Herisau, Trogen, 1774–1780; vgl. Fuchs: Geschichte der Gemeinde Herisau (1999), S. 131.

2447 Gebrüder Zellweger & Comp.: 1 Brief an Johannes Mettler in Herisau, Trogen, 03.03.1774, S. 8.

2448 Zellweger, Vater & Co.: 1 Brief an Johannes Mettler in Herisau, Trogen, 04.08.1774, S. 13.

2449 Zellweger, Müller/Zürcher & Comp.: 65 Briefe an Joha. Schiess seel. Frau Witwe in Herisau, Trogen, 1774–1780.

2450 Zellweger, Zürcher & Comp.: 1 Brief an Joha. Schiess seel. Frau Witwe in Herisau, Trogen, 11.11.1779, S. 942.

2451 Zellweger & Comp.: 16 Briefe an Daniel de Johannes Scheuss in Herisau, Trogen, 1800–1811.

2452 Zellweger & Comp.: 1 Brief an Daniel de Johannes Scheuss in Herisau, Trogen, 19.12.1807, S. 194.

2453 Zellweger, Zürcher & Comp.: 7 Briefe an Ulrich Mittelholzer in Herisau, Trogen, 1774–1780.

2454 Zellweger, Zürcher & Comp.: 1 Brief an Ulrich Mittelholzer in Herisau, Trogen, 19.11.1778, S. 792.

2455 Zellweger, Zürcher & Comp.: 1 Brief an Ulrich Mittelholzer in Herisau, Trogen, 08.06.1780, S. 1074.

2456 Zellweger, Müller/Zürcher & Comp.: 54 Briefe an Textildrucker Scheuss & Merz in Herisau, Trogen, 1774–1780.

2457 Zellweger, Müller & Comp.: 2 lettres à la maison à Gènes, Trogen, 02.01.1775, S. 82 und 01.05.1775, S. 155.

Neufchatel geschickt worden, sie ihn dorten weiter nichts zu erlernen gewusst».[2458] Neuenburg war die Hochburg des Textildrucks schlechthin.[2459] Der erste Auftrag erging bereits im Juli 1763 und umfasste wenige vier Tücher, «2. Stück zu Mouchoirs Porcelaine & 2. Stück Mouchoirs bleuf à Double faces von schön und lebhafter Farben». Im Anschluss an die Probe, «wann dise schön ausfallen & der Druckerlohn raisonable /an wohl letsterem wir zwaren keinen Zweifel tragen/ ist noch eine kleine Party zu übersenden».[2460] Der letzte Auftrag von Zellweger-Hirzel-Scheuss enthielt die Kenntnisnahme einer «Abänderung in ihro Handlung», da Merz 1777 verstorben war.[2461] Bodmer (1959) ging davon aus, dass es sich bei den Associés um Johannes Schiess und Daniel Merz gehandelt hatte.[2462] Daniel Merz (1715–1777) war von Beruf Modellstecher.[2463]
Von der Familie Scheuss waren folgende Mitglieder für die Kaufleute Zellweger im Textildruck tätig: *Maximilian Scheuss*, *Maximilian Scheuss seel. Frau Wittib* und *Maximilian Scheuss seel. Sohn*.[2464] An *Maximilian Scheuss seel. Frau Wittib* übermachte *Zellweger Vater & Comp.* im Dezember 1775 den Saldo.[2465] Im Februar 1778 stellte ihr *Johann Ulrich Wetter* von Herisau direkt «St[üc]k: 18 weisse L[ein] w[a]th» zu. Diese sollten «zu 16 stäbigen Mouch[oir]: Porcellaine, die Hälfte à f3 ¾, die ander Hälfte à f4 ½ in desseins, wie wir Sie Ihnen mündl. angegeben haben», gedruckt werden.[2466] Der Druckerpreis hing somit von den zu druckenden Mustern ab. Im obigen Beispiel belief sich der Unterschied auf ¾ Gulden. Die «Mouchoirs porcelaines» definierte Bodmer (1960) als «in Holland bestbekannte Druckmuster mit farbigem Grund».[2467] Im Juni 1778 übernahm wohl *Maximilian Scheuss seel. Sohn* die Leitung der Textildruckerei. *Zellweger Vater & Comp.* bestätigten den Versand von «St[üc]k. 10/2 als auch von H. Hptm Wetter 18 Stk»., empfahlen «den möglichen Fleiss, um aller Ausstellungen überhoben zu seyn und *mehreres mit einander verkehren* zu können».[2468] *Johannes Scheuss seel. Frau Wittib* kaufte im November 1779 auch eine Kiste «Indigo» von *Zellweger Vater & Comp.*:

> Wir zweiflen nicht, Sie werden das mit unserem letz übersandten Kiste Indigo N. 96 wohl empfangen und uns mit f 655:– creditiert haben, welches ich gerne vernehmen wollte. Seitdem haben wir darum empfangen 7. Stk. M[ouchoir]s roht und blau Nr 6, 4 M[ouchoir]s detto [...]. Wann H: Hauptmann Wetter Ihnen 36 Stk. 7/9 B[aum]wolltücher zustellt, so ersuchen selbige ungesäumt abblicieren u: in «Mouchoir double face» verwandlen zu lassen, wobey zu observieren bitten, dass ¾ davon müssen grösser und kleinere ⅓ von den Mödel haben.[2469]

Den Preis für die Kiste «Indigo» bezahlte sie über den Druckerlohn. *Johannes Scheuss seel. Frau Wittib* druckte in den Farben Rot und Blau.
Mit *Baumann & Mettler* von Herisau[2470] trat *Zellweger Vater & Comp.* im November 1778 in Kontakt. *Baumann & Mettler* erhielten als Probe vier zu bedruckende Baumwolltücher. Man war «nicht übel mit der Waar zufrieden, nur kommt es itzt auf die Druckpreise an, die Sie uns sollen am Freiytag durch den

2458 Deutsch: Des Grafen Karl von Zinzendorf eingesammelte Nachrichten (1936), S. 209.
2459 Ehrensperger: Die Indienne-Druckerei im Drei-Seen-Land (2003, 4), S. 29–49.
2460 Gebrüder Zellweger & Comp.: 1 Brief an Mayer & Scheuss in Herisau, Trogen, 11.07.1763, S. 143.
2461 Zellweger, Zürcher & Comp.: 1 Brief an Schiess in Herisau, Trogen, 20.11.1777, S. 306.
2462 Bodmer: Textilgewerbe (1959), S. 75.
2463 Vgl. Büchler: Die Merzen in Herisau. Eine Familiengeschichte (1851) und Koller/Signer: Appenzellisches Wappen- und Geschlechterbuch (1926), S. 210.
2464 Zellweger, Müller/Zürcher & Comp.: 3 Briefe an Maximilian Scheuss seel. Sohn in Herisau, Trogen, 1774–1780.
2465 Zellweger, Müller & Comp.: 1 Brief an Maximilian Scheuss seel. Frau Wittib in Herisau, Trogen, 21.12.1775, S. 306.
2466 Zellweger, Zürcher & Comp.: 1 Brief an Maximilian Scheuss seel. Frau Wittib in Herisau, Trogen, 23.02.1778, S. 703.
2467 Bodmer: Schweizerische Industriegeschichte (1960), S. 186; die zugleich erwähnten «Limencias» waren im Gegensatz zu den begehrten «Porcelaines» oder «Porcellana» niemals Gegenstand der Geschäftskorrespondenz Zellweger mit Textildruckern, A.d.A.
2468 Zellweger Vater & Comp.: 1 Brief an Maximilian Scheuss seel. Sohn in Herisau, Trogen, 18.06.1778, S. 748.
2469 Zellweger, Zürcher & Comp.: 1 Brief an Johannes Scheuss in der Tiefe in Herisau, Trogen,11.11.1779, S. 942.
2470 Zellweger, Müller/Zürcher & Comp.: 7 Briefe an Baumann & Mettler in Herisau, Trogen, 1774–1780.

Boten übersenden».[2471] Nach einer Beanstandung von Lieferverspätungen im Januar 1779[2472] machte auch der letzte Geschäftsbrief im Frühjahr 1779 auf eine gravierende Verspätung in der Lieferung aufmerksam, «besonders da die Witterung schon seit einiger Zeit sehr günstig ist».[2473] Falls die Lieferung «wohl» ausfiele, würde *Baumann & Mettler* «frische Waare» zukommen, womit ein neuer Auftrag in Aussicht gestellt wurde.

Zellweger, Müller & Comp. übersandte im Juli 1779 36 Baumwolltücher von 7/4 Ellen Breite an *Sebastian Mettler* von Herisau zur «Abrichtung».[2474] Es folgte die genaue Anweisung, wie viele Tücher in welcher Art und Weise gedruckt werden sollten. 18 Tücher davon waren «weiss mit rothbödigen Ränden u. andern artigen kleinen Vorwürfe im Innenwerk» zu drucken, 9 Tücher «weiss mit blaubödigem Rand u rothen Dupfen u. Blümlein im Innenwerk» und die restlichen 9 Tücher «detto mit rothbödigen Dupfen & Rande u. blaue Dupfen u. Blümchen im Innenwerk». Zum Schluss «empfahl» *Zellweger, Müller & Comp.* «gute Bedienung u. schleunige Expedition».[2475] Aus der Beschreibung des Druckauftrags ging hervor, dass *Sebastian Mettler* «Mouchoirs» in den Farben Rot und Blau druckte.

Für das Jahr 1760 schrieb Gabriel Walser in seine Chronik: «In Herisau erichtet man Fabriken, auch Bleichenen, Farben, Druckereyen; die schönste Indienne ward allda verfertiget und ganze Wägen voll auf die Messe verführt».1761 notierte Johannes Fisch von Herisau über die Textildruckereien in Herisau: «In Herisau sind auch schöne Fabricken oder Druckereyen von Indien aller Gattung und Schnupftücher eingerichtet worden, von Hr. Loppacher, Daniel und Johannes Merz, Marx Schiess und andern mehr». Drei Jahre später fand Karl von Zinzendorf (1739–1813) auf seiner Forschungsreise mit wirtschaftswissenschaftlichem Hintergrund 1764 in Herisau drei Textildruckereien vor: «Zu Herisau sind drey grosse Druckereyen auf Leinwand und Baumwolle, die vierte ist eingegangen». Eine dieser Textildruckereien gehörte «Fähndrich» Merz.[2476] Sie war im Vorgängerbau des «Schwarzen Hauses» neben dem Glattbach untergebracht.[2477] Welche Dimensionen die Textildruckerei Merz in den 1760er Jahren aufwies, umriss von Zinzendorf wie folgt:

> Er hat 12 Druckertische und an die 20 Arbeiter; verfertigt des Jahrs ungefehr 9000 Stücke von englischem Blau, kalt Blau und gefärbter Waare; druckt aber mehr auf Leinwand als auf Baumwolle, doch meist nur auf grober Leinwand von doppeldicker Art; doch hat er manchmal Schnupftücher, dass das Stück auf 3 Gulden kommt. [...].[2478]

Mit dem «Stück» war nun nicht etwa ein einziges «Schnupftuch» oder «Mouchoir gemeint. Aus anderen Geschäftskorrespondenzen mit Textildruckern ging hervor, dass der Druckerlohn pro bedrucktes Stück Stoff von 8 Ellen berechnet wurde. Für die Phase von 1775 bis 1800 ging Witschi (1999) von einem «bemerkenswerten Aufschwung» in der lokalen Industrie des Textildrucks aus, in dessen Verlauf sich die Anzahl der Textildruckereien verdoppelte. 1801 waren laut Patentregister bereits sechs Textildruckereien tätig. Allerdings überlebten diese teilweise sehr kleinen Betriebe die politischen und wirtschaftlichen Herausforderungen der Jahrhunderwende nicht. Bis 1810 existierten nur noch drei Textildruckereien, 1826 nur noch zwei.[2479]

2471 Zellweger, Zürcher & Comp.: 1 Brief an Baumann & Mettler in Herisau, Trogen, 04.11.1778, S. 770.
2472 Zellweger, Zürcher & Comp.: 1 Brief an Baumann & Mettler in Herisau, Trogen, 07.01.1779, S. 806.
2473 Zellweger, Zürcher & Comp.: 1 Brief an Baumann & Mettler in Herisau, Trogen, 15.04.1779, S. 851.
2474 Zellweger, Müller/Zürcher & Comp.: 36 Briefe an Sebastian Mettler von Herisau, Trogen, 1774–1780.
2475 Zellweger, Zürcher & Comp.: 1 Brief an Sebastian Mettler in Herisau, Trogen, 05.07.1779, S. 888.
2476 Deutsch: Des Grafen Karl von Zinzendorf eingesammelte Nachrichten (1936), S. 209.
2477 Witschi: Das Schwarze Haus am Glattbach (1999) (= Schweizerische Kunstführer GSK 67), S. 6.
2478 Deutsch: Des Grafen Karl von Zinzendorf eingesammelte Nachrichten (1936), S. 209–210.
2479 Witschi: Das Schwarze Haus (1999), S. 6–7.

St. Gallen

Stadt St. Gallen

Johann Michael Afsprung (1748–1808) von Ulm zählte im zweiten Brief seiner «Reise durch einige Cantone der Eidgenossenschaft» (1784) vier Textildruckereien in der Stadt St. Gallen, die er als «Zitzfabriken» bezeichnete. Er verglich sie mit denjenigen in Augsburg und Fridau in Österreich, mit welchen es die Betriebe in St. Gallen bezüglich «Umfang» und «Vollkommenheit» nicht aufnehmen konnten:

> St. Gallen wusste sich von jeher durch seine ungemeine Industrie, Gewerbsamkeit und ausgebreitetet Handlung ansehnlich, reich und blühend zu machen. [...]. Seit ungefähr dreysig Jahre aber geht es [das Leinwand Gewerbe, A.d.A.] nicht mehr so stark, da man seit dieser Zeit sowohl in Teutschland als anderwärts etwas mehr Fleiss und Sorgfalt auf die LeinwandManufacturen wandte; allein ihr reger Geist breitetet sich seither über einen andern Zweig der Industrie so glücklich aus, dass ihre Gewerbsamkeit durch die Fabrikation des Mousselins und baumwollener Tücher eher noch ausgebreiteter ward, als sie bey LeinwandGewerbe gewesen ist. Denn St. Gallen lässt jährlich über hundertausend Stück Mousselin fabricieren, und setzt die Ostindischen Mousselin, die hier sehr schön auf der Trommel abgenäht werden, mit eingerechent, immer des Jahres auf hundert und fünfzig tausend Stück um. Ausserdem sind auch vier Zitzfabriken hier, welche freylich nicht den Umfang und den hohen Grad der Vollkommenheit haben, wie die Schielische [Schüle'sche, A.d.A.] in Augsburg, und die zu Fridau in Oesterreich, aber doch immer ihr Scherflein zur Vermehrung der Gewerbsamkeit beytragen. Auch werden Schnupftücher und Flor hier verfertiget &c. Die Gewerbsamkeit dieser Stadt erstreckt ihren wohlthätigen Einfluss weit und breit auf ihre Nachbarn umher; indem die fürstliche Landschaft, das AppenzellerLand, Toggenburg, das Rheinthal, ein Theil von Thurgau und Schwaben dadurch in Bewegung gesetzt wird.[2480]

In den Korrespondenzbüchern der Kaufleute Zellweger zählte Bodmer (1959) für die Stadt St. Gallen mit *Salomon Schlatter & Comp.*, *David Tobler & Comp.*[2481], *Othmar de Jaochim Glinz*, seit 1777 dessen Nachfolger *Peter Straub zum Strauss* sowie *Johann Georg Bion* fünf Personen auf, welche im Stücklohn für die Kaufleute Zellweger druckten.[2482] Die Recherchen ergaben nun, dass darüber hinaus auch *Michael de Michael Steinmann & Co.*, *Ritz & Sohn*, *Schobinger & Zollikofer*, *Laurenz Vonwiller* und *Friedrich Johannes Baumgartner* für sie arbeiteten. Der älteste überlieferte Druckauftrag überhaupt in der Stadt St. Gallen ging 1763 an *Michael Steinmann & Co.*[2483] Aus dieser ersten Anfrage, ob *Steinmann* den Auftrag übernehmen wollte, ist abzuleiten, dass zuvor noch nie mit einem Textildrucker korrespondiert worden war:

> Da uns ein Freund 6 Dutzed schön roth bodige Schnupftücher mit schönen Desseines von lebaften Farben zu einem Muster begehrt, fragen an mit hin, ob El sie uns wollten drucken lassen, und wie die gedrukte Waar haben könnten, mit rückgehendem Bothen bitten Euch eine Antworth aus.[2484]

Die Antwort folgte, wurde aber nun durch die *Gebrüder Zellweger & Comp.* abschlägig beantwortet:

> In freundlicher Beantwortung Dehro geeh. vom 14. diess dienen, dass wir dato keine Double face drucken lassen, haben aber ad Notam genommen, bey vorfallender occasion bey Ihnen zuzusprechen, gesandte Muster sind anmit wider zu erheben, & für gütigst gemachte offertes danken höflich.[2485]

2480 Afsprung: Reise durch einige Cantone der Eidgenossenschaft (1784), S. 33–36.

2481 Vgl. Zellweger, Müller & Co.: 23 Briefe an David Tobler älter & Co. in St. Gallen, Trogen, 1774–1780; Zellweger & Comp.: 26 Briefe an David Tobler älter & Co. in St. Gallen, Trogen, 1800–1809; Johannes Zellweger Sohn; 17 Briefe an David Tobler älter & Co. in St. Gallen, Trogen, 1803–1809.

2482 Bodmer: Textilgewerbe (1959), S. 75.

2483 Gebrüder Zellweger & Comp.: 2 Briefe an Michael de Michael Steinmann & Co. in St. Gallen, Trogen, 1762–1769.

2484 Gebrüder Zellweger & Comp.: 1 Brief an Michael de Michael Steinmann in St. Gallen, Trogen, 19.05.1763, S. 121.

2485 Gebrüder Zellweger & Comp.: 1 Brief an Michael Steinmann & Comp. in St. Gallen, Trogen, 19.12.1763, S. 218.

Bedeutende Korrespondenzen mit Textildruckereien in St. Gallen unterhielt erst Zellweger-Hirzel-Scheuss in den Jahren 1774 bis 1780. Für ihn druckten *Johann Georg Bion* [2486], *Othmar de Joachim Glintz*[2487] und sein Nachfolger *Peter Straub zum Strauss*[2488], *Schlatter & Co.*[2489], *Schobinger & Zollikofer*[2490] und *Laurenz Vonwiller*.[2491] Der grosse Umfang der Geschäftskorrespondenzen identifizierte den Textildrucker *Othmar de Joachim Glintz*, seinen Nachfolger *Peter Straub zum Strauss* und insbesondere *Schlatter & Co.* eindeutig als die wichtigsten Textildrucker dieser Zeit. Mit *Johann Heinrich Ritz*, der 1775 um eine Probe im Textildruck von «Mousse[lin]:» angegangen wurde, ergab sich hingegen über zwei Geschäftsbriefe hinaus keine Beziehung, obwohl es «ungemein wohl» gefreut hätte.[2492] Die erfolgreiche Zusammenarbeit mit *Johann Georg Bion*[2493], der ebenfalls «Mouchoirs» auf Baumwollware druckte, scheiterte bereits an der Auswahl der Dessins:

> Die Rande N. 40.43. & 49. & das Eigenweid N. 49. sind uns nicht anständig, auch die übrigen Rand sind grosstentheils zu breit vor uns. Es wäre uns daher lieber, wenn Sie artige schmälere hätten, oder von die nehmlichen ins schmale könnten gezogen werden. Sie können ungefehr 5. à 6. Th. mit doppelroth in den Randen machen, mehr aber verlangen wir vors erste nicht. Sie bel., die übrigen nur einfach roht drucken zu lassen – Übrigens hätten wir gerne, dass wenigstens bey der Helfte dieses Posten in jedem Ecke des Eingeweids ein Streifchen angebracht würde, auch bey einigen in der Mitte des Eingeweids ein Bouquhet. Wir empfehlen einen recht schönen Druck, lebhafte Farbe, guten Apret &ca.[2494]

Zellweger, Müller & Comp. sandte *Othmar de Joachim Glintz*[2495] im Mai 1777 dessen Musterbuch zurück mit einem Verzeichnis über die gewünschten Dessins. Glintz erhielt für einen Probedruck «20/2 Bwllth 6/4 brt» zu «Mouchoir», welche wie folgt zu drucken waren:

> roht mit blau so dass der grössere Theil rohte Rand mit roth & blauen «Eingeweiden» bekomt, das wenigere aber rothe Eingeweid & roth & blau Rand haben, auch bel: Sie bey ungefehr ¼ Theil die Eingeweid mit etwas grossen Dupfen zu machen, ferner können zur Abänderung einige Stücke auch statt fond Rouge mit dunkel violetten Boden gemacht werden. 16/2 Th: 7/4 brt. zu Mouchoirs einfach roth mit blau im Eingeweid.

Die «schleünige & gute Execution in Absicht auf die Reinigkeit des Druckes, die Lebhaftigkeit der Farben & guten Apret» wurden extra hervorgehoben.[2496] Im Oktober 1777 übernahm *Peter Straub* die Textildruckerei von Glintz. *Zellweger, Müller & Comp.* wünschten zur «Fortführung der Geschäfte u. Fabrique» «allen Segen darzu».[2497] Im Unterschied zu Hauptmann Merz von Herisau interessierte sich Peter Straub nicht für das Gegengeschäft in «Indigo» für «gefehlte Druckware».[2498] Glintz und Straub druckten beide auf Baumwolle.

Schobinger & Zollikofer liessen durch *Friedrich Johannes Baumgartner* in St. Gallen drucken. Zu bedrucken waren etwa «1 Balot 40 Schlesinger Th[uch]. de 16. aun mit B gezeichnet, welche ersuchen, durch H: Baumann zu Mouchoirs à porcellaine geneigt abdrucken zu lassen».[2499] Baumgartner druckte somit

---

2486 Zellweger, Müller/Zürcher & Comp.: 8 Briefe an Johann Georg Bion in St. Gallen, Trogen, 1774–1780.
2487 Zellweger, Müller/Zürcher & Comp.: 58 Briefe an Othmar de Joachim Glintz in St. Gallen, Trogen, 1774–1780.
2488 Zellweger, Müller/Zürcher & Comp.: 52 Briefe an Peter Straub zum Strauss in St. Gallen, Trogen, 1774–1780.
2489 Zellweger, Müller/Zürcher & Comp.: 118 Briefe an Schlatter & Co. in St. Gallen, Trogen, 1774–1780.
2490 Zellweger, Müller/Zürcher & Comp.: 17 Briefe an Schobinger & Zollikofer in St. Gallen, Trogen, 1774–1780.
2491 Zellweger, Müller/Zürcher & Comp.: 2 Briefe an Laurenz Vonwiller in St. Gallen, Trogen, 1774–1780.
2492 Zellweger, Müller & Comp.: Zellweger: 1 Brief an Johann Heinrich Ritz & Sohn in St. Gallen, Trogen, 16.10.1775, S. 265.
2493 Zellweger, Müller/Zürcher & Comp.: 8 Briefe an Johann Georg Bion in St. Gallen, Trogen, 1774–1780.
2494 Zellwege, Müller & Comp.: 1 Brief an Johann Georg Bion in St. Gallen, Trogen, 25.07.1777, S. 569.
2495 Zellwege, Müller & Comp.: 1 Brief an Bleicher Othmar de Joachim Glintz in Rheineck, Trogen, 11.09.1776, S. 435.
2496 Zellweger Vater & Comp.: 1 Brief an Bleicher Othmar Glintz in Rheineck, Trogen, 22.05.1777, S. 544.
2497 Zellweger, Zürcher & Comp.: 1 Brief an Peter Straub von St. Gallen, Trogen, 03.10.1777, S. 649.
2498 Zellweger, Zürcher & Comp.: 1 Brief an Peter Straub von St. Gallen, Trogen, 08.11.1779, S. 940.
2499 Zellweger, Müller & Comp.: 1 Brief an Schobinger & Zollikofer von St. Gallen, Trogen, 11.11.1774, S. 53.

auf Leinwand. Wie die Erteilung eines Auftrags an einen Textildrucker funktionierte, geht aus dem Geschäftsbrief an *Schobinger & Zollikofer* im August 1774 hervor:

> Es ist uns in höflicher Beantwortung der ang. vom gestrigen Datum recht leid, dass die uns von unserem H. Zellweger hinterlassene ordre, wie die Ihnen zuzusendenden Baumwolltücher müssen abgedruckt werden, nicht so deutlich ist, dass solches keiner weiteren Erläuterung mehr bedarf, indem dermahl sich niemand in unserm Haus befindet, der recht berichtet seie, wie u. zu was Preis man diese Qualtitaet vor dem Gedruck [...].[2500]

Offensichtlich war gerade der mündliche Austausch zwischen dem Auftraggeber und dem Textildrucker über die Farben und Muster zentral für die Ausführung des Textildrucks. Über das Musterbuch des Textildruckers konnte die Auswahl der zu druckenden Dessins angegeben werden. Die gewählten Muster wurden mit Eselsohren markiert oder über ihre Nummern definiert:

> Bei H: Baumgartner könnten wir etwas rothe [Mouchoirs, A.d.A.] truken lassen von recht und schön lebhafter Farb, und zwahren in denen Desseins, wovon wir bey den gedrukten Musteren die eken der Schnupftücher eingelegt haben, so dann auch von Eingeweid Nr. 977, 912, 978, 697, 938 und Rand Nr. 778, 810, 788, 781, 795 von diesem etliche Stk. Von andern möchten wir keine. Von H: Baumanns Desseines haben uns N. 297.298.299.309.319.346.404.408 am besten gefallen.[2501]

Welche Dessins und Farben das im Einzelnen waren, ist kaum mehr auszumachen. Erhaltene Musterbücher sind eine Rarität. Besonders schön sind daher die wenigen konkreten Hinweise auf die Gestaltungselemente:

> Das [dessein, A.d.A.] von dem hierbei mit Dank zurückfolgendem Muster gefelt uns wohl. Jetzt aber möchten wir wünschen, dass die sämtliche Partey in blau so schön als bey eben disem Muster ausfiele, dieses bel[ieben]. Sie dem Drucker bestens zu empfehlen, und auch darbey ihme gütigst anzumerken, dass allemahl der fünfte Theil von dieser Partey mit schwarzen Dupfen, samtliches aber mit schmalen Ränden versehen werden mögen. Überhaupt verlassen wir uns bey diesem Anfang auf dehro gefällige Sorgfahlt.[2502]

Wie sehr gerade die Branche der Textildruckerei dem «Gout» der Mode unterlegen war, zeigte sich bei Hinweisen auf veraltete Muster. Die «Welt» wollte auch im Jahr 1775 «jmmer etwas neues haben»:

> Da schuldigst erwiedernd auf dehro geh. vorgestriges H. Baumgartner kein schmahlere Rand macht vom besserem meinem Gout hat als das zu gesandte Muster, müssen wir uns gefallen lassen, dieses Th. 40 ½ eben so verarbeiten zu lassen. Ansonsten wir Sie versichern dörfen, dass wir bey keinem Drucker dergleichen veraltetet Gout mehr drucken lassen. *Die Welt will jmmer etwas neues haben* [H.d.d.A.]. Hätte H. Baumgartner einen dessin en Patenas oder in doppel roth, so könnte er die Helfte in Patenas ¾ in einfach & ½ in doppelt roht verdrucken. Allemahl empfehlen Ihnen schmale Rand, einfältig nicht überladene bordures, die von dem Eingeweid wohl abstehen und Eingeweid von Dupfen und kleinen Rösgen od. Blümchen, die nicht allzu dicht in einand stehen.[2503]

2500 Zellweger, Müller & Comp.: 1 Brief an Schobinger & Zollikofer von St. Gallen, Trogen, 04.08.1774, S. 12.
2501 Zellweger, Müller & Comp.: 1 Brief an Schobinger & Zollikofer von St. Gallen, Trogen, 31.10.1774, S. 45
2502 Zellweger, Müller & Comp.: 1 Brief an Schobinger & Zollikofer von St. Gallen, Trogen, 11.11.1774, S. 53.
2503 Zellweger, Müller & Comp.: 1 Brief an Schobinger & Zollikofer von St. Gallen, Trogen, 15.05.1775, S. 163.

Ganz andere Textildrucker waren zu Beginn des 19. Jahrhunderts in St. Gallen nachweisbar. Am wichtigsten war David *Tobler älter & Co.* [2504] gefolgt von *Scheitlin & Schlatter*.[2505] *Johann Conrad Merz Sohn* kontaktierte man nur einmal.[2506]

Thal

Bodmer (1959) bezeichnete *Bartholome Schläpfer* aus Thal als «Lohndrucker» der Kaufleute Zellweger.[2507] Tatsächlich fand sich nur gerade ein Geschäftsbrief von *Zellweger Vater & Comp.* im August 1774 an besagten Schläpfer. Er wurde aufgefordert, «bey H. Joh. Jacob Heer, Bleicher in Rheineck, abzuhohlen Stk. 12. weisse Schlesinger L[ein]w[a]th. als N. gezeichnet, welche wohl zu entheben und zu schönen Schnupftüchern double face abzudrucken[...]».[2508] *Bartholome Schläpfer* druckte also «Mouchoir» zweiseitig auf Leinwand, welche zwar «Schlesinger» hiess, in der Regel aber aus Böhmen stammte.

Rheineck

In Rheineck [35] waren drei Textildrucker für die Kaufleute Zellweger tätig. Alle Korrespondenzen fielen in das frühe 19. Jahrhundert. Es handelte sich um die Textildruckereien *Jsaac Indermauer*[2509], *Sebastian Kuhn* und insbesondere *Jaques Schlumberger & Co.*[2510] Die Geschäftsbeziehung zu dem Textildrucker *Sebastian Kuhn* brach *Zellweger & Comp.* im Oktober 1800 ab. Grund dafür war eine erneut völlig verspätete Ablieferung der fertigen Druckware:

> Anwortlich hätten wir Sie wegen diesjähriger Verzögerung unsere Waar billig straffen sollen, allein wir wollen diesmahl uns nicht vertagen & lieber aufhören, mit Ihnen Geschäfte zu machen [...].[2511]

Jaques Schlumberger war ein Zögling des sehr erfolgreichen, ledigen und kinderlosen Textildruckers Mayr von Arbon. Mayr sah Schlumberger als Leiter für seine Textildruckerei in Rheineck vor, wohin er expandiert hatte. *Zellweger & Comp.* übersandten Schlumberger Ende Mai 1801 «durch unsere eigenen Fuhr 18 ganze oder 36 halbe 7/4 weisse B[aum]wolltücher» und baten um folgende «Verwandlung» in Taschentücher:

> zu Mouch[oi]rs: fond rouge mit Blau in Innerwerk & Calanca Ränden ohne Ek & Mittelrosen mit blau nach den im Xbre 1798 von H. Meyer, Tschanz & Co f. seinen neuen gedachten Desseins und im April 1799 gelieferten Waar, nur wenns möglich mit etwas schmahleren Ränden. Wir recomandieren Ihnen geschwinde Lieferung und alle mögliche Sorgfallt, damit diese Waar in Betr. Wahrhaftigkeit der Farben als in exactitude des Drucks wohl gelinge.[2512]

Jaques Schlumberger & Co. bedruckte Baumwollware zu «Mouchoir» in den Farben Rot für den «Boden» und Blau für die «Ränder». Die schmalen Ränder sollten im Stil «Calanca» mit einem bereits zweieinhalb Jahre alten Dessin von *Meyer, Tschanz & Co.* bedruckt werden. Mit *Tschanz & Co.* war eine Textildruckerei in Kirchberg (Bern) gemeint, bei welcher *Zellweger & Comp.* Druckaufträge ausführen liess. Mit «Wahrhaftigkeit der Farben» war die Licht- und Waschechtheit gemeint, mit «exactitude des Drucks» die Fleckenlosigkeit der Ausführung.

2504 Zellweger & Comp.: 25 Briefe an David Tobler älter & Co. in St. Gallen, Trogen, 1800–1809.

2505 Zellweger & Comp.: 3 Briefe an Scheitlin & Schlatter in St. Gallen, Trogen, 1800–1801; Johannes Zellweger Sohn: 13 Briefe an Briefe an Scheitlin & Schlatter in St. Gallen, Trogen, 1803–1809.

2506 J.C. Zellweger: 1 Brief an Johann Conrad Merz Sohn in St. Gallen, Trogen, 06.09.1809, S. 16.

2507 Bodmer: Textilgewerbe (1959), S. 75.

2508 Zellweger Vater & Comp.: 1 Brief an Bartholome Schläpfer in Thal, Trogen, 05.08.1774, S. 13.

2509 Zellweger & Comp.: 8 Briefe an Jsaac Indermauer in Rheineck, Trogen, 1800–1809.

2510 Zellweger & Comp.: 4 Briefe an Jaques Schlumberger & Co. in Rheineck, 1806–1809; Johannes Zellweger Sohn: 22 Brief an Jaques Schlumberger & Co. in Rheineck, Trogen, 1803–1809.

2511 Zellweger & Comp.: 1 Brief an Sebastian Kuhn in Rheineck, Trogen, 27.10.1800, S. 177.

2512 Zellweger & Comp.: 1 Brief an Mayr & Co. in Rheineck, Trogen, 26.05.1801, S. 564.

Isaac Indermauer aus Rheineck betätigte sich für *Zellweger & Comp.* im Gegensatz zum Baumwolldrucker Schlumberger als Drucker von «Mouchoirs» auf Leinwand. In Rheineck war mit *Zacharias Indermauer* in den Jahren 1762 bis 1774 bereits ein Bleicher tätig. *Isaac Indermauer*, möglicherweise dessen Sohn, war 1776 in Rheineck als Textildrucker aktiv. Er kaufte von Johannes Lutz auf dem Schloss «Haus und Gut im Sandbüchel» zum Preis von 1050 Gulden. Dabei handelte es sich wohl um die Textildruck-«Fabrique», wie der Titel «Kaufbrief um die Fabrique im Sandbüchel» auf der Rückseite des Vertrags zu erkennen gab.[2513] *Isaac Indermauer* war auf den Textildruck von «Fazzoletti alla Porcellana» spezialisiert. Er druckte auf Leinenware aus Lauingen (Bayern), welche *Zellweger & Comp.* wohl bei ihrem dortigen Lieferanten *Seybold Seeligmann*[2514] eingekauft hatte. Über den Spediteur *Caspar Zili* von St. Gallen erhielt er im November 1807 «20 Stk. ¾ weisse Lauinger Leinen» mit dem Auftrag, sie in «Fazz[oletti]. alla porcellana in die gleiche Desseins wie die letzt übersandten zu verwandlen». Für befleckte Stücke unter der gelieferten Druckware zog ihm *Zellweger & Comp.* den Druckerlohn von 3 Gulden ab:

> Die mit [...] eingesandte 55 Stk. Fazz. alla Porcellana haben zwar erhalten, beym durchgehen aber einige gefleckt St[üc]k. gefunden, weswegen wir genöthiget sind, Ihnen 2 derselben à f3 f6 abzuziehen, für die übrigen haben wir Ihnen f159:– gutgeschrieben.[2515]

Im Juli 1809 schien der Druckerlohn pro Stück Leinwand von 8 Ellen Länge gestiegen zu sein. *Zellweger & Comp.* versprach *Isaac Indermauer* in Rheineck, falls «Sie die Mouchoirs Porcelaines noch zum alten Preys von f 2 ¾ verfertigen, so können Sie eine Partie Waar abhohlen».[2516]

Altstätten

Im Landstädtchen Altstätten war in den 1770er Jahren ein *Lorenz Schachtler* als Textildrucker aktiv.[2517] Mit einem *Anthoni Schachtler* waren seit den 1750er Jahren freundschaftliche Beziehungen nachweisbar.[2518] *Hans Jacob Schachtler* betätigte sich in den 1760er Jahren im Baumwollgewerbe und trat als Kunde für «Cypriotische Baumwolle» auf[2519], welche die *Gebrüder Zellweger & Comp.* damals noch über Venedig und Kempten importierten. Daher ist davon auszugehen, dass *Lorenz Schachtler* auf Baumwolle druckte. Doch *Zellweger Vater & Comp.* war im Juli 1776 mit der «verstümpelten» Art und Weise, wie er den bedruckten Ballen ablieferte, ganz und gar nicht zufrieden. Schachtler legte keine Anzeige des Inhalts bei, womit der Ballen weder zu kontrollieren noch die «Calculi» darüber zu machen waren. Zudem waren seine Ablieferungen stets unvollständig, was bedeutete, dass «ohngewiss calculieren müssen».[2520] Die Geschäftsbeziehung intensivierte sich nicht.

2513 Lutz, Johannes [Verkäufer]/Indermauer, Isaaac [Käufer]: «Kaufbrief um die Fabrique im Sandbüchel um 1050 fl»., Rheineck, 20.02.1776 [STASG: CEA/W 17] sowie Lutz, Johannes [Verkäufer]/Herzog, Caspar [Käufer]/Indermauer, Isaaac [Käufer]: «Kaufbrief um Reben am Sandbüchel um 650fl»., Rheineck, 17[76] [STASG: CEA/W 22].

2514 Zellweger & Comp.: 1 Brief an Seybold Seeligmann in Lauingen, Trogen, 05.03.1809, S. 152.

2515 Zellweger & Comp.: 1 Brief an Isaac Indermauer von Rheineck, Trogen, 10.11.1807, S. 64.

2516 Zellweger & Comp.: 1 Brief an Isaac Indermauer in Rheineck, Trogen, 29.07.1809, S. 392.

2517 Zellweger, Zürcher & Comp.: 2 Briefe an Lorenz Schachtler in Altstätten, Trogen, 1774–1780.

2518 Gebrüder Zellweger & Comp.: 3 Briefe an Anthoni Schachtler in Altstätten, Trogen, 1747–1752.

2519 Gebrüder Zellweger & Comp.: 5 Briefe an Hans Jacob Schachtler in Altstätten, Trogen, 1762–1769; Gebrüder Zellweger & Comp.: 1 Brief an Hans Jacob Schachtler in Altstätten, Trogen, 30.11.1762, S. 35.

2520 Zellweger: 1 Brief an Lorenz Schachtler in Altstätten, Trogen, 08.07.1776, S. 405.

Mörschwil

Bodmer (1959) wies auf den Textildrucker *Joh. Baumgartner* in Mörschwil hin.[2521] Die Auswertung ergab nun, dass vor 1780 ein *Johannes Baumgartner in der Farb* «Mouchoirs» bedruckte.[2522] Nach «Sollicitation» um Lieferung der bedruckten Ware am 2. Juni 1778 lieferte er am 6. Juni 1778 eine Kiste Druckware nach Trogen. *Zellweger Vater & Comp.* fand wohl, der Inhalt entspreche der Anzeige, war aber mit der Ausführung nicht zufrieden. Das meiste war «übel reussiert» mit Dessins, «die für uns nicht taugen». Für die meisten war zudem «der Druckerlohn so hoch angesetzt, dass wir nicht wissen, wie wir unser Geld [beim Verkauf, A.d.A.] wieder heraus kriegen sollten». *Zellweger Vater & Comp.* unterbreitete kurzerhand einen Vorschlag, bei welchem sich die Preise nach der Anzahl der verwendeten Farben richteten. *Johannes Baumgartner in der Farb* druckte somit mehrfarbige Taschentücher im «englischen Stil» mit drei bis zu sieben verschiedenen Farben:

> wir wollen El vergüten für die Stk. 11. fein Eng: roth vor 1 Stk. blau mit schwarz, der ist weissbödig [à] f 2 ½, 5 [Stk.] Eng. mit Gelb 7farbig [à] f 5, 19 [Stk.] ganz roth mit blau [à] f 3 ½, 5 [Stk.] 5farbige [à f] 4 ½, 1 Dzd. [Stk.] roth, total 170:– f. Anders können wir dero Mouchoirs nicht acceptieren und sollten Ihnen auf diese Art nicht anständig seyn, so steht es Ihnen frey, über die Waar zu disponieren und uns den Betrag zu bezahlen.[2523]

Der neu angesetzte Druckerlohn belief sich für ein Stück mit dreifarbigen Taschentüchern auf 2 ½ Gulden, für ein Stück mit roten und blauen Taschentüchern auf 3 ½ Gulden, für ein Stück mit fünffarbigen Taschentüchern auf 4 ½ Gulden und für ein Stück mit siebenfarbigen Taschentüchern auf 5 Gulden. Die Hinweise auf das «fein engl. roth» deuten an, dass Baumgartner wohl «Indiennes» auf Baumwollware druckte.
Im Mai 1801 lud *Zellweger & Comp.* den Nachfolger *Friedrich Johannes Baumgartner* von Mörschwil nach Trogen ein:

> Wir wären wirklich in dem Fall, Ihnen einige Waaren in Druk zu geben, und sind demnach so frey, Sie höflich zu ersuchen, uns gefehligst (den Montag ausgenohmen) mit einem Besuch zu beehren & Ihre Muster Bücher mitzubringen, damit wir die beliebigen Desseins auslesen und uns zu gleicher Zeit mit Ihnen über die Druckpreise verstehen können.[2524]

Möglicherweise dürfte es sich dabei um den Nachfolger von *Johannes Baumgartner in der Farb* gehandelt haben. Er bedruckte «Indienne» auf Baumwollware und nannte sich «Indienne-Fabrikant».

Rorschach

Gebrüder Zellweger & Comp. liessen 1766 Ware bei *Joh. Gschwend* von Rorschach[2525] drucken. Ende September bestanden sie darauf, «uns selbige ohne Fehl diese o. spätesten künftige Woche fertig zu halten, dann wir um selbige Willen nicht allzeit andere Waaren aushalten können, woran wir uns zu verstehen haben».[2526]

2521 Bodmer: Textilgewerbe (1959), S. 75.

2522 Gebrüder Zellweger & Comp.: 5 Brief an Johannes Baumgartner in der Farb in Mörschwil, Trogen, 1762–1769, 1780; Zellweger, Müller/Zürcher & Comp.: 4 Briefe an Johannes Baumgartner in der Farb in Mörschwil, Trogen, 1774–1780; Nachfolger von Johannes Baumgartner war Friedrich Johannes Baumgartner, vgl. Zellweger & Comp.: 1 Brief an Friedrich Johannes Baumgartner in Mörschwil, Trogen, 14.05.1801, S. 533.

2523 Zellweger, Zürcher & Comp.: 1 Brief an Johannes Baumgartner in Mörschwil, Trogen, 13.06.1778, S. 745.

2524 Zellweger & Comp.: 1 Brief an Friedrich Johannes Baumgartner in Mörschwil, Trogen, 14.05.1801, S. 533.

2525 Gebrüder Zellweger & Comp.: 8 Briefe an Joh. Gschwend in Rorschach, Trogen, 1762–1769.

2526 Gebrüder Zellweger & Comp.: 1 lettre à la maison à Lyon, Trogen, 22.09.1766, S. 589.

Das Einhalten der Liefertermine der bedruckten Ware schien auch nach 1800 immer noch problematisch. *Zellweger & Comp.* stellten Mitte Januar 1801 «bei Dursicht unserer Bücher» fest, dass *Joh. Gschwend* von Rorschach seit dem 22. Juli 1799 «noch 6/1 Bwollthuch in Handen» hatte. Da sie die Ware nun benötigten, ersuchten sie um «Anfertigung» von «Mouch[oir] weissboden» oder um «unfertige Einsendung».[2527] Bodmer (1959) ging davon aus, dass sich aus *Joh. Gschwend* später *Gschwend & Roth* entwickelte.[2528] *Gschwend & Roth* druckte ebenfalls «Mouchoir weissboden».[2529]

Thurgau

Der Textildrucker Johann Heinrich Mayr (1768–1828) aus Arbon wies in seiner Autobiografie (1823–1838) darauf hin, dass er «über 20 jahre mit dem Haus *Zellweger & Comp.* in Mercantil Verhältnissen stuhnd – u. die 3 Brüder näher kannte – u. Sie oft sahe [...]».[2530] Die 41 Geschäftsbriefe der *Zellweger & Comp.* an Mayr überliefern bis heute, worin diese «Mercantil Verhältnisse» bestanden – im Textildruck.[2531] Mayr war Fabrikant mit Leib und Seele. Er verbesserte die Abläufe. Er sparte wo immer möglich bei der Produktion ein. Er machte neue Erfindungen, die die Arbeit des Textildrucks erleichterten und sogar schönere Resultate ermöglichten. Mit Begeisterung beschrieb er seine berufliche Leidenschaft als «Lieberhaberey»: Es war «das Zeichnungsfach», «die Anordnung von Zeichnungen u. Muster». Denn «[es] fehlt [mir] keineswegs an Lust u: Geschmak diss Fach zu vervollkommnen u. zu vermanifaltieren u an Idéen dafür war ich keineswegs arm».[2532] Er schloss seine Betrachtung über seine Fähigkeit als Entwerfer von Mustern mit der Bemerkung: «Ich glaube nicht, daβ ich in disem Fach von einem andern übertroffen worden sey». Wieso war Mayr gerade das Zeichnen und Entwerfen so wichtig? Seine wohlformulierte Begründung lautete wie folgt:

> Meine Zeichner – (deren ich zuweilen bis auf drey hielt, so stark war meine Liebhaberey hiefür;) beschäftigte ich mit Ausführung meiner Plane, die sie zu verarbeiten u: ins Reine zu bringen hatten, u die ich erst dann noch umänderte, abänderte, verbesserte nach Gutfinden u endlich zum Stechen ordnete. Diese scheinbare NebenSache aber verhalf zur HauptSache: Zum Emporbringen der Fabrique, denn durch Benuzung aller möglichen Gegenstände, immer etwas Neues zu liefern, u. durch Vermeidung des Alltäglichen, wie es damals meistens überall betrieben ward, sezte es Absaz meiner Waaren, welchen die andern mit ihrem uralten Zeugs weniger hatten, u. vermittelst dessen mehr Zuspruch, mehr Commissionen. Rothe Sak= oder Nastücher war der einzige Artikel der in der Fabrique verfertiget ward, – das Rand (Umfassung) war etwas über Finger Breite; – in diesem Rand – war Herkommens 7 Farben anzubringen; – oft befand man sich in Verlegenheit – wohin mit der Siebenten? – Einst wagte ich bey einem neuen Muster den Versuch, sie auszulaβen, niemand bemerkte es, es gab mir Muth zur 2ten, endlich zur Dritten; – ich verdekte durch berechnetes übereinanderlaufen der Farben (womit ich Mischfarben u. Manigfaltigkeit erzielte,) den Mangel der weggelaβenen, – ordnete die Zeichnungen mit mehr Geschmak (was damals wenig sagen wollte,) – u. statt zu tadeln über weniger angebrachte Farben – (von den Kaufleuthen oft nicht bemerkt) – fanden meine neuen Dessins Beyfall. Mir hingegen leuchtete es bestens ein, durch niemands Schaden meinen Vortheil zu steigern; weniger Mühe u. Kosten war mit dieser Vereinfachung für mich verbunden, mehrere Waar verarbeitet u. Druk u. Besoldung erspart.– Dann verbeβserte ich die Zeichnungen, änderte sie leichter zum Stechen (Holzschnitt). Alles muβte damals mit einer schwarzen Umkreisung eingefaβt sein, sehr mühsam für den Graveur u. lästig für den Druker [...] und späterhin leistete ich mit 2, höchstens 3 Farben mehr effect, als mancher anderer Fabricant nicht mit dem Doppelten.[2533]

2527 Zellweger & Comp.: 1 lettre à la maison à Gènes, Trogen, 10.01.1801, S. 311.

2528 Bodmer: Textilgewerbe (1959), S. 75.

2529 Zellweger, Müller/Zürcher & Comp.: 16 Briefe an Gschwend & Roth in Rorschach, Trogen, 1774–1780.

2530 Buenzli (Hg.): Mayr: Meine Lebenswanderung (4/2010), S. 1339.

2531 Zellweger & Comp.: 36 Briefe an Johann Heinrich Mayr (1768–1828) in Arbon, Trogen, 1800–1811; Johannes Zellweger Sohn: 5 Briefe an Johann Heinrich Mayr (1768–1828) in Arbon, Trogen, 1803–1809.

2532 Buenzli (Hg.): Mayr: Meine Lebenswanderung (1/2010), S. 31, Fussnote 66.

2533 Buenzli (Hg.): Mayr: Meine Lebenswanderung (2/2010), S. 171–172.

Für den Fabrikanten war das Hauptziel seiner Anstrengungen also das «Emporbringen der Fabrique» durch «mehr Zuspruch», «mehr Commissionen» und mehr «Absatz». Um diese Ziele in der Textildruckerei zu erreichen, war das beste Mittel die stete Lieferung von Neuem. Dazu war jedes Mittel recht, auch die Umgehung herkömmlicher, aber eigenlich überkommener Normen wie der sieben Farben pro Taschentuch. Mit der Umgehung des «uralten Zeugs» leistete man dem Anspruch der Mode Genüge. Sie basierte nunmehr auf einer Verbrauchermentalität, was zugleich den Absatz erhöhte.

Bischofszell

Nach Bischofszell wurden insgesamt 28 Geschäftsbriefe an Textildrucker versandt. Den Textildruckern *Spengler & Martin* von Bischofszell[2534] musste *Zellweger Vater & Comp.* sagen, «dass die Mouchoirs in dem desseins unserem Gusto nicht entsprechen».[2535] Die rege Korrespondenz deutet an, dass man für passendere Dessins zum Druck von Taschentüchern eine Lösung fand. Möglicherweise handelte es sich bei dem Indiennes-Drucker *Johann Jacob Metzger* von Bischofszell[2536] um den Nachfolger von *Spengler & Martin*. Die Beziehung scheiterte an den langen Lieferterminen. Mitte Juli 1800 hatte er seit Mitte März «noch immer 2/2 Bwollstk zu *Indienne* [H.d.d.A.] in Handen». Er wurde um Lieferung ersucht – «wohl reussiert» oder eben «ungedruckt» – und angewiesen, «4 Stück nach Worblauffen» zu versenden, wo *Zellweger & Comp.* mit Textildrucker *H. Caspar Haberstock* in Kontakt zu treten beabsichtigte.[2537]

Islikon

Nur ein einziger Geschäftsbrief ist an den Textildrucker *Bernhard Greuter* (1745–1822) aus Islikon überliefert. *Zellweger & Comp.* forderte Greuter auf, seine Druckpreise und ein paar Muster einzusenden, um im günstigen Fall durch ihn drucken zu lassen:

> Wann Sie [...] uns Ihre Druckpreise nebst einigen Mustern Ihrer Artikel einsenden wollten, so könnten wir vielleicht dadurch veranlast werden, Sie mit unseren Aufträgen zu incommodieren.[2538]

Der Textildrucker Greuter liess sich 1765 in Kefikon nieder und gründete eine Textilfärberei und -druckerei. Nach dem Umzug in das Gasthaus seines Schwiegervaters baute er seine Fabriken sukzessive aus, indem er 1777 mit dem «Greuterhof» eine der ersten Fabriken der Schweiz in Islikon errichtete. Greuter gründete 1796 die bis ins 19. Jahrhundert hinein sehr erfolgreiche Handelsgesellschaft *Greuter & Rieter* mit den Brüdern Rieter aus Winterthur.[2539] Sie betrieb den Abatz der gefärbten und bedruckten Textilware selber, wodurch Greuter nicht auf Aufträge von aussen angewiesen gewesen sein dürfte. Greuter dürfte unter *Gebrüdern Rieter & Greuter* in Winterthur von *Zellweger & Comp.* Leinenware und Baumwollware bezogen haben.[2540]

Glarus

Zu einer besonders langen Blüte gelangte der Kattundruck im Glarnerland. 1740 entstand die erste Zeugdruckerei in Glarus, 1760 eine zweite in Molis. An beiden Orten hatte sich Ende des Jahrhunderts

2534 Bodmer: Textilgewerbe (1959), S. 75.

2535 Zellweger Vater & Comp.: 19 Briefe an Spengler & Martin in Bischofszell, Trogen, 1774–1780; Zellweger, Müller & Comp.: 1 lettre à la maison à Gènes, Trogen, 25.07.1775, S. 206.

2536 Zellweger & Comp.: 9 Briefe an Johann Jacob Metzger in Bischofszell, Trogen, 1800–1801.

2537 Zellweger & Comp.: 1 lettre à la maison à Gènes, Trogen, 16.07.1800, S. 10.

2538 Zellweger & Comp.: 1 Brief an Bernhard Greuter in Islikon, Trogen, 08.1.1806, S. 97.

2539 Rothenbühler, Verena: Artikel «Greuter, Bernahrd (1745–1822)», in: e-HLS online, 23.01.2007.

2540 Zellweger & Comp.: 13 Briefe an Gebrüder Rieter & Greuter in Winterthur, Trogen, 1800–1811; Zellweger & Comp.: 1 Brief an Gebrüder Rieter & Greuter in Winterthur, Trogen, 01.09.1810, S. 14.

dieser neue Industriezweig fest etabliert[2541] und erlebte seinen Höhepunkt, als er in anderen Regionen bereits verschwunden war.[2542] Obwohl nun der Kanton Glarus als das zeitgenössische Zentrum des Textildrucks galt, konnten in der Geschäftskorrespondenz Zellweger nur eine Handvoll Kontakte ausgemacht werden. Es handelte sich der Reihe nach um *Johann Heinrich Streiff* (1709–1780) von Glarus[2543] für die Zeit vor 1780 und um *Friedrich Streiff* von Mollis[2544], *Fridolin Joseph Müllers seel. Erben* von Näfels[2545] und *Egidius Trümpy & Co.* von Glarus[2546] für die Zeit nach 1800.

Glarus Dorf

Die älteste Beziehung zu einem Textildrucker im Glarnerland überhaupt war diejenige zu *Johann Heinrich Streiff* von Glarus in den Jahren 1768/1769 und 1775/1776. Johann Heinrich Streiff (1709–1780) druckte «Indiennes» auf Baumwollware. Die Geschäftsbeziehung begann Ende März 1768. Mit Rückzug der alten Generation Zellweger-Sulser aus *Gebrüder Zellweger & Comp.* begannen die beiden verantwortlichen Teilhaber und Brüder Zellweger-Wetter und Zellweger-Hirzel-Scheuss, ihr Sortiment mit Druckware zu bestücken:

> Wann wir nun vernohmen, dass E.L. schöne weisse und blaue Mouchoirs druken, haben Ihnen zu einer Prob ein Ballot von 29. Stk. P Stk. 29 ¾ durch Johannes Steger franco zugehen lassen, darvon guten Empfang zu besorgen ersuchen, und selbige mit different schönen Desseins druken zu lassen. Wir hofen, E.L. werden trachten, uns aufs beste und mit schöner Arbeit zu bedienen, damit wir künftige beträchtliche Versendungen machen dürfen, wie auch den Preis aufs möglichste zu facilitieren, zumahlen wir gewohnt sind, selben Contant abzuführen.[2547]

Gebrüder Zellweger & Comp. priesen sich als Auftraggeber dadurch an, dass sie den Druckerlohn bar zahlten. In den 1770er Jahren standen bei *Zellweger, Müller & Comp.* bereits «recht schöne Desseins zu double face [...] nach neuem & Englischem Gout mit sehr schmalen Randen» im Zentrum des Modegeschmacks. Zudem waren «auch einfach roth, doppel Roth & Roth schwartz und blaue Schnupftücher [...] mit schönen Desseins von schmahlen Randen [...] und Eingeweide von kleinen Vorwürfen (keine weitschichtige od. grosse desseins)», und zwar zum «äussersten Druckerpreis zu 6/4 & 7/4 br. Tuchen» gefragt.[2548] Über das nur einen Monat später eintreffende Resultat beklagte sich *Zellweger, Müller & Comp.*, was «die Beschaffenheit der Waare so wohl als des Apret als besonders auch die Farbe betrifft [...]. Sogar finden sich hin und wieder viele Flecken, die die Waar sehr verunstaltet». Man pochte auf einen «ansehnlichen Nachlass» auf den Druckerpreis. Denn *Zellweger, Müller & Comp.* wollte diese neue Beziehung, welche «auf Recommandation H. Rathh: Tschudi» eingegangen worden war, gerne «öfter u. mit stärkeren Bestellungen» ausbauen. Man wollte sich nicht «auf unsere anderen Freunde allein einschränken» müssen.[2549]
Nach 1800 liess *Zellweger & Comp.* von *Egidius Trümpi & Co.* in Glarus auf 7/4 und 8/4 Ellen breiten weissen Baumwolltüchern von 32 Ellen Länge schöne «Mouchoirs» drucken.[2550] Egidius Trümpy (1768–1839) hatte das Textildruckhandwerk in der Indiennesdruckerei seines Vaters Johann Christoph Trümpy in Lissabon erlernt. 1796 war er definitiv nach Glarus zurückgekehrt. Mit dem Kapital seines

2541 Jenny: Handel und Industrie des Kantons Glarus (1902), S. 31–32.
2542 Bärtschi: Die industrielle Schweiz (2011), S. 71.
2543 Gebrüder Zellweger & Comp.: 7 Briefe an Johann Heinrich Streiff (1709–1780) in Glarus, Trogen, 1762–1769; Zellweger, Müller/Zürcher & Comp.: 13 Briefe an Johann Heinrich Streiff (1709–1780) in Glarus, Trogen, 1774–1780.
2544 Zellweger, Zürcher & Comp.: 1 Brief an Friedrich Streiff in Mollis, Trogen, 10.07.1780, S. 1093.
2545 Zellweger & Comp.: 5 Briefe an Fridolin Joseph Müllers seel. Erben in Näfels, Trogen, 1800–1801.
2546 Zellweger & Comp.: 7 Briefe an Egidius Trümpy & Co. in Glarus, Trogen, 1800–1801; Johannes Zellweger Sohn: 16 Briefe an Egidius Trümpy & Co. in Glarus, Trogen, 1803–1809.
2547 Gebrüder Zellweger & Comp.: 1 Brief an Johann Heinrich Streiff in Glarus, Trogen, 22.03.1768, S. 774.
2548 Zellweger, Müller & Comp.: 1 Brief an Johann Heinrich Streiff in Glarus, Trogen, 07.03.1775, S. 120.
2549 Zellweger, Müller & Comp.: 1 Brief an Johann Heinrich Streiff in Glarus, Trogen, 30.04.1776, S. 372.
2550 Zellweger & Comp.: 1 Brief an Egidius Trümpy & Co. in Glarus, Trogen, 14.08.1800, S. 49.

Schwiegervaters Schuler gründete er eine eigene Textildruckerei.[2551] Bei ihm liess auch *Gschwend & Lechleitner* von Altstätten drucken, in deren Auftrag *Johannes Zellweger Sohn* im Juni 1803 einen Ballen «Mousse[lin]:» an *Egidius Trümpi & Co.* versandte.[2552]
Zu *Gebrüder Glarner* von Glarus waren hingegen keine Kontakte nachzuweisen. *Gebrüder Glarner* «auf der Pressi» in Glarus waren bekannt für die besonders schöne Produktion von braunweissen Tüchern. Jenny (1898) schilderte, wie es einmal mehr eine Modeerscheinung war, welche den Verkauf der waschechten, krappbraun und indigoblau, dunkel gedruckten Taschentücher lange Zeit ernorm förderte – die zeitgenössische Sitte des Tabakschnupfens. Die «braunbödigen» Taschentücher fanden auch als breitere Kopf- und Brusttücher guten Absatz. In das Weisse dieser Kopf- und Brusttücher passten sie nach dem Färben «Tafelgelb» und «Apfelgrün» ein. Die nach *Gebrüder Glarner* benannten «Glarner Tücher» erfreuten sich ebenfalls lange Zeit grosser Nachfrage.[2553] Wie gefragt diese «braunbödige» Druckware bis nach Passau (Bayern) war, zeigte eine Anfrage des Kunden *Franz Paul Gindhor* Ende Juli 1801. *Zellweger & Comp.* bedauerte sehr, ihn nicht bedienen zu können:

> [D]ass wir mit allen Sorten Tuche aufzuwarten in Stande sind, ausser mit den hellbraun Boden. Der Fabricant, der sie macht, ist uns zwar sehr wohl bekannt, allein da er mit einem gewissen Haus wegen diesem Artikel einen Accord hat, so darf er ihn für niemand anders drucken, & die anderen Drucker hiesiger Gegend gestehen, dass sie diese bey Ihnen so beliebte Farben nicht so schön heraus bringen [...].[2554]

Gebrüder Glarner standen also mit einem Handelshaus unter Vertrag, welches dadurch als einziges von der Druckerfertigkeit der *Gebrüder Glarner* profitierte. Sie stellten ihre «braunbödige» Druckware ausschliesslich für dieses eine Handelshaus im Lohn her. Die anderen Textildrucker hatten, solange sie die Farbe nicht ebenso schön herzustellen im Stande waren, das Nachsehen.

Mollis

Mollis war nach Glarus das zweite Zentrum des Textildrucks im Glarnerland. Anders als bei *Johann Heinrich Streiff* von Glarus, welchen die Kaufleute Zellweger auf Empfehlung eines Tschudy für den Textildruck angingen, offerierte *Friedrich Streiff* von Mollis[2555] selber seine Dienste samt der Angabe seiner Druckpreise an Zellweger-Hirzel-Scheuss. Die von *Friedrich Streiff* rot und blau bedruckten «Mouchoirs» «mit blauen *illuminierten* Röslein» gefielen zwar dem Associé Jakob Zürcher-Hirzel (1739–1808) von Teufen bei seiner Durchreise nach Genua im Juli 1780 sehr gut. Doch wegen des hohen Druckerpreises ging man nicht auf das Angebot ein.[2556] Das Drucken dieser begehrten «*illuminierten*» Dessins gelang offenbar zuerst Johann Heinrich Schüle (1720–1811) von Augsburg. Der später für seine wirtschaftlichen Verdienste zum «Edlen» geadelte Schüle eröffnete 1759 eine Indiennedruckerei und zeichnete sich bald sowohl durch eine grosse Produktion als auch durch ein feines Colorit seiner Fabrikate aus. Der fachlich sehr bewanderte Jenny (1902) beschrieb eindrücklich, wie Schüle

> namentlich die umständlich *illuminierten Krappartikel* [H.d.d.A.] zu einer besonders schönen Ausführung brachte, in welche er neben den Tafelfarben auch luftbeständige edelmetallhaltige Broncen, in Gummi verdickt, einpinseln liess. 1765 erstellten auch schweizerische Fabriken, wohl in Nachahmung Schüles, solche Gold- und Silberdrucke, die gewöhnlich sattiniert wurden, um ihren Glanz zu erhöhen.[2557]

2551 Feller-Vest, Veronika: Artikel «Ägidius Trümpy», in: e-HLS online, 06.01.2006.
2552 Zellweger, Johannes (1764–1832): 1 Brief an Egidius Trümpy & Co. in Glarus, Trogen, 06.06.1803, S. 49.
2553 Jenny: Handel und Industrie des Kantons Glarus (1902), S. 191–192.
2554 Zellweger & Comp.: 1 Brief an Frz. Paul Gindhor in Passau, Trogen, 27.07.1801, S. 697.
2555 Bodmer: Textilgewerbe (1959), S. 75.
2556 Zellweger, Johannes (1730–1802): 1 Brief an Friedrich Streiff in Mollis, Trogen,10.07.1780, S. 1093.
2557 Jenny: Handel und Industrie des Kantons Glarus (1902), S. 66–67.

Mit *Friedrich Streiff* von Mollis gelang nun über die Geschäftskorrespondenz Zellweger der Nachweis eines Textildruckers im Kanton Glarus, der sich mit Erfolg um den Druck dieser teuren «roth Innerwerk mit blauen illuminierten Röslein» bemühte, wie sie Schüle in Augsburg herzustellen begann. Die Überlieferung der Geschäftskorrespondenz bricht nach 1780 ab.

Näfels

Mitte August 1800 erging an die Textildruckerei *Fridolin Joseph Müllers seel. Erben* von Näfels ein Geschäftsbrief der *Zellweger & Comp.*[2558] Mit der «sehr übel reussierten» Qualität des Textildrucks sowie mit einem offenbar «überspannt» hoch angesetzten Druckerlohn überhaupt nicht zufrieden, liess *Zellweger & Comp.* ihre noch nicht bedruckte Baumwollware umgehend an die Textildruckerei von *Egidius Trümpy & Co.* nach Glarus senden, um weiteren Schaden zu verhindern. In dem Glauben, bei dem Preis müsse ein Irrtum vorliegen, ersuchte man um nochmaliges Nachschlagen in den Büchern.[2559]
Die Kontakte zu Textildruckereien im Kanton Glarus scheiterten offenbar meistens an zu hohen Druckerlöhnen. Zudem arbeiteten die Druckereien hier ähnlich wie diejenigen in Neuenburg für Handelshäuser, an welche sie über einen «Imprimage Accord» gebunden waren.

Schaffhausen

Wie die Geschäftsbeziehung zu dem Textildrucker Johann Heinrich Streiff (1709–1780) aus Glarus begann auch der Kontakt zum Indiennesdrucker *Johann Georg Seiler & Co.* von Schaffhausen[2560] im März 1768.[2561] Ende März 1768 übersandte man Seiler von Trogen aus über Rorschach einen Ballen mit 21 Stück 7/4 breiter Baumwollware mit der Bitte, sie «schön weiss bleichen zu lassen».[2562] Anfangs Mai erhielten sie das «Ballot Indiennes» zurück, wofür *Johann Georg Seiler* also nur gerade einen Monat Arbeitszeit gebraucht hatte. «Die Desseins» befand man als «von gutem Gout» und «die Qualitaet der Waar ziemlich gut», obwohl «einige Stück fleissiger gedruckt» und andere «biswilen ganz besudlet» waren. Den Druckerpreis von 1.6 Gulden fand *Gebrüder Zellweger & Comp.* hoch. Sie schlugen 60 Kreuzer für den Stab vor. Falls «Ihnen anständig», boten sie *Johann Georg Seiler* an, bei ihnen über die Summe von 584 Gulden zu verfügen oder «auf *Zellweger frères & Comp.* in Lyon p[ay]:[a]ble en prochain payement de paques zu trassieren». Sie verlangten, «gegen uns das alleräusserste zu thun, wir werden Sie wohl bezahlen, und Ihnen alsdann auch unser geneigtes Bedörfen vorzüglich zuwenden». Sie empfahlen, «die Desseins wohl auszusuchen & den schönen Druck, lebhafte Farben und reinen Boden».[2563] In den 1770er Jahren führte *Zellweger, Müller & Comp.* die intensive Geschäftsbeziehung mit *Johann Georg Seiler* von Schaffhausen weiter.[2564] Ende September 1775 schrieb Zellweger-Hirzel-Scheuss frustriert nach Genua: «Cet ami fait ce qu'il veut & sa correspondance nous dégoute. Si nous trouverions qqu'autre bon imprimeur, nous serions d'avis de le quitter».[2565] Anfangs September 1777 verstarb Seiler, was umgehend nach Genua kommuniziert wurde: «Mr. Seiller à Schaffhouse est mort, sans doute que cela portera préjudice à sa fabrique».[2566]

2558 Zellweger & Comp.: 5 Brief an Fridolin Joseph Müllers seel. Erben in Näfels, Trogen, 1800–1801.
2559 Zellweger & Comp.: 1 Brief an Fridolin Joseph Müllers seel Erben in Näfels, Trogen, 14.08.1800, S. 50.
2560 Bodmer: Textilgewerbe (1959), S. 75.
2561 Gebrüder Zellweger & Comp.: 12 Briefe an Johann Georg Seiler & Co. in Schaffhausen, Trogen, 1762–1769.
2562 Gebrüder Zellweger & Comp.: 1 Brief an Johann Georg Seiler & Co. in Schaffhausen, Trogen, 24.03.1768, S. 777.
2563 Gebrüder Zellweger & Comp.: 1 Brief an Johann Georg Seiler & Co. in Schaffhausen, Trogen, 02.05.1768, S. 802.
2564 Zellweger, Müller/Zürcher & Comp.: 40 Briefe an Johann Georg Seiler & Co. in Schaffhausen, Trogen, 1774–1780.
2565 Zellweger, Müller & Comp.: 1 Brief an Johann Georg Seiler & Co. in Schaffhausen, Trogen, 27.02.1775, S. 115.
2566 Zellweger, Müller & Comp.: 1 lettre à la maison à Gènes, Trogen, 02.09.1777, S. 589.

Bern

Auf dem Gebiet der Stadt und Republik Bern waren in den Städten Bern und Biel sowie in den Dörfern Worblaufen und Kirchberg Textildrucker in Auftrag der Kaufleute Zellweger nachzuweisen.

Stadt Bern

In Bern wurden 1706 die *Küpferische Zeugdruckerei* und 1708 eine weitere Indiennedruckerei durch Samuel Engelhard gegründet.[2567] Bodmer (1959) nannte als Kontakt der Kaufleute Zellweger in Bern die Textildruckereien von *Rud. Marcuard & Co.* und deren Nachfolgeunternehmen *Marcuard, Beuther & Comp.* [2568] Über die Briefkopierbücher Zellweger für den Zeitraum 1774 bis 1780 nachweisbar, war die Geschäftsbeziehung zum Nachfolgeunternehmen *Marcuard, Beuther & Comp.*[2569] viel intensiver als zu *Johann Rudolf Marcuard & Comp.*[2570] Beide Kontakte gingen wiederum auf Zellweger-Hirzel-Scheuss zurück. Der Kontakt begann nach beiden Seiten mit der Antwort auf das jeweilige Zirkularschreiben der neuen Unternehmen, die sich per Anfang 1775 in das Bankunternehmen *Marcuard & Comp.* und die Textildruckerei *Marcuard, Beuther & Comp.* geteilt hatten. Rodolphe Marcuard, ursprünglich aus Payern (Waadt), hatte sich mit Jean Conrad Beuther assoziiert. Schon bald übergab er die Leitung der Textildruckerei seinem Sohn François Daniel Marcuard und zog sich aus den Geschäften zurück. Fetscherin (1924) wies darauf hin, dass *Marcuard, Beuther & Comp.* neben dem Textildruck auch den Handel selber betrieben habe. Es exportierte seine fertige Druckware, insbesondere den Artikel «Indienne», nach Salzburg, nach Marseille, Mailand und Turin. Von diesen Orten gelangten die Druckwaren in den Nahen Orient und via Marseille nach Guadeloupe auf die Antillen. Daneben betrieb *Marcuard, Beuther & Comp.* für die eigene Textildruckerei in Holligen den Import von Kolonialwaren wie Baumwolle, des Farbstoffs «Indigo» und weiterer Chemikalien, sogenannter «Drogen».[2571] Entsprechend adressierte Zellweger-Hirzel-Scheuss alle seine Briefe in die Stadt Bern, obwohl die Textildruckerei *Marcuard, Beuther & Comp.* selber 3 Kilometer westlich davon in Holligen stand, heute ein Stadtteil von Bern. In einem «Handlungsbrief» von Trogen nach Genua anfangs 1775 wurde das Unternehmen als Lieferant von «Mouchoirs» genannt.[2572] Zellweger-Hirzel-Scheuss erbot *Macuard & Comp.* im Gegenzug zu seinem Einkauf von «Balot No. 1 Druckware» für den Verkauf in Genua, «Ihnen dafür 6/4 br[ei]t. Baumwolltücher, für deren Ankauf wir allhier so wohl situiert sind, zu verschaffen».[2573] Das von ihm bevorzugte Konzept der «gegenseitigen nützlichen Korrespondenz» kam nicht zur Entfaltung.

Biel

Bodmer (1959) gab an, dass das Handelsunternehmen *Zellweger Vater & Comp.* um 1790/1791 bei *François Verdan & Cie.* in Biel Druckaufträge ausführen liess.[2574] Da für diese Zeit keine Briefkopierbücher überliefert sind, liess sich diese Verbindung nicht mehr nachweisen. Die Textildruckerei in Biel ging auf Henri-François Verdan (1746–1829) zurück. Ursprünglich aus dem Kanton Neuenburg, lernte Verdan bei DuPasquier den Textildruck, arbeitete von 1781 bis 1784 in Lissabon und übernahm 1784 eine Textildruckerei in Biel. Es handelte sich um das 1765 schon einmal in Konkurs gegangene Unternehmen von Rother.[2575] Der Wasserlauf der Schüss und ausgedehnte Wiesenflächen zum Trocknen und Bleichen boten beste Voraussetzungen für die Einrichtung dieses ersten Industriezweigs in der Stadt

2567 Bodmer: Schweizerische Industriegeschichte (1960), S. 181.

2568 Bodmer (1959) führt die Firma an, in: Bodmer: Textilgewerbe (1959), S. 75.

2569 Zellweger, Müller/Zürcher & Comp.: 17 Briefe an Marcuard, Beuther & Comp. in Bern, Trogen, 1774–1780.

2570 Zellweger, Müller/Zürcher & Comp.: 2 Briefe an Johann Rudolf Marcuard & Comp. in Bern, Trogen, 1774–1780.

2571 Fetscherin: Beitrag Baumwollindustrie Bern (1924), S. 44–45.

2572 Zellweger, Müller & Comp.: 1 lettre à la maison à Gènes, Trogen, 02.01.1775, S. 81.

2573 Zellweger, Müller & Comp.: 1 Brief an Johann Rudolf Macuard & Co. in Bern, 13.02.1775, S. 103.

2574 Bodmer: Textilgewerbe (1959), S. 75.

2575 Wanner-JeanRichard: Kattundrucke der Schweiz im 18. Jahrhundert (2/1968), S. 84 und 89.

Biel.[2576] Zur Entfaltung brachte ihn aber erst besagter Indiennesdrucker Verdan mit seiner Manufaktur in Biel.[2577]

Worblaufen

In Worblaufen war der Textildrucker *H. Caspar Haberstock* für *Zellweger & Comp.* tätig.[2578] Er druckte «Mouchoirs» auf Leinwand, welche ihm der Spediteur *Caspar Zili* von St. Gallen aus zustellte. *H. Caspar Haberstock* wurde um den Druck von «Doppelblau mit schönen Einzelwinden und verschiedenen Borden & schmalen Rändern ersucht». Von *Metzger* in Bischofszell wurden ihm vier Tücher zugestellt, welche er «in schöne einfach blaue Mouchoirs à double face zu verwandlen und uns so geschwind möglich schön gelungen zu retournieren» hatte.[2579]

Kirchberg, nach 1800

In Kirchberg liess *Zellweger & Comp.* bei der Indiennedruckerei *Tschanz & Co.*[2580] mit Schwerpunkt in den Jahren 1808/1809 Baumwollware drucken.[2581] Gedruckt wurde der Artikel «Mousse[lin]:», und zwar «doppelblau»[2582] und somit wohl beidseitig: «die uns zugesandten Eingeweid Müsterchen können nur dienen, wenn Sie solche auf beeden Seiten drucken können, nur auf einer Seite aber können sie uns gar nicht behagen».[2583] Die Vorgänger in der Textildruckerei *Tschanz & Co.* war diejenige des berühmten Textildruckers Christoph Philipp Oberkampf (1738–1815) und seines Schwiegersohns Widmer in Othmarsingen (Bern, dann Aargau). Johann Georg Tschanz und Mähly übernahmen das Unternehmen vor 1784. Anfangs 1784 trat Joseph Vaucher in das Unternehmen ein, Mähly hingegen trat aus. Das Unternehmen nannte sich in der Folge *Tschanz & Vaucher*. Die Textildruckerei wurde vor 1800 nach Kirchberg bei Burgdorf (Bern) verlegt, wo sie unter dem Namen *Tschanz & Co.* Druckaufträge für *Zellweger & Comp.* in Trogen ausführte. Offenbar unterhielt Tschanz darüber hinaus eine Bleiche und eine Walke. Diese Resultate zu *Tschanz & Co.* als Textildrucker der *Zellweger & Comp.* sind relevant, weil weder Dubler (2010) noch Wanner-JeanRichard (1968) weiterführende Angaben zu dieser Textildruckerei machen konnten. Um vom wirtschaftlich aufstrebenden Kirchberg nicht konkurrenziert zu werden, verhinderte Burgdorf über die Helvetische Revolution hinaus erfolgreich die Einrichtung eines Marktes in Kirchberg bis 1816.[2584]

Aargau

Im Gebiet des heutigen Kantons Aargau konnten in den Städten Aarau, Lenzburg, Othmarsingen und Zofingen Textildruckereien nachgewiesen werden, welche für die Kaufleute Zellweger von Trogen Aufträge ausführten.

2576 Bärtschi: Industriekultur im Kanton Bern (2006), S. 54; gemeint ist François Verdan (1747–1818), der 1784 in Biel eine Textildruckerei erwarb und ausbaute, vgl. Schaller, Didier: Artikel «Verdan, François (1747–1818)», in: e-HLS online, 25.02.2013.

2577 Bärtschi: Industriekultur im Kanton Bern (2006), S. 224.

2578 Zellweger & Comp.: 20 Briefe an H. Caspar Haberstock in Worblaufen, Trogen, 1800–1801.

2579 Zellweger & Comp.: 1 Brief an H. Caspar Haberstock in Worblaufen, Trogen, 28.07.1800, S. 27.

2580 Bodmer: Textilgewerbe (1959), S. 75.

2581 Zellweger & Comp. 48 Briefe an Tschanz & Comp. in Kirchberg, Trogen, 1800–1810.

2582 Zellweger & Comp.: 1 Brief an Tschanz & Co. in Kirchberg, Trogen, 07.07.1800, S. 3.

2583 Zellweger & Comp.: 1 Brief an Tschanz & Co. in Kirchberg, Trogen, 15.08.1800, S. 49.

2584 Dubler, Anne-Marie: Artikel «Kirchberg (BE)», in: e-HLS online, 15.09.2010; auch keine weiterführenden Angaben zu Tschanz & Co. in: Wanner-Jean Richard: Kattundrucke der Schweiz (2/1968), S. 88.

Aarau, 1755

Die Kleinstadt Aarau hatte gegenüber Bern im Ancien Régime eine vergleichbare wirtschaftliche Stellung wie das von Zürich abhängige Winterthur. Der Aufbau eines grösseren Gebäudekomplexes zur Verarbeitung von Textilware ausserhalb der Stadtmauern war laut Bärtschi (2011) nicht erlaubt. Gemäss Lüthi (2009) fassten die Indiennedruckereien in Aarau nach 1755 Fuss. Die Gewerbetreibenden und Kaufleute fanden in der Kleinstadt an der Aare Marktnischen und Absatzmärkte, die keinen Zunftbeschränkungen unterlagen. Eine sagenumwobene Geschichte rankt sich um den Fabrikanten Johann Rudolf Meyer (1739–1813). Er soll ab 1780 in der Altstadt von Aarau eine grosse Textilmanufaktur aufgebaut haben, welche sein Sohn Johann Rudolf Meyer (1768–1825) weiterführte. Typischerweise sind aber keinerlei Geschäftsunterlagen dazu erhalten. Auch in den Registern der Briefkopierbücher der Kaufleute Zellweger finden sich keine Angaben. Meyer soll nach Bärtschi (2011) «innerhalb von zwanzig Jahren protoindustrieller Tätigkeit – gemessen an heutigen Verhältnissen – zum Multimillionär aufgestiegen sein» und galt um 1800 als reichster Aarauer: «Die vertikal integrierte Meyersche Manufaktur umfasste von der Verarbeitung der Rohprodukte Seide, Baumwolle und Flachs über die Zwischenprodukte bis zum Färben, Bedrucken, Lagern und Handeln der Endprodukte alles».[2585] Meyer war der Mäzen des Malers Joseph Reinhard (1749–1824) von Luzern, den er mit dem «Trachtenbilderzyklus» beauftragte, für welchen auch Ulrich Bräkers Familie Porträt stand.[2586]
Die Kaufleute von Aarau verbanden sich geschäftlich und familiär zunehmend mit innovativen Zuwanderern wie den Frey aus Lindau (Habsburg-Österreich, dann Bayern) und den Herosé aus Speyer (Rheinland-Pfalz).[2587] Hinter der ersten Textildruckerei, einer Indiennesdruckerei aus den Jahren 1755 und 1766, standen nebst einem Hunziker von Aarau ein Brechbühl von Trub (Bern) sowie der Färber und Textildrucker Jakob Philipp Oberkampf (1714–1781) von Stuttgart (Baden-Württemberg). Dieser *Jakob Brechbühl* von Trub[2588] in Aarau offerierte Zellweger-Hirzel-Scheuss zu Beginn des Jahres 1777 seine Dienste als Textildrucker von «Indiennes» und «Mouchoirs». Er gründete seinen Betrieb im Weyergut in Aarau, wozu ihm am 21. Juni 1774 das Feuerstattrecht erteilt wurde. Zellweger-Hirzel-Scheuss wollte gern einen Versuch mit ihm machen:

> Wenn wir uns ergebenst erwiedernd auf dero ge[ehrtes]. v[om]. 12.[02.1777] diss Ihre geneigten Anerbietungen zu Nutzen machen sollen, so müssten wir entl[ich]: die Druckpreis wissen u. dann wollten wir uns auch ein paar Abschnitte, die gelungen seyn dürfen, zu beyläufiger Einsicht ausbitten. Mittlerweilen erkundigen wir uns bey L. Unsrigen in Genua, was es dermalen von Indiennes od: Mouchoirs bedarf, um Ihnen unsere Bestellungen darnach einrichten zu können, wenn uns dero Farben u. Preyse anstehen.[2589]

Die Anfrage nach Druckerpreisen und Druckmustern für «Indiennes» und «Mouchoirs» wurde nicht beantwortet. Brechbühl ging kurz nach seinem geschäftlichen Zusammenschluss mit Seiler und Herosé unter der Firma *Brechbühl, Seiler und Herosé*[2590] in den Konkurs.[2591] Seiler war Mitglied einer alteingesessenen Bürgerfamilie, die mit Johann Gabriel Seiler (1741–1814) den letzten Schultheiss von Aarau stellte.[2592] Johann Herosé (geb. 1736) von Speyer (Rheinland-Pfalz) hingegen war Abkömmling einer Hugenottenfamilie, liess sich 1763 in Aarau einbürgern[2593], betrieb die Tuchhandlung seines

2585 Bärtschi: Die industrielle Schweiz (2011), S. 70–71; Meyer versteuerte um 1800 ein Privatvermögen von Livres 400 000.–, vgl. Bärtschi: Meyer'sche Manufaktur, in: Aarauer Neujahrsblätter (2003), S. 66–82, hier S. 70.

2586 Brian-Scherer, Sarah: Artikel «Meyer, Johann Rudolf (1739–1813) von Aarau», in: e-HLS online, 11.11.2008.

2587 Lüthi, Alfred: Artikel «Aarau», in: e-HLS online, 18.06.2009.

2588 Die Brechbühl stammten aus dem Emmental (Bern), vgl. Eintrag «Brechbühl», in: Familiennamenbuch der Schweiz online.

2589 Zellweger, Müller & Comp.: 1 Brief an Brechbühl, Seiler und Herrat in Aarau, Trogen, 24.02.1777, S. 509.

2590 Fetscherin (1924) nennt diese Textildruckerei Brechbühl, Seyer & Herosée, in: Fetscherin: Beitrag Baumwollindustrie Bern (1924), S. 53.

2591 Fetscherin: Beitrag Baumwollindustrie Bern (1924), S. 53.

2592 H. Tr: Artikel «Seiler, Kanton Aaargau», in: HBLS (6/1931), S. 332, aber kein Eintrag «Seiler vor 1800», in: Familiennamenbuch der Schweiz online.

2593 Vgl. Eintrag «Herosé vor 1800», in: Familiennamenbuch der Schweiz online.

Schwiegervaters weiter und führte noch im «Berner Adress-Handbuch der Handelshäuser, Fabrikanten [...]» (1795) den Eintrag «Fabrikant von Indienne- und Türkengarn».[2594] Auch seine Söhne blieben dem Textildruck treu und gingen unter *Gebrüder Herosé* noch vor *Laué & Co.* zum innovativen Rouleauxdruck über.[2595] Der Kontakt der Kaufleute Zellweger aus Trogen schien auch mit Ludwig und Johannes als zwei der acht Söhne von Herosé nicht intensiver geworden zu sein. Auch *Zellweger & Comp.* schienen 1811 keine Geschäfte mit Ludwig Herosé abschliessen zu können, obwohl ihm zwei Tücher von 28 und 34 Ellen Länge «an schöner Waar, auch sehr preiswürdig, durch die Fuhr übersandt» worden waren.[2596] Karl Herosé (1774–1855) zog sich im Jahr 1834 aus dem Textildruckgeschäft zurück.[2597]

Lenzburg

Den ersten Manufakturbetrieb in Lenzburg eröffnete Marx Hünerwadel (1667–1736) 1732 mit seiner Indiennedruckerei.[2598] Der Kaufmann Zellweger-Hirzel-Scheuss suchte Mitte Januar 1775 den Kontakt zu Marx Hünerwadel (1725–1805) unter dem Unternehmen *Hünerwadel Marx & Sohn*:

> Wir hatten noch nicht die Er mit El. zu vor correspondiert. Den Anlass zu gegenwärtigem aber gibt uns die Nachricht, dass Sie eine Indienne Fabrique haben und zugleich auch viele Mouchoirs verfertigen lassen. Wenn wir in dergleichen à patenas N.5 & 6 einen ziemlichen Verkehr machen, so ersuchen wir Sie höflich, uns geneigt zu melden, ob Sie mit schönen desseins mit schmalen Randen versehen sind, auch gewertigen wir davon die äussersten Preis zu vernemen, finden wir solche convenable, so übersenden wir EL ein Balot Bwl Tücher zur Probe und diese sol dann entscheiden, ob wir in Zukunft mehrs mit einander continuieren können. Wir haben die Ehre hochachtend.[2599]

Der Kaufmann von Trogen war also am Textildruck von Taschentüchern interessiert. Er gab *Hünerwadel Marx & Sohn* einen klaren Ablauf vor. Bevor ihm Zellweger auch nur irgendeinen Auftrag zuwies, wollte er über die «äussersten Preise» sowie über Muster zu «schönen desseins mit schmalen Randen» informiert werden. Erst auf dieser Grundlage wollte er entscheiden, ob er eine Probe über ein Balot Baumwollware mit dem Textildrucker Hünerwadel wagen sollte. Das Resultat war positiv. Hünerwadel etablierte sich längerfristig als Textildrucker für Zellweger.[2600] Hünerwadel nahm alle Hürden erfolgreich und druckte für Zellweger nachweislich im Zeitraum von 1774 bis 1780 «Indiennes à fond jeaune» und «Indiennes à 4 couleurs». Von seinem wirtschaftlichen Erfolg im Textildruck zeugt bis heute sein 1759/1760 erbautes Kaufhaus in Lenzburg. Es gilt mit seinen vier Geschossen und acht Fensterachsen als grösstes zeitgenössisches Gebäude im ganzen Kanton Aargau. Dieses Haus wurde zeitgleich mit dem Kaufhaus in Trogen von Zellweger-Wetter erbaut.

Neben *Hünerwadel Marx & Sohn* etablierte sich mit *Samuel Seiler & Sohn* ein weiterer Textildrucker in Lenzburg.[2601] Noch im «Berner Adress-Handbuch» (1795) war ein «Samuel Seiler jünger, in Baumwolle und Indienne» nachzuweisen.[2602]Auch Seiler druckte den Artikel «Mouchoirs Patenas fin». Wiederum war es Zellweger-Hirzel-Scheuss, der mit ihm «eine gegenseitig nützliche Correspondenz» aufziehen wollte. Zu diesem Zweck liess er *Samuel Seiler & Sohn* im Frühjahr 1774 ein Zirkularschreiben über das von ihm neu gegründete Handelsunternehmen *Zellweger, Müller & Comp.* in Genua zukommen. Auf dessen gute Wünsche hin gab er Seiler den Auftrag, «50 Th[uch]. von Nr. 6 à 84 à 88 Btz. einzuthun». Zudem war er an einer «Parthie schmal rändige schöne u. preiswürdige Patenas Mouchoirs» interessiert,

---

2594 Bern: Berner Address-Handbuch (1795).
2595 Fetscherin: Beitrag Baumwollindustrie Bern (1924), S. 53.
2596 Zellweger & Comp.: 1 Brief an Ludwig Herosé in Aarau, Trogen, 09.03.1811, S. 594.
2597 Sauerländer, Dominik: Artikel «Herosé, Karl (1774–1855)», in: e-HLS online, 30.08.2006.
2598 Neuenschwander, Heidi: Artikel «Lenzburg», in: e-HLS online, 25.22.2008.
2599 Zellweger, Müller & Comp.: 1 Brief an Hünerwadel Marx & Sohn in Lenzburg, Trogen, 16.01.1775, S. 90.
2600 Zellweger, Müller/Zürcher & Comp.: 23 Briefe an Hünerwadel Marx & Sohn in Lenzburg, Trogen, 1774–1780.
2601 Zellweger, Müller/Zürcher & Comp.: 51 Briefe an Samuel Seiler & Sohn in Lenzburg, Trogen, 1774–1780.
2602 Bern: Berner Address-Handbuch (1795), S. 30.

die sein Associé Müller nach Genua mitnehmen könnte.[2603] Im Februar 1776 wurde *Samuel Seiler & Sohn* eine Offerte über die Baumwollfaser der Sorte «Maragnon» unterbreitet, was zu Zellwegers Konzept einer «gegenseitig nützlichen Korrespondenz» gehörte.[2604]

Niederlenz

Bodmer (1959) gab an, dass *Zellweger Vater & Comp.* im Jahr 1790 bei Joseph Vaucher in Niederlenz Druckaufträge habe ausführen lassen.[2605] Gemäss Wanner-JeanRichard (1968) wurde die Textildruckerei von Joseph Vaucher in Niederlenz, die auf Glieder der Textildruckerfamilie Vaucher von Fleurier (Neuenburg) zurückging, bereits um 1784 erwähnt. *Joseph Vaucher Sohn* hielt sich 1784 in Othmarsingen (Bern, dann Aargau) auf. Fetscherin (1924) nahm jedoch an, dass seine Textildruckerei bereits seit den 1750er Jahren existiert habe und um 1800 in *Peter Fels & Co.* übergegangen sei.[2606] Ab diesem Zeitpunkt wird das Unternehmen in den Briefkopierbüchern Zellweger fassbar, und zwar in Niederlenz und nicht in Othmarsingen. *Peter Fels & Co.* bot seine Dienste als Textildrucker *Zellweger & Comp.* in Trogen an. Mit Verweis auf die äusserst schwierige wirtschaftliche Lage, grosse Verluste und mangelhafte Postverhältnisse ging man in Trogen jedoch nicht auf das Angebot ein:

> So sehr wir Ihnen dankbar sind für die vortheilhafte Anerbietung, welche Ihnen gefallt, uns mit Ihrem geehrt v. 12. corr[en]t. [12.07.1800] zu machen, eben so sehr ist es uns leyd, nicht davon profitieren zu können, weil die grossen erlittenen Verluste und die Mangel an communicazion uns kaum genug Geld lassen, unsere eigenen Handlumg mit gebührender Thätigkeit zu betreiben.[2607]

Keine Korrespondenz war mit B. Vaucher zu finden, einem Neffen des Gründers Joseph Vaucher. Vaucher pachtete 1801 die Textildruckerei in Niederlenz und wollte im Schloss Fraubrunnen expandieren. Er scheiterte am Widerstand der Nachbarschaft, welche die Verschmutzung des Wassers durch die Chemikalien und den schädlichen Einfluss auf Mensch und Vieh fürchtete.[2608] Mit den gravierenden politischen Auswirkungen der Umweltverschmutzung durch die Textildruckerei hatte gerade auch die Textildruckerei in der Mittelweiherburg in Hard (Vorarlberg, Österreich) zu kämpfen. Unter dem vielsagenden Titel «Rote Bäche. Schwarze Zahlen» beschrieb Weitensfelder (1999) die Problematik für die mitten in einem Quellwassergebiet gelegene Textildruckerei Hard, was grosse Probleme mit der Arbeiterschaft verursachte. Sie musste sich mit dem verschmutzten Wasser arrangieren, ohne dass die Fabrikbesitzer auf ihr Bedürfnis und Recht auf Versorgung mit frischem Wasser eingegangen wären.[2609]

Zofingen

Lüthi (2013) wies darauf hin, dass sich ausserhalb der Altstadt Zofingen im 18. Jahrhundert Indiennedruckereien ansiedelten. Zudem betätigten sich mehrere Bürgerfamilien erfolgreich als Unternehmer im Leinwand- und Baumwollgewerbe sowie in der Seidenbandweberei.[2610] Die Indiennedruckerei *Arber & Co.* von Zofingen offerierte *Zellweger, Müller & Comp.* im November 1776 ihre Dienste, worauf sich Zellweger-Hirzel-Scheuss zu einer «Probe» bewegen liess, etwa «Stk. 80 zu 2 Bal dehro Tücher p Indiennes mit aller möglich Sorgfalt für unser Interesse zu erkaufen, & auf die Bleiche zu legen»,

2603 Zellweger, Müller & Comp.: 1 Brief an Samuel Seiler & Sohn in Lenzburg, Trogen, 06.06.1774, S. 42.

2604 Zellweger, Müller & Comp.: 1 Brief an Samule Seiler & Sohn in Lenzburg, Trogen, 11.02.1776, S. 504.

2605 Bodmer: Textilgewerbe (1959), S. 75.

2606 Wanner JeanRichard: Kattundrucke der Schweiz (2/1968), S. 89, Fetscherin: Beitrag Baumwollindustrie Bern (1924), S. 51.

2607 Zellweger & Comp.: 1 Brief an Peter Fehr in Lenzburg, Trogen, 21.07.1800, S. 14.

2608 Fetscherin: Beitrag Baumwollindustrie Bern (1924), S. 51.

2609 Das kleine, feine Museum Mittelweiherburg präsentiert die Geschichte der Textildruckerei und den Menschen in Hard; vgl. Weitensfelder: Rote Bäche, schwarze Zahlen, in: Mittersteiner (Hg.): Die Tüchlebarone (1999), S. 36–77.

2610 Lüthi, Christian: Artikel «Zofingen», in: e-HLS online, 09.04.2013.

entschloss.[2611] Eine Antwort von *Arber & Co.* blieb aus. Offenbar funktionierte der Einkauf von Baumwollware direkt durch den Textildrucker nicht wie gewünscht. In der Regel liess *Zellweger, Müller & Comp.* eigene Baumwollware zum betreffenden Indiennedrucker spedieren und für den vorher ausgemachten Druckerlohn bedrucken.

Neuenburg und Freiburg

Auf dem Gebiet des Kantons Freiburg existierten in den 1760er Jahren neun grössere und einige kleinere Textildruckereien. Die Stadt Freiburg bemühte sich seit den 1730er Jahren über die «Müssiggangskammer» um die Förderung des städtischen Gewerbes. Sie stellte geeignete Räume zur Verfügung, gewährte Darlehen und Fabrikationsprivilegien. Eine Institution wie der «Kommerzienrat» in Bern fehlte jedoch. Die «Ökonomiekammer» versuchte, die Armen mit Textilarbeiten zu beschäftigen. 1746 wurde eine «Standes-Ökonomiekammer» ins Leben gerufen mit dem Ziel, staatliche Gelder nutzbringend anzulegen. In den 1740er Jahren etablierten sich denn auch mit Moise Godet in Greng und Jean Labram in Courgevaux zwei Indiennedrucker von Neuenburg im Gebiet von Murten (Freiburg). Auf Labram folgte David Farnet aus dem Kanton Bern, auf Farnet folgte *Niklaus Gruner*, der wie sein Nachfolger *Johann Bernhard Fischer* von Bern in Konkurs ging. 1778 eröffnete eine Filiale von *Deluze frères et Chaillet* von Neuenburg ihren Betrieb in Portalban (Freiburg). Die durch den Fabrikanten Abram Verdan (gest. 1822) seit 1785 in der Stadt Freiburg eingerichtete Textildruckerei war seinerseits eng an die Handelsgesellschaft *Deluze, de Montmollin & Comp.* in La Borcarderie bei Valangin (Neuenburg) gebunden, in deren Textildruckerei Abram Verdan als Fabrikant tätigt war. Die Textildruckerei im Gebiet von Murten stand somit unter starkem Einfluss der Handelshäuser von Neuenburg.[2612] Das dürfte über die weite Entfernung von Trogen hinaus auch der Hauptgrund gewesen sein, wieso diese grösseren und kleineren Textildruckereien der 1760er Jahre auf keinerlei Art und Weise Eingang in die Briefkopierbücher der Kaufleute Zellweger fanden.

Solothurn

Dass sich unter einigen führenden Ratsfamilien von Solothurn Mitte des 18. Jahrhunderts ein neuer Wirtschaftgeist breitmachte, führte Meyer (2012) auf den schwindenden Bedarf Frankreichs an Söldnern zurück. Der neue Geist drückte sich einerseits in der 1761 gegründeten *Ökonomischen Gesellschaft* aus. Andererseits investierte man enorme Summen in Handels- und Industrieunternehmen gerade im Bereich der Textilindustrie. Als grösstes Unternehmen galt die 1765 von Franz Wagner (1730–1771) gegründete Textildruckerei *Wagner & Co.* Wagner übernahm mit weiteren patrizischen Investoren eine 1756 gegründete Indiennemanufaktur und exportierte bedruckte Baumwollstoffe bald nach Frankreich, Italien und Deutschland. *Gebrüder Zellweger & Comp.* lieferte am 27. Februar 1769 ein erstes Mal «weisse schlessische Lurth» an *Wagner & Co.* Dieser beklagte sich im März aber über den Preis und die «Schränze» in der Ware.[2613] In ihrer Blütezeit um 1790 war sie mit 250 Arbeitskräften das grösste Industrieunternehmen in Solothurn. Nach 1814 setzte infolge der englischen Konkurrenz nach Aufhebung der Kontinentalsperre 1813, veralteter Produktionsmethoden und Importverboten der Niedergang ein. 1824 ging die Firma bankrott und wurde liquidiert.[2614] Die insgesamt schmale Korrespondenz mit der Textildruckerei *Wagner & Co.* erstreckte sich über den langen Zeitraum von 1762 bis 1811

2611 Zellweger, Müller & Comp.: 1 Brief an Arber & Co. in Zofingen, Trogen, 18.11.1776, S. 469.

2612 Bodmer: Die Indienne-Industrie im Kanton Freiburg (1968/1969), S. 38, 47–49 und 70, vgl. Ehrensperger: Die Indienne-Druckerei im Drei-Seen-Land, in: Seebutz (2003, 4), S. 29–49; Dreyer: Les toiles peintes en pays neuchâtelois (1923).

2613 Gebrüder Zellweger & Comp.: 1 Brief an Wagner & Co. in Solothurn, Trogen, 27.02.1769, S. 1006.

2614 Meyer, Erich: Artikel «Solothurn», in: e-HLS online, 20.12.2012.

mit *Gebrüder Zellweger & Comp.* am 27. Februar 1762[2615], *Zellweger Vater & Comp.*[2616] und *Zellweger & Comp.* über den Druck des Artikels «Indienne» rund fünfzig Jahre vom 18. bis ins frühe 19. Jahrhundert hinein.[2617] Bodmer (1959) übersah diese geschäftliche Entwicklung und meinte, dass bei *Wagner & Co.* nur Offerten eingeholt worden seien.[2618]

Zürich

Zürich Stadt

JeanRichard (1968) und Bodmer (1968/1969) belegten für die Stadt Zürich eine erste Textildruckerei im Jahr 1701. Sie wurde durch *Römer & Kitt* gegründet, welche für ihren Betrieb einen Färber und Drucker aus Holland einstellten.[2619] Der obrigkeitliche Schutz der städtischen Färbermeister wirkte sich hemmend auf die Entfaltung dieses neuen Zweiges der Textilveredlung aus. Für die Kaufleute Zellweger von Trogen waren Geschäftskorrespondenzen mit zwei Textildruckern in der Stadt Zürich erst im Zeitraum 1765 bis 1779 zu belegen. Sie hiessen Rordorf und Wolf. Während es bei *Johann Heinrich Rordorf* bei zwei Briefen blieb[2620], stach *Johann Ulrich Rordorf* im Seefeld[2621] mit einer umfangreichen Korrespondenz mit *Zellweger, Müller & Comp.*, dann *Zellweger, Zürcher & Comp.* hervor.[2622] Der Textildrucker *Johann Ulrich Rordorf* von Zürich ist über die Literatur nur schlecht greifbar. Wanner-JeanRichard (1968) stützte sich auf Forrer (1898), um auszusagen, dass «zur Empirezeit in Zürich ein Rohrdorf als Textildrucker genannt wird».[2623] Im Raggionenbuch des *Kaufmännischen Directoriums Zürich* findet sich immerhin sein Name.[2624] Für Winterthur machte Bodmer (1959) Kontakte zu *Gebrüder Steiner zum Steinberg* aus.[2625] Die vorliegende Forschung ergab jedoch nur Kontakte zu *Emanuel Steiner* «zum Steinberg», der im Dezember 1773 von Zellweger-Hirzel-Scheuss auf der Durchreise als Kunde für sechs Stück weisse, 7/4 breite schlesische Leinwand gewonnen werden konnte.[2626]
Gebrüder Zellweger & Comp. trat 1765 in Kontakt mit dem Textildrucker *Johann Heinrich Rordorf* von Zürich.[2627] Doch die «Hoffnung», welche ihnen Rordorf auf beste Bedienung machte, erfüllte sich nicht. Sie baten um Lieferung ihrer Baumwollware «durch den Ord[inari]. Botten Reich nebst Conto» oder andernfalls mindestens um eine Anzeige zum Stand der Arbeit.[2628] Trotz dieses misslungenen Anfangs entwickelte sich in den 1770er Jahren erneut ein Geschäftskontakt. Ein *Johann Ulrich Rordorf* reiste im Juli 1776 persönlich nach St. Gallen, um den dortigen Kaufleuten seine Muster zu zeigen und Druckaufträge für seine Indiennesdruckerei zu akquirieren. *Zellweger, Müller & Comp.* hoffte, Rordorf werde glücklich nach Zürich zurückgekommen sein, und zeigte ihm zugleich den Versand von einem Ballen an, «enthaltend 40 ganze Bwltücher». Der Druckauftrag für diese erste «Probe» lautete wie folgt:

> Das 10/2 Stück zu Mochoirs einfach roht à l'anglaise mit schönen feinen Desseins & die übrigen 30/2 Stk. aber zu pattenas Mouchoirs mit blau nach Muster, wie wir uns mündlich verstanden haben, & so dass wann im Eingeweid etwas blaues ist, die Ränder nichts blaues haben, dagegen darf auch bey denen, die roth & blaue

2615 Gebrüder Zellweger & Comp.: 5 Briefe an Wagner & Co. in Solothurn, Trogen, 1762–1774.
2616 Zellweger Vater & Comp.: 2 Briefe an Wagner & Co. in Solothurn, Trogen, 1774–1780.
2617 Zellweger & Comp.: 5 Briefe an Wagner & Co. in Solothurn, Trogen, 1810–1811.
2618 Bodmer: Textilgewerbe (1959), S. 75.
2619 Bodmer: Schweizerische Industriegeschichte (1960), S. 186.
2620 Gebrüder Zellweger & Comp.: 2 Briefe an Johann Heinrich Rordorf in Zürich, Trogen, 1762–1769.
2621 Bodmer: Textilgewerbe (1959), S. 75.
2622 Zellweger, Müller/Zürcher & Comp.: 48 Briefe an Johann Ulrich Rordorf im Seefeld in Zürich, Trogen, 1774–1780.
2623 Wanner-JeanRichard: Kattundrucke der Schweiz (2/1968), S. 84.
2624 Zürich, Kaufmännisches Direktorium: Raggionenbuch [STAZH: D 57], S. 164 und 167.
2625 Bodmer: Textilgewerbe (1959), S. 75.
2626 Gebrüder Zellweger & Comp.: 1 Brief an Emanuel Steiner von Winterthur, Trogen, 08.12.1773, S. 681.
2627 Gebrüder Zellweger & Comp.: 2 Briefe an Textildrucker Johann Heinrich Rordorf von Zürich, Trogen, 1762–1769.
2628 Gebrüder Zellweger & Comp.: 1 Brief an Textildrucker Johann Heinrich Rordorf von Zürich, Trogen, 28.02.1765, S. 389.

Rand haben, im Eingeweid nichts blaues seyn. Wir getrösten uns, dass Sie sich diese Probe wohl werden angelegen sein lassen &ca.[2629]

Johann Ulrich Rordorf im Seefeld konnte im Juli 1776 also «Mouchoirs patena» in den Farben Rot und Blau bedrucken. Gestaltungselemente für «schöne feine Desseins à l'anglais» waren der «Rand» und das «Eingeweide». Mit der ersten Lieferung des bedruckten Ballens war der Auftraggeber Zellweger-Hirzel-Scheuss zufrieden. Für vierzig Stück bedruckte Baumwolltücher bezahlte er 150 Gulden Druckerlohn. Darauf folgten zwei weitere Ballen 6/4 Ellen breiter Baumwollware, zu bedrucken als «Mouchoirs», «theils mit rothen Randen & gefärbten Innerwerken & theils mit rothen «Eingeweiden» & gefärbten bordures» in den Farben «grau, mort d'oré, violet & musque». Weiss gebleichte, 7/4 Ellen breite Baumwolltücher sollte er zu «Mouchoirs» in «einfach fein Roth von schönen dessein nach englischem gout» verarbeiten, wobei «allenfahls schwarze Striche dabei wohl angebracht werden dürften». Insgesamt wurde ihm «gut Sorgfalt für die Genauheit & Reinlichkeit im Druck» empfohlen.[2630] Im September 1776 druckte *Johann Ulrich Rordorf* darüber hinaus in den vier Farben Grau, Goldbraun, Orangebraun und Violett.
Der kritische Kaufmann war mit dem Resultat des Textildrucks auf seiner Baumwollware auch bei *Johann Ulrich Rordorf* im Seefeld nicht immer zufrieden. Im Februar 1777 war Zellweger-Hirzel-Scheuss mit dem Textildruck von zwei Ballen Baumwollware mit wieder je vierzig Baumwolltüchern «nicht vol zufrieden: Die violetten Rand u. Eingeweid sind durchgehends missrathen». Offenbar lag das an den für den Textildruck viel zu kalten, winterlichen Temperaturen, weshalb *Johann Ulrich Rordorf* doch «eine gelindere Witterung erwarten möge». Zudem hatte *Johann Ulrich Rordorf* die Anweisung missachtet, «die Helfte Blau in die Eingeweid u. die andre Helfte blau in die Rand» zu drucken, weshalb der Auftrag wiederholt wurde. Zellweger behielt sich vor der Auszahlung des Druckerlohns das Gutachten von *Zellweger, Müller & Comp.* in Genua vor, ob «die gefehlten Rand den obigen Th. 80. dem Absatz diser Waar nicht gar zu schädl[ich]. seyn möge». Trotzdem wurden wiederum zwanzig Baumwolltücher abgesandt, die *Johann Ulrich Rordorf* «zu blau u. Mouch[oirs]: mit schwarz u. rothen Randen von verschieden artigen Desseins auf Art der uns jüngst eingesandten Musters zu einer Probe drucken» sollte.[2631] Die Überlieferung der Korrespondenz brach mit einer weiteren Unzufriedenheit Zellwegers ab. Er stellte darin den Textildrucker vor die Wahl, die «misslungene War» an sich zu nehmen, während Zellweger die «36 Th. besten gestreiften» von 54 Stücken behielt, oder für die Übernahme der ganzen Sendung einen Rabatt auf den Druckerlohn zu gewähren.[2632] Wozu sich Rordorf entschied, ist nicht bekannt.
Mit *Salomon Wolf* begann kurz vor Abbruch der Überlieferung Ende März 1780 eine vielversprechende Korrespondenz über den Druck von «Mouchoirs».[2633] Wolf sowie dessen Sohn, der sich persönlich nach Trogen bemühte, versprachen «die Bedienung mit Fabrications der M[ouchoir]s: nach Vergnügen». *Zellweger, Zürcher & Comp.* entschloss sich, «eine kleine Probe mit Ihnen zu machen». Über *Hans Heinrich Schulthess* erhielt *Salomon Wolf* «16 Stk. rohe Bwolltuch», um sie «uns einstweilen auf die Bleiche zu beförderen». In der Zwischenzeit verlangte man die Zustellung «dero Desseins zu roth und weissen, auch roth, weiss und blauen M[ouchoir]s: n, um nach unserem Gusto wählen zu können».[2634]
Hans Jakob Hofmeister (1745–1809) «zum weissen Kreuz» in Zürich[2635] wurde von Bodmer (1959) als Textildrucker der Zellweger angegeben. Die Forschung ergab jedoch, dass er von *Zellweger, Zürcher & Comp.* im Frühjahr 1780 als Kunde für Kolonialwaren wie Kaffee und Baumwolle angegangen wurde.[2636]

2629 Zellweger, Müller & Comp.: 1 Brief an Textildrucker Johann Ulrich Rordorf von Zürich, 25.07.1776, S. 413.
2630 Zellweger, Vater & Co.: 1 Brief an Johann Ulrich Rordorf in Zürich, 23.09.1776, S. 437.
2631 Zellweger, Vater & Co.: 1 Brief an Johann Ulrich Rordorf in Zürich, Trogen, 10.02.1777, S. 502–503.
2632 Zellweger, Vater & Co.: 1 Brief an Johann Ulrich Rordorf in Zürich, 25.01.1779, S. 811.
2633 Zellweger, Vater & Co.: 12 Briefe an Salomon Wolf in Zürich, Trogen, 1774–1780.
2634 Zellweger, Zürcher & Comp.: 1 Brief an Salomon Wolf von Zürich, Trogen, 25.03.1780, S. 1030.
2635 Bodmer: Textilgewerbe (1959), S. 75.
2636 Zellweger, Zürcher & Comp.: 2 Briefe an Hans Jakob Hofmeister (1745–1809) zum weissen Kreuz in Zürich, Trogen, 24.02.1780, S. 1005, 22.05.1780, S. 1065.

Textildrucker der Zellweger in Frankreich

Mülhausen

Mülhausen war bis 1798 ein zugewandter Ort der Eidgenossenschaft. Die Stadt nahm hugenottische Flüchtlinge auf und bürgerte auch zahlreiche Schweizer Familien ein. Dazu zählten die Blech, Dollfus, Ducommun, Feer, Gros, Koechlin, Risler, Schwartz, Thierry und die Zuber. Auf der Basis dieser Zuwanderung erlebte Mülhausen vom 17. bis in das 18. Jahrhundert hinein ein goldenes Zeitalter. Über die Beziehung dieser Familien zur Textildruckerei in Neuenburg wurde 1746 das Gewerbe des Textildrucks auch in Mülhausen eingeführt, wo es die Grundlage einer örtlichen Industriellen Revolution wurde. Diesen Fortschritt musste Mülhausen mit der Aufgabe seiner Unabhängigkeit teuer bezahlen. Wirtschaftlich zu Boden gedrückt mittels Repressionen und Sanktionen seitens Frankreichs gegen seine äusserst erfolgreiche Textildruckindustrie, wurde die Stadt Ende Januar 1798 auf eigene Bitte in den französischen Staat einverleibt.[2637]
Forrer (1898) wies für Mülhausen die Entstehung von nicht weniger als vierzehn Textildruckereien seit den 1750er Jahren nach. 1752 begannen *Hartmann & Cie.*, 1754 *Anthes, Feer u. Cie.*, 1756 *Hofer, Rissler & Cie.*, 1758 *J. J. Feer u. Huguenin*, 1762 *Eck, Schwartz u. Cie.*, 1764 die drei Unternehmen *C. Heilmann, Blech u. Cie., Thierry, Haine &. Cie., Feer u. Cie., Dollfus u. Hofer*, 1765 die beiden Unternehmen *Franck u. Cie., Schön, Huguenin & Cie.*, 1767 *Hartmann u. Söhne*, 1771 *Jelensperger, Kohler u. Cie.*, 1772 *Friedrich Cornetz* und 1776 *Kohler Junghaen*. Im nur 30 Kilometer westlich davon gelegenen Thann folgte 1788 *Peter Dollfus u. Cie.* Im nur 6 Kilometer östlich davon liegenden Rixheim gründete *Nicolas Dollfus u. Jean Zuber* 1796 nach dem Vorbild der Indiennedruckereien eine Tapetenfabrik, wo auf Papier gedruckt wurde. Von grosser Bedeutung für die Entwicklung der Textildruckerei im Raum Mülhausen war die 50 Kilometer nördlich davon in Logelbach bei Colmar 1775 gegründete *Haussmann, Enterich, Jordan & Cie.* Johann Michael Haussmann war Chemiker in der berühmten *Textildruckerei Schüle* in Augsburg und heiratete in die Familie des berühmten Inhabers Johann Heinrich Schüle (1720–1811) ein. Die fortschrittliche Technik von Augsburg fand über Haussmann in die Textildruckerei im Elsass Eingang und stiess eine enorme Entwicklung an. In den Worten Forrers (1898) waren «ihre Fabrikate an Schönheit und Güte bald denen von Schüle und Oberkampf gleichgestellt» und erlangten «Weltruf».[2638]
In Bezug auf die Kaufleute Zellweger war es wiederum *Zellweger Vater & Comp.*, welche die geschäftlichen Kontakte zu diversen Textildruckereien in Mülhausen in den 1770er Jahren intensivierte. Dazu zählten *Samuel Köchlin*[2639] und *Hartmann & Comp.*[2640] Die ersten Kontakte kamen 1774 im Zuge der Handelsreise des frischgebackenen Associés des neu gegründeten Handelsunternehmens *Zellweger, Müller & Comp.* nach Genua zustande, Johann Conrad Müller von Herisau. Bei der Durchreise nach Genua wählte Müller persönlich bei *Köchlin* bedruckte «Jupon»[2641] und bei *Hartmann* bedruckte «Mouchoirs» aus.[2642] Ganz anders gestaltete sich die Beziehung mit *Heilmann, Blech & Comp.*[2643] *Zellweger, Zürcher & Comp.* übernahm kommissionsweise den Verkauf ihrer Druckware in Genua. Der Verkauf zog sich hin, sodass «an dem Erfolg gezweifelt» werden musste.[2644] Dann unterlief das peinliche Missgeschick, «dass während der Abwesenheit unseres Herrn Zürchers unser Commis [Schlatter, A.d.A.] Dehro Stk. Mouch[oirs]: patt[ena]: verkauft hat in der Meynung, es sey unser eigenen Waar».[2645]

2637 Schreck, Nicolas/PTO: Artikel «Mülhausen», in: e-HLS online, 04.08.2011.
2638 Forrer: Die Kunst des Zeugdrucks (1898), S. 47.
2639 Zellweger, Müller/Zürcher & Comp.: 5 Briefe an Samuel Köchlin in Mülhausen, Trogen, 1774–1780.
2640 Zellweger, Müller/Zürcher & Comp.: 4 Briefe an Hartmann & Comp. in Mülhausen, Trogen, 1774–1780.
2641 Zellweger, Müller & Comp.: 1 Brief an Samuel Koechlin in Mülhausen, Trogen, 03.11.1774, S. 47.
2642 Zellweger, Müller & Comp.: 1 Brief an Hartmann & Comp. in Mülhausen, Trogen, 07.07.1774, S. 2–3.
2643 Zellweger, Müller/Zürcher & Comp.: 15 Briefe an Heilmann, Blech & Comp. in Mülhausen, Trogen, 1774–1780.
2644 Zellweger, Zürcher & Comp.: 1 Brief an Heilmann, Blech & Comp. in Mülhausen, Trogen, 24.01.1780, S. 984.
2645 Zellweger, Zürcher & Comp.: 1 Brief an Heilmann, Blech & Comp. in Mülhausen, Trogen, 12.08.1780, S. 1118.

Den Abschluss dieser äusserst unglücklichen Korrespondenz bildete die Übersendung der entsprechenden Verkaufsabrechnung.
Mangels Überlieferung der Korrespondenz von 1780 bis 1800 ist die Auswirkung der Verbote für die Einfuhr von Druckware nach Frankreich im Sommer 1785 auf die Geschäftsbeziehungen der Kaufleute Zellweger nach Mülhausen nicht zu erforschen. Für den Textildruck von Müllhausen war das Verbot gemäss Forrer (1898) ein «schwerer Schlag». Es erlaubte den Import bedruckter Baumwollware von Indien nach Frankreich nur noch der «Compagnie des Indes», welche die «Indiennes» aus dem Elsass gewaltig konkurrenzierte.[2646] Es ist davon auszugehen, dass die Kontakte angesichts der Absatzverbote in sich zusammenfielen. 1789 verlangte Frankreich einen Einfuhrzoll von 95% auf die Druckstoffe aus der geografischen, politischen, religiösen und wirtschaftlichen Enklave Mühlhausen.[2647] Auch die wirtschaftlich erzwungene Abwendung Mülhausens von der Schweiz und Hinwendung zu Frankreich 1798 dürften das gute Einvernehmen mit den dortigen Textildruckereien gestört haben. Im Unterschied zu den fünf Kontakten für die Zeit vor 1780 war 1800 mit *Blech, Fries & Co.* nur noch eine einzige Textildruckerei in Mülhausen nachweislich für *Zellweger & Comp.* tätig. Sie bedruckte im Auftrag «P[ièces]. 75 Toilles de Cotton 8/4 p 8 a[u]n[es]: [...] en Mouch[oirs]. Schals de plus nouveau gout usité en France».[2648] Die beiden Unternehmen *Mansbendel Reber*[2649] und *Vetter, Thierry & Grossmann* traten von 1806 bis 1811 als Kunden der Baumwollware der *Zellweger & Comp.* auf.[2650] Ein *Bazile Gonthier & Co.* von Rouen bezog bei seinen Aufenthalten in Mülhausen Baumwollware der *Zellweger & Comp.*[2651]
Somit wandelte sich die Bedeutung von Mülhausen im Handelsnetz der Kaufleute Zellweger von Trogen im Laufe der Jahre vollkommen. Vom Zentrum des Textildrucks für *Zellweger, Zürcher & Comp.* und deren Verkauf in Genua in den 1770er Jahren entwickelte sich die Stadt zu einem Absatzmarkt für Baumwollware der *Zellweger & Comp.* in den Jahren 1806 bis 1811. Dennoch florierte die Textildruckerei in Mülhausen auch nach 1800, wie einer zeitgenössischen Expertise zu entnehmen war. Der seinerseits sehr erfolgreiche Textildrucker Mayr von Arbon (Thurgau) schrieb tief beeindruckt über die rege Tätigkeit, welche die Textildruckereien in Mülhausen um 1800 auszulösen vermochten:

> Ich fand [in Mülhausen] eine Thätigkeit u. Betriebsamkeit eben dieses meines Faches [der Textildruckerei, A.d.A.], die sonst wohl so conzentrirt nirgends in Europa angetroffen werden mochte. – Fabrique u. Fabrication machte die ausschließende Existenz der Umgegend, war Gespräch, Thun u: Laßen der Stadt. Fabrication aller Fache der Drukerey, vom feinsten, schönsten bis zum Gemeinsten hinunter war hier betrieben und überall Arbeit hell auf.[2652]

Orange: Die Compagnie d'Orange

Bei der *Compagnie d'Orange* handelte es sich um eine Textildruckerei in Orange (Provence-Alpes-Côte d'Azur), das mehr als 300 Kilometer südlich von Lyon gelegen war. Sie war 1757 von Johann Rudolph Wetter (1705–1788) von Herisau (Appenzell Ausserrhoden) nur zwei Jahre vor Aufhebung des Verbots der Herstellung von bedruckten Baumwolltüchern in Frankreich gegründet worden. Was dieses grossangelegte Unternehmen einmal war, ist bis heute in allen Details nachvollziehbar. Drei zeitgenössische Ölgemälde halten Momentaufnahmen aller Tätigkeiten innerhalb der Manufaktur fest. Der Maler Gabriel Maria Rossetti richtete seinen Blick direkt auf die Arbeiter und Unternehmer im Innern der Textildruckerei. Damit gelang ihm eine Illustration sowohl der Arbeitsvorgänge wie auch der Atmosphäre: Kinder neben den Druckertischen, die geohrfeigt werden, ein Aufseher, der sich voyeuristisch

2646 Forrer: Die Kunst des Zeugdrucks (1898), S. 47.
2647 Ursch-Bernier, Isabelle: Négoce et industrie à Mulhouse au XVIIIème siècle (1696–1798), Mulhouse 2005.
2648 Zellweger & Comp.: 1 Brief an Bleich, Fries & Co. in Mülhausen, Trogen, 15.01.1801, S. 319.
2649 Zellweger & Comp.: 8 Briefe an Mansbendel Reber in Mülhausen, Trogen, 1806–1809, vgl. 20.10.1806, S. 36.
2650 Zellweger & Comp.: 10 Briefe an Vetter, Thierry & Grossmann in Mülhausen, Trogen, 1810–1811.
2651 Zellweger & Comp.: 1 Brief an Bazile Gonthier & Co. in Mülhausen, Trogen, 26.03.1808, S. 495.
2652 Buenzli (Hg.): Mayr: Meine Lebenswanderung (2/2010), S. 628.

über den Ausschnitt einer Glätterin beugt, ein Dieb im Schatten einer Säule, dem unter den Augen der Unternehmer ein Arbeiter ein bedrucktes Stück Baumwollware zusteckt, arbeitende Modellstecher in Streitereien verwickelt bei Kerzenschein in ihrem Atelier, junge Pinslerinnen im lichtdurchfluteten Saal, die sich unter der Aufsicht zweier älteren Frauen fleissig über die auszubessernden Textildrucke beugen und viele weitere Details. Rosetti fertigte das Werk 1764 im Auftrag des Werkleiters, dessen Wohnung es schmücken sollte. Die prachtvollen Gemälde befinden sich heute im Besitz des «Musée d'art et d'histoire d'Orange», wo sie öffentlich zugänglich sind. Wegen ihrer Qualität wurden sie bereits unzählige Male veröffentlicht. Mit Ziegler (1987), Chassagne (1991), Braudel (1990), Witschi (1994) und Fuchs (1999) ist die Liste wohl keineswegs vollständig.[2653]
Wie umfangreich die Textildruckerei *Compagnie d'Orange* war, umriss Chassagne (1991) mit folgenden Angaben:

> Wetter se réimplante en 1757 à Orange. Sa manufacture compte 500 ouvriers, dont 85 imprimeurs, 85 tireurs, 94 hommes de prés, 196 pinceauteuses, 4 dessinateurs formés à l'Académie de Peinture de Marseille, 14 graveurs, 9 employés aux calandres, 12 lisseurs, 6 foulons.[2654]

An diese *Compagnie d'Orange*, geführt von Rudolph Wetter von Herisau, ist kein einziger Geschäftsbrief der Kaufleute Zellweger von Trogen überliefert. Und dennoch musste zwischen Orange, Lyon und Trogen ein reger Austausch geherrscht haben. Ende November 1766 berichtete Zellweger-Hirzel-Scheuss nach Zürich:

> Letsten Montag haben wir die Nachricht erhalten, dass die Compagnie von Orange, davon H: Rudolf Wetter ein Mitglied ist, aufgehört habe zu zahlen. Diese Compagnie ist uns auch viel schuldig, allein wir haben auch viele Waaren in Handen, desnahe ich nicht glaube, dass wir vieles verliehren werden. Sie machet Hoffnung, Capital & Interessé zu bezahlen. Ich wünsche es.[2655]

Die *Compagnie d'Orange* stand somit im November 1766 vor dem Konkurs. *Gebrüder Zellweger & Comp.* kam dabei nicht zu Schaden, weil sie genug bedruckte Baumwollware im Gegenwert «in Handen».[2656] Wie gross die «Mühe», aber auch der «Profit» im Geschäft mit den «Indiennes» von Orange waren, fasste Zellweger-Hirzel-Scheuss im klarem Bewusstsein der Wirkung seines eigenen Reichtums auf sich selber und auf seine Kinder zusammen:

> Wann uns dieser Ast abgehet, so haben wir weniger Gefahr, weniger Mühe, und auch weniger Profit; diss letstere aber kränkt mich nicht, zumahlen ich den allzu grossen Reichtum nicht erwünschte und immer förchte, ich möchte nur so viel schlimmer werden als ich reicher würde, und meine Kinder noch schlimmer den ich.[2657]

Ein weiterer Hinweis zur *Compagnie d'Orange* stammte aus dem Jahr 1774. Bei der Separation der *Gebrüder Zellweger & Comp.* überliess Zellweger-Hirzel-Scheuss seinem Bruder Zellweger-Wetter aus einem bestimmten Grund den Vortritt, zwischen den Magazinen oder dem Handelszeichen der alten Raggion Zellweger zu wählen. Dieser hatte offenbar gewisse «Oranger Geschäfte zuwege gebracht»:

2653 Auch im Internet einzusehen, siehe http://www.theatre-antique.com/fr/la-decouverte-du-lieu/musee-dart-et-dhistoire-dorange/salles-1er-etage; die folgende Sammlung von Literatur, worin die einzigartigen Ölgemälde der Textildruckerei von Wetter in Orange abgebildet sind, zeigt ansatzweise, was für eine immense Bedeutung ihnen für die Geschichte des Textildrucks zukommt: Braudel: der Handel (1990), S. 364–365; Ziegler: Zur Geschichte des St. Galler Bankenwesens, in: Mottet (Hg.): Geschichte der Schweizer Banken (1987), S. 225–244, hier S. 237; Chassagne: Le coton et ses patrons (1991), S. 164–167; Witschi: Appenzeller in aller Welt (1994), S. 210.

2654 Chassagne: Le coton et ses patrons (1991), S. 75–80 und 119–122.

2655 Zellweger, Johannes (1730–1803): 1 Brief an Johann Caspar Hirzel (1725–1803) in Zürich, Trogen, 27.11.1766.

2656 Zellweger, Johannes (1730–1803): 1 Brief an Johann Caspar Hirzel (1725–1803) in Zürich, Trogen, 18.12.1766.

2657 Zellweger, Johannes (1730–1803): 1 Brief an Johann Caspar Hirzel (1725–1803) in Zürich, Trogen, 18.12.1766.

2. Wegen dem dass mein Bruder das Lyoner Hauss errichtet, viele Jahre allein geführt, und auch die Oranger Geschäfte zuwegen gebracht, solle Er wählen mögen, die Magazins oder das Zeichen für sich zu behalten, und falls Er beede haben wollte, solle Er mir einen mir beliebigen Ersatz dafür geben &ca.: [2658]

Leider fanden sich keinerlei weiterführende Angaben dazu, welcher Natur diese «Oranger Geschäfte» waren.

Textildrucker der Zellweger im Deutschen Reich

Bayern

«Zackelmayer», «Zaggelmeyer» oder «Zegelmajer» in Augsburg

Auch für Augsburg war es *Zellweger, Müller & Comp.*, für welche mit *Georg Friedrich Zackelmayer* Kontakte zu einem der grössten Kattunfabrikanten der Stadt zu belegen waren.[2659] Zackelmayer (gest. 1801), über dessen familiäre Herkunft nichts bekannt ist, kaufte sich 1771 den Grundbesitz am Hinteren Lech, 1776 denjenigen am Vorderen Lech, was ihn als Nachfolger der Kattundrucker Georg Christoph Deschler und Markus Leonhard Kaufmann identifiziert. Von 1775 bis 1780 war Zackelmayer Abnehmer von 70 000 Baumwolltüchern der Weber in Augsburg, was etwa 15% der städtischen Produktion dieses Zeitraums entsprach. In den 1780er Jahren führte er über 10 000 Kattune aus Ostindien in Augsburg ein, in den 1790er Jahren 7000. Um 1800 war seine Produktion rückläufig, doch immer noch beträchtlich. Nach 1801 verstarb der im Textildruck so erfolgreiche Emporkömmling.[2660] Für Zellweger-Hirzel-Scheuss druckte Zackelmayer «Calenca» und «Mi-Calenca».
Keine Kontakte zu belegen waren für den berühmten Textildrucker *Johann Heinrich Schüle* (1720–1811) von Augsburg, Edler von Schüle. Jenny (1902) beschrieb, wie Schüles Druckartikel «Zitze» weit über die Landesgrenzen hinaus bekannt gewesen sei. 1759 eröffnete *Johann Heinrich Schüle* selbst eine Indiennedruckerei und zeichnete sich bald sowohl durch eine grosse Produktion als auch ein feines Colorit seiner Fabrikate aus. Besondere Aufmerksamkeit erregten seine umständlich illuminierten Krappartikel, in die er neben den Tafelfarben auch luftbeständige edelmetallhaltige Bronze, in Gummi verdickt, einpinseln liess. Seit 1765 ahmten Textildruckereien in der Schweiz solche Gold- und Silberdrucke nach. Um ihren Glanz zu erhöhen, wurden sie sattiniert.[2661]
Nach 1800 war *Zellweger & Comp.* im Austausch mit der 1781 gegründeten *Kattundruckerei Apfel*, zu deren Betrieb 1783 die Gesellschaft *Schöppler & Hartmann* gegründet wurde.[2662] In den 1790er Jahren zerstritt sich Johann Michael Schöppler (1754–1839) mit seinem Teilhaber Hartmann, was zu seinem Austritt führte. *Schöppler & Hartmann* blieb dennoch bestehen. *Zellweger & Comp.* bedauerte im Sommer 1800 «die Leiden, die Sie und Ihre Stadt haben ausstehen müssen, und um so mehr, da wir aus eigener Erfahrung wissen, wie drückend solche sind». Ohne es zu sagen, wurde hier die grosse Last beklagt, welche die Einquartierung der französischen Soldaten bedeutete. Es blieb die «Hoffnung auf Frieden». *Zellweger & Comp.* boten die Lieferung von «7/4 breiten, glatten Mousselins» in den Qualitäten zu «f 10.– à f 11.– gegen baar» an. Für Sendungen von Augsburg nach Trogen schlugen sie ihr Haus in Bregenz vor.[2663] *Schöppler & Hartmann* überstand die Wirren der Zeit und übernahm 1856/1857 sogar die *Schülesche Kattunfabrik*.[2664]

2658 Zellweger, Johannes (1730–1803): 1 Brief an Johann Caspar Hirzel (1725–1803) in Zürich, Trogen, 21.02.1774.
2659 Zellweger, Müller/Zürcher & Comp.: 15 Briefe an Georg Friedrich Zackelmayer in Augsburg, Trogen, 1774–1780.
2660 Häberlein, Mark/Schmölz-Häberlein, Michaela: Artikel «Zackelmayer», in: Stadtlexikon Augsburg online, 03.09.2010.
2661 Jenny: Handel und Industrie des Kantons Glarus (1902), S. 66–67.
2662 Zellweger & Comp.: 32 Briefe an Schöppler & Hartmann in Augsburg, Trogen, 1800–1813.
2663 Zellweger & Comp.: 1 Brief an Schöppler & Hartmann in Augsburg, Trogen, 25.07.1800, S. 22.
2664 Reich, Thomas: Artikel «Schöppler, Johann Michael (1754–1839)», in: Stadtlexikon Augsburg online, 02.09.2010; N.N.: Artikel «Schülesche Kattunfabrik», in: Stadtlexikon Augsburg online, 1998.

Herzogtum Württemberg

Von «altmödischem Mödeln» und «Calicos à Mignettes» – Lörrach vor 1780

In Lörrach (Baden-Württemberg) verkehrte Zellweger-Hirzel-Scheuss im Zeitraum von 1774 bis 1780 überaus erfolgreich mit der Textildruckerei von *Niclaus de Johann Friedrich Küpfer*.[2665] Die überlieferte Korrespondenz setzte im April 1774 ein mit einer harschen Kritik nach der Besichtigung der von Küpfer gelieferten Druckware von 400 Tüchern. Trotz Beanstandung der «eint u. andere altmödische Mödel» und der vielen Druckfehler erteilte er zugleich einen neuen Auftrag für 300 zu bedruckende Baumwolltücher, wofür er sogar den Druckerlohn verdoppeln wollte. Auflage war, dass Küpfer die «Mouchoirs Patenas» mit «schön, neuen Desseins von Eingeweide mit kleinen Blümchen» bedruckte, «auf lebhafte Farbe u. exacte Druk bedacht» war, «wenigst ⅔ mit rothem Eingeweid u. gefärbtem Rande u. ungefähr als ⅓ mit gefärbt Eingeweid u. rothem Rand». Am wichtigsten war, dass die Druckware am 15. Juni 1774 in Trogen eintraf. Die zu bedruckenden Baumwolltücher stammten in diesem Fall von *Joh: Heinrich Huntziger jünger* aus Aarau.[2666] Das Schlimmste, was ihm passieren konnte, war, im Juni – wenn die Käufer aus Montpellier auftraten, um sich für die *Messe Beaucaire* einzudecken – ohne Assortiment in farbiger Druckware, insbesondere den begehrten «recht schönen Mouchoirs Patenas» dastehen zu müssen. Ohne Assortiment würde ihm die alte Kundschaft der *Gebrüder Zellweger & Comp.* davonlaufen. Um das zu verhindern, setzte er alle Hebel in Bewegung. Offenbar führte Küpfer den Auftrag zu seiner Zufriedenheit aus. Immerhin entspann sich in der Folge eine umfangreiche Korrespondenz zwischen Trogen und Lörrach.

Den Kontakt nach Lörrach nahm *Zellweger & Comp.* 1809 bis 1811 wieder auf. Man reagierte auf das Zirkularschreiben der Nachfolgefirma *Merian & Köchlin* [2667] vom 24. Juni 1809. Im September entschloss man sich,

> eine Probe mit Ihrer Druckerei machen, um zu sehen, wir wir bey Ihren Conditionen bestehen. Zu diesem Ende gehen dato f[ran]:co Basel vermittelst H. Caspar Zili in St. Gallen an Stück M. & K. N. 1. 1 Ballen, 4 Stück Calicos 6/4 ca. 22 aunes an Sie, die wir Sie ersuchen, wohl an sich zu bringen, und in folgenden 8 Desseins als N. 5.8.9.12.13.14.19.22 zu drucken u. eingesandten Musteren je 5 Stk., pr. Dessein in Calicos à Mignettes 6/4 schönstens zu verwandlen. Eine schöne prompte u. gute Reussite dieser Probe wird uns zu beträchlicheren Consignationen animieren, u. in dieser Erwartung empfehlen uns Ihnen höflich.[2668]

Merian & Köchlin druckten die gewählten Dessins für «Calicos à Mignettes» zur Zufriedenheit. Wie mit Küpfer entspann sich wiederum eine intensive Korrespondenz, wie für die kurze Zeit von 1809 bis 1811 belegbar.

Die Unternehmensgeschichte dieser Textildruckerei, die unter dem Firmennamen *KBC Manufaktur Koechlin, Baumgartner & Cie. GmbH*[2669] bis heute in Lörrach tätig ist, steht für die paradoxen Entwicklungen der Industrie im Staat Bern. Hieronymus Küpfer (1679–1756) führte 1706 in der von seinem Vater Hieronymus Küpfer übernommenen Textilfärberei am Sulgenbach (Bern) den Indiennedruck ein und gilt als der Begründer dieses aufblühenden Industriezweigs in Bern.[2670] Sein Sohn Johann Friedrich Küpfer (1708–1757) übernahm die Textildruckerei in den 1730er Jahren und entwickelte sie weiter. Wegen seiner Beteiligung an der Henzi-Verschwörung 1749 wurde er lebenslänglich aus dem Gebiet der Eidgenossenschaft verbannt. Er wanderte nach Lörrach (Baden-Württemberg) aus und trat in die von Philipp Jakob Oberkampf (1714–1781) am 6. April 1752 gegründete Textildruckerei

---

2665 Zellweger, Müller/Zürcher & Comp.: 112 Briefe an Niclaus de Johann Friedrich Küpfer in Lörrach, Trogen, 1774–1780; auf diese Verbindung wies bereits Bodmer: Textilgewerbe (1959), S. 75 kurz hin.

2666 Zellweger, Müller & Comp.: 1 Brief an Niclaus de Joh. Friedrich Küpfer in Lörrach, Trogen, 02.04.1774, S. 28.

2667 Zellweger & Comp.: 12 Briefe an Merian & Köchlin in Lörrach, Trogen, 1809–1811.

2668 Zellweger & Comp.: 1 Brief an Merian & Köchlin in Lörrach, Trogen, 24.08.1809, S. 433–434.

2669 N.N.: Geschichte von Lörrach, in: Wikipedia.com, eingesehen am 14.06.2013.

2670 Braun, Hans: Artikel «Küpfer, Hieronymus (1679–1756)», in: e-HLS online, 05.07.2007.

für «Indiennes» ein. 1753 zog sich Oberkampf zurück, nachdem das Kapital ausgegangen war. Küpfer hingegen erhielt am 27. August 1753 durch den weitsichtigen Grossherzog Karl Friedrich von Baden (1728–1811) das Privileg, in Lörrach eine «Indiennemanufaktur» zu gründen. Nur zwei Jahre nach erfolgreicher Gründung 1755 und dem Bau einer neuen Fabrik verstarb der aus Bern verbannte Küpfer. Sein Sohn Niclaus übernahm die väterliche Textildruckerei in Lörrach unter dem Namen *Niclaus de Johann Friedrich Küpfer*. Er betätigte sich in der dritten Generation als Textildrucker. So ist es aus den Angaben der Briefkopierbücher Zellweger zu rekonstruieren. Das Unternehmen erhielt bis 1802 staatliche Subventionen, bis es 1805 in Konkurs ging. Karl Friedrich von Baden betrieb es als «Zitz- und Kattunmanufaktur» weiter und verkaufte das Unternehmen 1808 an die beiden Grossindustriellen *Merian & Koechlin*. Dahinter standen die *Gebrüder Merian* von Basel und die *Gebrüder Daniel und Peter Koechlin* von Mülhausen, beides kapitalkräftige Unternehmer. Sie führten die Textildruckerei im Familienbesitz weiter bis in das 20. Jahrhundert.[2671] 1857 ging daraus die Textildruckerei *Koechlin-Baumgartner & Cie.* hervor. 2014 änderte sich der Firmenname *KBC Manufaktur Koechlin, Baumgartner & Cie. GmbH* in *KBC Fashion GmbH*.[2672] Das Unternehmen definiert sich bis heute über den Revoluzzergeist seines Gründers Johann Friedrich Küpfer (1708–1757), für dessen langlebiges Textilunternehmen im Staat Bern während des Ancien Régimes aus politischen Gründen kein Platz war.[2673] Wie sehr die industrielle Entwicklung in Lörrach von den unzähligen Firmengründungen in der benachbarten Schweiz geprägt war, zeigt sich am Entstehen diverser textilverarbeitender Betriebe entlang des Wiesentals und in Lörrach selbst. Die sich entfaltende Wirtschaft förderte zudem den Bau von Arbeiterwohnhäusern. Die neuen Bauten im klassizistischen Stil veränderten das Stadtbild in der Zeit um 1800 komplett.[2674]

Zum «Verzweifeln» schön – Vogel & Co. in Konstanz nach 1800

Mit der Textildruckerei *Vogel & Co.* in Konstanz[2675] korrespondierte *Zellweger & Comp.* um 1800 nur kurz: «Wenn wieder von Ihren Druckwaaren etwas gebrauchen, werden Sie mit unseren Aufträgen beschwehren».[2676] Der Grund für diese Zurückhaltung ergibt sich aus der Autobiografie des Textildruckers Mayr von Arbon. Als Konkurrent Vogels fand er im Jahr 1797 bei einem Kaufmann in Herisau gedruckte Baumwollware aus der Textildruckerei *Vogel & Co.* aus Konstanz, wie er in seinem Leben «nichts schöneres, brillanteres und prächtigeres» gesehen hatte. Und doch war die Druckware nur uni: «Cafèbraun, Oliven, Coquelicot (Klatschmohn), Canelle (Zimt) etc. mit einem Leben, mit Feuer und Glanz, dass es zum Verzweifeln war». Offenbar war der Textildruckerei *Vogel & Co.* der berühmte Chemiker und Fabrikant Jean Michel Hausssmann (1749–1824) «behilflich», der seit 1775 mit seinem Bruder Jean in Colmar eine Indiennedruckerei betrieb. Viel kritischer und realitätsnaher klingt die Version von Mayr im Frühjahr 1797:

> Die Farben, die H. Vogel & Cie in Constanz jetzt haben, sollen sie einem Mülhauser Coloristen durch die Wand abgespikt u: ihn dann gesprengt haben, wie wär' eine Reise nach Mülhausen, u. von disem Coloristen die Farben erkaufen, vielleicht gäb' er sie um ein billiges, da jene sie ihm unbillig genommen.[2677]

2671 Fischer: Wirtschaft und Gesellschaft im Zeitalter der Industrialisierung (1972), S. 400.

2672 Vgl. die Homepage der Firma https://www.kbc.de/.

2673 «Der Erfolg der staatlichen Bemühungen um die Einführung neuer Industrien im alten Bern muss als durchaus bescheiden bezeichnet werden. Die bedeutendesten Textilgewerbe in Bern des 18. Jahrhunderts, die Leinenindustrie im Emmental, im oberen Aargau und in einigen benachbarten Gegenden, die Baumwollspinnerei und -weberei, welche sich im unteren Aargau kräftig entwickelt hatten, sowie die Indiennedruckerei im Aargau, in der Stadt Bern und in der Waadt sind im wesentlichen ohne staatliche Hilfe gross geworden», in: Bodmer: Tendenzen der Wirtschaftspolitik der eidgenössischen Orte im Merkantilismus, in: Schweizerische Zeitschrift für Geschichte (4/1951), S. 562–598, hier S. 565.

2674 Schäfer: Der Beginn der Industrialisierung (2/1987), S. 219–232.

2675 Zellweger & Comp.: 2 Briefe an Vogel & Co. in Konstanz, Trogen, 1800–1801; Johannes Zellweger Sohn: 9 Briefe an Vogel & Co. in Konstanz, Trogen, 1803–1809.

2676 Zellweger & Comp.: 1 Brief an Vogel & Co. in Konstanz, Trogen, 06.10.1800, S. 135.

2677 Buenzli (Hg.): Mayr: Meine Lebenswanderung (2/2010), S. 423, Eintrag vom 06.04.1797.

Die Verzweiflung, die Mayr angesichts der prächtigen Farben ergriff, währte kaum zehn Jahre. In Neapel 1806 als dem Ort, wo jeder Ramsch verkauft werden konnte, wurde er in Betrachtung der Druckware von *Vogel & Co.* von seinem Schrecken vollständig geheilt:

> Noch muß ich mit einigen Worten erwähnen, wie ich der mich befaßten Verzweiflung über die prächtigen Waaren, die meine vermeynten glüclichen Concurrenten [Vogel & Co., A.d.A.] in Constanz verfertigten, quitt ward. Diese schöne schimmernden Farben verblieben keineswegs in ihrem Glanz, den sie neu verfertiget hatten, der Chemiker Hausman färbte sie in hinländischen Pflanzen u. trib sie durch Alkalien bis zu jener brillanten Höhen. Ich kam in Neapel an, sah im Magazin diese bey uns so zierliche Waar, ich erkannte sie nicht mehr, von Tag zu Tag selbst im Schatten mer abschießend, geflekt u später total ruiniert, so war die Beschaffenheit dieser Fabrication die mich bey'm ersten Anblik so in Schreken sezte u. nahe an Verzweiflung brachte: von der ich nun freylich gänzlich geheilt ward.

Und schon kurz danach hatte seine Konkurrenz «Vogel & Cie. in Constanz unter der Raggion Hirm in Constanz falliert». Zuvor hatte er Mayr von Arbon mit dem Gerücht diskreditiert, er mache «Lumpenwaar».[2678] Der hohe Konkurrenzdruck im Bereich Textildruck bedingte gegenseitige Wirtschaftsspionage und Rufschädigung.

Zellweger & Comp. korrespondierte 1806/1807 lebhaft mit der Textildruckerei *Macaire & fils* in Konstanz, welche von Jean Louis Macaire (1740–1824) betrieben wurde.[2679] *Zellweger & Comp.* liess dieser im Dominikanerkloster auf der Klosterinsel bei Konstanz eingerichteten Textildruckerei über die Fuhr von *Caspar Zili* von St. Gallen Dutzende von weiss gebleichten, 6/4 breiten «Mousse[lin]:» «pour Calicos font bronze et Calicos selon les Desseins suivant [leider nur Nummern aufgelistete, A.d.A.]» zukommen.[2680] Im Februar 1809 hingegen bedankte man sich lediglich «pour vos offres gracieus», ohne davon Gebrauch zu machen.[2681] Macaire war 1782 vor der patrizischen Konterrevolution in Genf geflohen. Seit seiner Niederlassung auf der Klosterinsel 1784 hiess sie daher auch Genferinsel. Wiederum war es sein Konkurrent Mayr von Arbon, der die dunkle Seite von Macaires Tun säuberlich festhielt. Macaire suchte Mayr 1796 inkognito auf, gab sich als Genfer aus, der Bestellungen aufgeben und sich von ihm die Textildruckerei zeigen lassen wollte, den stumm Interessierten markierend.[2682] Nur ein Jahr später, im Juni 1797, «als die Fabrikation gerade sehr stark lief», warb Macaire Mayr mit dem Versprechen auf ein Trinkgeld einen Drittel seiner Arbeiter ab[2683], insgesamt fünf bis sechs Drucker. Das verursachte grosse «Unruhe» bei Mayr.[2684] Das Beispiel der Werksspionage zeigt nochmals, wie hart der Textildruck und jede Neuerung im Ablauf der Druckprozesse umkämpft waren.

Johann Georg Schlumberger aus Konstanz[2685] druckte für die *Zellweger & Comp.* 1800/1801 den Artikel «Mouchoir Schal», womöglich ein Schultertuch in Form eines Schals. Auch diese «Schals» wurden mit breitem und schmalem Rand sowie «Eingeweiden» mit «artigen kleinen Objets» bedruckt. Die «Piquets» liess man auf Probe in «englisch schiefen Quarreaux» bedrucken. Der Druckauftrag umfasste «wie gewohnt» einen Ballen à 42 ½ Stück weisse Baumwolltücher.[2686]

2678 Buenzli (Hg.): Mayr: Meine Lebenswanderung (3/2010), S. 748.

2679 Zellweger & Comp.: 15 Briefe an Macaire & fils in Konstanz, Trogen, 1806–1807.

2680 Zellweger & Comp.: 1 Brief an Macaire & fils in Konstanz, Trogen, 15.10.1806, S. 13.

2681 Zellweger & Comp.: 1 Brief an Macaire & fils in Konstanz, Trogen, 27.02.1809, S. 143.

2682 Buenzli (Hg.): Mayr: Meine Lebenswanderung (2/2010), S. 545.

2683 Buenzli (Hg.): Mayr: Meine Lebenswanderung (2/2010), S. 546.

2684 Buenzli (Hg.): Mayr: Meine Lebenswanderung (2/2010), S. 431.

2685 Zellweger & Comp.: 12 Briefe an Johann Georg Schlumberger in Konstanz, Trogen, 1800–1801.

2686 Zellweger & Comp.: 1 Brief an Johann Georg Schlumberger in Konstanz, Trogen, 02.08.1800, S. 29.

Textildrucker der Zellweger in Habsburg-Österreich

Hard anstatt Herisau – Samuel Vogel & Söhne in der Mittelweiherburg

Samuel Vogel von Mülhausen (Elsass), dem Zentrum des europäischen Textildrucks schlechthin[2687], liess sich 1794 in der Marktgemeinde Hard (Vorarlberg) nieder. Es dürfte sich dabei um denselben Samuel Vogel gehandelt haben, der sich zusammen mit einem Delagranche von Lausanne am 1. Dezember 1787 erfolglos um das Niederlassungrecht in Herisau bemüht hatte.[2688] Vogel fand sieben Jahre später in der Mittelweiherburg in Hard (Vorarlberg, Österreich) ein leerstehendes Gebäude auf geeignetem Grundstück. Es verfügte über reichhaltige Wasserquellen, was unabdingbare Voraussetzung für das Gewerbe des Textildrucks war. 1794 eröffnete Vogel zusammen mit seinen Söhnen sowie Lorenz Zündel von Mülhausen und Gabriel Roccofort von Lyon in der Mittelweiherburg die erste Zitz- und Kattundruckerei mit Wasch-, Bleiche- und Trockenhäusern sowie Farbküchen. Er brachte Stoffdrucker und Formstecher nach Hard, von welchen die Bewohner in Hard das Handwerk des Textildrucks erlernten. Obwohl sich seine Partner Zündel und Roccofort bereits 1797 samt ihrem Kapital aus der *Textildruckerei Mittelweiherburg* zurückzogen, beschäftigte Samuel Vogel 1803 zwischen 120 und 130 Personen, welche jährlich 4000 Stück «Cotton» und «Mousse[lin]:» bedruckten. 1804 waren es bereits 4500 Stück zu je 16 Stab. Der überwiegende Teil von 3500 Stücken betraf Aufträge aus dem Ausland, wozu die Aufträge der Zellweger gezählt haben dürften.

Der überlieferte Kontakt der *Zellweger & Comp.* zu *Samuel Vogel & Söhne* in der Mittelweiherburg in Hard fand 1800/1801 statt.[2689] Er druckte in ihrem Auftrag den Artikel «Schal» von 7/4 und 8/4 Ellen Breite auf Baumwollware. Ein Auftrag privater Natur erreichte ihn Ende August 1800. Vogel sollte ein Stück «Stübilin» «in soliden Farben verdrucken und darzu ein Dessin wählen, der für junge Knaben Kleider gut ist, etwas artiges & doch nicht so bald schmuzend».[2690] Die Wahl des Dessins für die Kleidung der zahlreichen Buben Zellweger wurde also dem Gutdünken des Textildruckers Vogel überlassen, dem als Kenner des Modegeschmacks vollstes Vertrauen entgegengebracht wurde.

Anfangs September 1800 waren «die Aussichten zum Verschleiss der Waar so barmherzig, dass zuerst das Resultat der *Messe Bozen* erfahren wollen», bevor *Zellweger & Comp.* weitere «Ware zu Druck» übermachte.[2691] Ende Oktober 1800 entschloss man sich, eine «Probe» in «Mouchoirs auf Leinwand» bei *Samuel Vogel & Söhne* zu machen, und man übersandte die notwendige Leinwand. Die Druckanweisungen erfolgten detailliert mit Angabe von Anzahl, Art, Farbe und jeweiliger Nummer der Dessins mit der Aufforderung, alles «schön und exakt nach Vorschrift zu verfertigen»:

> 16/1 Stk. weisse Mousselinette p 16 an. zu Gilets, Dessins. Nr. 524.525.527.519.520 [...].
> 24/2 Stk weise 6/4 Bwolltücher zu Calanca fond Lassange Dess. Nr. 475.476. [...]
> Calancas fonds nanquien Dess. Nr. 508.511 [...]
> 12/2 Stk. Detti 7/4 Bwollth zu Calencas fond perle Dessins Nr. 499.502. 503. 513.
> 5/1 Stk. weisse 7/4 glatte Mousselins zu fond Mignon Dess. Nr. 482. à 485.5.11.[2692]

Auf diese «Probe» folgten keine weiteren Aufträge für den Druck von «Leinen Saktüchern». Dagegen bot sich *Zellweger & Comp.* für den Einkauf von weiteren «10/4 Bwllth. an, sie wüssten einen Ort, wo noch mehrere sind bis in f 50:-».[2693] Als Vorarlberg 1805 an Bayern fiel, zog sich Samuel Vogel aus der

2687 Weitensfelder: Rote Bäche, schwarze Zahlen, in: Mittersteiner (Hg.): Die Tüchlebarone. Zur Geschichte der Textildruck- und Textilfärbeindustrie in Hard (1999), S. 36–77, hier S. 36.
2688 Walser/Rüsch: Appenzeller Chronik [1772–1798] (1831), S. 122.
2689 Zellweger & Comp.: 20 Briefe an Samuel Vogel & Söhne in der Mittelweiherburg in Hard, Trogen, 1800–1801.
2690 Zellweger & Comp.: 1 lettre à la maison à Gènes, Trogen, 24.08.1800, S. 65.
2691 Zellweger & Comp.: 1 Brief an Samuel Vogel & Söhne in der Mittelweiherburg in Hard, Trogen, 04.09.1800, S. 91.
2692 Zellweger & Comp.: 1 Brief an Samuel Vogel & Söhne in der Mittelweiherburg in Hard, Trogen, 30.10.1800, S. 184.
2693 Zellweger & Comp.: 1 Brief an Samuel Vogel & Söhne in der Mittelweiherburg in Hard, Trogen, 02.08.1801, S. 700.

Fabrikation zurück und emigrierte nach Wels (Oberösterreich). Hier wandelte er wie bereits zuvor die Mittelweiherburg in Hard die Prenzmühle in eine Textildruckerei für «Cotton» und «Mousse[lin]:» um. Entsprechend überlebte die Geschäftsbeziehung die Wirren der Zeit nicht. In der 1806 wiedereinsetzenden Überlieferung von *Zellweger & Comp.* liess sich Vogels Nachfolger und Schwiegersohn Doppelmayr nicht mehr nachweisen, obwohl *Philipp Carl Doppelmayr* die *Textildruckerei Mittlerweiherburg* mit Hilfe von bis zu vierzig Textildruckern weiterbetrieb. 1813 ging Vorarlberg an Österreich zurück. Infolge des Grossbrandes der Mittlerweiherburg 1818 veränderte sich der Betrieb strukturell. Doppelmayr wandelte ihn in eine chemische Schnellbleiche und Appretur um. 1829 erwarb er sich ein Patent für den Druck von Dessins auf weisser Baumwollware. 1830 bemühte er sich um die Erlaubnis, Ersatzkaffee herzustellen.[2694] Dann ging die Textildruckerei in Hard in den Besitz von *Jenny & Schindler* aus Hard über, womit sich ein neues Kapitel ihrer Wirtschaftsgeschichte öffnete.[2695]

Appretieren – «vonnöthen [...], den aprêt selbst einzurichten»

Einleitung

Die Appretur stellte den vorletzten Schritt in der Textilveredlung vor dem Versand der Textilware nach Lyon dar. Krünitz (1773) definierte Appret oder Appretur als «die Zurichtung einer Waare, dass sie beim Verkaufe besser aussiehet. [...] d.h. man giebt ihnen vor dem Verkaufe einen Glanz und Ansehen, vermittelst Leims, Gummi, oder anderer im Wasser aufgelöster Specereien».[2696] Für Merck (1884) gehörten auch die Veredlungsschritte durch Bleichen, Stärken, Kalandern und zuweilen auch Glänzen zur Appretur. Die Appretur selber definierte er als «Stärken der Leinwand» durch das Auftragen und Trocknen von «Stärkekleister» auf das Gewebe, einer «dünnen, mit weissem Wachs und etwas Unschlitt gekochten, mit Ultramarin oder dergleichen angebläuten» Masse. Bei Unschlitt oder Talg handelt es sich um aufgekochtes Eingeweidefett von Wiederkäuern. Wie sich die Appreturmasse neben dem Hauptbestandteil der Stärke im Einzelnen zusammensetzte, war ein von jedem Appreteur wohlgehütetes Geheimnis. Merck wies darauf hin, dass die Appretur die «Dichte, Schwere und den Griff des Stoffes künstlich vermehrte». Zur Prüfung einer Textilware auf ihre wirkliche Beschaffenheit empfahl er das vollständige Auswaschen der Appretur. Je nach ihrer Qualität war die appretierte Leinwand stückweise zu legen, rollen, pressen oder binden.[2697]

Die Appretur zielte direkt auf die Steigerung der Attraktivität der Textilware für den Verkauf ab. Menolfi (2011) stellte in seiner Studie über die Gonzenbach fest, dass für den Kaufmann in Leinwand dann massive Einsparungen zu erzielen gewesen waren, wenn er eine gewisse Unabhängigkeit von den Dienstleistungen der gut organisierten städtischen Weber, Bleicher, Färber und Appretierer gewinnen konnte. Ansonsten beschränkte sich sein Handlungsspielraum auf den Einkauf und Verkauf der Ware.[2698] In der Folge wird untersucht, wie die Kaufleute Zellweger dem Problem der Abhängigkeit im Bereich der Appretur begegneten. Gelang ihnen der Schritt in die Unabhängigkeit? Wie gingen sie vor? Wer diente ihnen als Beispiel? Wie beschafften sie sich das professionelle Wissen, das notwendige Zubehör und die Chemikalien? Diese Fragen lassen sich am Beispiel des Aufbaus einer Appretur in Trogen um 1750 beantworten.

2694 Weitensfelder: Rote Bäche, schwarze Zahlen, in: Mittersteiner (Hg.): Die Tüchlebarone (1999), S. 36–77, hier S. 39.

2695 Hartmann: Die Villa Leuchtenberg in Lindau, in: SVGB (128/2010), S. 139–168, hier S. 151; Mittersteiner: Stoff für Millionen. Zur Wirtschafts- und Sozialgeschichte Hards in der Ära der Firma S. Jenny (1867 bis 1914), in: Mittersteiner (Hg.): Die Tüchlebarone (1999), S. 154–245.

2696 Krünitz: Oekonomisches Encyklopädie (2/1773), S. 322.

2697 Artikel «Leinengewebe», in: Merck: Merck's Warenlexikon (1884), S. 321–322.

2698 Menolfi: Hauptwil-Gottshaus (2011), S. 79.

Gründe für eine eigene Appretur in Trogen, 1748/1749

Anfangs November 1748 formulierten die *Gebrüder Zellweger & Comp.* in Trogen zum ersten Mal den Wunsch, dass es «mithin freylich vonnöthen seyn [wirdt], den aprêt selbst einzurichten & hoffen nur um einer kleinen Prob & verständig Leuth, dass sie wohl reüssieren».[2699] Anlass für den Wunsch nach einer eigenen Appretur gaben immer wieder Mängel an der Appretur durch Gonzenbach von Hauptwil.[2700] Eine Klage aus Lyon im August 1748 über zu wenig Ware für den Verkauf an der *Messe Beaucaire* jeweils im Juli als dem Höhepunkt im Verkaufsjahr instrumentalisierten die Zellweger in Trogen schliesslich als willkommenes Argument für die Einrichtung eines «eignen Apprêts»:

> Die bidern Klag, so die H[erren]: über die langsame Spedition unsrer Cambrais, Trillis &ca. führen, ist theils begründet, & thäten wir an Ihrer Statt fast ein gleiches. Zumal es weh thut, die beste Verkauf manquieren zur Zeit, da andere derselben profitieren können – so nicht seyn solte; die Hr: werden es aber nicht glauben, wann wir uns schon disfahls ganz unschuldig darstellen, dann ungeacht, dass ohn diesem lang gedauert kalt & nass Wetter das Bleichen mächtig gehinderet, so ist es anderen auch widerfahren, die doch jez Wahr à costi haben, was ist dann die Ursach, dass uns nicht ein gleiches widerfahret? Antwort, *wan einen eignen Aprêt häten, so wäre mehr Wahr in costigem Magazin* [H.d.d.A.].[2701]

Die Aussicht auf zuverlässige, pünktliche Warenlieferung für den Verkauf in Lyon machte den Wunsch nach einer eigenen Appretur zu einer Idée fix von Zellweger-Sulser in Trogen. Sein Sohn, Zellweger-Wetter als der Leiter des Hauses in Lyon, hingegen zögerte. Der Vater legte detailliert die Gründe dar, wieso die Abhängigkeit von der Appretur durch Gonzenbach zu Engpässen in der Lieferung nach Lyon führte. Hans Jakob Gonzenbach aus Hauptwil war mit Aufträgen in der Bleiche und Appretur schlicht überhäuft. Doch seinen «Apret» «wollte man, weil er gut war». Die Zellweger waren zu ihrem Leidwesen aber weder seine wichtigsten noch einzigen Kunden. Erste Priorität hatte immer Gonzenbachs eigene Textilware. An zweiter Stelle stand *Scheitlin & Fingerlin* von Arbon und an dritter Stelle die *Eugster*. Gründe für diese Reihenfolge waren langjährige Treue und enge Verwandtschaftsverhältnisse. *Gebrüder Zellweger & Comp.* von Trogen kam erst an vierter und letzter Stelle. Von der «Gnade» und damit vom Wohlwollen Gonzenbachs abhängig zu sein, passte ihnen insbesondere nach der Trennung von *Gebrüder Eugster* nicht mehr. Gerade die kunst- und termingerechte Appretur der Leinenware stellte jedoch im organisationsintensiven Ablauf von Einkauf und Textilveredlung wie Bleichen, Färben, Appretieren einen Flaschenhals dar. Das traf die Kaufleute Zellweger an empfindlicher Stelle. So doppelten sie im November 1749 nach:

> H[err]. Gonzenbachs sein Aprêts Procedur falt vil zu klar als schädlich in die Augen, dass man nicht auf eine eigne Prob hierinn tringen solle. Zu dem End werden trachten, Leüthe zu finden, dieselbe im Frühjahr zumachen.[2702]

Die Kaufleute in Leinwand Gonzenbach von St. Gallen bauten ihre Manufaktur auf der Landschaft in Hauptwil in den 1660er Jahren auf. Erst achtzig bis neunzig Jahre später begannen auch ihre ehemaligen Einkäufer Zellweger in Trogen, sich mit dem Aufbau einer eigenen Appretur zu beschäftigen. Zu dieser Zeit existierten im benachbarten Vorarlberg noch keinerlei Betriebe wie Manufakturen oder Fabriken.[2703]

2699 Gebrüder Zellweger & Comp.: 1 lettre à la maison à Lyon, Trogen, 04.11.1748, S. 155.
2700 Gebrüder Zellweger & Comp.: 1 lettre à la maison à Lyon, Trogen, 19.09.1748, S. 139.
2701 Gebrüder Zellweger & Comp.: 1 lettre à la maison à Lyon, Trogen, 18.08.1749, S. 267–268.
2702 Gebrüder Zellweger & Comp.: 1 lettre à la maison à Lyon, Trogen, 17.11.1749, S. 309.
2703 Niederstätter: Aspekte der Vorarlberger Wirtschaft, in: Jahn/Hartung (Hg.): Gewerbe und Handel (1991), S. 142–151, hier S. 143.

Über «Presse», «Stauchenkugeln» und «unpracticierte Leuthe»

Im Juli 1750 liessen die *Gebrüder Zellweger* in aller Heimlichkeit einen Appreteur von Hauptwil kommen, der jahrelang im Dienst der Gonzenbach gestanden hatte. Er sollte ihnen zeigen, wie die begehrte Appretur des Artikels «Cambrais» in Hauptwil hergestellt wurde:

> Zu besserer Einrichtung des Aprêts haben ein Mensch, so vil Jahr bey H. Gonz[enbach]: apretiert hat, von Haubtweil machen kommen, hofentl[ich]: ist er im Stand, denselben auf besseren Fuss zusetzen.[2704]

Als Vorbild diente ihnen niemand anderes als der Appreteur *Hans Jacob Gonzenbach* von Hauptwil, dessen Appretur sie «imitieren» wollten:

> Wir wünschen, hierin unsern Zweck [die Imitation der Appretur für «Cambrais» von Hans Jacob Gonzenbach, A.d.A.] zu erreichen, & finden unentbährlich nötig, noch eine Press & nussbaummene Pressen Bretter anzuschaffen, wann anders unsere Arbeit recht von statten gehen soll.[2705]

Einen «Apret» gleich dem von Gonzenbach einzurichten, war eine Herausforderung. Es erforderte Investitionen in die entsprechenden Gerätschaften wie Presse, Hartholzbretter und «Stauchenkugeln» Geglättet wurde der Artikel «Stauchen», indem sich zwei Frauen als «Kugelbieterinnen» gegenüberstanden und die «Stauchenkugeln» auf der zwischen sich von Hand gespannten «Stauche» hin- und herrollen liessen.[2706] Bei diesen kurzen, feinen Leinengeweben erreichte man mit den «Stauchenkugeln» eine bessere Glätte als in der Mange. Bodmer (1960) nannte diese Frauen «Stauchentröcknerinnen». Sie trockneten und glätteten die «Stauchen» unter gleichzeitiger Belastung durch die auf den Geweben rollenden Kugeln.[2707] Von dieser schonenden Art, die gewünschte Glätte zu erreichen, zeigte sich Graf Karl von Zinzendorf (1739–1814) auf seiner fünfzehn Jahre später unternommenen Schweizreise (1764) in Speicher (Appenzell Ausserrhoden) immer noch tief beeindruckt:

> werden sie [...] gekugelt, i.e. man wirft schwere marmorne Kugeln auf das Stück Cambray, so von zweiy Personen gehalten wird, herum, um die Falten herauszubringen. Vielleicht wäre die nämliche Manipulation bey den gedruckten Tüchern zu Schwechat, statt des dort gewöhnlichen Ausschlagens, so weit mühsamer und langweiliger seyn muss, mit Vortheil anzuwenden.[2708]

Wie man sich diese «Stauchenkugeln» beschaffte, liess sich der Korrespondenz Zellweger-Sulsers entnehmen. Er nahm sich anfangs August 1750 die «Freiheit», Im Thurn de Giersperg von Schaffhausen um einen «Special Favor» anzugehen. Er benötigte «stainerne Kuglen» für das Glätten und Strecken der Leinenware:

> & auch höflichst zu ersuchen, [...] durch Ihren Bedienten sich à Costi erkundigen zu lassen, ob man ein paar stainerne Kuglen, die die Leinwath zu kuglen dienen sollen &ca. Id 5 à 40 Loth schwehr seyn sollen, haben könnte, wir deprecieren die Müh [...].[2709]

Zwei Wochen später verdankte Zellweger-Sulser den «Special favor» und verpflichtete sich «zu möglichsten Gegendiensten».[2710] Die «Stauchenkugeln» trafen in Trogen ein – von Im Thurm de Giersberg gratis

2704 Gebrüder Zellweger & Comp.: 1 lettre à la maison à Lyon, Trogen, 27.07.1750, S. 418.

2705 Gebrüder Zellweger & Comp.: 1 lettre à la maison à Lyon, Trogen, 14.09.1750, S. 442.

2706 Menolfi: Hauptwil-Gottshaus (2011), S. 84, siehe die dort abgebildete Szene von Kugelbieterinnen bei der Arbeit, in: Bildzyklus zur Leinwandherstellung, Bild 9, Historisches Museum St. Gallen.

2707 Bodmer: Schweizerische Industriegeschichte (1960), S. 200.

2708 Deutsch: Des Grafen Karl von Zinzendorf eingesammelte Nachrichten (1936), S. 212.

2709 Zellweger, Johannes (1695–1774): 1 Brief an Im Thurn de Giersperg in Schaffhausen, Trogen, 03.08.1750, S. 419.

2710 Gebrüder Zellweger & Comp.: 1 Brief an Im Thurn de Giersperg in Schaffhausen, Trogen, 17.08.1750, S. 430.

und franko geliefert samt «delicaten Tabacs [de Saint Domingue]» als «unserer Intention & Goust sehr angenehme, [...] sodan riteriertes Praesent». Zwischen Bestellung und Lieferung der Stauchenkugeln verging nur gerade knapp ein Monat.[2711] Im Thurn, Seigneur de Giersperg von Schaffhausen, machte *Gebrüder Zellweger & Comp.* das «Praesent von 2 Stauchen Kuglen &ca.» aber weniger «laut seiner angebohrenen Generositaet & Gütigkeit».[2712] Geschenkt wurde vielmehr, weil zu dieser Zeit Im Thurns Neffe Christoph Peyer von 1748 bis 1751 bei *Zellveguer frères & Comp.* in Lyon seine kaufmännische Lehre absolvierte. Es handelte sich somit um die Erweisung einer Gunst an die Adresse des Lehrmeisters Zellweger-Wetter. Für eine Nachbestellung von weiteren «Stauchenkugeln»[2713] erbat sich Zellweger-Sulser die Adresse des Steinhauers von Schaffhausen, «der die Kuglen gemacht» hatte, und tat «abbit vor die immer causierende Müh».[2714] Um die Stauchenkugeln «sehr pressiert» und «sehr benötiget», legte er im Oktober 1750 die zweite Bestellung an den «Steinhauer» gleich bei:

> Weilen wir durch Canal Uhgh: Herrn Im Thurn de Giersperg zwey Steinerne Kuglen von Euch empfangen, so ersuchen uns noch zwey von ca: 10. sagen zehen leichten Pfunden von 32 Loth & eine von ca: fünf zehen leichten Pfunden auch von 32 Loth p: add:e H: Caspar Zili von St: Gallen zu übersenden. Wir ersuchen um schleunige Spedition (:weil deren sehr pressiert sind:) & uns den Werth anzuzeigen, welches mit Dank abheben werden, in wessen erwartung[. W]ir sind auch eure add.e gewärtig, & ersuchen schöne Steine von ganzen Sücken zu den Kuglen auszulesen.[2715]

Die Liefererung dieser zweiten Bestellung an «Stauchenkugeln» erfolgte zwei Monate später Mitte Dezember 1750 samt Namen des bis anhin unbekannten «Steinhauers» Johann Caspar Spengler.[2716] Wiederum war er «Für den hierdurch erzeigten favor & vielfältig gehabte Mühe» Im Thurm de Giersberg «sehr verpflichtet, & zu allen möglichen Gefälligkeiten parat».[2717] Noch bevor alle benötigten «Stauchenkugeln» beisammen waren, lief die eigene Appretur der Leinwand «Cambrais» an, welche wohl demjenigen der «Stauchen» entsprochen haben dürfte. Im September 1750 trafen aus Lyon denn auch Beschwerden über die Qualität der ersten «Cambrais» aus eigener Appretur ein. In Trogen studierte man die Anmerkungen genau, um daraus lernen und das Fehlerhafte «korrigieren» zu können:

> Wir observieren mit EL das gleiche, dass namlich unsere Cambrais an den Köpfen & Schwänzen niderer oder dünner als in der Mitte der Stücken sind, & haben deswegen auch alle Mittel zur Korrection gesinnt, aber bisher noch nicht reüssiert. Solche kommt aber nicht von dem Plyage; und weil wir eben dato den Aprêt wider anfangen, so haben einen Expressen p[our] Haubtweil gesant, umb sich incognito zu informieren, wie diesen Inconvenient vorgebogen werden müsse.

Wiederum bestand der erste Lösungsansatz darin, sich über Industriespionage bei *Hans Jacob Gonzenbach* in Hauptwil das benötigte Wissen zu beschaffen. Die Erfahrungsberichte über die eigene Appretur häuften sich in den «Handlungsbriefen» nach Lyon. Trotzdem ersuchte *Gebrüder Zellweger & Comp.* in Trogen mit dem Hinweis auf «Fleiss, Müh, Verdruss & Arbeit» immer wieder um Nachsicht in Bezug auf das Resultat. Schon bei der Appretur der zweiten Ballen «Cambrais» stellte der alte Zellweger-Sulser, der «selber Hand an das Werk leget», zu seiner grossen Freude diverse Verbesserungen fest:

> Es mag allem seyn, wie es wil, so hat es bey dieser Prob an Fleiss, Müh, Verdruss & Arbeit nicht gemanglet, daran Schr[eiber]: diss [Zellweger-Sulser, A.d.A.] sein portion gewiss gehabt. Nun aber wirt es künftig schon leichter & besser gehen, dann alle Anfänge schwehr sind. Wir wünschen von Herzen, dass die Wahr

2711 Gebrüder Zellweger & Comp.: 1 Brief an Im Thurn de Giersperg in Schaffhausen, Trogen, 14.09.1750, S. 440.
2712 Gebrüder Zellweger & Comp.: 1 lettre à la maison à Lyon, Trogen, 14.09.1750, S. 442.
2713 Gebrüder Zellweger & Comp.: 1 Brief an Im Thurn de Giersperg in Schaffhausen, Trogen, 25.11.1750, S. 468.
2714 Gebrüder Zellweger & Comp.: 1 Brief an Im Thurn de Giersperg in Schaffhausen, Trogen, 27.09.1750, S. 445.
2715 Gebrüder Zellweger & Comp.: 1 Brief an Im Thurn de Giersperg in Schaffhausen, Trogen, 05.10.1750, S. 450.
2716 Gebrüder Zellweger & Comp.: 1 Brief an Im Thurn de Giersperg in Schaffhausen, Trogen, 14.12.1750, S. 472.
2717 Gebrüder Zellweger & Comp.: 1 Brief an Im Thurn de Giersperg in Schaffhausen, Trogen, 14.12.1750, S. 472.

> vendable & bey EL eine proportionierte Indulgenz für diesen Essay, der mit unpracticierten Leüthen gemacht worden, gefunden werde, damit wir nicht den Schaden & Tadel zur Belohnung empf[angen]; beide Ballen sollen diese Woche versant & EL unser Befinden mit erstem angezeigt werden; die H[erren]: werden uns dan seiner Zeit alle darinn findenden Mängel oder Fehler, es seye in Ansehung der Bläue, Rechen, Faden Gräde, Glettens, Pliage & Zierens &ca. zu unsrem künftigen Governo & Verbesserung anzeigen. Wir haben uns nach denen bekanten Mustern zwahr so gut möglich gerichtet, aber ihnen doch nicht in allem beykommen können. Mithin erfahren, dass man sich erst recht auf eine Sach verstehen lernet, wan man die Hand selbst an das Werk leget.

Mit der Erfahrung in der eigenen Appretur stieg in Trogen das Selbstvertrauen. Die Qualität schien derjenigen von Gonzenbach von Hauptwil ähnlich zu werden, wenn sie diese nicht sogar bereits übertraf:

> Wir haben auch observiert, dass unsere Cambrais auf den Enden besser als H: Gonz[enbach]: gegletet seyen & gefunden, dass dieses seine Leüth mehr aus Negligenz & damit sie geschwind fertig seyen /:weil man den Lohn vom Stück bezalt:/ also gleten, als aus Forcht, den Faden zu verdrücken. Uns bedunkt die Wahr auf unsere Manier ansehnlich & verkäuflicher & sehen nicht, dass der Faden darbey sonderliche Noth leide. Dann unsers Erachtens, wan ja der Faden bey dem Gleten ein wenig leidet, so geschiehets bey H: G[onzenbach]: wie bey uns & bestehet der Differenz nur darinn, dass bey seiner Wahr die Züge mit dem Glettstein nicht so nahe beysamen, als wie bey dem unsrigen sind, welch letsteres die Wahr glänzender machet & mehr Arbeit erforderet. Mithin bezahlen wir doch nicht mehr als 1 ¼ xr. vom Stück, wie Er auch thut; wann aber die H[erren]: H: Gonz[enbachs]: Art praeferieren, so ist es leicht möglich, Ihn hierinn zu imitieren; Sonsten sind wir anfangen beglaubt, mit dem Aprêt nicht mehr weit von H: Gonzenb[ach]: seinem entfernt zuseyn, die Köpfe ausgenommen, welchen hofentl[ich]: bey erlangend neuen Pressen=Brettern auch zuhelfen seyn wirt! Der H: ihre Meynung hierüber, sie seye pro oder contra, soll uns sehr lieb zu vernehmen seyn.

In Trogen nahm man die Kritik der Teilhaber und Verkäufer in Lyon sehr ernst. Diverse Massnahmen führten zur Verbesserung des Resultats:

> Wir finden gleichfahls, dass unsere Cambrais den Enden nach zu breit & zustark gegletet seyen, welches unter andrem eine Ursach seyn mag, dass sich die Köpf ein wenig senken, & der Faden von seiner natürlichen Ründe & Qualitaet etwas verliehrt, deswegen haben würklich denen letsteren ordonniert, schwächer zuspannen, & nicht so tief in das Tuch hinein zu gleten.[2718]

Die Appretur einer «Stauche» gelang nur bei Temperaturen über dem Gefrierpunkt. Ansonsten bestand die Gefahr, dass die Textilware gefror. Eine eigens dafür eingerichtete «Stauchenstube» hätte nun dieser Gefahr vorbeugen können, weil die Temperaturen innerhalb eines Gebäudes selten unter null Grad sanken. So meldeten die Zellweger in Trogen bereits anfangs November 1750 nach Lyon, wie sie

> mit dem Aprêt sonderh[eitlich]: von dem gröbst & feinsten sovil das Wetter erlaubt, continuieren, heuth fangt es wider an, warm zu werden. Vergangene Wochen aber ist uns ein Ballen de bas prix ein wenig gefroren, häten wir eine *Stauchen Stuben* [H.d.d.A.], so wäre es nicht geschehen.[2719]

Das Gefrieren von appretierter Leinwand ruinierte die ganze Arbeit der Appretur. Deutlicher konnte Zellweger-Wetter in Lyon nicht vor Augen geführt werden, dass der Bau einer eigenen Stauchenstube zwingend war. Zwei Monate später sollte Zellweger-Sulser bereits «wegen der Stauchen Stuben [...] das für die Societaet & den Apret am nützlichst schätzende unternehmen & Succes seiner Zeit anzeigen».[2720] In der Folge dürfte eine «Stauchenstube» aufgebaut worden sein, wie sie unter dem Namen eines «Appreturhäuschens» heute noch hinter dem Doppelkaufhaus am Landsgemeindeplatz 5/6 in Trogen zu besichtigen ist.

2718 Gebrüder Zellweger & Comp.: 1 lettre à la maison à Lyon, Trogen, 26.10.1750, S. 455.

2719 Gebrüder Zellweger & Comp.: 1 lettre à la maison à Lyon, Trogen, 09.11.1750. S. 461.

2720 Gebrüder Zellweger & Comp.: 1 lettre à la maison à Lyon, Trogen, 23.11.1750, S. 467.

Appretur des Artikels «Façon Mousse[lin]:»

Im März 1751 getrauten sich die Zellweger von Trogen zum ersten Mal an die Appretur des anspruchsvolleren Artikels «Façon Mousse[lin]:». Für die erforderliche Breite des Zusammenlegens der Ware begehrten sie in Trogen ein Muster in Form eines Fadens oder Papiers in geforderter Länge. Beides fand bestens Platz als Beilage in einem «Handlungsbrief». Das Muster diente für den ersten Versuch der Appretur einer «Façon Mousse[lin]:»:

> Wir gedenken, in dem Apret die Façon Moussel: erstens in grob zumachen, so ersuchen EL uns an Antwort dis an einem Faden oder Papier die Breite, wie die Stück plyert werden sein müssen, zu übersenden.[2721]

Sie sandten ihren «Lehrsatz» nach Lyon, obwohl die Bläue noch sehr ungleich war. Künftig wollten sie diesen Fehler beheben. Denn im April 1751 liess man zwecks Appretur des Artikels «façon Mousse[lin]:» wiederum «ein Weib, so H: Gonzenb[ach]: aprêtiert», «expressé in der Stille hieher kommen machen, diesen Aprêt dirigiert». Die appretierte Textilware «façon Moussel» erschien ihnen «egal [gleichmässig, A.d.A.] & denen Muster» ähnlich. Dennoch warteten sie in Trogen auf den Bescheid aus Lyon, bevor sie «mit dem Aprêt dieses Generis» weitermachten.[2722] Von Lyon bat man sich Ratschläge darüber aus, was verbessert werden könnte. Zudem verlangten sie ein Muster, das von ihrem Kunden *Speiser*, wohl *Speiser gen. Zwinger & Co.* von Bischofszell, appretiert worden war:

> Die Façon moussel: N: 96. ist von unseren Apret, folglich unser so genante Lehrsatz, welches erhället aus der ungleichen Farb der Blaue, so die Stück haben. Denen aber künfige auszuweichen verhoffen, wie sonsten disen ja conveniert. Wie EL der Apret &ca. davon gefalle, & was sie dann lieber besser und anderst sehen, bitten uns anzuzeigen und uns 1 schön Stück facon moussel: von der *Speiseren Aprêt* [H.d.d.A.] zum Muster gleich nach Empfang dis zusenden.[2723]

Daraus wird ersichtlich, dass ein zeitgenössischer Appreteur nicht alle Artikel zu appretieren im Stande war. Während Gonzenbach aus Hauptwil auf den Artikel «Cambrais» spezialisiert war, war *Speiser* aus Bischofszell wohl Meister im Appretieren der «Façon Mousse[lin]:». Die Übung machte schliesslich auch aus den Zellweger den Meister. Ihre Appretur der «Façon Mousse[lin]:» gefiel in Lyon:

> Dass die Ballen Façon Moussel N: 95 wegen dem Aprèt besser gefällig als N: 96, ist uns lieb, noch lieber aber, wan inskünftig das Glück haben könten, das erwartende Muster zu imitieren.[2724]

Die Kommunikation zwischen Trogen und Lyon über das Fehlerhafte an der eigenen Appretur gestaltete sich als Gratwanderung. Fiel das Resultat der eigenen Appretur in Trogen schlecht aus, zog es Ärger und Verdruss für den Verkauf an die Kundschaft in Lyon nach sich. Rückschläge führten im Mai 1751 zu Missverständnissen zwischen den Generationen im Austausch über die Bedürfnisse in der eigenen Appretur:

> Bey Empfang des Musters Façon Moussel: werden zu dessen Imitatio unser Möglichstes anwenden, versichernd, dass wir von übel reüssierter Wahr sovil Verdruss als EL, indessen doch gerne haben & als absolute nötig ansehen, dass Sie uns jederzeit derselben Mängel specificieren, & eröfnen, gleich wir in verschiedenen & auch in unsrem vom 10. dis darumb ersucht. Dass EL aber unser Ansuchen in einem Misthon verstanden haben, ist uns leyd & ein Zeichen, dass wir den eigenth[lichen] Verstand & Ausspruch des Worts «critisieren» (:welches nach dem Lexicon «beurtheilen» heisset:) nicht recht begriffen haben. Dann ausser diesem Wort in gedacht unsrem auch nicht einmahl der Schuldner einiges deswegen bey uns erwecktes Missvernügens

2721 Gebrüder Zellweger & Comp.: 1 lettre à la maison à Lyon, Trogen, 01.03.1751, S. 496.
2722 Gebrüder Zellweger & Comp.: 1 lettre à la maison à Lyon, Trogen, 12.04.1751, S. 512.
2723 Gebrüder Zellweger & Comp.: 1 lettre à la maison à Lyon, Trogen, 29.03.1751, S. 508.
2724 Gebrüder Zellweger & Comp.: 1 lettre à la maison à Lyon, Trogen, 17.05.1751, S. 528.

> verspühren & wann es seyn sollte, so wäre die Feder unsrer aufrichtigen & disfaltigen Intention untreu gewesen.[2725]

Im Juni 1751 sah man sich kurz vor dem Ziel, für den Artikel «Façon Moussel:» eine qualitativ hochstehende Appretur herstellen zu können. Das letzte Wort hatte aber immer das Haus in Lyon. Es wusste Bescheid darüber, was bei der Kundschaft ankam und was nicht:

> Sovil oder besser zumelden sowenig wir alle alhier uns darauf verstehen, so finden, dass besagte Ballen Façon Moussel: in der Qualitaet etwas dünner, als gesantes Muster, in dem Aprêt aber dem Muster gar nichts nach gibt, & bilden wir uns mit dieser erhaltenen Prob 10% mehr ein als vor 8 Tagen. Nur stecket uns noch die Beysorg im Gehirn, EL möchten ca. 5% von unsrer Einbildung bey dem Examen der Wahr rabatieren wollen, doch lassen die Hofnung noch nicht sinken.[2726]

Im August 1751 waren die *Gebrüder Zellweger & Comp.* in Trogen vollständig überzeugt, die optimale Appretur für «Façon Moussel:» erreicht zu haben. Die Imitation des Musters aus der Appretur von Speiser schien gelungen:

> Diese Wochen nemmen wider 2 Ballen Façon Moussel: in den Aprêt als Stk: 80 N: 1700/18880, Stk. 44 n: 2000/2280 & Stk. 44 N: 2400/2580. Wir sind gänzl. beglaubt, unser aprêt en Façon Moussel: werde uns gesantem Muster in keinem Stück weichen & verursachen, dass künftig die Consummo hierinn stärker als bis hieher seyn werden.[2727]

Der Aufwand in der eigenen Appretur in Trogen betrieb man mit dem Ziel vor Augen, eine Erhöhung des Absatzes der «Façon Moussel:» in Lyon zu erreichen. Die Bemühungen und Investitionen sollten sich auszahlen. Im Gegensatz zur «Cambrais» musste die Leinwand «Façon Moussel:» zunächst «weichgeklopft» werden. Zu diesem Zweck stellten *Gebrüder Zellweger & Comp.* im Jahr 1754 vier Personen an, welche «in 2 Tagen klopfern, was vorher 3 Persohnen in 2 Tagen geklopft haben». Für die groben Qualitäten der «Façon Moussel:» wurden schwabengärnige Tuche verwendet, «weil sonst kein andere de bas prix zu finden sind». Diese durfte man aber nicht zu stark weichklopfen, um Löcher zu vermeiden. Dieses Problem war bei den «Walzenh[ausener]: Tücher nicht so leicht zu beförchten».[2728] Walzenhausen ist eine Nachbarsgemeinde von Trogen. Was die eigene Appretur an Leistung dem gesamten Haushalt in Trogen abforderte, zeigte das Beispiel über die in einer Woche maximal appretierten acht Ballen im Juni 1756:

> Inligender Calcul & fattura über 14 Collis N: 522 à529 & N: 772 à 777 /:zu beliebiger Bedinung:/ soll Ihnen anzeigen, dass wir die Spedit[ion]: der Waar nicht mit gleichgültigen Augen ansehen, sondern im Gegentheil mit allem Ernst fördersamst betreiben; Dann wir, des recht ungünstigen Wetters ungeacht, in einer Wochen acht Ballen zu apprettieren *erzwungen haben* [H.d.d.A.]; mehr Waar hatten wir nicht, auch wäre uns unmöglich gewesen, ein mehreres zu verfertigen, unser Frauenz[imme]:r /:welches gedultige aber blutige Finger hat:/ & alle in unserem Haus sans en excepter l'Ecrivain haben diese Woche Zeit über gewiss keine müsige Zeit gehabt, nun aber ist das grösseste vorbey & wirt die Spedition nach & nach gemacher gehen maasen die Bleicher ihre Lieferungen näher einschränken werden:[2729]

2725 Gebrüder Zellweger & Comp.: 1 lettre à la maison à Lyon, Trogen, 24.05.1751, S. 530.
2726 Gebrüder Zellweger & Comp.: 1 lettre à la maison à Lyon, Trogen, 21.06.1751, S. 539.
2727 Gebrüder Zellweger & Comp.: 1 lettre à la maison à Lyon, Trogen, 12.08.1751, S. 562.
2728 Gebrüder Zellweger & Comp.: 1 lettre à la maison à Lyon, Trogen, 02.09.1754, S. 247.
2729 Gebrüder Zellweger & Comp.: 1 lettre à la maison à Lyon, Trogen, 14.06.1756, S. 409.

Offenbar handelte es sich bei diesen acht Ballen um das absolute Maximum, welches in der eigenen Appretur innerhalb einer Woche unter «Zwang», mit «blutigen Fingern» und unter Verzicht auf jeglichen Müssiggang herzurichten war. Die Zellweger schafften mit der Einrichtung einer eigenen Appretur den Schritt in die Unabhängigkeit von einem Appreteur. Diese Selbstbestimmung hatte ihren Preis, den Mehraufwand. Die Geschäftsbeziehung mit dem Bleicher und Appreteur *Johann Jakob Gonzenbach* von Hauptwil brach dennoch nicht ab. Er erhielt im Winter 1759 eine Bestellung der *Gebrüder Zellweger & Comp.* zum Einkauf von drei Ballen Leinwand der Sorte «Constance». Die Zellweger begründeten diesen Auftrag damit, dass sie «den Einkauf mehr als nur an einen Orth zu versuchen & recht gut Waar von gutem Zeug auszuheben [wünschen], worzu Hauptweil convenable seyn soll». Gonzenbach knüpfte den Einkauf dieser Ware geschickt an die Auflage, die Leinenware auch in seiner Manufaktur in Hauptwil bleichen und appretieren zu dürfen. Er hielt sein Versprechen, die «Constances» termingerecht zu liefern. Die Zellweger hätten sonst «kein Stück auf Beaucaire lieferen können».[2730] Dadurch hätten sie ihr entscheidendes Verkaufsereignis über Belieferung von Kunden für die grosse privilegierte *Messe Beaucaire* jährlich am 25./26. Juli verpasst.

Seife und Kläre – Beschaffungsmärkte

Der Bereich der Textilveredlung verbrauchte sehr viel Seife. Bei jedem Arbeitsschritt von der Bleiche über das Bedrucken bis hin zur Appretur fiel das Auswaschen der Textilware an. Seife benötigten auch die Kaufleute Zellweger in ihrer eigenen Appretur. In der Stadt St. Gallen fand sich ein *Ehrenzeller*, der in seinem Sortiment sowohl «Regensburger Seife» als auch «Venetianische Seife» führte.[2731] *Ehrenzeller*, der wohl wie ein nach 1800 belegbarer Appreteur *Friedrich Ehrenzeller* selber als Appreteur tätig war, wurde nun von Trogen aus um eine bestimmte Sorte Seife für die Appretur der dünnen, weissen Leinenware angefragt. Der am häufigsten kontaktierte Zulieferer von Seife war jedoch *Joseph Hummel* von Memmingen (Bayern). Von ihm bezog man 27 Jahre lang Chemieware wie Seife, Kläre, Bläue und Kerzen.[2732] In den 1770er Jahren lieferte auch *Johann Christoph Ritz* von Regensburg (damals Württemberg, heute Bayern) Seife.[2733] Offenbar war auch im Herzogtum Württemberg die Seifenfabrikation verbreitet. Um an weitere Adressen von dortigen Seifenfabrikanten zu gelangen, fragte man den Lieferanten von Leinenware *Andreas Friedrich Lang* in Blaubeuren um Rat.[2734] Möglicherweise wies er auf *Johann Jacob Baumann* von Leutkirch[2735] und *Johann Carl Müller* von Regensburg hin.[2736] Trotz Anfrage ergaben sich jedoch keine langfristen Lieferantenbeziehungen. Nach 1800 war *Johann Fr. Wirz* in Blaubeuren (Baden-Württemberg) als Zulieferer von Seife auszumachen.[2737] Auch bei *Künckler, Hippenmeyer & Co.* in Gottlieben (Thurgau) blieb es bei der Erkundigung nach Seife.[2738]

2730 Gebrüder Zellweger & Comp.: 1 lettre à la maison à Lyon, Trogen, 01.07.1759, S. 801.

2731 Gebrüder Zellweger & Comp.: 1 Brief an Ehrenzeller in St. Gallen, Trogen, 03.03.1751, S. 496.

2732 Gebrüder Zellweger & Comp.: 32 Briefe an Joseph Hummel in Memmingen, Trogen, 1747–1774.

2733 Gebrüder Zellweger & Comp.: 2 Briefe an Johann Christoph Ritz in Regensburg, Trogen, 1769–1774; Zellweger Vater & Comp.: 3 Briefe an Johann Christoph Ritz in Regensburg, Trogen, 1774–1778.

2734 Zellweger Vater & Comp.: 6 Briefe an Andreas Friedrich Lang in Blaubeuren, Trogen, 1774–1778.

2735 Zellweger Vater & Comp.: 1 Brief an Johann Jacob Baumann von Leutkirch, Trogen, 26.06.1775, S. 224.

2736 Zellweger Vater & Comp.: 1 Brief an Johann Carl Müller in Regensburg, Trogen, 07.03.1774, S. 8.

2737 Zellweger & Comp.: 2 Briefe an Johann Fr. Wirz in Blaubeuren, Trogen, 1808–1809.

2738 Zellweger & Comp.: 1 Brief an Künckler, Hippenmeyer & Co. in Gottlieben, Trogen, 12.07.1809, S. 357; vgl. zum Kaufmann und Bankier Johann Conrad Hippenmeyer (1752–1832); Ammann: Johann Conrad Hippenmeyer. Ein Thurgauer als Grosskaufmann und Bankier in Wien, in: Thurgauer Jahrbuch (1952), S. 44–46 und Pupikofer: Lebensgeschichte Joh. Conrad Hippenmeyers von Gottlieben, in: Thurgauisches Neujahrblatt (1834), S. 2–13.

Den Artikel «Kläre» oder «Klärte» kauften die Kaufleute Zellweger immer wieder fassweise ein. Es handelte sich dabei um gebrannten Kalk zur Neutralisierung von Säure. Frischbedruckte Leinwand und Baumwollware etwa mussten umgehend «in die Kläre gegeben werden».[2739] Die ersten beiden nachweisbaren Lieferanten von «Kläre» oder «Klärte» waren *Sebastian Spuhlers Erben* von München[2740] und *Zorn & Ahna* von Memmingen (Bayern).[2741] Dabei dürfte es sich um einen Vorgänger von *Matthias Ahna* gehandelt haben, das um 1810 zu den grössten Unternehmen in Memmingen gehörte. Hauptlieferant von Kläre in den 1750er bis in die 1760er Jahre blieb der oben genannte *Joseph Hummel* von Memmingen.[2742] Zur gleichen Zeit bezog *Gebrüder Zellweger & Comp.* «Kläre» auch von *Hohlenfeld & Embser* in Strassburg (Elsass).[2743] Nach der Jahrhundertwende bezog *Zellweger & Comp.* die «Kläre» von *Cesar de Pseausobre* aus Augsburg-Göggingen[2744] und danach von *Leonhard Schuster* aus Augsburg[2745], mit welchem auch *J.C. Zellweger* intensiv korrespondierte.[2746] Die «Kläre» stammte somit ausschliesslich aus der Region in nächster Nähe zur Schwäbischen Alb, deren Gesteinsart der Kalk ist.

Appreteure im Auftrag der Zellweger vor 1800

Für die zweite Hälfte des 18. Jahrhunderts konnten vier Orte identifiziert werden, wo die Kaufleute Zellweger im Lohn appretieren liessen: das Dorf Hauptwil (Thurgau), das Dorf Appenzell (Appenzell Innerrhoden), die Stadt St. Gallen und die Stadt Feldkirch (Habsburg-Österreich). Wie sich die Korrspondenz an die Appreteure vor Ort gestaltete, wird der Reihe ihrer Bedeutung nach dargestellt.

In das 30 Kilometer von Trogen entfernte Dorf Hauptwil auf der Thurgauer Landschaft ging die intensivste Geschäftskorrespondenz in Bezug auf die Appretur. Hier befand sich seit den 1660er Jahren die *Manufaktur Gonzenbach*. Zellweger-Sulser korrepondierte mit Johann Jacob Gonzenbach-Zollikofer (1719–1783)[2747] nicht nur bezüglich der Appretur, sondern auch in Hinsicht auf Aufträge, für Gonzenbach Leinenware einzukaufen. Menolfi (2011) stellte in seinen Untersuchungen zu den Gonzenbach in Hauptwil fest, dass sich die *Manufaktur Gonzenbach* in Hauptwil um die Mitte des 18. Jahrhunderts von der Eigenproduktion auf die Veredlung angelieferter Leinenware verlagert zu haben schien. Das ist anhand der Geschäftskorrespondenz Zellweger zu belegen. Den Transport der Leinenware im Besitz der Zellweger von Trogen nach Hauptwil besorgte von St. Gallen aus das Transportunternehmen *Caspar Zili*.[2748] Obwohl die Kopierbücher der Zellweger bis 1780 überliefert sind, wiesen sie nach 1769 keine Briefe mehr an Johann Jacob Gonzenbach-Zollikofer auf. Er dürfte sich ähnlich wie Zellweger-Sulser 1769 aus dem Geschäftsleben zurückgezogen haben. Die Einrichtung der eigenen Appretur in den 1750er Jahren ermöglichte den Kaufleuten Zellweger zudem, sich aus der Abhängigkeit von der begehrten Appretur Gonzenbachs zu lösen – nach heimlicher Spionage und genauem Vorbild derjenigen von Hauptwil.

Die Stadt St. Gallen wahrte ihre Bedeutung im Leinwandgewerbe im 18. Jahrhundert vor allem wegen ihres gut organisierten Ausrüstungs- oder Veredlungsgewerbes. Dazu zählten das Appretieren der Gewebe durch «Omedomeren» wie auch das Pressen und Lüstrieren der Tücher in der Mange. Bodmer (1960) stellte aber fest, dass sich diejenigen Fabrikanten, welche sich in der Ausrüstung der Leinwand betätigt hätten, rasch auf die Behandlung der neuen Artikel in Baumwolle spezialisiert hätten, wodurch

2739 Moritz: Englische Farben- und Muster-Tabellen (1809), S. 103.

2740 Gebrüder Zellweger & Comp.: 5 Briefe an Sebastian Spuhlers Erben in München, Trogen, 1747–1754.

2741 Gebrüder Zellweger & Comp.: 6 Briefe an Zorn & Ahna von Memmingen, Trogen, 1747–1752.

2742 Gebrüder Zellweger & Comp.: 30 Briefe an Joseph Hummel von Memmingen, Trogen, 1752–1774.

2743 Gebrüder Zellweger & Comp.: 5 Briefe an Hohlenfeld & Embser in Straßburg, Trogen, 1769–1774.

2744 Zellweger & Comp.: 2 Briefe an Cesar de Pseausobre in Augsburg-Göggingen, Trogen, 1807–1808.

2745 Zellweger & Comp.: 3 Briefe an Leonhard Schuster in Augsburg, Trogen, 1808–1809.

2746 J.C. Zellweger: 10 Briefe an Leonhard Schuster in Augsburg, Trogen, 1809–1813.

2747 Gebr. Zellweger & Comp.: 569 Briefe an an Johann Jacob Gonzenbach-Zollikofer in Hauptwil, Trogen, 1747–1774; Zellweger, Müller/Zürcher & Comp.: 3 Briefe an Johann Jacob Gonzenbach-Zollikofer in Hauptwil, Trogen, 1774–1780.

2748 Menolfi: Hauptwil-Gottshaus (2011), S. 85.

der Stadt St. Gallen ihr letztes Standbein im Leinwandgewerbe verloren gegegangen sei.[2749] In St. Gallen liessen die Kaufleute Zellweger über Jahrzehnte vor allem bei *Jacob de David Allgöwer* appretieren.[2750] Bei dringender Appretur, welche auf den bestimmten Zeitpunkt der «Franchise» in Lyon fertiggestellt sein musste, zog man auch andere Appreteure bei:

> Dass die Ballen Allmagnettes N: 36 nicht genug gemanget, ist uns leyd, sie wurde nicht /:gleich den anderen:/ durch S: Algöwer sondern von einem anderen gemanget, sonsten häte sie die Franchise nicht mehr erreicht.[2751]

Ein beachtlicher Teil der Aufträge ging in diesen Jahren an *Bernhard Weyermann* von St. Gallen.[2752] Arbeitete *Weyermann* nicht den Vorstellungen der Zellweger in Lyon entsprechend, übermittelte man ihm umgehend eine genaue Anleitung zur Verbesserung. Im August 1748 beispielsweise hatte er die «Façon Moussline» einen Daumen breiter zusammenzulegen:

> wir [in Trogen, A.d.A.] haben ad nottam genohmen
> 1 Ballen facon Mousselin de 26/ zuerkaufen, sie einen Daumen breiter plyssieren
> 1 d[ito] de 29 à 30/ zu lassen & dem H: Weyermann einen schönen Appret den anderen bey kommend zu recommendieren. Die letzt spedierte sollen sehr wol reussiert haben, so sich bey Ankunft [in Lyon, A.d.A.] zeigen wirt.[2753]

Der Appreteur *Caspar Vonwiller* von St. Gallen war vor allem in den 1750er Jahren tätig, nur noch zwei Briefe wurden in den 1760er Jahren verfasst.[2754] Er appretierte vornehmlich den Artikel «Basin», eine Baumwollware. Mit dem Appreteur *Joachim Scheitlin* von St. Gallen entwickelte sich Ende der 1760er Jahre keine erwähnenswerte Beziehung.[2755]
Im Dorf Appenzell (Appenzell Innerrhoden) waren *Carl Antoni Manser* (gest. 1769)[2756] und dessen Sohn *Joseph Antoni Manser* (gest. 1813)[2757] jahrzehntelang zugleich als Bleicher und Appreteure der Leinenware der Handelsgesellschaften Zellweger tätig. Für die Organisation ihrer Appretur überschritten die Kaufleute Zellweger auch die Grenzen der Alten Eidgenossenschaft. Ein wichtiger Appreteur für ihre Leinenware fand sich im oben erwähnten Bleichemeister *Rochus Ignatius Boch* von Feldkirch (Österreich) in nur 33 Kilometer Entfernung.[2758]

2749 Bodmer: Schweizerische Industriegeschichte (1960), S. 200; «Omedomeren», Omedoren, Omedom, Amidon, Stärke, Verdickungsmittel, in Wasserl löslich, vgl. Bolli: Einblicke in das Textilhandwerk, in: Bolli/Menolfi: Frühes Unternehmertum in Hauptwil (2019), S. 182–316, hier S. 297, Fussnote 185.

2750 Gebrüder Zellweger & Comp.: 106 Briefe an Jacob de David Allgöwer in St. Gallen, Trogen, 1747–1774; Zellweger Vater & Comp: 8 Briefe an Jacob de David Allgöwer in St. Gallen, Trogen, 1774–1778; Zellweger & Comp.: 2 Briefe an Jacob de David Allgöwer in St. Gallen, Trogen, 1800–1801; Johannes Zellweger Sohn: 1 Brief an Jacob de David Allgöwer in St. Gallen, Trogen, 33.09.1803S. 94.

2751 Gebrüder Zellweger & Comp.: 1 lettre à la maison à Lyon, Trogen, 11.09.1752, S. 70.

2752 Gebrüder Zellweger & Comp.: 68 Briefe an Bernhard Weyermann von St. Gallen, Trogen, 1747–1755.

2753 Gebrüder Zellweger & Comp.: 1 lettre à la maison à Lyon, Trogen, 12.08.1748, S. 126.

2754 Gebrüder Zellweger & Comp.: 31 Briefe an Caspar Vonwiller von St. Gallen, Trogen, 1747–1769.

2755 Gebrüder Zellweger & Comp.: 4 Briefe an Joachim Scheitlin von St. Gallen, Trogen, 1762–1769.

2756 Gebrüder Zellweger & Comp.: 34 Briefe an Carl Antoni Manser (17..–1769) in Appenzell, Trogen, 1747–1769.

2757 Zellweger Vater & Comp./Zellweger & Comp.: 14 Briefe an Carl Antoni Manser in Appenzell, Trogen, 1774–1808.

2758 Gebrüder Zellweger & Comp.: 94 Briefe an Rochus Ignatius Boch in Feldkirch, Trogen, 1747–1774; Zellweger Vater & Comp.: 9 Briefe an Rochus Ignatius Boch in Feldkirch, Trogen, 1774–1778; Zellweger, Müller & Comp.: 1 Brief an Rochus Ignatius Boch in Feldkirch, Trogen, 26.10.1774, S. 42.

Appreteure im Auftrag der Zellweger nach 1800

Nach 1800 hatten sich die Beziehungen zu den Appreteuren im Vergleich zu der Phase vor 1780 vollkommen verändert. Neben St. Gallen hatte sich nun Herisau (Appenzell Ausserrhoden) zu einem produktiven Zentrum der Appretur entwickelt. In der Stadt St. Gallen war vor allem der Appreteur *Jacob Thomann* für *Zellweger & Comp.* tätig.[2759] Dagegen nahmen sich die Kontakte zu dem Appreteur *Wild zum Frauengarten* über die Appretur der Leinenware «Trillis satiné» bescheiden aus.[2760] *Wild & Tribelhorn* appretierte Baumwollware zunächst für *Johannes Zellweger Sohn*[2761], seit 1810 auch für *Zellweger & Comp.*[2762]
Während in Herisau bis 1780 mit *Johannes Baumann*[2763] nur gerade ein einziger Appreteur von Leinenware nachweisbar war, überlieferte Sturzenegger (1894) für das Jahr 1826 in Herisau bereits zwölf Appreturen mit je etwa fünf Arbeitern.[2764] Nach 1800 waren in Herisau die Appreteure *Knellwolf*, *Mayer* und *Tribelhorn* tätig. *Hans Jacob Knellwolf* war an erster Stelle der Appreteur von Baumwollware der *Zellweger & Comp.* Mit ihm korrespondierte sowohl *Zellweger & Comp.*[2765] als auch *J.C. Zellweger* äusserst intensiv.[2766] Ein Auftrag an *Hans Jacob Knellwolf* umfasste im Jahr 1809 rund 21 Baumwollstücke von 8 Ellen Länge. Die zwanzig 7/4 breiten Stücke sandte man ihm «um schönen indischen Appret» und ein einziges 10/4 breites Stück «zum schönen Linon Appret» mit der Bitte um «gute und baldige Bedienung».[2767] *Zellweger & Comp.* nahm auch die Dienste von *Johannes Tribelhorn* in Anspruch, welcher sich auf die Appretur von Halstüchern spezialisiert hatte.[2768] Daraus dürfte sich die Appretur von Hans Conrad Tribelhorn zum Schlössli mit seinem Unternehmen *Tribelhorn & Co.* entwickelt haben, das in den 1810er Jahren für *J.C. Zellweger* arbeitete.[2769]
Neben den beiden Zentren St. Gallen und Herisau für die Appretur nach 1800 kam anderen Ortschaften praktisch keine Bedeutung zu. Mit dem Appreteur *Joseph Anton Haltmeyer* aus Rickenbach bei Bregenz Wolfurt (Vorarlberg) zum Beispiel liess sich sowohl *Zellweger & Comp.*[2770] als auch *Johannes Zellweger Sohn*[2771] nur jeweils auf eine Probe ein. In beiden Fällen ergab sich kein langfristiges Arbeitsverhältnis.
Johannes Zellweger Sohn baute sich nach seiner Trennung von *Zellweger & Comp.* 1803 für seine Bedürfnisse in Appretur eigene Kontakte auf. Die Kunst, welche die verschiedenen Arten von Appreturen je nach Breite der Textilware darstellte, liess sich besonders für die Baumwollware «Mousse[lin]:» nachweisen. *Johannes Zellweger Sohn* korrepondierte 1805 mit seinem Appreteur *Hans Jacob Knellwolf* in Herisau[2772] über den «Apret», der je nach Breite der «Moussline» anders hiess. Der Artikel «Mousse[lin]:» von 10/4 oder 7/4 Ellen Breite und 8 Ellen Länge wurde mit dem «Aprett de l'Inde» oder auch mit dem «Aprett à l'Anglais» versehen. 8/4 Ellen breite «Mousse[lin]:» derselben Länge hingegen wurde mit dem «Apret de Linon» ausgerüstet und bitte ja «keine Liçières annähen», womit Webkanten aus Gold gemeint waren. Für die noch schmalere 6/4 Ellen breite «Mousse[lin]:» wünschte sich *Johannes Zellweger Sohn* hingegen den «Aprett ordinaire».[2773] Neben *Knellwolf* aus Herisau war *Johannes Eisenhut* von

2759 Zellweger & Comp.: 87 Briefe an Jacob Thomann St. Gallen, Trogen, 1800–1810.
2760 Zellweger & Comp.: 4 Briefe an Wild zum Frauengarten in St. Gallen, Trogen, 1800–1801.
2761 Johannes Zellweger Sohn: 3 Briefe an Wild & Tribelhorn in St. Gallen, Trogen, 1803–1809.
2762 Zellweger & Comp.: 1 Brief an Wild & Tribelhorn in St. Gallen, Trogen, 1810–1811.
2763 Zellweger: 5 Briefe an Johannes Baumann in Herisau, Trogen, 1762–1778.
2764 Sturzenegger: Beiträge zu einer Geschichte des Handels und der Industrie AR (1894), S. 6.
2765 Zellweger & Comp.: 73 Briefe an Hans Jacob Knellwolf in Herisau, Trogen, 1803–1822.
2766 J.C. Zellweger: 16 Briefe an Hans Jacob Knellwolf in Herisau, Trogen, 1813–1821.
2767 Zellweger & Comp.: 1 Brief an Johann Jacob Knellwolf in Herisau, Trogen, 25.0.1809, S. 82.
2768 Zellweger & Comp.: 5 Briefe an Johannes Tribelhorn in Herisau, Trogen, 1807–1809.
2769 J.C. Zellweger: 1 Brief an Tribelhorn & Co. in Herisau, Trogen, 1816–1822.
2770 Zellweger & Comp.: 2 Briefe an Joseph Anton Haltmeyer in Rickenbach b. Bregenz Wolfurt, Trogen, 1800–1801.
2771 Johannes Zellweger Sohn: 1 Brief an Joseph Anton Haltmeyer in Rickenbach b. Bregenz Wolfurt, Trogen, 1803–1809.
2772 Johannes Zellweger Sohn: 6 Briefe an Hans Jacob Knellwolf in Herisau, Trogen, 1803–1822.
2773 Johannes Zellweger Sohn: 1 Brief an Hans Ulrich Knellwolf in Herisau, Trogen, 14.08.1805, S. 616.

Gais für ihn tätig.[2774] Ein Auftrag umfasste beispielsweise die Appretur der «glatten Mousse[lin]:» zu je 8 Ellen, welche Eisenhut bei Zellweger in Trogen abholte.[2775] Die Appretur hatte dem «Linon apret» zu entsprechen. In der Stadt St. Gallen erhielt *Friedrich Ehrenzeller* von 1803 bis 1805 von *Johannes Zellweger Sohn* Aufträge.[2776] Zudem liess er *Leonhard Schlatter*[2777] und *Caspar Zollikofer* von St. Gallen[2778] Aufträge in der Appretur von Leinenware zukommen. Im rund 19 Kilometer entfernten Rorschach am Bodensee beschäftigte *Johannes Zellweger Sohn* den Appreteur *Stephan Hüttenmoser* mit der Appretur der aus dem süddeutschen Raum importierten Leinenware «Constance».[2779] An der Auftragserteilung durch *Johannes Zellweger Sohn* zeigte sich, dass ein Appreteur zu diesem Zeitpunkt immer noch auf die Appretur eines bestimmtem Artikels spezialisiert war und keineswegs jede Appretur beherrschte.

Glätten, Mangen, Pressen

Auf die Appretur folgte das abschliessende Glätten der Leinenware.[2780] Zwischen Appretur und Glätten bestand bis ins 19. Jahrhundert hinein ein Unterschied, obwohl das Glätten meist vom Appreteur direkt im Anschluss an das Stärken der Textilware ausgeführt wurde. Mit *Entz & Co.* von St. Gallen[2781] konnte nur ein einziger «Manger» im Auftrag der *Zellweger & Comp.* identifiziert werden. Entz lieferte die ihm übersandte Textilware gemangt und geglättet nach Trogen zurück. Merck (1885) definierte den Vorgang des Glättens oder Mangens der Leinwand wie folgt:

> Das Glätten der gestärkten Leinwand geschieht durch Mangeln oder Kalandern, entweder so, dass das Zeug auf glatte Rundhölzer gewickelt und wie alle Wäsche gerollt wird, oder indem man es einfach oder doppelt durch ein System von 2, 3 oder mehr geheizte und stark auf einander gepresste Walzen gehen lässt. Häufig wirken metallne mit Papierwalzen zusammen, welche eine sehr milde Glättung erzeugen; zuweilen wird der Stoff auch zugleich auf dem Kalander geglänzt, indem eine blanke Walze darauf wirkt, welche sich viel rascher dreht als das Zeug fortschreitet. [2782]

Grund für die wenigen Manger war wohl, dass *Zellweger & Comp.* anfangs 1808 zwei eigene «Kalander» betrieb. Ware, welche im Januar 1808 nach Genua bestellt wurde, war im März fertig geglättet und bereit zur Lieferung:

> Nous prenons bonne note repondant à votre chère lettre au 6. du c[ourant]t. de la Diminution de votre mémoire d'achapt & tacherons de vous expédier la moitié pour le mois de Mars si les deux Calandries que nous occupons peuvent suffre![2783]

Bei einer «Kalander» handelte es sich wohl um als alt empfundene Maschinen, weshalb ihre Leistungsfähigkeit in Frage gestellt wurde. Für das Glätten und Glänzen insbesondere des Artikels «Glanzleinwand», welche im Sortiment der Kaufleute Zellweger «Trillis satiné» hiess, musste tatsächlich eine besondere, «alte Glättmaschine» eingesetzt werden. Merck (1885) beschrieb sie wie folgt:

2774 Johannes Zellweger Sohn: 5 Briefe an Johannes Eisenhut in Gais, Trogen, 1803–1809.
2775 Johannes Zellweger Sohn: 1 Brief an Johannes Eisenhut in Gais, Trogen, 26.11.1803, S. 128.
2776 Johannes Zellweger Sohn: 17 Briefe an Friedrich Ehrenzeller in St. Gallen, Trogen, 1803–1809.
2777 Johannes Zellweger Sohn: 8 Briefe an Leonhard Schlatter in St. Gallen, Trogen, 1803–1809.
2778 Johannes Zellweger Sohn: 6 Briefe an Caspar Zollikofer in St. Gallen, Trogen, 1803–1809.
2779 Johannes Zellweger Sohn: 19 Briefe an Appreteur Stephan Hüttenmoser in Rorschach, Trogen, 1803–1822.
2780 Vgl. städtisches «Mangen», in: Clasen: Textilherstellung in Augsburg (2/1995), S. 335–351.
2781 Zellweger & Comp.: 10 Briefe an Entz & Co. in St. Gallen, Trogen, 1806–1811.
2782 Merck: Merck's Warenlexikon (1884), S. 321–322.
2783 Zellweger & Comp.: 1 lettre à la maison à Gènes, Trogen, 18.01.1808, S. 297.

> Die alte Glättmaschine, wie sie noch für die speziell sogenannte *Glanzleinwand* [H.d.d.A.] gebraucht wird, hat als Hauptorgan ein poliertes rundes Stück von Achat, Feuerstein oder Glas, das am untern Ende einer federnden Stange sitzt und damit auf dem Zeuge hin und hergeführt wird. Die appretierte Leinwand wird stückweise gelegt oder gerollt, gepresst, gebunden etc. [2784]

Um diese alten Maschinen zu betreiben, waren immer wieder Ersatzteile zu organisieren. Bei *Jacob Grist. Steinmann* in St. Gallen erhielt *Zellweger, Müller & Comp.* im August 1776 anstatt ein in seinen Schraubstock passendes «Nummernzeug einen solchen Glumpen, mit welchem die Waar nur versauet wird».[2785] Nach 1800 liess sich *Johannes Zellweger Sohn* über den Spediteur *Michael Sulser* in Rheineck sogenannte «Mangetafeln» aus Holz kommen.[2786] Auf welche Art die appretierte und geglättete Leinwand schliesslich zusammengelegt werden musste, hing je vom gewünschten Artikel ab.

Verpacken – mit «Röslin» und «Zettulein» in Papier und Stroh

Die Verpackung der Textilien stellte den letzten Schritt vor dem Versand der Ware in die Spedition dar. Diverse Schritte gingen dieser versandfertigen Verpackung voraus, bevor die Kaufmannsware der Spedition über die Ost-West- oder Nord-Süd-Achse übermacht werden konnte. Zuschnitt und Assortieren der Leinwand entsprechend vorliegender Bestellungen der Kunden aus Lyon gehörte in den persönlichen Arbeitsbereich der Kaufleute Zellweger. Sie führten diese praktischen Handarbeiten mit der Schere in ihren Magazinen aus. Dem Kunden *Gazzo i figli* von Cádiz konnten sie im August 1776 bei dessen Klage über eine Naht in einem Tuch sofort den Sachverhalt erklären:

> In Ansehung seines Vorwurfes wegen zusammen gesandten Stücken können Sie ihme [Sig[no].r Gazzo] zugleich erwiedern, dass dieses bey allen Fabriques geübt werde. Denn wie E[uren]l[ieben] bekannt, es nicht anderst sich ereignen kann, als dass der Resten, so nach dem Verschnit von 13. Th[uch]. aus einem Lwth., an ein ander Th[uch]. gesezt werden muss, folgsam jedes 14 d:r Th eine Nath bekomt, so der Eigensch[aft]. dieser Waar eigenth[lich]. nichts benimmt & deswegen Sig.r Gazzo sich belehren lassen werde.[2787]

Ähnlich wie die Textilveredlung ausschliesslich des Zwecks diente, die Textilware schöner, ansehnlicher und besser verkaufbar zu machen, sorgte auch die ansprechende Verpackung für die bessere Verkäuflichkeit der Ware. Merck (1881) wies darauf hin, dass «[...] die äussere Herrichtung, Einschlag und Etikette nicht gleichgültig sind, da sie bestimmte Sorten sogleich erkennbar machen und deshalb auch unverändert beibehalten werden».[2788] Durch eine einheitliche Verpackung der Textilware erkannte der Kunde das von ihm begehrte Produkt auf Anhieb. Im Oktober 1748 kam es wegen mangelhafter Kennzeichnung von Ware, welche unter ihrem Zeichen für einen «Herrn S[peiser von Bischofszell?, A.d.A.]». versandt worden war, zu Problemen am Zoll von Lyon:

2784 Merck: Merck's Warenlexikon (1884), S. 321–322.
2785 Zellweger, Müller & Comp.: 1 Brief an Jacob Grist. Steinmann in St. Gallen, Trogen, 06.08.1776, S. 419.
2786 Johannes Zellweger Sohn: 4 Briefe an Michael Sulser in Rheineck, Trogen, 1803–1809.
2787 Zellweger, Müller & Comp.: 1 lettre à la maison à Gènes, Trogen, 12.08.1776, S. 423.
2788 Merck: Merck's Warenlexikon (1884), S. 322.

> es wirt der sicherste Weg für das künftige seyn, alle Wahren ohne Underschied & Underbruch zu marquieren; Es ist nun die Frag, wie es mit H: S: seiner Cambrais zumachen, nach unserem Begriff werden dieselben, weil sie unter unserem Zeichen spediert werden, ebenfahls *mit unserem Zeichen & Röslin auf den Schwänzen* [H.d.d.A.] bezeichnet seyn.[2789]

Nach dem Verschnitt der Textilware assortierten sie die Kaufleute Zellweger der vorliegenden Bestellung entsprechend nach Länge, Qualität und Farbe. Für das Verpacken benötigten sie Materialien wie Papier, Schnüre und Stricke, Ballenbretter, Holzfässer, Stroh als Füllmaterial und Wachstuch zur wasserdichten Abdeckung der für Feuchtigkeit so anfälligen Textilware. Die Untersuchung liess einen ganz eigenen Kosmos erstehen, der sich im weitesten Sinn nur mit dem Problem der Verpackung beschäftigte. Dazu gehörten Zulieferer wie Papierfabrikanten, Fabrikanten von Wachstuch, «Zedelidrucker» und Verpacker.

Die «Zedelidrucker» und der «Kahl=Kopf» der Justizia

Der Stadtarzt Johann Caspar Hirzel (1725–1803) von Zürich hatte bei seinem Besuch in Trogen im Sommer 1766 ein Auge für ein kleines, aber verkaufsförderndes Detail: «[...] die dünne Stauchenwahr ist mit seidenen Zötlen und rothen Pastbändchen an dem ende geteilt und *ein illumiertes Hauszeichen* [H.d.d.A.] darauf geheffet».[2790] Um die Gestaltung und Beschaffung dieses Kleinstartikels des «Stauchenzedelis» oder eben «Hauszeichens» drehten sich mehrere Korrespondenzen der Kaufleute Zellweger. Diese Zettel nannte man auch «Billiets». Das «Stauchenzedeli» war ein kleines, mit einem Kupferstich bedrucktes Billett, das die «Stauchen» als dem Hauptartikel im Sortiment der Kaufleute Zellweger kennzeichnete. Im 18. Jahrhundert druckten diverse Kupferstecher für die Kaufleute Zellweger «Stauchenzedeli». Der älteste nachweisbare Kupferstecher und Hersteller von «Stauchenzedeli» war *Johannes Schlumpf* (wohl bis 1753) von St. Gallen.[2791] Nach der Geschäftstrennung der *Gebrüder Zellweger & Comp.* per Ende 1754 war Schlumpf noch mit 2300 Stück «Stauchenzedeli» der alten Firma versehen, welche nun wegen der veränderten Gesellschaftsverhältnisse in ihrer Gestaltung unbrauchbar geworden waren. Denn eine Veränderung in der Struktur der Handelsgesellschaft zog auch eine Änderung des Kupferblatts für die «Stauchenzedeli» mit sich. Dieser Auftrag wurde auf der Basis des alten Markenzeichens von 1717 zur Ausarbeitung Schlumpf übergeben. Es handelte sich um ein T über einem Z, in dem Z war ein W.[2792] Nach dem Tod von *Johannes Schlumpf* erreichte die *Witwe Schlumpf* die Qualität der «Stauchenzedeli» ihres verstorbenen Ehemanns nicht mehr. Sie lieferte seit 1753 schlecht gedruckte «Stauchenzedeli», was die Kaufleute Zellweger umgehend beanstandeten. Wie bereits bei der Verpackung führten sie als wichtigstes Kriterium die Ordentlichkeit an:

> Wann die Zedeli künftig nicht von feinerer Farb und überall ordenlicher, als eine Zeit her geschehen, gemacht werden, so sehen uns gezwungen, die Frauen zu quittieren. Man kann auf einigen kaum die Numero sezen, viele sind krumb, die Farben nicht hart, so dass sie unter dem Preis der Waar Fleken machen.

Ein krummer Druck, abfärbende Farbe, die Flecken verursachte – all das entsprach nicht dem Eindruck von Ordnung und Reinlichkeit, den die Zellweger ihrer Kundschaft zu vermitteln suchten. Zudem beobachteten sie, wie «andere Kaufleuth, so in Haubtweil und anderswo ausrüsten lassen, in diesem El wolfeihleren Preis viel schönere, feinere & besser schatierte Zedeli [haben]».[2793] Sie forderten, genauso wie ihre Konkurrenz mit qualitativ hochstehenden «Stauchenzedeli» beliefert zu werden.

2789 Gebrüder Zellweger & Comp.: 1 lettre à la maison à Lyon, Trogen, 14.10.1748, S. 149.
2790 Hirzel, Johann Caspar (1725–1803): 1 Brief an seine Ehefrau A.M. Hirzel in Zürich, Trogen, 07.07.1766.
2791 Gebrüder Zellweger & Comp.: 7 Briefe an Johannes Schlumpf in St. Gallen, Trogen, 1747–1752.
2792 Gebrüder Zellweger & Comp.: 1 Brief an Johannes Schlumpf in St. Gallen, Trogen, 09.05.1748, S. 76.
2793 Gebrüder Zellweger & Comp.: 1 Brief an Schlumpf seel. Wittib in St. Gallen, Trogen, 20.06.1753, S. 102.

Nach dieser Erfahrung mit der *Witwe Schlumpf* orientierte sich *Gebrüder Zellweger & Comp.* 1754 infolge der Geschäftstrennung von *Zellweger-Ehrliholzer-Sulser* im Druck der «Stauchenzedeli» neu. Sie machte einen Versuch mit *Melchior Hugentobler* von St. Gallen.[2794] Der Grossteil der Aufträge ging an *Georg Jacob Ostertag* (1716–1801) von Lindau.[2795] Ostertag schlug vor, ein neues Kupferblatt zu stechen. Was das «Laubwerk &ca.», die «Stellung unseres Wappens» und die «Farben» anbelangte, überliessen *Gebrüder Zellweger & Comp.* alles seinem Gusto und seiner künstlerischen «Erfindung». Nur sollte «die Justice nach gutbefinden mit blau, violet, Roth oder Purpur bekleidet werden», «kein Kahl=Kopf haben» und «von dem weiss [des starken Papiers, A.d.A.] wohl absetzende Farben seyn», weshalb «rothe Rähmlein oder bordures besser als gelbe» waren.[2796] Mit der «Justice» war die Justizia gemeint. Das Symbol im Wappen der Zellweger diente als Gestaltungselement auf dem kleinen «Stauchenzedeli». Mit Ostertags «Stauchenzedeli» war man sehr zufrieden. Die übliche Bestellmenge belief sich jeweils auf 3000 Stück.[2797] Der Druckerlohn berechnete sich pro tausend «Stauchenzedeli». Die Beziehung zu dem Kupferstecher Ostertag von Lindau bestand denn auch langfristig bis 1780. 1778 benötigte Zellweger-Hirzel-Scheuss für die in *Zellweger, Zürcher & Co.* umbenannte Handelsgesellschaft *Zellweger, Müller & Comp.* mit eigenem Haus in Genua wiederum eine neue Zeichnung für die «Stauchenzedeli». *Johann Georg Sauter älter* (1712–1801) von Arbon[2798] unterbreitete ihm drei Vorschläge nach einem Muster mit dem Schriftzug «Fabr. di *Zellveguer, Zürcher et Co.* in Troga».[2799] Die «Stauchenzedeli» dienten somit nicht nur der Nummerierung, sondern insbesondere auch als Deklaration der Herkunft der «Stauchen». Offenbar bedruckte Sauter zudem «Pergament Zettel».[2800] Mit Sauter von Arbon ergab sich eine langjährige Beziehung, welche von *Zellweger & Comp.* bis 1808 gepflegt wurde.[2801] Auch *Johann Conrad Mayr* von Lindau[2802] ging man im September 1800 an um tausend «von den grösseren Zettulein, wie man auf den Stauchen heftet, also nicht von den kleinen, so man Granatäpfel heisst».[2803] Auch *J.C. Zellweger* nahm seine Dienste in Anspruch.[2804] Im Dezember 1808 stellte Mayr aus blauem Papier, das er von *Zellweger & Comp.* erhielt, «Silbermarquen» her.[2805] Von *Laurenz Halder* in St. Gallen verlangte *J.C. Zellweger* um 1813 «Etiketten ohne Buchstaben» für die Verpackung seines mechanisch gesponnenen Baumwollgarns.[2806]

Zusammenfassung: Das «Stauchenzedeli» erfüllte drei wichtige Funktionen. Es identifizierte den Kaufmann als Besitzer der gemeinen Leinenware «Stauchen», nummerierte das betreffende Tuch und diente als Preisschild. Es hatte also die Funktion einer Visitenkarte für den Kaufmann, weshalb auf seine Gestaltung und Qualität viel Wert gelegt wurde. Die Gründung einer Handelsgesellschaft machte eine neue, individuelle Gestaltung des «Stauchenzedelis» notwendig. Hauptkriterium der Ausführung war die Ordentlichkeit. Grossen Wert legte man auf die mehrfarbige Gestaltung und auf die Ausführung des Drucks. Die Farben durften unter keinen Umständen auf die Textilware abfärben. Die Kupferstecher der Kaufleute Zellweger, welche diverse Etiketten und «Stauchenzedeli» zur Beschriftung und Bezeichnung ihrer Textilware herstellten, stammten aus der Stadt St. Gallen, aus Arbon und Lindau im Bodensee. Das Einzugsgebiet für diesen Kleinstartikel wies eindeutig regionalen Charakter auf.

2794 Gebrüder Zellweger & Comp.: 3 Briefe an Melchior Hugentobler von St. Gallen, Trogen, 1752–1759.

2795 Gebr. Zellweger & Comp.: 24 Briefe an Georg Jacob Ostertag in Lindau, Trogen, 1752–1774; Zellweger Vater & Comp.: 5 Briefe an Georg Jacob Ostertag in Lindau, 1774–1778; Zellweger, Müller/Zürcher & Comp.: 9 Briefe an Georg Jacob Ostertag in Lindau, Trogen, 1774–1780

2796 Gebrüder Zellweger & Comp.: 1 Brief an Johann Georg Ostertag in Lindau, Trogen, 08.10.1756, S. 10

2797 Gebrüder Zellweger & Comp.: 1 Brief an Johann Georg Ostertag in Lindau, Trogen, 25.02.1771, S. 302.

2798 Zellweger, Müller/Zürcher & Comp.: 4 Briefe an Johann Georg Sauter älter (1712–1801) in Arbon, Trogen, 1774–1780.

2799 Zellweger, Zürcher & Comp.: 1 Brief an Johann Georg Sauter älter in Arbon, Trogen, 16.11.1778, S. 791.

2800 Zellweger, Zürcher & Comp.: 1 Brief an Johann Georg Sauter älter in Arbon, Trogen, 16.11.1778, S. 791.

2801 Zellweger & Comp.: 5 Briefe an Johann Georg Sauter älter in Arbon, Trogen, 1801–1808.

2802 Zellweger & Comp.: 11 Briefe an Johann Conrad Mayr in Lindau, Trogen, 1800–1809; vgl. Mayrs Werk, in Ziegler: St. Gallen vor 1800. In Abbildungen des Lindauer Zeichners und Kupferstechers Johann Conrad Mayr (1982).

2803 Zellweger & Comp.: 1 Brief an Johann Conrad Mayer in Lindau, Trogen, 15.09.1800, S. 107.

2804 J.C. Zellweger: 2 Briefe an Johann Conrad Mayr in Lindau, Trogen, 1813–1814.

2805 Zellweger & Comp.: 1 Brief an Johann Conrad Mayer in Lindau, Trogen, 22.12.1808, S. 11.

2806 J.C. Zellweger: 4 Briefe an Laurenz Halder in St. Gallen, Trogen, 1813–1822.

Die Papierfabrikanten – «feines Schreibpapier», «grobes Packpapier»

Die Kaufleute Zellweger verbrauchten Unmengen an Papier, einerseits für die Verpackung ihrer Textilware, andererseits für ihre Korrespondenz. Das unterschied sie von Garnhändlern, «die nichts in Korrespondenz taten». Bis 1800 war alles Papier von Hand geschöpft. Für Appenzell Ausserrhoden sind drei Papiermühlen belegt. Die erste war im frühen 17. Jahrhundert am Wattbach in Teufen in Betrieb, die zwei anderen entstanden im letzten Drittel des 17. Jahrhunderts in Herisau und damit in der Zeit, in welcher auch der Leinwandhandel aufzublühen begann. Die Hadern oder Stofffasern als Rohmaterial gewann man denn auch aus Lumpen und Reststücken aus dem Leinwandgewerbe. Die Brüder Ulrich Schiess (1622–1677) und Bartholome Schiess (1625–1697) richteten 1669/1674, nur wenige Jahre nach der Gründung ihrer Bleiche am Moosberg in Herisau, im nahe gelegenen Kubel an der Urnäsch eine Papiermühle ein.[2807] Eine weitere gründete 1697/1698 ein Sohn von Bartholome in der Tiefe in Herisau.[2808] Dieser Betrieb war unter Bartholomes Urenkel *Johannes Scheuss [Schiess] in der Tiefe* seit den 1760er Jahren für *Gebrüder Zellweger & Comp.* als Grosslieferant von Packpapier tätig, und er war zeitgleich um eine Bleicherei erweitert worden.[2809] Von dem Papierfabrikanten *Johannes Scheuss [Schiess] in der Tiefe* bezogen die Kaufleute Zellweger bis 1807 diverse Papierartikel: vom feinen Schreibpapier über Packpapier, «grobes Garnpapier», «ziegelfarbiges» Papier bis zu «Kastendeckelpapier». Packpapier wurde riesweise eingekauft. Eine Bestellung lautete auf eine bestimmte Anzahl «Riese» Packpapier. Ein Ries Papier umfasste in der Regel 480 Bogen. Das Schreibpapier, «das früher nur gewöhnliches Schreibpapier war», wurde einer Bemerkung Zellweger-Gessners entsprechend erst in den 1770er Jahren etwas feiner.[2810]

Ab 1807 stellte sich eine Diversifikation der Bezugsorte für Papier ein. *Zellweger & Comp.* machte einen Versuch mit dem Papierfabrikanten Helbling in Rapperswil (St. Gallen).[2811] *Johann Heinrich Helbling* war von 1798 bis 1806 Betreiber der *Papiermühle Rapperswil* am Zürichsee. Die Stadt Rapperswil hatte sie 1684 und damit zeitlich genau zwischen den beiden privat initiierten Papiermühlen in Herisau erbaut. Helbling hatte die Papiermühle von der Familie Karpf gekauft, welche die Papierfabrikation nach über einem Jahrhundert mangels eigener Nachfolger einstellte. Mit diesem Verkauf setzte der baldige Niedergang ein. Helbling gelang es nicht, die Papierproduktion konkurrenzfähig zu betreiben. *Zellweger & Comp.* bestellten anfangs Januar 1807 zwar noch «2 Riss Ihres dem gröbsten Packpapier gleich kommenden & zu Emballierung des Garns gebräuchenden Papiers» mit dem Versprechen auf «grössere Bestellung» bei «guter Qualität» und «billigem Preis».[2812] Zu diesem Zeitpunkt hatte Helbling die Papiermühle aber bereits an die Papiermeister Fridolin Hartmann und Joseph Segesser von Luzern weiterverkauft. Von 1809 bis 1811 betrieb Joseph Segesser die Mühle allein weiter und tat sich im Mai 1811 über einen Gesellschaftsvertrag mit *Gebrüder Brändlin* zusammen. Nur zwei Monate später verkaufte er die Papiermühle für 13 500 Gulden an *Gebrüder Brändlin*.[2813] Das alte Gewerbegebäude der Papiermühle beherbergte nun mit der *Mechanischen Baumwollspinnerei Brändlin* modernste Industrie.

2807 Fuchs/Graf: Mahlen – Bläuen – Sägen: 250 Mühlen im Appenzellerland (2005), S. 22, 35–47.

2808 Fuchs: Artikel «Die Papiermühle in der Tüfi», in: Appenzeller Zeitung, 24.06.1999.

2809 Gebr. Zellweger: 8 Briefe an Johannes Scheuss in der Tiefe in Herisau, 1762–1769, 4 Briefe an Johannes Scheuss , 1769–1774; Zellweger Vater & Comp.: 5 Briefe an Johannes Scheuss , 1774–1778; Zellweger, Müller/Zürcher & Comp.: 20 Briefe, 1774–1780; Zellweger & Co.: 10 Briefe, 1806–1807; Zellweger & Comp.: 4 Briefe, 1807–1808; Fuchs: Inventar – 250 Mühlen im Appenzellerland, in: Fuchs/ Graf (Hg.): Mahlen – Bläuen – Sägen (2005), S. 140–166, hier S. 144, Nr. 33, 35; Fuchs, Thomas: Artikel «Schiess, Johannes (1730–1804)», in: e-HLS online, 09.06.2010; Koller/Signer: Appenzellisches Wappen- und Geschlechterbuch (1926), S. 281.

2810 Zellweger, J.C.: Notitzen aus meinem Leben (1855), S. 1.

2811 Zellweger & Comp.: 2 Briefe an Johann Heinrich Helbling in Rapperswil, Trogen, 1806–1807.

2812 Zellweger & Comp.: 1 Brief an Johann Heinrich Helbling in Rapperswil, Trogen, 01.01.1807, S. 295.

2813 Halter: 150 Jahre Spinnerei Brändlin (1962), S. 17.

Besser mit Papier bedient als bei Helbling in Rapperswil wurde *Zellweger & Comp.* offensichtlich bei *Gottlieb Rappolt* in Bern[2814] und von der *Zieglerischen Papiermühle* in Zürich.[2815] *J.C. Zellweger* bezog Packpapier von *Johann Ulrich Entz* im Kubel bei Herisau[2816], dessen Betrieb auf die Gründung von 1669/1674 zurückging, von *J.C. Ott* aus St. Gallen[2817] und Jahre später von *Wüst & Sohn* aus der Neustadt Nr. 124 von Zürich.[2818] *Martin Hartmann* aus Luzern bot 1813 seine Papierware in Trogen sogar durch einen Reisenden an. Wegen zu hoher Preise fand er trotz Mustersendungen keine Kundschaft.[2819] Bei der Bestellung von «36 ½ Riss Papier imprimés exactement d'après les echantillons» über *Jn. Pimperton* von Warrington (England) dürfte es sich wohl um eine Ausnahme gehandelt haben.[2820] Die Bezugsorte für Papierware wiesen somit auch nach Ende der langjährigen Beziehung zum Papierfabrikanten Johannes Scheuss in der Tiefe in Herisau immer noch durchwegs regionalen Charakter auf.

Wetterfestes Wachstuch

Wachstuch nutzte man als wasserabweisende Hülle für Holzkisten und Fässer, um die Textilware vor der Witterung zu schützen. Vor 1780 war mit *Daniel Friedrich Gmünder* von St. Gallen nur ein einziger Wachstuchfabrikant in den 1760er Jahren auszumachen.[2821] Nach 1800 belieferte hauptsächlich *Johann Peter Bleichenbacher* von Mörschwil die *Zellweger & Comp.* mit Wachstuch[2822], während es mit *Hans Jacob Kugler* von St. Gallen[2823] und *Johannes Künzli* von St. Gallen bei Proben geblieben sein dürfte.[2824] Am Bodensee etablierten sich *Carl und Daniel Helfenberger* von Rorschach als Lieferanten von Wachstuch.[2825] Hingegen entwickelte sich mit *Benjamin Knoell* von Augsburg wohl aufgrund der Distanz keine Beziehung.[2826] Wie bei den Zulieferern von «Stauchenzedeli» und Papier wies auch das Netz der Zulieferer für Wachstuch mit dem Zentrum St. Gallen eindeutig regionalen Charakter auf.

2814 Zellweger & Comp.: 2 Briefe an Gottlieb Rappolt in Bern, Trogen, 1807–1808 und 3 Briefe, 1808–1809.

2815 Zellweger & Comp.: 12 Briefe an die Zieglerische Papiermühle in Zürich, Trogen, 1807–1811.

2816 J.C. Zellweger: 6 Briefe an Johann Ulrich Entz im Kubel bei Herisau, Trogen, 1809–1821.

2817 J.C. Zellweger: 6 Briefe an J.C. Ott in St. Gallen, Trogen, 1809–1813.

2818 J.C. Zellweger: 6 Briefe an Wüst & Sohn in Zürich, Trogen, 1821–1839.

2819 J.C. Zellweger: 1 Brief an Martin Hartmann in Luzern, Trogen, 25.03.1813, S. 15.

2820 Zellweger & Comp.: 3 Briefe an Jn. Pimberton in Warrington, Trogen, 1800–1801.

2821 Gebrüder Zellweger & Comp.: 1 Brief an Daniel Friedrich Gmünder von St. Gallen, Trogen, 25.07.1765, S. 147.

2822 Zellweger & Comp.: 33 Briefe an Johann Peter Bleichenbacher von Mörschwil, Trogen, 1800–1814.

2823 Zellweger & Comp.: 3 Briefe an Hans Jacob Kugler von St. Gallen, Trogen, 1806–1808.

2824 J.C. Zellweger: 1 Brief an Johannes Künzli von St. Gallen, Trogen, 1809–1813.

2825 Zellweger & Comp./Johannes Zellweger Sohn: 8 Briefe an Carl und Daniel Helfenberger in Rorschach, Trogen, 1800–1809.

2826 Zellweger & Comp.: 1 Brief an Benjamin Knoell von Augsburg, Trogen, 13.10.1806, S. 8.

Schlussfolgerung

Bleichen – Färben – Drucken – Appretieren – Mangen

Die Analyse der Geschäftskorrespondenz der Kaufleute Zellweger ermöglichte wertvolle Einsichten in die Erschliessung und Erforschung der Dimensionen des überaus produktiven Wirtschaftsraumes Ostschweiz ab der zweiten Hälfte des 18. Jahrhunderts in Bezug auf die zeitgenössische Textilveredlung.
Bleichen: Das Hauptkriterium dafür, welchen Bleichemeistern die Kaufleute Zellweger ihre Leinen- und Baumwollware zur Bleiche anvertrauten, war die geografische Nähe zu Trogen. Sie überwachten den Fortgang des Bleicheprozesses kontinuierlich mit persönlichen Besuchen auf der Bleiche. Diese zeitintensive Kontrolle setzte voraus, dass die Bleichen innerhalb kürzester Frist von Trogen mit dem Pferd erreichbar waren. Die Kontrolle war notwendig, um sicherzustellen, dass die eigene Leinwand tatsächlich in Bearbeitung war und nicht etwa wegen der Ware anderer vernachlässigt wurde. Der Kaufmann hingegen war auf die termingerechte Lieferung der «nouveaux blanc» vor der *Messe Beaucaire* Ende Juli angewiesen, um seine Ware verkaufen zu können. Die Beziehung der Kaufleute zu den im Stücklohn arbeitenden diversen Bleichemeistern in der Umgebung von Trogen war entsprechend intensiv. Ruinierten die Bleicher während des Bleichens die ihnen anvertraute Ware, brachte das den Kaufleuten grössten Ärger und Verdruss beim Verkauf an die Kundschaft ein. Gegen das Wetter hingegen waren Kaufleute und Bleicher machtlos – ohne Sonne wurde die Leinwand nicht rechtzeitig weiss. Erste Erfahrungen mit der Schnellbleiche machten die Zellweger bereits 1758, obwohl sich das chemische Verfahren erst nach 1800 durchzusetzen begann. Der Bleicherlohn war abhängig von der Länge, Breite und Dicke der zu bleichenden Leinwand. Verlangten die Bleichemeister geschlossen eine Lohnerhöhung für das zu bleichende Leinwandstück, mussten die Kaufleute einwilligen, wenn sie weiterhin gut bedient werden wollten.
Färben: Bezüglich der Färberei und der Färbemeister ergaben sich ganz ähnliche Resultate wie für das Bleichen und die Bleichemeister. Wie das Bleichen war auch das Färben ein saisonales Handwerk, was an die Bewirtschaftung eines «Farbsortiments» hohe Anfoderungen stellte. Das Handelshaus in Lyon bestellte über eine «Farbnotta» diejenigen Farbtöne, welche es für den Verkauf benötigte. Die von den Kaufleuten Zellweger mit Aufträgen versehenen Textilfärbereien fanden sich praktisch an denselben Orten, wo auch die Bleichen standen. Je nach Farbton entwickelten sich Spezialisten auf die sogenannte Rot- oder Blaufärberei, bei welcher das anspruchsvolle Küppenverfahren den professionellen Umgang mit giftigen Chemikalien und natürlicher Oxidation an der Luft voraussetzte.
Drucken: Für den Textildruck eignete sich insbesondere die Baumwollware. Obwohl in der Literatur immer wieder ausdrücklich darauf verwiesen wird, dass sich Leinwand nicht für den Textildruck eigne, ergab die vorliegende Auswertung, dass diverse Textildrucker für die Kaufleute Zellweger den Artikel «Mouchoir» auf Leinwand druckten. Die ersten Aufträge für den Textildruck vergaben sie ab Mitte der 1760er Jahre, wohl infolge der Aufhebung des Verbots des Imports von bedrucktem Baumwollstoff nach Frankreich 1759. *Zellweger Vater & Comp.* schien sich seit 1774 geradezu auf «Mouchoirs Calanca» verlegt zu haben. Sein Einzugsgebiet für Textildruckerei sprengte den regionalen Charakter. Es reichte über den Thurgau, Zürich, Aargau, Solothurn und Bern hinaus in die Städte Konstanz, Lörrach und Mülhausen. Kontakte in das Zentrum des Textildrucks Augsburg verliefen ohne nachhaltigen Erfolg.

Appretieren: Das Appretieren als letzter Schritt in der Textilveredlung stellte einen Flaschenhals vor dem auf die konkreten Daten der Handelsmessen beschränkten Verkauf dar. *Gebrüder Zellweger & Comp.* lösten sich aus der Abhängigkeit von dem Appreteur Gonzenbach aus Hauptwil, indem sie sich über Industriespionage die Fähigkeit aneigneten, eine eigene Appretur in Trogen einzurichten und zu betreiben. Der Grund dafür war wirtschaftlicher Natur. Die Trennung 1748 von *Gebrüder Eugster* bewirkte, dass deren Leinenware wegen ihrer verwandschaftlichen Beziehungen zum Appreteur Gonzenbach vor derjenigen der *Gebrüder Zellweger & Comp.* appretiert wurde. Der Aufbau dieser eigenen Appretur 1749 erfolgte ohne Einmischung des Staates Appenzell Ausserrhoden. Zur gleichen Zeit griff in Vorarlberg die staatliche Wirtschaftspolitik «leitend, regelnd und verbietend» in das ökonomische Geschehen ein. 1749 existierten in Bregenz und Feldkirch als den bedeutendsten Ortschaften in Vorarlberg keine

Manufakturen oder Fabriken.[2827] Auch in der Glarner Landvogtei Werdenberg durften nur Pächter eines «Bleichebriefes» oder «Farbbriefes» ihrem Gewerbe nachgehen. Inhaber dieser «Briefe» wehrten sich erfolgreich bei der Obrigkeit gegen das Ausstellen weiterer Gewerbeerlaubnisse oder «Ehehaften», für welche sie der Obrigkeit jährlich den Zins bezahlten. So konzentrierte sich das Gewerbe in den Händen der Dorfbeamten.[2828]

Offensichtlich reichte die eigene Appretur in Trogen aber nicht für die Ausrüstung ihres gesamten Sortiments. Bis 1780 unterhielten die Kaufleute Zellweger intensive Beziehungen zu Appreteuren in den Dörfern Hauptwil und Appenzell sowie in den Städten St. Gallen und Feldkirch. Nach 1800 verschob sich das Zentrum der Appretur von Baumwollware nach Herisau. Einzelne Kontakte wurden in Gais, Rorschach, Rickenbach und St. Gallen unterhalten. Alle diese lagen in einer Entfernung von maximal 30 Kilometern zu Trogen und waren damit jederzeit erreichbar für die notwendigen Kontrollen der Forschritte im Arbeitsprozess.

Nach der Untersuchung der vorindustriell organisierten Textilveredlung im Handelsraum der Zellweger wird im letzten Kapitel der Frage nachgegangen, wie sich die Situation am Landsgemeindeplatz nach 1800 gestaltete, wo sich schon bald fünf Handelsgesellschaften Zellweger in dem gleichen Metier konkurrenzierten, dem Textilhandel.

2827 Niederstätter: Aspekte der Vorarlberger Wirtschaft, in: Jahn/Hartung (Hg.): Gewerbe und Handel (1991), S. 142–151, hier S. 142–143.

2828 Schindler: Werdenberg (1986), S. 239–241.

N.N.: Johannes Zellweger-Huber (1758–1836) von Trogen und Hauptwil, 22-jährig, Porträtgemälde, Öl auf Leinwand (95 x 76 cm, 77 x 58 cm), um 1780 [Privatbesitz Zellweger, Rorschacherberg]

N.N.: Laurenz Zellweger-Sulser (1760–1824) von Trogen, 20-jährig, Porträtgemälde oval, Öl auf Leinwand (105 x 88 cm, 79 x 61 cm), um 1780 [Privatbesitz Zellweger, Rorschacherberg]

N.N.: Johannes Zellweger-Egg-Hirzel (1764–1832) von Trogen und Bregenz, 16-jährig, Porträtgemälde, Öl auf Leinwand (70.5 x 66 cm, 58 x 53.5 cm), um 1780 [KBAR: 23708]

N.N.: Johann Caspar Zellweger-Gessner (1768–1855) von Trogen, 12-jährig, Porträtgemälde, Öl auf Leinwand (70 x 66 cm, 58 x 54 cm), um 1780 [KBAR: 23587]

N.N.: Jacob Zellweger-Zuberbühler (1770–1821) von Trogen, 10-jährig, Porträtgemälde, Öl auf Leinwand (69 x 65 cm, 57.5 x 54 cm), um 1780 [KBAR: 23586]

Kapitel 5: Nach der Industriellen Revolution – Unternehmensgeschichte 1800–1820

Einleitung

In Trogen verstarb kurz nach 1800 die dritte Generation der Kaufleute Zellweger. Zellweger-Wetter und Zellweger-Hirzel-Scheuss hinterliessen ihren ausschliesslich männlichen Erben grosse Vermögen. Nicht mehr zwei Brüder wohnten nun am kleinen Landsgemeindeplatz Trogen, sondern fünf Cousins. Alle waren in den väterlichen Handelshäusern in Lyon und Genua in den 1770/1780er Jahren auf identische Weise professionell zu Kaufleuten ausgebildet worden. Das verpflichtete sie den Handelsgepflogenheiten des ausgehenden 18. Jahrhunderts. Doch die Privilegien für den Export von Schweizer Leinwand nach Lyon existierten seit 1783 nicht mehr.[2829] Auch die *Leinwandschau Trogen* – ehemals Basis für den Einkauf von Leinwand – war seit 1798 aufgehoben. Nach rund 120 Jahren der Qualitätskontrolle hatte sich die Institution überlebt. 1827 räumte man auch mit den Überresten der *Leinwandschau St. Gallen* auf. Auf den Bleichen pflanzte man Gemüse an.[2830] Baumwollware wurde keiner Qualitätskontrolle mehr unterzogen. Diese beiden Veränderungen standen symbolisch für den grossen Wandel im Handel vor und nach 1800, den die fünf Kaufleute im Alter von 32 bis 46 Jahren teils in Genua, teils in Bregenz, teils in Trogen erlebten. Die gesamte Wirtschaft wurde von den handelspolitischen Massnahmen Napoléons in Form von Einfuhrbeschränkungen, Zollerhöhungen und dem Erlass der Kontinentalsperre 1806 umgekrempelt.[2831]

Die Industrielle Revolution von 1780 wies dem Textilhandel die Zukunft durch die Errungenschaft der Mechanisierung der Baumwollspinnerei weg von der Leinwand hin zur Baumwollware. Die gute alte Leinwand als Hauptartikel der Kaufleute Zellweger hatte ausgespielt. Das Spinnen von Hand nicht nur des Flachses, sondern auch der Baumwolle als Hauptgewerbe einer breiten Bevölkerungsschicht erübrigte sich zunehmend. Wer noch spann, «spinnt» eben, in dem Sinne, dass er etwas Seltsames, Irrationales und Ineffizientes tat. Die Abhängigkeit vom Klima verschob sich nun auf die Abhängigkeit von der Politik. Baumwollgewerbe und -handel waren vollständig auf den Import des Rohstoffes aus dem Osmanischen Reich und zunehmend aus den Südstaaten Nordamerikas angewiesen. Nach dem Frieden zwischen England und Frankreich 1783 stand es laut Bräker «schlecht mit dem Handel» seiner «Baumwollstuken».[2832] Zudem reagierte Frankreich mit einem Importverbot für Baumwolle. Baumwollgewerbe und -handel in der Ostschweiz erlebten eine schwere Krise. In diesem kritischen Augenblick bestand Zellweger-Gessner seine Feuertaufe als angehender Kaufmann. Es gelang ihm als 19-jähriger

2829 Wild: Die letzte Allianz der alten Eidgenossenschaft mit Frankreich vom 28. Mai 1777, in: Schweizer Studien zur Geschichtswissenschaft (X,2/1917), S. 278–662.

2830 Thürer: St. Galler Geschichte (2/1972), S. 210.

2831 Witschi: Die Mechanische Spinnerei Trogen, in: APJB (119/1989), S. 47–62, hier S. 47.

2832 Tagebucheintrag 26.02.1783, in: Holliger et al. (Hg.): Ulrich Bräker. Sämtliche Schriften (2/2010), S. 367.

Kaufmann zur grossen Freude seines Vaters, eine umfangreiche «Party» von an sich durch das Verbot unverkäuflich gewordener Baumwollware einem Kunden in Paris zu verkaufen und damit das Sortiment zu bereinigen.
Infolge der Französischen Revolution zogen sich die Kaufleute Zellweger nach mehr als sechzig Jahren Präsenz mit eigenem Handelshaus aus Lyon zurück. Die Revolution löste eine neue Modeerscheinung aus, mit der beste Geschäfte zu machen waren. Es handelte sich um das begehrte «Nationalhalstuch» in den Farben der Trikolore, über das man politisch Farbe bekannte. Am 9. November 1799 ergriff Napoléon die Macht in Frankreich. Die französisch besetzte Helvetische Republik führte 1801 die Neuerung ein, dass sich Handelsleute und Fabrikanten bei ihrer Tätigkeit über zu bezahlende Patente auszuweisen hatten.[2833] Am 21. März 1804 führte Napoléon den Code Civil ein. Das Gesetzeswerk erlangte von 1807 bis 1814 binnen weniger Jahren in allen von Frankreich dominierten Staaten Geltung. Auf wirtschaftlichem Sektor wurde dadurch überall die allgemeine Gewerbefreiheit eingeführt, was in Appenzell Ausserrhoden längst praktiziert wurde. Zehn Tage nach der Krönung Napoléons zum Kaiser am 2. Dezember 1804, an welcher Zellweger-Zuberbühler und seine Gemahlin teilnahmen, erklärte Spanien Frankreich den Krieg. Spanien war ein entscheidender Absatzmarkt der *Zellweger & Comp.* Am 17. März 1805 löste sich die Cisalpinische Republik nach nur acht Jahren auf und wurde dem Königreich Italien einverleibt. Aus Cisalpinien mit der Hauptstadt Mailand stammte die Kundschaft der *Zellweger & Comp.* Zellweger-Egg-Hirzel belieferte sie an der vierteljährlich stattfindenden *Messe Bozen* persönlich. Durch ihr Ausbleiben fielen die Verkäufe an der *Messe Bozen* in sich zusammen. Ähnlich wie mit der Cisalpinischen Republik wurde mit der kurzlebigen Ligurischen Republik verfahren. 1797 gegründet, wurde sie 1805 dem Französichen Kaiserreich einverleibt. Die Hauptstadt Genua büsste ihre ehemalige Unabhängigkeit und wirtschaftliche Bedeutung ein. Im gleichen Jahr verschlechterten Zollerhöhungen die Voraussetzungen für den Handel. Napoléon krönte sich im Mai 1805 zum König von Italien. Er löste damit die Dritte Koalition von Russland und England zusammen mit Österreich, Schweden und Neapel aus. Am 21. November 1806 rief Napléon in Berlin die Kontinentalsperre als Wirtschaftsblockade über die Britischen Inseln aus.
Wie reagierten die fünf Cousins Zellweger am Landsgemeindeplatz Trogen auf diese umfassenden wirtschaftlichen Veränderungen? Schlugen sie neue wirtschaftliche Wege ein? Passten sie sich an? Verhielten sie sich wirtschaftlich innovativ? Trotz des Willens der vierten Generation Zellweger, über diverse neu gegründete Handelsgesellschaften aktiv zu bleiben, bestand keine der fünf nebeneinander tätigen Handelsgesellschaften Zellweger am Landsgemeindeplatz Trogen über 1820 hinaus. Woran das lag, wird in den zwei Unterkapiteln «Drei Brüder, drei Kaufleute – drei Handelsgesellschaften» und «Zwei Brüder, zwei Kaufleute – zwei Handelsgesellschaften Zellweger» dargestellt.

2833 Glaus: Der Kanton Linth der Helvetik (2005), S. 94.

Drei Brüder, drei Kaufleute – drei Handelsgesellschaften Zellweger

Einleitung

In diesem Unterkapitel werden die drei Handelsgesellschaften *Zellweger & Comp.*, *Johannes Zellweger Sohn* und *J.C. Zellweger* untersucht. Während es sich bei *Zellweger & Comp.* um eine traditionsreiche Handelsgesellschaft handelte, die in den 1790er Jahren durch den Zusammenschluss zweier Handelsgesellschaften entstanden war, handelte es sich bei *Johannes Zellweger Sohn* und *J.C. Zellweger* um selbständige Neugründungen zweier Söhne kurz nach dem Tod des Vaters 1803.
Worin unterschieden sich die Handelsräume der beiden nach 1800 neu gegründeten Handelsgesellschaften vom Handelsraum derjenigen Handelsgesellschaft, deren Anfänge in die Zeit vor der Industriellen Revolution zurückging? Welche Dimensionen wies die traditionsreiche *Zellweger & Comp.* nach 1800 auf? Und welche Dimensionen eines Handelsraums waren die zwei selbständig tätigen Kaufleute Zellweger im Stande aufzubauen? In welche Richtung entwickelten sich ihre Geschäfte? Oder wie sehr blieben sie dem herkömmlichen Handelsmodell verpflichtet?

Zellweger & Comp., Trogen und Genua, 1793 bis 1817

Die Handelsgesellschaft

Zellweger & Comp. wurde als Handelsgesellschaft mit eigenen Handelshäusern in Trogen und Genua gegründet. Sie ging aus dem Zusammenschluss der beiden Handelsgesellschaften *Zellweger Vater & Comp.* in Trogen/Lyon und *Zellweger, Zürcher & Comp.* in Trogen/Genua hervor. Anlass zu dieser Neuausrichtung gaben politische und personelle Umstände. In Frankreich gab die Aufhebung der Privilegien für Schweizer Kaufleute und die Französische Revolution Anlass zur Aufhebung des dortigen Handelshauses. Zugleich liefen die jeweils auf sechs Jahre abgeschlossenen Gesellschaftsverträge zwischen Zellweger-Hirzel-Scheuss mit seinen langjährigen Teilhabern Graf in Lyon 1792 und Zürcher in Genua 1793 zu einem Zeitpunkt aus, als seine drei zu Kaufleuten ausgebildeten Söhne die Volljährigkeit erreicht hatten. Zellweger-Hirzel-Scheuss vergesellschaftete sich nun mit seinen drei erwachsenen Söhnen und dem ehemaligen Teilhaber in Lyon Graf, während sich Zürcher in die Heimat zurückzog. Der älteste Sohn Zellweger-Egg-Hirzel war für den vierteljährlichen Verkauf an der *Messe Bozen* zuständig. Der mittlere Sohn Zellweger-Gessner übernahm die Leitung des Hauses in Genua. Den jüngsten Sohn Zellweger-Zuberbühler wählte man zum Landammann. Er widmete sich in der Folge hauptsächlich der zeitintensiven, anspruchsvollen Politik in einer Phase des Umbruchs und in einem völlig veränderten Europa unter Napoléon.

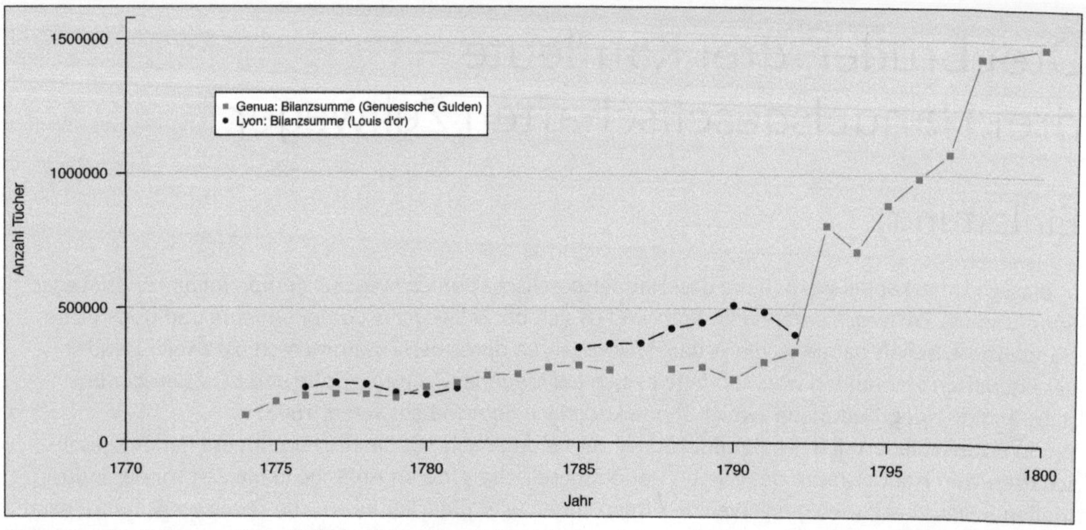

Abbildung 53: Zellweger, Vater & Comp./Zellweger, Müller/Zürcher & Comp./Zellweger & Comp.: Bilanzsummen der Filialen in Lyon und Genua im Vergleich, 1774–1800

Die dichte Überlieferungssituation für *Zellweger & Comp.* erlaubt es, über die Geschäftskorrespondenz hinaus auch die Bilanzen auszuwerten. Aus der Abbildung geht hervor, dass beide Handelsgesellschaften, *Zellweger Vater & Comp.* in Lyon und *Zellweger, Müller/Zürcher & Co.* in Genua, vor dem Zusammenschluss in *Zellweger & Comp.* mit einem jährlich ähnlichen Geschäftsresultat von durchschnittlich 200 000 Louis d'or/Gulden abschlossen. *Zellweger Vater & Comp.* erzielte 1793 noch während der Französischen Revolution sehr gute Jahresabschlüsse von bis zu 500 000 Louis d'or. Infolge des Zusammenschlusses der beiden Handelsgesellschaften unter *Zellweger & Comp.* 1793 verdoppelte sich das Handelskapital auf 800 000 Gulden. Nach diesem Zusammenschluss schloss *Zellweger & Comp.* jährlich mit nie dagewesenen Geschäftsresultaten. Im Jahr 1796 durchbrachen sie die Millionengrenze und verdoppelten sich nahezu bis 1800 auf 1 500 000 Genuesische Gulden. Zellweger-Gessner überlieferte, wie diese Resultate vor allem dem Verkauf von Modeartikeln wie dem begehrten «Nationalhalstuch» in den Farben der Trikolore zu verdanken waren.
Zellweger-Hirzel-Scheuss war zudem als beschränkt haftender Kommanditär in drei Kommanditgesellschaften involviert. Bis 1795 war es *Walser & Co.* in Moskau, abgelöst von *Ris, Sulzberger & Co.* in Moskau, welche bis 1802 bestanden haben dürfte. Die dritte war *Gebhardt, Schläpfer & Co.* in Barcelona, seit 1802 *Gebhardt & Co.* In dieser Kommanditgesellschaft waren seit Ende 1801 nebst *Zellweger & Comp.* die *Gebrüder Fankhauser* von Burgdorf involviert, wie dem Kommanditgesellschaftsvertrag zu entnehmen war.[2834] Hinter *Gebrüder Fankhauser* standen seit 1784 die drei Brüder und Kaufleute in Leinwand Johann Jakob Fankhauser-Kupferschmid (1762–1844), Johannes Fankhauser-Diesbach (1763–1844) und Friedrich Ludwig Fankhauser-Diesbach (1766–1825). Ihre Handelsgesellschaft bestand bis 1891. Ähnlich wie bei den Kaufleuten Zellweger ging der Leinwandhandel der Kaufleute Fankhauser in das 17. Jahrhundert zurück.[2835] Wie es zu diesem geschäftlichen Zusammenschluss zweier Handelsgesellschaften aus der Ostschweiz und aus dem Berner Aargau zwecks Betreibung einer Kommanditgesellschaft in Barcelona unter Wilhelm Anton Gebhardt wohl aus Isny[2836] um die Jahrhundertwende kam, wäre eine Untersuchung wert. Nach dem Einmarsch der französischen Armee 1798 in die Ostschweiz flüchtete der Vater Zellweger-Hirzel-Scheuss mit den zwei Söhnen Zellweger-Egg-Hirzel

2834 Zellweger & Comp. von Trogen/Gebrüder Fankhauser von Burgdorf: Kommanditvertrag mit Wilhelm Anton Gebhardt über die Kommanditgesellschaft Guebhardt & Cie. in Barcelona, Burgdorf, 19.12.1801; vgl. zudem Baumann/Meyer: Kleine Geschichte der Leinwandweberei und des Leinwandhandels im Oberaargau und Emmental (1984).

2835 Fankhauser: 300 Jahre Entwicklung einer Emmenthaler Firma. 1630–1936 (1936).

2836 Gebhardt war in den 1770er Jahren Lieferant von Leinenware, vgl. Zellweger, Müller/Zürcher & Comp.: 40 Briefe an Johann Reinhard Gebhardt in Isny, Trogen, 1774–1780.

und Zellweger-Zuberbühler samt Familien von Trogen über die Grenze nach Bregenz. Der Vater kaufte das Haus an der Kirchstrasse 28 in Bregenz, von wo aus man den Textilhandel so gut wie möglich weiterbetrieb. Offenbar tat man sich mit *Steinle & Comp.* in Bregenz zusammen, um das Speditionsgeschäft mit Italien zu betreiben.[2837] Der Vater kehrte spätestens im Herbst 1798 nach Trogen zurück. Er bat seine beiden Söhne mehrmals um die definitive Rückkehr. Für ihn war Trogen als Zentrum der Einkäufe, Zahlungen und Ausgangspunkt der Spedition immer noch der ideale Standort des Haupthauses:

> es ist entsetzlich génant, die Auskunft über alles von Bregentz aus zu begehren: wir müssen uns absolute entschliessen, entweder das Haupthaus hier in Trogen od. in Bregentz zu halten, wo so dann das andere dem Haupthaus von seinen Begangenschaften Rechnung ablegte: Ich meines Orthes glaubte, dass wann auch jemand von uns zu Bregentz bleiben wollte, das Haupthaus allemahl hier sein solte, zumahlen hier die Einkäufte, die Zahlungen & die mehrste Spedizionen selbst auch nach Botzen geschehen müssten. Doch ich will mich gerne hierin belehren lassen & Euere Meynung anhören.[2838]

Der alte Vater wusste bereits 1799 genau, dass der Handel mit «englischen Waaren» zeitlich beschränkt war: «Habt Ihr auch was von Engl[ischen]: Waaren nach Genua gehen lassen? So bald die Engelländer selbst nach Botzen kommen, ist unser Handel in ihren Artiklen verdorben».[2839] Nach dem Tod des Vaters ging die Leitung der *Zellweger & Comp.* in Trogen vornehmlich an Zellweger-Gessner, der sich definitiv von Genua nach Trogen zurückzog. Die Leitung des Handelshauses in Genua ging an Matthias Schläpfer (1763–1830) von Trogen, der sich zu diesem Zweck 1802 aus der Kommanditgesellschaft *Guebhardt, Schläpfer & Cie.* in Barcelona löste.
Zellweger & Comp. beschäftigte mehrere Buchhalter gleichzeitig. 1796 bis 1802 war Johannes Buff von Wald (Appenzell Ausserrhoden) in Genua angestellt.[2840] Niklaus von Rosmini von Gönz (Bayern) arbeitete wohl von 1800 bis 1805 in Genua.[2841] In Bregenz arbeiteten 1798 zugleich Müller, Graff und Zuberbühler.[2842] 1803 bis 1808 war Georg Friedrich Krauss (1786–1859) von Augsburg in Trogen.[2843] 1805 bis 1811 waren Johann Caspar Waser von Zürich[2844] und 1806 ein Blum von Luzern als Buchhalter tätig.[2845] Nach der in der Regel sechsjährigen Anstellung gingen diese Buchhalter im Auftrag der *Zellweger & Comp.* auf Handelsreisen. Von 1800 bis 1809 war Wilhelm Friedrich Rueff [von Au (Vorarlberg)?] unterwegs. Von 1800 bis 1810 war Carl Philipp Friedrich Lang (1786–1853) von Laichingen in Blaubeuren (Baden-Würtemberg) Handelsreisender, 1806 Christian Gschwend, von 1806 bis 1809 Johann Jacob Graf, 1806/1807 Johann Ulrich Zuberbühler, 1809 Amadeo Thormann [von Bern?]. Von 1808 bis 1813 war schliesslich Georg Friedrich Krauss (1786–1859) von Augsburg unterwegs, um seine Karriere bei *Zellweger & Comp.* mit der Heirat einer Tochter seines Arbeitgebers Zellweger-Zuberbühler abzurunden. Von 1806 bis 1811 war Ferdinand Foichtig von Rottenburg[2846] unterwegs und 1811 der oben genannte Waser von Zürich. Neben den Buchhaltern waren immer auch kaufmännische Lehrjungen in

2837 Vgl. Zellweger & Comp.: 149 Briefe an Steinle & Comp. in Bregenz, Trogen, 1800–1811; Johannes Zellweger Sohn: 33 Briefe an Steinle & Comp. in Bregenz, Trogen, 1803–1822; J.C. Zellweger: 21 Briefe an Steinle & Comp. in Bregenz, Trogen, 1809–1839.

2838 Zellweger, Johannes (1730–1803): 1 Brief an Sohn Johannes Zellweger (1764–1832) in Bregenz, Trogen, 15.11.1798.

2839 Zellweger, Johannes (1730–1803): 1 Brief an seinen ältesten Sohn Johannes Zellweger in Bregenz, Trogen, 18.03.1799.

2840 Zellweger & Comp.: Arbeitsvertrag mit Buchhalter Johannes Buff von Wald mit Laufzeit 1796 bis 1802, Trogen, 12.02.1796.

2841 Zellweger & Comp.: Arbeitsvertrag mit Buchhalter Niklaus von Rosmini von Gönz mit Laufzeit 5 Jahre, ohne Datum [nach 1800?].

2842 Zellweger Johannes (1730–1803): 1 Brief an seinen ältesten Sohn Johannes Zellweger in Bregenz, Trogen, 01.11.1798 und 15.11.1798.

2843 Krauss, Georg Friedrich (1786–1859): 1 Bewerbungsschreiben an Jacob Zellweger (1770–1821) in Trogen, Augsburg, 18.12.1803.

2844 Zellweger & Comp.: Arbeitsvertrag mit Buchhalter Johannes Waser von Zürich mit Laufzeit 1805 bis 1811], Trogen, 02.02.1806.

2845 Blum liess sich für einen Fehler in der Rechnung für die Kisten Nr. 132 und 133 entschuldigen, in: Zellweger & Comp.: 1 lettre à la maison à Gènes, Trogen, 13.02.1809, S. 116.

2846 Zellweger & Comp.: 28 Briefe an Ferdinand Foichtig in Livorno und Messina, 1806–1811.

der Schreibstube tätig. Im Handelshaus in Genua waren von 1790 bis 1793 mit Germann La Roche und von 1793 bis 1796 und Fäsi zwei junge Leute aus Basel in Ausbildung, über welche Zellweger-Gessner des Lobes voll war.[2847] In Trogen war von 1800 bis 1803 Johann Ulrich Zuberbühler (1784–1849) von Speicher (Appenzell Ausserrhoden) in Ausbildung und von 1809 bis 1812 Johann Jacob Tobler (1793–1857) von Trogen.

Nach dem Tod des Vaters Zellweger-Hirzel-Scheuss im Jahr 1802 beschlossen die beiden jüngeren Brüder Zellweger-Gessner und Zellweger-Zuberbühler bei der Teilung der Hinterlassenschaft, ihren älteren Halbbruder Zellweger-Egg-Hirzel wegen Veruntreuung aus *Zellweger & Comp.* auszuschliessen. Wirtschaftliches Zugpferd war nun Zellweger-Gessner. Die wirtschaftlich schwierigen Umstände nach Erlass der Kontinentalsperre am 21. November 1806 liessen ihn keine guten Geschäftsresultate mehr erhoffen. 1807 brach er nach einer erschöpfenden Handelsreise nach Leipzig über Schlesien und Böhmen aus Überarbeitung gesundheitlich zusammen. Er trat aus. Von nun an widmete er sich der Leitung der von ihm seit 1804 aufgebauten *Mechanischen Spinnerei Trogen*, der Beschaffung der zu verspinnenden Baumwolle und dem Handel mit dem mechanisch gesponnenen Baumwollgarn.

Von 1808 bis 1817 führte der als ehrgeizig, eigenwillig, selbstherrlich und heftig geschilderte Zellweger-Zuberbühler[2848] die grosse Handelsgesellschaft *Zellweger & Comp.* im Alleingang. Neben seinen vielfältigen politischen Aktivitäten im höchsten Amt als Landammann von Appenzell Ausserrhoden kam die seriöse, sorgfältige kaufmännische Arbeit zu kurz. Bereits 1812 konfrontierte ihn sein Teilhaber Matthias Schläpfer aus Genua mit der prekären Geschäftslage.[2849] 1814 stand er wirtschaftlich vor dem Aus. Sein Halbbruder Zellweger-Egg-Hirzel schoss Kapital ein und rettete ihn vor dem Konkurs. Kommerzielle Krisen in Familienunternehmungen löste man, wie Pfister (1992) für Zürich feststellte, möglichst im Verwandtschaftskreis.[2850] Zollerhöhungen von Frankreich, Restriktionen durch Österreich im internationalen Handel sowie die drückende Notlage im Hungerjahr 1816/1817 trafen den für die Ostschweiz lebenswichtigen Aussenhandel im Textilbereich schwer.[2851] 1817 stand Zellweger-Zuberbühler erneut vor dem Aus. Anstatt seinem Halbbruder die 116 000 Gulden zu erstatten, wälzte er kurzum den Konkurs auf ihn als seinen Hauptkreditor ab.[2852] Die Kreditoren unterzeichneten einen «Accord» zu 91.5%. Trotz dieses Vertrages strebten die Kreditoren einen zweiten Konkursprozess an und forderten die vollständige Rückzahlung aller Schulden durch Zellweger-Egg-Hirzel.[2853] Dieser war unterdessen nach Bregenz geflüchtet, war dort eingebürgert worden und hatte sich nochmals verheiratet. Er akzeptierte diesen ihm untergeschobenen Konkurs nie. 1821 starb sein Bruder, der langjährige Landammann Zellweger-Zuberbühler, nachdem er die *Zellweger & Comp.* definitiv schlecht und recht liquidiert hatte. Der Textildrucker und Zeitzeuge Mayr von Arbon überlieferte uns, wie Zellweger-Zuberbühler auf seine finanzielle Bruchlandung reagierte:

2847 «Es war eine Freude mit Hr. Fäsi und la Roche zu arbeiten, aber später hatte ich nie mehr so gute Gehülfen», in: Zellweger, Johann Caspar (1768–1855): Notitzen aus meinem Leben (1/1850), S. 61.

2848 Schläpfer: Landammann Jacob Zellweger (1770–1821) (1939), S. 162, 166, 169.

2849 Schläpfer: Landammann Jacob Zellweger (1770–1821) (1939), S. 149–150.

2850 Pfister: Die Zürcher Fabriques. Protoindustrielles Wachstum vom 16. zum 18. Jahrhundert (1992), S. 147.

2851 Witschi: Appenzellerland und Vorarlberg vom 17. zum 20. Jahrhundert, in: SVGB (110/1992), S. 31–44, hier S. 32.

2852 Zellweger: Konkurs im Ostschweizer Textilhandel 1817 – Verlust des «symbolischen Kapitals der Ehre», in: Gschwend (Hg.): Wirtschaftsgeschichte der Modernisierung in Mitteleuropa (2009), S. 171–187; «Handelstarif für Textilien nach Frankreich (1817)», in: Familienarchiv Müller-Friedberg [STASG: W 055/083].

2853 Schuldrecht: Schuldner, die auswärtige Gläubiger nicht zahlen können, in: Silbernes Landbuch von 1565, Art. 63; Konkursrecht, Priorität einheimischer Gläubiger bei Konkursen; Androhung von Leib- und Ehrenstrafen; Verfahren im Fall, dass jemand auswärtigen gegenüber zahlungsunfähig ist, in: Silbernes Landbuch von 1565, Art. 86–87; bei Konkursen durften Gläubiger, deren Unterpfand gedeckt, ihr Kapital und einen Zins ziehen, in: Ausserrhodisches Landbuch, 1632, Art. 128.

> Landammann Zellweger benahm sich im Gefühl seiner Misskennung u. dem Undank seines Landes mit Troz, den Habersak auf'm Rüken zog er weg, zu Fuss durch St. Gallen u: Winterthur, Lyon zu, u. wenn ich es gewusst hätte, so wär' ich mit meinem Gefährt des Wegs gefahren und würde ihn um die Ehre gebethen haben, zu mir Einzusteigen.[2854]

Mayr brachte seine Achtung für diesen «trotzigen» Mann zum Ausdruck, der neben der Leitung der *Zellweger & Comp.* während fünfzehn politisch höchst anspruchsvollen Jahren an der Spitze des Kantons Appenzell Ausserrhoden gestanden hatte. Die Auswirkung des Konkurses von *Zellweger & Comp.* beschrieb Mayr mit einem Sprachwitz, der damals kursierte:

> Der Fall machte grosse Sensation; es gab eine Stille im handel in dem abgelegenen Trogen, die grossen Häuser verödet, die Gassen voll Gras. AppenzellerWiz bezeichnete die Ereignis mit dem laconischen Spruch: «Trogen – hat trogen».[2855]

Die Handelsabläufe

Die überlieferten Briefkopierbücher der *Zellweger & Comp.* decken mit einer Lücke von 1802 bis 1805 die Jahre 1800 bis 1811 ab. Sie zeigen die Entwicklung des Handelsraumes unter der Herrschaft Napoléons. Nach Zollerhöhungen im Jahr 1805 erliess Napoléon am 21. November 1806 mit der Kontinentalsperre eine Wirtschaftsblockade gegen England. Wie sich das auf den Handelsraum der *Zellweger & Comp.* auswirkte, liess sich an den Ausdehnungs- und Schrumpfungsprozessen ihres Handelsraums in der politisch und wirtschaftlich äusserst instabilen Phase von 1800 bis 1811 nachvollziehen. Insgesamt waren Handelskontakte nach total 401 Orschaften auszumachen. Pro Jahr stand die Schreibstube von *Zellweger & Comp.* in Trogen mit durchschnittlich etwas mehr als 200 verschiedenen Ortschaften in schriftlichem Kontakt. *Zellweger & Comp.* erreichte damit von allen Handelsgesellschaften Zellweger nachweislich die grösste geografische Ausdehnung. Die Ortschaften lagen in siebzehn Ländern in Europa und nur vereinzelt in Moskau und St. Petersburg (Russland) sowie in Istanbul und Izmir (Türkei). Gepflegt und unterhalten wurde dieser Handelsraum mit 1651 Geschäftspartnern über 13 491 Geschäftsbriefe.

2854 Buenzli (Hg.): Mayr: Meine Lebenswanderung (4/2010), S. 1093.
2855 Buenzli (Hg.): Mayr: Meine Lebenswanderung (4/2010), S. 1342.

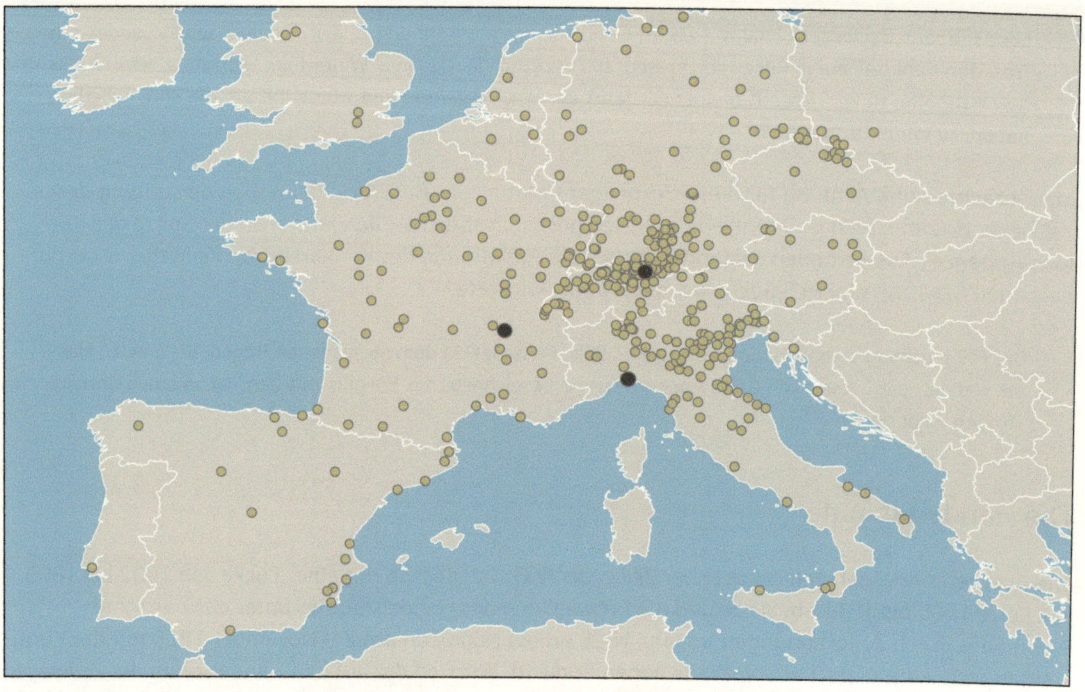

Abbildung 54: Zellweger & Comp.: Handelsraum mit total 401 Ortschaften, 1800–1811

Wie unterschiedlich sich die Handelsräume der *Zellweger & Comp.* von Jahr zu Jahr gestalteten, ergab die Auswertung pro Briefkopierbuch. In den Jahren 1800/1801 wurde mit 235 Ortschaften kommuniziert. 1806/1807 waren es noch 205 Ortschaften. In den Jahren 1807/1808 gelang wieder eine Ausdehnung auf 216 Ortschaften, 1808/1809 auf 228 Ortschaften. Im letzten überlieferten Briefkopierband 1810/1811 wandte sich die Geschäftskorrespondenz dann nur noch an 163 Ortschaften. Der Handelsraum von *Zellweger & Comp.* schmolz in den Jahren 1800 bis 1811 ganz beträchtlich und fand aus der Krise von 1814 infolge der Aufhebung der Kontinentalsperre nicht mehr heraus.

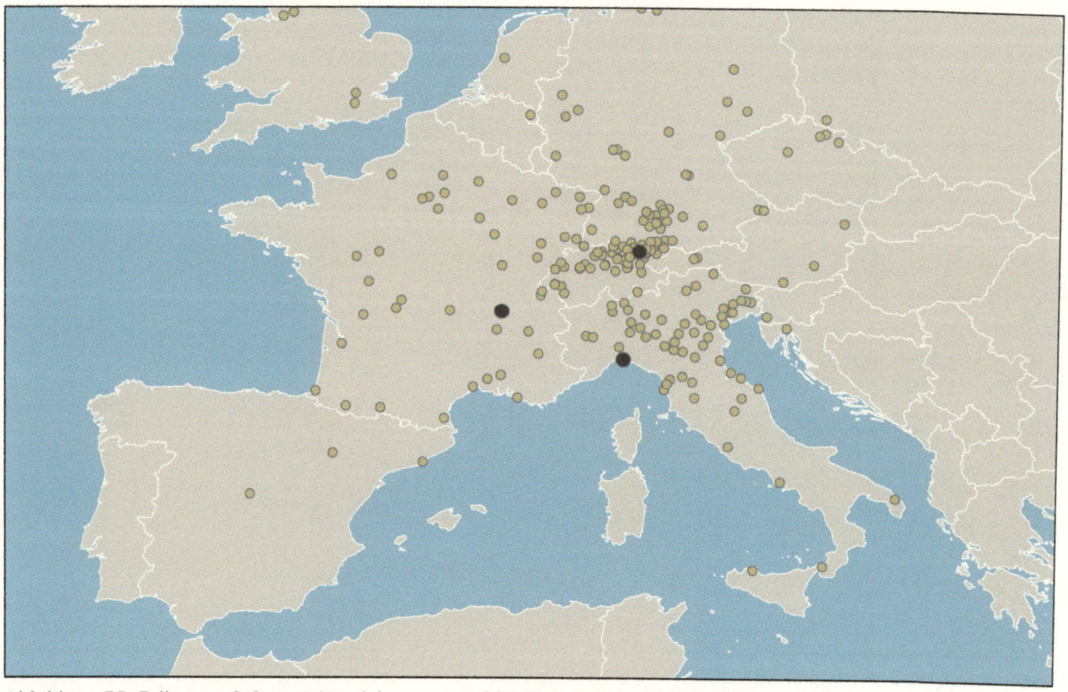

Abbildung 55: Zellweger & Comp.: Handelsraum mit 235 Ortschaften, 1800/1801

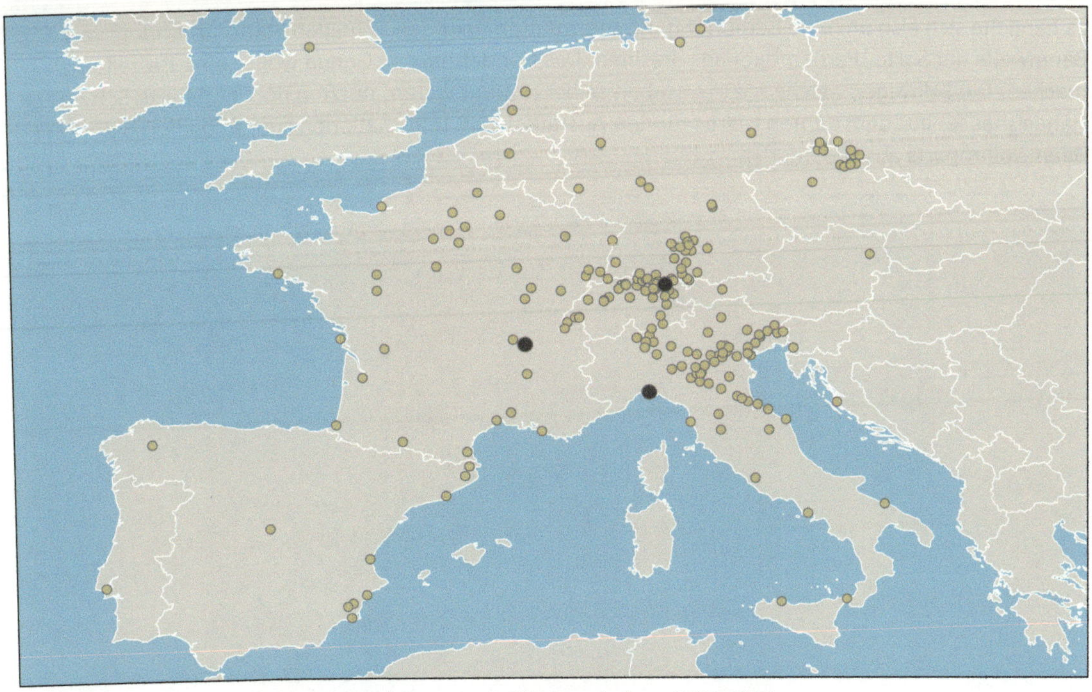

Abbildung 56: Zellweger & Comp.: Handelsraum mit 204 Ortschaften, 1806/1807

1806 tauchte zum ersten Mal Lissabon als Destination in einem Geschäftsbrief der *Zellweger & Comp.* von Trogen auf. Der Brief vom 2. Februar 1807 an *Morgan & fils* in Lissabon beinhaltete die Bitte, einen Geschäftsbrief an die «gemeinsamen Freunde» *Barton & Co.* in Manchester weiterzuleiten.[2856] *Barton & Co.* war vor dem Erlass der Kontinentalsperre *der* Hauptlieferant von mechanisch versponnenem Baumwollgarn «Mules twist» und «Water twist» gewesen.[2857] An dem Geschäftsbrief nach Lissabon kann gezeigt werden, dass *Zellweger & Comp.* die Stadt Lissabon als westlichste Peripherie ihres Handelsraumes nutzte, um auch nach dem Erlass der Kontinentalsperre gegen England am 21. November 1806 mit ihren Lieferanten von maschinell hergestelltem Baumwollgarn in Kontakt zu bleiben. Da keine weitere Korrespondenz folgte, ist davon auszugehen, dass der Versuch zur Umgehung der Kontinentalsperre über eine Weiterleitung der Korrespondenz durch andere nach England scheiterte. Eine weitere schmale Korrespondenz nach Lissabon folgte etwas später an *Schindler & Söhne*.[2858] Dabei handelte es sich um eine Handelsgesellschaft aus Mollis (Glarus), die gemäss Jenny (1902) «Manufacturen- und Bankgeschäft» sowie den Import von Kolonialwaren betrieb.[2859] Hartmann (2010) fasste zusammen, wie sich Samuel Schindler (1762–1830) vom Weber zum Inhaber einer eigenen Firma emporgearbeitet hatte, internationale Handelsbeziehungen aufbaute und nach Lissabon exportierte. 1825 gründete er mit seinem Schwiegersohn Melchior Jenny (1775–1863) bei Hard die Firma *Jenny & Schindler*, der Gründungen von mehreren Baumwollspinnereien gelang.[2860] *Zellweger & Comp.* waren «so frei» anzufragen,

> was Sie von den jezigen Conjuncturen halten. Ob Sie glaubten, dass Sie auf den Winter wieder neue Zufuhren von B[aum]woll aus Brasilien erhalten, wie die jezigen Plazpreise davon sind & wie hoch die Versicherungen davon sind, so wie auch, ob wohl der Transit von dortten nach Genua & Livorno offen bleibe?[2861]

2856 Zellweger & Comp.: 1 Brief an Morgan & fils in Lissabon, Trogen, 02.02.1807, S. 417.
2857 Zellweger & Comp.: 40 Briefe an Barton & Co. in Manchester, Trogen, 1800–1809.
2858 Zellweger & Comp.: 4 Briefe an Schindler & Söhne in Lissabon, Trogen, 1807–1809.
2859 Jenny: Handel und Industrie des Kantons Glarus (1902), S. 37.
2860 Hartmann: Die Villa Leuchtenberg in Lindau, in: SVGB (128/2010), S. 139–168, hier S. 151.
2861 Zellweger & Comp.: 1 Brief an Schindler & Söhne in Lissabon, Trogen, 09.11.1807, S. 54–55 und 60.

Es handelte sich also um eine Bemühung um Information über den aktuellen Stand im Import von Baumwolle der Sorte «Pernambuc» aus Brasilien. Das Handelshaus in Genua wollte eine Bestellung machen. Die Zellweger, welche nie in Lissabon selber präsent waren, nutzten dort etablierte Schweizer Handelshäuser aus dem Kanton Glarus für den Austausch von Informationen zum aktuellen Stand des Baumwollimports aus Südamerika.

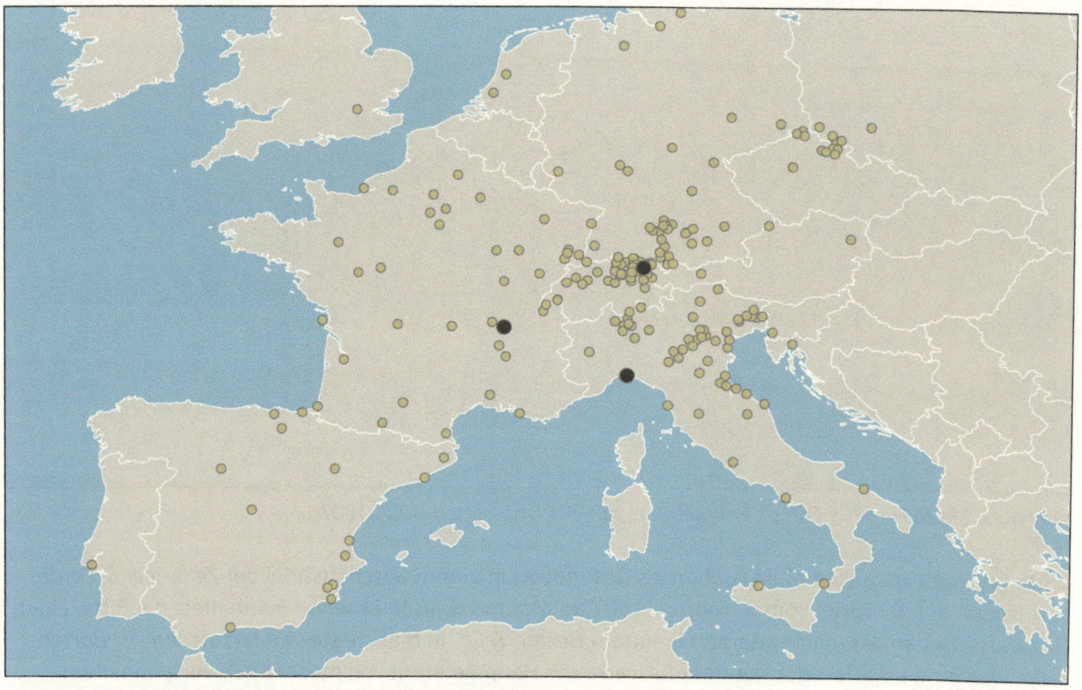

Abbildung 57: Zellweger & Comp.: Handelsraum mit 216 Ortschaften, 1807/1808

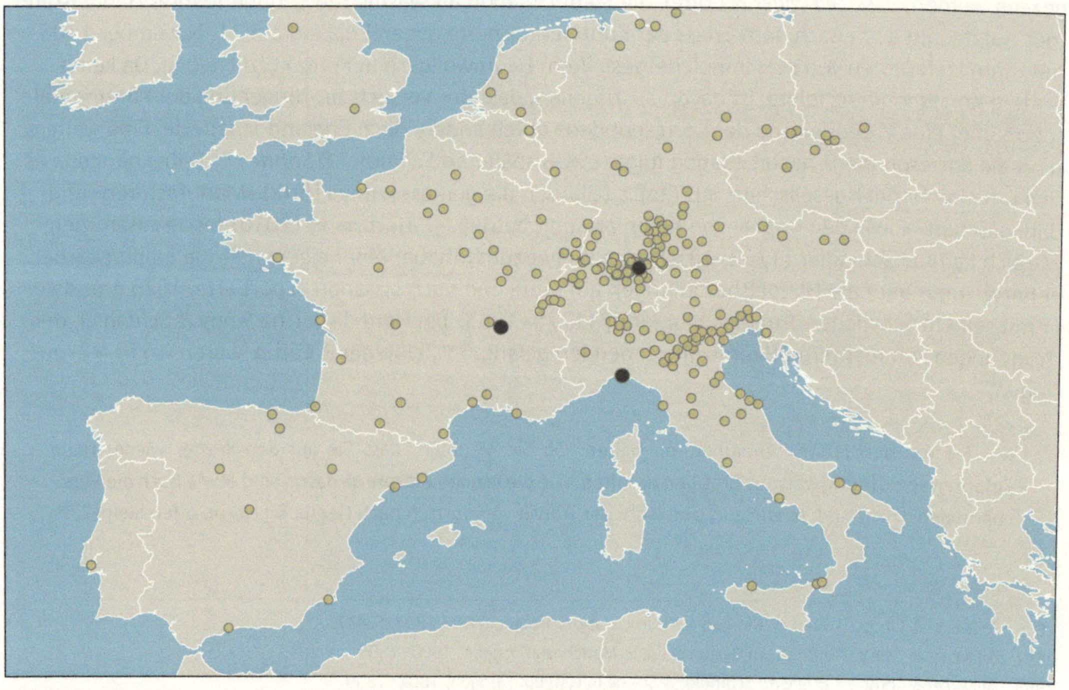

Abbildung 58: Zellweger & Comp.: Handelsraum mit 228 Ortschaften, 1808/1809

Direkt nach Erlass der Kontinentalsperre im November 1806 schrumpfte der Handelsraum der *Zellweger & Comp.* nicht, sondern dehnte sich von 1807 bis 1809 von 204 auf 228 Orschaften aus. Zur scheinbaren Wiederbelebung der Geschäftskorrespondenz in Richtung böhmisches Riesengebirge trug die Handelsreise von Zellweger-Gessner bei. Die Kontakte waren aber nur von kurzer Dauer. Die kräftezehrende Geschäftsreise in diese wirtschaftlich völlig heruntergekommene Region verfehlte ihr Ziel, an alte Kontakte anzuknüpfen.

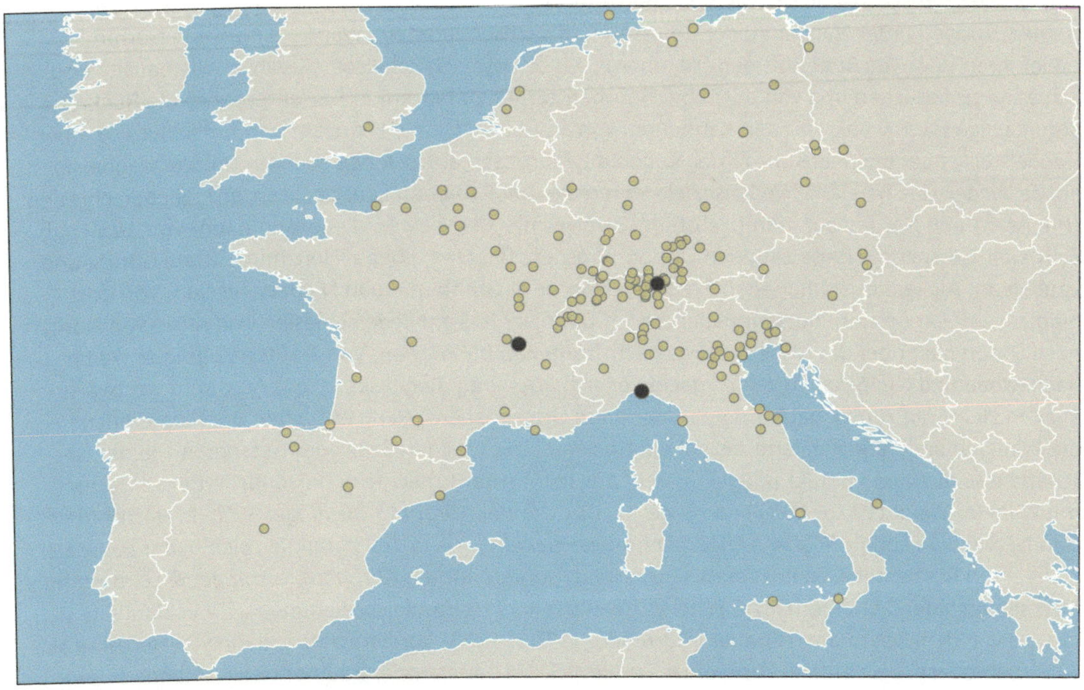

Abbildung 59 Zellweger & Comp.: Handelsraum mit 162 Ortschaften, 1810/1811

Erst 1810/1811 verringerte sich der Handelsraum deutlich auf 162 Ortschaften. Alle Ortschaften im Osten wie Wien, Prag, Leipzig, Berlin, Hamburg, Riga und Königsberg gingen übrigens auf zwei Empfehlungsschreiben an dortige Bankiers zurück, welche für eine einzige Geschäftsreise des Handelsreisenden Heinrich Notz im Auftrag der *Zellweger & Comp.* verfasst worden waren. Die Reise zeigt, in welcher Intensität und mit welchem Aufwand man sich, letztlich erfolglos, um den Absatz der Textilware in einem politisch und wirtschaftlich vollkommen veränderten Europa bemühte.
1799 gestaltete sich der Einkauf von Leinwand immer noch ähnlich wie in den 1770er Jahren. Zellweger-Hirzel-Scheuss machte seine in Bregenz im Exil weilenden Söhne darauf aufmerksam, dass es Mitte Januar 1799 Zeit war für eine Einkaufsreise nach Württemberg zwecks Beschaffung von Leinwand:

> Wegen den 20:e glaube ich, dörffte am besten gethan seyn, wann man ca: den 15. à 30. Jan: [1799] einen kleinen Tour nach Blaubeuren, Urach & Stotzingen machte, um eine Parthey 18:e & 20:e einzuthun, wann sie recht wohlfeil sind, obzwahr die feine 20:e erst gegen den Frühjahr zu haben sind & wir sollten doch feine Waar haben.[2862]

Es wurden also immer noch Einkaufstouren in den bayerisch-schwäbischen Raum unternommen. Im Vergleich zu den 1770er Jahren hatte sich der Beschaffungsmarkt unterdessen deutlich Richtung Norden, ins Württembergische ausgedehnt.
Der Bezug von Leinwand aus dem Riesengebirge in Böhmen hingegen war um die Jahrhundertwende eingeschlafen. Dem sollte eine Geschäftsreise 1806 wieder auf die Sprünge helfen. Anlass dafür gab der

2862 Zellweger, Johannes (1730–1802): 1 Brief an Sohn Johannes Zellweger (1764–1832) in Bregenz, Trogen, 08.11.1798.

Besuch der *Messe Leipzig* Ende September 1806 zwecks Warenverkaufs. Nach beschwerlicher Hinreise über von «Militärfuhren» bereits völlig zerstörte Strassen vernahm Zellweger-Gessner in Leipzig, dass die Kaufleute Wetter und Meyer von St. Gallen bereits ein paar Tage vor ihm eingetroffen waren. Ohne Verkaufsgeschäfte zu machen, mussten sie genauso «erfolglos» abreisen wie er. Die *Messe Leipzig* im Herbst 1806 kam einem handelstechnischen Desaster gleich. Nur 100 Kilometer südwestlich von Leipzig wurde zwei Wochen später die Doppelschlacht bei Jena und Auerstadt geschlagen (13. Oktober 1806). Die preussische und sächsische Armee erlitten zwei schwere Niederlagen gegen die französischen Truppen unter Napoléon, der Preussen und Sachsen besetzte. Während nun «die Herren St. Galler ihren Rückweg über Böhmen [nahmen]», entschloss sich Zellweger-Gessner, «die Lausitz und Schlesien zu besuchen und von dort über Böhmen zurück zu fahren».[2863] Er unternahm die Rückreise demnach genauso wenig mit den Kaufleuten von St. Gallen wie die Hinreise. Sein Entschluss zu einer Handelsreise quer durch das zum Krieg gegen die Franzosen aufrüstende Sachsen mutete waghalsig an. Zellweger-Gessners erklärte Reiseziele waren die drei Regionen Lausitz (Sachsen), Niederschlesien (Preussen) und Nordostböhmen (Habsburg-Österreich).[2864] In seinen «Lebensnotitzen» von 1850 gab Zellweger-Gessner die Reisestationen Leipzig, Dresden, Bautzen, Löbau, Herrnhut, Zittau, Görlitz und Lauban an. Als «erstes Städtchen in Preussen» nannte er Greiffenberg in Niederschlesien. Von dort ging es nach Landeshut und Schmiedeberg.[2865] Dann verliess er Niederschlesien und reiste von Norden nach Süden quer über das Riesengebirge nach Trautenau in Böhmen. Von Trautenau ging es weiter nach Arnau und Neupaka. Von dort machte er sich über Prag, Regensburg und Augsburg westwärts auf den Heimweg zurück nach Trogen. Über diese Ortsangaben gelang es, in den Briefkopierbüchern die Adressen derjenigen Lieferanten zu identifizieren, mit welchen Zellweger-Gessner auf seiner Geschäftsreise direkten Kontakt pflegte. In der Lausitz (Sachsen) machte er persönliche Bekanntschaft mit Wilhelm Wenk (1776–1837) von Basel als Direktor der *Abraham Dürninger & Co.* in Herrnhut[2866], *Hennig & Piol* in Löbau[2867] sowie *Friedrich Daniel Reichelt.*[2868] Alle drei betätigten sich in der Folge als Lieferanten des Leinenartikels «Créas». Zum Handelsunternehmen *Abraham Dürninger & Co.* bestanden über seinen Vater Zellweger-Hirzel-Scheuss bereits seit 1776 Handelsbeziehungen.[2869] Es handelte sich um das von dem Kaufmann Abraham Dürninger (1706–1773) von Strassburg, dann von Herrnhut seit 1751 betriebene, bis heute in Form einer Textildruckerei bestehende, traditionsreiche Handels- und Industrieunternehmen *Abraham Dürninger & Co GmbH*. Dürninger war ein umtriebiger Kaufmann, der den Handel in ökonomischer und sozialer Hinsicht auf der Basis zukunftsweisender Grundsätze betrieb. Als erster deutscher Kaufmann, der zu festgelegten Preisen kaufte und verkaufte, ermöglichte er den Webern in der Oberlausitz eine feste Einnahme, was zur Linderung ihrer Armut und zur Entstehung eines eigenen Wirtschaftsgeistes in der Brüdergemeinde Herrnhut beitrug. Drei Jahre nach seinem Tod expandierte sein Handelsunternehmen zum grössten Leinwandexporteur der Oberlausitz. Um 1800 war es das grösste Unternehmen in Sachsen. Um 1816 beschäftigte es etwa 12 000 Spinner und verlegte rund 2000 Weber.[2870] Nachdem er in den Dresdner Wirtshäusern kein sauberes «neues Bett» vorgefunden hatte, war es für Zellweger-Gessner 1806 «auffallend, in Herrnhut eine so grosse Reinlichkeit und Ordnung zu finden». Die Kaufleute Wenk aus Basel, welche das Handelshaus zu diesem Zeitpunkt leiteten, empfingen ihn «sehr freundlich» und liessen ihn den Friedhof und den Gebetssaal besichtigen. Er beobachtete, wie soziale Kontrolle in der von religiösem Wirtschaftsgeist geprägten Brüdergemeinde Herrnhut funktionierte. Die «Herren» und «Frauenzimmer» sassen bei Tisch gemischt. Die Frauen

2863 Zellweger, J.C.: Notitzen aus meinem Leben (2/1850), S. 13.

2864 Schlesien ist heute polnisch, Böhmen *ƒ*. Die Grenze verläuft von Westen nach Osten quer über das Riesengebirge.

2865 Zellweger, J.C.: Notitzen aus meinem Leben (2/1850), S. 13–16.

2866 Zellweger & Comp.: 27 Briefe an Abraham Dürninger & Co. in Herrnhut, Trogen, 1806–1809.

2867 Zellweger & Comp.: 1 Brief an Hennig & Piol in Löbau, Trogen, 1806–1807.

2868 Zellweger & Comp.: 8 Briefe an Friedrich Daniel Reichelt, Trogen, 1807–1811.

2869 Zellweger Vater & Comp.: 3 Briefe an Abraham Dürninger & Co. in Herrnhut, Trogen, 1776–1778.

2870 Peucker/Kröger: Abraham Dürninger – ein Herrnhuter Kaufmann 2006 (= Schriften des Universitätsarchivs 2); Wagner: Die Handlung Abraham Dürninger & Co. in Herrnhut in den Jahren 1747 bis 1833 (1933); Hammer: Abraham Dürninger, ein Herrnhuter Wirtschaftsmensch des 18. Jahrhunderts (1925).

zeigten ihren Stand über ihre Hauben: «Die ledigen Töchter trugen rothe, die Frauen blau[e] und die Witwen weisse Bänder». Die Nachtruhe wurde auf eigentümliche Weise überwacht:

> Abends nach dem Gebethe gieng Niemand mehr über die Strasse als die Nachtwächter, derer jeder einen grossen Hund an einer Kette hielt, und eine kleine [Waffe?] neben sich. Man hielt es als eine Schande, von dem Wachhund begleitet zu werden. Hatte Jemand einen Arzt oder sonst etwas in der Nacht nöthig, so setzte man ein Licht an das Fenster und der Wächter kam sich zu erkundigen, was man bedürfe und selber begehrte.

Auf Zellweger-Gessner machte «das sehr freundliche Wesen der Leute» «grossen Eindruck und steigerten [s]eine religiösen Gefühle». Er war dafür besonders empfänglich, weil «[er] seit [s]einer Rückkunft aus Genua stets an Unterleibsbeschwerden litt, die [ihn] traurig stimmten».[2871]

Im Februar 1807 traf Zellweger-Gessner schliesslich in Lauban ein. Nach der Rückkunft nach Trogen bedankte man sich beim Lieferanten *Gebr. Seyffert* «für alles das Gut [...], das Sie unserem Herrn Joh. Caspar Zellweger bey seinem dortigen Aufenthalt zu erweisen die Güte hatten». Den *Gebr. Seyffert* überwies der Bankier *Kustner & Comp.* aus Leipzig 900 Gulden Reichsvaluta für eine Lieferung von Tischzeug. Zugleich bat man um weitere «2 Tafeltücher & 24 Servietten von mittelfeiner Qualität [...] für unseren eigenen Gebrauch».[2872] Obwohl Zellweger-Gessner das überaus wichtige Zentrum des frühneuzeitlichen Leinwandgewerbes und -handels Hirschberg in Schlesien mit keinem Wort erwähnte, wies die Geschäftskorrespondenz nach seiner Rückkehr doch neue Kontakte dorthin auf. (Johann Gottlieb) *Schaefer & Söhne* lieferte weiss gebleichte, zum Artikel «Bertagnette» appretierte Leinwand[2873] und *Michel Sigismund Morgenbesser* rohe, ungebleichte «Schockleinen».[2874]

In Landeshut in Schlesien konnten nach der Einkaufsreise Zellweger-Gessners mit *Cramer & Co.*[2875], *Fischers David seel. Wittib & Söhne*[2876], *Johann Traugott Fischers seel. Erben*[2877], *Hasenclever, Ruck & Co.*[2878], *Kallers Wb. & Butterhofer*[2879] sowie *Mattern & Böhm*[2880] sechs Lieferanten von Leinenware nachgewiesen werden. An die persönliche Bekanntschaft mit *Mattern & Böhm* erinnerte er sich «mit Vergnügen» und bezahlte zwei Fässer Leinenware «Nr. 1.2». mit 1600 Gulden Reichsvaluta ebenfalls über den Bankier *Kustner & Comp. aus* Leipzig.[2881]

In Schmiedeberg konnten mit *Carl Heinrich Federici*[2882] und (Johann Gottlob) *Waiber & Co.* zwei Lieferanten von Farbware ausgemacht werden.[2883] Federici wurde «um umbständliche Auskunft» gebeten, «wie Sie die gefärbte Waar im [trockenen Herd] auffangen & wieviel gesottene Racke Sie jedesmahl aus dem Herde in das Hölzerne Gefäss thun, worin Sie die Waar staken, ob Sie, wenn 2 Stück gestärkt sind, den Überbleibsel ausleeren, oder nur mehr Stärke nachschütten».[2884] Der bei *Waiber & Co.* nachweislich persönlich getätigte Einkauf Zellweger-Gessners in Form von zwei Kisten «Waare» wurde über *J.M. Thum seel. Erben* in Prag nach Trogen spediert[2885], wobei es sich um eine sehr alte Geschäftsbeziehung der

2871 Zellweger, J.C.: Notitzen aus meinem Leben (2/1850), S. 14.
2872 Zellweger & Comp.: 1 Brief an Gebr. Seyffert in Lauban, Trogen, 16.02.1807, S. 468–469.
2873 Zellweger & Comp.: 10 Briefe an Schaefer & Söhne in Hirschberg, Trogen, 1807–1809.
2874 Zellweger & Comp.: 6 Briefe an Michel Sigismund Morgenbesser in Hirschberg, Trogen, 1806–1809.
2875 Zellweger & Comp.: 3 Briefe an Cramer & Co. in Landeshut in Schlesien, Trogen, 1807–1809.
2876 Zellweger & Comp.: 3 Briefe an Fischers David seel. Wittib & Söhne in Landeshut in Schlesien, Trogen, 1807.
2877 Zellweger & Comp.: 2 Briefe an J. Traugott Fischers seel. Erben in Landeshut in Schlesien, Trogen, 1807–1808.
2878 Zellweger & Comp.: 3 Briefe an Hasenclever, Ruck & Co. in Landeshut in Schlesien, Trogen, 1806–1809.
2879 Zellweger & Comp.: 2 Briefe an Kallers Wb. & Butterhofer in Landeshut in Schlesien, Trogen, 1807.
2880 Zellweger & Comp.: 5 Briefe an Mattern & Böhm in Landeshut in Schlesien, Trogen, 1806–1808.
2881 Zellweger & Comp.: 1 Brief an Mattern & Böhm in Landeshut in Schlesien, Trogen, 15.01.1807, S. 351.
2882 Zellweger & Comp.: 5 Briefe an Carl Heinrich Federici in Schmiedeberg, Trogen, 1807–1809.
2883 Zellweger & Comp.: 1 Brief an (Johann Gottlob) Waiber & Co. in Schmiedeberg, Trogen, 12.01.1807, S. 338.
2884 Zellweger & Comp.: 1 Brief an Carl Heinrich Federici in Schmiedeberg in Schlesien, Trogen, 29.12.1806, S. 290.
2885 Zellweger & Comp.: 1 Brief an Johann Gottlieb Waiber in Schmiedeberg in Schlesien, Trogen, 12.01.1807, S. 338.

Kaufleute Zellweger handelte. Keinen Besuch machte Zellweger-Gessner in der Hauptstadt Breslau.[2886] Dennoch meldeten sich über die Vermittlung der Adresse durch *Mattern & Böhm* in Landeshut Ende 1807 *Cl. Engelhard Opiz*[2887] und *Weigel & Söhne*[2888] als Lieferanten von schlesischer Leinenware. Längerfristige Handelsbeziehungen ergaben sich keine.

Die Überquerung des Riesengebirges zwischen dem preussischen Schlesien im Norden nach dem habsburg-österreichischen Böhmen im Süden begann im Winter 1806/1807 mit einer eindrücklichen Beschreibung von Trautenau, «wo es noch ganz barbarisch aussieht»:

> Es gab keine Strassen, man fuhr über Berg und Thal im Morast [...]. Sowohl die Wirthshäuser als auch die [Fabrikanten] Häuser der Leinwand Fabrikannten waren sehr elend und man fand wenig zu essen. Die Postillion assen, was sie ein [Gescheiner?] hiessen, das in einem Brod besteht, worin eine Höhle mit Zukker ausgefüllt ist. In Arnau bat uns der Wirth, uns einladen zu lassen durch meine Bekannten in Neupaka, als ich mich über die theure Zeche beklagte, warf der Wirth mein Gepäck auf die Strasse.[2889]

Selbst Wirte waren mangels Nahrungsmittel nicht in der Lage, ihre Gäste zu bewirten, ohne höchste Zechen zu verlangen. Die allgegenwärtige Armut in Böhmen war im Spätherbst 1806, anfangs 1807 augenfällig. An dem fremden Kaufmann, der als Profiteur des Elends betrachtet wurde, entlud sich kurzfristig der soziale Konflikt.[2890] Die negative Erfahrung beim Grenzübertritt sollten sich im weiteren Verlauf der Reise durch Böhmen wiederholen. Zellweger-Gessner gelang es in Böhmen nicht, die im 18. Jahrhundert mit zehn Ortschaften in unmittelbarer Nähe des Riesengebirges geführten, teils sehr intensiven Geschäftskontakte zu erneuern. Weder mit Trautenau, Hohenelbe, Starkenbach, Pilnikau noch mit dem ehemals so bedeutsamen Prag gelang die Wiederaufnahme der Beziehung zu ehemaligen Lieferanten. Aus den übrigen fünf Ortschaften, an die eine Geschäftskorrespondenz addressiert wurde, stachen Hermannseifen [18] und Neupaka [16] hervor, gefolgt von Lomnitz an der Popelka [7]. Im ehemals bedeutsamsten Arnau [2] waren genauso wenig Einkäufe in Leinwand zu machen wie in Neustadt bei Nahod [1].

In Hermannseifen konnte Zellweger-Gessner an die wichtige Beziehung zum Lieferanten von «Sangalette» *Anton Ulrich Erben* anknüpfen.[2891] Bei *Erben seel. Erben* handelte es sich wohl um dessen Nachfolger.[2892] Weitere Lieferanten waren Johann Adam Scheider[2893], *Johann Adam Kluge*[2894] und die

---

2886 Breslau fiel bereits im Ersten Schlesischen Krieg 1742 an Preussen, in: Köbler: Historisches Lexikon der deutschen Länder (2007^7), S. 89.

2887 Zellweger & Comp.: 1 Brief an Cl. Engelhard Opitz in Breslau, Trogen, 03.12.1807, S. 129.

2888 Zellweger & Comp.: 1 Brief an Weigel & Söhne in Breslau, Trogen, 03.12.1807, S. 134.

2889 Zellweger, J.C.: Notitzen aus meinem Leben (2/1850), S. 16–17.

2890 Kaufholf (2002) schätzte die Wirtschaftslage in Schlesien/Böhmen wie folgt ein:
«Das Leinengewerbe profitiert nach 1763 von einem «Textilboom» (Wilhelm Treue), der weitreichende Absatzmöglichkeiten eröffnet. Denn das schlesische Leinen- und Schleiergewerbe lebte wesentlichen von der Ausfuhr seiner Produkte, teils in deutsche Territorien, teils über Hamburg vom Export nach Übersee, besonders nach Südamerika. Den Höhepunkt erreichte dieser Textilboom in den 1780er Jahren, bis er durch die englisch-irische Konkurrenz allmählich abbrach und in eine Stagnation mündete. Vielerlei trug dazu bei: einmal die eben genannte Konkurrenz, weiter aber das Beharren auf traditonellen Produktionsverfahren, der Wettbewerb mit der Baumwolle, die unaufhaltsam vorrückte und die traditionellen Textilstoffe zurückdrang, Verfall des Handels aus politischen Gründen besonders nach 1790, als die Koalitions- und die Napoleonischen Kriege durch Handelssperren und ähnliche Massnahmen den internationalen Handel lähmte. So verloren die Schlesischen Erzeugnisse ihre internationale Geltung, und sie konnten diese auch im 19. Jahrhundert nicht wiedergewinnen. Der endgültige Verfall des Gewerbes, der schliessliche zu den spektakulären Ereignissen in den 1840er Jahren führte, hatte begonnen. Für die Provinz bedeutete das einen deutlichen Verlust an Erwerbsmöglichkeiten und an Wohlstand» in: Kaufhold: Schlesien 1740–1806: «Kolonie» oder «Entwicklungszentrum» Preussens?, in: Gömmel/Denzel (Hg.): Weltwirtschaft und Wirtschaftsordnung (2002), S. 169–192, hier S. 146.

2891 Zellweger & Comp.: 1 Brief an Anton Ulrich Erben in Hermannseifen, Trogen, 1806–1807.

2892 Zellweger & Comp.: 5 Briefe an Erben seel. Erben in Hermannseifen, Trogen, 1806–1807.

2893 Zellweger & Comp.: 6 Briefe an Johann Adam Scheider in Hermannseifen, Trogen, 1807–1808.

2894 Zellweger & Comp.: 4 Briefe an Johann Adam Kluge in Hermannseifen, Trogen, 1806–1808.

Gebrüder Schaideck.[2895] In Neupaka waren es die drei Lieferanten *Hilmar & Sohn*[2896], *Raym & Fasslers seel. Tochter*[2897] und *Wenzel Franz Sahorsky & Gebr.*[2898]

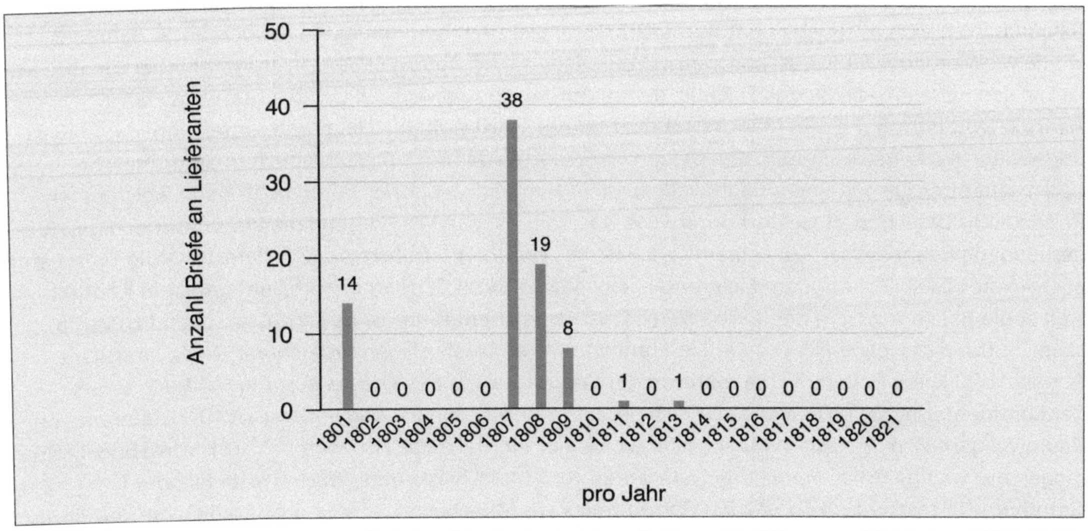

Abbildung 60: Zellweger & Comp.: Geschäftsbriefe an Lieferanten von Leinwand in Böhmen und Schlesien, 1800–1821

Aufwand und Ertrag standen bei der Schlesien-Böhmen-Reise von 1806 in keinem Verhältnis. Die Darstellung der Korrespondenz der *Zellweger & Comp.* nach Böhmen und Schlesien in der Abbildung veranschaulicht, dass die Einkaufsreise von Zellweger-Gessner nur kurzfristig und auch nur eine unbedeutende Belebung der Kontakte bewirkte. Grund dafür war gewiss auch der Erlass der allen Handel hemmenden Kontinentalsperre gegen England durch Napoléon am 21. November 1806 in Berlin. Iselin/Lüthy/Schiess (1943) beurteilten sie angesichts der Herrschaft Englands auf den Meeren einerseits als «Selbstblockade des europäischen Kontinents» und andererseits als «Scheidepunkt zweier Epochen der schweizerischen Wirtschaftsgeschichte» zwischen Handel und Industrie.[2899] Diese während Zellweger-Gessners kräftezehrender Rückreise durch Sachsen, Schlesien und Böhmen erlassene Handelsblockade dürfte zu seinem schlechten physischen und psychischen Zustand beigetragen haben. Mit seinem Austritt aus dem Handelshaus *Zellweger & Comp.* per Ende 1808 schliefen alle Geschäftsbeziehungen nach Böhmen vollends ein.

Für den Einkauf von mechanisch gesponnenem Baumwollgarn ist die Auswertung der Geschäftskorrespondenz nach Manchester von besonderem Interesse. Von hier war seit 1780 die Industrielle Revolution auf der Basis der mechanischen Baumwollspinnerei ausgegangen. Die ersten Kontakte der *Zellweger & Comp.* nach England liefen jedoch über London. Im August 1800 sah man sich in Trogen ausserstande, *Battier & fils* in London eine Bestellung für Baumwollgarn aufzugeben, schlug aber vor, dass sich Battier dem Verkauf von Seidenware annehmen sollte. Der Kontakt zog keine weitere Korrespondenz nach sich.[2900] Ein *Battier & Roanie* in London ging im Oktober 1800 in den Konkurs, ohne dass *Zellweger & Comp.* davon in Mitleidenschaft gezogen worden wäre.[2901] Kaum war die Kontinentalsperre am 21. November 1806 gegen England errichtet, ging kein einziger Brief mehr nach London. Erst 1809 kam es wieder zu Kontakten, etwa mit dem Lieferanten von mechanisch gesponnenem Baumwollgarn *Henry & Jean Barton frères* in London. Auf die konkrete Bestellung von Garn der Nummern 84 bis 170 folgte

2895 Zellweger & Comp.: 2 Briefe an Gebrüder Schaideck in Hermannseifen, Trogen, 1806–1807.
2896 Zellweger & Comp.: 6 Briefe an Hilmar & Sohn in Neupacka, Trogen, 1800–1801.
2897 Zellweger & Comp.: 6 Briefe an Raym & Fasslers seel. Tochter in Neupacka, Trogen, 1800–1801.
2898 Zellweger & Comp.: 4 Briefe an Wenzel Franz Sahorsky & Gebr. in Neupacka, Trogen, 1806–1808.
2899 Iselin/Lüthy/Schiess: Der Schweizerische Grosshandel (1943²), S. 85 und 87.
2900 Zellweger & Comp.: 1 Brief an Battier & fils in London, Trogen, 01.08.1800, S. 187.
2901 Zellweger & Comp.: 1 Brief an Battier, Rocalier & Co. in London, Trogen, 27.10.1800, S. 178.

jedoch keine Antwort.[2902] Auch auf eine Offerte von *Richard F. Grantham* in London ging man im November 1809 nicht ein, weil die Preise für «Mule Garn Nr. 60» zu hoch waren.[2903] Hingegen lief eine umfangreiche Korrespondenz über den Einkauf von Baumwolle offenbar über das Bankhaus von *Rougemont & Behrends* in London.[2904] Rougemont stammte ursprünglich von Neuenburg.[2905] *Rougemont & Behrends* wurde wie *Morgan & fils* in Lissabon zwecks Weiterleitung von Korrespondenz instrumentalisiert, in diesem Fall an den Reisenden Ferdinand Foichtig, der im Auftrag von *Zellweger & Comp.* unterwegs war.[2906] *Henry & Jean Barton & Co.* in Manchester dürften um 1800 wohl die Hauptlieferanten von «Mule twist» und «Water Twist» gewesen sein, den beiden Hauptsorten des auf unterschiedlichen Spinnmaschinen mechanisch gesponnenen Baumwollgarns.[2907] Mit *Fred. & Charles Bernhard*[2908], von welchen ein Reisender in Basel und Düsseldorf unterwegs war, kam es mangels Preisangabe über das mechanisch gesponnene Baumwollgarn zu keinem Geschäft.[2909] *Montheith, Robertson & C.* lieferte «Mule Twist» als auch «Water Twist».[2910] Mit dem Lieferanten von «Water Twist» *Scholes Birch*[2911] entstand ein Konflikt, weil er die Ballen mit Garn der Sorte «Water Twist» zu dicht abfüllte, ohne sie entsprechend zu verpacken.[2912] *Douglas Holywell & Co.* war Lieferant von «Mule Twist».[2913] An *Broklehurst & Cpl.* erging im August 1800 keine Bestellung, da man von der Weiterführung des Krieges ausging.[2914] Nach Erlass der Kontinentalsperre 1806 reduzierte sich die Korrespondenz nach England massiv. Der Lieferant von Baumwollgarn *Wm. Jh. Leaf* in Manchester wurde nur einmal angeschrieben.[2915] Auch von 1808/1809 gingen nur wenige Briefe an die drei Lieferanten von «Mule Twist» und «Water Twist» *Richard F. Grantham*[2916], *Jean Fazy & Co.*[2917] und *Barton frères* aus Manchester.[2918] Wie umständlich die Verhältnisse im verbotenen Handel mit England während der Kontinentalsperre waren, zeigte sich an *Jean Fazy & Co.* von Manchester. Man bat ihn im März 1809 dringend, endlich die zwei Ballots «Twist», welche er seit zwei Jahren bei sich hatte, über *Rougemont & Behrends* in London nach Trogen zu versenden.[2919] Kunde für das feine, mechanisch gesponnene Baumwollgarn aus England war ein *J. Rordorf* von Zürich[2920], dem *Zellweger & Comp.* Mitte Juli 1800 die Preise anzeigte.[2921] Mitte April 1801 wünschte *Zellweger & Comp.* auf das Zirkular mit der Gründungsanzeige der neuen Gesellschaft *Rordorf & Egg* «von Herzen allen Göttlichen Segen». Doch mechanisch gesponnenes Baumwollgarn aus Manchester konnten sie nicht liefern: «Mit feinem englischen Garn haben wir ganz aufgeräumt und nur sehr wenig zu erwarten, zumahlen der Durchpass über Hamburg izt gantz gespehrt ist».[2922] Die Kontinentalsperre im November 1806 unterbrach die Kontakte nach Manchester praktisch vollständig. Ähnlich erging es ihnen auch in Bezug auf den Handel mit bedruckter Baumwollware, wie sich an der Korrespondenz mit Textildruckern zeigen lässt.

2902 Zellweger & Comp.: 1 Brief an Barton frères in London, Trogen, 22.03.1809, S. 187.
2903 Zellweger & Comp.: 1 Brief an Richard F. Grantham in London, Trogen, 16.11.1809, S. 574.
2904 Zellweger & Comp.: 35 Briefe an Rougemont & Behrends in London, 1807–1811.
2905 Mottet (Hg.): Geschichte der Schweizer Banken (1987), S. 124–125.
2906 Zellweger & Comp.: 1 Brief an Rougemont & Behrends in London, Trogen, 18.12.1810, S. 390.
2907 Zellweger & Comp.: 33 Briefe an Barton & Co. in Manchester, Trogen, 1800–1801.
2908 Zellweger & Comp.: 4 Briefe an Fred. & Charles Bernhard in Manchester, Trogen, 1800–1801.
2909 Zellweger & Comp.: 1 Brief an Fred. & Charles Bernhard in Manchester, Trogen, 05.03.1801, S. 415.
2910 Zellweger & Comp.: 7 Briefe an Montheith, Robertson & C. in Manchester, Trogen, 1800–1801.
2911 Zellweger & Comp.: 6 Briefe an Scholes Birch in Manchester, Trogen, 1800–1801.
2912 Zellweger & Comp.: 1 Brief an Scholes Birch in Manchester, Trogen, 04.01.1801, S. 30.
2913 Zellweger & Comp.: 10 Briefe an Douglas Holywell & Co. in Manchester, Trogen, 1800–1801.
2914 Zellweger & Comp.: 1 Brief an Broklehurst & Cpl. in Manchester, Trogen, 04.08.1800, S. 32.
2915 Zellweger & Comp.: 1 Brief an Wm. Jh. Leaf in Manchester in Manchester, Trogen, 02.02.1807, S. 421.
2916 Zellweger & Comp.: 1 Brief an Richard F. Grantham in Manchester, Trogen, 16.11.1809, S. 574.
2917 Zellweger & Comp.: 3 Briefe an Jean Fazy & Co. in Manchester, Trogen, 1808–1809.
2918 Zellweger & Comp.: 1 Brief an Barton frères in Manchester, Trogen, 22.03.1809, S. 187.
2919 Zellweger & Comp.: 1 Brief an Jean Fazy & Co. in Manchester, Trogen, 19.03.1809, S. 180.
2920 Zellweger & Comp.: 13 Briefe an J. Rordorf in Zürich, Trogen, 1800–1801.
2921 Zellweger & Comp.: 1 Brief an J. Rordorf in Zürich, Trogen, 14.07.1800, S. 10.
2922 Zellweger & Comp.: 1 Brief an Rordorf & Egg in Zürich, Trogen, 13.04.1801, S. 480.

Den Textildruck für ihre Baumwollware organisierte *Zellweger & Comp.* im Normalfall über diverse Textildruckereien in der Umgebung. Eine einzige Ausnahme dieser Regel bildete von 1800 bis 1809 der Einkauf von bedruckten «Calicos» bei *Berlow, Wittenberg & Cloze* von Manchester.[2923] Über alles gesehen korrespondierte *Zellweger & Comp.* am häufigsten mit der Textildruckerei *Tschanz & Co.* in Kirchberg (Bern).[2924] An zweiter Stelle folgte mit *Johann Heinrich Mayr* ein Textildrucker von Arbon.[2925] An dritter Stelle stand *David Tobler älter & Co.* von St. Gallen.[2926] Dann folgten mit *Schöppler & Hartmann* von Augsburg[2927] und *Samuel Vogel & Söhne* von Hard (Vorarlberg)[2928] zwei Textildruckereien aus dem Ausland. In Konstanz verteilte sich die Korrespondenz auf die drei Textildruckereien von *Jean Louis Macaire & fils*[2929], *Johann Georg Schlumberger*[2930] und wohl nur probehalber *Vogel & Co.*[2931] Mit *Daniel de Johannes Merz* kontaktierte *Zellweger & Comp.* nur noch einen Textildrucker in Herisau.[2932] In den 1770er Jahren war man mit acht Textildruckern in Herisau in Kontakt. Ähnlich intensiv wie nach Herisau korrespondierte *Zellweger & Comp.* mit den beiden Textildruckern *Jsaac Indermauer*[2933] und *Jaques Schlumberger & Co.* in Rheineck.[2934] Die Korrespondenz über den Textildruck nach Glarus hingegen, wo sich im 19. Jahrhundert eine blühende Textildruckindustrie entfaltete, beschränkte sich lediglich auf *Egidius Trümpy* von Glarus.[2935] Diejenige mit *Franz Wagner & Co.* von Solothurn setzte erst 1810 ein.[2936]

2923 Zellweger & Comp.: 6 Briefe an Berlow, Wittenberg & Cloze von Manchester, Trogen, 1800–1801.
2924 Zellweger & Comp.: 58 Briefe an Tschanz & Co. in Kirchberg (Bern), Trogen, 1800–1811.
2925 Zellweger & Comp.: 31 Briefe an Johann Heinrich Mayr (1768–1838) in Arbon, Trogen, 1800–1811.
2926 Zellweger & Comp.: 23 Briefe an David Tobler älter & Co. in St. Gallen, Trogen, 1800–1809.
2927 Zellweger & Comp.: 21 Briefe an Schöppler & Hartmann in Augsburg, Trogen, 1800–1808.
2928 Zellweger & Comp.: 19 Briefe an Samuel Vogel & Söhne in Hard (Vorarlberg), Trogen, 1800–1801.
2929 Zellweger & Comp.: 15 Briefe an Jean Louis Macaire & fils in Konstanz, Trogen, 1800–1811.
2930 Zellweger & Comp.: 13 Briefe an Johann Georg Schlumberger in Konstanz, Trogen, 1800–1808.
2931 Zellweger & Comp.: 2 Briefe an Vogel & Co. in Konstanz, Trogen, 1800–1801.
2932 Zellweger & Comp.:16 Briefe an Daniel de Johannes Merz in Herisau, Trogen, 1800–1811.
2933 Zellweger & Comp.: 10 Briefe an Jsaac Indermauer in Rheineck, Trogen, 1800–1809.
2934 Zellweger & Comp.: 3 Briefe an Jaques Schlumberger & Co. in Rheineck, Trogen, 1806–1809.
2935 Zellweger & Comp.: 7 Briefe an Egidius Trümpy von Glarus, Trogen, 1800–1801.
2936 Zellweger & Comp.: 5 Briefe an Franz Wagner & Co. von Solothurn, Trogen, 1810–1811.

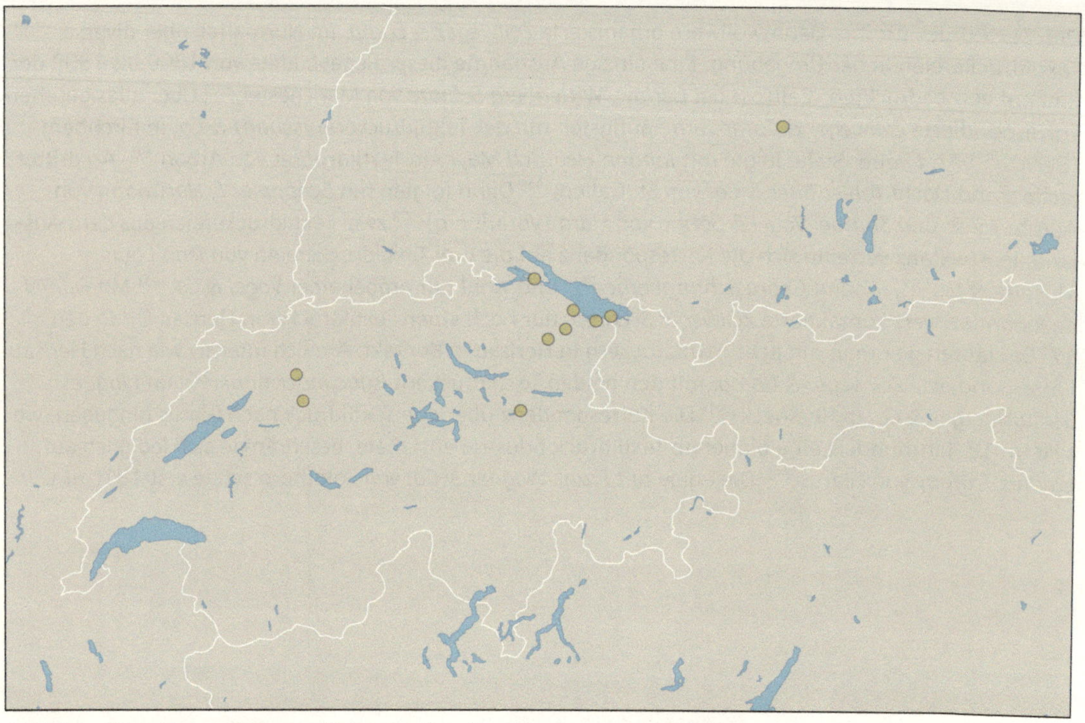

Abbildung 61: Zellweger & Comp.: Wohnsitze ihrer Textildruckereien, 1800–1811

Ihren Absatzmarkt für Textilware gestaltete *Zellweger & Comp.* nach 1800 über drei Kanäle. Der erste Kanal war der Direktverkauf in Trogen, der zweite Kanal lief über die *Messe Bozen* und der dritte Kanal über die Handelsreisenden.

Dass um 1800 scharenweise französische Kaufleute in die Schweiz kamen, um persönlich Textilware einzukaufen, war offenbar kein neues Phänomen. Ziel der französischen Kundschaft in Trogen war insbesondere der Einkauf von Baumwollware. Leider gaben die meisten Kleinstkorrespondenzen den tatsächlich gekauften Artikel nicht an. Eine dankbare Ausnahme stellte *Laurenz Meyer* von Strassburg in St. Gallen dar. Er kaufte «Mousse[lin]:» und die Druckwaren «Callicos» und «Mouchoirs ballasores».[2937] Als einziger Kunde kaufte *Charles Guerin Oncle* von Lyon in St. Gallen bei *Zellweger & Comp.* in Trogen noch um 1810 eine Leinenware, die Farbware «Sangalette perle» zu 16 Ellen Länge.[2938] Zwischen 1800 und 1811 kamen ganze Gruppen französischer Kunden zu *Zellweger & Comp.* nach Trogen. Aus Paris kamen *Caron frères*[2939], *Le Boeuf Veuve & Co.*[2940], *Porret*[2941] und insbesondere *Vauloger & Houlet.*[2942] Aus Lyon kamen allen voran *Schnatter, Guerin & Co.* angereist[2943], *Guerin Oncle*[2944] und *Madame la Picottière.*[2945] Aus Marseille erschienen *Vaissé ainé & Co.*[2946] und *Veuve de Claude Papan & Co.*[2947] Weitere Kunden, welche persönlich in Trogen erschienen, stammten aus Saumur wie *Lambert & fils*[2948], aus

2937 Zellweger & Comp.: 1 Brief an Laurenz Meyer in Strassburg, Trogen, 07.02.1811, S. 520.
2938 Zellweger & Comp.: 1 Brief an Charles Guerin Oncle von Lyon in St. Gallen, Trogen, 19.09.1810, S. 77.
2939 Zellweger & Comp.: 10 Briefe an Caron frères von Paris in St. Gallen, Trogen, 1807–1811.
2940 Zellweger & Comp.: 2 Briefe an Le Boeuf Veuve & Co. von Paris in St. Gallen, Trogen, 1806–1808.
2941 Zellweger & Comp.: 4 Briefe an Porret von Paris in St. Gallen, Trogen, 1807–1811.
2942 Zellweger & Comp.: 16 Briefe an Vauloger & Houlet von Paris in St. Gallen, Trogen, 1807–1811.
2943 Zellweger & Comp.: 47 Briefe an Schnatter, Guerin & Co. von Lyon in St. Gallen, Trogen, 1800–1809.
2944 Zellweger & Comp.: 2 Briefe an Guerin Oncle von Lyon in St. Gallen, Trogen, 1808–1811.
2945 Zellweger & Comp.: 1 Brief an Madame la Picottière von Lyon in St. Gallen, Trogen, 20.09.1810, S. 391.
2946 Zellweger & Comp.: 27 Briefe an Vaissé ainé & Co. von Marseille in St. Gallen, Trogen, 1800–1809.
2947 Zellweger & Comp.: 5 Briefe an Veuve de Claude Papan & Co. von Marseille in St. Gallen, Trogen, 1807–1809.
2948 Zellweger & Comp.: 11 Briefe an Lambert & fils von Saumur in St. Gallen, Trogen, 1800–1808.

Châtillon-sur-Seine kam *Veuve Carter et Louis Estienne*[2949] und aus Toulouse Monsieur Petit als Handelsreisender der *Barreau frères & Co.*[2950] Sobald die Reisenden in St. Gallen eingetroffen waren, erkundigte sich *Zellweger & Comp.* schriftlich bei ihnen, wann sie den Abstecher nach Trogen hinauf planten, um ihnen pünktlich eine Kutsche nach St. Gallen senden zu können. Offensichtlich bemühte man sich darum, der Kundschaft die zusätzliche Reise in das rund 10 Kilometer entfernte und 200 Meter höher gelegene Trogen so einfach und schmackhaft wie möglich zu machen. Das zeigte die Einladung an *Schnell fils ainé* von Marseille in
St. Gallen:

> Ayant appris Monsieur, que vous déjournez q[uel]que tems à St. Gall, nous nous prenons la liberté de vous faire nos offres de service et de vous prier de venir nous voir ici, esperont de pouvoir faire quelque partie. Soyez persuadez que nous ferons pour vos Interets à ce qui dépend de nous. Veuillez seulement nous indiquer le jours ou il vous plaira venir ici pour pouvoir vous envoyer n[ot]re voiture.[2951]

Auch *Caron ainé* von Paris in St. Gallen wurde eingeladen «à venir nous voir & à nous annoncer quel jour vous nous destinerez pour que nous puissions vous envoyer chercher».[2952] Den Kunden *Dorwil* von Frankfurt am Main in St. Gallen, der an 6/4 Ellen breiter Baumwollware interessiert war, wollte man auch im Dezember 1809 gerne «bey uns sehen, zu welchem Behuf wir Ihnen unsern Bedienten mit einem Schlitten schicken». Auch wenn nicht sofort ein Geschäft mit seinem «Respectablen Haus» abgeschlossen werde, könne man ihm immerhin gute Konditionen für den Einkauf auf Provision unterbreiten.[2953] War es dem Kunden unmöglich, die Reise von St. Gallen nach Trogen zu machen, hoffte man, Geschäfte mit dessen Handelsreisenden zu machen, wie im Fall von *Porret* von Paris in St. Gallen: «Nous regretons beaucoup Monsieur d'en avoir pas eu le plaisir de vous voir chez nous, nous esperons que nous seront plus heureux avec votre voyageur en ce rapport».[2954]Als Zeitpunkt dieses Direktverkaufs liess sich diverse Male der Sonntagmorgen belegen, wie im Januar 1807 aus dem Geschäftsbrief an *Le Boeuf Veuve & Comp.* von Paris in St. Gallen hervorging:

2949 Zellweger & Comp.: 7 Briefe an Veuve Carter et Louis Estienne von Châtillon-sur-Seine in St. Gallen, Trogen, 1800–1801.
2950 Zellweger & Comp.: 6 Briefe an Petit in St. Gallen, Reisender der Barreau frères & Co. von Toulouse, Trogen, 1807–1809.
2951 Zellweger & Comp.: 1 Brief an Schnell fils ainé von Marseille in St. Gallen, Trogen, 31.03.1808, S. 511.
2952 Zellweger & Comp.: 1 Brief an Caron ainé von Paris in St. Gallen, Trogen, 28.10.1810, S. 215.
2953 Zellweger & Comp.: 1 Brief an Dorwil von Frankfurt am Main in St. Gallen, Trogen, 02.12.1809, S. 608.
2954 Zellweger & Comp.: 1 Brief an Porret von Paris in St. Gallen, Trogen, 03.10.1810, S. 122.

> Esperant que dimanche passé, vous soyez heureusement retourné [à St. Gall, A.d.A.], nous prenons la libertée de vous transmettre Messieurs d'autre part factur de votre achat suivant la quelle vous voudrez bien nous crediter au f 551:25 le Ls à f 11 pour 9 Mois. La Marchandises fut expédiée suivant vos ordres à Mr. Gaspar Schlatter à St. Gallen en 2 paquets, en Toiles cirée & cacheter. Ayez la bontée d'en disposer chez lui. Nous nous flattons, Messieur, de voir suivi cette première affaire de beaucoup d'autres.[2955]

Bei den meisten dieser französischen Kunden in St. Gallen handelte es sich nicht um alte Kundschaft, sondern um neue Kontakte, die wohl eher zufällig zustande gekommen waren. Die Kaufleute Zellweger formulierten stets den Wunsch, dass erste Einkäufe Anlass für viele weitere geben möchten. Entsprechend war man bereit, anfängliche Verluste auf sich zu nehmen, um die Basis für eine langfristige Geschäftsbeziehung zu schaffen. So geschah es im Fall von *Goguel Legoupil* von Nancy in St. Gallen:

> Quoique nous perdons à l'offre vous faites sur la marchandise choisie aujourd'hui, nous y achumerons pour avoir l'honneur d'entrer en liaison avec vous Mr. vous donnerons d'autre part factur de la partie f 606: 21 Ls neuf après l'escompte de 3%. Veuillez donc nous faire remise de cette somme en dates de 4 mois sur Paris.[2956]

Der Bitte von *Madame la Picottière* von Lyon kam *Zellweger & Comp.* hingegen nicht nach, ihre Ware, die sie im April 1811 bei *Zellweger & Comp.* gekauft hatte, im September zurückzunehmen. Picottières hatte die Verantwortung für die lange Lieferfrist selber zu übernehmen.[2957] In St. Gallen trafen neben Kunden aus Frankreich auch Kunden aus der Schweiz und Italien ein. *Landry, Dabetra & Co.* von Genf war im Frühjahr 1801 besonders an «Mouchoirs brodées» interessiert. Mangels attraktiven Sortiments in diesem Artikel getraute sich *Zellweger & Comp.* nicht, sie deswegen auf die Reise nach Trogen zu bemühen:

> Il nous fera bien entrer qques p.ces de Mouchoris brodés dans les qualtiés que vous désiriez, mais le nombre est en effet si petit que nous n'avions pas osé vous inviter à faire un voyage pour cela, en nous en a promis encore pour Demain, mais nous ignorons combien.[2958]

Rueff & Piccard von Basel stiegen im Februar 1809 im «Ochsen» in der Stadt St. Gallen ab. Von dort aus gingen sie nach Trogen, um bei *Zellweger & Comp.* ⁷⁄₄ Ellen breite «Mousselins-Baumwollware» und die ¹⁰⁄₄ Ellen breite Druckware «Mouchoirs ballasores» einzukaufen. *Zellweger & Comp.* wünschte,

> dass Sie dieser nach allen Theilen vortheilhafte Kauf animieren werde, uns mit vielem ferneren Zuspruch zu erfreuen, wir werden stets alles anwenden, um uns durch gute Bedienung Ihr gänzliches Zutrauen zu erwerben [...]. – Sobald die Mouchoirs Ballasores aus dem Appret kommen, werden Ihnen solche nach Basel senden.[2959]

Während ihres Einkaufs in Trogen wählten *Gomes, Pessia & Co.*[2960] und *Bognier frères* von Turin[2961], auf welche Art die Textilware appretiert werden sollte. *Zellweger & Comp.* organisierte die entsprechende Ausrüstung und sandte die ⁶⁄₄ Ellen breite «Mousselin Cambric» «pour samedi prochaine» nach St. Gallen.[2962] Doch auch mit diesen Kunden ergaben sich nur mühsam längerfristige Beziehungen. *Zellweger & Comp.* rief sich ein Jahr später bei *Bognier frères* selber in Erinnerung:

2955 Zellweger & Comp.: 1 Brief an Le Bœuf Veuve & Comp. von Paris in St. Gallen, Trogen, 11.01.1807, S. 455.
2956 Zellweger & Comp.: 1 Brief an Goguel Legoupil von Nancy in St. Gallen, Trogen, 19.09.1810, S. 78.
2957 Zellweger & Comp.: 1 Brief an Madame la Picottière von Lyon in St. Gallen, Trogen, 20.09.1810, S. 391.
2958 Zellweger & Comp.: 1 Brief an Landry, Dabetra & C. von Genf in St. Gallen, Trogen, 30.04.1801, S. 503.
2959 Zellweger & Comp.: 1 Brief an Rueff & Piccard von Basel in St. Gallen, Trogen, 25.02.1809, S. 139.
2960 Zellweger & Comp.: 13 Briefe an Gomes, Pessia & Co. in Turin, Trogen, 1807–1811.
2961 Zellweger & Comp.: 9 Briefe an Bognier frères von Turin, Trogen, 1807–1811.
2962 Zellweger & Comp.: 1 Brief an Bognier frères von Turin in St. Gallen, Trogen, 12.11.1807, S. 66.

> Il y a très long tems, Messieurs, que nous sommes privés de l'honneur de vos chères Lettres; mais animés du désir de renouveler nos anciennes Relations, nous venons vous rappeler par la présente dans votre Souvenir en vous réitérant les offres empressés de nos services.[2963]

Kunden für normale Baumwollware waren auch *Cauchois* von Rouen[2964], *Gebrüder Blum* in Fussach[2965], *Haller & Co.* von Bern[2966], *Joseph Weiseles* von Ellingen[2967] und *Hausknecht, Pagan & Co.* in Nidau.[2968] Ein grosser Absatzmarkt für bedruckte Baumwollware, insbesondere für «Mouchoirs ballasores», benannt nach ihrem Ursprungsort Balasore oder Baleswar (Odisha) in Indien, fand sich in Cisalpinien. Es musste sich dabei um «unvergleichlich feine weisse Tücher» gehandelt haben, wie von Heise (1762) überliefert.[2969]

2963 Zellweger & Comp.: 1 Brief an Bognier frères von Turin in St. Gallen, Trogen, 05.01.1809, S. 39.

2964 Zellweger & Co: 5 Briefe an Cauchois von Rouen, Trogen, 1800–1801.

2965 Zellweger & Co: 11 Briefe an Gebrüder Blum in Fussach, Trogen, 1800–1808.

2966 Zellweger & Co: 55 Briefe an Haller & Co. von Bern, Trogen, 1806–1811.

2967 Zellweger & Co: 5 Briefe an Joseph Weiseles von Ellingen, Trogen, 1808–1809.

2968 Zellweger & Co: 2 Briefe an Hausknecht, Pagan & Co. in Nidau, Trogen, 1807–1809.

2969 Heise: Schluss der historischen und geografischen Beschreibung von Pondichery, in: Hannoverische Beyträge zum Nutzen und Vergnügen, No. 34 (3/1762), S. 521–524.

Abbildung 62 Zellweger & Comp.: Wohnsitze ihrer Kunden von bedruckter Baumwollware, 1800–1811

Einige Kunden waren *Gi. Galeazzo Gennari* von Mailand[2970], *Giovanni Longhi* von Thiene[2971], *Giuseppe Lombardi e figlio*[2972] und *Olivio Rongardi* von Ferrara[2973] sowie die drei Kunden von Venedig *Zuchelli ed Olivieri*[2974], *Giuseppe Zoppetti*[2975] sowie *Simone Ruffini*.[2976] Als Kunde von Druckware der *Zellweger & Comp.* konnte zudem *Etienne Aldebert* in Barcelona identifiziert werden.[2977] Geliefert wurden ihm die bestellten «Mouch[oirs]. à quarreaux violets arayés» über Genua und per Schiff über das Mittelmeer an «nôtre maison frères à Barc[elona]» *Gebhardt & Co.*[2978] Auch für *Mottrecht & C.* von Leipzig überlieferte sich ein Interesse für «Calicoes».[2979]

Nach Erlass der Kontinentalsperre gegen England stand *Zellweger & Comp.* insbesondere mit dem Kunden *Weber & Co.* in Moskau in regem Austausch über bedruckte Baumwollware.[2980] Über die Spediteure *Friedlander & Söhne*[2981], dann über *Schwindt & Rosentretter* in Königsberg[2982] sandte man von Trogen bedruckte Baumwollware an *Weber & Co.* in Moskau. Der Inhaber Leonhard Weber (1766–1813) von Netstal (Glarus) hatte sich wie bereits Johannes Walser (1739–1805) von Herisau in den 1780er Jahren im Handel nach Russland engagiert, damals noch mit Hartholzbrettern. 1807 ging Weber selber nach Russland und stieg in den Textilwarenhandel ein.[2983] Eine weitere Korrespondenz wurde

2970 Zellweger & Comp.: 14 Briefe an Gi. Galeazzo Gennari von Mailand, Trogen, 1806–1808.
2971 Zellweger & Comp.: 14 Briefe an Giovanni Longhi von Thiene, Trogen, 1806–1811.
2972 Zellweger & Comp.: 14 Briefe an Giuseppe Lombardi e figlio von Ferrara, Trogen, 1800–1808.
2973 Zellweger & Comp.: 12 Briefe an Olivio Rongardi von Ferrara, Trogen, 1800–1811.
2974 Zellweger & Comp.: 13 Briefe an Zuchelli ed Olivieri von Venedig, Trogen, 1800–1809.
2975 Zellweger & Comp.: 14 Briefe an Giuseppe Zoppetti von Venedig, Trogen, 1800–1809.
2976 Zellweger & Comp.: 12 Briefe an Simone Ruffini von Venedig, Trogen, 1806–1811.
2977 Zellweger & Comp.: 2 Briefe an Etienne Aldebert von Barcelona, Trogen, 1806–1807.
2978 Zellweger & Comp.: 1 Brief an Etienne Aldebert von Barcelona, Trogen, 20.11.1806, S. 138.
2979 Zellweger & Comp.: 2 Briefe an Mottrecht & C. von Leipzig, Trogen, 1810–1811.
2980 Zellweger & Comp.: 27 Briefe an Weber & Co. von Moskau, Trogen, 1806–1811.
2981 Zellweger & Comp.: 6 Briefe an die Spediteure Friedlander & Söhn in Königsberg, Trogen, 1807–1809.
2982 Zellweger & Comp.: 5 Briefe an die Spediteure Schwindt & Rosentretter in Königsberg, Trogen, 1810–1811.
2983 Regensburg, Osteuropa-Institut: Weber, Leonhard (1766–1813), Datensatz 92394, in: Erik-Amburger-Datenbank. Ausländer im vorrevolutionären Russland, in: vifa ost – Virtuelle Fachbibliothek Osteuropa, http://88.217.241.77/amburger/index.php?id=92394, eingesehen am 23.12.2011; N.N.: Artikel «Weber, Leonhard (1766–1853)», in: HBLS (7/1934), S. 428.

mit dem Kunden von Baumwollware *M. Weber & Co.* in St. Petersburg unterhalten.[2984] Michael Weber (1777–1839) stammte wie Leonhard Weber von Netstal (Glarus). Er hatte seine kaufmännische Lehre beim Bankhaus *Frege & Co.* in Leipzig absolviert und hielt sich von 1807 bis 1812 in St. Petersburg auf. In Schlüsselburg, 35 Kilometer östlich von St. Petersburg, gründete er 1814 mit Erfolg die erste Walzendruckerei auf eigenen Gütern. Seine Textildruckerei, welche Baumwollware aus dem Haus *Zellweger & Comp.* bedruckte, führte das Reichswappen als Marke.[2985]
Der dritte Kanal für den Verkauf waren die Handelsreisenden der *Zellweger & Comp.*, welche nach 1800 zwecks Erlangens von Bestellungen und Eintreiben von ausstehenden Geldern unterwegs waren. Über sie schrieb der Textildrucker Mayr von Arbon:

> Reisende des Hauses [Zellweger & Comp.] durchkreuzten halb Europa in allen Richtungen, enorme Geschäfte waren gemacht, aber nie war möglich, die genau Übersicht aller, bey so beschränkter Zeit dazu! Kaufmanns Schiksal entrinnt keiner des Faches, u. wer hohes Spiel wagt, gewahrt auch grossen Verlust neben unsicherm Gewinn.[2986]

Wie Recht Mayr mit seiner Aussage über die vielen Handelsreisenden der *Zellweger & Comp.* hatte, liess sich über die Geschäftskorrespondenz nachweisen. Von 1800 bis 1811 konnten zehn Handelsreisende identifiziert werden. Von 1800 bis 1809 waren jahrelang unterwegs Wilhelm Friedrich Rueff [von Au (Vorarlberg)?] und von 1800 bis 1810 Carl Philipp Friedrich Lang (1786–1853) von Blaubeuren (Württemberg), 1806 ein Christian Gschwend, 1806/1807 Johann Ulrich Zuberbühler [von Speicher?] und von 1806 bis 1809 Johann Jakob Graf, von 1807 bis 1810 Heinrich Notz, von 1808 bis 1813 Georg Friedrich Krauss (1786–1859) von Augsburg, 1809 Amadeo Thormann [von Bern?], 1811 Johann Caspar Waser von Zürich und von 1810 bis 1819 Ferdinand Foichtig von Rottenburg (Württemberg). Sie alle waren zuvor sechs Jahre lang als Buchhalter in den Schreibstuben der *Zellweger & Comp.* angestellt gewesen und hatten sich durch ihre jahrelange Mitarbeit angeeignet, was für den Handelsreisenden an weitreichendem «Sachverstand» erforderlich war.[2987] Im Folgenden werden ihre Reiserouten dargestellt.

1800 bis 1809: Wilhelm Friedrich Rueff von Au

1800:	Triest
1801:	Frankfurt am Main, Brescia, Mailand
1805:	Bologna
1807:	Livorno, Neapel

Von 1800 bis 1809 war Wilhelm Friedrich Rueff, vermutlich von Au (Vorarlberg, Österreich)[2988], als «viaggiatore»» für *Zellweger & Comp.* unterwegs. Im Frühjahr 1800 war er in Triest. Die Auslieferung des bestellten Artikels «Colonna [Kölsch? A.d.A.]» an ihn erfolgte kriegsbedingt erst Mitte Oktober 1800.[2989] Im Februar 1801 sollte Rueff an die *Messe Frankfurt am Main*, was aus einer Anfrage für seine Mitfahrgelegenheit in der Kutsche von *Binder & Co.* von St. Gallen hervorgeht:

> Da Schreiber dies ganz unvermuthet einen ReisenGesellschafter bekommen, so ersuchen Sie, da Sie doch einen vorigen Plaz im Wagen haben, den H. Rueff darinnen aufzunehmen, Sie werden durch diese Gefelligkeit

2984 Zellweger & Comp.: 16 Briefe an M. Weber & Co. in St. Petersburg, Trogen, 1807–1811.

2985 Regensburg, Osteuropa-Institut: Weber, Michael (1777–1839), Datensatz 1059667, in: Erik-Amburger-Datenbank, eingesehen am 23.12.2011.

2986 Buenzli (Hg.): Mayr: Meine Lebenswanderung (4/2010), S. 1341.

2987 Neutsch/Witthöft: Kaufleute zwischen Markt und Messe, in: Bausinger/Beyrer/Korff (Hg.): Reisekultur (1991), S. 75–82, hier S. 82; vgl. auch Neutsch: Briefverkehr als Medium internationaler Kommunikation, in: North (Hg.): Kommunikationsrevolutionen (1995) (= Wirtschafts- und sozialhistorische Studien 3), S. 129–155.

2988 Das e-HLS wies einen Johannes Rueff (1686–1750) von Au im Bregenzerwald nach, vgl. Tomaschett, Michael: Artikel «Rueff, Johannes (1686–1750)», in: e-HLS online, 23.11.2010.

2989 Zellweger & Co: 1 Brief an Johannes Rueff in Triest, Trogen, 13.10.1800, S. 149.

> uns recht sehr verbinden, wir gedenken auch künftigen Freitag Morgens zu verreisen & solle uns angenehmen sein, die Reise in Ihrer Gesellschaft zu machen. Unser H: Rueff wird, wenn Sie befehlen, Donnerstags Abend in Costi seyn & Sie bel., uns morgen durch rückkkehrenden Bothen zu melden, ob Sie uns diese Gefälligkeit erzeigen wollen, ihn mitzunemen & die Stunde Ihrer Abreise zu bestimmem, dass er sich bey Ihnen einfinden könne.[2990]

Anfangs Juli 1801 befand sich Rueff bereits wieder auf dem Weg über Brescia nach Mailand. Auf seine schriftliche Nachricht über sein Eintreffen in Mailand erhielt er per Brief aus Trogen diverse Aufträge. Er hatte die «Besteller der Ware» auf den Eingang der neuen Bleiche zu vertrösten, da keine Vorräte von der letztjährigen Leinenware aus Ulm aufbewahrt worden waren. Er hatte sowohl Wechselbriefe auf Venedig als auch neue Bestellungen von Textilware zu retournieren, bei dem Spediteur *Martelli* eine Rechnung zu begleichen und Protestnoten bei zahlungssäumigen Kunden vorzuweisen mit der Aufforderung: «Betreiben Sie dieses Geschäft so gut mögliche, damit wir von den Dieben so viel erhaschen können als zu bekommen seiyn kann».[2991] Im Januar 1805 befand er sich in Bologna. Von dort aus war er Zellweger-Egg-Hirzel in Trogen behilflich, indem er ihm Auskunft gab über den Aufenthaltsort dessen Reisenden, dem «schon längst vermisst geglaubten Mader» von Feldkirch, dem «schlechten Mann» und «Schurken». Mader war kurz vorher mit dem Handelsunternehmen *Kessler & Mader* in den Konkurs gegangen. Er befand sich auf einer Reise zur Einkassierung seiner eigenen Schulden und – brannte durch. Über den Verbleib der ihm zugesandten Wechselbriefe «zur Eincassierung» in Ancona und der benachbarten Messestadt Senigallia erhielt Zellweger-Egg-Hirzel seit einem halben Jahr keine Antwort mehr. Die Betreibung dieses «fatalen Geschäfts» lag ihm als Hauptkreditor der Konkursmasse sehr am Herzen. Er hoffte auf die «Arretierung» Maders.[2992]
Mitte Dezember 1807 reiste Rueff über Livorno «im besten Wohlseyn» nach Neapel, wo er die Briefe von Trogen «p Adresse H. *Duroni & Comp*». und «p Adre. *Gaetano B. Zoboli*» empfing.[2993] Er wurde angewiesen, beim Kunden «*Nicola Bologna* f 229:18 Ct. p Augsburg» einzuziehen und für den Handelsreisenden Krauss Streitigkeiten mit *Ant. di Martino* zu bereinigen.[2994] Im Juni 1806 wurde der hochgeschätzte, fähige Rueff gebeten,

> uns zu melden, ob wir bald vielleicht das Vergnügen haben werden, Sie hier zu sehen, und wenn wir darauf nicht hoffen dürfen, Ihnen unsere Erkenntlichkeit beweisen zu können. Um ferner von Ihren gütigen Anerbietungen Gebrauch zu machen, überweisen wir Ihnen inliegende eine Nota unserer in Bologna & Ancona lagernden Waaren, mit der Bitte deren vortheilhaftesten Absatz womöglich zu besorgen & vom Geschehenen uns zu unterrichten.[2995]

Im November 1809 war Rueff in Russland unterwegs, wenn auch nicht mehr im Auftrag der *Zellweger & Comp.*, sondern von *Hennig & Comp.* aus Gera (Thüringen). Die *Zellweger & Comp.* durfte ihm jedoch in Absprache mit *Hennig & Comp.* den Auftrag zum Inkasso bei *Weber & Co.* in Moskau geben. *Weber & Co.* verlangte unter verdächtiger Begründung den enormen Rabatt von 40% auf eine sehr umfangreiche Lieferung an Textilware.[2996] Nach langen Wanderjahren liess sich Rueff schliesslich in Stuttgart nieder und wurde Kommissionär. *J.C. Zellweger* liess das in seiner *Mechanischen Spinnerei Trogen* hergestellte Baumwollgarn kommissionsweise durch den ehemaligen Handelsreisenden Rueff verkaufen, um Rueff in seiner neuen Selbständigkeit aufzuhelfen. Die Tätigkeit Rueffs als Kommissionär nahm mit dem Brand der *Mechanischen Spinnerei Trogen* im Frühjahr 1814 ein abruptes Ende. Seine Spur verlor sich.[2997]

2990 Zellweger & Comp.: 1 Brief an Binder & Co. in St. Gallen, Trogen, 15.02.1801, S. 378–379.
2991 Zellweger & Comp.: 1 Brief an Wilhelm Friedrich Rueff in Mailand, Trogen, 06.07.1801, S. 644.
2992 Johannes Zellweger Sohn: 1 Brief an Wilhelm Friedrich Rueff in Bologna, Trogen, 07.01.1805, S. 482.
2993 Zellweger & Comp.: 1 Brief an Wilhelm Friedrich Rueff in Neapel, Trogen, 26.06.1807.
2994 Zellweger & Comp.: 1 Brief an Wilhelm Friedrich Rueff in Neapel, Trogen, 11.12.1806, S. 214.
2995 Zellweger & Comp.: 1 Brief an Wilhelm Friedrich Rueff in Neapel, Trogen, 26.06.1806.
2996 J.C. Zellweger: 1 Brief an Wilhelm Friedrich Rueff in St. Petersburg, Trogen, 04.11.1809, S. 565.
2997 J.C. Zellweger: 13 Briefe an Wilhelm Friedrich Rueff in Stuttgart, Trogen, 1809–1813, 7 Briefe, 1813–1814.

1806: Christian Gschwend

1806: Orihuela, Barcelona, Figueres

Christian Gschwend stammte wohl aus Speicher, Teufen (Appenzell Ausserrhoden) oder Altstätten, Tablat (St. Gallen).[2998] Als «Viaggiatore» war er zeitgleich mit dem Reisenden Johann Ulrich Zuberbühler 1806 für *Zellweger & Comp.* in Spanien unterwegs, doch auf einer anderen Route. Die Bestellung des Kunden *Domenico Francesco Abril* aus Orihuela (Valencia) [2999] und des Kunden Bernardino *Catala & Co.* aus Barcelona (Katalonien)[3000] sandte er nach Trogen, wo diese sofort nach Eingang der Bleichware ab der Bleiche ausgeführt werden sollte. Die Bestellung von *Veuve Denamiel & fils* aus Figueres (Katalonien) traf zwar ebenfalls pünktlich ein. Der Eingang der Bleichware verhinderte jedoch die Ausführung. Dafür fanden *Zellweger & Comp.* «mille excuses» und versandten die endlich eingetroffene Textilware über Lyon «par l'entremise» von *Geray Corbière* in Perpignan (Okzitanien).[3001]

1800 bis 1810: Carl Philipp Friedrich Lang (1786–1853) von Blaubeuren

1800: Bozen
1806: Leipzig, Dresden, Lausitz, Schlesien, Böhmen, Prag, Regensburg, Augsburg, Trogen
1809: Bayern, Württemberg
1810–1814: Chalon-sur-Saône, Tarare, Nîmes, Amiens, Lyon

Von 1800 bis 1810 war Carl Philipp Friedrich Lang (1786–1853) von Blaubeuren (Baden-Württemberg) als Reisender unterwegs. Mit seiner Identifikation gelang die Aufdeckung einer nachhaltigen Kunden-Lieferanten-Beziehung mit schwerwiegenden Folgen. In den 1770er Jahren unterhielt *Zellweger Vater & Comp.* intensive Korrespondenzen mit den Lieferanten von Leinenware *Andreas Friedrich Lang, Christoph Lang* und *Johann Lang seelig Erben und Strohacker Elisa*. Mit Lang bildete man somit einen Sohn von langjährigen Lieferanten von Leinwand in Trogen kaufmännisch aus. Im Juli 1800 hielt sich Lang bei *Peter Blumer* (1771–1828) aus dem Glarnerland in Ancona auf, der als Kommissionär für *Zellweger & Comp.* tätig war. Im November 1800 war Lang für die Teilnahme an der *Messe Bozen* bei *Franz Simon Fritz* in Bozen anzutreffen, ebenfalls ein Kommissionär der *Zellweger & Comp.*[3002] Im Herbst 1806 begleitete Lang seinen Arbeitgeber Zellweger-Gessner an die *Messe Leipzig* und auf der rund dreimonatigen strapaziösen Rückreise über Dresden, die Lausitz, Schlesien, Böhmen, Prag, Regensburg und Augsburg nach Trogen. Mangels Nahrungsmittel konnten sich die Reisenden kaum verköstigen. Als Verpflegung für die Heimreise in der Kutsche über Regensburg und Augsburg kauften sich die beiden in Prag «die schlechte Provision [von] 2 gebratenen Fasanen und einer gebratenen [Zunge] [... und] 2. Flaschen Wein». Die Erfahrung des Mangels war einschneidend. Nach der Rückkehr hatten die beiden ausgehungerten Reisenden einen Monat lang das Bedürfnis, «sich nur satt zu essen».[3003]

Ende November 1809 war Lang auf Einkaufstour in Bayern und seiner Heimat Württemberg. Bei seiner Rückreise nach Trogen erhielt er den Auftrag, in Lindau und Rorschach die weiss gebleichte, grobe Ulmer Leinenware bei *Conrad Stoffel* und bei *Ferdinand von Bayers seel. Erben* zu besichtigen und «geringe» Ware zu kaufen.[3004] Von 1810 bis 1814 hielt sich Lang als Reisender in Frankreich auf. Während seiner Reisetätigkeit lag das Assortiment bei *Etienne Gauthier* an der Rue Sisone Nr. 10 in Lyon, wohin die Briefe aus Trogen stets adressiert waren.[3005] *Le Grand fils* in Chalon-sur-Saône, der sich für den Artikel «Sangalette» interessierte, verwies man an diese Adresse mit dem Hinweis, er

---

2998 Vgl. Eintrag «Gschwend vor 1800», in: Familiennamenbuch der Schweiz, Zürich 1989.
2999 Zellweger & Comp.: 1 Brief an Domenico Francesco Abril in Orihuela, Trogen, 17.11.806, S. 131.
3000 Zellweger & Comp.: 1 Brief an Bernardino Catala & Co. in Barcelona, Trogen, 20.11.1806, S. 142.
3001 Zellweger & Comp.: 1 Brief an Veuve Denamiel & fils in Figueres, Trogen, 12.11.1806, S. 132.
3002 Zellweger & Comp.: 1 Brief an Abraham Danhauser in Innsbruck, Trogen, 24.11.1800, S. 231.
3003 Zellweger, J.C.: Notitzen aus meinem Leben (2/1850), S. 18.
3004 Zellweger & Comp.: 1 Brief an Carl Lang in Lindau, Trogen, 30.11.1809, S. 606.
3005 Zellweger & Comp.: 57 Briefe an Carl Lang bei Etienne Gauthier, Rue Sisone 10 in Lyon, Trogen, 1810–1811.

werde dort bestens bedient.[3006] Der Reisende Lang pflegte 1810/1811 Kontakte zu den französischen Kunden (Rhône-Alpes) *Louis Estienne* in Châtillon-sur-Seine (Côte-d'Or)[3007], *Joyeux & Comp.* in Nîmes (Languedoc-Roussillon)[3008] sowie *Poujot & fils* in Amiens (Picardie).[3009] Von Lyon stammten die Kunden *Jean Baptiste Arndt*[3010], *Jaq. Vincent Desgrands*[3011], *Durand & Comp.*[3012], *Monachon, Grimand frères & Co.*[3013] und *Müller & Hennig.*[3014] An *Delessert, Roman & C.* aus Weferlingen (Sachsen) wünschte er «Cotton propre pour vos fabriques» zu verkaufen.[3015] Er bediente die Kunden *Louis Pons & Co.*[3016] und *Veuve Schulz & Lendenmann* von Lyon mit der Leinenware «Sangalette».[3017]
Am 25. April 1814 erfuhr Lang in Lyon von den «fatalen Verhältnissen des Hauses Zellweger & Comp». Ihr Warenlager war konfisziert und Zellweger-Gessner zum «Verwalter» und «Mitberather bei der Liquidation bestellt» worden. Er liess Lang umgehend sechs Ballen «Toilles de Cotton teintes en bleu, betragend laut beygelegter Fakture f 19 325:8» zum Verkauf zukommen, um das Warenlager zu bereinigen. Er fragte nach Langs Meinung, ob auch die Leinenware «Sangalette» abgesetzt werden könne.[3018] Ziel war es, möglichst schnell Bargeld aufzutreiben, um den Inhaber der *Zellweger & Comp.*, den eben erst auf eidgenössischer Ebene politisch sehr erfolgreichen Landammann Zellweger-Zuberbühler, davor zu retten, als Konkursiter «eine schlimme Figur spielen» zu müssen und seiner Ehre verlustig zu gehen.[3019] Lang dürfte zu dieser Zeit aus *Zellweger & Comp.* ausgetreten sein, um sich dem Aufbau der Leinwandhandelsgesellschaft *Lang* zu widmen.[3020]

1806 bis 1809: Johann Jakob Graf

1806:	Venedig, Mailand Senigallia
1807:	Triest, Bozen, Mailand, Verona, Messina
1808:	Verona
1809:	Triest, Verona

Von 1806 bis 1809 war Johann Jakob Graf [3021] als Reisender in Italien unterwegs. Seine Reiseroute im Auftrag der *Zellweger & Comp.* in den Jahren 1806/1807 liess sich besonders genau rekonstruieren. Es fanden sich nicht nur Briefe an ihn persönlich. Auch aus Geschäftsbriefen an die Kundschaft fanden sich diverse Hinweise darauf, dass die Bestellung aufgrund der Information des Reisenden Graf ausgeführt wurde. So hatte Graf *Angelo Nissim* von Siena während der *Messe Senigallia* im Juli 1806 «117 ½ fazzol[etti]:» offeriert, welche die *Zellweger & Comp.* aber wegen der schwierigen politischen Umstände nicht liefern konnten.[3022] Graf weilte im Oktober 1806 in Venedig, dann in Mailand bei *D. Tellinger & Co.*[3023] In der Folge erhielt Johann Jakob Graf von Mitte Oktober 1806 bis Anfang Februar 1807 drei Briefe bei den Spediteuren *Planer & Roth* in Triest.[3024] Im November 1806 war er in Mailand

3006 Zellweger & Comp.: 1 Brief an Le Grand fils in Chalon-sur-Saône, Trogen, 17.01.1811, S. 461.
3007 Vgl. dazu Zellweger & Comp.: 19 Briefe an Louis Estienne in Châtillon-sur-Seine, Trogen, 1806–1811.
3008 Vgl. dazu Zellweger & Comp.: 7 Briefe an Joeux Franc & Comp. in Nîmes, Trogen, 1808–1811.
3009 Vgl. dazu Zellweger & Comp.: 1 Brief an Poujot & fils in Amiens, Trogen, 11.03.1811, S. 601.
3010 Vgl. dazu Zellweger & Comp.: 2 Briefe an Jean Baptiste Arndt in Lyon, Trogen, 1810–1811.
3011 Vgl. dazu Zellweger & Comp.: 3 Briefe an Jaques Vincent Desgrands in Lyon, Trogen, 1801–1811.
3012 Vgl. dazu Zellweger & Comp.: 15 Briefe an Durand & Comp. in Lyon, Trogen, 1806–1811.
3013 Vgl. dazu Zellweger & Comp.: 1 Brief an Monachon, Grimand & Co. in Lyon, Trogen, 24.01.1811, S. 476.
3014 Zellweger & Comp.: 6 Briefe an Müller & Hennig in Lyon, Trogen, 1806–1811.
3015 Vgl. dazu Zellweger & Comp.: 1 Brief an Delessert Roman & C. in Weferlingen, Trogen, 18.10.1810, S. 115.
3016 Vgl. dazu Zellweger & Comp.: 1 Brief an Pons & Co. in Lyon, Trogen, 04.02.1808, S. 343.
3017 Zellweger & Comp.: 12 Briefe an Veuve Schulz & Lendenmann in Lyon, Trogen, 1806–1811.
3018 J.C. Zellweger: 1 Brief an Carl Philipp Friedrich Lang in Lyon, Trogen, 25.04.1814, S. 155.
3019 Schläpfer: Landammann (1943), S. 150.
3020 Lang: 400 Jahre Blaubeurer Leinen (1960), S. 2; Lang: 225 Jahre Blaubeurer Bleiche (1951).
3021 Vgl. Eintrag für «Graf vor 1800», in: Familiennamenbuch der Schweiz.
3022 Zellweger & Comp.: 1 Brief an Johann Ulrich Zuberbühler in Barcelona, Trogen, 23.10.1806, S. 50.
3023 Zellweger & Comp.: 1 lettre à la maison à Gènes, Trogen, 20.10.1806, S. 40.
3024 Zellweger & Comp.: 1 Brief an Johann Jakob Graf in Triest, Trogen, 20.10.1806, S. 40; 22.12.1806, S. 261; 05.02.1807, S. 435.

und erhielt seine Verkaufsinstruktionen «en droitur» von Genua.[3025] *Planer & Roth* spedierte im Auftrag der *Zellweger & Comp.* nach Sizilien, zum Beispiel an *Palmisano, Baviera & Co.* in Messina. Zudem verwies *Zellweger & Comp.* in den Antworten an Kunden von Triest stets auf den Reisenden Graf. Von Februar bis März 1807 erhielt Graf Briefe bei *Giovanni Battista Fogolari* in Verona.[3026] Mittlerweile nach Bozen weitergereist, hatte Graf dort zehn Tage später bereits 400 Stück des Artikles «Nankini» verkauft und «macht Hoffnung, die übrigen 1060 St[ück] in Botzen zu f 3 ¾ vollends anzubringen».[3027] Wohl im Herbst 1807 reiste er nach Sizilien, wo er in Messina eine Bestellung von *Palmisano, Baviera & Co.* über hundert «Rouens 6/4» entgegennehmen konnte. *Zellweger & Comp.* führte diese Bestellung in Trogen aus und kündigte ihre Lieferung über *Planer & Roth* aus Triest Ende 1807 an.[3028] 1807/1808 war Graf in Verona, 1808 immer noch in Italien unterwegs. Dort nahm er auch Bestellungen für das Unternehmen *Girard Savary fils & Cie.* aus Freiburg auf. *Zellweger & Comp.* ersuchten Savary um «f 25:48 Louisd'or à f 1 pour fraix sur les commissions que notre voyageur Mr. Graf vous a procuré en Italie».[3029] 1809 war er in Triest, von wo aus er «Remisen» nach Genua machte.[3030] Dann vertrat Graf das Handelsunternehmen Zellweger an der *Messe Verona*, worüber ein Zirkularschreiben nicht weniger als 105 Kunden Ende Januar infomierte: «Il nostro viaggiatore G.G. Graf passera per la prossima fiera in Verona».[3031] Welches Gewicht der Kundschaft aus der ehemaligen Cisalpinischen Republik zukam, zeigte die geografische Verortung dieser Kunden. 49 Kunden stammten aus Venetien, 26 Kunden aus der Lombardei, 17 aus der Emilia-Romana, 9 aus Friaul-Julisch Venetien. Hingegen nur jeweils ein Kunde stammte aus der Toskana, Kalabrien und Basel.

1806/1807: Johann Ulrich Zuberbühler

1806:	Lyon (Rhône-Alpes), Nîmes (Languedoc-Roussillon), Perpignan (Languedoc-Roussillon), Girona (Katalonien), Valencia, Barcelona (Katalonien), Madrid, Cartagena (Murcia)
1807:	Madrid
1808:	Frankfurt am Main

Zeitgleich mit Graf war 1806/1807 auch Johann Ulrich Zuberbühler (1784–1849) von Speicher (Appenzell Ausserrhoden)[3032] als Handelsreisender bis nach Spanien unterwegs. Anfangs November 1806 traf er in Barcelona (Katalonien) ein. Er stieg bei der Kommanditgesellschaft *Gebhardt & Co.* ab, wohin er sich «Roani perla», also «Rouens perle» bestellt hatte, die in Trogen täglich «aus der Farb» erwartet wurden. Gereist war er über Lyon (Rhône-Alpes), Nîmes (Languedoc-Roussillon), Perpignan (Languedoc-Roussillon), Girona (Katalonien) und Valencia. Von Barcelona reiste er ins Landesinnere nach Madrid und von dort wieder an die Ostküste nach Cartagena (Murcia). Die Route seiner Handelsreise liess sich in den Geschäftsbriefen an die von ihm besuchte Kundschaft rekonstruieren, deren Bestellungen er nach Trogen sandte. Anfangs März 1807 befand er sich bei *Jacque Cazale* in Madrid.[3033] Im April 1808 war er bei *Laué & Cie.* in Frankfurt am Main, einem Kunden von bedruckten «Calicoes» oder eben «Indiennes», um an der *Messe Frankfurt am Main* teilzunehmen. Dort gelang ihm die Bestellung von *J.C. Ekhard junior* über 300 Stück 10/4 Ellen breiter «Cambric», einer bedruckten Baumwollware.[3034]

3025 Zellweger & Comp.: 1 Brief an Johann Jakob Graf in Mailand, Trogen, 17.11.1806, S. 129 oder 24.11.1806, S. 157.

3026 Zellweger & Comp.: 1 Brief an Johann Jakob Graf, Trogen, 1807.02.19, S. 487; xx.02.1807, S. 513; 02.03.1807, S. 522; 03.1807, S. 535; 09.03.1807, S. 545; 16.03.1807, S. 567.

3027 Zellweger & Comp.: 1 lettre à la maison à Gènes, Trogen, Trogen, 16.03.1809, S. 171.

3028 Zellweger & Comp.: 1 Brief an Johann Ulrich Zuberbühler in Trogen, 31.12.1807, S. 22.

3029 Zellweger & Comp.: 1 Brief an Girard Savary fils & Cie. in Freiburg, Trogen, 07.04.1808, S. 525.

3030 Zellweger & Comp.: 1 lettre à la maison à Gènes, Trogen, 02.01.1809, S. 29.

3031 Zellweger & Comp.: Zirkularschreiben an 105 Kunden in Italien, Trogen, 30.01.1809, S. 93–94.

3032 Fuchs, Thomas: Artikel «Zuberbühler, Johann Ulrich (1784–1849)», in: e-HLS online, 29.06.2012.

3033 Zellweger & Comp.: 1 Brief an Johann Ulrich Zuberbühler, Trogen, 03.11.1806, S. 85; 02.03.1807, S. 528.

3034 Zellweger & Comp.: 1 Brief an Johann Ulrich Zuberbühler, Trogen, 18.04.1808, S. 555; Zellweger & Comp: 1 Brief an J.C. Ekhard in Frankfurt am Main, Trogen, 18.04.1808, S. 555.

1809: Amadeo Thormann

1809: Neapel

Amadeo Thormann stammte vermutlich aus der Stadt Bern.[3035] Er hielt sich im Januar 1809 bei *Duroni & Comp.* in Neapel auf. Zellweger-Zuberbühler drückte sich aussergewöhnlich hart in seiner Korrespondenz an Thormann aus:

> Wollen Sie uns von den vorgeschriebenen Briefen Abschrift geben oder was noch schicklicher wäre, durch bekenntnis Ihres groben Fehlers uns Abbitten desselben so wohl bey uns als bey Ihrem H. Vater & durch Einsendung einer genauen Selezion von Ihren dortigen Verrichtungen von Tag zu Tag wieder gut zu machen trachten, so können Ihnen dann den Umständen gemässe antworten, bis dahin aber müssen Ihnen nur bemerken, dass wir mit H. Ascione ohne Ihre Dazwischenkunft correspondieren können, und das was Sie uns sagen, uns schon lange bekannt war. Der Incasso, den Sie von Gasquety gemacht, zeuget von keiner grossen Geschicklichkeit, noch Beherzigung unsers Interesses, wofür die Napolitanischen Cours Zedel als Beweis dienen, die wir in Handen haben.[3036]

Offenbar schrieb Thormann zu selten über seine Verrichtungen unterwegs nach Trogen und beherzigte das finanzielle Interesse seines Auftraggebers *Zellweger & Comp.* nur ungenügend. Zellweger-Zuberbühler übte Druck mit Verweis auf den als Bürgen für seine geschäftlichen Fehler fungierenden Vater auf ihn aus. Thormann erfüllte die Erwartungen an einen Handelsreisenden nicht.

1810/1811: Ferdinand Foichtig von Rottenburg (Württemberg)

1810: Messina, Malta (für den Warenbezug aus Tunis), Cádiz, Gibraltar, Rückreise entlang der spanischen Ostküste Richtung Norden

Über Ferdinand Foichtig von Rottenburg (Württemberg) fand sich noch für das Jahr 1819 in der «Chronik der königlichen Würtembergischen Stadt Rottenburg» (1819) der Eintrag «Handlungskommis bei Hr. Landmann Zelweger in Appenzell, dermalen in Bearn [sic!]».[3037] Seine Briefe erhielt Foichtig in Messina auf Sizilien jeweils «par Adresse de Melchior Dünner». Foichtig traf das Schicksal, auf seiner Reise im November 1810 mit ersten ernsthaften Liquiditätsproblemen der *Zellweger & Comp.* konfrontiert zu werden. Der daraus resultierende Handlungsdruck wurde über die Korrespondenz in schärfsten Worten direkt an Foichtig nach Sizilien weitergeleitet. Foichtig wurde wiederholt angewiesen, monatlich wenigstens 1000 Livres Sterling an *Rougemont & Behrends* aus London zu übermachen. Das englische Bankhaus fand in sechs «Handlungsbriefen» an Foichtig insgesamt achtmal Erwähnung. Er musste alle seine Kräfte auf das Betreiben von Geld durch das Inkasso von ausstehenden Schulden richten, denn «der obgenannten Geldmangel ist so drückend, & auf eigenem Bedürfen so dringend, dass wir auf alle Speculationen Verzicht leisten».[3038] Eine Woche später wurde wiederholt: «Wir bestätigen Ihnen selbige gänzlich, verneuern Ihnen den Auftrag, so schnell als möglich *H. Rougemont & Behrends* ein Incasso zu machen».[3039] Und fünf Tage später hiess es: «& verbiethen hiermit von nun an mehr, ja gar nicht bei Sizilier einzukaufen, er mag Nachnam haben wie er wolle, sondern alle Ihre Incassi *H. Rougemont & Behrends* zu übermachen, damit wir diese Freunde das schon schuldige zahlen & sonsten auch zu Geld kommen».[3040] Mitte Dezember 1810 wurde die Ursache für die mangelnde Liquidität klar: «Sie werden

3035 Vgl. Eintrag zu «Thormann vor 1800», in: Familiennamenbuch der Schweiz und Braun, Hans: Artikel «Thormann», in: e-HLS online, 05.10.2012.

3036 Zellweger & Comp.: 1 Brief an Amadeo Thormann in Neapel, Trogen, 09.01.1809, S. 45.

3037 Hassler, D.L.: Chronik der königlichen Würtembergischen Stadt Rottenburg und Ehingen am Neckar durch die letzten sechs Jahrhunderte von 1200 bis 1819. Nebst einem immer fortlaufenden hinblick auf auswärtige merkwürdige Begebenheiten, Rottenburg 1819, S. 378.

3038 Zellweger & Comp.: 1 Brief an Ferdinand Foichtig, Trogen, Messina, 01.11.1810, S. 233.

3039 Zellweger & Comp.: 1 Brief an Ferdinand Foichtig, Trogen, Messina, 07.11.1810, S. 250.

3040 Zellweger & Comp.: 1 Brief an Ferdinand Foichtig, Trogen, Messina, 12.11.1810, S. 277.

alles möglich anwenden, auch diese Gelder ja wieder verschwiegen einzuziehen & umso viel geschwinder an *Rougemont & Behrends* Rimessen machen, weil schon danach hin beträchtliche Summen gezogen haben».[3041] Zellweger-Zuberbühler hatte sich bei der Bank *Rougemont & Behrends* aus London übermässig verschuldet. Genau in dieser äusserst heiklen Situation haperte es mit der schriftlichen Kommunikation von Seiten Folchtigs nach Trogen. Die *Zellweger & Comp.* wusste Mitte November 1810 nicht einmal, ob sich der Handelsreisende schon auf Sizilien befand. Trotzdem unterbreitete ihm Zellweger-Zuberbühler in wenigen Zeilen ein grosszügig ausgelegtes Projekt einer weiteren Handelsreise:

> Immer noch ohne Berichte von Ihnen, bestätigen Ihnen unser obiges, und da wir nicht wissen, ob Sie wirklich in Sizilen angekommen sind oder nicht, so schliessen diese Berichte an Cosmelli & Dünner [in Palermo und Messina, A.d.A.] ein [...]. Wenn Ihre Incassi davon beendiget sind, so wäre es am besten, Sie würden nach Cadix sich verfügen, und da Sie wahrscheinlich über Malta den Weg einschlagen müssen, so könnte Ihnen Sacmontieux von Tunis auch Waaren dahin senden, die Sie mit sich nach Cadix und Gibraltar nehmen & dorten zu verkaufen trachten werden. Von Cadix könnten Sie dann die Küste bereisen, die Gelter einziehen & alle Rimessen, seyen sie auf London oder das veste Land, erstere an Rougemont & Behrends da selbst übermachen, leztere aber uns durch obigen Canal zukommen lassen [...]. Geben Sie uns bald gute Nachricht von Ihnen, denen mit Verlangen entgegen sehen & grüssen Sie underdessen herzlich.[3042]

Ein so ausgedehntes Reiseprojekt, hingeworfen in ein paar wenigen Zeilen, von denen man nicht einmal wusste, ob sie den Adressaten auch erreichten, stellte alle bisherigen Reiseprojekte in den Schatten. In dieser Art reagierte der Leiter der *Zellweger & Comp.* Zellweger-Zuberbühler auf seine geschäftliche Notlage und Verschuldung beim Bankhaus *Rougemont & Behrends* aus London.

1806 bis 1810: Heinrich Notz

1806:	Livorno, Barcelona
1807:	Rom
1809:	Mailand, Ancona, Neapel
1810:	Leipzig, Hamburg, Königsberg, Prag, Wien
1811:	Berlin, Lübeck, Riga

Die Strecke des Handelsreisenden Heinrich Notz[3043] war über eine intensive Korrespondenz zu rekonstruieren.[3044] Er bezog am 14. Dezember 1806 von dem Bankier *Saverio Scultheiss* aus Rom Geld für seine Weiterreise.[3045] Am 22. Dezember 1806 befand er sich bei den *Gebrüdern Dünner* in Livorno, wo er aber nicht «logieren» konnte. Er sollte der Textilware der *Zellweger & Comp.* aus dem Magazin Dünners «faire des bonnes ventes à Livourne».[3046] 1808 reiste Notz gemeinsam mit Zellweger-Zuberbühler von Italien nach Trogen. Von Mailand aus machte er im April 1809 Hoffnung «de pouvoir placer plusierieurs Articles comme Camb[rais]:, Mouss[eline]:, faz[ole]:tti».[3047] Am 30. Januar 1809 erwartete die *Zellweger & Comp.* dringend den Bericht der Abreise von Notz nach Neapel[3048], die er am 6. Februar 1809

3041 Zellweger & Comp.: 1 Brief an Ferdinand Foichtig, Trogen, Messina, 20.12.1810, S. 395.

3042 Zellweger & Comp.: 1 Brief an Ferdinand Foichtig, Trogen, Messina, 13.12.1810, S. 375.

3043 Das Geschlecht Notz war im 18. Jahrhundert in Remigen (Aargau), Dagmersellen (Luzern), Freienbach (Schwyz), Schleinikon, Oetwil an der Limmat, Urdorf und Zürich (Zürich) eingebürgert, vgl. Eintrag «Notz vor 1800», in: Familiennamenbuch der Schweiz; möglicherweise handelte es sich um einen Nachkommen von Hans Heinrich Notz (1707–1781) von Fluntern, der sich zur Umgehung des Fabrikationsverbots für Nichtstadtbürger mit dem Zürcher Bürger Caspar Thomann verschwägerte, um 1737 in die Seidenfabrikation einzusteigen, vgl. Lassner, Martin: Artikel «Notz, Hans Heinrich (1707–1781)», in: e-HLS online, 04.03.2009.

3044 Zellweger & Comp.: 71 Briefe an Heinrich Notz in Livorno, Barcelona, Rom, Mailand, Ancona, Neapel, Leipzig, Hamburg, Königsberg, Prag, Wien, Berlin, Lübeck und Riga, Trogen, 1807–1811.

3045 Zellweger & Comp.: 1 Brief an Saverio Scultheis in Rom, Trogen, 14.12.1806, S. 175.

3046 Zellweger & Comp.: 1 lettre à la maison à Gènes, Trogen, 22.12.1806, S. 260.

3047 Zellweger & Comp.: 1 lettre à la maison à Gènes, Trogen, 10.04.1809, S. 220.

3048 Zellweger & Comp.: 1 lettre à la maison à Gènes, Trogen, 30.01.1809, S. 91.

bestätigte. *Zellweger & Comp.* hoffte, «qu'il arrive bientôt & vienne à tems pour mettre ordre au désordre qui paroit y regner dans nos affaires».[3049] Anfangs 1809 verfügte er über die bei *L.S. Miller* in Ancona eingelagerte Leinenware.[3050] Ende Februar 1809 bediente er den Kunden *Gin:o:e Tacucci* in Neapel. Im Herbst 1810 war Notz an der *Messe Leipzig*, versehen mit einem Empfehlungsschreiben. Das Schreiben war an acht Kaufleute, Spediteure und vor allem an Bankiers in Leipzig, Hamburg, Königsberg, Prag und Wien adressiert, wodurch sich die Stationen seiner Handelsreiseroute identifizieren liessen. Es handelte sich um *Schädler Hoffmann*, *August Courvoisier* und *Tanner & Co.* aus Hamburg, *Schwink Rosentretter* aus Königsberg, die beiden Bankiers *J.H. Kustner* und *Frege & Co.* aus Leipzig, *Thum seel. Erben* aus Prag und *J. von Müller* sowie *Geymüller & Co.* aus Wien:

> Der Überweiser dieses, Notz, Reisender in unseren Angelegenheiten, reist in unseren Angelegenheiten nach Ihren Gegenden. Wir sind so frey, ihn bestens zu empfehlen & Sie zu bitten, ihm durch Ihren weisen Rath zur Erreichung seiner Absichten behüflich zu sein, damit sein dortiger Aufenthalt für ihn angenehm & für uns nüzlich werde. Sollte H. Notz zu seiner Reise oder zu Einkäufen Geld bedürfen, so bitten wir Sie, ihm für unsre Rechnung bis zu der Summe von 1000 Louisd'or vorzustrecken. Wir werden Sie dankbarlich dafür erkennen. Für alles, was Sie gütigst vor unseren Reisenden thun wollen, danken wir Ihnen bestens & bitten Sie, uns Gelegenheit zu geben, Ihnen dank zu erweisen & Ihnen unserseits nützlich zu sein.[3051]

Ein Tag später wurde in Trogen nochmals ein Empfehlungsschreiben aufgesetzt, adressiert an *Rudolf Rosentretter* aus Berlin, *Carl Schlözer* und *Georg Ludwig Forrer* aus Lübeck und an *Marty & Co.* aus Riga:

> Wir nehmen die Freyheit, Ihnen durch gegenwärtigen unseren Reisenden Heinrich Notz Ihrer gütigen Aufnahme bestens zu empfehlen, desssen Reise zum Theil auch den Zweck hat, von denen Waaren, um die Sie mit Ihrem Brief vom 29. 9bre baten, den Empfang zu besorgen gesagt, dass auch mit Ihnen deren Verkauf oder Versandt zu verüben, wir ersuchen Sie daher, ihn nicht nur in diesen Freunden, auch in alle andere Gelegenheiten, wo er immer Ihren klugen Rathe bedürfte, so viel von Ihnen abhangt, zu unterstützen, um ihm ferneren dortigen Aufenthalte so angenehm als möglich zu machen. Wenn H. Notz zur Bestreitung frischer Ausgaben das auch zu allwegigen sein bewusste Geld nöthig hätte, so bitten wir Sie, ihn bis auf den Werth von 1000 Ld'or oder Carli gegen Schein verabfolgen zu lassen & uns dafür zu belasten. Wir machen Ihnen zum Voraus unsere höflichste Danksagung für alles, was Sie Notz angenehmes erweisen werden und bitten Sie, uns in ähnlich anderen Vorfallenheiten zu befehlen, wo wir Ihnen zu dienen im Stand seyn werden.[3052]

3049 Zellweger & Comp.: 1 lettre à la maison à Gènes, Trogen, 06.02.1809, S. 104.

3050 Zellweger & Comp.: 1 Brief an L.S. Miller in Ancona, Trogen, 05.01.1809, S. 36.

3051 Zellweger & Comp.: 1 Brief je an Schädler Hoffmann, August Courvoisier und Tanner & Co. in Hamburg, Schwink Rosentretter in Königsberg, die Bankiers J.H. Kustner und Frege & Co. in Leipzig, Thum seel. Erben in Prag und an J. von Müller sowie Geymüller & Co. in Wien, Trogen, 02.12.1810, S. 346.

3052 Zellweger & Comp.: 1 Brief an Rudolf Rosentretter in Berlin, Carl Schlözer und Georg Ludwig Forrer in Lübeck und an Marty & Co. in Riga, Trogen, 03.12.1810, S. 346.

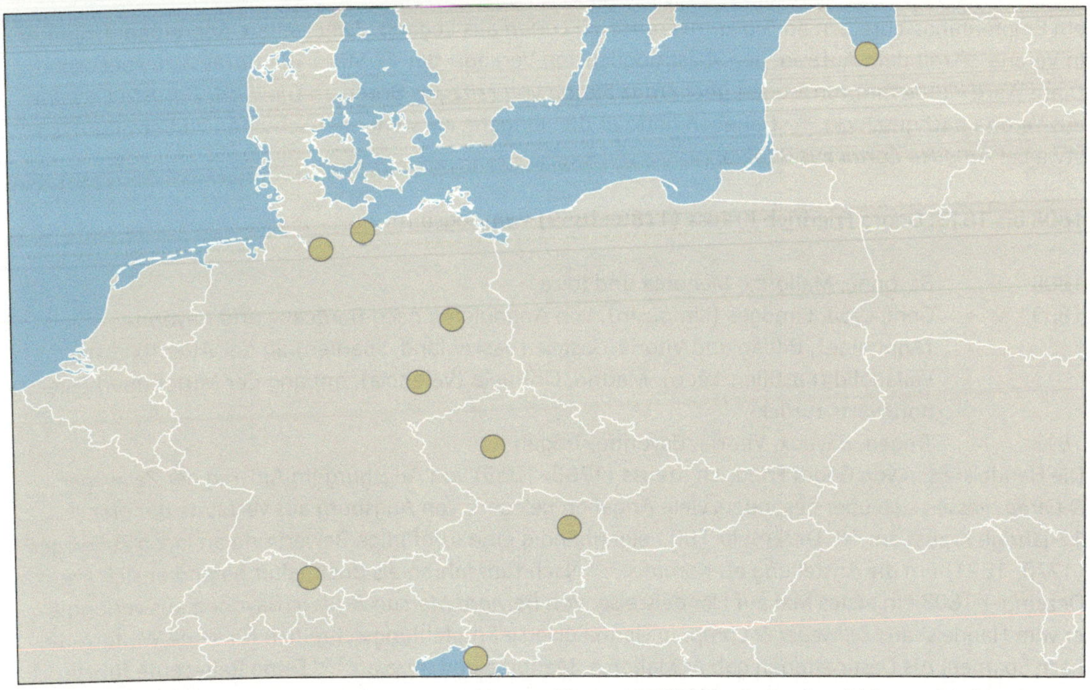

Abbildung 63 Zellweger & Comp.: Reiseroute von Notz im Winter 1810/1811 gemäss Empfehlungsschreiben vom 02. und 03.12.1810

Von Süden nach Norden ging dieses zweite grossangelegte Reiseprojekt des Handelsreisenden Heinrich Notz Ende 1810 von Triest über Wien nach Prag. Dann quartierte er sich nachweislich bei dem Bankier *Frege & Comp.* in Leipzig ein, wo er zwischen Weihnachten und März 1811 zwei Briefe der *Zellweger & Comp.* von Trogen empfing.[3053] Über Berlin, Hamburg und Lübeck ging es weiter Richtung Osten nach Königsberg und Riga. Je nach besuchter Region, welche aus der Perspektive der *Zellweger & Comp.* als Beschaffungs- oder Absatzmarkt diente, unterschied sich seine Tätigkeit nach Einkauf oder Verkauf. Über die Empfehlungsschreiben konnte er sich unterwegs mit Geld versorgen.

1811: Johann Caspar Waser von Zürich

1811: Bellinzona, Lugano, Verona

Johann Caspar Waser von Zürich war von *Zellweger & Comp.* per 1. Oktober 1805 auf sechs Jahre als «Commis» eingestellt worden. Sein Arbeitsvertrag umfasste gerade einmal drei Artikel. Der erste definierte die Pflichten Wasers als Arbeitnehmer. Er sollte «sich gehorsam, fleissig, willig, getreu, verschwiegen, von guter Aufführung zeigen, den Nutzen der Handlung befördern, den Schaden wenden, und sich zu allen in der Handlung vorkommenden Geschäften brauchen lassen, sowohl in als auch ausser der Schweyz». Zweitens wurden die Leistungen des Arbeitgebers festgehalten. Waser wurde «frei von Tisch, Logis und Wasch gehalten» und erhielt in den ersten beiden Jahren 200 Gulden, in den nächsten beiden Jahren 600 und für die letzten beiden 800 Gulden, insgesamt 1600 Gulden Lohn. Im dritten Artikel musste er sich für einen Stillstand von einem Jahr nach Austritt aus der *Zellweger & Comp.* gegen eine Busse von 3000 Gulden verpflichten. Das war fast doppelt so viel, als Waser überhaupt verdiente. Conrad Wolf von Zürich, der Ehemann der Tante Ursula Wolf-Zellweger (1735–1817) und Onkel des Geschäftsinhabers, unterzeichnete den Vertrag als Bürge.[3054] Waser machte nun wohl seine erste Handelsreise über Bellinzona und Lugano nach Verona ein halbes Jahr vor Vertragsende. Dazu erhielt er

3053 Zellweger & Comp.: 1 Brief an Heinrich Notz in Leipzig, Trogen, 24.12.1810 und 04.03.1811.

3054 Zellweger & Comp.: Arbeitsvertrag für Johann Caspar Waser von Zürich als Commis mit Laufzeit 01.10.1805 bis 01.10.1811, Trogen, 05.02.1806.

ein Empfehlungsschreiben an *Giovanni Francesco Lonati* aus Lugano. Zwei weitere Schreiben erhielt er in Verona[3055] mit dem Auftrag, den «bestmöglichsten Verkauf» der 42 Stück «Cambrays» zu «besorgen». Diese Ware wurde ihm von Trogen über *Franz Simon von Fritz* aus Bozen an *Giovanni Battista Fogolari* aus Verona nachgeschickt.[3056] Daneben hatte er den Eingang ausstehender Schulden zu betreiben, so etwa bei *Amadeo Carmi* aus Reggio.

1808 bis 1813: Georg Friedrich Krauss (1786–1859) von Augsburg

1808:	Bayonne, Mallorca, Menorca und Ibiza
1809:	Genf, Lyon, Limoges (Limousin), von Angoulème nach Bordeaux und Bayonne (Aquitaine), Bilbao und Vitoria-Gasteiz (Baskenland, Spanien) an der Atlantikküste, Valladolid (Kastilien-Léon), Madrid, Orihuela (Valencia), entlang der Mittelmeerküste nordwärts zurück
1813:	Trogen, Bayeux, Vitoria, Bayonne, Trogen

Die Handelsreisen von Georg Friedrich Krauss (1786–1859) von Augsburg im Auftrag der *Zellweger & Comp.* liessen sich über besonders viele Angaben belegen. Von Augsburg aus verfasste der erst 17-jährige Krauss am 18. Dezember 1803 eigenhändig eine sorgfältige Bewerbung an Jacob Zellweger (1770–1821) um die Anstellung als Kommis.[3057] Nach fünf Jahren als Buchhalter befand er sich im Dezember 1808 ein erstes Mal auf Handelsreise. Von *Bernard Marsan & fils* in Bayonne aus verlangte er vom Handelshaus *Zellweger & Comp.* in Genua diverse Empfehlungsschreiben für seine Weiterreise nach Spanien. Als Destinationen gab er Mallorca, Menorca und Ibiza an.[3058] Seine Reiseroute führte über Genf nach Lyon quer durch Frankreich nach Limoges (Limousin) und Angoulème (Aquitaine) an die Atlantikküste. Von Bordeaux (Aquitaine) ging es über Bayonne (Aquitaine) über die spanische Grenze nach Bilbao (Baskenland, Spanien) und Vitoria-Gasteiz (Baskenland). Über Valladolid (Kastilien-Léon) führte der Weg direkt nach Madrid ins Zentrum von Spanien. Dann ging es südöstlich an die spanische Ostküste nach Cartagena[3059] und Orihuela (Valencia). Von dort dürfte Georg Friedrich Krauss dann die Mittelmeerküste nordwärts zurückgereist sein. Eine weitere Handelsreise entlang der französischen Atlantikküste führte ihn im Januar 1813 nach Bayeux im Norden, im Februar nach Vitoria und im März nach Bayonne im Süden Frankreichs.[3060] Zwei Monate später fand zu seinem fast zehnjährigen Jubiläum als äusserst erfolgreicher und hochgeschätzter Mitarbeiter der *Zellweger & Comp.* Mitte Mai 1813 seine Hochzeit mit Anna Wibertha Zellweger (1794–1869) statt, der ältesten Tochter seines Arbeitgebers Zellweger-Zuberbühler.[3061] Sein jüngster Schwager Salomon Zellweger (1807–1887) erinnerte sich an das grosse Gepränge, mit welchem diese Hochzeit begangen wurde. Es stand im krassen Gegensatz zu den extrem schlecht laufenden Geschäften der *Zellweger & Comp.* Krauss liess sich in der Folge im benachbarten Rheineck im Rheintal nieder und machte sich selbständig. Seine Ehefrau und er führten einen sparsamen Haushalt.[3062]

3055 Zellweger & Comp.: 2 Briefe an Johann Caspar Waser in Verona, Trogen, 04.03.1811, S. 590–591 und 11.03.1811, S. 606–607.

3056 Zellweger & Comp.: 1 Brief an Giovanni Francesco Lonati in Lugano, Trogen, 25.02.1811, S. 567.

3057 Krauss, Georg Friedrich (1786–1859): 1 Brief an Jacob Zellweger (1770–1821) in Trogen, Augsburg, 18.12.1803.

3058 Zellweger & Comp.: 1 lettre à la maison à Gènes, Trogen, 16.12.1808, S. 16.

3059 Zellweger & Comp.: 1 Brief an Bernadac & Comp. in Marseille, Trogen, 16.03.1809, S. 174.

3060 Zellweger & Comp.: 1 Brief an Georg Friedrich Krauss in Bayeux, Trogen, 21.01.1813, in Vitoria, 10.02.1813, in Bayonne, 10.03.1813.

3061 Hochzeitsdatum 11.05.1813.

3062 Zellweger, Salomon (1807–1887): Selbstbiographie. Erster Teil: von der Geburt bis zum Verlassen des väterlichen Hauses. Zweiter Teil: den Zeitraum beschlagend vom Aufenthalt in Würtemberg bis zur Rückkehr nach Trogen. Dritter Teil: den Zeitraum beschlagend Aufenthalt in Trogen, Uebersiedelung nach Rheineck und Brüssel, 1885 [Privatbesitz], Erster Teil, S. 6.

Johannes Zellweger Sohn, Trogen, 1803 bis 1817

Die Handelsgesellschaft

Johannes Zellweger-Hirzel-Egg (1764–1832) gründete *Johannes Zellweger Sohn* infolge seines Austritts aus *Zellweger & Comp.* Seine jüngeren Stiefbrüder Zellweger-Gessner und Zellweger-Zuberbühler nötigten ihn bei der Erbteilung nach dem Hinschied des Vaters zu diesem Schritt. Sein als eigenartig empfundenes Geschäftsgebahren war weder für die Teilhaber noch für die Angestellten weiterhin tragbar. Während seiner häufigen Abwesenheiten in Angelegenheit seiner politischen Ämter liess er etwa die Geschäftskorrespondenz durch seine Ehefrau entgegennehmen und aufbewahren, bis er zurück war. Dieses Misstrauen zermürbte die Angestellten vor Ort in Trogen und verhinderte ihr effizientes Arbeiten.

Ihren Sitz hatte die Gesellschaft *Johannes Zellweger Sohn* im Kaufhaus am Landsgemeindeplatz 5 in Trogen, dem Vaterhaus des Inhabers. Zellweger-Hirzel-Egg zog sich vordergründig 1804/1805 aus dem Textilhandel zurück und widmete sich dem Handel mit Pferden. Dennoch stellte er Personal ein. Marc Aloys Luoger von Hohenems (Vorarlberg) bewarb sich allerdings erfolglos.[3063] Als Buchhalter und Handelsreisender unterwegs war Jacob Eggmann.[3064] Von 1808 bis 1811 absolvierte sein Neffe Johannes Hirzel (geb. 1793) von Zürich die kaufmännische Lehre bei ihm. Von 1815 bis 1821 stellte er Johann Conrad Hirzel (1789–1857) von Zürich an. Zehn Jahre später kehrte Zellweger-Egg-Hirzel zum Textilhandel zurück. Er investierte als Kommanditgeber in die Kommanditgesellschaft *J.B. Schürch & Co.* in Livorno, welche ein Jahr später in Konkurs ging. Zum Verhängnis wurde ihm die Investition seines Kapitals in die Handelsgesellschaft *Zellweger & Comp.*, womit er seinen jüngeren Bruder, den Landammann Zellweger-Zuberbühler 1814 vor dem Konkurs und damit vor dem Verlust seiner Ehre rettete. Weil ihm nun dieser Bruder 1817 sein Kapital nicht zurückzahlte, wurde ihm an seiner statt der Konkurs angemeldet. Zellweger (1921) beschönigte diesen Konkurs von Zellweger-Egg-Hirzel:

> [Johannes Zellweger (1764–1832)] verkaufte sein Haus und seine Güter [in Trogen, AR] an seinen Bruder Johann Caspar [Zellweger (1768–1855)] und zog nach Bregenz, wo er eine [Gast-]Wirtschaft mit einem ansehnlichen Gute kaufte.[3065]

Diese Formulierung verschleierte nicht nur seinen Konkurs, sondern auch seinen strafbaren «Austritt» über die Grenze nach Bregenz. Das Konkursverfahren von April bis Oktober 1817 konnte mit einem von den Kuratoren der Konkursmasse ausgearbeiteten «Schulden-Accord» beendet werden. Gemäss Artikel 20 Landmandat von 1816 war ein «Schulden-Accord» möglich, wenn «[n]ebst den sämtlichen Creditoren mit ihrer freyen und ungezwungenen Einwilligung [...] für die accordierte Summe, ein den Kreditoren annehmlicher Bürge und Zahler vorhanden [war]».[3066] Dieser «den Kreditoren annehmliche Bürge und Zahler» war in vorliegendem Fall niemand anderes als der jüngste Bruder, der Landammann Zellweger-Zuberbühler, der den Konkurs ja verursacht hatte. Er verpflichtete sich «aus Dankbarkeit» gegenüber seinem grössten Kreditor Zellweger-Egg-Hirzel zur Zahlung von 30%, während dieser 40% der vorgeschlagenen 70% Konkursdividende übernahm.[3067] Der «Accord» wurde an der Kreditorenversammlung anfangs Dezember[3068] nach hektischem Hin und Her von den «Landscreditoren und

---

3063 Johannes Zellweger Sohn: 1 Brief an Marc Aloys Luoger von Hohenems (Vorarlberg), Trogen, 02.01.1804, S. 157.

3064 Johannes Zellweger Sohn: 1 Brief an Darlehensgeber Simeon Nicolaus [Ghisi/Goll?] in Bozen, Trogen, 04.03.1805, S. 535.

3065 Zellweger, V.E.: Chronik Familie Zellweger, Madame Cécile Ringger-Zellweger in Verehrung gewidmet (2/1922) [Manuskript], S. 181.

3066 Appenzell Ausserrhoden: Landmandat 1816 (Druck), S. 23 [STAAR: Ca.B17, 1c].

3067 Vgl. den «Accord» vom 18.10.1817. 30% der Konkursmasse entsprachen 65'673.50 Gulden.

3068 Im «Hirschen» zu Trogen am 05.12.1817, vgl. Eugster, Johannes: Memorial A, ohne Datum, in: Grosser Rat Appenzell Ausserrhoden: Gerichtssachen, 1817–1829 [STAAR: Ca.B-19/09].

den meisten Auswärtigen» angenommen. Insgesamt waren es 127 Gläubiger.[3069] Als Verwalter der Konkursmasse wurde der mittlere Bruder Zellweger-Gessner eingesetzt, der am 10. August 1818 auch das Amt des Vogtes übernehmen musste. Im Oktober 1821 verfasste der Kreditor, der Ratsherr Johannes Eugster (geb. 1780) von Trogen ein Memorial an den Grossen Rat zur erneuten Verurteilung von Zellweger-Egg-Hirzel zur Zahlung der vollen 100% an alle Gläubiger. Dabei hatte sich Eugster Ende 1817 mit allen anderen Gläubigern einstimmig auf den Vertrag zu 70% Bezahlung eingelassen. Eugster argumentierte nun,

> dass unsere auf ehrenhafte Versprechungen hin gestützte, und aus Ehrgefühl gegen das Vaterland für die Rettung der Ehre des Standeshaubts [Jacob Zellweger-Zuberbühler] sorgfältigst abzielende Nachsicht [...] schädlich oder nachtheilig sein soll, wäre der Billigkeit nicht angemessen.[3070]

Die Kreditoren stimmten damals also nur aus Rücksicht auf die Ehre ihres langjährigen und gerade in der Hungersnot von 1816/17 verdienstvollen Landammanns Zellweger-Zuberbühler[3071] dem «Accord» auf 70% Abzahlung zu. Mit seinem jähen Tod erst 51-jährig im April 1821 fiel diese Rücksichtnahme weg.[3072] Dem ungewöhnlichen Wiederaufrollen des Konkursverfahrens, das mit dem «Schulden-Accord» beendet worden war, stand nichts mehr im Weg.[3073] Der Konkursprozess[3074] fand von November 1821 bis Mai 1822 in fünf emotionsgeladenen Verhandlungen statt.[3075] Der Grosse Rat hob die Konkursdividende von 70% auf 92.5% an.[3076]
Zellweger-Egg-Hirzel selber akzeptierte den Konkurs nie, in welchen er aufgrund seines zahlungsunfähigen Bruders Zellweger-Zuberbühler hineingezwungen worden war. Er verliess Trogen und liess sich in Bregenz einbürgern. Nach dem Konkursprozess reichte er «[i]n Ermangelung einer anderweitigen Gewerbsunternehmung» am 10. Juli 1824 in Bregenz ein Gewerbegesuch für «das einfache personelle Befugnis zur Fabrikation weisser und gefarbten Waaren» ein, das seiner Meinung nach Unterstützung verdiente, «weil es zur Beförderung der inländischen Industrie beyträgt».[3077] Das Gesuch wurde bewilligt.[3078] Mit der althergebrachten Fabrikation von Textilien in einer nichtindustrialisierten Umgebung und ohne Maschinen zu einer Zeit, wo andernorts bereits mit dem Jacquard-Webstuhl gearbeitet wurde, schien er jedoch keinen Erfolg zu haben, und das, obwohl in Vorarlberg die Anfänge der mechanischen Baumwollspinnerei im Unterschied zur Schweiz erst in die Bayern-Zeit um 1810 bis 1820 fielen.[3079] Er betätigte sich in der Folge als Wirt in Bregenz, wo er nun seinen ehemaligen Textildrucker Mayr von

3069 «[...] dass die Toggenburger sich noch bequemen, den accord gütlich anzunehmen, besonders wenn zwischen dem H: Sekelmstr [Johann Konrad Tobler] u B: Land: [Jacob Zellweger] wie ich sehe die kleinen Zwistigkeiten noch beygelegt werden», in: Zellweger-Gessner (1768–1855): 1 Brief an seinen Bruder Johannes Zellweger (1764–1832), Trogen, 11.12.1817.

3070 Eugster, Johannes: Memorial, ohne Datum, in: Grosser Rat: Gerichtssachen, 1817–1829 [STAAR: Ca.B–19/09].

3071 Vgl. «Das Hungerjahr», in: Schläpfer: Landammann Jacob Zellweger (1770–1821) (1939), S. 157–160.

3072 Selbst zur Abfassung einer Biografie über den verstorbenen Landammanns fand sich niemand bereit. So publizierte der Pfarrer Steinmüller von Rheinegg seine ergänzte Leichenpredigt erst, nachdem seine Erwartung, «es werde sich im Kanton Appenzell irgend jemand stimmen lassen, eine vollständige Lebensbeschreibung des verdienstvollen Mannes zu verfassen», enttäuscht worden war, in: Steinmüller, Johann Rudolf: Zur Erinnerung an den seligen Herrn Altlandammann Jakob Zellweger von Trogen, St.Gallen 1821, S. VI.

3073 Trogen: Familienregister [STAAR: Cb.Q42/1, FB–Reg. IA 1–13 5, Nr. 12].

3074 «Concursprozess ist das gerichtliche Verfahren, welches angewandt werden muss, um theils die jedem Creditor zustehenden Rechte auszumitteln, theils die Vertheilung der Activen vornehmen zu können», in: Leuthy, Johann Jacob (Hg.): Sammlung Concurs-Gesetze (1843), S. 1.

3075 07.11.1821, 04.12.1821, 20.03.1822, 24.04.1822 und 07.05.1822, in: Appenzell Ausserrhoden: Grosser Rat: Protokoll 1815–1825 [STAAR: Cb.B-02/04].

3076 Appenzell Ausserrhoden: Grosser Rat: Protokoll, 1815–1825, S. 254 [STAAR: Cb.B-02/04] sowie in: Grosser Rat: Strazzen und Akten, 24.04.1822 [STAAR: Cb.B-01/03].

3077 Zellweger, Johannes (1764–1832): Gewerbegesuch an das löbliche K.K. Landgericht Bregenz, 10.07.1824 [VLA: LG Bregenz Sch. 95, Gewerbe 29/1824].

3078 Kreisamt Bregenz: Gewerbebewilligung für Johannes Zellweger, 06.09.1824 [VLA: LG Bregenz Sch 95, Gewerbe 29/1824].

3079 Weitensfelder: Industrie-Provinz. Vorarlberg in der Frühindustrialisierung 1740–1870 (2004) (= Studien zur historischen Sozialwissenschaft 29), S. 95; Tanner: Spulen – Weben – Sticken (1982), S. 41.

Arbon bediente, der für ihn jahrelang Druckaufträge im Stücklohn ausgeführt hatte. Mayr beschrieb, in welchen Umständen er bei einem «Spazierritt» seinen ehemaligen Auftraggeber in Bregenz antraf:

> Der freundliche Wirth eilt herbey, – heisst mich herzlich willkomm, – hält das Pferd – und Steigbügel – etc. etc. – diss alles mag auch anderwerts so sich ergeben, – ist aber nichts weniger als aufschreibens werth, – eher aber wird man es finden – wenn ich die Verhätnisse diese Wirthes nächer berühre – u erzähle – wie dieser nämliche freundliche Wirth, – der jetzt springt einen Schoppen zu holen, – das Pferd selbst besorgt – u. Anders dieser Art mehr, – vor wenigen Decenien noch – ein Mann von f 800.000 – schreibe von Acht mal hunderttausend Gulden – war, – – und jetzt so viel als nichts mehr hat. Es ist der gute biedere Rittmeister Zellweger von Trogen, – der sich von dort, – wo er ehedessen nebst seinen Brüdern im Gelde schwamm, – zurükzog – u. hieher nebst dem unbedeutenden Überrest seines Vermögens zog – u. in Bregenz wirthete. – Er ehelichte (als Wittwer) in seinen späteren Jahren ein junges Bauernmädchen, ganz ohne die mindeste Habe, – sozusagen von der Gasse weg; – sie ist artig, – schön gewachsen, – lebhaft und brav, – – sie behandelte ihn so lang er lebte mit Achtung u. allem Anstand, – er lebte vergnügt – u. schien sein ehemaliges Glük von Gold- u. die ehemalige brillantere Sphäre früherer Jahre – u. deren Andenken im Lethé verschwemmt zu haben.[3080]

Zellweger-Egg-Hirzel gelang es offenbar, sich im Alter von sechzig Jahren in die neuen Umstände als Wirt und Bürger der Stadt Bregenz zu schicken. Im Februar 1832 reichte er ein weiteres Gewerbegesuch um Herberge ein[3081], er verstarb aber Ende des Jahres in Bregenz.

Die Handelsgesellschaft *Johannes Zellweger Sohn* wurde trotz bester Quellenlage bis anhin nicht wahrgenommen. Sie stand zu sehr im Schatten der *Zellweger & Comp.*, mit welcher ihr Inhaber finanziell auf das Engste verbunden blieb. Zellweger-Egg-Hirzel war kinderlos und liess sich nach dem Konkursverfahren 1817 in Bregenz einbürgern. Mit seinem Wegzug und der Ausbürgerung fiel er wie sein Cousin Zellweger-Huber aus dem Fokus und Raster der Regionalgeschichte Appenzell Ausserrhoden. Seine Biogafie zeigt die erstaunlich flexible Wandlungs- und Anpassungsfähigkeit im fortgeschrittenen Alter eines durch Erbschaft reich gewordenen Kaufmanns ab der demokratischen Landschaft zum dienenden Wirt und Untertan der Stadt Bregenz.

3080 Buenzli (Hg.): Mayr: Meine Lebenswanderung (4/2010), S. 1338–1339.

3081 Zellweger, Johannes (1764–1832): Gesuch um Herberge an das Löbliche K.K. Landgericht Bregenz, 29.02.1832 [VLA: LG Bregenz Sch. 102, Gewerbe IX 807/1832].

Die Handelsabläufe

Handelsraum

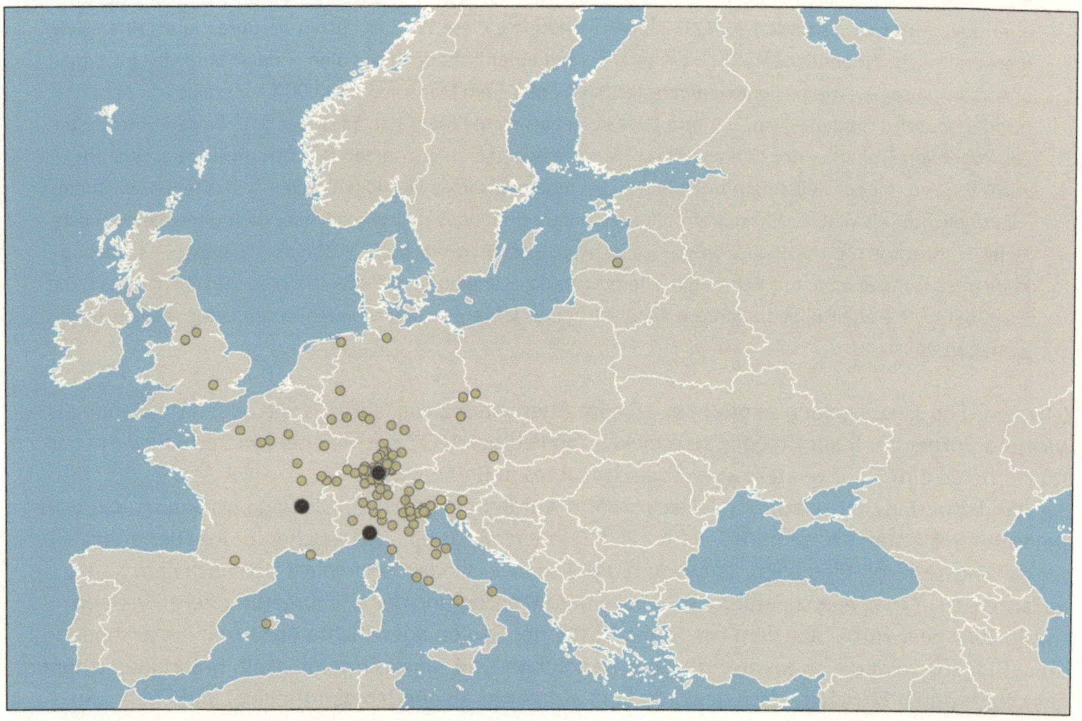

Abbildung 64 Johannes Zellweger Sohn: Handelsraum mit total 130 Ortschaften in 12 Ländern Europas, 1803–1809

Der Handelsraum der *Johannes Zellweger Sohn* verteilte sich im Zeitraum 1803 bis 1817 auf 154 Ortschaften in zwölf Ländern Europas. Er wurde mit 453 Geschäftspartnern über 3981 Geschäftsbriefe unterhalten. Im Vergleich zu dem der *Zellweger & Comp.* wirkt dieser Handelsraum geradezu bescheiden. Die Ausmasse beeindrucken dennoch, wenn man bedenkt, dass sie von einem einzelnen Kaufmann aufgebraucht und unterhalten worden waren. Charakteristisch für die Geographie des Handelsraums war der grosse Anteil an Korrespondenz nach Norditalien. Zellweger-Egg-Hirzel war unter *Zellweger & Comp.* zuständig für den Verkauf der Textilwaren an der *Messe Bozen*. Die Kundschaft aus Cisalpinien war ihm persönlich bekannt. Dieser Vorteil im Absatz wirkte sich direkt auf die Gestaltung seines persönlichen Handelsraumes aus.

Johannes Zellweger Sohn entfaltete eine eigene Dynamik. Dazu gehörten das Liquidationsgeschäft der konkursiten *Kessler, Mader & Comp.* von Feldkirch 1803 bis 1805, die Beteiligung an der Schifffahrtsgesellschaft von Baptist Bachmayer von Fussach auf dem Bodensee, das Betreiben eines ausgedehnten Pferdehandels und die Investition in die Kommanditgesellschaft *J.B. Schürch & Co.* in Livorno am 25. Oktober 1814. Zellweger-Egg-Hirzel beteiligte sich als Kommanditär mit 15000 Gulden. Gewinn und Verlust gingen zu zwei Dritteln auf Schürch, zu einem Drittel auf ihn. Die nach der Aufhebung der Kontinentalsperre wohl voller Hoffnung gegründete Kommanditgesellschaft ging innerhalb eines Jahres in

Konkurs. Die Auswertung seines Briefkopierbuches über die Jahre 1815 bis 1822 ergab, dass sein Handelsraum auf 46 Ortschaften zusammengeschmolzen war. Insbesondere die Region Norditalien als sein Hauptabsatzmarkt war in seiner Geschäftskorrepondenz nicht mehr auszumachen. Im Frühjahr 1817 erklärte man ihn gerade wegen der schlechten Geschäfte in der Freihafenstadt Livorno für insolvent und trieb ihn in den Konkurs, obwohl ihm Kapital in der *Zellweger & Comp.* zustand. Sein jüngster Bruder, der Inhaber dieser Gesellschaft, zahlte ihm dieses Geld zwar nicht aus, musste um 1821 dennoch liquidieren. Der ältere Bruder verlor seine Ehre als Kaufmann, was dem Jüngeren gebührt hätte.

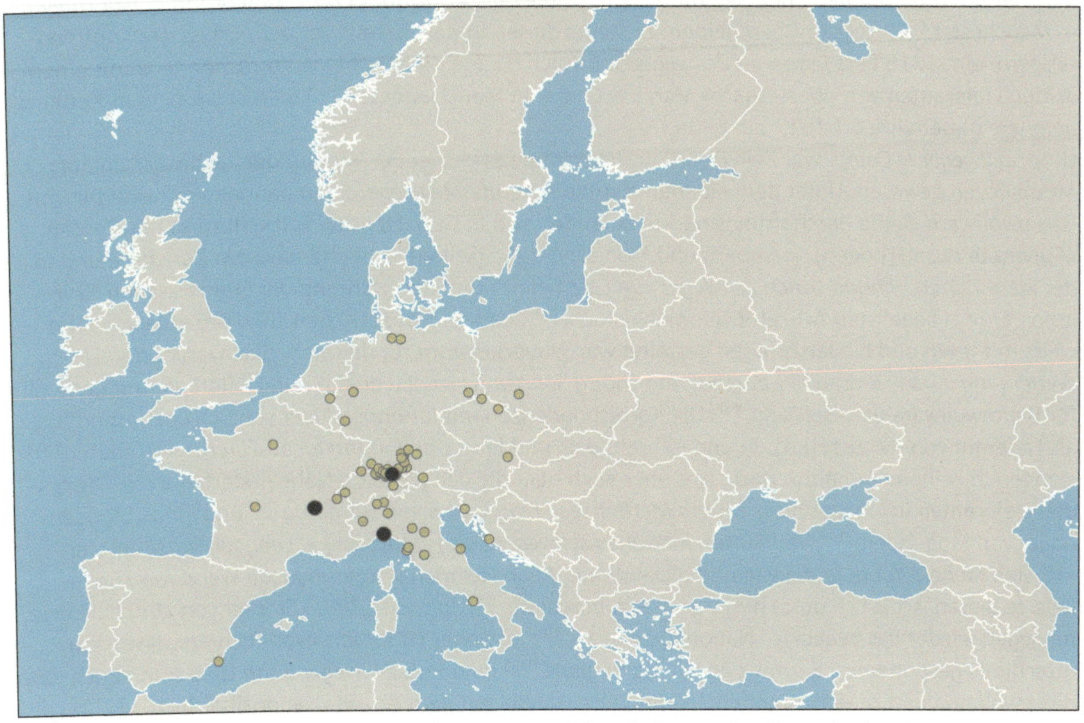

Abbildung 65 Johannes Zellweger Sohn: Handelsraum mit 46 Ortschaften, in: Briefkopierbuch, 1815/1816

Einkauf von Leinenware

Johannes Zellweger Sohn kaufte bei *Johann Entz älter* von Herisau «doppeldicke Leinenware» und «Stauchen» ein.[3082] Weitere Lieferanten von Leinenware waren im Herzogtum Württemberg und im Bayerischen auszumachen. *Andreas Friedrich Lang* von Blaubeuren lieferte «Leinenware 5/4 breit» und «Mouchoirs». Vier Lieferanten wohnten in Isny im Allgäu. Hauptlieferanten von «roher Leinenware» waren *Kleiber Johannes seel. Wwe*[3083] und *Georg Leonhard Thomann*.[3084] *Christoph Feller* lieferte «Bleichware»[3085] und *Christoph Ulrich Zech* «Leinen 5 ½ und 6/4 breit schön weiss».[3086] In Bayern waren *Johann & Andreas Messnang* von Sonthofen immer noch die wichtigsten Lieferanten von «Farbware» und «Schwabenware 6/4 breit».[3087] In Immenstadt betätigten sich *Johann Kirchmann*[3088] und *Fidelis Jerg*

3082 Johannes Zellweger Sohn: 1 Brief an Johann Entz älter von Herisau, Trogen, 28.07.1809, S. 17.
3083 Johannes Zellweger Sohn: 12 Briefe an Kleiber Johannes seel. Wwe in Isny, Trogen, 1803–1809.
3084 Johannes Zellweger Sohn: 5 Briefe an Georg Leonhard Thomann in Isny, Trogen, 1803–1809.
3085 Johannes Zellweger Sohn: 1 Briefe an Christoph Feller in Isny, Trogen, 07.02.1803, S. 9.
3086 Johannes Zellweger Sohn: 1 Brief an Christoph Ulrich Zech in Isny, Trogen, 05.04.1804, S. 259.
3087 Johannes Zellweger Sohn: 7 Briefe an Johann & Andreas Messnang von Sonthofen, Trogen, 1803–1809.
3088 Johannes Zellweger Sohn: 5 Briefe an Johann Kirchmann Immenstadt, Trogen, 1803–1809.

als Lieferanten von Leinenware.[3089] In Babenhausen war *Kajetan Hochwind*[3090] und in Krumbach *Johann Michael Niederwieser* aktiv.[3091] In Feldkirch lieferte *Franz Joseph Kessler* «Bleichware».[3092]

Einkauf der Baumwollware

Johannes Zellweger Sohn war unter *Zellweger & Comp.* nie im Einkauf von Baumwolle tätig gewesen. So gestalteten sich auch seine Versuche im Import von mechanisch gesponnenem Baumwollgarn aus Manchester 1803 mit den zwei Lieferanten von «Mule twist» *Barton & Co.*[3093] und *Smith & Tsournley* in Manchester[3094] insgesamt bescheiden. Er stellte diesen Import bereits vor dem Erlass der Kontinentalsperre ein. 1816 liess *Johannes Zellweger Sohn* sich noch einmal auf eine Korrespondenz mit einem dritten Lieferanten von «Wassergarn» *Merck & Comp.* in Manchester ein.[3095] Sein erzwungener Konkurs bereitete diesem Import 1817 ein Ende.
Unter *Zellweger & Comp.* war Zellweger-Egg-Hirzels Spezialgebiet der Verkauf der Textilware an der *Messe Bozen* gewesen. Unter dem eigenen Namen *Johannes Zellweger Sohn* handelte er weiterhin mit Baumwollware. Seine Beschaffungsmärkte befanden sich in Gais, Herisau, Schwellbrunn und Teufen (Appenzell Ausserrhoden), Hemberg und Mogelsberg (St. Gallen), in Richterswil am Zürichsee und in der Stadt Zürich. *Johann Ulrich Zellweger* von Gais lieferte ihm den während der Französischen Revolution enorm begehrten Artikel «Nationalhalstuch»[3096], das der französischen Trikolore entsprechend weiss mit roten und blauen Streifen gestaltet war. Hauptlieferant für diesen Artikel war *Johann Ulrich Wetter jünger* von Herisau.[3097] *Bartholome Thörig Sohn* von Herisau dürfte sein Hauptlieferant generell für Baumwollware gewesen sein.[3098] Die Korrespondenzen mit *Johannes Alder* von Schwellbrunn[3099] als Lieferant von «Mousse[lin]: 7/4 und 8/4 breit, dick und fein» und *Johann Jacob Zürcher* von Teufen[3100] standen in keinem Verhältnis dazu, was aber auch über die geografische Nähe erklärbar wäre. Die beiden Lieferanten im Toggenburg, *Joseph Mettler seel. Frau Wittib* von Hemberg[3101] und *Jonas Lenggenhager* von Mogelsberg[3102], verkauften *Johannes Zellweger Sohn* «Moussline». *Lenggenhager* lieferte «19 Stab lange, 10/4 breite, feinste und dicke» Ware. Auch *Heinrich v. Johann Jacob Weiss* von Zürich lieferte diesen Artikel «Mousse[lin]:, gestreift, brochiert».[3103] *Johann Conrad Stocker* von Zürich lieferte hingegen wieder das begehrte «Nationalhalstuch».[3104] *Johannes Hürlimann* von Richterswil verwob maschinell gesponnenes Baumwollgarn aus England.[3105] *Johannes Zellweger Sohn* trieb somit auch nach den revolutionären Zeiten immer noch erfolgreich Handel mit dem Artikel «Nationalhalstuch».

3089 Johannes Zellweger Sohn: 3 Briefe an Fidelis Jerg in Immenstadt, Trogen, 1803–1809.
3090 Johannes Zellweger Sohn: 4 Briefe an Kajetan Hochwind in Babenhausen, Trogen, 1803–1809.
3091 Johannes Zellweger Sohn: 1 Brief an Johann Michael Niederwieser in Krumbach, Trogen, 17.05.1804, S. 88.
3092 Johannes Zellweger Sohn: 1 Brief an Franz Joseph Kessler in Feldkirch, Trogen, 09.07.1804, S.335.
3093 Johannes Zellweger Sohn: 3 Briefe an Barton & Co. in Manchester, Trogen, 1803–1809.
3094 Johannes Zellweger Sohn: 2 Briefe an Smith & Tsournley in Manchester, Trogen, 1803–1809.
3095 Johannes Zellweger Sohn: 6 Briefe an Merck & Comp. in Manchester, Trogen, 1816–1821.
3096 Johannes Zellweger Sohn: 1 Brief an Johann Ulrich Zellweger in Gais, Trogen, 30.11.1803, S. 132.
3097 Johannes Zellweger Sohn: 23 Briefe an Johann Ulrich Wetter jünger von Herisau, Trogen, 1803–1809.
3098 Johannes Zellweger Sohn: 37 Briefe an Bartholome Thörig Sohn von Herisau, Trogen, 1803–1809.
3099 Johannes Zellweger Sohn: 3 Briefe an Johannes Alder von Schwellbrunn, Trogen, 1803–1809.
3100 Johannes Zellweger Sohn: 1 Brief an Johann Jacob Zürcher von Teufen, Trogen, 30.06.1803, S. 58.
3101 Johannes Zellweger Sohn: 2 Briefe an Joseph Mettler seel. Frau Wittib von Hemberg, Trogen, 1803–1809.
3102 Johannes Zellweger Sohn: 2 Briefe an Jonas Lenggenhager von Mogelsberg, Trogen, 1803–1809.
3103 Johannes Zellweger Sohn: 5 Briefe an Heinrich v. Johann Jacob Weiss von Zürich, Trogen, 1803–1809.
3104 Johannes Zellweger Sohn: 15 Briefe an Johann Conrad Stocker von Zürich, Trogen, 1803–1809.
3105 Johannes Zellweger Sohn: 8 Briefe an Johannes Hürlimann von Richterwil, Trogen, 1803–1809.

Verkauf der Baumwollware

Die Kundschaft der Baumwollware von *Johannes Zellweger Sohn* stammte ähnlich wie die Lieferanten einerseits aus der Region Herisau, Speicher, St. Gallen und Glarus. Andererseits griff er Kontakte in Frankreich und Italien auf, die ihm aus seiner Handelstätigkeit unter *Zellweger & Comp.* bekannt waren. In Herisau belieferte *Johannes Zellweger Sohn* hautpsächlich die zwei Grosskunden *Johann Jacob Bösch*[3106] und *Adam Knaus*.[3107] Dagegen kamen *Bösch & Knaus*[3108], *Knaus née Wetter*[3109] und *Lorenzo J. Zölper* keine Bedeutung zu.[3110] In Speicher war *Michael Breitinger* sein Kunde von Baumwollware.[3111] Sein Grosskunde für Baumwollware in der Stadt St. Gallen war *Rütti, Gross & Co.*[3112] *Binder seel. Frau Witwe & Söhne* bezog 7/4 breite und weisse Baumwollware.[3113] Unbedeutend war hingegen die Kundschaft im Rheintal wie *Moritz Freund* in Altstätten[3114] oder *Johann Friedrich Custer* in Rheineck, der gestickte «Mousse[lin]:» und «Halstücher» erwarb.[3115] In Mollis belieferte *Johannes Zellweger Sohn* mit *Samuel Schindler* einen äusserst erfolgreichen Kunden von Baumwollware.[3116] Samuel Schindler (1762–1830) baute auf der Basis von Garnhandel ein umfangreiches Handweberei- und Handelsgeschäft auf. 1820 plante er in Mollis eine mechanische Baumwoll- und Seidenweberei, 1825 expandierte er nach Hard, wo er mit seinem Schwiegersohn Melchior Jenny in den Gebäuden der Mittelweiherburg die Baumwolldruckerei *Jenny & Schindler* betrieb, wobei er vom vorhandenen Wissen der ehemaligen Mitarbeiter der Textildruckerei Vogel profitieren konnte. 1836 erbaute der Schwiegersohn die *Mechanische Baumwollspinnerei Kennelbach* und 1850 die *Mechanische Weberei Liebenstein*.[3117] Nördlich vom Bodensee war *Buff & Stahl* von Lindau Kunde.[3118] Auf die Anfrage von *Jacob Kirchweger* von Biberach (Württemberg) nach «Reststücken» von Baumwollware ging *Johannes Zellweger Sohn* hingegen nicht ein.[3119]

In Frankreich blieb Lyon mit den zwei Kunden *Schnatter, Guerin & C.*[3120] und *Terras, Pellegrin & Comp.* sein grösster Absatzmarkt.[3121] Auch *Vaissé ainé & Co.* von Marseille schien ein treuer Kunde gewesen zu sein.[3122] Alle übrigen Kontakte, mit *Pralon & Co., Continuation Gravier Pralon & Co.* von Beaune[3123], *Vaugier & Boulanger* von Nancy[3124] und *Hector Warnery* von Rouen[3125], gingen über wenige Geschäftsbriefe nicht hinaus. So verhielt es sich auch mit den zwei Kunden *Hedelhofer, Rieux & Co.*[3126] und *Jacob* aus Paris.[3127]

In Italien waren ihm von seinen vierteljährlichen Verkäufen an der *Messe Bozen* her wohl die meisten Kunden aus Cisalpinien persönlich bekannt. In Venedig waren die drei Kunden von Baumwollware

3106 Johannes Zellweger Sohn: 152 Briefe an Jacob Bösch in Herisau, Trogen, 1803–1809.
3107 Johannes Zellweger Sohn: 153 Briefe an Adam Knaus in Herisau, Trogen, 1803–1809.
3108 Johannes Zellweger Sohn: 1 Brief an Johann Jacob Knaus in Herisau, Trogen, 20.01.1803, S. 1.
3109 Johannes Zellweger Sohn: 2 Briefe an Knaus née Wetter in Herisau, Trogen, 1803–1809.
3110 Johannes Zellweger Sohn: 1 Brief an Lorenzo J. Zölper in Herisau, Trogen, 1803–1809.
3111 Johannes Zellweger Sohn: 4 Briefe an Michael Breitinger in Speicher, Trogen, 1803–1809.
3112 Johannes Zellweger Sohn: 51 Briefe an Rütti, Gross & Co. in St. Gallen, Trogen, 1803–1809.
3113 Johannes Zellweger Sohn: 6 Briefe an Binder seel. Frau Witwe & Söhne in St. Gallen, Trogen, 1803–1809.
3114 Johannes Zellweger Sohn: 1 Brief an Moritz Freund in Altstätten, Trogen, 21.12.1803, S. 143.
3115 Johannes Zellweger Sohn: 5 Briefe an Johann Friedrich Custer in Rheineck, Trogen, 1803–1816.
3116 Johannes Zellweger Sohn: 14 Briefe an Samuel Schindler in Mollis, Trogen, 1803–1809.
3117 Feller-Vest, Veronika: Artikel «Schindler, Samuel (1762–1830)», in: e-HLS online, 08.08.2011.
3118 Johannes Zellweger Sohn: 10 Briefe an Buff & Stahl in Lindau, Trogen, 1803–1809.
3119 Johannes Zellweger Sohn: 1 Brief an Jacob Kirchweger in Biberach, Trogen, 21.03.1805, S. 555.
3120 Johannes Zellweger Sohn: 14 Briefe an Schnatter, Guerin & C. in Lyon, Trogen, 1803–1809.
3121 Johannes Zellweger Sohn: 2 Briefe an Terras, Pellegrin & Comp. in Lyon, Trogen, 1803–1809.
3122 Johannes Zellweger Sohn: 6 Briefe an Vaissé ainé & Co. in Marseille, Trogen, 1803–1809.
3123 Johannes Zellweger Sohn: 4 Briefe an Pralon & Co./Gravier Pralon & Co. in Beaune, Trogen, 1803–1809.
3124 Johannes Zellweger Sohn: 2 Briefe an Vaugier & Boulanger in Nancy, Trogen, 1803–1809.
3125 Johannes Zellweger Sohn: 2 Briefe Hector Warnery in Rouen, Trogen, 1803–1809.
3126 Johannes Zellweger Sohn: 2 Briefe an Hedelhofer, Rieux & Co. in Paris, Trogen, 1803–1809.
3127 Johannes Zellweger Sohn: 2 Briefe an Jacob in Paris, Trogen, 1803–1809.

Martino Panciera [3128], *Rocco, Polistina & Co.*[3129] und *Giuseppe Volpato*[3130] auszumachen. Aus der Region Venetien stammten *Gio: Batta Camuzzoni* aus Padua[3131] und *Castagna e Co.* von Verona.[3132] Mit *Giovanni Antonio Peratoner* von Bassano (Lombardei)[3133], *Runcaldier & Co.* von Udine (Friaul-Julisch Venetien)[3134] und *Olivo Ringardi* von Ferrara (Emilia-Romana)[3135] waren drei weitere Kunden von Baumwollware in Norditalien auszumachen.

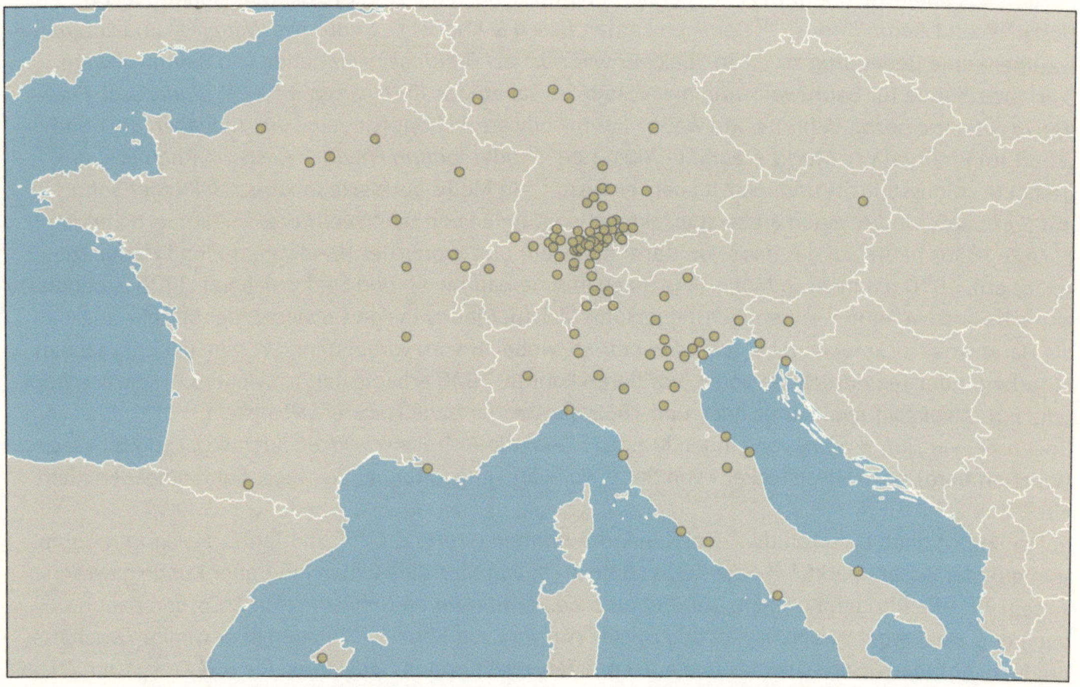

Abbildung 66: Zellweger & Co.: Wohnorte ihrer Kunden von bedruckter Baumwollware, 1800–1811

Im Januar 1816 nahm Zellweger-Egg-Hirzel Kontakt mit dem ehemaligen Handelsreisenden der *Zellweger & Comp.* Carl Friedrich Lang aus Lyon auf, woraus sich eine intensive Korrespondenz ergab.[3136] Zellweger-Egg-Hirzel schrieb, wie er sich «bereits seit 4. à 5. Jahren bestimmt allen französischen Geschäften entsagt habe, um mich ganz alein dem Italienischen zu widmen». Doch in Italien waren «die Verkäufe dermahlen so schwierig u. die Aussichten für die gute Jahreszeit wegen dem dort anhaltenden grossen Geld- und Verdienstmangel so trüb und so schlecht», dass er sich «absoluté notgedrungen» für den Absatz seines Warenlagers zur «gütige Vermittlung» an Lang wandte. Er bat Lang um dessen Meinung über den Verkauf von 7/4 und 10/4 Ellen breiter «glatter Mousseline» in mittlerer und feiner Qualität von f 5 ½ à f 12:– und von f 8 à f 15:– «die 8 Stab». Auch «Cambrich Halstücher» zu f 6 im Ankauf oder 10/4 breiter «Cambrich» zu «12 Stab» lang von f 15.– à 16 im Ankauf.[3137] Die Gründung des Königreichs Lombardo-Venetien am 9. Juni 1815 folge des Wiener Kongresses bewirkte wie bereits die Auflösung der Cisalpinischen Republik 1805 erneut politische Unruhen mitten im Hauptabsatzgebiet von

3128 Johannes Zellweger Sohn: 3 Briefe an Martino Panciera in Venedig, Trogen, 1803–1809.
3129 Johannes Zellweger Sohn: 1 Brief an Rocco, Polistina & Co. in Venedig, Trogen, 14.05.1804, S. 293.
3130 Johannes Zellweger Sohn: 2 Briefe an Giuseppe Volpato in Venedig, Trogen, 1803–1809.
3131 Johannes Zellweger Sohn: 2 Briefe an Gio: Batta Camuzzoni in Padua, Trogen, 1803–1809.
3132 Johannes Zellweger Sohn: 5 Briefe an Castagna e Co. in Verona, Trogen, 1803–1809.
3133 Johannes Zellweger Sohn: 6 Briefe an Giovanni Antonio Peratoner in Bassano, Trogen, 1803–1809.
3134 Johannes Zellweger Sohn: 4 Briefe an Runcaldier & Co. in Udine, Trogen, 1803–1809.
3135 Johannes Zellweger Sohn: 2 Briefe an Olivo Ringardi in Ferrara, Trogen, 1803–1809.
3136 Johannes Zellweger Sohn: 55 Briefe an Carl Friedrich Lang in Lyon, Trogen, 1815–1821.
3137 Johannes Zellweger Sohn: 1 Brief an Carl Philipp Friedrich Lang in Lyon, Trogen, 22.01.1816, S. 263–264.

Johannes Zellweger Sohn. Das aufsteigende Bürgertum, das Gewerbe und Handel trieb, wehrte sich mit Protesten gegen die Massnahmen des Staatskanzlers Fürst von Metternich von Österreich, der entscheidende Reformen der Ära Napoléon rückgängig machte.

Textildruck

Johannes Zellweger Sohn gab seine Baumwollware bei vier Textildruckern in Auftrag. Am häufigsten Kontakt pflegte er mit *Schlumberger & Co.* von Rheineck.[3138] *David Tobler älter & Comp.* von St. Gallen[3139] bedruckte für ihn «Mouchoirs» auf «weisser Mousslines»:

> Sie sind also ersucht, meist auf roht & gelbe Farben und guten Desseins bedacht zu seny, und solche so bald als möglich in Druck zu geben, und mir sodann, wann solche verfertigt sind, also gleich Nachricht zu geben, um Ihnen meine Ordres wegen der Apretur geben zu können. Fallt diese Partie zu meinem Vergnügen aus, so können sich mehrere Anlässe geben, Ihnen mehreres zugehen zu machen, indessen empfehle ich Ihnen schleunige und schöne Verfertigung.[3140]

Ein dritter Kontakt bestand zu *Egidius Trümpy & Co.* von Glarus, der ebenfalls auf «Mousse[lin]:» druckte.[3141] An vierter Stelle stand mit *Vogel & Co.* von Konstanz die am weitesten enfternte Textildruckerei.[3142] Mit *Samuel Vogel & Söhne* aus der doch nahe gelegenen Mittelweiherburg von Hard[3143] kam er wie bereits sein Vater nicht recht ins Geschäft.
Ein Kunde der bedruckten «Mouchoirs» war *Joseph Anton Zünd* von Altstätten.[3144] Die «Mouchoirs» waren nun im Stil «Balasores» gedruckt. Die Mode hatte sich demnach von den «Calancas» und «Patenas» der 1770er Jahre auf die «Balasores» verlegt. Diese Druckstile gingen ursprünglich auf die farbenprächtigen Vorlagen aus den Städten Patna (Bihar) und Balasore (Odisha) im Nordosten Indiens zurück.

3138 Johannes Zellweger Sohn: 22 Briefe an Schlumberger & Co. in Rheineck, Trogen, 1803–1809.
3139 Johannes Zellweger Sohn: 17 Briefe an David Tobler älter & Comp. von St. Gallen, Trogen, 1803–1809.
3140 Johannes Zellweger Sohn: 1 Brief an David Tobler älter in St. Gallen, Trogen, 04.06.1803, S. 48.
3141 Johannes Zellweger Sohn: 16 Briefe an Egidius Trümpy & Co. in Glarus, Trogen, 1803–1809.
3142 Johannes Zellweger Sohn: 9 Briefe an Vogel & Co. in Konstanz, Trogen, 1803–1809.
3143 Johannes Zellweger Sohn: 1 Brief an Samuel Vogel & Söhne in Hard, Trogen, 17.04.1805, S. 74.
3144 Johannes Zellweger Sohn: 7 Briefe an Joseph Anton Zünd in Altstätten, Trogen, 1803–1809.

«Langwieriges Geschäft» – Liquidation von Kessler, Mader & Comp. von Feldkirch, 1803–1805

Zu Beginn des Jahres 1803 ging die Handelsgesellschaft *Kessler, Mader & Comp.* von Feldkirch in Konkurs. In der Geschäftskorrespondenz von *Johannes Zellweger Sohn* konnte ein *Franz Joseph Kessler* als Lieferant von «Bleichware» identifiziert werden, ein Franz Anton Mader war als Reisender unterwegs. Unter *Kessler, Mader & Co.* bezogen die beiden von *Johannes Zellweger Sohn* die Kolonialware Kaffee.[3145] Als Hauptkreditor übernahm er das Liquidationsgeschäft von *Kessler, Mader & Comp.*[3146] Zellweger-Egg-Hirzel forschte bei *Giovanni Braitton* in Civitavecchia erfolglos nach Maders Aufenthaltsort und Gesundheitszustand. Mader war nach dem Konkurs untergetaucht.[3147] Das ausstehende Guthaben musste bei 28 Kunden von *Kessler, Mader & Comp.* in 23 Ortschaften im Raum Venetien, Friaul-Julisch-Venetien, der Lombardei im Piemont bis nach Apulien und Rijeka eingetrieben werden, was sich in seinen Briefkopierbüchern spiegelte. Dadurch liess sich der Handelsraum von *Kessler, Mader & Comp.* ansatzweise rekonstruieren. Es zeigt die Dimensionen einer Handelsgesellschaft der Stadt Feldkirch kurz nach 1800.

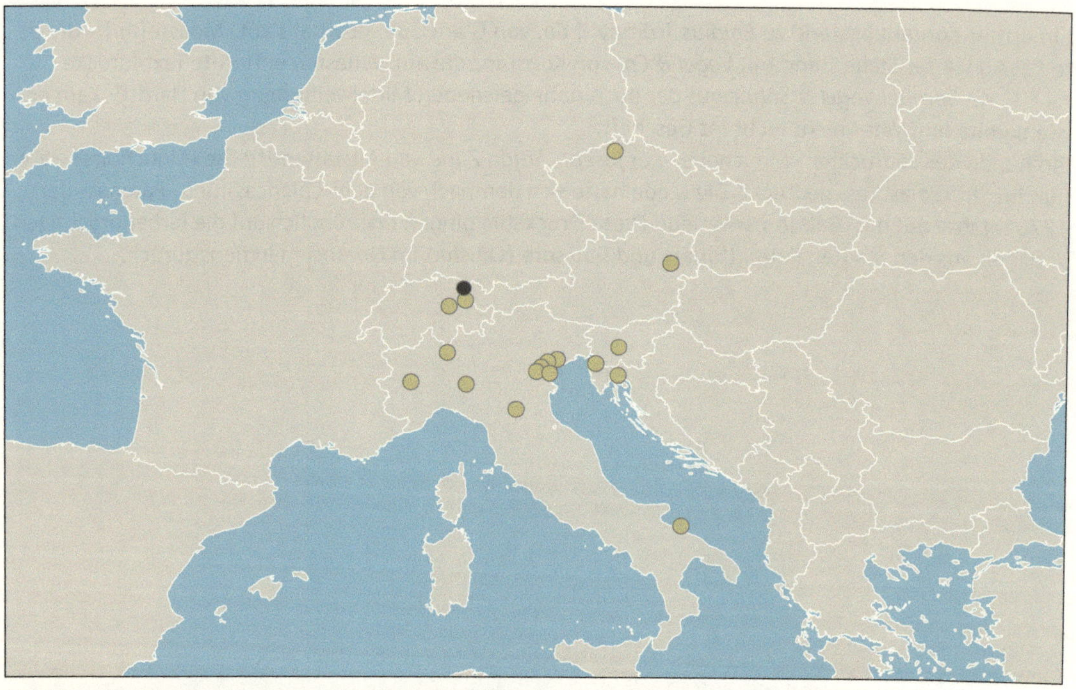

Abbildung 67: Johannes Zellweger Sohn: Korrespondenz mit 24 Kunden als Schuldner (beige) der Kessler, Mader & Comp. von Feldkirch (schwarz) zwecks Liquidation der konkursiten Gesellschaft, 1803 bis 1805

3145 Johannes Zellweger Sohn: 11 Briefe an Kessler, Mader & Co. in Feldkirch, Trogen, 1803–1809.

3146 Johannes Zellweger Sohn: 1 Brief an den Gläubiger der Konkursmasse Kessler, Mader & Comp. von Feldkirch Fischer & Comp. in Lubań (deutsch: Lauban), Niederschlesien, Trogen, 27.03.1805, S. 566.

3147 Johannes Zellweger Sohn: 1 Brief an Giovanni Braitton in Civitavecchia, Trogen, 12.07.1804, S. 338.

Die Liquidation nahm viel Zeit in Anspruch und zog sich hin. Zellweger-Egg-Hirzel wünschte, diesem «langwierigen Geschäft ein Ende zu machen».[3148] Anhand dieses Liquidationsgeschäfts erwies sich, dass Zellweger-Egg-Hirzel als einziger Kaufmann von Trogen seit seinem Aufenthalt zu Beginn der Helvetischen Revolution in Bregenz seinen Kontakten in die Region Vorarlberg verpflichtet blieb.

Pferdehandel

1805 entledigte sich *Johannes Zellweger Sohn* aller Handelsgeschäfte mit Textilware und widmete sich seiner Leidenschaft, dem Pferdehandel. Für die Beschaffung von Pferden unterhielt er eine rege Korrespondenz mit ehemaligen Lieferanten oder ihm bekannten Wirten aus den ländlichen Gebieten in Bayern und Württemberg, aber auch aus Bregenz, Altstätten und Zürich. Lieferanten von Pferden waren *Fidelis Jerg*[3149] aus Immenstadt im Allgäu, *Zacharias Biechteler*[3150] und *Daumüller & Gebrüder* aus Kempten[3151], *Joseph Mayerhöfer* aus Sontheim[3152], der Stuten und Wallachen lieferte, und *Joseph Anton Messnang* aus Sonthofen.[3153] Möglicherweise war dieser Messnang mit *Johann & Andreas Messnang* von Sonthofen verwandt, welche *Gebrüder Zellweger & Comp.* seit 1762 regelmässig «Schwabenware» lieferten.[3154] Das war eine 6/4 breite Leinenware meist im rohen, ungebleichten Zustand in verschiedenen Qualitäten von f 24.– bis f 30.–. Wie gross Zellweger-Egg-Hirzels Nachfrage nach «grossen, hübschen Pferden» im Mai 1809 war, zeigte sich in seiner Anfrage bei *Franz & Anton Messnang* in Sonthofen (Bayern):

> ob und mit was für Pferden Sie dermahlen versehen seyen. Das ist von welcher Farb, Alter, Höhe, zum Reiten oder Fahren tauglich, gepaarte oder einzelne Pferde, wann Sie mir dieses nebst dem Ansantz des Preis derselben melden, so bin ich anständigen Falls Abnehmer zu 4, 6 oder 8 Stück oder wann Sie selbst nicht damit versehen seyn sollen, so bitte mir zu melden, ob etwa grosse hübsche Pferde in Ihrer Gegend herum seyen, vielleicht entschliesse mich, eine Reise zu Ihnen hinaus zu machen. In Erwartung Ihrer Antwort empfehle mich.[3155]

Zellweger-Egg-Hirzel unternahm somit Einkaufsreisen nach Bayern zwecks Begutachtung und Anschaffung von Pferden. Im Ostallgäu um Sonthofen, Hindelang, Füssen und Kaufbeuren hatte der Pferdehandel Tradition, während er im Westallgäu nicht verankert war.[3156] In Württemberg stammten die Pferde von *Jacob Felix von Eberz*[3157] und in Bayern von *Franz Joseph Rimpfler* aus Isny im Allgäu.[3158] Ein hellbraunes Pferd beschaffte *Johannes Widemann* aus Leutkirch im Allgäu.[3159] Weitere Pferde wurden von *Franz Joseph Rist*[3160] und *Johann Georg Rist* aus Wangen im Allgäu geliefert.[3161] Der Wirt *Valentin*

3148 Johannes Zellweger Sohn: 1 Brief an J.J. Braig in Triest, Trogen, 08.11.1804, S. 427.
3149 Johannes Zellweger Sohn: 3 Briefe an Fidelis Jerg in Immenstadt i.A., Trogen, 1803–1809.
3150 Johannes Zellweger Sohn: 9 Briefe an Zacharias Biechteler in Kempten, Trogen, 1815–1816.
3151 Johannes Zellweger Sohn: 5 Brief an Daumüller & Gebrüder in Kempten, Trogen, 1803–1809.
3152 Johannes Zellweger Sohn: 1 Brief an Joseph Mayerhöf in Mönchsondheim, Trogen, 06.02.1804, S. 201.
3153 Johannes Zellweger Sohn: 4 Briefe an Joseph Anton Messnang in Sonthofen, Trogen, 1803–1809.
3154 Gebrüder Zellweger & Comp.: 124 Briefe an Johann & Andreas Messnang von Sonthofen, Trogen, 1762–1774; Zellweger Vater & Comp.: 33 Briefe, 1774–1778; Zellweger, Müller/Zürcher & Comp.: 13 Briefe, 1774–1780.
3155 Johannes Zellweger Sohn: 1 Brief an Franz & Anton Messnang in Sonthofen, Trogen,12.05.1809, S. 39.
3156 Hartung, Wolfgang: Das Westallgäu als vorindustrielle Gewerbelandschaft: Vereinödung – Pferdehandel – Strohhutproduktion, (Hg.): Gewerbe und Handel vor der Industrialisierung. Regionale und überregionale Verflechtungen im 17. und 18. Jahrhundert, Sigmaringendorf 1991 (= REGIO HISTORICA. Forschungen zur süddeutschen Regionalgeschichte 1), S. 88–141, hier S. 97.
3157 Johannes Zellweger Sohn: 6 Briefe an Jacob Felix von Eberz in Isny im Allgäu, Trogen, 1803–1809.
3158 Johannes Zellweger Sohn: 4 Briefe an Franz Joseph Rimpfler in Isny im Allgäu, Trogen, 1803–1809.
3159 Johannes Zellweger Sohn: 3 Briefe an Johannes Widemann in Leutkirch im Allgäu, Trogen, 1803–1809.
3160 Johannes Zellweger Sohn: 1 Brief an Franz Joseph Rist in Wangen im Allgäu, Trogen, 11.04.1803, S. 23.
3161 Johannes Zellweger Sohn: 4 Briefe an Johann Georg Rist in Wangen im Allgäu, Trogen, 1803–1809.

Steger von Bregenz betätigte sich über lange Jahre als Lieferant von Pferden.[3162] Aus Altstätten lieferte der «Cronenwirth» Custer ein Pferd.[3163] Aus der Stadt Zürich lieferte *Felix Peter* eine tragende Stute.[3164] Zur Kundschaft für Pferde zählte der ehemalige Textildrucker Mayr von Arbon, der sogar mehrere Pferde bei dem «Rittmeister» Zellweger-Egg-Hirzel kaufte. Mayr bezeugte seine Zufriedenheit mit dessen guten, aber auch teuren Reittieren:

> Es war ein braves Thier von Rittmeister Zellweger in Trogen – das mich [im Oktober 1805] aber auch brav kostete, es verstuhnd mich beynahe, wusste ob ich gut oder übel gelaunt war [...,] der verlohrne Betrag gieng mir weniger nahe als der Verlust des Thieres.[3165]

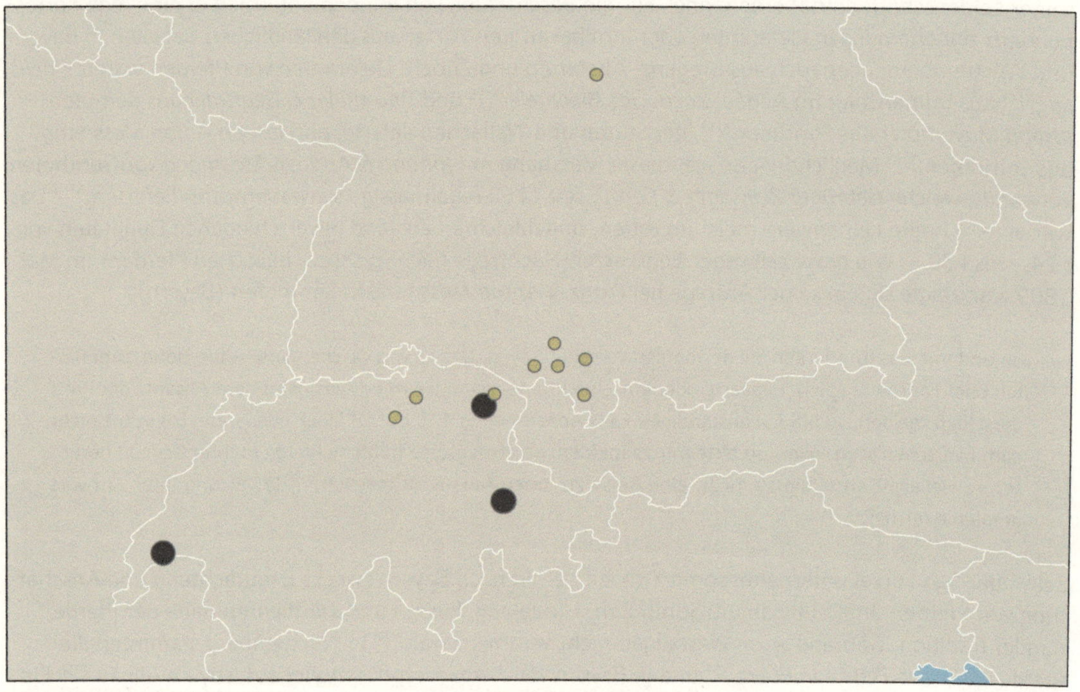

Abbildung 68: Johannes Zellweger Sohn: Pferdehandel zwischen 13 Lieferanten (beige) in Bayern und Württemberg [35 Briefe] und 12 Kunden (schwarz) in der Schweiz [14 Briefe], 1803 bis 1809

3162 Johannes Zellweger Sohn: 2 Briefe an Valentin Steger in Bregenz, Trogen, 1803–1816.

3163 Johannes Zellweger Sohn: 2 Briefe an «Cronenwirth» Custer in Altstätten, Trogen, 1803–1809.

3164 Johannes Zellweger Sohn: 4 Briefe an Felix Peter in Zürich, Trogen, 1803–1809.

3165 Buenzli (Hg.): Mayr: Meine Lebenswanderung (4/2010), S. 702.

Ebenfalls direkt am Bodensee in Rorschach beheimatet waren die drei Kunden von Pferden *Karl Bayer*, Käufer eines braunen Pferdes[3166], *Hoffmann Sohn*[3167] sowie *Jos. Ant. Tschudy.*[3168] Seit 1815 fanden sich auch in der Stadt St. Gallen vier Käufer von Pferden. Es waren *Georg Andreas Baerlocher* (1786–1844)[3169], *Bernet & Rochat*[3170], *Johann Conrad Fehr älter*[3171], Kunde einer Stute, «schwarz, 4-jährig, tüchtig zum Reiten und Fahren», sowie *Sebastian Hiller.*[3172] Zwei weitere Kunden, *Salomon Hegner* (1789–1869), Käufer eines Schimmels, und *Johann Heinrich Sulzer* (1768–1840), stammten von Winterthur. Käufer eines braunen Pferdes war auch ein *Damur* von Chur.[3173] Äusserste Peripherie von Zellweger-Egg-Hirzels Kundschaft dürfte ein *Bri Bègue* in Aubonne (Waadt) gewesen sein. Er kaufte zwei schwarze, «gut trainierte» Pferde.[3174]
Dass man «im Pferde=Handel grosse Vorsicht zu beobachten habe», war für Freiherr Adolph Knigge (1752–1796) (1817[9]) eine «bekannte Sache. [...] Eltern und Kinder, Geschwister und Freunde, Herren und Diener glauben sich keinen Gewissen=Vorwurf machen zu dürfen, wenn sie einander betrügen».[3175] In Kriegszeiten konfiszierten die Armeen alle Pferde für den Tross und legten damit den lokalen Transport und Handel still. Dennoch sattelte *Johannes Zellweger Sohn* vom Textilhandel auf den Pferdehandel um. Er schien ein geeigneter Vermittler zwischen Lieferanten aus einem bäuerlich-ländlichen Umfeld und einer anspruchsvoll-städtischen Kundschaft der gehobenen Schicht gewesen zu sein. Wie kapriziös sich diese Kundschaft von Pferden verhielt, zeigte sich an «Obrist Inspector des Strassenbaus» Salomon Hegner von Winterthur. Nach dem Kauf eines braunen Pferdes realisierte Hegner, dass ein schöner Schimmel doch besser zu seinen übrigen Pferden passte. *Johannes Zellweger Sohn* bemühte sich, diesem Wunsch zu entsprechen unter der kaufmännischen Bedingung, dass der Pferdehandel gemacht war und es sich nur um einen Tausch handeln konnte.[3176] Er wählte die Pferde nach Farbe, Geschlecht, Alter oder Einsatzgebiet wie Reiten oder Fahren den Bedürfnissen der Kundschaft entsprechend aus und bediente Kunden im Raum zwischen Bodensee und Genfersee bis nach Chur. Für seine durchwegs männliche Kundschaft war das Reitpferd Status- und Luxussymbol der Zeit. Ein Pferd zu unterhalten, war eine kostspielige Angelegenheit. *Gebrüder Zellweger & Comp.* schaffte 1749 und 1758 ein Pferd nachweislich nur für die Reise nach Lyon an, um es danach sofort wieder zu verkaufen.[3177] Viel teurer waren die Beschaffung und der Unterhalt einer eigenen Kutsche. Sein Vater Zellweger-Hirzel-Scheuss verzichtete auf beides. Als sich Zellweger-Wetter junior während der kaufmännischen Lehre im Haus Sulser in Arbon «ein kleines Reitpferd ohne Erlaubnis der Eltern für 30 Gulden als Speculation kaufte», löste das in Trogen noch 1804 bis 1807 einen Sturm der Entrüstung aus – «der Verkauf folgte schon nach 14 Tagen».[3178]

3166 Johannes Zellweger Sohn: 3 Briefe an Karl Bayer in Rorschach, Trogen, 1803–1809.
3167 Johannes Zellweger Sohn: 1 Brief an Hoffmann Sohn von Rorschach, Trogen, 07.06.1803, S. 51.
3168 Johannes Zellweger Sohn: 1 Brief an Jos. Ant. Tschudy von Rorschach, Trogen, 22.07.1804, S. 344.
3169 Johannes Zellweger Sohn: 1 Brief an Georg Andreas Baerlocher in St. Gallen, Trogen, 29.07.1815, S. 128.
3170 Johannes Zellweger Sohn: 1 Brief an Bernet & Rochat in St. Gallen, Trogen, 22.05.1815, S. 83.
3171 Johannes Zellweger Sohn: 1 Brief an Johann Conrad Fehr älter in St. Gallen, Trogen, 25.03.1816, S. 309.
3172 Johannes Zellweger Sohn: 2 Briefe an Sebastian Hiller in St. Gallen, Trogen, 1815–1816.
3173 Johannes Zellweger Sohn: 1 Brief an Damur von Chur, Trogen, 31.10.1803, S. 630.
3174 Johannes Zellweger Sohn: 3 Briefe an Bri Bègue in Aubonne, Trogen, 1803–1809.
3175 Knigge/Wilmsen: Ueber den Umgang mit Menschen (1/1817[9]), S. 132–133.
3176 Johannes Zellweger Sohn: 1 Brief an Salomon Hegner (1789–1869) von Winterthur, Trogen, 15.07.1816, S. 376.
3177 Gebrüder Zellweger & Comp.: 1 lettre à la maison à Lyon, Trogen, 09.08.1749, S. 278–279 und 05.06.1758, S. 649.
3178 Zellweger-Wetter, Jacob (1790–1858): Selbstbiographie, in: Zellweger, V.E.: Chronik Familie Zellweger (2/1922), unpag.

Die Kommanditgesellschaft J.B. Schürch & Co., Livorno, 1814/1815

Nach seiner Investition mit Hilfe eines Darlehens von 116 000 Gulden 1814 in die marode *Zellweger & Comp.* versuchte Zellweger-Egg-Hirzel, wieder im Textilhandel Fuss zu fassen. Zu diesem Zweck unterzeichnete er am 25. Oktober 1814 den Gesellschaftsvertrag zur Kommanditgesellschaft *J.B. Schürch & Co.* in Livorno unter einer Beteiligung von 15 000 Gulden. Der Hafen Livorno stand seit jeher in Konkurrenz zum Hafen Genua.[3179] Leiter der Geschäfte in Livorno war Johann Battista Schürch von Luzern. Gewinn und Verlust gingen zu zwei Dritteln auf Schürch, zu einem Drittel auf Zellweger-Egg-Hirzel.[3180] Auch diese Kommanditgesellschaft im Textilwarenhandel war den stürmischen Zeiten im Textilwarenhandel nach der Aufhebunge der Kontinentalsperre nicht gewachsen und ging ein Jahr später in den Konkurs. Schläpfer (1943) meinte wohl diese Investition Zellweger-Egg-Hirzels, als er von «teuren Seitensprüngen» sprach, welche den Kredit der *Zellweger & Comp.* untergruben.[3181]

J.C. Zellweger, Trogen, 1808 bis 1814

Die Handelsgesellschaft

Die Handelsgesellschaft *J.C. Zellweger* betrieb Zellweger-Gessner nach seinem Austritt aus *Zellweger & Comp.* Ende 1807 zwecks Einkaufs von Baumwolle zur Betreibung der *Mechanischen Spinnerei Trogen* und zwecks Verkaufs des mechanisch gesponnenen Baumwollgarns. Der Bau der Fabrik ging 1804 hauptsächlich auf seine Initiative zurück, weshalb er bei seinem Austritt ihren Weiterbetrieb zur Bedingung machte. Wischti (1989) hat die Entstehung dieser ersten Fabrik in Appenzell Ausserrhoden detailliert erforscht.[3182] Sie umfasste je ein Gebäude für die Spinnerei und für das Arbeiterwohnhaus, erbaut in zwei Etappen von 1804 bis 1809 von Johann Ulrich Zellweger von Gais. Bis 1813 umfasste der Maschinenpark zehn Water-Maschinen und vier Mule-Jenny mit je 96 Spindeln in 12 Systemen. Zwei Mule-Jenny waren von dem Maschinenbauer *Adriens* in Paris nach Samuel Crompton (1753–1827) hergestellt worden. Eine Mule-Jenny war in St. Gallen gebaut worden, und die Mule-Jenny von 1813 «à files gros» stammte von der *Ecole impériale des arts et métiers* in Châlons sur Marne, woher auch die Streckmaschine stammte. Der Kardierapparat stammte von den *Gebrüdern Sulzer*, Inhaber der *Spinnerei Hard* bei Winterthur.

Als Fabrikarbeiter waren über 300 Personen angestellt. Die Belegschaft umfasste rund 100 Personen, Erwachsene und Kinder. Kinderarbeit war in der Textildruckerei wie auch in den mechanischen Baumwollspinnereien die Regel. Diese Kinder, meist mittellose Waisen, stammten zum Teil aus Erlenbach (Zürich), zur Arbeitserziehung nach Trogen vermittelt durch den Pfarrer Bullinger. Zur Aufsicht der Arbeit war Aufseher Conrad Buff angestellt, für den Unterhalt des Maschinenparks der Mechaniker Johann Caspar Bronner von Erlenbach und ein Hirzel von Zürich. Die wöchentliche Produktion belief sich auf 400 bis 600 Pfund Garn von so guter Qualität, dass es als Kettwebgarn oder als Stickgarn eingesetzt werden konnte. Hauptsächlich wurden die minderen Feinheitsklassen von Nr. 20 bis 60 produziert, die Mule-Jenny schaffte Nr. 50 bis 80. Bisweilen wurde auch feines Wassergarn Nr. 90 mit 90 000 Meter Fadenlänge pro Pfund Garn gesponnen.

3179 Giacchero: Livorno porto rivale, in: Ders.: Economia e societa del settecento Genovese (1973), S. 73–102.

3180 J.B. Schürch & C., Livorno: Gesellschaftsvertrag, 25.10.1814 [STAAR: PA.021].

3181 Schläpfer: Landammann (1943), S. 151.

3182 Witschi: Die Mechanische Spinnerei Trogen, in: AbJb (1989), S. 47–62.

Für die mechanische Baumwollspinnerei eignete sich wegen ihrer Stapellänge die sklavereiproduzierten Baumwollesorten «Georgia» und «Louisiana» aus den Südstaaten Amerikas. Es wurde aber auch die Sorte «Maragnon» aus Brasilien versponnen. *J.C. Zellweger* bezog diese Baumwolle in den Jahren 1810 bis 1814 von diversen Handelsgesellschaften aus Winterthur, Zürich, St. Gallen, Feldkirch, Kopenhagen, Wien und Marseille. In den Jahren 1811 bis 1813 belief sich sein Einkauf auf 233 Ballen Baumwolle, wofür er 82 102 Gulden bezahlte. Je nach Qualität kam ihn ein Ballen Baumwolle auf rund 200 Gulden zu stehen.
Im Januar 1814 steckte ein Ofenbrand im Zimmer der Hasplerinnen die Fabrik mitsamt dem Maschinenpark in Brand und vernichtete sie vollständig. Traumatisch für den Inhaber Zellweger-Gessner war, dass sein eigener Bruder Zellweger-Egg-Hirzel als Feuerwehrkommandant in der Brandnacht völlig versagte. *J.C. Zellweger* bezifferte den Sachschaden auf 80 000 Gulden. Er baute die Fabrik nicht wieder auf, sondern liquidierte sie. Die brauchbaren Maschinen und Teile verkaufte er 1814 an Elias *Looser & Co., der* Mitinhaber der *Spinnerei St. Georgen* in St. Gallen war. Die Liegenschaft samt Wasserstube und Boden ging 1815 für 1559 Gulden an die Gebrüder Bartholome und Hans Conrad Hartmann. 1835 installierte Bartholome Eugster hier die erste Webmaschine in Appenzell Ausserrhoden. 1950 riss man das baufällige Relikt der Frühindustrie ab.

Die Handelsabläufe

Die Tätigkeit von *J.C. Zellweger* mit besonderem Augenmerk auf die Betreibung der *Mechanischen Spinnerei Trogen* wurde von Witschi (1989) untersucht.[3183] Für ihn war die 1804 im Töbeli von Trogen gegründete Fabrik auf der Basis von wasserbetriebenen Spinnmaschinen der erste fabrikmässig geführte Betrieb im Appenzellerland. Bis anhin waren in den vier Gemeinden Schönengrund-Wald, Bühler, Heiden und Teufen heimindustriell organisierte Spinnereien betrieben worden. Der Kaufmann Zellweger-Gessner verfügte über Erfahrungen im Umgang mit mechanischen Spinnereien als Aktionäre der kurzlebigen *Generalsocietät der englischen Baumwollspinnerei St. Gallen*, welche 1801 gegründet worden war. 1802 wurden das grosse Fabrikgebäude, das Pächterwohnhaus und das Arbeiterwohnhaus für die *Spinnerei im Hard* bei Winterthur gebaut.[3184] Mit zwei von sieben Betreibern dieser *Hardgesellschaft*, *Johann Heinrich Sulzer zum Adler* von Winterthur, korrespondierte Zellweger-Gessner in der Folge intensiv über mechanische Probleme. Er liess in der mechanischen Werkstätte der *Spinnerei im Hard* Teile seines Maschinenparks reparieren oder herstellen. 1803 machte sich mit Christian Näf/Neef (1742–1820) von Hemberg ein weiterer ehemaliger Aktionär der *Generalsocietät der englischen Baumwollspinnerei St. Gallen* mit der Eröffnung der *Mechanischen Spinnerei am Stadtbach Rapperswil* selbständig. In der ehemaligen Hammerschmiede betrieb Näf/Neef einen Maschinenpark für 3600 Spindeln. Der Betriebsleiter war sein Schwiegersohn Jacob Brändli-Näf/Neef (1775–1845), der die Fabrik zusammen mit seinem Vater und seinen Brüdern schliesslich aufkaufte und lange Jahre betrieb.[3185] In dieser Reihenfolge erfolgte die Gründung der *Mechanischen Spinnerei Trogen* 1804 als letzte der ersten vier Fabriken in der Schweiz. Eine erste eigentliche Gründerwelle von mechanischen Baumwollspinnereien setzte 1808 ein. Für diese Zeit war dann eine bescheidene Korrespondenz zwischen *Zellweger & Comp.* und Näf/Neef zu belegen.[3186] Näf/Neef interessierte sich für den Kauf von Baumwolle der Sorte «Alta» und von Wassergarn.

3183 Witschi: Die Mechanische Spinnerei Trogen, in: APJB (1989), 119), S. 47–62.

3184 Baertschi, Christian: Artikel «Spinnerei im Hard», in: e-HLS online, 20.02.2012.

3185 Halter: 150 Jahre Spinnerei Brändlin (1962), S. 21.

3186 Zellweger & Comp.: 9 Briefe an Christian Näf (1742–1820) in Rapperswil, Trogen, 1806–1811.

Handelsraum

Abbildung 69: J.C. Zellweger: Handelsraum, 1808–1839

Der Handelsraum von *J.C. Zellweger* wurde aus den vier Briefkopierbüchern über die Jahre 1809 bis 1813, 1813/1814, 1816 bis 1821 und 1821 bis 1839 erhoben. Sie enthielten 80, 84, 79 und 55 Ortschaften. *J.C. Zellweger* gelang es, ihren Handelsraum über die zwölf Jahre von 1809 bis 1821 in gleichem Umfang zu betreiben. In den 1820er bis 1830er Jahren setzte ein deutlicher Schrumpfungsprozess ein. Der Handelsraum schmolz auf die Hälfte zusammen.

Die Handelsabläufe

Baumwolle – Einkauf des Rohstoffes

Für den Betrieb der *Mechanischen Spinnerei Trogen* benötigte *J.C. Zellweger* den Rohstoff Baumwolle. Da sich die Baumwolle aus den Südstaaten von Amerika durch eine grössere Stapellänge im Vergleich zu derjenigen aus der Levante auszeichnete, eignete sie sich besser für die mechanische Spinnerei. Zellweger-Gessner, der jahrelang als Einkäufer von Baumwolle im Hafen von Genua tätig gewesen war, bezog nun unter *J.C. Zellweger* keine Baumwolle mehr direkt über Genua, sondern nutzte Winterthur als Zentrum des Baumwollhandels für seinen Einkauf. Intensiv korrespondierte er mit *Heinrich und Jacob Sulzer zum Adler* nicht nur als Mitbetreiber der *Mechanischen Spinnerei Hard*, sondern insbesondere als Lieferant von Baumwolle der Sorte «Louisiana».[3187] Für dieselbe Sorte wandte er sich auch an *Johann Georg Blum* (1768–1824)[3188], nicht zu verwechseln mit Christoph Blum (1737–1830), Teilhaber von

3187 J.C. Zellweger: 37 Briefe an Heinrich und Jacob Sulzer zum Adler in Winterthur, Trogen, 1809–1814.

3188 J.C. Zellweger: 2 Briefe an Johann Georg Blum (1768–1824) in Winterthur, Trogen, 1809–1813.

Geilinger & Blum, einer Handelsgesellschaft, welche in sechster Generation unter *Reinhart AG* bis heute im Baumwollhandel tätig ist. Für die Sorte «Georgia» wandte sich *J.C. Zellweger* hingegen ohne grossen Erfolg an *Jacob Bidermann «zur blauen Traube»*[3189] und *Rieter & Greuter*.[3190] Nicht eindeutig zu eruieren war, welche Sorte er von *J.J. de [Cd./Fd] Sulzer* bezog.[3191]

Abbildung 70: J.C. Zellweger: Bezugsorte für den Rohstoff Baumwolle, 1809–1814

Weitere Bezugsorte für Baumwolle in der Schweiz waren Herisau, die Stadt St. Gallen und die Stadt Zürich. Von *J.J. Waibel* von Herisau bezog er «Louisiana» und «Maragnon».[3192] In der Stadt St. Gallen lieferte ihm *Johann Jacob Ehrenzeller* die Sorte «Phernambuc»[3193], *Johann Scheitlin & Co.*[3194] und *Johann Carl Gross*[3195] hingegen die Sorte «Maragnon», beides südamerikanische Baumwolle. Auch in die Stadt Zürich korrespondierte Zellweger-Gessner intensiv. *Wilhelm Schinz* war Lieferant von «Georgia» und «South Carolina»[3196], Sensal *J.J. Breitinger* in der Neustadt Lieferant von «Louisiana» und «New Orleans»[3197], alles sklavereiproduzierte Baumwolle aus den Südstaaten Amerikas. Mit *Caspar Gugolz* auf dem Münsterhof[3198] und *J.J. Sulzberger jünger*[3199] entwickelte sich über eine Anfrage hinaus keine Korrespondenz. Im Ausland bezog *J.C. Zellweger* Baumwolle über Wien. *Fries & Co.* lieferte ihm «Georgia»[3200], *Müller, Bargehr & Boltz* hingegen «Kirkagaz» und «Louisiana»[3201], während bei den *Gebrüdern Trauer & Fels*

3189 J.C. Zellweger: 1 Brief an Jacob Bidermann «zur blauen Traube» in Winterthur, Trogen, 1809–1813.

3190 J.C. Zellweger: 1 Brief an Rieter & Greuter in Winterthur, Trogen, 1809–1813.

3191 J.C. Zellweger: 4 Briefe an J.J. de [Cd./Fd] Sulzer in Winterthur, Trogen, 1809–1813.

3192 J.C. Zellweger: 7 Briefe an J.J. Waibel von Herisau, Trogen, 1809–1813.

3193 J.C. Zellweger: 6 Briefe an Johann Jacob Ehrenzeller in St. Gallen, Trogen, 1809–1813, 1816–1821.

3194 J. C. Zellweger: 4 Briefe an Johann Scheitlin & Co. in St. Gallen, Trogen, 1809–1814.

3195 J.C. Zellweger: 21 Briefe an Johann Carl Gross in St. Gallen, Trogen, 1809–1821.

3196 J.C. Zellweger: 10 Briefe an Wilhelm Schinz in Zürich, Trogen, 1809–1813.

3197 J.C. Zellweger: 5 Briefe an J.J. Breitinger in der Neustadt Zürich, Trogen, 1809–1813.

3198 J.C. Zellweger: 1 Brief an Caspar Gugolz auf dem Münsterhof in Zürich, Trogen, 1809–1813.

3199 J.C. Zellweger: 4 Briefe an J.J. Sulzberger jünger in Zürich, Trogen, 1809–1814.

3200 J.C. Zellweger: 10 Briefe an Fries & Co. in Wien, Trogen, 1809–1814.

3201 J.C. Zellweger: 4 Briefe an Müller, Bargehr & Boltz in Wien, Trogen, 1809–1813.

die Sorte nicht identifiziert werden konnte.[3202] Bei *Heath & fils & Furse* aus London bezog *J.C. Zellweger* 1813/1814 regelmässig Baumwolle der Sorte «Maragnon» aus Brasilien und «Louisiana» aus den Südstaaten.[3203] Ab 1813 entwickelte sich die Handelsgesellschaft *Trümpler & Gysi* in Marseille zur Hauptlieferantin von «Georgia».[3204] Diese Hafenstadt entwickelte sich zum Nachteil von Genua zum neuen wirtschaftlichen Zentrum des Französischen Kaisserreichs. Aus der anderen aufstrebenden Hafenstadt Triest an der Adria bezog *J.C. Zellweger* von *Drago Theodorovich* lediglich Informationen über den aktuellen Preis der Baumwolle aus der Levante.[3205]

Die Garnfärberei J.G. Labhard von St. Gallen

Das mechanisch versponnene Baumwollgarn von Trogen sandte *J.C. Zellweger* auf Empfehlung seines Schwiegersohns Graf Ende Dezember 1813 zum ersten Mal in die Garnfärberei *J.G. Labhard* von St. Gallen.[3206] Er wünschte sich die Farben Dunkelblau, Hellblau, Gelb und Grün, «so solid u. lebhaft als immer möglich». Bei guter Bedienung «in Hinsicht der Lebhaftigkeit der Farben als auch der Preiswürdigkeit» könne die Probe den Anfang «zu beträchtlichen Geschäften geben».[3207] Der Brand der *Mechanischen Spinnerei Trogen* nur einen Monat später beendigte diese Geschäftsbeziehung allerdings, kurz nachdem sie geknüpft worden war.

Textildruck auf Baumwolle

In bedruckter Baumwolle schien *J.C. Zellweger* wenig zu tun. Einzig der Kontakt zu *Johann Conrad Merz Sohn* von St. Gallen[3208] ergab, dass er 13 Ellen «Indiennes» nach vorgegebenem Muster bezog.[3209]

Der Verkauf des mechanisch gesponnenen Baumwollgarns von Trogen

Der Verkauf des mechanisch gesponnenen Baumwollgarns aus der *Mechanischen Spinnerei Trogen* hatte primär regionalen Charakter. In der Stadt St. Gallen war *Johannes Bänziger* wohl Hauptkunde von mechanisch gesponnenem Baumwollgarn aus Trogen.[3210] Dann folgten *Witwe Binder und Söhne*[3211] sowie *Conrad Hausammann*.[3212] Im Toggenburg waren zwei Kunden von «Wassergarn» auszumachen. In Hemberg waren es *Heinrich Mettler*[3213], in Lichtensteig *Nicolaus Scherer*.[3214] In Wigoltingen (Thurgau) nur gerade einmal zu belegen war *Johann Conrad Burgermeister*.[3215] In Birmensdorf (Zürich) war *Johannes Hafner*[3216] Kunde und in Aarburg (Aargau) *J.J. Schmied jünger*.[3217] Mit *Frau Bähler* von Egliswil (Aargau)[3218] und *Frau Freudenberger* von Bern[3219] waren zwei Kundinnen zu identifizieren.

3202 J.C. Zellweger: 8 Briefe an Gebrüder Trauer & Fels in Wien, Trogen, 1809–1814.
3203 J.C. Zellweger: 13 Briefe an Heath & fils & Furse in London, Trogen, 1813–1821.
3204 J.C. Zellweger: 31 Briefe an Trümpler & Gysi in Marseille, Trogen, 1809–1814.
3205 J.C. Zellweger: 5 Briefe an Drago Theodorovich in Triest, Trogen, 1809–1814.
3206 J.C. Zellweger: 7 Briefe an J.G. Labhard in St. Gallen, Trogen, 1813–1814.
3207 J.C. Zellweger: 1 Brief an J.G. Labhard in St. Gallen, Trogen, 22.12.1813, S. 102.
3208 J.C. Zellweger: 16 Briefe an Johann Conrad Merz Sohn in St. Gallen, Trogen, 1809–1813.
3209 J.C. Zellweger: 1 Brief an Johann Conrad Merz St. Gallen, Trogen, 06.09.189, S. 16.
3210 J.C. Zellweger: 54 Briefe an Johannes Bänziger in St. Gallen, Trogen, 1809–1814.
3211 J.C. Zellweger: 23 Briefe an Witwe Binder und Söhne in St. Gallen, Trogen, 1809–1814.
3212 J.C. Zellweger: 12 Briefe an Conrad Hausammann in St. Gallen, Trogen, 1809–1813.
3213 J.C. Zellweger: 2 Briefe an Heinrich Mettler in Hemberg, Trogen, 1813–1814.
3214 J.C. Zellweger: 4 Briefe an Nicolaus Scherer in Lichensteig, Trogen, 1809–1814.
3215 J.C. Zellweger: 1 Brief an Johann Conrad Burgermeister in Wigoltingen, Trogen, 1809–1813.
3216 J.C. Zellweger: 7 Briefe an Johannes Hafner in Birmensdorf, Trogen, 1809–1813.
3217 J.C. Zellweger: 5 Briefe an J.J. Schmied jünger in Aarburg, Trogen, 1809–1813.
3218 J.C. Zellweger: 1 Brief an Frau Bähler in Egliswil, Trogen, 1809–1813.
3219 J.C. Zellweger: 3 Briefe an Frau Freudenberger in Bern, Trogen, 1809–1813.

In Baden-Württemberg war um Ludwigsburg, Spiegelberg, Calw, Stuttgart, Aalen und Giengen an der Brenz ein weiterer Absatzmarkt für mechanisch gesponnenes Baumwollgarn aus Trogen zu identifizieren. Als Kunden traten auf: *A.F. Aichelin* von Ludwigsburg[3220], *A. Picot* von Spiegelberg[3221], gefolgt von *J. Matheus Renner* von Aalen[3222] und *Werner & Veygel* von Giengen an der Brenz.[3223] In Herrnhut (Sachsen), das Zellweger-Gessner auf seiner Geschäftsreise im Winter 1806/1807 persönlich besucht hatte, bezog *A.C. Böse* seit 1806 mechanisch gesponnenes «Wassergarn» von Trogen.[3224] Ob auch *Willemsen & Co.* von Wuppertal zur Kundschaft gehörte, lässt sich mangels Korrespondenz nicht mit Sicherheit sagen.[3225] Im Tessin wurde *Pietro Giuv. Matti* von Chiasso als Kunde angeschrieben.[3226] Die Kontakte zu potentiellen Kunden aus der Lombardei wie *Carlo di Pietro Bansi*[3227], *Giacomo Ponti*[3228] und *Giuseppe Ponzio* von Mailand[3229], *Giovanni di Carlo Bemareggio* von Monza[3230], Bernardo Mazzi von Como[3231] blieben insgesamt bescheiden.

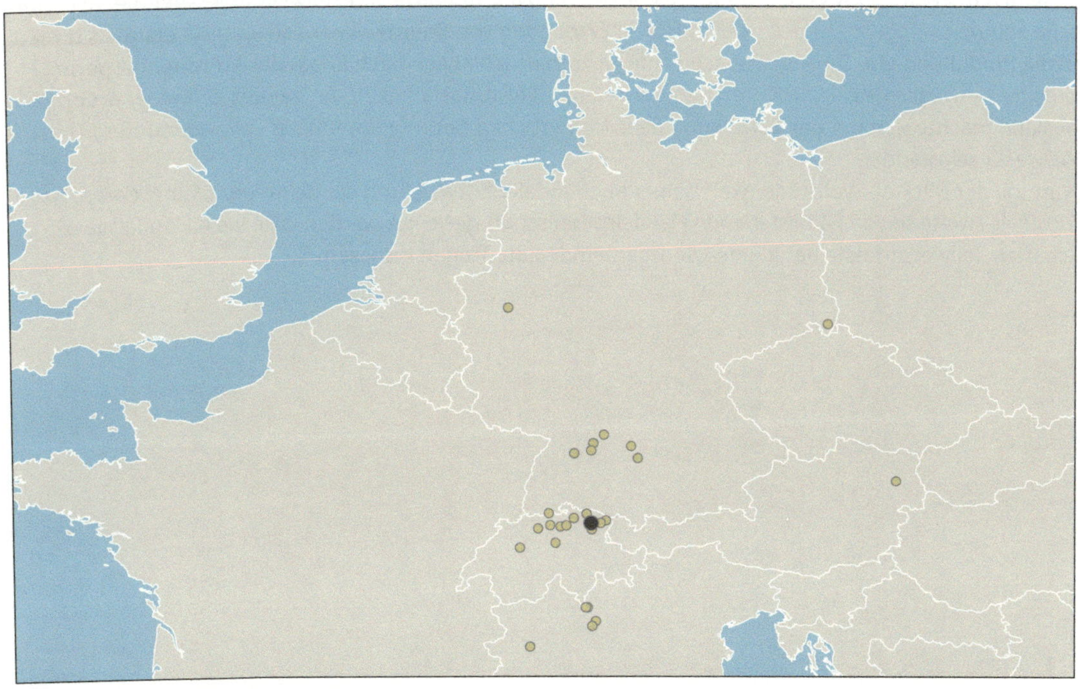

Abbildung 71: J.C. Zellweger: Kunden von Baumwollgarn aus der Mechanischen Spinnerei Trogen, 1809–1814

Nachdem die *Mechanische Spinnerei Trogen* in der Nacht vom 22. auf den 23. Januar 1814 niedergebrannt war, wandelte sich der Fabrikant *J.C. Zellweger* wieder zum Kaufmann, der er nun einmal war. Er verzichtete auf den Wiederaufbau der Spinnerei einerseits wegen der hohen Investitionskosten. Andererseits machte er aber einen ganz bestimmten Charakterzug geltend, der ihn in seinen Augen nicht als

3220 J.C. Zellweger: 10 Briefe an A.F. Aichelin in Ludwigsburg, Trogen, 1813–1814.

3221 J.C. Zellweger: 6 Briefe an A. Picot in Spiegelberg, Trogen, 1813–1814.

3222 J.C. Zellweger: 4 Briefe an J. Matheus Renner in Aalen, Trogen, 1813–1814.

3223 J.C. Zellweger: 5 Briefe an Werner & Veygel in Giengen an der Brenz, Trogen, 1813–1814.

3224 J.C. Zellweger: 6 Briefe an A.C. Böse in Herrnhut, Trogen, 1806–1813.

3225 J.C. Zellweger: 1 Brief an Willemsen & Co. in Wuppertal, Trogen, 1809–1814.

3226 J.C. Zellweger: 2 Briefe an Pietro Giuv. Matti in Chiasso, Trogen, 1813–1814.

3227 J.C. Zellweger: 1 Brief an Carlo di Pietro Bansi in Mailand, Trogen, 1816–1821.

3228 J.C. Zellweger: 2 Briefe an Giacomo Ponti in Mailand, Trogen, 1816–1821.

3229 J.C. Zellweger: 1 Brief an Giuseppe Ponzio in Mailand, Trogen, 1816–1821.

3230 J.C. Zellweger: 1 Brief an Giovanni di Carlo Bemareggio in Monza, Trogen, 1813–1814.

3231 J.C. Zellweger: 1 Brief an Bernardo Mazzi in Como, Trogen, 1813–1814.

Arbeitgeber qualifizierte. Er bekannte, es nicht zu ertragen, wenn ihm Angestellte sagen wollten, wie er seine Arbeit einzurichten hatte.[3232] Mangels eigener Fabrik kaufte er jetzt mechanisch gesponnenes Baumwollgarn über *Merck & Comp.* von Manchester ein.[3233]

Zusammenfassung: Die drei Söhne von Zellweger-Hirzel-Scheuss, die Kaufmänner Zellweger-Hirzel-Egg, Zellweger-Gessner und Zellweger-Zuberbühler, waren zunächst alle Teilhaber ein- und derselben Handelsgesellschaft *Zellweger & Comp.* Unstimmigkeiten in Bezug auf ihre völlig verschiedene Herangehensweise, politische Betätigung und Arbeitshaltung als Kaufmann führten in den nächsten fünf Jahren zur geschäftlichen Trennung. In kurzer Zeit entstanden am kleinen Landsgemeindeplatz Trogen drei sich konkurrenzierende Handelsgesellschaften Zellweger. 1803 machte sich der älteste Bruder unter *Johannes Zellweger Sohn* selbständig. Die beiden jüngeren Brüder hingegen führten die väterliche Gesellschaft *Zellweger & Comp.* weiter. 1804 entstand auf Initiative von Zellweger-Gessner die *Mechanische Spinnerei Trogen.* Mit der mechanischen Erzeugung von Baumwollgarn stiegen sie erstmals direkt in die Produktion ein. Die äusserst schlechte wirtschaftliche Lage nach Erlass der Kontinentalsperre brachte Zellweger-Gessner 1807 an den Rand seiner Leistungsfähigkeit. Er trat aus *Zellweger & Comp.* aus und machte sich mit der Betreibung der *Mechanischen Baumwollspinnerei Zellweger* unter *J.C. Zellweger* selbständig.
Nun soll der Blick der Vollständigkeit halber auch auf die Entwicklung der *Zellweger älter & Comp.* nach 1800 als zweite seit 1774 bestehende Handelsgesellschaft gerichtet werden. Wie viele Handelsgesellschaften Zellweger fasste der kleine Landsgemeindeplatz Trogen insgesamt?

3232 Zellweger, J.C.: Notitzen aus meinem Leben (2/1850), S. 140–144.

3233 J.C. Zellweger: 6 Briefe an Merck & Comp. in Manchester, Trogen, 1816–1821.

Zwei Brüder, zwei Kaufleute – zwei Handelsgesellschaften Zellweger

Einleitung

In diesem Unterkapitel werden die zwei Handelsgesellschaften *Zellweger fils & Comp.* und *Zellweger, Sturzenegger & Comp.* untersucht. Beide entstanden bei der freiwilligen Liquidation der seit 1774 bestehenden Handelsgesellschaft *Zellweger älter & Comp.* kurz vor dem Tod des Vaters Ende 1808. Diese 34 Jahre alte Handelsgesellschaft war seit längerem inaktiv. Man liquidierte das Handelshaus *Zellweger ainé & Comp.* in Lyon während der Französischen Revolution und *Zellweger & Honnerlag* in Genua infolge der Besetzung Genuas durch französische Truppen.[3234]
Beide Handelsgesellschaften *Zellweger fils & Comp.* und *Zellweger, Sturzenegger & Comp.* existierten. Die Schicksale der Inhaber führte dazu, dass sie im Gegensatz zu *Zellweger & Comp.*, *Johannes Zellweger Sohn* und *J.C. Zellweger* praktisch nicht dokumentiert sind.

Zellweger fils & Comp., ab 1808

Die Handelstätigkeit

Kurz vor dem Tod des Vaters Zellweger-Wetter wurde die seit 1774 bestehende Handelsgesellschaft *Zellweger älter & Comp.* nach längerem Stillstand liquidiert. Von der neu gegründeten *Zellweger fils & Comp.* existiert nur gerade die Abschrift eines Zirkulars, das über die Gründung der Handelsgesellschaft 1808 informierte. Sie erklärte sich darin interessanterweise zur Nachfolgerin der liquidierten Firma *Louis Escher & Cie.* von Zürich. Das Zirkular verfasste Vater Zellweger-Huber von Trogen. Als Kommanditgeber versicherte er der Kundschaft, die neue Gesellschaft mit genügend «Fond» im Sinne von Kapital versehen zu haben, damit sie ihre Aufgabe bestens erfüllen konnte. Kommanditnehmer war sein ältester Sohn, der Kaufmann Jacob Zellweger-Müller (1787–1864).

Die Nachfolge – Kaufleute über Kaufleute

Mangels Quellen können keine Aussagen über die Handelstätigkeit von *Zellweger fils & Comp.* von Trogen gemacht werden. Grund dafür war der Prozess wegen Inzests, in dessen Folge Zellweger-Huber Trogen verliess, um sich im ländlichen Hauptwil (Thurgau) einzubürgern, wo er bis zu seinem Tod im Kaufhaus wohnhaft war. Dieser Inzestprozess basierte auf Nachrede der ehemaligen Angestellten Friedericke Obert und Aufkauf ihrer vermeintlich kompromitierenden Briefe mit der Tochter Anna Juditha Zellweger (1788–1874) durch die Nachbarn Tobler. Mangels Beweise trat im Prozess nicht einmal mehr ein Kläger auf. Dennoch konfiszierte Appenzell Ausserrhoden seine liegenden Güter.[3235] Für Zellweger-Huber zog der Prozess über den finanziellen Verlust insbesondere den Verlust seiner Ehre nach sich, die Aufgabe des Bürgerrechts in Trogen, den Umzug nach Hauptwil und die dortige

3234 Der Leiter Georg Honnerlag-Schiess führte die Geschäfte in Genua selbständig weiter.

3235 [Müller-Friedberg, N. von]: Spiegel unumschränkt-demokratischer Gerechtigkeitspflege (Beitrag zur Geschichte unsrer Zeit), in: H. Malten (Hg.): Bibliothek der Neuesten Weltkunde (4, 10–12/1838), S. 61–95; N.N.: Geschäft und Akten hiessiger Vorstellung des Gerichts à Appenzell obwaltenden Prozessen von Oberst Zellweger Huber 1819, in: Appenzellisches Monatsblatt (1842), S. 143–145.

Einbürgerung. Der Sohn Jacob Zellweger-Müller (1787–1864) verliess Trogen ebenfalls und liess sich nördlich von Hauptwil im benachbarten Landstädtchen Bischofszell nieder.
Drei von vier Söhnen Zellweger-Müllers blieben der kaufmännischen Familientradition treu. Der älteste Johannes Zellweger-Gruber (1821–1853) heiratete Ernestine Gruber von St. Gallen. Der zweite und der dritte Sohn Jacob Zellweger-Waeffler (1822–1861) und Johann Ulrich Zellweger (1828–1903) heirateten die zwei Töchter der Familie Waeffler von Winterthur, wodurch sie das Baumwollhandelshaus ihres Schwiegervaters Rudolf Waeffler-Egli (1804–1867) übernahmen.[3236] Dieses Handelshaus hatte der Regierungsrat Waeffler-Egli von Basel seinerseits durch Heirat der Tochter seines Arbeitgebers *Peter Egli* übernommen. Das Schicksal dieses Baumwollhandelshauses wiederholte sich. Sein Fortbestand in Winterthur gelang zweimal über die Einheirat von auswärtigen Kaufleuten. Die älteren beiden Brüder Zellweger-Gruber und Zellweger-Waeffler betrieben von 1861 bis 1878 in Le Havre die Handelsgesellschaft *Zellweger frères* zwecks Imports von Baumwolle aus den Südstaaten Amerikas. Der dritte Bruder Zellweger-Waeffler blieb in Winterthur und betrieb die *Baumwollspinnerei Münchwilen* (Thurgau), welche der Schwiegervater Waeffler-Egli 1860 gekauft hatte. Er ging in der Krise im Januar 1884 Konkurs. Die Söhne dieser Kaufleute Zellweger in Winterthur und Le Havre blieben dem kaufmännischen Beruf weiterhin verpflichtet. Sein ältester Sohn Rudolf Zellweger-Adae (1862–1932) wurde 1901 Direktor der *Mechanischen Baumwollspinnerei Blaichach* (Bayern), betrieben durch die Wasserkraft des Schwarzenbachs. Dabei handelte es sich um eine Gründung seines Vaters Ulrich Zellweger-Waeffler (1828–1903) mit Heinrich Gyr. Blaichach benannte seine Strassen zu Ehren der Direktoren der Baumwollspinnerei mit ihrem Namen, weshalb dort bis heute die Zellweger-Strasse existiert. Sein jüngerer Bruder Georges Zellweger-LaNicca (1869–1960) arbeitete ab 1900 jahrzehntelang als Prokurist und Baumwollhändler in der Baumwollhandelsgesellschaft *Paul Reinhart & Cie.* von Winterthur. Zwecks Absolvierung ihrer kaufmännischen Lehre bei *Gebrüder Volkart* kehrten zwei seiner drei Cousins, die als Kinder des Kaufmanns Zellweger-Waeffler in Le Havre aufgewachsen waren, nach Winterthur zurück. An den Status von Expats gewöhnt, übernahmen sie in der Folge je die Leitung einer Faktorei in Indien.[3237]
Obwohl *Zellweger fils & Comp.* nicht untersucht werden konnte, ist das überraschende Resultat dieser Zusammenschau, dass die Nachkommen dieser Handelsgesellschaft bis ins 20. Jahrhundert hinein vornehmlich Baumwollkaufleute waren. Möglicherweise trug die Konkurrenzsituation unter vier Cousins als Nachkommen der Handelsgesellschaft *Zellweger frères* in Winterthur und Le Havre zu dieser vollständig dem kaufmännischen Beruf verhafteten Entwicklung bei. Der letzte Kaufmann Zellweger starb 1977.
Der Blick auf die fünfte Handelsgesellschaft *Zellweger, Sturzenegger & Co.* vervollständigt die Situation am Landsgemeindeplatz Trogen um 1808. Sie existierte nur fünf Jahre. Und sie ging als erste von allen Handelsgesellschaften nach Aufhebung der Kontinentalsperre in den Konkurs.

3236 Peter-Kubli, Susanne: Artikel «Waeffler, Rudolf (1804–1867) von Basel», in: e-HLS online, 16.08.2013.

3237 Zellweger-Goessler, George Alfred: Chronik der Familie Zellweger. 19. und 20. Jahrhundert, Winterthur 2018.

Zellweger, Sturzenegger & Co., 1809 bis 1814

Die Handelsgesellschaft

Zellweger-Sulser gründete Ende 1809 die Handelsgesellschaft *Zellweger, Sturzenegger & Co.* Finanzielle Grundlage bildete die Erbschaft aus der freiwilligen Liquidation der seit 1774 bestehenden Handelsgesellschaft *Zellweger älter & Comp.* nach längerem Stillstand im Jahr 1808. Anlässe zur Gründung boten die Rückkehr des Sohnes Jacob Zellweger-Wetter (1790–1858) nach zweijähriger Ausbildung in Lyon und die Verheiratung seiner Tochter mit dem Kaufmann Johann Ulrich Sturzenegger-Zellweger (gest. 1814). Teilhaber waren von 1809 bis 1814 der Vater Zellweger-Sulser, der Sohn Zellweger-Wetter und der Schwiegersohn Sturzenegger-Zellweger. Mangels Überlieferung von Quellen sei auf Zellweger (1921) verwiesen:

> Herr Sturzenegger, der früher Associé des Hauses Honnerlag & Müller war, galt als ein sehr tüchtiger Kaufmann, er hatte jedoch zu viel Unternehmungsgeist und konnte sich trotz der Warnung seines Schwagers Jacob Zellweger-Wetter (1790–1858) bei seinem Schwiegervater so beliebt machen, dass er allen gewünschten Crediten Sturzeneggers sogleich entsprach.

Zellweger, Sturzenegger & Co. war kein Erfolg beschieden. Wie so viele andere Handelsgesellschaften in der Ostschweiz überlebte sie das Jahr 1814 nicht. Die Aufhebung der Kontinentalsperre führte zu einer Flutung Europas mit billigerer, mechanisch hergestellter Baumwollware aus England:

> Als nun Sturzenegger im Jahre 1814 starb, zeigte das grossartige Unternehmen so bedeutende Verluste, dass eine Liquidation des Geschäftes nöthig wurde. Herr Zellweger verlor dabei beinahe sein ganzes Vermögen.[3238]

Zellweger, Sturzenegger & Co. war die erste Handelsgesellschaft Zellweger, die jemals in den Konkurs ging. Der Sohn Zellweger-Wetter arbeitete sich danach vom Angestellten zum Teilhaber von *Christian Schlatter & Co.* hoch. Er liess sich 1825 in St. Gallen einbürgern, wo er den Rest seines Lebens erfolgreich als Kaufmann tätig war.[3239]

Zusammenfassung: Obwohl die beiden Handelsgesellschaften *Zellweger fils & Comp.* und *Zellweger, Sturzenegger & Co.* aufgrund fehlender Quellen kaum untersucht werden können, dient ihre Erwähnung zur Abrundung des Bildes über die tatsächliche Situation am Landsgemeindeplatz Trogen nach 1808. *Zellweger, Sturzenegger & Co.* ging nur vier Jahre nach der Gründung in den Konkurs, während die traditionsreiche *Zellweger & Comp.* nur durch Zuschüsse aus dem engsten Familienkreis für weitere drei Jahre künstlich am Leben blieb. *Zellweger fils & Comp.* hingegen ging nicht in Konkurs. Nach Abwanderung der Inhaber infolge eines Inzestprozesses um 1820 verlieren sich die Spuren dieser Gesellschaft. Die Nachkommen betätigten sich weiterhin als Kaufleute.

3238 Zellweger, V.E: Zellweger'sches Familienbuch (1/1921), Nr. 38.

3239 Zellweger, V.E.: Zellweger'sches Familienbuch (2/1921), Nr. 46.

Schlussfolgerung

Drei Brüder, drei Kaufleute – zwei Brüder, zwei Kaufleute

Nach 1800 entwickelten sich die Handelsgesellschaften Zellweger am Landsgemeindeplatz Trogen sehr dynamisch. Die Familie Zellweger war eine «demographisch erfolgreiche Familie», was sich laut Pfister über eine hohe Lebensdauer der Männer und die Zeugung mehrerer Söhne definiert.[3240] Die junge Generation brach alte Geschäftsstrukturen auf und machte sich mit eigenen Handelsgesellschaften und der Bewirtschaftung eigener Handelsräume selbständig. Aus den ursprünglich zwei, auf 1774 zurückgehenden Gesellschaften *Zellweger älter & Comp.* und *Zellweger & Comp.* entstanden in kürzester Zeit fünf nebeneinander bestehende Handelsgesellschaften. Den grössten Handelsraum betrieb die *Zellweger & Comp.* Dieser Gesellschaft gelang die Weiterführung der seit 1774 unterhaltenen Handelskontakte. Auch ein Ausbau des Handelsraumes gelang von 1806 bis 1813 trotz der erschweren Umstände infolge der Kontinentalsperre. Die über die Geschäftskorrespondenz zusammengehaltenen Handelsräume der *Zellweger & Comp.*, der *Johannes Zellweger Sohn* sowie der *J.C. Zellweger* fielen wie Kartenhäuser in sich zusammen, als 1813 die Handelssperre gegen Grossbritannien aufgehoben wurde und die günstigen, maschinengefertigten Baumwollprodukte aus Grossbritannien den europäischen Markt fluteten. Kapitalzuschüsse von Familienmitgliedern hielten die *Zellweger & Comp.* künstlich am Leben, bis 1817/1821 doch die Liquidation erfolgte.
Es zeigt sich, dass die Baumwollhandelsgesellschaften, welche von den Kaufleuten mit Methoden aus dem 18. Jahrhundert geleitet wurden, die Aufhebung der Kontinentalsperre 1813 nicht verkrafteten. Der neue Typus des Fabrikanten verfügte nun in Eigenregie über die Fähigkeit, den Absatz seiner Textilware zu organisieren. Der «Kaufherr» als Vermittler zwischen Lieferanten im Textilgewerbe und Kunden im Handel hatte ausgedient.

3240 Pfister: Die Zürcher Fabriques. Protoindustrielles Wachstum vom 16. zum 18. Jahrhundert (1992), S. 146, der von einem ausschliesslich maskulinen Weltbild ausgehende Begriff ist zu hinterfragen.

Schlussbemerkung

Die Untersuchung beleuchtete die 150 Jahre Textilhandel der siebzehn Handelsgesellschaften Zellweger aus dem Dorf Trogen in Appenzell Ausserrhoden nach den Handelsmetropolen Lyon und Genua. Ihr im Zeitraum von 1670 bis 1820 aufgebauter und bewirtschafteter Handelsraum erstreckte und beschränkte sich zugleich auf Europa. Damit waren sie keine «Welthandelsfirmen» im Stil von *Christoph Burckhardt & Cie.* von Basel. Welthandel bedeutete insbesondere Handel mit Amerika und war risikoreich und hochspekulativ. Er setzte den Unterhalt von eigene Faktoren in Übersee voraus, wie am Handels- und Bankhaus *Gebrüder Obwexer* von Augsburg zu zeigen war.[3241] Die Kaufleute Zellweger verfolgten nie diese «Vision von Welthandelsfirmen in der Tradition der Handelssozietäten des 18. Jahrhunderts». Jede Handelsgesellschaft Zellweger erarbeitete sich im ähnlichen Sortiment ihren eigenen Handelsraum. Über den Warenhandel als dem sichersten Handel überhaupt pflegten sie den Fernhandel auf dem Grundsatz der Vorsichtigkeit. Während der zweiten Hälfte des 18. Jahrhunderts fand aufgrund der Baumwolle ein Auf- und Ausbau des Sortiments und des Handelsraumes statt, der erst nach 1800 in einen Abbau mündete. Im Unterschied zu den Söhnen von Christoph Burckhardt-Merian von Basel bemühten sich die fünf Cousins Zellweger auch nach 1800 über die Gründung von fünf Handelsgesellschaften intensiv darum, den Handel weiterzuführen.[3242] Sie definierten sich also auch nach 1800 noch gänzlich über ihren Beruf und Status als Kaufleute. Trotz Abweichungen vom Kerngeschäft des Textilhandels mit Diversifikation in mechanische Baumwollspinnerei, Pferdehandel oder Politik schafften es die Kaufleute Zellweger nicht, sich von ihren an die Verhältnisse im 18. Jahrhundert gebundenen traditionellen Vorstellungen des Handels zu lösen. Ein Sinnbild dafür stellte der Bau von zwei weiteren Kaufhäusern in den Dimensionen des 18. Jahrhunderts zu Beginn des 19. Jahrhunderts dar. In der Erwartung, dass sich das Textilgewerbe stets weiterentwickelte, gerieten sie überdimensional gross, wie der eine Bauherr Zellweger-Gessner selber einräumte. Die Verhaftung der fünf Kaufleute mit Jahrgängen 1758 bis 1770 im 18. Jahrhundert war Grund dafür, dass sie «den epochalen politisch-ökonomischen Veränderungen am Übergang zur Industriellen Revolution» nach 1800 nicht gerecht wurden. Der «demografische Erfolg» der Familie Zellweger führte zudem zu einer natürlichen Verdichtung vor Ort am Landsgemeindeplatz Trogen.

Die Kaufleute Zellweger reagierten aktiv auf einschneidende Veränderungen auf dem Markt für ihren Haupthandelsartikel Leinwand. Die Auswertung ihrer Einkäufe an der *Leinwandschau Trogen* ergab eine Steigerung von jährlich durchschnittlich 590 Stück Leinwand (1688–1702) über 956 Stück (1703–1725) hin zu Maximalwerten von 2887 Stück (1726–1731). Dann fielen die Zahlen auf 2408 Stück (1732–1747), 2095 (1748–1755) und schliesslich auf 1577 Stück (1755–1774). Ihren Einkauf an der *Leinwandschau Trogen* prägte seit den 1730er Jahren insgesamt ein deutlicher Abwärtstrend. Die starke Verminderung des Leinwandgewerbes in der Region Appenzell Ausserrhoden zugunsten des Baumwollgewerbes mündete 1798 in die Abschaffung der *Leinwandschau Trogen*. Zugleich schaffte Frankreich im Laufe des 18. Jahrhunderts schrittweise die jahrhundertealten Handelsprivilegien für die Schweizer Kaufleute in Lyon ab. Die Kaufleute Zellweger hatten sich intensiv, aber erfolglos für den Erhalt dieser Privilegien eingesetzt. Erst nach Ausbruch der Französischen Revolution reagierten sie mit der Aufhebung ihrer dortigen Handelshäuser nach rund hundert Jahren Präsenz. Ihr einigermassen berechenbarer, weil periodisch wiederkehrender und privilegierter Verkauf über die grossen Handelsmessen des 18. Jahrhunderts büsste zunehmend an Bedeutung ein. Die *Messe Beaucaire* und die *Messe Bozen* als ihre Hauptabsatzmärkte verkamen nach 1800 zu bedeutungslosen Jahrmärkten.

3241 Für Obwexer von Augsburg bspw. arbeitete der Faktor Pierre Brion (gest. 1799) auf Curaçao in der Karibik.

3242 Stettler/Haenger/Labhardt (Hg.): Baumwolle, Sklaven und Kredite (2005), S. 213–221.

Wirtschaftliche Konkurrenz kennzeichnete Anfang als auch Ende des Aufstiegs der Handelsgesellschaften Zellweger. Um 1670 stand die *Leinwandschau Trogen* in Konkurrenz zur dominierenden *Leinwandschau St. Gallen*. Mit der Errichtung eigener Leinwandschauen löste sich die Landschaft von der Stadt und deren vermeintlichem Monopol der Qualitätskontrolle. Auf Basis ihres Leinwandhandels ab der Landschaft in die Handelsmetropolen Lyon und später Genua entwickelten sich die Kaufleute Zellweger von Einkäufern für Grosskaufleute zunehmend selber zu «marchands en gros». Nach den Scheuss und den Wetter von Herisau gelang ihnen über eine kaufmännische Lehre in St. Gallen der Wissenstransfer um den kaufmännischen Beruf von der Stadt auf die Landschaft. Diese Entwicklung lässt sich im Markenbuch der *Nation Suisse à Lyon* nachvollziehen. Scheuss und Gruber trugen sich 1663 ein[3243], Wetter 1699 und Zellweger erst 1717. Die Gründung der *Zellweger & Eugster* 1731 als erstes Handelshaus zweier Appenzeller Geschlechter aus dem Vorderland mit eigener Niederlassung in Lyon barg ungeheures politisches Sprengpotential. 1732 eskalierte im Landhandel die private und wirtschaftliche Konkurrenzsituation zwischen den zwei auf gleiche Weise ausgebildeten Kaufmännern Conrad Zellweger-Tanner (1659–1749) und Lorenz Wetter-Ziegler (1654–1734). Die politische Krise spaltete Appenzell Ausserrhoden nachhaltig in zwei politische Lager. Mit der freiwilligen Liquidation von *Zellweger & Eugster* 1748 begann die Konkurrenz zu den ehemaligen Teilhabern Eugster von Reute, welche sich neu als Kommissionäre der kapitalkräftigen *Furtenbach & Eberz* in Arbon betätigten. Die Existenz von zwei Handelsgesellschaften Zellweger in Trogen seit 1754 markierte den Anfang der innerfamilären Konkurrenz. Sie gipfelte in der zeitgleichen Existenz von fünf Handelsgesellschaften Zellweger um 1810.
Um konkurrenzfähig zu bleiben, bemühten sich die Zellweger alle zehn Jahre aktiv um Veränderung. In den frühen 1750er Jahren eröffnete *Gebrüder Zellweger & Comp.* in Trogen eine eigene Appretur auf der Basis von Wirtschaftsspionage in der Manufaktur Gonzenbach in Hauptwil. Ziel war es, aus der wirtschaftlich hemmenden Abhängigkeit in eine befreiende Selbständigkeit zu finden. In den 1750er Jahren begann über die erstmalige Konkurrenz innerhalb der Familie Zellweger hinaus, zugleich «die alles um sich fressende Baumwollspinnerei» die Spinnerei von Flachs zu konkurrenzieren. Der Siegeszug von «King Cotton» in Form der angenehm weichen, wärmenden Baumwollware begann. In der Folge verminderte sich das Leinwandgewerbe und damit die Produktion ihres Haupthandelsartikels Leinwand merklich. Ausgelöst hatte dieser Wandel eine «Konsumrevolution» weg von der unifarben eingefärbten Leinwand hin zur attraktiven, weil bunt bedruckten modernen Baumwollware. *Gebrüder Zellweger & Comp.* reagierte in zweierlei Hinsicht. Einerseits weiteten sie ihre Beschaffungsmärkte für Leinwand über Bayern auf Württemberg bis nach Böhmen aus.
Andererseits beteiligten sie sich seit den 1760er Jahren aktiv am Import von Baumwolle aus dem «Baumwollgürtel». Zunächst importierten sie Baumwolle über Handelshäuser in Kempten mit eigener Niederlassung in Venedig. In der Phase von 1768 bis wohl 1808/1814 etablierten sie sich über die zwei Handelshäuser *Zellweger & Honnerlag* (1768) und *Zellweger, Müller & Comp.* (1774) selbst in Genua. Dadurch konkurrenzierten sie mit den längst dort ansässigen Handelshäusern *Gebrüder Schläpfer* (1740er Jahre) und *Schläpfer & Vigo* (1765) von Speicher, Appenzell Ausserrhoden. In Konkurrenz um bestens ausgebildetes Personal vor Ort warben sie langjährige Buchhalter der Kaufleute Schläpfer ab. Honnerlag und Zürcher nutzten die Chance auf einen Karrieresprung. In den neuen Handelshäusern Zellweger in Genua stiegen sie zu finanziell an Gewinn und Verlust beteiligten Teilhabern auf. In den 1770er Jahren verschärfte die zweite Teilung der *Gebrüder Zellweger & Comp.* wiederum die innerfamiliäre Konkurrenz. In Reaktion darauf fokussierte sich *Zellweger Vater & Comp.* seit 1774 wohl in Abgrenzung zu *Zellweger älter & Comp.* auf den Handel mit bedruckter Baumwollware als dem Modeartikel der Zeit. Die Bemühungen um «Mouchoirs calanca» und «Mouchoirs patena» in den 1770er Jahren liessen sich in einer enormen Zunahme der Geschäftskorrespondenz mit Textildruckern nachweisen. Wie sich die Industrielle Revolution von 1780 auf den Handel der Kaufleute Zellweger auswirkte, war mangels überlieferter Geschäftskorrespondenz in der Phase von 1780 bis 1800 nicht zu untersuchen.
Insgesamt charakterisierte sich der erfolgreiche vorindustrielle Textilhandel der Kaufleute Zellweger vor 1780 aus der Landschaft heraus über wenige, dafür intensive und langfristig stabile Geschäftsbeziehungen, sichergestellt über jährlich wiederkehrende, zu einem fixen Datum periodisch stattfindende und

3243 Fuchs: Geschichte der Gemeinde Herisau (1999), S. 125.

privilegierte Verkaufsereignisse. Dieses stabile Handelsnetz löste sich infolge dreier einschneidender Veränderungen zunehmend auf – durch die Industrielle Revolution, die Französische Revolution und die Helvetik. Jahrhundertealte Institutionen wie die berühmten Handelsmessen Lyon, Beaucaire, Bozen oder Zurzach hatten sich selbst überlebt. Moderner Handel wollte ständig und jederzeit stattfinden. *Zellweger & Comp.* gelang es selbst über intensivste Bemühungen um eine Vielzahl neuer Geschäftsbeziehungen an entfernteste Orte im frühindustrialisierten Europa nach 1800 nicht, sich unter den neuen Verhältnissen langfristig zu positionieren. Es waren konkrete Ursachen auszumachen.
1804 stieg *Zellweger & Comp.* als drittes oder viertes Unternehmen in der Schweiz in die mechanische Baumwollspinnerei ein. Die grosse Gründungswelle mechanischer Baumwollspinnereien setzte erst mit dem Erlass der Kontinentalsperre 1806 ein. Die Besetzung und Integration von Genua in das Französische Kaiserreich hatten fatale Auswirkungen auf die wirtschaftlichen Verhältnisse der Hafenstadt. Nach rund vierzig Jahren Präsenz hoben die Zellweger ihre dortigen Handelshäuser auf. Zellweger-Gessner aus Trogen, der den Einkauf von Baumwolle im Hafen von Genua selber betrieben hatte, war nun auf seinen erfolgreichen Jahrgänger angewiesen, den Kaufmann Jean Jacques Trümpler (1768–1845) von Küsnacht ab der Zürcher Landschaft. Im Unterschied zu *Trümpler & Gysi* aus Marseille gründeten die Kaufleute Zellweger keine neuen Handelshäuser an der Küste des Mittelmeers. *Trümpler & Gysi* hingegen investierte 1829 ihr Handelskapital in ⅔ Anteile an der mechanischen Baumwollspinnerei *Corrodi & Pfister* in Uster. Obwohl 1832 Ziel eines «Maschinensturms», produzierte die *Baumwollspinnerei und -weberei Uster* bis in die 1990er Jahre hinein Baumwollware. *Zellweger & Comp.*, dann *J.C. Zellweger* vollzog zwar den Schritt in die Produktion, war aber als Zwischenhändler in den 1810er Jahren längst nicht mehr konkurrenzfähig. Der Besitzer der 1814 abgebrannten und nicht wieder aufgebauten *Mechanischen Spinnerei Zellweger* Zellweger-Gessner definierte sich zeitlebens als Kaufmann. Der Typus «marchand en gros» hatte aber ausgedient. Die Zeit nach 1800 gehörte dem neuen Typus «Fabrikant».
Mit der Aufhebung der Kontinentalsperre 1813/1814 führten die Konkurrenz durch mechanisch hergestelltes Baumwollgarn und Baumwollware aus England, unternehmerische Fehlentscheide, langjähriges ehrgeiziges politisches Engagement auf höchster kantonaler Ebene als Landamann, ein privatrechtlicher Prozess und nicht zuletzt eine nie dagewesene innerfamiliäre Konkurrenz von fünf gleichzeitig im Textilhandel aktiven Handelsgesellschaften Zellweger am kleinen Landsgemeindeplatz Trogen bis 1817 zu Liquidation und Konkurs im einen Familienzweig und zum Vertrauensbruch mit Trogen im anderen Familienzweig. Diese Implosion auf wirtschaftlicher und privatrechtlicher Ebene vollzog sich in weniger als drei Jahren: «Trogen – hat trogen», so lautete der bekanntermassen findige Appenzeller Witz. Nach 150 Jahren als Zentrum des Textilhandels verödete das Dorf Trogen innerhalb kürzester Zeit. Gras wuchs über den Landsgemeindeplatz und zugleich über die Geschichte der Kaufleute Zellweger und ihre vielen Handelsgesellschaften. Im 19. Jahrhundert betrieb der Zweig Zellweger-Gessner bis Ende des 19. Jahrhunderts Textilhandel. Aus dem Zweig Zellweger-Zuberbühler taten Nachkommen den Schritt in das Versicherungswesen (Allgemeine Versicherungsanstalt Helvetia[3244]), das Unternehmertum (LUWA[3245]) und in fremde Dienste. Die Zweige Zellweger-Sulser und Zellweger-Wetter blieben bis ins 20. Jahrhundert hinein dem Beruf des Kaufmanns verpflichtet. Der Nachkomme von Zellweger-Sulser etablierte sich in St. Gallen (*Christian Schlatter & Co.*) und die Nachkommen von Zellweger-Huber in Bischofszell und Winterthur (*Zellweger frères*, Winterthur/Le Havre, dann unter *Paul Reinhart & Cie.*, Winterthur und unter den *Gebrüdern Volkart*, Winterthur/Indien).
Ziel vorliegender Arbeit war es, dazu beizutragen, Entstehung, Entfaltung und Scheitern in 150 Jahren Textilhandel aus der Perspektive der Kaufleute Zellweger von Trogen nachvollziehbar zu machen.

3244 Hunziker/Wachter: Geschichte der Schweizerischen gemeinnützigen Gesellschaft 1810–1910 (1910), S. 123 und 176; Salvisberg: Salomon Zellweger-Walser und die Gründung der Helvetia Versicherungsgesellschaften, in: Appenzeller Kalender auf das Jahr 2008, Jg. 287, S. 93–96; Schläpfer: Wirtschaftsgeschichte des Kantons Appenzell Ausserrhoden, Herisau 1984, S. 38, 40, 201, 340; Strebel/Zatti: Es gibt Dinge, die brauchen Zeit (2005), S. 80–82; Witschi: Appenzeller in aller Welt (1994), S. 99.

3245 Honegger: Der Stapeldiagramm-Apparat «Uster» von Zellweger AG für Baumwolle und Zellwolle (1949) (= Mitteilungen aus dem Institut für Textilmaschinenbau und Textilindustrie an der Eidgenössischen Technischen Hochschule in Zürich 4); Schmid: Alfred Zellweger, Uster, 1855–1916 (1975) (= Schweizer Pioniere der Wirtschaft und Technik 28), S. 9–60.

Mögen die Kaufleute Zellweger in Abgrenzung zum vielfach untersuchten städtischen Bürgertum nun als das in die Geschichte des vorindustrialisierten Appenzell Ausserrhodens eingehen, was sie waren: Prototypen eines neu auf der Landschaft und aus der Landschaft heraus mit erstaunlichem wirtschaftlichen Erfolg agierenden Wirtschaftsbürgertums.

Anhang

Bibliographie

Quellen

Quellen, handschriftlich

Appenzell Ausserrhoden
Staatsarchiv Appenzell Ausserrhoden, Herisau

Kommerzialarchiv Zellweger [STAAR: Pa.021]

Briefkopierbücher (Folianten):

Zellweger-Ehrliholzer-Sulser, Conrad (1694–1771):
Briefkopierbuch, Trogen, 1747–1760
[STAAR: Pa.021-03-01-01]

Zellweger-Sulser, Johannes (1695–1774):
Briefkopierbuch, Trogen, 1747–1752
[STAAR: Pa.021-03-01-03]

Zellweger-Sulser, Johannes (1695–1774):
Briefkopierbuch, Trogen, 1752–1759
[STAAR: Pa.021-03-01-04]

Gebrüder Zellweger & Comp.:
Briefkopierbuch, Trogen, 1762–1769
[STAAR: Pa.021-08-01-03]

Gebrüder Zellweger & Comp.:
Briefkopierbuch, Trogen, 1769–1774
[STAAR: Pa.021-09-01-01]

Zellweger Vater & Comp.:
Briefkopierbuch, Trogen, 1774–1778
[STAAR: Pa.021-12-01-03]

Zellweger, Müller & Co./Zellwger, Zürcher & Comp.:
Briefkopierbuch, Trogen, 1774–1780
[STAAR: Pa.021-13-01-01]

Zellweger & Comp.:
Briefkopierbuch, Trogen, 1800–1801
[STAAR: Pa.021-15-01-01]

Zellweger & Comp.:
Briefkopierbuch, Trogen, 1806–1807
[STAAR: Pa.021-15-01-01]

Zellweger & Comp.:
Briefkopierbuch, Trogen, 1807–1808
[STAAR: Pa.021-15-01-01]

Zellweger & Comp.:
Briefkopierbuch, Trogen, 1808–1809
[STAAR: Pa.021-15-01-01]

Zellweger & Comp.:
Briefkopierbuch, Trogen, 1810–1811
[STAAR: Pa.021-15-01-01]

J.C. Zellweger:
Briefkopierbuch, Trogen, 1809–1813
[STAAR: Pa.021-16-01-02]

J.C. Zellweger:
Briefkopierbuch, Trogen, 1809–1813
[STAAR: Pa.021-16-01-03]

Johannes Zellweger Sohn:
Briefkopierbuch, Trogen, 1803–1809
[STAAR: Pa.021-17-01-01]

Johannes Zellweger Sohn:
Briefkopierbuch, Trogen, 1815–1816
[STAAR: Pa.021-17-01-02]

Johannes Zellweger Sohn:
Briefkopierbuch, Trogen, 1816–1822
[STAAR: Pa.021-17-01-03]

J.C. Zellweger:
Briefkopierbuch, Trogen, 1816–1821
[STAAR: Pa.021-18-01-08], 616 S.

J.C. Zellweger:
Briefkopierbuch, Trogen, 1822–1839
[STAAR: Pa.021-18-01-09]

Akten:

Zellweger, Johannes (1730–1802): Gesellschaftsvertrag Zellweger, Zürcher & Comp. vom 22.09.1778 [StAAR: STAAR: Fa Zellweger: ohne Signatur]

Zellweger, Johann Caspar (1768–1855): Projekt zu einem Trennungs Accord entzwischen den Gebrüder H. Joh: Caspar ud Jacob Zellweger (undatiert, um 1807–1808) [STAAR: Fa Zellweger: ohne Signatur]

Archiv der Leinwandschau Trogen

Rechnungsbuch, 1670–1673	[STAAR: Q.002-01-01]
Rechnungsbuch, 1674–1675	[STAAR: Q.002-01-02]
Rechnungsbuch, 1686–1687	[STAAR: Q.002-01-03]
Rechnungsbuch, 1688–1689	[STAAR: Q.002-01-04]
Rechnungsbuch, 1689–1694	[STAAR: Q.002-01-05]
Rechnungsbuch, 1694–1699	[STAAR: Q.002-01-06]
Rechnungsbuch, 1699–1704	[STAAR: Q.002-01-07]
Rechnungsbuch, 1704–1712	[STAAR: Q.002-01-08]
Rechnungsbuch, 1713–1719	[STAAR: Q.002-01-09]
Rechnungsbuch, 1720–1725	[STAAR: Q.002-01-10]
Rechnungsbuch, 1726–1731	[STAAR: Q.002-01-11]
Rechnungsbuch, 1731–1732	[STAAR: Q.002-01-12]

Archiv der Landeskanzlei Trogen

Trogen, Kanzlei: Schreiben über das Konkursedikt Johannes Zellweger (1764–1832) [STAAR: Landeskanzlei: CA.C-11/091:0228]

Archiv Grosser Rat Appenzell Ausserrhoden:

Protokoll, 1815–1825	[STAAR: Cb.B-02/04]
Strazzen und Akten, 1822	[STAAR: Cb.B-01/03]

Kantonsbibliothek Appenzell Ausserrhoden, Trogen

Familienarchiv Zellweger [KBAR: Handschriftenabteilung: Fa Zellweger]

Personenbestand Zellweger, Johannes (1730–1802) [KBAR: Handschriften: Fa Zellweger: 36]:

Briefe von Johannes Zellweger an seinen Sohn Johannes Zellweger (27 Briefe), 1779–1799 [KBAR: Fa Zellweger: 36/B: 39]

Zellweger, Johannes (1730–1802): 1 Brief an seinen Sohn Jacob Zellweger (1770–1821) [KBAR: Fa Zellweger: 39/B: 41]

Briefwechsel zwischen Johannes Zellweger und seinem Schwager Johann Caspar Hirzel (1420 Briefe), 1764–1800 [KBAR: Fa Zellweger: 36/B: HirzJC]

darin: Gebrüder Zellweger & Comp.: Lehrvertrag für Johann Ulrich Wetter (1741–1806) bei Zellveguer frères & Co. in Lyon [KBAR: Fa Zellweger: 36/B: HirzJC: 1757.07.28 oder alte Signatur: Ms 76.2, Nr. 105, S. 407–410]

Briefwechsel zwischen Johann Caspar Hirzel und seiner Ehefrau Anna Maria Hirzel-Ziegler (48 Briefe), 1766–1770 [KBAR: Fa Zellweger: 36/b: HirzJC/HirzAM]

Briefwechsel zwischen Zürcher, Gebhardt (1701–1783) und seinen Sohn Jacob Zürcher (1739–1808) als Teilhaber und Leiter von Zellweger, Zürcher & Co. in Genua [KBAR: Fa Zellweger: 36/b: ZuerG/ZuerJ]

Personenbestand Zellweger, Johannes (1764–1832) [KBAR: Fa Zelllweger: 39]:

Briefe von Johannes Zellweger an seine erste Ehefrau Anna Zellweger-Hirzel (1766–1816) von Zürich, 1786–1803 [KBAR: Fa Zellweger: 39/B: 39cop.]

Personenbestand Zellweger, Johann Caspar (1768–1855) [Fa Zellweger: 40]:

Zellweger, Johann Caspar (1768–1855): Notitzen aus meinem Leben, aus Briefen, Aktenstücken und Erinnerungen, 5 Bände mit 4 Teilen, Trogen, 27. April 1850 [Fa Zellweger: 40/C: 01]

Zellweger, Johann Konrad (1801–1883): Schlichtes Lebensbild eines Appenzellischen Pädagogen (7 Hefte & 1 Band), Gais 04.12.1875 [KBAR: Fa Zellweger: 40/c: 01]

Personenbestand Zellweger-Walser, Salomon (1807–1887) [Fa Zellweger: 52]:

Zellweger-Walser, Salomon (1807–1887): Selbstbiographie [ca. 1885] [KBAR: Fa Zellweger: 52/C: 01], 14 S.

Personenbestand Zellweger, Victor Eugen (1863–1941) [Fa Zellweger]:

Zellweger, Victor Eugen (1863–1941): Zellweger'sches Familienbuch (Chronik, Genealogie), 3 Bde., Trogen 1921

Sammlung von Manuskripten

Gonzenbach, Hans Jacob/Gonzenbach, Bartholome: 1 Brief an Landammann und Rat von Appenzell Ausserrhoden, 28.12.1667 [KBAR: Ms 19, Nr. 124], 2 S.

Zellweger, Conrad (1659–1749): Arbeitsvertrag im Handelshaus Fittler & Comp. von St. Gallen in Lyon, Lyon, 25.12.1679 [KBAR: Ms. 20], 4 S.

Zollikofer, Hans/Zollikofer, Hans Georg: Lehrvertrag für Adrian Zellweger von Trogen bei Hans und Hans Georg Zollikofer in St. Gallen [KBAR: Ms 20]

Zellweger, Johann Caspar (1768–1855): Fortsetzung des Auszugs aus dem Schau- und Mess-Buch von Trogen – von Münzen, Bestellungen u. Unkosten [KBAR: Fa Zellweger: Ms 484 oder 321]

Staatsarchiv Glarus

Kubly-Müller, Johann Jakob: Glarner Genealogien und Regesten, 36 Bde., Glarus 1893–1923

Staatsarchiv Graubünden, Chur

Firmenarchiv Daniel & Ambrosius Massner, 1727–1797 [STAGR: A Sp III 9a]

Zellweger & Honnerlag: 26 Frachtbriefe an Daniel & Ambrosius Massner, Trogen [STAGR: A Sp III 9a, 4/129]

Zellweger & Honnerlag: 50 Frachtbriefe an Daniel & Ambrosius Massner, Genua, 1772, 1793 und 1794 [STAGR: A Sp III 9a, 4/35 6/3]

Zellweger älter & Co.: 1 Brief an Daniel & Ambrosius Massner über Kornimport, Trogen, 1772 [STAGR: A Sp III 9a, 4/129]

Zellweger & Comp.: 126 Frachtbriefe an Massner, Trogen [STAGR: A Sp III 9a, 4/129]

Zellweger & Comp.: Frachtbriefe an Massner, Genua [STAGR: A Sp III 9a, 4/35 6/3]

Zellweger & Comp.: Frachtbriefe an Massner, Zürich [STAGR: A Sp III 9a, 4/148]

Stadtarchiv Chur

Stadt Chur: Reis-Roedel, 1803–1804 [StadtA Chur: ABIII/F 22.004]

Ortsbürgerarchiv Stadt St. Gallen

Zellweger, Johannes (1730–1802): 1 Brief an G.C. Hildenbrandt, Secretaire du Conseil, Trogen, 03.12.1783 [StadtASG: Kaufmännisches Directorium St. Gallen: XVIII b Paq 9]

Scherer, Johann Jacob/Hildbrand, Michael: Bürgerregister. Abschrift der Stemmatologia Sangallensis. Stamm-Register alller lebenden und einiger erloschenen Bürger Geschlechter der St. Gallen [Ortbürgerarchiv St. Gallen: Stemmatologia Sangallensis]

Landesarchiv Vorarlberg, Bregenz

Zellweger, Johannes (1764–1832): Gewerbegesuch an das löbliche K.K. Landgericht Bregenz, 10.07.1824 [VLA: LG Bregenz Sch. 95, Gewerbe 29/1824]

Zellweger, Johannes (1764–1832): Gesuch um Herberge an das Löbliche K.K. Landgericht Bregenz, 29.02.1832 [VLA: LG Bregenz Sch. 102, Gewerbe IX 807/1832]

Häusler, D.: Auflösung der Verlassenschaft von Johannes Zellweger (1764–1832) [VLS: LG: Bregenz VL: Sch.55, Nr.1041]

Stadtarchiv Winterthur

Künzli, Antonius/Künzli, C.F.: Bürgerbuch der Stadt Winterthur, 3 Bde., Winterthur 1790–1850

Staatsarchiv Zürich

Archiv des Kaufmännisches Direktoriums Zürich

Kaufmännisches Direkorium Zürich: Ragionen Buch, 1789 [STAZH: D 57]

Kaufmännisches Direkorium Zürich: Ragionen-Buch, 1803–1806 [STAZH: D 57]

Archiv des Kaufmännischen Direktoriums Zürich: B. Schweizer Nation zu Lyon

Noms et marques des marchands Suisses inscrits à la Douane de Lyon depuis 1700 jusqu'à 1788 (1 Foliant) [STAZH: D 146]

Noms et marques des marchands Suisses inscrits à la Douane de Lyon depuis 1654 jusqu'à 1702 (1 Foliant) [STAZH: D 145]

Stadtarchiv Zürich

Holzhalb, Johann Jakob: Bürgerregister der Stadt Zürich [StadtAZH: VIII.E.13.a]

Quellen, gedruckt

Afsprung, Johann Michael: Reise durch einige Cantone der Eidgenossenschaft, Leipzig 1784

A.H.: Beschreibung der Reichsstadt Ulm, in: A.H.: Neu-Bayern, oder: geografisch-topographische Beschreibung der in dem schwäbischen Kreise dem Kurhause Pfalz-Bayern nunmehro zugehörigen Fürstenthümer, Reichsstädte und Reichsprälaturen [...], Ulm 1805, S. 14–22

Appenzell Ausserrhoden: Landbuch des Kantons Appenzell Ausserrhoden [1746], nach dem auf dem Rathhause in Trogen befindlichen Original abgedruckt, Trogen 1828

Bern, Stadt: Berner Address-Handbuch der Handelshäuser, Fabrikanten wie auch der Künstler, ansehnlichen gewerbetreibenden Personen und Professionisten im Kanton, Bern 1795

Berthollet, Claude-Louis (1748–1822): Elements de l'Art de la Teinture, Paris 1804

Bischofberger, Bartholomeus: Appenzeller Chronik. Beschreibung des löblichen Lands und Eidgenössischen Orts Appenzell, St. Gallen 1682

Bohn, Gottfried Christian/Norrmann, Gerhard Philipp Heinrich: Waarenlager, oder, Wörterbuch der Produkten- und Waarenkunde. Des wohlerfahrnen Kaufmanns zweyte Abtheilung, neu ausgearbeitet, Hamburg 1806

Bräker, Ulrich: Der arme Mann im Tockenburg, Zürich 1993

Bruslons, Jacques (1657–1716)/Savary, P.L.: Dictionnaire universel de commerce, Paris 1748

Burmeister, Karl Heinz: Tagebuch des Feldkircher Leinwandhändlers Johann Jakob Hutsch aus dem Jahre 1710, in: Montfort (50, 4/1998), S. 255–279

Buenzli, Kurt (Hg.): Johann Heinrich Mayr (1768–1838): «Meine Lebenswanderung». Historisch-kritische Edition der autobiografischen Schriften von Johann Heinrich Mayr, 4 Bde., Frauenfeld 2010

Bürde, Johann Gottlieb: Erzählung von einer gesellschaftlichen Reise durch einen Theil der Schweiz und des obern Italiens, Breslau, 1785

Büsch, Johann Georg: Theoretisch-praktische Darstellung der Handlung, Hamburg 1792

Deutsch, Otto Erich: Des Grafen Karl von Zinzendorf eingesammelte Nachrichten, den Handel und Waaren-Zug in einem Theile von Schwaben, in der Schweiz und in Bündten betreffend, in: Basler Zeitschrift für Geschichte und Altertumskunde (35/1936), S. 151–354

Dieterich, M.: Beschreibung der Stadt Ulm, Ulm 1825

Ebel, Johann Gottfried: Schilderung der Gebirgsvölker der Schweiz, 2 Bde., Leipzig 1798, Reprint 1983

Gülich, Jeremias Friedrich: Vollständiges Färbe- und Blaichbuch zu mehrerm Unterricht, Nutzen und Gebrauch für Fabrikanten und Färber, 8 Bde., Ulm 1779–1819

Heise: Schluss der historischen und geografischen Beschreibung von Pondichery, in: Hannoverische Beyträge zum Nutzen und Vergnügen (34, 3/1762), S. 521–524

Hirzel, Johann Caspar: Beantwortung der Frage: Ist die Handelschaft, wie sie bey uns beschaffen, unserm Lande schädlich oder nützlich, in Absicht auf den Feldbau und die Sitten des Volkes? Der Naturforschenden Gesellschaft in Zürich vorgelesen von Hrn. Doktor Rathsherr und Stadtarzt Hirzel, in: Magazin für die Naturkunde Helvetiens (3/1788), S. 53–156

Hirzel, Johann Caspar: Der philosophische Kaufmann. Von dem Verfasser des philosophischen Bauers, Zürich 1775

Holliger, Christian/Bürgi, Andreas/Messerli, Alfred/Stadler, Alois/Graber, Heinz/Holliger-Wiesmann, Claudia (Hg.): Ulrich Bräker. Sämtliche Schriften, 5 Bde., München/Bern 2010

Hoser, Joseph Carl Eduard: Das Riesengebirge, in einer statistisch-topographischen und pittoresken Uebersicht mit erläuternden Anmerkungen und einer Anleitung dieses Gebirge auf die zweckmässigste Art zu bereisen, mit Kupfern und einer Karte, 2 Bde., Wien 1803–1804

Keess, Stephan von: Darstellung des Fabriks- und Gewerbswesens in seinem gegenwärtigen Zustande, vorzüglich in technischer, mercantilischer und sttistischer Beziehung. Nach den neuesten und zuverlässigsten Quellen und nach vieljährigen eignenen Beobachtungen, mit steter Berücksichtigung der neusten Erfindungen und Entdeckungen, und des Zustandes des Fabriks= und Gewerbswesens im österr. Kaisersaate bearbeitet. Erster Theil, Zweyte, berichtigte, viel vermehrte und mit einem Anhange bereicherte Ausgabe, Wien 1824

Knigge, Adolph Freiherr von/Wilmsen, F.P.: Ueber den Umgang mit Menschen, 3 Bde., 9. Original=Ausgabe, durchgesehen und vermehrt von F.P. Wilmsen, Hannover 1817

Krünitz, Johann Georg: Oekonomisches Encyklopädie oder allgemeines System der Staats= Stadt= Haus = u. Landwirthschaft, in alphabetischer Ordung (1777–1858), Berlin 1777–1858

Lange, Carl Julius (1753–1813): Über die Schweiz und die Schweizer, 2 Bde., Berlin 1795

Lobwasser, D. Ambrosii: Chur=Pfälzisch=Allgemeines Reformirtes Gesang=Buch, Bestehend aus denen Psalmen Davids nach D. AMBROSII Lobwassers hin und wieder verbesserter Uebersetzung, Und 700. auserlesenen Liedern, Samt deren Inhalt und verschiedenen neuen Melodien, Mit Chur=Pfaelzischen Kirchen=Raths APPROBATION zum öffentlichen Kirchen=Gebrauch und besonderer Haus=Andacht herausgegeben, Auch denen noethigen Registern und Chur=Pfaelzische Kirchen=Agendis versehen. Mit Chur=Pfaelzisch=allergnädigstem Privilegio, Frankfurt am Main 1760

Ludovici, Carl Günther (1707–1778)/Schedel, Johann Christian: Neu eröfnete Academie der Kaufleute, oder encyclopädisches Kaufmannslexicon alles Wissenswerthen und Gemeinnützigen in den weiten Gebieten der Handlungswissenschaft und Handelskunde überhaupt: enthaltend: die reichhaltigste Universal=Handlungsbibliothek, aus welcher der Kaufmann und der die Handlung Studirende sich bey jeder Gelegenheit Raths erholen kann, und worinne alle, ihres Commerzes oder ihrer Gewerbe wegen merkwürdige, Länder und Plätze, Stapelorte und Niederlagen, die Schifffahrt und Handlung angehende Anstalten, Verordnungen und Hülfsmittel, die grossen Handelscompagnieen, und deren Niederlassungen, die Banken= Börsen= und Securanz=Anstalten, wie auch die Handelsgerichte, das Handelsrecht und die Gebräuche, die Manufacturen, Fabriken und Gewerbe, die Waaren=Artikel, und der damit zu treibende Handel, das Wechselnegoce, die Comtorkunde, die Buchhandlung und das Rechnungswesen, die Münzen, Maasse und Gewichte u.s.w. auf das genaueste erkläret und beschrieben sind, Leipzig 1797

Meister, Leonhard (1741–1811): Abhandlung über die Frage: In wie fern ist es schicklich dem Aufwande der Bürger, in einem kleinen Freystaate, dessen Wohlfahrt auf die Handelschaft gegründet ist, Schranken zu setzen?, in: Gesellschaft zur Aufmunterung und Beförderung des Guten und Gemeinnützigen [in Basel] (Hg.): Über die Aufwandgesetze. Sammlung einiger Schrifte, welche bey der Aufmunterungs=Gesellschaft in Basel eingeloffen sind, über die Frage: In wie fern ist es schicklich dem Aufwande der Bürger, in einem kleinen Freystaate, dessen Wohlfahrt auf die Handelschaft gegründet ist, Schranken zu setzen?, Basel 1781, S. 15–74

Meister, Leonhard (1741–1811): Erinnerungen aus Leonhard Meisters Leben, in: Schweizerisches Museum (6/1816), S. 535–560 und 821–856 (Fortsetzung)

Merck, Klemens: Klemens Merck's Warenlexikon für Handel, Industrie und Gewerbe. Beschreibung der im Handel vorkommenden Natur- und Kunsterzeugnisse unter besonderer Berücksichtigung der chemisch-technischen und anderer Fabrikate, der Droguen- und Farbewaren, der Kolonialwaren, der Landesprodukte, der Material- und Mineralwaren, Leipzig 1884

Metrà, A.: Il mentore perfetto de negozianti, ovvero guida sicura de' medesimi, ed istruzione, per rendere ad essi più agevoli, e meno incerte le loro speculazioni, Trieste 1797

Moritz, Carl Friedrich: Englische Farben- und Muster-Tabellen; oder systematisch-chemische Darstellung der vorzüglichsten, bis 680 einfacher und gemischter Farben und Muster zu allerley einfachen und melirten Tüchern, seidenen, baumwollenen und leinenen Zeugen, wie auch zu den vorzüglichsten Tuschfarben, sowohl auf thierische, Pflanzen=Mineral=Produkte, als andere Compositionen [...], Freyberg 1809

[Müller-Friedberg, N. von]: Spiegel unumschränkt-demokratischer Gerechtigkeitspflege (Beitrag zur Geschichte unsrer Zeit), in: H. Malten (Hg.): Bibliothek der Neuesten Weltkunde. Geschichtliche Übersicht denkwürdiger Ereignisse der Gegenwart und Vergangenheit bei allen Völkern der Erde, in ihrem politischen, religiösen, wissenschaftlichen, literarischen und sittlichen Leben, Bd. 4, Teil 10–12, Aarau 1838, S. 61–95

N.N.: Etat der Bürgerschaft der Stadt St. Gallen, St. Gallen 1829

N.N.: Etat der Gemeindsbürgerschaft der Stadt Zürich, Zürich 1813

N.N.: Jetzt lebend- und florirender Staat, Des Löblich Schwäbischen Craysses: enthaltend Die Regierende Geist- und Weltliche Hohe Reichs-Fürsten und Stände. Dero Dependence, auch Hof-Cantzley- und Land-Räthe, Officianten und Dienerschafft. Auf den Jahrgang 1749 zusammen getragen, und nach denen im gantzen Löbl. Schwäbischen Crayss theils persönlich, theils schrifftlich colligirten Consignationen, so viel deren zugegangen, mit allem Fleiss in Druck gebracht, Hessen Hanau Lichtenberg zu Freystett 1750

N.N. (Hg.): Neues Hamburger und Altonaer Address-Buch, Hamburg 1794

N.N.: Artikel «Jakob Zellweger (1770–1821)», in: Schweizerische Monatschronik (6/1821), S. 61–63

N.N.: Johannes Zellweger [1730–1802], Landsfänrich, von Trogen, in: Appenzellisches Monatsblatt (7/1839), S. 104–112

Prange, Christian Friedrich (1752–1836): Christian Friedrich Prangens der Weltweisheit und freyen Künste Magister Farbenlexicon, worin die möglichsten Farben der Natur nicht nur nach ihren Eigenschaften, Benennungen, Verhältnissen und Zusammensetzungen, sondern auch durch die wirkliche Ausmahlung enthalten sind. Zum Gebrauch für Naturforscher, Mahler, Fabrikanten, Künstler und übrigen Handwerker, welche mit Farben umgehen. Mit 48 illuminirten Tafeln und einer grossen Landschaft, 2 Bde., Halle 1782

Röder, Philipp Ludwig Hermann: Geografisches-Statisch=Topographisches Lexicon von Schwaben oder vollständige alphabetische Beschreibung aller im ganzen Schwäbischen Kreis liegenden Städte, Klöster, Schlösser, Dörfer, Flecken, Höfe, Berge, Thäler, Flüsse, Seen, merkwürdiger Gegenden u.s.w. mit genauer Anzeige [...], Ulm 1791

Savary des Bruslons, Jaques/Savary, Philémon-Louis (1654–1727): Dictionnaire Universel De Commerce: Contenant Tout Ce Qui Concerne Le Commerce Qui Se Fait Dans Les Quatre Parties Du Monde... L'Explication De Tous Les Termes, Qui Ont Rapport Au Negoce, Les Monnoyes De Compte [...], Paris 1723

Schmid, Johann Cristoph von: Schwäbisches Wörterbuch mit etymologischen und historischen Anmerkungen, 2. Auflage, Stuttgart 1844

Schedel, J.C.: Allgemeiner Kommerz-Merkur, oder Analekten, Abhandlungen und Nachrichten für Kaufleute, Nürnberg 1790

Schedel, Johann Christian: Allgemeines Journal für die Handlung oder gemeinnützige Aufsätze, Versuche und Nachrichten für Kaufleute, 2 Bde., Schwerin/Wismar/Bützow 1786–1787

Schedel, Johann Christian: Johann Christian SCHEDELs neues und vollständiges, allgemeines Waaren-Lexikon [...], Offenbach 1791

Schinz, J.H.: Versuch einer Geschichte der Handelschaft der Stadt und Landschaft Zürich, Zürich 1763

Schläpfer, Conrad (1...–1781): Kurze und wahrhafftige Beschreibung, von Garibana; in Süd America, besonders von Berbice, worinen von der Luft, den Boden, dem Wasser, den vierfüssigen Thieren, den Fischen, Pflanzen &c. zuverlässige Nachricht mit getheilt wird, von Hr. Conrad Schläpfer, des Raths zu Trogen, in dem Canton Appenzell V.R. welcher in denen Jahren 1769 und 70. hin und her gereiset ist, in: Alter und neuer Appenzeller Staats=Kriegs u. Friedens Calender, oder der Hinkende Bott, auf die Alte=Zeit gerichtet 1771. Samt den neuesten Weltgeschichten mit vielen Figuren vorgestellt (1771), S. 42–45

Schröckh, Samuel Jacob: Einleitung zu einer allgemeinen Erkenntniss aller Handlungs-Wissenschaften als der Geschichte und Verfassung der Handlung und Schiffahrt zu allen Zeiten, den Geld- und Wechsel-Geschäften, Manufacturen, Waaren-Handlungen, Handlungs-Gesellschaften, öffentlichen Geld-Banken, Handlungs-Büchern, u.s.w, Frankfurt am Mayn 1769–1770, 2. Auflage 1780–1783

Schütz: Schütz's Allgemeine Erdkunde, oder Beschreibung aller Länder der fünf Welttheile, ihrer Lage, ihres Klimas, ihrer Naturprodukte, Landeskultur, merkwürdigsten Städte, Gegenden, Kunstwerke, Ruinen und Denkmäler [...], Wien 1832

Schweiz (Hg.): Amtliche Sammlung der ältern eidgenössischen Abschiede, Luzern 1839–1886

Steinmüller, N.N.: Grabrede zur Erinnerung an den sel. Herrn Landammann Jakob Zellweger in Trogen, St. Gallen [1821]

St. Gallen, Stadt: Stadtsatzungen 1426: Von den Webern Vnd von der Linwât, in: Ernst Ziegler/Jost Hochuli (Hg.): Hefte zur Paläographie des 13. bis 20. Jahrhunderts aus dem Stadtarchiv (Vadiana) St. Gallen, Bd. 3, 15. Jahrhundert, Rorschach 1987, S. 10–11

Tessier, Henri-Alexandre (1741–1837)/Thouin, A./de Bondaroy, A.D.F.: Encyclopédie méthodique. Agriculture, Paris 1787–1821

Walser, Gabriel: Die Appenzellische Plantage in Berbice [1781], in: Gabriel Walser/Gabriel Rüsch (Hg.): Der Appenzeller-Chronick vierter Theil, in welchem alle Begebenheiten, so sich von 1772 bis 1798 zugetragen, unpartheiisch beschrieben sind. Fortgesetzt von Gabriel Rüsch, Dr. Med. et. Chir. in Speicher, Trogen 1831, S. 44–46

Walser, Gabriel/Rüsch, Gabriel: Der Appenzeller-Chronik von Gabriel Walser vierter Theil. 1772–1798, Trogen 1831

Walser, Gabriel: Der Appenzeller-Chronick dritter Theil. 1732–1772 [auf dem Titelblatt irrtümlich 1763], Trogen 1829

Walser, Gabriel: Neue Appenzeller-Chronick oder Beschreibung des Cantons Appenzell Der Innern- und Aussern-Rooden [... –1731], St. Gallen 1740

Wegener, C.F.W. (Hg.): Allgemeiner Namen= und Wohnungs=Anzeiger von den Staatsbeamten, Gelehrten, Künstlern, Kaufleuten, Fabrikanten, Handel= und Gewerbtreibenden, Partikuliers, Rentiers, &c.&c. in der Königl. Preuss. Haupt und Residenz=Stadt Berlin. Für das Jahr 1818 und 1819. Nach alphabetischer Ordnung eingerichtet, Berlin 1818/1819

Weyermann, Albrecht: Neue historisch-biografisch-artistische Nachrichten von Gelehrten und Künstlern, auch alten und neuen adelichen und bürgerlichen Familien aus der vormaligen Reichsstadt Ulm, Fortsetzung der Nachrichten von Gelehrten, Künstlern und andern merkwürdigen Personen aus Ulm, Ulm 1829

Tynna, J. de la/Bottin, S.: Almanach du commerce de Paris, des départemens de la France et des principales villes du monde, Paris 1820

Tynna, Jean de la: Almanach du commerce de Paris, des départemens de l'empire français et des principales villes du monde, Paris 1811

Zedler, Johann Heinrich: Johann Heinrich Zedlers Grosses vollständiges Universal Lexicon Aller Wissenschafften und Künste, Welche bishero durch menschlichen Verstand und Witz erfunden und verbessert worden [...], 64 Bde., Leipzig 1731–1754

Zellweger, Johann Caspar: Einige historische Notizen und Bemerkungen über den Handel und die Fabrikation im Kanton Appenzell, in: Verhandlungen der St. Gallisch-Appenzellischen gemeinnützigen Gesellschaft (1852), S. 313–328

Zellweger, Johann Caspar: Geschichte des Appenzellischen Volkes. Neu bearbeitet, Bd. 3, 2. Abteilung, Trogen 1840

Zellweger, Johannes (1758–1836)]: Geschichtliche und aktenmässige Darstellung des vor Gericht in Appenzell-Ausserrhoden obwaltenden Prozesses des Oberst Zellweger-Huber, s.l., 1819

Zili, Hans Anton (1747–1811): Lebensbeschreibung, stellenweise gedruckt in: Ehrenzeller, Wilhelm: Geschichte der Familie Zili (1928), S. 67–81

Literatur

Abgottspon, Franziska: Das Farbenreich. Zur Geschichte und Technik des Textildrucks und der Textilfärberei bei Jenny & Schindler, in: Reinhard Mittersteiner (Hg.): Die Tüchlebarone. Zur Geschichte der Textildruck- und Textilfärbeindustrie in Hard vom späten 18. bis zum frühen 20. Jahrhundert, Hard 1999, S. 78–153

Aicher, Manuel/Moos, Mario von: Genealogie der Familie Schulthess von Zürich, 3 Bde. Rapperswil 2008

Altherr, Fredi: Honnerlagsche und Zellwegersche Paläste in Trogen, Manuskript zum Vortrag, hg. von Amt für Denkmalpflege Appenzell Ausserrhoden, 2007, S. 1–7

Ammann, Hektor: Die Diesbach-Watt-Gesellschaft. Ein Beitrag zur Handelsgeschichte des 15. Jahrhunderts, in: Mitteilungen zur vaterländischen Geschichte (1, 37/1928)

Ammann, Hektor/Schib, Karl (Hg.): Historischer Atlas der Schweiz, Aarau 1958

Antoniol+Huber+Partner Architekten: Hirschen. Befund und Architekturkonzept, Frauenfeld 2010

Appenzell, Ausserrhoden/Appenzell, Innerrhoden (Hg.): Zeitzeugnisse. Appenzeller Geschichte in Wort und Bild, Herisau 2013

Auf der Maur, Jürg: Von der Tuchhandlung Castell zur Weinhandlung Schuler. Ursprung, Struktur und Bedeutung eines Schwyzer Handelshauses (17.–19. Jahrhundert), Zürich 1996

Bänziger, Gustav: Der «Hirschen» in Oberglatt im Spiegel seiner Besitzer, in: Toggenburger Annalen (1989), S. 67–72

Bärtschi, Hans-Peter: Die industrielle Schweiz vom 18. ins 21. Jahrhundert. Aufgebaut und ausverkauft, Baden 2011

Bärtschi, Hans-Peter: Industriekultur im Kanton Zürich. Unterwegs zu 222 Schauplätzen des produktiven Schaffens, Zürich 2009 (= Industriekultur 2)

Bärtschi, Hans-Peter: Industriekultur im Kanton Bern. Unterwegs zu 333 Zeugen des produktiven Schaffens, Zürich 2006 (= Industriekultur 1)

Bärtschi, Hans-Peter: Meyer'sche Manufaktur in Aarau – ein einzigartiger Produktionsbetrieb in einer Altstadt, in: Aarauer Neujahrsblätter (2003), S. 66–82

Bartel, Jürgen: Schönes altes Augsburg, Augsburg 1982

Baumann, Fritz/Meyer, Jakob Reinhard: Kleine Geschichte der Leinwandweberei und des Leinwandhandels im Oberaargau und Emmental, Langenthal 1984

Baumann, Max: Konfessionelle, politische, wirtschaftliche Vielfalt, in: Wissenschaftliche Kommission der Sankt-Galler Kantonsgeschichte (Hg.): Frühe Neuzeit: Territorien, Wirtschaft, St. Gallen 2003 (= Geschichte St. Gallen 2003, 3), S. 11–147

Bayard, Françoise: Vivre à Lyon sous l'ancien régime, Mésnil-sur-l'Estrée 1997

Beck, Thomas: Indigo, Cochenille und Brasilholz. Farbstoffhandel und Technologietransfer im Ersten Kolonialzeitalter, in: Kultur & Technik (4/1988), S. 222–229

Beckert, Sven: King Cotton. Eine Geschichte des globalen Kapitalismus, München 2014

Bellabarba, Marco/Forster, Ellinor/Heiss, Hans et al. (Hg.): Eliten in Tirol zwischen Ancien Régime und Vormärz. Akten der internationalen Tagung vom 15. bis 18. Oktober 2008 an der Freien Universität Bozen, Innsbruck 2010 (= Veröffentlichungen des Südtiroler Landesarchivs 31)

Bergeron, Louis: «Pourtalès et Cie». (1751–1801). Apogée et déclin d'un capitalisme, in: Annales. Economies, Sociétés, Civilisations (2/1970), S. 498–517

Berghoff, Hartmut: Ansätze und Perspektiven einer modernen, theorieorientierten Unternehmensgeschichte, in: Rudolf Boch/Petra Liestwnik/Eva Pietsch/et al. (Hg.): Unternehmensgeschichte heute: Theorieangebote, Quellen, Forschungstrends (2005) (= Reihe A: Beiträge zur Wirtschaftsgeschichte Sachsens 6), S. 15–20

Berghoff, Hartmut: Moderne Unternehmensgeschichte. Eine themen- und theoriegeschichtliche Einführung, Paderborn 2004

Berghoff, Hartmut: Wozu Unternehmensgeschichte? Erkenntnisinteressen, Forschungsansätze und Perspektiven, in: Zeitschrift für Unternehmensgeschichte (2/2004), S. 131–148

Bergier, Jean-François: Die Wirtschaftsgeschichte der Schweiz von den Anfängen bis zur Gegenwart, ins Deutsche übertragen von Trude Fein und Markus Hedinger, 2., aktualisierte Auflage, Zürich 1990

Bestmann, Uwe/Irsigler, Franz/Schneider, Jürgen (Hg.): Hochfinanz, Wirtschaftsräume, Innovationen. Festschrift für Wolfgang von Stromer, 3 Bde., Trier 1987

Bideller, August: Die Post in Winterthur, in: Neues Winterthurer Tagblatt (65, 279/1942)

Bilgeri, Benedikt: Politik, Wirtschaft, Verfassung der Stadt Feldkirch bis zum Ende des 18. Jahrhunderts, Sigmaringen 1987 (= Geschichte der Stadt Feldkirch 1)

Bilgeri, Benedikt: Bregenz. Geschichte der Stadt. Politik – Verfassung – Wirtschaft, Wien 1980

Bilgeri, Benedikt: Der Getreidebau im Lande Vorarlberg. Ein Beitrag zur Wirtschafts-, Siedlungs- und Stammesgeschichte, in: Montfort (7, 12/1947)

Boch, Rudolf/Liestwnik, Petra/Pietsch, Eva /et al. (Hg.): Unternehmensgeschichte heute: Theorieangebot, Quellen, Forschungstrends, Leipzig 2005

Bodmer, Albert: Alte Handelsbeziehungen zwischen den Städten Lyon und St. Gallen, in: Textil-Rundschau (1/1950), S. 19–26

Bodmer, Albert: Die Gesellschaft zum Notenstein und das Kaufmännische Direktorium. Ein Beitrag zur Sozial- und Wirtschaftsgeschichte der alten Stadtrepublik St. Gallen, in: Neujahrsblatt (102/1962), S. 1–54

Bodmer, Walter: Die Indienne-Industrie im Gebiet des heutigen Kantons Freiburg im 18. Jahrhundert, in: Freiburger Geschichtsblätter (56/1968–1969), S. 35–71

Bodmer, Walter: Die Wirtschaftspolitik Berns und Freiburgs im 17. und 18. Jahrhundert, in: Archiv des Historischen Vereins Bern (57/1973)

Bodmer, Walter: Die Zurzacher Messen von 1530–1856, Aarau 1962 (= Argovia. Zeitschrift der Historischen Gesellschaft des Kantons Aargau 74)

Bodmer, Walter: Schweizerische Industriegeschichte. Die Entwicklung der Schweizerischen Textilwirtschaft im Rahmen der übrigen Industrien und Wirtschaftszweige, Zürich 1960

Bodmer, Walter: Tendenzen der Wirtschaftspolitik der eidgenössischen Orte im Zeitalter des Merkantilismus, in: Schweizerische Zeitschrift für Geschichte (4/1951), S. 562–598

Bodmer, Walter: Textilgewerbe und Textilhandel in Appenzell Ausserrhoden vor 1800, in: Appenzellische Jahrbücher (87/1959), S. 3–75

Böck, Franz-Rasso: Handel mit Langwaren und Kirchenparamenten: Zum 100. Todestag von Christian Marco Calgeer am 6. März 1998, in: Das schöne Allgäu (61/1998), S. 39–40

Bolli, Peter/Menolfi, Ernest: Frühes Unternehmertum in Hauptwil. Die Textilmanufakturen Gonzenbach im 17. und 18. Jahrhundert, Frauenfeld 2019 (= Thurgauer Beiträge 157)

Bonoldi, Andrea: Italien und die Messen zwischen Spätmittelalter und Früher Neuzeit, in: Denzel (Hg.): Europäische Messegeschichte 9.–19. Jahrhundert, Wien/Köln/Weimar 2017, S. 125–146

Bonoldi, Andrea: The Italian Exchange Fairs and the International Payment System (XVI–XVII Centuries), in: Denzel: Europäische Messegeschichte 9.–19. Jahrhundert, Wien/Köln/Weimar 2017, S. 169–180

Bonoldi, Andrea: Kredit und Handel zwischen Italien und Deutschland: Bozen und seine Messen (XIII–XIX Jhd.), in: Scripta Mercaturae 42 (1/2008), S. 9–26

Bonoldi, Andrea/Denzel, Markus (Hg.): Bozen im Messenetz Europas (17.–19. Jahrhundert)/Bolzano nel sistema fieristico europeo (secc. XVII–XIX), Bolzano 2007 (= Veröffentlichungen des Südtiroler Landesarchiv 24)

Bonoldi, Andrea/Denzel, Markus: Bozen im Messenetz Europas (17.–19. Jahrhundert), Bozen 2007 (= Veröffentlichungen des Südtiroler Landesarchivs 24)

Bonoldi, Andrea: I signori della fiera: Le famiglie mercantili bolzanine del XVIII secolo tra politica ed economia, in: Ladner/Imboden (Hg.): Alpenländischer Kapitalismus in vorindustrieller Zeit. Vorträge des siebenten internationalen Symposiums zur Geschichte des Alpenraums, Brig 2004 (= Veröffentlichungen des Forschungsinstituts zur Geschichte des Alpenraums 9), S. 23–54

Bonoldi, Andrea: «[...] wo man Leichtigkeit und Freiheit genutzt hat, [...] muss der Handel unwillkürlich blühen». Messen, Einrichtungen und städtische Realität im Bozen des 18. Jahrhundert, in: Hans Heiss (Hg.): Bozen 1700–1800. Eine Stadt und ihre Kunst, Mailand 2004, S. 29–35

Borscheid, Peter: Der ökonomische Kern der Unternehmensgeschichte, in: Zeitschrift für Unternehmensgeschichte (1/2001), S. 5–10

Brändle, Fabian: Der Appenzeller Landhandel. Demokratie und Oligarchie im 18. Jahrhundert, in: Schriften des Vereins für Geschichte des Bodensees und seiner Umgebung (124/2006), S. 157–174

Brändle, Fabian: Demokratie und Charisma. Fünf Landsgemeindekonflikte im 18. Jahrhundert, Dissertation, Zürich 2005

Braunfels, Wolfgang/Kirschbaum, Engelbert (Hg.): Lexikon der christlichen Ikonographie, 8 Bde., Freiburg im Breisgau 1968–1976

Braudel, Fernand: Die Dynamik des Kapitalismus, ins Deutsche übertragen von Peter Schöttler, Stuttgart 1986

Braudel, Fernand: Sozialgeschichte des 15.–18. Jahrhunderts. Der Alltag, Bd. 1/3, ins Deutsche übertragen von Siglinde Summerer und Gerda Kunz nach der französischen Origianlausgabe 1979, Sonderausgabe, München 1990

Braudel, Fernand: Sozialgeschichte des 15.–18. Jahrhunderts. Der Handel, Bd. 2/3, ins Deutsche übertragen von Siglinde Summerer und Gerda Kunz nach der französischen Origianlausgabe 1979, Sonderausgabe, München 1990

Braudel, Fernand: Sozialgeschichte des 15.–18. Jahrhunderts. Aufbruch zur Weltwirtschaft, Bd. 3/3, ins Deutsche übertragen von Siglinde Summerer und Gerda Kunz nach der französischen Originalausgabe 1979, Sonderausgabe, München 1990

Bridler, Theo: Der Leinwandhandel in Bischofszell, in: Thurgauer Jahrbuch (5/1930), S. 10–18

Brübach, Nils: Die Reichsmessen von Frankfurt am Main, Leipzig und Braunschweig (14.–18. Jahrhundert), Stuttgart 1994 (= Beiträge zur Wirtschafts- und Sozialgeschichte 55)

Bruchhäuser, Hanns-Peter (Hg.): Quellen und Dokumente zur Berufsbildung deutscher Kaufleute im Mittelalter und in der frühen Neuzeit, Köln 1992 (= Quellen und Dokumente zur Geschichte der Berufsbildung in Deutschland, Reihe C 4)

Brunner, Otto/Conze, Werner/Koselleck, Reinhart (Hg.): Geschichtliche Grundbegriffe: Historisches Lexikon zur politisch-sozialen Sprache in Deutschland, 8 Bde., Stuttgart 1972–1979

Brunold-Bigler, Ursula: «Den ersten hinkenden Boten neuer Zeit herausgegeben» oder die Tagebuchnotizen einer Appenzeller Kalendermacherfamilie (1771–1819), in: Schweizerisches Archiv für Volkskunde (79/1983), S. 63–84

Buc, Stephan: Beiträge zur Verkehrsgeschichte Graubündens. Der Churer Gütertransit im 17. und 18. Jahrhundert, Chur 1917

Büchler, Gottlieb: Die Merzen in Herisau. Eine Familiengeschichte, s.l. [1850er?] [STAAR Mn.M-01]

Büchler, Gottlieb: Geschichte der Nebenlinien des Geschlechtes Tanner, nach genealogischer Form geschichtlich dargestellt (1854) [STAAR: Mn.M-01]

Bürkli-Meyer, Adolf: Das kaufmännische Direktorium in Zürich. Ein Beitrag zur zürcherischen Handelsgeschichte, Zürich 1883

Capitani, François de: Die Gesellschaft im Wandel. Mitglieder und Gäste der Helvetischen Gesellschaft, Frauenfeld, Stuttgart 1983 (= Die Helvetische Gesellschaft. Spätaufklärung und Vorrevolution in der Schweiz 2)

Cassel, Gertrud: Die Hirschberger Kaufmanns-Sozietät (von 1658–1740). Ein Beitrag zur Geschichte der Weberei im Riesengebirge im Rahmen der österreichischen Merkantilpolitik in Schlesien, Hirschberg 1918

Casutt, Marcus/Giovanoli, Diego/Jecklin, Ursula: Das Neue Gebäu in Chur, Chur 2010 [Broschüre] (= Bündner Baudenkmäler 1)

Chapman, S.D./Chassagne, Serge: European Textile Printers in the Eighteenth Century. A Study of Peel and Oberkampf, London 1981

Chassagne, Serge: Le coton et ses patrons: France, 1760–1840, Paris 1991

Clasen, Claus-Peter: Textilherstellung in Augsburg in der frühen Neuzeit. Bd. I: Weberei, Augsburg 1995

Clasen, Claus-Peter: Textilherstellung in Augsburg in der frühen Neuzeit. Bd. II: Textilveredlung, Augsburg 1995

Coraggioni, Leodegar (1825–1900): Münzgeschichte der Schweiz, Genf 1896

Creifelds, Carl: Rechtswörterbuch, München 2011

Crowhurst, Patrick: The effect of war on the Swiss cotton trade: Christophe Burckhardt of Basel, 1793–1810, in: Textile History (18,1/1987), S. 17–32

Denzel, Markus A.: Europäische Messegeschichte 9.–19. Jahrhundert, Wien/Köln/Weimar 2017

Denzel, Markus A.: Das Maklerwesen auf den Bozner Messen im 18. Jahrhundert, in: Vierteljahrschrift für Sozial- und Wirtschaftsgeschichte (3/2009), S. 297–319

Denzel, Markus A.: Die Bozner Messen und ihr Zahlungsverkehr (1633–1850), 2005 (= Veröffentlichungen des Südtiroler Landesarchivs 21)

Denzel, Markus A.: «Ex merce et cambio pulchrior». Bargeldloser Zahlungsverkehr auf den Bozner Messen (17. bis Mitte 19. Jahrhundert), in: Andrea Bonoldi/Markus A. Denzel/Südtiroler Landesarchiv (Hg.): Bozen im Messenetz Europas (17.–19. Jahrhundert)/Bolzano nel sistema fieristico europeo (secc. XVII–XIX), Bozen 2007 (= Veröffentlichungen des Südtiroler Landesarchiv 24), S. 149–185

Denzel, Markus A.: Geldwesen und Zahlungsverkehr in regionalen und internationalen Zusammenhängen in der alten Schweiz. Das Fallbeispiel des Schaffhauser Kaufmann-Bankiers Amman (um 1750–1781), in: Pascal Ladner Internationales Symposium zur Geschichte des Alpenraums (Hg.): Alpenländischer Kapitalismus in vorindustrieller Zeit, Brig [2004] (= Veröffentlichungen des Forschungsinstituts zur Geschichte des Alpenraums, Stockalperschloss Brig), S. 55–99

Denzel, Markus A.: Die Geschäftsbeziehungen des Schaffhauser Handels- und Bankhauses Amman 1748–1779. Ein makroökonomisches Fallbeispiel, in: Vierteljahrschrift für Sozial- und Wirtschaftsgeschichte (89, 1/2002), S. 1–40

Denzel, Markus A.: Prag als Finanzplatz im internationalen Zahlungsverkehr: Wechselkurse vom 18. Jahrhundert bis in die Zeit der Ersten Republik, in: Prager Wirtschafts-und Sozialhistorische Mitteilungen (2/1995), S. 25–56

Deutsch, Otto Erich: Des Grafen Karl von Zinzendorf eingesammelte Nachrichten, den Handel und Waaren-Zug in einem Theile von Schwaben, in der Schweiz und in Bündten betreffend in: Basler Zeitschrift für Geschichte und Altertumskunde (35/1936), S. 151–354

Dobras, Werner: Mailänder Bote, Lindauer Bote – eine zuverlässige Transporteinrichtung zwischen Lindau und der Lombardei, in: Bündner Monatsblatt (5/1989), S. 339–356

Doren, Alfred: Italienische Wirtschaftsgeschichte, Jena 1934 (= Handbuch der Wirtschaftsgeschichte 7)

Doren, Alfred: Untersuchungen zur Geschichte der Kaufmannsgilden des Mittelalters. Ein Beitrag zur Wirtschafts-, Social- und Verfassungsgeschichte der mittelalterlichen Städte, Dissertation, Leipzig 1893

Dreyer, Alice: Les toiles peintes en pays neuchâtelois, Neuenburg 1923

Duckett, William: Dictionnaire de la conversation et de la lecture. Inventaire raisonné des notions générales les plus indispensables à tous, 52 Bde., Paris 1832–1839

Dürst, Elisabeth: Die wirtschaftlichen und sozialen Verhältnisse des Glarnerlandes an der Wende vom 18. zum 19. Jahrhundert. Der Übergang von der Heimindustrie zum Fabriksystem, Glarus 1951

Ehrensperger, Ingrid: Die Indienne-Druckerei im Drei-Seen-Land im 18. und 19. Jahrhundert, in: Seebutz (4/2003), S. 29–49

Ehrenzeller, Wilhelm: Die Struktur der Kantone St. Gallen und Appenzell, in: Rorschacher Neujahrsblatt (32/1942), S. 27–29

Ehrenzeller, Wilhelm: Geschichte der Familie Zili von St. Gallen. Lebensbilder und Schicksale aus fünf Jahrhunderten St. Gallischer Stadtgeschichte, St. Gallen 1928

Eisenhut, Heidi: «Wunderlich kommt mir die Baute vor». Der Fünfeckpalast in Trogen und die Familie Zellweger, Schwellbrunn 2019

Eisenhut, Heidi: Der Honnerlag'sche Garten, in: Obacht Kultur, Appenzell Ausserrhoden, Amt für Kultur (20, 3/2014), S. 29–31

Eisenhut, Heidi: Das Appenzeller Fahnenbuch. Ein Sammelband mit aquarellierten Zeichnungen zur «Geschichte des appenzellischen Volkes», in: LIBRARIUM – Zeitschrift der schweizerischen bibliophilen Gesellschaft (56, II–III/2013), S. 83–98

Engel, Alexander: Homo oeconimicus trifft ehrbaren Kaufmann. Theoretische Dimensionen und historische Spezifität kaufmännischen Handelns, in: Mark Häberlein/Christof Jeggle (Hg.): Praktiken des Handelns. Geschäfte und soziale Beziehungen europäischer Kaufleute in Mittelalter und früher Neuzeit, Konstanz 2010 (= Irseer Schriften 6), S. 145–172

Engel, Alexander: Der Warenverkauf des Handelshauses Amman in Schaffhausen 1748–1779. Methoden und Entwicklungslinien, Göttingen 2002

Engel, Alexander: Zwischen Produktion und Konsum: Der Kaffeehandel des Schaffhauser Handelshauses Amman 1748–1780, in: Roman Rossfeld (Hg.): Genuss und Nüchternheit. Geschichte des Kaffees in der Schweiz vom 18. Jahrhundert bis zur Gegenwart, Baden 2002, S. 40–63

Ersch, Samuel/Gruber, Johann Gottfried: Allgemeine Encyclopädie der Wissenschaften und der Künste, Leipzig 1818–1889

Etemad, Bouda: « Point de bonne traite sans Indiennes »: réseaux d'affaires suisses et marchandises de traite, in: Sandra Bott/Thomas David/Claude Lützelschwab/Janick Marina Schaufelbuehl (Hg.): Schweiz – Afrika (18.–20. Jahrhundert): Vom Sklavenhandel zum Ende des Apartheid-Regimes, Münster 2005 (= Schweizerische Afrikastudien 6), S. 13–22

Faber, Eva: Territorio e amministrazione, in: Roberto Finzi et al. (Hg.): La città dei traffici, 1719–1918. Storia economica e sociale di Trieste, Bd. 2, Triest 2003, S. 21–54

Fankhauser, Andreas: 300 Jahre Entwicklung einer Emmenthaler Firma. 1630–1936. Geschichte der Leinwandwebereien Worb & Scheitlin A.G., Burgdorf, 1936

Fässler, Hans: Reise in Schwarz-Weiss. Schweizer Ortstermine in Sachen Sklaverei, Zürich 2005

Fassl, Peter: Wirtschaft, Handel und Sozialstruktur 1648–1806, in: Gottlieb/Baer/Becker et. al. (Hg.): Geschichte der Stadt Augsburg. 2000 Jahre von der Römerzeit bis zur Gegenwart, 2. durchgesehene Auflage, Stuttgart 1985, S. 468–480

Fassin, Théodore: Essai historique et juridique sur la foire de Beaucaire, Aix 1900

Festi, Roberto/Natali, Lucia/Bolzano, Museo mercantile: Merkantilmuseum Bozen, Bozen 1998

Fetscherin, Werner: Beitrag zur Geschichte der Baumwollindustrie im alten Bern, Dissertation, Weinfelden 1924 (= Schweizer Industrie- und Handelsstudien 18)

Fierz, Peter: Eine Basler Handelsfirma im ausgehenden 18. und zu Beginn des 19. Jahrhunderts: Christoph Burckhardt & Co. und verwandte Firmen, Zürich 1994

Fischer, Rainald: Die Kunstdenkmäler des Kantons Appenzell Innerrhoden, Basel 1981 (= Die Kunstdenkmäler der Schweiz 74)

Fischer, Wolfram: Wirtschaft und Gesellschaft im Zeitalter der Industrialisierung. Aufsätze – Studien – Vorträge, Göttingen 1972 (= Kritische Studien zur Geschichtswissenschaft 1)

Flad, Max: Flachs und Leinen. Vom Flachsanbau, Spinnen und Weben in Oberschwaben und auf der Schwäbischen Alb, Ravensburg 1984

Flammer, Arnold: Städtische Landsitze in der Umgebung der Alten Stadt St. Gallen – eine bau- und architekturgeschichtliche Perspektive, in: Dorothee Guggenheimer/Arnold Flammer/Stefan Sonderegger/et al. (Hg.): Schloss Greifenstein – «Ist ein lustig Sitz». Städtische Repräsentation auf dem Land, Wittenbach 2010, S. 35–60

Flammer, Arnold: «Das Walser'sche Doppelhaus am Platz in Herisau», in: Jahrbücher der Denkmalpflege, Kantonsbibliothek, Staatsarchiv Appenzell Ausserrhoden, 2005, S. 12–17

Flik, Reiner: Die Textilindustrie in Calw und Heidenheim 1750–1870. Eine regional vergleichende Untersuchung zur Geschichte der Frühindustrialisierung und der Industriepolitik in Württemberg, 1990 (= Zeitschrift für Unternehmensgeschichte, Beiheft 57)

Forrer, Robert: Die Kunst des Zeugdrucks vom Mittelalter bis zur Empirezeit. Nach Urkunden und Originaldrucken, Strassburg 1898

Fotheringham, Avalon: Indiens Textilproduktion im 17. und 18. Jahrhundert, in: Schweizerisches Nationalmuseum (Hg.): Indiennes – Stoff für tausend Geschichten, Basel 2019, S. 24–38

Frei, Hans/Friedrich, Pankraz/Kiessling, Rolf: Historischer Atlas von Bayerisch-Schwaben, Augsburg 2010

Fricker, Hans Ruedi: Sophie Taeuber Arp. Kindheit und Jugend in Trogen. Publikation zur Ausstellung in der Kantonsbibliothek Appenzell Ausserrhoden in Trogen vom 23.09. bis 14.10.1995, Trogen 1995

Fuchs, Thomas/Graf, Erika (Hg.): Mahlen – Bläuen – Sägen. 250 Mühlen im Appenzellerland, Herisau 2005

Fuchs, Thomas: Geschichte der Gemeinde Herisau, Herisau 1999

Fulpius, George: La Poste à Genève de l'origine à 1851. Historique – Organisation – Développement, Genève 1943

Gabathuler, Jakob: Die Spen zu Wartau. Wie die Wartauer einst ihre eigenen und zugelaufenen Armen durch den Ertrag aus Spenden unterstützten. Ein Beitrag zur Wirtschafts- und Sozialgeschichte der Gemeinde Wartau, in: Werdenberger Bücher-Reihe (9/1989), S. 151–152

Gall, Lothar: Von der ständischen zur bürgerlichen Gesellschaft, München 2012 (= Enzyklopädie deutscher Geschichte 25)

Gall, Lothar: Städtisches Bürgertum und staatliche Modernisierungspolitik, in: Heinrich R. Schmidt/et al. (Hg.): Gemeinde, Reformation und Widerstand. Festschrift für Peter Blickle zum 60. Geburtstag, Tübingen 1998, S. 145–157

Gall, Lothar (Hg.): Bürgertum und bürgerlich-liberale Bewegung seit dem 18. Jahrhundert, München 1997 (= Historische Zeitschrift, Sonderheft 17)

Gall, Lothar: Stadt und Bürgertum im Übergang von der traditionalen zur modernen Gesellschaft, 1993 (= Historische Zeitschrift, Beihefte, Neue Folge 16)

Gall, Lothar: Vom alten zum neuen Bürgertum, München 1991 (= Historische Zeitschrift, Beihefte, Neue Folge 14)

Gall, Lothar (Hg.): Stadt und Bürgertum im 19. Jahrhundert, München 1990 (= Historische Zeitschrift, Beihefte, Neue Folge 12)

Ganz, Werner: Winterthur. Einführung in seine Geschichte von den Anfängen bis 1798, Winterthur 1960 (= Neujahrsblatt der Stadtbibliothek Winterthur 292)

Garden: Lyon et les Lyonnais au XVIIIe siècle, Paris 1971

Geisendorf, Paul-F.: Les Trembley de Genève, de 1552 à 1846 (mit Stammbaum), Genève 1970

Gestrich, Andreas: Geschichte der Familie im 19. und 20. Jahrhundert, München 1999 (= Enzyklopädie deutscher Geschichte 50)

Giacchero, Giulio: Economia e societa del settecento Genovese, Genua 1973

Gilibert, Giorgio: Il mercante, il banchiere e l'imperatrice. L'aventura coloniale della Compagnia Asiatica di Trieste, in: Roberto Finzi/Loredana Panariti/Giovanni Panjek (Hg.): Storia economica e sociale di Trieste. La città dei traffici 1719–1918, Bd. 2, Triest 2003, S. 3–20

Glaus, Beat: Der Kanton Linth der Helvetik, Schwyz 2005

Gmür, Hans: Die Entwicklung der St. Gallischen Lande zum Freistaate von 1803, Luzern 1911

Gollino, Erich: Bleichemühle, Appenzell, in: Thomas Fuchs/Erika Graf (Hg.): Mahlen – Bläuen – Sägen: 250 Mühlen im Appenzellerland, Herisau 2005, S. 82–94

Graber, Rolf: Wohlstandswahrung für wenige oder Nahrungssicherung für alle? Armut, Tugenddiskurs und Krisenbekämpfungskonzepte im Kontext der Hungerkrise 1770/71 auf der Zürcher Landschaft, in: André Holenstein/Béla Kapossy/Danièle Tosato-Rigo/Simon Zurbuchen (Hg.): Reichtum und Armut in den schweizerischen Republiken des 18. Jahrhunderts. Akten des Kolloquiums vom 23.–25. November 2006 in Lausanne, Genève 2010 (= Travaux sur la Suisse des Lumières 12), S. 195–214

Gredig, Hansjürg: Die Saumwege am Splügenpass, in: Georg Jäger (Hg.): Der Splügenpass. Zur langen Geschichte einer kurzen Transitstrecke, Chur 2016, S. 83–92

Grimm, Jacob/Grimm, Wilhelm: Deutsches Wörterbuch, Berlin 1854–1971

Grossmann, Heinrich: Die Rhone als Flosstrasse in: Mitteilungen der Antiquarischen Gesellschaft in Zürich (52, 1/1972), S. 52–62

Grossmann, Marcel: Das kaufmännische Direktorium in Zürich 1662–1834, Dissertation, Lachen 1927

Grünberger, Richard: Die Rorschacher Familie Hoffmann, in: Rorschacher Neujahrsblatt (58/1968), S. 7–38

Grünberger, Richard: Die Rorschacher Kaufmannsfamilie von Bayer in: Rorschacher Neujahrsblatt (62/1962), S. 9–47

Grünberger, Richard: Die Rorschacher Kaufmannsfamilie von Albertis, in: Rorschacher Neujahrsblatt (42/1952), S. 21–39

Grünsteudel, Günther/Hägele, Günter/Frankenberger, Rudolf/Baer, Wolfram/et al. (Hg.): Augsburger Stadtlexikon, 2., völlig neu bearbeitete und erheblich erweiterte Auflage, Augsburg 1998, zitiert als Stadtlexikon Augsburg online

Gügel, Dominik: Zum Thurgau – die Zunft der Konstanzer Kaufleute, in: Silvia Volkart (Hg.): Vom Bodensee nach Bischofszell – Alltag und Wirtschaft im 15. Jahrhundert, Bd. 2/4, Zürich 2015, S. 144–151

Guggenheimer, Dorothee: Städtische Landsitze in der Umgebung von St. Gallen. Eine mentalitätsgeschichtliche Einordnung, in: Dorothee Guggenheimer/Arnold Flammer/Stefan Sonderegger/et al. (Hg.): Schloss Greifenstein – «Ist ein lustig Sitz». Städtische Repräsentation auf dem Land, Wittenbach 2010, S. 21–32

Guggenheimer, Dorothee: Kredite, Krisen und Konkurse. Wirtschaftliches Scheitern in der Stadt St. Gallen im 17. und 18. Jahrhundert, Chronos 2014 (= St. Galler Kultur und Geschichte 39)

Haberl, Wolfgang/Weber, Gerhard/Petzet, Michael: Denkmäler in Bayern: Stadt Kempten, Bd. 7, München/Zürich 1990

Häberlein, Mark/Jeggle, Christoff (Hg.): Praktiken des Handelns. Geschäfte und soziale Beziehungen europäischer Kaufleute in Mittelalter und früher Neuzeit, Konstanz 2010 (= Irseer Schriften 6)

Häberlein, Mark/Jeggle, Christof (Hg.): Vorindustrielles Gewerbe. Handwerkliche Produktion und Arbeitsbeziehungen in Mittelalter und früher Neuzeit, Konstanz 2006

Häberlein, Mark: Die Fugger. Geschichte einer Augsburger Familie (1367–1650), Stuttgart 2006

Haenger, Peter/Labhardt, Robert: Basel und der Sklavenhandel. Das Beispiel der Burckhardtschen Handelshäuser zwischen 1780 und 1815, in: Sandra Bott/Thomas David/Claude Lützelschwab/Janick Marin Schaufelbuehl (Hg.): Schweizerische Gesellschaft für Afrikastudien (Hg.): Schweiz – Afrika (18.–20 Jahrhundert): Vom Sklavenhandel zum Ende des Apartheid-Regimes, Münster 2005, S. 25–42

Hafner, Urs: Welt mit weitem Horizont. Die «Lebenswanderung» des Thurgauer Textilunternehmers Johann Heinrich Mayr (1768–1838), in: Neue Zürcher Zeitung, 13.04.2011 (Jg. 232, Nr. 87), S. 50

Hager, Arthur: Meiningen. Aus der Geschichte einer Grenzgemeinde, Meiningen 1981

Halter, Eugen: 150 Jahre Spinnerei Brändlin [in Rapperswil, Zürich], Rapperswil 1962

Hammer, Herbert: Abraham Dürninger, ein Herrnhuter Wirtschaftsmensch des 18. Jahrhunderts, Berlin 1925

Hartmann, Lucrezia: Die Villa Leuchtenberg in Lindau, in: Schriften des Vereins für Geschichte des Bodensees und seiner Umgebung (128/2010), S. 139–168

Heiden, Max: Handwörterbuch der Textilkunde aller Zeiten und Völker für Studierende, Fabrikanten, Kaufleute, Sammler und Zeichner der Gewebe, Stickereien, Spitzen, Teppiche und dergl., sowie für Schule und Haus, Stuttgart 1904

Henning, Friedrich-Wilhelm (Hg.): Handelsakademie – Handelshochschule – Wirtschafts- und Sozialwissenschaftliche Fakultät. Der Weg von der Handelsakademie und Handlungswissenschaft des 18. Jahrhunderts zur Wirtschaft- und Sozialwissenschaftlichen Fakultät und Betriebswirtschaftslehre des 20. Jahrhunderts, Köln 1990 (= Studien zur Geschichte der Universität Köln 9)

Hilfiker, Max: Handel und Verkehr, in: Verein für Bündner Kulturforschung (Hg.): Handbuch der Bündner Geschichte. Frühe Neuzeit, Bd. 2/2, Chur 2000, S. 55–83

Hilfiker, Max: Chur im 17. und 18. Jahrhundert. Gesellschaft, Wirtschaft, Politik, in: N.N. (Hg.): Churer Stadtgeschichte. Von der Mitte des 17. Jahrhunderts bis zur Gegenwart, Bd. 2, Chur 1993, S. 14–66

Hilfiker, Max: Die Familie Massner in Chur und der Transit auf der unteren Strasse im 17./18. Jahrhundert, in: Walservereinigung Graubünden (Hg.): Beiträge zur alpinen Passgeschichte. Akten der vierten internationalen Tagung zur Walserforschung in Splügen, 6. September 1986, Bologna 1987, S. 205–216

Hilfiker, Max: Thomas Massner (1663–1712), Chur 1978

Historischer Verein des Kantons Schaffhausen (Hg.): Schaffhauser Kantonsgeschichte des 19. und 20. Jahrhunderts, Bd. 1, Schaffhausen 2001

Historisches Lexikon der Schweiz, Stiftung: Historisches Lexikon der Schweiz, 13 Bde., Basel 2002–2014, zitiert als e-HLS online

Höfer, Peter: Deutsch-französische Handelsbeziehungen im 18. Jahrhundert. Die Firma Breton frères in Nantes (1763–1766), Stuttgart 1982 (= Beiträge zur Wirtschaftsgeschichte 18)

Horlacher, Rebekka/Tröhler, Daniel et al. (Hg.): Sämtliche Briefe an Johann Heinrich Pestalozzi. Kritische Ausgabe, 6 Bde., Zürich 2009–2015

Hofmann, Hans: Von der Entwicklung des schweizerischen Postwesens bis 1848, in: Hans Hofmann (Hg.): Bundesrat Wilhelm Matthias Naeff (1802–1881), St. Gallen 1949, S. 5–15

Holderegger, Peter: Unternehmer im Appenzellerland. Geschichte des industriellen Unternehmertums von Appenzell A. Rh. von den Anfängen bis zur Gegenwart, Dissertation, Herisau 1992

Holenstein, André: Die Indiennes und die Schweiz. Weit mehr als die Geschichte eines bunten Stoffes, in: Schweizerisches Nationalmuseum (Hg.): Indiennes – Stoff für tausend Geschichten, Basel 2019, S. 40–51

Holenstein, André: «Goldene Zeit» im Alten Bern». Entstehung und Gehalt eines verklärenden Blicks auf das bernische 18. Jahrhundert, in: André Holenstein/Daniel Schläppi/et al. (Hg.): Berns goldene Zeit. Das 18. Jahrhundert neu entdeckt, Bern 2008 (= Berner Zeiten 4), S. 16–25

Hudetz, Kai/Kaapke, Andreas: Lexikon Handelsmanagement: Controlling – Führung – Marketing, in: Enyklopädie des Handels, Frankfurt 2009

Hunziker, Edith/Meier, Bruno/Roth, Annemarie/Sauerländer, Dominik: Zofingen vom Mittelalter bis 1798. Eine selbstbewusste Landstadt unter Habsburg und Bern, Baden 2004 (= Veröffentlichungen zur Zofinger Geschichte 4)

Hunziker, Otto: Artikel «Zellweger, Johann Caspar (1768–1855) von Trogen», in: Allgemeine Deutsche Biographie (45/1900), S. 38–45

Hunziker, Otto/Wachter, R.: Geschichte der Schweizerischen gemeinnützigen Gesellschaft 1810–1910. Von der Gesellschaft hg. zur Feier ihres hundertjährigen Bestehens, Zürich 1910

Hürbin, Joseph: Handbuch der Schweizer Geschichte. Vom Eintritt von Basel und Schaffhausen in den Bund der Eidgenossen 1501 bis zur Bundesverfassung des Jahres 1874, Bd. 2, Stans 1908

Im Hof, Ulrich: Das Entstehen einer politischen Öffentlichkeit in der Schweiz. Struktur und Tätigkeit der Helvetischen Gesellschaft, Frauenfeld/Stuttgart 1983 (= Die Helvetische Gesellschaft. Spätaufklärung und Vorrevolution in der Schweiz 1)

Imboden, Gabriel: Ein Handelshaus zu Zeiten des Umbruchs. Fratelli Loscho in Brig, in: Blätter aus der Walliser Geschichte (31/1999), S. 125–135

Iselin, Isaak/Lüthy, Herbert/Schiess, Walter Sebastian: Der Schweizerische Grosshandel in Geschichte und Gegenwart, 2., neu durchgesehene Auflage, Basel 1943

Jaeger, Friedrich/Essen, Kulturwissenschaftliches Institut (Hg.): Enzyklopädie der Neuzeit, 16 Bde., Stuttgart 2005–2012

James, Harold: Familienunternehmen in Europa. Haniel, Wendel und Falck, ins Deutsche übertragen von Thorsten Schmidt, München 2006

Jean-Richard, Anne: Kattundrucke der Schweiz im 18. Jahrhundert, Basel 1968

Jean-Richard, Anne: Kattundrucke der Schweiz im 18. Jahrhundert. Katalogteil, Basel 1968

Jecklin, Ursula.: Artikel «Die Churer Bürgermeister/Stadtpräsidenten», in: Bündner Monatsblatt (2/1988), S. 228–246

Jenny, Adolf: Anhang zu Band II der Glarner Geschichte in Daten enthaltend Ergänzungen zu den Bündnissen der alten Eidgenossenschaft mit Frankreich insbesondere zur letzten Allianz vom 28. Mai 1777 nach den Manuskripten Joh. Kaspar Zellweger's, Glarus 1931/1932

Jenny, Adolf: Handel und Industrie des Kantons Glarus, 2 Teile. Separatdruck aus: Historisches Jahrbuch [des Kantons Glarus] (33/1898 und 34/1900), 1902

Joetze, Franz: Das Leben des Lindauer Bürgermeisters Rudolf Curtabatt, in: Schriften des Vereins für Geschichte des Bodensees und seiner Umgebung (35/1906), S. 35–64

Jürries, Wolfgang: Vom Flachs zum Leinen. Wendlandhof Lübeln, Lüchow 1993

Kälin, Urs: Die Kaufmannsfamilie Schlatter – ein Überblick über vier Generationen, in: Schweizerische Zeitschrift für Geschichte (48/1998), S. 391–408

Kammerer, J./Nebinger, G.: Die schwäbischen Patriziergeschlechter Eberz und Furtenbach, Sonderdruck aus dem Genealogischen Handbuch des in Bayern immatrikulierten Adels, Bd. 5, Neustadt a.d. Aisch 1955

Kaufhold, Karl Heinrich: Schlesien 1740–1806: «Kolonie» oder «Entwicklungszentrum» Preussens?, in: R. Gömmel/Markus A. Denzel (Hg.): Weltwirtschaft und Wirtschaftsordnung. Festschrift für Jürgen Schneider zum 65. Geburtstag, Stuttgart 2002 (= Vierteljahrschrift für Sozial- und Wirtschaftsgeschichte, Beiheft 159), S. 169–192

Kaufmann, Pius: Gesellschaft im Bad. Die Entwicklung der Badefahrten und der «Naturbäder» im Gebiet der Schweiz und im angrenzenden südwestdeutschen Raum (1300–1610), Zürich 2009

Kehrli, Manuel: Patriziat, Briefadel und Titulaturen, in: André Holenstein/Daniel Schläppi et al. (Hg.): Berns goldene Zeit. Das 18. Jahrhundert neu entdeckt, Bern 2008 (= Berner Zeiten 4), S. 209

Kellenbenz: Der Merkantilismus und die soziale Mobilität in Europa, in: Kellenbenz (Hg.): Wirtschaftliche Leistung und gesellschaftlicher Wandel, Bd. 3 (1991) (= Vierteljahrschrift für Sozial- und Wirtschaftsgeschichte 94), S. 1095–1163

Kellenbenz: Die Graubündner Pässe im Rahmen der Verkehrsbeziehung zwischen Oberdeutschland und Italien (Ende Mittelalter – Frühe Neuzeit), in: Uta Lindgren (Hg.): Alpenübergänge vor 1850. Landkarten – Strassen – Verkehr, Stuttgart 1987 (= Vierteljahrschrift für Sozial- und Wirtschaftsgeschichte, Beiheft 83), S. 27–46

Kellenbenz, Hermann: Handelsgeschichte, in: Willi Albers/Anton Zottmann (Hg.): Handwörterbuch der Wirtschaftswissenschaften, Bd. 8, Stuttgart/New York 1980, S. 762–783

Keller, Christoph: Hard. Unterwasserkanal. Erneuerbare Energie seit 1802, Winterthur: Städtische Werke Winterthur, 2010

Kempter, Lothar: Hölderlin in Hauptwil, Tübingen 1975

Kiessling, Alois /Matthes, Max: Textil-Fachwörterbuch, Neuauflage, Berlin 1993

Killer, Josef: Die Werke der Baumeister Grubenmann, 2. Auflage, Basel/Bosten/Stuttgart 1985

Kink, Barbara: Die Transformation der adeligen Elite in der Umbruchzeit im Kurfürstentum und Königreich Bayern, in: Marco Bellabarba (Hg.): Eliten in Tirol zwischen Ancien Régime und Vormärz. Akten der internationalen Tagung vom 15. bis 18. Oktober 2008 an der Freien Universität Bozen, Innsbruck 2010 (= Veröffentlichungen des Südtiroler Landesarchivs 31), S. 93–109

Kleinmann, Hans-Otto: Der Aufgeklärte Absolutismus in Spanien, in: Helmut Reinalter/Harm Kueting (Hg.): Der aufgeklärte Absolutismus im europäischen Vergleich, Wien/Köln/Weimar 2002, S. 113–128

Klinkmann, Claudia: Die Geschichte des Hirschen [Kaufhaus Egli in Oberglatt, Flawil, erbaut 1771–1777] und seiner Bewohner, Flawil 2008

Klöti, Thomas/Ryhiner, Johann Friedrich von (1732–1803) (Hg.): Die Post: Ein «Geschäft» – für wen? Geschichte des bernischen Postwesens von 1648–1798 und Johann Friedrich von Ryhiners «Bericht über das Postwesen in Helvetien, 1793», Bern 1990

Kneschke, Ernst Heinrich (Hg.): Neues allgemeines deutsches Adels-Lexicon, Leipzig 1864

Köbler, Gerhard: Etymologisches Rechtswörterbuch, Tübingen 1995

Köbler, Gerhard: Historisches Lexikon der Deutschen Länder: Die deutschen Territorien vom Mittelalter bis zur Gegenwart, 7., vollständig überarbeitete Auflage, München 2007

Kocka, Jürgen: Phasen der europäischen Bürgertumsgeschichte, in: Karl Heinrich Kaufhold/Hans-Jürgen Gerhard (Hg.): Struktur und Dimension. Festschrift für Karl Heinrich Kaufhold zum 65. Geburtstag, Bd. 2/2, Stuttgart 1997 (= Vierteljahrschrift für Sozial- und Wirtschaftsgeschichte 133), S. 339–349

Kocka, Jürgen: Familie, Unternehmer und Kapitalismus. An Beispielen aus der frühen Industrialisierung, in: Zeitschrift für Unternehmensgeschichte (24/1979), S. 99–135

Körner, Martin: «Die Diesbach-Watt-Handelsgesellschaft um 1420 bis 1460», in: Ronald Cicurel(Hg.): Die schweizerische Wirtschaft, 1291–1991, St. Sulpice 1991, S. 28–33

Koller, Ernst H./Signer, Jakob: Appenzellisches Wappen- und Geschlechterbuch, Bern/Aarau 1926

Koopmann, Helmut: Geld und Literatur im 18. Jahrhundert, in: Johannes Burkhardt/Helmut Koopmann/Henning Krauss (Hg.): Wirtschaft in Wissenschaft und Literatur. Drei Perspektiven aus historischer und literaturwissenschaftlicher Sicht, Augsburg 1995 (= Augsburger Universitätsreden 23), S. 31–54

Kreutzmüller, Christoph: Händler und Handlungsgehilfen. Der Finanzplatz Amsterdam und die deutschen Grossbanken (1918–1945), Stuttgart 2005

Kriedte, Peter/Medick, Hans/Schlumbohm, Jürgen (Hg.): Industrialisierung vor der Industrialisierung. Gewerbliche Warenproduktion auf dem Land in der Formationsperiode des Kapitalismus, Göttingen 1977

Krüger, Michael/Akermann, Manfred: Heidenheim. Die Stadt und ihre Industrie im 19. Jahrhundert, Heidenheim 1984 (= Veröffentlichungen des Stadtarchivs Heidenheim an der Brenz 4)

Kürsteiner, Peter: Appenzell Ausserrhoden auf druckgrafischen Ansichten. Verzeichnis der Druckgrafik des 17. bis 19. Jahrhunderts, Herisau 1996

Landes, David S.: Die Macht der Familien. Wirtschaftsdynastien in der Weltgeschichte, München 2006

Lang, Richard: 400 Jahre Blaubeurer Leinen. 400 Jahre Qualität, Ulm 1960

Lang, Richard/Württembergische Leinen-Industrie: 225 Jahre Blaubeurer Bleiche, Blaubeuren 1951

Ledergerber, Thomas: Die Kreis in der Kreisenau Zihlschlacht. Alltag und Politik. 18./19. Jahrhundert, 2 Bde., St. Gallen 2004

Leigh, Ralph: Correspondance complète de Jean-Jacques Rousseau. Edition complète des lettres, documents et index, 52 Bde., Genève 1965–1998

Lendenmann, Fritz: Die Schweiz und die Leipziger Messen, in: Hartmut Zwahr (Hg.): Leipzigs Messen 1497–1997: Gestaltwandel – Umbrüche – Neubeginn. 1497–1914, Bd. 1, Köln 1999, S. 404–411

Lendenmann, Fritz: Schweizer Handelsleute in Leipzig. Ein Beitrag zur Handels- und Bevölkerungsgeschichte Leipzigs und Kursachsens vom beginnenden 16. Jahrhundert bis 1815, Zürich/Bern/Frankfurt am Main 1978 (= Geist und Werk der Zeiten. Arbeiten aus dem Historischen Seminar der Universität Zürich 57)

Lerner, Franz: Die Haupthandelswege zur Frankfurter Messe. Ein Zufallsfund aus dem 18. Jahrhundert, in: Vierteljahrschrift für Sozial- und Wirtschaftsgeschichte (79/1992), S. 177–188

Leuenberger, Hans Rudolf: 500 Jahre Kaufmännische Corporation St. Gallen, 1466–1966, St. Gallen 1966

Leutwyler, Jakob: 200 Jahre Kaufhaus Egli, Oberglatt, in: Die Ostschweiz. Ausgabe: Der Fürstenländer. Der Untertoggenburger (221/1977), S. 2

Lindenlaub, Dieter: Artikel «Firmengeschichte», in: Willi Albers/Anton Zottmann (Hg.): Handwörterbuch der Wirtschaftswissenschaften, Bd. 3, Stuttgart/New York 1981, S. 293–302

Lüthy, Herbert: Die Tätigkeit der Schweizer Kaufleute und Gewerbetreibenden in Frankreich unter Ludwig XIV. und der Regentschaft, Aarau 1943 (= Schweizerische Beiträge zur Wirtschafts- und Sozialwissenschaft 6)

Lüthy, Herbert: La banque protestante en France de la Révocation de l'Edit de Nantes à la Révolution II: De la banque aux finances (1730–1794), Habilitation, Reprint der französischen Originalausgabe von 1959/61, Zürich 2005 (= Herbert Lüthy. Gesammelte Werke VII)

Maissen, Thomas: Geschichte der Schweiz, Baden 2010

Maissen, Thomas: Als die armen Bergbauern vorbildlich wurden. Ausländische und schweizerische Voraussetzungen des internationalen Tugenddiskurses um 1700, in: André Holenstein/Béla Kapossy/Danièle Tosato-Rigo/Simon Zurbuchen (Hg.): Reichtum und Armut in den schweizerischen Republiken des 18. Jahrhunderts. Akten des Kolloquiums vom 23.–25. November 2006 in Lausanne, Genève 2010 (= Travaux sur la Suisse des Lumières XII), S. 95–119

Malamud, Sibylle/Sutter, Pascale (Hg.): Die Rechtsquellen des Sarganserlandes, Basel 2013 (= Sammlung schweizerischer Rechtsquellen. Abt. 14, Die Rechtsquellen des Kantons St. Gallen. Teil 3, Die Landschaften und Landstädte 2)

Marks, Robert B.: Die Ursprünge der modernen Welt. Eine globale Weltgeschichte, ins Deutsche übertragen von Michael Sommer und Diana Sommer-Theohari, Stuttgart 2006

Marti, A.: Artikel «Zellweger von Trogen», in: Heinrich Türler/Victor Attinger/Marcel Godet (Hg.): Historisch-biografisches Lexikon der Schweiz, Bd. 7, Neuenburg 1934, S. 641

Marti, A.: Geschichte des grossen Landhandels im Kanton Appenzell Ausserrhoden in den Jahren 1732–1734, in: Appenzellische Jahrbücher (45/1917), S. 1–56

Maurer, Georg Ludwig von: Geschichte der Städteverfassung in Deutschland, Erlangen 1870

Mayer, Günther: Leinenindustrie und Landwirtschaft in Laichingen, Kreis Münsingen (Württemberg), Dissertation, Würzburg 1939

Mayer, Marcel: Die Leinwandindustrie der Stadt St.Gallen von 1721 bis 1760, in: Staats- und Stiftsarchiv St. Gallen (Hg.): St.Galler Kultur und Geschichte, Bd. 11, Rorschach 1981, S. 1–130

Medick, Hans: Weben und Überleben in Laichingen 1650–1900. Lokalgeschichte als Allgemeine Geschichte, 1996 (= Veröffentlichungen des Max-Planck-Instituts für Geschichte126)

Meissner, Jochen/Mücke, Ulrich/Weber, Klaus: Schwarzes Amerika. Eine Geschichte der Sklaverei, München 2008

Menolfi, Ernest: Die wirtschaftliche Entwicklung der Marktorte Wil, Weesen und Altstätten bis 1800, in: Wissenschaftliche Kommission der Sankt-Galler Kantonsgeschichte (Hg.): Frühe Neuzeit – Territorien, Wirtschaft, St. Gallen 2003 (= Sankt-Galler Geschichte 3), S. 219–244

Menolfi, Ernest: Hauptwil-Gottshaus, Frauenfeld 2011

Merkle, Wolfgang: Gewerbe und Handel der Stadt Ulm am Übergang der Reichsstadt an Bayern im Jahre 1802 und an das Königreich Württemberg im Jahre 1810, 1988 (= Beiträge zur südwestdeutschen Wirtschafts- und Sozialgeschichte 7)

Mettler, A.: Chronik des Textilunternehmens Mettler & Co. A.G. St. Gallen 1745–1945. Eine ostschweizerische Textilgeschichte durch zwei Jahrhunderte, St. Gallen 1945

Meyer: Meyers Grosses Konversations-Lexikon, 6. gänzlich neubearbeitete und vermehrte Auflage, 1905–1920

Meyer, Joseph (Hg.): Meyers Konversationslexikon. Eine Encyklopädie des allgemeinen Wissens, 4. gänzlich umgearbeitete Auflage, Leipzig/Wien 1885–1892

Mittersteiner, Reinhard: Stoff für Millionen. Zur Wirtschafts- und Sozialgeschichte Hards in der Ära der Firma S. Jenny (1867 bis 1914), in: Reinhard Mittersteiner (Hg.): Die Tüchlebarone. Zur Geschichte der Textildruck- und Textilfärbeindustrie in Hard vom späten 18. bis zum frühen 20. Jahrhundert, Hard 1999, S. 154–245

Mittersteiner, Reinhard (Hg.): Die Tüchlebarone. Zur Geschichte der Textildruck- und Textilfärbeindustrie in Hard vom späten 18. bis zum frühen 20. Jahrhundert, Hard 1999

Möller, Frank: Bürgerliche Herrschaft in Augsburg 1790–1880, München 1998 (= Stadt und Bürgertum 9)

Mottet, Louis/Bauer, Hans/et al (Hg.): Les grandes heures des banquiers suisses. Vers une histoire de la banque helvétique, du XVe siècle à nos jours, Neuchâtel 1986

Mottet, Louis H.: Banken und Bankiers in anderen Kantonen [Freiburg, Solothurn, Aargau, Thurgau, Wallis], in: Louis H. Mottet (Hg.): Geschichte der Schweizer Banken. Bankier-Persönlichkeiten aus fünf Jahrhunderten, Zürich 1987, S. 249–255

Mottet, Louis H.: Die Genfer Bankiers, in: Louis H. Mottet (Hg.): Geschichte der Schweizer Banken. Bankier-Persönlichkeiten aus fünf Jahrhunderten, Zürich 1987, S. 87–138

Mottet, Louis H. (Hg.): Geschichte der Schweizer Banken. Bankier-Persönlichkeiten aus fünf Jahrhunderten, Zürich 1987

Nebinger, Gerhard: Die Jenisch in Kempten, in: Allgäuer Geschichtsfreund (83–84/1984), S. 140–255

Naef, August: Historischer Bericht ueber Entstehung, Zweck und Verhaeltnisse der kaufmaennischen Korporation und des Direktorialfonds in St. Gallen, St. Gallen 1840

Nagler, Gregor: «Es sind welche darunter, welche sich in Rom und Genua auszeichnen würden». Augsburger Bürgerhäuser im 18. Jahrhundert, in: Haindl, Georg (Hg.): Die Kunst zu wohnen. Ein Augsburger Klebealbum des 18. Jahrhunderts, Berlin/München 2010

Nägele, Hans: Das Textilland Vorarlberg. Werden und Wachsen einer alpenländischen Industrie, Dornbirn 1949

Niederstätter, Alois: Aspekte der Vorarlberger Wirtschaft in der Mitte des 18. Jahrhunderts, in: Joachim Jahn/Wolfgang Hartung (Hg.): Gewerbe und Handel vor der Industrialisierung. Regionale und überregionale Verflechtungen im 17. und 18. Jahrhundert, Sigmaringendorf 1991 (= REGIO HISTORICA. Forschungen zur süddeutschen Regionalgeschichte 1), S. 142–151

Neusser, Gerold: Das Territorium der Reichsstadt Ulm im 18. Jahrhundert. Verwaltungsgeschichtliche Forschung, Ulm 1964 (= Forschungen zur Geschichte der Stadt Ulm 4)

Neutsch, Cornelius: Briefverkehr als Medium internationaler Kommunikation im ausgehenden 19. und beginnenden 20. Jahrhundert, in: Michael North (Hg.): Kommunikationsrevolutionen. Die neuen Medien des 16. und 19. Jahrhunderts, Köln/Weimar/Wien 1995 (= Wirtschafts- und sozialhistorische Studien 3), S. 129–155

Neutsch, Cornelius/Witthöft, Harald: Kaufleute zwischen Markt und Messe, in: Hermann Bausinger/Klaus Beyrer/Gottfried Korff (Hg.): Reisekultur. Von der Pilgerfahrt zum modernen Tourismus, München 1991, S. 75–82

North, Michael: Zwischen Hafen und Horizont. Weltgeschichte der Meere, München 2016

North, Michael: Genuss und Glück des Lebens. Kulturkonsum im Zeitalter der Aufklärung, Köln, Weimar 2003

North, Michael: Kommunikation, Handel, Geld und Banken in der Frühen Neuzeit, München 2000 (= Encyklopädie deutscher Geschichte 59)

North, Michael: Kommunikationsrevolutionen. Die neuen Medien des 16. und 19. Jahrhunderts, Köln/Weimar/Wien 1995 (= Wirtschafts- und sozialhistorische Studien 3)

Origo, Iris: «Im Namen Gottes und des Geschäfts». Lebensbild eines toskanischen Kaufmanns der Frührenaissance: Francesco di Marco Datini, 1335–1410, ins Deutsche übertragen von Uta-Elisabeth Trott, München 1985

Persenico-Gysin, Simon: Die aussergewöhnlichen Erfahrungen des junge Bergellers Agostino Redolfi (1782–18..), in: Bündner Kalender (176/2017), S. 54–62

Peter, Oskar: Wartau, eine Gemeinde im st. gallischen Rheintal, Bezirk Werdenberg. Siedlungs- und wirtschaftsgeografischer Beitrag zur Heimatkunde des Kantons St. Gallen, St. Gallen 1960 (= Ostschweizerische Geografische Gesellschaft St. Gallen)

Petzet, Michael: Stadt und Landkreis Kempten, München 1959 (= Bayerische Kunstdenkmale 5)

Peucker, Paul/Kröger, Rüdiger: Abraham Dürninger – ein Herrnhuter Kaufmann 2006 (= Schriften des Universitätsarchivs 2)

Peyer, Hans Conrad: The St. Gallen linen trade, in: Ronald Circurel (Hg.): 1291–1991. The Swiss Economy. A Trilogy, St. Sulpice 1991, S. 58–63

Peyer, Hans Conrad: Von Handel und Bank im alten Zürich, Zürich 1968

Pfaud, Robert: Das Bürgerhaus in Augsburg, Tübingen 1976

Pfister, Ulrich: Der Textilhandel der Familie Zellweger in der zweiten Hälfte des 18. Jahrhunderts. Protoindustrialisierung – kommerzielle Revolution – Konsumrevolution, in: Heidi Eisenhut/Anett Lütteken/Carsten Zelle (Hg.): Europa in der Schweiz. Grenzüberschreitender Kulturaustausch im 18. Jahrhundert, Göttingen 2013, S. 25–40

Pfister, Ulrich: Die Zürcher Fabriques. Protoindustrielles Wachstum vom 16. zum 18. Jahrhundert, Zürich 1992

Pfister, Ulrich: Politische Eliten im frühneuzeitlichen Zürich, in: Peter Niederhäuser (Hg.): Alter Adel – neuer Adel? Zürcher Adel zwischen Spätmittelalter und Früher Neuzeit, Zürich 2003 (= Mitteilungen der Antiquarischen Gesellschaft Zürich 70), S. 211–230

Pfister, Ulrich (Hg.): Stadt und Land in der Schweizer Geschichte: Abhängigkeiten – Spannungen – Komplementaritäten, Basel 1998 (= Itinera 19)

Pierenkemper, Toni (Hg.): Unternehmensgeschichte, Stuttgart 2011 (= Basistexte Geschichte 7)

Pierenkemper, Toni: Wirtschaftsgeschichte. Die Entstehung der modernen Volkswirtschaft, Berlin 2009

Pierenkemper, Toni: Wirtschaftsgeschichte. Eine Einführung, oder, Wie wir reich wurden, München 2005

Pierenkemper, Toni: Sechs Thesen zum gegenwärtigen Stand der deutschen Unternehmensgeschichtsschreibung – Eine Entgegnung auf Manfred Pohl, in: Zeitschrift für Unternehmensgeschichte 2 (2000), S. 158–166

Pierenkemper, Toni (Hg.): Unternehmensgeschichte. Eine Einführung in ihre Methoden und Ergebnisse, Stuttgart 2000 (= Grundzüge der modernen Wirtschaftsgeschichte 1)

Pierenkemper, Toni: Was kann eine moderne Unternehmensgeschichte leisten? Und was soll sie tunlichst vermeiden?, in: Zeitschrift für Unternehmensgeschichte (1999, 1), S. 15–31

Planta, Armon: Unumgängliche Fragen zur römischen San Bernardinoroute. Alte Wege am Splügenpass. Alte Wege durch die Rofla und Viamala. Frühe Verkehrswege im Umkreis von Bonaduz, Chur 1990 (= Verkehrswege im alten Rätien 4)

Plumpe, Werner: Die Unwahrscheinlichkeit des Jubiläums – oder: Warum Unternehmen nur historisch erklärt werden können, in: Jahrbuch für Wirtschaftsgeschichte (2003), S. 143–156

Pohl, Hans (Hg.): Frankfurt im Messenetz Europas – Erträge der Forschung, Frankfurt am Main 1991 (= Brücke zwischen den Völkern – Zur Geschichte der Frankfurter Messe 1)

Pohl, Hans (Hg.): Die Bedeutung der Kommunikation für Wirtschaft und Gesellschaft, Stuttgart 1989 (= 12. Arbeitstagung der Gesellschaft für Sozial- und Wirtschaftsgeschichte, 1987)

Pohl, Hans (Hg.): Die Auswirkungen von Zöllen und anderen Handelshemmnissen auf Wirtschaft und Gesellschaft vom Mittelalter bis zur Gegenwart, Stuttgart 1987 (= Vierteljahrschrift für Sozial- und Wirtschaftsgeschichte, Beiheft 80)

Pott, Klaus (Hg.): Über kaufmännische Erziehung. Ein Quellen- und Lesebuch mit Texten und Zeitschriften, Broschüren, (Lehr-) Büchern des 18. Jahrhunderts, Rinteln 1977

Pupikofer, J.A.: Lebensgeschichte Joh. Conrad Hippenmeyers von Gottlieben, Kaufmanns in Wien, in: Thurgauisches Neujahrblatt (1834), S. 2–13

Radeff, Anne: Loin des centres. Consommation et mobilités du XVIIIe au XIXe siècle, in: Schweizerische Zeitschrift für Geschichte 49 (1999), S. 115–137

Reich-Langhans, Ulrich: Beiträge zur Chronik der Bezirke Werdenberg und Sargans, Bd. 2, Bern 1929

Reich-Langhans, Ulrich: Beiträge zur Chronik der Bezirke Werdenberg und Sargans, 2. Auflage, Buchs 1988

Reissenauer, Franz: Günzburg. Geschichte einer schwäbischen Stadt, Bd. 1: Von den Anfängen bis 1805, Augsburg 2009

Reissmann, Martin: Die Hamburgische Kaufmannschaft im 17. Jahrhunderts in sozialhistorischer Sicht, Hamburg 1975

Reynold, Gonzague de (1880–1970): Schweizer Städte und Landschaften. Ausgewählt und ins Deutsche übertragen von Eduard Fritz Knuchel, Zürich 1932 (= Bibliothek schweizerischer Uebersetzungen)

Ritter, Carl: Artikel «Jakob Zellweger (1770–1821)», in: Allgemeine Deutsche Biographie, Leipzig 1900, Bd. 45, S. 34–38

Rittmayer, August: Die Riethmayer, Rittmayer, Rittmeyer aus Memmingen im bayerischen Allgäu: zusammengestellt bis zum Jahr 1959, in: Deutsches Familienarchiv (13/1959), S. 161–222

Roeck, Bernd: Der Morgen der Welt. Geschichte der Renaissance, München 2017

Roeck, Bernd: Das «Haus zur Himmelsleiter» in Augsburg, in: Blätter des Bayerischen Landesvereins für Familienkunde (VII/1975), S. 433–437

Roth, Prisca: GENUA La Superba. Streifzüge durch die Kulturstadt, Zürich 2022

Roth, Walter: Das Kaufmännische Direktorium in Schaffhausen, Dissertation, Schaffhausen 1931

Röthlin, Niklaus: Die Basler Handelspolitik und deren Träger in der zweiten Hälfte des 17. und im 18. Jahrhundert, Basel, Frankfurt am Main 1986 (= Basler Beiträge zur Geschichtswissenschaft 152)

Röthlin, Niklaus: Ein Blick auf die Bezugs- und Absatzgebiete des schweizerischen Grosshandels anhand einiger Bilanzen aus dem 18. Jahrhundert, in: Paul Bairoch/Martin Körner (Hg.): Die Schweiz in der Weltwirtschaft (15.–20. Jh.), Zürich 1990 (= Schweizerische Gesellschaft für Wirtschafts- und Sozialgeschichte 8), S. 85–99

Röthlin, Niklaus: Koloniale Erfahrungen im letzten Drittel des 18. Jahrhunderts. Die Plantagen der Firmen Thurneysen aus Basel und Pourtalès aus Neuenburg auf der westindischen Insel Grenada, in: Basler Zeitschrift für Geschichte und Altertumskunde (9/1991), S. 112–146

Rudersdorf, Jochen: Aus einem Reisetagebuch. Francisco de Miranda (1750–1816) bereiste 1788 den Bodenseeraum, in: Schriften des Vereins für Geschichte des Bodensees und seiner Umgebung (137/2019), S. 162–190

Rüedi, Ernst: Die Familie Ammann von Schaffhausen, Thayngen 1950

Rüedi, Ernst: Ein Schaffhauser Handelshaus auf den Zurzacher Messen des 18. Jahrhunderts. Die Aufarbeitung der Bestände zum Handels- und Bankhaus Ammann, in: Schaffhauser Beiträge zur vaterländischen Geschichte (35/1958), S. 107–126

Ruppert, Wolfgang: Bürgerlicher Wandel. Die Geburt der modernen deutschen Gesellschaft im 18. Jahrhundert, Frankfurt am Main 1984

Rüsch, Gabriel: Der Kanton Appenzell in historisch-geografischer Darstellung. Mit besonderer Berücksichtigung seiner Kuranstalten, Alpengegenden und Industrie, St. Gallen 1859

Rüsch, Gabriel (Hg.): Der Kanton Appenzell, historisch, geografisch, statistisch geschildert. Beschreibung aller in demselben befindlichen Berge, Seen, Flüsse, Heilquellen, Flecken, merkwürdigen Dörfer, so wie der Burgen und Klöster; nebst Anweisung, denselben auf die genussvollste und nützlichste Weise zu bereisen. Ein Hand- und Hausbuch für Kantonsbürger und Reisende, St. Gallen/Bern 1835

Sasse, Carl: Die Leineweberei in Laichingen OA. Münsingen, Stuttgart 1914

Schädler, Willi: Das Handelshaus Furtenbach in Arbon, 1705–1789, Typoskript, Arbon 1971

Schäfer, Hermann: Der Beginn der Industrialisierung – erste Fabrikzentren in Mülhausen, Lörrach und St. Blasien, in: Württembergisches Landesmuseum Stuttgart (Hg.): Baden und Württemberg im Zeitalter Napoleons. Ausstellungskatalog, 2 Bde. in 3 Teilbde., Bd. 2, Stuttgart 1987, S. 219–232

Schäfer, Michael: Familienunternehmen und Unternehmerfamilien in Sachsen 1850–1940, in: Rudolf Boch/Petra Liestwnik/Pietsch Eva et al. (Hg.): Unternehmensgeschichte heute: Theorieangebote, Quellen, Forschungstrends, Leipzig 2005 (= Reihe A: Beiträge zur Wirtschaftsgeschichte Sachsen 6), S. 207–243

Schäfer, Wilhelm: Trogen und die Familie Zellweger, in: St. Gallische Sekundarlehrerkonferenz (Hg.): Jugend und Leben, St. Gallen 1940, S. 183–189

Schenda, Rudolf: Der gezügelte Bauernphilosoph ... oder Warum Kleinjogg (und manch anderer Landmann) kein Freund des Lesens war, in: Schweizerisches Archiv für Volkskunde = Archives suisses des traditions populaires (76, 1–2/1980), S. 214–228

Schenk, Hans-Otto: Handlungsforschung gestern und heute, in: Wilhelm Grothe/et al. (Hg.): Handelsforschung heute. Festschrift zum 50jährigen Bestehen der Forschungsstelle für den Handel, Berlin 1979, S. 25–46

Sczesny, Anke: Stadt, Markt und Land im Textilrevier Ostschabens im 17. und 18. Jahrhundert, in: Mark Häberlein/Christof Jeggle (Hg.): Vorindustrielles Gewerbe (2006), S. 65–82

Schindler, Dieter: Werdenberg als Glarner Landvogtei, Buchs 1986 (= Separatdruck aus: St. Galler Kultur und Geschichte, Bd. 15, S. 141–345)

Schindler, Walter: Zur Geschichte von Schweizer Handel und Industrie, Dissertation, Württemberg 1922

Schirmer, Uwe: Funktion und Stellenwert der Leipziger Messen im 17. und 18. Jahrhundert – Anmerkungen zum Waren-, Geld- und Personenverkehr, in: Andrea Bonoldi/Markus A. Denzel/Südtiroler Landesarchiv (Hg.): Bozen im Messenetz Europas (17.–19. Jahrhundert)/Bolzano nel sistema fieristico europeo (secc. XVII–XIX), Bozen 2007 (= Veröffentlichungen des Südtiroler Landesarchiv 24), S. 57–71

Schläpfer, Johannes: Die Familie Zellweger im politischen, wirtschaftlichen und soziokulturellen Umfeld ihrer Zeit, in: Jahrbuch der Schweizerischen Gesellschaft für Familienforschung (1988), S. 107–126

Schläpfer, Walter: Appenzell Ausserrhoden (von 1597 bis zur Gegenwart), Urnäsch 1972 (= Appenzeller Geschichte. Zur 450-Jahrfeier des Appenzellerbundes 1513–1963 2)

Schläpfer, Walter: Demokratie und Aristokratie in der Appenzellergeschichte des 17. und 18. Jahrhunderts, in: Appenzellische Jahrbücher (76/1948), S. 3–26

Schläpfer, Walter: Landammann Jacob Zellweger (1770–1821). Der Kanton Appenzell A.-Rh. 1797–1818, Dissertation, Basel 1939

Schläpfer, Walter: Wirtschaftsgeschichte des Kantons Appenzell Ausserrhoden bis 1939, Gais 1984

Schmid, Alfred: Die Schlapprizi. Geschichte einer St. Galler Burgerfamilie, 1516–1949, in: Der Schweizer Familienforscher. Mitteilungen der Schweizerischen Gesellschaft für Familienforschung (XXIII, 1/1956), S. 1–17

Schmölz-Häberlein, Michaela: «Voll Feuerdrang nach ausgezeichneter Wirksamkeit» – die Gebrüder von Obwexer, Johann Heinrich von Schüle und die Handelsstadt Augsburg im 18. Jahrhundert, in: Burkhardt. Johannes (Hg.): Augsburger Handelshäuser im Wandel des historischen Urteils (1996), S. 130–146

Schneider, Jürgen/Brübach, Nils: Frankreichs Messeplätze und das europäische Messesystem in der frühen Neuzeit, in: Pohl (Hg.): Frankfurt im Messenetz Europas (1991), S. 171–190

Schneider, Jürgen: Die Bedeutung von Kontoren, Faktoreien, Stützpunkten, Märkten, Messen und Börsen im Mittelalter und Früher Neuzeit, in: Pohl (Hg.): Die Bedeutung der Kommunikation für Wirtschaft und Gesellschaft (1989), S. 35–63

Schneider, Jürgen: Dynamik von Wirtschaftsräumen im Gefolge der europäischen Expansion und der Industrialisierung, in: Uwe Bestmann/Franz Irsigler/Jürgen Schneider (Hg.): Hochfinanz, Wirtschaftsräume, Innovationen (1987), Bd. 2, S. 861–894

Schröter, Harm G.: Die Institutionalisierung der Unternehmensgeschichte im deutschen Sprachraum, in: Zeitschrift für Unternehmensgeschichte (1/2000), S. 30–48

Schrötter, Friedrich von: Wörterbuch der Münzkunde, Berlin 1930

Schulte, Alois: Geschichte der grossen Ravensburger Handelsgesellschaft 1380–1530, 3 Bde., Stuttgart 1923 (= Deutsche Handelsakten des Mittelalters und der Neuzeit)

Schulze-Gaevernitz, G.v./Jaffé, E.: Grundriss der Sozialökonomik. V. Abteilung: Die einzelnenen Erwerbsgebiete in der kapitalistischen Wirtschaft und die ökonomische Binnenpolitik im modernen Staate. II. Teil: Bankwesen, Tübingen 1915

Schwab, Fernand: Die industrielle Entwicklung des Kantons Solothurn und ihr Einfluss auf die Volkswirtschaft. Festschrift zum fünfzigjährigen Bestehen des Solothurnischen Handels- und Industrievereins, Solothurn 1927

Schwanke, Irmgard: «... den wir hassen die unangenehme Corespondenz..»., in: Häberlein/Jeggle (Hg.): Praktiken des Handelns (2010), S. 605–630

Schwarzer, Oskar: Das System des internationalen Zahlungsverkehrs, in: Markus A. Denzel/Oskar Schwarzer (Hg.): Währungen der Welt I. Europäische und Nordamerikanische Devisenkurse 1777–1914, Stuttgart 1991 (= Beiträge zur Wirtschafts- und Sozialgeschichte 44, I), S. 1–30

Schwarzer, Oskar/Denzel, Markus A.: Internationaler Zahlungsverkehr im 18. Jahrhundert: Amsterdam, London und Paris, in: Jürgen Schneider/Oskar Schwarzer/Friedrich Zellfelder/Markus A. Denzel (Hg.): Währungen der Welt. Geld und Währungen in Europa im 18. Jahrhundert, Bd. 6/11, Stuttgart 1992 (= Beiträge zur Wirtschafts- und Sozialgeschichte 49), S. 1–32

Schwoerbel, Anne/Hakelberg, Dietrich/Kinsky, Michael: Das historische Rahsegel im Seemuseum Kreuzlingen. Neue Forschungen zur Schiffahrtsgeschichte des Bodensees, in: Schriften des Vereins für Geschichte des Bodensees und seiner Umgebung (125/2007), S. 67–123

Senn, Walter: Charakterbilder Schweizerischen Landes und Lebens aus Gegenwart und Vergangenheit, Bd. 1, St. Gallen 1884

Seyffert, Rudolf/Sundhoff, E.: Wirtschaftslehre des Handels, 5., neubearbeitete Auflage, Opladen 1972

Sigel, Brigitt: «Auf den Bergen ist Freiheit». Der Garten Honnerlag in Trogen, in: Sigel, Brigitt et al. (Hg.): Nutzen und Zierde. Fünfzig historische Gärten in der Schweiz, Zürich 2006, S. 194–199

Simon, Volker A.: Der Wechsel als Träger des internationalen Zahlungsverkehrs in den Finanzzentren Südwestdeutschlands und der Schweiz. Historisch-dogmatische Untersuchung der Entwicklung des Wechsels bis zum Ende des 18. Jahrhunderts unter besonderer Berücksichtigung der Verhältnisse in St. Gallen, Stuttgart 1974 (= Schriften zur südwestdeutschen Landeskunde 12)

Simonsfeld, Henry: Der Fondaco dei Tedeschi in Venedig und die deutsch-venetianischen Handelsbeziehungen. Quellen und Forschungen, Bd. 2, Stuttgart 1887

Sommer, Johann Gottfried: Das Königreich Böhmen; statistisch = topographisch dargestellt, Bd. 3. Bidschower Kreis, Prag 1835

Sonderegger, Stefan: Nicht nur Repräsentation und Sommerfrische, in: Dorothee Guggenheimer/Arnold Flammer/Stefan Sonderegger/et al. (Hg.): Schloss Greifenstein – «Ist ein lustig Sitz». Städtische Repräsentation auf dem Land, Wittenbach 2010, S. 61–83

Staub, Friedrich/Tobler, Johann Heinrich et al.: Schweizerisches Idiotikon. Wörterbuch der schweizerdeutschen Sprache, Frauenfeld 1881–[2022]

Stekl, Hannes et al. (Hg.): Durch Arbeit, Besitz, Wissen und Gerechtigkeit, Wien 1992 (= Bürgertum in der Habsburgermonarchie 2)

Steinmann, Eugen: Die Kunstdenkmäler des Kantons Appenzell Ausserrhoden, Bd. 3: Der Bezirk Vorderland, Basel 1981 (= Die Kunstdenkmäler der Schweiz 72)

Steinmann, Eugen: Die Kunstdenkmäler des Kantons Appenzell Ausserrhoden, Bd. 2: Der Bezirk Mittelland, Basel 1980 (= Die Kunstdenkmäler der Schweiz 70)

Steinmann, Eugen: Die Kunstdenkmäler des Kantons Appenzell Ausserrhoden, Bd. 1: Der Bezirk Hinterland, Basel 1973 (= Die Kunstdenkmäler der Schweiz 61)

Stettler, Niklaus: Regionalisierung trotz Globalisierungsstrategie. Die Grosshandelsfirma Christoph Burckhardt & Co. in Basel und ihre Tochtergesellschaft Bourcard Fils & Comp. in Nantes, 1789–1813, in: Hans-Jörg Gilomen/ Margrit Müller/Béatrice Veyrassat (Hg.): Globalisierung – Chancen und Risiken. Die Schweiz in der Weltwirtschaft 18.–20. Jahrhundert, Zürich 2003 (= Schweizerische Gesellschaft für Wirtschafts- und Sozialgeschichte 19), S. 99–111

Stettler, Niklaus/Haenger, Peter/Labhardt, Robert (Hg.): Baumwolle, Sklaven und Kredite. Die Basler Welthandelsfirma Christoph Burckhardt & Cie. in revolutionärer Zeit (1789–1815), Basel 2005

Straumann, Tobias: Die Schöpfung im Reagenzglas. Eine Geschichte der Basler Chemie (1850–1920), Dissertation, Basel/Frankfurt am Main 1995

Strickler, Gustav: Die Familie Meister von Zürich, Zürich 1919

Struckmeier, Sabine: Die Textilfärberei vom Spätmittelalter bis zur Frühen Neuzeit. Eine naturwissenschaftlich-technische Analyse deutschsprachiger Quellen, Münster 2011

Stückelberger, Hans Martin: Die Pfarrerschaften der evangelisch-reformierten Landeskirche beider Appenzell. Nach Gemeinden geordnetes Verzeichnis seit dem Bestehen jeder Kirchgemeinde und mit knappen biografischen Hinweisen versehen, 2. bearbeitete und ergänzte Auflage, Wald 1991

Sturzenegger, August: Beiträge zu einer Geschichte des Handels und der Industrie des Kantons Appenzell, Teil 1, in: Appenzellische Jahrbücher (5/1892), S. 1–88

Sturzenegger, August: Beiträge zu einer Geschichte des Handels und der Industrie des Kantons Appenzell, Schluss, in: Appenzellische Jahrbücher (6/1894), S. 1–80

Sulzberger, Huldreich Gustav: Biografisches Verzeichnis der Geistlichen aller evangelischen Gemeinden des Kantons Thurgau von der frühesten Zeit bis auf die Gegenwart, in: Thurgauische Beiträge zur vaterländischen Geschichte (4–5/1863)

Sulzer, Klaus: Vom Baumwollzentrum zur Maschinenindustrie. Ein Kapitel Winterthurer Wirtschaftsgeschichte, in: Winterthurer Jahrbuch (1995), S. 9–28

Tanner, Albert: Arbeitsame Patrioten – wohlanständige Damen. Bürgertum und Bürgerlichkeit in der Schweiz 1830–1914, Zürich 1995

Tanner, Albert: Aristokratie und Bürgertum in der Schweiz im 19. Jahrhundert. Verbürgerlichung der «Herren» und aristokratische Tendenzen im Bürgertum, in: Sebastian Brändli/et al. (Hg.): Schweiz im Wandel. Studien zur neueren Gesellschaftsgeschichte. Festschrift für Rudolf Braun zum 60. Geburtstag, Basel/Frankfurt am Main 1990, S. 209–228

Tanner, Albert: Artikel «Geschichte der industriellen Arbeit der Schweiz», in: Paul Hugger (Hg.): Handbuch der Schweizerischen Volkskultur, Bd. 3, Zürich 1992, S. 1053–1081

Tanner, Albert: Bürgertum und Bürgerlichkeit in der Schweiz. Die «Mittelklassen» an der Macht, in: Jürgen Kocka (Hg.): Bürgertum im 19. Jahrhundert. Deutschland im historischen Vergleich. Einheit und Vielfalt Europas, Bd. 1, Göttingen 1995, S. 199–229

Tanner, Albert: The Cotton Industry of Eastern Switzerland, 1750–1914: From Proto-Industry to Factory and Cottage Industry, in: Textile history (2/1992), S. 139–164

Tanner, Albert: «Das ganze Land eine Baumwollfabrik». Ländliche Industrie in der Ostschweiz im 18. und 19. Jahrhundert, in: Andrea Komlosy (Hg.): Spinnen – Spulen – Weben. Leben und Arbeiten im Waldviertel und anderen ländlichen Textilregionen, Horn 1991 (= Schriftenreihe des Waldviertler Heimatbundes 32), S. 65–75

Tanner, Albert: Das Schiffchen fliegt, die Maschine rauscht. Weber, Sticker und Unternehmer in der Ostschweiz, Zürich 1985

Tanner, Albert: Die Baumwollindustrie in der Ostschweiz 1750–1914: Von der Protoindustrie zur Fabrik- und Hausindustrie, in: Karl Ditt/Sidney Pollard (Hg.): Von der Heimarbeit in die Fabrik. Industrialisierung und Arbeiterschaft in Leinen- und Baumwollregionen Westeuropas während des 18. und 19. Jahrhunderts, Paderborn 1992 (= Forschungen zur Regionalgeschichte 5), S. 162–191

Tanner, Albert: Die Schweiz im Prozess der Globalisierung: Historische Dimensionen und ihre Deutung, in: Claudia Honegger/Jürg Martin Gabriel/René Hirsig/et al. (Hg.): Gesellschaften im Umbau. Identitäten, Konflikte, Differenzen. Hauptreferate des Kongresses der schweizerischen Sozialwissenschaften, Bern/Zürich 1995, S. 161–172

Tanner, Albert: Spulen – Weben – Sticken. Die Industrialisierung im Kanton Appenzell Ausserrhoden, Dissertation, Zürich 1982

Thieme, Ulrich/Becker, Felix/später Vollmer, Hans (Hg.): Allgemeines Lexikon der bildenden Künstler von der Antike bis zur Gegenwart, Leipzig 1907–1950

Thommen, Rudolf: Der Friede von Ensisheim vom 28. Oktober 1444, in: Basler Zeitschrift für Geschichte und Altertumskunde (15/1916), S. 119–129

Thürer, Georg: St. Galler Geschichte. Kultur Staatsleben und Wirtschaft in Kanton und Stadt St. Gallen von der Urzeit bis zur Gegenwart, Bd. 2/2, St. Gallen 1972

Timber: The Commerce of Syria. Articles of Trade, in: Freeman Hunt (1804–1858): Hunt's Merchant's Magazine and Commercial Review, Bd. 7, New York 1842, S. 42–57

Tilly, Richard: Geld und Kredit in der Wirtschaftsgeschichte, Stuttgart 2003 (= Grundzüge der modernen Wirtschaftsgeschichte 4)

Tobler, Johann Heinrich: Regenten und Landesgeschichte des Kantons Appenzell der äusseren Rhoden. 1597–1797, St. Gallen 1824

Triebel, Florian/Seidl, Jürgen: Ein Analyserahmen für das Fach Unternehmensgeschichte, in: Zeitschrift für Unternehmensgeschichte (1/2001), S. 11–26

Troll, Johann Conrad: Geschichte der Stadt Winterthur, nach Urkunden bearbeitet. Das alte und neue Winterthur, zweite Hälfte, enthaltend die Sittengeschichte der Stadt Winterthur, Bd. 4/4, Winterthur 1844

Tunger, Albrecht: Miszelle: Ein zweites Porträt Barthold Honnerlags (1645–1713), in: Appenzellische Jahrbücher (127/1999), S. 73–74

Türler, Heinrich/Attinger, Victor/Godet, Marcel: Historisch-biografisches Lexikon der Schweiz, 7 Bde., Neuenburg, 1921–1934, zitiert als HBLS

Ursch-Bernier, Isabelle: Négoce et industrie à Mulhouse au XVIIIème siècle (1696–1798), Mulhouse 2005

Vallas, Léon: Un siècle de musique et de théatre à Lyon (1688–1789), Lyon 1932

Varille, Mathieu: Les foires de Lyon avant la Révolution. Rapport de la séance du 27. Février 1920, Lyon 1920

Vetsch, Walter: Von Textilherren und ihren Häusern, in: Johannes Rutz (Hg.): Flawil – eine Zeitreise, Flawil 2008, S. 85–92

Vetter, Theodor (Hg.): Die Chronik der Gesellschaft der Mahlern, Frauenfeld 1887

Veyrassat, Beatrice: L'industrialisation dans le secteur cotonnier en Suisse (1760–1830/40), Dissertation, Genf/ Lausanne 1982

Veyrassat, Beatrice: Négociants et fabricants dans l'industrie cotonnière suisse 1760–1840. Aux origines financières de l'Industrialisation, Lausanne 1982

Veyrassat, Beatrice: The rise and fall of the textil printing industry in nineteenth century Glarus., in: Ronald Circurel (Hg.): 1291–1991. The Swiss Economy. A Trilogy. 700 Jahre Confoederatio Helvetica, St. Sulpice 1991, S. 104–107

Viebahn, Georg Wilhelm von: Ueber Leinen- und Woll-Manufakturen, Ursprung, Umfang und Leistungen in Deutschland, deren Werth und Fortschritte, Berlin 1846

Vischer, Daniel L.: Die Flösserei auf dem Alpen- und Hochrhein. Zur Geschichte des Holztransports, in: Schriften des Vereins für Geschichte des Bodensees und seiner Umgebung (131/2013), S. 155–184

Vocelka, Karl: Geschichte der Neuzeit 1500–1918, Wien/Köln/Weimar 2010

Volz, K.W.: Beiträge zur Geschichte der Leinwandfabrikation und des Leinwandhandels in Württemberg, Stuttgart 1855

Wagner, Hans: Die Handlung Abraham Dürninger & Co. in Herrnhut in den Jahren 1747 bis 1833, Herrnhut 1933

Waibel, Aloys Adalbert: Die Reichsgrafschaft Königsegg-Rothenfels und die Herrschaft Staufen. Der Bezirk des königlich baierischen Landsgerichts Immenstadt im Regierungskreise von Schwaben und Neuburg, Kösel 1851

Walker, Barbara C.: Das geheime Wissen der Frauen, ins Deutsche übertragen von Dagmar Kreye, Frankfurt am Main 1993

Walter, Rolf: Handelshemmnisse am Beispiel eines relativ zersplitterten Gebietes [Alt-Württemberg, Baden-Baden und Baden-Durlach], in: Hans Pohl (Hg.): Die Auswirkungen von Zöllen und anderen Handelshemmnissen auf Wirtschaft und Gesellschaft (1987), S. 84–120

Wanner-Jean Richard, Anne: Kattundrucke der Schweiz im 18. Jahrhundert, ihre Vorläufer, orientalische und europäische Techniken, Zeugdruck-Manufakturen, die Weiterentwicklung, Basel 1968

Wartmann, Hermann: Industrie und Handel des Kantons St.Gallen auf Ende 1866 in geschichtlicher Darstellung, St. Gallen 1875

Wegelin: Von der Speditionsfirma Caspar Zili zum Bankhaus Wegelin & Co. St. Gallen, bei Anlass des 200jährigen Bestehens den Geschäftsfreunden gewidmet von Wegelin & Co., St. Gallen 1941

Weichhardt, Albert: Die Entwicklung der wirtschaftlichen Verhältnisse der freien Reichsstadt Biberach im 18. Jahrhundert, Dissertation, Gelnhausen 1931

Weishaupt, Achilles/Rechsteiner, Karl: Geschichte der Gemeinde Gais, Gais 2002

Weishaupt, Matthias: «Bande der Hochachtung und der Liebe». Elf Porträts der Familie Zellweger aus dem 18. Jahrhundert. Katalog zur Ausstellung im Festsaal der Kantonsbibliothek von Appenzell A.Rh. in Trogen, 21. Januar 2000 bis 31. März 2000, Kantonsbibliothek Appenzell Ausserrhoden, Wald 2000

Weisz, Leo: Licht und Schatten auf einem Pionier des Winterthurer Fernhandels, in: Winterthurer Jahrbuch (1955), S. 58–64

Weisz, Leo: Die ostinidische Kompanie der Schweiz, in: Leo Weisz (Hg.): Studien zur Handels- und Industrie-Geschichte der Schweiz in: Sonderabdruck aus der Neuen Zürcher Zeitung, Zürich 1938, Bd. 1, S. 47–74

Weitensfelder, Hubert: Industrie-Provinz. Vorarlberg in der Frühindustrialisierung 1740–1870, Frankfurt am Main 2004 (= Studien zur historischen Sozialwissenschaft 29)

Weitensfelder, Hubert: Rote Bäche, schwarze Zahlen. Hard im Zeitaler der frühen Industrialisierung, in: Reinhard Mittersteiner (Hg.): Die Tüchlebarone. Zur Geschichte der Textildruck- und Textilfärbeindustrie in Hard vom späten 18. bis zum frühen 20. Jahrhundert, Hard 1999, S. 36–77

Wieland, Carl: Über die Schweighauser in Basel, in: Basler Jahrbuch (1883), S. 87–99

Wild, Ella: Die eidgenössischen Handelsprivilegien in Frankreich 1444–1635, Dissertation, St. Gallen 1909

Wild, Helen: Die letzte Allianz der alten Eidgenossenschaft mit Frankreich vom 28. Mai 1777, in: Schweizer Studien zur Geschichtswissenschaft (X, 2/1917), S. 278–662

Wild, Helen: Eine kaufmännische Gesandtschaft nach Paris 1552–1553. Nach einem Tagebuch, St. Gallen 1904

Wissenschaftliche Kommission der Sankt-Galler Kantonsgeschichte (Hg.): Frühe Neuzeit: Territorien, Wirtschaft, St. Gallen 2003 (= Geschichte St. Gallen 2003, 3)

Witschi, Peter: Porträt der appenzellischen Industrielandschaft, in: Fredi Altherr/Roman Arpagaus/Stephan Heuscher/Peter Witschi (Hg.): Fabrication. Kleine Industriegeschichte des Appenzellerlandes, Herisau 2007, S. 9–47

Witschi, Peter: Das Schwarze Haus am Glattbach. Ein Herisauer Industriedenkmal, Herisau 1999 (= Schweizerischer Kunstführer GSK 67)

Witschi, Peter: Appenzeller in aller Welt. Auswanderungsgeschichte und Lebensschicksale, Herisau 1994

Witschi, Peter: Die Mechanische Spinnerei Trogen. Aus den Anfängen der Fabrikindustrialisierung, in: Appenzellische Jahrbücher (119/1989), S. 47–62

Witschi, Peter: Appenzellerland und Vorarlberg vom 17. zum 20. Jahrhundert – Ein ausserstaatliches Beziehungsnetz im Wandel, in: Schriften des Vereins für Geschichte des Bodensees und seiner Umgebung (110/1992), S. 31–44

Wittwer Hesse, Denise: Die Familie von Fellenberg und die Schulen von Hofwyl. Erziehungsideale, «Häusliches Glück» und Unternehmertum einer bernischen Patrizierfamilie in der ersten Hälfte des 19. Jahrhunderts, Dissertation, Bern 2002 (= Archiv des Historischen Vereins des Kantons Bern 82)

Wohnlich, Oskar: Zur Geschichte der Familie Zellweger in Trogen, in: Appenzeller Kalender (1930), ohne Seitenangaben

Zäch, Benedikt: Geld + Kirche. Das Kreuz der Kirche mit dem Geld. Begleitschrift zur Ausstellung «Geld+Kirche» (13.05.2017–15.04.2018), Zürich 2017 (= Schriften des Münzkabinetts Winterthur 1)

Zeller, Olivier: Géographie sociale, loisir et pratique culturelle: abonnés et abonnements au théâtre de Lyon (1761–1789), in: Revue d'histoire moderne et contemporaine (44, 4/1997), S. 580–600

Zellfelder, Friedrich: Das Kundennetz des Bankhauses Gebrüder Bethmann, Frankfurt am Main, im Spiegel der Hauptbücher (1738–1816), Dissertation, Stuttgart 1994 (= Beiträge zur Wirtschafts- und Sozialgeschichte 56)

Zellweger, Maya: «[...] par add[ress]:e. H[erren]: Simeon & Johann Baptist Bawier in Chur». Spedition im Auftrag der Textilkaufleute Zellweger von Trogen nach Genua, 1750 bis 1820, in: Bündner Kalender (177/2018), S. 86–97

Zellweger, Maya: Konkurs im Ostschweizer Textilhandel 1817 – Verlust des «symbolischen Kapitals der Ehre», in: Lukas Gschwend (Hg.): Wirtschaftsgeschichte der Modernisierung in Mitteleuropa: Zur Wechselwirkung zwischen wirtschaftlichen und rechtlichen Entwicklungen im Rahmen der grossen Transformation, Zürich 2009 (= Europäische Rechts- und Regionalgeschichte 3), S. 171–187

Zellweger, Otto: Der Dorfplatz in Trogen. Geschichte der Familie Zellweger, Trogen 1954

Ziegler, Ernst: Zur Geschichte des St. Galler Bankenwesens, in: Louis H. Mottet (Hg.): Geschichte der Schweizer Banken. Bankier-Persönlichkeiten aus fünf Jahrhunderten, Zürich 1987, S. 225–244

Ziegler, Ernst: Sanktgaller Banken in der Vergangenheit, in: Gallus-Stadt. Jahrbuch der Stadt St. Gallen (1986), S. 43–60

Ziegler, Ernst: Zur Geschichte des stadtsanktgallischen Leinwandgewerbes, in: Rorschacher Neujahrsblatt (73/1983), S. 51–76

Ziegler, Ernst: St. Gallen vor 1800. Abbildungen des Lindauer Zeichners und Kupferstechers Johann Conrad Mayr, St. Gallen 1982

Ziegler, Ernst (Hg.): Hartmann, Georg Leonhard: Reise nach Hohenems und Pfäfers, 1804, in: St. Galler Kultur und Geschichte (6/1976), S. 263–270

Ziegler, Ernst: Die Firma Caspar Zili, in: Isaak Iselin/Herbert Lüthy/Walter Sebastian Schiess (Hg.): Der Schweizerische Grosshandel in Geschichte und Gegenwart, Basel 1943, S. 233–234

Zimmermann, A.: Blüte und Verfall des Leinwandgewerbes in Schlesien. Gewerbe- und Handelspolitik dreier Jahrhunderte, Breslau 1885

Zorn, Wolfgang: Augsburg – Geschichte einer europäischen Stadt. Von den Anfängen bis zur Gegenwart, 4., überarbeitete und ergänzte Auflage, Augsburg 2001

Zorn, Wolfgang: Handels- und Industriegeschichte Bayerisch-Schwaben, 1548–1870. Wirtschafts-, Sozial- und Kulturgeschichte des schwäbischen Unternehmertums (= Studien zur Geschichte des Bayerischen Schwabens 6), Augsburg 1961

Zurbuchen, Simone: Die Preisfrage über Armut und Luxus der «Gesellschaft zur Aufmunterung und Beförderung des Guten und Gemeinnützigen» in Basel, in: André Holenstein/Béla Kapossy/Danièle Tosato-Rigo/Simon Zurbuchen (Hg.): Reichtum und Armut in den schweizerischen Republiken des 18. Jahrhunderts. Akten des Kolloquiums vom 23.–25. November 2006 in Lausanne, Genève 2010 (= Travaux sur la Suisse des Lumières 12), S. 149–162

Züst, Walter: Die Dornesslerin. Roman, Herisau 1998

Datenbanken

Familiennamenbuch der Schweiz:	https://hls-dhs-dss.ch/famn
Glossarium Helvetiae Historicum:	https://hls-dhs-dss.ch/ghh
Haller, Albrecht von (1708–1777):	www.albrecht-von-haller.ch
Historisches Lexikon Bayerns:	https://www.historisches-lexikon-bayerns.de
Historisches Lexikon der Schweiz, (= e-HLS online):	https://hls-dhs-dss.ch/de
Regensburg, Osteuropa-Institut: Erik-Amburger-Datenbank. Ausländer im vorrevolutionären Russland, in: vifa ost – Virtuelle Fachbibliothek Osteuropa:	http://88.217.241.77/amburger/index.php?id=92394
Stadtlexikon Augsburg online:	https://www.wissner.com/stadtlexikon-augsburg/startseite

Verzeichnisse

Abkürzungen

A.d.A./H.d.d.A.	Anmerkung der Autorin/Hervorhebung durch die Autorin
au:	Aune [dt. Elle]
&ca.	et cetera, heute abgekürzt mit etc.
EL	Eure Lieben
Rthlr	Reichsthaler oder Taler = 24 Groschen
s.v.p	s'il vous plaît
x/xr.	Kreuzer
f	florin, Gulden = 273 Taler = 18 Groschen = 60 Kreuzer (kr oder x)
Nld'or	Louis d'or neuf, kursierte von 1785 bis 1803[3246]
Ld'or/£	Louis d'or, galt 10 bis 12 Livres, kursierte von 1640 bis 1785[3247]
Croic:	Crocione, Währung, die vor allem in Norditalien in Gebrauch war

3246 Schrötter: Wörterbuch der Münzkunde (1930), S. 361

3247 Am 31.03.1640 machte Frankreich die spanische Pistole unter dem Namen Louis d'or zu seiner Hauptgoldmünze. Sie blieb es bis zur Französischen Revolution. Der Louis d'or galt zuerst 10 Livres 10 Sous. Alle Louis d'or trugen auf der Vorderseite den Kopf oder das Brustbild der Könige, während die Bilder auf der Rückseite wechselten. Die Republik blieb bei dem Fuss der Louis d'or. Einzig das Gepräge der Vorderseite trug nun den Genius der Republik. 1803 wurde der Louisd'or durch Münzen des Frankensystems ersetzt, vgl. Schrötter: Wörterbuch der Münzkunde (1930), S. 361.

Münzen und Währungen im 18. Jahrhundert

Croicone	[Abk.: Croc.] Einheit einer norditalienischen Währung, zu finden in den Geschäftsbriefen der Kaufleute Zellweger nach 1800 [leider liess sich keine Definition ausfindig machen, A.d.A.]
Ecu	Hauptsilbermünze, Einheit der französischen Silberwährung; Verhältnis: 1 écu = 6 livres[3248]
Federtaler	siehe Laubtaler
Franzgeld	siehe Laubtaler
Fiorino	[Abk.: f, hfl, fl] ital. für Gulden; siehe Gulden
Florin	[Abk.: f, hfl, fl] frz. für Gulden; siehe Gulden
Gulden	[Abk.: g, gl] Goldmünze, deutscher Name einer Einheit der florentinischen Goldwährung; zunächst als Goldgulden, dann als Rechnungsgulden und schliesslich als Silbergulden zu verstehen; in der Schweiz in Basel, Bern, Luzern, Solothurn, Freiburg, Zürich, Schaffhausen und Chur geprägt; die letzten Goldgulden wurden in Basel 1790 und in Luzern 1796 geprägt; Verhältnis: 1 Gulden = 273 Taler = 18 Groschen = 60/72 Kreuzer
Kreuzer	[Abk.: Kr., x, xr.] Silbermünze, Einheit für das kleine Silbergeld; geprägt mit dem namengebenden Doppelkreuz auf der Vorderseite; Ausbreitung im süddeutschen Raum, in der Schweiz und Österreich
Laubtaler	auch «Lorbeertaler», «Federtaler» oder «Franzgeld» genannt, Einheit der französischen Silberwährung écu neuf; deutsche Bezeichnung einer französischen Silbermünze, kursierte von 1726 bis 1790 in Frankreich mit dem namengebenden Lorbeer-, Laub- oder Federnkranz um einen Lilienschild; Verhältnis: 1 Ecu = 6 Livres; besonders in West- und Südwestdeutschland bis um 1760 die wichtigste silberne Handelsmünze; sie diente in Preussen unter dem Namen «Franzgeld» als Hauptzahlmittel bis zur Graumannschen Reform um 1750[3249]
Lorbeertaler	siehe Laubtaler
Livres tournois	[Abk.: £, lb] Silbermünze, Einheit der französischen Silberwährung, kursierte vom 9. Jahrhundert bis am 15.08.1795; dann wurde sie durch den Franc ersetzt; Verhältnis: 1 livre tournois = 20 Sols (à 12 Deniers) = 240 Deniers
Louis d'or	[Abk.: 1 Ld'or] Goldmünze, Einheit der französischen Goldwährung, kursierte von 1640 bis 1785; Verhältnis: 1 Louis d'or = 10 bis 12 Livres[3250]; Verhältnis: 1 Louis d'or = 5 Taler
Louis d'or neuf	[Abk.: Nld'or neuf, Nld'or nf] Goldmünze, Einheit der französischen Währung, kursierte von 1785 bis 1803[3251]
Reichstaler	[Abk.: Rthlr] auch Taler genannte; Silbermünze; Einheit der deutschen Silberwährung; geprägt von 1486 bis 1871, dann durch die Mark ersetzt; Verhältnis: 1 Reichstaler = 24 Groschen (= Pfennig)
Taler	siehe Reichstaler

3248 Schwarzer/Denzel: Internationaler Zahlungsverkehr im 18. Jahrhundert: Amsterdam, London und Paris, in: Schneider/Schwarzer/Zellfelder/Denzel (Hg.): Währungen der Welt (6/1992) (= Beiträge zur Wirtschafts- und Sozialgeschichte 49), S. 1–32, hier S. 28.

3249 Schrötter: Wörterbuch der Münzkunde (1930), S. 190 und 345.

3250 Am 31.03.1640 machte Frankreich die spanische Pistole zu seiner Hauptgoldmünze, die es bis zur Revolution geblieben ist. Sie hiess Louid'or [...]. Der Louis d'or galt zuerst 10 Lires 10 Sous. Alle Louisd'or trugen auf der Vorderseite den Kopf oder das Brustbild des Königs, während die Bilder auf der Rückseite wechselten. [...]. Die Republik blieb bei dem Fuss der L., nur das Gepräge der Vorderseite zeigte nun den Genius der Republik. Erst 1803 wurde der Louisd'or durch Münzen des Frankrensystems ersetzt, in: Schrötter: Wörterbuch der Münzkunde (1930), S. 361.

3251 Schrötter: Wörterbuch der Münzkunde (1930), S. 361.

Längenmasse

Elle	ein Tuchmass, auch Stab (dt.), aune (frz.)
Pariser Elle	118.40 cm
Lyoner Elle	ein wenig kürzer als die von Paris, eine Elle Unterschied auf 100 Ellen (1892)
Genfer Elle	Il y a un dix-septième de différence entre l'aune de Paris et celle de Genève, de sorte que dix-sept aunes de Paris n'en font que seize de Genève
St. Galler Elle	73.54 cm; Il y a deux aunes en usage à Saint Gal, l'une pour les toiles, l'autre pour les étoffes; elles sont toutes deux plus courtes que l'aune d'Amsterdam. L'aune de Saint Gal qui sert à mesurer les toiles fait une aune un sixième d'Amsterdam, celle qui sert à mesurer les draps est encore plus courte que l'autre, & elle est plus courte que celle d'Amsterdam d'un peu plus d'un dixième

Abbildungs- und Tabellenverzeichnis

Alle Abbildungen und Tabellen sind von der Autorin erarbeitet und erstellt worden.

Titelzitate

«die Seel des Commercii», in: Zellweger, Conrad (1694–1771): 1 lettre à la maison à Lyon, Trogen, 16.12.1748 [STAAR: Pa.021-03-01-02], S. 174

«Fetzen Krämer», in: Zellweger, Johannes (1730–1803): 1 Brief an seinen Schwager Johann Caspar Hirzel (1725–1803) in Zürich, Trogen, 26.03.1770 [KBAR: Fa Zellweger: 36/B: HirzJC]

Index

Körperschaftenregister

Ortsregister

Personenregister

Sachregister

Das Signet des Schwabe Verlags
ist die Druckermarke der 1488 in
Basel gegründeten Offizin Petri,
des Ursprungs des heutigen Verlags-
hauses. Das Signet verweist auf
die Anfänge des Buchdrucks und
stammt aus dem Umkreis von
Hans Holbein. Es illustriert die
Bibelstelle Jeremia 23,29:
«Ist mein Wort nicht wie Feuer,
spricht der Herr, und wie ein
Hammer, der Felsen zerschmeisst?»